개정4판

TAXNET
세무/회계 전문 재경비즈니스 포털 서비스

비영리조직의 회계와 세무

김형배 저

비영리조직의 개념부터 다양한 세무이슈와

유형별 회계 및 세무실무까지 총망라!

조세통람

PRE FACE

개정4판을 내며

본 개성판은 초판 이후 상속 · 증여세법 등 국세 및 지방세의 개정사항과 그 이외에 비영리조직의 운영과 관련한 관계 법령의 제 · 개정 사항을 반영하였습니다. 또한, 세법에 대한 최신의 국세청 질의회신과 독자의 이해를 돕기 위한 일부 사례도 첨부하였습니다.

실무적으로 사회복지법인이나 학교법인 그리고 종교법인 등에 대한 회계감사 업무나 컨설팅 업무를 진행하면서 가장 크게 느낀 상속 · 증여세법상의 변화는 보고기한의 연장입니다. 즉, 법인세법이나 상속 · 증여세법에 따라 공익법인에 주어진 각종 공시 및 보고서 제출 기한이 그동안은 사업연도 종료일부터 3월 말과 4월 말로 구분되어 있던 것이 모두 4월 말로 통일되었다는 점입니다.

또한, 법인세법은 그동안 (법정 · 지정)기부금단체라는 용어를 사용하였으나 이를 공익법인으로 명칭을 변경하였고, 기부금의 명칭도 법정기부금을 특례기부금으로, 지정기부금을 일반기부금으로 변경하였으며, 그동안 민법 제32조에 따라 설립된 공익법인에만 주어졌던 의무이행사항을 종교단체를 제외한 모든 공익법인으로 확대하였다는 점입니다.

한편, 공익법인과 관련한 일반 법령 중에는 보조금과 관련한 개정사항이 실무적으로 가장 크게 느끼는 변화입니다. 즉, 『보조금 관리에 관한 법률』(이하"보조금법")의 규정은 검증보고서 제출 대상이 3억 원에서 1억 원으로 확대(시행령 개정)되었다는 점이며, 회계감사 대상이 되는 특정사업자의 범위도 10억 원에서 3억 원으로 입법 추진(법률 개정) 중에 있다는 점입니다.

그리고 그동안 『지방재정법』에 있던 지방보조금과 관련된 조문들을 분리하여 새로운 신법 『지방자치단체 보조금 관리에 관한 법률』(이하 "지방보조금법")을 제정하였다는 점입니다. 지방보조금법은 검증보고서 제출 대상과 회계감사 대상 특정사업자의 범위를 (구) 보조금법과 같이 3억 원, 10억 원으로 규정하고 있으나, 이 또한 1억 원, 3억 원으로 확대하는 입법을 추진(법률 개정) 중이니 독자들은 국회의 상황을 예의 주시해야 할 것으로 생각됩니다. 사학기관과 관련하여 가장 큰 변화는 『사학기관 재무 · 회계 규칙에 대한 특례규칙』의 계정과목 별표가 개정됨에 따라 대학교의 학교법인에서도 기증자가 기부금의 용도를 지정하지 않은 일반기부금에 대한 회계 처리가 가능해졌다는 점입니다.

비영리조직의 유형에 따라 이러한 세법을 비롯한 관계 법령의 제 · 개정으로 업무의 난도가 증가한 곳이 있을 것이고 감소한 곳이 있겠지만, 초판을 펴낸 이후로 그동안 허술하였던 관계 법령이 더욱더 촘촘해지고 무엇보다 국세청에서 요구하는 공시 수준이 높아짐에 따라 전반적으로 부담해야 할 업무량이 증가한 것은 사실입니다. 이러한 어려운 업무 환경 속에서도 비영리조직의 소임을 다하고자 하는 회계와 세무 담당자 및 경영자에게 감사할 따름입니다.

이 책의 출간과 관련하여 조언을 아끼지 않고 늘 신경써주신 ㈜조세통람 대표이사 및 관계 직원 및 선배와 후배 회계사들에게 감사의 말을 전합니다.

2023년 10월

저자 씀

비영리
조직의
회계와 세무

PRE FACE

머리말

회계법인에 신입 회계사 1년차 시보로 입사하여 얼마 지나지 않아 종합사회복지관 실태조사 프로젝트에 투입되어 겪었던 일이 아직도 기억에 생생하다.

수녀님들이 운영하던 시설이었는데 감사 첫 날 인사하고 차를 마시면서 이런 저런 이야기를 하고 난 후 감사에 본격 착수하기 전에 의례적으로 물어보는 말이 있다.

"감사준비는 열심히 하셨는지요?"

회계를 담당하던 수녀님이 아주 열심히 준비했다고, 어제도 늦은 밤까지 감사 준비하느라 잠도 제대로 못 주무셨다고 당당하게(?) 말씀하시는 것을 보고 안심이 되었다.

하지만 불과 한 시간도 지나지 않아 수기로 된 단식부기 장부를 들추어 보고 나는 짜증이 확 밀려왔다. 장부와 재무제표(세입세출결산서였던 것으로 기억된다), 명세서, 통장잔액 간의 숫자가 전혀 맞질 않았던 것이다. 한마디로 숫자를 맞춰 놓지 않았던 것이다. 도대체 무슨 감사 준비를 어떻게 하신거냐고 따져 물으니 수녀님께서 하시는 말씀이 걸작이었다.

"어제 열심히 기도했어요. 좋은 회계사님 보내달라고~"

수녀님의 감사 준비는 기도하는 것이었다. 그럼 스님들은 감사 준비가 불공인가? 너무 황당하여 화를 냈더니 수녀님의 큰 눈에서 눈물이 툭툭 떨어지는 것이었다.

얼마나 미안하던지…

이를 고참 회계사들에게 했더니 배를 잡고 웃었고, 내가 근무하던 감사본부에서는 그 이후로도 전설처럼 술안주로 회자되곤 했다. 수녀님을 울린 나쁜(?) 회계사라고… 그 이후 나는 감사본부에서 비영리법인 쪽 일은 거의 도맡다시피한 거 같다.

회계사란 직업은 "매사 회계(會計)하고 범사를 감사(監査)하는 사람"이니 항상 직업적인 의구심(professional skepticism)을 갖는 건 좋은 태도라는 당부로 술자리를 파했던 기억이 새롭다.

이 책은 그 때부터의 미안함과 경험에서 출발했다고 해도 과언은 아니다. 사회복지시설이나 시민단체에서는 재정이 열악하여 항상 돈을 써야 할 곳은 많은데 쓸 돈이 없는 것이 사실이다. 그 와중에 회계전문가를 고용하여 회계 장부를 정리하기가 빠듯하다 보니 사회복지사나 활동가들이 과외로 부기를 배워 회계 업무를 수행해 왔다. 그러다보니 회계에 대한 내부통제 제도는 고사하고 단식부기로 회계처리한 오랜 관행 때문에 장부에 오류도 많고, 자칫하면 부정의 소지도 있기 때문에 이를 미연에 방지하지 못했던 것이 항상 안타까웠다.

언젠가는 그들을 위한 비영리조직의 회계와 세무책자를 한번 만들어 보겠다는 부채의식을 항상 가지고 있었지만 정작 그들보다는 그들 옆에서 도와주고 있는 세무회계 종사자들을 위한 실무서를 먼저 펴보이게 되었다. 20여년이 지난 지금은 많은 경제적 · 사회적 환경이 바뀌었다. 무엇보다 비영리조직에 대한 사회적 관심이 증가하였고, 비영리조직의 감사 중 1인을 공인회계사로 임명해야 하고 외부회계감사를 받아야 하는 등 법률적 환경이

비영리
조직의
회계와 세무

PRE FACE

바뀌면서, 영리조직만을 다루었던 세무회계 종사자들에게 비영리조직에 대한 회계와 세무실무를 먼저 소개하는 것이 더 나을 것이라고 판단하였기 때문이다.

제1장에서는

비영리조직의 개념과 종류 그리고 설립절차 및 설립 시 발생할 수 있는 다양한 세무적인 이슈와 설립 후 비영리조직의 운영관리에 대하여 다루었다. 「민법」 제32조를 비롯해 특별법 상 비영리법인의 설립에 관하여 논하면서 법인이 생기게 된 연원에 대하여 살펴보았고 설립 후 후속절차로 기부금품을 모집할 수 있는 단체의 등록 방법에 대하여 논하였으며, 주식과 부동산을 출연하여 설립할 경우 세무 상 이슈에 대하여 논하였다. 특별법에 의해 설립되는 비영리법인을 제외하고는 사단법인이나 재단법인은 대부분 「민법」과 「공익법인의 설립 · 운영에 관한 법률」에 의해 설립되고 운영되므로 이 두 법률 상 설립 및 운영관리에 대한 차이를 주로 설명하였고, 법인격 없는 비영리조직의 설립절차에 대하여도 논하였다.

제2장에서는

비영리조직의 다양한 회계처리기준과 비영리조직 회계의 특징에 대하여 논하였는데, 단식부기, 예산회계, 구분회계, 국고보조금 회계, 기부금 회계에 대하여 다루었고 구체적인 회계처리기준에 대하여는 제4장에서 다루었다. 회계의 역사에 대한 발전 방향을 보았을 때 단식부기에서 복식부기로 진화한 것은 자명한 일이고, 이는 서양에서 뿐만이 아니라 우리나라를 비롯한 동양에서도 부기와 회계에 대한 논의가 있었다는 사실을 공자(孔子)와 훈민정음(訓民正音)을 통하여 논하였다. 예산회계, 구분회계, 국고보조금 회계, 기부금

회계에 대하여 각 비영리조직별 회계처리기준에서 규정한 회계처리 방법에 대하여 살펴보았다.

제3장에서는

비영리조직 당사자들에게 닥칠 수 있는 세무 이슈에 대하여 다루었다. 먼저 비영리조직의 당사자 중 출연자와 후원자에 대하여는 출연금과 기부금에 대한 손비한도, 상속세 및 증여세의 연대납세의무, 부담부 증여시 양도소득세 및 부가가치세 납세의무에 대하여 살펴보았고, 비영리조직의 핵심 당사자 본인에 대하여는 상속세 및 증여세법 상 공익법인의 납세의무 및 과세가액불산입에 따른 각종 조세협력의무, 법인세법 상 수익사업에 대한 법인세 납세의무 및 고유목적사업준비금 손금한도, 부가가치세법에 따른 각종 면세 규정, 지방세법 상 각종 특례 및 주요 원천징수 문제 등 발생할 수 있는 과세문제에 대하여 다루었다. 지방세법 상 비영리조직에 대한 조세특례는 제목 정도만 소개하고 구체적인 특례 규정에 대하여는 제4장 비영리조직 유형별 회계 및 세무실무에서 다루었다. 한편, 가급적 많은 관련 예규나 심판사례 등을 같이 소개하고자 하였으나 충분히 그러지 못한 점이 아쉬울 따름이다.

제4장에서는

비영리조직 유형별 회계와 세무 실무에 대하여 다루었다. 사회복지법인과 사회복지시설, 그리고 사회복지시설 중의 하나인 사회복지관과 어린이집, 장기요양기관에 대하여 회계 실무 및 상속세 및 증여세, 법인세, 부가가치세, 원천징수 소득세 및

비영리
조직의
회계와 세무

PRE FACE

지방세과세특례에 대하여 다루었다. 또한 사학기관과 의료기관 그리고 종교단체에 대하여도 다루었다. 종교단체는 입수 가능한 회계처리 기준을 중심으로 불교 조계종의 「예산회계법」과 「사찰예산회계법」 그리고 한국기독교교회협의회(NCCK)에서 제정한 「교회회계와 재무처리기준」을 소개하였다. 또한, 요즘 사회적으로 이슈가 되고 있는 2018년 1월 1일부터 시행되는 종교인소득에 대한 세법상의 규정에 대하여 자세히 다루었다. 당초 종교인소득을 기타소득의 사례금(謝禮金)으로 과세하자는 의견이 있었다. 그러나 사례금에서 사(謝)는 설문(說文)에 따라 떠나는 사람에게 하는 인사말(辭去也) 정도로 이해한다면 종교인이 직(職)을 그만 둘 때 답례로 주는 금전에 해당하니 맞지 않는 것이고, 또한 기타소득은 일시 · 우발적으로 발생한 소득에 대한 것이기 때문에 여러 가지 논리적 정합성이 결여된 규정이라 할 수 있는 바, 종교인소득에 대한 과세는 종교단체를 법인화하고 근로소득으로 과세하는 것이 올바른 방향이 아닌가 생각이 든다. 이미 몇몇 대형교회나 천주교 교단에서는 목사님, 신부님, 수녀님의 소득을 모두 근로소득으로 원천징수해 오고 있는 점은 시사하는 바가 크다 할 수 있다.

사회복지기관이나 사학기관 그리고 의료기관을 제외하면 우리나라 비영리조직은 거의 회계에 있어서는 제도권 밖에 있었다 해도 과언이 아니었다. 수많은 시민단체나 종교단체 그리고 문화 · 예술단체, 사립도서관, 박물관, 미술관, 각종 협회 등에 대한 회계처리 기준이 마련되어 있지 않아 자체적으로 단체의 특성에 맞도록 회계처리기준을 마련하여 사용하고 있는 실정이었다. 그러다 보니 비영리조직간 회계정보에 대한 비교가능성이 떨어질 뿐만이 아니라 심지어 단식부기로 회계처리하다 보니 운영수지는 물론이고 재무상태에 대한 정보를 정확하게 파악할 수가 없었다. 모든 기업에 일반적으로 인정되어 적용할 수 있는 「일반기업회계기준」이 마련되어 있듯이 모든 비영리조직에 일반적으로 인정되어 두루 적용될 수 있는 「일반비영리조직회계기준」이 필요한 시점이었다. 이에 2017년 7월 20일에 한국회계기준원에서 발표한 「비영리조직회계기준」은 비영리회계의 발전에 큰 전환점의 한 축에 속한다고 할 수 있겠다. 따라서 맨 마지막 절 기타비영리조직의 회계규정에서는 시민사회단체연대회의에서 제정한 「시민사회단체 회계처리규정」과 더불어 한국회계기준원의 「비영리조직회계기준」을 소개하는 것으로 이 책을 마무리하였다.

이 책을 집필하는 동안 본 저자의 누추한 글솜씨와 부족한 지식을 발견하고 절망의 나날을 보낸 것이 하루 이틀이 아니라 해도 과언이 아니었다.

세상에 내놓는 처녀작에 독자 여러분의 많은 질책과 날카로운 비평을 앙망한다. 본서의 출간에 동기를 부여해주신 ㈜영화조세통람의 김현영 상무님과 권아정 대리를 비롯한 출판팀 여러분과 대표님에게 감사의 말씀을 드리며, 기능골에 계신 어머님과 아버님에게도 고마운 마음을 전한다. 또한, 오랜 기간 옆을 지켜준 아내 옥정민과 두 아들 김영진, 김영훈에게 항상 좋은 남편과 아버지가 되어주지 못한 미안한 마음을 지면을 통해 전하며, 앞날에 건투(健鬪)를 빈다.

2017년 8월 21일

기능골에서 보무(鳳舞)들기를 바라보며 저자 씀

비영리 조직의 회계와 세무

CON TENTS

제 1 장 비영리조직의 개요

제1절 비영리조직의 개념 및 종류 • 36

1. 조직의 개념 • 36

2. 조직의 분류 • 37

2.1 목적에 따른 분류 : 영리조직, 비영리조직 / 37

2.2 구성요소에 따른 분류 : 사단, 재단 / 37

2.3 법인격 유무에 따른 분류 : 법인, 비법인(법인격 없는 단체) / 38

2.4 설립가능한 조직의 형태 / 39

3. 현행 법률상 비영리조직의 구분 • 40

3.1 설립근거 법률에 따른 비영리법인의 구분 / 41

3.2 비영리민간단체지원법상 비영리민간단체 / 44

3.3 법인세법이 정한 비영리내국법인 / 45

3.4 세법이 정한 기부금단체 / 46

3.5 상속세 및 증여세법이 정한 공익법인 / 46

제2절 비영리조직의 설립 및 설립 시 발생하는 세무문제 • 49

1. 비영리조직의 설립절차 • 49

1.1 법인격 없는 비영리조직의 설립절차 / 49

1.2 비영리법인의 설립절차 / 55

2. 각 소관 부처별 비영리조직의 설립절차 • 57

2.1 주무관청의 선택 / 57

2.2 주무관청의 설립허가 기준 / 63

3. 비영리법인의 설립 후 후속절차 • 65

3.1 주무관청 보고사항 / 65

3.2 세무서 신고사항 / 65

3.3 장부 등의 비치 / 66

3.4 재산출연에 따른 과세문제 검토와 기부금단체(공익법인 등) 지정 신청 / 66

3.5 기부금품법에 따른 기부금품 모집 등록 / 66

4. 출연 · 증여 · 기부에 따른 과세문제 • 73

4.1 출연 · 증여 · 기부의 정의 / 73

4.2 출연 등에 따른 과세문제 / 74

5. 주식을 출연하여 설립하는 경우 과세문제 • 75

5.1 주식출연 한도 / 75

5.2 주식 출연 한도없는 공익법인 / 78

6. 부동산을 출연(부담부 출연 포함)하는 경우 과세문제 • 81

6.1 부동산을 출연받은 경우 증여세 / 81

6.2 부동산을 출연받은 경우 지방세 / 81

6.3 부담부증여의 경우 양도소득세 및 부가가치세 납세의무 / 83

CON
TENTS

7. 세법상 기부금단체의 요건 • 84

7.1 기부금 및 기부금단체의 분류 / 84
7.2 법인세법에서 열거된 특례기부금 및 특례기부금단체 / 86
7.3 기획재정부장관이 지정 · 고시한 특례기부금단체 / 86
7.4 법인세법 시행령에서 열거된 일반기부금 및 일반기부금단체 / 90
7.5 법인세법 시행령에서 지정한 지정 · 고시 일반기부금 및 일반기부금단체 / 92
7.6 비영리민간단체의 공익단체 지정 / 99

제3절 비영리조직의 운영관리 일반 • 106

1. 비영리조직의 기관의 구성 • 106

1.1 사원총회(의사결정기관) / 106
1.2 이사(대표기관, 업무집행기관) / 107
1.3 감사(감독기관) / 110

2. 정관의 변경 • 112

2.1 사단법인의 정관변경 / 112
2.2 재단법인의 정관변경 / 112

3. 기본재산의 변동 • 114

3.1 기본재산의 종류 / 114
3.2 기본재산의 관리 / 114
3.3 기본재산의 변동 / 114

4. 비영리법인의 관리감독 • 117

4.1 사업실적 및 사업계획 등의 보고 / 117
4.2 법인사무의 검사와 감독 / 119
4.3 설립허가의 취소 요건 / 120
4.4 기타 벌칙 / 121

5. 비영리법인의 소멸 • 122

5.1 해산절차 / 122
5.2 청 산 / 123

제 2 장 비영리조직의 재무회계 실무

제1절 비영리조직의 회계처리기준 • 128

1. 회계의 개념 • 128

1.1 회계의 목적 / 128
1.2 회계의 종류 / 128

2. 비영리조직의 회계처리기준 • 130

2.1 회계처리기준의 필요성 / 130
2.2 영리조직의 회계처리기준 / 131
2.3 비영리조직의 회계처리기준 / 132

CON
TENTS

제2절 비영리조직 회계실무 쟁점Ⅰ : 회계의 방법과 계정과목 분류체계 • 134

1. 회계의 방법 • 134

1.1 훈민정음(訓民正音)과 부기(簿記) / 134

1.2 단식부기와 복식부기 / 135

2. 계정과목 분류체계 • 138

2.1 회계정보의 질적 특성과 분류 / 138

2.2 계정과목 분류체계 / 138

3. 비영리조직의 단식부기 문제점 • 139

3.1 퇴직금 관리 / 140

3.2 예수금 관리 / 140

3.3 카드로 결제하는 경우 / 141

제3절 비영리조직 회계실무 쟁점Ⅱ : 예산회계 • 143

1. 영리조직의 회계의 순환과정 • 143

1.1 영리조직의 활동 / 144

1.2 회계의 순환과정 / 144

2. 비영리조직의 회계의 순환과정 • 146

2.1 예산편성 / 147
2.2 예산심의 / 150
2.3 예산의 집행 / 151
2.4 결산 / 154

제4절 비영리조직 회계실무 쟁점Ⅲ : 구분회계 • 158

1. 재산의 구분 • 158

1.1 사회복지법인의 재산 구분 및 관리 / 158
1.2 사학기관의 재산 구분 및 관리 / 160

2. 회계의 구분 • 162

2.1 사회복지법인의 구분회계 / 162
2.2 사학기관의 구분회계 / 163
2.3 의료기관의 구분회계 / 164

3. 자금의 구분 • 165

4. 「법인세법」상 구분회계의 방법 • 166

제5절 비영리조직 회계실무 쟁점Ⅳ : 보조금회계 • 170

1. 국고보조금의 개요 • 170

1.1 국고보조금의 정의 / 170
1.2 보조금의 종류 / 171
1.3 보조금의 예산 규모 / 173

CONTENTS

2. 국고보조금 예산 집행 및 관리 • 174

2.1 보조사업자 선정 / 174
2.2 보조금의 집행 방법 / 175
2.3 사후관리 / 179

3. 국고보조사업 정산보고서와 검증보고서 작성 • 184

3.1 보조사업비의 구성 및 산정기준 / 184
3.2 보조사업비의 불인정기준 / 194
3.3 정산보고서의 작성 및 제출 / 195
3.4 정산보고서에 대한 검증보고서 / 196

4. 지방보조금의 집행 및 사후관리 • 203

4.1 지방보조금의 정의와 종류 / 203
4.2 국고보조금과 지방보조금의 관계 및 경비부담 / 203
4.3 지방보조금의 집행방법 / 205
4.4 지방보조사업의 실적보고 / 206
4.5 특정 지방보조사업자의 회계감사 / 207
4.6 지방보조사업자의 정보 공시 / 208

5. 정부보조금에 대한 회계처리 • 208

5.1 단식부기에 의한 정부보조금 회계처리 / 209
5.2 복식부기에 의한 정부보조금 회계처리 / 212

제6절 비영리조직 회계실무 쟁점Ⅴ : 기부금회계 • 217

1. 기부금품의 모집절차 및 사용방법 • 217

1.1 기부와 후원의 개념 / 217
1.2 기부금품법에 기부금품 모집자의 의무사항 / 217
1.3 기부금품 모집절차 / 218
1.4 기부금품의 사용방법 / 219
1.5 모집 등록한 단체의 사후관리 / 220

2. 세법에 따른 기부금단체의 의무사항 • 225

2.1 기부금영수증 관련 의무사항 / 225
2.2 기부금단체의 법인세법상 의무사항과 지정취소 사유 / 230
2.3 불성실 기부금수령단체의 명단 공개 / 235
2.4 상속세 및 증여세법상 의무사항 / 237

3. 사회복지법인 및 시설의 후원금 관리 • 241

3.1 사회복지법인 및 시설의 단식부기에 의한 회계처리 / 241
3.2 사회복지법인 및 시설의 후원금 관리 의무사항 / 242

4. 기타 비영리조직의 기부금 회계처리 • 249

4.1 사학기관의 기부금 회계처리 / 249
4.2 의료기관의 기부금 회계처리 / 250
4.3 기타단체의 기부금 회계처리 / 251

제7절 공익법인회계기준 해설 • 252

1. 공익법인회계기준의 개요 • 252

1.1 공익법인회계기준의 목적과 적용범위 / 252

CONTENTS

1.2 보고실체 및 회계원칙 / 259
1.3 재무제표의 종류 / 262
1.4 재무제표의 구성요소 / 264
1.5 재무제표 구성요소의 인식기준 / 265
1.6 재무제표 구성요소의 측정기준 / 265
1.7 재무제표의 표시방법 / 267

2. 재무상태표 • 269

2.1 재무상태표의 구조 / 269
2.2 자 산 / 270
2.3 부 채 / 294
2.4 순자산 / 303

3. 운영성과표 • 307

3.1 운영성과표의 구조 / 307
3.2 사업수익 / 308
3.3 사업비용 / 318
3.4 사업외수익과 사업외비용 / 325
3.5 고유목적사업준비금전입액 · 환입액 / 327
3.6 법인세비용 / 328

4. 기타 회계처리에 관한 사항 • 329

4.1 회계변경과 오류수정 / 329

4.2 공통 자산 · 부채 · 수익 · 비용의 배분 / 330
4.3 내부거래 제거 및 통합재무제표 작성 / 332

5. 주석의 기재방법 및 실무사례 • 337

5.1 주석의 개요 / 337
5.2 필수적 주석기재사항 / 338
5.3 선택적 주석기재사항 / 340
5.4 주석 실무 사례 / 340

6. 공익법인회계기준과 비영리조직회계기준의 비교 • 365

제 3 장 비영리조직의 세무실무

제1절 비영리조직 당사자들의 세무 문제 • 372

1. 출연자 또는 후원자의 세무 문제 • 372

2. 비영리조직의 세무 문제 • 373

제2절 비영리조직 출연자와 후원자의 세무 문제 • 375

1. 출연금과 기부금의 손비 한도 • 375

1.1 특례기부금의 손비 한도 / 375
1.2 일반기부금의 손비 한도 / 376

CON
TENTS

2. 출연자의 상속세 및 증여세법상 의무 • 379

2.1 연대납세의무 / 379

2.2 출연자 등의 공익법인 이사 취임 제한 / 381

2.3 출연자 등의 자기내부거래에 대한 증여세 과세 / 382

3. 출연자의 양도소득세와 부가가치세 납세의무 • 383

3.1 출연자의 양도소득세 납세의무 / 383

3.2 출연자의 부가가치세 납세의무 / 387

제3절 비영리조직의 상속세 및 증여세 납세의무 • 391

1. 상속세 및 증여세 납세의무 • 391

1.1 상속과 증여의 범위 / 391

1.2 법인이 무상으로 재산을 취득하는 경우 / 392

1.3 상속세와 증여세의 계산구조 / 394

2. 공익법인의 범위 • 396

2.1 종교의 보급 기타 교화에 현저히 기여하는 사업 / 398

2.2 학교 또는 유치원을 설립 · 경영하는 사업 / 399

2.3 사회복지법인이 운영하는 사업 / 402

2.4 의료법인이 운영하는 사업 / 403

2.5 법법 §24 ② 1호에 따른 기부금(특례기부금)으로 운영하는 사업 / 403

2.6 법령 §39 ① 1호에 따른 공입법인등 및 소령 §80 ① 5호에 따른 공익단체 (일반기부금단체)가 운영하는 고유목적사업 / 406

2.7 법령 §39 ① 2호 다목에 해당하는 기부금을 받은 자가 해당 기부금으로 운영하는 사업 / 407

3. 공익목적 출연재산의 과세가액 불산입 • 410

3.1 개　요 / 410

3.2 공익법인등에 출연한 재산에 대한 상속세 과세가액 불산입 / 411

3.3 공익법인등이 출연받은 재산에 대한 증여세 과세가액 불산입 / 413

3.4 내국법인의 의결권 있는 주식등을 출연받는 경우 / 413

4. 과세가액 불산입 후 출연받은 재산의 사후관리 • 417

4.1 출연재산을 직접 공익목적사업에 사용할 의무 / 417

4.2 출연재산 매각대금을 직접 공익목적사업에 사용할 의무 / 426

4.3 출연재산 운용소득을 직접 공익목적사업에 사용할 의무 / 429

4.4 수익용 출연재산의 일정비율 의무지출 / 433

4.5 주식을 출연받거나 취득 및 보유하는 경우 증여세 과세 / 436

4.6 출연자와 그의 특수관계인의 이사 등 취임 제한 / 449

4.7 특수관계에 있는 내국법인을 위한 광고 및 홍보행위 제한 / 453

4.8 공익법인등의 자기내부거래에 대한 증여세 과세 / 454

4.9 특정계층에게만 공익사업의 혜택 제공 금지 / 457

4.10 공익법인 해산 시 잔여재산의 귀속 / 458

4.11 장부의 작성 · 비치 의무 / 459

4.12 전용계좌 개설 · 사용 의무 / 461

5. 공익법인등의 보고서 제출 및 공시의무 • 468

5.1 출연재산 등에 대한 보고서 제출 의무 / 469

5.2 외부전문가의 세무확인서 제출 의무 / 471

5.3 외부 회계감사보고서 제출 의무 / 476

CON
TENTS

5.4 결산서류 등 공시 의무 / 482
5.5 공익법인의 기타 의무 사항 / 484

제4절 비영리조직의 법인세 납세의무 • 487

1. 법인세법상 비영리법인에 대한 과세특례 • 487
1.1 법인세법상 비영리법인에 대한 과세 개요 / 487
1.2 법인세법상 비영리법인의 범위 / 488
1.3 법인세법상 비영리법인에 대한 과세특례 / 489
1.4 비영리법인의 수익사업 개시 신고 / 492

2. 수익사업에서 생기는 소득의 범위 • 493
2.1 사업소득의 범위 / 493
2.2 이자소득의 범위 / 496
2.3 배당소득의 범위 / 497
2.4 주식 등의 양도로 인하여 생기는 수입의 범위 / 497
2.5 유형자산 및 무형자산의 처분으로 인하여 생기는 수입의 범위 / 498
2.6 부동산에 관한 권리 및 기타자산의 양도로 인하여 생기는 수입의 범위 / 499
2.7 채권매매익의 범위 / 500

3. 수익사업과 고유목적사업의 구분경리 • 505
3.1 회계의 방법 / 505
3.2 자산 · 부채 및 자본의 구분 / 506

3.3 수익사업과 고유목적사업 간의 자산과 부채의 이관 / 506
3.4 손익항목의 구분 / 507

4. 고유목적사업준비금의 손금산입 특례 • 509

4.1 고유목적사업준비금 설정대상 법인 / 509
4.2 고유목적사업준비금 설정 한도 / 511
4.3 고유목적사업준비금의 설정 방법 / 513
4.4 고유목적사업준비금의 사용 / 514
4.5 고유목적사업준비금의 익금산입 / 517

5. 이자소득에 대한 법인세 과세표준 신고특례 • 519

5.1 비영리내국법인의 이자소득 과세표준 신고특례 / 519
5.2 이자소득만 있는 비영리내국법인의 법인세 신고특례 / 519
5.3 지방소득세법상 신고특례 / 520

6. 토지 등 양도소득에 대한 법인세 과세특례 • 529

6.1 토지 등 양도소득에 대한 개요 / 529
6.2 토지 등 양도소득에 대한 과세대상 / 529
6.3 토지 등 양도소득에 대한 법인세의 계산 구조 / 529
6.4 토지 등 양도소득에 대한 적용 세율 / 530
6.5 사업소득이 없는 비영리법인의 자산양도소득 법인세 신고 특례 / 530

제5절 비영리조직의 부가가치세 납세의무 • 534

1. 부가가치세 납세의무자와 사업자 구분 • 534

1.1 부가가치세 납세의무자 / 534
1.2 부가가치세 사업자 구분 / 535

CON
TENTS

2. 재화와 용역의 범위 • 536

2.1 재화의 범위 / 536

2.2 용역의 범위 / 537

3. 부가가치세 면제대상 재화나 용역의 범위 • 538

3.1 면세되는 미가공식품 등의 범위 / 539

3.2 면세되는 의료보건용역의 범위 / 540

3.3 면세되는 교육용역의 범위 / 542

3.4 면세되는 인적(人的) 용역의 범위 / 543

3.5 면세되는 예술창작품, 예술행사, 문화행사 등의 범위 / 544

3.6 면세되는 미술관 등 입장용역의 범위 / 545

3.7 종교, 자선, 학술, 구호(救護), 그밖의 공익을 목적으로 하는 단체가 공급하는 재화 또는 용역의 범위 / 546

3.8 국가, 지방자치단체, 지방자치단체조합 또는 공익단체에 무상(無償)으로 공급하는 재화 또는 용역의 범위 / 549

3.9 비영리 출판물과 관련되는 용역 / 549

4. 비영리조직의 부가가치세의 신고 · 납부 • 551

4.1 부가가치세 예정신고 · 납부와 예정고지세액 납부 / 551

4.2 부가가치세 확정신고 · 납부 / 552

4.3 주사업장 총괄납부와 사업자단위과세사업자 / 552

5. 비영리법인의 자료제출의무 • 553

5.1 매입처별 세금계산서합계표 제출의무 / 553

5.2 매출 · 매입처별 계산서합계표 제출의무 / 554

제6절 비영리조직의 원천징수 및 지방세 납세의무 • 556

1. 비영리조직의 원천징수 주요 문제 • 556

1.1 직급보조비 · 업무추진비 · 기관운영비의 원천징수 / 556

1.2 각종 위원회 회의참석수당의 원천징수 / 559

1.3 인적 용역을 제공받는 경우 원천징수 / 560

1.4 기타소득 과세최저한의 실무적 적용 / 561

2. 비영리조직의 지방세 • 562

2.1 지방세법상 비영리조직 / 562

2.2 지방세특례제한법상 비영리조직에 대한 조세지원내용 / 563

제 4 장 비영리조직 유형별 회계와 세무실무

제1절 사회복지법인의 회계와 세무 • 566

1. 사회복지법인 일반 • 566

1.1 사회복지법인의 정의 / 566

1.2 사회복지법인의 권리능력 / 566

CON
TENTS

2. 사회복지법인의 설립 및 운영 • 567

2.1 사회복지법인의 성격과 종류 / 567
2.2 사회복지법인의 설립 / 568
2.3 사회복지법인의 운영 / 571

3. 사회복지법인의 회계 • 575

3.1 사회복지법인의 회계제도 / 575
3.2 사회복지법인 재무회계규칙의 주요 내용 / 576

4. 사회복지법인의 세무 • 587

4.1 사회복지법인의 상속세 및 증여세 납세의무 / 587
4.2 사회복지법인의 법인세 납세의무 / 588
4.3 사회복지법인의 부가가치세 납세의무 / 589
4.4 사회복지법인에 대한 지방세 감면 / 590

제2절 사회복지시설의 회계와 세무 • 592

1. 사회복지시설의 일반 • 592

1.1 사회복지시설의 정의 / 592
1.2 사회복지시설의 종류 / 593
1.3 사회복지시설의 설치신고 / 595
1.4 사회복지시설의 고유번호증 또는 사업자등록증 발급 / 597
1.5 사회복지시설의 운영 / 597

2. 사회복지시설의 재무회계 • 600

2.1 시설회계의 방법 / 600
2.2 시설회계의 예산과 결산 / 600
2.3 시설회계의 기타 부분 / 601
2.4 시설회계의 세입예산과목 / 601
2.5 시설회계의 세출예산과목 / 602

3. 사회복지시설의 세무 • 606

3.1 사회복지시설의 상속세 및 증여세 납세의무 / 606
3.2 사회복지시설의 법인세 / 606
3.3 사회복지시설의 부가가치세 / 607
3.4 사회복지시설의 지방세 특례 / 608

제3절 사회복지관의 회계와 세무 • 611

1. 사회복지관의 일반 • 611

1.1 사회복지관의 정의 / 611
1.2 사회복지관이 수행하는 사업의 종류 / 612
1.3 사회복지관의 설치 / 614
1.4 사회복지관의 운영기준 / 614

2. 사회복지관의 재무회계 • 615

2.1 복지관 시설회계의 세입예산과목 / 615
2.2 복지관 시설회계의 세출예산과목 / 617

3. 사회복지관의 세무문제 • 619

3.1 사회복지관의 상속세 및 증여세 납세의무 / 619
3.2 사회복지관의 법인세 납세의무 / 619
3.3 사회복지관의 부가가치세 납세의무 / 619

비영리 조직의 회계와 세무

CON TENTS

3.4 사회복지관의 종사자와 기능교사 및 유급자원봉사자의 원천징수 / 620

제4절 어린이집의 회계와 세무 • 622

1. 어린이집의 일반 • 622

1.1 어린이집의 정의 / 622
1.2 어린이집의 종류 / 622
1.3 어린이집의 설치 / 623
1.4 어린이집의 운영기준 등 / 624

2. 어린이집의 재무회계 • 624

2.1 어린이집의 수입 · 지출의 기본원칙 / 625
2.2 어린이집의 세입예산과목 / 626
2.3 어린이집의 세출예산과목 / 628

3. 어린이집의 세무문제 • 631

3.1 어린이집의 상속세 및 증여세 납세의무 / 631
3.2 어린이집의 법인세 납세의무 / 631
3.3 개인이 운영하는 어린이집의 사업소득에 대한 소득세 납세의무 / 631
3.4 어린이집의 부가가치세 납세의무 / 632
3.5 어린이집의 원장과 보육교사에 대한 원천징수 / 633
3.6 어린이집과 관련한 지방세 과세특례 / 633
3.7 어린이집과 관련한 기타 세무문제 / 634

제5절 장기요양기관의 회계와 세무 • 635

1. 장기요양기관 일반 • 635

1.1 장기요양기관의 정의 / 635
1.2 장기요양기관의 종류 / 636
1.3 장기요양기관의 지정 및 설치 / 637
1.4 장기요양기관의 운영 / 638

2. 장기요양기관의 재무회계 • 639

2.1 장기요양기관의 사회복지법인 및 사회복지시설 재무 · 회계 규칙 적용 / 639
2.2 장기요양기관 재무 · 회계기준 / 644

3. 장기요양기관의 세무문제 • 651

3.1 장기요양기관의 상속세 및 증여세 납세의무 / 651
3.2 장기요양기관의 법인세 납세의무 / 651
3.3 개인이 운영하는 장기요양기관의 사업소득에 대한 소득세 납세의무 / 652
3.4 장기요양기관의 부가가치세 납세의무 / 652
3.5 장기요양기관의 원장과 요양보호사에 대한 원천징수 / 653
3.6 장기요양기관이 일반기부금단체에 해당하는지 여부 / 654

제6절 사학기관의 회계와 세무 • 655

1. 사학기관의 개요 • 655

1.1 학교법인과 학교의 설립 / 655
1.2 학교법인의 기관 / 659
1.3 학교법인의 해산과 잔여재산의 귀속 / 663
1.4 학교와 학교법인의 재산과 회계 / 665

비영리
조직의
회계와 세무

CON
TENTS

2. 사학기관의 재무회계 • 670

2.1 사학기관 재무 · 회계 규칙의 주요 내용 / 670

2.2 사학기관 재무 · 회계 규칙에 대한 특례규칙의 주요내용 / 683

3. 사학기관의 세무문제 • 726

3.1 사학기관의 상속세 및 증여세 납세의무 / 726

3.2 사학기관의 법인세 납세의무 / 727

3.3 사학기관의 소득세 원천징수 문제 / 728

3.4 사학기관의 부가가치세 납세의무 / 730

3.5 사학기관의 지방세 과세특례 / 732

제7절 **의료기관의 회계와 세무 • 734**

1. 의료기관의 개요 • 734

1.1 의료기관의 정의 및 종류 / 734

1.2 의료기관의 개설 / 735

2. 의료기관의 재무회계 • 737

2.1 회계의 일반원칙 / 738

2.2 재무상태표의 계정과목 분류 및 평가 / 739

2.3 손익계산서의 계정과목 분류 및 인식 / 743

2.4 기본금변동계산서와 현금흐름표 / 746

3. 의료기관의 세무문제 • 746

3.1 의료기관의 상속세 및 증여세 납세의무 / 746
3.2 의료기관의 법인세 납세의무 / 747
3.3 의료기관의 부가가치세 납세의무 / 750
3.4 의료기관의 지방세 과세특례 / 752

제8절 종교단체의 회계와 세무 • 754

1. 종교단체의 일반적 사항 • 754

1.1 한국종교의 현황 / 754
1.2 종교단체의 설립 / 755

2. 종교단체의 재무회계 • 758

2.1 사찰의 재무회계 / 758
2.2 교회의 재무회계 / 762

3. 종교단체의 세무문제 • 764

3.1 종교단체의 상속세 및 증여세 납세의무 / 764
3.2 종교단체의 법인세 납세의무 / 765
3.3 종교단체의 부가가치세 납세의무 / 768
3.4 종교인소득에 대한 소득세 납세의무 / 770
3.5 종교단체의 지방세 특례 / 779

제9절 기타 비영리조직의 회계 규정 • 781

1. 기타 비영리조직(NPO)의 회계 • 781
2. 비영리조직회계기준과 시민사회단체 회계처리규정의 주요 내용 비교 • 783

CON TENTS

2.1 회계처리 기본원칙 / 783
2.2 재무상태표와 자산·부채의 평가 / 784
2.3 운영성과표의 표시방법 / 786
2.4 현금흐름의 보고 / 789

3. 기타 비영리조직의 세무문제 • 790

3.1 기타 비영리조직의 상속세 및 증여세 납세의무 / 790
3.2 기타 비영리조직의 법인세 납세의무 / 790
3.3 기타 비영리조직의 부가가치세 납세의무 / 792
3.4 기타 비영리조직의 지방세특례제한법상 조세지원내용 / 794

부 록

부록 1. 비영리법인 설립허가 신청 구비서류 / 800
부록 2. 기부금 단체 제출 서류 / 830
부록 3. 공익법인 출연재산 보고서 / 838
부록 4. 외부전문가 세무확인서 / 854
부록 5. 공익법인 결산서류 등의 공시 표준서식 / 867
부록 6. 공익법인 결산서류 등의 공시 간편서식 / 886
부록 7. 공익법인 이행의무 신고서 / 891
부록 8. 공익법인회계기준 / 894
부록 9. 비영리조직 회계기준 / 913

제 1 장

비영리조직의 개요

제1절 비영리조직의 개념 및 종류
제2절 비영리조직의 설립 및 설립 시 발생하는 세무문제
제3절 비영리조직의 운영관리 일반

제 1 절 비영리조직의 개념 및 종류

01 조직의 개념

인간은 유사 이래 단독으로 사회생활을 영위하여 오지 않았으며 작게는 가족단위에서 크게는 국가단위 등까지 끊임없이 집단을 이루거나 조직을 형성하여 왔다. 조직(組織, organization)이란 무엇인가에 대한 개념정의는 학자들마다 다르게 주장하여 완전한 합의된 정의는 없지만 조직 형성의 의도성 유무와는 관계없이 일단 형성된 조직은 조직 구성원 간에 특정한 목표를 공유하며 조직 구성원과는 별도 인격을 가지는 권리의무의 주체로 활동하는 유기체로서 개념을 정의할 수 있다. 조직은 그 형성목적, 구성요소, 근거법령에 따른 법인격 여부에 따라 다음과 같이 분류할 수 있는데, 그 활동 목적에 따라 영리조직과 비영리조직으로 구분하고 구성요소에 따라 사단과 재단으로 분류하며, 법인격 유무에 따라 법인과 법인격 없는 단체, 즉 비법인으로 구분할 수 있는 바, 이에 대하여 보다 자세히 설명하면 다음과 같다.

| 조직의 분류 |

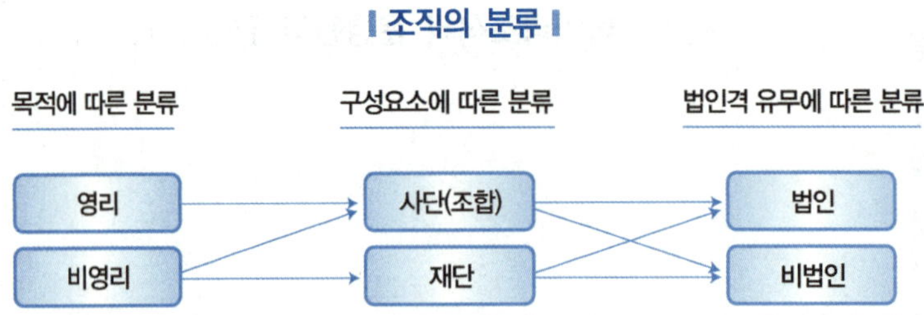

02 조직의 분류

2.1 목적에 따른 분류 : 영리조직, 비영리조직

조직은 그 설립 목적이 영리를 추구하느냐 아니냐에 따라 영리조직, 비영리조직으로 구분한다. '영리성'의 유무는 조직 구성원의 사익 추구를 위하여, 그 조직의 이익을 조직 구성원에게 분배할지 여부에 따라 나뉜다. 즉, 영리조직은 단순히 수익사업을 하는 것뿐만 아니라, 그 이익을 조직의 구성원에게 분배하는 것을 목적으로 하는 조직이며, 비영리조직은 영리를 목적으로 하지 않는 조직을 말한다. 다만, 비영리조직도 본래 설립 목적을 달성하기 위하여 필요한 경우에는 설립취지의 본질에 반하지 아니하는 범위 내에서 수익사업을 영위할 수 있으나 이때 발생한 이익이 어떠한 형식이든 구성원에게 분배되는 것은 비영리조직이라 할 수 없다. 수익사업을 하는 비영리조직은 그 발생된 이익을 조직의 구성원에게 분배하지 아니하고 조직의 기본재산으로 적립할 뿐이다.

2.2 구성요소에 따른 분류 : 사단, 재단

조직은 조직을 구성하는 요소에 따라 사람(사원, 회원)을 중심으로 하는지 아니면 일정한 목적을 위하여 바쳐진 재산인지에 따라 크게 사단(조합)과 재단으로 분류한다. 즉, 구성원이 존재 여부에 따라 사단(조합)과 재단으로 구분한다.

재단은 구성원이 없으므로 이익의 분배가 가능하지 않아 영리를 목적으로 할 수 없으며, 사원총회가 있을 수 없고 이에 따라 사원총회의 결의에 의한 임의 해산이 불가능하다. 또한 재산의 공동소유형태도 구성원이 없기 때문에 공유, 합유, 총유가 불가능하고, 공유물의 처분에 있어서 합유자 전원의 동의나 사원총회의 결의에 의한 처분 변경이 불가능하며, 지분에 대한 분할청구도 불가능하다.

반면, 사단은 구성원이 있으므로 이익의 분배가 가능하여 영리 또는 비영리 목적으로 설립이 가능하다. 또한, 사원총회가 필수 기관이기 때문에 사원총회의 자율적인 의사결정에 따라 임의 해산도 가능하며, 재산의 공동소유형태에 따라 공유, 합유, 총유가 가능하다.

최고의사결정 기관은 사단은 사원총회이며, 재단은 설립당시 출연자의 의사에 따라 귀속되는 경우가 많은데 대부분 대표이사나 이사회가 최고의사결정 기관으로 정하고 있다.

설립행위에 있어서도 재단은 사단과 다르게 정관작성 후 재산의 출연이 추가된다. 다음은 사단과 재단의 차이점이다.

| 사단과 재단의 비교 |

구분	사단	재단
구성요소	사람(사원, 회원)	출연된 재산
영리성	영리/비영리 모두 가능	비영리만 가능
설립행위	정관 작성	정관 작성+재산 출연
재산공유형태	합유, 총유 가능	합유, 총유 불가능
최고의사결정	사원총회에서 자율적으로 결정됨	출연자의 의사에 의해 구속됨
필수기관	사원총회+이사	이사
법인 해산 시	사원총회에서 임의해산 가능	임의해산 불가능

2.3 법인격 유무에 따른 분류 : 법인, 비법인(법인격 없는 단체)

조직의 설립 근거 법률에 따라 법인격이 부여된 조직을 법인(法人)이라고 하고, 법인격이 부여되지 않은 조직을 비법인 또는 법인격 없는 단체라고 한다.

법인은 살아있는 사람(자연인) 이외에 별도의 권리 · 의무의 주체로서 법에 의하여 법인격이 인정된 것을 말한다. 이와 같은 법인이 존재하는 이유는 자연인인 사람은 다른 사람과 독립된 인격체로써 단독으로 사회생활을 영위할 수 있는 반면, 조직된 단체의 경우에 그 구성요소인 사원의 증감이나 재산의 변동에 따라 매번 법률관계를 새롭게 규정하게 된다면 여간 복잡하고 번거로운 일이 아닐 수 없고, 따라서 사단과 재단에 일정한 인격을 부여하여 통일되고 단순 명료한 법률관계를 유지할 필요성이 대두되었기 때문이다.

이와 같은 법인은 구성요소인 사람 또는 재산과는 다른 독립적인 인격체가 되어 법인의 재산과 구성원 개인의 재산이 엄격히 분리되고 또한 법률에 의해 설립되기 때문에 법적 규제(행정관청의 지도 · 감독 등)를 받게 되는데, 그 이유는 조직된 단체는 개인이 가지는 것보다 훨씬 강하고 큰 힘을 가지는 것이 보통이므로 대외적으로는 조직된 단체와 교섭하는 이의 이해와 거래의 안전을 꾀하고 대내적으로는 너무 강한 내부통제력을 가지고 조직 구성원의 자유를 지나치게 제한하거나 억제하는 것을 막기 위하여 어느 정도 법률적 간섭을 꾀할 필요성 때문인 것이다.[1)]

한편, 현실적으로는 법인격이 없는 단체가 존재하게 되는데 그 이유는 ① 법인 설립에는 그 준거 법률에 따라 일정한 요건을 갖추어야 하는데 법이 정한 요건을 갖추지 못하여 법인격 취득에 실패하는 경우와 ② 행정관청의 지도 · 감독 등 법률적 규제나 간섭을 원치 않아 법인격을 취득을 포기하는 경우 등이다.

2.4 설립가능한 조직의 형태

조직의 형성목적, 구성요소, 법인격 여부에 따라 조합가능한 조직의 형태는 다음과 같이 여섯 가지로 분류할 수 있다. 물론 수리적으로는 가능한 조합은 총 8개이지만 재단의 경우에는 구성원이 없기 때문에 영리를 목적으로 할 수 없어 영리재단이나 영리재단법인은 있을 수 없다.

설립가능한 조직의 구분

구분	종류
영리 사단	법인격 없는 조합이나, 소득세법상 공동사업자 등
영리 사단법인(영리법인)	상법상 회사(합명, 합자, 주식, 유한, 유한책임회사), 협동조합
비영리 사단법인	민법 · 공설법 · 기타특별법상 비영리 사단법인, 사회적협동조합
비영리 재단법인	민법 · 공설법 · 기타특별법상 비영리 재단법인
법인격 없는 비영리 사단	종중, 동, 리, 동창회, 상조회, 설립중인 사단, 정당
법인격 없는 비영리 재단	한정승인된 상속재산, 상속인 없는 상속재산, 설립 중인 재단

영리조직은 영리를 목적으로 하는 법인격 없는 영리 사단과 「상법」 제169조 이하에 근거하여 설립할 수 있는 영리 사단법인(영리법인)인 회사로 구분할 수 있으며 이 책에서는 논의의 대상이 아니기 때문에 더 이상의 설명은 생략하기로 하겠다.

비영리조직(Non Profit Organization)은 법률에 의해 법인격이 부여된 비영리법인과 법인격이 없는 사단 또는 재단으로 구분할 수 있다. 비영리법인은 설립근거 법률에 따라 「민법」 제31조 이하에 근거하여 설립된 민법상 비영리법인과 특별법인 「공인법인의 설립 · 운영에 관한 법률」(이하 "공설법" 또는 "공익법인법"이라 함)에 근거하여 설립된 공익법인법상 비영리법인, 그리고 그 외 「사회복지사업법」에 따라 설립된 사회복지법인, 「사립학교법」에 따라 설립된 학교법인, 「의료법」에 따라 설립된 의료법인, 기타 특별법에 따라 설립된 단

1) 곽윤직 외1, 민법총칙, 박영사, 2016, p.154~p.155

체의 협회나 조합 등이 이에 속한다.

법인격이 없는 비영리 사단은 종중(宗中), 동(洞), 리(里), 교회, 동창회, 상조회, 설립 중인 사단 등이 이에 속하고, 한정인 된 상속재산, 상속인 없는 상속재산, 설립 중인 재단 등은 법인격이 없는 비영리 재단에 속한다.

일반적으로 비영리조직(Non Profit Organization)은 민간에 의해 자발적으로 설립된 비영리 목적의 사단 및 재단을 통칭하여 말한다. 주로 비영리단체, 비영리기관, NGO(non governmental organization)등과 혼용되어 사용되기도 하는데 관계 법령에 따라 설립이 허가 또는 인가되어 법인격이 부여된 사단법인과 재단법인뿐만이 아니라 법인이 아닌 사단과 재단도 포함된 개념이다. 또한 민간에 의해 자발적으로 설립되었기 때문에 국가가 특수한 공공 정책을 실현하기 위하여 특별법(「한국은행법」, 「방송법」, 「한국도로공사법」 등)에 의해 국가 주도로 설립된 법정법인은 포함되지 않으나, 국가가 일부 자격자(사회복지사, 의사, 변호사, 약사, 회계사, 세무사, 상공인 등) 단체의 법인 설립을 강제하고 그 회원들의 가입을 강제하기 위해 법률의 규정에 의해 설립된 사단법인이나 재단법인 등도 이견은 있지만 비영리조직에 포함하기도 한다.

03 현행 법률상 비영리조직의 구분

비영리조직(Non Profit Organization)이란 비영리 목적으로 설립된 사단과 재단을 통칭하는 조직으로 정의할 수 있다. 비영리조직 중 설립근거 법률이 있는 비영리법인은 현행 법률상 민법, 공설법, 기타 특별법에 따라 설립할 수 있다. 한편, 비영리조직과 유사한 개념으로 각종 세법 등에서 정의하고 있는 비영리민간단체, 비영리내국법인, 공익법인, 기부금단체 등이 있는 바, 이들에 대한 범주를 살펴보도록 하겠다.

3.1 설립근거 법률에 따른 비영리법인의 구분

1) 민법

「민법」 제32조의 규정에 의한 비영리법인은 "학술, 종교, 자선, 기예, 사교 기타 영리 아닌 사업을 목적으로 하는 사단 또는 재단은 주무관청의 허가를 얻어 이를 법인으로 할 수 있다."라고 규정하고 있다. 따라서 각 주무관청에는 비영리법인의 설립 및 감독에 관한 규칙을 별도로 규정하여 설립 및 운영에 대하여 관리 감독을 하고 있다.

2) 공익법인의 설립 · 운영에 관한 법률

공익법인법은 비영리법인의 설립 및 운영 등에 관하여 「민법」에서 규정한 것을 보완하기 위하여 제정된 것으로, 비영리법인의 활동에 보다 더 공익성과 건전성을 부여하기 위한 취지로 제정된 법률이다. 동 법 제2조의 규정에 의한 공익법인의 범위는 "재단법인이나 사단법인으로서 사회 일반의 이익에 이바지하기 위하여 학자금 · 장학금 또는 연구비의 보조나 지급, 학술, 자선(慈善)에 관한 사업을 목적으로 하는 법인"으로 규정하고 있으므로 민법상 비영리법인보다 그 범위가 좁아 협의의 공익법인, 협의의 비영리법인이라고 할 수 있다.

3) 민법과 공익법인의 설립 · 운영에 관한 법률의 비교

비영리법인을 설립할 경우 민법상 비영리법인을 설립할지 아니면 공익법인법상 공익법인을 설립할지 여부는 설립자의 자유재량이다. 다만, 공익법인의 경우가 비영리법인에 비해 많은 세제 혜택을 부여하기 때문에 보다 더 설립요건을 까다로우며 설립 후 관리 · 감독도 엄격하다.

민법상 비영리법인과 공익법인법상 공익법인의 설립 및 운영에 관한 법률 상 차이는 다음과 같다. 우선 설립 목적이 종교나 사교, 기예의 경우에는 공익법인으로 설립할 수 없다. 또한 운영에 관하여도 민법상 비영리법인의 경우에는 많은 자율성을 부여하고 있지만, 공익법인의 경우에는 대부분 주무관청의 허가를 득하도록 규정하고 있다.

| 민법과 공익법인의 설립·운영에 관한 법률의 주요한 차이 |

구분	민법	공익법인의 설립 · 운영에 관한 법률
사업의 목적	학술, 종교, 자선, 기예, 사교 기타 영리 아닌 사업 일체	학자금 · 장학금 또는 연구비의 보조나 지급, 학술, 자선(慈善)에 관한 사업
이사회 설치	임의	강제
임원 요건	특별한 제한 없음	이사의 수와 임기, 감사, 국적 등 제한
수익사업 개시	본질에 반하지 않은 정도 가능	주무관청 허가
기본재산의 처분	정관에 정함	주무관청 허가
잔여재산의 귀속	정관에 정함	국가나 지방자치단체에 귀속
벌칙	과태료	징역 · 벌금 등 형사처벌 가능

한편, 「상속세 및 증여세법」(이하 "상증법"이라 함)에서 규정하고 있는 공익법인의 범위는 공익법인법상 공익법인 그리고 「민법」상 비영리법인보다 더 큰 개념으로 광의의 공익법인이라 할 수 있다.

4) 민법상 사단법인과 협동조합기본법상 조합의 비교

민법상 조합은 2인 이상이 금전 기타재산 또는 노무를 상호출자하여 공동사업을 경영할 것을 약정함으로써 그 효력이 생기는 조직의 형태로 각 조합원의 출자가액에 비례하여 손익분배 비율을 정하도록 하고 있다. 따라서 민법상 조합은 구성원이 있는 영리조직에 해당하며 법인격이 없는 형태로 존재할 수 있다.

「협동조합기본법」(이하 "협동조합법")에 따른 협동조합은 재화 또는 용역의 구매 · 생산 · 판매 · 제공 등을 협동으로 영위함으로써 조합원의 권익을 향상하고 지역 사회에 공헌하고자 하는 사업조직으로 말하는 것으로 민법상 조합과는 다르게 법인격이 부여되어 있다.

민법상 사단법인과 협동조합법의 협동조합 또는 사회적협동조합은 구성원이 존재하는 인적결합이라는 측면에서는 공통점이 있으나 사업목적이나 운영방식 등에서는 차이점이 있다.

협동조합은 조합원의 경제적 이익을 증진하는 측면에서는 상법상 회사와 공통점이 있으나 사회적협동조합으로 인가를 받아 설립된 경우에는 이익의 배당이 금지되어 있어 비영리성이 있다. 주식회사나 유한회사의 경우에는 1주(좌) 1표제에 따른 의결권이 있으나 사단법인이나 조합의 구성원은 출자좌수와 관계없이 1인 1표제의 민주적인 운영방식을 채택하고 있다. 설립에 있어서도 사단법인은 허가제를 채택하고 있으나 일반 협동조합은 신고제 방식이고 사회적협동조합은 인가제를 채택하고 있다.

| 상법상 회사, 민법상 사단법인, 협동조합의 비교 |

구분	사단법인	(일반)협동조합	사회적협동조합	주식(유한)회사
관계법령	민법	협동조합기본법	협동조합기본법	상법
설립형태	허가제	신고제	인가제	신고제
영리성	비영리	영리	비영리	영리
배당	불가능	가능	불가능	가능
의사결정방식	1인1표	1인1표	1인1표	1주(좌) 1표

한편, 『사회적기업육성법』에서 정한 일정요건을 갖춘 비영리법인 · 단체 · 조합 · 상법상 회사 등의 조직 중에서 고용노동부장관의 인증을 받은 기업을 "사회적기업"이라고 하며, 주로 취약계층에게 사회서비스 또는 일자리를 제공하거나 지역사회에 공헌함으로써 지역주민의 삶의 질을 높이는 등의 사회적 목적을 추구하면서 재화 및 서비스의 생산 · 판매 등 영업활동을 하는 기업을 말한다. 따라서 "사회적기업"의 조직의 형태는 민법에 따른 법인 · 조합, 상법상 회사 · 합자조합, 특별법에 따라 설립된 법인 또는 비영리민간단체 등으로서 「공익법인의 설립 · 운영에 관한 법률」 공익법인, 「비영리민간단체지원법」 비영리민간단체, 「사회복지사업법」에 따른 사회복지법인, 「소비자생활협동조합법」에 따른 소비자생활협동조합, 「협동조합기본법」에 따른 협동조합과 협동조합연합회, 사회적협동조합, 사회적협동조합연합회 그리고 그 밖에 다른 법률에 따른 법인 또는 비영리단체 등 다양하다.

5) 기타 특별법

일반적인 영리 목적이 아닌 사업을 하고자 할 경우 민법 또는 공설법에 따라 비영리법인을 설립하면 되지만, 현행 법률상 아주 특별한 영리목적인 아닌 사업을 영위하고자 할 경우에는 기타 특별법에 따라 비영리법인을 설립할 수 있다. 기타 특별법에 따라 설립할 수 있는 대략적인 비영리법인은 다음과 같다.

① 「사립학교법」 제2조에는 "학교법인"이란 사립학교만을 설치 · 경영할 목적으로 이 법에 따라 설립되는 법인으로 규정하고 학교법인의 권리능력과 불법행위능력에 관하

여는 「민법」 제34조 및 제35조의 규정을 준용하도록 하고 있다.

② 「사회복지사업법」 제2조에는 "사회복지법인"이란 사회복지사업을 할 목적으로 설립된 법인으로 규정하고 사회복지법인에 관하여 동법에서 규정한 사항을 제외하고는 「민법」과 공익법인법을 준용하도록 하고 있다. 한편, 동법 제46조에는 사회복지사는 사회복지에 관한 전문지식과 기술을 개발 · 보급하고, 사회복지사의 자질 향상을 위한 교육훈련을 실시하며, 사회복지사의 복지증진을 도모하기 위하여 한국사회복지사협회(이하 "협회"라 함)를 설립하도록 하고 협회에 관하여 동 법에서 규정한 사항을 제외하고는 「민법」 중 사단법인에 관한 규정을 준용하도록 하고 있다.

③ 「의료법」 제48조에는 의료법인을 설립하려는 자는 소재지 관할 시 · 도지사의 허가를 받도록 규정하고 있으며 의료법인에 대하여 동법에 규정된 것 외에는 「민법」 중 재단법인에 관한 규정을 준용하도록 하고 있다. 한편, 동법 제28조에 의사 · 한의사 등에 대하여 각각 전국적 조직을 설립하여야 하도록 하고 중앙회에 관하여 「의료법」에 규정되지 아니한 사항에 대하여는 「민법」 중 사단법인에 관한 규정을 준용하도록 하고 있다.

④ 이외에도 기타 특별법에 따라 설립된 건축사협회, 공인노무사협회, 감정평가사협회, 영양사협회, 약사회, 한약사회, 공인회계사회, 변호사회 등의 각종 협회는 각각의 특별법에 따라 설립 · 운영되며 동 특별법에 규정이 없을 경우 「민법」의 사단법인 또는 재단법인에 관한 규정을 적용하도록 하고 있다.

3.2 비영리민간단체지원법상 비영리민간단체

비영리민간단체는 영리가 아닌 공익활동을 수행하는 것을 주된 목적으로 하는 비영리민간단체로서 「비영리민간단체지원법」 제2조에서 요구하는 다음의 요건을 갖추고 같은 법 시행령 제3조의 절차에 따라 중앙행정기관의 장이나 시 · 도지사에게 등록한 비영리조직을 말한다.

1. 사업의 직접 수혜자가 불특정 다수일 것
2. 구성원 상호간에 이익분배를 하지 아니할 것
3. 사실상 특정정당 또는 선출직 후보를 지지 · 지원 또는 반대할 것을 주된 목적으로 하거나, 특정 종교의 교리전파를 주된 목적으로 설립 · 운영되지 아니할 것

4. 상시 구성원수가 100인 이상일 것
5. 최근 1년 이상 공익활동실적이 있을 것
6. 법인이 아닌 단체일 경우에는 대표자 또는 관리인이 있을 것

상기 요건 제4호와 제6호에서 규정하고 있는 바와 같이 비영리민간단체는 법인뿐만이 아니라 법인격 없는 단체를 포함하는 개념이며, 본질적으로 구성원이 있다는 점에서 재단이나 재단법인이 아닌 사단이나 사단법인이 이에 해당한다 할 수 있다.

비영리민간단체로 등록을 하면 행정안전부나 시 · 도지사로부터 '비영리민간단체 공익활동 지원사업'에 응모하여 국고보조금으로 교부받아 보조금 지원사업을 수행할 수 있고, 공익활동을 위하여 사용하는 우편물에 대하여는 일반 우편요금의 100분의 25를 감액하여 지원받을 수 있다. 또한「소득세법 시행령」제80조 제1항 제5호의 규정에 따라 '공익단체'로 행정안전부 장관의 추천을 받아 기획재정부장관에게 지정 · 신청할 수 있다. '공익단체'로 지정되면 동 단체를 위하여 지출한 기부금은 손비로 인정받을 수 있게 되는데 이에 대한 지정절차 및 요건 등은 제2절에서 후술하기로 한다.

3.3 법인세법이 정한 비영리내국법인

「법인세법」상 비영리법인은 동법 제2조 제2호에 다음과 같이 규정하고 있다.「법인세법」상의 비영리법인에는 법인격 없는 사단과 재단도 "법인으로 보는 단체"에 포함하므로 가장 포괄적으로 규정하고 있으며, 이 책에서 정한 비영리조직의 범위와 대략 일치한다고 할 수 있다. 또한 수익사업을 하고 있는지의 여부가 아닌 이익을 배당할 수 있는지의 여부에 따라 비영리법인과 영리법인을 구분하도록 규정하고 있어 "비영리"의 의의에 가장 적합한 정의라 할 수 있다.

가.「민법」제32조에 따라 설립된 법인
나.「사립학교법」이나 그 밖의 특별법에 따라 설립된 법인으로서「민법」제32조에 규정된 목적과 유사한 목적을 가진 법인(대통령령으로 정하는 조합법인 등이 아닌 법인으로서 그 주주(株主) · 사원 또는 출자자(出資者)에게 이익을 배당할 수 있는 법인은 제외)
다.「국세기본법」제23조 제4항에 따른 법인으로 보는 단체(이하 "법인으로 보는 단체"라 함)

"이익을 배당할 수 있는 법인"의 범위에 대하여「법인세법 기본통칙」1-0…1에는 자본금 또는 출자금이 있고 그 자본금 또는 출자금이 주식 또는 출자지분으로 구성되어 있으

며, 경영성과를 출자비율에 따라 출자자 등에게 분배가 가능한 법인을 의미하는 것으로서, 이익배당에는 구성원의 탈퇴 시 출자금 외에 출자비율에 따라 잉여금 등을 그 동안의 경영성과를 반환할 수 있는 경우를 포함하도록 규정하고 있다.

법인세법에서 비영리내국법인을 별도로 규정하고 있는 이유는 순자산증가설에 따라 과세(포괄주의)하는 영리법인과는 달리 소득원천설(수익사업에서 생긴 소득)에 따라 과세(열거주의)하는 세제 혜택을 부여하기 위해서이다.

3.4 세법이 정한 기부금단체

세법상 기부금이란 내국법인이 사업과 직접적인 관계없이 무상으로 지출하는 금액을 말하는 바, 세법에서 법령으로 열거한 기부금단체에 지출한 기부금만 내국법인의 기준소득금액에서 일정 한도(50%, 10%)만큼 손금으로 인정된다. 따라서 기부금단체란 세법에서 법령으로 열거한 불특정다수를 위해 사회복지 · 문화 · 예술 · 교육 · 종교 · 자선 · 학술 등을 고유목적사업으로 하는 비영리법인을 말한다. 여기서 말하는 비영리법인은 단체 및 비영리외국법인을 포함한 개념이지만 일반적으로 모든 비영리법인이 기부금단체가 될 수는 없다.

기부금단체는 기부금을 지출하는 내국법인의 기준소득금액의 50% 손금인정 기부금단체(법법 §24 ②)와 10% 손금인정 기부금단체(법법 §24 ③)로 구분할 수 있으며, 또한 당연기부금단체와 지정 · 고시 기부금단체로 구분할 수 있다.

기부금단체가 될 수 있는 요건과 범위 그리고 의무사항에 대하여 구체적인 내용에 대하여 후술하기로 한다.

3.5 상속세 및 증여세법이 정한 공익법인

「상속세 및 증여세법」에서 일정한 요건을 갖춘 공익법인은 출연받은 재산에 대하여 상속세와 증여세를 면제하도록 규정하고 있다. 이 경우 공익법인은 기본적으로 종교 · 자선 · 학술 관련 사업 등 공익성을 고려하여 다음 각 목에서 정하는 사업을 하는 자를 말한다(상증령 §12).

1. 종교의 보급 기타 교화에 현저히 기여하는 사업
2. 「초 · 중등교육법」 및 「고등교육법」에 의한 학교, 「유아교육법」에 따른 유치원을 설립 · 경영하는 사업
3. 「사회복지사업법」의 규정에 의한 사회복지법인이 운영하는 사업
4. 「의료법」 또는 「정신보건법」의 규정에 의한 의료법인 또는 정신의료법인이 운영하는 사업
5. 「법인세법」 제24조 제2항 제1호에 해당하는 기부금을 받는 자가 해당 기부금으로 운영하는 사업
6. 「법인세법 시행령」 제39조 제1항 제1호 각목에 따른 공익법인등 및 「소득세법 시행령」 제80조 제1항 제5호에 따른 공익단체가 운영하는 고유목적사업
7. 「법인세법 시행령」 제39조 제1항 제2호 다목에 해당하는 기부금을 받는 자가 해당 기부금으로 운영하는 사업

따라서 상증법상 공익법인은 설립근거 법률 중의 하나인 「공익법인의 설립 · 운영에 관한 법률」에서 정의하는 공익법인과 다른 개념임을 유념해야 한다. 종전 상증법상 공익법인의 범위에는 공설법상 공익법인이 포함되어 있었으나, 2021.1.1. 이후부터는 공설법상 공익법인도 법인세법상 기부금단체에 해당되어야 상증법상 공익법인에 해당한다고 할 수 있겠다.

한편, 세법에서 정한 기부금단체는 상증법상 공익법인에도 해당한다는 점에서 공익법인과 그 범위가 매우 유사하다. 다만, 일부 기부금단체는 사회복지 등 공익을 위한 사업을 수행한다 하더라도 공익법인에 해당하지 않을 수 있다. 즉 무료 또는 실비 이용 사회복지 시설이나 기관(법령 §39 ① 4호)과 기획재정부장관이 지정하여 고시하는 국제기구(법령 §39 ① 6호)는 기부금단체에 해당하지만 상증법상 공익법인에는 해당하지 않는다.

다음은 세법에서 정한 비영리내국법인과 공익법인 그리고 기부금단체의 관계를 도식한 것이다.

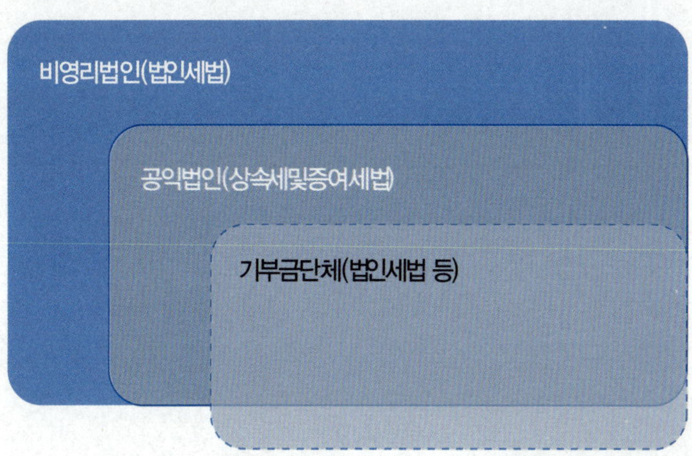

TIP

비영리민간단체지원법이나 각종 세법에서 규정하고 있는 비영리법인이나 공익법인에 대한 정의는 그 자체로 법인격이 부여되는 것은 아니다. 즉, 비영리법인과 공익법인에 법인격을 부여할 수 있는 법률은 ① 민법 ② 공익법인법 ③ 기타 특별법이 유일하며, 동 법률들에 의해서만 설립 · 운영이 될 수 있다. 세법에서 정한 비영리법인이나 공익법인 그리고 기부금단체의 정의는 설립 · 운영과는 관계없이 오로지 과세 또는 세제혜택을 위한 범위를 정하는데 그 목적이 있다고 할 수 있다.

제 2 절 비영리조직의 설립 및 설립 시 발생하는 세무문제

01 비영리조직의 설립절차

1.1 법인격 없는 비영리조직의 설립절차

1) 법인격 없는 비영리조직이 존재하는 이유

비영리조직이 법인격을 취득하여 법인이 되는 것은 그렇게 어려운 일은 아니나 실제 법인격 없는 사단과 재단이 존재하는 것은 현실적으로 두 가지 이유가 있다.

첫 번째는 현행 「민법」과 「공익법인설립 및 운영에 관한 법률」에 따르면 법인을 설립하기 위해서는 주무관청에 허가(허가주의)를 득해야 하고, 기타 특별법에 따라 법인을 설립할 경우에는 행정관청에 인가(인가주의)를 득해야 한다. 주무관청의 허가는 행정관청의 자유재량이며, 주무관청의 인가는 법률이 정하는 일정한 요건을 갖추어야 한다. 특이하게 영리법인이나 노동조합의 경우에는 법인 설립 요건을 미리 법률로 정해 놓고 그 요건에 충족되면 당연히 법인설립을 해주는 준칙주의를 채택하고 있는 경우도 있지만 현행 「민법」의 허가주의와 기타 특별법에 의한 인가주의 때문에 법인 설립이 좌절되는 경우 법인격 없는 사단과 재단으로 남게 되는 경우가 있다.

두 번째로 「민법」이나 기타 특별법에 따라 법인을 설립할 경우 주무관청은 설립 후 관리감독을 하게 되는데 이와 같은 간섭을 좋아하지 않거나 회피하기 위하여 굳이 법인 설립을 포기하는 경우이다. 「민법」상 비영리법인이나 공익법인법상 공익법인에 해당되면 여러 가지 조세감면 등의 혜택을 얻게 되고 또한 일반기부금 단체가 될 경우 자금의 운영 면에서 많은 도움을 얻을 수 있으나 이런 것들을 모두 포기하고 행정관청의 간섭(임원이 될 수 있는 자의 제한, 기본재산 처분허가, 수익사업 개시할 경우 주무관청의 승인, 예산 · 결산의 보고, 잔여재산의 귀속 등)을 회피하기 위하여 또는 그럴 필요가 없는 경우에 법인격 없는 사단과 재단으로 남게 되는 경우이다.

2) 법인격 없는 비영리조직의 설립절차

법인격 없는 비영리조직의 설립은 간단하다. 일단 ① 자치법규 또는 구성원 간 계약에 해당하는 정관(회칙)을 작성하고 ② 단체로서 조직(단체의 대표자, 임원 선출 등)을 갖추고, 창립총회를 결의하면 된다. 다만, 법인격 없는 재단의 경우에는 출연자의 재산의 출연이라는 행위가 더해지면 된다. 종중이나 교회, 사찰, 동창회, 상조회, 계모임, 동호회, 조기축구회, 산악회, 아파트관리사무소의 입주자대표회의 등이 이런 식으로 설립된다.

3) 법인격 없는 비영리조직의 설립 후 절차

법인격 없는 비영리조직을 설립한 이후에는 단체 명의의 통장을 개설하는 경우가 있는데 이 경우 금융기관에서는 세무서에서 발급하는 고유번호증 원본을 제시할 것을 요구하는 경우가 있다. 이때 세무서에 수익사업을 하지 않는 비영리법인으로 등록하고 고유번호증을 발급받기 위해서는 다음과 같은 서류를 요구하게 된다. 이때 고유번호증을 발급받았다 할지라고 「민법」 상 법인격이 부여된 것이 아님을 유의해야 한다. 또한 법인격 없는 비영리조직의 설립요건이 세무서의 법인격 없는 단체로 등록하는 것이 아님을 또한 유의해야 한다.

1. 법인으로 보는 단체의 승인신청서(기칙 별지 제6호)
2. 법인으로 보는 단체의 대표자 등의 선임(변경)신고서(기칙 별지 제6호의 4)
3. 정관 또는 조직과 운영에 관한 사항(정관이 없으면 회의록, 규칙, 회칙 등)
4. 대표자 또는 관리인임을 확인할 수 있는 서류(대표자 선임 회의록 등)
5. 단체도장(단체직인)
6. 사무소 소재지의 (무상)임대차계약서(임대차계약서가 없으면 소재지의 사용승낙서 등)
7. 신청인의 신분증 및 위임장(위임내용을 나타냄)

4) 법인격 없는 비영리조직이나 법인이 아닌 임의단체의 금융거래

법인격 없는 비영리조직 또는 법인이 아닌 임의단체(동창회, 동문회, 종친회, 상조회 등)의 경우 회비의 수납 등 금융거래를 하기 위해서는『금융실명거래법』에 따라 동 법인격 없는 비영리조직 또는 법인이 아닌 임의단체의 명의로 계좌를 개설해야 한다. 만약 임의단체의 회장이나 총무 개인명의로 계좌를 개설하여 관리할 경우 세법상 이자소득 및 원천징수액이 명의자에게 귀속되어 명의자의 금융소득에 합산되어 종합과세되는 문제가 있을 수 있으며, 계좌의 명의자가 사망 시 상속재산으로 분류될 가능성, 명의자의 채권자가 계좌를 압류할 가능성 등의 소유권 분쟁 소지가 있기 때문이다. 따라서 법인격 없는 비영리조직이나 임의단체는 설립 후 위 3)에서와 같은 서류를 갖추어 고유번호증을 관할세무서에서 발급받아 단체명의로 계좌를 개설해야 한다. 다만, 세무서에서 고유번호증을 발급받지 않은 임의단체의 경우에는 임의단체 확인서류와 대표자 실명확인표 등을 금융기관에 제출하면 단체 명의가 부기된 임의단체 계좌를 개설할 수 있다.

❙ 임의단체의 실명확인에 필요한 서류 ❙

명의인	신청인	실명확인에 필요한 서류
고유번호증이 있는 단체 – 단체명	대표자	• 고유번호증 원본 또는 납세번호증 원본 • 대표자의 실명확인증표(주민등록증 등) • 불법 · 탈법 차명거래 금지 설명확인서
	대리인	• 고유번호증 원본 또는 납세번호증 원본 • 대리인의 실명확인증표 • 위임관계를 알 수 있는 서류(다음 중 하나) – 대표자의 위임장 및 대표자 개인인감증명서 또는 본인서명사실확인서 – 계좌개설 요청공문(금융거래의사와 계좌개설 대리인이 기재된 문서) • 불법 · 탈법 차명거래 금지 설명확인서
고유번호증이 없는 단체로 임의단체 확인 서류를 제출한 단체 – 대표자 (단체명 부기)	대표자	• 대표자(회장, 총무, 간사 등)의 실명확인증표 • 임의단체 확인서류 – 단체정관 또는 조직과 운영에 관한 규정 – 대표자임을 입증할 수 있는 서류(등록증, 회의록, 의사록 등) – 조직구성원 명부 • 불법 · 탈법 차명거래 금지 설명확인서
	대리인	• 대표자의 실명확인증표(사본가능) • 대리인의 실명확인증표 • 임의단체 확인서류 • 대표자의 위임장 • 대표자의 인감증명서 또는 본인서명사실확인서 • 불법 · 탈법 차명거래 금지 설명확인서

※자료 : 은행연합회, 금융실명거래업무해설(2016.8.)을 기준으로 저자 재구성

고유번호증 또는 사업자등록증의 코드구분 체계

○○○—□□—△△△△▲

1. 청 · 서코드 : ○○○

순수한 신규개업자(폐업 후 재개업이 아닌 자)에게만 사업자 등록번호 최초 부여관서의 청 · 서코드 부여. 사업자가 관서간 세적을 이전하거나 관할구역이 변경되는 경우에도 청 · 서코드는 변경 안 됨.

2. 개인법인구분 코드 : □□

구분	코드	비고
개인	01~79	개인 과세사업자
	80	거주자로 보는 사단, 재단 기타 단체 중 종교단체 이외의 단체 (예 : 아파트 관리사무소)
	89	거주자로 보는 사단, 재단 기타 단체 중 종교단체
	90~99	개인면세사업자
법인	81, 86, 87	영리법인 본점
	85	영리법인 지점
	82	비영리법인 본점, 지점 (법인격 없는 사단 · 재단 기타 단체 중 법인으로 보는 단체 포함)
	83	국가, 지방자치단체, 지방자치단체 조합
	84	외국법인의 본 · 지점, 연락사무소

3. 일련번호 : △△△△

코드	비고
0001~9999	과세 · 면세 사업자(일반 · 간이), 법인사업자별로 등록 또는 지정일자순으로 부여
0001~5999	비영리법인의 본 · 지점은 등록 또는 지정일자순으로 부여
6000~9999	법인격 없는 사단 · 재단 기타 단체 중 법인으로 보는 단체는 등록 또는 지정일자순으로 부여

4. 검증번호 : ▲

전산스시스템에 의하여 사업자등록번호의 오류 여부를 검증하기 위한 특정 숫자

■ 국세기본법 시행규칙 [별지 제6호 서식] (2018.3.19. 개정)

법인으로 보는 단체의 승인신청서

(앞쪽)

접수번호	접수일	처리기간 10일

신청단체	명 칭		결성연월일
	소재지		
	전화번호		전자우편주소

대표자 또는 관리인	성 명		주민등록번호
	주소 또는 거소		
	전화번호 (자택)	(휴대전화)	전자우편주소

사업내용	고유사업	
	수익사업	

단체의 재산상황		
구 분	소재지(발행처)	가액
부 동 산		
유가증권 및 그 밖의 재산		
합 계		

신청인의 위임을 받아 대리인이 신청을 하는 경우 아래 사항을 적어 주시기 바랍니다.

대 리 인 인적사항	성 명		주민등록번호
	주소 또는 거소		
	전화번호 (자택)	(휴대전화)	신청인과의 관계

국세청이 제공하는 국세정보 수신동의 여부	[ ] 문자(SMS) 수신에 동의함(선택) [ ] 이메일 수신에 동의함(선택)

「국세기본법」 제13조 제2항 및 같은 법 시행령 제8조 제1항에 따라 위와 같이 신청합니다.

년 월 일

신청인 (서명 또는 인)

위 대리인 (서명 또는 인)

세무서장 귀하

첨부서류	1. 정관 또는 조직과 운영에 관한 규정 1부 2. 대표자 또는 관리인임을 입증할 수 있는 자료	수수료 없 음

210mm×297mm[백상지 80g/㎡(재활용품)]

■ 국세기본법 시행규칙 [별지 제6호의 4 서식] (2014.3.14. 개정)

법인으로 보는 단체의 대표자 등의 선임(변경)신고서

접수번호	접수일	처리기간 즉시

<table>
<tr><td rowspan="3">신고
단체</td><td colspan="2">명 칭</td><td>고유번호 또는 사업자등록번호</td></tr>
<tr><td colspan="3">소재지</td></tr>
<tr><td colspan="2">전화번호</td><td>전자우편주소</td></tr>
</table>

<table>
<tr><td rowspan="5">신고
내용</td><td colspan="2">선임(변경)연월일</td><td>신고사유
[ ]최초선임 [ ]변 경</td></tr>
<tr><td rowspan="2">최초 선임
(변경 전)</td><td>성명</td><td>주민등록번호</td></tr>
<tr><td colspan="2">주소 또는 거소</td></tr>
<tr><td rowspan="2">변경 후</td><td>성명</td><td>주민등록번호</td></tr>
<tr><td colspan="2">주소 또는 거소</td></tr>
</table>

「국세기본법」 제13조 제5항 및 같은 법 시행령 제9조에 따라 위와 같이 신고합니다.

년 월 일

신고인 (서명 또는 인)

세무서장 귀하

첨부서류	없 음	수수료 없 음

210mm×297mm[백상지 80g/㎡(재활용품)]

1.2 비영리법인의 설립절차

비영리법인의 설립절차는 일반법인 「민법」과 기타 특별법에 의해 규정하고 있는데 강학상 크게 1) 비영리조직의 실체형성단계(설립단계)와 2) 법인격형성단계(성립단계)로 구분할 수 있다.

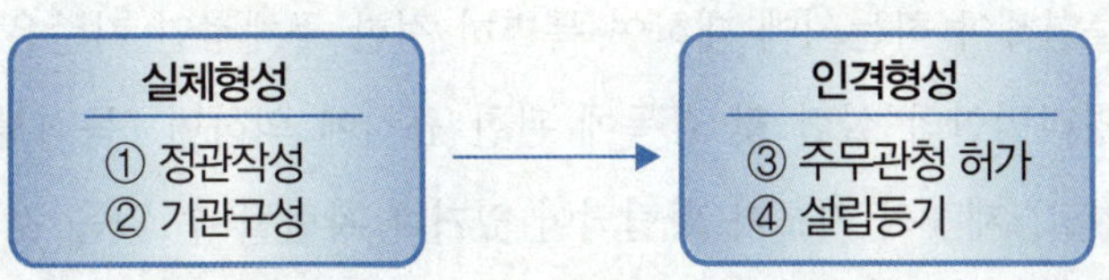

1) 실체형성단계(설립단계)

실체의 형성은 법인격 없는 비영리조직의 설립절차와 같이 ① 정관을 작성하고 ②기관을 구성하면 된다. 재단법인인 경우에는 설립자의 ③ 재산 출연이 더해진다. 「민법」과 기타 특별법에는 정관의 필요적 기재사항이 각각 다르게 규정되어 있으며, 법으로 정한 필수기관도 각각 다르게 규정하고 있다.

(1) 정관 작성

정관에는 ① 목적 ② 명칭 ③ 사무소의 소재지 ④ 자산에 관한 규정 ⑤ 이사의 임면에 관한 규정 ⑥ 사원자격의 득실에 관한 규정 ⑦ 존립 시기나 해산사유를 정하는 때에는 그 시기 또는 사유 등을 필수적으로 기재하도록 하고 있다. 임의적 기재사항에는 특별한 규정은 없으며 자유롭게 기재할 수 있는데 일단 기재하게 되면 필요적 기재사항과 같은 효력을 가지게 되어 이를 변경하고자 할 경우에는 정관변경 절차(주무관청의 허가와 정관변경 등기)를 거쳐야 한다. 재단법인의 경우에는 상기 '①'부터 '⑤'가 필요적 기재사항이다.

(2) 기관 구성

조직을 구성하기 위해서는 의사결정기관, 의사집행기관, 감독기관으로 분립할 수 있도록 구성하는 것이 원칙으로 이사, 이사회, 사원총회, 감사 등을 두도록 규정하고 있다. 다만, 이사는 민법상 비영리법인과 기타 특별법상 비영리법인 모두 필요기관으로 규정하고 있지만, 감사의 경우에는 민법상 비영리법인은 임의기관이고 공익법인법을 비롯한 기타 특별법에는 필수기관으로 규정하고 있다. 법인의 최고의사결정기관인 사원총회는 사단법인에게는 필요기관이지만 재단법인은 성질상 존재하지 않는다.

(3) 재산 출연

재단법인의 경우에는 사단법인과 별도로 재산의 출연이 반드시 필요하다. 이 경우 어느 정도의 재산을 출연해야 하는지에 대하여 특별히 정한 구체적인 기준은 없고, 다만 주무관청의 소관 비영리법인의 설립 및 감독에 관한 규칙에 의하면 "목적사업을 할 수 있는 충분한 능력이 있고, 재정적 기초가 확립되어 있거나 확립될 수 있을 것"으로만 규정하고 있다. 결국 재단법인의 설립에 요구된 재산의 정도는 주무관청이 사업의 종류 등을 감안하여 자유재량으로 판단하는 사항인데 일부 주무관청은 내부 기준으로 출연재산금액이 일정 금액 이상이 되는 법인에 대해서만 설립을 허가하고 있는 실정이다.

2) 법인격 형성단계(성립단계)

법인격을 형성하기 위해서는 ① 주무관청의 허가를 득해야 하고 ② 법인설립등기를 마쳐야 한다.

(1) 주무관청의 허가

「민법」 제32조과 공익법인법 제4조에는 비영리법인은 주무관청의 허가를 얻어 설립하도록 하고 있다. 주무관청은 정관에 기재된 목적사업을 주관하는 중앙행정기관(정부조직법 제26조 행정각부)을 말한다. 만약 정관에 기재된 목적사업이 사회복지이면 보건복지부가 주무관청이 되는 것이고, 장학 사업이면 교육부, 종교의 보급이면 문화체육관광부가 주무관청이 되는 것이다. 법인설립허가 신청을 받은 주무관청은 특별한 사정이 없는 한 20일 이내에 이를 심사하여 허가 · 불허가 처분을 한다. 주무관청의 선택 및 행정권한 위임에 및 위탁에 관한 사항 그리고 주무관청의 설립허가 기준에 대하여 후술하는 "2. 각 소관 부처별 비영리조직의 설립절차"에서 후술하기로 한다.

(2) 법인설립등기

법인설립허가서를 받은 설립중인 비영리법인은 법인성립을 위하여 법인설립의 허가가 있은 때로부터 3주간 내에 주된 사무소의 소재지에서 설립등기를 함으로써 마침내 법인격이 완성된다. 이 경우 만약 사무소가 둘 이상 있는 경우에 법인 활동의 중심을 이루는 사무소를 주된 사무소로 하여 설립등기를 하는데 보통 정관과 등기부에 기재된 사무소를 관할하는 지방법원 등기소에 하는 것이 일반적이다.

02 각 소관 부처별 비영리조직의 설립절차[2]

2.1 주무관청의 선택

1) 각 부처별 소관 사무

비영리법인의 설립허가와 비영리법인 사무의 검사 및 감독 등에 관하여는 다른 법령에 특별한 규정이 있는 경우를 제외하고는 각 소관부처에서는 별도로 정한 「비영리법인의 설립 및 감독에 관한 규칙」를 따르면 된다. 즉, 법제처에서 제공하는 국가법령정보 사이트(http : //www.law.go.kr)에서 "비영리법인"으로 검색하면 「보건복지부 소관 비영리법인의 설립 및 감독에 관한 규칙」, 「문화체육관광부 및 문화재청 소관 비영리법인의 설립 및 감독에 관한 규칙」, 「교육부 소관 비영리법인의 설립 및 감독에 관한 규칙」 등 총 31개의 규칙을 확인할 수 있다. 그 중 『국민안전처 소관 비영리법인의 설립 및 감독에 관한 규칙』은 국민안전처와 행정자치부가 통합해 행정안전부로 개편됨에 따라 사문화된 규칙이라 할 수 있다. 따라서 총 30개의 『비영리법인의 설립 및 감독에 관한 규칙』 중 어느 규칙을 적용할 것인지는 비영리법인의 정관에 규정된 고유목적사업과 일치하는 각 정부기관의 소관사무를 찾으면 된다.

『정부조직법』에서 규정한 행정 각 부처(19부)와 국무총리실 산하 국무조정실(1실)과 3처 등 총 23개 정부기관의 소관 사무는 다음과 같으므로 동 소관사무를 기준으로 주무관청을 판단하여 해당 소관 『비영리법인의 설립 및 감독에 관한 규칙』을 적용한다, 다만, 『정부조직법』에 소관사무가 규정하고 있지 않은 헌법재판소, 법원행정처, 중앙선거관리위원회, 감사원, 공정거래위원회, 국민권익위원회, 금융위원회 등 7개 기관은 개별 법률에

2) 법무부, 실무자를 위한 비영리 · 공익법인 관리 · 감독 업무 편람, 2017

소관 사무가 별도로 규정되어 있으므로 동 개별 법률에서 규정한 소관사무를 기준으로 주무관청을 판단하여 소관 『비영리법인의 설립 및 감독에 관한 규칙』을 적용하면 된다.

Ⅰ 정부조직법에 규정된 행정 각부 등의 소관사무 Ⅰ

주무관청	소관사무	
기획재정부	중장기 국가발전전략수립, 경제 · 재정정책의 수립 · 총괄 · 조정, 예산 · 기금의 편성 · 집행 · 성과관리, 화폐 · 외환 · 국고 · 정부회계 · 내국세제 · 관세 · 국제금융, 공공기관 관리, 경제협력 · 국유재산 · 민간투자 및 국가채무에 관한 사무	
	국세청	내국세의 부과 · 감면 및 징수에 관한 사무
	관세청	관세의 부과 · 감면 및 징수와 수출입물품의 통관 및 밀수출입 단속에 관한 사무
	조달청	정부가 행하는 물자(군수품을 제외한다)의 구매 · 공급 및 관리에 관한 사무와 정부의 주요시설공사계약에 관한 사무
	통계청	통계의 기준설정과 인구조사 및 각종 통계에 관한 사무
교육부	인적자원개발정책, 학교교육 · 평생교육, 학술에 관한 사무	
과학기술정보통신부	과학기술정책의 수립 · 총괄 · 조정 · 평가, 과학기술의 연구개발 · 협력 · 진흥, 과학기술인력 양성, 원자력 연구 · 개발 · 생산 · 이용, 국가정보화 기획 · 정보보호 · 정보문화, 방송 · 통신의 융합 · 진흥 및 전파관리, 정보통신산업, 우편 · 우편환 및 우편대체에 관한 사무	
외교부	외교, 경제외교 및 국제경제협력외교, 국제관계 업무에 관한 조정, 조약 기타 국제협정, 재외국민의 보호 · 지원, 국제정세의 조사 · 분석에 관한 사무.	
	재외동포청	재외동포에 관한 사무
통일부	통일 및 남북대화 · 교류 · 협력에 관한 정책의 수립, 통일교육, 그 밖에 통일에 관한 사무	
법무부	검찰 · 행형 · 인권옹호 · 출입국관리 그 밖에 법무에 관한 사무	
	검찰청	검사에 관한 사무
국방부	국방에 관련된 군정 및 군령과 그 밖에 군사에 관한 사무	
	병무청	징집 · 소집 그 밖에 병무행정에 관한 사무
	방위사업청	방위력 개선사업, 군수물자 조달 및 방위산업 육성에 관한 사무
행정안전부	국무회의의 서무, 법령 및 조약의 공포, 정부조직과 정원, 상훈, 정부혁신, 행정능률, 전자정부, 정부청사의 관리, 지방자치제도, 지방자치단체의 사무지원 · 재정 · 세제, 낙후지역 등 지원, 지방자치단체간 분쟁조정, 선거 · 국민투표의 지원, 안전 및 재난에 관한 정책의 수립 · 총괄 · 조정, 비상대비, 민방위 및 방재에 관한 사무와 국무회의의 서무, 법령 및 조약의 공포, 정부조	

주무관청	소관사무	
	직과 정원, 상훈, 정부혁신, 행정능률, 전자정부, 정부청사의 관리, 지방자치제도, 지방자치단체의 사무지원 · 재정 · 세제, 낙후지역 등 지원, 지방자치단체간 분쟁조정, 선거 · 국민투표의 지원, 안전 및 재난에 관한 정책의 수립 · 총괄 · 조정, 비상대비, 민방위 및 방재에 관한 사무와 국가의 행정사무로서 다른 중앙행정기관의 소관에 속하지 아니하는 사무, 재난안전관리사무	
	경찰청	치안에 관한 사무
	소방청	소방에 관한 사무
국가보훈부	국가유공자 및 그 유족에 대한 보훈, 제대군인의 보상 · 보호, 보훈선양에 관한 사무	
문화체육관광부	문화 · 예술 · 영상 · 광고 · 출판 · 간행물 · 체육 · 관광, 국정에 대한 홍보 및 정부발표에 관한 사무	
	문화재청	문화재에 관한 사무
농림축산식품부	농산 · 축산, 식량 · 농지 · 수리, 식품산업진흥, 농촌개발 및 농산물 유통에 관한 사무	
	농촌진흥청	농촌진흥에 관한 사무
	산림청	산림에 관한 사무
산업통상자원부	상업 · 무역 · 공업 · 통상, 통상교섭 및 통상교섭에 관한 총괄 · 조정, 외국인투자, 중견기업, 산업기술 연구개발정책 및 에너지 · 지하자원에 관한 사무	
	특허청	특허 · 실용신안 · 디자인 및 상표에 관한 사무와 이에 대한 심사 · 심판사무를 관장하는 사무
보건복지부	생활보호 · 자활지원 · 사회보장 · 아동(영 · 유아 보육을 포함한다) · 노인 · 장애인 · 보건위생 · 의정(醫政) 및 약정(藥政)에 관한 사무	
	질병관리청	방역 · 검역 등 감염병에 관한 사무 및 각종 질병에 관한 조사 · 시험 · 연구에 관한 사무
환경부	자연환경, 생활환경의 보전, 환경오염방지, 수자원의 보전 · 이용 · 개발 및 하천에 관한 사무	
	기상청	기상에 관한 사무
고용노동부	고용정책의 총괄, 고용보험, 직업능력개발훈련, 근로조건의 기준, 근로자의 복지후생, 노사관계의 조정, 산업안전보건, 산업재해보상보험과 그 밖에 고용과 노동에 관한 사무	
여성가족부	여성정책의 기획 · 종합, 여성의 권익증진 등 지위향상, 청소년 및 가족(다문화가족과 건강가정사업을 위한 아동업무를 포함한다)에 관한 사무	
국토교통부	국토종합계획의 수립 · 조정, 국토의 보전 · 이용 및 개발, 도시 · 도로 및 주택의 건설, 해안 및 간척, 육운 · 철도 및 항공에 관한 사무	

<table>
<tr><th colspan="2">주무관청</th><th colspan="2">소관사무</th></tr>
<tr><td colspan="2" rowspan="2">해양수산부</td><td colspan="2">해양정책, 수산, 어촌개발 및 수산물 유통, 해운 · 항만, 해양환경, 해양조사, 해양수산자원개발, 해양과학기술연구 · 개발 및 해양안전심판에 관한 사무</td></tr>
<tr><td>해양경찰청</td><td>해양에서의 경찰 및 오염방제에 관한 사무</td></tr>
<tr><td colspan="2">중소벤처기업부</td><td colspan="2">중소기업 정책의 기획 · 종합, 중소기업의 보호 · 육성, 창업 · 벤처기업의 지원, 대 · 중소기업 간 협력 및 소상공인에 대한 보호 · 지원에 관한 사무</td></tr>
<tr><td rowspan="4">국
무
총
리</td><td>국무조정실</td><td colspan="2">행정의 지휘 · 감독, 정책 조정 및 사회위험 · 갈등의 관리, 정부업무평가 및 규제개혁에 관</td></tr>
<tr><td>인사혁신처</td><td colspan="2">공무원의 인사 · 윤리 · 복무 및 연금에 관한 사무</td></tr>
<tr><td>법제처</td><td colspan="2">국무회의에 상정될 법령안 · 조약안과 총리령안 및 부령안의 심사와 그 밖에 법제에 관한 사무</td></tr>
<tr><td>식품의약품안전처</td><td colspan="2">식품 및 의약품의 안전에 관한 사무</td></tr>
</table>

2) 주무관청의 행정권한 위임

실무적으로는 민법 제32조에 따라 설립하였거나 설립하려는 각 소관부처의 비영리법인의 설립허가 및 그 취소, 정관변경허가, 해산신고의 수리, 그 밖의 지도 · 감독사무는 「행정권한의 위임 및 위탁에 관한 규정」에 의해 보조기관 또는 하급행정기관의 장에게 위임하거나 다른 행정기관의 장 또는 지방자치단체의 장에게 위임 또는 위탁되어 있다. 따라서 정확한 비영리법인의 설립허가 업무를 처리하는 행정관청을 확인하기 위해서는 동 규정 제17조의 3~제41조의 3을 참조해야 하는데 이를 요약하면 다음 표와 같다.

| 비영리법인의 설립허가 등에 관한 행정권한의 위임 및 위탁에 관한 규정 요약 |

주무관청	위임 또는 위탁 받은 기관
교육부	교육감(장관이 고시하는 법인은 제외)
과학기술정보통신부	우정사업관련 비영리법인 : 우정사업본부장(장관이 고시하는 법인은 제외) 과학기술관련 비영리법인 : 국립과천과학관장(소재지가 서울특별시, 경기도 및 강원도인 경우), 국립중앙과학관장(이외 지역) 기타 소관 비영리법인 : 국립전파연구원장 및 중앙전파관리소장(장관이 고시하는 법인은 제외)
외교부	특별시장 · 광역시장 · 특별자치시장 · 도지사 또는 특별자치도지사(장관이 고시하는 법인은 제외)

<table>
<tr><th>주무관청</th><th colspan="2">위임 또는 위탁 받은 기관</th></tr>
<tr><td>행정안전부</td><td colspan="2">특별시장 · 광역시장 · 특별자치시장 · 도지사 또는 특별자치도지사(활동범위가 해당 관할구역에 한정되는 경우만 해당)</td></tr>
<tr><td>국가보훈부</td><td colspan="2">특별시장 · 광역시장 · 특별자치시장 · 도지사 또는 특별자치도지사(활동범위가 해당 관할구역에 한정되는 경우만 해당)</td></tr>
<tr><td rowspan="2">문화체육관광부</td><td colspan="2">특별시장 · 광역시장 · 특별자치시장 · 도지사 또는 특별자치도지사(장관이 고시하는 법인과 체육, 미디어 또는 종교 분야가 아닌 법인으로서 활동범위가 3개 이상의 특별시 · 광역시 · 특별자치시 · 도 또는 특별자치도에 걸치는 법인은 제외)</td></tr>
<tr><td>문화재청</td><td>득별시장 · 광역시장 · 특별자치시장 · 도지시 또는 특별자치도지사(활동범위가 해당 관할구역에 한정되는 경우만 해당)</td></tr>
<tr><td rowspan="3">농림축산식품부</td><td colspan="2">특별시장 · 광역시장 · 특별자치시장 · 도지사 또는 특별자치도지사
(활동범위가 해당 관할구역에 한정되는 경우만 해당)</td></tr>
<tr><td>농촌진흥청</td><td>특별시농업기술센터소장, 광역시농업기술센터소장, 특별자치시농업기술센터소장, 도 농업기술원장 및 특별자치도농업기술원장</td></tr>
<tr><td>산림청</td><td>특별시장 · 광역시장 · 특별자치시장 · 도지사 또는 특별자치도지사(활동범위가 해당 관할구역에 한정되는 법인)</td></tr>
<tr><td>산업통상자원부</td><td colspan="2">특별시장 · 광역시장 · 특별자치시장 · 도지사 또는 특별자치도지사(활동범위가 해당 관할구역에 한정되는 경우만 해당하며, 중앙행정기관으로부터 재정지원을 받거나 사무를 위탁받은 법인은 제외)</td></tr>
<tr><td rowspan="2">보건복지부</td><td colspan="2">특별시장 · 광역시장 · 특별자치시장 · 도지사 또는 특별자치도지사(장사시설 설치 또는 한센인 정착사업을 목적으로 하는 재단법인과 활동범위가 해당 관할구역에 한정되는 법인)</td></tr>
<tr><td>질병관리청</td><td>특별시장 · 광역시장 · 특별자치시장 · 도지사 또는 특별자치도지사(활동범위가 1개의 관할구역에 한정되는 법인에 한정)</td></tr>
<tr><td>환경부</td><td colspan="2">특별시장 · 광역시장 · 특별자치시장 · 도지사 또는 특별자치도지사(활동범위가 인접한 2개 이하에 해당 관할구역에 한정되는 법인)</td></tr>
<tr><td>고용노동부</td><td colspan="2">지방고용노동청장 또는 지청장(활동범위가 2개 이상의 관할구역에 걸치는 경우는 제외)</td></tr>
<tr><td>여성가족부</td><td colspan="2">특별시장 · 광역시장 · 특별자치시장 · 도지사 또는 특별자치도지사(활동범위가 해당 관할구역에 한정되는 법인)
한국스카우트연맹, 한국걸스카우트연맹 및 한국청소년연맹 : 특별시 · 광역시 · 특별자치시 · 도 또는 특별자치도의 교육감</td></tr>
<tr><td>국토교통부</td><td colspan="2">특별시장 · 광역시장 · 특별자치시장 · 도지사 또는 특별자치도지사(활동범위가 해당 관할구역에 한정되는 법인)</td></tr>
</table>

주무관청	위임 또는 위탁 받은 기관
해양수산부	특별시장 · 광역시장 · 특별자치시장 · 도지사 또는 특별자치도지사(활동범위가 해당 관할구역에 한정되는 법인) 한국해양소년단연맹 : 특별시 · 광역시 · 특별자치시 · 도 또는 특별자치도의 교육감
중소벤처기업부	특별시장 · 광역시장 · 특별자치시장 · 도지사 또는 특별자치도지사(활동범위가 해당 관할구역에 한정되는 법인)
식품의약품안전처	특별시장 · 광역시장 · 특별자치시장 · 도지사 또는 특별자치도지사 (활동범위가 인접한 2개 이하의 관할구역에 걸치는 경우만 해당하며, 처장이 고시하는 법인은 제외)

주의해야 할 것은 행정 각 부처 중 기획재정부, 통일부, 법무부, 국방부 등 4부와 국무총리 산하 국무조정실, 인사혁신처, 법제처 등 3개 기관 그리고『정부조직법』이 아닌 별도 법률로 소관사무가 규정된 헌법재판소, 법원행정처, 중앙선거관리위원회, 감사원, 공정거래위원회, 국민권익위원회, 금융위원회 등 7개 기관의 비영리법인의 설립허가 등에 대한 행정권한은 위임되어 있지 않다는 점이다.

3) 주무관청의 중복

비영리법인의 목적사업이 두 개 이상의 주무관청의 소관사무일 경우 이를 모든 주무관청에 허가를 득해야 하는지 아니면 그 중 하나의 주무관청에서만 허가를 득하면 되는지에 다툼이 있다. 「민법」에 의해 설립되는 비영리법인의 경우에는 아직 명확한 법조문이나 판례가 없는 상태이나 강학상 모든 주무관청에서 허가를 득해야 한다는 것이 다수설의 입장이다. 한편 공익법인법에 의해 설립되는 비영리법인의 경우에는 주된 사업을 주관하는 주무관청에 법인설립허가를 신청하도록 하고 법인설립허가신청을 받은 주무관청은 다른 주무관청과 협의하여 그 설립허가를 결정하도록 규정하고 있다.

4) 설립 허가주의와 인가주의

비영리법인의 설립은 현행 우리나라 민법을 비롯하여 대부분 허가주의를 채택하고 있다. 따라서 주무관청의 허가 여부는 주무관청의 자유재량에 속하게 되는데, 만약 법인설립허가신청을 하였으나 주무관청으로부터 허가를 받지 못하게 되더라도 행정소송으로 이를 다툴 수 있는 것이 아니라는 것이 판례의 입장이다(대법원 95누18437, 1996.9.10.). 다만, 기타 특별법에 따라 법인설립에 관하여 인가주의를 택하고 있는 경우가 있는데 이 경우에는 법률이 정한 요건을 갖추면 주무관청은 반드시 인가를 해주어야 하는 것으로 만약 인가를 하지 않을 경우에는 사법적 심판의 대상이 된다. 대부분의 사단법인인 협회의 설립은 인가주의를 택하고 있다.

대법원 95누18437, 1996.9.10. 판결요지

「민법」은 제31조에서 "법인은 법률의 규정에 의함이 아니면 성립하지 못한다."고 규정하여 법인의 자유 설립을 부정하고 있고, 제32조에서 "학술, 종교, 자선, 기예, 사교 기타 영리 아닌 사업을 목적으로 하는 사단 또는 재단은 주무관청의 허가를 얻어 이를 법인으로 할 수 있다."고 규정하여 비영리법인의 설립에 관하여 허가주의를 채용하고 있으며, 현행 법령상 비영리법인의 설립허가에 관한 구체적인 기준이 정하여져 있지 아니하므로, 비영리법인의 설립허가를 할 것인지 여부는 주무관청의 정책적 판단에 따른 재량에 맡겨져 있다. 따라서 주무관청의 법인설립 불허가처분에 사실의 기초를 결여하였다든지 또는 사회관념상 현저하게 타당성을 잃었다는 등의 사유가 있지 아니하고, 주무관청이 그와 같은 결론에 이르게 된 판단 과정에 일응의 합리성이 있음을 부정할 수 없는 경우에는, 다른 특별한 사정이 없는 한 그 불허가처분에 재량권을 일탈·남용한 위법이 있다고 할 수 없다.

2.2 주무관청의 설립허가 기준

주무관청이 비영리법인 설립허가 신청서를 접수하면 다음과 같은 기준으로 설립여부를 결정한다.

1. 비영리법인의 목적과 사업의 실현가능성
2. 목적사업을 할 수 있는 충분한 능력이 있고, 재정적 기초가 확립되어 있거나 확립될 수 있는지 여부
3. 다른 법인과 같은 명칭이 아닌지 여부

먼저 법인의 명칭이 기존에 설립된 법인의 명칭과 동일한 경우에는 법인설립이 불허된다. 또한, 법인의 목적사업이 막연하고 추정적일 경우, 과거활동실적과 인적 구성 및 물적 설비 조달계획이 구체적이지 않을 경우에도 문제가 될 수 있다. 또한 목적사업의 실현가능성을 검토할 때 재정적 기초가 견실한지를 판단하는데 사단법인의 경우 필수 구성요소인 회원의 수와 자격, 연회비 액수의 적정성, 회비 징수방법 등을 면밀히 검토하여 법인 운영의 실효성이 확보되었는지를 검토하고, 재단법인인 경우에는 출연재산의 규모, 출연

재산이 법인설립등기 즉시 법인으로 이전 가능한지 여부와 재산출연 절차상 문제가 없는지, 출연재산의 활용 가능 여부를 검토한다. 형식적인 요건으로 정관의 필수적 기재사항의 누락여부를 검토하고 다음의 구비서류의 누락 여부를 검토한다.

구비서류		민법		공익법인법	
		사단	재단	사단	재단
1	비영리법인 설립허가 신청서 (비영리법인용, 공익법인용 구분)	○	○	○	○
2	설립취지서(임의서식으로 작성)	△	△	○	○
3	설립발기인의 인적사항(성명 · 주소 · 약력)	○	○	○	○
4	임원 취임 예정자의 성명 · 주민등록번호 · 주소 · 약력을 적은 서류	○	○	○	○
5	임원 취임승낙서(서명 · 날인요함)	○	○	○	○
6	특수관계 부존재 각서	×	×	○	○
7	창립총회회의록(회의록 내용상의 별첨서류 첨부 · 간인)	○	×	○	×
8	정관(필요적 기재사항 확인)	○	○	○	○
9	법인조직 및 상근임직원 정수표	△	△	○	○
10	재산목록[기본재산과 보통재산으로 구분]	○	○	○	○
11	재산출연증서(기부신청서)	△	△	○	○
12	재산증명서(부동산 · 예금 · 유가증권 등 주된 재산에 관한 등기소 · 금융기관 등의 증명서)	△	△	○	○
13	회비징수 예정명세서 또는 기부신청서	△	×	○	×
14	사원명부(성명 · 주소)	△	×	○	×
15	당해 연도 사업계획서 및 수지예산서	○	○	×	×
16	사업개시예정일 및 사업개시 이후 2사업연도분의 사업계획서 및 수지예산서	×	×	○	○
17	사무실 확보증명서 (※건물사용승낙서 또는 임대차계약서, 건물소유권 입증서류 등)	△	△	△	△

○ : 근거법령에 의한 제출서류
△ : 근거법령에 규정되어 있지 않으나 설립허가 검토시 필요한 서류
× : 제출하지 않는 서류

03 비영리법인의 설립 후 후속절차

3.1 주무관청 보고사항

법인설립등기가 완료된 경우 완료한 날로부터 10일 이내(공익법인은 7일 이내)에 그 사실을 주무관청에 보고하여야 한다. 공익법인 중 재단법인으로 설립허가를 받은 자는 그 허가를 받은 후 지체 없이 출연재산을 법인에 이전하고 3개월 내에 그 이전을 증명하는 재산이전보고서에 출연재산의 종류에 따라 부동산등기부등본, 금융기관의 증명서(예금잔액증명서, 주식예탁증서 등)를 첨부하여 주무관청에 제출하여야 한다. 만약 공익법인의 경우에는 목적달성을 위하여 수익사업을 하려면 정관으로 정하는 바에 따라 사업마다 주무관청의 승인을 받아야 한다. 이를 변경하려는 경우에도 또한 같다. 따라서 수익사업경영의 승인을 신청하는 경우에는 수익사업승인신청서에 ① 사업계획서 ② 추정손익계산서 및 부속명세서 ③ 사업에 종사할 임원명부 ④ 행정관청의 허가를 요하는 사업인 경우에는 당해 사업에 대하여 허가를 받은 사실을 증명하는 서류를 첨부하여 주무관청에 제출하고 허가를 득해야 한다.

3.2 세무서 신고사항

비영리법인은 설립 후 2개월 이내에 소재지 관할 세무서에 법인설립 신고하고 고유번호증을 교부받아야 한다.

법인격 없는 비영리조직의 경우에도 세법상 다음 각 호의 요건을 모두 갖춘 것으로서 대표자나 관리인이 관할 세무서장에게 신청하여 승인을 받을 경우 법인으로 보아 세법의 적용을 받을 수 있어 대외적으로 보다 통일되고 단순명료한 법률관계를 유지할 수 있다.

1. 사단, 재단, 그 밖의 단체의 조직과 운영에 관한 규정(規程)을 가지고 대표자나 관리인을 선임하고 있을 것
2. 사단, 재단, 그 밖의 단체 자신의 계산과 명의로 수익과 재산을 독립적으로 소유·관리할 것
3. 사단, 재단, 그 밖의 단체의 수익을 구성원에게 분배하지 아니할 것

한편, 법인이 영리법인이든 비영리법인이든 관계없이 사업상 독립적으로 부가가치세가

과세되는 재화 또는 용역을 공급하는 경우, 즉 수익사업을 개시한 때에는 사업개시일부터 20일 이내에 사업장 관할 세무서장에게 사업자등록을 신청하여야 한다.

3.3 장부 등의 비치

법인 설립 후 「민법」 및 기타 개별 법률에 따라 법인의 장부 및 서류를 비치하고 보존기한 동안 보관해야 한다. 사단법인의 사원(회원)명부와 설립허가서, 정관, 정관변경 허가서 및 임원취임(해임) 승인 문서 등은 영구보존해야 하며, 재산목록과 회의록은 직접적인 근거 규정은 없으나 장부와 전표의 보존기한인 10년 동안 보존이 필요할 것이다. 또한 장부와 전표 및 증빙서류 등은 「상속세 및 증여세법」 제51조 제2항의 규정에 따라 10년 동안 보존해야 한다.

3.4 재산출연에 따른 과세문제 검토와 기부금단체(공익법인 등) 지정 신청

비영리조직을 설립한 후 출연자 등이 재산을 출연하는 경우 그와 관련하여 발생할 수 있는 세법상의 과세문제에 대하여 검토를 해야 한다. 즉, 부동산이나 주식 또는 금전을 출연하는 경우 발생할 수 있는 세법상 상속세, 증여세, 양도소득세, 부가가치세, 지방세 등의 과세문제에 대하여 검토해야 하는 바 이에 대하여 4. 출연 · 증여 · 기부에 따른 과세문제부터 6. 부동산 출연(부담부 출연 포함)하는 경우 과세 문제까지 살펴보도록 하겠다.

또한, 출연자 등이 출연을 통하여 소득공제나 세액공제를 받을 수 있도록 당해 출연받은 비영리조직은 법인세법 등의 규정에 따른 기부금단체(공익법인 등)에 해당해야 한다. 기부금단체는 별도의 지정신청이 없어도 기부금단체에 해당하는 당연 기부금단체와 별도의 지정신청을 해야 하는 지정 · 고시하는 기부금단체가 있는 바 이에 대하여 7. 세법상 기부금단체의 요건에서 살펴보도록 하겠다.

3.5 기부금품법에 따른 기부금품 모집 등록

비영리조직은 대부분의 운영재원을 기부금품수익, 보조금수익, 회비수익, 기타사업수익 등으로 조달하고 있다. 그 중 "기부금품"이란 반대급부 없이 취득하는 금전이나 물품을 말하는 것으로 비영리조직의 고유목적사업을 수행하는 데 있어 중요한 재원을 차지하고 있다.

그런데, 서신, 광고, 그 밖의 방법으로 기부금품의 출연을 타인에게 의뢰 · 권유 또는 요구를 통하여 1,000만 원 이상 모집하고자 할 경우에는 「기부금품의 모집 및 사용에 관한 법률」(이하 "기부금품법"이라 함)에 따라 별도로 기부금품의 모집등록을 해야 한다. 다만, 권유 등을 하지 않았음에도 자발적으로 금품을 출연하는 경우에는 기부금품법의 규제 대상이 아니므로 별도로 기부금품법에 따라 모집 등록을 하지 않아도 된다. 즉, 사회복지시설 등이 연말연시 또는 명절에 기부자들이 위문금품을 자발적으로 기탁하는 경우에는 기부금품 모집 등록 대상에 해당하지 아니한다.

한편, 법인세법 등에서 규정하고 있는 기부금단체라 하더라도 자발적 기탁이 아닌 타인에게 기부금품의 출연(出捐)을 의뢰 · 권유 또는 요구하는 행위를 하고자 할 경우에는 기부금품법에 따라 기부금품 모집 등록을 해야 한다. 즉, 법인세법 등에서 규정하고 있는 기부금단체는 단지 출연자 또는 기부자가 소득공제나 세액공제를 받을 수 있다는 것이지 당해 기부금단체가 기부금품을 모집할 수 있다는 것은 아니기 때문이다.

만약, 기부금법에 따라 기부금품 모집 등록을 하지 아니하였거나, 속임수나 그 밖의 부정한 방법으로 등록을 하고 기부금품을 모집한 자는 3년 이하의 징역이나 3천만원 이하의 벌금에 처하도록 하고 있다(기부금품법 §16 ① 1호).

1) 기부금품 모집 대상사업

기부금품 모집 목표금액이 1,000만원 이상 10억 원 이하인 경우는 모집자의 주소지를 관할하는 광역시 · 도에 등록 신청하여야 하고, 목표금액이 10억 원을 초과하는 경우는 행정안전부(민간협력과)에 등록 신청하여야 한다. 이 경우 모집금액 1,000만원 이상의 기준은 각각의 등록대상이 되는 개별사업을 기준으로 판단한다.

기부금품의 모집은 다음에 11개 사업의 경우에만 할 수 있고, 이 경우 같은 사업을 위하여 둘 이상의 등록청(행정안전부장관 또는 특별시장 · 광역시장 · 도지사 · 특별자치도지사)에 등록하여서는 아니 된다(기부금품법 §4 ②).

1. 국제적으로 행하여지는 구제사업
2. 천재지변이나 그 밖에 이에 준하는 재난(「재난 및 안전 관리기본법」 제3조 제1호 가목에 따른 재해는 제외한다)의 구휼사업(救恤事業)
3. 불우이웃돕기 등 자선사업

4. 영리 또는 정치 · 종교 활동이 아닌 사업으로서 다음 각 목의 어느 하나에 해당하는 사업
   가. 교육, 문화, 예술, 과학 등의 진흥을 위한 사업
   나. 소비자 보호 등 건전한 경제활동에 관한 사업
   다. 환경보전에 관한 사업
   라. 사회적 약자의 권익 신장에 관한 사업
   마. 보건 · 복지 증진을 위한 사업
   바. 남북통일, 평화구축 등 국제교류 · 협력에 관한 사업
   사. 시민참여, 자원봉사 등 건전한 시민사회 구축에 관한 사업
   아. 그 밖에 공익을 목적으로 하는 사업으로서 대통령령으로 정하는 사업

2) 기부금품 모집등록 제외 대상

"기부금품"이란 환영금품, 축하금품, 찬조금품(贊助金品) 등 명칭이 어떠하든 반대급부 없이 취득하는 금전이나 물품을 말한다. 다만, 다음의 경우에는 자발적 기탁의 성격이 있으므로 기부금품법 적용대상이 되지 않는다(기부금품법 §2 1호).

가. 법인, 정당, 사회단체, 종친회(宗親會), 친목단체 등이 정관, 규약 또는 회칙 등에 따라 소속원으로부터 가입금, 일시금, 회비 또는 그 구성원의 공동이익을 위하여 모은 금품
나. 사찰, 교회, 향교, 그 밖의 종교단체가 그 고유활동에 필요한 경비에 충당하기 위하여 신도(信徒)로부터 모은 금품
다. 국가, 지방자치단체, 법인, 정당, 사회단체 또는 친목단체 등이 소속원이나 제3자에게 기부할 목적으로 그 소속원으로부터 모은 금품
라. 학교기성회(學校期成會), 후원회, 장학회 또는 동창회 등이 학교의 설립이나 유지 등에 필요한 경비에 충당하기 위하여 그 구성원으로부터 모은 금품

한편, 현행법률상 「기부금품의 모집 및 사용에 관한 법률」 이외에 기부금품을 모집할 수 있는 개별법이 있는 바, 다음의 11개의 법률에 따라 기부금품을 모집하는 경우에는 기부금품법률을 적용하지 아니 한다(기부금품법 §3).

정치자금법, 결핵예방법, 보훈기금법, 문화예술진흥법, 한국국제교류재단법, 사회복지공동모금회법, 재해구호법, 문화유산과 자연환경자산에 관한 국민신탁법, 식품등 기부 활성화에 관한 법률, 한국장학재단 설립 등에 관한 법률, 고향사랑 기부금에 관한 법률

3) 기부금품 모집 제한 및 결격사유

국가나 지방자치단체 및 그 소속 기관 · 공무원과 국가 또는 지방자치단체에서 출자 · 출연하여 설립된 법인 · 단체는 기부금품을 모집할 수 없다. 다만, 국가 또는 지방자치단체에서 출자 · 출연하여 설립된 법인 · 단체의 경우라도 국가기관이나 지방자치단체의 장으로부터 대표자의 임면과 업무 감독, 예산 승인, 조직원에 대한 인사 등에 실질적인 지휘 · 통제를 받지 아니하는 법인 · 단체는 기부금품을 모집할 수 있다.

자발적으로 기탁하는 금품이라도 국가 또는 지방자치단체 및 그 소속 기관 · 공무원과 국가 또는 지방자치단체에서 출자 · 출연하여 설립된 법인 · 단체는 법령에 다른 규정이 있는 경우 이외에는 기부금품을 접수할 수 없다. 다만, 사용용도와 목적을 지정하여 자발적으로 기탁하는 경우로서 기부심사위원회의 심의를 거친 경우 또는 모집자의 의뢰에 의하여 단순히 기부금품을 접수하여 모집자에게 전달하는 경우 등에 해당하면 기부금품을 접수할 수 있다(기부금품법 §5 ① · ②).

한편, 다음에 해당하는 자는 기부금품 모집등록을 할 수 없다(기부금품법 §4 ③).

1. 미성년자, 금치산자 또는 한정치산자
2. 파산선고를 받은 자로서 복권되지 아니한 자
3. 금고 이상의 실형을 선고받고 그 집행이 끝나거나(집행이 끝난 것으로 보는 경우를 포함한다) 그 집행을 받지 아니하기로 확정된 날부터 2년이 지나지 아니한 자
4. 집행유예를 선고받고 그 유예기간 중에 있는 자
5. 기부금품법 제10조 제1항에 따라 등록말소가 된 후 1년이 지나지 아니한 자(법인이나 단체가 등록말소된 경우에는 등록말소사유가 발생한 당시의 대표자나 임원을 포함한다)
6. 대표자나 임원이 제1호부터 제5호까지의 어느 하나에 해당하는 법인이나 단체

따라서 비영리조직의 대표자나 임원 등이 집행유예를 선고받고 그 유예기간 중에 있는 자이거나 금고 이상의 실형을 선고받고 그 집행이 끝나거나 그 집행을 받지 아니하기로 확정된 날부터 2년이 지나지 아니한 자인 경우에는 기부금품을 모집할 수 없음을 유의해야 한다.

4) 기부금품 모집등록 절차

기부금품 모집등록을 하고자 하는 단체등은 ① 기부금품 모집등록신청서, ② 기부금품 모집계획서, ③ 기부금품 사용계획서, ④ 모집자가 법인 · 단체인 경우 회칙, 정관 또는 해당단체가 공인된 단체임을 증명하는 서류의 사본, ⑤ 기부금품 접수를 위한 금융기관의

예금통장 사본, ⑥ 대표자 이력서 및 임원진 등록기준지 현황등의 등록신청 서류를 등기 우편이나 행정안전부 나눔포털(www.nanumkorea.go.kr)을 이용하여 제출하면 된다.

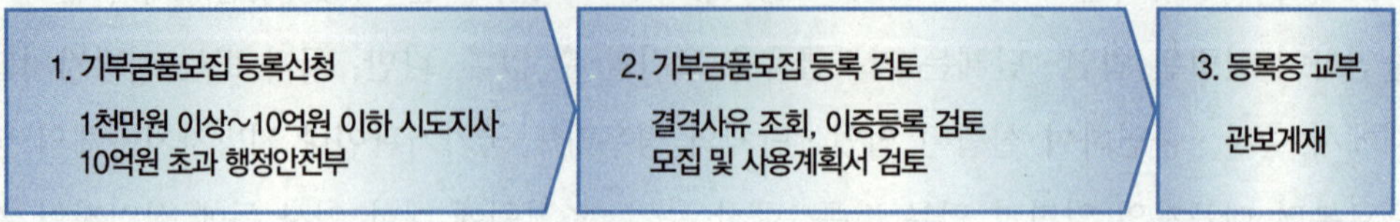

1. 기부금품모집 등록신청	2. 기부금품모집 등록 검토	3. 등록증 교부
1천만원 이상~10억원 이하 시도지사 10억원 초과 행정안전부	결격사유 조회, 이중등록 검토 모집 및 사용계획서 검토	관보게재

한편, 기부금품 모집 등록 후 모집절차 및 기부금품의 사용방법 그리고 공개의무와 회계감사 등에 대한 사항은 제2장 제6절에서 후술하기로 한다.

▌기부관련 주요 예규 및 판례▐

1. 기부관련 주요 예규

Q. 단체의 인터넷 홈페이지 메인화면에 후원안내 팝업을 게시하는 경우에도 기부금품 모집 등록을 해야 하는지?

A. 단체의 메인화면에 후원안내 문구와 후원계좌를 게시하는 것은 회원이 아닌 불특정 다수인에게도 공개되므로 동법의 적용 제외 대상인 소속원·회원을 대상으로 하는 기부금품의 모집으로는 볼 수 없으나, 통상 검색을 통해 단체 홈페이지를 방문하는 사실에 비추어 볼 때 동 내용은 이미 자발적 기탁의 의사가 있는 특정인들을 대상으로 한 단순 안내 행위에 해당하는 것으로도 볼 수 있음.

이러한 내용은 각각의 구체적 사실관계에 따라 해석이 달라 질 수 있으므로 명확한 답변이 어려우나, 홈페이지 메인화면에는 후원안내 배너만 올리고 배너 클릭 후 간단한 후원회원 가입 절차 등을 통해 후원계좌가 별도로 노출되는 경우는 등록없이도 가능할 것임.

☞ 당해 법인이 아닌 다른 법인의 홈페이지나 인터넷 포털 등에 후원안내 팝업을 개재하는 것은 기부금품 모집 등록 필요

2. 기부관련 주요 판례

기부금에 관한 판례는 대부분이 기부금품법의 규제 대상에 해당되는지 여부에 관한 것으로 판례의 기준은 이해관계 및 행위에 있어 주체와 객체의 구별이 없고, 동일한 지위에서 자신들의 공동이익을 위하여 스스로의 의사에 따라 금전을 납입 또는 각출하는 행위는 기부금품법에서 제한하는 기부금품의 모집행위에 해당하지 않는다고 봄.

◎ 기부금품 모집등록 없이 이루어진 모집행위가 적법하다는 사례

- 사기죄로 기소된 종교단체 교주를 위해 종교단체 임원이 변호사비용 등을 단체에서 모집한 행위(서울형사법원 1987.12.10. 86노6202)
- 시장 상가 내 새마을추진위원회에서 상가별 분회를 결성하고 그 기금조성을 위해 가입 상인들로부터 헌금을 모집한 행위(대법원 1982.6.22. 81도3372)

– 홍수에 따른 침수 피해를 입은 주민들이 보상추진위원회를 결성하고, 주민총회의 결의에 따라 보상추진활동에 소요된 경비 등을 청산하기 위해 금전을 각출한 행위(대법원 1973.2.28. 72도2281)

◎ **기부금품 모집등록 없이 이루어진 모집행위가 위법하다는 사례**

– 전국교직원노동조합결성을 위한 투쟁기금을 마련하고자 교사와 전국민을 대상으로 기부금품을 모집한 행위(대법원 1990.8.14. 90도870)

– 인근 주민들과 관계없이 조직된 버스영업소 추진위원회가 버스 영업소가 이전되는 장소의 인근 주민들로부터 찬조금을 모집한 행위(대법원 1972.11.14. 72다1695)

◎ **등록이 필요하지 않은 경우**

– 소속원, 구성원, 신도, 회원을 대상으로 하는 기부금품 모집(예 : 인터넷 카페 회원들을 대상으로 하는 기부금품 모집)

– 기부금품의 출연에 대한 의뢰, 권유 등이 없이 이루어지는 자발적 기탁(예 : 독지가가 법인·단체 등에 자발적으로 기부의사를 밝히는 경우)

– 1천만원 미만의 기부금품 모집(이유 : 기부활성화를 위한 규제완화차원임)

– 반대급부가 있는 경우(예 : 일일찻집, 바자회)

– 모집이 아닌 경우(예 : 물품 판매대금 중 일부 기부)

– 금전이나 물품이 아닌 경우(예 : 카드사 포인트 기부)

(출처 : 기부금품 모집제도 업무편람, 1365 기부포털)

■ 기부금품의 모집 및 사용에 관한 법률 시행령 [별지 제1호 서식] (2020.7.7. 개정)

기부금품 모집 [ ] 등록 [ ] 변경등록 신청서

※ 뒤쪽의 유의사항을 읽고 작성하시기 바라며, [ ]에는 해당되는 곳에 √표를 합니다. (앞쪽)

접수번호		접수일자	
모집자 (개인)	성명	주민등록번호	
	주소	전화번호/휴대전화번호	
모집자 (법인 · 단체)	명칭		
	주된 사무소 소재지	전화번호	
	대표자 성명	대표자 주민등록번호	
	대표자 주소	대표자 전화번호/휴대전화번호	
모집목적			
모집기간	년 월 일 ~ 년 월 일	사용기한	년 월 일
모집목표액	원	모집지역	
모집비용	원 이내(모집액의 % 이내)		

※ 다음의 사항은 기부금품 모집변경등록을 신청하는 경우만 적습니다.

등록번호		등록일	년 월 일
변경사항	변경 전	변경 후	
	사유		

「기부금품의 모집 및 사용에 관한 법률」 제4조 제1항, 같은 법 시행령 제3조 제1항, 제4조 제1항 및 제5조 제1항에 따라 위와 같이 기부금품 모집([ ]등록, [ ]변경등록)을 신청합니다.

년 월 일

신청인 (서명 또는 인)

행정안전부장관 또는 시 · 도지사 귀하

첨부서류			
첨부 서류	등록	1. 모집목적, 모집금품의 종류, 모집목표액, 모집지역, 모집방법, 모집기간, 모집금품의 보관방법 등을 구체적으로 적은 모집계획서 2. 모집비용의 예정액 명세 및 조달방법, 모집금품의 사용방법 및 사용기간 등을 구체적으로 적은 모집금품의 사용계획서 3. 모집 사무소를 두는 경우에는 그 소재지 4. 모집자가 법인 · 정당, 그 밖의 단체인 경우에는 정관, 당헌 또는 회칙 · 규약과 정당등록증 사본 또는 단체신고증 등 해당 단체가 공인된 단체임을 증명하는 서류의 사본 5. 「기부금품의 모집 및 사용에 관한 법률」 제4조 제2항 제4호 아목에 따라 기부금품 모집등록을 하려는 자의 경우 모집된 금품으로 하려는 사업에 대한 중앙행정기관의 장의 기부금품 모집등록추천서 6. 기부금품 접수를 위한 금융회사 등의 예금통장 사본	수수료 없음
	변경 등록	1. 모집목적, 모집금품의 종류, 모집목표액, 모집지역, 모집방법, 모집기간, 모집금품의 보관방법 등을 구체적으로 적은 모집계획서 2. 모집비용의 예정액 명세 및 조달방법, 모집금품의 사용방법 및 사용기간 등을 구체적으로 적은 모집금품의 사용계획서	
담당공무원 확인사항		법인 등기사항증명서(신청인이 법인인 경우만 해당합니다)	

행정정보 공동이용 동의서

본인은 이 건 업무처리와 관련하여 담당 공무원이 「전자정부법」 제36조 제1항에 따른 행정정보 공동이용을 통해 위의 법인 등기사항증명서를 확인하는 것에 동의합니다.

*동의하지 않는 경우에는 신청인이 직접 관련 서류를 제출해야 합니다.

신청인(대표자) (서명 또는 인)

210mm×297mm[백상지(80g/㎡) 또는 중질지(80g/㎡)]

04 출연·증여·기부에 따른 과세문제

4.1 출연 · 증여 · 기부의 정의

출연(出捐) · 증여(贈與) · 기부(寄附)에 대한 「민법」상 정의와 세법상 정의가 다르며, 이에 따라 무엇을 출연 · 증여 · 기부로 볼 것인가에 대한 그 범위도 다르다.

① 출연(出捐)은 「민법」 상 본래의 의미는 자기 재산을 감소시키고 타인의 재산을 증가시키는 행위를 말한다. 이에는 반대급부 유무에 따라 유상행위와 무상행위가 있는데, 일방의 출연행위에 대응하여 상대방으로부터 반대급부로 출연을 받는 것을 유상행위(매매, 교환 등의 재산행위)라 하고, 대응하는 출연을 받지 않는 것을 무상행위(증여가 대표적)라고 한다.[3] 상증법에서는 출연을 기부 또는 증여 등의 명칭에 불구하고 공익사업에 사용하도록 무상으로 재산을 제공하는 행위를 말하고 있으므로 무상행위만의 출연을 말한다.

② 증여(贈與)는 당사자 일방이 무상으로 재산을 상대방에 수여하는 의사를 표시하고 상대방이 이를 승낙함으로써 그 효력이 생기는 일종의 계약(민법 §554)으로 단독행위와 구별되는 개념이다. 상증법에서는 증여는 유증이나 사인증여를 제외하고 그 행위 또는 거래의 명칭 · 형식 · 목적 등과 관계없이 직접 또는 간접적인 방법으로 타인에게 무상으로 유형 · 무형의 재산 또는 이익을 이전(移轉)(현저히 낮은 대가를 받고 이전하는 경우를 포함)하거나 타인의 재산가치를 증가시키는 것으로 규정하고 있어 더 포괄적이라 할 수 있다. 과거 "증여의제규정"이나 "증여추정"은 상증법상 증여로 보지만 「민법」상 엄밀히 보면 증여에 해당하지 않기 때문이다.

③ 기부(寄附)는 반대급부 없이 무상으로 출연하는 행위를 말한다. 기부로 인하여 직접적으로 이익을 받는 자(수혜자)에게 직접 기부를 할 경우에는 증여에 해당할 수 있으나 간접적으로 기부하는 경우(기부금 모집단체에 기부하는 경우 등)에는 신탁적 양도에 해당한다 할 수 있다. 「법인세법」에서는 기부를 특수관계인 이외의 자에게 사업과 직접 관계없이 무상으로 지출하는 재산적 증여 또는 정당한 사유 없이 자산을 정상가액보다 낮은 가액으로 양도하거나 정상가액보다 높은 가액으로 매입함으로써 그 차액 중 실질적으로 증여한 것으로 인정되는 금액으로 정의(법령 §35 1호 · 2호)하고 있다.

3) 곽윤직 외1, 「민법총칙」, 박영사, 2016, p.267

4.2 출연 등에 따른 과세문제

비영리조직이 출연 · 증여 · 기부를 받는 다면 타인으로부터 무상으로 재산적 가치가 있는 재산이나 이익을 이전받는 것이기 때문에 예외 없이 상속세 및 증여세 과세 문제가 발생한다. 즉, 비영리조직이 「법인세법」상 기부금단체에 해당하지 않고, 상증령 제12조 각호의 공익법인에 해당되지 아니하는 경우 출연 받은 출연금, 기부금 등에 대해서는 증여세 납부의무가 발생한다(상증법 §3 · §4). 또한 이를 주는 쪽(출연자, 증여자, 기부자)의 입장에서는 세제혜택(기부금 소득공제, 세액공제 또는 손금산입)의 문제가 발생하게 된다.

한편, 비영리조직이 상증령 제12조에 의한 공익법인에 해당된다 하더라도 출연받은 재산 등에 대하여 상증법에서는 비과세대상이 아니고 과세가액불산입대상으로 규정하고 있으므로 이에 대한 사후관리가 필요하게 된다. 즉, 비과세는 과세관청이 과세권을 포기한 것이기 때문에 사후관리에 대한 의무조항이 없으나 과세가액불산입은 상속재산 또는 증여재산으로 보지만 상속세나 증여세 과세표준을 산정할 때에 일정한 조건이 되면 차감해 준다는 의미이므로 일정한 조건의 성취와 더불어 사후관리 의무를 부담해야 한다. 만약 이를 위반할 경우에는 납부하지 않은 상속세나 증여세를 납부하게 되거나 가산세 등이 부과된다. 보다 더 자세한 의무사항 및 위반 시 제재사항은 제3장에서 서술하기로 한다.

관련 예규 및 판례

- **비공익법인으로 보아 출연받은 재산에 대해 증여세를 과세한 처분의 당부**
  증여세 과세대상에서 제외되는 공익법인을 지정한 법률규정은 예시적 규정이라 주장하나 특별한 사정이 없는 한 법문대로 엄격하게 해석하여야 하므로 법규상 지정된 공익법인에 해당하지 아니하여 증여세를 과세한 처분은 정당함(서울행정법원2008구합38353, 2009.4.3.).
- **의료법인의 설립허가가 취소된 때에 출연재산을 증여받은 것임**
  의료법인의 설립허가가 취소됨으로써 출연재산을 공익목적사업에 확정적으로 제공하지 못하게 되었으므로 증여세 부과대상이 되고, 지방자치단체장으로부터 사용기한을 소급하여 연장받을 가능성마저 사라진 이상 이 시점을 증여 시점으로 본 처분은 적법함(대구지방법원 2009구합2384, 2010.10.13.).
- **공익법인 해당 여부**
  법인의 설립 당시 공익법인의 범위에 해당하지 아니하는 법인이 출연받은 재산에 대하여 증여세 납부의무가 있는 것으로 보아 증여세를 결정고지한 처분은 정당함(국심 2005구0311, 2005.4.22.).

• 증여세 과세대상 해당여부

공익법인 등에 해당하지 않는 단체가 타인으로부터 상가 등을 증여받아 상가 등을 취득하는 경우 증여세를 납부할 의무가 있는 것임(재산세과-571, 2010.8.10.).

05 주식을 출연하여 설립하는 경우 과세문제

공익법인이 그 고유목적사업으로 하는 공익적 활동은 원래 국가나 지방자치단체에서 이행해야 하는 것인데, 이를 민간부문인 공익법인이 대신 수행함에 따라 당국에서는 그 활동을 장려하고 지원하는 차원에서 공익법인에 출연하는 출연재산에 대하여 과세가액불산입 규정을 마련하였다.

그러나 일부 대기업에서 이 규정을 악용하여 기업지배력은 계속 가족들이 유지하면서 상속세나 증여세를 탈루할 목적으로 이용하기에 이르렀고, 그 대표적인 것이 공익법인을 설립하고 동 공익법인에 주식을 출연하는 것이었다. 이에 과세당국은 1991.1.1.부터 주식 출연 한도를 정하고 그 이상을 출연할 경우에는 기업지배력을 계속 유지하려는 목적으로 공익법인을 설립한 것으로 보아 초과 출연분에 대해서는 상속세 및 증여세를 과세하고 있다. 다만, 기업지배력을 계속 유지하려는 목적이 아닐 경우에는 출연 한도를 초과한 경우에도 과세가액에 산입하지 아니한다.

5.1 주식출연 한도

공익법인등이 내국법인의 의결권 있는 주식을 출연받은 경우 그 한도는 공익법인등의 요건에 따라 각각 발행주식총수 또는 출자총액(자기주식과 자기출자지분은 제외함. 이하 "발행주식총수등)의 5%(10%, 20%)로 하며, 동 비율을 초과하는 경우 그 초과하는 가액에 대하여는 상속세 또는 증여세가 과세된다(상증법 §16 ② · §48 ①).

이 경우 5%(10%, 20%) 초과여부는 주식 출연일 현재 ① 공익법인 등이 새로이 출연받는 내국법인의 주식과 ② 출연자가 출연할 당시 해당 공익법인등이 보유하고 있는 동일한 내국법인의 주식, ③ 출연자 및 그의 특수관계인이 해당 공익법인등 외의 다른 공익법인 등에 출연한 동일한 내국법인의 주식, ④ 상속인 및 그의 특수관계인이 재산을 출연한 다른 공익법인 등이 보유하고 있는 동일한 내국법인의 주식을 합하여 판단한다(상증법 §16 ② 1호).

한편, 「독점규제 및 공정거래에 관한 법률」에 따른 상호출자제한기업집단과 특수관계에 있지 아니한 공익법인등의 경우와 「공익법인의 설립 · 운영에 관한 법률」 및 그 밖의 법령에 따라 내국법인의 주식등을 출연하는 경우에도 한도 없이 과세가액에서 제외하는 것으로 규정하고 있다(상증법 §16 ③ · §48 ①).

| 주식 출연 한도 및 요건 |

한도	요 건
5%	상호출자제한기업집단과 특수관계에 있는 공익법인등 ☞ 「독점규제 및 공정거래에 관한 법률」에 따라 지정된 상호출자제한기업집단에 속하는 법인과 동일인관련자의 관계에 있는 공익법인등을 말함
	또는 제48조 제11항 각 호의 요건을 충족하지 못하는 공익법인등
10%	제48조 제11항 각 호의 요건을 충족하는 공익법인등
20%	자선 · 장학 또는 사회복지를 목적으로 하는 공익법인이 출연받는 경우로서 출연받은 주식등의 의결권을 행사하지 아니하는 경우. 다만, 한도 5%에 해당하는 요건의 공익법인등은 제외

1) 10% 한도 요건

상호출자제한기업집단과 특수관계없는 공익법인등은 다음과 같이 「상속세 및 증여세법」 제48조 제11항 각 호의 요건을 모두 충족하는 경우 10% 한도까지 주식을 출연 받을 수 있다.

① 출연받은 재산을 수익용 또는 수익사업용으로 운용하는 경우로서 그 운용소득에 100분의 80을 곱하여 계산한 금액 이상을 직접 공익목적사업에 사용할 것

※ 운용소득의 계산 및 사용 실적에 대한 자세한 내용은 '제3장 제3절 4.3 출연재산 운용소득을 직접 공익목적사업에 사용할 의무' 부분 참조

② "출연재산가액"에 100분의 1을 곱하여 계산한 금액 이상을 직접 공익목적사업에 사용할 것. 이 경우 "출연재산가액"이란 수익용 또는 수익사업용으로 운용하는 재산(직접 공익목적사업용 재산은 제외)의 [총자산가액 − (부채가액 + 당기 순이익)]으로 한다

(2020.12.22. 개정; 법률 제17654호 부칙 제1조 2022.1.1. 시행)

※ 출연재산가액 및 사용기준에 대한 자세한 내용은 '제3장 제3절 4.4 수익용 출연재산의 일정비율 의무지출' 부분 참조

③ 출연자(재산출연일 현재 해당 공익법인등의 총 출연재산가액의 100분의 1에 상당하는 금액과 2천만원 중 적은 금액 이하를 출연한 자는 제외) 또는 그의 특수관계인이 공익법인등의 이사 현원(이사 현원이 5명 미만인 경우에는 5명으로 봄)의 5분의 1을 초과하지 않을 것. 다만, 이사의 사망 또는 사임이나 특수관계인에 해당하지 아니하던 이사가 특수관계인에 해당하는 경우 등의 사유로 출연자 또는 그의 특수관계인이 이사 현원의 5분의 1을 초과하여 이사가 된 경우로서 해당 사유가 발생한 날부터 2개월 이내에 이사를 보충하거나 교체 임명하여 출연자 또는 그의 특수관계인인 이사가 이사 현원의 5분의 1을 초과하지 않게 된 경우에는 계속하여 본문의 요건을 충족한 것으로 본다.

④ 공익법인 등이 출연받은 재산, 출연받은 재산을 원본으로 취득한 재산, 출연받은 재산의 매각대금 등을 출연자 및 그 친족, 출연자가 출연한 다른 공익법인 등에게 임대차, 소비대차(消費貸借) 및 사용대차(使用貸借) 등의 방법으로 사용 · 수익하게 하지 않을 것

※ 정당한 대가 등 자세한 내용은 '제3장 제3절 4.8 공익법인등의 자기내부거래에 대한 증여세 과세' 부분 참조

⑤ 공익법인 등이 특수관계에 있는 내국법인의 이익을 증가시키기 위하여 정당한 대가를 받지 아니하고 광고 · 홍보를 하지 않을 것

※ 광고 · 홍보의 범위 등 자세한 내용은 '제3장 제3절 4.7 특수관계에 있는 내국법인을 위한 광고 및 홍보행위 제한' 부분 참조

2) 20% 한도 요건

상호출자제한기업집단과 특수관계없는 공익법인등은 상증법 제48조 제11항 각 호의 요건을 모두 충족하는 경우로서 1) 출연받은 주식등의 의결권을 행사하지 아니하고 2) 자선 · 장학 또는 사회복지를 목적으로 하는 경우에는 20% 한도까지 주식을 출연 받을 수 있다.

(1) 의결권 불행사 요건

출연받은 주식등의 의결권을 행사하지 아니하는지 여부는 공익법인등의 정관에 출연받은

주식의 의결권을 행사하지 아니할 것을 규정하였는지를 기준으로 판단한다.

(2) 공익법인 요건

당해 공익법인이 자선 · 장학 또는 사회복지를 목적으로 하는지 여부는 해당 공익법인등이 다음 각 호의 어느 하나에 해당하는지를 기준으로 판단한다.

① 「사회복지사업법」 제2조 제3호에 따른 사회복지법인

② 직전 3개 소득세 과세기간 또는 법인세 사업연도에 직접 공익목적사업에 지출한 금액의 평균액의 100분의 80 이상을 자선 · 장학 또는 사회복지 활동에 지출한 공익법인등

5.2 주식 출연 한도없는 공익법인

「독점규제 및 공정거래에 관한 법률」에 따른 상호출자제한기업집단과 특수관계에 있지 아니한 공익법인등의 경우에는 ① 주무관청이 인정하는 경우와 ② 3년 이내에 특수관계인 없는 자에게 매각하는 경우에는 한도 없이 과세가액에서 제외한다. 또한 ③ 「공익법인의 설립 · 운영에 관한 법률」 및 그 밖의 법령에 따라 내국법인의 주식등을 출연하는 경우에도 한도 없이 과세가액에서 제외하는 것으로 규정하고 있다(상증법 §16 ③ · §48 ①).

1) 주무관청이 인정하는 경우

(1) 공익법인 요건

다음의 공익법인으로서 「독점규제 및 공정거래에 관한 법률」에 따른 상호출자제한기업집단과 특수관계에 있지 아니한 공익법인이어야 한다.

① 제48조 제11항 각 호의 요건을 충족하는 공익법인등

② 국가 · 지방자치단체가 출연하여 설립한 공익법인등과 그 공익법인등이 재산을 출연하여 설립한 공익법인 등

③ 「공공기관의 운영에 관한 법률」 제4조 제1항 제3호에 따른 공공기관이 재산을 출연하여 설립한 공익법인 등과 그 공익법인 등이 재산을 출연하여 설립한 공익법인 등

(2) 출연 주식 요건

상기 (1)의 공익법인등의 출연자와 특수관계에 있지 아니한 내국법인의 주식등을 출연하여야 한다. 이 경우 그 공익법인의 출연자와 특수관계에 없는 내국법인이란 다음에 해당하지 않는 내국법인을 말한다(상증령 §13 ⑩).

① 출연자 또는 그와 특수관계에 있는 자가 주주인 내국법인으로서 출연자 또는 그와 특수관계에 있는 자가 최대주주인 내국법인

② 출연자 또는 그와 특수관계에 있는 자가 임원의 현원 중 5분의 1을 초과하는 내국법인으로서 출연자 및 그와 특수관계에 있는 자가 최대주주인 내국법인

③ 출연자 또는 그와 특수관계에 있는 자가 주주 등이거나 임원의 현원 중 5분의 1을 초과하는 내국법인에 대하여 출연자, 그와 특수관계에 있는 자 및 공익법인 등 출자법인이 최대주주인 경우에는 당해 공익법인 등 출자법인

(3) 주무관청 인정요건

주무관청이 공익법인등의 목적사업을 효율적으로 수행하기 위하여 필요하다고 인정하는 경우이어야 한다.

2) 3년 이내 특수관계없는 자에게 매각하는 경우

(1) 공익법인 요건

상호출자제한기업집단과 특수관계에 있지 아니한 공익법인등으로서 제48조 제11항 각 호의 요건을 충족하는 공익법인등(공익법인등이 설립된 날부터 3개월 이내에 주식등을 출연받고, 설립된 사업연도가 끝난 날부터 2년 이내에 해당 요건을 충족하는 경우를 포함)이어야 한다.

(2) 출연요건

내국법인의 발행주식총수의 5%, 20%를 초과하여 출연하는 경우이어야 한다.

(3) 매각요건

공익법인등이 초과보유일부터 3년 이내에 초과하여 출연받은 부분을 매각(주식등의 출연자 또는 그의 특수관계인에게 매각하는 경우는 제외)하는 경우이어야 한다.

3) 「공익법인의 설립 · 운영에 관한 법률」 및 그 밖의 법령에 따라 내국법인의 주식등을 출연하는 경우

(재)구원장학재단 증여세부과처분 파기 환송 사건(대법원 2011두21447, 2017.4.20.; 서울고등법원 2010누26003, 2011.8.19.; 수원지방법원 2009구합14096, 2010.7.15.)

[요 지]

구 「상속세 및 증여세법 시행령」 제13조 제4항 제1호 판단 기준시점은 주식이 출연된 후의 시점이고, 동 시행령 제19조 제2항 제4호는 비영리법인의 설립을 위하여 재산을 출연하고 정관작성 등 실질적으로 지배적인 영향력을 행사한 자를 의미한다.

[처분의 경위]

가. 원고는 소외 황AA 등으로부터 3억 1,000만 원을 출연 받아 2002.10.17. 그 설립허가를 받고(설립 당시 명칭은 '재단법인 AA장학재단'이었으나 2005.4.4. '재단법인 BB장학재단'으로 그 명칭이 변경되었다), 같은 해 11.5. 그 설립등기를 마친 재단법인으로 상호출자제한 기업집단에 속하는 법인과 동일인관련자의 관계에 있지 아니한 성실공익법인이다.

나. 황AA은 소외 주식회사 ○○로(이하 '이 사건 내국법인'이라 함)의 총발행 주식 12만 주 중 8만 4,000주(발생주식 총수 중 70%)를, 그의 6촌 동생 소외 황BB이 나머지 3만 6,000주(발행주식총수 중 30%)를 각 소유하고 있었는데, 2003.2.20. 황AA과 황BB은 각각 7만 2,000주(발행주식총수 중 60%)와 3만 6,000주(이하 황AA이 증여한 7만 2,000주와 황BB이 증여한 3만 6,000주를 통틀어 '이 사건 주식'이라 한다)를 각 원고에 출연하였다(원고 공익법인등기부에 의하면 2003.4.28.자로 그 자산 총액이 3억 원에서 이 사건 주식가액을 반영한 180억 3,144만 원으로 변경된 것으로 기재되어 있다).

다. 이에 피고는, 원고가 2003.4.28. 황AA 등으로부터 이 사건 주식을 출연 받은 것은 원고의 공익목적사업의 효율적 수행을 위한 것이기는 하나 「상속세 및 증여세법」 (2007.12.31. 법률 제118828호로 개정되기 전의 것) 제48조 제1항 단서에서 규정한 공익법인이 내국법인의 의결권 있는 발행주식총수의 100분의 5를 초과하여 출연 받은 경우에 해당한다고 보아 2008.9.3. 원고에게 2003년 귀속분 증여세 14,041,937,000원(가산세 4,011,982,000원 포함)을 부과하는 이 사건 처분을 하였다.

06 부동산을 출연(부담부 출연 포함)하는 경우 과세문제

6.1 부동산을 출연받은 경우 증여세

주식을 출연하여 경우에는 발행주식총수의 한도가 있지만 부동산을 출연하는 경우에는 한도가 없다. 즉, 설립한 비영리조직이 상증령 제12조에서 규정하고 있는 공익법인에 해당한다면 출연받은 부동산에 대하여 '공익법인 등이 출연받은 재산에 대한 과세가액불산입' 규정에 따라 한도 없이 전액 상속세나 증여세가 면제된다. 다만, 출연받은 부동산을 직접 공익목적사업 등에 사용할 의무, 출연받은 부동산 운용소득을 직접 공익목적 등에 사용할 의무, 출연받은 재산을 매각할 경우 매각금액을 직접 공익목적 등에 사용할 의무 등을 부담해야 한다. 이외에도 출연받은 재산에 대한 과세가액불산입 규정에 따라 상속세나 증여세 부담이 없는 대신 많은 사후관리 의무사항이 있는 바 이에 대하여 "제3장 제3절 비영리조직의 상속세 및 증여세 납세의무"에서 서술하기로 한다.

6.2 부동산을 출연받은 경우 지방세

비영리조직이 부동산을 출연받은 경우 지방세(취득세, 재산세, 지역자원시설세 등) 과세문제가 발생한다. 그런데, 「지방세특례제한법」에서는 사회복지, 교육, 문화 등에 대한 지원을 위하여 한시적으로 100%, 50%, 25% 등 다양한 감면 규정을 두고 있으며, 「지방세법」상 다음의 비영리사업자가 무상으로 취득하는 부동산의 경우에는 일반 취득세율(1천분의 35)보다 낮은 취득세율(1천분의 28)을 적용하고 있다(지방세법령 §22).

1. 종교 및 제사를 목적으로 하는 단체
2. 「초 · 중등교육법」 및 「고등교육법」에 따른 학교, 「경제자유구역 및 제주국제자유도시의 외국교육기관 설립 · 운영에 관한 특별법」 또는 「기업도시개발 특별법」에 따른 외국교육기관을 경영하는 자 및「평생교육법」에 따른 교육시설을 운영하는 평생교육단체
3. 「사회복지사업법」에 따라 설립된 사회복지법인
4. 「지방세특례제한법」 제22조 제1항에 따른 사회복지법인등
5. 「정당법」에 따라 설립된 정당

1) 지방세 감면신청 및 감면자료 제출

지방세의 감면을 받으려는 경우에는 다음에서 정하는 기간에 따라 지방세 감면 신청을 하여야 하고(다만, 지방자치단체의 장이 감면대상을 알 수 있을 때에는 직권으로 감면할 수 있음), 감면 신청을 받은 지방자치단체의 장은 지방세 감면 여부를 결정하고, 감면에 따른 의무사항을 위반할 경우 감면받은 세액이 추징될 수 있다는 내용과 함께 그 결과를 서면으로 통지하도록 하고 있다.

또한 지방세의 감면을 받은 자는 관할 지방자치단체의 장에게 감면에 관한 자료를 해당 연도 1월 1일부터 12월 31일까지의 기간 중에 감면대상 및 감면받은 세액 등을 확인할 수 있는 자료를 다음 연도 1월 31일까지 과세물건 소재지를 관할하는 시장 · 군수 · 구청장에게 제출하여야 한다(지특법 §183 · §184).

1. 취득세 : 감면대상을 취득한 날부터 60일 이내
2. 등록면허세 : 등록에 대한 등록면허세는 등록을 하기 전까지, 면허에 대한 등록면허세는 면허증서를 발급받거나 송달받기 전까지
3. 주민세 : 균등분은 과세기준일부터 10일 이내, 재산분은 과세기준일부터 30일 이내, 종업원분은 급여지급일의 다음달 10일 이내
4. 재산세 및 지역자원시설세 : 과세기준일부터 30일 이내
5. 자동차세 : 과세기준일부터 10일 이내

2) 지방세 감면 특례의 제한

비영리조직이 부동산을 출연받고 「지방세특례제한법」 또는 지방자치단체 감면조례에 따라 취득세 또는 재산세가 면제(지방세 특례 중에서 세액감면율이 100분의 100인 경우와 세율경감률이 「지방세법」에 따른 해당 과세대상에 대한 세율 전부를 감면하는 것을 말함)되는 경우에는 동법이나 감면조례에 따른 취득세 또는 재산세의 면제규정에도 불구하고 100분의 85에 해당하는 감면율(「지방세법」 제13조 제1항부터 제4항까지의 세율은 적용하지 아니한 감면율을 말함)을 적용한다. 다만, 「지방세법」에 따른 취득세 산출세액이 200만원 이하인 경우나 세부담 상한을 적용하기 이전의 재산세의 산출세액이 50만원 이하인 경우 그리고 무료 노인복지시설이나 학교법인이 취득하는 부동산의 경우 등은 지방세 감면특례제한 규정을 적용하지 아니한다(지특법 §177조의 2).

한편, 이러한 지방세 감면특례제한 규정은 지특법 부칙 규정에 따라 그 적용시기가 달리

규정되어 있는바, 비영리조직별 적용가능한 감면의 내용과 적용시기에 대하여는 "제3장 6절 비영리조직의 원천징수 및 지방세 납세의무"에서 서술하기로 한다.

3) 지방세 감면세액의 추징

비영리조직이 부동산을 출연받은 후 부동산에 대한 감면을 적용할 때 「지방세특례제한법」에서 특별히 규정한 경우를 제외하고는 ① 정당한 사유 없이 그 취득일부터 1년이 경과할 때까지 해당 용도로 '직접 사용'하지 아니하는 경우 ② 해당 용도로 '직접 사용' 한 기간이 2년 미만인 상태에서 매각 · 증여하거나 다른 용도로 사용하는 경우에는 감면된 취득세를 추징하도록 규정하고 있다(지특법 §178).

이 경우 '직접 사용'은 부동산의 소유자가 해당 부동산을 사업 또는 업무의 목적이나 용도에 맞게 사용하는 것을 말하는데, ③ 수익사업용으로 사용하는 경우를 포함하는지에 대하여 각 감면조항에 따라 다르게 규정하고 있으므로 이에 유의해야 한다.

6.3 부담부증여의 경우 양도소득세 및 부가가치세 납세의무

「민법」상 부담부증여(負擔附贈與)는 수증자가 증여를 받는 동시에 일정한 부담, 즉 일정한 급부를 하여야 할 채무를 부담하는 것을 부관(조건)으로 하는 증여계약이다. 부담부증여도 증여이므로 증여에 관한 규정을 따르지만, 부담가격의 한도에서는 대가관계가 있기 때문에 계약에 관한 규정을 따른다.

한편, 「소득세법」에서는 부담부증여 시 증여자의 채무를 수증자가 인수하는 경우 증여가액 중 그 채무액에 해당하는 부분을 양도로 보고 양도소득세를 부담하는 것으로 규정하고 있으며, 또한, 상증법에서는 부담부증여는 증여재산에 담보된 증여자의 채무를 수증자가 인수한 경우를 말하는데, 수증자가 인수한 채무는 증여재산의 가액에서 차감되며, 증여자는 채무액만큼 재산을 양도한 것으로 보아 양도소득세를 부담하는 것으로 규정한다(상증법 집행기준 47-36-1). 따라서 출연자가 부동산을 출연하면서 동 부동산에 담보된 출연자의 채무를 함께 출연한 경우에는 채무 상당액만큼 유상으로 양도하는 것에 해당하므로 출연일이 속하는 달의 말일부터 3개월 이내에 양도소득세를 예정신고 · 납부해야 한다(소법 §105 ① 3호).

한편, 출연자가 사업용 부동산을 채무인수 조건부로 공익법인 등에 출연하는 경우에는 채무액 상당액 중 건물가액 상당액에 대하여 부가가치세가 과세되므로(기획재정부 부가가치세제과-382, 2014.5.28.) 폐업일이 속한 달의 다음 달 25일까지 부가가치세를 확정신고 및 납부를 해야 한다. 이 경우 폐업일은 실질적으로 폐업한 날 또는 그 날이 분명하지 않은 경우에는 폐업신고서를 접수한 날로 보아야 한다.

부담부증여 시 양도소득세 및 부가가치세 납세의무에 대하여 제3장 제2절에서 보다 상세하게 다루기로 하겠다.

07 세법상 기부금단체의 요건

7.1 기부금 및 기부금단체의 분류

1) 세제혜택 한도에 따른 분류

세법상 기부금단체는 당해 지출한 기부자의 세제혜택 한도에 따라 ① 법인세법에서 정한 특례기부금(구 법정기부금)과 ② 법인세법시행령에서 정한 일반기부금(구 지정기부금)으로 구분할 수 있다.

① 법인세법에서 정한 특례기부금(구 법정기부금)을 후원한 후원자가 법인사업자의 경우에는 기준소득금액(해당 기부금을 손비처리하기 전 소득금액을 말함. 이하 같음)에서 이월결손금을 공제한 금액의 50%를 한도로 손금에 산입할 수 있으며, 개인사업자의 경우에는 기준소득금액에서 이월결손금을 공제한 금액의 100% 한도로 필요경비에 산입할 수 있다. 사업소득만 있는 자를 제외한 개인 기부자는 기준소득금액의 100%를 한도로 기부액의 15%(해당 금액이 1천만원을 초과하는 경우 그 초과분에 대해서는 30%)에 해당하는 금액을 세액공제 받을 수 있다.

② 법인세법시행령에서 정한 일반기부금(구 지정기부금)을 후원한 후원자가 법인사업자인 경우에는 기준소득금액에서 이월결손금을 공제한 금액의 10%를 한도로 손금에 산입할 수 있으며, 개인사업자의 경우에는 기준소득금액에서 이월결손금을 공제한 금액을 30%(종교단체 기부금의 경우 10%)한도로 필요경비에 산입할 수 있다. 사업소득만 있

는 자를 제외한 개인 기부자는 기준소득금액의 30%(종교단체 기부금의 경우 10%)의 한도로 기부액의 15%(해당 금액이 1천만원을 초과하는 경우 그 초과분에 대해서는 30%)에 해당하는 금액을 세액공제 받을 수 있다.

2) 지정방식에 따른 분류

기부금이나 기부금단체를 지정하는 방식에 따라 ① 법률이나 시행령에서 열거하는 방식으로 지정하는 기부금 및 기부금단체와 ② 국세청장이나 주무관청의 추천으로 기획재정부장관이 지정하여 관보에 게재하는 방식으로 지정하는 "지정 · 고시 기부금단체"로 구분할 수 있다.

따라서 비영리조직을 설립한 후 당해 비영리조직이 기부금단체 중 세법에서 열거된 ① 기부금단체가 아닌 경우에는 ② 기획재정부장관이 지정 · 고시하는 기부금단체가 되어야 한다. 특히 「민법」 제32조의 규정에 따라 주무관청의 허가를 받아 설립한 비영리법인의 경우에는 국세청장에게 ② 기획재정부장관이 지정 · 고시하는 기부금단체가 될 수 있도록 요건을 갖추어 추천을 의뢰하여야 한다.

▌기부금단체의 구분▐

구분	특례기부금 법법 §24 ② 1호	일반기부금 법법 §24 ③ 1호 〉〉 법령 §39 ① · ②	비고
열거된 기부금 및 기부금단체	가목, 나목, 다목 라목 1)~8), 10), 마목	1호 가목~마목 2호 가목, 나목 4호 ②	시행령 지정 단체만 의무이행보고 (불성실단체 명단공개)
지정 · 고시 기부금 및 기부금단체	라목 9) 바목	1호 바목 2호 다목 6호 소령 §80 ① 5호	• 지정요건 • 의무이행보고 (지정취소, 불성실단체 명단공개)

※ 밑줄 친 기부금 및 기부금단체는 상증법상 공익법인에 해당함.

7.2 법인세법에서 열거된 특례기부금 및 특례기부금단체

「법인세법」 제24조 제2항 1호에서 규정하고 있는 특례기부금단체를 예시하면 다음과 같다. 법인세법에서 열거한 특례기부금과 특례기부금단체의 경우에는 기부금의 용도를 시설비, 교육비, 연구비, 장학금 등으로 사용할 것을 제한할 뿐 다른 지정 요건이나 이행해야 할 의무사항이나 보고해야 할 사항은 없다. 다만, 기부금을 수령할 경우 「기부금영수증」을 발급해야 하고 「기부자별 발급명세」를 작성 보관해야 하며, 「기부금영수증 발급명세서」를 작성하여 제출해야 하는 의무(이하 "기부금영수증 관련 의무사항")는 있다. 기부금 영수증 관련 의무사항을 위반할 경우에는 기부금영수증 관련 불성실 가산세가 부과되는 바, 이에 대한 자세한 내용은 2장 7절에서 다루기로 하겠다.

가.~다. 국가나 지방자치단체, 국방헌금, 이재민 구호물품 등

라. 다음 기관(병원은 제외)에 시설비, 교육비, 장학금 또는 연구비로 지출하는 기부금
- 1) 「사립학교법」에 따른 사립학교
- 2) 비영리교육재단(사립학교 등에 시설비, 교육비, 장학금, 연구비 지급목적 설립)
- 3)~8) 기능대학, 산학협력단, 국립대학법인, 국제학교 등
- 10) 한국장학재단

마. 다음의 병원에 시설비, 교육비 또는 연구비로 지출하는 기부금
- 1)~4) 국립대학병원, 국립대학치과병원, 서울대학병원, 서울대학교치과병원
- 5) 사립학교가 운영하는 병원
- 6)~13) 국립암센터, 지방의료원, 국립중앙의료원, 대한적십자병원, 보훈병원 등

7.3 기획재정부장관이 지정 · 고시한 특례기부금단체

일정한 요건을 충족하는 법인에 대하여 기획재정부장관이 지정 · 고시한 특례기부금단체(이하 "한국학교 등")는 다음과 같다.

라. 다음 기관(병원은 제외)에 시설비, 교육비, 장학금 또는 연구비로 지출하는 기부금
- 9) 「재외국민의 교육지원 등에 관한 법률」에 따른 한국학교로 기획재정부장관이 지정 · 고시하는 학교(이하 "한국학교")

바. 사회복지사업, 그밖의 사회복지활동의 지원에 필요한 재원을 모집 · 배분하는 것을 주된 목적으로 하는 비영리법인으로 기획재정부장관이 지정 · 고시하는 법인에 지출하는 기부금(이하 "전문모금기관")

1) 추천 및 지정절차

한국학교 등의 기부금단체로 지정받기 위해서는 해당 학교 등이 주무관청에 신청해야 한다. 신청을 받은 주무관청은 매 분기 종료일부터 1개월 전이 되는 날까지 기획재정부령으로 정하는 서류(법칙 §18의 2 ③)를 갖추어 기획재정부장관에게 추천하고, 기획재정부장관은 매 분기 말일까지 관보에 지정 · 고시하게 된다. 기획재정부장관이 고시한 한국학교 등에 지출하는 기부금은 고시를 한 날이 속하는 연도의 1월 1일부터 6년간(지정기간) 법인세법에서 정한 세제혜택을 받을 수 있다.

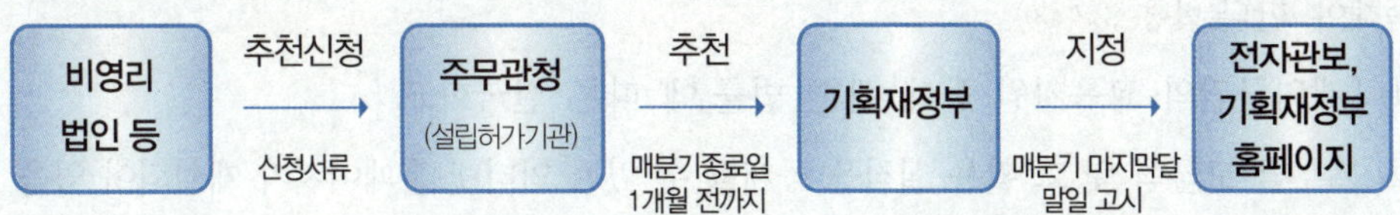

※ 신청서류

〈한국학교의 경우〉

1. 별지 제63호의 2 서식의 공익법인등 추천서
2. 「재외국민 교육지원 등에 관한 법률」 제5조 제1항 및 제4항에 따른 교육부장관의 설립승인서 및 운영승인서
3. 최근 3년간(설립일부터 신청일 직전 사업연도 종료일까지의 기간이 3년 미만인 경우에는 해당 학교가 설립한 사업연도부터 신청일 직전 사업연도 종료일까지의 기간)의 결산서 및 해당 사업연도 예산서
4. 기부금을 통한 사업계획서

〈전문모금기관의 경우〉

1. 별지 제63호의 2 서식의 공익법인등 추천서
2. 법인설립허가서
3. 정관
4. 기부금을 통한 사업계획서
5. 최근 3년간(설립일부터 신청일 직전 사업연도 종료일까지의 기간이 3년 미만인 경우에는 해당 학교가 설립한 사업연도부터 신청일 직전 사업연도 종료일까지의 기간)의 결산서 및 해당 사업연도 예산서
6. 별지 제63호의 8 서식의 총 지출금액 계산서
7. 최근 3년간(설립일부터 신청일 직전 사업연도 종료일까지의 기간이 3년 미만인 경우에는 해당 학교가 설립한 사업연도부터 신청일 직전 사업연도 종료일까지의 기간)의 결산서에 대한 회계감사 보고서

8. 「상속세 및 증여세법 시행령」 제43조의 2 제10항에 따른 전용계좌개설 신고 사실에 대하여 관할 세무서장이 발급하는 사실증명

2) 한국학교와 전문모금기관의 법정지정요건

(1) 한국학교의 지정 요건

외국법인이나 단체가 한국학교 기부금단체로 지정받기 위해서는 다음의 요건을 모두 충족해야 한다(법령 §38 ③).

① 「재외국민의 교육지원 등에 관한 법률」에 따른 한국학교

② 기부금 모금액 및 그 활용 실적을 공개할 수 있는 인터넷 홈페이지가 개설되어 있을 것

③ 지정이 취소된 경우에는 그 취소된 날부터 3년, 재지정을 받지 못하게 된 경우에는 그 지정기간의 종료일부터 3년이 지났을 것

(2) 전문모금기관의 지정 요건

비영리법인이나 단체가 전문모금기관으로서 기부자가 세제혜택을 받는 기부금단체가 되기 위해서는 다음의 7가지 요건을 모두 갖추어야 한다(법령 §38 ④).

① 기부금 모금액 및 그 활용 실적을 공개할 수 있는 인터넷 홈페이지가 개설되어 있을 것

② 「주식회사 등의 외부감사에 관한 법률」 제2조 제7호에 따른 감사인에게 회계감사를 받을 것

③ 「상속세 및 증여세법」 제50조의 3 제1항 제1호부터 제4호까지의 규정에 해당하는 결산서류(1. 재무제표 2. 기부금 모집 및 지출 내용 3. 해당 공익법인등의 대표자, 이사, 출연자, 소재지 및 목적사업에 관한 사항 4. 출연재산의 운용소득 사용명세) 등을 해당 비영리법인 및 국세청의 인터넷 홈페이지를 통하여 공시할 것

④ 「상속세 및 증여세법」 제50조의 2에 따른 전용계좌를 개설하여 사용할 것

⑤ 지정 신청일 직전 5개 사업연도[설립일부터 신청일 직전 사업연도 종료일까지의 기간이 5년 미만인 경우에는 해당 법인의 설립일부터 신청일이 속하는 달의 직전 달의 종료일까지의 기간(1년 이상인 경우만 해당)] 평균 기부금 배분 지출액이 총 지출금액의 100분의 80 이상이고 기부금의 모집 · 배분 및 법인의 관리 · 운영에 사용한 비용이 기부금 수입금액의 100분의 10 이하일 것

※ **총 지출액과 배분지출액은 다음과 같이 계산한다(법칙 §18의 2 ①).**

1. 총 지출금액 : 발생주의에 기초한 결산 기준 포괄손익계산서(포괄손익계산서가 없는 경우에는 손익계산서를 말한다. 이하 이 조에서 같다)의 차변에 계상된 금액의 합계액에서 현재 · 미래의 현금흐름과 무관한 비용을 뺀 금액
2. 배분지출액 : 가목의 금액에서 나목과 다목의 금액을 뺀 금액
   가. 제1호에 따른 총 지출금액 중 개인에게 직접 지원한 금액과 다른 비영리법인 · 단체의 고유목적사업을 위한 재원으로 지출한 금액의 합계액
   나. 해당 법인이 출연하여 설립한 법인 또는 단체에 지출한 금액
   다. 개인에게 직접 지원한 금액이 가목의 금액에서 나목의 금액을 뺀 금액의 100분의 30을 초과하는 경우 그 초과하는 금액

⑥ 신청일 직전 5개 사업연도 평균 개별 법인별 기부금 배분지출액이 전체 배분지출액의 100분의 25 이하이고, 「상속세 및 증여세법 시행령」 제38조 제10항에 따른 출연자 및 같은 영 제2조의 2 제1항에 따른 출연자의 특수관계인으로서 같은 항 제4호 · 제5호 또는 제8호에 해당하는 비영리법인에 대해서는 기부금 배분지출액이 없을 것

⑦ 지정이 취소된 경우에는 그 취소된 날부터 3년, 재지정을 받지 못하게 된 경우에는 그 지정기간의 종료일부터 3년이 지났을 것

3) 지정기간 동안의 의무사항 및 지정 취소사유

추천신청에 따라 특례기부금단체로 지정 · 고시된 한국학교와 전문모금기관 등은 지정기간(고시를 한 날이 속하는 연도의 1월 1일부터 6년간) 동안 ① 기부금 모금액 및 활용실적 명세서 해당 기관 및 국세청 인터넷 홈페이지에 각각 공개해야 하고 ② 해당 사업연도의 지출액의 100분의 80 이상을 직접 고유목적사업에 지출해야 할 의무를 부담한다. 또한 2)의 법정지정요건을 계속 충족하고 있는지 여부와 의무사항을 이행하고 있는지 여부를 주무관청에 보고하도록 하고 있다.

한편, 위와 같은 의무사항을 이행하지 않거나, 상속세 및 증여세를 1천만원 이상 추징당하는 경우 또는 기부금품법을 위반하는 등 일정한 요건에 해당되면 특례기부금단체의 지정이 취소될 수 있다.

보다 더 자세한 지정기간 동안의 의무사항 및 지정취소 사유는 제2장 제6절 2.2 기부금단체별 의무사항과 지정취소 사유에서 후술하도록 하겠다.

7.4 법인세법 시행령에서 열거된 일반기부금 및 일반기부금단체

법인세법 시행령 제39조 제1항과 제2항에서 지정한 일반기부금 및 일반기부금단체는 그 지정 요건은 별도로 규정하고 있지 않고, 시행령에서 열거하는 방식으로 지정하는 기부금 및 기부금단체를 말한다.

이들 기부금 단체는 기부금의 용도에 따라 ① 단체의 정관상 고유목적사업비로 지출하는 기부금(법령 §39 ① 1호 가목~마목) ② 단체의 특정 용도로 지출하는 기부금(법령 §39 ① 2호 가목 · 나목) ③ 사회복지시설(기관) 중 무료 또는 실비로 이용할 수 있는 시설(기관)에 기부하는 금품의 가액(법령 §39 ① 4호) ④ 법인으로 보는 단체의 수익사업에서 발생한 소득을 고유목적사업비로 지출하는 금액(법령 §39 ②)으로 구분할 수 있다. 이 중 ①과 ② 및 ③과 ④의 예시는 다음과 같다.

① 단체의 정관상 고유목적사업비로 지출하는 기부금(법령 §39 ① 1호)

가. 「사회복지사업법」에 따른 사회복지법인

나. 「영유아보육법」에 따른 어린이집

다. 「유아교육법」에 따른 유치원 · 「초 · 중등교육법」 및 「고등교육법」에 의한 학교, 「국민 평생 직업능력 개발법」에 의한 기능대학, 「평생교육법」 제31조 제4항에 따른 전공대학 형태의 평생교육시설 및 같은 법 제33조 제3항에 따른 원격대학 형태의 평생교육시설

라. 「의료법」에 따른 의료법인

마. 종교의 보급, 그밖에 교화를 목적으로 「민법」 제32조에 따라 문화체육관광부장관 또는 지방자치단체의 장의 허가를 받아 설립한 비영리법인(그 소속단체 포함)

② 단체의 특정 용도로 지출하는 기부금(법령 §39 ① 2호)

가. 「유아교육법」에 따른 유치원의 장, 「초 · 중등교육법」 및 「고등교육법」에 의한 학교의 장, 「국민 평생 직업능력 개발법」에 의한 기능대학의 장, 「평생교육법」 제31조 제4항에 따른 전공대학 형태의 평생교육시설 및 같은 법 제33조 제3항에 따른 원격대학 형태의 평생교육시설의 장이 추천하는 개인에게 교육비 · 연구비 또는 장학금으로 지출하는 기부금

나. 「상속세 및 증여세법 시행령」 제14조 제1항 각 호의 요건을 갖춘 공익신탁으로 신탁하는 기부금

③ 사회복지시설 또는 기관 중 무료 또는 실비로 이용할 수 있는 시설 또는 기관에 기부하는 금품의 가액(법령 §39 ① 4호)

4. 다음 각 목의 어느 하나에 해당하는 사회복지시설 또는 기관 중 무료 또는 실비로 이용할 수 있는 시설 또는 기관에 기부하는 금품의 가액. 다만, 나목 1)에 따른 노인주거복지시설 중 양로시설을 설치한 자가 해당 시설의 설치 · 운영에 필요한 비용을 부담하는 경우 그 부담금 중 해당 시설의 운영으로 발생한 손실금(기업회계기준에 따라 계산한 해당 과세기간의 결손금을 말한다)이 있는 경우에는 그 금액을 포함한다.

가. 「아동복지법」 제52조 제1항에 따른 아동복지시설

나. 「노인복지법」 제31조에 따른 노인복지시설 중 다음의 시설을 제외한 시설

1) 「노인복지법」 제32조 제1항에 따른 노인주거복지시설 중 입소자 본인이 입소비용의 전부를 부담하는 양로시설 · 노인공동생활가정 및 노인복지주택

2) 「노인복지법」 제34조 제1항에 따른 노인의료복지시설 중 입소자 본인이 입소비용의 전부를 부담하는 노인요양시설 · 노인요양공동생활가정 및 노인전문병원

3) 「노인복지법」 제38조에 따른 재가노인복지시설 중 이용자 본인이 재가복지서비스에 대한 이용대가를 전부 부담하는 시설

다. 「장애인복지법」 제58조 제1항에 따른 장애인복지시설. 다만, 다음 각 목의 시설은 제외한다.

1) 비영리법인(「사회복지사업법」 제16조 제1항에 따라 설립된 사회복지법인을 포함한다) 외의 자가 운영하는 장애인 공동생활가정

2) 「장애인복지법 시행령」 제36조에 따른 장애인생산품 판매시설

3) 장애인 유료복지시설

라. 「한부모가족지원법」 제19조 제1항에 따른 한부모가족복지시설

마. 「정신건강증진 및 정신질환자 복지서비스 지원에 관한 법률」 제3조 제6호 및 제7호에 따른 정신요양시설 및 정신재활시설

바. 「성매매방지 및 피해자보호 등에 관한 법률」 제6조 제2항 및 제10조 제2항에 따른 지원시설 및 성매매피해상담소

사. 「가정폭력방지 및 피해자보호 등에 관한 법률」 제5조 제2항 및 제7조 제2항에 따른 가정폭력 관련 상담소 및 보호시설

아. 「성폭력방지 및 피해자보호 등에 관한 법률」 제10조 제2항 및 제12조 제2항에 따른 성폭력피해상담소 및 성폭력피해자보호시설

자. 「사회복지사업법」 제34조에 따른 사회복지시설 중 사회복지관과 부랑인 · 노숙인 시설

차. 「노인장기요양보험법」 제32조에 따른 재가장기요양기관

카. 「다문화가족지원법」 제12조에 따른 다문화가족지원센터

타. 「건강가정기본법」 제35조 제1항에 따른 건강가정지원센터

파. 「청소년복지 지원법」 제31조에 따른 청소년복지시설

④ 법인으로 보는 단체의 수익사업에서 발생한 소득을 고유목적사업비로 지출하는 금액(법령 §39 ②)

법인으로 보는 단체 중 제56조 제1항 각 호에 따른 다음의 단체를 제외한 단체의 수익사업에서 발생한 소득을 고유목적사업비로 지출하는 금액은 법 제24조 제3항 제1호에 따른 기부금으로 본다.

가. 제39조 제1항 제1호에 해당하는 단체

나. 법령에 의하여 설치된 기금

다. 「공동주택관리법」 제2조 제1항 제1호 가목에 따른 공동주택의 입주자대표회의 · 임차인대표회의 또는 이와 유사한 관리기구

여기서 “고유목적사업비”란 해당 비영리법인 또는 단체에 관한 법령 또는 정관에 규정된 설립목적을 수행하는 사업으로서 법인세법 시행령 제3조 제1항에 해당하는 수익사업(보건업 및 사회복지 서비스업 중 보건업은 제외) 외의 사업에 사용하기 위한 금액을 말한다.

법인세법 시행령에서 열거한 일반기부금과 일반기부금단체는 모두 기부금영수증 관련 의무사항을 이행해야 하며 이를 위반할 경우 기부금영수증 관련 불성실 가산세 부과 대상이 된다. 한편, 법인세법 시행령에서 열거한 일반기부금과 일반기부금단체 중 ①단체의 정관상 고유목적사업비로 지출하는 기부금(법령 §39 ① 1호 가목~마목)에 대하여는 마목을 제외한 공익법인등은 지정기간 동안 이행해야 할 의무사항과 의무이행 여부에 대한 보고 의무를 별도로 규정하고 있으며, 이에 대하여 제2장 제6절에서 후술하기로 한다.

7.5 법인세법 시행령에서 지정한 지정 · 고시 일반기부금 및 일반기부금단체

법인세법이나 동 시행령 제39조 제1항에서 열거하지 않고 시행령에서 위임받아 기획재정부장관이 관보에 게재하는 방식으로 지정 · 고시하는 일반기부금 및 일반기부금단체는 다음과 같다.

① 단체의 정관상 고유목적사업비 지출하는 기부금(법령 §39 ① 1호)

바. 「민법」 제32조에 따라 주무관청의 허가를 받아 설립된 비영리법인(이하 이 조에서 “「민법」상 비영리법인”이라 한다), 비영리외국법인, 「협동조합 기본법」 제85조에 따라 설립된 사회적협동조합(이하 이 조에서 “사회적협동조합”이라 한다), 「공공기관의 운영에 관한 법률」 제4조에 따른 공공기관(같은 법 제5조 제4항 제1호에 따른 공기업은 제외한다. 이하 이 조에서 “공공기관”이라 한다) 또는 법률에 따라 직접 설립 또는 등록된 기관 중 다음의 요건을 모두 충족한 것으로서 국세청장(주사무소 및 본점소재지 관할 세무서장을 포함한다. 이하 이 조에서 같다)의 추천을 받아 기획재정부장관이 지정하여 고시한 법인. 이 경우 국세청장은 해당 법인의 신청을 받아 기획재정부장관에게 추천해야 한다.

② 다음 각 목의 기부금(§39 ① 2호)

다. 사회복지 · 문화 · 예술 · 교육 · 종교 · 자선 · 학술 등 공익목적으로 지출하는 기부금으로서 기획재정부장관이 지정하여 고시하는 기부금

③ 다음 각 목의 요건을 모두 갖춘 국제기구로서 기획재정부장관이 지정하여 고시하는 국제기구에 지출하는 기부금(§39 ① 6호)

가. 사회복지, 문화, 예술, 교육, 종교, 자선, 학술 등 공익을 위한 사업을 수행할 것
나. 우리나라가 회원국으로 가입하였을 것

1) 지정절차 및 제출할 서류

일반기부금단체 중 ① 단체명의 정관상 고유목적사업비로 지출하는 기부금 중에서 「법인세법 시행령」 제39조 제1항 제1호 바목에 해당하는 「민법」 제32조에 따라 주무관청의 허가를 받아 설립된 비영리법인(사단법인, 재단법인)의 기부금단체 지정 절차는 다음과 같다(법칙 §18의 3). 이에 따라 지정 · 고시된 법인에 지출하는 기부금은 지정일이 속하는 연도의 1월 1일부터 3년간(지정받은 기간이 끝난 후 2년 이내에 재지정되는 경우에는 재지정일이 속하는 사업연도의 1월 1일부터 6년간) 지출하는 기부금에 한정하여 손비로 인정된다.

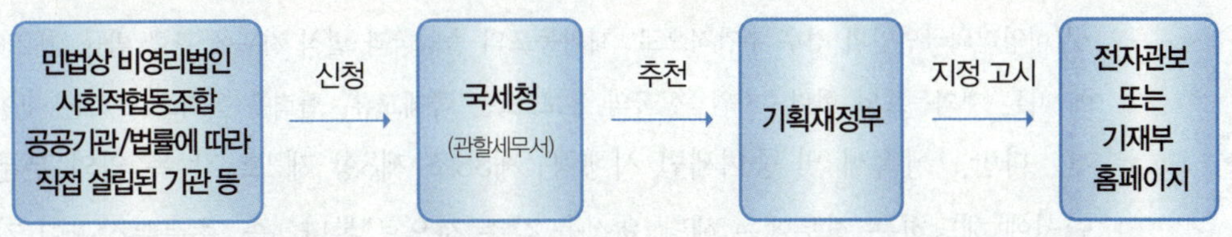

추천을 받으려는 민법상 비영리법인 등은 관할세무서에 공익법인 지정신청 시 다음의 서류를 제출해야 한다. 이 경우 신규 신청 시에는 ①~⑥, 재지정 신청 시에는 ①~⑤, ⑦을 홈택스를 통해 전자접수하거나 관할세무서에 직접 방문접수하거나 아니면 우편으로 접수도 가능하다.

① 공익법인등 추천 신청서(별지 제63호의 5 서식)

② 법인설립허가서 또는 조합설립인가증이나 기타 설립에 관해 증명할 수 있는 서류

③ 정관[아래 2) 지정 요건 ①~③ 내용이 반드시 포함되어 있어야 한다]

④ 최근 3년간 결산서 및 해당 사업연도 예산서(설립 후 1년 미만 법인은 결산서 대신 직전 월까지의 월별 수입 · 지출 내역서로 제출 가능)

⑤ 향후 3년(재지정신청의 경우 5년) 동안 기부금을 통한 사업계획서

⑥ 공익법인등 의무이행준수 서약서(별지 제63호의 6 서식)

⑦ 기부금 모금 및 지출을 통한 공익활동보고서

⑧ 선거운동 사실 여부 확인서(임의서식이나, 선거운동여부 확인을 위해 제출 필요)

2) 지정 요건

일반기부금단체 중 ① 단체명의 정관상 고유목적사업비로 지출하는 기부금 중에서 「법인세법 시행령」 제39조 제1항 제1호 바목에 해당하는 「민법」 제32조에 따라 주무관청의 허가를 받아 설립된 비영리법인(사단법인, 재단법인)의 기부금단체 지정 요건은 다음과 같다(법령 §39 ① 1호 바목).

① 사업의 목적이나 내용이 다음 각 호의 구분에 따를 것

가) 「민법」상 비영리법인 또는 비영리외국법인의 경우 : 정관의 내용상 수입을 회원의 이익이 아닌 공익을 위하여 사용하고 사업의 직접 수혜자가 불특정 다수일 것(비영리외국법인의 경우 추가적으로 「재외동포의 출입국과 법적 지위에 관한 법률」 제2조에 따른 재외동포의 협력 · 지원, 한국의 홍보 또는 국제교류 · 협력을 목적으로 하는 것일 것). 다만, 「상속세 및 증여세법 시행령」 제38조 제8항 제2호 각 목 외의 부분 단서에 해당하는 경우에는 해당 요건을 갖춘 것으로 본다. 즉, 주무부장관이 기획재정부장관과 협의(「행정권한의 위임 및 위탁에 관한 규정」 제3조 제1항에 따라 공익법인 등의 설립허가등에 관한 권한이 위임된 경우에는 해당 권한을 위임받은 기관과 해당 공익법인등의 관할세무서장의 협의를 말한다)하여 따로 수혜자의 범위를 정하여 해당 공익법인등의 설립허가의 조건으로 붙인 경우이거나 정관상의 목적사업을 효율적으로 수행하기 위하여 또는 정관상의 목적사업에 새로운 사업을 추가하기 위하여 재산을 추가 출연함에 따라 정관의 변경허가를 받는 경우로서 그 변경허가조건으로 붙인 경우에는 수혜자 불특정 다수 요건을 갖춘 것으로 본다.

나) 사회적협동조합의 경우 : 정관의 내용상 「협동조합 기본법」 제93조 제1항 제1호부터 제3호까지의 사업 중 어느 하나의 사업을 수행하는 것일 것. 즉, 사회적협동조합의 주 사업은 ① 지역(시 · 도의 관할 구역을 말하되, 실제 생활권이 둘 이상인 시 · 도에 걸쳐 있는 경우에는 그 생활권 전체를 말함) 사회의 재생, 지역 경제의 활성화, 지역 주민들의 권익 · 복리 증진 및 그 밖에 지역 사회가 당면한 문제 해결에 기여하는 사업 ② 취약계층에 복지 · 의료 · 환경 등의 분야에서 사회서비스를 제공하는 사업 ③ 취약계층에 일자리를 제공하는 사업 중 하나이어야 한다.

다) 공공기관 또는 법률에 따라 직접 설립 또는 등록된 기관의 경우 : 설립목적이 사회복지 · 자선 · 문화 · 예술 · 교육 · 학술 · 장학 등 공익목적 활동을 수행하는 것일 것

② 정관에 해산하는 경우 잔여재산을 국가, 지방자치단체 또는 유사한 목적을 가진 다른 비영리법인에게 귀속하도록 한다는 내용이 포함되어 있을 것

③ 인터넷 홈페이지(블로그, 카페는 원칙적으로 인정하지 않으나, ① 포털사이트 검색이 가능하고, ② 연중 자료열람에 제한이 없는 등 홈페이지의 기능을 하는 경우 예외적으로 허용)가 개설되어 있고, 인터넷 홈페이지를 통해 연간 기부금 모금액 및 활용실적을 공개한다는 내용이 정관에 포함되어 있으며, 법인의 공익위반 사항을 국민권익위원회, 국세청 또는 주무관청 등 공익위반사항을 관리 · 감독할 수 있는 기관(이하 "공익위반사항 관리 · 감독 기관"이라 함) 중 1개 이상의 곳에 제보가 가능하도록 공익위반사항 관리 · 감독기관이 개설한 인터넷 홈페이지와 해당 법인이 개설한 홈페이지가 연결되어 있을 것

④ 지정 · 고시일이 속하는 연도와 그 직전 연도에 해당 비영리법인의 명의 또는 그 대표자의 명의로 특정 정당 또는 특정인에 대한 「공직선거법」 제58조 제1항에 따른 선거운동을 한 사실이 없을 것

⑤ 지정이 취소되거나 재지정을 받지 못하게 된 경우에는 지정취소를 받은 날 또는 지정기간 종료일부터 3년이 경과할 것. 다만, 의무를 위반한 사유만으로 지정이 취소되거나 추천을 받지 못한 경우에는 그렇지 않다.

3) 의무사항

기획재정부장관이 일반기부금 단체로 지정 · 고시한 비영리법인 등은 법인세법상 공익법인등에 해당하는 동시에 상속세 및 증여세법상 공익법인에도 해당하므로 법인세법 및 상증세법상 공익법인의 의무사항을 모두 이행해야 한다. 만약 이행하지 않을 경우 공익법인 지정이 취소될 수 있으며, 증여세가 부과될 수 있다. 법인세법상 공익법인의 의무사항에 대하여 제2장 제6절에서 후술하며, 상속세 및 증여세법상 공익법인의 의무사항에 대하여 제3장 제3절에서 살펴보도록 하겠다.

■ 법인세법 시행규칙 [별지 제63호의 5 서식] 〈개정 2023.3.20.〉

공익법인등 [ ] 추천 [ ] 명칭변경 신청서

※ 뒷면의 작성방법을 읽고 작성하시기 바라며, [ ]에는 해당되는 곳에 √표를 합니다. (앞쪽)

접수번호	접수일시

① 신청대상 법인의 구분	[ ] 민법상 비영리법인 [ ] 사회적협동조합 [ ] 공공기관등 [ ] 비영리외국법인
② 신청대상법인의 신청 구분	[ ] 추천 신청(지정기간 3년) : 최초 지정신청 또는 지정기간 종료 후 2년 경과 후 지정신청의 경우 [ ] 추천 신청(지정기간 6년) : 지정기간 종료 후 2년 이내 재지정신청의 경우 [ ] 명칭변경 신청

구분		
신청대상법인 인적사항	법인(단체)명	사업자등록번호(고유번호)
	법인등록번호	
	대표자	설립일
	연락처	홈페이지주소
	본점 및 주사무소 소재지	
	주무관청명	주무관청 부서명
	사업내용	

기부금 모집내역

기부금 모집 목적

기부금 모집기간 및 목표액 [지정일이 속하는 사업연도부터 3년(재지정은 5년)간]

(단위 : 백만원)

년		년		년	
년		년		합 계	

기부금 관리방법

명칭변경 사항	변경 전 법인(단체)명	변경 후 법인(단체)명

대리인이 일반기부금단체 신청을 하는 경우에는 아래의 위임장을 작성하시기 바랍니다.

위 임 장	본인은 공익법인등 추천 및 명칭변경 신청과 관련한 모든 사항을 아래의 대리인에게 위임합니다. 본 인 : (서명 또는 인)		

대리인 인적사항	성명	생년월일	전화번호	신청인과의 관계

「법인세법 시행규칙」 제18조의3제2항 및 제6항에 따라 공익법인등 추천신청서류 및 명칭변경서류를 제출합니다.

년 월 일

신청인 : (서명 또는 인)

위 대리인 : (서명 또는 인)

국세청장
세무서장 귀하

추천신청 서류	뒤쪽 참조

210mm×297mm[백상지 80g/㎡ 또는 중질지 80g/㎡]

추천신청서류	1. 법인 등의 설립 또는 등록에 관한 다음의 서류 (1) 민법상 비영리법인, 공공기관등의 경우 : 법인설립허가서 (2) 사회적협동조합의 경우 : 사회적협동조합 설립인가증 (3) 비영리외국법인의 경우 : 외국의 정부가 발행한 해당 법인의 설립에 관한 사항을 증명할 수 있는 서류 2. 정관 3. 최근 3년간의 결산서 및 해당 사업연도 예산서(예시 : 해당 사업연도가 2023년인 경우 2020년~2022년 결산서 및 2023년도 예산서, 2022년 결산 전인 경우 2019년~2021년 결산서 및 2023년 예산서). 다만, 제출일 현재 법인 등의 설립기간이 3년이 경과하지 않은 경우에는 (i) 제출 가능한 사업연도의 결산서 (ii) 해당 사업연도 예산서 (iii) 국세청장에 추천을 신청하는 날이 속하는 달의 직전 월까지의 월별 수입 · 지출 내역서를 제출합니다. 4. 지정일이 속하는 사업연도부터 3년(지정기간이 6년인 경우에는 5년)이 경과하는 날이 속하는 사업연도까지의 기부금 모집을 통한 사업계획서 5. 법인 대표자의 [별지 제63호의6서식]의 공익법인등 의무이행준수 서약서(지정기간이 3년인 경우에만 제출합니다) 6. 기부금 모금 및 지출을 통한 공익활동보고서(지정기간이 6년인 경우에만 제출합니다)
명칭변경신청서류	1. 외국의 정부가 발행한 해당 법인의 설립에 관한 사항을 증명할 수 있는 서류(비영리외국법인의 경우에만 제출합니다) 2. 정관(구 정관, 신 정관, 신구 대비표 첨부)

작 성 방 법

1. ①란은 아래를 확인하시고 해당되는 곳에 "√"표시를 합니다.
   - 민법상 비영리법인 : 「민법」 제32조에 따른 사단 · 재단 법인
   - 사회적협동조합 : 「협동조합기본법」 제85조에 따른 사회적협동조합
   - 공공기관등 : 「공공기관의 운영에 관한 법률」 제4조에 따른 공공기관(같은 법 제5조제3항제1호에 따른 공기업은 추천대상단체가 아닙니다) 또는 법률에 따라 직접 설립 또는 등록된 기관
   - 비영리외국법인 : 「재외동포의 출입국과 법적 지위에 관한 법률」 제2조에 따른 재외동포의 협력 · 지원, 한국의 홍보 또는 국제교류 · 협력을 목적으로 하는 비영리외국법인
2. ②란은 아래를 확인하시고 해당되는 곳에 "√"표시를 합니다.
   - 최초로 지정신청을 하는 경우 또는 지정기간이 종료된 후 2년이 경과된 법인이 지정신청을 하는 경우 : 지정일이 속하는 연도의 1월 1일부터 3년간 공익법인등으로 인정
   - 지정기간이 종료된 후 2년 이내인 법인이 재지정신청을 하는 경우 : 재지정일이 속하는 사업연도의 1월 1일부터 6년간 공익법인등으로 인정
3. '명칭변경 사항'은 명칭변경 신청 시에만 작성합니다(명칭변경 신청 시 '기부금 모집내역'은 작성하지 않습니다).

210mm×297mm[백상지(80g/㎡) 또는 중질지(80g/㎡)]

■ 법인세법 시행규칙 [별지 제63호의 6 서식] 〈개정 2023.3.20.〉

공익법인등 의무이행준수 서약서

○ 법인 · 단체명 또는 기관명 :

○ 본인은 위 법인 · 단체 또는 기관의 대표자로서 해당 법인 등이 「법인세법 시행령」 제39조제1항제1호바목에 따른 공익법인등으로 지정되는 경우 그 지정기간 동안 같은 조 제5항에 따른 의무이행 사항을 충실하게 준수할 것을 서약합니다.

년 월 일

위 법인 · 단체 또는 기관의 대표자 (서명 또는 인)

국세청장
세무서장 귀하

유의사항
위 법인 · 단체 또는 기관의 주사무소 및 본점 소재지 관할 세무서장 또는 국세청장에게 제출합니다.

210mm×297mm[백상지 80g/㎡]

7.6 비영리민간단체의 공익단체 지정

"공익단체"는 「비영리민간단체지원법」에 따라 주무관청(중앙부처 또는 시·도)에 등록된 민간단체로서 「소득세법 시행령」 제80조 제1항 제5호의 지정요건을 모두 충족한 것으로서 행정안전부장관의 추천을 받아 기획재정부장관이 지정한 단체(세무서 고유번호증 또는 사업자등록증 발급받은 미등록 임의단체나 비영리법인은 신청불가)를 말한다. 공익단체로 지정되면 지정일이 속하는 과세기간의 1월 1일부터 3년간 지출하는 개인 기부자의 기부금에 대하여 세제혜택(개인 사업자의 경우 필요경비 산입, 개인 거주자의 경우 세액공제)이 주어진다. 따라서 법인 기부자는 세제혜택이 없기 때문에 비영리조직의 경우에는 비록 「비영리민간단체지원법」에 의하여 비영리민간단체로 등록을 하더라도 법인세법상 기부금단체로 지정신청을 하는 것이 더 유리하다. 한편, 2022.1.1.부터 지정기간은 지정일이 속하는 과세기간의 1월 1일부터 3년간이며, 지정받은 기간이 끝난 후 2년 이내에 재지정되는 경우에는 재지정일이 속하는 과세기간의 1월 1일부터 6년간이다(소령 §80 ① 5호).

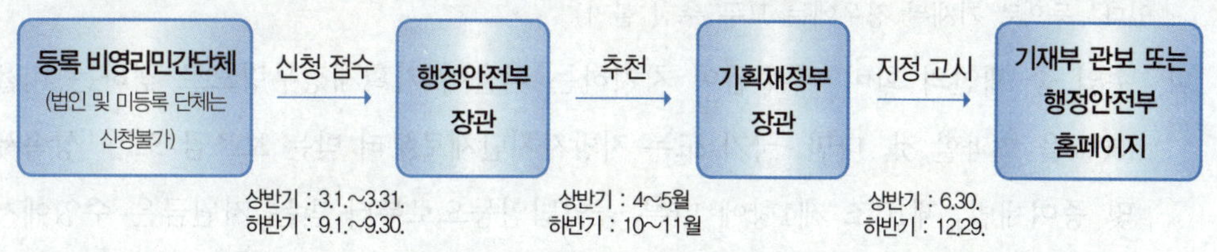

공익단체로 추천받으려는 비영리민간단체는 다음의 신청서류를 갖추어 문서24사이트(https : //open.gdoc.go.kr)로 공문서(수신처 : 행정안전부 민간협력과)를 작성하여 제출(방문접수나 이메일 또는 우편 접수는 불가)하여야 한다.

① 공익단체 추전신청서

② 전년도 수입내역 및 수입 상세내역

③ 총회를 통과한 전년도 수지결산서 및 수지예산서

④ 단체가 보유 중인 통장내역 및 직전연도 통장거래내역 사본 및 통장 사본(단체 대표, 총무 등 개인명의 통장이 있거나, 회비 및 후원금을 개인명의 통장으로 관리한 경우 추천 불가)

⑤ 선거운동 사실 확인서

⑥ CMS 자료[통장 입출금 내역에 개인 입금자 이름이 아닌 자동이체(CMS)로 표시될 경우 CMS 건별 내역서 별도로 개인과 단체·법인을 구분하여 제출]

⑦ 국가 · 지방자치단체로부터 받는 보조금 또는 공익법인 등으로부터 받은 지원금 관련 증빙서류[보조금 결정통지서(보조금 교부기관의 직인 날인) 또는 보조금 · 지원금 관련 공문 등]

⑧ 비영리민간단체 등록증

⑨ 고유번호증

⑩ 단체 정관 또는 회칙 · 규약 사본(단체도장 및 간인 날인된 원본의 사본)

1) 공익단체 지정요건

「비영리민간단체 지원법」에 따라 등록된 단체 중 행정안전부장관의 추천을 받아 기획재정부장관이 지정하는 "공익단체"로 지정받기 위해서는 상기한 구비서류를 모두 제출해야 하고, 다음의 요건을 모두 충족해야 한다.

가. 해산 시 잔여재산을 국가 · 지방자치단체 또는 유사한 목적을 가진 비영리단체에 귀속하도록 한다는 내용이 정관에 포함되어 있을 것(유사한 목적이 아닌 유사한 사업, 비영리단체가 아닌 법인 또는 단체, 귀속이 아닌 기부로 기재된 경우, "하도록 한다"가 아닌 "할 수 있다" 등으로 기재된 경우에는 모두 추천 불가)

나. 수입 중 개인의 회비 · 후원금이 차지하는 비율이 기획재정부령으로 정하는 비율(50%)을 초과할 것. 다만, 국가 또는 지방자치단체로부터 받는 보조금 또는 「상속세 및 증여세법」 제16조 제1항에 따른 공익법인등으로부터 받는 지원금은 수입에서 제외함.

$$\frac{\text{회비(개인)} + \text{후원금(개인)}}{\text{전체수입액} - \text{보조금·지원금} - \text{이월금} - \text{차입금}} > 50\%$$

전체 수입액 : 회비(개인, 법인 등) + 후원금(개인, 법인 등) + 보조금 · 지원금 + 수익사업 + 기타수입 + 이월금 + 차입금

다. 정관의 내용상 수입을 친목 등 회원의 이익이 아닌 공익을 위하여 사용하고 사업의 직접 수혜자가 불특정 다수일 것(정관의 내용상 친목, 동호회 성격의 사업 또는 경조사비 등 공익이 아닌 목적의 내용이 포함된 경우는 추천 불가). 다만, 「상속세 및 증여세법 시행령」 제38조 제8항 제2호 단서에 해당하는 경우에는 해당 요건을 갖춘 것으로 봄.

라. 지정을 받으려는 과세기간의 직전 과세기간 종료일부터 소급하여 1년 이상 비영리민간단체 명의의 통장으로 회비 및 후원금 등의 수입을 관리할 것(통장의 실명확인이 개인 주민등록번호를 통해 발급받은 통장이 아닌 단체 고유번호 등으로 발급된 단체 명의의 통

장이어야 함)

마. 삭제(2021.2.17.)

바. 기부금 모금액 및 활용실적 공개 등과 관련하여 다음의 요건을 모두 갖추고 있을 것. 다만, 「상속세 및 증여세법」 제50조의 3 제1항 제2호에 따른 사항을 같은 법 시행령 제43조의 3 제4항에 따른 표준서식에 따라 공시하는 경우에는 기부금 모금액 및 활용실적을 공개한 것으로 본다.

1) 행정안전부장관의 추천일 현재 인터넷 홈페이지가 개설되어 있을 것(단체 명의로 운용되는 인터넷 포탈의 카페나 블로그 등은 불인정하며, 전문제작 업체에서 제작한 자체 서버를 통하여 운영하는 정식 홈페이지만 인정됨)

2) 1)에 따라 개설된 인터넷 홈페이지와 국세청의 인터넷 홈페이지를 통하여 연간 기부금 모금액 및 활용실적을 매년 4월 30일까지 공개한다는 내용이 정관에 포함되어 있을 것

3) 재지정의 경우에는 매년 4월 30일까지 1)에 따라 개설된 인터넷 홈페이지와 국세청의 인터넷 홈페이지에 연간 기부금 모금액 및 활용실적을 공개했을 것

사. 지정을 받으려는 과세기간 또는 그 직전 과세기간에 공익단체 또는 그 대표자의 명의로 특정 정당 또는 특정인에 대한 「공직선거법」 제58조 제1항에 따른 선거운동을 한 사실이 없을 것(선거운동 사실 확인서 작성하여 제출)

2) 지정 취소사유

공익단체가 다음 각 호의 어느 하나에 해당하는 경우에는 국세청장이 해당 공익단체에 미리 의견을 제출할 기회를 준 후 기획재정부장관에게 그 지정의 취소를 요청할 수 있다. 이 경우 그 요청을 받은 기획재정부장관은 해당 공익단체의 지정을 취소할 수 있다(소령 §80 ②).

① 공익단체가 상속세 또는 증여세를 1천만원 이상 추징당한 경우

② 공익단체가 목적 외 사업을 하거나 설립허가의 조건에 위반하는 등 공익목적에 위반한 사실을 주무관청의 장(행정안전부장관 포함)이 국세청장에게 통보한 경우

③ 불성실기부금수령단체에 해당되어 명단이 공개되는 경우

④ 지정요건을 위반하거나 실제 경영하는 사업이 해당 요건과 다른 경우

⑤ 공익단체가 해산한 경우

⑥ 공익단체의 대표자, 임원, 대리인 또는 그 밖의 종업원이 「기부금품의 모집 및 사용에 관한 법률」을 위반하여 같은 법 제16조에 따라 공익단체 또는 개인에게 징역 또는 벌금형이 확정된 경우

⑦ 해당 과세기간의 결산보고서와 수입명세서를 제출하지 않은 경우

3) 공익단체의 의무이행 사항

공익단체는 해당 과세기간의 종료일부터 3개월 이내에 결산보고서는 행정안전부장관에게 제출하여야 하고, 수입명세서(별지 제7호 서식)는 관할 세무서장에게 제출하여야 한다(소령 §80 ③ · ⑤).

행정안전부장관은 결산보고서를 제출받은 때에는 다음 각 호의 사항을 공개할 수 있다.

① 전체 수입 중 개인의 회비 및 후원금이 차지하는 비율

② 기부금의 총액 및 건수와 그 사용명세서

■ 비영리민간단체지원법 시행령 [별지 제1호 서식] 〈개정 2023.4.25.〉

비영리민간단체 등록(변경)신청서

(앞쪽)

접수번호	접수일자	처리기간 20일(변경 시 10일)

신청인	성명(한글) (한자)	생년월일
	대표자와의 관계	연락처
	주소	
단체	명칭	연락처
	소재지	
	대표자 성명	대표자 생년월일
	대표자 주소	대표자 연락처
	주된 사업	

「비영리민간단체 지원법」 제4조제1항, 같은 법 시행령 제3조제1항 및 제4항에 따라 위와 같이 등록(변경)을 신청합니다.

년 월 일

신청인 (서명 또는 인)

귀하

첨부서류	내용	수수료
첨부서류	〈등록 신청 시〉 1. 회칙 1부 2. 당해 연도 및 전년도의 총회 회의록 각 1부 3. 당해 연도 및 전년도의 사업계획 · 수지예산서, 전년도의 결산서 각 1부 4. 회원명부(회원의 주소와 연락처가 작성되어야 하며, 회원이 100인 이상인 경우에는 100인까지 작성 후 "외 ○○인"으로 표기하여야 합니다) 1부 ※ 법인의 경우에는 제출서류 중 회원명부만 제출 5. 최근 1년 이상의 공익활동실적을 증명할 수 있는 자료 1부 〈등록변경 신청 시〉 1. 단체의 명칭 변경 또는 주된 사업을 변경한 경우에는 등록변경신청서 및 회칙 각 1부 2. 대표자 · 관리인 또는 사무소(사무소가 2개 이상인 경우에는 주된 사무소를 말합니다)의 소재지를 변경한 경우에는 등록변경신청서 1부	수수료 없음

210mm×297mm[백상지 80g/㎡]

공익단체 추천 신청서

1. 공익단체의 신청 구분

[ ] 3년 : 최초 지정신청, 지정기간 종료 후 2년 초과 [ ] 6년 : 재지정 신청

2. 단체 인적사항

단체명			비영리민간단체 등록번호	고유번호, 사업자등록번호 아님
단체설립일			사업개시일	
단체주소			단체연락처	유선) H.P.)
대표자	성명		생년월일	

3. 기부금 관련

가. 사업목적 :

나. 수입내역

(단위 : 원)

전 체 수입액	회 비		후원금		보조금 · 지원금		수익 사업	기타 수입	이월금	차입금
	개인	법인 등	개인	법인 등	국가 · 지자체	공익법인 등				

※ 전체 수입액 중 개인 회비 및 개인 후원금이 차지하는 비율(%)

다. 기부금의 용도

–

–

※ 단체 홈페이지 주소 :

※ 정관 등 필수 조항 : 해산시 잔여재산 귀속 조항(제 조), 단체 및 국세청 홈페이지 공개 조항(제 조)

4. 결산보고서 공개 동의여부

결산보고서 전체수입 중 개인의 회비·후원금이 차지하는 비율 및 기부금의 총액 및 그 사용내역의 공개에 동의합니다.( )

소득세법시행령 제80조 규정에 의한 공익단체로의 추천을 신청합니다.

년 월 일

(신청단체명) ㊞

행정안전부장관 귀하

[별지 제7호 서식] (2022.3.18. 개정)

수입 명세서

귀속연도	

1. 공익 단체 인적 사항	① 단 체 명		② 대 표 자	
	③ 고유번호		④ 전화번호	
	⑤ 비영리민간단체 등록번호		⑥ 핸 드 폰	
	⑦ 지 정 일		⑧ 소 재 지	

2. 수입명세 (단위 : 원)

⑨ 회 비		⑩ 후 원 금		⑪ 보조금		⑫ 기타수입 (수익사업 등)	⑬ 이월금	⑭ 차입금	⑮ 총 계
개인	법인 등	개인	법인 등	국가 · 지자체	다른 공익 법인등				

3. 수입(국가 · 지방자치단체로부터 받는 보조금 및 「상속세 및 증여세법」 제16조제1항에 따른 공익법인등으로부터 지원받는 금액은 제외) 중 개인의 회비 · 후원금이 차지하는 비율(%) : (　　　%)

4. 통장 보유 현황

⑯ 구 분					
⑰ 계좌번호					
⑱ 계좌명의자					

「소득세법 시행령」 제80조 제5항에 따라 수입명세서를 제출합니다.

년　　월　　일

공익단체　　　　(인)

세무서장 귀하

작 성 방 법

1. 이 서식은 공익단체로 지정받은 단체가 해당 과세기간의 종료일부터 3개월 이내에 제출하여야 합니다.
2. ⑦ 지정일란 : 기획재정부장관이 지정한 날을 적습니다.
3. 수입(국가 · 지방자치단체로부터 받는 보조금 및 「상속세 및 증여세법」 제16조제1항에 따른 공익법인등으로부터 지원받는 금액은 제외) 중 개인의 회비 · 후원금이 차지하는 비율(%)란 : 공익단체의 ⑮ 총계금액에서 ⑪ 국가 · 지방자치단체로부터 받는 보조금 및 「상속세 및 증여세법」 제16조제1항에 따른 공익법인등으로부터 지원받는 금액 ⑬ 이월금 ⑭ 차입금 수입을 뺀 금액 중 개인으로부터 받은 회비 · 후원금 등의 비율을 적습니다.
4. ⑯ 구분란 : 금융회사 등의 명칭을 적습니다.

210mm×297mm[백상지 80g/㎡(재활용품)]

제3절 비영리조직의 운영관리 일반

01 비영리조직의 기관의 구성

비영리조직은 사람처럼 살아있는 유기체가 아니기 때문에 독립적인 인격을 가진 인격체로서 사회활동을 하기 위해서는 일정한 조직이 필요한데 그 조직을 구성하는 것이 기관이다. 여기서 사회활동이라고 하는 것은 외부적으로 조직을 대표하고, 내부적으로는 의사를 결정하고 그 결정된 의사를 집행하는 한편, 이를 감독하는 활동을 말한다. 따라서 비영리조직은 대표기관, 의사결정기관, 의사집행기관, 감독기관을 갖추어야 한다.

비영리조직의 기관은 최고의사결정기관으로 '사원총회', 대표기관이자 의사집행기관으로 '이사' 그리고 '감독기관'으로 감사 등으로 구성되어 있다. 법인격 없는 비영리조직의 경우에는 모두 임의기관이지만, 비영리법인의 경우 이사는 필요기관이다. 다만, 감사의 경우에는 「민법」상 비영리법인의 경우 임의기관이지만, 공익법인법상은 필요기관이다. 한편, 사원총회는 사단법인의 경우에는 최고의사결정을 하는 필요기관이지만 재단법인의 경우에는 사원이 없으므로 있을 수 없는 조직이다. 따라서 재단법인의 최고의사결정은 정관에 정하여져 있지만 보통 이사회가 그 역할을 대신한다.

1.1 사원총회(의사결정기관)

사단법인의 최고의사결정기관은 사원총회이다. 사원 전원으로 구성되어 있으며 사단법인의 근본적인 의사를 결정하는 기관으로 정관의 규정에 의해서도 이를 폐지할 수 없다. 또한 정관의 변경이나 사단법인의 임의해산결정 등은 총회의 전권사항으로 정관에 의하여 이 권한을 빼앗을 수 없다.

총회는 해마다 1회 이상 일정한 시기를 정하여 소집되는 통상총회와 필요시마다 개최되는 임시총회로 구분된다. 총회의 결의는 정관에 다른 규정이 없으면 사원 평등의 원칙에 따라 결의권이 주어지는데 결의 성립에 필요한 정수는 보통 과반수 출석에 출석사원의 과반수로 결의된다. 서면이나 대리인으로 결의권을 행사할 수 있으나 정관에 다른 규정이 없으면 적용하지 아니한다(민법 §73).

한편, 재단법인은 사원을 구성할 수 없으므로 사원총회라는 의사결정기관이 없다. 따라서 재단법인의 의사결정은 재단법인 설립자가 정한 정관에 따라 결정된다.

1.2 이사(대표기관, 업무집행기관)

1) 이사의 직무권한

이사는 대외적으로 비영리조직을 대표하고 대내적으로는 업무를 집행하는 기관이다. 따라서 이사는 대표권과 업무집행권을 가지고 있으며 선량한 관리자로서의 주의의무를 부담한다.

이사가 수인일 경우 법인의 사무에 관하여 각 이사가 단독으로 각자 법인을 대표하는 것을 원칙으로 하지만, 정관이나 사원총회의 결의에 의해서 이사의 대표권을 제한할 수 있다. 이사의 대표권의 제한에 관한 사항은 등기해야 하며, 이를 등기하지 않으면 제3자에게 대항하지 못한다(민법 §59 · §60).

이사의 대표권에 대하여 민법에서는 법인과 이사의 이익이 상반하는 사항에 관하여는 이사의 대표권은 없으며, 이 경우에는 특별대리인을 선임하도록 하고 있다. 공익법인법에서는 이사장이나 이사가 공익법인과 이해관계가 상반될 때에는 그 사항에 관한 의결에 참여하지 못하도록 하고 있다.

2) 이사의 자격제한

이사가 될 수 있는 것은 자연인에 한정되며, 자격상실 또는 자격정지의 형을 받은 자는 이사가 될 수 없다(형법 §43 · §44). 다만, 공익법인법에서는 "이사의 과반수는 대한민국 국민이어야 한다" 고 규정하고 있다. 또한 미성년자, 피성년후견인, 피한정후견인, 파산선고를 받은 자로서 복권되지 아니한 자, 금고 이상의 형을 받고 집행이 종료되거나 집행을 받지 아니하기로 확정된 후 3년이 지나지 아니한 자, 주무관청에 의하여 이사의 취임승인이 취소된 후 2년이 지나지 아니한 자는 임원이 될 수 없도록 규정하고 있다(공익법인법 §5 ⑥).

3) 이사의 수와 임기

이사의 수에 대하여 「민법」상 비영리법인은 제한이 없고 정관에 임의로 정하도록 하고 있으나, 공익법인법상 이사의 수는 5명 이상 15명 이하의 이사를 두되 주무관청의 승인을 받아 그 수를 증감하도록 하고 있다.

이사의 임기는 정관으로 정하는 것 이외에는 제한이 없으나 공익법인법상 공익법인은 4년을 초과할 수 없고, 다만 연임할 수 있도록 하고 있다. 한편, 공인법인은 주무관청의 승인을 받아 상근임직원의 수를 정하고 상근임직원에게 보수를 지급할 수 있다.

4) 이사의 임면

이사의 임면은 정관의 필요적 기재사항으로 그 방법을 정해야 한다. 다만, 그 방법에는 제한이 없으며, 총회의 결의에 의하지 않는 선임방법이나 사원이 아닌 자를 이사로 임면하는 것을 규정할 수 있다. 다만, 공익법인의 경우에는 임원의 임면에 관하여 주무관청의 승인을 얻어야 취임할 수 있으며, 이사회를 구성할 때 출연자 등 당해 사업과 '특별한 관계가 있는 자'의 수는 이사 현원(現員)의 5분의 1을 초과할 수 없도록 규정하고 있다.

이사의 해임과 퇴임도 정관의 규정에 의하여야 하지만, 정관에 규정이 없거나 규정이 있더라도 불충분한 경우에는 「민법」의 위임에 관한 규정을 유추 적용한다. 따라서 결과적으로 이사는 임기만료 또는 사임으로 물러난 후에도 필요한 범위 내에서 신임이사가 선임될 때까지 이사의 직무를 수행할 수 있다.

특수관계자의 범위

특별한 관계가 있는 자"(이하 "특수관계자"라 한다)란 다음 각 호의 어느 하나에 해당하는 자를 말한다. 다만, 국가 또는 지방자치단체가 공익사업(「상속세 및 증여세법」 제16조 제1항에 따른 종교 · 자선 · 학술 또는 그 밖의 공익을 목적으로 하는 사업을 말한다. 이하 같다)에 출연하는 경우에는 국가 · 지방자치단체 및 그 소속 공무원, 그 밖에 국가 · 지방자치단체와 고용관계에 있는 자는 다음 각 호의 어느 하나에 해당하더라도 특수관계자로 보지 아니한다(공익법인법령 §12 ①).

1. 출연자(출연자가 「민법」 제32조에 따라 설립된 법인인 경우에는 해당 법인에 대한 출연자를, 출연자가 그 밖의 법인인 경우에는 해당 법인을 출자에 의하여 사실상 지배하고 있는 자를 포함한다). 다만, 재산출연일 현재 해당 공익법인의 총출연재산가액의 100분의 1에 해당하는 금액과 2천만원 중 적은 금액을 출연한 자는 제외한다.
2. 제1호에 따른 출연자(이하 "출연자"라 한다) 또는 이사와 다음 각 목의 관계에 있는 사람
   가. 6촌 이내의 혈족
   나. 4촌 이내의 인척
   다. 배우자(사실혼 관계에 있는 사람을 포함한다)
   라. 친생자(親生子)로서 다른 사람에게 친양자(親養子)로 입양된 사람과 그 배우자 · 직계비속(直系卑屬)
3. 출연자 또는 이사의 사용인 기타 고용관계에 있는 자(출연자 또는 이사가 출자에 의하여 사실상 지배하고 있는 법인의 사용인 기타 고용관계에 있는 자를 포함한다)
4. 출연자 또는 이사의 금전 기타의 재산에 의하여 생계를 유지하는 자와 생계를 함께 하는 자
5. 당해 출연자가 재산을 출연한 다른 공익사업을 영위하는 법인의 이사

※ 출자에 의하여 사실상 지배하고 있는 자(공익법인법령 §12 ②)
1. 법인의 발행주식총액 또는 출자총액의 100분의 30 이상을 출자자 1인과 그와 제1항 제2호 · 제4호 및 사용인 기타 고용관계에 있는 자(이하 "지배주주"라 한다)들이 소유하고 있는 경우
2. 법인의 발행주식총액 또는 출자총액의 100분의 50 이상을 제1호의 법인과 그의 지배주주가 소유하고 있는 경우
3. 법인의 발행주식총액 또는 출자총액의 100분의 50 이상을 제1호의 법인과 그의 지배주주 및 제2호의 법인이 소유하고 있는 경우

5) 이사회

이사가 여러 명 있는 경우에는 법인의 업무집행을 결정하기 위한 의결기관으로 이사회를 구성해야 하고, 정관에 다른 규정이 없으면 과반수의 결정에 따라 의결해야 한다.

사단법인의 경우에는 최고의사결정기관이 사원총회이지만, 재단법인에는 사원총회가 없으므로 이사회를 두는 경우에는 이사회가 최고의사결정기관의 역할을 하게 된다.

민법에서는 이사회에 관한 규정을 두고 있지 아니하여, 이사회는 필요기관이 아니라 정관의 규정에 의하여 설치할 수 있는 임의기관이다. 공익법인의 경우 이사회는 필요기관으로 이사회의 기능과 그 소집방법, 의결정족수 등을 엄밀히 규정하고 있다.

공익법인의 이사회는 이사로 구성되며, 이사장은 정관이 정하는 바에 따라 이사 중에서 호선(互選)한다. 이사장은 필요하다고 인정할 때에는 이사회를 소집할 수 있고, ① 재적이사의 과반수가 회의의 목적을 제시하여 소집을 요구할 때나 ② 감사가 공익법인의 업무와

재산상황을 감사한 결과 불법 또는 부당한 점이 있음을 발견한 때에 이를 이사회에 보고하기 위하여 이사회의 소집을 요구할 때에는 그 소집요구일부터 20일 이내에 이사회를 소집하여야 한다.

이사회를 소집할 때에는 적어도 회의 7일 전에 회의의 목적을 구체적으로 밝혀 각 이사에게 알려야 하지만, 이사 전원이 모이고 또 그 전원이 이사회의 소집을 요구할 때에는 그러하지 아니하다. 이사회 소집권자가 궐위(闕位)되거나 이사회 소집을 기피하여 7일 이상 이사회 소집이 불가능한 경우에는 재적이사 과반수의 찬동으로 감독청의 승인을 받아 이사회를 소집할 수 있다. 이 경우 이사회의 의장은 정관으로 정하는 이사가 주재한다(공익법인법 §8).

공익법인의 이사회는 다음 사항을 심의결정한다(공익법인법 §7).

① 공익법인의 예산, 결산, 차입금 및 재산의 취득 · 처분과 관리에 관한 사항
② 정관의 변경에 관한 사항
③ 공익법인의 해산에 관한 사항
④ 임원의 임면에 관한 사항
⑤ 수익사업에 관한 사항
⑥ 그 밖에 법령이나 정관에 따라 그 권한에 속하는 사항

이사회의 의사(議事)는 정관에 특별한 규정이 없으면 재적이사 과반수의 찬성으로 의결하며, 의결권은 이사 1인 1표의 평등권을 가진다. 이사회의 의사는 서면결의에 의할 수 없으며, 출석이사의 과반수가 대한민국 국민이어야 한다(공익법인법 §9).

1.3 감사(감독기관)

1) 민법상 감사의 직무등

「민법」상 비영리법인은 감사가 필요기관이 아니며, 내부적으로 이사의 사무집행을 감독할 뿐 외부적으로는 법인을 대표하는 권한이 없다. 따라서 등기사항이 아니며, 법인의 정관 또는 총회의 결의로 선임할 수 있고 그 수와 임기 또한 정관 또는 총회의 결의에 따른다. 감사의 직무는 ① 법인의 재산상황을 감사하는 일, ② 이사의 업무집행의 상황을 감사하는 일, ③ 재산상황 또는 업무집행에 관하여 부정, 불비한 것이 있음을 발견한 때에는 이를 총회 또는 주무관청에 보고하는 일, ④ 전 호의 보고를 하기 위하여 필요 있는 때에

는 총회를 소집하는 일 등이다.

2) 공익법인법상 감사의 직무등

공익법인의 감사는 2명 이상 두어야 하며 이사와 마찬가지로 주무관청의 승인을 받아 취임할 수 있고, 주무관청의 승인을 받아 그 수를 증감할 수 있다. 감사의 임기는 2년을 초과할 수 없으며 연임할 수 있고 이사와 특별한 관계가 있는 자가 아니어야 하며 그 중 1명은 법률과 회계에 관한 지식과 경험이 있는 자 중에서 주무관청이 추천할 수 있다. 주무관청이 공익법인의 감사 1인을 추천하고자 할 때에는 설립허가 시에 그 뜻을 통지하여야 한다. 다만, 종전에 공익법인의 감사 중 1인을 주무관청이 추천하지 아니한 경우에도 주무관청은 공익법인의 업무와 재산상황을 감사한 결과 불법 또는 부당한 점이 발견된 때에는 새로이 감사 1인을 추천할 수 있다. 이 경우에는 당해 공익법인의 감사 중 이사회에서 지명한 자 1인은 주무관청에서 추천한 감사에 대한 취임승인이 있은 날의 전일에 퇴직된 것으로 본다.

공익법인의 감사의 직무는 다음과 같다(공익법인법 §10).

① 공익법인의 업무와 재산상황을 감사하는 일 및 이사에 대하여 감사에 필요한 자료의 제출 또는 의견을 요구하고 이사회에서 발언하는 일

② 이사회의 회의록에 기명날인하는 일

③ 공익법인의 업무와 재산상황에 대하여 이사에게 의견을 진술하는 일

④ 공익법인의 업무와 재산상황을 감사한 결과 불법 또는 부당한 점이 있음을 발견한 때에 이를 이사회에 보고하는 일

⑤ 제④의 보고를 하기 위하여 필요하면 이사회의 소집을 요구하는 일

공익법인이 감사는 공익법인의 업무와 재산 상황을 감사한 결과 불법 또는 부당한 점이 있음을 발견한 때에는 지체 없이 주무관청에 보고하여야 하며, 이사가 공익법인의 목적범위 외의 행위를 하거나 그 밖에 이 법 또는 이 법에 따른 명령이나 정관을 위반하는 행위를 하여 공익법인에 현저한 손해를 발생하게 할 우려가 있을 때에는 그 이사에 대하여 직무집행을 유지(留止)할 것을 법원에 청구할 수 있다.

02 정관의 변경

정관의 변경이라 하면 법인이 그 동일성을 유지하면서 그 조직을 변경하는 것을 말한다. 사단법인의 경우 사원들의 자주적 의사결정에 따라 조직의 구성이나 활동이 이루어지는 측면에서 볼 때 원칙적으로 정관변경을 할 수 있으나, 재단법인의 경우에는 설립자에 의해 타율적으로 운영되는 측면에서 미루어 볼 때 정관을 변경할 수 없다는 것이 일반 원칙이다. 다만, 일정한 요건에 부합할 경우 「민법」에서 제한적으로 재단법인의 정관을 변경하는 것을 허용하고 있다.

2.1 사단법인의 정관변경

사단법인의 경우 총사원 3분의 2 이상의 동의가 있는 때에 한하여 정관을 변경할 수 있는데 이 정관변경 정수에 대하여 따로 규정하고 있으면 그에 따른다. 다만, 정관에서 사원총회의 결의에 의하지 아니하는 경우에도 정관을 변경할 수 있는 것으로 규정하면 그 규정은 무효이다. 정관변경은 주무관청에 허가를 얻지 못하면 그 효력이 없다. 따라서 ① 정관 변경허가 신청서, ② 정관 변경 사유서, ③ 개정될 정관(신·구대비표를 첨부), ④ 정관 변경과 관계있는 사원총회의 회의록 등을 첨부한 서류 등을 주무관청에 제출하여 허가를 득해야 한다.

2.2 재단법인의 정관변경

재단법인의 경우에는 사원이 없기 때문에 앞서 정관을 변경할 수 없는 것이 원칙이라고 기술하였다. 다만, 「민법」에서는 예외적으로 ① 재단법인의 정관이 그 변경 방법을 정관에 정한 때 ② 재단법인의 목적달성 또는 그 재산의 보전을 위하여 적당한 때에는 법인의 명칭 또는 사무소의 소재지를 변경할 수 있으며, 또한 ③ 재단법인의 목적을 달성할 수 없는 때에는 설립자나 이사가 주무관청의 허가를 얻어 설립의 취지를 참작하여 그 목적 기타 정관의 규정을 변경할 수 있도록 규정하고 있다. 재단법인의 정관변경에서도 역시 주무관청의 허가를 득해야 그 효력이 발생하는데 제출하는 서류는 사단법인의 경우와 같은데 다만 사원총회가 없기 때문에 ④ 정관변경과 관계있는 이사회 의사록을 첨부하는 것이 다르다.

■ 법무부 소관 비영리법인의 설립 및 감독에 관한 규칙 [별지 제4호 서식] (2017.3.30. 개정)

정관 변경허가 신청서

접수번호	접수일	처리일	처리기간 10일

신청인	성명	생년월일 (외국인등록번호)
	주소	전화번호
법 인	명칭	전화번호
	소재지	
	설립허가일	설립허가번호
대표자	성명	생년월일 (외국인등록번호)
	주소	전화번호

「민법」 제42조 제2항 · 제45조 제3항 · 제46조 및 「법무부 소관 비영리법인의 설립 및 감독에 관한 규칙」 제6조에 따라 위와 같이 정관의 변경허가를 신청합니다.

년 월 일

신청인 (서명 또는 인)

법무부장관 귀하

첨부서류	1. 정관 변경 사유서 1부 2. 개정될 정관(신 · 구대비표를 첨부합니다) 1부 3. 정관 변경과 관계있는 총회 또는 이사회의 회의록 1부 4. 기본재산의 처분에 따른 정관 변경의 경우에는 처분 사유, 처분재산의 목록, 처분 방법 등을 적은 서류 1부	수수료 없 음

처리절차

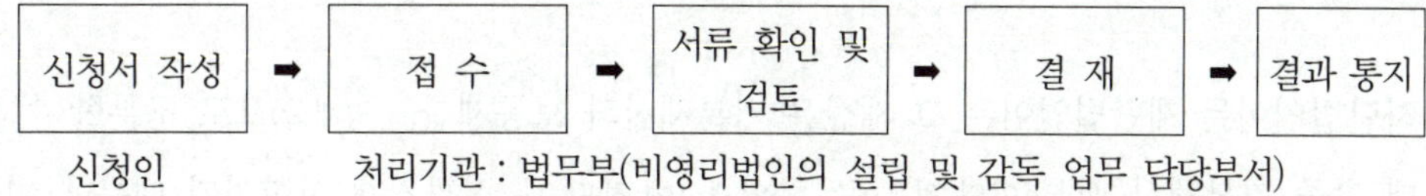

210mm×297mm[백상지(80g/㎡) 또는 중질지(80g/㎡)]

03 기본재산의 변동

3.1 기본재산의 종류

「민법」상 비영리법인의 경우에는 재산의 종류에 대하여 구체적으로 규정하고 있지 않으나, 반면 공익법인법상 공익법인의 경우에는 재산을 기본재산과 보통재산으로 구분한다. 이 경우 기본재산은 ① 설립 시 기본재산으로 출연한 재산 ② 기부에 의하거나 기타 무상으로 취득한 재산(다만, 기부목적에 비추어 기본재산으로 하기 곤란하여 주무관청의 승인을 얻은 것은 예외) ③ 보통재산 중 총회 또는 이사회에서 기본재산으로 편입할 것을 의결한 재산 ④ 세계잉여금 중 적립금으로 규정하고 있고, 보통재산은 기본재산 이외의 모든 재산으로 규정하고 있다(공익법인법 §11, 동령 §16 ①). 주무관청은 공익법인의 보통재산이 과다하다고 인정할 때에는 그 일부를 기본재산으로 편입하게 할 수 있도록 하고 있다.

3.2 기본재산의 관리

공익법인의 모든 재산의 평가는 취득당시의 시가에 의하고, 재평가를 실시한 재산은 재평가액으로 하도록 하고 있다(공익법인법령 §24). 기본재산은 그 목록과 평가액을 정관에 적어야 하며, 평가액에 변동이 있을 때에는 지체 없이 정관변경 절차를 밟아야 한다(공익법인법 §11 ②). 정관에 기재된 기본재산의 증감에 대하여 정관 변경이 초래되기 때문에 주무관청의 허가가 필요하다는 입장이다. 다만, 기본재산에 대한 모든 법률행위가 정관변경을 초래하는 것이 아니므로 기본재산에 관한 법률행위 중 정관변경을 초래하는 법률행위가 있을 때에만 주무관청의 허가를 득해야 한다.

3.3 기본재산의 변동

사단법인이든 재단법인이든 그 재산은 기본재산과 보통재산(운영재산)으로 구분할 수 있는데 그중 기본재산(재단법인의 경우에는 출연재산에 해당)은 정관기재 사항이기 때문에 이를 처분하거나 취득하기 위해서는 정관변경이 필수적이다. 따라서 기본재산을 증가시키거나 감소시키는 경우에는 사단법인인 경우 사원총회, 재단법인인 경우에는 이사회 결의를 거쳐 정관을 변경하고 이를 주무관청에 허가를 득하는 동시에 법인등기부등본도 변경등기를 해야 한다. 이를 위하여 먼저 정관변경에 필요한 상기 ①~④의 서류에 ⑤ 기본재산의 처분사유, 처분재산목록, 처분방법 그리고 취득시에는 취득사유, 취득재산목록, 취득방법 등을 적은 서류를 추가적으로 제출해야 한다.

공익법인은 기본재산에 대하여 다음의 경우 주무관청의 허가를 득하도록 하고 있고, 만약 허가사항을 위반한 경우 3년 이하의 징역 또는 3천만원 이하의 벌금에 처하도록 하고 있다(공익법인법 §11 ③).

1. 매도 · 증여 · 임대 · 교환 또는 용도변경하거나 담보로 제공하려는 경우
2. 장기차입하려는 금액을 포함한 장기차입금의 총액이 기본재산 총액에서 차입 당시의 부채총액을 공제한 금액의 100분의 5에 상당하는 금액 이상을 장기차입(長期借入)하려는 경우
3. 기본재산의 운용수익이 감소하거나 기부금 또는 그 밖의 수입금이 감소하는 등의 사유로 정관에서 정한 목적사업의 수행이 현저히 곤란하여 기본재산을 보통재산으로 편입하려는 경우

다만, 「상속세 및 증여세법」 제16조 제2항에 따른 성실공익법인이 ① 기본재산의 100분의 20 범위에서 기본재산의 증식을 목적으로 하는 매도 · 교환 또는 용도변경하거나 담보로 제공하는 경우 또는 ② 기본재산의 운용수익이 감소하거나 기부금 또는 그 밖의 수입금이 감소하는 등의 사유로 정관에서 정한 목적사업의 수행이 현저히 곤란하여 기본재산을 100분의 10 범위에서 보통재산으로 편입하려는 경우(직전 편입이 있은 날부터 최소 3년이 경과하여야 한다)에는 주무관청의 허가가 아닌 주무관청에 대한 신고로 갈음할 수 있다. 다만, 매도 등을 한 날 또는 편입을 한 날로부터 3주일 이내에 주무관청에 정관변경 허가신청은 하여야 한다(공익법인법 §11 ④).

1) 기본재산의 처분

기본재산처분의 유형은 매도, 증여, 임대, 교환 등이 있으며 공익법인이 기본재산을 처분할 때에는 반드시 주무관청의 허가를 받아야 한다.

기본재산의 처분에 관한 허가를 받으려는 경우에는 ① 허가신청서 ② 처분재산명세서 ③ 「감정평가 및 감정평가사에 관한 법률」 제29조에 따른 감정평가법인이 작성한 감정평가서 또는 시장 · 군수 또는 구청장(자치구의 구청장을 말함. 이하 같음)이 「부동산 가격공시에 관한 법률」 제8조에 따라 표준지의 공시지가를 기준으로 하여 산정한 개별 필지에 대한

지가확인서(교환의 경우에는 쌍방의 재산에 관한 것이어야 함) ④ 총회 또는 이사회 회의록 사본 ⑤ 교환 또는 매도의 경우 교환재산 또는 처분대금의 처리에 관한 사항을 기재한 서류 등을 주무관청에 제출하여야 한다.

2) 기본재산의 용도변경과 담보제공

기본재산의 용도변경에 관한 허가를 득하고자 하는 경우에는 ① 허가신청서 ② 용도변경 등 사유서 ③ 용도변경 등 내역서 ④ 이사회 회의록 및 총회 회의록 사본 ⑤ 기타 용도변경 등에 필요한 부속서류 등을 주무관청에 제출하여야 한다.

기본재산의 담보제공에 관한 허가를 받으려는 경우에는 ① 기본재산 담보 허가신청서 ② 담보제공 사유서 ③ 담보내역서(담보에 제공할 재산목록, 피담보채권액, 담보권자) ④ 상환방법 및 상환계획 ⑤ 총회 또는 이사회 회의록 사본을 주무관청에 제출하여야 한다.

공익법인법에는 공익법인이 장기차입하는 경우에도 기본재산을 담보제공하는 경우와 마찬가지로 ① 장기차입 허가신청서 ② 장기차입 사유서 ③ 장기차입 내역서(장기차입 재산목록, 장기차입금, 장기차입처) ④ 상환방법 및 상환계획서 ⑤ 총회 또는 이사회 회의록 사본 등을 주무관청에 제출하여야 한다.

3) 기본재산의 보통재산 편입

공익법인이 기본재산을 보통재산으로 편입할 수 있는 사유는 ①기본재산의 운용수익이 감소한 경우 ② 기부금 등 무상으로 취득한 재산이 감소한 경우 ③ 회비수입이 감소한 경우 ④ 수익사업의 수익이 감소한 경우 ⑤그 밖에 ①부터 ④까지에 준하는 사유로 보통재산이 고갈된 경우로 제한하고 있다(공익법인령 §18의 2 ①).

기본재산을 보통재산으로 편입하고자 할 경우 ① 기본재산의 보통재산으로의 편입 허가신청서 ② 기본재산명세서 및 편입재산명세서 ③ 기본재산의 평가액을 소명할 수 있는 자료 ④ 보통재산 편입 이후 2개 사업연도분의 사업계획서 및 수지예산서 ⑤ 목적사업의 수행이 현저히 곤란함을 소명할 수 있는 자료 ⑥ 총회 또는 이사회 회의록 사본 등을 주무관청에 제출하여 허가를 득하여야 한다(공익법인령 §18의 2 ②).

4) 기본재산의 증가

기본재산이 취득이나 출연 등의 사유로 증가하는 경우에도 정관에 기재된 기본재산에 관한 사항의 변경이 있게 되므로 정관변경에 준해서 서류를 제출하여 주무관청의 허가를 득해야 한다. 즉, ①기본재산 증자에 따른 정관변경 허가신청서 ②정관변경사유서 ③정관(신·구 대비표 포함) ④증자재산 목록 및 증빙서류 ⑤명의 이전된 증빙(예금잔액증명서, 등기부등본, 주식소유증명서, 매매계약서 사본 등) ⑥이사회 회의록 및 총회 회의록 ⑦기부증서 사본(기부에 의한 증자 시) ⑧ 인감증명서(부동산, 주식을 기부하는 경우) 등을 제출해야 한다.

04 비영리법인의 관리감독

4.1 사업실적 및 사업계획 등의 보고

1) 민법상 비영리법인

주무관청 소관 『비영리법인의 설립 및 감독에 관한 규칙』에 따르면 일반적으로 비영리법인은 매 사업연도 종료 후 2개월 이내에 다음의 서류를 주무관청에 제출하도록 규정하고 있다.

① 다음 사업연도의 사업계획 및 수입·지출 예산에 관한 서류
② 해당 사업연도의 사업실적 및 수입·지출 결산서
③ 해당 사업연도 말 현재의 재산목록

다만, 문화체육관광부 소관과 인사혁신처 소관 『비영리법인의 설립 및 감독에 관한 규칙』에는 매년 예산서와 결산서 및 재산목록을 제출하도록 하는 규정이 없다. 또한, 중앙선거관리위원회 소관 비영리법인의 경우에도 매사업연도의 종료 후 2월 이내에 사업실적과 사업계획에 관한 서류를 위원장에게 제출하여야 하지만, 「정당법」 제38조 제1항에 따라 설치된 정책연구소가 같은 법 제35조 제3항에 따른 연간활동실적보고와 「정치자금법」 제40조 제1항에 따른 회계보고를 한 경우에는 제출을 면제하고 있다.

한편, 감사원 소관 비영리법인의 경우에는 ① 다음 사업연도의 사업계획 및 수입 · 지출 예산에 관한 서류를 매 사업연도 종료 전 1개월까지 제출하도록 하고 있으며, 기타 사업실적 및 결산서 등은 매 사업연도 종료 후 2개월 이내에 제출하도록 하고 있다.

비영리법인은 「민법」 제55조에 따라 법인설립 시 재산목록과 사원명부 및 변경사항에 관한 서류를 비치해야 한다. 한편, 감사원 소관 비영리법인의 경우에는 정관, 임원 및 직원의 명부와 이력서, 총회 회의록 또는 이사회 회의록, 수입 · 지출에 관한 장부 및 증명서류, 재산대장 및 부채대장, 업무일지 등의 서류를 영구 또는 최소 3년 이상 보존하도록 규정하고 있다. 감사원 이외의 다른 소관 『비영리법인의 설립 및 감독에 관한 규칙』에는 별도 서류 및 장부 비치에 관한 규정이 없다.

2) 공익법인법상 공익법인

공익법인법상 공익법인의 경우 회계연도는 정부의 회계연도에 따라야 하며, 주무관청에 다음 해에 실시할 사업계획 및 예산서를 매 회계연도가 시작되기 1월 전까지 ①추정재무상태표 및 그 부속명세서와 ②추정손익계산서 및 그 부속명세서를 첨부하여 제출해야 한다(공익법인법 §12 ②). 공익법인의 예산은 법인의 목적사업 경영에 따른 회계(목적사업회계)와 수익사업경영에 따른 회계(수익사업회계)로 회계별 및 계정과목별로 구분하여 추정재무상태표와 추정손익계산서를 전년도와 비교하여 그 증감내역을 표시하고 부속명세서에 그 추정의 근거를 명백히 서술해야 한다.

공익법인은 매 회계연도가 끝난 후에 사업실적과 결산서를 해당 사업의 회계연도 종료 후 3개월 이내에 ①재무상태표 및 그 부속명세서와 ②손익계산서 및 그 부속명세서를 첨부하여 보고하여야 한다. 이때 소관 주무관청은 필요하다고 인정하는 경우 공인회계사의 감사증명서를 첨부하도록 할 수 있다(공익법인법령 §19②).

한편, 공익법인이 상속세 및 증여세법상 성실공익법인에 해당하는 경우에는 다음의 서류를 추가로 제출해야 한다.

① 「상속세 및 증여세법」 제48조 제2항 제3호에 따른 운용소득 사용내역(해당 회계연도의 사용내역을 말한다)

② 「상속세 및 증여세법」 제50조 제3항에 따른 회계감사 자료

③ 「상속세 및 증여세법」 제50조의 2에 따른 전용계좌 사용내역(해당 회계연도의 사용내역을 말한다)

④ 기본재산의 목록

공익법인의 회계는 그 사업의 경영성과와 수입 · 지출상태를 정확하게 파악하기 위하여 모든 회계거래를 발생의 사실에 의하여 기업회계의 원칙에 따라 처리하며, 법인세 과세대상이 되는 수익과 이에 대응하는 비용은 수익사업회계로 처리하고, 그 밖의 수익과 비용은 목적사업회계로 처리한다. 다만, 구분하기 곤란한 공동비용은 법인세의 규정을 준용하여 배분하고, 모든 재산의 평가는 취득 당시의 시가에 의하고, 재평가를 실시한 재산은 재평가액으로 한다(공익법인법 §22~§24).

한편, 공익법인이 수익사업을 하려면 정관으로 정하는 바에 따라 사업마다 주무관청의 승인을 받아야 하고 승인을 받은 수익사업을 변경하고자 하는 때에도 주무관청의 승인을 받아야 한다. 수익사업경영의 승인을 신청하는 경우에는 수익사업승인신청서와 더불어 사업계획서, 추정손익계산서 및 부속명세서, 사업에 종사할 임원명부, 행정관청의 허가를 요하는 사업인 경우에는 당해 사업에 대하여 허가를 받은 사실을 증명하는 서류 등을 첨부하여 주무관청에 제출하여야 한다.

4.2 법인사무의 검사와 감독

1) 민법상 비영리법인

비영리법인은 그 설립부터 소멸 시까지 설립허가를 준 주무관청에 의하여 관리 · 감독을 받는다(민법 §37). 다만, 해산과 청산의 경우에는 비영리법인의 잔여재산을 정리하는 것이어서 다수의 이해관계자들과 관련이 있을 수 있으므로 주무관청이 아닌 법원의 감독을 받게 된다. 즉, 「민법」상 비영리법인 사무의 검사 및 감독을 위하여 필요하다고 인정하는 경우에는 해당 비영리법인에 관계 서류 · 장부 또는 그 밖의 참고자료 제출을 명하거나 소속 공무원으로 하여금 해당 비영리법인의 사무 및 재산 상황을 검사하게 하는 등 주무관청의 감독을 받지만, 해산 · 청산은 법원에 의하여 감독을 받게 되는 것이다.

2) 공익법인법상 공익법인

공익법인의 주무관청은 공익법인의 업무를 감독한다(공익법인법 §14 ①). 이에 따라 주무관청은 공익법인의 업무의 적정을 기하고, 목적사업의 원활한 수행을 위하여 지도 · 감독상 필요할 경우 공익법인에 대하여 그 업무보고서와 관계서류 · 장부 기타 참고자료의 제출을 명하거나 소속 공무원으로 하여금 법인의 사무 및 재산상황을 검사하고 회계를 감사할 수 있다. 또한, 효율적 감독을 위하여 필요하면 공인회계사나 그 밖에 관계 전문기관으로 하여금 감사를 하게 할 수 있다(공익법인법 §17).

주무관청은 직전 회계연도 종료일을 기준으로 재무상태표상 총자산가액(부동산인 경우 「상속세 및 증여세법」 제60조, 제61조 및 제66조에 따라 평가한 가액이 재무상태표상의 가액보다 크면 그 평가한 가액을 말한다)의 합계액이 100억원 이상인 공익법인에 대하여 「주식회사 등의 외부감사에 관한 법률」 제2조 제7호에 따른 감사인(이하 "감사인"이라 한다)의 회계감사를 받게 할 수 있다. 다만, 「상속세 및 증여세법」 제50조 제3항에 따른 감사인의 회계감사와 별도로 회계감사를 받게 할 필요가 없다고 인정되는 경우에는 그 회계감사로 갈음할 수 있다(공익법인령 §27).

4.3 설립허가의 취소 요건

민법과 공익법인법의 설립허가의 취소요건은 다음과 같다.

| 설립허가의 취소사유 |

민법상 비영리법인	공익법인법상 공익법인
1. 목적 이외의 사업을 하는 경우 2. 설립허가의 조건에 위반하는 경우 3. 기타 공익을 해하는 행위를 한 때	1. 거짓이나 그 밖의 부정한 방법으로 설립허가를 받은 경우 2. 설립허가 조건을 위반한 경우 3. 목적달성이 불가능하게 된 경우 4. 목적사업 외의 사업을 한 경우 5. 이 법 또는 이 법에 따른 명령이나 정관을 위반한 경우 6. 공익을 해치는 행위를 한 경우 7. 정당한 사유 없이 설립허가를 받은 날부터 6개월 이내에 목적사업을 시작하지 아니하거나 1년 이상 사업실적이 없을 때

4.4 기타 벌칙

「민법」상 비영리법인에 대한 주무관청의 감독 업무를 엄정하게 하기 위하여 사무에 대한 검사와 설립허가의 취소 그리고 과태료 처분의 권한이 주어진다. 반면 공익법인법상 공익법인의 경우에는 추가로 이사취임의 승인을 취소하고 수익사업의 시정 또는 정지를 명할 수 있다.

「민법」상 비영리법인의 경우 주무관청은 법인의 이사, 감사 또는 청산인은 다음 각 호의 경우에는 500만원 이하의 과태료에 처할 수 있다.

- 각종 등기를 해태한 때
- 재산목록작성 · 사원명부의 비치를 하지 않았거나, 재산목록 또는 사원명부에 부정기재를 한 때
- 법인의 사무에 관한 주무관청의 검사 · 감독 또는 법인의 해산 · 청산에 관한 법원의 검사 · 감독을 방해한 때
- 주무관청 또는 총회에 대하여 사실 아닌 신고를 하거나 사실을 은폐한 때
- 청산인이 채권신고기간 내에 채권자에 대한 변제를 한 때
- 이사 또는 청산인(청산법인의 경우)이 파산선고의 신청을 해태한 때
- 청산인이 채권신고에 관한 공고를 해태하거나 부정한 공고를 한 때

공익법인법상 다음 각 호의 공익법인의 경우에는 3년 이하의 징역 또는 3,000만원 이하의 벌금에 처할 수 있다.

- 주무관청의 승인 없이 수익사업을 하거나 승인내용을 변경하여 수익사업을 한 경우
- 주무관청의 허가 없이 기본재산을 매도, 증여, 임대, 교환, 용도변경, 담보제공한 경우
- 주무관청의 허가 없이 허가대상 금액 이상의 장기차입을 한 경우
- 주무관청의 허가 없이 허가대상인 기본재산의 보통재산 편입을 한 경우
- 주무관청에 신고대상인 기본재산의 매도 · 증여 · 임대 · 교환 · 용도변경 · 담보제공 및 보통재산 편입을 한 후 신고하지 아니한 경우
- 결산상 잉여금을 기본재산에 전입하지도 않고, 익년도에 이월하여 목적사업에 사용하지도 않는 경우

한편, 다음 각 호에 해당하는 공익법인법상 공익법인은 1년 이하의 징역 또는 1,000만원 이하의 벌금에 처한다.

- 수익사업의 시정 또는 정지 명령을 위반한 경우
- 회계연도 개시 1개월 전까지 사업계획 및 예산을 첨부서류와 함께 제출하지 아니하거나, 회계연도 종료 후 2개월 이내에 사업실적 및 결산을 첨부서류와 함께 보고하지 아니하거나, 거짓으로 제출 · 보고한 경우
- 주무관청의 감사를 거부하거나 기피한 경우
- 감사가 정당한 사유 없이 직무수행을 거부하거나 직무를 유기한 경우

공익법인의 이사나 감사가 상기한 죄를 범하였을 때에는 그 행위자를 벌할 뿐만 아니라 그 공익법인에도 벌금형을 부과한다. 다만, 법인이 그 위반행위를 방지하기 위하여 상당한 주의와 감독을 게을리하지 아니한 때와 주무관청이 추천한 감사의 행위에 대해서는 그러하지 아니한다.

05 비영리법인의 소멸

비영리법인의 소멸은 자연인의 사망과 비슷한 개념으로 권리능력을 소멸하는 것을 말하지만 궁극적으로는 자연인과는 달리 상속인이 없기 때문에 그 잔여재산을 정리하는 문제가 발생한다. 따라서 잔여재산을 정리하기 위하여 일정한 절차를 거치게 되는데 먼저 ① 해산절차와 ② 청산절차를 거쳐 소멸하게 된다. 해산은 해산사유가 발생하여 비영리법인의 본래 목적으로 하는 활동을 정지하고 청산절차에 진입하는 것을 말하고, 청산은 법인의 잔무(해산등기와 신고, 현존사무 종결)를 처리하고 재산관계를 정리(채권추심, 채무변제, 잔여재산의 인도)하고 완전히 소멸할 때까지의 절차를 말한다.

5.1 해산절차

비영리법인은 ①존립기간의 만료, ②법인의 목적의 달성 또는 달성의 불능 ③기타 정관에 정한 해산사유의 발생, ④법인의 파산 ⑤설립허가의 취소 등의 사유로 해산한다. 다만, 사단법인의 경우에는 ①사원이 없게 되거나 ②정관에 다른 규정이 있는 경우를 제외하고

는 총사원 4분의 3 이상의 동의로 해산할 수 있게 된다.

해산으로 선임된 청산인은 그 취임 후 3주간 내에 관할등기소에 해산등기하고, 비영리법인 해산신고서를 주무관청에 제출하여 청산절차를 개시한다.

5.2 청 산

청산이란 해산한 법인이 남아 있는 잔존사무를 처리하고 잔여재산을 정리하여 완전히 소멸할 때까지의 절차를 말한다.

청산절차는 비영리법인이 파산으로 해산한 경우에는 「채무자 회생 및 파산에 관한 법률」에서 정한 파산절차에 따라 청산하면 되고, 그 밖의 원인에 의한 해산하는 경우에는 민법이나 공익법인법에 따라 청산절차를 진행하면 된다.

민법상 비영리법인의 경우 청산법인의 청산인은 채권을 추심하고 채무를 변제하고도 남은 재산이 있는 경우에는 이를 귀속 권리자에게 잔여재산을 인도해야 하는데 ① 정관으로 지정한 자 ② 정관으로 귀속 권리자를 지정하지 아니하거나 이를 지정하는 방법을 정하지 아니한 때에는 주무관청의 허가를 얻어 그 법인의 목적에 유사한 목적을 위하여 그 재산을 처분할 수 있다. 그러나 사단법인에 있어서는 총회의 결의가 있어야 한다. ③ 위 '①'과 '②'에 의하여 처분되지 아니한 재산은 국고에 귀속시킨다.

공익법인법상 공익법인의 경우에는 「민법」의 비영리법인과는 달리 해산한 공익법인의 남은 재산은 정관으로 정하는 바에 따라 국가나 지방자치단체에 귀속되며, 이에 따라 국가나 지방자치단체에 귀속된 재산은 공익사업에 사용하거나 이를 유사한 목적을 가진 공익법인에 증여하거나 무상대부(無償貸付)하도록 규정하고 있다.

■ 법무부 소관 비영리법인의 설립 및 감독에 관한 규칙 [별지 제5호 서식] (2017.3.30. 개정)

비영리법인 해산 신고서

접수번호	접수일	처리일	처리기간 7일

청산인	성명	생년월일 (외국인등록번호)
	주소	전화번호
청산법인	명칭 `	전화번호
	소재지	
해산 연월일		
해산사유		

「민법」 제86조 제1항 및 「법무부 소관 비영리법인의 설립 및 감독에 관한 규칙」 제10조에 따라 위와 같이 법인 해산을 신고합니다.

년 월 일

신고인 (서명 또는 인)

법무부장관 귀하

신고인 제출서류	1. 해산 당시의 재산목록 1부 2. 잔여재산 처분방법의 개요를 적은 서류 1부 3. 해산 당시의 정관 1부 4. 사단법인이 총회 결의에 따라 해산하였을 때에는 그 결의를 한 총회의 회의록 1부 5. 재단법인의 해산 시 이사회가 해산을 결의하였을 때에는 그 결의를 한 이사회의 회의록 1부	수수료 없 음
담당공무원 확인사항	법인 등기사항증명서	

처리절차

신고서 작성 ➡ 접수 ➡ 검토 · 확인 ➡ 결재

신고인 / 처리기관 : 법무부(비영리법인의 설립 및 감독업무 담당부서)

210mm×297mm[백상지(80g/㎡) 또는 중질지(80g/㎡)]

■ 법무부 소관 비영리법인의 설립 및 감독에 관한 규칙 [별지 제6호 서식] (2017.3.30. 개정)

잔여재산 처분허가 신청서

접수번호	접수일	처리일	처리기간	10일

신청법인	명칭	전화번호
	소재지	
대 표 자 (이사 · 청산인)	성명	생년월일 (외국인등록번호)
	주소	전화번호
처분재산	종류 및 수량	
	금액	
	처분 방법	
처분 사유		

「민법」 제80조 제2항 및 「법무부 소관 비영리법인의 설립 및 감독에 관한 규칙」 제11조에 따라 위와 같이 잔여재산 처분허가를 신청합니다.

년 월 일

신청인 (서명 또는 인)

법무부장관 귀하

첨부서류	1. 해산 당시의 정관 1부(해산신고 시의 정관을 확인할 필요가 있는 경우에만 제출합니다) 2. 사단법인의 경우에는 총회의 회의록 1부(해산신고 시에 제출한 서류 등으로 「민법」 제80조 제2항 후단에 따른 재산처분에 대한 총회의 결의가 확인되지 않는 경우에만 제출합니다)	수수료 없음

처리절차

신청서 작성 ➡ 접수 ➡ 확인 ➡ 결재 ➡ 결과 통지

신청인

처리기관 : 법무부(비영리법인의 설립 및 감독 업무 담당부서)

210mm×297mm[백상지(80g/㎡) 또는 중질지(80g/㎡)]

■ 법무부 소관 비영리법인의 설립 및 감독에 관한 규칙 [별지 제7호 서식] (2017.3.30. 개정)

청산종결 신고서

접수번호	접수일	처리일	처리기간 즉시

청산인	성명	생년월일 (외국인등록번호)	
	주소	전화번호	
청산법인	명칭	전화번호	
	소재지		
청산 연월일			
청산 취지			

「민법」 제94조 및 「법무부 소관 비영리법인의 설립 및 감독에 관한 규칙」 제12조에 따라 위와 같이 청산 종결을 신고합니다.

년 월 일

신고인(청산인) (서명 또는 인)

법무부장관 귀하

신고인(청산인) 제출서류	없 음	수수료
담당 공무원 확인사항	법인 등기사항증명서	없 음

210mm×297mm[백상지(80g/㎡) 또는 중질지(80g/㎡)]

제 2 장

비영리조직의 재무회계 실무

제1절 비영리조직의 회계처리기준

제2절 비영리조직 회계실무 쟁점 I : 회계의 방법과 계정과목 분류체계

제3절 비영리조직 회계실무 쟁점 II : 예산회계

제4절 비영리조직 회계실무 쟁점 III : 구분회계

제5절 비영리조직 회계실무 쟁점 IV : 보조금회계

제6절 비영리조직 회계실무 쟁점 V : 기부금회계

제7절 공익법인회계기준 해설

제 1 절 비영리조직의 회계처리기준

01 회계의 개념

1.1 회계의 목적

회계는 궁극적으로 회계실체에 대한 정보를 전달하는 것을 그 목적으로 하고 있다. 따라서 회계는 "이해관계자들이 경제적 자원을 분배하는 의사결정에 도움을 주고자 회계실체에 대한 유용한 정보를 생산하여 전달하는 것"으로 정의하고 있는데, 여기서 유용한 정보라는 것은 주로 회계기간 동안의 경영성과와 회계기간 말의 재무상태 등을 주로 말하지만 오늘날에는 현금흐름의 변동과 자본의 변동 내역을 포함하는 것이고, 전달하는 수단은 주로 재무제표이다. 또한 경제적 자원의 분배에 관한 의사결정을 하는 이유는 경제적 자원의 희소성 때문이다.

1.2 회계의 종류

회계는 "기업의 언어"라는 말이 있다. 하지만 이 말은 회계의 영역을 기업에 국한하여 사용한 오류이다. 회계의 영역은 가장 작게는 학생들의 용돈장부, 동창회 회비 결산, 종친회, 친목계, 교회, 성당, 사찰 등이 있고 크게는 일개 국가나 기업에 이르기까지 그 영역은 매우 다양하다. 이렇게 회계가 다양한 것은 기본적으로 다양한 이해관계자들에게 다양한 정보를 생산하여 전달해야 한다는 회계의 기본적인 기능 때문이기도 하다.

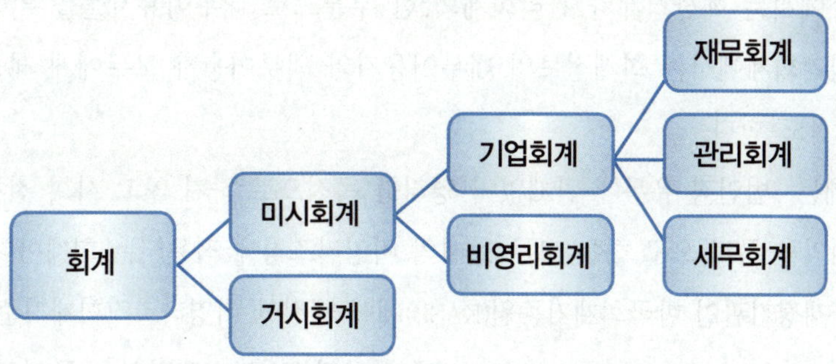

1) 미시회계와 거시회계

경제단위의 크기에 따라 미시회계와 거시회계로 구분한다. 미시회계는 일반기업이나 비영리단체 차원에서 회계가 이루어지는 반면, 거시회계는 한 나라의 국민 경제 전체를 다루는 회계인데 주요 보고서로는 국민재무상태표, 국민소득회계, 자금순환회계, 투입산출회계, 국제수지회계 등이 있다.

2) 기업회계와 비영리회계

영리목적 유무에 따라 기업회계와 비영리회계로 구분한다. 영리성의 유무는 수익사업을 하는지 여부와 관련이 없고, 주로 잔여재산을 구성원에게 분배하는지 여부에 따라 분배할 경우에는 영리목적이 있는 것으로 보고, 분배하지 않을 경우에는 비영리목적으로 본다.

비영리회계의 가장 대표적인 것이 중앙정부와 지방정부를 대상으로 하는 정부회계이며, 기타 사회복지법인이나 각종 재단법인, 사단법인, 종교단체 등 공익법인 등을 대상으로 하는 비영리회계가 있다. 이들 비영리회계는 비영리조직을 둘러싼 불특정 다수의 외부 이해관계자들과 내부 이해관계자 모두를 위하여 이루어지고 있다. 만약 수익사업을 하게 되는 경우에는 기업회계의 재무회계와 예산회계, 원가회계 및 세무회계를 준용하고 있다.

기업회계는 기업을 둘러싼 불특정 다수의 외부 이해관계자들에게 기업의 정보를 제공할 목적으로 이루어지는 "재무회계"와 기업 내부의 이해관계자인 경영자나 종업원에게 기업의 정보를 제공할 목적으로 이루어지는 "관리회계"가 있다. "원가회계"는 관리회계의 일부분으로 기업이 생산한 제품이나 판매할 상품의 원가를 산정할 목적으로 이루어지는 회계를 말한다. "세무회계"는 세금을 부과할 목적으로 국세청과 납세자인 기업을 위하여 이루어지는 회계이다. "예산회계"는 특정한 비용의 지출을 통제할 목적으로 이루어지는

데, 기업회계에서는 예산회계가 관리회계의 한 부분으로 내부이용자들을 위하여 이루어지지만, 비영리회계에서는 회계정보의 내부이용자와 외부이용자 모두에게 제공할 목적으로 이루어지기도 한다.

비영리회계는 "법인격 유무에 관계없이 영리를 목적으로 하지 않고 사회 전체의 이익이나 공동의 이익을 목적"으로 하는 모든 형태의 비영리조직에 적용되는 회계이다. 대한민국의 회계기준 제정기관인 한국회계기준원(KASB)에서 제정한 비영리조직회계기준(Accounting Standard for Not-for-profit Organisations)에 의하면 "비영리조직의 재무제표 작성 목적은 이를 외부에 보고하여 기부자, 회원, 채권자, 비영리조직에 자원을 제공하는 그 밖의 주체(예 : 보조금을 제공하는 정부)의 의사결정에 유용한 정보를 제공하여, 이들 이해관계자들이 비영리조직이 제공한 서비스, 이러한 서비스를 지속적으로 제공할 수 있는 가능성, 비영리조직의 관리자들이 관리자로서의 책임을 적절하게 수행하였는지 등을 평가할 때 도움을 주는 데 있다"라고 정의하고 있다.

기업회계	• 재무회계(외부보고 목적), 세무회계 • 관리회계(내부관리 목적), 원가회계, 예산회계
비영리회계	• 정부회계(중앙정부, 지방정부) • 비영리회계(재단, 사단, 공익법인, 종교단체 등)

02 비영리조직의 회계처리기준

2.1 회계처리기준의 필요성

회계처리 방법은 관습적인 요소가 많기 때문에 같은 거래라 하더라도 회계처리하는 사람의 입맛에 따라 각자 다르게 회계처리할 수 있다. 예를 들면 매출액을 언제 인식할 것인가의 문제에 대하여 다음과 같이 수많은 회계처리기준이 있을 수 있다.

① 거래처와 물건을 제조하여 팔기로 계약한 날

② 계약한 물건을 제조 완료한 날

③ 계약한 물건의 제조 공정률에 따라 평균적으로

④ 제조된 물건이 공장에서 출고된 날

⑤ 제조된 물건이 배에 선적된 날

⑥ 거래처가 지정한 부두에 하역된 날

⑦ 거래처가 지정한 창고에 입고된 날

⑧ 거래처에서 검수 합격된 날

⑨ 세금계산서나 Invoice가 도착한 날

⑩ 판매대금을 회수한 날

⑪ 하자보수나 A/S기간 등 모든 제공할 의무가 종결된 날

⑫ 인도된 물건이 거래처의 공정라인에 투입된 날 등

회사마다 각자 다른 기준으로 회계처리를 하게 되면 회계정보 이용자들은 많은 혼란을 겪게 될 것이다. 즉, 회계정보의 신뢰성이 낮아질 수 있다. 그렇다고 법조문처럼 무조건 매출액을 인식할 때 ⑦번 기준으로 하라고 정할 수도 없는 문제이다. 왜냐하면 자본주의 사회에서 상공인들 간의 거래는 천편일률적으로 단순한 것이 아니며 유구한 역사에 걸쳐 매우 다양한 업종과 거래형태 및 결재형태 등을 쌓아왔기 때문에 이를 하나의 기준에 억지로 욱여넣는 것은 경영성과나 재무상태가 제대로 반영된 회계정보라 할 수 없다. 즉, 회계정보의 목적 적합성이 현저히 떨어질 수 있는 것이다.

2.2 영리조직의 회계처리기준

회계는 결국 회계정보를 생산하여 회계정보 이용자들에게 제공하는 것인데 회계정보의 생산에 있어 자율과 타율, 주관성과 객관성, 신뢰성과 목적적합성 중 어디에 더 중점을 둘 것인가에 대한 문제가 발생한다. 이를 조화롭게 해결하고자 하는 최소한의 회계처리기준이 "일반적으로 인정된 회계원칙(GAAP, Generally Accepted Accounting Principle)"이다. '일반적으로 인정되었다'는 것은 정보를 생산하는 회계실무자와 이를 받아들이는 회계정보 이용자 그리고 다수의 권위 있는 전문가 집단 등이 모두 인정하고 합의한 회계처리 방법이라는 것이다.

「상법」(商法)에서는 일반적으로 공정 · 타당한 회계관행에 따라 상업장부를 작성하도록 규정하고 있다(상법 §29 ② · §446의 2). 따라서, 이해관계자가 다수인 상장회사와 금융회사

를 포함한 「주식회사 등의 외부감사에 관한 법률」(이하 "외감법"이라 함) 제4조에 따른 외부감사 대상 회사(이하 "외감대상회사"라고 함) 경우 등은 다음과 같이 별도로 마련된 회계처리기준에 따라 회계 처리하도록 규정하고 있다(상령 §15).

구분	회계처리기준	제정주체
상장회사 · 금융회사	한국채택국제회계기준(K-IFRS)	한국회계기준원
기타 외감대상회사	일반기업회계기준	한국회계기준원
공공기관	공기업 · 준정부기관 회계사무규칙	기획재정부령
상기 회사외의 주식회사	중소기업회계기준	법무부 고시
기타 회사 및 상인	일반적으로 공정 · 타당한 회계관행	-

2.3 비영리조직의 회계처리기준

우리나라의 비영리조직에 대한 일반적인 회계처리기준은 한국회계기준원에서 제정하였지만 개별 특별법에 따라 각 비영리조직별로 다음과 같이 정하고 있다.

구분	회계처리기준	근거법령/제정주체
일반비영리조직	비영리조직회계기준	한국회계기준원
공익법인	공익법인회계기준	기획재정부 고시
사회복지	사회복지법인 및 사회복지시설 재무 · 회계 규칙	사회복지사업법
학교	국립유치원 및 초 · 중등학교회계규칙	유아교육법 초 · 중등교육법
	사학기관 재무회계규칙 사학기관 재무회계규칙에 대한 특례규칙	사립학교법
의료기관	의료기관 회계기준 규칙	의료법
종교단체	교회회계와 재무처리기준	한국기독교교회협의회
	사찰예산회계법 및 동법 시행령	대한불교조계종중앙종회
시민사회단체	시민사회단체 회계처리규정	시민사회단체연대회의

상기 비영리조직 이외에도 국가나 지방자치단체도 비영리조직에 속하는데 국가의 경우에는 「국가회계법」에 따른 「국가회계기준에 관한 규칙」을, 지방자치단체의 경우에는 「지방재정법」에 따른 「지방자치단체회계기준에 관한 규칙」을 적용하여 회계처리하는데 여기서는 논하지 않기로 한다.

우리나라의 비영리조직이 회계처리기준으로 삼고 있는 상기 회계처리기준은 다음과 같은 특징을 가지고 있다.

① 회계처리 방법에 있어 일반적으로 인정된 회계처리방법은 복식부기 방식으로 하지만 비영리조직회계는 단식부기도 허용하고 있다. 사회복지분야의 회계기준에 의하면 단식부기가 원칙이며 필요한 경우 복식부기를 사용할 수 있도록 하고 있다. 사찰의 회계기준도 단식부기를 근간으로 하고 있으며, 학교회계에서도 학교법인의 업무에 속하는 회계와 유치원은 단식부기에 의할 수 있도록 규정하고 있지만 예산 및 결산서에는 단식부기에 의한 세입 · 세출(예)결산서를 첨부하도록 하고 있어 단식부기와 복식부기를 혼용하고 있다.

② 예산회계에 관한 규정을 두고 있다는 점이다. 예산회계는 본래 관리회계의 한 부분으로 특정 비용을 통제하기 위하여 회계정보의 내부관리 목적으로 이용되는 것이었으나, 비영리조직의 회계는 회계정보의 내부이용자뿐만 아니라 외부이용자들의 목적에 맞도록 예산회계에 관한 규정을 두고 있다.

③ 구분회계를 강제하고 있다는 점이다. 즉, 목적사업과 수익사업회계를 구분하도록 하고 있으며, 자금도 그 원천에 따라 사회복지회계의 경우 정부보조금, 후원금, 자부담으로 엄격히 구분하고 동 구분에 따라 세입 · 세출을 나누어 회계처리하도록 하고 있다. 또한 법인회계와 그 산하 시설회계도 별도의 회계실체로 보아 구분하도록 하고 있으며, 또한 일반회계와 특별회계, 기금을 구분하도록 하고 있는 경우도 있다.

④ 일부 비영리조직의 회계처리기준에서는 계약에 관한 방법을 제시하고 있는 경우도 있다. 계약에 관한 방법으로 「국가를 당사자로 하는 계약에 관한 법률」 또는 「지방자치단체를 당사자로 하는 계약에 관한 법률」을 준용하도록 하고 있다.

⑤ 회계연도를 대부분 정부의 회계연도에 맞추어 1월 1일부터 12월 31일까지의 기간으로 정한다는 점이다. 다만, 예외적으로 어린이집과 학교회계의 경우 회계연도는 매년 3월 1일에 시작하여 다음 연도 2월 말일로 종료되는 학년도에 따른다.

제2절 비영리조직 회계실무 쟁점 Ⅰ : 회계의 방법과 계정과목 분류체계

01 회계의 방법

1.1 훈민정음(訓民正音)과 부기(簿記)

세종대왕이 훈민정음을 창제하신 이유는 훈민정음 어제(御製) 서문에 분명히 밝히고 있듯이 불쌍한 백성들이 "니르고져 홇 배"가 있어도 제 뜻을 전달하지 못하는 사람이 많으니 이를 불쌍히 여겨 만드셨다는 내용이다.

그럼 "니르고져 홇 배"는 무엇인가? 어제(御製) 서문에서는 이르고자 하는 바가 무엇인지 구체적으로 알 수 없으나, 조선왕조실록에 집현전 부제학 최만리(崔萬理) 등이 훈민정음 창제의 부당함을 아뢰는 상소[1]에서 그 힌트를 찾을 수 있다. 부제학 등이 훈민정음의 제작을 반대하는 여러 가지 이유 중에 첫 번째 이유는 다음과 같은 것이었다.

> "하물며 이두(吏讀)는 시행한 지 수천 년이나 되어
> 부서기회(簿書期會) 등의 일에 방애됨이 없사온데,
> 어찌하여 예로부터 써오던 폐단 없는 글을 고쳐서
> 따로 비천하고 무익한 글자를 창제하시나이까?"

당시 사대부들이 생각했던 "어린백성이 니르고자 할 바"는 부서기회(簿書期會)인바, 부(簿)는 장부를 말하고, 서(書)는 문서를 말하고, 기(期)는 기약하는 일이므로 계약을 말하고, 회(會)는 회계를 뜻한다. 즉, 장부와 문서를 만들고 계약서를 작성하고 회계하는 일을 의미하는 것이다. 한편, 두 글자씩 해석하면 부서(簿書)는 장부(帳簿)를 쓰는(書) 일이며, 기

1) 세종실록 세종26년 (음)2월 20일 기사 발췌

회(期會)는 기일(期日)에 즉, 결산일에 맞춰 회계(會計)를 보고하던 일로 볼 수 있다.

사대부들이 그렇게 존경해 마지않던 공자(孔子)의 첫 번째 직업이 위리(委吏)였는데 위리(委吏)라는 직업은 벼가 들어 있는 창고의 출납을 담당하는 직업, 즉 회계 담당이었다고 맹자가 증언[2]하고 있으며, 또한 회계를 담당하던 관리(사회 : 司會)를 "천하의 큰 계책을 주관(主天下之大計)[3]"하는 사람으로 여겼으니, 당시 조선이나 중국에서는 부기와 회계를 매우 중요하게 생각했던 것 같다.

부서기회(簿書期會)에서 알 수 있듯이 우리 조상들도 장부를 작성하는 일(簿書)과 회계 보고하는 일(期會)을 구분하여 생각하였다. 부기(簿記, bookkeeping)는 장부에 기입한다는 말로 회계의 일부분으로서 기술적인 측면만을 말하는 것이고, 회계(會計, Accounting)는 거래를 장부에 기록하는 부기의 차원을 넘어 분류하고 요약하여 보고하는 것까지 포함한 개념이다.

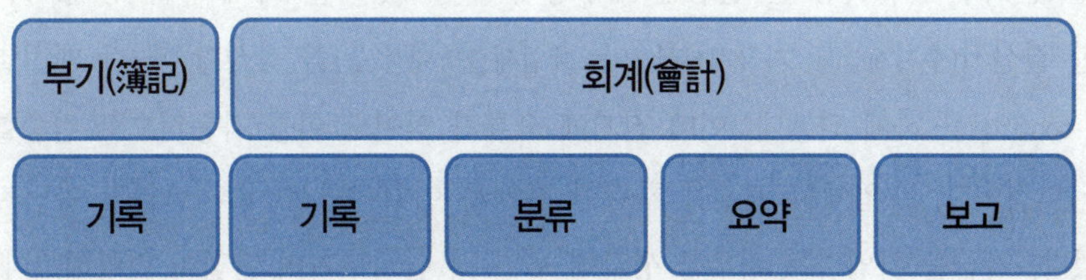

1.2 단식부기와 복식부기

단식부기(單式簿記, Single Entry)는 거래를 한 가지 계정만으로 기록하는 방법이고, 복식부기(複式簿記, Double Entry)는 단일계정이 아닌 복수의 계정으로 장부를 적는 방법이라고 할 수 있다.

1) 단식부기의 방법

단식부기는 현금 또는 예금 등 하나만의 계정과목으로 입출금의 내역과 잔액을 계산하여 기입하는 방식인데, 가계부나 현금출납부, 예금통장 등을 작성하는 것이 대표적이다. 화폐경제가 발달하지 않은 물물교환 경제에서는 현금계정이나 예금계정이 아닌 재고자산 계정으로 부기하였을 것이다. 즉, 농경사회에서는 (공자가 그러했듯이)창고에 매일 들어오고 나가는 곡물의 입고와 출고 그리고 재고만을 계산하여 장부에 적었을 것이고, 유목민들의 경우에

2) 맹자(孟子)의 만장(萬障) 하편 : 孔子嘗爲委吏矣, 日會計當而已矣

3) 「강희자전(康熙字典)」: 계(計)

는 양(羊)을 대상으로 새로 구입하거나 태어난 새끼를 입고로 적고, 죽거나 시장에 내다 판 양(羊)의 마리 수를 출고로 적었을 것이다. 그리고 가끔 장부에 적혀있는 양(羊)의 마리 수와 실제 울타리 안에 있는 양(羊)의 마리 수를 비교하면서 재고관리를 하였을 것이다.

2) 단식부기의 장점과 단점

단식부기는 기장 방법이 간단하여 누구든지 쉽게 장부를 작성할 수 있고, 특히 회계 사상을 현금주의로만 인식할 경우 회계처리가 복잡하지 않고 간단 · 명료하여 누구든지 쉽게 전문적인 지식이 없어도 회계처리 결과를 이해할 수 있는 장점이 있다. 또한 하나의 계정만으로 장부를 작성하기 때문에 예산통제의 관점에서 매우 유리한 측면이 있다.

하지만 단식부기의 가장 큰 단점은 재무상태와 성과평가를 제대로 할 수 없다는 것이다. 또한 결산서(수지계산서, 자금계산서 또는 세입세출명세서 등)를 작성할 때 각 계정별로 전기(轉記, posting)를 하게 되는데, 이때 전기에 오류가 있어도 이를 자동적으로 검증할 기능이 없다는 것이다. 수입에서 지출을 차감한 잔액은 이익이면서 내 재산인지 아닌지 구분할 수 없다. 자금을 차입하는 경우를 생각해 보면 더 단식부기의 단점이 명확해진다. 금융기관에서 자금을 차입할 경우 단식부기에서는 자금이 입금되었으므로 수입란에만 기장하고 만다. 따라서 기말에 수입에서 지출을 차감한 잔액이 회사 자금인지 아니면 금융기관 자금인지 불분명하다. 또한 회사의 재산을 매각하였을 경우 매각하고 입금된 금액만을 수입란에 기장하게 되는데 이 경우 재산을 매각하여 이익을 남겼는지 아니면 손해를 보았는지 장부에 나타나지 않는다.

3) 복시부기의 방법

복식부기(複式簿記, Double Entry)는 단일계정이 아닌 복수의 계정으로 장부를 적는 방법인데, 이는 장부 가운데를 접거나 수직으로 선을 그어 좌우를 구분하는 데서 시작하였다. 좌측에는 늘어난 내 재산을 적고, 우측에는 늘어난 내 재산의 원인, 즉 내가 빌려 온 것(채무, 부채)인지, 아니면 원래부터 내 재산(자본, 재산의 감소)이었는지를 적는다. 그리고 좌우측 양자의 합계는 항상 같도록 하는 것인데, 만약 줄어든 내 재산보다 늘어난 재산이 많아졌다면 이는 이익(반대의 경우에는 손실)으로 적는 것이다. 따라서 거래 즉시 이익인지 손실인지를 파악할 수 있게 되었다. 회계학에서는 왼쪽을 차변(借邊), 오른쪽을 대변(貸邊)이라고 하고, 복식부기를 "거래를 두 가지 측면을 고려해서 원인과 결과로 나누고 대차평균의 원리에 따라 이중으로 기록하는 방법"이라고 정의한다.

복식부기는 재무상태와 성과평가를 하는 데 유리하며 또한 자동검증 기능으로 인하여 회계처리로 인한 부정과 오류를 줄일 수 있는 장점이 있다. 반면에 회계처리가 복잡하고, 발생주의에 의한 회계 사상의 인식은 전문적인 회계지식이 없으면 재무제표를 이해하는 데 많은 어려움이 있을 수 있다. 또한, 같은 거래에 대하여 다르게 회계처리할 수 있는 여지가 많아서 회계정보의 비교가능성이 떨어지는 경우도 있다.

4) 복식부기의 역사

복식부기를 누가 최초로 발명하여 사용하였는지는 정확하지 않다. 13세기 말 14세기 초 이탈리아 상인들의 복식부기 원리에 의한 회계원장 고문서가 발견되면서, 그리고 루카 파치올리(Luca Pacioli)가 1494년에 출간한 '산술, 기하, 비례 및 비율 총람'에서 부기에 관한 해설을 수록하면서 이탈리아 상인들 중 한 명일 것이라는 추정이 있어왔다. 그런데 1916년 현병주 선생의 '실용자수송도치부 법(전)'이 발간되면서 고려시대(918~1392) 송도 상인들이 사용했던 우리나라 고유의 회계처리법인 사개치부법[四介置簿法, 사개문서(四介文書, 四計文書)]이 세상에 알려지기 시작했다. 동 저서에 의하면 사개치부법은 우리나라 고유의 복식부기 체계이며 서양의 복식부기보다 최소 200년이 앞선다고 주장하고 있으며, 이와 같은 사실은 1918년 6월 오스트레일리아 회계학 잡지 the Federal Accountant에 다음과 같은 기사가 소개되면서 세계적으로 알려지기 시작했다고 한다.[4)]

"Who first thought of bookkeeping as a business method?
One would never think of Korea, and yet it there,
that double-entry bookkeeping was invented and put it use."

송도사개치부법은 1920년대까지 사용된 것으로 보인다. 복식부기 회계는 근대 자본주의 발전에 필수적인 것(아담 스미스)이고, 복식부기가 없는 자본주의는 상상할 수 없는 것(베르너 좀바르트)이며, 자본주의의 핵심이 회계(조지프 슘페터)인 것임을 고려할 때, 이미 일제시대 이전에 우리나라 고유의 복식부기 체계가 있었다는 것 자체는 식민지 근대화론이 얼마나 허구인지 단적으로 보여주는 것이라 하겠다.

---

4) 한국학중앙연구원 전성호 교수 "한국 전통 회계는 어떻게 발전하였는가"

02 계정과목 분류체계

2.1 회계정보의 질적 특성과 분류

회계의 목적은 전술한 바와 같이 회계실체에 대한 정보를 전달하는 것이다. 회계정보가 정보로서 의미가 있으려면 목적에 적합해야 하고 신뢰성이 있어야 한다. 이를 회계정보의 질적 특성이라고 하는데 목적적합성은 회계정보가 있을 경우와 없을 때의 의사결정에 차이가 있어야 한다는 것이고 신뢰성은 회계정보에 오류나 의도가 내재되어 있지 않아야 한다는 것이다. 그러나 이 두 가지 질적 특성보다도 더 앞서는 것이 무엇보다 이해가능성이 있어야 한다는 것이다.

이해가능성은 회계정보를 접한 일반적이고 합리적인 상식을 가지고 있는 사람이면 누구나 이를 이해할 수 있도록 재무제표를 작성해야 한다는 것이다. 이를 위하여 영리조직이건 비영리조직이건 수많은 거래를 단순히 기록(혹은 기장)하는 것을 넘어 일목요연하게 '분류'하는 것이 그 첫 번째 출발점이다.

분류는 계층구조를 가지는 것이 일반적이다. 지구상의 수많은 생물을 분류하는 방법, 도서를 분류하는 방법, 직업이나 산업을 분류하는 방법 모두 일정한 계층 구조를 가지고 있다. 계층구조의 일반적인 분류방식이 대분류, 중분류, 소분류로 나누는 것인데 회계학에서도 수많은 거래를 일정한 분류방법에 따라 분류한다.

2.2 계정과목 분류체계

1) 복식부기의 계정과목 분류체계

복식부기에서는 일반적으로 다음과 같이 요소별 분류, 기능별 또는 성격별 분류, 품목별 분류 방식으로 거래를 분류한다. 요소별 분류는 재무제표 요소인 자산, 부채, 자본, 수익, 비용으로 분류하고, 성격별 또는 기능별 분류는 해당 거래의 결과 구체적으로 어떤 기능을 하였는지 그 본질은 무엇이었는지에 따라 유동/비유동 분류 등으로 분류하는 방식이다. 마지막으로 구체적인 계정과목은 품목별 분류 방식인데 구체적으로 구매하거나 소비한 재화나 용역의 성질에 따른 분류방식이다.

대분류	중분류	소분류
요소별	기능별(function)/성격(nature)	품목별(object)
자산/부채/자본/수익/비용	유동/비유동, 유형/무형 매출원가/판매비/관리비…	현금예금/원재료/토지/건물 급여/이자비용…

2) 단식부기의 계정과목 분류체계

단식부기에서, 특히 우리나라 비영리조직 중 사회복지나 사학기관에서 사용하고 있는 단식부기에서는 '관(款)', '항(項)', '목(目)'으로 분류하고 있는데, 이는 "세입예산은 그 내용을 성질별로 관 · 항으로 구분하고, 세출예산은 기능별 · 성질별 또는 기관별로 장 · 관 · 항으로 구분하고, 각 경비의 성질에 따른 목으로 구분"하라는 국가재정법 제21조 제3항과 제4항에 근거한 것이다. 관(款)은 보통 기능별 분류, 항(項)은 사업별 분류, 목(目)은 품목별 분류를 말한다.[5)]

관(款)	항(項)	목(目)
기능별(function)	사업별(project, program 등)	품목별(성질별, object)
사무비, 재산조성비, 사업비…	인건비, 운영비, 시설비, 사업비…	급여, 퇴직금, 생계비, 피복비…

03 비영리조직의 단식부기 문제점

회계의 역사적 발전방향이 있다면 분명 단식부기에서 복식부기로의 전환일 것이다. 하지만 많은 비영리조직에서는 아직도 회계처리의 선명성과 예산통제의 장점 때문에 단식부기를 사용하고 있는 실정이다. 하지만 전술한 바와 같이 전기 오류의 자동검증기능이 없기 때문에 많은 부정과 오류가 있어 왔으며, 또한 단식부기에 의한 현금주의로 거래를 인식함에 따라 발생주의와의 차이를 조정하기 위하여 별도로 자금을 관리하게 되는데, 그 단적인 것이 바로 세입 · 세출 외로 관리되는 퇴직금통장, 예수금통장, 카드결제통장이 대표적이다.[6)]

5) 신해룡, 예산결산심사 이론과 실제, 세명서관, 1997

3.1 퇴직금 관리

퇴직금은 종업원이 퇴사하여 지급할 의무가 발생하고 실제 지급하였을 때 장부에 기표하는 것이 현금주의에 의한 단식부기의 취지에 부합하는 것이다. 하지만 실제 비영리조직에서는 급여의 12분의 1에 해당하는 금액만큼 별도로 적립하는 것이 일반적이고 이를 위하여 퇴직금 통장을 별도로 만들어 관리한다.

관(款)	항(項)	목(目)	금액
사무비	인건비	퇴직금 및 퇴직적립금	×××

따라서 일반회계 자금 통장에서는 이미 이 돈이 빠져나가고 별도 세입과 세출 외로 관리되는 퇴직금 통장으로 이체하여 현금주의에 의한 회계와 자금을 맞추게 되는데, 문제는 이 별도로 관리하는 퇴직금 통장을 없는 돈으로 생각하고 등한시하여 자금 사고가 빈번하게 발생한다는 점이다. 또한 동 퇴직금 적립액이 쌓이게 되면 관련 수입이자도 발생하게 된다. 이에 대한 대비책으로 많은 비영리조직에서 퇴직연금에 가입하여 실제 퇴직연금 통장에 지출하는 금액을 회계처리하고 있다.

3.2 예수금 관리

종업원에게 급여 또는 퇴직금을 지급하는 경우 또는 인적용역을 제공받아 사업소득이나 기타소득(강사료 등)을 지급하는 경우에 일정한 소득세와 지방소득세 그리고 4대 보험금 중 종업원이 부담하는 부분을 차감하고 지급하게 된다. 이 경우에도 현금주의와 발생주의 회계의 차이 때문에 단식부기에 의한 회계처리 금액과 자금 지출액에 차이가 발생하게 된다.

따라서 이를 해결하기 위해 퇴직금의 경우처럼 별도 통장으로 예치하여 세입과 세출 외로 별도 관리하는가 하면, 원천징수한 예수금을 세입(잡수입)으로 처리하고 실제 납부하였을 때 세출액(잡지출)으로 처리하는 경우도 있다.

예수금 통장을 별도로 관리하게 될 경우 퇴직금 통장과 같이 유용의 가능성이 많고, 동 예수금 통장에서 발생하는 수입이자가 세입에 누락되는 경우가 많다. 또한 연말정산을 할 경우 실제로 종업원에게 지급되어야 할 선납세금이 지급되지 않고 쌓여 있거나 유용되

6) 같은 뜻의 저서 : 신화섭 외1, 비영리법인 회계와 세무실무, 양서원, 2015, p.33

는 경우가 많아 특별한 관리가 요청된다.

원천징수한 예수금을 세입으로 처리하고 실제 납부시 세출로 처리할 경우 예수금 통장으로 관리하는 경우보다 유용 가능성 등은 떨어지지만 세입과 세출이 동액만큼 과대하게 예산이 편성되는 단점이 있다. 이와 같은 문제를 해결하기 위하여 기말에 실제 결산보고 시에는 양쪽 금액을 서로 상계하기도 한다.

3.3 카드로 결제하는 경우

지출의 많은 부분은 카드로 결제하는데 보조금을 지급하는 관할 관청이나 감독기관에서 적극 장려하기도 하고, 내부 규정에 따라 법정증빙을 갖추기 위하여 신용카드를 사용하기도 한다. 그러나 카드로 거래금액을 결제할 때와 실제 통장에서 결제대금이 인출되는 시점이 달라 회계처리 금액과 자금 지출액에 차이가 발생하게 된다.

이를 해결하기 위하여 상기와 마찬가지 방법으로 카드결제 통장을 별도로 만들어 세입과 세출 외 자금으로 관리한다. 즉, 거래일에 거래금액만큼 카드대금을 카드결제통장에 이체하여 회계와 자금을 일치시키는 것이다. 그러나 이 경우에도 지출담당이 카드 매출전표를 출납담당자에게 늦게 제출할 경우 또는 출납담당자가 늦게 자금을 카드결제통장으로 이체하는 경우에 실제 거래일과 회계처리일과 자금이체일이 상이하게 된다. 같은 회계기간이면 별 문제는 없으나 회계기간을 넘겨 자금을 이체하는 경우 예산회계 측면에서 문제가 발생할 수 있다. 즉, 실제 어떤 사업에 어떤 계정과목으로 자금지출을 승인받았고 실제로 거래를 발생시켰으나 행정적인 실수로 말미암아 자금을 카드결제 통장으로 이체하지 못하여 회계처리를 하지 못하는 경우가 발생한다.

한편, 「국고금관리법」과 「지방회계법」에서는 자금이체가 늦어지지만 당해 회계연도에 회계처리를 할 수 있도록 하는 '출납기한' 또는 '출납폐쇄기한 및 출납사무 완결기한'이라는 제도를 마련하고 있다. 즉, 국고금의 경우 한 회계연도에 속하는 세입세출의 출납에 관한 사무는 다음 연도 2월 10일까지 완결(국고금관리법 §4의 2)하도록 하고 있고, 지방회계의 경우 출납은 회계연도가 끝나는 날 폐쇄하는데 특별한 경우 다음 회계연도 1월 20일까지 수입 또는 지출을 할 수 있도록 하였다(지방회계법 §7). 이는 엄밀한 의미의 현금주의회계가 아닌 수정현금주의회계라고 할 수 있는데 우리나라 비영리조직, 특히 국고보조금이나 지방보조금을 수령하는 단체(사학기관이나 사회복지기관 등)에서는 이와 같은 국가나 지방자치단체의 출납정리기한 제도를 원용하고 있는 실정이다.

비록 출납은 다음 회계연도에 이루어지지만 그 출납의 원인이 되는 채무부담행위나 계약, 즉 '지출원인행위'는 당해 회계연도에 이루어져야 한다. 한편, 이와 같은 문제를 원천적으로 막기 위하여 신용카드사용을 지양하고 직불카드를 사용하는 비영리조직이 늘고 있다. 직불카드를 사용하면 카드결제 시점에 자금이 인출되기 때문에 회계처리와 자금 결제가 불일치하는 문제를 해결할 수 있다.

참고자료

세입(歲入)과 세출(歲出)의 회계연도 소속 구분

『국고금 관리법 시행령』 제4조와 『지방회계법 시행령』 제2조에 따른 세입과 세출의 회계연도 소속 구분을 요약하면 다음과 같다.

1. 세입(歲入)의 회계연도 소속 구분

① 납기가 정해져 있는 수입 : 그 납기 마지막 날(납기가 연장되는 경우에는 연장 전의 납기 마지막 날을 말한다)이 속하는 연도. 다만, 그 납기의 마지막 날이 속하는 회계연도 내에 납입고지서를 발행하지 아니한 경우에는 그 납입고지서를 발행한 날이 속하는 연도

② 수시의 수입으로서 납입고지서를 발행하는 것 : 그 납입고지서를 발행한 날이 속하는 연도

③ 수시의 수입으로서 납입고지서를 발행하지 아니하는 것 : 납입받은 날이 속하는 연도. 다만, 지방채증권 · 차입금 · 부담금 · 교부금 · 보조금 · 기부금 · 상환금 또는 그 밖에 이와 유사한 수입의 경우에는 그 예산이 속하는 연도

2. 세출(歲出)의 회계연도 소속 구분

① 국채 · 지방채 및 차입금의 원리금, 연금 등 : 그 지급기일이 속하는 연도

② 각종 반환금 · 결손보전금 · 상환금 또는 그 밖에 이와 유사한 것 : 그 지급결정을 한 날이 속하는 연도

③ 부담금 · 교부금 · 보조금 · 기부금 또는 그 밖에 이와 유사한 것 : 해당 예산이 속하는 연도

④ 실비보상 · 급여 · 여비 · 수수료 또는 그 밖에 이와 유사한 것 : 지급을 하여야 할 사실이 발생한 날이 속하는 연도

⑤ 사용료 · 보관료 · 전기료 또는 그 밖에 이와 유사한 것 : 지급청구를 받은 날이 속하는 연도

⑥ 공사비 · 제조비 · 물건구입비 · 운반비 또는 그 밖에 이와 유사한 것으로서 상대방의 행위가 완료된 후에 지급하는 것 : 지급이 확정된 날이 속하는 연도

⑦ 그 밖의 경비 : 지급명령을 한 날이 속하는 연도

제3절 비영리조직 회계실무 쟁점Ⅱ : 예산회계

01 영리조직의 회계의 순환과정

회계는 이해관계자들이 그들의 경제적 자원을 분배하는 의사결정에 도움을 주고자 기업에 대한 유용한 정보를 생산하여 제공하는 것이라고 정의했다. 간단하게 한마디로 말하면 회계는 정보를 생산하여 보고하는 것인데, 이 때 정보를 생산하는 과정을 회계의 순환과정이라고 하며, 이는 주로 거래를 인식, 측정, 기록, 분류, 요약, 보고하는 행위를 말한다. 즉, 거래의 발생부터 최종 결과물인 재무제표를 작성하여 이해관계자들에게 보고하기까지 그 중간에 벌어지는 일들을 "회계의 순환과정"이라고 한다.

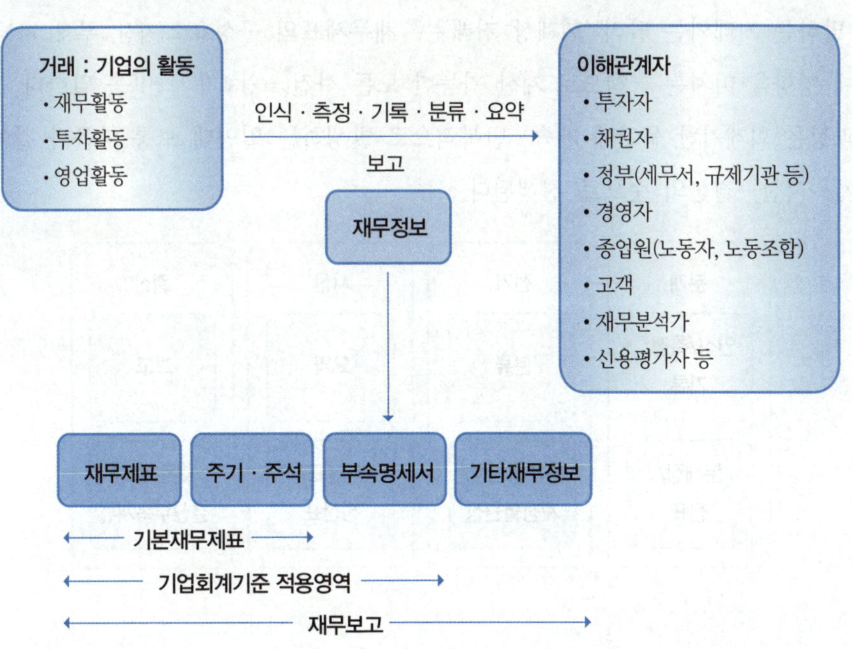

1.1 영리조직의 활동

영리조직인 기업은 수많은 활동을 하지만 결국 다음과 같은 세 가지 활동으로 요약할 수 있다. 이러한 기업의 활동은 결국 재무제표 구성요소에 영향을 미치는 회계거래가 된다.

- **재무활동** : 기업이 필요한 자금을 조달하고 상환하는 활동이다. 현금의 차입과 상환 활동, 신주발행이나 배당금을 지급하는 활동을 포함하며 부채와 자본계정에 영향을 미친다.
- **투자활동** : 조달된 자금으로 공장을 짓고 생산설비를 취득하거나 처분하는 활동이다. 또한 여유자금으로 현금을 대여하거나 회수하는 활동, 다른 회사 주식을 취득하거나 처분하는 활동을 포함하는데 주로 자산에 영향을 미친다.
- **영업활동** : 기업의 본래 목적을 달성하기 위하여 원재료 구매부터 제품 생산, 판매 그리고 판매대금 회수에 이르기까지의 일련의 활동을 말한다. 자산 및 부채에 영향을 미친다.

1.2 회계의 순환과정

일반적인 상인과 상인 또는 상인과 고객 사이에 재화나 용역을 대상으로 한 매매 행위 등을 말하는 거래와는 달리 '회계상 거래'는 "재무제표의 구성요소(자산, 부채, 자본, 수익, 비용)에 영향을 미치는 금액으로 계산 가능한 모든 사건(=경제적 사건)"을 말한다. 회계의 순환과정은 회계기간 동안에 계속·반복적으로 발생하는 일인데 보통 다음과 같이 분개→전기→시산→결산의 순으로 진행된다.

1) 분 개

분개(journal entry)란 복식부기에서 거래를 기록하는 방식인데 거래가 발생하면 거래의 8요소 중 세부 계정과목과 금액을 정하여 "분개의 법칙"에 따라 분개장에 기입하는 것을 말한다. 즉, "거래의 이중 결합" 내용을 파악하여 차변요소와 대변요소로 구분하고 계정과목과 금액을 정하여 장부에 기입하는 일련의 과정을 말한다. 우리가 보통 "회계처리한다"라고 하는 말은 회계상의 거래를 분개하는 것을 말한다.

2) 전 기

전기(轉記, posting)란 분개장에 기입한 거래의 내용에 따라 각 총계정원장에 옮겨 적는 절차를 말한다. 즉, 거래가 발생하여 분개를 함에 있어 차변에 기입한 내용은 해당 계정과목의 원장에 차기(借記, debiting)하고, 대변에 기입한 계정과목은 해당 계정과목에 대기(貸記, crediting)하는 절차를 말한다. 전산화된 환경에서는 이와 같이 절차가 회계프로그램에 의해 자동으로 이루어지기 때문에 별도의 절차 없이 전기가 이루어지고 있다.

3) 시 산

시산표를 만들기 전까지 거래에 대한 정보는 분개장이나 전표 그리고 총계정원장에 산재하여 있다. 따라서 이를 하나의 표에 요약하는 것을 시산(試算 : 시험 삼아 합산해 봄)이라 하고 그 표를 시산표(試算表, Trial balance T/B)라고 한다. 분개장에서 총계정원장으로 잘 전기(轉記)가 되었는지, 즉 분류가 잘 되었는지, 차변합계와 대변합계가 잘 계산되었는지를 시험해 보는 것인데 이 모든 것이 완벽하게 잘 되었다면 대차평균의 원리에 따라 시산표의 차변합계와 대변합계가 일치해야 하고 차변잔액과 대변잔액이 일치하게 된다. 만약 다르다면 어디선가 문제가 발생한 것인데, 이와 같이 오류의 발생여부를 쉽게 알 수 있기 때문에 복식부기의 자동검증 기능이라고 한다.

4) 결 산

기업은 폐업하지 않는 이상 계속 존재하는 것이기 때문에 임의적으로 회계기간을 정하여 경영성과를 측정할 필요가 있다고 했다. 따라서 회계기간을 보통 1년으로 정하고 회계기간이 종료되는 일정한 시점에 재무상태와 일정 기간의 경영성과를 파악하기 위하여 결산을 실시한다. 이러한 결산을 하기 위해서는 더 이상 장부(분개장이나 총계정원장 등)에 손대는 것을 막아야 하는데 이를 '마감'이라고 한다. 제품 창고나 원자재 창고에 더 이상 물건이 들어오지 못하도록 막고 재고조사를 실시하는 것도 마감의 일종이며 중요한 결산절차 중에 하나이다. 결산의 최종 목적은 재무제표를 작성하는 것이다. 알려져 있는 결산절차는 다음과 같다.

① 수정 전 합계잔액시산표 작성

② 재고조사 및 재물조사 실시, 미 정산 계정 정리, 수정분개 실시

③ 집합손익계정으로 수익과 비용계정 잔액을 대체하여 당기순손익 산출

④ 분개장과 총계정원장 마감 및 이월

⑤ 수정 후 합계잔액시산표와 정산표 작성

⑥ 재무제표와 그 부속명세서 작성

「상법」상 회사(주식회사, 유한회사, 유한책임회사, 합명회사, 합자회사)의 경우에는 다음과 같은 절차가 추가된다.

⑦ 재무제표와 그 부속명세서 및 영업보고서 작성 및 이사회 승인

⑧ 감사의 회계감사

⑨ 정기 주주총회에 재무제표의 보고 및 승인

⑩ 재무제표와 영업보고서 및 감사보고서의 비치 및 공시(본점 5년, 지점 3년)

「주식회사 등의 외부감사에 관한 법률」에 따라 주식회사 중에 자산 총액이 120억원이 넘는 기업이나 주권상장법인 등은 회계감사를 내부감사에게도 받고 외부감사인(회계법인이나 공인회계사 감사반)에게도 받아야 한다. 또한 공시도 본점 및 지점에만 하는 것이 아니라 금융감독원의 전자공시 시스템에도 하여야 한다.

02 비영리조직의 회계의 순환과정

비영리조직 회계의 특징 중에 하나는 예산회계에 관한 규정을 두고 있다는 점은 전술한 바와 같다. 따라서 일반적인 영리조직 회계의 순환과정과는 달리 예산회계를 사용하는 비

영리조직에서는 예산의 ①편성 ②심의 ③집행 ④결산의 순환과정을 거친다.

예산(豫算, budget)은 보통 다음 회계연도의 재정수요와 이를 충당하는 재원을 추정하여 작성한 세입과 세출(또는 수입과 지출)의 예정적 계산서를 의미[7]하는데 보통의 경우 지출을 통제할 목적으로 예산회계제도를 사용한다.

2.1 예산편성

예산편성은 다음 회계연도에 사용할 예산총액을 추산하고, 추산된 예산총액에 근거하여 사업별 또는 계정과목별로 이를 분배하는 것을 말한다. 이 과정에서 종업원 또는 종사자에 대한 처우 및 급여가 결정되고 물가인상률 등을 고려하여 특정 사업별 예산 증액 및 우선순위 등이 결정된다.

1) 예산편성지침

(1) 예산편성지침

예산을 편성하기에 앞서 법인의 대표이사나 지방자치단체 또는 중앙정부는 예산 요구시 제출할 서류 및 양식을 포함하여 다음 회계연도의 재정운영 여건과 재정운영의 중점사항, 재원배분 방향, 예산과목의 구분 및 경비별 예산안 편성지침, 그리고 기준단가 등이 포함되어 있는 예산편성지침을 정하여 산하 시설 및 부서 등에 통보한다. 이런 예산편성지침은 다음 연도의 예산편성의 기본 틀이 되고 예산 운영에 준거가 된다.

(2) 가내시(假內示)와 본내시(本內示)

보조금을 수령하는 비영리조직의 경우 다음 연도 예산안을 편성하는데 지방자치단체로부터 확정된 보조금의 예상 규모나 단가 기준 등을 통보받게 되는데 이를 본내시(本內示) 또는 확정내시(確定內示)라고 한다. 내시(內示)는 공식적으로 알리기 전에 내부적으로 알려준다는 의미로 사용되는데, 지방자치단체에서 다음 연도 보조금 예산액의 규모 등을 확정하지 못한 상태에서 알려주는 것을 가내시(假內示)라고 한다.

보조금을 수령하는 비영리조직의 경우 일단 보조금의 예상 규모나 단가를 가내시 받은

---

7) 신해룡, 예산결산심사 이론과 실제, 세명서관, 1997

기준에 따라 예산을 편성하였다가 본내시가 내려오면 이를 조정하여 예산안을 확정하면 된다. 다만, 본내시가 늦어질 경우 가내시를 기준으로 예산편성절차를 마무리 짓고 다음 연도에 본내시를 기준으로 추가경정예산을 편성하게 된다.

추가경정예산은 예산이 성립된 후[8]에도 예측할 수 없는 경제적 상황 때문에 본 예산(매 회계연도에 최초로 성립된 예산)을 수정하여 필요한 과부족 예산에 변경을 가하는 것을 말한다.

2) 예산(안)의 편성

실제 예산을 편성하는 방법에는 다음과 같이 여러 가지 방법이 있으나 이 중에서 하나의 방법만을 사용하지 않고 여러 가지 방법을 조합하여 사용한다.

(1) 현연도 수준

현연도에 수행하고 있는 사업(program)만을 유지하고 추가적인 사업은 없는 것을 가정하여 현연도 수준의 인건비나 기타 운영경비 등 증액에 필요가 있을 때 한하여 증액하고 나머지 예산과목은 현연도와 차년도를 같은 금액으로 추정하는 방법이다.

(2) 비율증감

기존에 수행하고 있는 사업이나 다음 회계연도에 계획하는 사업과 무관하게 현연도 예산에 일정한 백분율만큼 증감하여 산정하는 방법이다. 평균법이라고도 하는데 증감평균을 과거 3개년 혹은 과거 5개년 평균을 기초로 추계하는 방식이다.

(3) 원점예산

현연도의 예산은 전혀 고려하지 않고 원점에서 새롭게 출발한다는 가정 하에 모든 조직활동에 필요한 예산을 비용－편익분석을 통하여 산정하고, 특정사업의 수행여부를 결정하여 우선순위에 따라 예산을 배정하는 방법이다.

(4) 한도액설정

총 예산한도액을 정한 다음 예산의 우선순위에 따라 각 사업예산에 분배하는 방식이다. 예산총액을 미리 설정하고 예산총액의 한도내에서 사업예산수요와 관계없이 일괄적으로

8) 예산 편성 후 적법한 절차를 거쳐 심의, 확정된 예산을 말한다.

배부하거나 우선순위를 설정하여 사업예산을 배부하기도 한다.

(5) 직접 분석

세입예산은 세입원천별로 직접 분석으로 통하여 조달가능성을 분석하여 추계하고, 세출예산은 물량이나 연인원, 업무량, 횟수 등에 각 요소별 원가나 가격, 단가 등을 분석하여 추계하는 방식이다.

(6) 통계모형

통계학적인 모형(인과모형, 거시모형, 모의실험모형 등)을 수립하고 그 모형의 변수(내생변수 또는 외생변수)에 따라 세입과 세출에 영향을 미치는 요인을 분석하여 추계하는 방법이다.

3) 예산서에 첨부할 서류 작성

예산편성지침에 따라 예산서에 첨부할 서류를 작성해야 한다. 비영리조직 유형별로 요구하는 예산서 양식이 다르지만 보통 예산총칙과 세입 · 세출 총괄표와 세입 · 세출명세서, 추정재무상태표, 추정손익계산서 등이 포함된다. 물론 단식부기로 회계처리하는 비영리조직의 경우 추정재무상태표와 추정손익계산서 등은 포함시키지 않아도 된다. 세입 · 세출 총괄표는 예산과목별로 현년도 예산액과 차년도 예산액을 비교하는 형식으로 기재하고 증감액과 증감비율을 같이 표시한다. 세입 · 세출 명세서에는 산출기초자료를 기재한 내역서로 구체적인 세입의 재원과 세출의 사용예정 금액을 표시하도록 하고 있는데 통상적으로 "단가×수량×횟수×비율(%)" 등의 순으로 기재한다.

4) 예산편성의 실무적 고려사항

(1) 예비비의 활용

예산은 예정된 거래에 대한 것이기 때문에 예측할 수 없는 거래에 대한 지출 또는 예측된 거래에서의 초과지출 등이 발생할 수 있는데 이런 예측할 수 없는 상황을 가정하여 일정 규모의 여유자금을 예산에 편성하는데 그 예산액을 예비비라고 한다. 그러나 이러한 예비비는 예산편성지침에 예산총액의 몇 % 이상 편성하지 못하도록 규정하고 있다.

(2) 세입예산 추정 방법

세입예산은 보통 자금의 원천별로 자체사업수입, 후원금, 보조금 그리고 경우에 따라서는 전입금이나 차입금 등으로 구분하여 각 재원별 조달방안에 따라 다르게 추정한다. 보조금의 경우에는 해당 지자체의 예산편성 방안에 따라 가내시나 본내시를 기준으로 추정하고 기타 재원은 현연도 수준과 증감 가능성 그리고 목적사업의 운영방침 등을 고려하여 추정한다.

(3) 세출예산 추정 방법

세입예산의 범위 내에서 세출예산을 결정하는데 그 우선순위에 따라 ① 법정경비에 최우선적으로 배분하고 그 다음 ② 기본경비(비영리조직을 유지하고 운영하는데 필수적으로 소요되는 경비)에 배분하고, 마지막으로 ③ 사업(program)예산에 우선순위에 따라 배부한다.

2.2 예산심의

1) 예산의 심의 · 확정 및 공개

집행기관에서 예산을 편성하면, 심의기관에서 예산의 삭감 및 증액 등 사정의 절차를 거쳐 심의 · 확정하면 예산이 성립된다. 비영리조직에서 많은 경우 사원총회나 이사회에서 차기 회계연도의 예산을 심의 · 확정한다. 확정된 예산은 관련 법령에 따라 주무관청에 제출하여야 하고 정관의 규정에 따라 게시판 또는 인터넷 홈페이지에 예산을 공개한다.

2) 준예산

만약 회계연도 개시 전까지 예산이 성립되지 못하는 경우 전년도 예산에 준하여 임직원의 인건비나 법령상 지급의무가 있는 일부 경비에 대하야 집행할 권한을 부여한 예산이 있는데 이를 '준예산'이라 한다.

3) 예산심의 시 고려할 사항

① 전체적인 예산규모가 조달 가능한 세입예산 규모의 범주에 속하는 분석하고 현년도 예산규모와 대비하여 과도하게 증가 혹은 감소되었는지 검토한다.

② 세출예산은 예산편성지침에 따라 주요 예산과목에 적절히 편성되어 있고 전반적인 균형예산을 편성하였는지 파악한다.

③ 세출예산 각 예산과목별로 현년도 예산규모와 대비하여 과도한 증감내역이 있는지 검토하고 예산을 절감할 방안이 있는지 분석한다.

④ 신규 사업예산의 경우 당해 비영리조직의 목적사업에 부합하고 그 정책의 실현가능성이 있는지 검토하기 위하여 사업별 사업계획서를 입수하고 검토한다.

⑤ 과거부터 계속해오던 계속사업의 경우 사업의 효과성이나 효율성 그리고 당해 비영리조직의 설립목적에 적합성 여부를 분석할 자료가 충분히 있으므로 이를 입수하여 분석하고 계속 사업을 진행할지 여부를 검토한다.

⑥ 예산은 결국 "단가×수량"이므로 '단가'는 물가조사정보지나 평균노임단가, 유사 계약사례, 물가상승률, 경제성장율 전망치 등을 조사하여 검토하고, '수량'은 인원, 면적, 용량, 규격, 횟수 등이 타당한 물량의 범주에 있는지 검토한다.

⑦ 마지막으로 예산이 형식적 요건(총칙이나 총괄표, 명세서 등의 양식)이 예산편성지침에서 요구하고 있는 바에 따라 적절하게 구비되어 있고, 법률이나 정관에서 정한 시기에 예산편성 및 심의가 이루어지고 있는지 검토한다.

2.3 예산의 집행

1) 예산의 목적 외 사용금지

예산의 집행에 있어 당초 세출 예산이 정한 목적 이외에 사용해서는 안 된다. 즉, 예산이 심의를 거쳐 성립된 이후에는 심의기관의 동의가 없으면 이를 예산이 정해진 목적 외로 지출할 수 없다. 다만, 예산서는 전술한 바와 같이 예정적인 계산서이기 때문에 경제적 여건의 변화 등으로 인하여 당초 예측할 수 없었던 사건 등이 발생하게 되며 '예산의 목적 외 사용 금지 원칙'을 불가피하게 위반할 수 있는 소지가 있다. 이를 위하여 예산의 탄력적인 운용을 위한 여러 가지 제도들이 마련되어 있는데 이에 대하여 살펴보면 다음과 같다.

2) 예산의 탄력적 운용

예산의 목적 외 사용금지 원칙이라는 경직성에 대비하여 예산을 탄력적으로 운용할 수 있는 제도로 ① 예산의 전용 ② 예산의 이월 ③ 예비비 ④ 추가경정예산 등이 있다.

(1) 예산의 전용 · 이용 · 이체

동일 항내 목간 전용은 예산집행기관(대표이사나 시설의 장 등)이 결정하여 할 수 있고, 관간 전용 및 동일 관내 항간 전용[「국가재정법」에서는 이를 이용(移用)이라고 함]은 예산심의기관(이사회, 운영위원회 등)의 의결을 거쳐야 하는 것이 보통이다.

예산의 전용은 예산총칙에서 전용을 제한하고 있거나, 예산심의 과정에서 삭감한 관 · 항 · 목으로의 전용은 하지 못한다.

보조금을 지원받은 비영리조직의 경우 보조금을 지급하는 지방자치단체 등이 원칙적으로 예산 전용을 제한할 수 있으므로 굳이 예산을 전용하고자 할 경우에는 당해 보조금을 지원한 지방자치단체 등과 사전에 협의해야 한다. 예산을 전용한 후에는 결산보고서에 예산과목 전용조서를 첨부해야 한다.

법령이나 정관의 제정 · 개정 또는 폐지 등으로 인하여 비영리조직 상호간 또는 비영리조직내의 각 시설간 직무와 권한이 변경되어 그 예산을 넘겨주는 경우가 있는데 이를 이체(移替)라고 한다. 예산의 이체의 경우에도 예산심의기관의 의결을 거쳐야 하는 것이 일반적이지만 흔하지 않은 경우이므로 특별한 규정은 없다.

(2) 예산의 이월

매 회계연도의 세출예산으로 편성된 금액은 다음 연도에 이월하여 사용할 수 없으므로 이를 모두 소진하여야 한다. 그러나 예외적으로 그 다음 회계연도에 이월하여 사용할 수 있도록 하고 있는 경우 당해 이월액은 다른 용도로 사용할 수 없으며 재이월할 수 없도록 규정하고 있는 것이 일반적이다. 이월의 종류에 따라 사고이월, 명시이월, 계속비의 이월로 구분할 수 있다.

① 사고이월

예산을 집행하는 데 있어 회계연도 말까지 지출원인행위를 하였으나 그 이후 불가피한 사유로 인하여 당해 연도 내에 지출하지 못한 경비를 다음 회계연도에 이월하는 경우가 있는데 이를 '사고이월'이라고 한다. 사고이월은 '지출원인행위'를 필하여야 하며 불가피한 사유가 있어야 한다. 또한 그 취지상 재이월은 할 수 없는 것이 일반적이다.

② 명시이월

사고이월과는 달리 예산 성립 시부터 당해 연도에 그 지출을 끝내지 못할 것이 예상되는 세입세출예산에 명시하여 미리 승인을 얻은 후 다음 연도에 이월하여 사용하는 것을 '명시이월'이라고 한다. 또한 당초 성립된 본예산에서는 명시이월비로 승인받지 못하였지만 추가경정예산에서 명시이월비로 승인받을 수도 있다.

③ 계속비의 이월

수년에 걸친 건설공사나 제조 또는 연구개발이 이루어지는 경우에 당해 예산 집행이 수년에 걸쳐 이루어지는데 이 경우 예산심의기관의 승인을 득하여 예산을 계속 이월한다 하여 '계속비'라고 한다. 따라서 그 경비 총액과 연부액을 정하여 승인된 예산의 범위에 따라 수 연도에 걸쳐 지출이 이루어진다.

저자주

지출원인행위

지출원인행위란 지출의 원인이 되는 계약이나 그 밖의 행위를 말한다. 지출원인행위의 대부분은 계약체결 행위를 말하며, 일정한 세출예산의 경우(여비, 각종 수당 등)에는 지출을 결정하는 행위(품의서 · 방침서 · 내부결재 등)도 포함한다.

(3) 예비비

예비비는 전술한 바와 같이 예측할 수 없는 예산외의 지출 또는 예산의 초과 지출에 충당하기 위하여 계상하는 것을 말하는데, 이를 지출하는데 있어 예산심의기관의 결의나 사전협의가 필요한 것이 아니므로 예산의 탄력적인 운영을 위하여 이를 미리 예산에 편성해 둔다. 예산 심의기관의 의결권을 보장하기 위하여 예산총액에서 일정한 범위액 만을 설정할 수 있도록 미리 예산편성지침에 정하여 두는데 「국가재정법」이나 「지방재정법」에서는 예산총액의 100분의 1 이내의 금액을 예비비로 세입세출예산에 계상할 수 있도록 규정하고 있다.

(4) 추가경정예산

기정예산의 변경이 있을 때 반드시 추경예산을 편성하는 것은 아니지만 가내시를 기준으로 보조금 예산을 편성하였으나 확정 내시가 가내시와 다른 경우에는 필연적으로 추경을 해야 한다. 또한 전용이나 예비비 등으로 그 세출예산과목의 증감에 따른 과부족을 조정할 수 없을 때, 기정예산에는 없던 신규 사업을 편성하여 진행할 때에도 추경이 필요하다. 추경의 절차는 본 예산을 편성할 때와 같은 방식으로 진행하면 되며, 추경의 편성 횟수에는 크게 제한을 두고 있지 않는 것이 보통이다.

2.4 결산

예산이 예정적 계산서인 데 반해 결산은 확정적 계산서를 말한다. 실질적으로는 세입·세출예산의 집행 실적을 말하고, 형식적으로는 세입·세출예산의 집행 결과를 작성하는 보고서를 말한다.

예산회계에서의 결산은 일반적으로 ① 출납사무의 종결 및 장부의 마감 ② 결산서의 작성 ③ 결산보고 및 의결 ④ 결산서의 제출 및 공개 등의 순서에 따라 진행된다.

1) 출납사무의 종결 및 장부의 마감

보통의 경우에는 회계연도 말까지 출납사무를 종결하지만 '출납정리기한' 또는 '출납폐쇄기한'을 따로 두어 회계연도가 끝나고 다음연도가 되어도 일정 기간 동안은 수입과 지출을 허용하는 경우도 있었다. 즉, 출납은 회계연도가 끝나는 날 폐쇄하지만, 해당 회계연도의 예산에 포함된 경우로서 특별히 정한 사유에 해당하는 경우에는 다음 회계연도 1월 20일까지 수입 또는 지출 처리를 할 수 있도록 하고, 이 출납폐쇄기한 내의 세입금 수납과 세출금 지출을 해당 회계연도의 거래로 처리하도록 기한을 정하는 것이다.

이 출납정리기한이 종료하고 출납사무가 완결되면 장부(세입부과 세출부)를 마감한다.

2) 결산서 작성

복식부기를 사용하는 비영리조직의 경우 재무상태표(재무상태표), 손익계산서(수지계산서, 운영계산서 등으로 개칭하기도 함)를 주요 재무제표로 하고, 각 계정 명세서와 후원금수입 및 사용결과보고서, 과목전용조서, 예비비사용명세서 등을 작성하여 첨부한다.

단식부기를 사용하는 비영리조직의 경우에는 세입·세출결산서를 주 재무제표로 하며 역시 각 계정명세서와 후원금수입 및 사용결과보고서, 과목전용조서, 예비비사용명세서 등을 작성하여 첨부한다.

3) 결산 보고 · 의결 · 제출 · 공개

결산서를 작성한 후 이를 감사에게 제출하여 감사를 수검한 후 법인 이사회 등 결산승인기관에 의결을 거처 결산을 의결한다. 경우에 따라서 주무관청에 결산서를 제출하고 이를 게시판이나 인터넷 홈페이지에 공개하여야 한다.

저자주

결산추경 또는 결산전용

결산 결과 실제 결산 금액이 기정예산액을 초과하여 잔액이 (−)로 표시되는 경우 그에 따르는 책임을 져야하므로 어떠한 경우에도 결산액이 예산액을 초과하여서는 안 된다. 따라서 실무적으로 회계연도의 마지막 달에 가결산을 실시해 보고 조정이 필요할 경우 마지막 추경이나 전용을 실시하는데 이를 '결산추경' 또는 '결산전용'이라고 하고, 보통 이를 통하여 예산과 결산 계수를 맞춘다.

| 사회복지법인 및 시설의 예산편성절차[9] |

주요내용	주체	일정
시 · 군 · 구에서 법인 또는 시설에 특히 필요하다고 인정하는 사항에 관해 예산편성지침 통보 가능	법인 또는 시설 소재지 관할 시장 · 군수 · 구청장	회계연도 개시 2개월 전까지
▼		
법인은 법인과 법인 산하 시설의 예산편성지침을 결정	법인 대표이사	회계연도 개시 1개월 전까지
▼		
회계별 예산(법인회계, 시설회계, 수익사업회계) 편성	법인대표이사 및 각 시설의 장	회계연도개시 전까지
▼		
시설회계 예산안에 대한 시설 운영위원회 보고 ※ 법인이 설치 · 운영하는 시설의 경우에도 시설회계는 법인 이사회 의결 전 시설 운영위원회에 보고 필요 ※ 법인회계 및 수익사업회계에 대해서는 불필요	시설의 장	예산안 편성 완료 시
▼		
법인의 회계별 예산(법인회계, 시설회계, 수익사업회계)안에 대한 이사회 의결, 예산안 확정 ※ 법인이 설치 · 운영하는 시설의 시설회계도 포함 ※ 법인이 아닌 경우에는 시설 운영위원회 보고로 예산안 확정	법인 이사회	예산안 편성 완료 시
▼		
확정된 예산안을 시장 · 군수 · 구청장에 제출 ※ 법인은 법인의 회계별 예산(법인회계, 시설회계, 수익사업회계)을, 법인 소재지 관할, 시설의 장(법인이 운영하는 시설도 포함)은 시설회계를 시설 소재지 관할 시장 · 군수 · 구청장에게 제출	법인 대표이사 및 시설의 장	회계연도 개시 5일 전까지
▼		
법인과 시설의 회계별 세입세출 명세서를 시 · 군 · 구, 법인 시설의 게시판과 인터넷 홈페이지에 20일 이상 공고 ※ 「사회복지사업법」 제6조의 2 제2항에 따른 정보시스템에 게재하거나 「영유아보육법」 제49조의 2 제2항에 따른 공시로 갈음 가능	시장 · 군수 · 구청장, 법인대표이사, 시설의 장	예산안 제출 20일 이내

9) 보건복지부, 사회복지법인 관리안내, 2023

▌사회복지법인의 결산 보고 절차[10] ▌

주요내용	주체	일정
법인회계과 시설회계의 세입 · 세출 결산보고서 작성	법인 대표이사 및 시설의 장	출납 완료 시
▼		
결산 보고서의 시설 운영위원회 보고 ※ 법인이 설치 · 운영하는 시설의 경우에도 시설회계는 법인 이사회 의결 전 시설 운영위원회에 보고 필요 ※ 법인회계 및 수익사업 회계에 대해서는 불필요	시설의 장	결산보고서 작성 후
▼		
결산 보고서의 법인 이사회 의결 ※ 법인이 설치 · 운영하는 시설의 시설회계도 포함 ※ 법인이 아닌 경우에는 시설 운영위원회 보고로 결산 보고서 확정	법인대표이사	결산보고서 작성 후
▼		
확정된 결산보고서를 시장 · 군수 · 구청장에 제출 ※ 법인은 법인회계, 시설회계, 수익사업회계 결산을, 법인 소재지 관할, 시설의 장(법인이 운영하는 시설도 포함)은 시설회계를 시설 소재지 관할 시장 · 군수 · 구청장에게 제출	법인 대표이사 및 시설의 장	다음 연도 3월 31일까지
▼		
법인과 시설의 회계별 세입세출 결산서를 시 · 군 · 구, 법인, 시설의 게시판과 인터넷 홈페이지에 20일 이상 공고 ※ 「사회복지사업법」 제6조의 2 제2항에 따른 정보시스템에 게재하거나 「영유아보육법」 제49조의 2 제2항에 따른 공시로 갈음 가능	시장 · 군수 · 구청장, 법인대표이사, 시설의 장	결산보고서 제출 20일 이내

10) 보건복지부, 사회복지법인 관리안내, 2023

제4절 비영리조직 회계실무 쟁점Ⅲ : 구분회계

01 재산의 구분

비영리조직의 재산은 기본재산과 보통재산으로 구분한다. 일반적인 비영리조직(「민법」, 공익법인법상 비영리법인 등)의 기본재산의 처분 및 취득에 대하여는 전술한 바와 같고, 사회복지법인과 학교법인의 경우에 대하여 살펴보기로 한다.

1.1 사회복지법인의 재산 구분 및 관리

1) 재산의 구분

법인의 재산은 기본재산과 보통재산으로 구분하고 기본재산은 목적사업 및 수익사업의 수행을 위해 기본적으로 필요한 재산으로 부동산, 정관에서 기본재산으로 정한 재산, 이사회의 결의에 의하여 기본재산으로 편입된 재산이 해당한다. 기본재산의 목록과 가액은 정관에 적어야 한다.

① 목적사업용 기본재산 : 법인이 시설 등을 설치하는 데 직접 사용하는 기본재산

② 수익사업용 기본재산 : 법인이 그 수익으로 목적사업의 수행에 필요한 경비를 충당하기 위한 재산

③ 보통재산 : 기본재산 이외의 재산

2) 기본재산의 처분

법인이 기본재산을 처분, 즉 매도, 증여, 교환, 임대, 담보제공 또는 용도변경하고자

할 때에는 반드시 시 · 도지사의 처분허가를 받아야 하고 정관을 변경해야 한다. 일반적인 기본재산에 관한 임대계약을 갱신하는 경우에는 임대계약 갱신사실을 시 · 도지사에 보고하는 것으로 갈음하고 별도의 허가는 받지 않아도 된다. 도시계획 등으로 인해 의도하지 않게 법인 기본재산 유형이 변경되는 경우에도 일반적인 기본재산처분 허가를 받아야 하고, 기본재산처분으로 인하여 발생한 현금 등은 반드시 정관변경 후 기본재산으로 편입(도시계획 보상금 수령, 처분액 차이로 인한 이익금 등)하고 법인의 목적을 수행하기 위하여 사용할 경우에도 주무관청의 허가를 받아야 한다. 기본재산 압류로 인한 강제경매 시에도 기본재산 처분허가가 필요하다. 처분허가 신청 시에는 ① 기본재산처분허가신청서, ② 기본재산 처분이유서, ③ 기본재산처분을 결의한 이사회의사록, ④ 처분하는 기본재산명세서와 감정평가서 등을 시 · 도지사에게 제출하고 처분허가를 득한 후 처분행위를 함과 동시에 처분이 완료되면 즉시 정관을 변경하고 정관변경인가를 받아야 한다. 만약 이를 위반할 경우에는 5년 이하의 징역 또는 5천만원 이하의 벌금에 처한다.

3) 기본재산의 증가와 장기차입

기본재산을 매수, 기부채납, 후원 등의 방법으로 재산을 취득한 때에는 별도 허가는 필요 없으나, 지체 없이 이를 법인의 재산에 편입조치하고, 매년 1월 말까지 전년도의 재산취득상황(취득사유, 취득재산의 종류 · 수량 및 가액 등)을 시 · 도지사에게 보고하고 정관변경 절차를 취해야 한다. 만약 이를 위반할 경우 300만원 이하의 과태료를 부과하도록 하고 있다.

한편, 법인이 장기차입하고자 하는 금액을 포함한 장기차입금의 총액이 기본재산 총액에서 차입당시의 부채총액을 공제한 금액의 100분의 5에 상당하는 금액 이상을 장기차입하고자 할 때에는 시 · 도지사의 허가를 받아야 한다. 단기차입금의 만기를 연장하여 1년 이상 차입하는 경우에도 연장시점부터 장기차입금으로 간주하여 허가를 받아야 한다. 만약 이를 위반할 경우에는 5년 이하의 징역 또는 5천만원 이하의 벌금에 처한다.

4) 기타 재산의 관리

- 사회복지법인은 법인의 목적사업의 원활한 수행을 위하여 부수적으로 수익사업을 행할 수 있는데 이 경우 이사회 결의로 사회복지법인의 목적사업용 기본재산을 수익사업용 기본재산으로 변경하고자 하는 경우 관할 관청에 허가를 득해야 한다.

한편, 기본재산을 분할하여 별도의 독립된 사회복지법인을 설립할 수 있는지 여부에 대하여 「민법」 등 관련 법률에 명백한 규정은 없으나, 기존 법인은 기본재산 처분(기본재산을 증여 또는 양도) 허가 사항에 해당하고, 신규 법인은 새로 설립허가 사항이므로 정책적 판단에 따라 기존법인의 정관상 목적사업에 해당한다면 주무관청의 허가를 득할 경우 가능하다는 중론이다.

1.2 사학기관의 재산 구분 및 관리

1) 재산의 구분

학교법인의 재산은 기본재산과 보통재산으로 구분하고 기본재산은 교육용 기본재산과 수익용 기본재산으로 구분한다. ① 부동산 ② 정관에 의하여 기본재산으로 되는 재산 ③ 이사회의 결의에 의하여 기본재산에 편입되는 재산 ④ 학교법인에 속하는 회계의 매년도 세계잉여금 중 적립금을 기본재산으로 한다. 기본재산 이외의 재산은 보통재산으로 하고 그 사용자의 구분에 따라 이를 법인용 재산과 학교용 재산으로 구분한다.

① 교육용 기본재산 : 학교교육에 직접 사용하는 기본재산으로 교지나 교사, 체육장, 실습 또는 연구시설 등이 이에 속하고, 이는 특별한 경우가 아니면 처분할 수 없다.
② 수익용 기본재산 : 학교의 운영경비를 충당하기 위하여 수익발생을 목적으로 운영하는 재산
③ 법인용 재산 : 기본재산 이외의 재산으로 법인에서 직접 사용하는 일반사무용 재산
④ 학교용 재산 : 학교에서 사용하는 일반사무용 재산과 기타 학교에 속하는 보통 재산

2) 기본재산의 처분

학교법인이 그 기본재산을 매도 · 증여 · 교환 또는 용도변경하거나 담보에 제공하고자 할 때 또는 의무의 부담이나 권리의 포기를 하고자 할 때에는 관할청의 허가를 받아야 한다. 하지만 학교교육에 직접 사용되는 학교법인의 재산 중 교육용 기본재산은 이를 매도하거나 담보에 제공할 수 없으며(사립학교법 §28), 또한 강제경매절차에 의한 매도도 금지되어 있다(대법원 제2부 1972.4.14. 결정 71마330). 만약 학교법인의 이사장 또는 사립학교 경영자(법인의 경우에는 그 대표자 또는 이사)가 이를 위반할 때에는 2년 이하의 징역 또는 2천

만원 이하의 벌금에 처하도록 하고 있다. 학교법인의 기본재산의 매도 · 증여 또는 교환하고자 할 때 ① 허가신청서 또는 신고서 ② 처분재산명세서 ③ 감정평가서(교환의 경우에는 쌍방의 재산) ④ 이사회 회의록 사본 ⑤ 교환재산 또는 처분대금의 처리에 관한 사항을 기재한 서류(교환 또는 매도의 경우에 한한다) ⑥ 대체부지 등 그 내용을 증명할 수 있는 서류를 제출하여야 한다. 한편, 학교법인의 기본재산을 담보로 제공하는 경우에는 이에 관한 ① 허가신청서 또는 신고서 ② 담보에 제공할 재산목록 ③ 피담보액 ④ 담보처 ⑤ 상환방법 및 상환계획 ⑥ 이사회 회의록 사본 등을 제공하고 허가를 득해야 한다.

3) 기본재산의 증가

학교법인이 재산의 기증을 받거나 기부금을 받고자 할 때에도 조건의 유무를 막론하고 이사회의 의결을 거쳐야 하고 수증재산의 사용은 기증자의 용도지정(건축 · 장학금 · 수익용 건물 등)이 있을 경우에는 지정된 용도대로 사용하여야 하며, 용도지정이 없는 경우에는 일반적인 교육목적에 사용해야 한다. 한편, 기부자가 증여 시 학교법인에 의무부담을 전제로 부담부 증여계약을 통해 기증하고자 할 경우에는 당해 의무 부담 사항에 대해서는 관할청으로부터 허가를 받아야 한다.

4) 교육용 기본재산의 관리

교육용 기본재산은 다른 회계에 전출하거나 대여할 수 없다. 다만, 차입금의 원리금을 상환하는 경우 또는 공공 또는 교육 · 연구의 목적으로 교육용 기본재산을 국가, 지방자치단체 또는 연구기관에 무상으로 귀속하는 경우로서 교지 · 교사 및 설비의 확보 기준을 충족하거나 사립학교 교육 및 연구에 지장이 없을 경우 예외적으로 관할청에 허가를 득하여 용도변경할 수 있다(사립학교법 §29 ⑥). 학교법인의 이사장이나 사립학교경영자(법인인 경우에는 그 대표자 또는 이사) 또는 대학교육기관의 장이 이 규정에 위반한 때에는 2년 이하의 징역 또는 2천만원 이하의 벌금에 처하도록 하고 있다.

02 회계의 구분

회계의 구분을 구분회계라고도 하는데 이는 특정 구분회계 단위별로 자산 · 부채 · 자본 및 수익과 비용을 독립적으로 인식하여 재무제표를 작성하는 것을 말한다. 구분회계 단위는 조직의 특성 및 제반 법률이 정한 것에 따라 달라질 수 있는데, 비영리조직의 일반적인 구분회계는 ① 고유목적사업과 수익사업의 구분회계 ② 법인회계와 시설회계별로 이루어지고 있다. 이와 같이 구분회계를 하는 이유는 책임회계제도를 도입하여 관리책임을 명확히 하는 데 있다. 따라서 각 회계별로 경영 성과를 보다 명확하고 세무적 측면에서 과세소득의 범위를 정하는 데도 그 목적이 있다. 다음은 각 비영리조직별 구분회계에 대한 규정이다.

2.1 사회복지법인의 구분회계

법인의 업무전반에 관한 회계(이하 "법인회계"라 함), 시설의 운영에 관한 회계(이하 "시설회계"라 함) 및 법인이 수행하는 수익사업에 관한 회계(이하 "수익사업회계"라 함)로 구분하고, 법인의 회계는 법인회계, 해당 법인이 설치 · 운영하는 시설의 시설회계 및 수익사업회계로 구분하여야 하며, 시설의 회계는 해당 시설의 시설회계로 한다. 사회복지법인의 회계는 단식부기에 의하지만, 필요한 경우 법인회계와 수익사업회계는 복식부기에 의할 수 있다. 따라서 사회복지법인의 법인회계와 시설회계 등은 「사회복지법인 및 사회복지시설 재무 · 회계 규칙」에 따라 회계처리하지만 수익사업회계는 일반적으로 인정된 기업회계기준에 따라 회계처리한다. 단식부기에 의한 기본 재무제표는 세입 · 세출결산서이고, 복식부기에 의할 경우 세입 · 세출결산서와 재무상태표 및 수지계산서가 기본재무제표이다.

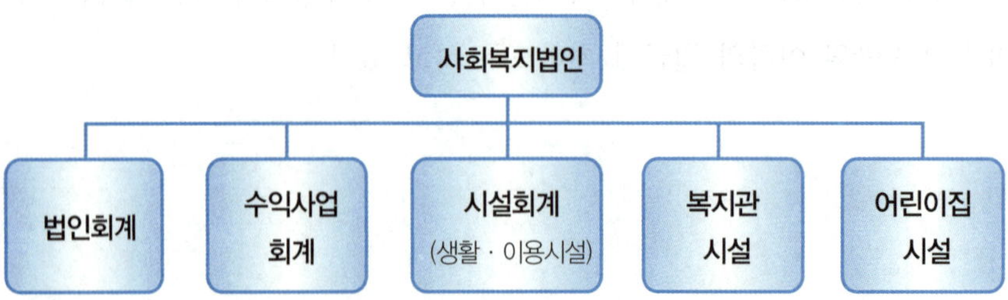

2.2 사학기관의 구분회계

학교법인은 그가 설치한 사립학교의 교육에 지장이 없는 범위 안에서 그 수익을 사립학교의 경영에 충당하기 위하여 수익을 목적으로 하는 사업(이하 "수익사업"이라 함)을 할 수 있으며, 수익사업에 관한 회계는 당해 학교법인이 설치 · 경영하는 사립학교의 경영에 관한 회계와 구분하여 별도회계로 경리하도록 하고 있다(사립학교법 §6 ④). 또한 수익사업의 명칭과 그 사무소 소재지, 수익사업의 종류와 자본금 등을 공시하도록 하고 있는데 공고를 하지 아니하거나 공고하여야 할 사항을 허위로 또는 누락하여 공고한 때에는 500만원 이하의 과태료에 처하도록 규정하고 있다(사립학교법 §74 ② 2).

학교법인의 회계는 그가 설치 · 경영하는 학교에 속하는 회계와 법인의 업무에 속하는 회계로 구분하고, 학교에 속하는 회계는 이를 교비회계와 부속병원회계(부속병원이 있는 경우에 한함)로 구분할 수 있고, 교비회계는 등록금회계와 비등록금회계로 구분하며, 학교가 받은 기부금 및 수업료 기타 납부금은 교비회계의 수입으로 하여 이를 별도 계좌로 관리하도록 하고 있다(사립학교법 §29 ②).

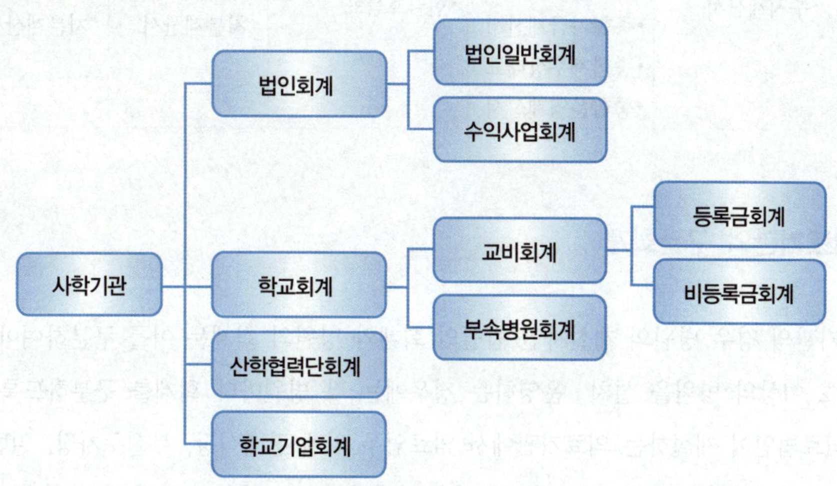

법인일반회계와 교비회계는 「사학기관 재무 · 회계규칙」 또는 「사학기관재무 · 회계규칙에 대한 특례규칙」을 적용하여 회계처리하고 수익사업회계는 일반적으로 인정된 기업회계기준을 적용한다. 한편, 부속병원의 경우에는 「의료기관회계기준규칙」을 적용한다. 다음은 사립대학과 관련한 회계처리 규정의 내용이다.[11]

11) 이 표의 기본구조는 노태일 외1, 비영리회계, 무역경영사, 2016, p.199에서 가져왔다.

구분	사학기관 재무 · 회계규칙	사학기관 재무 · 회계규칙에 대한 특례규칙	의료기관 회계기준규칙	산학협력단 회계처리규칙	학교기업회계 처리규칙
제정	교육부령	교육부령	보건복지부령	교육부령	교육부령
범위	모든 사립학교	사립대학, 산업대학, 전문대학, 사이버대학	100병상 이상의 종합병원 개설자	산학협력단 (대학)	산업교육기관 (대학/고등학교)
회계 방법	복식부기 (법인회계와 유치원은 단식부기 가능)	복식부기	복식부기	복식부기	복식부기
재무 제표	•세입세출결산서 •재무상태표 •손익계산서 •수지계산서	•자금계산서 •재무상태표 •운영계산서 •합산자금계산서 •합산재무상태표 •합산운영계산서 •종합자금계산서 •종합재무상태표 •종합운영계산서	•재무상태표 •손익계산서 •기본금변동계산서 •현금흐름표	•재무상태표 •운영계산서 •현금흐름표 •운영차익 처분계산서	•재무상태표 •운영계산서 •현금흐름표 •운영차익 처분계산서

2.3 의료기관의 구분회계

의료기관의 경우 병원의 개설자인 법인의 회계와 병원의 회계는 이를 구분하여야 하고 법인이 2 이상의 병원을 설치 · 운영하는 경우에는 각 병원마다 회계를 구분하도록 하고 있다. 의료법인이 개설하는 의료기관에서 의료업무 외에 장례식장, 부설주차장, 일반음식점업 등의 부대사업을 할 수 있는데, 이 경우 부대사업으로 얻은 수익에 관한 회계는 의료법인의 다른 회계와 구분하여 계산하여야 한다.

회계처리는 해당 병원의 직전 회계연도의 종료일을 기준으로 100병상 이상의 종합병원의 경우에는 「의료기관 회계기준 규칙」에 따라 실시[기본재무제표는 재무상태표, 손익계산서, 기본금변동계산서(병원의 개설자가 개인인 경우 제외), 현금흐름표]하고 부대사업수익의 회계는 일반적인 기업회계기준에 따른다.

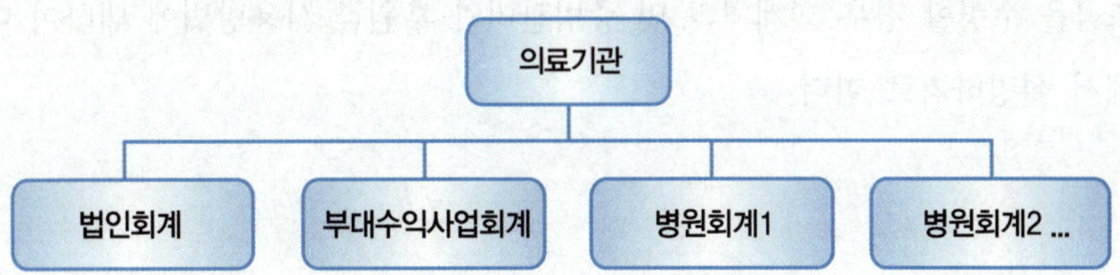

03 자금의 구분

비영리조직이 자체자금으로 조직을 운영하고 고유목적사업을 운영한다면 별도로 이를 구분할 필요는 없으나, 보통의 경우 후원금과 국고보조금 그리고 수익사업에서 고유목적사업준비금으로 전입된 금액을 가지고 조직을 운영하고 있는 형편이다. 따라서 수익사업에서 고유목적사업준비금 전입액을 제외한 국고보조금과 후원금은 그 사용용도가 지정되어 있는 경우가 있으므로 이를 구분하여 지정하는 용도에 맞게 사용해야 한다.

비영리조직의 자금은 보통 다음과 같이 구분하여 사용하는데, 각 자금별로 통장을 별도로 관리한다.

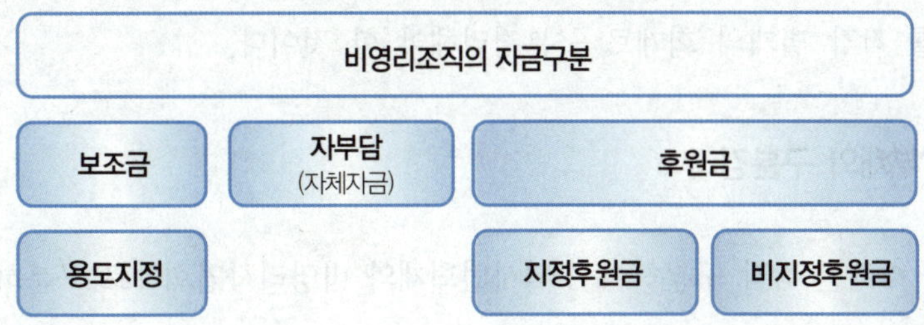

동일한 계정과목을 지출하더라도 자금의 구분에 따라 단식부기에 의한 세입 · 세출결산서에서는 다음과 같이 표시한다.

관(款)	항(項)	목(目)	구분	보조금	자부담	후원금	계
사무비	운영비	공공요금	예산	28,200	1,000	3,000	32,200
			결산	28,200	700	2,500	31,400
			증감	0	300	500	800

국고보조금을 수령할 경우 회계처리 및 증빙관리와 후원금 사용방법에 대하여 다음 5절과 6절에서 설명하기로 한다.

04 「법인세법」상 구분회계의 방법

「법인세법」에서는 비영리법인이 수익사업을 하는 경우에는 자산 · 부채 및 손익을 그 수익사업에 속하는 것과 수익사업이 아닌 그 밖의 사업(비영리사업 또는 고유목적사업)에 속하는 것을 각각 별개의 다른 회계로 장부와 계정과목을 구분하여 기장하도록 하고 있다(법법 §113 ①, 법령 §156).

만약 비영리법인이 수익사업에서 생기는 소득중 제조업 등 사업소득 또는 채권매매익이 있다면 장부의 기장은 복식부기 방식으로 장부를 기장해야 하고, 그 이외의 경우에는 특별한 규정이 없다.

비영리법인이 수익사업소득이 생기는 수개의 업종을 겸영하는 경우 각각 업종별로 구분경리할지 여부에 대하여 특별한 규정은 없으나, 만약 「조세특례제한법」상 감면사업과 비감면사업을 겸영할 경우에는 구분경리해야 하고 소비성서비스업과 기타사업을 겸영할 경우에도 이를 각각 별개의 회계로 구분경리해야 할 것이다.

1) 자산과 부채의 구분경리

개별자산과 부채는 각각 구분하여 수익사업회계와 비영리사업회계로 구분하고, 공통되는 자산과 부채는 수익사업회계에 속하는 것으로 한다(법칙 §76 ①). 비영리사업회계와 수익사업회계 간 자산과 부채를 이관하는 경우 회계처리방법은 다음과 같다.

(1) 비영리 고유목적사업회계에서 수익사업회계로 전출하는 경우

비영리 고유목적사업회계에서 수익사업회계로 자산과 부채를 전출하는 경우 이를 수익사업회계에서는 자본의 원입으로 인식한다. 즉, 수익사업회계로 전입된 자산과 부채에 대하여 수익이나 비용으로 인식하지 않고 법인세를 부과하지 않는다는 것이다. 자본의 원입 시 자산과 부채는 비영리회계의 장부가액이 아닌 시가로 기표한다. 이 경우 시가가 불분명한 경우에는 법인세법 시행령 제89조 제2항의 규정을 준용하여 평가한 가액에 의한다(법통칙 113-156…2). 수익사업회계의 자본금은 비영리사업회계에서 넘겨받은 자산합계액에서 부채(충당금 포함)를 차감한 금액으로 계상한다.

사례

부담부증여 출연받은 토지와 건물 및 임대보증금을 임대사업용으로 사용하기로 하였다. 각각의 시가는 다음과 같을 때 회계처리는?

- 토지 100,000,000
- 건물 50,000,000
- 임대보증금 잔액 40,000,000

토지	100,000,000	/	임대보증금	40,000,00
건물	50,000,000	/	자본금(기본순자산)	110,000,00

(2) 수익사업에서 비영리 고유목적사업회계로 전출하는 경우

수익사업회계에서 비영리 고유목적사업회계로 자산을 전출 또는 지출하는 경우 다음 순서에 따라 순차적으로 상계한다(법통 113-156-3 ②).

① 고유목적사업준비금 중 손금산입된 금액(법법 §29 ③ 후단의 금액 포함)

② 고유목적사업준비금 중 손금부인된 금액

③ 법인세과세 후의 수익사업소득금액(잉여금을 포함)

④ 자본의 원입액

한편, 상기 ③에서 잉여금이란 이미 법인세가 과세된 소득(법인세법 및 조세특례제한법에 의하여 비과세되거나 익금불산입된 금액 포함)으로서 수익사업부문에 유보되어 있는 금액을 의미한다.

- **학교법인이 수익사업회계에 속하는 금전 외의 자산을 비영리사업회계에 전입한 경우(기획재정부 법인세제과-364, 2012.5.16.)**

「조세특례제한법」 제74조 제1항 제1호에 따른 학교법인이 수익사업회계에 속하는 금전 외의 자산을 비영리사업회계에 전입한 경우 「법인세법 시행규칙」 제76조 제4항 후단에 따라 비영리사업에 지출한 것으로 보는 것입니다.

이 경우 그 자산의 가액은 시가로 평가하는 것이며, 자산의 평가이익(장부가액과 시가와의 차액)은 전입일이 속하는 사업연도의 수익사업의 익금에 해당하는 것입니다.

• 수익사업 종업원이 비수익사업으로 전출 시 구분경리(서이46012-3104, 1997.12.2.)
비영리법인의 수익사업에 해당하는 업무에 종사하는 종업원이 비영리사업에 해당하는 업무를 담당하게 된 경우에는 그 종업원에 대한 퇴직급여충당금과 퇴직전환금 상당액을 비영리사업에 속하는 것으로 구분경리하는 것이며, 이 경우의 회계처리는 기업회계기준 또는 관행에 따라 처리한다.

2) 손익의 구분경리

개별익금과 손금은 각각 구분하여 수익사업회계와 비영리사업회계로 구분하고, 공통되는 익금과 손금은 다음과 같이 안분한다(법칙 §76 ⑥).

구분	기준	안분방법
공통익금	–	각 회계의 수입금액 또는 매출액 비례
공통손금	동일업종	각 회계의 수입금액 또는 매출액 비례
	이종업종	각 회계의 개별손금(공통손금 제외한 금액) 비례

종업원에 대한 급여상당액(복리후생비, 퇴직금 및 퇴직급여충당금전입액 포함)은 근로의 제공 내용을 기준으로 구분한다. 이 경우 근로의 제공이 주로 수익사업에 관련된 것인 때에는 이를 수익사업의 비용으로 하고 근로의 제공이 주로 비영리사업에 관련된 것인 때에는 이를 비영리사업에 속한 비용으로 한다(법통 113-156-1).

(1) 자산수증이익

비영리내국법인이 업무와 직접 관계없이 타인으로부터 무상으로 받은 자산의 가액은 비영리사업에 속하므로 법인세 과세대상이 되지 않는다(법인세과-2167, 2016.8.11.). 또한, 업무와 직접 관계없이 타인으로부터 무상으로 받은 자산을 수익사업에 사용하는 경우에도 동 자산의 가액은 비영리사업에 속한다(법인세과-1443, 2009.12.30.).

(2) 지급이자

비영리법인이 고유목적사업의 재원으로 사용하기 위하여 차입한 차입금을 수익사업에 사용한 경우에는 그 차입금에 대한 지급이자를 수익사업에 대한 각 사업연도 소득금액 계산상 손금으로 산입할 수 있으나, 비영리법인의 고유목적사업의 재원으로 사용된 차입금의 지급이자는 손금으로 산입할 수 없는 것으로, 이 경우 차입금이 수익사업에 사용되었는지 여부는 사실판단하여야 할 사항이다(재법인46012-100, 2001.5.18.).

(3) 정부보조금과 감가상각비

비영리법인이 「보조금의 예산 및 관리에 관한 법률」의 규정에 의거 고정자산을 취득하기 위해 정부로부터 지급받는 보조금은 수익사업 또는 수입에서 생긴 소득에 해당하지 아니하는 것이며, 이 경우 비영리법인이 보조금으로 취득한 고정자산을 수익사업에 전입하고 그 자산가액을 자본의 원입으로 경리한 경우에는 당해 고정자산에 대하여 계산한 한도내 감가상각비를 손금에 산입한다(법인46012-1976, 1998.7.16.). 다만, 수익사업과 비영리사업에 공통으로 사용되는 자산에 대한 감가상각비는 공통손금에 해당한다(서이46012-10249, 2003.2.4.).

(4) 고정자산처분이익

고정자산이 처분일 현재 3년 이상 계속하여 법령 또는 정관에 규정된 고유목적사업에 직접 사용한 것은 법인세 과세대상이 되지 않으나, 고유목적사업 및 수익사업에 공통으로 사용한 자산의 처분손익은 수익사업의 개별손익으로 한다(서면인터넷방문상담2팀-867, 2007.5.8.).

(5) 부동산임대업의 경우

비영리법인의 사옥 일부 임대사업과 관련하여 전체건물 수선비의 구분경리 방법에 대하여는 공통손금은 「법인세법 시행규칙」 제76조 제6항을 준용하여 안분계산한다(법인세과-3400, 2008.11.14.). 한편, 공통익금의 구분계산 시 적용하는 부동산 임대수입금액은 임대료 수입금액에 임대보증금액에 대한 간주익금상당액을 가산한 금액으로 한다(법통 113-156-7).

제5절 비영리조직 회계실무 쟁점Ⅳ : 보조금회계

01 국고보조금의 개요

1.1 국고보조금의 정의

국고보조금이란 국가 외의 자가 수행하는 사무 또는 사업에 대하여 국가가 이를 조성하거나 재정상의 원조를 하기 위하여 교부하는 재원을 말한다(「보조금 관리에 관한 법률」 §2 1호). 국고보조금은 보조금과 그 밖에 부담금, 급부금 등의 명칭으로도 사용하는데 다음과 같이 실무적으로 분류하기도 한다. 여기서 "보조사업"이란 보조금의 교부 대상이 되는 사무 또는 사업을 말하고, "보조사업자"란 보조사업을 수행하는 자를 말한다.

1) 보조금

정책상 필요에 의하여 지방자치단체나 법인 · 단체 또는 개인의 시설자금이나 운영자금으로 교부하는 재원을 말한다.

2) 부담금

지방자치단체나 그 기관이 법령에 따라 처리하여야 할 사무로서 국가와 지방자치단체 간에 이해관계가 있는 경우에는 원활한 사무처리를 위하여 국가에서 부담하지 아니하면 아니 되는 경비를 국가가 그 전부 또는 일부를 부담 경우 당해 재원(지방재정법 §21 ①)을 말한다.

3) 교부금

국가가 스스로 하여야할 사무를 지방자치단체나 그 기관에 위임하여 수행하는 경우 그 경비를 국가가 전부 그 지방자치단체에 교부하는 경우 당해 재원(지방재정법 §21 ②)을 말한다.

4) 급부금

상당한 반대급부를 받지 아니하고 교부하는 재원 등으로 보조금 · 부담금 외의 「농산물의 생산자를 위한 직접지불제도 시행규정」 제3조에 따른 소득보조금 등의 재원(「보조금 관리에 관한 법률 시행령」 §2)을 말한다.

1.2 보조금의 종류[12)]

1) 보조금 사용용도의 제한성 유무

① 특정보조금(Specific Grants)

보조금의 사용용도가 구체적이고 세분화되어 있는 것으로 우리나라의 국고보조금은 이에 해당한다. 이러한 특정보조금은 보조금을 수령하는 기관이 보조금을 지급하는 중앙정부가 요구하는 특정의 활동을 이행하는 것을 조건으로 지급하는 기능적 보조금(Functional Grants)을 의미한다.

② 일반보조금(General Grants)

보조금의 사용용도에 대한 구체적인 제한이 없는 것으로, 우리나라의 경우 지방교부세가 이에 해당한다.

2) 지방비 부담방식

① 정률보조금(Matching Grants)

지방자치단체가 지출하는 국고보조사업비의 일정비율 금액을 국가가 보조하는 것으로, 현재 국고보조금의 원칙적인 지출형태입니다. 우리나라의 경우 정률보조금의 보조율은

12) e나라도움, https : //www.gosims.go.kr

「보조금 관리에 관한 법률」(이하 "보조금법"이라 함)에 근거하여 정해져 있기도 하나, 객관적인 근거나 기준이 설정되어 있기보다는 국가의 예산 사정 등을 감안하여 결정하는 경우가 많다.

② 정액보조금(Lump-Sum Grants)

특정한 사무, 사업의 실시에 대하여 일정한 금액을 교부하는 보조금을 의미한다. 정액보조의 방법은 보조대상이 되는 사무 · 사업의 양을 표시하는 일정한 수량에 일정한 단가를 곱한 금액을 교부하는 방법과 개별 사무나 사업마다 일정액을 교부하는 방법으로 구분할 수 있다.

3) 보조금의 시행주체 기준

① 직접보조금

국가로부터 교부된 보조금을 지방자치단체가 직접 집행하는 경우로서, 우리나라에서는 재해위험지구 정비사업, 자전거도로 정비사업비 등의 보조금이 여기에 속한다.

② 간접보조금

국가 외의 자가 보조금을 재원의 전부 또는 일부로 하여 상당한 반대급부를 받지 아니하고 그 보조금의 교부 목적에 따라 다시 교부하는 급부금을 말한다.

4) 보조금 지원대상 및 지원내용에 따른 분류

① 보조금의 지원대상기준

지방자치단체에 대한 보조금으로 자치단체보조금과 개인 또는 법인의 시설운영이나 운영자금 등을 지원하는 민간보조금으로 구분할 수 있다.

② 보조금의 지원내용기준

인건비, 운영비, 여비, 용역비 등 물건비성 경비에 대한 경상적 지원을 위한 경상보조금과 토지매입비, 시설건축비, 자산취득 등을 위한 자본적 경비를 지원하는 자본보조금으로 구분할 수 있다.

5) 보조금의 사전신청 여부

① 신청보조금

보조사업을 수행하려는 자(보조사업자)가 보조하려는 자(보조사업담당자)에게 관계법령 및 지침 등에 의하여 예산계상을 신청하고 이에 따라 받는 보조금이다.

보조금 신청제도가 갖는 의의는 지방정부의 계획과 의사가 보조사업에 반영되고, 보조사업이 당초 계획대로 수행되도록 유도하며, 각 지방정부가 스스로 사업필요성, 지방비부담능력 등을 감안하여 신청함으로써 건전재정을 도모할 수 있다는 데 있다.

② 무신청보조금

국가는 보조사업을 수행하려는 자의 보조금의 예산 계상 신청이 없더라도 국가시책 수행상 부득이하여 ① 국가가 소요경비 전액을 교부하는 보조사업인 경우 ② 재해 발생 등 예측하지 못한 사유로 보조금의 교부가 불가피한 경우 ③ 그 밖에 기획재정부장관이 국가의 주요시책 수행상 보조금의 교부가 불가피하다고 인정하는 사업 등에 교부되는 보조금을 말한다.

1.3 보조금의 예산 규모

국고보조금 예산의 규모는 총예산에서 약 16%를 차지하고 있는 실정이며, 국고보조금 지출액 중 57% 정도가 사회복지분야에 사용되고 있다. 과거 5개 연도의 총예산 대비 국고보조금 예산 내역은 다음과 같다.

연도	국고보조금	총예산
2019	77.9조(16.6%)	469.4조
2020	86.7조(16.9%)	512.2조
2021	97.9조(17.5%)	558.0조
2022	102.3조(16.8%)	607.6조
2023	102.3조(16.0%)	638.7조

02 국고보조금 예산 집행 및 관리

보조금 예산은 보조사업을 원활하게 수행하고 보조금의 중복 수급이나 부정 수급을 방지하기 위하여 보조금통합관리망(e나라도움, www.gosims.go.kr)을 통하여 ① 보조사업자 선정 ② 보조금의 집행 ③ 사후관리의 단계별로 관리되고 있다. 이 보조금통합관리망의 유지, 개선 등 운영에 관한 업무와 보조금 또는 간접보조금의 신청, 접수, 결정, 교부 및 사후관리의 전자적 지원에 관한 업무 등은 현재 한국재정정보원(FIS)에서 위탁을 받아 수행하고 있다. 한편, 각 중앙관서에서 별도로 운영하고 있는 다음의 정보시스템은 보조금통합관리망과 연계를 통하여 자료 또는 정보를 수집하고 있다(보조금법 §26의 8 ①).

1. 「사회보장기본법」 제37조 제2항에 따른 사회보장정보시스템(행복e음)
2. 「지방재정법」 제96조의 2 제1항에 따른 정보시스템(e호조)
3. 「초 · 중등교육법」 제30조의 4 제1항에 따른 교육정보시스템
4. 「사회서비스 이용 및 이용권 관리에 관한 법률」 제28조 제1항에 따른 사회서비스전자이용권 관리체계
5. 「영유아보육법」과 그 관계법령에서 정하는 전산시스템
6. 「사회복지사업법」 제6조의 2 제2항에 따른 정보시스템(w4c)
7. 「아이돌봄 지원법」 제25조 제1항에 따른 전자시스템
8. 「국민 평생 직업능력 개발법」 제6조 제1항에 따른 직업능력개발정보망
9. 「고용정책 기본법」 제13조의 3 제1항에 따른 정보시스템

2.1 보조사업자 선정

1) 보조사업자 선정방식의 구분

보조사업자의 선정은 크게 공모방식과 지정방식으로 구분할 수 있다. 공모방식은 상위보조사업자가 해당 사업을 공개하고 참여하고자 하는 사업자의 신청서를 받아 자격검증 후 보조사업자로 선정하는 보조사업이며, 지정방식은 상위보조사업자가 보조사업자를 지정하여 진행되는 보조사업을 말한다.

2개 이상의 법인 · 단체 또는 개인이 수행할 수 있는 보조사업은 공모를 통해 보조사업

자를 선정하지만, ① 보조사업을 수행하려는 자의 신청에 의하여 예산에 반영된 사업 중 그 신청자가 수행하지 아니하고는 보조사업의 목적을 달성할 수 없다고 인정하는 경우 ② 보조사업을 수행하려는 자가 지방자치단체의 장인 경우 ③ 그 밖에 보조사업의 특성을 고려하여 공모방식으로 하는 것이 적절하지 아니하다고 인정하는 경우에 한하여 지정방식으로 보조사업자를 선정한다(보조금법 §16 ②, 국고보조금통합관리지침 §14).

2) 보조사업 시행 공고 및 선정기준

중앙관서의 장은 보조사업 총괄표와 세부사업계획을 해당 보조사업을 시행하는 회계연도의 3월 31일까지 보조금시스템 및 해당부처 홈페이지에 30일 이상 공고하면, 보조사업 응모 신청자는 사업설명회를 거쳐 사업신청서를 접수하게 된다. 보조사업선정위원회는 사업의 적격성 및 보조사업자의 재무안정성, 자부담 능력, 사업능력, 사업관리체계의 적정성 등을 고려하여 심의 후 보조사업 신청결과를 통보하게 된다.

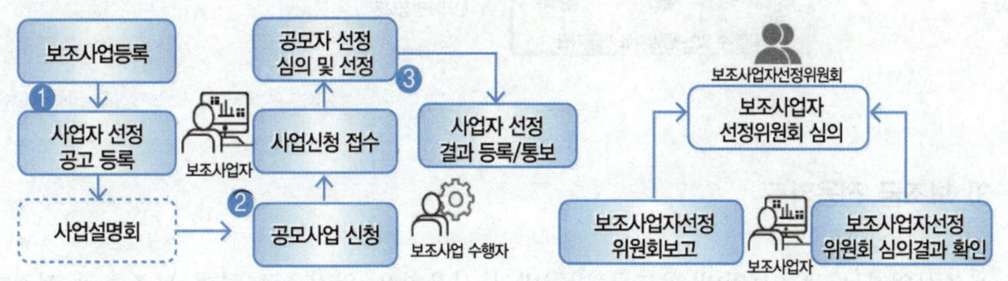

출처 : e나라도움 홈페이지(https : //www.gosims.go.kr)

2.2 보조금의 집행 방법

1) 보조금의 교부방식

보조금의 교부 방식에 따라 ①예치형 보조사업과 ②비예치형 보조사업으로 구분한다. 예치형 사업은 보조금을 예탁기관인 한국재정정보원이 지정한 예탁계좌에 보조금을 교부하는 보조사업 유형이고, 비예치형 사업은 보조사업자의 보조금 계좌로 보조금을 교부하는 사업 유형을 말한다. 예치형 보조사업은 e나라도움을 통해 전자(세금)계산서, e나라도움 카드 등 증빙을 등록하면 예탁계좌에서 거래처로 직접 보조금이 집행되며, 비예치형 보조사업은 보조사업자가 직접 계좌이체를 한 후 e나라도움에 집행 결과를 등록하는 방식이다.

2) 보조금의 사용방법

보조금 사용방식은 보조금 입 · 출금 계좌에서의 계좌이체(지로를 포함한다) 또는 보조사업비 카드(신용카드 또는 체크카드를 구분하지 아니한다) 사용만을 인정한다. 보조금은 증빙 검토 후 보조금 입출금 전용 계좌에서 이체되거나 또는 보조사업비 카드(신용카드 또는 체크카드)를 발급받아 사용하는 것이 원칙이다. 보조금 지출 거래 시 세금계산서는 전자세금계산서를 사용하여야 한다. 하지만 교통, 통신시설 미비 등으로 계좌이체, 카드사용, 전자세금계산서 등의 사용이 곤란한 경우에는 그러하지 아니하다(국고보조금통합관리지침 §18).

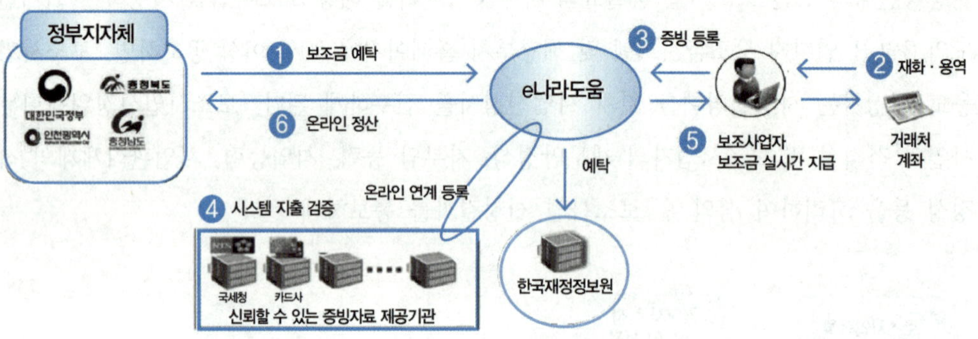

출처 : e나라도움 보조사업자 교육 매뉴얼

3) 보조금 전용카드

보조사업자는 보조사업비 카드를 발급받아 사용함을 원칙으로 하며 보조금의 적정한 사용을 위하여 다음의 업종에는 보조사업비를 사용할 수 없다. 다만, 보조사업의 목적에 부합하는 경우에는 그러하지 아니하다(국고보조금통합관리지침 §19).

- 유흥업종 : '한국표준산업분류'에 따라 접객요원을 두고 술을 판매하는 일반유흥주점, 무도시설을 갖추고 술을 판매하는 무도유흥주점
- 위생업종 : 이 · 미용실, 피부미용실, 사우나, 안마시술소, 발마사지, 스포츠마사지, 네일아트, 지압원 등 대인 서비스
- 레저업종 : 골프장, 골프연습장, 스크린골프장, 노래방, 사교춤, 전화방, 비디오방, 당구장, 헬스클럽, PC방, 스키장
- 사행업종 : 카지노, 복권방, 오락실
- 기타업종 : 성인용품점, 총포류 판매점

4) 별도 계정 설정 등

보조사업자는 보조금법 제34조에 따라 교부받은 보조금에 대하여 별도의 계정을 설정하고 구분하여 회계처리를 하여야 한다. 보조사업별로 보조금 관리를 위하여 기관 명의의 수시 입출금이 가능하고 원금이 보장되며, 담보설정이 되지 않는 보통예금 등으로 계좌를 별도로 개설하여 관리하여야 하며, 특별한 사유가 없는 한 계좌는 변경할 수 없다. 만약, 2개 이상의 보조사업을 수행하는 경우에도 별도의 계좌를 사용하여야 하는데, 보조사업에 따라 하나의 계좌를 사용할 수 있으나, 이 경우 보조사업별로 별도 계정을 두어 관리하여야 한다(국고보조금통합관리지침 §20).

5) 보조사업 관련 계약

민간보조사업자 등이 ① 2천만원을 초과하는 물품 및 용역구매 계약을 체결하는 경우 ②「건설산업기본법」에 따른 건설공사(같은 법에 따른 전문공사는 제외)로서 추정가격이 2억원을 초과하는 공사계약을 체결하는 경우 ③「건설산업기본법」에 따른 전문공사로서 추정가격이 1억원을 초과하는 공사계약을 체결하는 경우 ④ 그 밖의 공사 관련 법령에 따른 공사로서 추정가격이 8천만원을 초과하는 공사계약을 체결하는 경우에는 다음 각 호의 방법으로 계약을 체결하도록 하여야 한다. 다만, 문화재와 연계된 문화재 관련 공사, 연구결과의 현장적용 가능성을 판단하기 위한 시범사업 등 이에 따르는 것이 곤란하다고 중앙관서의 장이 인정하는 경우에는 그러하지 아니하다(국고보조금통합관리지침 §21).

① 조달청장에게 위탁하여 계약 체결

② 지방자치단체장에게 위탁하여 계약 체결

③「전자조달의 이용 및 촉진에 관한 법률」제2조 제4호에 따른 국가종합전자조달시스템(나라장터)을 이용하여 계약 체결

한편, 민간보조사업자가 추정가격이 30억원(전문공사, 전기공사, 정보통신공사, 소방공사의 경우에는 3억원) 이상인 공사계약을 체결하는 경우에는 조달청장에게 요청하여야 한다(국고보조금통합관리지침 §22).

6) 자기부담금의 집행과 보조사업비의 이월

보조사업자가 자기부담금을 포함하여 보조사업을 추진하는 경우에는 자기부담금을 우선 집행하고 난 후 보조금을 집행하는 것이 원칙이다. 다만, 민간보조사업자의 자기부담금 확보가 불가피하게 어렵다고 판단하는 경우 자기부담금 확보 이전에도 보조금을 교부하여 집행하게 할 수 있다. 또한 예외적으로 ① 보조사업 연간사업계획에 반영되지 않은 추가 자기부담금이 발생한 경우 ② 지방자치단체 매칭사업의 경우(국비와 지방비 매칭사업에 한함) ③ 그 밖에 중앙관서의 장이 보조사업자 또는 보조사업 특성에 따라 자부담금 집행을 달리 정한 사업인 경우에는 자기부담금 우선집행 사유에 해당하지 않는다(국고보조금통합관리지침 §23).

한편, 보조사업자는 보조금을 교부받은 후 원칙적으로 다음 회계연도에 이월하여 사용할 수 없고 당해 회계연도에 모두 집행해야 한다. 다만, ① 연도 내에 지출원인행위를 하고 불가피한 사유로 연도 내에 지출하지 못한 경비와 지출원인행위를 하지 아니한 그 부대경비 ② 인건비 등 경상적 경비, 재해복구 경비, 입찰공고 후 장기간이 소요되거나 협상에 의한 계약 등으로 장기간이 소요되는 경비 ③ 그 밖에 이월이 불가피하다고 중앙관서의 장이 인정하는 경우에 한하여 다음 회계연도로 이월하여 사용할 수 있다. 보조사업비의 이월을 위해서는 중앙관서의 장의 승인을 거쳐야 하며 이월액은 다른 용도로 사용할 수 없다. 한편, 이월 사유 중 '②'에 해당하는 경우에는 재이월도 가능하며, 이 경우에도 중앙관서의 장의 승인을 거쳐야 하며 재이월액을 다른 용도로 사용할 수 없다(국고보조금통합관리지침 §25).

7) 용도 외 사용 금지

보조사업자는 법령, 보조금 교부 결정의 내용 또는 법령에 따른 중앙관서의 장의 처분에 따라 선량한 관리자의 주의로 성실히 그 보조사업을 수행하여야 하며 그 보조금을 다른 용도에 사용하여서는 아니 된다(보조금법 §22). 만약 이를 위반하여 보조금을 다른 용도로 사용하였다면 5년 이하의 징역 또는 5천만원 이하의 벌금에 처하도록 하고 있다(보조금법 §41).

2.3 사후관리

1) 집행잔액 등 반납

보조사업이 완료되면 정산보고서 등이 포함된 실적보고서를 제출하고 집행 잔액과 보조금으로 발생한 이자, 보조사업의 수익금(교부목적에 위배되지 않는 범위 내에서 보조금으로 인해 발생한 수익금을 반환하도록 교부조건에 명시한 경우에 한함)을 반납해야 한다. 반납해야 하는 '집행잔액'은 보조금시스템의 재원별 사용금액 잔액을 기준으로 하고, 반납받아야 하는 '보조사업의 수익금'은 국고보조금 비율 등에 따라 산정한다. 한편, 보조사업 시행으로 발생한 부가가치세 환급금 등은 세외수입으로 계상하는데, 만약 동일한 사업에 재투자하고자 할 경우에는 그 내역을 명확히 하여 사업계획에 미리 반영하거나 사업계획을 변경하여 사용할 수 있다(국고보조금통합관리지침 §26).

2) 보조사업의 실적 보고 및 정산보고서의 검증

(1) 보조사업의 실적보고서와 정산보고서

보조사업자 또는 간접보조사업자는 중앙관서의 장이 정하는 바에 따라 보조사업 또는 간접보조사업을 완료하였을 때, 폐지의 승인을 받았을 때 또는 회계연도가 끝났을 때에는 실적 보고 기한(실적 보고 사유가 발생한 날부터 2개월, 지방자치단체의 장인 보조사업자 또는 간접보조사업자의 경우에는 3개월) 내에 그 보조사업 또는 간접보조사업의 실적을 적은 보조사업실적보고서 또는 간접보조사업실적보고서를 작성하여 중앙관서의 장 또는 보조사업자에게 제출하여야 한다(보조금법 §27 ①).

아울러 보조사업자 또는 간접보조사업자는 보조사업실적보고서 또는 간접보조사업실적보고서에는 그 보조사업 또는 간접보조사업에 든 경비를 재원별로 명백히 한 정산보고서 및 중앙관서의 장이 정하는 서류를 첨부하여야 한다. 이 정산보고서에는 해당 보조금 또는 간접보조금의 교부결정에 따른 사용내역 및 반환액을 명확히 구분하여 작성하여야 한다.

정산보고서의 작성방법에 대하여 후술하기로 한다.

(2) 보조사업 정산보고서에 대한 검증보고서 제출

보조사업 또는 간접보조사업에 대한 보조금 또는 간접보조금이 1억원(2023.6.20. 이전 실적 보고 기한이 도래한 경우에는 3억원) 이상인 보조사업자 또는 간접보조사업자(보조사업자 또는 간접보조사업자가 지방자치단체인 경우는 제외한다)는 「주식회사 등의 외부감사에 관한 법률」 제2조 제7호 및 제9조에 따른 감사인으로부터 정산보고서의 적정성에 대하여 검증을 받아야 한다(보조금법 §27 ②, 보조금법령 §12의 2 ②).

검증기관인 감사인은 보조사업자 또는 간접보조사업자가 해당 보조금 또는 간접보조금을 당초 교부 목적에 따라 적정하게 사용하였는지를 확인하고, 보조사업자 또는 간접보조사업자가 작성하는 정산보고서가 「보조사업 정산보고서 작성지침」에 따라 작성되었는지를 검증한 검증보고서를 작성하여야 한다.

보조사업자 또는 간접보조사업자는 검증기관의 검증보고서가 첨부된 정산보고서를 중앙관서의 장 또는 보조사업자에게 실적 보고 기한(실적 보고 사유가 발생한 날부터 2개월, 지방자치단체의 장인 보조사업자 또는 간접보조사업자의 경우에는 3개월) 내에 제출하여야 한다. 만약, 검증이 완료되지 않은 등 검증보고서 제출이 곤란한 경우 검증보고서는 실적 보고 기한에서 2개월 범위 내로 연장할 수 있다(보조사업 정산보고서 검증지침 §17).

검증기관의 검증보고서 작성방법에 대하여 후술하기로 한다.

3) 특정사업자에 대한 회계감사

같은 회계연도 중 중앙관서의 장으로부터 교부받은 보조금 또는 간접보조금의 총액이 10억원 이상인 보조사업자 또는 간접보조사업자("특정사업자"라 하며, 보조사업자 또는 간접보조사업자가 지방자치단체인 경우는 제외한다)는 「주식회사 등의 외부감사에 관한 법률」 제2조 제7호 및 제9조에 따른 감사인이 해당 회계연도를 기준으로 작성한 감사보고서를 보조금 또는 간접보조금을 교부한 중앙관서의 장에게 회계연도 종료일부터 4개월 이내에 제출하여야 한다. 다만, 2년 이상 계속하여 보조금 또는 간접보조금을 교부받은 특정사업자로서 직전 회계연도에 감사보고서를 제출한 경우에는 해당 회계연도에 대한 감사보고서의 작성 · 제출을 생략할 수 있다. 또한, 특정사업자가 「주식회사 등의 외부감사에 관한 법률」 등 다른 법률에 따라 회계감사를 받는 경우에는 보조금법에 따른 감사보고서를 갈음하여 해당 법률에 따라 작성된 감사 관련 보고서를 제출할 수 있는데, 이 경우 감사 관련 보고서에는 보조사업에 관한 감사의견이 포함되어 있어야 하고, 주석사항에 ①보조사업별 세부내용 및 보조금 증감내역과 ②보조사업별 유 · 무형자산 내역을 포함해야 한다(보조사업자 회계감사 세부기준 [별지 1] 보조사업 관련 주석양식 참조).

한편, 중앙관서의 장은 특정사업자가 다음 각 호에 해당하는 경우 회계감사 대상에서 제외할 수 있다(보조사업자 회계감사 세부기준 §3 ②).

① 특정사업자가 국제기구인 경우

② 특정사업자가 보조금의 대부분을 간접보조사업자 또는 보조금수령자에게 다시 교부 · 지급하여 특정사업자가 직접 집행하는 금액이 5억원 미만인 경우

③ 그 밖에 중앙관서의 장이 특정사업자의 특성상 감사보고서를 작성 · 제출하기에 적합하지 아니하다고 인정하는 경우

특정사업자는 보조금 또는 간접보조금의 교부결정을 통지받은 날부터 3개월 이내에 감사인을 선임하여야 하고, 선임 · 변경선임 또는 선정하는 경우 감사계약을 체결한 날부터 1개월 이내 감사계약서 사본등을 첨부하여 중앙관서의 장 또는 보조사업자에게 보고하여야 한다. 다만, 특정사업자가 직전 감사대상 사업연도와 동일한 감사인을 선임한 경우 보고를 생략할 수 있다.

감사대상 재무제표는 재무상태표, 손익계산서(또는 포괄손익계산서), 자본변동표와 현금흐름표 그리고 주석사항을 포함하며, 특정사업자는 해당 사업연도의 재무제표 등을 작성하여 사업연도 종료 후 3개월 이내에 감사인에게 제출하여야 한다. 이 재무제표의 작성기준은 ①일반기업회계기준 ②중소기업회계기준 ③공기업 · 준정부기관 회계기준 ④공익법인회계기준 ⑤그 밖에 감사인의 감사에 통일성과 객관성이 확보될 수 있는 회계기준에 의하며, 감사인이 적용할 회계감사기준은 「주식회사의 외부감사에 관한 법률」 제5조에 따른 회계감사기준을 적용하여야 한다.

■ 보조사업자 회계감사 세부기준 [별지 제1호 서식] 보조사업 관련 주석양식

〈보조사업별 세부내용 및 보조금 증감내역 예시〉

부처	세부 사업명	사업 내용	수행 기간	예산액	2015년														
					전기 이월분 (A)	증가(B)						감소(C)						차기 이월분 (D= A+B−C)
						교부 · 지급			발생이자			집행			반환			
						자기 부담금	지자체 부담금	국고 보조금	자기 부담금	지자체 부담금	국고 보조금	자기 부담금	지자체 부담금	국고 보조금	자기 부담금	지자체 부담금	국고 보조금	

〈보조사업별 유 · 무형자산 내역 예시〉

부처	세부사업명	면적	소재지	2015년				
				기초	취득	처분	감가상각	기말

4) 보조금의 확정 및 반환

중앙관서의 장은 보조사업자로부터 보조사업실적보고서를 받으면 그 보조사업의 실적이 법령, 보조금 교부 결정의 내용 또는 법령에 따른 중앙관서의 장의 처분에 적합한 것인지를 심사하고, 필요하다고 인정되면 현지조사를 실시한다. 심사결과 보조사업의 실적이 심사기준에 적합하다고 인정될 때에는 교부하여야 할 보조금의 금액을 확정하여 그 보조사업자에게 통지한다. 다만, 보조사업의 실적이 법령, 보조금 교부 결정의 내용 또는 법령에 따른 중앙관서의 장의 처분에 적합하지 아니하다고 인정될 때, 즉 보조금을 다른 용도에 사용하거나 법령, 보조금 교부 결정의 내용 또는 법령에 따른 중앙관서의 장의 처분을 위반한 경우 또는 거짓 신청이나 그 밖의 부정한 방법으로 보조금을 교부받은 경우에는 보조금 교부 결정을 취소하고 이미 교부한 보조금과 이로 인하여 발생한 이자를 반환할 것으로 명할 수 있다.

5) 보조사업자의 정보공시

같은 회계연도 중 보조사업 또는 간접보조사업 총액이 1천만원 이상의 보조사업을 수행한 보조사업자(지방자치단체 제외)는 회계연도 종료일부터 4개월 이내에 국고보조금 통합관리시스템에 ① 보조금 교부신청서(첨부서류 포함) 및 사업계획서 ② 보조사업에 대한 수입 · 지출 내역 ③ 정산보고서 및 정산보고서에 대한 검증보고서 ④ 보조사업 관련 감사 지적사항 ⑤ 감사보고서 또는 감사 관련 보고서 ⑥ 재무제표 또는 결산서 ⑦ 그 밖에 기획재정부 장관이 정하는 사항 등을 공시하여야 한다. 다만, 회계감사를 받는 특정사업자는 상기 ⑤의 감사보고서 또는 감사관련 보고서를 중앙관서의 장에게 제출한 날부터 1개월 이내에 공시하여야 한다.

03 국고보조사업 정산보고서와 검증보고서 작성

3.1 보조사업비의 구성 및 산정기준

보조사업비는 보조금, 지방자치단체부담금, 자기부담금 등으로 구성되며, 다음의『보조사업 정산보고서 작성지침』(기획재정부공고 제2021-87호, 2021.3.31.) [별표 1]과 같이 인건비, 운영비, 여비, 업무추진비, 민간이전, 반환금 등의 총 24개 보조비목으로 구분한다.

보조사업비의 보조비목별 산정기준은 각 중앙관서의 장이 보조사업 또는 간접보조사업의 특성에 따라 구체화할 수 있는데, 수당, 복리후생비, 여비 등의 보조비목은 보조사업자 또는 간접보조사업자가 자체적으로 보조사업 또는 간접보조사업을 수행하기 이전부터 적용하던 지급규정이 있는 경우 그 규정에 따라 계상하며, 별도로 정한 규정이 없는 경우에는 정부 및 지방자치단체 예산 편성 · 집행지침 등을 준용하여 계상하여야 한다. 다만, 중앙관서의 장이 불가피하다고 인정하는 경우 실제 필요한 경비를 계상 할 수 있다.

시제품, 시험설비, 제작설치물 등을 보조사업자 또는 간접보조사업자가 자체 제작하는 경우에는 인건비 및 운영비 등의 보조비목에 계상하여야 하며, 별도의 항목으로 일괄 계상할 수 없다. 다만, 외부기관이 제작할 경우 일괄적으로 적절한 보조비목으로 계상할 수 있다.

보조사업기간이 1년 미만인 경우 사무기기 및 집기 등은 임차비로 계상해야 하나, 중앙관서의 장이 불가피하다고 인정하는 경우 유형자산 비목으로 계상할 수 있다.

[별표1] 보조비목·보조세목별 산정기준 등

보조비목	보조세목	내역
인건비 (110)	보수 (01)	1. 정규직원에 대한 보수 –봉급, 정근수당, 성과상여금, 정액수당, 초과근무수당, 정액급식비, 명절휴가비, 명예퇴직수당, 연가보상비 2. 연봉제 직원의 경우에는 연봉 월액 3. 성과급 4. 퇴직급 및 퇴직급여 충당금 5. 직급보조비
	기타직보수 (02)	1. 전문 계약직에 대한 보수(상여, 수당 포함) –사법연수원생, 시보공무원, 청원산림보호원, 수련의, 공중보건의사, 공중방역수의사, 징빙전담 의사 등

보조비목	보조세목	내역
인건비 (110)	기타직보수 (02)	2. 청원경찰에 대한 보수 3. 각종 위원회 또는 심의회의 비정규직에 대한 보수 4. 기타 법령에 의해 지급되는 비정규직원에 대한 보수
	상용임금 (03)	1. "고등교육법" 및 "공무원교육훈련법"에 의한 강사 등에 대한 보수 2. "별정우체국법"에 의한 별정우체국직원에 대한 보수 3. 무기계약직
	일용임금 (04)	1. 수개월 또는 수일동안 일용으로 고용하는 임시직에 대한 보수 –일용직보수, 기간제 근로자보수등
		2. 공익요원에 대한 보수
	기타인건비 (05)	1. 전문임기제, 사법연수원, 시보공무원이 될 자, 청원경찰, 청원산림보호직, 수련의(인턴, 레지던트), 공중보건의사, 공중방역수의사, 징병전담의, 공익법무관, 경찰대학생 및 경찰간부후보생, 소방간부후보생, 견습직원, 위원회 상근직 등에 대한 보수 2. 강사료, 원고료, 통역료, 번역료, 자문료, 회의참석비, 단순인건비
운영비 (210)	일반수용비 (01)	1. 사무용품 구입비 –필기용구, 각종용지 등 사무용 제 잡품의 구입비
		2. 인쇄비 및 유인비 –자료 및 보고서, 책자, 각종 양식, 전단 등 업무수행에 따른 일체의 인쇄물 및 유인물의 제작비
		3. 안내 · 홍보물 등 제작비 –현수막, 간판 등 행사 안내 및 홍보용 물품의 제작비 –기관간판, 명패, 감사패, 상패 등의 제작비
		4. 소모성 물품 구입비 –재물조사 대상은 제외
		5. 간행물 등 구입비 –신문 · 잡지 · 관보 · 도서 · 팸플릿 등 정기 · 비정기 간행물 구입비
		6. 비품 수선비 –책상, 의자, 캐비닛, 파일박스, 집기, 전산기기, 타자기 등 각종 사무용 비품의 수선비 * 내용연수를 현저히 증가시키는 대규모 수리비는 시설비 목에 계상
		7. 각종 수수료 및 사용료 –물품관리위탁수수료, 업무대행수수료, 외국환 관리규정에 의한 외국환대체송금, 전송금, 우편송금수수료 –등기 및 소송료(인지대 및 법정수수료) 등 –검정료, 감정료, 시험료, 회계검사수수료

보조비목	보조세목	내역
운영비 (210)	일반수용비 (01)	–물품의 보관 · 운송료, 고속도로통행료, 주차 및 차고료, 물품의 운송을 위한 포장비, 상하차비, 선적 · 하역비
		8. 업무위탁대가 및 사례금 –변호료 · 수임료 및 보수 –속기 · 원고측량 등의 각종 용역 제공에 대한 대가 및 전문가 자문료 –현상 모집의 상금, 조직업무에 조력한 자에 대한 사례금 –회의참석사례비 및 안건검토비
		9. 공고료 및 광고료 –TV · 신문 · 잡지 기타 간행물에 대한 공고 및 광고료
		10. 각종 회의비, 전문가 활용비
		11. 행사지원에 따른 경비
		12. 기타 업무수행과정에서 소규모적으로 발생되는 물품의 구입 및 용역제공에 대한 대가
	공공요금 및 제세 (02)	1. 공공요금 –우편요금, 전신(전보) · 전화요금, 모사전송기 등 회선 사용료 –철도화물 운송요금 –전기 · 가스료, 상 · 하수도료, 오물 수거료
		2. 제세 –법령에 의하여 지불 · 부담하는 제세(자동차세 포함) 및 국내부담금, 협회비 기타 계약에 의하여 부담하는 각종 부담금 –소송사건에 있어 제공해야 할 공탁금과 국고체당금 –임대차 계약에 의한 보증금 및 전세금 –보험계약에 의한 각종 보험료 –에너지 절약 성과배분계약에 따른 설비투자 상환금
	피복비 (03)	1. 직원 등에게 지급하거나 대여하는 상시착용 피복(작업복 포함), 침구 및 개인장구 구입비 2. 상시피복을 직접 제조하여 지급할 경우에는 피복제조에 소요되는 재료비, 노임, 운반비, 기타 제경비 3. 당직용 침구 구입비
	급량비 (04)	1. 주식비, 부식비, 후식비, 주식 및 부식 취사에 필요한 연료대 2. 주식 및 부식에 소요되는 부대 경비(운반비, 보관비, 공고료) 3. 주부식을 조리하거나 취사하기 위한 조리원 인건비, 소모성 도구 구입비
	특근매식비 (05)	1. 경상 사무를 위한 특근하는 직원에 대한 매식비 –기본업무 수행을 위한 특근급식비

보조비목	보조세목	내역
운영비 (210)		–각종 훈련에 참여하는 직원에 대한 매식비 –현안 업무추진을 위한 특근매식비 –급식을 필요로 하나 취사시설이 없어 매식하게 되는 경우의 급식비 –소방공무원 화재진압 출동 간식비 –야간근무자, 휴일근무자 등 급식비
	일 · 숙직비 (06)	1. 당직 및 비상근무규정 등에 의한 일 · 숙직비
	임차료 (07)	1. 임대차계약에 의한 토지, 건물, 시설, 장비, 물품 등의 임차료 2. 장소, 건물 등의 일시 임차료 3. 각종 시설 및 장비의 리스료 4. 물건 보관을 위한 간단한 창고 이용료 5. 버스 · 승용차 등의 차량 임차료 6. ASP 서비스 이용에 따른 임차료
	유류비 등 (08)	1. 보일러 등 냉 · 난방시설의 가동에 필요한 연료대 및 부대경비 2. 에너지절약 성과배분계약에 따른 설비투자 상환금
	시설장비 유지비 (09)	1. 건물 및 건축설비(구축물, 기계장치), 공구, 기구, 비품, 기타시설물의 유지 관리비 2. 통신시설 및 기상관측장비(다만, 대체비는 노임, 제비용 포함) 유지비 3. 원동기 등 동력장치, 중장비 등에 소요되는 유류대, 기타 육상 운반구(차량제외) 유지비 4. 시설장비유지관리의 용역비(노무비와 제비용을 포함) * 내용연수를 현저히 증가시키는 대규모 수리비는 시설비 목에 계상
	차량비 등 (10)	1. 차량, 항공기 및 선박 유류대 2. 차량, 항공기 및 선박 정비유지비 3. 차량, 항공기 및 선박 소모품비, 용품비
	재료비 (11)	1. 사업용 및 시험연구, 실험 · 실습 등에 소요되는 소모성재료비 –실험 · 실습기자재, 시약, 시료 구입비 –직접제작 또는 시공하는 기계 · 기구, 선박, 기타 공작물 및 건물에 소요되는 재료비 2. 제품생산에 소비되는 각종 재료비용(재료 소비에 의하여 주요 재료비, 보조 재료비, 매입부품비, 소모공기구비품비로 구분) 3. 광물 및 기타 특수한 물건의 구입비 4. 동물, 식물 및 식물종자 구입비 5. 사료구입비

보조비목	보조세목	내역
운영비 (210)	복리후생비 (12)	1. 법정 복리비, 복리시설부담금 및 후생비 2. 의료보험, 산재보험, 고용보험, 국민연금 사업자부담금 3. 임시적 재해 보상금 4. 동호회 및 연구모임 지원경비 5. 맞춤형 복지제도 시행경비 6. 소속직원 생일 기념 소액 경비 7. 청사이전에 따른 이주지원비
	시험연구비 (13)	1. 국가시험연구기관 및 방위력개선 사업에서 시험연구에 직접 관련된 다음의 경비 ① 일용임금(110-03) ② 일반수용비(210-01) ③ 공공요금 및 제세(210-02) ④ 피복비(210-03) ⑤ 임차료(210-07) ⑥ 연료비(210-08) ⑦ 시설장비유지비(210-09) ⑧ 재료비(210-11) ⑨ 여비(220) ⑩ 연구개발비(260)
	일반용역비 (14)	1. 기관의 업무추진 과정에서 전문성이 필요한 행사운영, 채용, 영상자료 제작 등의 일반업무를 용역계약을 통해 대행시키는 비용
	관리용역비 (15)	1. 청사의 시설관리 또는 장비의 유지관리, 전산 운영 등 기관의 운영과정에 필요한 시설장비의 유지관리 업무를 용역 계약을 통해 외부에 대행시키는 비용
	기타운영비 (16)	1. 의료비(약품 · 소모성 의료기기 구입, 공상치료비 등) 2. 과(팀) 운영비 3. 자체교육 강사료 및 시험관리비 4. 기타 사업수행과정에서 수반되는 경비
여비 (220)	국내여비 (01)	1. 국내 출장경비로서 각 기관이 정한 기준에 따른 실 소요 경비 2. 인사이동에 따른 이전여비 3. 월액여비 4. 교육여비
	국외여비 (02)	1. 국외 출장경비로서 각 기관이 정한 기준에 따른 실 소요 경비 2. 외빈초청에 따른 여비(숙식비 및 항공료 등 교통비)
	국외교육여비 (03)	1. 장 · 단기 공무원 교육훈련 등을 위한 국외훈련여비

보조비목	보조세목	내역
업무 추진비 (240)	사업추진비 (01)	1. 사업추진에 특별히 소요되는 간담회비, 접대비, 연회비 및 기타 제경비 -정례회의 경비, 외빈초청 접대 경비, 해외출장 지원 경비, 행사 경비 등 2. 체육대회, 종무식 등 공식적인 업무추진 소요 경비 -동호회 취미클럽, 생일기념품, 불우직원지원 등 직원사기 진작을 위한 경비
	기관업무비 (02)	1. 업무협의, 간담회 등 각 부서의 기본적인 운영을 위해 소요되는 경비
직무 수행 경비 (250)	월정직책급 (01)	1. 각급기관의 운영을 위하여 조직을 규정한 법령 또는 직제에 의한 직위를 보유한 자에게 정액으로 지급하는 경비
	특정업무 경비 (02)	1. 특정업무담당분야에 근무하는 자에 대한 활동비로 월정액을 지급하는 경비
	교수보직경비 등(03)	1. 교수보직 경비 등
연구 개발비 (260)	연구개발비 (01)	1. 각급기관의 연구 등을 위촉받은 자의 조사, 강연, 연구 등 용역에 대한 반대급부
		2. S/W 개발 경비(감리비 포함)
보전금 (310)	보상금 (01)	1. 사회보장적 수혜금 2. 장학금 및 학자금 3. 의용소방대원지원 경비 4. 자율방범대원운영비 5. 통장이장반장활동보상금 6. 민간인 국외여비 7. 외빈초청여비 8. 사회복무요원 보상금 9. 행사실비보상금 10. 예술단원운동부 등 보상금 11. 기타보상금 12. 이주보상금 13. 재해 및 복구활동 보상금
	배상금 (02)	1. 손해배상금, 국가배상금 2. 망실, 도난, 미회수금의 보전금 3. 법령에 의하여 증인, 감정인, 참고인, 공술인에 대한 실비변상금

<table>
<tr><th>보조비목</th><th>보조세목</th><th>내역</th></tr>
<tr><td rowspan="2">보전금
(310)</td><td>포상금 등
(03)</td><td>1. 법령 또는 조례에 의한 모범 직원 산업시찰 경비
2. 생계지원에 필요한 경비
3. 해외 파견 직원의 학자금
4. 영유아보육법 제14조에 의한 보육비
5. 법령에 의하여 반대급부 또는 채권채무의 원인행위 없이 일방적으로 상대방 또는 기관에 대하여 급여하는 포상금, 상여금 및 상금</td></tr>
<tr><td>기타보전금
(04)</td><td>1. 유공자 수당, 학자금, 재난지원금, 기타 사회보장성 지원금 등</td></tr>
<tr><td rowspan="8">민간
이전
(320)</td><td>민간경상
보조(01)</td><td>1. 국가 외의 자가 보조금을 재원의 전부 또는 일부로 하여 상당한 반대급부를 받지 아니하고 그 보조금의 교부 목적에 따라 다시 교부하는 급부금(지원금)</td></tr>
<tr><td>민간위탁
사업비
(02)</td><td>1. 법률에 규정된 국가의 사무 중 일부를 지방자치단체가 아닌 법인 · 단체 또는 그 기관이나 개인에게 맡겨 그 명의 · 책임 하에 행사하는 경우의 비용</td></tr>
<tr><td>연금지급금
(03)</td><td>1. 공무원연금법, 군인연금법에 의한 연금 및 재해보상금 등 제급여
2. 공무원연금법의 적용을 받지 않은 기타직과 일용직 등에 대한 퇴직금 및 각종 부담금</td></tr>
<tr><td>보험금
(04)</td><td>1. 보험금, 제보험금 등 보험 지급금</td></tr>
<tr><td>이차보전금
(05)</td><td>1. 특정 목적을 위하여 필요한 자금이 일반 대출금리 또는 조달금리보다 낮은 금리로 조성될 수 있도록 하기 위하여 지원되는 경비(환차손 포함)</td></tr>
<tr><td>구호 및
교정비
(06)</td><td>1. 환자 · 수용자 및 요구호대상자에게 급여 또는 대여하는
－피복의 구입비
－피복을 직접 제조 · 지급할 경우에는 피복 제조에 소요되는 재료비, 노임, 운반, 기타 제경비
－주 · 부식물 생산에 필요한 제경비
－주 · 부식물을 조리 및 취사하기 위하여 필요한 소모성 소도구 구입비
－치료비 및 시약대
2. 교정시설 관련 부대경비</td></tr>
<tr><td>민간자본
보조(07)</td><td>1. 국가 외의 자가 보조금을 재원의 전부 또는 일부로 하여 상당한 반대급부를 받지 아니하고 그 보조금의 교부 목적에 따라 민간의 자본형성을 위하여 다시 교부하는 보조금</td></tr>
<tr><td>민간대행
사업비(08)</td><td>1. 정부가 직접 추진해야 할 사업으로서 법령의 규정에 의하여 민간에 대행시키는 사업의 사업비</td></tr>
</table>

보조비목	보조세목	내역
민간 이전 (320)	고용부담금 (09)	1. 공무원연금법의 적용을 받지 않은 기타직, 상용직, 일용직 등을 고용함에 따라 사용자인 기관이 부담해야하는 퇴직금 및 사회보험료 등 각종 법정 부담금 2. 국민건강보험법 제76조에 의해 공무원 및 사립학교 교원의 보험액 중 국가가 납부해야 하는 부담금
	기타 부담금 (10)	1. 기타 부담금
자치단체등 이전 (330)	자치단체 경상보조 (01)	1. "보조금 관리에 관한 법률"에 의한 보조금 중 자치단체에 대한 경상적 지원하는 보조금 2. 시도에서 관할 시 · 군 · 자치구에 지급하는 자본적 경비를 제외한 보조금 3. 지방자치단체를 통하여 민간에게 지급하는 경상적 지원으로 자본적 경비를 제외한 보조금 4. 교육기관에 대한 경상적 보조금
	자치단체 자본보조(02)	1. "보조금 관리에 관한 법률"에 의한 보조금 중 자치단체에 자본형성 또는 경제개발을 위하여 지급하는 보조금
	자치단체 대행 사업비 (03)	1. 국가가 직접 추진하여야 할 사업이나 법령의 규정에 의하여 지방자치단체에 대행시키는 사업비
기타이전 (340)	해외 경상 이전 등(01)	1. 해외교육비 등
	국제화 부담금(02)	1. 국제 부담금
	해외 자본 이전 등(03)	1. 국외교포 또는 외국기관에 지급하는 자본형성 보조금
출연금 (350)	일반 출연금 (01)	1. 법령 또는 조례에 의거 민간 및 법인에게 지원하는 출연금
	연구개발 출연금(02)	2. 연구개발을 위한 출연금
토지 매입비 (410)	토지매입비 (01)	1. 사무실, 창고, 공장 등의 부지 및 기타 토지 매입비 2. 건물 및 토목공사에 편입되는 토지 및 건물의 보상비와 동공사로 인한 손실(경영권, 광업권, 어업권, 이전비, 이농비 및 실어비 등)에 대한 보상비 3. 1~2로 인한 재산권 변동을 위한 등기 등록비, 감정수수료, 측량수수료 등 부대경비

<table>
<tr><th>보조비목</th><th>보조세목</th><th>내역</th></tr>
<tr><td rowspan="5">건설비
(420)</td><td>기본조사
설계비
(01)</td><td>1. 사업계획을 기초로 하여 기술적, 경제적 타당성 조사 및 교통 · 환경영향평가와 사업기본계획수립에 소요되는 경비
2. 주요설계 시행지침, 예비설계, 기본설계 및 개략공사비 산정에 소요되는 경비
3. 일괄입찰 또는 대안입찰방식으로 집행방법이 확정된 공사의 발주에 따른 설계보상비 지급에 소요되는 경비</td></tr>
<tr><td>실시설계비
(02)</td><td>1. 기본계획 및 기본설계를 바탕으로 하여 공사현장에서 공사집행이 가능한 설계 작성에 소요되는 경비</td></tr>
<tr><td>시설비
(03)</td><td>1. 건물, 공작물, 구축물, 대규모 기계장치, 기구의 신조 및 동 부대시설에 필요한 경비
2. 전력신호 및 전신전화, 선로시설비와 동 부대경비
3. 토지정지공사비
4. 조림, 육림 및 병해충 방제에 필요한 경비
5. 도로, 하천 등의 건설 및 개보수비와 이에 따른 소규모 용지보상비
6. 직영공사일 경우에는 공사에 직접 소요되는 재료비 · 노임 · 운반비 등 기타 제경비
7. 전신전화가입/가설료, 무선허가신청료 및 검사료 등
8. 건물, 기계, 기구, 선박 및 기타 공작물의 수선비(재료비 포함)와 도장공사비 등 내용연수를 현저히 증가시키는 수리비 또는 대체비</td></tr>
<tr><td>감리비
(04)</td><td>1. 도로, 항만 등 건설공사와 청사 등 건축공사의 현장관리와 품질향상을 위하여 위탁받은 자의 조사 · 감독 · 검사 등 감리용역에 소요되는 경비</td></tr>
<tr><td>시설부대비
(05)</td><td>1. 도로, 하천, 항만 등의 건설, 대수선 또는 재산취득 등에 직접 소요되는 부대경비</td></tr>
<tr><td rowspan="6">유형
자산
(430)</td><td rowspan="6">자산취득비
(01)</td><td>1. 건물 및 공작물(토지를 포함하여 취득하는 경우에 토지매입비가 구분되지 않은 경우는 이를 포함), 대규모 기계, 기구, 차량, 및 임목죽 등의 취득비</td></tr>
<tr><td>2. 차량, 운반구 및 공구 · 기구 비품</td></tr>
<tr><td>3. 물건의 성질 및 형상이 변하지 않고 비교적 장기간 사용할 수 있는 기계기구(부속품 포함) 및 사무집기류</td></tr>
<tr><td>4. 도서관용 등 자본형성적 도서 구입비</td></tr>
<tr><td>5. 서류함, 책상, 의자, 전화기 등 사무용 집기류의 구입비, 문화 예술품 취득 경비</td></tr>
<tr><td>6. 자산취득에 직접 소요되는 제세, 수수료 등 부대경비</td></tr>
</table>

보조비목	보조세목	내역
무형자산 (440)	무형자산(01)	1. 임대차 계약에 의한 청·관사 보증금 및 전세금
융자금 (450)	융자금(01)	1. 지역개발기금을 일반회계에 융자해 주는 융자금 2. 시도 지역기금이 시군구에 융자해 주는 융자금 3. 비금융공기업, 통화금융기관, 비통화금융기관 등 공공기관 융자금 4. 기타 융자금
출자금 (460)	출자금(01)	1. 법령의 규정에 의하여 출자할 수 있도록 정해진 단체에 출자한 금액
예치금 및 유가증권 매입(470)	예치금 및 유가증권 매입(01)	1. 예치금 및 유가증권 매입
예탁금 (480)	예탁금 (01)	1. 유상으로 빌려주는 자금
지분취득비 (490)	지분취득비 (01)	1. 토지 등에 대하여 지분을 재산으로 취득하는 자금
정산금 (500)	정산금 (01)	1. 집행실적에 따른 사후정산형 보조사업 등과 같이 보조사업자가 집행비목을 관리할 실익이 없거나 관리되지 않을 경우 처리되는 금액
상환 지출 (510)	국내차입금 상환 (01)	1. 중앙정부부문과 비금융공기업부문인 기업회계 간에 유상으로 빌려온 자금의 원금상환 2. 공공분야가 통화금융기관(예금은행)으로부터 유상으로 빌려온 차입금 원금상환 3. 공공분야가 비통화금융기관으로부터 유상으로 빌려온 차입금 원금상환 4. 공공분야가 기타 민간부문으로부터의 차입금 원금상환 5. 공공분야가 발행한 국공채 원금상환 6. 공공분야가 통화당국인 한국은행으로부터의 차입금 원금상환
	해외차입금 상환 (02)	1. 해외차입금(차관) 원금의 상환 2. 차관을 제외한 해외채무(원금)의 상환
	차입금이자 (03)	1. 중앙정부부문과 비금융공기업부문인 기업회계 간 차입금에 대한 이자 2. 공공분야가 발행한 국공채이자 지급 3. 금융기관 기타 국내차입금에 대한 이자 4. 국제차관에 대한 이자 및 약정 수수료 5. 차관을 제외한 기타 해외채무에 대한 이자 지출

보조비목	보조세목	내역
전출금(610)	전출금(01)	1. 일반회계, 기타특별회계, 기금회계 간 전출금 2. 공공기관 전출금 3. 법정 및 조례에 따른 자체적인 부담금
	감가상각비(02)	1. 고정자산 중 상각자산에 대한 감가상각비 및 기타 이연자산에 대한 상각비
	당기순이익(03)	1. 당기손익계산상의 순이익
	예탁금(04)	1. 회계간 예탁금 2. 예치금 포함 여부
	예수금 상환(05)	1. 예수금 원금 및 이자 상환액
반환금 등(710)	예비비(01)	1. 예측할 수 없는 예산 외의 지출 또는 예산 초과 지출액에 충당하기 위한 자금 2. 국가재정법상 독립기관의 특수성을 감안하여 국회법 등의 개별법에 근거하여 편성 운용하는 경비
	반환금 등 기타(02)	1. 보조금반환 원금 및 이자 2. 보조금 이외 반환금 3. 배당금 4. 유형자산처분손실, 자산손상차손 등 잡손금 5. 차기이월 6. 법인세, 자본적 지출 7. 전기오류수정손실, 감가상각비 등

3.2 보조사업비의 불인정기준

「보조사업 정산보고서 작성지침」에는 다음에 해당하는 보조사업비 지출액은 이를 인정하고 있지 않는 것으로 규정하고 있다. 따라서 이들 불인정 금액은 집행잔액으로 남게 되어 반환된다. 다만, 중앙관서의 장이 불가피하다고 인정하는 경우에는 그러하지 아니한다.

1. 보조사업비 계좌에서 계좌이체(지로를 포함함) 또는 보조사업비 카드(신용카드 또는 체크카드를 구분하지 아니함) 사용이 이루어지지 않은 경우. 다만, 교통, 통신시설 미비 등으로 계좌이체, 카드사용이 곤란한 경우에는 그러하지 아니하다.

2. 보조사업비카드 이외의 카드를 사용한 경우. 다만, 보조사업비카드 발급받기 전 사용한 법인카드 및 개인카드 사용은 일시적으로 허용한다.
3. 보조금 지출거래 시 전자세금계산서를 사용하지 않은 경우. 다만, 교통, 통신시설 미비 등으로 계좌이체, 카드사용이 곤란한 경우에는 그러하지 아니하다.
4. 해당 사업기한 종료 후 집행한 경우. 다만, 해당 사업기한 내에 계약 등 지출원인행위가 이루어진 경우 정상적으로 보조사업비가 집행된 것으로 간주하며, 이 경우 재화의 입고, 용역의 제공, 계약의 이행 등은 사업기한 내에 이루어져야 한다.
5. 보조사업비의 지출이 해당 보조사업 또는 간접보조사업과 무관한 경우
6. 증빙서류가 미비하거나 위조된 경우
7. 보조사업비의 변경 및 이월 등 중앙관서의 장 등의 승인 사항을 준수하지 않고 집행한 경우
8. 다른 법령이나 협약 또는 규정에서 정한 기관이나 위원회 등으로부터 사전 승인, 동의, 허락 등을 받거나 신고, 등록하여야 하는 사업비를 임의로 집행하거나 허위로 신고, 등록하여 집행한 경우
9. 해당 사업기한 내에 지출원인행위를 완료하지 아니한 경우(다만, 최종보고서 인쇄비, 검증수수료를 제외한다) 또는 지출원인행위가 완료되지 않고 물품이나 용역을 제공받지 않은 상태에서 보조사업비를 집행한 경우
10. 보조사업 또는 간접보조사업 폐지의 승인을 받은 이후에 정당한 사유 없이 집행한 경우
11. 비상근 또는 명예직 임원 및 직원에 대하여 인건비를 집행한 경우
12. 기타 중앙관서의 장이 정상적인 보조사업비 집행으로 간주하지 않은 경우

3.3 정산보고서의 작성 및 제출

정산보고서란 보조사업자 또는 간접보조사업자가 작성하는 보조사업 또는 간접보조사업에 든 경비를 재원별로 명백히 한 계산서를 말한다. 이 정산보고서에는 ① 일반사항 ② 보조사업의 개요 ③ 당해연도 보조사업비 ④ 보조사업비 사용실적 및 보조금 반환액 등의 구성 항목을 포함하도록 하고 있다. 또한 보조비목 및 보조세목별 사용명세서를 보조금, 지방자치단체부담금, 자기부담금으로 구분하여 작성하고 일자별 집행명세서를 첨부하도록 하고 있다.

보조사업자는 신속한 보조금 정산 및 업무 효율화를 위해 "순사업비" 기준의 정산보고서를 우선 제출하고, 하위 보조사업자의 정산이 완료된 후에 이를 총괄하여 "총사업비" 기준의 정산보고서를 제출하여야 한다. 보조사업자 또는 간접보조사업자는 정산보고서를 검증기관으로부터 검증을 받는 경우 검증보고서를 첨부하여야 하고, 다수의 보조사업자가 공동으로 보조사업을 수행(컨소시엄 형태)하는 경우에는 주관 보조사업자가 총괄하여 정

산보고서를 제출한다.

보조사업자 또는 간접보조사업자는 보조금법 §27 ② 및 ③, 보조금법령 §12 ①에 따른 실적 보고 기한(실적 보고 사유가 발생한 날부터 2개월, 지방자치단체의 장인 보조사업자 또는 간접보조사업자의 경우에는 3개월) 내에 검증보고서가 첨부된 정산보고서를 중앙관서의 장 또는 보조사업자에게 제출하여야 한다. 다만, 검증보고서는 검증이 완료되지 않은 등 검증보고서 제출이 곤란한 경우 검증보고서는 실적 보고 기한에서 2개월 범위 내에서 연장할 수 있다(보조사업 정산보고서 검증지침 §9 ②).

3.4 정산보고서에 대한 검증보고서

검증기관(외감법 제2조 제7호 및 제9조에 따른 감사인을 말함)은 정산보고서가 「보조사업 정산보고서 작성지침」에 따라 적절하게 작성되었는지 여부에 대한 검증을 실시하고 검증보고서를 작성하여야 한다. 이를 위하여 검증기관은 정산보고서에 대한 검증업무를 수행함에 있어 「보조사업 정산보고서 검증지침」이 정하는 것 외의 사항에 대해서는 한국공인회계사회가 제정한 「역사적 재무정보에 대한 감사 또는 검토 이외의 인증업무기준」을 따르도록 하고 있다.

검증기관은 보조사업 또는 간접보조사업의 보조사업 정산보고서에 대한 검증업무를 수행하는 기간 중에는 그 보조사업 또는 간접보조사업을 수행하는 보조사업자 또는 간접보조사업자에 대하여 ① 회계기록과 재무제표의 작성 ② 보조사업자 회계감사 세부기준에서 규정하고 있는 회계감사 ③ 내부감사업무의 대행 ④ 재무정보체제의 구축 또는 운영 ⑤ 그 밖에 보조사업비 검증업무와 이해상충의 소지가 있는 업무 등을 수행할 수 없다.

검증기관의 검증은 엄밀한 의미에서 감사가 아니기 때문에 감사의견을 검증보고서에 표명하진 않는다. 다만, 검증과정에서 확보한 증거를 바탕으로 정산보고서가 「보조사업 정산보고서 작성지침」에 따라 보조사업비 또는 간접보조사업비의 집행금액, 집행잔액, 불인정금액, 발생이자, 차기이월액, 수익금반환액, 보조금반환액 등을 검증보고서에 명확하게 표시하여야 작성하여야 한다.

【별지 제1호 서식】 보조사업 정산보고서 양식

보조사업 정산보고서

(□ 총보조사업비[주1) □ 순보조사업비[주2)])

1. 일반현황

중앙관서명			
프로그램명	*중앙관서 프로그램명*	단위사업명	*중앙관서 단위사업명*
세부사업명	*중앙관서 세부사업명*	내역사업명	*중앙관서 내역사업명*
상위보조사업명	*차상위보조사업명(광역/교육청 : 중앙관서 교부는 미기재, 기초/학교는 광역/교육청 보조사업명)*	보조사업명	*보조사업자의 보조사업명*
보조사업자	*보조사업을 수행하는 기관명*	보조사업 담당자	*보조사업자의 보조사업 담당자*
총 사업기간	*보조사업의 총 사업기간*	당해연도 사업기간	*보조사업의 당해연도 사업기간*

2. 당해연도 협약 보조사업비[주3)]

(단위 : 원)

보조금(ⓐ)	지자체부담금(ⓑ)		자기부담금(ⓒ)	합 계(ⓓ=ⓐ+ⓑ+ⓒ)	보조금비율 (ⓔ=ⓐ÷ⓓ)
	시도	시군구			
국고보조금	*시도 보조금*	*시군구 보조금*	*보조사업자의 자기부담금*	*재원별 합계*	*국고보조금비율*

3. 보조사업비 사용실적 및 보조금반환액 산출[주3)]

(단위 : 원)

당기분 집행액 (ⓕ)	전기이월분		집행액계 (ⓘ=ⓕ+ⓗ)	수익금		
	전기 이월액(ⓖ)	집행액 (ⓗ)		발생액 (ⓙ)	반환액 (ⓚ)	미반환액 (ⓛ=ⓙ-ⓚ)
보조사업비 총액ⓓ의 집행액	*전기 이월액*	*이월액에 대한 집행액*	*당기분 집행액(ⓕ) +전기이월분 집행액ⓗ*	*보조사업의 수익금 발생액 (입력)*	*보조사업의 수익금중 반환액 (입력)*	*보조사업의 수익금중 미반환액 (입력)*

당기분 집행잔액 (ⓜ=ⓓ-ⓕ)	전기이월잔액 (ⓝ=ⓖ-ⓗ)	집행잔액 (ⓞ=ⓜ+ⓝ)	발생이자 (ⓟ)	차기 이월액 (ⓠ)
보조사업비 총액ⓓ-당기분 집행액ⓕ을 뺀 금액	*전기이월액ⓖ-전기 집행액ⓗ을 뺀 금액*	*당기분집행잔액+전기이월잔액*	*입력*	*입력*

반환대상액 (ⓡ=ⓞ+ⓟ+ⓚ-ⓠ)	보조금 반환액[주4)] (ⓢ)	지자체부담금 반환액[주4)] (ⓣ)	자기부담금 정산잔액 (ⓤ=ⓡ-ⓢ-ⓣ)
집행잔액+발생이자+수익금 반환액-차기이월액	*국고보조금 집행잔액+국고보조금 발생이자+(수익금ⓚ×ⓔ)-국고보조금 차기이월액 또는 ⓡ×ⓔ*	*지자체부담금 집행잔액+지자체부담금 발생이자+(수익금ⓚ×ⓑ÷ⓓ)-지자체부담금 차기이월액 또는 ⓡ×ⓑ÷ⓓ*	

주1) 총보조사업비=상위보조사업자로부터 교부받은 보조금(지자체부담금 포함)+자기부담금
주2) 순보조사업비=총보조사업비-간접보조사업자에게 재교부한 보조금(지자체부담금 포함)
주3) 보조금시스템을 통해 집행관리하는 보조사업은 2번과 3번 항목이 자동 생성됨
주4) 보조금시스템의 재원별 사용금액 잔액을 기준으로 하되, 보조금시스템을 이용하지 않는 통일 · 안보 등에 관련된 보조사업 등은 국고보조금 비율 등에 따라 집행잔액 산정

【별지 제2호 서식】 보조비목별 총괄명세서

1 **보조비목별 총괄명세서**

보조비목	보조세목	교부액(A)	예산현액(B)	집행액(C)	집행잔액 (B–C)	집행률 (C/B)
인건비(110)	보수(01)	xxx,xxx	xxx,xxx	xxx,xxx	xxx,xxx	△△.△%
	기타직보수(02)	xxx,xxx	xxx,xxx	xxx,xxx	xxx,xxx	△△.△%
운영비(210)	일반수용비(01)	xxx,xxx	xxx,xxx	xxx,xxx	xxx,xxx	△△.△%
여비(220)	국내여비(01)	xxx,xxx	xxx,xxx	xxx,xxx	xxx,xxx	△△.△%
……	……	……	……	……	……	……
합 계	x,xxx,xxx	x,xxx,xxx	x,xxx,xxx	x,xxx,xxx	x,xxx,xxx	△△.△%
…	…	…	…	…	…	
합 계		x,xxx,xxx	x,xxx,xxx	x,xxx,xxx	x,xxx,xxx	△△.△%

2 **보조사업비 변동 현황**

보조비목	보조세목	교부액	예산현액	사유
인건비(110)	보수(01)	xxx,xxx	xxx,xxx	

【별지 제3호 서식】 보조비목별 일자별 집행내역

보조비목	보조세목	집행일자	집행금액	사용목적	지급방식
인건비(110)	보수(01)	20x1.2.1	1,000,000	20x1.1월분 급여	계좌이체
	보수(01)	20x1.3.1	1,000,000	20x1.2월분 급여	
	……	……	……		
	소계		x,xxx,xxx		
여비(220)	국내여비(01)	20x1.1.x	xxx,xxx	부산 xxx 1박 출장 숙박비	현금지급
	……	……	……		보조사업비 카드
	소계		xxx,xxx		
……	……		……		
합 계			x,xxx,xxx		

【별지 제1호 서식】 검증보고서 표준양식

보조사업 정산보고서에 대한 검증보고서

보조사업자 또는 간접보조사업자 귀하

본인은 "보조사업자 또는 간접보조사업자"의 20×1년 ×월 ×일부터 20×1년 ×월 ×일까지의 "보조사업명칭"의 정산보고서를 검증하였습니다. 이 정산보고서를 작성할 책임은 "보조사업자 또는 간접보조사업자"의 사업책임자에게 있으며, 본인의 책임은 동 정산보고서에 대하여 검증을 실시하고 이를 근거로 이 정산보고서에 대하여 검증결과를 보고하는 데 있습니다.

본인은 독립적인 입장에서 본 보조사업비 또는 간접보조사업비의 사용을 뒷받침하는 정산보고서 및 관련 증빙서류를 검증하였으며, 보조사업 정산보고서 검증기준에서 규정한 절차를 실시하였습니다.

본인의 보조사업 정산보고서 작성지침에 따른 정산보고서의 검증결과, 별첨 "보조사업 정산보고서 검증결과"와 같이 보조사업비 또는 간접보조사업비 집행금액은 000,000,000원이고, 집행잔액은 000,000원이며, 불인정금액은 000,000원인 바, 이에 따른 반환대상액은 000,000원이고, 보조금 반환액은 000,000원입니다.

○○회계법인

대표이사　○ ○ ○

20×2년 ×월 ×일

【별지 제2호 서식】 보조사업 정산보고서 검증결과

보조사업 정산보고서 검증결과

1. 일반현황

중앙관서명		보조사업명칭	
프로그램명		보조사업자	
단위사업명		보조사업 총괄책임자	
세부사업명		총 사업기간	
검증기관		당해연도 사업기간	

2. 보조사업자 제시 당해연도 협약 보조사업비

(단위 : 원)

보조금(ⓐ)	지자체부담금(ⓑ)	자기부담금(ⓒ)	합 계(ⓓ=ⓐ+ⓑ+ⓒ)	보조금비율(ⓔ=ⓐ÷ⓓ)

3. 보조사업자 제시 보조사업비 사용실적 및 보조금반환액

(단위 : 원)

당기분집행액(ⓕ)	전기이월분		집행액계(ⓘ=ⓕ+ⓗ)	수익금		
	전기 이월액(ⓖ)	집행액(ⓗ)		발생액(ⓙ)	반환액(ⓚ)	미반환액(ⓛ=ⓙ−ⓚ)

당기분집행 잔액(ⓜ=ⓓ−ⓕ)	전기이월 잔액(ⓝ=ⓖ−ⓗ)	집행잔액(ⓞ=ⓜ+ⓝ)	발생 이자(ⓟ)	차기 이월액(ⓠ)	반환 대상액(ⓡ=ⓞ+ⓟ+ⓚ−ⓠ)	보조금 반환액(ⓢ)	지자체 부담금 반환액(ⓣ)	자기부담금 정산잔액(ⓤ=ⓡ−ⓢ−ⓣ)

4. 검증결과

(단위 : 원)

검증후 집행잔액	검증후 발생이자	검증후 차기 이월액	검증후 수익금	불인정 금액	수정후 반환 대상액	수정후 보조금 반환액	수정후 지자체 부담금 반환액	수정후 자기 부담금 잔액

5. 검증의견

【별지 제3호 서식】 보조비목별 불인정금액 내역

보조비목	보조세목	집행일자	집행처	집행금액	불인정사유
인건비(110)	보수(01)	20×1.2.1	홍길동	1,000,000	참여인원 미신고 인건비
	보수(01)	20×1.3.1	박문수	500,000	이중지급 인건비
	…	…	…	…	
	소계			×,×××,×××	
여비(220)	국내여비(01)	20×1.1.×	…	×××,×××	참여인원이외 인원 출장비
	…	…	…	…	
	소계			×××,×××	
…	…			…	
합 계				×,×××,×××	

04 지방보조금의 집행 및 사후관리

4.1 지방보조금의 정의와 종류

"지방보조금"이란 지방자치단체가 법령 또는 조례에 따라 다른 지방자치단체, 법인 · 단체 또는 개인 등이 수행하는 사무 또는 사업 등을 조성하거나 이를 지원하기 위하여 교부하는 보조금 등을 말한다. 다만, 출자금 및 출연금과 국고보조재원에 의한 것으로서 지방자치단체가 교부하는 보조금은 제외한다(지방보조금법 §2).

지방보조금의 종류는 다음과 같이 지원대상에 따라 공공단체보조와 민간보조로 구분할 수 있으며, 지원내용에 따라 경상보조와 자본보조로 구분할 수 있다.

| 지방보조금의 종류 |

구분	지방보조금의 종류
공공단체 보조[1]	자치단체 경상 · 자본보조, 예비군육성지원 경상 · 자본보조, 교육기관에 대한 보조, 사회보장적 수혜금(301-03)[2]
민간 보조[3]	민간경상사업보조, 민간자본사업보조, 민간행사사업보조, 민간단체 법정운영비보조, 사회복지시설 법정운영비보조, 사회복지사업보조, 운수업계보조

1) 자치단체, 공기관, 교육기관 등에 대한 보조
2) 광역 자치단체가 자체재원인 사회보장적 수혜금을 기초 자치단체로 보조하는 경우에는 자치단체 경상 · 자본보조로 편성하지 않고 사회보장적 수혜금(301-03)으로 편성하되, 지방보조금으로 관리
3) 법인 또는 단체, 개인에 대한 보조금

출처 : 지방보조금 관리기준 [별표 1]

4.2 국고보조금과 지방보조금의 관계 및 경비부담

국고보조금은 전술한 바와 같이 "국가 외의 자"가 수행하는 사무 또는 사업에 대하여 국가가 이를 조성하거나 재정상의 원조를 하기 위하여 교부하는 보조금 등을 말하고, 지방보조금은 "다른 지방자치단체, 법인 · 단체 또는 개인 등"이 수행하는 사무 또는 사업 등을 조성하거나 이를 지원하기 위하여 교부하는 보조금 등을 말한다. 각각 기획재정부 소관의 『보조금 관리에 관한 법률』(약칭 : 보조금법)과 행정안정부 소관의 『지방자치단체 보조금 관리에 관한 법률』(약칭 : 지방보조금법)로 예산의 편성, 교부신청과 교부결정, 보조사

업의 수행 등을 절차를 규정하고 있다.

지방보조금법은 그동안 『지방재정법』으로 운용되어 오던 지방보조금 관련 조문을 분리하여 별도의 법률로 2021.1.12.에 제정한 것이다.

국고보조사업의 예산편성 및 보조사업자 선정, 교부결정 및 사후관리 등은 중앙관서의 장(예 : 보건복지부 등)이 관리하는 데 반해, 지방보조사업은 지방자치단체의 장이 관리한다.

지방자치단체에 대하여 국고보조금을 교부 결정하는 경우 보조금이 지급되는 사업의 범위 및 기준보조율(보조사업별로 적용하는 기준이 되는 국고 보조금 비율)이 보조금법에 규정되어 있으며, 광역자치단체와 기초자치단체의 부담률은 광역자치단체 조례 또는 지방재정법에 규정되어 있다. 예를 들면, 보건복지부 "장애수당 · 장애아동수당 사업"의 경우 기준보조율은 서울의 경우 50%, 지방의 경우 70%(보조금법령 [별표 1] 88호)로 규정되어 있으므로 동 비율만큼 중앙관서인 보건복지부에서 부담하고 나머지는 서울시의 경우 50%, 지방의 경우에는 30%를 자치단체에서 부담하는 것이다. 한편, 동 국고보조사업의 지방비 부담에 대하여 시 · 도와 시 · 군 · 자치구의 부담비율은 각각 70%와 30%(지방재정법 시행령 제33조 제1항 본문에 따른 지방자치단체 경비부담의 기준 등에 관한 규칙 [별표] 56호)씩 부담하도록 규정하고 있으므로 서울의 경우 서울특별시에서 35%, 자치구에서 15%를 부담하게 되고, 지방의 경우 도에서 21%, 시 · 군에서 9%를 부담하게 된다.

그 밖에 지방보조금은 지방보조금법에 지방보조금 총액 3억원 이상인 경우 정산보고서에 대한 검증보고서를 제출하도록 규정하고 있으나, 국고보조금은 보조금법 시행령에 1억원 이상인 경우로 규정하고 있는 점이 차이가 있다.

구분	국고보조금	지방보조금
관련 법령	보조금 관리에 관한 법률	지방자치단체 보조금 관리에 관한 법률
사업의 수행자	국가 외의 자	다른 지방자치단체, 법인 · 단체 또는 개인 등
보조금 관리주체	중앙관서의 장	지방자치단체의 장
경비부담 기준보조율	보조금 관리에 관한 법률 시행령	조례, 지방재정법
실적 보고 기한	보조사업 완료 · 폐지승인 또는 회계연도 종료일로부터 2개월(지방자치단체의 장인 보조사업자 또는 간접보조사업자의 경우에는 3개월) 이내	보조사업 완료 · 폐지승인 또는 회계연도 종료일로부터 2개월 이내. 단, 지방보조사업자가 보조금법 §27에 따른 실적보고를 한 때 대통령령으로 정하는 사유가 있는 경우에는 이 법에 따른 실적보고를 완료한 것으로 볼 수 있음

구분	국고보조금	지방보조금
정산보고서에 대한 검증보고	보조사업 총액 1억원 이상 실적보고기한 내(2개월 연장가능)	지방보조금 총액 3억원 이상 다만, 보조금법 §27 ② 후단에 따라 해당 지방보조사업의 내용이 포함되어 있는 보조사업 또는 간접보조사업을 수행하는 자가 이미 정산보고서의 적정성에 대하여 검증을 받은 경우는 제외
특정사업자에 대한 회계감사	같은 회계연도 보조금 총액 10억원 이상	같은 회계연도 지방보조금 총액 10억원 이상
정보공시	보조사업 총액 1천만원 이상 보조금통합관리망 회계연도종료일로부터 4개월 이내	지방보조금 총액 5백만원 이상 지방보조금통합관리망 회계연도종료일로부터 4개월 이내

4.3 지방보조금의 집행방법

지방보조금도 국고보조금과 마찬가지로 다른 용도에 사용하여서는 안 된다. 만약 이를 위반하여 지방보조금을 다른 용도에 사용하면 5년 이하의 징역 또는 5천만원 이하의 벌금에 처하며, 거짓으로 지방보조금을 신청하거나 그 밖의 부정한 방법으로 지방보조금을 교부받거나 지급받은 경우 또는 그 사실을 알면서 지방보조금을 교부하거나 지급하게 되면 10년 이하의 징역 또는 1억원 이하의 벌금에 처하도록 규정하고 있다.

지방보조사업자는 교부받은 지방보조금에 대하여 별도의 계정(計定)을 설정하고 자체의 수입 및 지출을 명백히 구분하여 회계처리하여야 한다. 지방보조금만을 별도 관리할 수 있도록 1개 사업에 1개의 통장(계좌)을 지방보조사업 명의의 보조금 전용계좌를 별도 개설하여 사용해야 하며, 계좌이체(지로를 포함한다) 또는 지방보조사업비 카드(신용카드 또는 체크카드를 구분하지 아니한다)를 사용하여 집행해야 한다.

자기부담금을 포함하여 지방보조사업을 추진하는 경우 자기부담금을 우선 집행해야 하며, 세금계산서는 전자세금계산서를 수령해야 하는데, 교통, 통신시설 미비 등으로 계좌이체, 카드사용, 전자세금계산서 등의 사용이 곤란한 경우에는 그러하지 아니할 수 있으나 지방보조사업비를 일괄 인출하여 사후 정산하는 형태의 회계처리를 하여서는 안 된다.

지방보조사업 관련 계약업무는 「지방자치단체를 당사자로 하는 계약에 관한 법률」에 따른다. 다만, 다른 법률에 따라 계약업무를 하는 경우에는 다른 법률을 우선 적용할 수 있다.

지방보조금 집행잔액과 지방보조금으로 발생한 이자, 지방보조사업의 수익금은 반납한다. 지방보조사업 시행으로 발생한 부가가치세 환급금 등은 세외수입으로 계상하는 것이 원칙이나, 다만 부가가치세 환급금을 동일한 사업에 재투자하고자 할 경우에는 그 내역을 명확히 하여 사업계획에 미리 반영하거나 사업계획을 변경하여 사용할 수 있다.

4.4 지방보조사업의 실적보고

1) 지방보조사업의 실적보고서와 정산보고서

지방보조사업자는 ①지방보조사업을 완료하였을 때 ②지방보조사업 폐지의 승인을 받았을 때 또는 ③회계연도가 끝났을 때 등 각 사유가 발생한 날부터 2개월 이내에 그 지방보조사업의 실적보고서를 작성하여 지방자치단체의 장에게 제출하여야 한다. 이 경우 실적보고서에는 그 지방보조사업에 든 경비를 재원별로 명백히 한 정산보고서 및 지방자치단체의 장이 정하는 서류를 첨부하여야 하고, 지방보조금 교부 결정의 내용에 따른 사용내역과 반환액을 명확하게 구분하여 작성하도록 하고 있다. 다만, 지방보조사업자가 「보조금 관리에 관한 법률」에 따른 보조사업자 또는 간접보조사업자로서 해당 지방자치단체의 장에게 「보조금 관리에 관한 법률」에 따른 실적보고를 한 경우에는 지방보조금법에 따른 실적보고를 완료한 것으로 볼 수 있다(지방보조금법 §17 ①).

2) 지방보조사업 정산보고서에 대한 검증보고서 제출

지방보조사업에 대한 지방보조금의 총액이 3억원 이상인 지방보조사업자(지방보조사업자가 지방자치단체인 경우는 제외한다)는 「주식회사 등의 외부감사에 관한 법률」 제2조 제7호 및 제9조에 따른 감사인으로부터 정산보고서의 적정성에 대하여 검증을 받아 실적보고서 제출기한까지 지방자치단체의 장에게 제출해야 한다. 다만, 「보조금 관리에 관한 법률」 제27조 제2항 후단에 따라 해당 지방보조사업의 내용이 포함되어 있는 보조사업 또는 간접보조사업을 수행하는 자가 이미 정산보고서의 적정성에 대하여 검증을 받은 경우는 제외한다(지방보조금법 §17 ②).

지방보조사업자가 실적보고서와 검증보고서를 지방자치단체의 장에게 제출하는 데 있어 제출 기간 내에 검증보고서의 작성이 완료되기 곤란하다고 판단하는 경우에는 해당 지방자치단체의 장에게 제출 기간의 연장을 요청할 수 있다. 제출 기간의 연장을 요청받은 지방자치단체의 장은 기간의 연장이 필요하다고 인정하는 경우에는 2개월의 범위 내에서 그 기간을 연장할 수 있다(지방보조금 관리기준 §23).

4.5 특정 지방보조사업자의 회계감사

같은 회계연도 중 지방자치단체의 장으로부터 교부받은 지방보조금의 총액이 10억원 이상인 지방보조사업자(지방보조사업자가 지방자치단체인 경우는 제외한다. 이하 이 조에서 "특정지방보조사업자"라 한다)는 「주식회사 등의 외부감사에 관한 법률」 제2조 제7호 및 제9조에 따른 감사인이 해당 회계연도를 기준으로 작성한 감사보고서를 지방보조금을 교부한 지방자치단체의 장에게 해당 회계연도 종료일부터 4개월 이내에 제출하여야 한다(지방보조금법 §18 ①).

다만, 2년 이상 계속하여 지방보조금을 교부받은 특정지방보조사업자로서 직전 회계연도에 감사보고서를 제출한 경우에는 해당 회계연도에 대한 감사보고서의 작성·제출을 생략할 수 있다. 또한, ①특정지방보조사업자가 국제기구인 경우 ②특정지방보조사업자가 지방보조금의 대부분을 지방보조금수령자에게 다시 지급하여 특정지방보조사업자가 직접 집행하는 금액이 5억원 미만인 경우 ③그밖에 지방자치단체의 장이 특정지방보조사업자의 특성상 감사보고서를 작성·제출하기에 적합하지 아니하다고 인정하는 경우에는 해당 특정지방보조사업자에게 감사보고서를 제출을 하지 아니하게 할 수 있다(지방보조금법 §18 ③, 지방보조금관리기준 §25 ③). 만약, 특정지방보조사업자가 다른 법률에 따라 회계감사를 받는 경우에는 감사보고서를 갈음하여 해당 법률에 따라 작성된 감사 관련 보고서를 제출할 수 있다. 이 경우 감사 관련 보고서에는 지방보조사업에 관한 감사의견이 포함되어야 한다(지방보조금법 §18 ②).

특정지방보조사업자는 지방보조금의 교부 결정 통지를 받은 날부터 3개월 이내에 감사인을 선정하고, 감사인과 감사계약을 체결한 날부터 1개월 이내에 그 선정 사실을 지방자치단체의 장에게 통지해야 한다. 다만, 직전 감사 대상 사업연도에 선정한 감사인과 동일한 자를 감사인으로 선정한 경우에는 그 통지를 생략할 수 있다.

특정지방보조사업자이 독립된 외부의 감사인에 의한 회계감사를 받을 재무제표는 재무상태표, 손익계산서(또는 포괄손익계산서), 자본변동표와 현금흐름표 그리고 주석사항을 포함하며, 동 재무제표를 작성하여 사업연도 종료 후 3개월 이내에 감사인에게 제출하여야 한다. 이 재무제표의 작성기준은 ①일반기업회계기준, ②중소기업회계기준, ③공기업 · 준정부기관 회계기준 ④공익법인회계기준, ⑤그 밖에 감사인의 감사에 통일성과 객관성이 확보될 수 있는 회계기준에 의한다.

4.6 지방보조사업자의 정보 공시

같은 회계연도 중 지방자치단체의 장으로부터 교부받은 지방보조금의 총액이 5백만원 이상의 지방보조사업을 수행한 지방보조사업자(지방자치단체는 제외한다)는 해당 회계연도 종료일부터 4개월 이내에 다음 각 호의 서류를 지방보조금통합관리망에 공시하여야 한다. 다만, 「보조금 관리에 관한 법률」 제26조의 10 제1항에 따라 지방보조사업의 내용이 포함된 보조사업 또는 간접보조사업을 수행하는 자가 이미 공시를 한 경우는 제외한다.

① 지방보조금 교부신청서 및 첨부서류

② 지방보조사업 경비에 관한 정산보고서

③ 감사를 받은 경우에는 감사보고서 또는 감사 관련 보고서

④ 지방보조사업과 관련하여 감사원, 중앙행정기관 또는 지방자치단체 등의 감사를 받은 경우에는 그 감사 결과에 관한 서류

⑤ 그 밖에 지방보조사업의 수행에 관한 중요 서류

만약, 공시대상 지방보조사업자가 회계연도 종료일부터 4개월까지 공시를 하지 아니하거나 거짓 사실을 공시한 경우에는 지방자치단체의 장은 시정명령이나 지방보조금의 삭감 또는 이를 위하여 필요한 조치를 할 수 있다. 이 경우 지방보조금의 삭감금액은 공시하는 회계연도에 교부한 지방보조금 총액의 100분의 10에서 50 이내의 금액으로 할 수 있다.

05 정부보조금에 대한 회계처리

보조사업자가 제출하는 정산서의 비목과 실제 이를 실시하는 비영리조직의 구체적인 계정과목이 다를 수 있으나 이를 적절히 조정하여 정산서를 작성해야 한다. 특히, 같은

회계연도에 교부받은 보조금 총액이 10억원 이상인 특정사업자의 경우에는 ① 일반기업회계기준 ② 중소기업회계기준 ③ 그 밖에 감사인의 감사에 통일성과 객관성이 확보될 수 있는 회계기준에 따라 회계처리해야 하고, 재무제표는 ① 재무상태표 ② 손익계산서 또는 포괄손익계산서 ③ 자본변동표 ④ 현금흐름표 ⑤ 주석으로 구성하도록 규정하고 있으므로 복식부기를 기본으로 하고 있다.

5.1 단식부기에 의한 정부보조금 회계처리

단식부기에 의하여 회계처리하도록 한 사회복지법인과 학교법인 그리고 학교의 세입예산회계과목 또는 자금계산서상의 예산과목은 다음과 같다. 단식부기에서는 자산관련 자본보조금과 경상보조금을 구별하지 않고 세입예산과목으로 편성하며, 세출예산과목에서 자본보조금은 자산취득비 등으로, 경상보조금은 관련 인건비, 운영비 등으로 비목으로 처리하고 자금을 국고보조금 또는 시 · 도 보조금으로 구분하여 회계처리한다.

▍사회복지법인 및 시설의 세입예산과목 구분▐

관(款)	항(項)	목(目)	내역
보조금수입	보조금수입	국고보조금	국가로부터 받은 경상보조금 및 자본보조금
		시 · 도보조금	시 · 도로부터 받은 경상보조금 및 자본보조금
		시 · 군 · 구보조금	시 · 군 · 구로부터 받은 경상보조금 및 자본보조금
		기타보조금	그 밖에 국가, 지방자치단체 및 사회복지사업기금 등에서 공모사업선정으로 받은 보조금

▍학교법인의 세입예산과목 구분▐

관	항	목	세부 내역
6. 기부원조금			
	1. 기부원조금		
		1. 기부금	특정인의 기부금
		2. 원조금	국외 원조금
		3. 보조금	국가 또는 공공단체의 보조금

▌학교회계의 세입예산과목 구분▐

장	관	항	목	세목(원가통계비목)	과목해설
1. 이전수입					
	1. 중앙정부이전수입				
		1. 국고보조금			
			1. 국고보조금	1. 국고보조금	중앙정부로부터 교부받는 국고보조금
	2. 지방자치단체이전수입				
		1. 비법정이전수입			
			1. 광역지방자치단체 전입금	1. 급식비보조금	광역지방자치단체로부터 보조받는 학교급식에 관한 경비(급식 시설 · 설비사업 경비를 제외한다)
				2. 급식시설 · 설비사업 보조금	광역지방자치단체로부터 보조받는 학교의 급식 시설 · 설비사업 경비
				3. 교육정보화사업 보조금	광역지방자치단체로부터 보조받는 학교의 교육정보화사업 경비
				4. 교육시설(환경)개선 사업보조금	광역지방자치단체로부터 보조받는 학교의 교육시설개선사업 및 환경개선사업 경비
				5. 학교교육과정운영 지원사업보조금	광역지방자치단체로부터 보조받는 학교교육과정 운영의 지원에 관한 사업 경비
				6. 주민교육과정개발 운영사업보조금	광역지방자치단체로부터 보조받는 지역주민을 위한 교육과정 개발 및 운영에 관한 사업 경비
				7. 체육문화공간설치 사업보조금	광역지방자치단체로부터 보조받는 학교교육과 연계하여 학교에 설치되는 지역주민 및 청소년이 활용할 수 있는 체육 · 문화공간 설치사업 경비
				8. 그 밖의 광역지방자치단체보조금	위에서 나열한 것 외에 광역지방자치단체로부터 보조받는 사업 경비
			2. 기초지방자치단체 전입금	1. 급식비보조금	기초지방자치단체로부터 보조받는 학교 급식에 관한 경비(급식시설 · 설비사업 경비를 제외한다)
				2. 급식시설 · 설비 사업보조금	기초지방자치단체로부터 보조받는 학교의 급식시설 · 설비사업 경비

장	관	항	목	세목(원가통계비목)	과목해설
				3. 교육정보화사업 보조금	기초지방자치단체로부터 보조받는 학교의 교육정보화사업 경비
				4. 교육시설(환경)개선 사업보조금	기초지방자치단체로부터 보조받는 학교의 교육시설개선사업 및 환경개선사업 경비
				5. 학교교육과정운영 지원사업보조금	기초지방자치단체로부터 보조받는 학교교육과정 운영의 지원에 관한 사업 경비
				6. 주민교육과정개발 운영사업보조금	기초지방자치단체로부터 보조받는 지역주민을 위한 교육과정 개발 및 운영에 관한 사업 경비
				7. 체육문화공간설치 사업보조금	기초지방자치단체로부터 보조받는 학교교육과 연계하여 학교에 설치되는 지역주민 및 청소년이 활용할 수 있는 체육 · 문화공간 설치사업 경비
				8. 그 밖의 기초지방자치단체보조금	위에서 나열한 것 외에 기초지방자치단체로부터 보조받는 사업 경비
	3. 교육비특별회계이전수입				
		1. 교육비특별회계전입금수입			
			1. 사립학교보조금 수입	1. 인건비재정결함 보조금	교육청에서 보조받는 인건비 재정결함 보조금
				2. 운영비재정결함 보조금	교육청에서 보조받는 운영비 재정결함 보조금
				3. 목적사업비보조금	교육청에서 보조받는 목적사업 수행 관련 보조금

| 특례규칙에 따른 세입예산과목 |

과목			적용회계		해설
관	항	목	법인 회계	학교 회계	
5200 전입 및 기부수입	5230 국고 보조금 수입		○	○	정부나 지방자치단체로부터 받는 보조금

과목			적용회계		해설
관	항	목	법인 회계	학교 회계	
		5231 교육부	○	○	교육부로부터 지원받는 보조금 ※ 세목에서 국가장학금지원금과 기타지원금으로 구분
		5232 기타국고지원	○	○	교육부 외 기타 정부 부처로부터 받는 보조금
		5233 지방자치단체	○	○	지방자치단체로부터 지원받는 보조금

5.2 복식부기에 의한 정부보조금 회계처리

1) 일반기업회계기준

일반기업회계기준 제17장 '정부보조금의 회계처리'의 규정에 따르면 정부보조금은 ① 정부보조금에 부수되는 조건을 준수할 수 있고 ② 보조금을 수취할 합리적 확신이 있을 때 최초 인식하도록 하고 있다. 따라서 최초 인식한 정부보조금은 보전하려는 관련원가를 비용으로 인식하는 기간에 걸쳐 체계적인 기준에 따라 당기손익으로 인식하는 것을 원칙으로 하여 자산관련보조금과 수익관련보조금의 표시방법과 인식방법을 다음과 같이 규정하고 있다.

(1) 자산관련보조금

자산관련보조금을 받는 경우에는 관련 자산을 취득하기 전까지 받은 자산 또는 받은 자산을 일시적으로 운용하기 위하여 취득하는 다른 자산의 차감계정으로 회계처리하고, 관련 자산을 취득하는 시점에서 관련 자산의 차감계정으로 표시하고, 그 자산의 내용연수에 걸쳐 상각금액과 상계하면서 손익을 인식하도록 하고 있다. 만약 해당 자산을 일시에 처분하는 경우에는 그 잔액을 일시에 처분손익에 반영하여 손익으로 인식하면 된다.

회계처리 사례

장애인근로작업장 ㅇㅇ일터는 기능보강사업에 공모하여 제품 포장기계를 국고 40%, 지자체 40%, 자부담 20%로 구입하게 되었다. 총 예산은 30,000,000원이고 감가상각 내용연수는 5년 정액법 상각할 예정이며, 이에 대한 회계처리를 예시하면 다음과 같다.

① 보조금의 입금

보통예금	24,000,000	/	국고보조금[*1]	24,000,000

*1 국고보조금은 관련 자산을 취득하기 전까지 받은 자산(보통예금)에서 차감하는 형식으로 표시

② 기계장치의 구입

기계장치	30,000,000	/	보통예금	30,000,000
국고보조금[*1]	24,000,000	/	국고보조금[*2]	24,000,000

*2 국고보조금으로 자산을 취득한 경우 취득한 당해 자산(기계장치)에서 차감하는 형식으로 표시함.

③ 매년 감가상각비 계상(1차년도부터 4차년도까지)

감가상각비	1,200,000	/	감가상각누계액	6,000,000
국고보조금[*2]	4,800,000			

④ 5차년도초 2,000,000원에 불용품 매각 결정 · 보조금 반환 결정

미수금	2,000,000	/	기계장치	30,000,000
감가상각누계액	24,000,000		미지급금[*3]	1,600,000
국고보조금[*2]	4,800,000			
유형자산처분손실	800,000			

*3 매각대금중 보조금 지분 상당액

(2) 수익관련보조금

수익관련보조금을 받는 경우에는 수령한 회계연도에 손익으로 인식한다. 다만, 수익관련보조금을 사용하기 위하여 특정의 부수되어 있는 조건을 충족해야 하는 경우에는 그 부수 조건을 충족하기 전까지는 선수수익으로 회계처리하였다가 부수조건이 성취된 회계연도에 손익으로 인식하면 된다.

수익관련보조금을 수익으로 인식하는 방법은 ① 특정의 비용을 보전할 목적으로 지급받은 경우에는 특정비용과 상계하여 순액으로 표시하고 ② 특정비용이나 대응되는 비용이 없는 경우 주된 영업활동과 직접적인 관련성이 있다면 영업수익으로, ③ 그렇지 않다면 영업외수익으로 회계처리한다.

2) 중소기업회계기준

중소기업회계기준(법무부고시 제2013-29호)에서도 일반기업회계기준과 동일하게 해당 보조금에 부수되는 조건을 준수하고, 이를 수취할 것이라는 확신이 있을 때 정부보조금을 인식할 수 있도록 규정하고 있으며 회계처리규정을 요약하면 다음과 같다.

자산취득 관련 보조금	• 관련 자산을 취득하기 전 : 정부보조금의 금액을, 받은 자산(받은 자산을 일시적으로 운용하기 위해 취득한 다른 자산을 포함한다)의 차감계정으로 회계처리 • 자산을 취득하는 시점 및 이후 : 관련 자산의 차감계정으로 회계처리하고, 관련 자산의 내용연수에 걸쳐 (감가)상각금액과 상계하며, 해당 자산을 처할 때 그 잔액을 처분손익에 반영한다. 다만, 정부보조금의 금액을 관련 자산의 취득금액에서 직접 차감할 수 있다.
수익관련 보조금	• 정부보조금을 사용하기 위하여 특정한 조건을 충족해야 하는 경우 : 조건을 충족하기 전까지는 받은 정부보조금을 부채(선수수익)로 회계처리 • 정부보조금이 특정 비용을 보전할 목적으로 지급된 경우 : 해당 비용과 상계 • 정부보조금에 대응되는 비용이 없는 경우 : 회사의 주된 영업활동과 직접적인 관련이 있다면 영업수익으로, 그밖의 경우에는 영업외수익으로 회계처리

비영리조직의 회계처리기준에서는 일반기업회계기준과 같이 상계하거나 차감하여 표시하지 않고 총액으로 기표하는 것이 특징이다.

3) 비영리조직회계기준(한국회계기준원)

비영리조직회계기준에서는 일반기업회계기준 제17장 '정부보조금의 회계처리' 규정을 적용하지 않는다. 그 이유는 비영리조직은 재원은 많은 부분을 정부보조금에 의존하고 있는 형편이므로, 만약 이를 일반기업회계기준에서와 같이 자산취득 관련 보조금은 차감하는 형식으로 표시하거나 수익관련 보조금을 상계하여 표시할 경우 당해 비영리조직의 고유목적사업 활동이 과소하게 표시되기 때문이다. 따라서 비영리조직회계기준에서는 정부보조금을 '사업수익'으로 처리하는 것을 원칙으로 하고 있으나, 정부보조금에 일시제약이나 영구제약이 있는 경우에는 사업수익이 아니라 '제약있는순자산'(더 세분하면 '영구제약순자산' 또는 '일시제약순자산')의 증가로 인식하도록 규정하고 있다. 여기서 '제약있는순자산'이란 기부자나 법령에 의해 사용이나 처분이 제약된 순자산을 말한다. 보다 자세한 비영리조직회계기준에 대하여는 후술하도록 한다.

4) 공익법인회계기준(상증법)

공익법인회계기준에서는 보조금수익을 공익목적사업수익으로 인식하는 것을 원칙으로 하고 있다. 다만, 보조금수익이 '기본순자산'에 해당하는 경우 사업수익으로 인식하지 않고 기본순자산의 증가로 인식하여야 한다. 여기서 '기본순자산'이라 하면 사용이나 처분에 영구적 제약이 있는 순자산을 말하는데, 이는 당해 자산을 법령이나 정관 등에 규정에 따라 사용이나 처분할 경우 주무관청 등의 허가가 필요로 하는 자산을 말한다. 보다 자세한 공익법인회계기준에 대하여는 후술하도록 한다.

5) 비영리조직 유형별 보조금에 대한 회계처리

(1) 사회복지법인 재무회계규칙

국고보조금 회계처리에 대한 규정이 없다. 다만, 추정재무상태표 및 추정수지계산서의 계정과목을 보면 수익과 관련한 정부보조금 수입을 사업수익으로 기표하도록 규정하고 있을 뿐이다.

(2) 사학기관 재무회계규칙

국고보조금 회계처리에 대한 규정이 없다. 다만, 재무상태표와 수지계산서의 계정과목을 세입세출 예산과목과 동일하게 사용하도록 하고 있으므로 수익과 관련한 정부보조금 수입을 총액으로 기표하도록 규정하고 있는 것으로 보아야 하나, 자산취득과 관련한 규정은 알 수 없다.

(3) 사학기관 재무회계규칙에 대한 특례규칙

국고보조금 회계처리에 대한 규정이 없다. 다만, 운영계산서의 계정과목에 전입 및 기부수입에 국고보조금 항목을 기재하도록 하고 있어 수익과 관련한 정부보조금 수입을 총액으로 기표하도록 규정하고 있는 것으로 보아야 하나, 자산 취득과 관련한 규정은 알 수 없다.

(4) 의료기관 회계기준 규칙 및 재무제표 세부 작성방법

의료기관 회계기준 규칙 및 동 재무제표 세부 작성방법에 의하면 국고보조금에 대한 회계처리기준이 규정되어 있는데 이는 일반기업회계기준 제17장의 회계처리 방법과 동일하다. 즉, 국립대학교병원이나 지방공사의료원 등의 공공병원이 적자보전이나 운영비보조 등 수익적 지출에 충당하기 위해 국고보조금을 받았다면 의료외수익 중 기부금수입으로 처리하고, 시설투자목적 등 자본적 지출에 충당할 목적으로 받은 국고보조금은 이를 취득자산에서 차감하는 형식으로 표시하고 당해 자산의 내용연수에 걸쳐 상각금액과 상계하며, 당해 자산을 처분하는 경우에는 그 잔액을 당해 자산의 처분손익에 차감 또는 부가하도록 규정하고 있다.

(5) 종교단체의 회계처리

'교회회계와 재무처리기준'(한국기독교교회협의회)에 의하면 정부보조금의 수익인식은 한국회계기준원이 제정한 비영리조직회계기준과 동일하다.

'사찰예산회계법'(대한불교조계종) 및 동법 시행령에 의하면 국조보조금을 교부처와 교부목적으로 구분하고 국고보조금 특별회계로 관리하며, 국가의 회계처리기준에 따라 처리하도록 규정하고 있다.

제6절 비영리조직 회계실무 쟁점Ⅴ : 기부금회계

01 기부금품의 모집절차 및 사용방법

1.1 기부와 후원의 개념

기부(寄附)는 문자 그대로 해석하자면 기(寄)는 send, mail, live away from home 또는 entrust의 개념을 가지고 있으며, 부(附)는 add, attach의 뜻이 있으므로 기부자의 재산을 맡겨 타인의 재산을 증가시키는 것을 의미한다. 따라서 엄밀하게 보면 어떤 목적을 위해 재산을 내어 주는 것을 의미했고, 현대에 와서는 반대급부 없이 무상으로 재산을 기탁하는 것을 의미한다. 「기부금품의 모집 및 사용에 관한 법률」에 의하며 "기부금품"이라 함은 환영금품 · 축하금품 · 찬조금품 등 명칭여하에 불구하고 반대급부 없이 취득하는 금전 또는 물품으로 정의하고 있다.

한편, 후원(後援)은 손으로 끌어준다(pull by hand)는 의미이므로 뒤에서 도와주는 것으로 해석할 수 있으며, 「사회복지사업법」에서는 '후원금'을 아무런 대가 없이 무상으로 받은 금품 기타의 자산으로 정의하고 있어 기부와 거의 같은 개념으로 사용되고 있다.

1.2 기부금품법에 기부금품 모집자의 의무사항

비영리조직이 기부금품을 모집[서신, 광고, 그 밖의 방법으로 기부금품의 출연(出捐)을 타인에게 의뢰 · 권유 또는 요구하는 행위]하기 위해서는, 특히 1천만원 이상 모집하기 위해서는 등록청(행정안전부장관 또는 특별시장 · 광역시장 · 도지사 · 특별자치도지사)에 등록해야 한다. 과거(2006년 기부금품법 개정 전)에는 등록청에 허가를 득해야 했으나, 시민단체 등에서 정부가 민간

영역에서의 기부행위에 관여할 필요가 없으며 사후관리에만 집중할 것을 요구[13]하여 등록제로 전환하고 법률명을 「기부금품모집규제법」에서 「기부금품의 모집 및 사용에 관한 법률」로 개정하게 되었다.

모집하고자 하는 금액이 1천만원 이상 10억원 이하일 경우에는 모집자의 주소지 관할 광역시 · 도지사에게 등록하고, 10억원을 초과하여 모집하고자 할 경우에는 행정안전부장관에게 등록해야 하며, 구체적인 등록절차 등은 이미 1장 2절 3.4 기부금품법에 따른 기부금품 모집 등록에서 설명하였으므로 생략하기로 한다.

모집금액	등록기관
1천만원 미만	×
1천만원 이상 10억원 이하	모집자의 주소지(모집자가 법인, 그 밖의 단체인 경우에는 그 주된 사무소의 소재지)를 관할하는 광역시 · 도지사
10억원 초과	행정안전부장관

다만, 법인세법등에서 규정하고 있는 당연기부금단체나 고시 · 일반기부금단체의 경우에도 기부금품법에 따른 서신, 광고, 그 밖의 방법으로 기부금품의 출연(出捐)을 타인에게 의뢰 · 권유 또는 요구하는 행위를 할 경우에는 기부금품법에 따라 기부금품 모집등록을 해야 한다는 것이다. 법인세 등의 규정에 따라 비영리조직이 신청하여 고시 · 지정된 기부금단체의 경우는 후원자들의 소득공제 등 세제혜택을 받을 수 있다는 의미이지 기부금품을 모집할 수 있는 것은 아니기 때문이다. 따라서 법인세법 등에서 규정하고 있는 기부금단체의 경우에도 1천만원 이상 기부금품을 모집하기 위해서는 기부금품 모집 등록을 해야 한다. 만약 등록하지 아니한 경우에는 3년 이하의 징역 또는 3천만원 이하의 벌금에 처한다.

1.3 기부금품 모집절차

기부금품 모집자나 모집종사자(모집자로부터 지시 · 의뢰를 받아 기부금품의 모집에 종사하는 자)는 다른 사람에게 기부금품을 낼 것을 강요해서는 안 된다. 기부금품의 접수는 국가기관, 지방자치단체, 언론기관, 금융기관, 그 밖의 공개된 장소에서 접수하여야 하며, 기부자에게 영수증을 내주어야 하며, 기부금품의 모집 및 사용 결과가 공개된다는 사실을 알

13) 행정안전부, 기부금품 모집제도 업무편람, 2010

려야 한다. 모집자는 기부금품의 모집상황 및 사용내역을 나타내는 장부(기부금 모집 및 사용 명세서 등)를 모집장소에 비치해야 한다.

모집기간이 끝나거나 모집목표액에 이르면 즉시 모집을 중단하여야 하며, 중단한 날부터 30일 이내에 기부금품 모집 완료보고서에 기부금을 접수한 금융회사 등의 예금 잔액증명서를 첨부하여 등록청에 제출해야 한다.

1.4 기부금품의 사용방법

모집된 기부금품은 모집비용에 충당하는 경우를 제외하고는 모집목적 외의 용도로 사용할 수 없다. 다만, 기부금품의 모집목적을 달성할 수 없거나, 모집된 기부금품을 목적에 사용하고 남은 금액이 있는 경우에는 등록청의 승인을 받아 등록한 모집목적과 유사한 용도로 사용할 수 있다.

한편, 모집금품을 출납할 경우에는 영수증이나 그 밖에 그 사실을 증명하는 증빙서류를 작성 · 보관하여야 한다.

모집비용은 기부금품의 모집, 관리, 운영, 사용, 결과보고 등에 필요한 비용(홍보비, 인쇄비, 회계감사비, 모집종사자 인건비, 모집종사자 경비, 사용 경비 등)을 말하는데 모집된 기부금품 규모에 따라 15% 이내의 범위에서 사용할 수 있다. 대다수 모금단체는 비영리법인으로 재정 자립도가 낮고, 직원 인건비, 모집 활동비, 조직 운영비 등을 대부분 기부금으로 충당하고 있는 현실을 감안하여, 기부금품 모집비용 사용한도는 법률에 명시적으로 정하여 그 한도 내에서만 사용하도록 하되, 사용용도는 법률에 대강만 정하여 모금단체들이 구체적인 사용용도를 자유롭게 정하여 사용할 수 있도록 하고 있는 것이다.14)

| 모집비용 충당비율 |

모집금액	적용비율
1. 10억원 이하	모집금액의 15% 이하
2. 10억원 초과 100억원 이하	모집금액의 13% 이하
3. 100억원 초과 200억원 이하	모집금액의 12% 이하
4. 200억원 초과	모집금액의 10% 이하

14) 행정안전부, 기부금품 모집제도 업무편람, 2010

1.5 모집 등록한 단체의 사후관리

1) 모집 및 사용내역 공개

모집자와 모집종사자는 기부금품의 모집상황과 사용명세를 나타내는 장부 · 서류 등을 작성하고 갖추어 두어야 한다.

모집자는 모집기간 만료 또는 목표액 도달시에는 즉시 모집을 중단하여야 하며, 중단한 날부터 30일 이내 기부금품모집 완료보고서를 등록청에 제출하여야 하고, 모집을 중단하거나 완료한 때 그리고 모집된 기부금품을 사용하거나 다른 목적에 사용한 때에는 등록청에 지체없이 통보하고 모집자의 인터넷 홈페이지에 30일 이상 게시하여 일반인이 열람할 수 있도록 하여야 한다. 모집자는 모집자의 인터넷 홈페이지를 통하여 모집 및 사용명세 등을 공개하고, 등록청은 등록 및 말소, 모집 및 사용내역, 처분 또는 사용승인 등에 대한 전반적인 상황을 공개해야 한다.

2) 회계감사기관의 회계감사

모집자는 기부금품의 사용을 완료한 날부터 30일 이내에 「공인회계사법」 제7조에 따라 등록한 공인회계사 또는 「주식회사 등의 외부감사에 관한 법률」 제2조 제7호에 따른 감사인(회계감사기관)에 감사를 의뢰하고, 사용 완료일로부터 60일 이내에 「기부금품모집 및 사용내역 보고서」에 회계감사기관이 작성한 회계감사보고서를 첨부하여 등록청에 제출하여야 한다. 다만, 모집된 기부금품이 1억원 이하인 경우에는 회계감사보고서의 첨부를 생략할 수 있으나 기부금품 사용에 따른 영수증 등 지출증빙서류는 제출해야 한다.

3) 등록청의 검사

등록청은 기부금품의 모집 또는 접수행위가 이 법 또는 이 법에 따른 명령에 위반하는지를 확인하기 위하여 필요하다고 인정되면 모집자나 모집종사자에게 관계 서류, 장부, 그 밖의 사업보고서를 제출하게 하거나 소속 공무원에게 모집자의 사무소나 모금장소 등에 출입하여 장부 등을 검사하도록 할 수 있다. 다만, 모집자의 모집목표액이 50억원 이상인 경우에는 모집기간 중 1회 이상 의무적으로 검사하여야 한다.

등록청은 모집자나 모집종사자가 다음 각 호의 어느 하나에 해당하면 등록을 말소할 수 있으며, 등록을 말소하면 모집된 금품을 기부자에게 반환할 것을 명령해야 한다.

1. 모집자가 속임수나 그 밖의 부정한 방법으로 제4조 제1항에 따른 등록을 한 경우
2. 같은 사업을 위한 기부금품의 모집을 둘 이상의 등록청에 등록한 경우
3. 모집자가 모집·사용계획서와 달리 기부금품을 모집한 경우
4. 모집자가 파산선고 등 법이 정한 결격사유에 해당하는 경우
5. 모집자나 모집종사자가 기부금품을 낼 것을 강요한 경우
6. 모집자나 모집종사자가 공개된 장소가 아닌 장소에서 기부금품을 접수한 경우
7. 모집자나 모집종사자가 관계 서류 등의 제출명령을 따르지 아니하거나 관계 공무원의 출입·검사를 거부·기피 또는 방해한 경우
8. 모집자가 기부금품을 모집목적 외의 용도로 사용하거나, 승인을 받지 아니하고 기부금품을 모집목적과 유사한 용도로 사용한 경우
9. 모집자나 모집종사자가 장부·서류 등을 갖추어두지 아니한 경우
10. 모집자가 공개의무를 이행하지 아니하거나 거짓으로 공개한 경우

4) 벌 칙

(1) 3년 이하의 징역 또는 3,000만원 이하의 벌금

① 등록하지 아니하거나, 속임수나 그 밖의 부정한 방법으로 등록을 하고 기부금품을 모집한 자

② 기부금품의 출연을 강요한 자

③ 반환명령에 따르지 아니한 자

④ 승인을 받지 아니하고 기부금품을 등록한 모집목적과 유사한 용도로 처분하거나 승인을 얻은 내용과 달리 기부금품을 처분한 자

⑤ 기부금품을 모집목적 외의 용도로 사용하거나 등록청의 승인을 얻지 아니하고 기부금품을 등록한 모집목적과 유사한 용도로 사용한 자

⑥ 비율을 초과하여 모집금품을 모집비용에 충당한 자

⑦ 공개의무를 이행하지 않거나 거짓으로 공개한 자

⑧ 감사보고서와 모집상황 및 사용내역 등에 대한 보고서를 제출하지 아니한 자

(2) 1년 이하의 징역 또는 1,000만원 이하의 벌금

① 장부에 기부금품의 접수사실을 허위로 기재한 자

② 장부 · 서류 등을 비치하지 아니한 자

■ 기부금품의 모집 및 사용에 관한 법률 시행령 [별지 제8호 서식] (2020.7.7. 개정)

기부금품 모집 완료보고서

<table>
<tr><td>등록번호</td><td colspan="3"></td></tr>
<tr><td rowspan="4">모집자
(개인 또는
법인·단체)</td><td colspan="2">성명 또는 법인·단체명</td><td>생년월일 또는 법인(사업자)등록번호</td></tr>
<tr><td colspan="3">법인·단체의 대표자 성명</td></tr>
<tr><td colspan="3">주소 또는 주된 사무소 소재지</td></tr>
<tr><td colspan="3">(전화번호 :   )</td></tr>
<tr><td>모집목적</td><td colspan="3"></td></tr>
<tr><td>모집등록금액</td><td></td><td>모집기간</td><td></td></tr>
<tr><td colspan="4">완료내용(모집금품의 총액 및 수량)</td></tr>
<tr><td colspan="4">1. 현금</td></tr>
<tr><td>모집년도</td><td>모금방법</td><td>모금액(원)</td><td>비고</td></tr>
<tr><td></td><td></td><td></td><td></td></tr>
<tr><td></td><td></td><td></td><td></td></tr>
<tr><td>합계</td><td></td><td></td><td>※ 모집등록금액 대비 비율(%)</td></tr>
<tr><td colspan="4">2. 물품</td></tr>
<tr><td>모집년도</td><td>물품건수</td><td>물품가액</td><td>비고</td></tr>
<tr><td></td><td></td><td></td><td></td></tr>
<tr><td></td><td></td><td></td><td></td></tr>
<tr><td>합계</td><td></td><td></td><td></td></tr>
<tr><td colspan="4">3. 기타수입 :   원</td></tr>
<tr><td colspan="4">4. 모금액의 금융회사별 예치명세</td></tr>
<tr><td>금융회사</td><td>금액(원)</td><td>계좌번호</td><td>예금주</td></tr>
<tr><td></td><td></td><td></td><td></td></tr>
<tr><td></td><td></td><td></td><td></td></tr>
<tr><td>합계</td><td></td><td></td><td></td></tr>
<tr><td colspan="4">첨부 : 기부금을 접수한 금융회사 등의 예금 잔액증명서 각 1부</td></tr>
</table>

「기부금품의 모집 및 사용에 관한 법률」 제14조 및 같은 법 시행령 제19조 제5항에 따라 위와 같이 모집을 완료했음을 보고합니다.

년 월 일

모집자 (서명 또는 인)

행정안전부장관 또는 시·도지사 귀하

210mm×297mm[백상지(80g/㎡) 또는 중질지(80g/㎡)]

■ 기부금품의 모집 및 사용에 관한 법률 시행령 [별지 제9호 서식] (2020.7.7. 개정)

기부금품 모집 및 사용명세 보고서

등록번호		모집기간	
모집자 (개인 또는 법인 · 단체)	성명 또는 법인 · 단체명	생년월일 또는 법인(사업자)등록번호	
	법인 · 단체의 대표자 성명		
	주소 또는 주된 사무소 소재지 (전화번호 :)		
모집목적			
모집등록금액			

모집금품의 총액 및 수량

1. 현금

모금방법	모금액(원)	비 고
		※ 모집등록금액 대비 비율(%)
합계		

2. 물품

품명	물품건수	물품가액	비고
합계			

3. 기타수입 : 원

기부금품의 사용명세

사용항목	금액(원)	사용방법	비 고
		※ 필요시 별첨	※ 모집금액 대비 비율(%)
모집비용			
합 계			

모집자의 인터넷 홈페이지 게시일	년 월 일

첨부 : 1. 「공인회계사법」 제7조에 따라 등록한 공인회계사 또는 「주식회사 등의 외부감사에 관한 법률」 제2조 제7호에 따른 감사인이 작성한 회계감사보고서 1부(기부금품 모집금액이 1억원을 초과하는 경우만 해당합니다)
2. 기부금품 사용에 따른 영수증 등 지출증명서류(기부금품 모집금액이 1억원 이하인 경우만 해당합니다)

「기부금품의 모집 및 사용에 관한 법률」 제14조 제3항 및 같은 법 시행령 제20조 제2항에 따라 위와 같이 기부금품의 모집 및 사용명세를 보고합니다.

년 월 일

모집자 (서명 또는 인)

행정안전부장관 또는 시 · 도지사 귀하

210mm×297mm[백상지(80g/㎡) 또는 중질지(80g/㎡)]

02 세법에 따른 기부금단체의 의무사항

2.1 기부금영수증 관련 의무사항

1) 기부금영수증 발급의무

당연지정 기부금단체나 지정 · 고시 기부금단체는 모두 지정기간 동안 후원자들로부터 기부금을 수령할 경우 「기부금영수증」(법칙 별지 제63호의 3 서식 또는 소칙 별지 제45호의 2 서식, 전자기부금영수증)으로 발급하여야 한다. 다만, 2021.1.1. 이후에는 전자기부금영수증 발행도 가능하다(법법 §112의 2).

만약 기부금영수증을 사실과 다르게 적어 발급(기부금액 또는 기부자의 인적사항 등 주요사항을 적지 아니하고 발급하는 경우를 포함)한 경우에는 다음과 같이 가산세를 해당 사업연도의 법인세액에 더하여 납부하여야 한다(법법 §75의 4).

(1) 기부금액을 사실과 다르게 적어 발급한 경우

사실과 다르게 발급된 금액의 100분의 5를 부과한다. 여기서 사실과 다르게 발급된 금액이란 영수증에 실제 적힌 금액과 건별로 발급하여야 할 금액과의 차액을 말한다. 다만, 영수증에 금액이 적혀 있지 아니한 경우에는 기부금영수증을 발급받은 자가 기부금을 손금 또는 필요경비에 산입하거나 기부금 세액공제를 받은 해당 금액을 말한다.

(2) 기부자의 인적사항 등을 사실과 다르게 적어 발급하는 등 상기 (1) 외의 경우

기부금영수증에 금액이외에 기부자의 인적사항 등을 사실과 다르게 발급한 경우에는 기부금영수증에 적힌 금액의 100분의 5를 부과한다.

2) 기부자별 발급명세서 작성 · 보관의무

기부금영수증을 발급하는 법인은 「기부자별 발급명세서」(법칙 별지 제75호의 2 서식, 소칙 별지 제29호의 7 서식(1))를 작성하여 5년간 보관하여야 하며 관할세무서장 요청시 제출하여야 합니다. 2021.1.1.부터 전자기부금영수증을 발급한 경우에는 기부자별 발급명세를 작성 · 보관의무가 없다.

기부자별 발급명세를 작성 · 보관하지 아니한 경우에는 작성 · 보관하지 아니한 금액의 1천분의 2의 가산세는 부과한다. 다만, 「상속세 및 증여세법」 제78조 제3항에 따라 보고서 제출의무를 이행하지 아니하거나 같은 조 제5항에 따라 출연받은 재산에 대한 장부의 작성 · 비치 의무를 이행하지 아니하여 가산세가 부과되는 경우에는 기부자별 발급명세 관련 불성실 가산세를 적용하지 아니한다.

3) 기부금영수증 발급합계표 제출의무

해당 사업연도의 기부금영수증 총 발급건수 및 금액을 기재한 「기부금영수증 발급합계」(법칙 별지 제75호의 3 서식, p. 참조)를 사업연도 종료일부터 6개월 이내에 관할세무서에 제출(홈택스 www.hometax.go.kr)하여야 한다. 다만, 전자기부금영수증을 발급한 경우에는 그러지 아니한다.

◎ 기부금영수증 발급일자(서면-2017-법인-3230, 2018.1.19.)

기부금영수증을 발급하는 법인이 「법인세법 시행규칙」 별지 제63호의 3 서식에 의한 기부금영수증을 발급하는 경우 실제 기부금을 수령한 일자로 하여 발급하는 것입니다.

◎ 일반기부금 단체의 분사무소 명의로 기부금영수증 발급 가능 여부(기획재정부 법인세제과-326, 2021.7.9.)

[질의요지] 「민법」 제32조에 따라 주무관청의 허가를 받아 설립된 비영리법인으로 기획재정부장관으로부터 일반기부금단체로 지정받았음. 주사무소 이외에 전국에 9개의 분사무소(이하 지점, 지회, 지부 등 포함)를 개설하여 각 분사무소는 소재지 관할 세무서에 지점으로 사업자등록한 후 운영하고 있음. 현재 결산서류 등의 공시, 출연재산보고서 제출, 회계처리 등은 분사무소 내용을 포함하여 주사무소에서 일괄적으로 처리함

(질의①) 기부금 단체의 분사무소가 기부금을 받는 경우, 분사무소 명의로 기부금 영수증을 발급할 수 있는지

(제1안) 발급할 수 있음

(제2안) 발급할 수 없음

(질의②) 질의① 결과, 분사무소 명의로 기부금 영수증을 발급할 수 없는 경우 분사무소 명의로 발급된 기부금 영수증에 대해 「법인세법」 제75조의 4 제1항 제1호 나목(기부금영수증 발급 불성실 가산세)이 적용되는지

(제1안) 가산세 규정이 적용됨

(제2안) 가산세 규정이 적용되지 아니함

(질의③) 질의② 결과, 가산세 규정이 적용되는 경우 분사무소 명의로 발급된 기부금영수증 발급 불성실 가산세 규정의 적용 시기

(제1안) 새로운 해석 회신일 이후 가산세 신고분(결정 · 경정 포함)부터 적용

(제2안) 새로운 해석 회신일 이후 기부금영수증 발급분부터 적용

[회신] 귀 (질의1)의 경우 제2안이, (질의2)의 경우 제1안이, (질의3)의 경우 제2안이 각각 타당함

◎ 외화 기부금 수령 시 적용할 환율(서면-2021-법령해석법인-0819, 2021.12.10.)

내국법인이 「법인세법 시행령」 제39조 제1항 제6호에 따라 기획재정부장관이 지정하여 고시한 국제기구(이하 '국제기구')에 외화로 기부하는 경우 국제기구가 해당 외화 기부금에 대하여 기부금영수증을 발급할 때 적용할 환율은 「법인세법 시행령」 제36조 제1항 제2호에 따라 내국법인이 외화를 기부했을 때의 해당 내국법인의 장부가액에 적용된 환율을 적용하는 것입니다

◎ 현물기부물품 수령 시 기부금영수증 발급방법(서면-2020-법인-0778, 2020.5.26.)

일반기부금 단체인 비영리내국법인이 「법인세법」 제24조에 따른 기부금을 금전 외의 자산으로 제공 받은 경우 기부 받은 자산의 품명 · 수량 · 단가 · 금액 등을 기재하여 기부금영수증을 발급하는 것입니다.

◎ 저작권 현물기부 시 기부금가액의 산정(서면-2017-법인-2684, 2017.11.30.)

내국법인이 법인세법 제24조 제2항 각 호에 따른 특례기부금을 금전 외의 자산으로 제공하는 경우 해당 자산의 가액은 장부가액으로 하는 것이며, 이 때 해당 기부금을 수령하는 특례기부금단체는 해당 장부가액을 기부금가액으로 기부금을 지출한 법인에게 기부금영수증을 발급하여야 하는 것입니다.

◎ 상장주식을 기부받은 경우(서면-2014-법인-21066, 2015.5.26.)

일반기부금단체가 상장주식을 기부받은 경우 해당 주식의 취득가액은 「법인세법 시행령」 제72조 제2항 제5의 3호 내지 제6호에 따른 가액으로 하되, 기부금영수증상 기부금액은 기부자가 법인인 경우에는 「법인세법 시행령」 제37조 제1항에 따른 가액으로 하는 것이며, 시가에 의하는 경우에는 「법인세법 시행령」 제89조에 따른 시가를 적용하는 것임.

◎ 용역을 무상으로 제공받은 경우(법규과-1350, 2011.10.13.)

내국법인이 국내외 아동을 돕는 아동복지 전문기관인 일반기부금단체에 자사가 수행하는 컨설팅 용역이나 자사가 공연하는 공연용역을 무상으로 제공하는 경우, 그 무상으로 제공하는 용역은 기부금에 해당하지 아니하는 것임

◎ 현물과 의료용역을 제공받은 경우(법인, 서면법령해석과-45, 2015.1.14.)

일반기부금단체가 개인사업자로부터 「소득세법」 제34조에 따른 기부금(특례기부금은 제외)을 금전 외의 자산으로 제공받고 기부금 영수증을 발급하는 경우 기부금액은 같은 법 시행령 제81조 제3항에 따라 해당 자산의 시가(시가가 장부가액보다 낮은 경우에는 장부가액)에 의하는 것입니다. 또한 일반기부금단체가 개인사업자로부터 의료용역을 제공받으면서 해당 의료행위에 소요되는 재료비 상당액도 함께 제공받은 경우에는 그 재료비의 시가(시가가 장부가액보다 낮은 경우에는 장부가액)를 기부금액으로 하는 것임

◎ 음식을 제공받은 경우(서면-2020-법인-1666, 2020.4.20.)

일반기부금단체가 음식업을 영위하는 내국법인으로부터 해당 내국법인이 제공한 무료음료 쿠폰에 따라 음식용역을 무상으로 제공받으면서 재료비 상당액도 함께 제공받는 경우에는 해당 재료비에 대해 「법인세법 시행령」 제36조 제1항에 따라 기부금액을 산정하여 기부금영수증 발급이 가능한 것입니다.

■ 법인세법 시행규칙 [별지 제63호의 3 서식] 〈개정 2023.3.20.〉

일련번호	

기 부 금 영 수 증

※ 뒤쪽의 작성방법을 읽고 작성하여 주시기 바랍니다. (앞쪽)

❶ 기부자

성명(법인명)	주민등록번호 (사업자등록번호)
주소(소재지)	

❷ 기부금 단체

단 체 명	사업자등록번호(고유번호)
(지 점 명*)	(지점 사업자등록번호 등)
소 재 지	기부금공제대상 공익법인등 근거법령
(지점 소재지)	

* 기부금 단체의 지점(분사무소)이 기부받은 경우, 지점명 등을 추가로 기재할 수 있습니다.

❸ 기부금 모집처(언론기관 등)

단 체 명	사업자등록번호
소 재 지	

❹ 기부내용

코 드	구 분 (금전 또는 현물)	연월일	내 용			금 액
			품명	수량	단가	

「소득세법」 제34조, 「조세특례제한법」 제58조 · 제76조 · 제88조의4 및 「법인세법」 제24조에 따른 기부금을 위와 같이 기부하였음을 증명하여 주시기 바랍니다.

년 월 일

신청인 (서명 또는 인)

위와 같이 기부금을 기부받았음을 증명합니다.

년 월 일

기부금 수령인 (서명 또는 인)

210mm×297mm[백상지 80g/㎡ 또는 중질지 80g/㎡]

(뒤쪽)

작 성 방 법

1. ❷ 기부금 대상 공익법인등은 해당 단체를 기부금 공제대상 공익법인등, 공익단체로 규정하고 있는 「소득세법」 또는 「법인세법」 등 관련 법령을 적어 기부금영수증을 발행해야 합니다.

기부금공제대상 기부금단체 근거법령	코드
「법인세법」제24조제2항제1호가목(국가 · 지방자치단체), 나목(국방헌금과 국군장병 위문금품)	101
「법인세법」제24조제2항제1호다목(천재지변으로 생기는 이재민을 위한 구호금품)	102
「법인세법」제24조제2항제1호라목(같은 목에 열거된 사립학교, 비영리 교육재단, 산학협력단 등의 기관(병원은 제외한다)에 시설비 · 교육비 · 장학금 또는 연구비로 지출하는 기부금)	103
「법인세법」제24조제2항제1호마목(같은 목에 열거된 병원에 시설비 · 교육비 또는 연구비로 지출하는 기부금)	104
「법인세법」제24조제2항제1호바목[사회복지사업, 그 밖의 사회복지활동의 지원에 필요한 재원을 모집 · 배분하는 것을 주된 목적으로 하는 비영리법인(일정 요건을 충족하는 법인만 해당)으로서 기획재정부장관이 지정 · 고시하는 법인]	105
「소득세법」제34조제2항제1호나목(「재난 및 안전관리 기본법」에 따른 특별재난지역을 복구하기 위하여 자원봉사를 한 경우 그 용역의 가액에 대해 기부금영수증을 발급하는 단체)	116
「정치자금법」에 따른 정당(후원회, 선거관리위원회 포함)	201
「법인세법 시행령」 제39조제1항제1호가목(「사회복지사업법」에 따른 사회복지법인)	401
「법인세법 시행령」 제39조제1항제1호나목(「영유아보육법」에 따른 어린이집)	402
「법인세법 시행령」 제39조제1항제1호다목(「유아교육법」에 따른 유치원, 「초 · 중등교육법」 및 「고등교육법」에 따른 학교, 「국민 평생 직업능력 개발법」에 따른 기능대학, 「평생교육법」 제31조제4항에 따른 전공대학 형태의 평생교육시설 및 같은 법 제33조제3항에 따른 원격대학 형태의 평생교육시설)	403
「법인세법 시행령」 제39조제1항제1호라목(「의료법」에 따른 의료법인)	404
「법인세법 시행령」 제39조제1항제1호마목[(종교의 보급, 그 밖에 교화를 목적으로 「민법」 제32조에 따라 문화체육관광부장관 또는 지방자치단체의 장의 허가를 받아 설립한 비영리법인(그 소속 단체를 포함한다)]	405
「법인세법 시행령」 제39조제1항제1호바목(기획재정부장관이 지정하여 고시한 법인)	406
「법인세법 시행령」 제39조제1항제2호가목(「유아교육법」에 따른 유치원의 장 등이 추천하는 개인에게 교육비 · 연구비 · 장학금으로 지출하는 기부금)	407
「법인세법 시행령」 제39조제1항제2호나목(공익신탁으로 신탁하는 기부금)	408
「법인세법 시행령」 제39조제1항제2호다목(기획재정부장관이 지정하여 고시하는 기부금)	409
「법인세법 시행령」 제39조제1항제4호(같은 호 각 목에 열거된 사회복지시설 또는 기관 중 무료 또는 실비로 이용할 수 있는 시설 또는 기관)	410
「법인세법 시행령」 제39조제1항제6호(기획재정부장관이 지정하여 고시하는 국제기구)	411
「소득세법 시행령」 제80조제1항제2호(노동조합 등의 회비)	421
「소득세법 시행령」 제80조제1항제5호(공익단체)	422
「조세특례제한법」 제88조의4(우리사주조합)	461
「조세특례제한법」 제58조(고향사랑기부금)	462

2. ❸기부금 모집처(언론기관 등)는 방송사, 신문사, 통신회사 등 기부금을 대신 접수하여 기부금 단체에 전달하는 기관을 말하며, 기부금 대상 공익법인등에게 직접 기부한 경우에는 적지 않습니다.
3. ❹기부내용의 코드는 다음 구분에 따라 적습니다.

기부금 구분	코드
「소득세법」 제34조제2항제1호, 「법인세법」 제24조제2항제1호에 따른 기부금	10
「조세특례제한법」 제76조에 따른 기부금	20
「소득세법」 제34조제3항제1호(종교단체 기부금 제외), 「법인세법」 제24조제3항제1호에 따른 기부금	40
「소득세법」 제34조제3항제1호에 따른 기부금 중 종교단체기부금	41
「조세특례제한법」 제88조의4에 따른 기부금	42
「조세특례제한법」 제58조에 따른 기부금	43
필요경비(손금) 및 세액공제 금액대상에 해당되지 않는 기부금	50

4. ❹기부내용의 구분란에는 "금전기부"의 경우에는 "금전", "현물기부"의 경우에는 "현물"로 적고, 내용란은 현물기부의 경우에만 적습니다. "현물기부"시 "단가"란은 아래 표와 같이 기부자, 특수관계여부 등에 따라 장부가액 또는 시가를 적습니다.

구 분	기부자	
	법인	개인
특례기부금	장부가액	Max(장부가액, 시가)
특수관계인이 아닌 자에게 기부한 일반기부금	장부가액	
그 밖의 기부금	Max(장부가액, 시가)	

5. (유의사항) 2021년 7월 1일 이후 전자기부금영수증(「법인세법」 제75조의4제2항 및 제112조의2에 따른 전자기부금영수증을 말함)을 발급한 경우에는 기부금영수증을 중복발행하지 않도록 유의하시기 바랍니다.

210mm×297mm[백상지 80g/㎡ 또는 중질지 80g/㎡]

제2장 비영리조직의 재무회계 실무

2.2 기부금단체의 법인세법상 의무사항과 지정취소 사유

1) 특례기부금단체로 지정 · 고시된 한국학교 등의 의무사항

(1) 이행해야 할 의무사항

한국학교 등은 지정기간 동안에 기부금영수증 관련 의무사항 이외에 다음 각 호의 의무를 이행하여야 한다(법령 §38 ⑧).

① 연간 기부금 모금액 및 그 활용 실적을 사업연도 종료일부터 4개월 이내에 기부금 모금액 및 활용실적 명세서(별지 제63호의 7 서식)에 따라 해당 학교 등 및 국세청의 인터넷 홈페이지에 각각 공개할 것. 다만, 「상속세 및 증여세법」 제50조의 3 제1항 제2호에 따른 사항을 같은 법 시행령 제43조의 3 제4항에 따른 표준서식에 따라 공시하는 경우에는 기부금 모금액 및 활용 실적을 공개한 것으로 본다.

② 해당 사업연도의 수익사업의 지출을 제외한 지출액의 100분의 80 이상을 직접 고유목적사업에 지출할 것

(2) 요건충족 여부 및 의무사항 이행여부에 대한 보고

한국학교 등은 지정기간 동안에 지정 요건충족 여부 및 의무사항에 대한 이행 여부에 대하여 주무관청에 사업연도 종료일부터 4개월 이내에 보고(법칙 별지 제63호의 11, 12 서식, 참조)해야 한다. 보고를 받은 주무관청은 그 보고받은 내용을 점검한 후 그 점검결과를 국세청장에게 통보하도록 하고 있다. 국세청장은 기부금단체 지정 취소를 기획재정부장관에게 요청할 권한이 있다.

(3) 지정 취소 사유

국세청장은 한국학교 등이 다음 어느 하나에 해당하는 경우에는 기부금단체의 지정을 취소할 것을 기획재정부장관에게 요청할 수 있다(법령 §38 ⑪).

① 학교등이 「상속세 및 증여세법」 제48조 제2항, 제3항 및 제8항부터 제11항까지, 제78조 제5항 제3호, 같은 조 제10항 및 제11항의 규정에 따라 1천만원 이상의 상속세(그 가산세를 포함) 또는 증여세(그 가산세를 포함)를 추징당한 경우

② 학교등이 목적 외의 사업을 하거나 설립허가의 조건을 위반하는 등 공익목적을 위반한 사실, 지정요건 및 의무이행사항을 위반한 사실 또는 요건 충족여부등을 보고

하지 아니한 사실이 있는 경우

③ 「국세기본법」 제85조의 5에 따라 불성실기부금수령단체로 명단이 공개된 경우

④ 법인의 대표자, 임원, 대리인, 직원 또는 그 밖의 종업원이 「기부금품의 모집 및 사용에 관한 법률」을 위반하여 같은 법 제16조에 따라 법인 또는 개인에게 징역 또는 벌금형이 확정된 경우

⑤ 학교등이 해산한 경우

2) 일반기부금단체로 지정 · 고시된 공익법인등의 의무사항

기부자로부터 수령한 기부금을 당해 비영리법인 또는 단체의 고유목적사업비로 지출해야 하는 기부금단체 등(법령 §39 ① 1호 각 목의 공익법인등을 말함)은 지정기간 동안 다음의 의무를 이행하여야 한다(법령 §39 ⑤). 다만, 마목의 종교의 보급, 그밖에 교화를 목적으로 「민법」 제32조에 따라 문화체육관광부장관 또는 지방자치단체의 장의 허가를 받아 설립한 비영리법인(그 소속 단체를 포함)의 경우에는 제외한다. 만약 이를 이행하지 않을 경우 가~라목에 해당하는 공익법인등은 불성실기부금수령단체에 해당하여 명단이 공개될 수 있으며, 바목에 해당하는 비영리법인의 경우에는 지정취소사유에 해당한다.

(1) 지정요건 충족

기부자로부터 수령한 기부금을 당해 비영리법인 또는 단체의 고유목적사업비로 지해야 하는 일반기부금단체 중 법인세법 시행령 제39조 제1항 제1호 바목에서 지정한 지정 · 고시 기부금단체의 경우에는 지정요건 중 '①~③'을 모두 충족해야 한다.

즉, ① 정관에 수입을 공익을 위하여 사용하고, 수혜자가 불특정 다수일 것 등이 포함되어야 하고, ② 정관에 해산시 잔여재산을 국가, 지자체, 유사 비영리법인에 귀속한다는 내용이 포함해야 하고, ③ 홈페이지가 개설되어 있고, 정관에 홈페이지를 통해 「연간 기부금 모금액 및 활용실적」을 공개한다는 내용이 포함되어 있으며, 공익위반제보가 가능하도록 국민권익위원회, 국세청 또는 주무관청 등의 홈페이지 중 1개 이상이 해당법인의 홈페이지에 연결되어 있어야 한다.

(2) 의무이행 사항

기부자로부터 수령한 기부금을 당해 비영리법인 또는 단체의 고유목적사업비로 지출해

야 하는 기부금단체 등(법령 §39 ① 1호 각 목의 공익법인등을 말한다)은 다음 사항을 이행해야 한다.

① 「민법」상 비영리법인 또는 비영리외국법인의 경우 : 수입을 회원의 이익이 아닌 공익을 위하여 사용하고 사업의 직접 수혜자가 불특정 다수일 것(비영리외국법인의 경우 추가적으로 「재외동포의 출입국과 법적 지위에 관한 법률」 제2조에 따른 재외동포의 협력 · 지원, 한국의 홍보 또는 국제교류 · 협력을 목적으로 하는 사업을 수행할 것)

② 사회적협동조합의 경우 : 「협동조합 기본법」 제93조 제1항 제1호부터 제3호까지의 사업 중 어느 하나의 사업을 수행할 것

③ 공공기관 또는 법률에 따라 직접 설립된 기관의 경우 : 사회복지 · 자선 · 문화 · 예술 · 교육 · 학술 · 장학 등 공익목적 활동을 수행할 것

④ 매년 기부금 모금액 및 활용실적을 사업연도 종료일부터 4개월 이내에 해당 기부금단체 인터넷 홈페이지와 국세청 홈페이지(www.hometax.go.kr)에 각각 기부금 모금액 및 활용실적 명세(법칙 별지 제63호의 7 서식, 참조)를 공개할 것. 이 경우 지정일이 속하는 사업연도를 포함하여 기부금 모금액이 없는 경우에도 공개해야 한다. 한편, 「상속세 및 증여세법」 제50조의 3 제1항 제2호에 따른 사항을 같은 법 시행령 제43조의 5 제4항에 따른 표준서식에 따라 공시하는 경우에는 기부금 모금액 및 활용실적을 모두 공개한 것으로 본다.

⑤ 해당 일반기부금단체등의 명의 또는 그 대표자의 명의로 지정일이 속하는 연도의 직전 연도를 포함하여 지정기간 동안에 특정 정당 또는 특정인에 대한 「공직선거법」 제58조 제1항에 따른 선거운동을 한 것으로 권한 있는 기관이 확인한 사실이 없을 것

> 공직선거법상 "선거운동"이라 함은 당선되거나 되게 하거나 되지 못하게 하기 위한 행위를 말한다. 다만, 다음 각 호의 어느 하나에 해당하는 행위는 선거운동으로 보지 아니한다.
> 가. 선거에 관한 단순한 의견개진 및 의사표시
> 나. 입후보와 선거운동을 위한 준비행위
> 다. 정당의 후보자 추천에 관한 단순한 지지 · 반대의 의견개진 및 의사표시
> 라. 통상적인 정당활동
> 마. 설날 · 추석 등 명절 및 석가탄신일 · 기독탄신일 등에 하는 의례적인 인사말을 문자메시지(그림말 · 음성 · 화상 · 동영상 등을 포함한다. 이하 같다)로 전송하는 행위

⑥ 각 사업연도의 수익사업의 지출을 제외한 지출액의 100분의 80 이상을 직접 고유목적사업에 지출할 것. 또한, 사업연도 종료일을 기준으로 최근 2년 동안 고유목적사

업의 지출내역이 있을 것

$$\text{의무지출비율} = \frac{\text{직접고유목적사업 지출액}}{(\text{연간 지출액} - \text{수익사업 지출액})} \geq 80\%$$

❙ 관련 집행기준 및 예규 · 심판례 등 ❙

- **이사회 거마비의 직접공익목적 사용여부(서면4팀－1527, 2005.8.26.)**
  공익법인이 이사회에 참석한 당해 공익법인의 이사에게 지급하는 거마비는 정관상 고유목적사업을 수행하기 위한 경비에 해당되지 아니함 봄.
- **이사장 판공비 등 직접공익목적 사용여부(서일46014－10258. 2002.2.28.)**
  공익법인 등이 이사장에게 지급하는 거마비, 경조사비, 판공비 등은 정관상 고유목적사업을 수행하기 위한 경비로 볼 수 없는 것임.
- **기부금으로 차입금을 상환한 경우(상속증여세과－00493. 2016.5.9.)**
  출연재산을 공익목적사업에 사용된 차입금의 상환에 사용한 경우에는 직접공익목적사업에 사용한 것으로 보는 것임
- **시설관리비 등 직접공익목적 사용여부(재산세과－428, 2009.10.9.)**
  공익법인 등이 출연받은 재산으로 정관상 고유목적사업에 직접 사용하는 시설에 소요되는 수선비, 전기료, 전화사용료 등의 관리비를 제외한 관리비로 사용하는 경우에는 직접공익목적사업에 사용한 것으로 보지 않는 것임.

⑦ 전용계좌(상증법 §50의 2 ①)를 개설하여 사용할 것. 여기서 전용계좌란 공익법인등의 고유목적사업 용도로만 사용되는 것으로서 금융회사에 개설한 계좌를 의미하며, 둘 이상 개설할 수 있다.

⑧ 결산서류(상증법 §50의 3 ① 1호부터 4호에서 규정한 재무제표, 기부금 모집 및 지출내용 및 기타 해당 공익법인에 관한 서류를 말함) 등을 해당 기부금단체와 국세청의 홈페이지(www.hometax.go.kr)에 각각 공시할 것. 다만, 의무공시대상에서 제외되는 재무상태표상 총자산가액의 합계액이 5억원 미만인 공익법인등은 공시의무가 없다. 그러나, 해당 과세기간 또는 사업연도의 수입금액과 그 과세기간 또는 사업연도에 출연받은 재산가액의 합계액이 3억원 이상인 공익법인등과 특정법인의 주식을 5퍼센트 초과하여 출연받거나 취득한 공익법인등은 공시의무가 있다.

⑨ 공익법인등에 적용되는 회계기준에 따라 외부회계감사를 「주식회사 등의 외부감사에 관한 법률」 제2조 제7호에 따른 감사인으로부터 받을 것. 다만, 재무상태표상 총

자산가액의 합계액이 100억원 미만이고 사업연도의 수입금액과 출연받은 재산가액의 합계가 50억원 미만이면서 사업연도 출연받은 재산가액이 20억원 미만인 공익법인은 의무감사대상이 아니다. 또한 종교단체와 학교법인에 해당하는 공익법인 등으로서 특정법인의 주식을 5퍼센트 초과하여 출연받거나 취득한 공익법인등이 아닌 경우에도 의무감사대상이 아니다.

(3) 기부금단체의 의무이행 여부 점검결과보고서 제출

기부자로부터 수령한 기부금을 당해 비영리법인 또는 단체의 고유목적사업비로 지출해야 하는 기부금단체 등(법령 §39 ① 1호 각 목의 마목의 종교단체와 해당 사업연도에 기부금 모금액이 없는 나목의 어린이집 및 다목의 유치원을 제외한 공익법인등을 말함)은 매년 「공익법인등 의무이행 여부 점검결과 보고서(법칙 별지 제63호의 10 서식, 참조)」를 작성하여 사업연도 종료일로부터 4개월 이내 국세청장(사업연도 종료일이 2020.12.31.인 경우에는 주무관청)에게 제출하여야 한다(법령 §39 ⑥, 법칙 §19의 2). 이 경우 해당 공익법인등이 의무이행 여부를 보고하지 않으면 국세청장은 보고기한으로부터 2개월 이내에 의무이행 여부를 보고하도록 지체 없이 요구하도록 하고 있다. 이런 재요구에 응하지 않은 법령 §39 ① 1호 바목의 비영리법인의 경우에는 지정취소 사유에 해당되어 국세청장이 기획재정부장관에게 지정취소를 요청할 수 있으며, 법령 §39 ① 1호 가목~라목의 공익법인등은 불성실 기부금수령단체에 해당하여 명단이 공개될 수 있다.

국세청장은 보고받은 내용을 점검해야 하며, 그 점검결과 기부금 모금액 및 활용실적을 공개하지 않거나 그 공개 내용에 오류가 있는 경우에는 기부금 지출 내역에 대한 세부내용을 제출할 것을 해당 공익법인등에 요구할 수 있다. 이 경우 공익법인등은 해당 요구를 받은 날부터 1개월 이내에 기부금 지출 내역에 대한 세부내용을 제출해야 한다(법령 §39 ⑦).

(4) 기부금단체 지정취소 사유

「법인세법 시행령」 제39조 제1항 제1호 바목에 해당하는 공익법인등이 다음에 해당하는 경우에는 국세청장이 기획재정부장관에게 그 지정의 취소를 요청할 수 있다(법령 §39 ⑧).

① 해당 법인이 사업연도별로 1천만원 이상의 상속세 또는 증여세(각각의 가산세 포함)를 추징당한 경우

② 다음의 어느 하나에 해당하는 경우

가. 법인이 목적 외 사업을 하거나 설립허가의 조건에 위반하는 등 공익목적을 위반한 경우

나. 「법인세법 시행령」 제39조 제5항 각 호의 의무를 위반한 경우

다. 「법인세법 시행령」 제39조 제6항 후단에 따른 의무의 이행 여부에 대한 국세청장의 보고 요구에도 불구하고 이를 보고하지 아니한 경우

③ 불성실기부금수령단체로 명단이 공개된 경우

④ 법인의 대표자, 대리인, 사용인 또는 그 밖의 종업원이 「기부금품의 모집 및 사용에 관한 법률」을 위반하여 징역 또는 벌금형이 확정된 경우

⑤ 법인이 해산한 경우

국세청장은 지정기간이 끝난 후에 그 비영리법인의 지정기간 중 상기 지정취소 사유의 '②'에 해당하는 사실이 있었음을 알게 된 경우에는 그 법인에 대하여 지정기간 종료 후 3년간 재지정이 배제된다. 한편, 지정기간 종료 후 재지정은 신규 지정절차와 동일하다.

2.3 불성실 기부금수령단체의 명단 공개

1) 불성실 기부금수령단체의 요건

국세청장은 기부금을 수령한 단체로서 다음 중 어느 하나에 해당하는 단체의 명칭, 대표자, 국세추징 건수 또는 세액, 거짓영수증 발급 건수, 발급금액 또는 의무불이행 내역 등을 관보에 게재하거나 국세정보통신망 또는 관할세무서 게시판에 게시하는 방법으로 공개할 수 있다(국기법 §85의 5, 국기령 §66 ⑩).

① 명단 공개일이 속하는 연도의 직전 연도 12월 31일을 기준으로 최근 2년 이내에 「상속세 및 증여법」에 따른 의무의 불이행으로 추징당한 세액의 합계액이 1천만원 이상인 경우

② 명단 공개일이 속하는 연도의 직전 연도 12월 31일을 기준으로 최근 3년간의 「소득세법」 제160조의 3 또는 「법인세법」 제112조의 2에 따른 기부자별 발급명세를 작성하여 보관하고 있지 아니한 경우

③ 명단 공개일이 속하는 연도의 직전 연도 12월 31일을 기준으로 최근 3년 이내에 기부금액 또는 기부자의 인적사항이 사실과 다르게 발급된 기부금영수증(이하 이 조

에서 "거짓영수증"이라 함)을 5회 이상 발급하였거나 그 발급금액의 합계액이 5천만원 이상인 경우

④ 명단 공개일이 속하는 연도의 직전 연도 12월 31일을 기준으로 「법인세법 시행령」 제39조 제1항 제1호 가목부터 라목까지의 규정에 따른 공익법인등이 다음 각 목에 해당하는 사실이 2회 이상 확인되는 경우

(ㄱ) 「법인세법 시행령」 제39조 제5항 각 호(같은 항 제1호는 제외)의 의무를 위반한 사실

(ㄴ) 「법인세법 시행령」 제39조 제6항 후단에 따른 주무관청의 요구에도 불구하고 의무이행 여부를 보고하지 아니한 사실

2) 불성실 기부금수령단체 명단 공개 업무 절차

세무공무원은 납세자가 세법에서 정한 납세의무를 이행하기 위하여 제출한 자료나 국세의 부과 · 징수를 위하여 업무상 취득한 자료 등(이하 "과세정보"라 함)을 타인에게 제공 또는 누설하거나 목적 외의 용도로 사용해서는 안 된다는 비밀유지의무가 있으나 상기한 불성실 기부금수령단체에 해당하는 경우에는 다음의 절차를 거쳐 그 명단 등 인적사항을 공개할 수 있다.

① 국세청장은 국세정보위원회 심의를 거친 공개 대상자에게 체납자 또는 불성실 기부금수령단체 명단공개 대상자임을 통지한다. 이 경우 명단공개 대상자임을 통지하는 경우 체납된 세금을 납부하도록 촉구하고, 공개 제외 사유에 해당되는 경우에는 이에 관한 소명자료를 제출하도록 안내한다.

② 통지일로부터 6개월간의 소명기회 부여하고

③ 통지일로부터 6개월이 지난 후 국세정보위원회로 하여금 체납액의 납부 이행 또는 기부금영수증 발급명세의 작성 · 보관의무 이행 등을 고려하여 불성실기부금수령단체 명단 공개 여부를 재심의하게 한 후 공개 대상자 여부를 최종 결정한다.

3) 명단공개 제외 사유

기부금단체가 다음에 해당하는 경우에는 불성실 기부금수령단체 명단공개 대상에서 제외된다.

① 상속세 등 체납된 국세에 대하여 이의신청 · 심사청구 등 불복청구 중에 있는 경우

② 불성실기부금단체에 해당하는지에 대하여 이의신청 · 심사청구 · 심판청구, 「감사원법」에 따른 심사청구 또는 「행정소송법」에 따른 행정소송 중에 있는 경우

③ 국세정보위원회가 공개할 실익이 없거나 공개하는 것이 부적절하다고 인정하는 경우

2.4 상속세 및 증여세법상 의무사항

「상속세 및 증여세법 시행령」 제12조에서는 ① 「법인세법」 제24조 제2항 제1호에 해당하는 기부금을 받는 자 ② 「법인세법 시행령」 제39조 제1항 제1호 각 목에 따른 "공익법인등" 및 「소득세법 시행령」 제80조 제1항 제5호에 따른 공익단체 ③ 「법인세법 시행령」 제39조 제1항 제2호 다목에 해당하는 기부금을 받는 자는 해당 기부금으로 운영하는 사업자는 "공익법인등"으로 규정하고 있다. 따라서 상증법상 공익법인이 지켜야 할 다음의 의무사항을 이행해야 하는 바, 미이행 시 증여세 또는 가산세가 부과되고 ②의 공익법인등은 지정취소 될 수 있다. 보다 자세한 사항은 제3장 제3절에서 다루기로 하겠다.

1) 공익법인의 보고서 제출 및 신고의무

구분	내용	
출연재산 보고서 제출 (법 §48 ⑤)	대상	출연재산이 있는 모든 공익법인
	기한	사업연도 종료일부터 4개월 이내
	조치	MIN[(미제출 · 불분명 금액 관련 증여세액×1%, 1억원(중소기업 5천만원)]
외부전문가 세무확인서 제출 (법 §50 ① · ②)	대상	총자산가액이 5억원 이상이거나 수입금액과 출연재산의 합계액이 3억원 이상인 공익법인
	기한	사업연도 종료일부터 4개월 이내
	조치	MIN{[MAX(수입금액+출연재산가액)×0.07%, 100만원], [1억원(중소기업 5천만원)]}
외부 회계 감사보고서 제출 (법 §50 ③)	대상	총자산가액 100억원 이상 또는 수입금액과 출연재산가액 합계액이 50억원 이상 또는 출연재산가액이 20억원 이상인 공익법인(종교, 학교법인, 유치원 제외. 다만, 주식 초과 보유 시 해당됨)
	기한	사업연도 종료일부터 4개월 이내
	조치	(수입금액+출연재산가액)×0.07%

구분		내용
결산서류 등 공시 (법 §50 ③)	대상	모든 공익법인(종교단체 제외, 다만, 주식 초과 보유 시 해당됨)
	기한	사업연도 종료일부터 4개월 이내
	조치	시정 요구(1개월 이내 공시, 오류 시정) 미이행 시 자산총액×0.5%
전용계좌 개설 신고 (법 §50의 2)	대상	모든 공익법인(종교법인 제외, 다만, 주식 초과 보유 시 해당됨)
	기한	최초로 공익법인에 해당하게 된 날부터 3개월 이내
	조치	미신고 시 MAX(공익수입금액×0.5%×미개설 · 미신고기간÷해당 사업연도일수, 대상거래금액×0.5%)
주식 보유 의무이행 신고 (법 §48 ⑬)	대상	동일 내국법인 발행주식총수의 5%를 초과하여 출연 · 취득하였거나 특수관계 있는 내국법인 주식을 총 재산가액의 30%(50%) 초과하여 보유하는 경우
	기한	사업연도 종료일부터 4개월 이내
	조치	미신고 시 자산총액×0.5%

2) 공익법인 운영 시 지켜야 할 일

구분		내용
출연재산	출연재산 §48 ② 1호	• 3년 이내에 직접 공익목적사업에 전부 사용하고 이후 계속하여 공익목적사업에 사용 • 증여세 부과(목적 외 사용분, 3년 내 미사용분, 3년 이후 사용중단 금액
	매각대금 §48 ② 4호 · 5호	• 1년 내 30%, 2년 내 60%, 3년 내 90% 이상 공익목적사업에 사용 • 증여세 부과(목적 외 사용분, 90% 미달 사용분) • 가산세 10%(1년 내 30% 미달사용액, 2년 내 60% 미달사용액)
	운용소득 §48 ② 3호	• 1년 내 70% 이상 직접 공익목적사업에 사용(성실공익법인 80%) • 증여세 부과(출연재산평가액×목적외사용액÷운용소득금액) • 가산세 10%(1년 내 70% 미달 사용액)
	의무지출 §48 ② 7호	• 총자산가액이 5억원 이상이거나 수입금액과 출연재산의 합계액이 3억원 이상인 공익법인은 매년 수익용 재산의 1%(주식 10% 초과 보유 시 3%) 이상 공익목적사업에 사용 • 가산세 : (사용기준금액－직접 공익목적 사용액)×10%
주식 취득 보유	출연 또는 취득 §48 ① · §48 ② 2호	• 의결권 있는 내국법인 주식의 일정 비율 초과 보유 금지[일반공익법인 5%, 상호출자제한기업집단과 특수관계없는 성실공익법인 10%(자선 · 장학 · 사회복지 목적 성실공익법인 20%)] • 증여세 부과(초과보유가액)

구분		내용
주식 취득 보유	계열기업 주식보유 §48 ⑨	• 특수관계 있는 내국법인의 주식가액을 총재산가액의 30%(외부감사, 전용계좌 개설 · 사용, 결산서류 공시 이행 시 50%) 초과보유 금지 • 가산세 부과 5%(초과보유 주식의 매년 말 시가)
이사회구성 제한 §48 ⑧		• 출연자 또는 그의 특수관계인이 이사의 1/5 초과 취임 금지, 임직원 취임 금지 • 가산세 부과(그 사람과 관련한 직 · 간접경비 전액)
특정기업 광고 등 제한 §48 ⑩		• 정당한 대가를 받지 않고 특수관계 있는 내국법인의 이익을 위한 광고 · 홍보 금지 • 가산세 부과(관련 비용 전액)
자기내부거래금지 §48 ③		• 정당한 대가를 받지 않고 출연받은 재산을 출연자와 그의 특수관계인이 사용수익 금지 • 증여세 부과(무상사용 · 수익 시 해당 출연재산가액, 낮은 대가로 사용 · 수익 시 그 차액 상당하는 출연재산가액)
특정계층 혜택 제한 §48 ② 8호		• 불특정 다수가 아닌 특정 사회적지위 · 직업 · 근무처 · 출생지 등에게만 혜택 제공 금지 • 증여세 부과(목적 외 사용한 출연재산가액)
장부작성 · 비치 §51		• 사업연도별로 출연받은 재산 및 공익사업 운용내용 등에 대한 장부 작성(10년간 보존) • 가산세 부과 : (수입금액＋출연재산)×0.07%
공익법인 회계기준 적용 §50의 4		• 외부 회계감사의무 대상 공익법인, 결산공시대상 공익법인(의료법인, 학교법인등 제외)
전용계좌사용 §50의 2		• 전용계좌 사용의무 대상거래에 대한 전용계좌 사용 • 가산세 부과(미사용금액의 0.5%)
공익법인 해산시 §48 ② 8호		• 잔여재산을 국가 · 지방자치단체 · 유사공익법인에게 귀속 • 증여세 부과(미귀속 잔여재산가액)

■ 법인세법 시행규칙 [별지 제75호의 2 서식] (2023.3.20. 개정)

사업연도	. . ~ . .	기부자별 발급명세서	법인명	
			사업자등록번호	

일련번호	기부일	기부자 성명(상호)	주민등록번호(사업자등록번호)	기부명세			발급명세	
		주 소(본점 소재지)		내용	코드	금액	발급번호	발급일

작성방법

※ 코드란에는 「법인세법」 제24조제2항제1호에 따른 특례기부금(종전 특례기부금, 예 국가, 지방자치단체 등 기부금)은 (10)으로,「법인세법」 제24조제3항제1호에 따른 일반기부금(종전 일반기부금, 예 사회복지, 문화, 교육, 종교 등 기부금)은 (40)으로 구분하여 작성합니다.

210mm×297mm[백상지 80g/㎡ 또는 중질지 80g/㎡]

03 사회복지법인 및 시설의 후원금 관리

다른 비영리조직과는 달리 사회복지법인 및 사회복지시설의 경우에는 후원금 관리에 대하여 특별한 규정을 두고 있다. 「사회복지사업법」 제45조에 의하면 사회복지법인의 대표이사와 시설의 장은 아무런 대가 없이 무상으로 받은 금품이나 그 밖의 자산(이하 "후원금"이라 함)의 수입 · 지출 내용을 공개하여 그 관리에 명확성이 확보되도록 하고, 후원금에 관한 영수증 발급, 수입 및 사용결과 보고, 그 밖에 후원금 관리 및 공개 절차 등을 구체적으로 정하고 있어, 만약 이를 위반할 경우에는 300만원 이하의 과태료를 부과하도록 하고 있다.

3.1 사회복지법인 및 시설의 단식부기에 의한 회계처리

사회복지법인 및 시설이 후원금을 수령 또는 모집할 경우 이를 후원자가 그 후원 목적을 지정 또는 특정하였는지 여부에 따라 지정후원금과 비지정후원금으로 구분하여 다음과 같이 회계처리한다.

과목						내역
관		항		목		
05	후원금수입	51	후원금수입	511	지정후원금	국내외 민간단체 및 개인으로부터 후원명목으로 받은 기부금 · 결연후원금 · 위문금 · 찬조금 중 후원목적이 지정된 수입
				512	비지정후원금	국내외 민간단체 및 개인으로부터 후원명목으로 받은 기부금 · 결연후원금 · 위문금 · 찬조금 중 후원목적이 지정되지 아니한 수입과 자선행사 등으로 얻어지는 수입

3.2 사회복지법인 및 시설의 후원금 관리 의무사항

1) 후원금영수증 발급 및 발급목록 장부 비치

사회복지법인의 대표이사와 시설의 장은 후원금을 받은 때에는 「소득세법 시행규칙」 제101조 제20호의 2에 따른 기부금영수증 서식 또는 「법인세법 시행규칙」 제82조 제7항 제3호의 3에 따른 기부금영수증 서식에 따라 후원금 영수증을 발급하고 후원자에게는 교부하여야 하며, 영수증 발급목록을 별도의 장부로 작성 · 비치하여야 한다. 다만, 후원금 전용계좌로 후원금을 받는 경우에는 후원자가 원하는 경우를 제외하고는 영수증 발급을 생략할 수 있다.

2) 후원금전용계좌 개설

사회복지법인의 대표이사와 시설의 장은 후원금을 금융기관 또는 체신관서의 계좌입금을 통하여 받은 때에는 법인명의의 후원금전용계좌나 시설의 명칭이 부기된 시설장 명의의 계좌(이하 "후원금전용계좌 등"이라 함)를 사용하여야 하는데, 법인 및 시설별로 후원금전용계좌 등을 각각 구분하여 사용하여야 하고, 모든 후원금의 수입 및 지출은 후원금전용계좌 등을 통하여 처리하여야 한다. 다만, 물품 형태의 후원금은 그러하지 아니하다.

3) 후원자에게 후원금 수입 및 사용내역 통보

사회복지법인의 대표이사와 시설의 장은 연 1회 이상 해당 후원금의 수입 및 사용내용을 후원금을 낸 법인 · 단체 또는 개인에게 통보하여야 한다. 이 경우 법인이 발행하는 정기간행물 또는 홍보지 등을 이용하여 일괄 통보할 수 있다.

4) 주무관청에 후원금의 수입 · 사용결과 보고

사회복지법인의 대표이사와 시설의 장은 시장 · 군수 · 구청장에게 3월 31일까지 결산보고서를 제출할 때에 후원금수입 및 사용결과보고서를 함께 제출하여야 하고, 해당 법인 및 시설의 게시판과 인터넷 홈페이지에 3개월 동안 공개하여야 한다.

시장 · 군수 · 구청장은 제출받은 후원금수입 및 사용결과보고서를 제출받은 날부터 20일 이내에 시 · 군 · 구 인터넷 홈페이지에 3개월 동안 공개한다.

후원금 수입 및 사용결과보고서의 '사용내역'에는 세출예산과목구분표상의 목이나 내역 수준으로 구체적인 사항을 기재해야 한다.

후원금 수입 및 결과 보고 및 공개 의무를 위반할 경우 300만원 이하의 과태료가 부과된다.

5) 후원금의 용도 외 사용 금지

(1) 지정후원금

후원금의 수입 및 지출은 예산의 편성 및 확정절차에 따라 세입과 세출예산에 편성하여 사용하여야 한다. 후원금 중 후원자가 그 사용목적을 지정한 후원금(지정후원금)은 그 사용 용도 외의 용도로 사용하지 못한다. 다만, 모집한 지정후원금의 15%는 후원금 모집, 관리, 운영, 사용, 결과보고 등에 필요한 비용으로 충당할 수 있다.

지정후원금은 기탁서에 다음과 같은 기준에 모두 부합되는 용도를 명시한 경우에 한해서 지정후원금으로 인정하고, 사회복지시설정보시스템에 기탁내용(후원약속사항)이 등록된 경우에만 회계 반영이 가능하도록 하고 있다.

① 지정용도가 「사회복지법인 및 사회복지시설 재무 · 회계 규칙」 별표 2, 별표 4, 별표 6, 별표 8, 별표 10의 세출 「목」 수준으로 상세하게 명시하되, 가급적 내역수준으로 구체적인 용도가 지정되도록 할 것. "법인 · 시설의 운영" 등과 같이 용도를 포괄적으로 지정한 경우, 비지정후원금의 사용 기준에 따라 관리하여야 함

② 사회복지법인에 후원하는 경우 그 지정용도가 해당 사회복지법인의 권리 · 행위능력의 범위 내일 것. 예컨대, 사회복지법인이 수행할 수 없는 사업(의료기관 개설 등)을 수행 하라는 취지의 용도는 「사회복지사업법」상 후원금으로 볼 수 없음

(2) 비지정후원금

그 사용목적을 지정하지 아니한 후원금(비지정후원금)은 다음의 사용기준[15]에 따라 사용해야 한다.

15) 보건복지부, 사회복지법인 관리안내, 2021

▮ 비지정후원금의 사용 기준 ▮

• 후원자가 사용 용도를 지정하지 않은 비지정후원금은 법인 운영비 및 시설 운영비로 사용하되, 간접비로 사용하는 비율은 50%*를 초과하지 못함.

* 간접비 사용비율 50%는 당해 연도 후원금 수입금액이 아닌 지출금액을 기준으로 함.

[예 시]

2012년도 말 기준, 비지정후원금 모집액 1,000천원에 대하여 지출금액이 700천원일 경우 간접비 사용금액 한도는?

☞ 비지정후원금 간접비 사용금액은 지출금액 기준 700천원에 대한 50%인 350천원을 초과하지 못하며, 2012년도에 지출하지 못한 비지정후원금 300천원은 2013년도 세입예산과목 중 전년도이월금(후원금)으로 처리함.

• 다만, 간접비 중에서도 업무추진비(기관운영비, 직책보조비, 회의비), 법인회계전출금, 부채상환금, 잡지출, 예비비로는 사용 금지

* 업무추진비 중 후원금 모집 등을 위한 운영비, 회의비는 15% 범위 내에서 사용 가능

• 자산취득비로 사용하는 것은 원칙적으로 금지하나, 토지 · 건물을 제외하고 시설 운영에 필요한 집기, 장비 등은 구입 가능

• 시설비는 건물 노후화, 정원대비 협소한 공간 등 시설입소 · 이용자의 불편을 해소하기 위하여 시설 증 · 개축이 필요하다고 인정되는 경우에는 관할 주무관청의 승인을 받아 사용 가능

• 인건비로 사용 가능하되, 후원금으로 직원 수당을 지급하는 경우에는 근로기준법 또는 "사회복지시설종사자 가이드라인"에서 정하고 있는 수당(명절휴가비, 시간외근무수당, 가족수당), 사회복지업무수당(다만, 사회복지공무원에게 지급되는 수당 이상을 초과할 수 없으며 전체 비지정후원금의 50% 한도 내에서만 수당 지급 가능)과 지방자치단체에서 별도로 정하고 있는 수당에 한하여 편성 · 지급해야 함을 원칙으로 함. 다만, 개별 사회복지법인 및 사회복지시설에서는 지방자치단체와 협의하여 수당 항목을 추가로 정할 수 있음.

※ 사회복지업무수당이란 종사자 처우 개선을 위한 특수업무수당, 직무수당, 종사자 장려수당, 종사자 복지수당 등

※ 종사자 처우 관련 수당을 이미 지급하고 있는 시 · 도 또는 시 · 군 · 구의 경우 기존대로 지급

※ 분기별 정산 원칙으로, 전(前)분기에서 수령한 비지정 후원금의 50% 이내에서 현(現)분기에 사회복지업무수당 지급 가능하며 필요시 지자체와 협의 하에 조정 가능

※ 사례 예시

• 종사자에게 지급되는 사회복지업무수당이 공무원에게 지급되는 사회복지업무수당 이상의 금액으로 지급되고 있던 경우
→ 기존대로 사회복지업무수당 지급 가능하되, 비지정 후원금으로 추가 지급 불가능

• 종사자에게 지급되는 사회복지업무수당이 공무원에게 지급되는 사회복지업무수당 이하의 금액으로 지급되고 있던 경우
→ 공무원 사회복지업무수당과의 차액만큼 비지정 후원금으로 추가 지급 가능

• 사회복지업무수당이 지급되지 않았던 경우
→ 비지정 후원금으로 공무원에게 지급되는 사회복지업무수당 한도 내에서 지급 가능

비지정후원금 사용을 위한 법인 운영비 구분

<table>
<tr><th colspan="2">과 목</th><th>직접비</th><th>간접비</th><th rowspan="2">비 고</th></tr>
<tr><th>관</th><th>항</th><th colspan="2">목</th></tr>
<tr><td rowspan="3">사무비</td><td>인건비</td><td>○ 급여
○ 제수당
○ 일용잡급
○ 퇴직금 및 퇴직적립금
○ 사회보험부담금
○ 기타 후생경비</td><td></td><td>수당은 근로기준법 또는 이 지침에서 정하고 있는 수당, 사회복지업무수당(다만, 사회복지공무원에게 지급되는 수당 이상을 초과할 수 없으며 전체 비지정후원금의 50% 한도 내에서만 수당 지급 가능) 및 지방자치단체에서 별도로 정하고 있는 수당에 한함. 다만, 지방자치단체와 협의하여 수당 항목을 추가로 정할 수 있음</td></tr>
<tr><td>업무추진비</td><td></td><td>○ 기관운영비
○ 직책보조비
○ 회의비</td><td>사용불가(다만, 15% 이내에서 후원금 모집을 위한 회의비, 운영비로 사용가능)</td></tr>
<tr><td>운영비</td><td>○ 공공요금
○ 차량비
○ 연료비
○ 여비
○ 수용비 및 수수료
○ 제세공과금</td><td>○ 기타 운영비</td><td></td></tr>
<tr><td>재산조성비</td><td>시설비</td><td>○ 시설장비유지비</td><td>○ 시설비
○ 자산취득비</td><td>시설비는 시설 증·개축이 필요하다고 인정되는 경우에는 관할 주무관청의 승인을 받아 사용 가능
자산취득비는 토지, 건물을 제외한 시설운영에 필요한 집기, 장비 등 구입 가능</td></tr>
<tr><td>사업비</td><td>일반사업비</td><td>○ △△사업비</td><td></td><td>단, 수익사업 사업비로는 사용 불가</td></tr>
<tr><td>전출금</td><td>전출금</td><td>○ △△시설 전출금</td><td></td><td></td></tr>
<tr><td>과년도지출</td><td>과년도지출</td><td></td><td>○ 과년도지출</td><td></td></tr>
<tr><td>상환금</td><td>부채상환금</td><td></td><td>○ 원금상환금
○ 이자지급금</td><td>사용불가</td></tr>
<tr><td>잡지출</td><td>잡지출</td><td></td><td>○ 잡지출</td><td>사용불가</td></tr>
<tr><td>예비비 및 기타</td><td>예비비 및 기타</td><td></td><td>○ 예비비
○ 반환금</td><td>사용불가</td></tr>
</table>

| 비지정후원금 사용을 위한 시설 운영비 구분 |

세출예산과목은 시설유형에 따라 별표4 또는 별표6 적용

과목		직접비	간접비	비 고
관	항	목		
사무비	인건비	○ 급여 ○ 제수당 ○ 일용잡급 ○ 퇴직금 및 퇴직적립금 ○ 사회보험부담금 ○ 기타 후생경비		수당은 근로기준법 또는 이 지침에서 정하고 있는 수당, 사회복지업무수당(다만, 사회복지공무원에게 지급되는 수당 이상을 초과할 수 없으며 전체 비지정후원금의 50% 한도 내에서만 수당 지급가능) 및 지방자치단체에서 별도로 정하고 있는 수당에 한함. 다만, 지방자치단체와협의하여 수당 항목을 추가로 정할 수 있음
	업무추진비		○ 기관운영비 ○ 직책보조비 ○ 회의비	사용불가(다만, 15% 이내에서 후원금 모집을 위한 회의비, 운영비로 사용가능)
	운영비	○ 공공요금 ○ 차량비 ○ 연료비 ○ 여비 ○ 수용비 및 수수료 ○ 제세공과금	○ 기타 운영비	
재산 조성비	시설비	○ 시설장비유지비	○ 시설비 ○ 자산취득비	시설비는 시설 증·개축이 필요하다고 인정되는 경우에는 관할 주무관청의 승인을 받아 사용 가능 자산취득비는 토지, 건물을 제외한 시설운영에 필요한 집기, 장비 등 구입 가능
사업비	운영비	○ 생계비 ○ 수용기관경비 ○ 피복비 ○ 의료비 ○ 장의비 ○ 직업재활비 ○ 자활사업비		

과 목		직접비	간접비	비 고
관	항	목		
사업비	운영비	○ 특별급식비 ○ 연료비		
	교육비	○ 수업료 ○ 학용품비 ○ 도서구입비 ○ 교통비 ○ 급식비 ○ 학습지원비 ○ 수학여행비 ○ 교복비 ○ 이미용비 ○ 기타 교육비		
	○○사업비	○ ○○사업비		
전출금	전출금	○ 법인회계 전출금		사용불가
과년도 지출	과년도지출		○ 과년도지출	
상환금	부채상환금		○ 원금상환금 ○ 이자지급금	사용불가
잡지출	잡지출		○ 잡지출	사용불가
예비비 및 기타	예비비 및 기타		○ 예비비 ○ 반환금	사용불가
적립금	운영충당 적립금		○ 운영충당 적립금	사용불가
준비금	환경개선 준비금		○ 시설환경 개선준비금	사용불가

- 후원금은 예산의 편성 및 확정절차에 따라 세입 · 세출예산에 편성하여 사용하고, 가급적 적립 · 이월하지 않고 회계연도 내에 집행할 수 있도록 노력
- 후원금을 이월하거나 타 회계로 전출할 경우, 그 세입이 후원금이라는 것을 반드시 명시해야 하며, 이에 따라 이월 · 전출된 후원금은 후원금 관리기준에 따라 사용하여야 함 (별표 1~3 참고)

[별표1] 법인회계 세입예산과목구분 중

과목						내역
관		항		목		
08	이월금	81	이월금	811	전년도이월금	전년도 불용액으로서 이월된 금액
				812	전년도이월금(후원금)	전년도 후원금에 대한 불용액으로서 이월된 금액

[별표2] 법인회계 세출예산과목구분 중

과목						내역
관		항		목		
04	전출금	41	전출금	411	ㅇㅇ시설전출금	법인이 유지 · 경영하는 시설에 대한 부담금을 시설별로 목을 설정
				412	ㅇㅇ시설전출금(후원금)	법인이 유지 · 경영하는 시설에 대한 부담금(후원금)을 시설별로 목을 설정

[별표3] 시설회계 세입예산과목구분 중

과목						내역
관		항		목		
08	전입금	81	전입금	811	법인전입금	법인으로부터의 전입금(국가 및 지방자치단체의 보조금은 제외함)
				812	법인전입금(후원금)	법인으로부터의 전입금(후원금)
09	이월금	91	이월금	911	전년도이월금	전년도 불용액으로서 이월된 금액
				912	전년도이월금(후원금)	전년도 후원금에 대한 불용액으로서 이월된 금액

04 기타 비영리조직의 기부금 회계처리

4.1 사학기관의 기부금 회계처리

사학기관의 세입 · 세출명세서상의 예산과목은 다음과 같다. 법인회계에서는 기부금의 계정과목으로 사용하지만 학교회계에서는 학교발전기금으로 처리한다. 대학 등의 경우에는 후원자의 용도지정과 관련하여 이를 구분하여, 일반기부금과 일반기부금 그리고 연구기부금으로 구분하여 회계처리하고 있다.

| 학교법인의 세입예산과목 구분 |

관	항	목	세부 내역
6. 기부원조금			
	1. 기부원조금		
		1. 기부금	특정인의 기부금
		2. 원조금	국외 원조금
		3. 보조금	국가 또는 공공단체의 보조금

| 학교의 세입예산과목 구분 |

장	관	항	목	세목(원가통계비목)	과목해설
	4. 그 밖의 이전수입				
		2. 학교회계간이전수입			
			1. 학교발전기금 전입금	1. 학교발전기금 전입금	학교운영위원회의 결정에 따라 학교발전기금에서 학교회계로 전입되는 금액
			2. 그 밖의 학교회계 전입금	1. 그 밖의 학교회계 전입금	학교기업회계가 학교회계로 전출하는 학교기업회계전입금 및 세입세출외현금 등 같은 학교 내의 다른 회계에서 이전되는 금액 ※ 세입세출외현금에서 발생하는 이자는 이자수입으로 편성
			3. 다른 학교 이전 수입	1. 다른 학교 이전 수입	급식 조리를 하지 않는 학교에서 급식을 조리한 학교로 납부하는 급식비 등 다른 학교로부터 받는 금액

장	관	항	목	세목(원가통계비목)	과목해설
		3. 민간이전수입			
			1. 민간이전 수입	1. 민간이전수입	국가 및 지방자치단체를 제외한 공공기관에서 지원하는 지원금 ※ 공공기관에 해당하지 않는 법인, 기업, 협회, 기관, 단체 또는 개인의 기부금은 학교발전기금으로 처리

| 특례규칙에 따른 운영계산서 계정과목(개정 2023.5.31.) |

과목			적용회계		해설
관	항	목	법인 회계	학교 회계	
5200 전입 및 기부수입	5220 기부금 수입		○	○	
		5221 일반기부금	○	○	기증자가 기부금의 용도를 지정하지 않은 일반기부금
		5222 일반기부금	○	○	기증자가 기부금의 용도를 지정한 기부금 (5223 연구기부금 수입은 제외한다)
		5223 연구기부금	○	○	외부 연구기관 및 기업 등으로부터 연구 · 개발 목적으로 받는 기부금
		5224 현물기부금	○	○	토지 · 건축물 · 실험기자재 · 유물 등의 기증받은 현물을 시가로 평가한 금액

4.2 의료기관의 기부금 회계처리

의료기관에서 의료장비 등을 무상으로 수증받은 경우에는 자산수증이익의 계정과목으로 하고, 제3자로부터 무상으로 받은 수입의 경우에는 기부금수익의 계정과목으로 하여 의료외수익으로 기표한다.

만약 의료기관이 불우이웃돕기나, 기타 외부기관에 기부금을 지출한 경우에는 기부금의 계정과목으로 하고, 대학 및 학교법인의 고유목적사업을 위하여 전출한 금액은 고유목적사업비의 계정과목으로 하여 의료외비용으로 처리하면 된다.

또한 법인의 고유목적사업인 연구용진료 · 건물증축 · 의료장비구입 · 대학운영 등을 위하여 준비금을 설정하여 결산서에 반영한 경우 고유목적사업준비금 전입액으로 처리하고 그 미사용분 및 의료발전기금환입액은 고요목적사업준비금 환입액으로 처리한다.

4.3 기타단체의 기부금 회계처리

사찰, 교회, 향교, 그 밖의 종교단체가 그 고유활동에 필요한 경비에 충당하기 위하여 신도(信徒)로부터 모은 금품은 기부금품법의 적용을 받지 않으나 실질적으로 기부금에 해당한다 할 수 있다. 그러나 종교단체에서는 기부금수입으로 처리하지 않고 그 수입항목에 따라 구분하여 회계처리한다. 즉, 교회회계에서는 헌금수익, 교무금, 고유선교부담금수익 등으로 처리하고 사찰에서는 불공수입, 불전수입, 법요 · 행사수입 등으로 처리하고 있어 후원자의 후원용도 지정 여부와 관계없이 회계처리하고 있다.

기타비영리조직 중 시민단체의 경우에도 고유목적사업수입 중 후원금수입의 계정과목으로 처리하고 있어 후원자의 용도지정과 관계없이 회계처리한다.

공익법인회계기준 해설

01 공익법인회계기준의 개요

1.1 공익법인회계기준의 목적과 적용범위

1) 공익법인의 개념

공익법인회계기준(이하 "이 기준" 또는 "공익기준"이라 함)은 공익법인의 회계처리 및 재무제표를 작성하는데 적용되는 기준을 제시하는 것을 그 목적으로 하고 있다. 여기서 공익법인이란 「상속세 및 증여세법」 제16조 제1항 및 동법 시행령 제12조에서 규정한 공익법인등을 말하는 것으로, 「공익법인설립 및 운영에 관한 법률」에 따른 공익법인과는 다른 개념임을 유의해야한다. 「상속세 및 증여세법」 제16조 제1항 등에서 정한 공익법인등의 범위는 기본적으로 공익을 목적으로 사업을 하는 자를 말하는 바, 「법인세법」 제1조 제2호에 규정하고 있는 비영리법인임을 전제로 하는 것으로 그 구체적인 공익법인등의 범위는 제3장 제3절 2.공익법인의 범위에서 다루도록 하겠다.

❙ 비영리법인과 공익법인의 비교 ❙

A. 「법인세법」상 비영리법인

B. 「상속세 및 증여세법」상 공익법인등

C. 「공익법인설립 및 운영에 관한 법률」상 공익법인

* 출처 : 국세청, 2018년 공익법인 세무안내

2) 공익법인회계기준의 제정근거 및 목적

(1) 공익법인회계기준의 제정근거

공익법인등에 적용되는 회계기준은 「상속세 및 증여세법」 제50조의 4 및 동 시행령 제43조의 4의 규정에 따라 기획재정부장관이 공익법인회계기준 심의위원회의 심의를 거쳐 제정 · 고시한다. 이에 따라 기획재정부에서는 2017년 12월에 공익법인회계기준을 최초 제정 · 고시하고 2018.1.1. 이후 개시하는 회계연도부터 적용하도록 하였다. 또한 2018년 12월에 공익법인회계기준의 기본원리, 적용범위, 재무제표 개요 및 작성기준 등 주요 실무해설을 다루고 있는 「공익법인회계기준 실무지침서」를 제정 · 고시하였다. 한편, 기획재정부는 공익법인등에 적용되는 회계기준의 운영을 위하여 필요한 조사 · 연구 업무를 「정부출연연구기관 등의 설립 · 운영 및 육성에 관한 법률」에 따라 설립된 한국조세재정연구원에 위탁하였다. 이에 따라 한국조세재정연구원에서 공익법인회계기준 실무해석 및 질의회신 업무를 수행하고 있다.

(2) 공익법인회계기준의 목적

이 기준의 목적은 저마다 다른 회계기준에 따라 작성 · 보고되고 있던 기존의 공익법인 재무정보로는 공익법인 간 비교가능성과 목적적합성이 현저히 결여되어 공익법인에 자원 제공자들에게 유용한 정보를 제공할 수 없으므로, 통일된 회계기준에 따라 작성된 재무정보를 통해 기부자 및 정부 그리고 내부관리자 등 재무정보이용자들에게 공익법인의 사업 수행 능력 및 지속가능성과 공익목적사업 활동의 효과성과 효율성 그리고 순자산의 변동 내역 및 재무상태 등을 평가하는데 도움이 될 수 있는 유용한 정보를 제공함으로서 그들의 경제적 의사결정에 도움이 되고자하는 것이라고 할 수 있다. 이는 일반 영리기업의 성과평가 지표인 "이익"으로는 공익법인의 성과를 제대로 평가할 수 없고 또한 통일된 회계기준이 없어 비교 가능한 재무정보를 생산할 수 없었으며 투명한 회계처리를 통한 공익법인 관리자들의 수탁책임을 적절히 평가할 수 없었던 데에서 기인한다 할 수 있다.

3) 공익법인회계기준의 적용 대상

이 기준은 원칙적으로 「상속세 및 증여세법」에서 규정하는 공익법인에 해당하는 비영리조직 중 ① 회계감사를 받는 공익법인과 ② 결산서류 등을 공시하는 공익법인을 그 적용

대상으로 규정하고 있다(상증법 §50의 4).

그런데 모든 공익법인은 장부의 작성 · 비치 의무가 있다. 즉, 공익법인은 소득세 과세기간 또는 법인세 사업연도별로 출연받은 재산 및 공익사업 운용 내용 등에 대한 장부를 작성하여야 하며 장부와 관계있는 중요한 증명서류를 갖춰 두어야 하고 이를 해당 공익법인의 소득세 과세기간 또는 법인세 사업연도의 종료일부터 10년간 보존하여야 한다(상증법 §51). 그러지 않을 경우 수입금액과 출연재산가액의 0.07% 가산세를 부과하도록 하고 있다. 여기서 장부는 이중으로 기록하여 계산하는 부기형식의 장부로 공익법인회계기준에 따라 작성한 장부를 말한다(서면-2018-상속증여-1102, 2018.5.18.). 다만, 다음의 공익법인은 장부의 작성 · 비치 의무를 이행하지 않아도 상증법상 가산세를 부과하지 않는다(상증령 §80 ⑨).

① 사업연도 종료일 현재 재무상태표상 총자산가액의 합계액이 5억원 미만이면서 해당 과세기간 또는 사업연도 수입금액과 그 과세기간 또는 사업연도에 출연받은 재산가액의 합계액이 3억원 미만인 공익법인. 여기서 총자산가액은 부동산의 경우 장부금액과 상증법 평가액(§60 · §61 · §66) 중 큰 금액으로 하고, 수입금액은 공익사업과 관련된 「소득세법」에 따른 수입금액 또는 「법인세법」에 따라 법인세 과세대상이 되는 수익사업과 관련되는 수입금액으로 한다.

② 불특정다수인으로부터 재산을 출연받은 공익법인(출연자 1명과 그 특수관계인이 출연한 출연재산가액의 합계액이 공익법인이 출연받은 총재산가액의 100분의 5에 미달하는 경우에 한함)

③ 국가 · 지방자치단체가 출연하여 설립한 공익법인으로서 감사원의 회계검사를 받는 공익법인(회계검사를 받는 연도분에 한함)

여기서 유념해야 할 사항은 공익법인이 수익사업(법법 §4 ③ 1호 · 7호)을 영위할 경우에는 법인세법상 복식부기 방식으로 장부를 기장해야 하고, 장부와 관련한 중요한 증빙서류를 비치 · 보존해야 한다는 점이다(법법 §112). 그러지 않을 경우 장부의 기록 · 보관 불성실 가산세를 부과하게 된다(법법 §75의 3).

4) 공익법인회계기준의 적용 제외

(1) 「상속세 및 증여세법」 규정에 따른 적용 제외

공익법인회계기준은 「상속세 및 증여세법」에서 규정하고 있는 공익법인에 해당하는 경우에만 적용하도록 하고 있으므로 동 법에 따른 공익법인에 해당하지 않는다면 이 기준을 적용할 필요가 없다. 다만, 「상속세 및 증여세법」에서는 당해 비영리조직이 공익법인에 해당한다 하더라도 수행하고 있는 사업의 특성과 그 규모 등에 비추어 이 기준을 적용하는 것이 당해 공익법인에 부담과 혼란을 주는 측면 그리고 정보의 생산비용과 편익 등을 고려하여 예외적으로 공익법인회계기준 적용대상에서 제외하도록 하는 규정을 두고 있는 바 이를 살펴보면 다음과 같다.

① 사업의 특성에 따른 적용 제외

공익법인 등의 사업의 특성을 고려하여 ① 종교의 보급 기타 교화에 현저히 기여하는 사업을 하는 종교단체 ② 「의료법」에 따른 의료법인 ③ 「사립학교법」에 따른 학교법인 ④ 「국립대학법인 서울대학교 설립 · 운영에 관한 법률」에 따른 국립대학법인 서울대학교 ⑤ 「국립대학법인 인천대학교 설립 · 운영에 관한 법률」에 따른 국립대학법인 인천대학교는 이 기준을 적용하지 않는다(상증령 §43 ④ · §43의 3 ① 2호 · §43의 4 ②, 상증칙 §14의 4). 이들 적용제외 공익법인등은 이미 관련 법률에 복식부기에 의한 재무회계기준이 마련되어 있는 경우가 있다. 의료법인은 「의료법」과 보건복지부령이 정하는 「의료기관 회계기준 규칙」과 「재무제표 세부 작성방법」에 따라 회계처리하고, 학교법인은 「사학기관 재무 · 회계 규칙」 및 「사학기관 재무 · 회계 규칙에 대한 특례규칙」에 따라 회계처리 한다. 종교단체의 경우에는 규모와 관련 없이 사업의 특성을 고려하여 회계감사의무대상과 결산서류 등의 공시의무대상에서 제외된다.

② 비의무외부감사 대상 공익법인의 적용 제외

공익법인회계기준은 「주식회사 등의 외부감사에 관한 법률」 제2조 제7호에 따른 감사인에게 회계감사를 받는 공익법인에게 적용된다. 따라서 회계감사를 받지 않는 비외감대상 공익법인의 경우에는 이 기준을 적용하지 않아도 된다(상증령 §43 ③).

비의무외부감사 대상 공익법인으로는 종교법인(상증령 §12 1호)과 학교(상증령 §12 2호)가 있으며, 그 이외에 공익법인은 각 호를 모두 충족해야 의무감사대상에서 제외된다.

㉠ 과세기간 또는 사업연도 종료일의 재무상태표상 총자산가액의 합계액이 100억원 미만일 것. 여기서 총자산가액은 부동산의 경우 장부금액과 상증법 평가액(§60 · §61 §66) 중 큰 금액으로 한다.

㉡ 해당 과세기간 또는 사업연도의 수입금액과 그 과세기간 또는 사업연도에 출연받은 재산가액의 합계액이 50억원 미만일 것

㉢ 해당 과세기간 또는 사업연도에 출연받은 재산가액이 20억원 미만일 것

③ 비의무공시 대상 공익법인의 적용 제외

공익법인회계기준은 결산서류 등을 공시하는 공익법인에게 적용된다. 따라서 결산서류 등을 공시하지 않는 비공시대상 공익법인의 경우에는 이 기준을 적용하지 않아도 된다. 이 경우 비공시대상 공익법인은 「상속세 및 증여세법 시행령」 제12조 제1호의 사업을 영위하는 공익법인(종교법인)이 유일하다. 2020.1.1. 이후 개시하는 사업연도부터는 모든 공익법인(종교법인 제외)으로 공시대상이 확대되었다.

(2) 공익법인회계기준에서 정한 적용 제외

공익법인회계기준에서는 다른 법령에서 정한 회계처리 규정이 있는 경우와 소규모 공익법인의 경우에는 이 기준을 적용하지 않아도 되는 것으로 규정하고 있다. 그러나 이 규정은 「상속세 및 증여세법」에서 행정규칙으로 위임한 사항이 아니기 때문에 향후 입법을 통하여 해결해야 할 것으로 생각된다.

① 다른 법령에서 정한 회계처리기준이 있는 경우

공익법인회계기준은 발생주의에 따라 복식부기 방식으로 회계처리 하도록 규정하고 있으나 공익법인의 회계처리 및 재무제표 작성에 관하여 다른 법령에서 특별한 규정이 있는 경우에는 그 규정을 이 기준에 우선하여 따르도록 규정하고 있다(공익기준 §6 ②).

이 규정은 법률간 충돌에 따른 공익법인의 혼란을 막고자 하는 규정인 바, 「공공기관의 운영에 관한 법률」에 따라 지정 · 고시된 공공기관이 이에 해당한다 할 수 있다. 기획재정부장관은 국가 · 지방자치단체가 아닌 법인 · 단체 또는 기관을 "공공기관"으로 지정하여 고시할 수 있는데, 이 경우 공공기관은 공기업 · 준정부기관과 기타공공기관으로 구분하여 고시한다. 그런데 공기업 · 준정부기관으로 지정된 공공기관은 「공기업 · 준정부기관 회계사무규칙」 및 「공기업 · 준정부기관 회계기준」에 따라 회계처리 하도록 규정하고 있으므로 공익법인회계기준에 우선하여 「공기업 · 준정부기관 회계기준」을 적용하면 된다. 다만, 기타공공기관 중에서 「정부출연연구기관 등의 설립 · 운영 및 육성에 관한 법률」에 따라 설립된 경제 · 인문사회연구연구기관, 「과학기술분야 정부출연연구기관 등의 설립 · 운영 및 육성에 관한 법률」에 따라 설립된 과학기술분야 정부출연연구기관 및 특정연구기관 등은 동 관련 법령에서 정한 별도의 회계기준이 있는 경우 공익법인회계기준에 우선하여 해당 회계기준을 적용하도록 공익법인회계기준 실무지침서에 규정하고 있다. 그 밖에 관련 법령에 따른 별도의 회계기준이 없는 기타공공기관은 그 동안 일반기업회계기준이나 한국채택국제회계기준 또는 공기업 · 준정부기관 회계기준에 따라 회계처리 해오고 있더라도 공익법인회계기준을 우선 적용하도록 하고 있어 많은 논란이 있다.

한편, 「경제자유구역 및 제주국제자유도시의 외국교육기관 설립 · 운영에 관한 특별법」에 따른 외국교육기관은 관련 법령에 따라 「외국교육기관 회계기준」에 따라 회계 처리 하도록 규정하고 있으므로 공익법인회계기준에 우선하여 해당 회계기준을 적용해야 할 것으로 사료된다.

「공익법인의 설립 · 운영에 관한 법률」에 따라 설립된 공익법인의 경우 "그 사업의 경영성과와 수지상태를 정확하게 파악하기 위하여 모든 회계거래를 발생의 사실에 의하여 기업회계의 원칙에 따라 처리한다"라고 하는 동 법 시행령 제22조의 규정은 "다른 법령에서 특별한 규정이 있는 경우"에 해당하지 않는 것으로 공익법인회계기준 실무지침서에 규정하고 있으므로 동 규정에 따라 그 동안 회계처리해오고 있던 공익법인의 경우에는 공익법인회계기준을 우선 적용해야 할 것으로 사료된다.

보건복지부령이 정한 「사회복지법인 및 사회복지시설 재무 · 회계 규칙」과 「장기요양기관 재무 · 회계 규칙」은 복식부기와 발생주의에 따른 법령에서 특별히 정한 규정으로 보기 어렵다. 따라서 「사회복지사업법」에 따라 사회복지법인이 운영하는 사업을 영위하는 공익법인의 경우에는 기획재정부령이 정한 공익법인회계기준에 따른 재무제표와 보건복지부령이 정한 사회복지법인 및 사회복지시설 재무 · 회계 규칙에서 정한 재무제표를 둘 다 작성해야 하는 부담을 안고 있으므로 이에 대한 부처 간 협의를 통하여 회계정보 생산비용에 대한 부담을 완화해주는 측면으로 입법이 이루어져야 할 것으로 생각된다.

② 소규모 공익법인의 한시적 적용특례

공익법인회계기준은 2018.1.1. 이후 최초로 개시하는 회계연도의 직전 회계연도 종료일의 총자산가액의 합계액이 20억원 이하인 소규모 공익법인과 2018.1.1.부터 2018.12.31.까지의 기간 중에 신설되는 공익법인은 2018.1.1. 이후 최초로 개시하는 회계연도와 그 다음 회계연도까지 단식부기를 적용하여 회계처리할 수 있으며, 필수적 주석기재사항을 생략할 수 있다(공익기준 부칙 §5). 이는 소규모 공익법인의 경우 공익법인회계기준 적용에 따른 부담을 완화하기 위하여 한시적으로 허용된 것이다.

5) 공익법인회계기준의 최초 적용

공익법인회계기준을 최초로 적용할 경우 소급법을 적용을 원칙으로 하나, 전진법으로도 처리할 수 있도록 허용하고 있다. 소급법은 처음부터 공익법인회계기준을 적용하였다고 가정하고 재무제표를 작성하는 것으로 기초시점에 회계변경누적효과를 계산하여 기초잉여금에 반영하고 관련된 자산과 부채를 수정하는 방법이다. 전진법은 공익법인회계기준 적용시점 이전의 회계처리는 그대로 인정하고 당기 및 그 이후의 회계연도에도에만 공익법인회계기준에 따라 회계처리 하는 것으로 회계기준 변경 효과를 당해 회계연도 개시일부터 적용하는 방법이다.

(1) 기존의 단식부기 · 현금주의 적용하던 공익법인의 경우

기존에 단식부기에 따른 현금주의 회계를 적용하고 있던 공익법인이 이 기준을 최초로 적용할 경우 기초 시점에 당해 공익법인이 지배하거나 소유하고 있는 자산과 부담해야 하는 부채는 누락없이 재무상태표에 계상해야 한다. 따라서 회계연도 초에 인식해야 할 자산과 부채를 빠짐없이 조사하여 기초 재무제표를 작성해야 하는 것이 실무적으로 혼란을 최소화는 길이라 생각한다. 감가상각자산의 경우 최초 취득시점부터 감가상각비를 계산하여 이에 대한 누적효과를 잉여금으로 반영하는 것이 소급법에 해당하며, 이미 발생한 감가상각비를 고려하지 않고 당기 이후 잔여 내용연수동안 만 감가상각하는 것이 전진법이다. 두 가지 모두 허용하고 있으므로 공익법인에 유리한 방법을 선택하면 될 것으로 생각된다.

(2) 기존의 복식부기 · 발생주의 적용하던 공익법인의 경우

기존에 이미 복식부기와 발생주의를 적용하여 회계 처리해오던 공익법인은 기존에 적용하고 있던 회계처리기준과 공익법인회계기준의 차이에 따른 누적효과를 반영하여 잉여금으로 조정하는 소급법으로 처리한다. 다만, 그 차이가 중요하지 않고 실무적으로 회계기준 변경에 따른 혼란을 최소화하기 위하여 그 효과를 당기와 당기 이후의 기간에 반영하는 전진법으로 처리해도 무방하다. 기존에 이미 복식부기 · 발생주의를 적용하던 공익법인의 경우에도 만약 누락된 자산 · 부채가 있다면 이를 반영하여 회계 처리해야 한다.

(3) 비교재무제표의 표시 생략

공익법인회계기준을 최초로 적용하는 경우 비교재무제표를 작성하지 아니할 수 있다. 따라서 기존에 단식부기 · 현금주의로 회계 처리해오던 공익법인이나 복식부기 · 발생주의로 회계 처리해오던 공익법인 모두 비교재무제표를 작성하지 않아도 된다.

6) 공익법인회계기준이 정하지 않은 사항

「상속세 및 증여세법」에서 규정하는 공익법인은 이 기준에 따라 회계 처리해야 하나, 만약 이 기준에서 정하지 아니한 사항이 있을 경우 영리기업이 따르고 있는 「일반기업회계기준」에 따른다(공익기준 §6 ①). 공익법인회계기준에서 정하지 않은 사항에 대하여 대체적인 회계기준으로 법무부에서 고시한 「중소기업회계기준 고시」와 한국회계기준원 회계기준위원회에서 제정 · 개정한 회계기준으로서 「주식회사 등의 외부감사에 관한 법률」의 적용대상기업 중 「한국채택국제회계기준」을 적용하지 아니하는 기업이 적용해야 하는 「일반기업회계기준」이 있는 바, 이 중 공익법인에게 실무적으로 부담을 최소화하고 기존에 공익법인 등이 사용하고 있던 「일반기업회계기준」에 따르도록 한 것이다.

따라서 재고자산평가방법, 유가증권평가방법, 리스회계, 보고기간 후 사건에 대한 회계처리 등에 대하여 공익법인회계기준에는 별도의 규정을 정하고 있지 않으므로 이에 대한 회계처리는 「일반기업회계기준」에 따라 회계처리해야 할 것으로 생각된다.

1.2 보고실체 및 회계원칙

1) 보고실체와 통합재무제표

회계실체(accounting entity)는 구분 설정된 회계단위(법인회계, 시설회계, 병원회계, 수익사업회계, 목적사업회계, 일반회계, 특별회계, 기금회계 등)를 말하고, 보고실체(reporting entity)는 재무제표를 작성하여 공시하는 회계단위를 말한다.

일반적으로 회계단위와 보고실체는 동일하지만, 많은 비영리조직의 경우 회계단위별로 구분하여 재무제표를 작성하고 보고하였다. 예를 들면 "법인회계 – (갑)시설회계 – (을)시설회계 – (…)시설회계 – 수익사업회계" 등으로 회계단위를 구분하여 재무제표를 작성하고 보고하였으며, 각 회계단위별로 회계처리 방법(단식부기, 복식부기)과 인식기준(현금주의, 발생주의)이 다를 수 있다. 또한 많은 비영리조직이 본점이 외에 다수의 분사무소나 지부 또는 지점 등을 운영하고 있는 경우가 많은데, 이를테면 ○○협회 중앙회가 있고 각 지방마다 △△시 ○○협회가 자금과 회계가 독립적으로 구분되어 운영되고 있는 경우가 많다.

이 경우 공익법인회계기준에서는 공익법인이 구분 설정한 회계단위를 하나의 보고실체로 보아 모두 통합하여 작성하도록 하고 있다(공익기준 §3). 따라서 각 분사무소나 지부 또는 지점 등이 동일한 법인등기부등본상의 법인등록번호를 사용하고 있다면 경제적 실질이 독립되어 있다하더라도 법률적 형식에 따라 하나의 보고실체로 보아 통합재무제표를 작성하도록 규정하고 있다.

다만, 법률적 형식이 구분되어 비록 다른 법인등록법호를 사용하고 있다 하더라도 경제적 실질이 하나의 보고실체로 보는 것이 합리적인 경우에는 이를 통합하여 하나의 통합재무제표를 작성할 수 있다.

중앙정부 또는 지방자치단체나 공공기관에서 자신들이 보유하고 있는 건물이나 시설(복지관, 수련시설 등)을 공익법인에게 위탁하면서 공익사업을 하도록 하는 경우가 있다. 이처럼 위탁시설을 운영하면서 발생하는 사업수익 및 사업비용은 당해 수탁자인 공익법인의 다른 공익사업활동에서 발생하는 사업수익 및 사업비용과 비록 회계단위는 다르더라도 통합하여 작성해야 한다. 다만, 위탁시설(건물 또는 시설물 등)의 경우에는 공익법인 소유가 아니기 때문에 당해 수탁자산 등은 통합하여 표시하지 않는다. 따라서 위탁시설에 대한 자본적 지출액이나 반납할 의무가 있는 자산을 취득한 경우에는 모두 사업비용으로 처리하는 것이 타당하다.

2) 통합재무제표의 구분표시

공익법인회계기준은 공익법인이 구분 설정한 회계단위를 하나의 보고실체로 보아 모두 통합하여 작성하되, 공익목적사업부문과 기타사업부문으로 각각 구분하여 표시하도록 하고 있다(공익기준 §10 ② · §23 ②). 이와 같이 구분하여 표시하는 이유는 공익법인의 특성상 공익목적사업부문에 대한 재무정보를 구분하여 표시함으로써 정보이용자에게 보다 목적적합한 정보를 제공할 수 있기 때문이다. 즉, 기부자나 정부당국 등 공익법인에게 자원을 제공하는 정보 이용자 입장에서는 자체 수익사업 등을 통하여 재정이 건실한 공익법인에게 굳이 자원을 제공할 필요성을 느끼지 못하기 때문이다. 또한 자원제공자 입장에서는 제공된 자원이 공익목적사업부문에 사용되었는지 아니면 기타사업부문에 사용되었는지 한 눈에 볼 수 있으며, 자원을 제공받은 공익법인의 경우에는 수탁된 자원을 다른 기타사업부문에 사용하지 않고 공익목적사업부문에 투명하게 사용해야 하는 수탁책임이 있는 것이므로 이에 대한 수탁책임을 명확히 하고자 구분하여 표시하도록 한 것이다.

공익법인에서 여러 가지 사업 활동을 수행하고 있는 경우 공익목적사업부문과 기타사업부문의 구분은 공익법인의 "정관"에서 규정하고 있는 공익목적사업에 해당하는지 여부에 따라 결정한다. 「법인세법」 제3조 제3항에서 정한 비영리법인의 수익사업에 해당한다면 기타사업부문으로 구분하여 표시해야 하지만, 그렇다고 모든 수익사업이 기타사업부문으로 기재하는 것은 아니다. 금액적 중요성이 없는 이자소득이 발생한 경우에는 굳이 이를 기타사업부문으로 구분하여 표시할 필요가 없다. 다만, 장학재단 등의 경우와 같이 이자소득이나 임대소득으로 대부분의 재원을 마련하고 있는 경우에는 금액적 중요성 여부와 관계없이 모두 기타사업부문으로 구분하여 표시해야 한다.

정관에 기재된 사업이라 하더라도 공익목적 사업활동으로 볼 수 없는 경우가 있다. 즉, "그 밖에 이 ㅇㅇ법인의 목적달성에 필요한 부대사업" 또는 "이 ㅇㅇ법인의 목적사업 달성에 필요한 수익사업" 등으로 기재된 경우이다. 수익사업의 경우에는 당연히 기타사업부문으로 구분 표시해야 하지만 부대사업의 경우에는 그 구분이 애매한 경우가 많다. 이 경우에는 「법인세법」에서 정한 수익사업에 해당하고 계속 반복적으로 발생하며 금액적으로 중요한 경우에는 기타사업부문으로 구분 표시해야 할 것으로 생각된다.

<table>
<tr><th>구분</th><th>기준</th><th colspan="2">구분회계</th></tr>
<tr><td>공익법인회계기준</td><td>정관기준</td><td>공익목적사업</td><td>기타사업</td></tr>
<tr><td>법인세법</td><td>과세소득기준</td><td>비수익사업</td><td>수익사업</td></tr>
</table>

3) 회계원칙

회계처리는 복식부기 방식의 발생주의 원칙에 따라 회계처리하도록 규정하고 있다(공익기준 §4 ①).

(1) 복식부기

'복식부기'란 공익법인의 자산, 부채, 순자산의 증감 및 변화과정과 그 결과를 계정과목을 통하여 대변과 차변으로 구분하여 이중기록 · 계산이 되도록 하는 부기형식을 말한다(공익기준 §4 ②). 이와 같이 차변과 대변에 이중으로 기록하는 이유는 차변합계와 대변합계가 항상 같은 값을 가짐으로서 회계처리로 인한 오류가 자동으로 검증되어 오류와 부정을 줄일 수 있고 또한 경영성과를 쉽게 파악할 수 있기 때문이다. 다만, 회계처리에 대한 전문적인 지식이 없으면 회계정보를 생산하는데 많은 비용이 들 수 있으며 재무제표를 이해하는 데에도 많은 시간과 노력이 필요하다는 단점이 있다.

(2) 발생주의

'발생주의'란 현금주의 회계처리와 반대되는 개념으로 현금의 유입 · 유출과 관계없이 수익은 실현되었을 때 인식하고 비용은 발생되었을 때 인식하는 개념으로서 기간손익을 계산할 때 경제가치량의 증가나 감소의 사실이 발생한 때를 기준으로 수익과 비용을 인식하는 것을 말한다(공익기준 §4 ③). 현금주의 회계처리는 현금이 입금되고 출금되는 사건이 일어난 경우에 회계처리를 시작하지만, 발생주의 회계처리는 경제적 사건이 발생한 시점에 회계처리를 한다는 차이가 있다.

'경제가치(economic value)'는 일반기업회계기준의 '경제적 효익(economic benefits)'과 대응하는 것으로 볼 수 있는데 종종 재화나 용역의 대가로 포기하게 되는 금액으로 정의할 수 있다. 일반기업회계기준의 경제적 효익의 유입과 유출에 따라 기간손익을 계산하지만, 이 기준에서는 경제가치의 증감에 따라 기간손익을 계산하도록 하고 있다.

발생주의 회계처리의 대표적인 계정과목으로는 외상매출금, 외상매입금, 미수금, 미지급금, 미수수익, 선수수익, 선급비용, 미지급비용, 감가상각비, 대손상각비 등을 들 수 있는데 이 계정들은 모두 현금의 유출입과 관계없이 발생한 회계연도에 수익과 비용으로 인식하게 된다.

발생주의 회계에서 가장 주안점을 두는 것이 기간귀속이다. 어느 회계연도에 수익과 비용으로 인식할지 여부인데 공익법인의 성과평가에 직접적인 영향을 미치기 때문이다. 공익법인회계기준은 일부 사업수익 계정과목, 특히 기부금수익과 납부가 강제되지 않은 회비수입 등의 경우에는 현금주의에 따라 실제 현금이 유입되는 경우 회계 처리하도록 규정하고 있다.

1.3 재무제표의 종류

재무제표의 종류는 ① 재무상태표 ② 운영성과표 ③ 주석으로 구성되어 있다. 따라서 현금 유입과 유출에 대한 정보를 전달하는 현금흐름표는 작성하지 않는 것으로 규정하고 있어 이에 대한 규정 보완이 필요할 것으로 사료된다. 한국회계기준원에서 제정한 비영리조직회계기준은 현금흐름표를 기본재무제표에 포함시키고 있으며, 만약 비영리조직이 수지계산서(수입과 지출의 결과를 집계한 표)를 작성하고 있는 경우에는 수지계산서로 현금흐름표를 갈음할 수 있도록 하고 있다.

한편, 영리기업의 일반기업회계기준에서 작성하도록 하고 있는 필수 재무제표 중 순자산의 증감내역에 대한 정보를 제공하는 자본변동표는 공익법인회계기준에서는 주석으로 공시하도록 하고 있다(공익기준 §41 12호).

사회복지법인의 경우 기획재정부령이 정한 공익법인회계기준에 따른 재무제표와 더불어 보건복지부령이 정한 「사회복지법인 및 사회복지시설 재무 · 회계 규칙」과 「장기요양기관 재무 · 회계 규칙」에서 정한 세입 · 세출결산, 재무상태표, 수지계산서를 작성해야 한다.

1) 재무상태표

재무상태표는 회계연도 말 현재 공익법인이 정관상 목적사업을 지속적으로 수행할 수 있는 능력이 있는지 여부 및 공익법인의 유동성 및 재무건전성에 대한 정보를 제공하는 것을 목적으로 작성한다(공익기준 §10).

2) 운영성과표

운영성과표는 공익법인의 사업 수행 성과 및 관리자의 책임 수행 정도에 대한 정보를 제공할 목적으로 작성한다(공익기준 §23).

3) 주 석

주석은 재무제표 본문(재무상태표, 운영성과표를 말함)의 전반적인 이해를 돕는 일반사항에 관한 정보, 재무제표 본문에 표시된 항목을 구체적으로 설명하거나 세분화하는 정보, 재무제표 본문에 표시할 수 없는 회계사건 및 그 밖의 사항으로 재무제표에 중요한 영향을 미치거나 재무제표의 이해를 위하여 필요하다고 판단되는 정보를 추가하여 기재하는 것을 말한다(공익기준 §40).

1.4 재무제표의 구성요소

1) 재무상태표의 구성요소

(1) 자 산

자산은 과거의 거래나 사건의 결과로 현재 공익법인에 의해 지배되고 미래에 경제적 효익을 창출할 것으로 예상되는 자원을 말한다(공익기준 §11 ② 1호).

(2) 부 채

부채는 과거의 거래나 사건의 결과로 현재 공익법인이 부담하고 있고 미래에 자원이 유출되거나 사용될 것으로 예상되는 의무를 말한다(공익기준 §11 ② 2호).

(3) 순자산

순자산은 공익법인의 자산 총액에서 부채 총액을 차감한 잔여 금액을 말한다(공익기준 §11 ② 3호).

2) 운영성과표의 구성요소

(1) 수 익

수익은 자산의 증가나 유입 또는 부채의 감소에 따라 순자산의 증가를 초래하는 특정 회계기간 동안에 발생한 경제적 효익의 증가로서 영구적 제약이 있는 기본순자산의 증가나 순자산조정과 관련이 된 것은 제외한다.

(2) 비 용

비용은 자산의 감소나 소멸 또는 부채의 증가에 따라 순자산의 감소를 초래하는 특정 회계기간 동안에 발생한 경제적 효익의 감소로서 영구적 제약이 있는 기본순자산의 감소나 순자산조정과 관련이 된 것은 제외한다.

1.5 재무제표 구성요소의 인식기준

인식이란 회계적 사상(또는 거래)이 발생하였을 때 재무제표 구성요소의 정의에 부합하고, 다음에서 설명하는 인식기준을 충족하였을 때 재무제표에 반영하는 일련의 과정을 말한다. 이는 거래를 최초로 인식하는 것뿐만이 아니라 이미 인식한 항목의 변화가 있을 때 재무제표에 반영하는 것까지를 포함한다.

1) 자산의 인식

자산은 해당 항목에서 발생하는 미래경제적 효익이 공익법인에 유입될 가능성이 매우 높고, 그 원가를 신뢰성 있게 측정할 수 있는 경우 인식한다(공익기준 §11 ③ 1호).

2) 부채의 인식

부채는 해당 의무를 이행하기 위하여 경제적 자원이 유출될 가능성이 매우 높고, 의무의 이행에 소요되는 금액을 신뢰성 있게 측정할 수 있는 경우 인식한다(공익기준 §11 ③ 2호).

3) 수익의 인식

수익의 인식은 자산의 증가나 부채의 감소에 대한 인식과 동시에 이루어진다. 따라서 수익은 자산의 증가나 부채의 감소와 관련하여 미래 경제적 효익이 증가하고 이를 신뢰성 있게 측정할 수 있을 때 인식한다.

4) 비용의 인식

비용의 인식은 자산의 감소나 부채의 증가에 대한 인식과 동시에 이루어진다. 따라서 비용은 자산의 감소나 부채의 증가와 관련하여 미래 경제적 효익이 감소하고 이를 신뢰성 있게 측정할 수 있을 때 인식한다.

1.6 재무제표 구성요소의 측정기준

측정이란 재무제표 구성요소를 인식하기 위하여 화폐금액을 결정하는 과정을 말한다. 이 기준에서 정하고 있는 측정기준은 ① 역사적 원가 ② 공정가치 ③ 순공정가치 ④ 사용가치 ⑤ 회수가능액 등이 있다.

1) 역사적 원가

역사적 원가(historical cost)는 취득 당시 최초로 지출한 현금 및 현금성자산이나 그 밖의 대가를 공정가치로 측정하는 것을 말한다. 이 기준에서는 자산을 최초로 인식할 때 취득원가로 인식하도록 하고 있다(공익기준 §33 ①). 기업회계기준개념체계에서는 역사적 원가로 측정할 때 자산은 취득의 대가로 취득 당시에 지급한 현금 또는 현금성자산이나 그 밖의 대가의 공정가치로 기록하고, 부채는 부담하는 의무의 대가로 수취한 금액으로 기록하도록 하는 한편, 어떤 경우(예 : 법인세)에는 정상적인 영업과정에서 그 부채를 이행하기 위해 지급할 것으로 기대되는 현금이나 현금성자산의 금액으로 기록할 수 있도록 하고 있다(재무보고를 위한 개념체계 4.55).

2) 공정가치

공정가치(fair value)는 합리적인 판단력과 거래 의사가 있는 독립된 당사자 사이의 거래에서 자산의 매각으로부터 수취할 수 있는 금액(산출가액)을 말한다(공익기준 §33 ②). 기업회계기준개념체계에서의 실현가능(이행)가치와 유사한 개념으로 자산을 정상적으로 처분하는 경우 수취할 것으로 예상되는 현금이나 현금성자산의 금액으로 측정하고, 부채는 이행가치로 평가하는데 이는 정상적인 영업과정에서 부채를 상환하기 위해 지급될 것으로 예상되는 현금이나 현금성자산의 할인하지 아니한 금액으로 측정한다(재무보고를 위한 개념체계 4.55).

3) 순공정가치

순공정가치(net fair value)는 합리적인 판단력과 거래 의사가 있는 독립된 당사자 사이의 거래에서 자산의 매각으로부터 수취할 수 있는 금액(공정가치)에서 처분 부대원가를 차감한 금액을 말한다(공익기준 §33 ② 1호).

4) 사용가치

사용가치는 자산에서 창출될 것으로 기대되는 미래 현금흐름의 현재가치로 측정하는 것(공익기준 §33 ② 2호)을 말하는데, 기업회계기준개념체계에서의 현재가치와 유사한 개념이므로 자산은 정상적인 영업과정에서 그 자산이 창출할 것으로 기대되는 미래 순현금유입액의 현재할인가치로 측정하고, 부채는 정상적인 영업과정에서 그 부채를 상환할 때 필요할 것으로 예상되는 미래 순현금유출액의 현재할인가치로 측정한다(재무보고를 위한 개념체계 4.55).

5) 회수가능액

이 기준에서 회수가능액은 순공정가치와 사용가치 중 큰 금액으로 측정하는 것을 말한다(공익기준 §33 ③).

1.7 재무제표의 표시방법

1) 구분 · 통합 · 배분

(1) 항목의 구분과 통합

재무제표를 표시할 때 중요한 항목은 재무제표의 본문 또는 주석에 그 내용을 가장 잘 나타낼 수 있도록 구분하여 표시하도록 하고 있다(공익기준 §8). 따라서 중요하지 않은 항목은 '성격'이나 '기능'이 유사한 항목과 통합하여 표시하여도 무방하다. 이 기준은 '중요한'에 대한 정의를 명확하게 규정하고 있지 않다. 한국채택국제회계기준서 제1001호에는 '중요성'에 대하여 어떠한 항목의 누락이나 왜곡표시가 개별적으로 또는 집합적으로 재무제표에 기초한 재무제표이용자의 경제적 의사결정에 영향을 미치는 경우 그 항목의 누락이나 왜곡표시는 중요성이 있는 것으로 규정하고 있다. 중요성을 결정할 때 관련 상황을 고려하여 누락이나 왜곡표시의 ① 크기 ② 성격 ③ 크기와 성격의 결합 등을 종합하여 고려해야 한다.

(2) 작성단위의 구분과 통합

이 기준에서는 공익법인을 하나의 작성단위로 보아 재무제표를 통합하여 작성하되, 공익목적사업부문과 기타사업부문으로 각각 구분하여 표시하도록 하고 있다(공익기준 §10 ② · §23 ②). 다만, 각 부문별 항목의 구분에 대하여는 명확히 규정하고 있지 않다. 즉, 실지 귀속에 따라 자산 · 부채 · 수익 · 비용을 구분하는 것이 타당하지만 공통자산 · 부채 · 수익 · 비용에 대하여는 명확한 배분기준을 정하고 있지 않다. 따라서 복수의 활동과 관련되어 있는 공통자산 · 부채 · 수익 · 비용은 합리적인 배분기준을 마련하여 그 배부기준에 따라 배부해야 한다.

(3) 활동의 구분과 배분

공익법인의 활동은 공익법인이 추구하는 본연의 임무나 목적을 달성하기 위해 수혜자, 고객, 회원 등에게 재화나 용역을 제공하는 활동(이하 "공익활동"이라 함)과 기획, 인사, 재무, 감독 등 제반 관리활동(이하 "관리활동"이라 함), 기부금의 모금 홍보, 모금 행사, 기부자 리스트 관리, 모금 고지서 발송 등의 모금활동(이하 "모금활동"이라 함)으로 구분한다(공익기준 §27 ③).

복수의 활동과 관련되어 있는 공통자산 · 부채는 관련 시설면적, 사용빈도 등 합리적인 배분기준에 따라 활동 간에 배분하고, 공통수익 · 비용은 해당 수익과 비용의 성격에 따라 투입한 업무시간, 관련 시설면적, 사용빈도 등 합리적인 배분기준에 따라 활동 간에 배분하며, 그 배분기준은 일관되게 적용하여야 한다(공익기준 §30 · §39).

2) 비교정보

재무제표의 기간별 비교가능성을 제고하기 위하여 전기 재무제표상의 모든 계량정보를 당기와 비교하는 형식으로 표시한다. 전기 재무제표상의 비계량정보가 당기 재무제표를 이해하는 데 관련된 경우에는 이를 당기의 정보와 비교하여 주석으로 기재한다(공익기준 §8). 다만, 이 기준을 최초로 적용하여 재무제표를 작성하는 경우에는 비교재무제표를 작성하지 아니할 수 있다(공익기준 부칙 §3).

3) 상 계

재무제표를 표시하는 데 있어 자산과 부채 그리고 수익과 비용은 이 기준에서 특별히 요구하거나 허용하지 않는 한 상계하지 않고 총액으로 표시한다(공익기준 §11 ⑥ · §24 ② 3호).

02 재무상태표

2.1 재무상태표의 구조

1) 기본구조

재무상태표는 기본적으로 다음과 같이 구분하여 표시한다.

자 산

Ⅰ. 유동자산

현금및현금성자산, 단기투자자산, 매출채권, 선급비용, 미수수익, 미수금, 선급금, 재고자산 …

Ⅱ. 비유동자산

(1) 투자자산

장기성예적금, 장기투자증권, 장기대여금 …

(2) 유형자산

토지, 건물, 구축물, 기계장치, 차량운반구, 건설중인자산 …

(3) 무형자산

지식재산권, 개발비, 컴퓨터소프트웨어, 광업권, 임차권리금 …

(4) 기타비유동자산

임차보증금, 장기선급비용, 장기미수금 …

부 채

Ⅰ. 유동부채

단기차입금, 매입채무, 미지급비용, 미지급금, 선수금, 선수수익, 예수금, 유동성장기부채 …

Ⅱ. 비유동부채

장기차입금, 임대보증금, 퇴직급여충당부채 …

Ⅲ. 고유목적사업준비금

순자산

Ⅰ. 기본순자산

Ⅱ. 보통순자산

잉여금, 적립금 …

Ⅲ. 순자산조정

매도가능증권평가손익, 유형자산재평가이익 …

2) 유동성 구분 및 배열

자산과 부채는 유동성이 높은 항목부터 배열한다. 이 때 유동성의 구분은 1년 기준으로 회계연도 말부터 1년 이내에 현금화되거나 실현될 것으로 예상되는 자산은 유동자산으로 분류하고 유동자산을 제외한 모든 자산을 비유동자산으로 구분한다.

한편, 회계연도 말부터 1년 이내에 상환 등을 통하여 소멸할 것으로 예상되는 부채는 유동부채로 구분하고 유동부채를 제외한 모든 부채를 비유동부채로 구분하는데, 고유목적사업준비금을 부채로 인식하는 경우에는 유동부채와 고유목적사업준비금을 제외한 모든 부채를 비유동부채로 구분한다.

2.2 자 산

1) 자산의 인식 및 평가

(1) 최초 인식

자산의 최초 인식은 취득원가로 한다. 다만, 공익법인이 취득하지 않은 거래 즉, 교환, 현물출자, 증여, 그 밖에 무상으로 취득한 자산은 공정가치를 취득원가로 한다(공익기준 §33 ①·②).

그런데,「법인세법」에서는 현물로 기부받는 자산의 취득원가에 대하여 별도로 규정하고 있다. 즉,「상속세 및 증여세법 시행령」제12조에 따른 공익법인 등이 특수관계인 외의 자로부터 일반기부금으로 기부받은 자산의 경우에는 기부한 자의 기부 당시 장부가액을 취득가액으로 하고 있으며, 다만,「상속세 및 증여세법」에 따라 증여세 과세가액에 산입되지 않은 출연재산이 그 후에 과세요인이 발생하여 그 과세가액에 산입되지 않은 출연재산에 대하여 증여세의 전액이 부과되는 경우에는 기부 당시의 시가로 하도록 규정하고 있다(법령 §72 ② 5의 3).

한편, 개인 기부자가 사업소득과 관련이 없는 자산을 기부하는 경우에는 개인 기부자가 취득할 당시의 다음의「소득세법 시행령」제89조에 따른 취득가액을 당해 공익법인의 취득가액으로 하도록 하고 있다.

① 타인으로부터 매입한 자산은 매입가액에 취득세·등록면허세 기타 부대비용을 가산한 금액

② 자기가 행한 제조·생산 또는 건설 등에 의하여 취득한 자산은 원재료비·노무비·운임·하역비·보험료·수수료·공과금(취득세와 등록면허세를 포함한다)·설치비 기타 부대비용의 합계액

③ ① 및 ②의 자산으로서 그 취득가액이 불분명한 자산과 ① 및 ②의 자산 외의 자산은 해당 자산의 취득 당시의「법인세법 시행령」제89조를 준용하여 계산한 금액에 취득세·등록면허세 기타 부대비용을 가산한 금액

▌현물기부자산의 평가 및 취득가액▐

구분		2011.3.31. 이전 기부받은 경우		2011.3.31. 이후 기부받은 경우	
		기부한 법인 (구 법인령 §37 ①)	기부받은 공익법인	기부한 법인 (법인령 §36 ①)	기부받은 공익법인 (법인령 §72 ②)
비특수 관계자	법정 (특례)	장부가액	기부 당시 시가	기부했을 때의 장부가액	기부 당시 시가
	지정 (일반)	기부했을 때의 Max (시가 · 장부가액)			기부 당시 장부가액(*) (예외 : 증여세의 전액이 부과되는 경우에는 기부 당시의 시가)
특수관계자		기부했을 때의 Max (시가 · 장부가액)	기부 당시 시가	기부했을 때의 Max (시가 · 장부가액)	기부 당시 시가

(*) 개인이 사업소득과 관련 없는 자산 기부 시 취득 당시의 소득령 §89에 따른 취득가액

공익법인이 특수관계없는 기부자로부터 현물로 기부를 받는 경우 장부에 기표하는 가액은 공익법인회계기준에 따라 공정가치를 취득원가로 해야 하나, 기부금 영수증 발행액은 법인세법 시행규칙 별지 제63호의 3 서식 또는 소득세법 시행규칙 별지 제45호의 2 서식에 따라 법인으로부터 받는 경우에는 당해 법인의 장부가액으로 하고, 개인으로부터 수령하는 경우에는 시가와 장부가액 중 큰 금액을 현물기부금품 가액으로 적게 되어 있으므로 양자의 차이가 발생할 수 있다. 또한, 법인세법에 따라 공익법인이 수익사업소득을 신고(예 : 주식양도소득, 유형자산처분소득 등)함에 있어 취득가액의 산정이 공익법인회계기준(공정가치)과 법인세법(기부자의 장부가액)이 다르므로 유념해야 할 것이다.

• 쟁점주식의 취득가액을 공익법인이 기부 받은 당시의 가액으로 보아야 한다는 청구주장의 당부(조심-2022-서-0030, 2022.5.31.)

청구법인은 특수관계 없는 개인의 사업소득과 관련이 없는 자산을 기부받은 경우의 취득가액은 공익법인이 기부받은 당시의 시가로 하여야 한다고 주장하나, 2011년 개정된 쟁점시행령은 공익법인 등이 기부받은 자산의 가액은 기부한 자의 기부 당시 장부가액으로 하면서 장부가액이 존재하지 아니하는 개인으로부터 개인의 사업소득과 관련 없는 자산을 기부받은 경우 「소득세법 시행령」 제89조에 따른 취득가액으로 한다고 규정하고 있는바, 쟁점시행령이 법인의 경우 기부한 자의 기부 당시 장부가액으로 하는 것과 대비하여 개인의 경우에는 취득 당시의 취득가액이라고 규정한 것은 기부한 자의 기부 당시 장부가액이 없는 경우에는 기부한 자의 취득 당시 가액이라고 해석하는 것이 위 규정의 문맥상 타당한 것으로 보이는 점, 쟁점시행령은 공익법인이 개인의 사업소득과 관련 없는 자산을 기부받은 경우에는 「소득세법 시행령」 제89조

에 따라 자산의 매입 · 제작 등에 따른 매입 또는 제작가액을 취득가액으로 하도록 규정하고 있는바, 「법인세법 시행령」 제72조 제2항 제5호의 3 괄호의 자산 취득 주체와 「소득세법 시행령」 제89조 제1항 각 호의 평가대상 자산 취득 주체는 기부한 자로 일치되어야 하는 것으로 보이는 점, 자산을 기부받은 공익법인과는 달리 기부한 개인은 그 자산의 취득가액을 알 수 없다고 단정하기 어려운 점, 「법인세법 시행규칙」 별지 제63호의 3 서식 "기부금 영수증" 작성방법에 "개인이 사업소득과 관련 없는 자산을 기부한 경우 : 개인의 최초 취득가액"이라고 기재되어 있는 점 등을 종합하여 고려하면, 청구법인이 개인의 사업소득과 관련이 없는 자산을 기부받은 경우 그 취득가액을 기부받은 당시의 시가로 보아야 한다는 청구주장은 받아들이기 어려운 것으로 판단된다.

(2) 손　상

자산의 진부화 및 시장가치의 급격한 하락 등으로 인하여 자산의 회수가능액이 장부금액에 중요하게 미달되는 경우에는 장부금액을 회수가능액(순공정가치와 사용가치 중 큰 금액)으로 조정하고 그 차액을 (사업외비용)손상차손으로 처리한다.

과거 회계연도에 인식한 손상차손이 더 이상 존재하지 않거나 감소하였다면 자산의 회수가능액이 장부금액을 초과하는 금액은 (사업외수익)손상차손환입으로 인식한다. 다만, 손상차손환입으로 증가된 장부금액은 과거에 손상차손을 인식하기 전 장부금액의 감가상각 또는 상각 후 잔액을 초과할 수 없다(공익기준 §33 ③ · ④).

회계처리 사례

장애인근로작업장 ㅇㅇ일터의 제품 포장기계 취득과 손상에 대한 자료와 회계처리를 예시하면 다음과 같다.

(1) 취득일 20×1.1.1.

(2) 취득원가 50,000,000원

(3) 감가상각 내용연수는 5년, 정액법, 잔존가치 없음

(4) 손상징후 : 20×1.12.31. 순공정가치 35,000,000 사용가치 34,000,000

(5) 손상회복 : 20×2.12.31. 순공정가치 31,000,000 사용가치 32,000,000

① 1차연도말에 손상징후가 있어도 감가상각비를 먼저 계상한다.

감가상각비	10,000,000	/	감가상각누계액	10,000,000

② 1차연도말 손상 회계처리

유형자산손상차손*	5,000,000	/	손상차손누계액	5,000,000

* 손상차손 = 상각 후 장부가액 − 회수가능액[MAX(순공정가치, 사용가치)]
= 40,000,000 − MAX(35,000,000, 34,000,000) = 5,000,000 ≥ 0

※ 재무상태표 표시 방법 : 기계장치 50,000,000
감가상각누계액 (10,000,000)
손상차손누계액 (5,000,000)

③ 2차연도말 감가상각비 계상

감가상각비* 8,750,000 / 감가상각누계액 8,750,000

* 손상반영 후 장부금액 35,000,000원÷잔존 내용연수 4년

④ 2차년도말 손상환입 회계처리

손상차손누계액* 3,750,000 / 유형자산손상차손환입 3,750,000

* 환입액=MIN(회수가능가액, 손상차손 인식전 상각후 장부금액)−장부금액
=MIN(32,000,000, 30,000,000)−26,250,000=3,750,000 ≥ 0

※ 재무상태표 표시 방법 : 기계장치 50,000,000
감가상각누계액 (18,750,000)
손상차손누계액 (1,250,000)

2) 유동자산

유동자산에는 현금및현금성자산, 단기투자자산, 매출채권, 선급비용, 미수수익, 미수금, 선급금 및 재고자산 등이 포함된다. 매출채권, 미수금 등에 대한 대손충당금은 해당 자산의 차감계정으로, 재고자산평가충당금은 재고자산 각 항목의 차감계정으로 재무상태표에 표시한다(공익기준 §12).

(1) 현금및현금성자산

현금및현금성자산은 지폐나 주화(화폐)와 같은 현금과 언제라도 현금화할 수 있는 타인발행수표나 자기앞수표와 같은 통화대용증권을 포함한다. 다만, 약속어음이나 환어음의 경우에는 현금및현금성자산이 아닌 받을어음이므로 매출채권이나 미수금계정으로 계상하였다가 만기일이나 상환일에 실제 현금이 입금될 때 현금및현금성자산으로 기표한다.

보통예금이나 당좌예금과 같이 수시 입출금이 가능한 요구불예금도 현금및현금성자산으로 기표한다. 또한, 금융기관에서 판매하는 금융상품 중에서 큰 거래비용 없이 현금으로 전환이 용이하고 이자율 변동에 따른 가치변동의 위험이 경미한 금융상품으로서 취득당시 만기일(또는 상환일)이 3개월 이내 인 것은 현금성자산에 포함시키고 그 이외에 금융상품 등은 장 · 단기금융상품으로 기표한다. 즉, 단기금융상품은 취득일을 기준으로 현금및현금성자산 여부를 판단하며, 회계연도 말에 만기일까지 3개월 미만의 기간이 남았더라도 현금및현금성자산으로 재분류하지 않는다. 요구불예금의 경우라 하더라도 사용이

제한되어 있는 경우 장 · 단기 금융상품으로 분류하고 그 내용을 주석으로 기재한다.

(2) 단기투자자산

금융기관에서 취득하는 정기예금, 정기적금 그리고 1년 이내의 기간 동안 사용이 제한되어 있는 예금 등 단기적 자금운용목적으로 소유하고 있는 정형화되어 있는 금융상품으로 회계연도 말 현재 만기가 1년 이내 도래하는 것은 단기투자자산으로 기표한다. 장기간 자금운용목적이라 하더라도 1년 이내 만기가 도래하는 양도성예금증서(CD)나 기업어음(CP) 그리고 환매체(RP) 등은 단기투자자산으로 기표한다.

또한 재산권을 표창한 유가증권 중 단기매매 목적으로 보유하고 있는 단기매매증권도 단기투자자산에 포함시키며 채무증권 중 만기보유증권으로서 1년 이내 만기가 도래하는 유동성만기보유증권의 경우에도 단기투자자산으로 기표한다.

종업원 복리후생 목적 또는 거래처에 접대할 목적으로 구입한 상품권을 일시에 보관하고 있는 경우에도 단기투자자산으로 기표하는 것이 타당하다 생각된다.

(3) 매출채권과 미수금 등 수취채권

수취채권은 금전소비대차계약에 따른 대여금과 구분되는 개념으로 공익법인이 재화나 용역을 제공한 대가로 거래 상대방에게 화폐를 수령함으로써 결제되는 청구권을 말한다. 수취채권에는 정상적인 영업활동으로 재화 또는 용역을 신용으로 판매 또는 제공한 후 발생한 외상매출금 및 받을어음의 매출채권과 유형자산이나 유가증권의 처분, 배당소득 등 정상적인 영업활동 이외의 활동에서 발생하는 미수금으로 구분한다.

공익법인 기부금이나 회비 등을 신용카드로 결제받는 경우 결제 시점에 사업수익으로 인식하면서 이를 신용카드사에 대한 미수금으로 기표한다. 수취채권이 1년을 초과하여 회수될 것으로 예상되는 경우에는 유동자산의 미수금이나 매출채권이 아닌 비유동자산의 장기매출채권 또는 장기미수금으로 분류하였다가 회계연도 말에 현재 장기수취채권 중 1년 이내 실현될 부분은 유동자산으로 재분류한다.

금전소비대차계약에 따른 대여금은 회수일 또는 만기일이 대여시점에 1년 미만인 경우에는 유동자산의 단기대여금으로 표시하고, 1년을 초과하는 경우에는 비유동자산의 장기대여금으로 기표한다. 장기대여금은 회계연도 말에 현재 1년 이내 상환될 부분은 유동자산으로 재분류한다.

원금이나 이자 등의 일부 또는 전부를 회수하지 못할 가능성이 있는 미수금, 매출채권 또는 그 밖의 채권 등은 합리적이고 객관적인 기준에 따라 산출한 대손추산액을 대손충당금으로 설정하고, 미수금과 매출채권에 대한 대손상각비는 사업비용의 대손상각비로 인식하고, 그 밖의 채권에 대한 대손상각비는 사업외비용의 기타의대손상각비로 인식한다. 수취채권에 대한 대손충당금은 당해 수취채권과목에서 차감하는 형식으로 표시한다.

회계처리 사례

20×1.12.31 미수금 채권잔액 50,000,000원과 단기대여금 채권잔액 10,000,000에 대하여 각각 1%의 대손충당금을 설정하는 경우 회계처리 및 재무제표 표시 방법

대손상각비	500,000 /	대손충당금	500,000
기타의대손상각비	100,000	대손충당금	100,000

※ 재무상태표 표시 방법 :

미수금	50,000,000
대손충당금	(500,000)
단기대여금	10,000,000
대손충당금	(100,000)

대손추산액은 합리적이고 객관적인 기준에 따라 산정해야 하는데 공익법인회계기준 지침서에는 다음과 같이 연령분석법, 채권잔액비례법, 대손실적률법 등을 제시하고 있다. 어느 방법을 선택하든 한 번 선택한 대손추산방법은 매 회계연도 특별한 사유가 없으면 계속 같은 추산 방법을 사용해야 한다.

구 분	설 명
연령분석법	채권의 경과일수에 따라 몇 개의 집단으로 분류하고 상이한 대손율을 적용하여 추산하는 방법
채권잔액비례법	전체 채권의 대손율을 추정하여 전체 채권에 동일한 대손율을 적용하는 방법
대손실적률법	채권에 대한 과거 대손율에 따라 대손추산액 추정

대손충당금을 설정한 후 미수금 등 채권의 전부 또는 일부를 회수할 수 없게 된 경우, 대손충당금과 우선하여 상계하고, 대손충당금 잔액이 부족한 경우에는 그 부족액을 대손상각비로 인식한다.

회계처리 사례

20×2년도 중 단기대여금 거래처 파산으로 500,000을 회수할 수 없게 되었다. 단기대여금에 대한 대손충당금 잔액은 100,000인 경우 회계처리

차변	금액		대변	금액
대손충당금	100,000	/	단기대여금	500,000
기타의대손상각비	400,000			

수취채권 중 채무자의 파산 등으로 회수할 수 없을 것으로 판단하여 대손 처리한 채권을 추후에 회수하게 된 경우 그 회수액만큼 대손충당금을 증가시킨다.

회계처리 사례

20×2년도 중 대손 처리한 거래처 미수금 500,000원 중 100,000원을 회수한 경우

차변	금액		대변	금액
현금및현금성자산	100,000	/	대손충당금	100,000

매 회계연도 말에 기 설정된 대손충당금 잔액이 회계연도 말 대손추산액보다 많은 경우 대손충당금환입이 발생하게 되는데, 매출채권과 미수금에서 발생한 대손충당금 환입액은 사업비용의 부(−)의 금액으로 표시하고, 기타 채권에서 발생한 대손충당금환입액은 사업외수익으로 표시한다.

회계처리 사례

20×2.12.31 미수금 채권잔액 30,000,000원과 단기대여금 채권잔액 5,000,000원에 대하여 각각 1%의 대손충당금을 설정하였다. 대손충당금을 설정하기 전 대손충당금 잔액은 미수금은 500,000원이고 단기대여금은 100,000원인 경우 회계처리 및 재무제표 표시 방법

차변	금액		대변	금액
대손상각비	(−)200,000	/		
대손충당금	200,000			
대손충당금	50,000	/	대손충당금환입	50,000

(4) 선급금과 선급비용

재화나 용역을 구입하기 위하여 매매계약을 확실히 하기 위하여 총 거래금액의 일부 또는 전부를 재화나 용역을 제공받기 전 또는 채권 · 채무가 확정되기 전에 선지급하는 경우가 있는데 이를 선급금으로 계상한다. 다만, 유형자산을 취득하기 위하여 선지급한

금액은 건설중인자산으로 회계처리하고, 임차목적으로 선지급한 보증금은 기타비유동자산의 보증금으로 기표한다. 「지방자치단체를 당사자로 하는 계약에 관한 법률」이나 「사회복지법인 및 사회복지시설 재무 · 회계 규칙」 등 예산회계에서 선금급(先金給)을 지급하는 경우가 이에 해당한다 할 수 있다.

보험료나 임차료 등 제공받을 용역에 대한 대가를 선지급하였으나 용역제공기간이 경과하지 않은 부분에 대하여 비용처리하지 않고 선급비용의 계정과목으로 자산으로 처리한다. 이는 현금주의 회계와 발생주의 회계의 차이로 현금주의 회계에서는 선지급할 때 모두 비용처리하지만 발생주의 회계에서는 기간귀속을 구분하여 아직 용역제공기간이 경과하지 않은 부분에 선지급 대가에 대하여 자산처리하는 것이다.

선급금이나 선급비용은 모두 미리 지급한 금액을 의미하는데, 선급비용은 보통 자산의 구입이 아닌 차기 이후 비용의 선금이라는 점에서 차이가 있다 일반적으로 인정된 기업회계기준에서는 선급비용을 선급된 비용 중 1년 내에 비용으로 되는 것으로 정의하고 있다.

회계처리 사례

20×1년 8월에 자동차 보험료 1,200,000원을 지급했다. 보험기간은 20×1년 8월부터 20×2년 7월까지일 경우 회계처리

보험료	500,000	/	현금및현금성자산	1,200,000
선급비용	700,000			

(5) 미수수익

이자수익이나 임차수익 등과 같이 아직 현금은 수령하지 않았지만 기간경과에 따라 일정하게 수익이 발생하는 부분에 대하여 재무제표에 수익을 인식하고 미수수익의 계정과목으로 자산으로 처리한다. 미수수익 계정과목도 선급비용 계정과목과 마찬가지로 대표적인 발생주의 회계에 따른 계정과목이다. 다만, 미수금은 재화나 용역을 제공하고 받을 수취채권의 가액이 확정된 채권인 반면 미수수익은 거래 상대방에게 제공할 의무가 완전히 이행되지 않은 상태의 미 확정된 채권에 대하여 기간 경과에 따른 수익을 인식하다는 점에서 차이가 난다.

회계처리 사례

20×1년 8월에 월 불입액 100,000원을 12개월 불입하면 만기에 1,500,000원을 지급 받는 정기적금 상품에 가입한 경우 12월말 결산기에 미수수익을 인식하는 회계처리

미수수익	57,692	/	이자수익	57,692

※ 정기적금 미수수익 계산방법 : (만기환급액－총불입원금액)×불입적수÷총불입적수
=(1,500,000－1,200,000)×15÷78

(6) 재고자산의 평가

재고자산은 최초에 취득원가(매입원가 또는 제조원가)를 장부금액으로 한다. 다만, 무상으로 취득하게 되는 기부물품 등의 경우 매입원가가 없으므로 공정가치를 장부금액으로 하는데, 이 경우 공정가치는 매각으로부터 수취할 수 있는 금액(예상판매금액)으로 한다. 재고자산의 단위당 원가를 결정하는 방법에 대하여 이 기준에서는 특별히 규정하고 있는 원가흐름에 대한 가정이 없으므로 「일반기업회계기준」에 따라 개별법이나, 선입선출법, 평균법 또는 후입선출법 등을 사용하여 결정한다.

이 기준에서는 재고자산을 취득한 후에 평가방법에 대한 특별한 규정을 두고 있지 않는다. 따라서 재고자산의 평가는 이 기준 제33조에서 규정하고 있는 일반적인 자산의 평가기준에 따라 진부화 또는 시장가치의 급격한 하락 등으로 인한 손상만을 인식해야 할 것으로 생각이 되나, 이 기준 제12조 제3항에서 재고자산평가충당금 계정을 재고자산 각 항목의 차감계정으로 표시하도록 한 점과 공익법인회계기준 실무지침서에서 설명하고 있는 바와 같이 취득원가와 시가 중 낮은 금액을 장부금액으로 하는 저가법으로 평가해야 할 것으로 생각된다.

따라서 재고자산을 취득한 후에 손상을 입은 경우, 1년 이상 판매되지 않았거나 생산에 투입할 수 없어 장기체화된 경우, 진부화하여 정상적인 판매시장이 사라지거나 기술 및 시장 여건 등의 변화에 의해서 판매가치가 하락한 경우, 완성하거나 판매하는 데 필요한 원가가 상승한 경우 등의 사유가 발생하여 재고자산의 시가가 취득원가보다 하락한 경우에는 저가법을 사용하여 재고자산의 장부금액으로 결정한다.

재고자산 평가를 위한 저가법은 재고자산의 각 항목별로 적용하고, 시가는 매 회계기간말을 기준으로 추정한다. 「공익법인회계기준」 실무지침서에는 제품, 상품, 재공품의 경우 순실현가능가치(예상판매금액－처분부대원가)를 시가로 사용하고, 원재료의 경우에는 현행대

체원가(매입원가 또는 재생산원가)를 시가로 사용하여 평가하도록 하고 있다. 순실현가능가치는 이 기준에서 설명하고 있는 순공정가치와 같은 개념으로 보아야 한다.

재고자산의 저가법 평가에 따라 발생한 평가손실은 재고자산의 차감계정으로 표시하고 사업비용이나 매출원가에 가산한다. 재고자산의 장부상 수량과 실제 수량과의 차이에서 발생하는 감모손실의 경우 정상적으로 발생한 감모손실은 매출원가나 사업비용에 가산하고 비정상적으로 발생한 감모손실은 사업외비용으로 분류한다.

회계처리 사례

상품재고의 장부금액이 10,000,000원이고, 순실현가치가 9,500,000원일 경우 회계처리

상품평가손실	500,000	/	상품평가충당금	500,000

※ 재무상태표 표시 방법 : 상품 10,000,000
상품평가충당금 (500,000)

한편, 재고자산을 저가법으로 평가한 후 평가손실을 초래했던 상황이 해소되어 새로운 시가가 장부금액보다 상승한 경우에는 최초의 장부금액을 초과하지 않는 범위 내에서 평가손실을 환입하고 매출원가나 사업비용에서 차감한다.

회계처리 사례

상기 회계처리 사례에서 상품재고의 순실현가치가 11,000,000원으로 상승한 경우 회계처리

상품평가충당금	500,000	/
매출원가	△500,000	

* 환입액=MIN(회수가능가액, 손상차손 인식전 장부금액)－장부금액
=MIN(11,000,000, 10,000,000)－9,500,000=500,000≥0

(7) 선급법인세 또는 미수법인세환급액

과세기간에 대한 법인세 납부액이 확정되기 전에 미리 납부하는 중간예납세액이나 이자소득 또는 배당소득을 지급받을 때 원천징수 당한 법인세와 지방소득세를 선급법인세 또는 미수법인세환급액으로 기표한다.

회계처리 사례

20×1년 8월에 월 불입액 100,000원을 12개월 불입하면 만기에 1,500,000원을 지급받는 정기적금 상품에 가입하고 20×1.12.31 결산기에 미수수익 57,692원을 계상하였다. 20×2년 7월에 실제 이자를 지급받을 경우 회계처리

현금및현금성자산	1,453,800	/	단기금융상품	1,200,000
미수법인세환급액	46,200		미수수익	57,692
			이자수익	242,308

(8) 부가가치세대급금

대부분의 공익법인은 부가가치세 면세대상 재화나 용역을 공급하기 때문에 부가세대급금으로 기표할 일은 없지만 「부가가치세법」상 과세대상 재화나 용역을 구매하고 부담하는 부가가치세 매입세액은 자산 취득과 관련된 경우 당해 자산에 취득원가에 가산하고, 사업비용과 관련된 경우에는 당해 사업비용에 가산한다.

공익법인이 「부가가치세법」상 과세사업을 영위할 경우에는 재화나 용역을 판매하고 수령한 부가가치세 10%에 해당하는 금액을 부가가치세예수금으로 기표하였다가 과세사업과 관련 재화나 용역을 구입하고 부담한 부가가치세대급금과 상계하고 남은 잔액을 납부하거나 부가가치세대급금이 더 크다면 환급세액이 발생하게 된다.

(9) 전도금 또는 가지급금

임직원에게 출장 경비를 선지급하거나 대기메모를 남기고 인출한 경우, 공익법인 내의 각 부서경비를 선지급 한 경우 등은 전도금이나 가지급금으로 우선 처리하게 되는데 이는 임시계정에 해당한다. 따라서 이러한 미정산계정 잔액이 재무제표에 나타나면 아직 결산이 완료되지 않은 것으로 본다. 따라서 이러한 금액은 정산서 및 증빙을 입수하여 본 계정으로 대체해야 한다.

회계처리 사례

가지급금으로 처리한 직원 출장비 50,000원을 여비교통비로 정산하고, 대기메모 전도금 1,000,000원은 차량 구입 계약금으로 매매계약서를 입수한 경우

여비교통비	50,000	/	가지급금	50,000
건설중인자산	1,000,000		전도금	1,000,000

3) 투자자산

투자자산은 1년 이상 여유자금의 운용 및 수익 획득 목적 등 투자 활동의 결과 취득하게 된 금융상품이나 유가증권, 금전대여채권 등을 말한다. 다만, 단기투자목적으로 보유하거나 만기가 회계연도말로부터 1년 이내에 도래하는 금융상품 등은 단기투자자산은 단기금융상품, 단기매매증권, 유동성만기보유증권, 단기대여금 등으로 기표하고, 장기 투자목적의 투자자산은 장기금융상품, 장기투자증권과 장기대여금 등의 계정과목으로 기표한다. 투자자산에서 발생하는 과실인 투자자산수익(이자수익 또는 배당수익 등)은 사업수익이나 사업외수익으로 기표하고, 공익목적사업부문이나 기타사업부문으로 구분하여 기재한다. 즉, 투자자산수익이 당해 공익법인의 공익목적사업활동의 주된 원천이 되는 경우에는 기타사업부문의 사업수익으로 인식하고, 그 이외의 경우에는 발생빈도나 금액적 중요성에 따라 공익목적사업부문의 사업외수익이나 기타사업부문의 사업외수익에 포함하여 기표할 수 있다.

| 투자자산의 분류 |

구 분		단기투자	장기투자
금융상품	보통예금 당좌예금	• 현금및현금성자산 단, 1년 이내 사용제한된 경우 단기투자자산	1년 이상 사용제한된 경우 장기성예금
	정기 예 · 적금 기타금융상품	• 단기투자자산 단, 취득일로부터 3개월 이내 만기 도래분은 현금및현금성자산	• 장기성예금 단, 회계연도말 현재 만기가 1년 이내 도래분은 단기투자자산
유가증권	지분증권	• 단기투자자산 – 단기매매증권 – 매도가능증권	• 장기투자자산 – 매도가능증권
	채무증권	• 단기투자자산 – 단기매매증권 – 매도가능증권 – 유동성만기보유증권	• 장기투자자산 – 매도가능증권 – 만기보유증권

구분	단기투자	장기투자
금전대여채권	단기대여금	• 장기대여금 단, 회계연도말 현재 회수기간이 1년 이내 도래분은 단기대여금

비영리조직의 투자자산 중 많은 부분을 차지하고 있는 것이 재산권이 표창된 유가증권이다. 따라서 유가증권 회계처리에 대하여 살펴보도록 하겠다.

(1) 유가증권의 분류

유가증권은 크게 지분증권과 채무증권으로 구분할 수 있는데, 이 기준에서는 만기보유증권, 단기매매증권, 그리고 매도가능증권 중의 하나로 분류하고 일반기업회계기준에 따라 평가하도록 하고 있다. 유가증권의 분류가 중요한 것은 최초 인식시 측정액과 공정가치변동시 회계처리가 다르기 때문이다.

지분증권은 만기가 없기 때문에 단기매매증권이나 매도가능증권으로 분류하고, 채무증권은 단기매매증권, 매도가능증권, 만기보유증권 중에 하나로 분류한다.

단기매매증권은 다른 범주로 재분류할 수 없으며, 다른 범주의 유가증권의 경우에도 단기매매증권으로 재분류할 수 없다. 다만, 단기매매증권이 시장성을 상실한 경우에는 매도가능증권으로 분류하여야 한다.

매도가능증권은 만기보유증권으로 재분류할 수 있으며 만기보유증권은 매도가능증권으로 재분류할 수 있다. 유가증권과목의 분류를 변경할 때에는 재분류일 현재의 공정가치로 평가한 후 변경한다.

① 단기매매증권

단기매매증권은 주로 단기간 내의 매매차익을 목적으로 취득한 유가증권으로서 매수와 매도가 적극적이고 빈번하게 이루어지는 것을 말하는데, 공익법인의 특성상 단기매매증권으로 분류하는 경우는 거의 없을 것으로 생각된다.

② 매도가능증권

매도가능증권은 단기매매증권이나 만기보유증권으로 분류되지 아니한 유가증권을 말한다.

③ 만기보유증권

만기가 확정된 채무증권으로서 상환금액이 확정되었거나 확정이 가능한 채무증권을 만기까지 보유할 적극적인 의도와 능력이 있는 경우에는 만기보유증권으로 분류한다. 만약, 당 회계연도와 직전 2개 회계연도 중에, 만기보유증권을 만기일 전에 매도하였거나 발행자에게 중도상환권을 행사한 사실이 있는 경우, 또는 만기보유증권의 분류를 매도가능증권으로 변경한 사실이 있다면(단 이러한 사실들에 해당하는 금액이 만기보유증권 총액과 비교하여 경미한 금액인 경우는 제외), 보유 중이거나 신규로 취득하는 모든 채무증권은 만기보유증권으로 분류할 수 없다.

다음의 경우에는 만기까지 보유할 적극적인 의도가 없는 것으로 본다.

i. 만기까지의 보유여부를 분명히 정하고 있지 아니한 경우
ii. 시장이자율 또는 위험의 변동, 필요한 유동성 수준의 변화(예 : 은행의 경우 예금인출 또는 대출수요의 증가에 따른 유동성 확보가 필요할 때), 다른 대체적인 자산의 투자가능성이나 수익률의 변동, 자금조달원천과 조건의 변화 또는 외화위험의 변화 등의 상황이 발생할 경우에는 매도할 의도가 있는 채무증권. 다만, 위와 같은 요인이 급격하게 변동하는 등 합리적으로 예상할 수 없는 비반복적인 상황 변동에 대응하여 매도하는 경우를 제외한다.
iii. 채무증권의 발행자가 채무증권의 상각후취득원가보다 현저하게 낮은 금액으로 중도상환권을 행사할 수 있는 경우

다음의 경우에는 만기까지 보유할 적극적인 능력이 없는 것으로 본다.

i. 채무증권의 취득시점에 재무자원이 부족하여 그 채무증권을 만기까지 계속 보유하기 어려운 경우
ii. 채무증권의 취득시점에 법적인 제약 등으로 인하여 만기보유에 제한을 받는 경우. 다만, 채무증권의 발행자가 중도상환권을 가지고 있는 경우는 제외

(2) 유가증권의 최초측정

유가증권의 최초인식시 공정가치로 측정한 가액을 재무제표에 표시한다. 최초 인식시 공정가치는 일반적으로 거래가격(자산의 경우에는 제공한 대가의 공정가치, 부채의 경우에는 수취한 대가의 공정가치)을 의미한다. 다만, 직접 관련된 거래원가(수수료, 공과금 등)가 발생하였을 경우 단기매매증권으로 분류한 경우에는 당기손익으로 처리하고 매도가능증권이나 만기보유증권으로 분류한 경우에는 공정가치에 가산한다.

공익법인이 시장성 있는 유가증권을 무상으로 출연받은 경우에는 출연일의 종가를 공

정가치로 보아 최초 인식하면 되지만, 시장성 없는 유가증권을 출연받은 경우에는 독립된 유가증권 평가 전문기관에 의뢰하여 합리적인 평가모형과 적절한 추정치를 사용하여 공정가치를 추정하여야 한다. 여기서 합리적인 평가모형이란 합리적인 가정으로 신뢰성 있는 추정을 할 수 있는 일반적으로 인정되는 평가방법을 말하는데 최초 인식시 평가전문기관이 적용했던 평가모형과 변수는 차후에도 이를 검토하여 그에 준하는 방법을 계속 적용하여야 한다.

(3) 유가증권의 후속측정 및 공정가치의 변동

후속측정은 유가증권을 보유하고 있는 동안 결산기가 도래하였을 경우 재무제표에 표시할 금액을 결정하고, 배당금수익과 이자수익의 측정과 인식에 대한 것이다.

단기매매증권의 후속 측정은 공정가치로 평가하고, 미실현보유손익이 발생하였을 경우 당기손익항목으로 처리한다.

매도가능증권의 후속 측정은 공정가치로 평가하고, 미실현보유손익은 순자산조정(매도가능증권평가손익)으로 처리하였다가 그 유가증권을 처분하거나 손상차손을 인식하는 시점에 일괄하여 당기손익에 반영한다. 한편, 매도가능증권 중 시장성이 없는 지분증권의 공정가치를 신뢰성있게 측정할 수 없는 경우에는 최초 측정한 취득원가로 재무제표에 표시한다.

만기보유증권의 후속측정은 상각후원가로 평가하여 재무상태표에 표시한다. 상각후원가로 평가하는 것은 취득원가와 만기액면금액의 차이를 상환기간에 걸쳐 유효이자율법에 의하여 상각하여 취득원가와 이자수익에 가감하는 것을 의미한다.

모든 유가증권으로부터 발생하는 배당금수익과 이자수익은 당기손익에 포함한다. 모든 채무증권의 이자수익은 할인 또는 할증차금의 상각액을 가감하여 인식한다. 매도가능증권으로 분류된 채무증권의 경우에는 할인 또는 할증차금을 상각하여 이자수익을 먼저 인식한 후에, 상각후원가와 공정가치의 차이금액인 미실현보유손익을 기타포괄손익누계액으로 처리한다.

회계처리 사례

재단법인 ABC장학회에 다음과 같이 유가증권을 출연받았다.

(1) 2××1.7.1 상장주식 SS 1,000주, 국공채 액면 1백만원(표면이자율 3%, 발행일 2××1.1.1, 만기 3년, 시장이자율 6.64%)

(2) 상장주식 SS의 공정가치 변동 2××1.7.1 주당 10,000원, 2××1.12.31 주당 12,000원, 2××2.12.31 9,000원

(3) 국공채의 공정가치 변동 2××1.7.1 933,368원(미수이자 포함), 2××1.12.31 940,000원, 2××2.12.31 960,000원

(4) 이사회는 주식은 기본재산으로, 국공채는 보통재산으로 편입키로 하였다.

(5) 국공채의 상각표는 다음과 같다.

기간	유효이자	액면이자	상각액	상각후원가	공정가액
2××1. 7. 1				918,368	933,368
2××1.12.31	30,490	15,000	15,490	933,858	940,000
2××2.12.31	62,008	30,000	32,008	965,866	960,000
2××3.12.31	64,134	30,000	34,134	1,000,000	

• 2××1.7.1

차변	금액		대변	금액
매도가능증권	10,000,000	/	기본순자산	10,000,000
만기보유증권	918,368	/	기부금수익	933,368
미수수익	15,000			

• 2××1.12.31

차변	금액		대변	금액
매도가능증권	2,000,000	/	매도가능증권평가이익	2,000,000
현금	30,000	/	미수수익	15,000
만기보유증권	15,490		이자수익	30,490

• 2××2.12.31

차변	금액		대변	금액
매도가능증권평가이익	2,000,000	/	매도가능증권	3,000,000
매도가능증권평가손실	1,000,000			
현금	30,000	/	이자수익	62,008
만기보유증권	32,008			

※ 국공채를 만기보유증권이 아닌 매도가능증권으로 분류할 경우 회계처리

• 2××1.7.1

차변	금액		대변	금액
매도가능증권	918,368	/	기부금수익	933,368
미수수익	15,000			

• 2××1.12.31

차변	금액		대변	금액
현금	30,000	/	미수수익	15,000
매도가능증권	15,490		이자수익	30,490
매도가능증권	6,142		매도가능증권평가이익	6,142

• 2××2.12.31

차변	금액		대변	금액
현금	30,000	/	이자수익	62,008
매도가능증권	32,008			
매도가능증권평가이익	6,142	/	매도가능증권	12,008
매도가능증권평가손실	5,866			

(4) 제거 : 유가증권의 양도

유가증권의 제거는 양도로 인하여 당해 유가증권에 대한 통제를 상실한 때를 기준으로 한다. 유가증권에 대한 통제를 상실하지 않고 유가증권을 양도하는 경우, 당해 거래는 담보차입거래로 본다. 유가증권에 대한 통제를 상실한 때에는 장부가액에서 양도로 인하여 받았거나 받을 금액의 차이금액에, 순자산조정에 포함되어 있는 미실현보유이익을 가산하고 미실현보유손실을 차감한 금액을 당기손익으로 처리한다.

회계처리 사례

상기 재단법인 ABC장학회에서 출연받은 상장주식 SS를 2××3.11에 11,000,000원에 매각 하고 이를 보통재산으로 편입하도록 주무관청의 허가를 받은 경우 회계처리

• 2××3.11

현금및현금성자산	11,000,000	/	매도가능증권	9,000,000
			매도가능증권평가손실	1,000,000
			매도가능증권처분이익	1,000,000
기본순자산	10,000,000	/	보통순자산	10,000,000

4) 유형자산

(1) 개 요

유형자산이란 재화를 생산하거나 용역을 제공하기 위하여, 또는 타인에게 임대하거나 직접 사용하기 위하여 보유한 물리적 형체가 있는 자산으로 1년을 초과하여 사용할 것으로 예상되는 자산을 말한다. 이러한 유형자산에는 토지, 건물, 구축물, 기계장치, 차량운반구와 건설중인자산 등이 포함된다.

대부분의 공익법인에서는 유형자산 중 부동산에 해당하는 토지와 건물 및 구축물의 경우에는 정관에 기본재산으로 구분하여 그 처분에 있어 주문관청에 허가를 득하도록 하고 있다.

(2) 최초 인식

유형자산은 최초에 취득원가로 인식한다. 이 경우 취득원가는 구입가격 또는 제작원가와 자산을 가동하기 위하여 필요한 장소와 상태에 이르게 하는 데 직접 관련되는 원가인

다음의 지출을 포함한 금액을 말한다.

① 설치장소 준비를 위한 지출

② 외부 운송 및 취급비

③ 설치비

④ 설계와 관련하여 전문가에게 지급하는 수수료

⑤ 유형자산의 취득과 관련하여 국 · 공채 등을 불가피하게 매입하는 경우 당해 채권의 매입금액과 일반기업회계기준에 따라 평가한 현재가치와의 차액

⑥ 자본화대상인 차입원가

⑦ 취득세, 등록세 등 유형자산의 취득과 직접 관련된 제세공과금

⑧ 해당 유형자산의 경제적 사용이 종료된 후에 원상회복을 위하여 그 자산을 제거, 해체하거나 또는 부지를 복원하는 데 소요될 것으로 추정되는 원가가 충당부채의 인식요건을 충족하는 경우 그 지출의 현재가치(이하 '복구원가'라 함)

⑨ 유형자산이 정상적으로 작동되는지 여부를 시험하는 과정에서 발생하는 원가. 단, 시험과정에서 생산된 재화(예 : 장비의 시험과정에서 생산된 시제품)'의 순매각금액은 당해 원가에서 차감한다.

건물을 신축하기 위하여 사용중인 기존 건물을 철거하는 경우 그 건물의 장부금액은 제거하여 처분손실로 반영하고, 철거비용은 전액 당기비용으로 처리한다. 다만 새 건물을 신축하기 위하여 기존 건물이 있는 토지를 취득하고 그 건물을 철거하는 경우 기존 건물의 철거 관련 비용에서 철거된 건물의 부산물을 판매하여 수취한 금액을 차감한 금액은 토지의 취득원가에 포함한다.

공익법인이 무상으로 취득한 유형자산은 공정가치를 취득원가로 한다. 공정가치는 시장가격 즉, 합리적인 판단력과 거래 의사가 있는 독립된 당사자 사이의 거래될 수 있는 교환가격을 말하는데 시장가격이 없는 경우에는 동일 또는 유사 자산의 현금거래로부터 추정할 수 있는 실현가능액이나 전문적 자격이 있는 평가인의 감정가액을 사용할 수 있다. 뿐만 아니라 토지에 대한 개별공시지가 또는 건물이나 차량 등에 대한 지방세 시가표준액 등 정부의 각종 고시금액이나 시장의 객관적인 시세표 등이 공정가치와 대체로 유사하다고 판단되는 경우 이를 사용할 수 있다. 다만, 어느 정도의 금액이 공정가치와 대체로 유사한지에 대하여는 당해 유형자산의 금액적 중요성 등 종합적인 상황을 고려하여 판단해야 할 것으로 생각된다.

정부보조 등에 의해 유형자산을 무상 또는 공정가치보다 낮은 대가로 취득한 경우 또는 자산 취득관련 보조금을 수령하여 유형자산을 취득하는 경우 그 유형자산의 취득원가는 취득일의 공정가치로 한다. 이 경우 정부보조금은 보조금수익의 과목으로 사업수익으로 인식하는 것이 원칙이나, 기본순자산의 취득과 관련하여 수령한 경우에는 사업수익으로 인식하지 않고 기본순자산의 증가로 인식한다.

(3) 후속측정

① 취득 후 지출

유형자산의 취득 후 지출이 다음의 인식기준을 충족하는 경우(예 : 생산능력 증대, 내용연수 연장, 상당한 원가절감 또는 품질향상을 가져오는 경우)에는 자본적 지출로 처리하여 취득원가에 가산하고, 그렇지 않은 경우(예 : 수선유지를 위한 지출)에는 수익적 지출로 보아 발생한 기간의 비용으로 인식한다.

ⅰ. 자산으로부터 발생하는 미래경제적 효익이 기업에 유입될 가능성이 매우 높다.

ⅱ. 자산의 원가를 신뢰성 있게 측정할 수 있다.

② 감가상각

유형자산의 경제적 효익은 사용에 따른 소모, 시간의 경과와 기술의 변화에 따른 진부화 등의 원인으로 감소한다. 따라서 유형자산의 장부금액은 일반적으로 이러한 경제적 효익의 소멸 형태를 반영할 수 있도록 감가상각액을 인식하여야 한다. 감가상각의 주목적은 원가의 배분이며 자산의 재평가는 아니므로 감가상각액은 유형자산의 장부금액이 공정가치에 미달하더라도 계속하여 인식한다.

감가상각방법은 경제적 효익의 소멸형태를 가장 잘 반영할 수 있도록 정액법, 정률법, 연수합계법, 생산량비례법 중에서 선택하고, 내용연수는 자산의 예상 사용기간이나 생산량 등을 고려하여 합리적으로 결정하면 된다. 또한 감가상각대상금액은 취득원가에서 잔존가치를 차감하여 결정하지만 실무상 잔존가치가 경미한 경우가 많다.

내용연수 도중 사용을 중단하고 처분예정인 유형자산은 사용을 중단한 시점의 장부금액을 투자자산으로 재분류하고 감가상각을 하지 않고, 손상차손 발생여부를 매 보고기간말에 검토한다. 내용연수 도중 사용을 중단하였으나, 장래 사용을 재개할 예정인 유형자산에 대해서는 감가상각을 하되, 그 감가상각액은 사업외비용으로 처리한다.

한편, 토지와 전시 · 교육 · 연구 등의 목적으로 보유중인 예술작품 및 유물과 같은 역사적 가치가 있는 자산은 일반적으로 시간이 경과하더라도 가치가 감소하지 않으므로 예외적으로 감가상각을 인식하지 않는다. 다만, 감가상각 대상 자산은 당해 유형자산을 공익목적사업부문에 사용하든 기타사업부문에 사용하든 관계없이 감가상각을 해야 하며, 기본순자산에 해당하든 보통순자산에 해당하든 관계없이 감가상각을 실시한다. 비록 기본순자산에 해당하더라도 감가상각을 통하여 장부금액이 변동되더라도 기본순자산 가액은 변동이 없다.

▮감가상각 방법▮

공익법인에 해당하는 사회복지법인 ○○일터에서 다음과 같이 기계장치를 취득한 경우 감가상각방법에 따른 감가상각비 계산
취득원가 : 10,000,000원, 잔존가치 : 취득원가의 10%, 내용연수 : 5년

① 정액법 : 자산의 내용연수에 걸쳐 균등하게 인식
감가상각비 = (취득가액 − 잔존가치) ÷ 내용연수
= (10,000,000 − 1,000,000) ÷ 5 = 1,800,000 (매년 동일 금액 상각)

② 정률법 : 장부금액에 정률을 곱하여 초기에 많은 금액을 인식
감가상각비 = (취득원가 − 감가상각누계액) × 정률(45.1% 가정)
1차년도 감가상각비 = 10,000,0000 × 0.451 = 4,510,000
2차년도 감가상각비 = (10,000,000 − 4,510,000) × 0.451 = 2,475,990
3차년도 감가상각비 = (10,000,000 − 6,985,990) × 0.451 = 1,359,318

③ 연수합계법 : 초기에 많은 금액을 인식하는 가속상각 방법
감가상각비 = (취득가액 − 잔존가치) × (잔존내용연수/Σ내용연수)
1차년도 감가상각비 = (10,000,000 − 1,000,000) × 5 ÷ 15 = 3,000,000
2차년도 감가상각비 = (10,000,000 − 1,000,000) × 4 ÷ 15 = 2,400,000

④ 생산량비례법 : 생산량에 비례하여 자산이 소비된다는 것을 전제로 인식
감가상각비 = (취득가액 − 잔존가치) × (매년 생산량 ÷ 총예정생산량)
(총예정생산량 9,000ton, 1차년도 생산량 2,500ton 가정)
1차년도 감가상각비 = (10,000,000 − 1,000,000) × 2,500 ÷ 9,000 = 2,500,000

③ 재평가모형

유형자산을 취득한 후속측정과 관련하여 공익법인이 공정가치를 신뢰성 있게 측정할 수 있는 경우 재평가를 실시하여 재평가 가액을 당해 유형자산의 장부금액으로 할 수 있다. 일반기업회계기준에서는 유형자산 후속측정과 관련하여 원가모형과 재평가모형 중 하나를 선택할 수 있도록 하고 재평가 모형을 선택한 경우 주기적으로 재평가를 하도록 하고 있으나, 공익법인의 경우에는 공정가치를 신뢰성 있게 측정할 수 있는 경우에만 재

평가를 할 수 있도록 하고 있다. 이는 재평가를 실시하였다 하더라도 당해 유형자산에 대하여 향후 주기적인 재평가를 하라는 의미는 아니다.

여기서 공정가치(fair value)는 합리적인 판단력과 거래 의사가 있는 독립된 당사자 사이의 거래에서 자산의 매각으로부터 수취할 수 있는 금액(산출가액)을 말하는데, 일반적으로 시장에서 거래되는 가격을 의미한다. 시장가격이 없는 경우에는 동일 또는 유사 자산의 현금거래로부터 추정할 수 있는 실현가능액이나 전문적 자격이 있는 평가인의 감정가액을 사용할 수 있다. 만약 토지에 대한 개별공시지가 또는 건물이나 차량 등에 대한 지방세 시가표준액 등 정부의 각종 고시금액이나 시장의 객관적인 시세표 등이 공정가치와 대체로 유사하다고 판단되는 경우 이를 재평가액으로 사용할 수 있다.

유형자산을 재평가할 때, 재평가 시점의 총장부금액에서 기존의 감가상각누계액을 제거하여 자산의 순장부금액이 재평가금액이 되도록 수정한다. 유형자산의 장부금액이 재평가로 인하여 증가된 경우에 그 증가액은 재평가이익의 계정과목으로 하여 순자산조정으로 인식한다. 그러나 동일한 유형자산에 대하여 이전에 운영성과표에 사업외비용으로 인식한 재평가감소액이 있다면 그 금액을 한도로 재평가증가액만큼 운영성과표에 사업외수익으로 인식한다.

유형자산의 장부금액이 재평가로 인하여 감소된 경우에 그 감소액은 운영성과표에 사업외비용의 유형자산재평가손실로 인식한다. 그러나 그 유형자산의 재평가로 인해 인식한 순자산조정의 잔액이 있다면 그 금액을 한도로 재평가감소액을 순자산조정에서 차감한다.

여기서 유의할 사항은 기본순자산에 해당하는 유형자산을 재평가하는 경우 정관상의 기본재산 가액은 변경하지 않아도 된다는 점이다. 정관상의 기본재산 가액은 주무부처와의 협의를 통해 변경여부가 결정되는 사항으로 회계상의 평가만으로 변경할 수 있는 사항이 아니기 때문이다.

회계처리 사례

사회복지법인 ○○일터가 토지와 건물을 출연받고 이를 재평가하는 경우 회계처리를 예시하면 다음과 같다.

(1) 출연일 : 20×1.1.1.

(2) 출연일의 공정가치 : 토지 100,000,000원 건물 50,000,000원

(3) 건물 감가상각 내용연수는 5년, 정액법, 잔존가치 없음

(4) 재평가액 : 20×1.12.31. 토지 120,000,000 건물 44,000,000
20×2.12.31. 토지 90,000,000 건물 30,000,000

① 출연일의 회계처리 : 부동산을 출연받은 경우 기본순자산의 증가로 인식한다.

토지	100,000,000	/	기본순자산	150,000,000
건물	50,000,000			

② 20×1.12.31. 건물 감가상각비 계상

감가상각비	10,000,000	/	감가상각누계액	10,000,000

③ 20×1.12.31. 유형자산의 재평가 회계처리

토지	20,000,000	/	건물	6,000,000
감가상각누계액	10,000,000		유형자산재평가이익	24,000,000

※ 재무상태표 표시 방법 : 토지 120,000,000 기본순자산 150,000,000
건물 44,000,000 순자산조정 24,000,000

④ 20×2.12.31. 건물 감가상각비 계상

감가상각비	11,000,000	/	감가상각누계액	11,000,000

⑤ 20×2.12.31. 토지의 재평가 회계처리

유형자산재평가이익	20,000,000	/	토지	30,000,000
유형자산재평가손실*	10,000,000			

* 사업외비용으로 분류한다.

⑥ 20×2.12.31. 건물의 재평가 회계처리

감가상각누계액	11,000,000		건물	14,000,000
유형자산재평가이익	3,000,000			

(4) 제 거

유형자산은 처분하거나, 영구적으로 폐기하여 미래경제적 효익을 기대할 수 없게 될 때 발생하는 손익은 처분금액과 장부금액의 차액으로 운영성과표에 당기손익으로 인식한다. 유형자산의 재평가와 관련하여 인식한 순자산조정의 잔액이 있다면, 그 유형자산을 폐기하거나 처분할 때 당기손익으로 인식한다.

회계처리 사례

상기 사회복지법인 ㅇㅇ일터가 출연받고 재평가 한 토지와 건물을 매각하는 경우 회계처리를 예시하면 다음과 같다.

(1) 매각일 : 20×3.6.30.

(2) 매각액 : 토지 100,000,000원 건물 20,000,000원

(3) 매각 전 장부금액 : 토지 90,000,000 건물 30,000,000원 재평가이익 1,000,000원
(4) 건물 감가상각 잔존내용연수는 3년, 정액법, 잔존가치 없음
(5) 매각 대금은 전액 정기적금에 불입하고 기본재산 목록을 토지와 건물에서 금융상품으로 변경하고 기본재산가액을 150,000,000원에서 120,000,000원으로 변경하도록 주무관청에 승인을 받음

① 매각전 건물에 대한 감가상각비 계상

차변	금액	/	대변	금액
감가상각비	5,000,000	/	감가상각누계액	5,000,000

② 토지분 매각 시 회계처리

차변	금액	/	대변	금액
현금및현금성자산	100,000,000	/	토지	90,000,000
			유형자산처분이익	10,000,000

③ 건물분 매각 시 회계처리

차변	금액	/	대변	금액
현금및현금성자산	20,000,000	/	건물	30,000,000
감가상각누계액	5,000,000			
재평가이익	1,000,000			
유형자산처분손실	4,000,000			

④ 정기적금 가입 및 기본재산 가액 조정

차변	금액	/	대변	금액
장기금융상품	120,000,000	/	현금및현금성자산	120,000,000
기본순자산	30,000,000		보통순자산	30,000,000

5) 무형자산

(1) 개 요

무형자산은 재화를 생산하거나 용역을 제공하기 위하여, 또는 타인에게 임대하거나 직접 사용하기 위하여 보유한 물리적 형체가 없는 비화폐성자산을 말한다. 지식재산권, 개발비, 컴퓨터소프트웨어, 광업권, 임차권리금 등이 이에 포함된다.

(2) 최초인식과 측정

무형자산을 최초로 인식할 때에는 취득원가로 측정한다. 취득원가는 구입가격에 자산을 의도한 목적에 사용할 수 있도록 준비하는 데 직접 관련되는 원가를 포함한다.

(3) 후속측정

① 취득후 지출

무형자산의 취득후의 지출로서 관련 지출이 무형자산의 미래경제적 효익을 실질적으로 증가시킬 가능성이 매우 높고, 관련된 지출을 신뢰성 있게 측정할 수 있으며, 무형자산과 직접 관련된 경우에는 자본적 지출로 보아 취득원가 가산하고, 그렇지 않은 경우에는 수익적 지출로 보아 발생한 기간의 비용으로 인식한다.

② 감가상각

감가상각방법은 경제적 효익의 소멸형태를 가장 잘 반영할 수 있도록 선택하고, 내용연수는 자산의 예상 사용기간이나 생산량 등을 고려하여 합리적으로 결정한다. 무형자산은 감가상각누계액과 손상차손누계액을 취득원가에서 직접 차감한 잔액으로 재무상태표에 표시한다.

(4) 제 거

무형자산을 처분하는 경우 그 자산을 재무상태표에서 제거하고 처분금액과 장부금액의 차액을 무형자산처분손익으로 인식한다.

6) 기타비유동자산

기타비유동자산은 투자자산, 유형자산 및 무형자산에 속하지 않는 비유동자산을 말하는 것으로 임차보증금, 장기선급비용과 장기미수금 등이 이에 포함된다.

기타비유동자산은 대부분 투자수익이 없고 다른 자산으로 분류하기 어려운 것으로 중요하지 않은 항목은 성격이나 기능이 유사한 항목으로 통합하여 표시하고 통합하기가 적절하지 않거나 없는 경우 또는 중요한 항목은 별도로 구분하여 표시한다.

기타비유동자산의 명목금액과 공정가치의 차이가 유의적인 경우에는 이를 공정가치로 평가하여야 하는데, 여기서 유의적인 경우는 금액의 크기뿐만 아니라 향후 각 회계기간의 손익에 미치는 영향, 거래의 질적특성(거래의 상대방, 거래의 목적 등)을 종합적으로 고려하여야 한다.

회수가 불확실한 기타비유동자산은 합리적이고 객관적인 기준에 따라 산출한 대손추산액을 대손충당금으로 설정한다. 대손추산액에서 대손충당금잔액을 차감한 금액을 기타의 대손상각비로 계상하고 사업외비용으로 처리한다. 또한 회수가 불가능한 경우에는 대손충당금과 상계하고 대손충당금이 부족한 경우에는 그 부족액을 기타의 대손상각비로 처리한다.

2.3 부 채

1) 유동부채

부채도 1년 기준으로 유동부채와 비용부채로 구분한다. 유동부채는 회계연도 말부터 1년 이내에 상환 등을 통하여 소멸할 것으로 예상되는 부채를 말한다. 단기차입금, 매입채무, 미지급비용, 미지급금, 선수금, 선수수익, 예수금과 유동성장기부채 등이 이에 해당한다.

(1) 단기차입금

은행이나 그 밖에 금융기관 및 공익법인의 출연자나 종업원 그리고 공익법인 외부로부터 운영자금이나 투자자금 등에 충당할 목적으로 금전소비대차 계약에 따라 차입한 금원으로서 상환기간이 1년 이내 인 것은 단기차입금으로 기표하고 1년 이상인 것은 장기차입금으로 기표한다. 장기차입금 중 회계연도 말 현재 1년 이내에 상환할 차입금은 유동성장기부채로 대체한다. 차입금 등 현금으로 상환해야 할 부채의 주요 내용은 필수적 주석기재사항이다.

(2) 매입채무

경상적인 상거래의 결과로 인하여 발생한 채무로서 상품 또는 원재료의 매입대금의 미지급액 등이 이에 속한다. 경상적인 영업목적 이외에 비품이나 기타의 유형자산의 매입대금 미지급액은 미지급금의 계정과목으로 처리한다. 어음상의 채무로서 경상적인 상거래에 의해 어음을 지급한 지급어음은 매입채무로 계상하고 자금을 조달할 목적으로 어음을 발행하였다면 단기차입금으로 기표한다.

(3) 미지급금과 미지급비용

미지급금은 경상적인 상거래 이외의 거래에서 발생한 채무로 경상적인 상거래에서 발생되는 매입채무와 구별된다.

이미 발생한 비용으로서 발생주의 원칙에 따라 당기에 귀속될 미지급된 비용 항목은 미지급비용으로 기표한다. 미지급이자비용, 미지급급여, 미지급임차료 등이 이에 속한다.

회계처리 사례

공익법인 ○○의 집은 △△은행으로부터 5억원을 2××1.5.2.에 차입하였다. 만기는 2××3년 5월 1일이며 이자는 3.65% 고정금리로 3개월마다 지급하기로 하였다. 이에 따라 최종 이자지급일은 2××1.11.2.일 경우 결산일(2××1.12.31)의 회계처리

- 미지급이자의 계산

  500,000,000×3.65%×59일÷365=2,950,000

- 2××1.12.31. 결산정리분개

  이자비용 2,950,000 / 미지급비용 2,950,000

한편, 근로기준법 제60조의 규정에 따라 1년간 80퍼센트 이상 출근한 근로자에게 발생하는 연차유급휴가청구권과 관련하여 근무용역을 제공한 사업연도에 비용과 부채(미지급비용)로 인식해야 한다. 다만, 연차유급휴가 미사용분에 대한 연차유급휴가미사용수당(연차수당)은 근로기준법 제61조의 연차 유급휴가 사용자촉진제도의 도입 여부에 따라 다음과 같이 다를 수 있다.

연차유급휴가	사용촉진제도 도입	사용촉진제도 미도입
사용(예상)분	미지급비용	미지급비용
미사용(예상)분	소멸	미지급비용

근로자가 연차휴가에 관한 권리를 취득한 후 1년 이내에 연차휴가를 사용하지 아니하거나 1년이 지나기 전에 퇴직하는 등의 사유로 인하여 더 이상 연차휴가를 사용하지 못하게 될 경우에는 사용자에게 연차휴가일수에 상응하는 임금인 연차휴가수당을 청구할 수 있다. 한편 연차휴가를 사용할 권리 혹은 연차휴가수당 청구권은 근로자가 전년도에 출근율을 충족하면서 근로를 제공하면 당연히 발생하는 것으로서, 연차휴가를 사용할 해당 연도가 아니라 그 전년도 1년간의 근로에 대한 대가에 해당한다(대법원 2017.5.17. 선고, 2014다232296, 232302, 판결).

회계처리 사례

공익법인 ○○의 집 종업원이 당해연도에 근로제공에 대한 대가로 취득한 연차휴가일수에 1일치 통상임금을 곱하여 산정한 금액은 20×1년에 15,000,000원이고, 20×2년에 18,000,000원일 경우 결산일의 회계처리(간편법)

① 시행촉진제를 미도입한 경우

–20×1.12.31. 결산정리분개

급여	15,000000	/	미지급비용	15,000,000

–20×2.12.31. 미사용분 20%일 경우

미지급비용	3,000000	/	미지급금	3,000,000
급여	6,000000	/	미지급비용	6,000,000

② 시행촉진제를 도입한 경우(예상사용율 20×2년 80%, 20×3년 90% 가정)

–20×1.12.31. 결산정리분개

급여	12,000000	/	미지급비용	12,000,000

–20×2.12.31. 결산정리분개

급여	4,200000	/	미지급비용	4,200,000

(4) 선수금과 선수수익

재화나 용역을 공급하기 전에 선금이나 착수금, 중도금을 수령하였다면 이를 선수금으로 기표하고 추후 재화나 용역을 공급한 후에는 선수금을 매출액 계정 등 사업수익계정으로 대체한다.

상품권을 발행한 경우에도 선수금으로 기표하였다가 실제 상품권이 회수되어 재화나 용역으로 교환될 때에 매출액 등 사업수익으로 계정 대체하면 된다.

회계처리 사례

○○공동체는 바자회에서 사용할 수 있는 상품권 100장을 1장당 10,000원에 발행하였다. 동 상품권은 바자회 당일이 아니면 사용할 수 없고 현금으로 교환환불이 되지 않으며, 미사용 상품권은 후원금으로 처리될 예정인 경우 회계처리

–상품권 발행 시

현금및현금성자산	1,000,000	/	선수금	1,000,000

–바자회에서 87장만 사용된 경우

선수금	1,000,000	/	사업수익	870,000
			기부금수익	130,000

선수수익은 일정기간 동안 지속적으로 용역을 제공하기로 하고 미리 대가를 받은 경우로서 발생주의 원칙에 따라 차기 이후 회계기간 귀속될 수익금액을 기표하는 것이다. 선수임대료, 선수이자, 선수수수료 등이 이에 속한다.

(5) 예수금

현금으로 반제해야 하는 영업상 또는 영업외의 일시 보관금은 예수금으로 기표한다. 보통 종업원에게 급여를 지급하면 원천징수의무자로서 소득세와 지방소득세를 원천징수한 금액 그리고 국민연금 및 건강보험료 등 4대 사회보장보험료 중 종업원 부담금 등이 이에 속한다.

회계처리 사례

종업원 급여 37,000,000원을 지급하면서 소득세 및 4대 사회보장보험 원천징수액 7,000,000원을 공제하여 지급하고, 납기일에 회사부담분 3,000,000원과 함께 납부하는 경우 회계처리 및 재무제표 표시 방법

–급여 지급일

차변	금액		대변	금액
급여	37,000,000	/	현금및현금성자산	30,000,000
복리후생비	3,000,000		예수금	7,000,000
			미지급금	3,000,000

–소득세 등 납기일

차변	금액		대변	금액
예수금	7,000,000	/	현금및현금성자산	10,000,000
미지급금	3,000,000			

일시 보관하였다가 납부하는 세금 중 부가가치세예수금이 있을 수 있다. 대부분의 공익법인은 부가가치세 면세대상이기 때문에 부가세예수금으로 기표할 일은 없지만 「부가가치세법」 상 과세사업을 영위할 경우에는 재화나 용역을 판매하고 수령한 부가가치세 10%에 해당하는 금액을 부가가치세예수금으로 기표하였다가 과세사업과 관련 재화나 용역을 구입하고 부담한 부가가치세대급금과 상계하고 남은 잔액을 납부하거나 부가가치세대급금이 더 크다면 환급세액이 발생하게 된다.

(6) 미지급법인세 또는 당기법인세부채

공익법인이 법인세법상 수익사업을 영위하는 경우 법인세를 부담하게 되는데 결산기에 도래하여 당해 수익사업과 관련 발생할 법인세 부담액을 추산하여 운영성과표에 법인세

비용으로 기표하고 법인세중간예납세액과 원천징수세액을 차감한 잔액을 미지급법인세 또는 당기법인세부채로 인식한다.

(7) 가수금

가수금은 미상의 현금 수입이 발생하였으나 이를 처리할 적절한 계정과목을 확정하지 못하였을 경우 일시적으로 사용하는 가계정 또는 임시계정이다. 따라서 결산기에 도래하여 계정과목과 금액을 확정하여 해당 계정으로 대체 정리되어야 한다.

2) 비유동부채

비유동부채는 유동부채와 고유목적사업준비금을 제외한 모든 부채를 말한다. 이에는 장기차입금, 임대보증금과 퇴직급여충당부채 등이 포함된다.

(1) 장기차입금

은행이나 그 밖에 금융기관 및 공익법인의 출연자나 종업원 그리고 공익법인 외부로부터 운영자금이나 투자자금 등에 충당할 목적으로 금전소비대차 계약에 따라 차입한 금원으로서 상환기간이 1년 이상인 것은 장기차입금으로 기표한다. 장기차입금 중 회계연도 말 현재 1년 이내에 상환할 차입금은 유동성장기부채로 대체한다. 차입금 등 현금으로 상환해야 할 부채의 주요 내용은 필수적 주석기재사항이다.

(2) 임대보증금

공익법인이 부동산 임대업을 하는 경우 임차인 등으로부터 수령한 상환의무가 있는 보증금 또는 당해 공익법인의 일부 시설을 이용하게 하고 종업원이나 이용자들로부터 수령한 상환의무가 있는 보증금 중 상환기간이 1년 이상인 것은 비유동부채의 임대보증금으로 기표하고 상환기간이 1년 이내의 임대보증금은 유동성장기부채로 기표한다. 현금으로 상환해야 하는 임대보증금의 주요 내용을 필수적 주석기재사항이다.

(3) 퇴직급여충당부채

퇴직급여충당부채는 회계연도 말 현재 모든 임직원이 일시에 퇴직할 경우 지급하여야 할 퇴직금에 상당하는 금액으로 한다. 따라서 퇴직금 계산에 적용되는 평균임금은 보고기간말을 기준으로 소급하여 산정하고 근속기간도 향후 예상되는 종업원의 퇴직일을 기준으로 산정하는 것이 아니라 입사일 또는 과거 중간정산한 경우에는 중간정산일부터 당해 보고기간말까지의 기간으로 산정한다. 퇴직금추계액은 공익법인에 별도 퇴직금지급규정이 있을 경우 그에 따라 계산하는데, 「근로기준법」 및 「근로자퇴직급여보장법」을 적용하여 계산한 금액을 최저 한도로 한다.

① 확정기여형퇴직연금제도

확정기여형퇴직연금제도를 설정한 경우에는 당해 회계기간에 대하여 당해 공익법인이 납부하여야 할 부담금(기여금)을 퇴직급여(비용)로 인식하고, 퇴직연금운용자산, 퇴직급여충당부채 및 퇴직연금미지급금은 인식하지 아니한다. 다만 해당 회계기간에 대하여 공익법인이 부담금(기여금)의 미납부액이 있는 경우 미지급비용(부채)으로 인식하고, 이미 납부한 부담금(기여금)이 납부하여야 하는 기여금을 초과하는 경우에는 초과기여금 때문에 미래 지급액이 감소하거나 현금이 환급되는 만큼을 자산(선급비용)으로 인식한다.

회계처리 사례

확정기여형퇴직연금제도를 도입한 회사에서 종업원에 대한 퇴직금추계액 48,000,000원 중 40,000,000원만 DC형 퇴직연금기여금으로 납부한 경우 회계처리

–기여금 납부 시

퇴직급여	40,000,000	/	현금및현금성자산	40,000,000

–결산시점

퇴직급여	8,000,000	/	미지급금	8,000,000

② 확정급여형퇴직연금제도

확정급여형퇴직연금제도를 설정하는 경우에는 보고기간말 현재 전종업원이 일시에 퇴직할 경우 지급하여야 할 퇴직금에 상당액을 퇴직급여충당부채로 인식하고, 퇴직연금사업자를 상대로 적립금운용과 관리에 관한 업무수행계약을 체결하고 퇴직연금펀드 형식으로 별도의 적립금으로 운용되는 자산은 하나로 통합하여 '퇴직연금운용자산'으로 표시하고, 퇴직급여충당부채에서 차감하는 형식으로 표시한다. 퇴직연금운용자산이 퇴직급여충당부채와 퇴직연금미지급금의 합계액을 초과하는 경우에는 그 초과액을 투자자산의 과목으로 표시한다.

회계처리 사례

확정급여형퇴직연금제도를 도입한 회사에서 종업원에 대한 퇴직금추계액 48,000,000원 중 40,000,000원만 DB형 퇴직연금운영자산으로 적립한 경우 회계처리

–사외적립 시

퇴직연금운용자산	40,000,000	/	현금및현금성자산	40,000,000

–결산시점

퇴직급여	48,000,000	/	퇴직급여충당부채	48,000,000

종업원이 퇴직연금에 대한 수급요건 중 가입기간 요건을 갖추고 퇴직한 후 퇴직연금의 수령을 선택하는 경우 당해 종업원과 관련된 퇴직급여충당부채를 제거하고 퇴직일 이후 당해 공익법인이 지급할 것으로 예상되는 퇴직연금의 현재가치를 새로운 부채(퇴직연금미지급금)로 인식하여야 한다. 퇴직일에 퇴직일시금과 퇴직연금의 현재가치가 일치한다면 실제 회계처리를 할 때에는 당해 종업원에 대해 퇴직일을 기준으로 퇴직급여충당부채를 재계산한 다음 동 퇴직급여충당부채를 퇴직연금미지급금으로 대체할 수 있다. 만약 퇴직일에 퇴직일시금과 퇴직연금의 현재가치에 차이가 있다면 그 차액을 각각 퇴직급여(비용)와 퇴직연금미지급금으로 반영하면 된다.

회계처리 사례

확정급여형퇴직연금제도를 도입한 회사에서 종업원이 퇴사하면서 일시금 수령을 선택한 경우(퇴직금 48,000,000원 사외적립 40,000,000원 퇴직소득세 1,000,000원) 회계처리

–사외적립 시

퇴직급여충당부채	48,000,000	/	현금및현금성자산	7,000,000
			퇴직연금운용자산	40,000,000
			예수금	1,000,000

한편, 확정급여형퇴직연금제도에서 종업원이 연금수령을 선택한 경우도 기업이 퇴직일시금 상당액으로 일시납 연금상품을 구매하도록 규약으로 정할 수 있다. 이 경우 종업원이 퇴직한 이후에도 당해 공익법인이 연금을 지급할 의무를 부담하지 않고 다만 퇴직일시금을 지급할 의무만 부담하므로 일시납 연금상품을 구매할 때 기인식한 퇴직급여충당부채를 청산하는 것으로 회계처리하여야 한다.

(4) 충당부채와 우발채무

일반적으로 부채는 지급시기와 금액 및 채권자가 확정된 현재 공익법인이 부담해야하는 의무이다. 그러나 지급시기와 금액 및 채권자가 불확실 하지만 과거사건이나 거래의 결과로 인한 현재 의무로서 그 의무를 이행하기 위하여 자원이 유출될 가능성이 매우 높고 금액을 신뢰성 있게 추정할 수 있는 경우 재무제표에 충당부채로 인식한다. 이는 장래 지급할 의무가 있는 미확정 비용을 충당하기 위하여 미리 준비하는 것으로 대표적인 것이 퇴직급여충당부채, 소송충당부채, 복구충당부채 등이 있다. 퇴직급여충당부채는 이미 설명한 바와 같고, 소송충당부채는 공익법인이 계류중인 소송사건과 관련하여 소송이 불리하게 진행되어 법적의무를 부담할 가능성이 매우 높고 그 금액을 합리적으로 추정할 수 있을 때 계상하는 것이다. 만약 계류중인 소송사건과 관련하여 자원의 유출가능성이 매우 높지 않거나 금액을 합리적으로 추정할 수 없을 때에는 우발부채에 해당하여 이를 재무제표 본문이 아닌 주석 사항으로 공시하면 된다.

복구충당부채는 특정 유형자산을 취득 또는 설치할 때 해당 자산을 해체 또는 제거할 의무를 부담하는 경우 또는 특정 기간에 걸쳐 유형자산을 이용한 결과로써 발생하는 복구의무에 부담하는 경우 미래에 발생할 복구비용을 합리적으로 추정하여 충당부채로 인식하는 것을 말한다. 이러한 복구충당부채는 당해 유형자산의 취득원가에 가산된다.

우발부채는 과거 사건이나 거래의 결과 자원의 유출가능성이 매우 높지 않은 경우 또는 금액을 합리적으로 추정할 수 없을 경우에 해당하는 발생가능한 채무를 말하는 것으로 이는 재무제표 본문이 아닌 주석으로만 기재한다.

3) 고유목적사업준비금

「법인세법」 제29조에 따라 적립하는 고유목적사업준비금에 대하여 공익법인회계기준에서는 결산조정과 신고조정 모두 허용하고 있다.

(1) 결산조정방법

고유목적사업준비금이란 공익법인이 「법인세법」 제29조에 따라 수익사업부문에서 발생한 소득 중 일부를 고유목적사업부문이나 일반기부금에 사용하기 위해 미리 비용으로 계상하면서 동일한 금액만큼 인식한 부채계정을 말하는데, 유동부채와 비유동부채로 구분하지 않고 별도로 표시하고, 관련 비용은 고유목적사업준입금 전입액의 과목으로 하고,

관련 미사용 임의 환입액과 사용액은 고유목적사업준입금환입액으로 과목으로 하여 사업외수익과 사업외비용과 별도 계정과목으로 운영성과표에 표시한다.

회계처리 사례

① 기타사업부문에서 이자수입 1,000,000원에 대하여 100% 고유목적준비금을 설정하는 경우 회계처리

－기타사업부문

고유목적사업준비금전입액 1,000,000 / 고유목적사업준비금 1,000,000

－공익목적사업부문

회계처리 없음

② 기타사업부문에서 설정한 고유목적사업준비금 1,000,000원을 공익목적사업부문으로 전출할 경우 회계처리

－기타사업부문

고유목적사업준비금 1,000,000 / 현금및현금성자산 1,000,000

－공익목적사업부문

현금및현금성자산 1,000,000 / 고유목적사업준비금 1,000,000

③ 공익목적사업부문에서 전입 받은 고유목적사업준비금을 사용한 경우

－기타사업부문

회계처리 없음

－공익목적사업부문

사업수행비용 1,000,000 / 현금및현금성자산 1,000,000

고유목적사업준비금 1,000,000 고유목적사업준비금환입액 1,000,000

(2) 신고조정방법

고유목적사업준비금과 그 전입액은 재무회계개념체계상 각각 부채와 비용의 정의에 부합하지 않으므로 이를 부채로 인식하지 않고 '보통순자산'의 처분의 형식으로 회계처리하고 세법상 신고조정을 통해 손금산입하는 것도 하나의 방법이다.

회계처리 사례

① 기타사업부문에서 발생한 운영이익 중 1,000,000원에 대하여 고유목적준비금을 설정하는 경우 회계처리

－기타사업부문

잉여금 1,000,000 / 적립금 1,000,000

－공익목적사업부문

회계처리 없음

② 기타사업부문에서 적립한 고유목적사업준비금 적립금 1,000,000원을 공익목적사업부문으로 전출할 경우 회계처리

－기타사업부문

적립금	1,000,000	/	현금및현금성자산	1,000,000

－공익목적사업부문

현금및현금성자산	1,000,000	/	적립금	1,000,000

③ 공익목적사업부문에서 전입 받은 고유목적사업준비금 적립금을 사용한 경우

－기타사업부문

회계처리 없음

－공익목적사업부문

사업수행비용	1,000,000	/	현금및현금성자산	1,000,000
적립금	1,000,000		잉여금(임의적립금이입액)	1,000,000

2.4 순자산

순자산은 기본순자산, 보통순자산, 순자산조정으로 구분한다.

1) 기본순자산

기본순자산은 사용이나 처분에 '영구적 제약'이 있는 순자산을 말한다. 여기서 '영구적 제약'이란 법령, 정관 등에 의해 사용이나 처분시 주무관청 등의 허가가 필요한 경우를 말한다. 보통 설립자 출연금이나 부동산 그리고 공익법인의 이사회에서 기본재산으로 편입한 재산 등이 이에 속한다고 할 수 있다.

공익법인의 재산은 「공익법인의 설립·운영에 관한 법률」 제11조와 동법 시행령 제16조에 따라 기본재산과 보통재산으로 구분하도록 하고 ① 설립시 기본재산으로 출연한 재산 ② 기부에 의하거나 기타 무상으로 취득한 재산(다만, 기부 목적에 비추어 기부재산으로 하기 곤란하여 주무관청의 승인을 얻은 것은 예외로 함) ③ 보통재산 중 총회 또는 이사회에서 기본재산으로 편입할 것을 의결한 재산 ④ 세계잉여금 중 적립금은 기본재산으로 하도록 규정하고 있다.

한편, 「사회복지사업법」 제23조와 동법 시행규칙 제12조에는 법인의 재산은 기본재산

과 보통재산으로 구분하며, 기본재산은 그 목록과 가액을 정관에 적도록 하는 한편, ① 부동산 ② 정관에서 기본재산으로 정한 재산 ③ 이사회의 결의에 의하여 기본재산으로 편입된 재산은 기본재산으로 하도록 하고 있다. 또한 기본재산을 목적사업용 기본재산과 수익용 기본재산으로 구분하도록 규정하고 있다.

이러한 관계법령에 의한 재산의 구분은 법인의 사후관리를 위해 구분하는 것으로 회계상 개념은 아니다. 따라서 공익법인의 기본재산이 기본순자산에 해당한다고 할 수 있으나, 기본순자산과 기본재산이 정확히 일치하지 않을 수 있다.

기본순자산이 유형자산, 유가증권 등에 해당하여 자산을 재평가하는 경우 정관상의 기본재산 가액은 변경하지 않아도 된다. 정관상의 기본재산 가액은 주무부처와의 협의를 통해 변경여부가 결정되는 사항으로 회계상의 평가만으로 변경할 수 있는 사항이 아니기 때문이다. 따라서 기본순자산에 해당하는 자산을 재평가하는 경우 평가손익을 기본순자산에 가감하는 것이 아니라 순자산조정에 반영한다.

필수적 주석기재사항으로 기본순자산의 취득원가와 공정가치를 비교하는 비교정보를 기재하도록 하고 있다. 이를 위하여 매년 정기적으로 기본순자산에 해당하는 자산을 공정가치로 평가할 필요는 없다. 공정가치로 평가한 자산의 경우에만 공정가치와 취득원가의 비교정보를 기재하고 취득원가로 평가한 자산은 취득원가로 기재하면 된다.

2) 보통순자산

보통순자산은 기본순자산이나 순자산조정이 아닌 순자산을 말한다. 잉여금과 적립금으로 구분하고, 적립금은 미래 특정 용도로 사용하기 위하여 적립해두는 준비금이나 임의적립금 등이 해당한다. 보통순자산은 공익법인의 의사결정기구에서 그 처분에 대하여 자율적으로 결정이 가능한 보통재산이 이에 속한다고 할 수 있다.

회계처리 사례

공익법인인 ㅁㅁ의 꿈에서 결산시 발생한 잉여금 5억원을 저소득층 청소년을 위한 장학기금으로 적립하고 정기적금 계좌에 이체하기로 결의한 경우 회계처리

－결의시

잉여금	500,000,000	/	장학기금	500,000,000
장기금융상품	500,000,000		현금및현금성자산	500,000,000

-장학기금 중 2억원을 인출하여 장학금을 지급한 경우

장학사업비	200,000,000	/	장기금융상품	200,000,000
장학기금	200,000,000		잉여금	200,000,000

3) 순자산조정

순자산조정은 순자산 가감성격의 항목으로서 매도가능증권평가손익, 유형자산재평가이익 등이 포함된다.

매도가능증권평가손익은 회계연도 말 현재 매도가능증권의 공정가치와 장부금액과 공정가치의 차액에 해당하는 미실현손익을 당기손익으로 인식하지 않고 순자산조정항목으로 분류한 것이다.

재평가이익은 유형자산을 재평가한 경우 유형자산의 장부금액이 재평가로 인하여 증가하면서 발생하는 미실현이익을 당기손익으로 인식하지 않고 순자산조정항목으로 인식하는 것이다. 기존에 계상한 재평가이익을 초과하는 미실현손실이 발생할 경우에는 당기손익으로 인식한다.

회계처리 사례

공익법인인 ㅁㅁ의 꿈에서 법인설립시 토지 10억원, 현금 5천만원을 출연받았고, 토지는 기본재산으로 현금은 보통재산으로 구분하기로 하였을 경우 회계처리

-법인설립 시

토지	1,000,000,000	/	기본순자산	1,000,000,000
현금	50,000,000		기부금수익	50,000,000

-법인설립 후 최초 결산시 토지 재평가함(재평가액 13억원인 경우)

토지	300,000,000		유형자산재평가이익	300,000,000

4) 순자산의 변동에 관한 주석사항

순자산의 변동에 관한 사항은 다음과 같이 주석으로 기재한다.

▎순자산변동표 ▎

과 목	통합				공익목적사업부문				기타사업부문			
	기본 순자산	보통순자산		순자산 조정	기본 순자산	보통순자산		순자산 조정	기본 순자산	보통순자산		순자산 조정
		적립금	잉여금			적립금	잉여금			적립금	잉여금	
전기초	×××	×××	×××	×××	×××	×××	×××	×××	×××	×××	×××	×××
회계정책변경누적효과												
전기오류수정	(×××)	(×××)	(×××)	(×××)	(×××)	(×××)	(×××)	(×××)	(×××)	(×××)	(×××)	(×××)
	(×××)	(×××)	(×××)	(×××)	(×××)	(×××)	(×××)	(×××)	(×××)	(×××)	(×××)	(×××)
수정후 순자산	×××	×××	×××	×××	×××	×××	×××	×××	×××	×××	×××	×××
기본순자산증감	×××		(×××)		×××		(×××)		×××		(×××)	
당기운영이익(손실)			×××				×××				×××	
매도가능증권평가이익				×××				×××				×××
유형자산재평가이익				×××				×××				×××
적립금 전입		×××	(×××)			×××	(×××)			×××	(×××)	
…	×××	×××	×××	×××	×××	×××	×××	×××	×××	×××	×××	×××
전기말	×××	×××	×××	×××	×××	×××	×××	×××	×××	×××	×××	×××
당기초	×××	×××	×××	×××	×××	×××	×××	×××	×××	×××	×××	×××
회계정책변경누적효과												
전기오류수정	(×××)	(×××)	(×××)	(×××)	(×××)	(×××)	(×××)	(×××)	(×××)	(×××)	(×××)	(×××)
	(×××)	(×××)	(×××)	(×××)	(×××)	(×××)	(×××)	(×××)	(×××)	(×××)	(×××)	(×××)
수정후 순자산	×××	×××	×××	×××	×××	×××	×××	×××	×××	×××	×××	×××
기본순자산증감	×××		(×××)		×××		(×××)		×××		(×××)	
당기운영이익(손실)			×××				×××				×××	
매도가능증권평가이익				×××				×××				×××
유형자산재평가이익				×××				×××				×××
적립금 전입		×××	(×××)			×××	(×××)			×××	(×××)	
…	×××	×××	×××	×××	×××	×××	×××	×××	×××	×××	×××	×××
당기말	×××	×××	×××	×××	×××	×××	×××	×××	×××	×××	×××	×××

03 운영성과표

3.1 운영성과표의 구조

운영성과표는 일정기간 동안의 공익법인의 사업수행 성과 및 결과를 평가하는데 유용한 정보를 제공하는 기본재무제표이다. 여기서 일정기간이란 해당 회계연도를 말하는데, 보통 공익법인의 정부회계연도에 따르므로 1월 1일부터 12월 31일을 말한다. 정부회계연도와 다른 회계연도를 채택하고 있는 공익법인은 당해 공익법인이 정관에서 정한 회계연도에 따라 운영성과표를 작성하면 된다. 운영성과표의 기본 구조는 다음과 같다.

과 목	당 기	전 기
Ⅰ. 사업수익	×××	×××
기부금수익		
보조금수익		
투자자산수익		
매출액		
…		
Ⅱ. 사업비용	×××	×××
사업수행비용		
일반관리비용		
모금비용		
…		
Ⅲ. 사업이익(손실)	×××	×××
Ⅳ. 사업외수익	×××	×××
Ⅴ. 사업외비용	×××	×××
Ⅵ. 고유목적사업준비금전입액	×××	×××
Ⅶ. 고유목적사업준비금환입액	×××	×××
Ⅷ. 법인세비용차감전 당기운영이익(손실)	×××	×××
Ⅸ. 법인세비용	×××	×××
Ⅹ. 당기운영이익(손실)	×××	×××

3.2 사업수익

사업수익은 공익목적사업과 기타사업의 결과 경상적으로 발생하는 자산의 증가 또는 부채의 감소를 말하는데 공익목적사업수익과 기타사업수익으로 구분하여 표시한다. 공익목적사업수익은 공익법인의 특성을 반영하여 기부금수익, 보조금수익, 회비수익 등으로 구분하여 표시한다. 투자자산수익 중 공익목적사업활동의 주된 원천에서 발생하는 이자수익이나 배당수익 또는 처분손익도 기타사업부문의 사업수익에 포함하고 주된 원천이 아닌 경우에는 사업외수익으로 기표한다. 계속 반복적으로 수익사업에 해당하는 영업활동을 영위할 경우 관련 매출액은 기타사업부문으로 구분한다.

1) 기부금수익

기부금수익은 기부금, 후원금, 출연금 등 명칭 여하를 막론하고 기부자의 자발적인 의사에 따라 반대급부 없이 제공하는 금전이나 물품(현물기부) 등을 말한다.

(1) 기부금수익의 인식시점

기부금수익은 이를 수령하는 공익법인에서 반대급부를 제공할 의무를 부담하지 않기 때문에 실제 기부금을 받는 시점에 인식한다. 기부행위 자체는 기부를 하겠다는 약정과 이를 승낙하는 계약 그리고 계약의 이행(송금, 결재, 등기부등본 접수 등)의 일련의 과정으로 이루어지는데 기부 약정이나 승낙 계약의 과정에서 번복될 가능성이 있으므로 실제 현금이 유입된 시점에 수익으로 인식한다.

한편, 실제 기부금을 받았다 하더라도 기부가 취소되는 경우가 있다. 이 경우 기부가 이루어진 당해 회계기간에 기부가 취소되었다면 기부금수익의 (−)로 처리하고, 회계기간을 달리하여 기부가 취소되었다면 경상적인 기부 취소는 사업비용으로 비경상적인 기부 취소는 사업외비용으로 처리하는 것이 타당하다.

기부자 입장에서는 기부금을 납부하는 방법이 가상계좌송금, CMS 출금, 지로 납부, 신용카드 결제 등 다양할 수 있으며, 이 경우 당해 기부금을 수령하는 공익법인 입장에서는 기부자의 기부금 결제시점과 공익법인의 통장에 입금되는 시점이 다를 수 있다. 이 경우에는 현금이 입금되지 않았더라도 기부자가 기부금을 결제하는 시점에 기부금수익을 인식한다. 이는 기부자 입장에서 기부금 약정과 더불어 기부라는 행위가 이행하였고, 단지 결제 방법의 차이에 따라 현금 입금이 늦어지는 것이라고 볼 수 있기 때문이다. 다만, 기부자의 기부금 이체 여부가 확실치 않아 결제된 기부금이 공익법인에 입금될지에 대한 판단이 어려운 경우에는 실제 현금이 입금된 시점에 기부금 수익을 인식하는 것이 바람직하다.

회계처리 사례

20×1.12.28. 기부자 A씨가 카드로 기부금 100,000원을 결제하였고 동 기부금은 20×2.1.2.에 결제수수료 300원을 제외하고 입금되었을 경우 회계처리 방법

- 20×1.12.28.

미수금	100,000	/	기부금수익	100,000
지급수수료	300		미지급금	300

- 20×2.1.2.

현금및현금성자산	99,700	/	미수금	100,000
미지급금	300			

| 기부금 납부방법에 따른 입금시점 예시 |

No	기부금 납부수단	납부 방법	결제정산 데이터 수령 시점(PG*로부터)	현금입금시점
1	가상계좌	후원자 직접납부	납부즉시(실시간)	납부 후 4영업일
2	CMS(정기)	자동 출금	출금 후 1영업일	출금 후 1영업일
3	지로	후원자 직접납부	납부 후 2영업일	납부 후 2영업일
4	CMS즉시출금	기관대리승인요청	출금 즉시	출금 후 3영업일
5	신용카드(즉시)	기관대리승인요청	출금 즉시	결제 후 4영업일
6	신용카드(일시)	후원자 직접승인	결제 즉시	결제 후 4영업일
7	신용카드 (정기 자동이체)	자동이체	결제 후 1영업일	결제 후 4영업일
8	페이코결제	후원자 직접승인	결제 즉시	결제 후 3영업일
9	카카오페이	후원자 직접승인	결제 즉시	결제 후 7영업일

* PG(Payment Gateway) : 중간 지불 결제 사업자
* 출처 : 공익법인회계기준실무지침서

(2) 현물 기부금의 수익인식과 측정

현물 기부를 받는 경우에는 공정가치로 측정한 가액으로 수익을 인식한다. 여기서 공정

기치란 합리적인 판단력과 거래 의사가 있는 독립된 당사자 사이의 거래에서 자산이 교환되거나 부채가 결제될 수 있는 금액을 말하며, 현물 기부자산의 내용은 필수적 주식기재사항이다.

▌현물기부자산의 공정가치 평가 예시▐

현물기부자산 종류	공정가치 평가방법
유가증권	시장가격, 감정평가 등
재고자산,기타물품	시장가격, 유사한 자산의 시장가격 등
유형자산	공시지가, 감정평가 등

※자료 : 『공익법인회계기준 실무지침서』, 2018, 저자 재구성

그런데 기부자가 법인인 경우 「법인세법」에서는 금전 외의 자산을 기부하는 경우로서 모두 기부자의 장부가액으로 해당 자산의 가액을 정하도록 하고 있다. 다만, 법인 기부자로서 당해 공익법인과 특수관계인인 공익법인에게 기부하는 일반기부금(법법 §24 ③ 1호의 기부금을 말함)의 경우에는 시가와 장부가액 중 큰 금액을 기부 자산의 가액으로 하도록 규정하고 있다(법령 §36 ①). 반면 기부자가 개인사업자인 경우 「소득세법」에서는 금전 외의 자산을 기부하는 경우로서 시가를 원칙으로 하고 만약 시가가 장부가액보다 낮은 경우에는 장부가액을 기부 자산의 가액으로 하도록 규정하고 있다(소령 §81 ③).

▌현물기부자산의 기부금 영수증 발행 방법▐

구분	법인 기부자 (법인세법령§36①)	개인 기부자 (소득세법령§81③)	기부받은 공익법인 (법인세법령§72②)	기부받은 공익법인 공익법인회계기준
특례기부금	기부자의 장부가액	Max (시가, 장부가액)	시가	공정가치
일반기부금 (특수관계없는 경우)	기부자의 장부가액	Max (시가, 장부가액)	장부가액(*)	공정가치
그 밖의 기부금	Max (시가, 장부가액)	Max (시가, 장부가액)	시가	공정가치

(*) 기부한 자의 기부당시 장부가액, 개인이 사업소득과 관련없는 자산을 기부한 경우 : 개인의 최초 취득가액
※자료 : 법칙 별지 제63호의 3 서식과 소칙 별지 제45호의 2 서식 기부금영수증 작성방법, 저자 재구성

대부분의 공익법인이 일반기부금 단체에 해당하므로 법인 기부자의 경우 기부금 영수증 발행가액과 실제 공익법인의 기부금수익의 가액이 다를 수 있음을 유의해야 한다. 영리법인에서 생산된 제품을 기부하는 경우 공익법인은 기부금수익을 당해 제품의 판매가

격으로 기표해야 하나, 기부금 영수증은 당해 자산의 원가로 기재해야 하는 차이가 있기 때문이다.

회계처리 사례

공익법인인 ㅇㅇ나눔재단법인은 특수관계없는 △△주식회사(상장법인)의 주주로부터 동 회사의 주식 1,000주를 다음과 같이 기부·출연받아 매각한 경우 당해 공익법인의 회계처리 및 기부금 영수증 발행액 그리고 법인세법상 주식 양도로 인한 수익사업소득과 고유목적사업준비금 설정한도액(다른 소득은 없을 경우)을 기부자가 법인인 경우와 사업소득이 없는 개인일 경우 각각 산정하라.

(1) 출연일 : 20×1.3.18.(2011.3.31. 이후 기부받은 것으로 간주)

(2) 출연일의 종가 : 주당 10,000원

(3) 당해 기부자의 취득가액 : 주당 7,000원

(4) 매각일 : 20×1.10.6.

(5) 매각금액 : 주당 15,000원

【해설】

1. 공익법인의 회계처리 : 기부자가 법인 또는 개인에 따라 회계처리가 달라지지 않음

20×1.03.18.	차) 매도가능증권	10,000,000	대) 기부금수익	10,000,000
20×1.10.06.	차) 보통예금	15,000,000	대) 매도가능증권	10,000,000
			매도가능증권처분이익	5,000,000

2. 기부금영수증 발행액
   가. 법인일 경우 : 7,000,000원(기부자의 장부가액으로 발행함)
   나. 개인일 경우 : 10,000,000원(시가와 장부가액 중 큰 금액으로 발행함)

※ 기부자가 법인인 경우 기부금영수증발행액과 기부금수익의 차이 3백만원이 발생함

3. 법인세법상 주식양도로 인한 수익사업소득금액의 산정
   가. 법인일 경우 : 8,000,000원(양도가액-기부당시 장부금액)
   나. 개인일 경우 : 8,000,000원(양도가액-개인의 최초 취득가액)

※ 매도가능증권처분이익과 주식양도로 인한 수익사업소득금액이 3백만원 차이 발생함.
추가적으로 세무조정 익금산입(기타) 처분해야 함
2011.3.31. 이전에 기부받았다면 매도가능증권처분이익과 주식양도로 인한 수익사업 소득금액의 차이가 발생하지 않음

4. 고유목적사업준비금 설정 한도
   가. 법인일 경우 : 4,000,000원(주식양도로 인한 소득의 50%)
   나. 개인일 경우 : 4,000,000원(주식양도로 인한 소득의 50%)

※ 매도가능증권처분이익의 50%가 아닌 법인세법상 주식양도소득금액의 50% 설정

(3) 용역의 기부

현금 기부나 현물 기부와는 달리 용역(또는 서비스 기부, 재능기부, 무료봉사활동 서비스를 제공 받는 경우 등)을 기부받는 경우가 있는데 공익법인이 효익을 제공받는 것은 명확하지만 이를 신뢰성 있게 측정할 수 없으므로 기부금수익으로 인식하지 않는다.

단, 「재난 및 안전관리 기본법」에 따른 특별재난지역의 지방자치단체의 장(해당 지방자치단체의 장의 위임을 받은 단체의 장 또는 해당 지방자치단체에 설치된 자원봉사센터의 장을 포함한다)이 특별재난지역을 복구하기 위하여 자원 봉사한 봉사자에게 기부금확인서를 발행하는 경우 당해 자원봉사용역의 가액은 ① 봉사일수(총 봉사시간÷8시간)에 5만원을 곱한 금액과 ② 당해 자원봉사용역에 부수되어 발생하는 유류비 · 재료비 등 직접비용(제공할 당시의 시가 또는 장부가액으로 평가함)의 합계액으로 하도록 하고 있다(소법 §34 ② 1호 나목).

(4) 기부금이 기본순자산에 해당하는 경우

기부금품이나 출연금품 등이 기본순자산에 해당하는 경우 사업수익으로 인식하지 않고 기본순자산의 증가로 인식한다. 「공익법인의 설립 · 운영에 관한 법률」이나 「사회복지사업법」의 규정에는 특별히 기본재산으로 구분하도록 하는 재산이 있다. 따라서 관계 법령에 따라 사용과 처분이 제약되어 있는 재산에 대하여 이를 사업수익으로 인식하게 되면 재무상태표에 보통순자산에 적립되어 임의로 처분이 가능한 것으로 재무정보를 오인할 수 있다. 따라서 최소한 관계 법령에 따라 기본재산으로 구분하도록 한 자산을 기부 받은 경우에는 사업수익이 아닌 기본순자산으로 기표하도록 하고 있다.

회계처리 사례

사회복지법인 ㅇㅇ행동이 다음과 같이 현금과 부동산을 출연받은 경우 회계처리를 예시하면 다음과 같다.

(1) 출연일 : 20×1.1.15.

(2) 출연일의 공정가치 : 현금 10,000,000원 토지 100,000,000원 건물 50,000,000원

(3) 법인 이사회에서는 「사회복지사업법」에 따라 부동산은 기본재산에 편입하도록 정관을 개정하기로 하고, 현금 기부금은 보통재산에 편입하도록 결의하였다.

차변	금액		대변	금액
현금및현금성자산	10,000,000	/	기부금수익	10,000,000
토지	100,000,000		기본순자산	150,000,000
건물	50,000,000			

2) 보조금수익

보조금이란 국가 외의 자가 수행하는 사무 또는 사업에 대하여 국가가 이를 조성하거나 재정상의 원조를 하기 위하여 법인 · 단체 또는 개인의 시설자금이나 운영자금으로 교부하는 보조금, 부담금, 그 밖에 상당한 반대급부를 받지 아니하고 교부하는 급부금 등을 말한다(보조금법 §2). 또한, 보조사업이란 보조금의 교부 대상이 되는 사무 또는 사업을 말하고, 보조사업자란 보조사업을 수행하는 자를 말한다. 간접보조금은 국가 외의 자가 보조금을 재원의 전부 또는 일부로 하여 상당한 반대급부를 받지 아니하고 그 보조금의 교부 목적에 따라 다시 교부하는 급부금을 말한다.

(1) 보조금의 수익인식시점

공익법인이 보조사업자로서 보조금을 수령하는 경우 당해 보조금수익은 기부금수익과 마찬가지로 실제 받는 시점에 인식하고, 당해 보조금이 기본순자산에 해당하는 경우에는 보조금수익이 아닌 기본순자산의 증가로 인식한다. 일반기업회계기준에서는 특정 비용을 보전할 목적으로 수령하는 경우에는 그 특정 비용에서 차감하는 회계처리를 하고, 자산취득 관련 보조금은 당해 자산에서 차감하여 표시하도록 하고 있으나 공익법인회계기준에서는 보조금 총액을 보조금수익이나 기본순자산의 증가로 인식하도록 규정하고 있다.

보조금의 구분		일반기업회계기준	공익법인회계기준
자산취득 목적	보통재산	관련 자산 차감표시	수익인식
	기본재산	관련 자산 차감표시	기본순자산의 증가
수익보전 목적		수익인식	수익인식
비용보전 목적		비용차감 또는 수익인식	수익인식

(2) 보조금의 종류에 따른 회계처리

공익법인이 보조사업자로서 보조금을 직접 수령하는 경우는 물론이고 공공기관 등 간접보조사업자로부터 수령하는 간접보조금도 보조금수익으로 인식한다.

인건비나 운영비 등 경상적 지원을 위한 경상보조금은 당해 비용으로 상계하는 것이 아니라 그 총액을 보조금수익으로 인식한다. 자산취득 등 자본적 경비를 지원하는 자본보조금도 당해 자산에서 차감하여 표시하지 않고 그 총액을 보조금수익으로 인식한다. 다만, 자본보조금 중 기본재산에 해당하는 보조금은 기본순자산의 증가로 인식한다.

(3) 보조금의 반환에 따른 회계처리

① 법령 위반 등에 따른 교부 결정의 취소

공익법인이 보조금을 다른 용도에 사용하거나 법령, 보조금 교부 결정의 내용 또는 법령에 따른 중앙관서의 장의 처분을 위반한 경우 그리고 거짓 신청이나 그 밖의 부정한 방법으로 보조금을 교부받은 경우에는 보조금 교부 결정이 전부 또는 일부를 취소될 수 있다. 보조금 교부 결정이 그 취소된 부분의 보조사업에 대하여 이미 보조금이 교부되었을 때에는 기한을 정하여 그 취소한 부분에 해당하는 보조금과 이로 인하여 발생한 이자를 반환하여야 한다(보조금법 §30 · §31 ①). 이 경우 보조금 교부결정 취소 통지를 받은 시점에 보조금수익과 이자수익에서 차감 처리하고 미지급금의 계정으로 회계처리 한다. 다만, 당기 이전에 교부결정 된 보조금에 대하여 교부결정이 취소된 경우에는 사업외비용으로 처리하고 주석 사항에 기재해야 할 것으로 생각된다.

② 보조 사업 실적보고에 따른 보조금의 반환

당해 보조사업의 완료되거나 회계연도가 종료된 이후에 2개월 이내(2개월 연장 가능)에 보조사업자는 정산보고서 등이 포함된 실적보고서를 제출 하여야 하며 집행잔액과 보조금으로 발생한 이자, 보조사업의 수익금을 반납 하여야 한다(보조금법 §28 · §31 ②). 이 경우 회계연도 종료일 이전 또는 회계연도 종료 후 결산서가 확정되기 전에 보조금 반환금액이 확정 되었다면 보조금사업수익금액 및 관련 이자수익에서 차감처리하고 회계연도 종료 후 결산서가 확정된 후 반환금액이 확정되었다면 경상적으로 발생한 부분은 사업비용으로 처리하고 비경상적으로 발생하였다면 사업외비용으로 처리하는 것이 타당하다 생각된다. 다만, 보조금을 교부하는 중앙정부나 지방자치단체 및 공공기관에서 교부한 보조금과 공익법인의 보조금수익이 일치하지 않아 총액으로 기표하기를 원할 경우 또는 현재 「사회복지법인 및 시설의 재무 · 회계규칙」에 따른 세입 · 세출결산서와 공익법인회계기준에 따른 운영성과표 상 보조금수익금액을 일치시키기 위하여 보조금 수령액을 총액으로 기표하고 반환금은 사업외비용으로 처리할 수도 있다.

(4) 보조금의 환수에 따른 회계처리

"보조금수령자"란 보조사업자 또는 간접보조사업자로부터 보조금 또는 간접보조금을 지급받은 자를 말한다. 중앙관서의 장, 보조사업자 또는 간접보조사업자는 보조금수령자가 거짓이나 그 밖의 부정한 방법으로 보조금 또는 간접보조금을 지급받은 경우, 보조금 또는 간접보조금의 지급 목적과 다른 용도에 사용한 경우, 보조금 또는 간접보조금을 지급받기 위한 요건을 갖추지 못한 경우에는 지급받은 보조금을 반환하도록 명령하여야 한다(보조금법 §33).

공익법인이 보조금수령자에 해당하여 보조금 환수 명령을 받은 경우에는 법령 위반 등에 따른 교부결정 취소와 같이 회계처리하고 예상되는 제재부과금과 가산금을 합리적으로 추정하여 사업외비용으로 처리해야할 것으로 생각된다.

공익법인이 보조금수령자에게 보조금 환수명령을 하는 경우에는 보조금과 제재부과금 등을 실제 수령하였을 경우 이를 예수금 등의 계정과목으로 처리하였다가 중앙관서의 장이나 보조사업자 등의 처분 명령에 따라 회계 처리한다.

3) 회비수익

공익법인의 인적 구성원들에게 정관이나 회칙에 따라 단체의 운영경비 등에 충당할 목적으로 받는 금원을 회비수익으로 처리한다. 회비수익은 자발적 재산출연이 아닌 의무적 부담이라는 점에서 기부금수익과 차이가 있다. 반면, 회비납부에 따른 납부혜택이 없는 자발적 회비 납부액은 기부금과 유사한 측면이 있다. 회비명목으로 수령하면서 기부금 영수증을 발급하는 경우는 회비가 아닌 기부금에 해당한다 할 수 있다. 특정임원이나 회원들에게서 수령하는 특별회비의 경우에도 기부금영수증 발급여부 및 자발성 여부에 따라 회비수익 또는 기부금수익으로 구분해야 한다. 다음 그림은 공익법인회계기준시무지침에서 제공하는 회비와 기부금의 판단 구분이다.

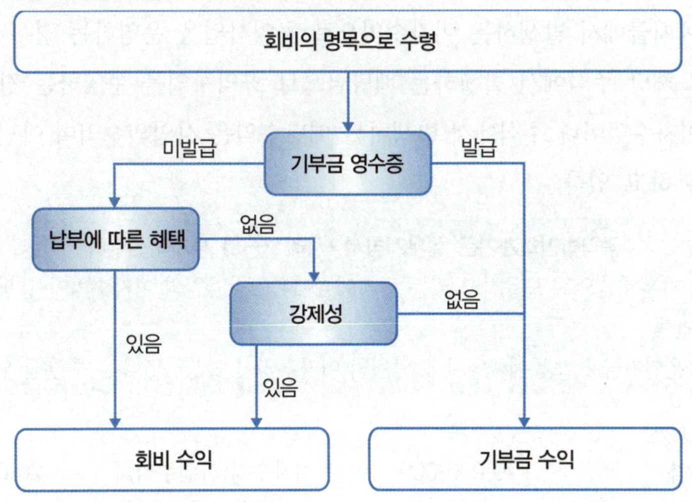

* 출처 : 공익법인회계기준 실무지침서

납부가 강제되는 회비 등에 대해서는 발생주의에 따라 회수가 확실해지는 시점에 수익을 인식할 수 있으나, 기타 납부가 강제되지 않은 회비나 등은 실제 현금으로 납부한 시점에 기부금수익으로 인식하는 것이 타당하다. 실무지침서에는 기부금 성격의 회비를 기부금수익으로 인식하는 경우 공익법인이 필요하다고 판단되는 경우에 기부금수익의 하위로 일반기부금, 회원으로부터의 기부금 등으로 세분화하여 구분표시할 수 있도록 하고 있다.

4) 투자자산수익

공익법인이 금융상품이나 유가증권 그리고 대여금 채권 등을 소유하고 있는 경우 그 과실인 투자자산수익이 발생할 수 있다. 투자자산수익에는 주로 이자수익, 배당수익, 평가손익, 처분손익 등이 있을 수 있다. 다만, 미실현보유손익에 해당하는 평가손익 중 매도가능증권의 평가손익은 순자산조정으로 표시한다.

(1) 투자자산수익의 수익인식 시점

투자자산수익은 실제로 현금이 입금되었는지의 여부와 관계없이 발생주의 원칙에 따라 거래와 사건이 발생한 기간에 인식하면 된다.

(2) 투자자산수익의 구분 정보

공익법인회계기준에는 이자수익 또는 배당수익과 처분손익 등이 공익목적사업활동의 주된 원천이 되는 경우에는 사업수익에 포함하고, 그렇지 않은 경우에는 사업외손익으로 표시하도록 하고 있다. 또한, 동 실무지침서에는 공익법인에서 거액의 예치금을 금융기관에 예치하고 예치금에서 발생하는 이자수익으로 공익사업을 운영하는 경우 또는 주식을 보유하고 있고 해당 주식에서 발생하는 배당금으로 공익사업을 운영하는 경우 예치금에서 발생하는 이자수익이나 주식에서 발생하는 배당수익은 사업외수익이 아닌 사업수익으로 인식하도록 하고 있다.

공익법인회계기준 실무지침서 (사례 3-5) 투자자산수익

2×18.12.31. 기본재산으로 보유하고 있는 정기예금에서 2천만원의 이자수익이 발생하였다(실제 현금 입금은 안됨).

2×18.12.31. 운영자금용 보통예금에서 50만원의 이자수익이 발생하였다(실제 현금 입금은 안됨).

〈2×18.12.31.〉

미수수익	20,000,000	이자수익(사업수익)	20,000,000
미수수익	500,000	이자수익(사업외수익)	500,000

"주된 원천이 되는 경우"의 판단은 명확한 기준은 없으나 상기한 공익법인회계기준 실무지침서에서 제시한 회계처리 예시를 보면 당해 투자자산이 기본재산에 해당한다면 주된 원천이 되는 경우로 보고, 보통재산에 해당한다면 그러지 않은 것으로 유추할 수 있다.

한편 처분손실이 발생하는 경우 공익목적사업활동의 주된 원천이 되는 경우에는 사업수익에 포함하여 차감 표시할지 여부에 대하여 명확한 규정은 없으나 공익법인회계기준 제25조에 따르면 처분손익이 공익목적사업활동의 주된 원천이 되는 경우에는 사업수익에 포함하도록 하고 있으므로 차감하여 표시하도록 규정하는 것으로 보아야 하나, 이는 수익과 비용은 총액으로 기록하고 수익과 비용을 직접 상계해서 순액으로 표시하지 않는다는 총액인식 원칙에 어긋나는 규정이라 할 수 있다. 따라서 이 경우 사업비용으로 처리하는 것이 타당하다 하겠다.

(3) 투자자산수익의 부문 정보

운영성과표의 작성은 공익법인을 하나의 작성단위로 보아 통합하여 작성하되, 공익목적사업부문과 기타사업부문으로 각각 구분하여 표시하도록 하고 있다. 투자자산수익을 공익목적사업부문과 기타사업부문 중 어느 부문으로 구분하여 표시해야 할지 쟁점이 있을 수 있다. 당해 투자자산수익의 원본이 되는 자산을 공익목적사업부문으로 하였으면 공익목적사업부문으로 기표하고 기타사업부문으로 구분하였으면 기타사업부문으로 기표하면 될 것으로 생각된다.

5) 기타사업수익

(1) 공익목적부문의 기타사업수익

공익법인회계기준이나 실무지침에서는 언급이 없었으나 공익법인의 정관에서 정한 각종 공익목적 서비스를 제공하면서 수령하는 입소자 부담금 수입이나 이용자 부담금 수입, 수익자 부담금 수입, 입소자나 이용자가 제작하거나 생산한 물품의 판매 수입이나 용역제공 수입 등이 있을 수 있다. 각종 부담금 수입은 거의 공익목적 서비스를 제공하면서 발생하는 비용의 실비 수준에도 미치지 못하는 경우가 많은데 이 경우에는 기타사업수익의 과목으로 공익목적사업부문에 표시해야 할 것으로 생각된다. 다만, 입소자나 이용자가 제작하거나 생산한 물품의 판매 수입이나 용역제공 수입의 경우에는 「부가가치세법」에서 정한 부가가치세가 면세가 되는지의 여부와 「법인세법」상 수익사업에 해당하는지의 여부 및 그 거래의 발생 빈도와 금액의 중요성 여부에 따라 공익목적사업부문으로 기표할지 기타사업부문으로 기표해야 할지 결정해야 할 것으로 생각된다.

(2) 기타사업부문의 매출액

공익법인이 필요하다고 판단하는 경우 기타사업수익을 구분정보를 운영성과표 본문에 표시하거나 주석으로 기재할 수 있도록 하고 있다. 다만, 법인세법이나 기타 공익법인 관련 법률 규정에서 수익사업을 구분경리를 요구하는 경우에는 구분하여 경리하고 운영성과표 본문에 표시해야 할 것으로 사료된다. 수익사업은 업종별로 구분하여 표시할 수 있으나, 매출액으로 통합하여 표시하고 업종별 구분은 주석으로 기재하는 것이 타당하다 생각한다. 따라서 제조업의 경우 제품매출액, 도매업의 경우 상품매출액, 임대업의 경우 임대수익, 기타서비스업의 경우 용역매출액 등을 모두 총매출액에서 매출할인, 매출환입, 매출에누리 등을 차감한 금액으로 매출액에 기표한다.

3.3 사업비용

사업비용은 공익목적사업과 기타사업의 결과 경상적으로 발생하는 자산의 감소 또는 부채의 증가를 말하는데, 사업에 따라 공익목적사업비용과 기타사업비용으로 구분하고, 그 기능에 따라 ① 사업수행비용 ② 일반관리비용 ③ 모금비용으로 구분하여 운영성과표에 표시한다. 다만, 사업비의 성격에 따른 ① 분배비용, ② 인력비용, ③ 시설비용, ④ 기타비용의 구분정보는 운영성과표 본문에 표시하거나 주석으로 기재할 수 있다.

사업비용을 ① 사업수행비용 ② 일반관리비용 ③ 모금비용으로 구분하여 표시하는 방식은 기능별 분류라고 한다. 기능별 분류 방식은 지출된 비용을 사업수행활동, 지원활동(일반관리활동, 모금활동)으로 구분하여 재무제표 이용자에게 공익법인이 조달된 재원을 가지고 구체적으로 어느 활동에 집중하고 있는지 그 효율성과 효과성을 판단하는데 유용한 정보를 제공한다.

사업비용을 ① 분배비용, ② 인력비용, ③ 시설비용, ④ 기타비용으로 구분하여 표시하는 방식은 성격별 분류(또는 성질별 분류, 품목별 분류)라고 한다. 많은 공익법인의 경우 감독관청의 예산통제의 용이성 때문에 지출된 비용을 기능별 분류 방식이 아닌 성격(품목)별 분류방식으로 재무제표를 작성하다 보니 당해 공익법인의 구체적인 활동과 그 성과에 대한 정보를 제공하지 못하였다. 따라서 이 기준에서는 공익목적사업비용을 기능별분류 방식에 따른 정보를 우선적으로 제공하도록 하고 성격별 분류 방식에 따른 정보는 주석으로 기재하는 것이 원칙이나 필요한 경우 운영성과표 본문에 기재할 수 있도록 하였다.

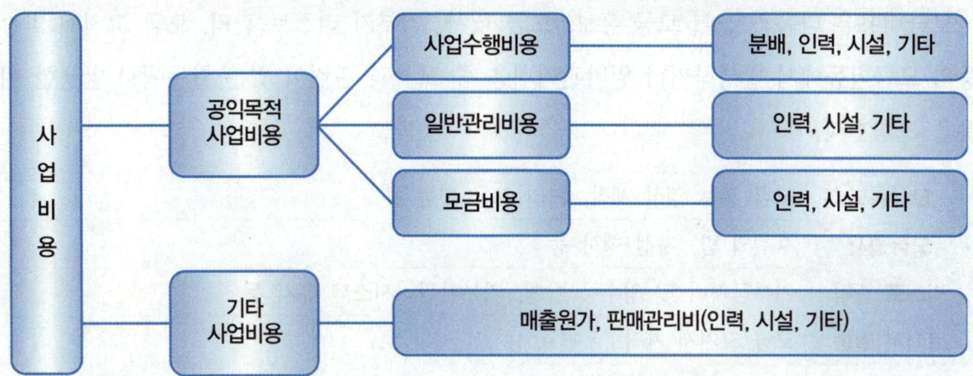

기타사업비용의 경우 굳이 기능별로 분류할 경우 매출원가(또는 제조원가)는 ① 사업수행비용으로 구분하고 판매비와 관리비는 ② 일반관리비용으로 구분할 수 있다. 기타사업비용을 성격(품목)별로 구분할 경우에는 마찬가지로 인력비용, 시설비용, 기타비용으로 구분하여 주석으로 기재하고 필요한 경우 운영성과표의 본문에 표시할 수 있다.

1) 사업비용의 기능(Function)별 분류

(1) 사업수행비용(program service expense)

사업수행비용은 공익법인이 추구하는 본연의 임무나 목적을 달성하기 위해 수혜자, 고객, 회원 등에게 재화나 용역을 제공하는 활동에서 발생하는 비용을 말한다. 공익법인회계기준 실무지침서에서는 사업수행비용을 세부사업별로 추가 구분한 정보를 운영성과표 본문에 표시하거나 주석으로 기재할 수 있도록 규정하고 있다. 공익법인이 수행하고 있는 사업의 종류별로 관련된 비용의 구분이 가능하고 공익법인이 필요하다고 판단되는 경우에 세부사업별로 구분한 정보를 기재 할 수 있는 것이다.

(2) 일반관리비용(management and general activities expense)

일반관리비용은 기획, 인사, 재무, 감독 등 제반 관리활동에서 발생하는 급여, 퇴직급여, 복리후생비, 임차료, 감가상각비, 무형자산상각비, 세금과공과, 광고선전비, 대손상각비 등의 비용이 포함되며, 사업수행활동이나 모금활동과 관련되지 않는 비용을 일반관리비용으로 분류한다.

(3) 모금비용(fund-raising activities expense)

모금비용은 다음과 같이 모금 홍보, 모금 행사, 기부자 리스트 관리, 모금 고지서 발송 등의 모금활동에서 발생하거나 일반관리비용 중 모금과 관련이 있는 활동에서 발생한 비용을 포함한다.

모금홍보	모금 홍보 영상 제작, 거리 모금 활동 등
모금행사	후원의 밤, 자선 행사 등
리스트 관리	기부금처리 및 영수증 발행, 기부자관리시스템 유지 등
고지서 발송	모금 고지서 제작, 우편료 등

신규 기부자나 기존 기부자 등 기부자의 구분에 따라 모금비용과 일반관리비용을 구분하는 것이 아니라 공익법인이 수행하는 활동이 모금활동이라면 모금비용으로 인식해야 한다. 홍보활동에서 발생하는 비용은 일반관리비용이나 사업수행비용 등으로 구분해야 하나, 공익법인의 후원회원을 모집하거나, 기부금을 모집하기 위한 홍보활동은 모금활동으로 보아 관련된 비용을 모금비용으로 인식하는 것이 적절하다.

한편, 공익법인이 필요하다고 판단되는 경우에는 모금비용을 세분화하여 표시 할 수 있는데 예를 들면, 「기부금품의 모집 및 사용에 관한 법률」에 의한 모집비용과 기타 모금비용, 또는 신규 기부자 모금비용과 기존 기부자 모금비용 등으로 구분할 수 있다.

사업비용의 구분 사례

공익법인인 (사)ㅇㅇ연대회의는 사회복지연대사업팀, 후원사업팀, 사무국의 부서를 운영하고 다음과 같이 2××1년 사업비 및 운영비를 지출하였다.

사회복지연대팀에서는 사회복지연대사업의 일환으로 엄격한 심사를 거쳐 선정된 사회복지시설에 100,000,000원의 재정 보조금을 지급하였으며, 국제구호사업의 일환으로 아프리카 구호 기금에 30,000,000원을 지급하였다.

각 부서의 인원은 사회복지연대사업팀은 2명, 후원사업팀은 2명 사무국은 1명이며 각 인원은 모두 연봉 20,000,000원의 동일한 임금을 받고 있다.

임차료는 연간 12,000,000원 발생하였으며, 3개의 부서는 각각 동일한 면적을 사용하고 있다.

사회복지연대사업팀에서는 국내사회복지 연대사업과 관련하여 심사비 1,000,00원을 지출하였으며, 국제구호사업과 관련하여 출장 여비가 3,000,000원 발생하였고, 모금사업부에서는 모금활동을 위한 홍보소식지 제작으로 1,000,000원을 사용하였다. 사무국에서는 소모품비와 업무추진비로 3,000,000원이 발생했다.

• 부서별로 발생비용을 정리하면 다음과 같다.

구분	사업팀	후원사업팀	사무국	합계
사업비	130,000,000	–	–	130,000,000
인건비	40,000,000	40,000,000	20,000,000	100,000,000
임차료	4,000,000	4,000,000	4,000,000	12,000,000
기타비용	4,000,000	1,000,000	3,000,000	8,000,000
합계	178,000,000	45,000,000	27,000,000	250,000,000

• 운영성과표의 표시 방법을 기능별로 다음과 같이 구분할 수 있다.

사업비용	250,000,000
사업수행비용	178,000,000
일반관리비용	27,000,000
모금비용	45,000,000

사업비용	250,000,000
사업수행비용	178,000,000
사회복지연대사업	123,000,000
국제구호사업	55,000,000
일반관리비용	27,000,000
모금비용	45,000,000

2) 사업비용의 성격(Nature)별 분류

공익법인회계기준에서는 사업비용을 기능별로 분류한 사업수행비용, 일반관리비용, 모금비용에 대해서는 이를 다시 그 성격(성질, 품목)에 따라 분배비용, 인력비용, 시설비용, 기타비용으로 재분류하여 분석한 정보를 운영성과표 본문에 표시하거나 주석으로 기재하도록 하고 있다. 다만, 공익법인이 필요하다고 판단하는 경우에는 더 세분화된 정보를 운영성과표 본문에 표시하거나 주석으로 기재할 수 있다.

(1) 분배비용

분배비용은 공익법인이 수혜자 또는 수혜단체에 직접 지급하는 비용으로 장학금, 지원금 등을 포함한다. 즉, 분배비용은 수혜자나 수혜단체에 공익목적사업을 위해 직접 현금이나 현물을 지급하는 재정상 원조 금액을 말하는 것으로 기타사업부문에서는 발생할 수 없고 또한 일반관리비용이나 모금비용에서도 발생할 수 없다.

분배비용의 예로 보조금사업자로서 교부받은 보조금을 심사를 통하여 취약계층에 보조금을 분배하는 경우와 사회복지공동모금회와 같이 공동모금을 통한 기부금수익을 다른 공익법인 단체에 배부하는 경우를 들 수 있다.

(2) 인력비용

인력비용은 공익법인에 고용된 인력과 관련된 비용으로서 급여, 상여금, 퇴직급여, 복리후생비, 교육훈련비 등을 포함한다. 공익법인회계기준 실무지침서에서 예시하고 있는 인력비용은 다음과 같다.

① 급여 : 임직원에게 지급하는 봉급 및 각종 수당을 의미함

② 퇴직금 : 퇴직급여충당부채 설정 시 또는 DC형 퇴직연금액을 불입하는 경우 발생하는 비용 계정임

③ 복리후생비 : 의료비 및 건강검진비, 기념품비, 행사지원비, 문화여가비, 사회보험회사부담금(국민연금, 건강보험, 산재보험, 고용보험 등)을 의미함

④ 교육훈련비 : 임직원을 대상으로 하는 교육을 위해 지출하는 비용을 의미함

(3) 시설비용

시설비용은 공익법인의 운영에 사용되는 토지, 건물, 구축물, 차량운반구 등 시설과 관련된 비용으로서 감가상각비, 지급임차료, 시설보험료, 시설유지관리비 등을 포함한다. 공익법인회계기준 실무지침서에서 예시하고 있는 시설비용은 다음과 같다. 다만, 감가상각비와 무형자산상각비를 구분하여 표시한 것과 시설유지관리비 중 재산세 및 자동차세를 세금과공과로 표시하지 않고 시설관리비로 표시하는 것이 일반기업회계기준의 계정과목 분류와 다른 점이다.

① 감가상각비 : 유형자산의 감가상각대상금액을 자산의 내용연수에 걸쳐 체계적으로 배분하여 인식한 금액을 의미함

② 지급임차료 : 임대차 계약에 의한 토지, 건물, 시설 등의 임차료를 의미함

③ 시설보험료 : 건물, 구축물 등 시설에 대한 화재보험 및 차량운반구에 대한 보험 등 시설과 관련한 보험료를 의미함

④ 시설유지관리비 : 건물, 구축물, 차량운반구 등 시설의 상태를 유지하기 위하여 경상적으로 소요되는 비용을 의미함. 전기세, 수도세, 가스 및 관련 제세공과금(재산세, 자동차세 등) 등을 포함함.

⑤ 무형자산상각비 : 시설과 관련된 무형자산(전산시스템 등)의 상각대상금액을 자산의 내용연수에 걸쳐 체계적으로 배분하여 인식하는 금액을 의미함

(4) 기타비용

기타비용은 분배비용, 인력비용, 시설비용 외의 비용으로서 여비교통비, 소모품비, 지급수수료, 용역비, 업무추진비, 회의비, 대손상각비 등을 포함한다. 이 경우 각 공익법인의 특성에 따라 금액이 중요한 기타비용 항목은 별도로 구분하여 운영성과표 본문에 표시하거나 주석으로 기재한다. 공익법인회계기준 실무지침서에서 예시하고 있는 기타비용은 다음과 같다. 기타비용으로 예시는 없었으나 프로그램 강사비나 각종 위원회 참석수당을 지급하는 경우로서, 해당 공익법인의 임직원에게 지급하는 강사비나 참석수당은 인력비용의 급여에 포함하고, 외부 강사나 외부 위원들에게 지급하는 강사비나 참석수당은 기타비용의 용역비로 처리하는 것이 타당하다 생각된다.

① 여비교통비 : 국내출장 및 해외출장 여비 등을 의미함

② 소모품비 : 소모용 물품 등을 구입하기 위하여 지출하는 비용을 의미함

③ 지급수수료 : 업무대행수수료, 법정수수료 등 외부에 지급하는 수수료를 의미함

④ 용역비 : 특정 과제수행이나 조사, 연구 및 행사 운영 · 진행 등을 위해 외부와 용역계약을 체결하고 지급하는 비용을 의미함

⑤ 업무추진비 : 사업추진에 소요되는 접대비, 업무협의, 간담회 등 공익법인의 업무운영을 위해 소요되는 비용을 의미함

⑥ 대손상각비 : 회수가 불확실한 금융자산에 대해 합리적이고 객관적인 기준에 따라 산출한 대손추산액을 대손충당금으로 설정하면서 이에 대한 상대계정으로 대손상각비를 인식함. 미수금과 매출채권에 대한 대손상각비를 의미함

⑦ 무형자산상각비 : 시설과 관련되지 않은 무형자산(지식재산권, 개발비 등)의 상각대상금액을 자산의 내용연수에 걸쳐 체계적으로 배분하여 인식하는 금액을 의미함

사업비용의 성격별 구분 사례

앞의 (사)ㅇㅇ연대회의의 사업비용의 기능별 구분과 성격별 구분에 관한 정보를 다음과 같이 주석으로 표시할 수 있고 운영성과표 본문에 직접 표시할 수 있다.

〈주석기재 예시〉

• 주석 ㅇㅇ사업비용의 성격별 구분
당 법인의 운영성과표에는 사업비용이 기능별로 구분되어 표시되어 있습니다. 이를 다시 성격별로 구분한 내용은 다음과 같다.

(단위 : 천원)

구분	분배비용	인력비용	시설비용	기타비용	합계
공익목적사업비용	130,000	100,000	12,000	8,000	250,000
사업수행비용	130,000	40,000	4,000	4,000	178,000
일반관리비용	–	20,000	4,000	3,000	27,000
모금비용	–	40,000	4,000	1,000	45,000
기타사업비용	–	–	–	–	
합계	130,000	100,000	12,000	8,000	250,000

• 운영성과표 본문에 다음과 같이 직접 표시할 수 있다.

사업비용	250,000,000
사업수행비용	178,000,000
분배비용	130,000,000
인력비용	40,000,000
시설비용	4,000,000
기타비용	4,000,000
일반관리비용	27,000,000
인력비용	20,000,000
시설비용	4,000,000
기타비용	3,000,000
모금비용	45,000,000
인력비용	40,000,000
시설비용	4,000,000
기타비용	1,000,000

3) 기타사업비용

기타사업비용은 기타사업부문에서 발생한 것으로 기타사업수익과 대응하여 발생한 비용을 말한다. 주로 공익법인이 수익사업활동을 할 경우 수익사업활동에서 발생한 비용을 운영성과표에 표시하는데 재무정보 이용자에게 당해 공익법인의 수익사업부문에 대한 충분한 정보를 제공하기 위하여 수익사업활동에서 발생한 비용을 성격별 분류 방식으로 운영성과표 본문에 표시하거나 주석으로 기재할 수 있다. 즉, 이 기준에서는 기타사업비용을 인력비용, 시설비용, 기타비용으로 구분하여 분석한 정보는 운영성과표 본문에 표시하거나 주석으로 기재하도록 하고, 그 외 공익법인이 필요하다고 판단하는 구분정보에 대해서는 운영성과표 본문에 표시하거나 주석으로 기재할 수 있도록 하고 있다. 따라서 기타사업부문에서는 사업수행비용, 일반관리비용, 모금비용 그리고 분배비용이 발생하지 않으므로 동 계정으로 발생비용을 구분하여 회계 처리할 수 없다. 공익법인회계기준 실무지침서에 기타사업의 유형에 따라 다양하게 표시할 수 있도록 하고 있다. 따라서 일반 기업회계기준에서처럼 매출원가, 판매관리비 등 공익법인의 필요에 따라 기타사업부문의 정보를 정보이용자들의 합리적 의사결정에 도움이 될 수 있도록 구분하여 표시할 수 있도록 허용하고 있다.

3.4 사업외수익과 사업외비용

1) 사업외수익

사업외수익은 사업수익이 아닌 수익 또는 차익을 말한다. 사업외수익에는 유형 · 무형자산처분이익, 유형 · 무형자산손상차손환입, 전기오류수정이익 등을 포함 한다.

이자수익이나 배당수익 또는 처분이익 등이 공익목적사업활동의 주된 원천이 되는 경우에는 사업수익으로 표시하고 사업외수익에는 포함하지 않는다.

유형자산재평가이익을 순자산조정으로 인식한 경우에는 사업외수익에 포함하지 않는다. 다만, 동일한 유형자산에 대하여 이전에 운영성과표에 사업외비용으로 인식한 재평가감소액이 있다면 그 금액을 한도로 재평가증가액만큼 운영성과표에 사업외수익으로 인식한다. 공익법인회계기준 실무지침서에서 예시하고 있는 사업외수익은 다음과 같으며, 유동성 배열순으로 재배열 하였다. 실무지침서에서 예시한 계정과목 이외에 변상금이나 위약금 수입 등과 같이 다른 계정과목에 속하지 아니하는 일시 · 우발적으로 발생하는 수입은 잡이익 등의 계정과목을 추가하여 회계 처리해야 할 것으로 생각된다.

① 이자수익 : 투자자산에서 발생하는 이자수익 중 공익목적사업의 주된 원천이 되지 않는 이자수익을 의미함

② 배당수익 : 투자자산에서 발생하는 배당수익 중 공익목적사업의 주된 원천이 되지 않는 배당수익을 의미함

③ 외환차익 : 외화자산의 회수 또는 외화부채의 상환시에 발생하는 차익으로 외화자산 · 부채 인식시의 환율과 외화자산의 회수 또는 외화부채의 상환시의 환율과의 차이로 인해 발생함

④ 외화환산이익 : 결산일에 화폐성외화자산 또는 화폐성외화부채를 환산하는 경우 환

율의 변동으로 인하여 발생하는 이익을 의미함

⑤ 유형 · 무형자산처분이익 : 유형 · 무형자산의 처분금액이 장부금액보다 많아서 발생하는 이익 금액을 의미함

⑥ 유형 · 무형자산손상차손환입 : 유형 · 무형자산의 회수가능액의 변동으로 인해 과거 인식한 손상차손을 환입하는 경우 그 금액을 의미함

⑦ 전기오류수정이익 : 오류수정이란 전기 또는 그 이전 회계연도의 재무제표에 포함된 회계적 오류를 당기에 발견하여 수정하는 것을 말하며, 이러한 오류수정을 통해 당기운영이익이 증가하게 되는 경우 전기오류수정이익으로 인식함. 다만 전기 또는 그 이전 회계연도에 발생한 중대한 오류의 수정은 비교재무제표를 재작성하여 반영함. 여기서 중대한 오류란 재무제표의 신뢰성을 심각하게 손상할 수 있는 매우 중요한 오류를 의미함

2) 사업외비용

사업외비용은 사업비용이 아닌 비용 또는 차손을 말한다. 사업외비용에는 유형 · 무형자산처분손실, 유형 · 무형자산손상차손, 유형자산재평가손실, 기타의 대손상각비, 전기오류수정손실 등을 포함한다.

유형자산재평가손실을 사업외비용에 포함한다. 그러나 그 유형자산의 재평가로 인해 인식한 순자산조정의 잔액이 있다면 그 금액을 한도로 재평가 감소액을 순자산조정에서 먼저 차감한다. 공익법인회계기준 실무지침서에서 예시하고 있는 사업외비용은 다음과 같은며, 유동성 배열순으로 재배열 하였다. 실무지침서에서 예시한 계정과목 이외에 이자비용이나 보조금 반환금이나 그 이외에 다른 계정과목에 속하지 아니하는 일시 · 우발적으로 발생하는 지출액은 잡손실 등의 계정과목을 추가하여 회계 처리해야 할 것으로 생각된다.

① 외환차손 : 외화자산의 회수 또는 외화부채의 상환시에 발생하는 차손으로 자산 · 부채 인식시의 환율과 외화자산의 회수 또는 외화부채의 상환시의 환율과의 차이로 인해 발생함

② 외화환산손실 : 결산일에 화폐성외화자산 또는 화폐성외화부채를 환산하는 경우 환율의 변동으로 인하여 발생하는 손실을 의미함

③ 기타의 대손상각비 : 회수가 불확실한 금융자산에 대해 합리적이고 객관적인 기준에

따라 산출한 대손추산액을 대손충당금으로 설정하면서 이에 대한 상대계정으로 대손상각비를 인식함. 미수금과 매출채권 이외의 채권에 대한 대손상각비를 의미함

④ 유형 · 무형자산처분손실 : 유형 · 무형자산의 처분대가가 장부금액보다 적어서 발생하는 손실 금액을 의미함

⑤ 유형 · 무형자산손상차손 : 자산의 진부화 및 시장가치의 급격한 하락 등으로 인하여 자산의 회수가능액이 장부금액에 중요하게 미달하게 되어 손상을 인식하는 경우 그 차액을 의미함

⑥ 유형자산재평가손실 : 유형자산의 장부금액이 재평가로 인하여 감소된 경우에 그 감소액을 의미함

⑦ 전기오류수정손실 : 오류수정이란 전기 또는 그 이전 회계연도의 재무제표에 포함된 회계적 오류를 당기에 발견하여 수정하는 것을 말하며, 이러한 오류수정을 통해 당기운영이익이 감소하게 되는 경우 전기오류수정손실로 인식함. 다만 전기 또는 그 이전 회계연도에 발생한 중대한 오류의 수정은 비교재무제표를 재작성하여 반영함

3.5 고유목적사업준비금전입액 · 환입액

공익법인이 고유목적사업준비금을 부채로 인식하는 경우에 유동성 배열 원칙의 예외로 인정하여 유동 · 비유동부채 아닌 별도의 대분류 계정과목으로 표시하는 한편, 관련된 고유목적사업준비금전입액과 환입액도 사업수익이나 사업비용 또는 사업외수익이나 사업외비용과 별도로 구분하여 운영성과표에 표시하도록 하고 있다.

1) 고유목적사업준비금전입액

고유목적사업준비금전입액이란 공익법인이 법인세법에 따라 수익사업부문에서 발생한 소득 중 일부를 고유목적사업부문이나 일반기부금에 지출하기 위하여 적립한 금액을 말한다. 이에 상응하여 동일한 금액을 부채에 고유목적사업준비금이라는 과목으로 인식하고 유동 · 비유동부채와는 별도로 구분하여 재무상태표에 표시한다.

2) 고유목적사업준비금환입액

고유목적사업준비금환입액은 고유목적사업준비금이 법인세법에 따라 수익사업부문에

서 고유목적사업부문에 전출되어 목적사업에 사용되었거나 미사용되어 임의 환입된 금액을 말한다. 이에 상응하여 동일한 금액을 부채에 고유목적사업준비금이라는 계정 과목에서 차감한다.

3.6 법인세비용

공익법인은 일반적으로 법인세를 부담하지 않지만, 수익사업을 영위하는 경우 법인세를 부담할 수 있다. 따라서 공익법인이 법인세를 부담하게 되는 경우에는 일반기업회계기준 제22장 '법인세회계'와 제31장 '중소기업 회계처리 특례'의 법인세 회계처리 중 하나를 선택하여 회계처리할 수 있다.

1) 일반기업회계기준 제22장 법인세회계

일반기업회계기준 제22장에 의한 법인세회계는 재무제표상의 자산 · 부채 및 수익 · 비용의 정의에 부합하는 법인세회계처리 방법이다.

공익법인이 부담하는 당기법인세부담액(환급액)에 회계이익과 법인세법상 과세소득의 일시적 차이로 인한 법인세 효과를 이연법인세자산(부채)으로 인식하고 동 변동액을 가감하여 법인세비용을 산정한다.

2) 일반기업회계기준 제31장 중소기업 회계처리 특례

일반기업회계기준 제31장 중소기업 회계처리 특례에 의한 법인세비용은 법인세법등의 법령에 의하여 납부(환급)하여야 할 금액으로 인식한다. 따라서 법인세비용차감전 당기운영이익에서 법인세법 등의 법령에 의하여 납부할 금액을 차감하여 산정한 당기운영이익은 발생주의에 따라 산정한 금액이 아니다. 따라서 중소기업 회계처리 특례에 따라 작성된 재무제표는 회계정보의 신뢰성이나 목적적합한 정보가 될 수 없으나 이해관계자가 적은 중소기업의 회계처리 부담을 완화하기 위하여 제정된 것이다.

04 기타 회계처리에 관한 사항

4.1 회계변경과 오류수정

1) 회계변경

회계변경은 회계정책의 변경과 회계추정의 변경으로 구분할 수 있다. 이와 같이 회계변경을 회계정책의 변경과 회계추정의 변경으로 구분하는 것은 회계처리가 다르기 때문이다. 회계정책의 변경은 재무제표의 작성에 적용하던 회계정책을 다른 회계정책으로 변경하는 것을 말하고, 회계추정의 변경은 공익법인을 둘러 싼 환경의 변화, 새로운 정보의 입수 또는 경험의 축적에 따라 회계적 추정치의 근거와 방법 등을 바꾸는 것을 말한다.

(1) 회계정책의 변경

재무제표를 작성할 때 채택한 회계정책은 비슷한 종류의 사건 또는 거래의 회계처리에도 동일하게 적용한다. 다만, 이 기준에서 변경을 요구하거나, 회계정책의 변경을 반영한 재무제표가 신뢰성 있고 더 목적적합한 정보를 제공하는 경우에만 회계정책을 변경할 수 있다. 이러한 회계정책의 변경으로 재고자산 평가방법의 변경이나 유가증권 평가방법의 변경을 예로 들 수 있다.

회계정책의 변경으로 인한 누적효과는 소급하여 적용하며 소급적용에 따른 수정사항을 반영하여 비교재무제표를 재작성한다. 다만, 회계정책의 변경에 따른 누적효과를 합리적으로 결정하기 어려운 경우에는 전진법을 적용하여 회계변경으로 효과가 당기와 당기 이후에 반영되도록 할 수 있다.

(2) 회계추정의 변경

재무제표를 작성할 때 채택하는 회계추정에는 대손의 추정, 재고자산의 진부화 여부에 대한 판단과 평가, 충당부채의 추정, 감가상각자산에 내재된 미래 경제적 효익의 예상되는 소비형태의 유의적인 변동(감가상각방법), 감가상각자산의 내용연수 또는 잔존가치의 변동 등이 포함된다.

회계추정의 변경은 전진적으로 회계처리하여 그 효과를 당기와 그 이후의 회계연도에 반영한다.

회계정책의 변경과 회계추정의 변경이 동시에 이루어지는 경우에는 회계정책의 변경에 의한 누적효과를 먼저 계산하고 회계추정의 변경효과를 전진적으로 적용한다.

2) 오류수정

오류수정은 전기 또는 그 이전 회계연도의 재무제표에 포함된 회계적 오류를 당기에 발견하여 수정하는 것을 말한다. 당기에 발견한 전기 또는 그 이전 회계연도의 오류는 당기 운영성과표에 사업외손익 중 전기오류수정손익으로 보고한다. 다만, 전기 또는 그 이전 회계연도에 발생한 중대한 오류의 수정은 비교재무제표를 재작성하여 반영한다. 중대한 오류는 재무제표의 신뢰성을 심각하게 손상할 수 있는 매우 중요한 오류를 말한다.

4.2 공통 자산 · 부채 · 수익 · 비용의 배분

공익법인이 수 개의 공익목적사업을 수행하는 경우 또는 수 개의 시설, 지부, 지점, 분사무소를 운영하는 경우 또는 수 개의 기타 사업부문을 운영하는 경우가 있다. 이 경우 각각 구분 설정된 회계단위를 하나의 보고실체로 보아 통합하여 재무제표를 작성해야 하지만, 공익목적사업부문과 기타사업부문의 각 활동별로 구분하여 재무제표는 표시하여야 한다. 그런데 만약 각 구분회계에서 공통으로 사용하고 있는 자산 · 부채가 있거나, 공통으로 발생된 수익과 비용이 있을 경우 이를 배부하여 공시해야 하는 문제가 있다.

1) 공통 자산 · 부채

공통 자산 · 부채는 공익목적사업부문과 기타사업부문에서 공통으로 사용하고 있는 자산 또는 부채를 말한다. 공익법인회계기준에서는 어떤 자산 또는 부채 항목이 복수의 활동에 관련되는 경우에는 관련 시설면적, 사용빈도 등 합리적인 배분기준에 따라 활동 간에 배분하고, 그 배분기준은 일관되게 적용하여야 하도록 하고 있다.

▌공통 자산부채의 배분 예시▐

공익법인인 (재)○○장학회는 2××1.1. 설립하면서, 동 일자로 50억원에 부동산을 매입하였으며, 토지가액과 건물가액은 각각 30억원과 20억원이다. 매입 자금 중 10억원은 ××은행에서

5년 만기 장기차입금으로 조달하였고, 나머지는 설립 시 출연금이다. (재)ㅇㅇ장학회에서는 20%는 당해 장학재단의 사무실로 사용하고 80%는 임대 목적으로 사용할 예정이다.

재무상태표

과목	통합	공익목적사업	기타사업
…			
토지	3,000,000,000	600,000,000	2,400,000,000
건물	2,000,000,000	400,000,000	1,600,000,000
…			
장기차입금	1,000,000,000	200,000,000	800,000,000
…			
기본순자산	4,000,000,000	800,000,000	3,200,000,000

2) 공통 수익 · 비용

공통 수익 · 비용은 공익목적사업부문과 기타사업부문에서 공통으로 발생한 수익과 또는 비용을 말한다. 공익법인회계기준에서는 어떤 수익과 비용항목이 복수의 활동에 관련되는 경우에는 해당 수익과 비용의 성격에 따라 투입한 업무시간, 관련 시설면적, 사용빈도 등 합리적인 배분기준에 따라 활동 간에 배분하며, 그 배분기준은 일관되게 적용하도록 하고 있다.

▌공통 수익·비용의 배분 예시▐

앞의 (재)ㅇㅇ장학회의 사례에 계속하여 다음과 같은 거래가 발생하였다.
기부금수익 5천만원, 임대수익 3억원 발생하였고, 1억원의 장학금을 지급함.
임직원 인건비 사업팀에서 30,000,000원, 사무국에서 50,000,000원 발생하였으며, 사무국 직원의 업무 비중은 공익목적활동에 60%(후원금모금활동 30% 포함), 기타사업활동에 40%임.
감가상각은 정액법 40년으로 하고, 건물관리 용역비 30,000,000원이 발생함.
건물은 공익목적사업용으로 예정 사용비율에 따라 20%를 사용하며 그 중 사업팀과 사무국이 각각 50%씩 사용하고 있음.
장기차입금에 대한 이자비용 40,000,000원 발생함.

운영성과표

과목	통합	공익목적사업	기타사업
사업수익	350,000,000	50,000,000	300,000,000
기부금수익	50,000,000	50,000,000	
임대료수익	300,000,000		300,000,000

과목	통합	공익목적사업	기타사업
사업비용	260,000,000	176,000,000	84,000,000
사업수행비용	138,000,000	138,000,000	
분배비용	100,000,000	100,000,000	
인력비용(1)	30,000,000	30,000,000	
시설비용(2)	5,000,000	5,000,000	
기타비용(3)	3,000,000	3,000,000	
일반관리비용	19,000,000	19,000,000	
인력비용(1)	15,000,000	15,000,000	
시설비용(2)	2,500,000	2,500,000	
기타비용(3)	1,500,000	1,500,000	
모금비용	19,000,000	19,000,000	
인력비용(1)	15,000,000	15,000,000	
시설비용(2)	2,500,000	2,500,000	
기타비용(3)	1,500,000	1,500,000	
기타사업비용	84,000,000		84,000,000
인력비용(1)	20,000,000		20,000,000
시설비용(2)	40,000,000		40,000,000
기타비용(3)	24,000,000		24,000,000
…			
사업외비용			
이자비용	40,000,000	8,000,000	32,000,000

(1) 인건비는 사업팀에서 발생한 인건비는 사업팀에 직접 배분하였으며, 사무국에서 발생한 인건비는 업무량에 따라 일반관리비용, 모금비용, 기타사업비용에 각각 30 : 30 : 40으로 배분함.

(2) 감가상각비 발생액 50,000,000원에 대하여 공익목적사업부문과 기타사업부문에 각각 20 : 80으로 안분하고, 공익목적사업부분에 배분된 10,000,000원에 대하여 사업팀과 사무국으로 각각 50 : 50으로 안분하여 사업팀에 배분된 5,000,000원은 사업수행비용에 배부하고, 사무국에 배분된 5,000,000원에 대하여 다시 사무국 직원의 업무배분 비율에 따라 일반관리활동과 모금활동으로 각각 50%씩 안분함.

(3) 용역비 발생액 30,000,000원에 대하여도 상기 (2)의 배분 방식과 같은 방법으로 배분함.

(4) 이자비용에 대하여 건물 사용비율에 따라 20 : 80으로 배분함.

4.3 내부거래 제거 및 통합재무제표 작성

통합재무제표는 공익목적사업부문과 기타사업부문의 각 활동별로 구분 표시된 재무제표에서 내부거래를 제거한 후 통합하여 작성한 재무제표를 말한다. 이러한 통합재무제표를 작성하는 이유는 공익법인 전체의 재무상태 및 운영성과를 파악하기 용이하여 보다 목적 적합한 재무정보의 제공이 가능하기 때문이다. 또한, 구분회계에 따른 부문별 정보는 내부관리 목적이나 예산통제의 관점에서 유리한 측면이 있는 반면, 일반 목적의 재무정보 이용자들에게는 혼란을 야기할 수 있는 단점이 있다. 따라서 공익법인의 각 부문별로 법인회계, 시설회계, 수익사업회계, 지점, 지부, 사업장 등 본점 이외의 조직을 별도의 구분 단위로 구분회계를 하고 있는 경우 이를 하나의 보고실체로 통합하여 재무제표를 작성하는 것이다.

통합재무제표를 작성하는 방법은 ① 구분회계 상호간 내부거래를 제거한 후 ② 구분회계 재무제표를 단순 합산한다.

1) 내부거래의 제거

내부거래는 하나의 보고실체인 공익법인의 각 구분된 회계단위 상호간의 거래가 있는 경우 동 거래로 인한 발생한 채권 · 채무와 수익과 비용을 말한다. 통합재무제표를 작성하는데 있어서 이러한 내부거래를 파악하고 이를 상계하는 이유는 내부거래를 상계하지 않을 경우 자산 · 부채 및 수익 · 비용이 과대하게 표시되어 재무제표를 심각하게 왜곡 표시될 수 있기 때문이다. 다만, 공익목적사업부문과 기타사업부문간의 고유목적사업준비금 전입액과 환입액 및 관련 거래는 상계하지 않는다. 공익법인회계기준 실무지침서에서 예시한 내부거래의 유형과 이를 상계하는 회계처리는 다음과 같다.

(1) 일반적인 상거래에 따라 발생하는 채권 · 채무

공익법인의 각 구분회계 간 일반적인 상거래에서 발생하는 내부거래는 통합재무제표 작성 시 제거해야 한다. 일반적인 상거래는 구분회계 상호간 용역 또는 재화의 공급이 있을 경우 각 구분회계에서는 수익과 비용 및 채권과 채무가 발생하는데 이를 제거하는 것이다. 또한 내부거래로 이하여 발생한 내부거래 이익도 제거해야 한다.

회계처리 사례

사회복지법인 ㅇㅇ나눔터에서는 직업재활시설과 요양시설을 각각 운영하고 있다. 당기에 직업재활시설에서 생산한 달력(원가 90,000원)을 요양시설에 100,000원에 판매하였다. 요양원은 구입한 달력을 후원자들에게 홍보목적으로 나누어 준 경우 회계처리

• 직업재활시설의 회계처리

미수금	100,000	/	매출액	100,000
매출원가	90,000		재고자산	90,000

• 요양원의 회계처리

모금비용	100,000	/	미지급금	100,000

• 내부거래 제거

미지급금	100,000	/	미수금	100,000
매출원가	(−)90,000		매출액	(−)100,000
모금비용	(−)10,000			

※ 결국 통합재무제표에는 모금비용 90,000원만 표시된다. 이는 공익법인을 하나의 보고실체로 볼 경우 원가 90,000원을 후원자들에게 배부한 것이기 때문이다.

(2) 자금거래에서 발생하는 채권 · 채무

공익법인의 각 구분회계 간 자금거래가 발생하여 대여금 채권과 채무 및 이자수익과 이자비용이 발생할 수 있는데 이러한 내부거래도 통합재무제표 작성 시 제거한다.

회계처리 사례

상기 예에서 직업재활시설에서 공장 운영자금 10,000,000원을 연리 4%로 요양원으로부터 자금을 차입한 경우 회계처리

−차입은 2××1.10.1. 차입금 만기는 1년이며 이자는 후불로 지급 조건일 경우

−2××1.10.1.

• 직업재활시설의 회계처리

현금및현금성자산	10,000,000	/	단기차입금	10,000,000

• 요양원의 회계처리

단기대여금	10,000,000	/	현금및현금성자산	10,000,000

−2××1.12.31.

• 직업재활시설의 결산시 회계처리

이자비용	100,000	/	미지급비용	100,000

• 요양원의 회계처리 결산시 회계처리

미수수익	100,000	/	이자수익	100,000

• 내부거래 제거

단기차입금	10,000,000	/	단기대여금	10,000,000
미지급비용	100,000		미수수익	100,000
이자비용	(−)100,000		이자수익	(−)100,000

(3) 자본거래 제거

공익법인의 공익목적사업부문에서 사용하던 자산을 기타사업부문의 자본금으로 출자하는 경우 공익목적사업부문은 기타사업출자금(자산)을 기타사업부문은 순자산으로 계상하게 되는데 이러한 내부거래도 통합재무제표 작성 시 제거한다.

회계처리 사례

사회복지법인 ㅇㅇ쉼터에서는 요양시설을 운영하고 있다. 당기에 요양시설을 폐쇄하고 이를 수익사업으로 전환하여 임대사업용으로 사용하기로 하고 이사회 의결을 거쳐 주무관청에 허가를 득하였다.

요양시설의 부동산의 장부가는 토지 100,000,000, 건물 50,000,000이며, 시가(감정가액)는 토지 120,000,000, 건물 60,000,000일 경우 회계처리

• 요양시설의 회계처리

차변	금액		대변	금액
출자금	180,000,000	/	토지	100,000,000
			건물	50,000,000
			재평가이익	30,000,000

• 기타사업부문의 회계처리

차변	금액		대변	금액
토지	120,000,000	/	순자산	180,000,000
건물	60,000,000			

• 내부거래 제거

차변	금액		대변	금액
순자산	180,000,000	/	출자금	180,000,000

※ 재평가이익은 순자산조정으로 유형자산의 공정가치를 신뢰성 있게 측정할 수 있는 경우 재평가할 수 있도록 하고 있으므로 내부거래 제거 대상이 아님. 법인세법 시행규칙 제76조 제3항에서도 비영리법인이 기타의 사업에 속하는 자산을 수익사업에 지출 또는 전입한 경우 그 자산가액은 자본의 원입으로 경리하도록 하고 이 경우 자산가액은 시가에 의하도록 하고 있음

(4) 기타 구분 회계 간 전출·전입액 제거

공익법인에서 각 구분회계 간 자금의 전입 및 전출이 있는 경우가 있다. 특정 목적을 달성하기 위한 자금을 별도로 적립하거나 실제 자금이 부족하여 운영자금 명목으로 이체하는 것인데 이와 같은 경우에 공익법인 전체로 보면 단순히 통장 간 거래이기 때문에 내부거래로 보아 통합재무제표 작성 시 동 전입금 및 전출금은 제거해야 한다.

2) 통합재무제표 작성

내부거래를 제거한 통합재무제표를 작성하는 방법은 각 구분회계 단위별로 작성된 재

무제표를 단순 합산한 후에 내부거래를 제거하는 분개 전표를 작성하고 이를 각 계정별로 상계하면 된다.

| 내부거래 제거 후 통합재무제표 작성방법 |

상기 자본거래 제거 시 예로 든 사회복지법인 ㅇㅇ쉼터의 내부거래 제거 전 단순합계한 통합재무제표를 작성하면 다음과 같다.

과목	통합	공익목적사업	기타사업
…			
출자금	180,000,000	180,000,000	
토지	120,000,000		120,000,000
건물	60,000,000		60,000,000
…			
기본순자산	330,000,000	150,000,000	180,000,000
재평가이익	30,000,000	30,000,000	
…			

따라서 통합 재무상태표는 180,000,000원 만큼 자산과 기본순자산이 과대하게 표시된다. 내부거래를 상계하고 통합재무제표를 작성하는 과정은 다음과 같다.

과목	통합 (수정 전)	내부거래 제거		통합 (수정 후)
		차변	대변	
…				
출자금	180,000,000		180,000,000	0
토지	120,000,000			120,000,000
건물	60,000,000			60,000,000
…				
기본순자산	330,000,000	180,000,000		150,000,000
재평가이익	30,000,000			30,000,000
…				

05 주석의 기재방법 및 실무사례

5.1 주석의 개요

주석(foot note)이란 재무제표의 이해와 편의를 도모하기 위하여 필요하다고 판단되는 정보를 재무제표 본문에 추가하여 기재하는 것을 말한다. 주석에는 재무제표 전반의 이해를 돕는 ① 일반사항에 관한 정보, ② 재무제표 본문에 표시된 항목을 구체적으로 설명하거나 세분화하는 정보, ③ 재무제표 본문에 표시할 수 없는 회계사건, ④ 그 밖의 사항을 포함한다.

1) 주석의 종류

주석사항은 공익법인회계기준과 일반기업회계기준에서 반드시 기재할 것을 요구하고 있는 필수적 주석기재사항과 공익법인의 판단과 책임하에서 보다 더 유용하고 충분한 정보를 제공할 목적으로 자발적으로 기재하는 선택적 주석기재사항으로 구분할 수 있다.

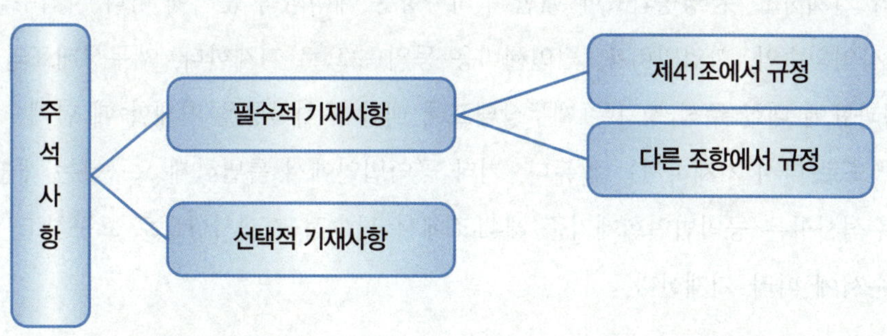

2) 주석의 기재방법

주석사항의 기재 방법은 재무제표상의 개별항목에 대한 주석 정보는 해당 개별항목에 기호를 붙이고 별지에 동일한 기호를 표시하여 그 내용을 설명한다. 하나의 주석이 재무제표상 둘 이상의 개별항목과 관련된 경우에는 해당 개별항목 모두에 주석의 기호를 표시한다. 하나의 주석에 포함된 정보가 다른 주석과 관련된 경우에도 해당되는 주석 모두에 관련된 주석의 기호를 표시한다.

3) 주석의 금액표시 단위

주석의 금액단위에 대하여 공익법인회계기준에서는 다른 규정이 없으나 재무제표의 금액단위와 일치하는 것이 일반적이다. 다만, 일반적으로 인정된 기업회계기준에서는 재무제표 이용자들에게 오해나 혼란을 줄 염려가 없다고 인정되는 경우에는 그 금액단위를 천원 또는 백만원 등으로 하여 기재할 수가 있으므로 공익법인의 경우에도 이에 따라 재무제표는 원단위로 기재하고 주석사항은 천원 또는 백만원 등의 금액단위로 기재하여도 무방할 것으로 생각된다. 다만, 이 경우 모든 주석에 동일한 금액표시 단위를 사용해야 하며, 한번 정한 주석의 금액표시 단위는 매 회계연도 계속 적용해야 한다.

4) 주석의 기재순서

주석사항의 기재순서는 일반적으로 일반사항, 재무상태표에 대한 주석사항, 운영성과표에 대한 주석사항, 기타 공익법인에서 특별하게 요구하는 개별사항의 순으로 한다. 일반사항에는 주로 공익법인의 개요와 주요회계처리 방침 및 회계변경에 대한 사항을 기재하고, 재무상태표에 대한 주석사항은 유동성 배열 순서에 따라 자산, 부채, 순자산의 순서에 따라 기재하고, 운영성과표에 대한 주석사항은 계정과목 순서에 따라 사업수익, 사업비용, 사업외수익, 사업외비용, 법인세비용 등의 순으로 기재한다. 재무상태표와 연계된 운영성과표에 대한 주석 정보는 재무상태표에 대한 주석사항을 기재할 때 함께 기재하면 되고 별도로 다시 기재하지는 않는다. 기타 공익법인에서 특별하게 요구하는 개별사항에 대한 주석사항은 공익법인회계기준 제41조에서 필수적 기재사항으로 요구하고 있는 각 호의 순서에 따라 기재한다.

5.2 필수적 주석기재사항

공익법인회계기준에서 반드시 기재할 것으로 요구하고 필수적 기재사항은 동 기준 제41조에 규정한 15개 주석사항과 다른 조항에 주석으로 기재할 것을 요구하거나 허용한 6개 주석사항으로 구분할 수 있다. 그리고 공익법인회계기준 실무지침서에서는 그중 10개의 항목에 대하여 실무사례를 제시하고 있다.

1) 제41조에서 규정하고 있는 필수적 주석기재사항

(1) 공익법인의 개황 및 주요사업 내용

(2) 공익법인이 채택한 회계정책(자산부채의 평가기준 및 수익과 비용의 인식기준을 포함)

(3) 사용이 제한된 현금및현금성자산의 내용

(4) 차입금 등 현금 등으로 상환하여야 하는 부채의 주요 내용

(5) 현물기부의 내용

(6) 제공한 담보보증의 주요 내용

(7) 특수관계인(「상속세 및 증여세법」 제2조 제10호의 정의에 따름)과의 중요한 거래의 내용

(8) 총자산 또는 사업수익금액의 10% 이상에 해당하는 거래에 대한 거래처명, 거래금액, 계정과목 등 거래 내역

(9) 회계연도말 현재 진행 중인 소송 사건의 내용, 소송금액, 진행 상황 등

(10) 회계정책, 회계추정의 변경 및 오류수정에 관한 사항

(11) 기본순자산의 취득원가와 공정가치를 비교하는 정보에 관한 사항

(12) 순자산의 변동에 관한 사항

(13) 유형자산 재평가차액의 누적금액

(14) 유가증권의 취득원가와 재무제표 본문에 표시된 공정가치를 비교하는 정보

(15) 그 밖에 일반기업회계기준에 따라 주석기재가 요구되는 사항 중 공익법인에 관련성이 있고 그 성격이나 금액이 중요한 사항

2) 다른 조항에서 규정하고 있는 필수적 주석기재사항

(1) 재무제표를 이해가능성을 높일 수 있는 당기와 전기의 비계량정보

(2) 운영성과표의 본문에 표시하거나 주석으로 기재할 사항

① 기타사업수익의 구분 정보

② 사업수행비용의 세부사업별 구분 정보

③ 사업비용에 대한 성격별 구분 정보

④ 기타비용 항목 중 금액이 중요한 항목

(3) 퇴직연금운용자산의 구성내역

5.3 선택적 주석기재사항

재무제표의 유용성을 제고하고 공정한 표시를 위하여 필요한 정보는 재무제표 작성자의 판단과 책임하에서 자발적으로 주석을 기재할 수 있다. 예를 들어, 공익법인이 내부관리목적으로 복수의 구분된 단위로 회계를 하는 경우 각 회계단위별로 작성된 재무제표의 전부 또는 일부를 주석으로 기재할 수 있다. 또한, 고유목적사업준비금의 증감내역, 사업비용의 성격별 구분 정보에 대한 세분화된 구분 정보의 내역, 리스자산 내역, 외화 자산 및 부채의 평가 내역, 예산과 결산에 관한 사항, 단식부기 결산에 따른 수지계산서나 세입세출결산서 등에 이에 속한다.

5.4 주석 실무 사례

1) 공익법인의 개황 및 주요사업 내용

일반사항에서는 공익법인의 설립일, 설립 목적 및 근거 법률 등을 기재하고 간략하게 공익법인의 연혁을 기재한다. 또한 공익법인이 운영하고 있는 분사무소나 지점, 지부, 시설 등의 현황을 개략적으로 표시하고 주요 출연자나 설립자도 기재 가능하다. 설립목적은 주로 정관상 주요 사업목적 사항을 기재하면 되고, 설립일은 법인등기부등본상의 법인성립연월일이나 법인설립허가증의 최초 설립 허가일을 기재하면 될 것으로 생각된다.

1. 일반사항

사회복지법인ㅇㅇㅇㅇ(이하 "당 법인" 또는 "당사" 등)은 사회복지사업법 제16조의 규정에 의하여 지적장애인 거주시설 및 직업재활시설의 운영을 주 사업목적으로 19××.××.××에 설립자(망)ㅇㅇㅇ에 의해 설립되었으며, 법인 소재지는 서울특별시 ㅇㅇ구 ㅇㅇ길 ㅇㅇㅇ(주소 기재)이며, 당 법인이 설치 운영하고 있는 시설(또는 분사무소, 지점 등)은 다음과 같습니다.

시설명	시설의 종류(또는 목적)	소재지

2) 공익법인이 채택한 회계정책

공익법인이 채택한 중요한 회계처리 방침에 대하여 계정과목 순서에 따라 기재한다. 이에는 자산 및 부채의 평가기준 및 수익과 비용의 인식 기준에 대하여 계정과목별로 간략하게 기재하면 된다.

2. 중요한 회계처리방침의 요약

당 법인의 재무제표는 대한민국의 공익법인회계기준에 따라 작성되었으며, 그 중요한 회계처리 방침은 다음과 같습니다.

2-1 수익인식

당 법인은 현금의 수수와는 관계없이 경제가치량의 증가나 감소의 사실이 발생한 때를 기준으로 수익은 실현되었을 때 인식하고 비용은 발생되었을 때 인식하고 있습니다. 다만, 기부금의 경우에는 실제 받은 시점에 인식하고 납부가 강제되는 회비 등에 대해서는 회수가 확실해지는 시점에 인식할 수 있습니다. 다만, 기부금 등이 기본순자산에 해당하는 경우 사업수익으로 인식하지 않고 기본순자산의 증가로 인식하고 있습니다.

한편, 기타사업부문의 제품 및 상품 매출에 대하여 재화의 소유에 따른 유의적인 위험과 효익이 이전된 시점에 수익으로 인식하고 있으며, 기타의 수익에 대해서는 수익가득과정이 완료되고 수익금액을 신뢰성 있게 측정할 수 있으며 경제적 효익의 유입가능성이 매우 높을 경우에 인식하고 있습니다.

2-2 현금성자산

당 법인은 큰 거래비용 없이 현금으로 전환이 용이하고 이자율변동에 따른 가치변동이 중요하지 않은 유가증권 및 단기금융상품으로서 취득당시 만기(또는 상환일)가 3개월 이내에 도래하는 것을 현금성자산으로 분류하고 있습니다.

2-3 금융자산

당 법인은 단기적 자금운용목적으로 소유하거나 기한이 1년 이내에 도래하는 금융기관의 정기예금, 정기적금 등을 단기금융상품으로 분류하고, 유동자산에 속하지 아니하는 금융상품을 장기금융상품으로 분류하고 있습니다.

2-4 대손충당금

당 법인은 회계연도 말 현재 매출채권, 미수금, 선급금, 단기대여금 등 받을채권 잔액의 회수가능성에 대한 개별분석 및 과거의 대손경험율을 토대로 하여 예상되는 대손추정액을 대손충당금으로 설정하고 있습니다.

2-5 재고자산

당 법인은 재고자산을 총평균법(또는 이동평균법, 선입선출법, 후입선출법 등 선택 가능)에 의해 산정된 취득원가로 평가하고 있으며, 연중 계속기록법에 의하여 수량 및 금액을 계산하고 매 회계연도의 결산기에 실지재고조사를 실시하여 그 기록을 조정하고 있습니다.

다만, 재고자산의 순실현가능가치가 취득원가보다 하락한 경우에는 순실현가능가치를 재무상태표 가액으로 하고 있습니다.

2-6 유가증권

당 법인은 단기간 내의 매매차익을 목적으로 취득한 유가증권으로서 매수와 매도가 적극적이고 빈번하게 이루어지는 경우에는 단기매매증권으로, 만기가 확정된 채무증권으로서 상환금액이 확정되었거나 확정이 가능한 채무증권을 만기까지 보유할 적극적인 의도와 능력이 있는 경우에는 만기보유증권으로, 단기매매증권이나 만기보유증권으로 분류되지 아니하는 유가증권은 매도가능증권으로 분류하고 있습니다. 유가증권의 취득원가는 유가증권 취득을 위하여 제공한 대가의 시장가격에 취득부대비용을 포함한 가액으로 하고 있으며, 단기매매증권의 취득원가는 취득당시의 공정가치로 하고 있습니다.

만기보유증권은 취득원가와 만기액면가액의 차이를 상환기간에 걸쳐 유효이자율법으로 상각하여 취득원가와 이자수익에 가감하고 있으며, 이러한 상각후원가를 재무상태표가액으로 계상하고 있습니다.

단기매매증권과 매도가능증권은 공정가치로 평가하고 있습니다. 시장성 있는 유가증권은 시장가격을 공정가치로 보며 시장가격은 보고기간종료일 현재의 종가로 하고 있습니다. 다만, 매도가능증권 중 시장성이 없는 지분증권의 공정가치를 신뢰성 있게 측정할 수 없는 경우에는 취득원가로 평가하고 있습니다. 공정가치 평가에 따라 발생하는 단기매매증권에 대한 미실현보유손익은 당기손익으로 처리하고 있으며, 매도가능증권에 대한 미실현보유손익은 매도가능증권평가손익(순자산조정)으로 처리하고 매도가능증권평가손익의 누적금액은 매도가능증권을 처분하거나 손상차손을 인식하는 시점에 일괄하여 당기손익으로 처리하고 있습니다.

유가증권으로부터 회수할 수 있을 것으로 추정되는 금액(회수가능액)이 채무증권의 상각후원가 또는 지분증권의 취득원가보다 작고 손상차손이 발생하였다는 객관적인 증거가 있는 경우에는 손상차손이 불필요하다는 명백한 반증이 없는 한, 손상차손을 인식하여 당기손익으로 처리하고 있습니다.

2-7 유형자산의 평가 및 감가상각방법

당 법인은 유형자산에 대해 당해 자산의 구입가격 또는 제작원가와 자산을 가동하기 위하여 필요한 장소와 상태에 이르게 하는 데 직접 관련되는 원가를 포함한 금액을 취득원가(교환, 증여, 그 밖에 무상으로 취득한 자산은 공정가치)로 산정하고 있습니다.

또한, 유형자산의 취득 또는 완성후의 지출이 가장 최근에 평가된 성능수준을 초과하여 미래 경제적 효익을 증가시키는 지출은 자본적 지출로, 당해자산의 원상을 회복시키거나 능률유지를 위한 지출은 수익적 지출로 처리하고 있습니다.

한편, 유형자산에 대한 감가상각비는 건물과 구축물은 20년, 기타의 유형자산은 5년의 내용연수를 적용하여 정액법(또는 정율법 등)에 따라 상각하고 있으며 간접법에 의하여 재무상태표에 표시하고 있습니다.

2-8 무형자산의 평가 및 상각방법

당 법인은 무형자산을 취득원가로 평가하고 있으며, 산업재산권 및 기타의 무형자산에 대하여는 5년의 내용연수를 적용하여 정액법에 의하여 산정된 상각액을 직접 차감한 잔액으로 표시하고 있습니다.

2-9 자산손상차손

당 법인은 자산의 진부화 및 시장가치의 급격한 하락 등의 원인으로 인하여 당해 자산의 회수가능액이 장부금액에 중요하게 미달하는 경우 그 미달액을 자산손상차손의 과목으로 기간손익에 반영하고 있습니다. 또한, 차기 이후에 손상차손을 인식하였던 자산의 회수가능액이 장부금액을 초과하는 경우에는 그 자산의 손상차손을 인식하기 전 장부금액의 (감가)상각 후 잔액을 한도로 하여 손상차손환입을 인식하고 있습니다.

2-10 퇴직급여충당부채

• 퇴직급여충당금 또는 확정급여형퇴직연금제도를 채택하는 있는 경우

당 법인은 「근로기준법」 및 「근로자퇴직급여보장법」에 따라 기말 현재 1년 이상 근속한 전임직원이 일시에 퇴직할 경우에 지급하여야 할 퇴직금 총 추계액을 퇴직급여충당부채로 설정하고 있습니다. 또한, 당 법인은 노사협의회에서 근로자의 동의를 얻어 확정급여형퇴직연금제도를 도입하였으며, 퇴직연금운용사업자인 금융기관에 납부한 부담금을 퇴직연금운용자산으로 계상하고 퇴직급여와 관련된 부채(퇴직급여충당부채 및 퇴직연금미지급금)에서 차감하는 형식으로 표시하고 있으며, 퇴직연금운용자산이 퇴직급여와 관련된 부채를 초과하는 경우에는 그 초과액을 투자자산의 과목으로 표시하고 있습니다.

• 확정기여형퇴직연금제도를 채택하고 있는 경우

당 법인은 노사협의회에서 근로자의 동의를 얻어 확정기여형퇴직연금제도를 도입하고 있으며, 이에 따라 퇴직급여충당부채 및 관련 퇴직연금운용자산을 인식하고 있지 않습니다. 다만 해당 회계기간에 대하여 납부하여야 할 부담금을 퇴직급여(비용)로 인식하고, 미납부액이 있는 경우 미지급비용(부채)으로 인식하고 있습니다.

2-11 충당부채

당 법인은 지출의 시기 또는 금액이 불확실한 부채 중 과거사건이나 거래의 결과로 현재의무가 존재하고 당해 의무를 이행하기 위하여 자원이 유출될 가능성이 매우 높으며 그 의무의 이행에 소요되는 금액을 신뢰성 있게 추정할 수 있는 경우에는 충당부채로 계상하고 있습니다. 또한 충당부채의 명목금액과 현재가치의 차이가 유의적인 경우에는 의무를 이행하기 위하여 예상되는 지출액의 현재가치로 평가하고 있습니다. 한편, 제3자가 변제하여 줄 것이 확실한 경우에 한하여 변제할 금액을 별도의 자산으로 처리하며 이 경우 변제에 따른 수익에 해당하는 금액은 충당부채의 인식에 따라 손익계산서에 계상될 관련 비용과 상계하고 있습니다.

2-12 고유목적사업준비금

• 부채로 인식하는 경우

당 법인은 「법인세법」 제29조에 따라 수익사업부문에서 발생한 소득 중 일부를 공익목적사업부문이나 일반기부금에 지출하기 위하여 이에 상응하여 동일한 금액을 미리 고유목적사업준비금전입액의 과목으로 비용 계상하면서 유동부채와 비유동부채로 구분하지 않고 별도로 고유목적사업준비금의 과목으로 인식하고 있습니다. 부채와 비용으로 계상한 고유목적사업준비금을 공익목적사업에 사용되었거나 미사용되어 임의 환입한 경우에는 고유목적사업준비금환입액의 과목으로 인식하고 있습니다. 고유목적사업준비금전입액과 고유목적사업준비금환입액은 사업외수익과 사업외비용으로 구분하지 않고 별도로 운영성과표에 표시하고 있습니다.

한편, 고유목적사업준비금은 「법인세법」의 규정에 따라 사업연도종료일 이후 5년이 되는 날까지 고유목적사업 또는 일반기부금으로 지출 또는 사용하여야 하며, 위 기간 내에 사용하지 못하고 임의 환입된 고유목적사업준비금은 소득금액 계산에 있어 익금에 산입되어 법인세를 추가납부 할 수 있습니다.

• 신고조정으로 인식하는 경우

당 법인은 「법인세법」 제29조에 따라 수익사업부문에서 발생한 소득 중 일부를 공익목적사업부문이나 일반기부금에 지출하기 위하여 이에 상응하여 동일한 금액을 미리 잉여금 처분을 통하여 보통순자산의 고유목적사업준비금의 과목으로 적립하고 있습니다. 적립된 고유목적사업준비금을 공익목적사업에 사용되었거나 미사용되어 임의 환입한 경우에는 임의적입금 등 이입액으로 인식하고 있습니다.

한편, 고유목적사업준비금은 「법인세법」의 규정에 따라 사업연도종료일 이후 5년이 되는 날까지 고유목적사업 또는 일반기부금으로 지출 또는 사용하여야 하며, 위 기간 내에 사용하지 못하고 임의 환입된 고유목적사업준비금은 소득금액 계산에 있어 익금에 산입되어 법인세를 추가납부 할 수 있습니다.

2-13 법인세비용

• 일반기업회계기준 제22장 법인세회계를 적용하는 경우

당 법인은 「법인세법」 등의 법령에 따라 납부하여야 할 당기법인세부담액(환급액)에 회계이익과 「법인세법」상 과세소득의 일시적 차이로 인한 법인세 효과를 이연법인세자산(부채)으로 인식하고 동 변동액을 가감하여 법인세비용을 산정하고 있습니다.

• 일반기업회계기준 제31장 중소기업회계처리 특례를 적용하는 경우

당 법인은 「법인세법」등의 법령에 따라 납부(환급)하여야 할 금액을 법인세 등의 과목으로 표시하고 있습니다.

2-14 외화자산 · 부채의 환산

당 법인은 화폐성 외화자산 및 부채를 회계연도말 현재의 한국외국환중개주식회사가 고시하는 기준환율에 의하여 환산하고 있으며, 이로 인한 외화환산손익은 기간손익으로 처리하고 있습니다. 그리고 역사적원가로 측정하는 비화폐성 외화자산 및 부채는 거래일의 환율을, 공정가치로 측정하는 비화폐성 외화자산 및 부채는 공정가치가 결정된 날의 환율을 적용하여 인식하고 있습니다.

2-15 리스자산 · 부채

당 법인은 계약의 형식보다는 거래의 실질에 따라 리스자산의 소유에 따른 위험과 보상의 대부분을 이전하는 리스는 금융리스로 분류하고 그러지 않은 경우에는 운용리스로 분류하고 있습니다. 금융리스로 분류된 경우에는 최소리스료의 현재가치와 리스자산의 공정가치 중 작은 금액을 금융리스자산과 금융리스부채로 각각 인식하고, 금융리스이자비용과 금융리스부채의 원금상환부분으로 구분하여 처리하고 있습니다. 금융리스자산의 감가상각은 리스기간 종료시 또는 그 이전에 자산의 소유권을 획득할 것이 확실시 된다면 자산의 내용연수에 걸쳐, 그러하지 않은 경우에는 리스기간과 내용연수 중 짧은 기간에 걸쳐 보유하고 있는 다른 유형자산과 같은 방법으로 감가상각하고 있습니다. 운영리스로 분류된 경우에는 보증잔존가치를 제외한 최소리스료를 리스기간에 걸쳐 균등하게 배분된 금액을 비용으로 인식하고 있습니다.

2-16 공통자산 · 부채 및 수익 · 비용의 배분
당 법인은 어떤 자산 · 부채 · 수익 · 비용항목이 복수의 활동에 관련되는 경우에는 해당 수익과 비용의 성격에 따라 투입한 업무시간, 관련 시설면적, 사용빈도 등 합리적인 배분기준에 따라 활동 간에 배분하며, 그 배분기준은 일관되게 적용하고 있습니다.

3) 회계변경

회계변경에는 회계정책의 변경과 회계추정의 변경이 있는 바, 공익법인이 회계정책의 변경을 소급법에 따라 소급하여 적용하고 소급적용에 따른 수정사항을 반영하여 비교재무제표를 재작성하는 경우 ① 회계정책 변경의 내용과 그 근거, ② 회계정책의 변경이 당기 재무제표에 미치는 영향, ③ 회계정책의 변경으로 인한 비교재무제표상의 수정금액 및 비교재무제표가 재작성되었다는 사실, ④ 회계변경연도와 비교표시된 각 과거기간에 대하여 재계산된 사업이익(손실), 당기운영이익(손실) 및 기타 중요변동항목의 내역 등을 주석으로 기재한다.

다만, 회계정책의 변경에 따른 누적효과를 합리적으로 결정하기 어려운 경우에는 회계변경을 전진적으로 처리하여 그 효과가 당기와 당기이후의 기간에 반영하는 경우에는 그 사실과 회계정책변경의 내용, 그 정당성 및 변경으로 인하여 당기 재무제표에 미치는 영향을 주석으로 기재한다.

회계추정을 변경한 경우에는 변경내용, 그 정당성 및 그 변경이 당기 재무제표에 미치는 영향을 주석으로 기재한다. 만약 그 금액을 산정하기 어려운 경우에는 그 사실을 주석으로 기재한다.

3. 회계변경과 오류수정
당 법인의 회계변경과 오류수정에 관한 사항은 다음과 같다.
3-1 당 법인은 당기중 재고자산에 대한 평가방법을 총평균법에서 선입선출법으로 변경하였으며 그 변경의 타당성은 인정됩니다. 동 회계변경의 소급적용에 따른 수정사항은 비교재무제표에 반영하여 재작성하여 누적효과 ×××천원을 전기이월잉여금에 반영하였는바, 동 회계변경으로 인하여 당기의 매출원가는 ×××천원 감소하였습니다.
3-2 당 법인은 당기 중 사업손익의 적정한 배분을 위하여 건물에 대한 내용연수를 30년에서 40년으로 변경하였으며 그 변경의 타당성은 인정됩니다. 이로 인하여 당기의 감가상각비가 ×××천원 감소하였으며 당기의 운영이익이 ×××천원 증가하였습니다.
3-3 전기오류수정손익의 발생원인과 그 내용은 다음과 같으며 사업외손익으로 반영되었습니다(또는, 중대한 오류로 판단되어 전기재무제표에 수정 반영하여 재작성하였습니다).

(단위 : 원)

구분	발생원인과 내용	당기	전기
(전기오류수정이익)			
미수수익	미수수익 과소계상		
…	…		
합계			
(전기오류수정손실)			
미지급비용	이자비용 과소계상		
…	…		
합계			

4) 사용이 제한된 현금및현금성자산 등

공익법인회계기준에서는 사용이 제한된 현금및현금성자산의 내용에 대하여 필수적 주석기재사항으로 기재하도록 하고 있다. 다만, 현금및현금성자산이 아니더라도 사용이 제한되어 있는 금융상품이 있을 경우 이를 포함하여 주석으로 기재하도록 실무지침서에서는 추가적으로 요구하고 있는 바, 이 경우 주석의 명칭을 사용이 제한된 현금및현금성자산 등이나 사용이 제한된 금융상품 등으로 변경해서 작성해야 할 것으로 생각된다. 사용이 제한된 자산은 기본재산 등과 같이 주무관청의 허가 없이 사용이나 처분이 불가능한 자산뿐 아니라 차입금 담보, 당좌개설 보증금 등의 사유로 인해 사용이 제한된 자산도 포함한다.

4. 사용이 제한된 현금및현금성자산 등

당 법인의 재무상태표일 현재 사용이 제한된 현금및현금성자산 등의 내역은 다음과 같다.

(단위 : 원)

계정과목	종류	거래처	금액		사용제한내용
			당기말	전기말	
현금및현금성자산					지급보증
	소계				
단기금융상품					차입금담보
					기본재산
	소계				
장기금융상품					기본재산
	소계				
합 계					

5) 매출채권 등의 양도(또는 할인) 및 담보제공

공익법인회계기준에서는 요구하고 있지 않지만 일반기업회계기준에서는 매출채권 등 금융자산을 양도하거나 이를 담보로 차입한 경우에는 양도(또는 담보제공)내역, 양도(또는 담보제공)조건 등 그 내역을 주석으로 기재하도록 하고 있다. 다만, 일반기업회계기준에 따라 주석기재가 요구되는 사항 중 공익법인에 관련성이 있고 그 성격이나 금액이 중요한 사항에 대하여는 필수적 주석기재사항에 해당하는 바, 이에 대하여 실무 사례로 예시한다.

공익법인이 기타사업부문에서 재화나 용역을 공급하고 발생한 매출채권 등에 대하여 전자방식 외상매출채권담보대출을 받은 경우, 기업구매전용카드 또는 구매론에 의해 물품대금이 결제받고 지급대행은행에 물품대금의 선지급 요청하는 경우 등 매출채권을 양도·할인하거나 매출채권을 담보로 차입한 경우에 양도(또는 담보제공)내역, 양도(또는 담보제공)조건 등 그 내역을 주석으로 기재하여야 한다.

5. 매출채권 등의 양도(또는 할인) 및 담보제공 내역

당 법인의 금융기관등에 양도(또는 할인) 및 담보제공한 매출채권 중 재무상태표일 현재 만기가 미도래한 내역은 다음과 같다.

(단위 : 원)

구분	계정과목	금액		양도 및 담보제공 조건
		당기말	전기말	
매각거래	외상매출금			
	받을어음			
	…			
	소계			
차입거래				
	소계			
합 계				

6) 재고자산

공익법인회계기준에서는 요구하고 있지 않지만 일반기업회계기준에서는 재고자산에 대하여 ① 재고자산의 원가결정방법, ② 재고자산을 총액으로 보고한 경우 그 내용, ③ 재고자산의 저가법 적용기준 및 평가 내용, ④ 담보로 제공한 재고자산의 종류와 금액 등에 대하여 그 내역을 주석으로 기재하도록 하고 있다. 다만, 일반기업회계기준에 따라 주석기재가 요구되는 사항 중 공익법인에 관련성이 있고 그 성격이나 금액이 중요한 사항에 대하여는 필수적 주석기재사항에 해당하는 바, 이에 대하여 실무 사례로 예시한다.

한편, 후입선출법을 사용하여 재고자산의 원가를 결정한 경우에는 후입선출법에 따른 평가금액과 다른 평가방법(선입선출법 또는 평균법)에 저가법을 적용하여 계산한 재고자산평가액과의 차이를 주석으로 기재하도록 하고 있으나 이에 대한 주석 실무 사례를 예시하지 않는다.

6. 재고자산의 평가 내역

당 법인의 재고자산에 대한 평가 내역은 다음과 같다.

(단위 : 원)

계정과목	당기말			전기말		
	취득원가	순실현 가능가액	차이	취득원가	순실현 가능가액	차이
제품						
상품						
…						
합 계						

7) 유가증권

공익법인회계기준에서 유가증권을 만기보유증권, 단기매매증권, 그리고 매도가능증권 중에 하나로 분류하고 그 평가는 일반기업회계기준에 따르도록 하고, 유가증권의 취득원가와 재무제표 본문에 표시된 공정가치를 비교하는 정보를 필수적 주석기재사항으로 요구하고 있다. 따라서 일반기업회계기준에 따라 단기매매증권의 평가손익은 운영성과표에 당기비용으로 반영하고, 매도가능증권의 평가손익은 재무상태표의 순자산조정에 반영한다. 다만, 매도가능증권 중 시장성이 없는 지분증권의 공정가치를 신뢰성있게 측정할 수 없는 경우에는 취득원가로 평가하고, 공정가치를 측정할 수 없는 이유와 내용을 주석으로 기재한다. 만기보유증권은 상각후원가로 평가하고 장부금액과 만기액면금액의 차이를 상환기간에 걸쳐 유효이자율법에 의하여 상각하여 취득원가와 이자수익에 가감한다. 유가증권 중 지분증권과 국채 및 공채 등으로 세분한 종류별 금액과 담보로 제공된 내역을 주석으로 기재한다.

공익법인회계기준 실무지침서에서 예시하고 있는 유가증권의 취득원가와 공정가치 비교 정보에 대한 주석 실무 사례는 다음과 같다.

7. 유가증권

당 법인의 유가증권에 대한 평가 내역은 다음과 같습니다.

7-1 지분증권

〈당기〉

(단위 : 원)

계정명	회사명	주식수	취득원가	공정가치	장부금액	평가손익
단기매매증권	AA*1	20주	1,500,000	1,200,000	1,200,000	(300,000)
매도가능증권	BB*1	10주	1,500,000	1,750,000	1,750,000	250,000
	CC*2	30주	5,000,000	-	5,000,000	-

*1 지분증권의 공정가치는 회계연도 말 현재의 종가로 측정하였습니다.

*2 해당 주식은 비상장주식으로 합리적인 공정가액을 산정할 수 없어 취득원가로 평가하고 있습니다.

〈전기〉 (기재 생략함)

7-2 채무증권

〈당기〉

(단위 : 원)

계정명	만기일	종목명	취득원가	공정가치	장부금액	평가손익
매도가능증권	2019.2.25	ELB	2,000,000	2,016,000	2,016,000	16,000

〈전기〉 (기재 생략함)

7-3 만기보유증권

당 법인이 보유하고 있는 만기보유증권은 전액 국공채로 구성되어 있으며, 당기 및 전기말 현재 만기별 보유현황은 다음과 같으며, 이 중 현재 1년 이내에 만기가 도래하는 만기보유증권은 유동성만기보유증권으로 분류하고 있습니다.

〈당기〉

(단위 : 원)

만기일	취득가액	상각액	상각후 취득원가	회수가능 가액	손상차손	장부금액
1년 이내	1,950,000	1,500	1,951,500	1,980,000	-	1,951,500
5년 이내						
5년 이상						
합계						

〈전기〉 (기재 생략함)

8) 유형자산

유형자산을 재평가하는 경우 공익법인회계기준에서 유형자산의 재평가차액의 누적금액 및 재평가추정방법, 재평가전 장부금액 등에 사항에 대하여 필수적 주석기재사항으로 요구하고 있다. 한편, 일반기업회계기준에서는 토지(유형자산의 토지, 투자자산의 투자부동산)에 대해서는 공시지가와 기타 유형자산 과목별로 ① 감가상각방법, 내용연수 또는 상각률, ② 장부금액의 변동내용 ③ 소유권이 제한되거나 담보로 제공된 유형자산의 내용과 금액, ④ 유형자산과 관련된 추정 복구원가의 내용, 추정방법, 금액 및 회계처리방법, ⑤ 건설중인 자산에 대한 당기 지출액 및 유형자산을 취득하기 위한 약정액, ⑥ 일시 운휴중인 유형자산의 장부금액, ⑦ 감가상각이 완료되었으나 아직 사용중인 유형자산의 잔존가치 또는 비망금액의 총액, ⑧ 사용이 중지되어 처분예정인 유형자산의 장부금액 등을 주석 기재 사항으로 요구하고 있다.

8. 유형자산

당 법인의 유형자산에 대한 내역은 다음과 같다.

8-1 유형자산의 변동 내역

〈당기〉

(단위 : 원)

계정명	기초	취득	처분	감가상각비	손상차손	기타*3	기말
토지*1,2							
건물*2							
구축물							
…							
합계							

*1 토지의 당기말 현재 개별공시지가는 ××,×××,×××원입니다.

*2 상기 토지와 건물은 당기말 현재 당 법인의 기본재산에 해당하여 처분이 제한되어 있습니다. (차입금 담보로 제공된 경우 : 또한, 상기 토지와 건물은 당 법인의 장기차입금과 관련하여 ○○은행에 담보(채권최고액 ××억원)로 제공되어 있습니다(주석×× 참조).

*3 당기 중 유형자산에 대한 재평가를 실시하여 증가된 금액 ××,×××원은 순자산조정으로 인식하였습니다(감소한 경우 : 감소된 금액 ×××,×××원은 순자산조정에서 차감하였으며, 순자산조정의 잔액을 초과하는 ×××,×××원은 사업외비용으로 처리하였습니다(주석×× 참조).

〈전기〉 (기재 생략함)

8-2 유형자산의 재평가 누적금액

당 법인의 재무상태표일 현재 보유하고 있는 유형자산의 재평가차액은 다음과 같다.

〈당기〉

(단위 : 원)

자산종류	재평가추정방법	재평가 전 장부금액	재평가금액	평가 증감
토지	개별공시지가	200,000,000	350,000,000	150,000,000
건물	감정가액	100,000,000	180,000,000	80,000,000
합계		300,000,000	530,000,000	230,000,000

〈전기〉 (기재 생략함)

9) 무형자산

무형자산에 대하여 공익법인회계기준에서는 특별히 주석사항으로 요구하고 있는 사항은 없다. 다만, 일반기업회계기준에 따라 주석기재가 요구되는 사항 중 공익법인에 관련성이 있고 그 성격이나 금액이 중요한 사항에 대하여 주석으로 기재하도록 하고 있다. 일반기업회계기준에서는 무형자산에 대하여 ① 상각방법, 내용연수 또는 상각률 및 잔존가치, ② 기초와 기말의 총장부금액, 상각누계액 및 손상차손누계액, ③ 무형자산 장부금액의 변동내용, ④ 권리가 제한되어 있는 무형자산과 담보제공 무형자산의 장부금액, ⑤ 무형자산의 취득에 대한 약정사항 및 금액, ⑥ 무형자산의 상각액이 포함되어 있는 운영성과표의 계정과목과 상각금액 등을 주석으로 기재하도록 요구하고 있다.

9. 무형자산

당 법인의 무형자산에 대한 내역은 다음과 같다.

9-1 무형자산의 변동 내역은 다음과 같다.

〈당기〉

(단위 : 원)

계정명	기초	취득	처분	상각비*1	손상차손	기타	기말
지식재산권							
…							
합계							

*1 무형자산 상각비는 전액 일반관리비용의 시설비로 계상하였습니다(다른 사업비용으로 계상하였으면 그 계정과목명과 금액을 기재한다).

〈전기〉 (기재 생략함)

9-2 무형자산의 총장부금액, 상각누계액 및 손상차손누계액의 내역은 다음과 같다.

〈당기〉

(단위 : 원)

계정과목	취득원가	상각누계액	손상차손누계액	장부금액
지식재산권				
…				
합계				

〈전기〉 (기재 생략함)

10) 차입금 등 현금 등으로 상환해야 하는 부채의 주요 내용

공익법인회계기준에서는 차입금 등 현금 등으로 상환하여야 하는 부채의 주요 내용필수적 주석기재사항으로 요구하고 있다. 따라서 선수금이나 선수수익 등은 현금 등으로 상환하여야 할 부채가 아니고 재화 또는 용역을 제공해야 하는 부채이기 때문에 필수적 주석기재사항이 아니다.

한편, 일반기업회계기준에서도 현금 등 금융자산을 인도하여 결제하는 금융부채의 종류별 만기분석 및 유동성위험을 관리하는 방법과 현재가치 평가에 적용한 이자율, 이자율의 산정방법, 기간 및 회계처리방법 등을 주석으로 기재할 것으로 요구하고 있다.

10. 차입금 등 부채의 주요 내용

당 법인의 차입금 등 현금 등으로 상환해야 하는 부채의 주요 내역은 다음과 같다.

10-1 단기차입금의 내역은 다음과 같다.

(단위 : 원)

종류	차입처	이자율(%)	당기말	전기말	상환방법
운영자금	ㅇㅇ은행	3.15	12,000,000	10,000,000	만기일시
시설자금					
…					
합계					

상기 단기차입금에 대하여 당사의 대표이사가 연대보증을 하고, ㅇㅇ보증기금의 보증서를 제출하였습니다(주석×× 참조).

10-2 장기차입금의 내역은 다음과 같다.

(단위 : 원)

종류	차입처	이자율(%)	당기말	전기말	상환방법
시설자금	ㅇㅇ은행	2.95	12,000,000	10,000,000	분할상환

종류	차입처	이자율(%)	당기말	전기말	상환방법
시설자금					
…					
합계			100,000,000	150,000,000	
차감 : 유동성대체			20,000,000	50,000,000	
장기차입금 잔액			80,000,000	100,000,000	

상기 당기차입금에 대하여 당사의 토지 및 건물이 담보(채권최고액 ××억원)로 제공되어 있습니다(주석×× 참조).

10-3 차입금 이외에 기타 현금 등으로 상환해야 할 기타 부채의 주요 내용

(단위 : 원)

계정과목	거래처	내역	당기말	전기말
매입채무	○○외 ×개	물품대 등		
미지급금	××외 ×개	대관료 등		
미지급비용	△△외 ×개	급여 등		
예수금	××세무서	원천세 등		
임대보증금	○○외 ×개	보증금 등		
합계				

10-4 차입금 등의 상환계획 및 만기분석

(단위 : 원)

계정과목	당기말 잔액	1년 이내	2년 이내	3년 이내	3년 초과
단기차입금					
장기차입금					
기타 부채					
매입채무					
미지급금					
미지급비용					
예수금					
임대보증금					
합계					

11) 퇴직급여충당부채 등

공익법인이 확정급여형 퇴직연금제도를 운영하는 경우 회계연도말 현재 모든 임직원이

일시에 퇴직할 경우 지급하여야 할 퇴직금에 상당액을 퇴직급여충당부채로 인식하고, 퇴직연금사업자를 상대로 별도의 적립금으로 운용되는 자산은 하나로 통합하여 퇴직연금운용자산으로 표시하고, 퇴직급여충당부채에서 차감하는 형식으로 표시하며, 그 구성내역을 주석으로 기재한다.

11. 퇴직급여충당금 등

11-1 당 법인의 당기 및 전기 중 퇴직급여충당금 및 퇴직연금자산 등의 변동 내역은 다음과 같다.

〈당기〉

(단위 : 원)

계정과목	기초	증가	감소	기말
퇴직급여충당금	250,000,000	90,000,000	40,000,000	300,000,000
퇴직연금운영자산	(175,000,000)	(63,000,000)	(28,000,000)	(210,000,000)
가감계	75,000,000	27,000,000	12,000,000	70,000,000

〈전기〉 (기재 생략함)

11-2 당 법인의 퇴직연금운용자산의 구성내역은 다음과 같습니다.

(단위 : 원)

구분	당기	전기
정기예금	30,000,000	40,000,000
주식	90,000,000	70,000,000
기타	90,000,000	65,000,000
합계	210,000,000	175,000,000

12) 고유목적사업준비금

공익법인회계기준에서는 「법인세법」 제29조에 따라 고유목적사업준비금을 부채로 인식하는 경우에는 특별한 주석기재사항을 요구하고 있지 않지만, 동 실무지침서에서는 신고조정에 따라 잉여금을 처분하는 경우 보충정보를 주석으로 기재하도록 요구하고 있다.

12. 고유목적사업준비금(부채로 인식하는 경우)

당 법인은 「법인세법」 제29조에 따라 고유목적사업준비금을 부채로 인식하고 있으며 당기 및 전기 중 고유목적사업준비금의 변동 내역은 다음과 같습니다.

〈당기〉

(단위 : 원)

구분	기초	전입	사용	환입	기말
공익목적사업부문					
기타사업부문					
통합					

〈전기〉 (기재 생략함)

12. 잉여금(신고조정하는 경우)

12-1 당 법인은 잉여금의 처분내역은 다음과 같습니다.

잉여금처분계산서

2××2년 01월 01부터 2××2년 12월 31일까지

2××1년 01월 01부터 2××1년 12월 31일까지

처분예정일 2××3년 03월 ××일 처분확정일 2××2년 03월 ××일

××재단 (단위 : 원)

과목	당기		전기	
미처분잉여금		8,000,000		7,000,000
전기이월미처분잉여금	6,500,000		5,000,000	
당기운영이익	1,500,000		2,000,000	
임의적립금 등 이입액		500,000		500,000
고유목적사업준비금환입	500,000		500,000	
잉여금처분액		1,000,000		1,000,000
고유목적사업준비금전입	1,000,000		1,000,000	
차기이월미처분잉여금		7,500,000		6,500,000

12-2 사용이 제한된 잉여금

당 법인의 잉여금 중 고유목적사업준비금은 「법인세법」 제29조에 따라 적립한 것으로 고유목적사업에의 지출이나 일반기부금의 지출에 사용하도록 사용이 제한되어 있습니다.

13) 기본순자산

공익법인의 기본순자산은 법령, 정관 등에 의해 사용이나 처분시 주무관청 등의 허가가 필요한 경우 영구적 제약이 있는 순자산을 말한다. 기본순자산의 취득원가와 공정가치를 비교하는 정보에 관한 사항을 필수적 주석기재사항으로 요구하고 있다.

다만, 기본순자산의 취득원가와 공정가치 비교정보를 주석으로 기재하기 위하여 매년 기본순자산에 대한 공정가치 평가를 수행해야 하는 것은 아니다. 공익법인회계기준 실무

지침서에서는 주석을 작성하기 위하여 기본순자산에 해당하는 자산의 공정가치 평가를 별도로 수행할 필요는 없는 것으로 규정하고 있다. 따라서 재무제표에 공정가치로 평가한 자산은 공정가치 정보를 제공하고 취득원가로 평가한 자산은 취득원가 부분만 작성하면 된다.

13. 기본순자산

당 법인의 기본순자산의 구성 내역은 다음과 같습니다.

〈당기〉

(단위 : 원)

구 분	취득원가	공정가치
정기예금	100,000,000	100,000,000
주식	300,000,000	370,000,000
토지	200,000,000	250,000,000
건물	500,000,000	500,000,000
합계	1,100,000,000	1,220,000,000

상기 기본순자산의 공정가치 중 토지는 개별공시지가로 평가하였으며, 건물은 취득이후 평가하지 않고 취득원가로 인식하고 있습니다.

〈전기〉 (기재 생략함)

14) 순자산의 변동내역

공익법인의 순자산은 법령, 정관 등에 의해 사용이나 처분 시 주무관청 등의 허가가 필요한 기본순자산과 사용이나 처분에 제한이 없는 보통순자산, 그리고 순자산조정으로 구분하며 그 변동내역에 대하여 필수적 주석기재사항으로 요구하고 있다.

14. 순자산(공익목적사업부문만 있는 경우)

당 법인의 순자산의 변동 내역은 다음과 같다.

(단위 : 원)

과목	기본순자산	보통순자산		순자산조정
		적립금	잉여금	
전기초	5,000,000	2,000,000	1,000,000	0
당기운영이익			700,000	
유형자산평가이익				300,000

과목	기본순자산	보통순자산		순자산조정
		적립금	잉여금	
적립금 전입		200,000	(200,000)	
전기말	5,000,000	2,200,000	1,500,000	300,000
당기초	5,000,000	2,200,000	1,500,000	300,000
당기운영이익(손실)			(500,000)	
전립금 환입		(100,000)	100,000	
당기말	5,000,000	2,100,000	1,100,000	300,000

15) 기부금

공익법인회계기준에서는 공익법인이 현물자산으로 받은 기부금수익에 대하여 필수적 주석기재사항으로 요구하고 있다. 이에 따라 동 실무지침서에는 현물기부금에 대하여 계정과목별로 합산하여 공시하고, 주요 기부자산이나 기부자의 경우에 한하여 추가적인 정보를 제공하도록 하고 있다. 한편, 공익법인회계기준이나 동 실무지침서에서는 요구하고 있지 않지만, 기부금수익에 대하여 다음과 같이 사용이 제한되어 있는 기부금과 사용에 별다른 제약이 없는 기타의 기부금에 대한 정보를 자발적으로 전달하는 것이 이해관계자들에게 보다 유용한 정보를 전달할 수 있을 것으로 생각된다.

15. 기부금

15-1 당 법인이 당기 및 전기에 받은 기부금 내역은 다음과 같다.

〈당기〉

(단위 : 원)

내역	사용제한 기부금	기타의 기부금	합계
현금기부금	10,000,000	30,000,000	40,000,000
현물기부금	250,000,000	15,000,000	265,000,000
합계	260,000,000	45,000,000	305,000,000

상기 기부금 중 사용이 제한된 현물 기부금 250,000,000원은 기부금수익으로 인식하지 않고 기본순자산의 증가로 인식하였습니다. 한편, 사용이 제한된 현금기부금 10,000,000원은 ○○사업비로 사용하도록 용도가 지정되어 있습니다.

〈전기〉 (기재 생략함)

15-2 당 법인의 기부금수익 중 현물로 받은 자산의 내역은 다음과 같습니다.

〈당기〉

(단위 : 원)

내역	금액	기부자
재고자산	5,000,000	×××외 3인
토지	200,000,000	㈜AA 외 1인
건물	50,000,000	BB(주)
비품	10,000,000	CC(주)
합계	265,000,000	

상기 현물 기부금 중 토지와 건물은 250,000,000원은 기부금수익으로 인식하지 않고 기본순자산의 증가로 인식하였습니다.

〈전기〉 (기재 생략함)

16) 기타사업수익

공익법인회계기준에서는 기타사업수익에 대한 구분정보를 공익법인의 필요에 따라 운영성과표 본문에 표시하거나 주석으로 기재하도록 하고 있다. 이에 주석으로 기재하는 경우 예시하면 다음과 같다.

16. 기타사업수익

당 법인이 당기 및 전기에 기타사업수익에 대한 내역은 다음과 같습니다.

(단위 : 원)

구분	당기	전기
임대료수익		
제품매출액		
…		
합계		

17) 사업비용

공익법인회계기준에서는 사업비용에 대하여 다음과 같이 다양한 추가 구분정보를 운영성과표의 본문에 표시하거나 주석으로 기재하도록 규정하고 있다. 일반기업회계기준의 사업비용에 해당하는 매출원가와 판매비와관리비에 대하여 이를 일괄 표시하는 경우에는 적절한 항목으로 구분하여 이를 주석으로 기재하도록 하고 있다.

다음 항목은 운영성과표의 본문에 표시하거나 주석으로 기재
① 공익목적사업비용의 성격(분배, 인력, 시설, 기타비용)별 구분정보
② 기타사업비용의 성격(인력, 시설, 기타비용)별 구분정보
③ 사업수행비용의 세부사업별 구분정보
④ 중요한 기타비용 항목의 구분정보
⑤ 선택적으로 더 세분화된 사업비용(공익목적사업, 기타사업)의 구분정보

17. 사업비용

17-1 사업비용의 성격별 구분

당 법인의 운영성과표에는 사업비용이 기능별로 구분되어 표시되어 있습니다. 이를 다시 성격별로 구분한 내용은 다음과 같다.

〈당기〉

(단위 : 원)

구분	분배비용	인력비용	시설비용	기타비용	합계
공익목적사업비용					
사업수행비용					
일반관리비용					
모금비용					
기타사업비용					
합계					

〈전기〉 (기재 생략함)

17-2 사업수행의 세부사업별 구분

당 법인의 사업수행비용을 세부사업별로 구분한 내용은 다음과 같다.

〈당기〉

(단위 : 원)

구분	분배비용	인력비용	시설비용	기타비용	합계
ㅇㅇ 사업비					
△△ 사업비					
ㅁㅁ 사업비					
…					
합계					

〈전기〉 (기재 생략함)

17-3 사업비의 세분화된 구분정보(선택 사항임)

당 법인의 세분화된 사업비의 구분 내용은 다음과 같다.

〈당기〉

(단위 : 원)

구분		사업수행비용	일반관리비용	모금비용	기타사업비용	합계
분배비용	장학금					
	지원금					
	…					
	소계					
인력비용	급여					
	상여금					
	퇴직급여					
	…					
	소계					
시설비용	감가상각비					
	임차료					
	보험료					
	…					
	소계					
기타비용	여비교통비					
	지급수수료					
	대손상각비					
	…					
	소계					
합계						

〈전기〉 (기재 생략함)

18) 특수관계인과의 중요한 거래의 내용

공익법인회계기준 및 동 실무지침서에는 특수관계인과의 중요한 거래 내용에 대하여 필수적 주석기재사항으로 요구하고 있다. 이 경우 특수관계인이란 「상속세 및 증여세법」 제2조 10호 및 동 시행령 제2조의 2에 따른 관계에 있는 자를 말한다.

18. 특수관계인과의 중요한 거래 내역

18-1 당 법인이 당기 및 전기에 특수관계인과의 거래내역은 다음과 같다.

(단위 : 원)

특수관계 구분	명칭	수익		비용	
		당기	전기	당기	전기
기타특수관계					
…					
합계					

※ 일반기업회계기준에서는 특수관계 구분을 다음과 같은 범주로 분류하여 공시하고 있다.
(1) 지배기업
(2) 당해 기업을 공동지배하거나 당해 기업에 유의적인 영향력을 행사하는 기업
(3) 종속기업 또는 관계기업 및 당해 기업이 참여자인 조인트벤처
(4) 당해 기업이나 당해 기업의 지배기업의 주요 경영진
(5) 그 밖의 특수관계자

18-2 회계연도말 현재 특수관계인에 대한 채권 · 채무의 내역은 다음과 같습니다.

(단위 : 원)

특수관계 구분	명칭	채권		채무	
		당기	전기	당기	전기
출연법인					
…					
합계					

18-3 당기 및 전기 주요경영진에 대한 보상 내역은 다음과 같다.

(단위 : 원)

구분	당기	전기
단기종업원급여		
퇴직급여		
합계		

19) 총자산 또는 사업수입금액의 10% 이상에 해당하는 거래의 내역

공익법인회계기준 및 동 실무지침서에는 정보이용자들에게 공시대상 회계기간 중에 발생한 중요한 거래에 대하여 정보를 제공하는 것을 목적으로 공익법인의 회계연도말 총자산 또는 사업수익금액의 10% 이상에 해당하는 거래에 대한 거래처명, 거래금액, 계정과목 등을 필수적 주석기재사항으로 요구하고 있다. 다만, 특수관계인과의 거래가 총자산 또는 사업수익금액의 10% 이상에 해당하더라도 특수관계인과의 중요한 거래의 내용에 기재한 주석 사항이 있는 경우 해당 거래는 이 주석에서 제외한다.

한편, 중요성 판단의 기준이 되는 자산총액 또는 사업수익금액은 당 회계년도말 기준으

로 판단하므로 전년도 공시대상이었더라도 당해 연도에는 중요성 기준에 미달하면 당해 거래처 등은 공시하지 않아도 된다.

19. 기타 중요한 거래 내역

당 법인의 당기 및 전기에 단일 거래처로부터 발생한 거래규모가 총자산 또는 사업수익금액의 10% 이상인 중요한 거래내역은 다음과 같습니다.

〈당기〉

(단위 : 원)

거래처명	계정과목	거래금액	거래내용
㈜AA	매출액	130,000,000	제품 판매 수익
BB재단	사업수행비용	120,000,000	○○ 사업비

〈전기〉

거래처명	계정과목	거래금액	거래내용
㈜AA	매출액	190,000,000	제품 판매 수익
CC재단	기부금수익	200,000,000	△△사업비

20) 담보 · 보증

공익법인회계기준 및 동 실무지침서에는 당해 공익법인이 제공한 담보 · 보증내용에 대하여 필수적 주석기재사항으로 요구하고 있다. 이에 추가적으로 제공받은 담보 및 보증 내용도 주석으로 기재하는 것이 정보이용자들의 재무제표 유용성 제고에 더 도움이 될 것으로 생각된다. 다만, 특수관계인에게 제공하거나 제공받은 담보 및 보증 내용은 특수관계인과의 주요거래 내역에 관한 주석 공시항목에서 첨부하여 공시하면 되고, 특수관계인 이외의 자에게 제공하거나 제공받은 경우에는 별도의 주석 번호로 기재하는 것이 타당하다 생각된다.

20. 담보 · 보증

20-1 당 법인이 당기말 현재 제공한 담보내역은 다음과 같다.

(단위 : 원)

제공받은 자	제공 자산	차입일	채권최고액	내역
BB재단	토지, 건물	2××1.05.××	1,500,000,000	장기차입금
…	…	…	…	…

20-2 당 법인이 당기말 현재 제공한 보증내역은 다음과 같습니다.

(단위 : 원)

제공받은 자	제공처	보증일	보증금액	보증내용
CC재단	ㅇㅇ은행	2××1.05.××	500,000,000	차입금 담보
…	…	…	…	…

20-3 당 법인이 당기말 현재 제공받은 담보·보증 내역은 다음과 같습니다.

(단위 : 원)

제공자	제공처	보증일	보증금액	보증내용
DD기금	ㅇㅇ은행	2××1.05.××	300,000,000	차입금 지보

21) 우발부채와 주요 약정사항

공익법인회계기준에서는 우발부채에 대하여 규정하고 있지 않지만 동 실무지침서에는 충당부채의 요건을 만족하지 못한 우발부채에 대하여 주석으로 기재하도록 하고 있다. 또한 필수적 기재사항으로 회계연도 말 현재 진행 중인 소송 사건의 내용, 소송금액, 진행상황 등을 요구하고 있다. 한편, 선택적 주석기재사항으로 리스계약에 대한 사항을 자발적으로 기재하는 것이 재무정보 유용성을 더 제고할 수 있을 것으로 생각된다.

21. 우발채무 및 약정사항

21-1 계류중인 소송사건

당 법인은 ㅇㅇ시의 정부보조금 ××,×××,×××원의 환수조치에 따른 행정처분 결과에 불복하고, 행정심판소에 행정심판을 제소하여 회계연도 말 현재 재판에 계류중입니다. 그러나 동 재판의 결과를 현재로서는 예측할 수 없습니다.

21-2 운용리스계약체결 현황

당 법인이 차량 및 의료장비에 대하여 ㅁㅁ 등과 운영리스 계약을 체결하고 있는 바, 운용리스료의 연도별 지급 내역은 다음과 같습니다.

(단위 : 원)

2××1	2××2	2××3	2××4	2××5	2××5년 이후

22) 기타 선택적 주석기재사항

공익법인회계기준에서는 내부관리목적으로 복수의 구분된 단위로 회계를 하는 경우 각 회계단위별로 작성된 재무제표의 전부 또는 일부를 선택적 주석기재사항으로 할 수 있도록 하고 있다.

22. 부문별 정보

21－1 사업부문에 대한 일반사항

당 법인이 법령 또는 정관에 따라 각 회계단위는 법인회계, ○○시설회계, ㅁㅁ시설회계, △△수익사업회계 등으로 구분회계를 하고 있습니다(또는 중앙회, 14개 각 지방협회 등으로 구분회계를 하고 있습니다).

21－2 구분회계별 요약 재무정보

〈운영성과표〉

(단위 : 원)

구분	법인회계	○○시설	ㅁㅁ시설	△△수익사업	합계
사업수익					
사업비용					
사업이익(손실)					
사업외수익					
사업외비용					
준비금전입액					
준비금환입액					
법인세비용					
당기운영이익(손실)					

〈재무상태표〉

(단위 : 원)

구분	법인회계	○○시설	ㅁㅁ시설	△△수익사업	합계
유동자산					
비유동자산					
자산총계					
유동부채					
비유동부채					
고유목적사업준비금					
부채총계					
순자산총계					

06 공익법인회계기준과 비영리조직회계기준의 비교

공익법인회계기준(기획재정부 고시 제2017－35호)과 비영리조직회계기준은 모두 2018년 1월 1일 이후 최초로 시작되는 회계연도부터 적용한다. 두 기준의 제정 목적이나 적용대상에 있어서 다음과 같은 차이가 있다. 또한 회계처리 방법이나 재무제표의 표시 방법에 있어 많은 부분 거의 동일하게 규정하고 있으나 다음 표에서 보이는 바와 같이 여러 가지 차이가 있는 것으로 분석된다.

비슷한 시기에 발표된 두 기준이 다른 회계정책을 가지고 있는 것은 재무제표의 이용자나 작성자들에게 많은 혼동을 발생시킬 수 있어 이 기준들이 정착되기 전에 통합이 필요할 것으로 사료된다.

공익법인회계기준에서 부채로 규정하고 있는 고유목적사업준비금은 잉여금 처분사항으로 수정될 필요가 있으며, 비영리조직회계기준에서 순자산의 분류방식은 너무 복잡하여 이를 단순하고 명확하게 규정할 필요가 있다. 미국의 비영리조직회계기준(FASB ASC 958)에서도 순자산의 분류방식을 간단 · 명료한 방식으로 수정하고 있는 실정이다.

구 분	공익법인회계기준	비영리조직회계기준
제정주체	기획재정부 고시	한국회계기준원
회계기준의 목적	「상속세 및 증여세법」(이하 "상증법")상 공익법인의 회계처리 및 재무제표 작성 기준 제시	비영리조직이 일반목적 재무제표를 작성하는 데 적용하는 기준을 제시
법적근거	상증법 제50조의 4 및 동법 시행령 제43조의 4	없음
적용대상	상증법상 외부 회계감사 의무 또는 결산서류 공시의무 대상 공익법인(의료 · 학교법인, 종교단체는 제외)	법인격 유무에 관계없이 영리를 목적으로 하지 않고 사회 전체의 이익이나 공동의 이익을 목적으로 하는 모든 형태의 비영리조직
재무제표 작성단위	공익법인 전체를 하나의 보고실체로 통합하여 작성. 공익목적사업부문과 기타사업부문은 열을 구분하여 표시 강제	비영리조직 전체를 하나의 재무제표 작성단위로 보아 작성. 고유목적사업과 수익사업 부문별로 열을 구분하여 표시 가능
재무제표	① 재무상태표 ② 운영성과표	① 재무상태표 ② 운영성과표

구 분	공익법인회계기준	비영리조직회계기준
재무제표	③ 주석	③ 현금흐름표(수지계산서 갈음) ④ 주석
유동자산	별도 당좌자산 분류 없음	당좌자산, 재고자산
유가증권의 분류	만기보유증권, 단기매매증권, 매도가능증권으로 분류	국공채, 회사채, 수익증권, 주식으로 분류
유가증권의 후속측정	공정가치 또는 상각후 원가로 측정하고 당기손익이나 순자산조정으로 처리	공정가치로 측정하고 당기손익으로 처리(사업외손익 중 투자자산평가손익)
유형자산의 재평가차액	증가된 경우 순자산조정(선인식 감소액이 있다면 그 금액한도로 사업외수익으로 인식) 감소된 경우 사업외비용(선인식 증가액이 있다면 그 금액한도로 순자산조정에서 차감)	사업외수익과 사업외비용으로 인식. 단, 제약있는순자산의 재평가차액은 제약있는순자산의 증감으로 인식
고유목적 사업준비금	부채로 인식	잉여금 처분사항
순자산의 구분	① 기본순자산 ② 보통순자산 ③ 순자산조정	① 제약없는순자산 ② 제약있는순자산 ① 제약없는순자산 ② 일시제약순자산 ③ 영구제약순자산 ① 기본금 ② 적립금 ③ 이익잉여금
운영성과표	순자산의 변동 내역을 표시하지 않음	순자산의 증가(감소)+기초순자산=기말순자산의 형식으로 표시함
기능별 사업비용	사업수행비용, 일반관리비용, 모금비용으로 구분	사업수행비용, 일반관리비용으로 구분하고, 선택적으로 모금비용을 일반관리비용과 구분 가능
성격별 사업비용	분배비용, 인력비용, 시설비용, 기타비용	인력비용, 시설비용, 기타비용으로구분하고 금액이 중요한 지원금, 장학금 등은 별도 표시
주석사항 특수관계인	상증법 제2조 제10호의 정의에 따름	「법인세법 시행령」 제87조의 정의에 따름
주석사항 주요거래처	총자산 또는 사업수입금액의 10% 이상 거래에 대한 거래처	필수기재사항 아님

【부 록】 공익법인회계기준과 일반기업회계기준 비교

공익법인회계기준 실무지침서에서 기재된 공익법인회계기준과 일반기업회계기준을 비교한 내역을 다음과 같다.

구 분	공익법인회계기준	일반기업회계기준
목적	「상속세 및 증여세법」 제16조 제1항에 따른 공익법인등의 회계처리 및 재무제표를 작성하는 데 적용되는 기준 제시	「주식회사의 외부감사에 관한 법률」의 적용대상기업 중 한국채택국제회계기준에 따라 회계처리하지 아니하는 기업의 회계와 감사인의 감사에 통일성과 객관성을 부여하기 위하여 동 기업의 회계처리 및 보고에 관한 기준을 정함
법적근거	「상속세 및 증여세법」 제50조의 4 및 동법 시행령 제43조의 4	「주식회사의 외부감사에 관한 법률」 제13조 제1항 제2호 및 동법 시행령 제7조의 3
적용대상	「상속세 및 증여세법」 제50조 제3항에 따라 회계감사를 받는 경우 및 결산서류 등을 공시하는 공익법인	「주식회사의 외부감사에 관한 법률」의 적용대상기업 중 한국채택국제회계기준에 따라 회계처리하지 아니하는 기업
적용제외	발생주의와 복식부기에 따른 공익법인의 회계처리 및 재무제표 작성에 관하여 다른 법령에서 특별한 규정이 있는 경우에는 이 기준 적용대상에서 제외	−
재무제표 구성요소	• 재무상태표 • 운영성과표 • 주석	• 재무상태표 • 손익계산서 • 현금흐름표 • 자본변동표 • 주석
재무제표 구분회계	공익법인을 하나의 작성단위로 보아 통합하여 작성하되, 공익목적사업부문과 기타사업부문으로 각각 구분하여 표시	−
사업비용 (영업비용) 표시방법	• 사업비용은 공익목적사업비용과 기타사업비용으로 구분표시 • 공익목적사업비용은 사업수행비용, 일반관리비용, 모금비용으로 구분표시	영업비용을 매출원가와 판매관리비로 구분표시

구 분	공익법인회계기준	일반기업회계기준
자본의 분류	• 기본순자산 • 보통순자산 – 적립금 – 잉여금 • 순자산조정	• 자본금 • 자본잉여금 • 자본조정 • 기타포괄손익누계액 • 이익잉여금(결손금)
고유목적사업준비금	• 「법인세법」 제29조에 따라 고유목적사업이나 일반기부금에 사용하기 위해 미리 비용으로 계상하면서 동일한 금액을 부채로 계상 가능 • 유동부채와 비유동부채로 구분하지 않고 별도표시	고유목적사업준비금은 개념체계상 부채의 정의를 충족하지 못하므로 부채 인식 불가
기부금 수익	• 현금이나 현물을 기부 받을 때에는 실제 기부를 받는 시점에 수익으로 인식 • 기부금 등이 기본순자산에 해당하는 경우 사업수익으로 인식하지 않고 기본순자산의 증가로 인식	–
법인세비용	일반기업회계기준 법인세회계와 중소기업회계처리특례의 법인세 회계처리를 고려하여 회계처리	「법인세법」 등 법령에 의하여 각 회계연도에 부담할 법인세에 이연법인세 변동액을 가감하여 산출
유형자산 감가상각제외	전시 · 교육 · 연구 등의 목적으로 보유중인 예술작품 및 유물과 같은 역사적 가치가 있는 유형자산은 일반적으로 시간이 경과하더라도 가치가 감소하지 않으므로 감가상각을 적용하지 않음	–
유형자산 재평가	• 최초 인식 후에 공정가치를 신뢰성 있게 측정할 수 있는 유형자산은 재평가를 할 수 있음 • 유형자산의 장부금액이 재평가로 인하여 증가된 경우에 그 증가액은 순자산조정으로 인식함. 그러나 동일한 유형자산에 대하여 이전에 운영성과표에 사업외비용으로 인식한 재평가감소액이 있다면 그 금액을 한도로 재평가증가액만큼 운영성과표에 사업외수익으로 인식	• 인식시점 이후에는 원가모형이나 재평가모형 중 하나를 회계정책으로 선택하여 적용 • 유형자산의 장부금액이 재평가로 인하여 증가된 경우에 그 증가액은 기타포괄손익으로 인식함. 그러나 동일한 유형자산에 대하여 이전에 당기손익으로 인식한 재평가감소액이 있다면 그 금액을 한도로 재평가증가액만큼 당기손익으로 인식

구 분	공익법인회계기준	일반기업회계기준
유형자산 재평가	• 유형자산의 장부금액이 재평가로 인하여 감소된 경우에 그 감소액은 운영성과표에 사업외비용으로 인식함. 그러나 그 유형자산의 재평가로 인해 인식한 순자산조정의 잔액이 있다면 그 금액을 한도로 재평가감소액을 순자산조정에서 차감	• 유형자산의 장부금액이 재평가로 인하여 감소된 경우에 그 감소액은 당기손익으로 인식함. 그러나 그 유형자산의 재평가로 인해 인식한 기타포괄손익의 잔액이 있다면 그 금액을 한도로 재평가감소액을 기타포괄손익에서 차감
투자유가증권 평가	• 만기보유증권은 상각후원가로 평가 • 단기매매증권은 공정가치로 평가하여 당기손익으로 인식 • 매도가능증권은 공정가치로 평가하여 순자산조정으로 인식	• 만기보유증권은 상각후원가로 평가 • 단기매매증권은 공정가치로 평가하여 당기손익으로 인식 • 매도가능증권은 공정가치로 평가하여 기타포괄손익으로 인식

비영리조직의 회계와 세무

제3장

비영리조직의 세무실무

제1절 비영리조직 당사자들의 세무 문제
제2절 비영리조직 출연자와 후원자의 세무 문제
제3절 비영리조직의 상속세 및 증여세 납세의무
제4절 비영리조직의 법인세 납세의무
제5절 비영리조직의 부가가치세 납세의무
제6절 비영리조직의 원천징수 및 지방세 납세의무

제1절 비영리조직 당사자들의 세무 문제

01 출연자 또는 후원자의 세무 문제

비영리조직 당사자 중 출연자와 후원자에게는 다음과 같은 세무 문제가 발생한다.

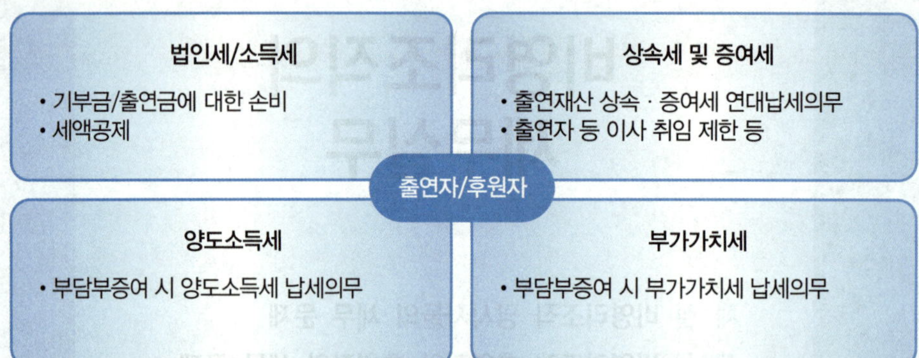

출연자(후원자)가 법인이거나 개인 사업소득자인 경우 출연금이나 기부금 명목으로 공익법인(단체)에 지출한 비용에 대해서는 손금산입 또는 필요경비산입 한도내에서 손비가 인정되며, 일반 개인인 경우 종합소득금액 계산에 있어서 세액공제가 가능하다. 만약 공익법인(단체)가 아닌 경우에는 손비 인정과 세액공제가 불가능하며, 공익법인(단체)이라 하더라고 그 단체의 성격에 따라 손비 인정 한도액이 달라질 수 있다. 이에 대하여 제2절에서 후술하기로 한다.

한편, 출연자가 비영리조직에 부동산을 출연하면서 동 부동산에 담보된 출연자의 채무를 함께 출연한 경우에는 출연자는 채무 상당액만큼 유상으로 양도하는 것으로 보아 양도소득세를 부담해야 하는 문제가 발생한다. 또한, 사업용 부동산을 채무인수 조건부로 공익법인 등에 출연하는 경우에는 채무 상당액 중 건물가액 상당액에 대하여 부가가치세가 과세되는 문제가 있다. 이에 대하여 제2절에서 후술하기로 한다.

비영리조직은 「상속세 및 증여세법」에 따라 상속세 및 증여세 납세의무가 있다. 즉, 유증이나 사인증여로 상속재산을 받은 경우에는 상속세를 부담해야 하며, 사인증여를 제외한 증여로 증여재산을 받은 경우에는 증여세를 부담해야 하는데, 만약 증여재산의 수증자인 비영리법인이 증여세 등을 납부할 능력이 없다면 비영리조직이 납부해야 할 증여세를 출연자가 연대하여 납부할 의무가 발생한다. 이에 대하여 제2절에서 후술하기로 한다.

02 비영리조직의 세무 문제

비영리조직은 다음과 같은 세무 문제가 발생할 수 있다.

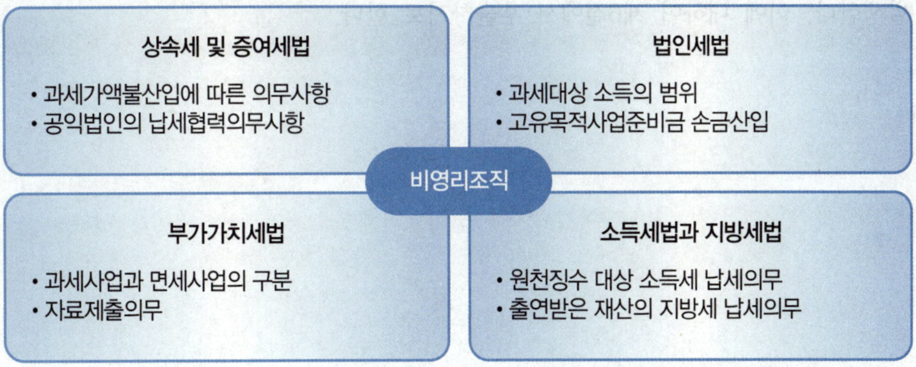

상속세 및 증여세법
- 과세가액불산입에 따른 의무사항
- 공익법인의 납세협력의무사항

법인세법
- 과세대상 소득의 범위
- 고유목적사업준비금 손금산입

비영리조직

부가가치세법
- 과세사업과 면세사업의 구분
- 자료제출의무

소득세법과 지방세법
- 원천징수 대상 소득세 납세의무
- 출연받은 재산의 지방세 납세의무

비영리조직이 출연받은 재산에 대하여는 「상속세 및 증여세법」에 따라 상속세 및 증여세 납세의무가 있는 것이 사실이나 동법에서 규정한 '공익법인'에 해당한다면 상속세 및 증여세 과세가액에 산입하지 않아 사실상 상속세 및 증여세 부담을 회피할 수 있다. 다만, 일정한 요건과 의무사항을 규정하고 있고, 동 의무사항을 위반할 경우 상속세 및 증여세를 추징하게 된다. 이에 대하여 제3절에서 후술하기로 한다.

일반 영리법인의 경우에는 순자산증가설에 의하여 「법인세법」상 납세의무를 부담하지만 비영리법인의 경우에는 소득원천설에 의하여 법인세 납세의무를 부담하기 때문에 구체적으로 어떤 소득에 대하여 납세의무를 부담하는지 여부가 쟁점이다. 한편, 발생한 과세소득이라 하더라도 고유목적준비금을 결산조정이나 신고조정으로 한도액만큼 손금에 산입할 수 있기 때문에 법인세 부담을 줄일 수 있다. 이에 대하여 제4절에서 후술하기로 한다.

비영리조직도 사업목적이 영리이든 비영리이든 관계없이 사업상 독립적으로 재화나 용역을 공급하기 때문에 「부가가치세법」상 엄연한 사업자에 해당한다. 따라서 「부가가치세법」에서 규정하고 있는 부가가치세가 면제되지 않는 재화나 용역을 공급하는 경우에는 부가가치세 납세의무를 부담하며, 일반과세자로부터 재화나 용역을 공급받을 경우 부가가치세 매입세액을 부담하고 이를 매출세액에서 공제받을 수 있다. 이에 대하여 제5절에서 후술하기로 한다.

비영리조직의 종사자나 활동가들에게 지급하는 급여나 활동비 등은 「소득세법」에 따른 근로소득에 해당하며, 강사 등에게 지급하는 강사료나 심사수당, 참석수당 등은 기타소득 또는 사업소득에 해당한다. 따라서 이들 소득을 지급하는 비영리법인은 원천징수의무자로서 소득세를 원천징수 · 납부할 의무를 부담한다.

한편, 출연받은 재산이 지방세 과세물건에 해당하는 경우 등에 대하여 지방세 납세의무가 발생한다. 이에 대하여 제6절에서 후술하기로 한다.

제2절 비영리조직 출연자와 후원자의 세무 문제

01 출연금과 기부금의 손비 한도

출연자와 후원자별로 비영리조직의 구분에 따라 기부금(후원금)이나 출연금에 대한 한도액 및 세법상 취급이 다음과 같이 다르게 규정되어 있다.

출연자/후원자	특례기부금단체 *	일반기부금단체 *		
		공익법인	공익단체	종교단체
영리법인	50% 손비	10% 손비	불인정	10% 손비
비영리법인(수익사업회계)	50% 손비	10% 손비	불인정	10% 손비
비영리법인(목적사업회계)	손비	손비	손비	손비
사업소득만 있는 자	100% 손비	30% 손비	30% 손비	10% 손비
기타 종합소득자	세액공제	세액공제	세액공제	세액공제

* 단체의 요건 및 종류에 대하여 "1장 2절 7. 기부금단체가 될 수 있는 요건" 참조

1.1 특례기부금의 손비 한도

영리법인과 비영리법인의 수익사업회계에서 특례기부금단체에 지출하는 출연금 또는 후원금은 해당 출연금 등을 손비로 처리하기 전 소득금액에서 이월결손금을 공제한 금액에 50%를 한도로 손금에 산입하나, 사업소득만 있는 개인사업자의 경우에는 100%를 한도로 필요경비에 산입할 수 있다. 다만, 한도가 초과되어 손금이나 필요경비에 산입하지 못한 특례기부금은 향후 10년 이내 끝나는 과세기간에 걸쳐 이월하여 산입할 수 있다.

출연자/후원자	손금산입/필요경비산입 한도액
영리법인과 비영리법인 수익사업	(기준 소득금액* －이월결손금)×50%
사업소득만 있는 개인사업자	(기준 소득금액* －이월결손금)×100%

* 특례기부금 또는 일반기부금 단체에 지출한 기부금 등을 손금산입 또는 필요경비에 산입하기 전 소득금액을 말한다.

1.2 일반기부금의 손비 한도

영리법인과 비영리법인의 수익사업회계에서 일반기부금단체에 지출한 경우에는 해당 출연금 등을 손비로 처리하기 전 소득금액에서 이월결손금을 공제한 금액에 10% 한도로 손금에 산입한다. 다만 「소득세법」상 기부금대상민간단체에 지출한 후원금 등은 「법인세법」상 기부금단체가 아니기 때문에 전액 손금부인된다. 사업소득만 있는 개인사업자의 경우에는 30%를 한도로 필요경비에 산입할 수 있는데, 다만 종교단체에 지출한 경우에는 10%를 한도로 한다. 특례기부금과 마찬가지로 한도가 초과되어 손금이나 필요경비에 산입하지 못한 경우 향후 10년 이내 끝나는 과세기간에 걸쳐 이월하여 산입할 수 있다.

출연자/후원자	손금산입/필요경비산입 한도액
영리법인과 비영리법인 수익사업	(기준 소득금액*1 －이월결손금－특례기부금)×10%
사업소득만 있는 개인사업자	(기준 소득금액*1 －이월결손금－특례기부금등*2)×30% 단, 종교단체 기부금이 있는 경우에는 다음 ①과 ②를 합한 금액을 한도로 한다. ① (해당 연도 소득금액*1 －이월결손금－특례기부금등*2)×10% ② (해당 연도 소득금액*1 －이월결손금－특례기부금등*2)×20%와 종교단체 외에 지급한 일반기부금 중 적은 금액

*1 특례기부금 또는 일반기부금 단체에 지출한 기부금 등을 손금산입 또는 필요경비에 산입하기 전 소득금액을 말한다.
*2 개인의 경우에는 법인과 다르게 특례기부금 등에 특례기부금 이외에 정치자금 기부금과 우리사주조합에 지출한 기부금도 포함한다.

비영리법인의 목적사업회계에서 지출하는 출연후원금에 대한 세법상의 규제조항은 없다. 따라서 당해 비영리법인의 목적사업에 해당하는 출연후원금은 이사회 결의 및 주무관청의 허가를 득하는 등 절차적 타당성에 문제가 없다면 전액 손비로 인정되는 것으로 보아야 한다.

사업소득만 있는 개인사업자는 필요경비에만 산입할 수 있으나 근로소득을 비롯한 다른 종합소득이 있는 경우에는 한도 내 기부금 등에서 15%(1천만원 초과분 30%)에 해당하는 금액에 대하여 세액공제가 가능하다. 다만, 사업소득자 중에서도 원천징수 대상 사업소득자(보험모집인, 방문판매원, 음료품계약배달판매원)의 경우에는 세액공제가 가능하다. 세액공제액이 종합소득세 산출세액을 초과하는 경우 향후 5년 이내 끝나는 과세기간에 걸쳐 이월하여 세액공제를 받을 수 있다. 당해 출연 및 후원자뿐만이 아니라 배우자 및 기본공제 대상자가 지출한 출연금, 기부금 등도 세액공제 대상이 된다.

출연자/후원자	세액공제 한도액
종합소득자 (사업소득만 있는 개인사업자는 제외)	(ⓐ+ⓑ−필요경비에 산입한 기부금)×15% [다만, (ⓐ+ⓑ)가 1천만원을 초과하는 경우 초과분에 대하여는 30%를 적용] ⓐ 특례기부금 전액 ⓑ 일반기부금 : 해당 연도 소득금액*1×30% 한도 단, 종교단체 기부금이 있는 경우에는 다음 ①과 ②를 합한 금액을 한도로 한다. ① (해당 연도 소득금액*1−특례기부금)×10% ② (해당 연도 소득금액*1−특례기부금)×20%와 종교단체 외에 지급한 일반 기부금 중 적은 금액

*1 특례기부금 또는 일반기부금 단체에 지출한 기부금 등을 손금산입 또는 필요경비에 산입하기 전 소득금액을 말한다.

▮ 관련 집행기준 및 예규 · 심판례 등 ▮

- **법인세법 기본통칙 24-39…2【설립 중인 공익법인등에 지출한 기부금의 처리】**
  정부로부터 인 · 허가를 받는 경우 지정기부금단체로 인정되는 사회복지법인, 의료법인 등에게 인 · 허가를 받기 이전 설립중에 영 제39조에 해당하는 기부금을 지출하는 경우에는 그 법인 및 단체가 정부로부터 인가 또는 허가를 받은날이 속하는 사업연도의 지정기부금으로 한다.
- **법인세법 기본통칙 24-39…3【기증후 법률의 제한등으로 목적에 사용되지 않는 기부자산의 처리】**
  영 제39조 각 호에 따른 단체가 자산을 기증받은 후 「국토의 계획 및 이용에 관한 법률」등에 따른 공용제한 등으로 사용하지 못한 경우에도 당초 기증받은 목적에 사용하려고 소유하고 있는 때에는 영 제39조의 지정기부금으로 본다.
- **법인세법 기본통칙 24-39…4【특수관계있는 단체등에 지출한 지정기부금의 처리】**
  영 제39조에 따른 단체 등과 특수관계 있는 법인이 동 단체 등에 같은 조에 규정하는 각종 시설비, 교육비 또는 연구비 등으로 지출한 기부금이나 장학금은 이를 지정기부금으로 본다.

• 법인세 집행기준 24-39-3【지정기부금단체 해당 장학단체의 범위】

장학사업과 장학사업 이외의 사업을 겸영하는 비영리법인의 경우에도 장학사업을 고유목적사업으로 하여 이를 기획재정부장관이 지정하여 고시한 경우에 한하여 지정기부금단체에 해당하는 장학단체로 본다.

• 법인세 집행기준 24-36-1【기부금의 가액】

① 기부금을 금전 외의 자산으로 제공한 경우 해당 자산의 가액은 다음 각 호의 구분에 따라 산정한다.

1. 법정기부금 : 기부했을 때의 장부가액
2. 특수관계인이 아닌 자에 대한 지정기부금 : 기부했을 때의 장부가액
3. 그 외의 경우 : 기부했을 때의 장부가액과 시가 중 큰 금액

② 기부금품의 시가 또는 장부가액의 적용기준은 기부를 하는 내국법인의 장부가액 또는 기부당시의 법에서 정한 시가를 기준으로 한다.

③ 시가가 불분명한 비상장주식을 기부하는 경우 해당 주식의 시가는 「상속세 및 증여세법」을 준용한 평가액에 의하며, 이 경우 최대주주 등의 할증평가 규정이 적용된다.

• 지정기부금단체 해당 여부(법인, 법인세과-972, 2010.10.25.)

사단법인 ××연합회는 「법인세법 시행령」 제36조 제1항 제1호 다목에 의한 지정기부금단체에 해당하지 아니하는 것이나, 같은 호 사목에 따라 주무관청의 추천을 받아 기획재정부장관으로부터 지정을 받을 경우에는 지정기부금단체에 해당하는 것임.

• 지정기부금단체 해당 여부(국기, 법인세과-982, 2010.10.26.)

「국세기본법」 제13조 제4항에 의한 법인으로 보는 단체가 「비영리민간단체지원법」 제4조 제1항에 따라 환경부장관을 주무장관으로 하여 비영리민간단체로 등록하였으나 당해 단체가 정부로부터 허가 또는 인가를 받지 아니한 경우에는 「법인세법 시행령」 제36조 제1항 제1호 라목에 따른 지정기부금단체에 해당하지 아니하는 것임.

• 요건을 갖춘 지정기부금 단체에 지출한 기부금은 사용용도와 관계 없이 손비에 해당됨(대법원 2008두15541, 2010.10.28.)

지정기부금 단체의 요건을 갖춘 학술연구단체에 대하여 그 단체의 고유목적사업비로 사용할 것을 특정하여 지출하면 충분하고 그 기부금을 받은 단체가 실제로 고유목적사업비로 사용한 부분에 한하여 지정기부금으로서 손금산입되는 것은 아님.

• 지정기부금단체 해당 여부(소득, 조심 2012부2389, 2012.6.28.)

적법한 지정기부금 단체는 「법인세법 시행령」 제36조 제1항 제1호 마목에서 규정한 종교의 보급 기타 교화를 목적으로 설립하여 주무관청에 등록한 단체이나 ○○○교회는 이에 해당되지 않으며, 구청에서 발급한 종교단체 등록증명서는 「부동산등기법」에서 정한 부동산 등기시 필요한 법인격 없는 단체의 등기용 등록번호 부여절차에 따라 발급된 증명서에 불과하고, ○○○세무서장으로부터 「국세기본법」 제13조 제2항에 의한 법인으로 보는 단체로 승인받았다고 하나 이는 비영리법인으로 사업자 등록을 한 것으로 기부금단체로 정하고 있는 종교의 보급 기타 교화를 목적으로 설립하여 주무관청에 등록된 단체로 보기 어려움.

02 출연자의 상속세 및 증여세법상 의무

2.1 연대납세의무

1) 상속세 연대납부의무

상속세는 상속인 또는 수유자가 각자가 받았거나 받을 상속재산을 기준으로 그 일정 비율에 따라 계산한 금액을 한도로 상속세로 납부할 의무가 있는 것이나, 공동상속인 중 어느 한 상속인이 납세의무를 이행하지 않을 경우 다른 상속인 또는 수유자는 각자가 받았거나 받을 재산 한도까지 연대하여 납부할 의무를 지게 된다(상증법 §3의 2 ③). 또한, 피상속인에게 부과되거나 그 피상속인이 납부할 국세 및 강제징수비에 대해서도 상속으로 받은 재산의 한도에서 연대하여 납부할 의무를 진다(국기법 §24 ③). 따라서 비영리조직이 유증이나 사인증여로 상속을 받게 될 경우 상속세와 피상속인의 국세 등에 대하여 연대하여 납부할 의무를 부담하게 된다.

2) 증여세 연대납부의무

증여세의 경우에도 수증자가 증여재산에 대한 증여세를 납부할 의무가 있으나, 다음의 경우 수증자가 납부할 증여세를 증여자가 연대하여 납부할 의무가 있다(상증법 §4의 2 ⑥). 즉, 출연받은 비영리조직(수증자)이 다음의 요건에 해당한다면 재산을 출연한 출연자(증여자)가 증여세를 연대하여 납부할 의무를 부담하는 것이다. 다만, 출연자(증여자)가 공익법인의 운영에 책임이 없는 경우에는 연대납세의무가 없다.

① 수증자의 주소나 거소가 분명하지 아니한 경우로서 증여세에 대한 조세채권(租稅債權)을 확보하기 곤란한 경우

② 수증자가 증여세를 납부할 능력이 없다고 인정되는 경우로서 강제징수를 하여도 증여세에 대한 조세채권을 확보하기 곤란한 경우

③ 수증자가 비거주자인 경우

3) 증여자(출연자)의 연대납세의무의 면제

출연자(증여자)가 공익법인의 운영에 책임이 없는 경우 연대납세의무를 부담하지 않는데 다음의 요건을 모두 갖추어야 한다(상증령 §3의 3 ②).

① 증여세 또는 가산세 부과사유 발생일부터 소급하여 재산 출연일까지의 기간이 10년 이상 지났고,
② 동 기간 중 출연자(재산출연일 현재 해당 공익법인등의 총출연재산가액의 100분의 1에 상당하는 금액과 2천만원 중 적은 금액을 초과하여 출연한 자를 말함) 또는 그의 특수관계인이 해당 공익법인의 이사 또는 임직원(이사를 제외함)이 아니며, 이사의 선임 등 공익법인의 사업운영에 관한 중요사항을 결정할 권한을 가지지 아니한 경우

한편, 출연자가 연대납세의무자로서 납부하는 증여세액은 수증자에 대한 재차 증여로 보지 않는다. 다만, 연대납세의무자에 해당되지 아니하는 출연자가 수증자인 비영리조직을 대신하여 증여세액을 납부하는 경우에는 그 증여재산의 가액은 당초 증여재산가액에 가산한다(상증통 36-0-1).

4) 연대납부의무의 통지

세무서장은 증여자인 출연자에게 증여세를 납부하게 할 때에는 그 사유를 알려주어야 한다(상증법 §4의 2 ⑦). 즉, 증여자가 증여세 연대납부의무자에 해당되는 경우 세무서장은 그 사유를 증여자에게 통지하여야 하며 연대납부의무의 통지는 제2차 납세의무자에 대한 납부고지방법을 준용해야 한다. 수증자의 주소 또는 거소가 불분명하거나 납부할 능력이 없다고 인정된다는 사유만으로 증여자에게 증여세 납부통지를 하지 않거나 납부통지가 취소된 경우에는 증여세 연대납부의무가 성립되지 않아 결과적으로 납세고지의 효력이 발생되지 않는다(상증 집행기준 4의 2-0-6). 이에 따라서 세무서장은 납세자의 체납액을 출연자로부터 징수하려면 당해 출연자에게 징수하려는 체납액의 과세기간, 세목, 세액 및 그 산출 근거, 납부기한, 납부장소와 출연자로부터 징수할 금액 및 그 산출 근거와 그밖에 필요한 사항을 적은 납부고지서를 발급하여야 하고 그 사실을 납세자에게 통지하여야 한다(국징법 §7). 연대납세의무자에게 서류를 송달할 때에는 그 대표자를 명의인으로 하며, 대표자가 없을 때에는 연대납세의무자 중 국세를 징수하기에 유리한 자를 명의인으로 한다. 다만, 납세의 고지와 독촉에 관한 서류는 연대납세의무자 모두에게 각각 송달하여야 한다(국기법 §8 ②).

관련 집행기준 및 예규·심판례 등

- 연대납세의무(대법원96다31697, 1998.9.4.)

  연대납세의무자의 상호연대관계는 이미 확정된 조세채무의 이행에 관한 것이지 조세채무 자체의 확정에 관한 것은 아니므로, 연대납세의무자라 할지라도 각자의 구체적 납세의무는 개별적으로 확정함을 요하는 것이어서 연대납세의무자 각자에게 개별적으로 구체적 납세의무 확정의 효력발생요건인 부과처분의 통지가 있어야 함(대법원 1985. 10. 22. 선고 85누81 판결, 1994. 5. 10. 선고 94누2077 판결 등 참조). 따라서 연대납세의무자의 1인에 대하여 납세고지를 하였다고 하더라도, 이로써 다른 연대납세의무자에게도 부과처분의 통지를 한 효력이 발생한다고 할 수는 없음.

- 헌법에 위배되는지의 여부(대법원 99두7135, 2002.3.15.)

  서류가 연대납세의무자 중 1인을 명의인으로 하여 송달된 경우에는, 특별한 사정으로 인하여 송달받은 연대납세의무자로부터 그 내용을 통지받을 수 없었음을 주장·입증하는 연대납세의무자를 제외하고는, 나머지 연대납세의무자에 대하여도 그 송달의 효력이 미친다고 해석함이 상당함.

- 상증법 집행기준 4의 2-3의 3-2【증여세 연대납세의무의 통지 및 효력】

  ① 집행기준 4-0-4의 ① 또는 ②의 사유로 증여자가 증여세 연대납부의무자에 해당되는 경우 세무서장은 그 사유를 증여자에게 통지하여야 하며 연대납부의무의 통지는 제2차 납세의무자에 대한 납부고지방법을 준용한다.

  ② 증여자에게 증여세 납부통지를 하지 않거나 납부통지가 취소된 경우에는 증여세 연대납부의무가 성립되지 않아 결과적으로 납세고지의 효력이 발생되지 않는다.

- 비영리법인이 증여받은 재산에 대한 증여세과세 여부(재산세과-1029, 2009.12.17.)

  공익법인 등에 해당하지 않는 비영리법인이 타인의 증여에 의하여 재산을 취득하는 경우에는 증여세를 납부할 의무가 있는 것임. 이 경우 법인으로 보는 법인격 없는 사단·재단 기타단체에 대하여는 이를 비영리법인으로 보는 것이며, 당해 비영리법인이 「상속세 및 증여세법」 제4조 제4항 각호의 1에 해당하는 경우에는 증여자가 당해 비영리법인이 납부할 증여세에 대하여 연대하여 납부의무를 지는 것임.

- 재차증여에 해당하는지 여부(재산세과-845, 2010.11.15.)

  증여자가 연대납세의무자로서 수증자의 증여세를 대신 납부하는 경우에는 재차증여에 해당하지 않는 것임.

2.2 출연자 등의 공익법인 이사 취임 제한

재단법인인 비영리조직의 경우 출연자 또는 그의 특수관계인들이 업무집행기관이자 의사결정기관인 이사회를 장악하여 상속세를 회피하기 위한 수단으로 악용될 소지가 있다.

따라서 상증법에서는 출연자 또는 그의 특수관계인이 공익법인 등(의료법인은 제외함)의 현재 이사 수(현재 이사 수가 5명 미만인 경우에는 5명으로 봄)의 5분의 1을 초과하여 이사가 되거나, 그 공익법인 등의 임직원이 되는 경우에는 가산세를 당해 임 · 직원을 위하여 지출된 급료, 판공비, 비서실 운영경비 및 차량유지비 등의 100%를 부과한다. 다만, 사망 등 부득이한 사유로 출연자 또는 그의 특수관계인이 공익법인등의 현재 이사 수의 5분의 1을 초과하여 이사가 된 경우로서 해당 사유가 발생한 날부터 2개월 이내에 이사를 보충하거나 개임(改任)하는 경우에는 가산세를 부과하지 아니한다(상증법 §48 ⑧).

출연자 등의 공익법인 이사 취임 제한 규정 및 관련 가산세에 대한 내용은 제3절에서 보다 자세히 다루도록 하겠다.

2.3 출연자 등의 자기내부거래에 대한 증여세 과세

자기내부거래는 특수관계인 간의 내부거래를 통하여 증여의 이익이 발생하는 것을 말하는 것으로, 현행 증여세법에서는 공익법인등이 출연받은 재산에 대하여 증여세 과세가액 불산입하여 증여세를 면제받았으나, 공익법인의 출연자 및 그와 특수관계 있는 자가 당해 공익법인등이 출연받은 재산(출연받은 재산을 원본으로 취득한 재산, 출연받은 재산의 매각대금을 포함한다) 등을 정상적인 대가를 지급하지 않고 사용 · 수익하는 경우에는 당해 공익법인에 대하여 증여세를 즉시 부과하도록 규정하고 있다(상증법 §48 ③). 주택이나 건물을 공익법인에 출연하고 출연자나 그의 특수관계에 있는 자가 계속 당해 주택이나 건물에 무상으로 거주 또는 사용하는 경우가 이에 해당한다.

출연자 등의 자기내부거래에 대한 증여세 과세에 대한 자세한 내용은 제3절에서 다루도록 하겠다.

03 출연자의 양도소득세와 부가가치세 납세의무

3.1 출연자의 양도소득세 납세의무

1) 부담부증여 시 양도소득세 납세의무

「상속세 및 증여세법」에서 부담부증여란 증여재산에 담보된 증여자의 채무를 수증자가 인수한 경우를 말한다. 부담부증여에서 수증자가 인수한 채무는 증여재산의 가액에서 차감되며, 증여자는 채무액만큼 재산을 양도한 것으로 보아 양도소득세를 부담한다. 「소득세법」에서 양도란 자산에 대한 등기 또는 등록과 관계없이 매도, 교환, 법인에 대한 현물출자 등을 통하여 그 자산을 유상(有償)으로 사실상 이전하는 것을 말한다. 이 경우 "부담부증여(負擔附贈與)의 채무액에 해당하는 부분"도 양도로 보며 따라서 증여자는 양도소득세 납세의무를 진다. 여기서 "부담부증여의 채무액에 해당하는 부분"이란 부담부증여 시 증여자의 채무를 수증자(受贈者)가 인수하는 경우 증여가액 중 그 채무액에 해당하는 부분을 말한다(소법 §88, 소령 §151 ③). 따라서 출연자가 비영리조직에 부동산 등을 부담부증여하는 경우 양도차익을 계산함에 있어서 그 취득가액 및 양도가액은 다음과 같이 산정한다(소령 §159).

$$\text{취득가액} = A \times \frac{B}{C} \qquad \text{양도가액} = X \times \frac{B}{C}$$

A : 「소득세법」 제97조 제1항 제1호에 따른 실지거래가액(단, 양도가액을 「상속세 및 증여세법」 제61조 제1항 및 제2항에 따라 기준시가로 산정하는 경우에는 취득가액도 기준시가로 산정함.

B : 채무액(단, 양도소득세 과세대상에 해당하는 자산과 그렇지 않은 자산을 함께 부담부증여하는 경우=총채무액×양도소득세 과세대상 자산가액/총 증여자산가액)

C : 증여가액

X : 「상속세 및 증여세법」 제60조~제66조까지의 규정에 따라 평가한 가액

부담부증여의 증여재산가액을 기준시가로 평가하고, 그 자산에 대한 감가상각비로서 각 과세기간의 사업소득금액의 계산에 있어 필요경비에 산입하였거나 산입할 금액이 있는 경우 취득가액은 해당 감가상각비를 공제하여 계산하지는 않는다(서면-2015-법령해석재산-0005, 2015.4.10.). 부담부증여의 양도로 보는 부분에 대한 양도차익을 계산함에 있

어서 양도가액을 「상속세 및 증여세법」 제61조 제5항의 임대료 등을 기준으로 평가한 가액을 그 재산의 가액으로 하는 경우 또는 재산이 담보하는 채권액 등을 기준으로 평가한 가액을 그 재산의 가액으로 하는 경우 그 재산의 취득가액은 「소득세법」 제97조 제1항 제1호에 따른 가액에 의하는 취득당시의 실지거래가액, 매매사례가액, 감정가액 또는 환산가액으로 한다(서면-2017-부동산-0929, 2017.6.19.와 법규과-850, 2013.7.24.).

사례

- 증여 당시 자산가액 : 1억원
- 수증자가 인수한 증여자산에 담보된 증여자의 채무 : 6천만원
- 실지 취득가액 : 5천만원

☞ 양도차익 산정

(1) 양도가액 6천만원=1억원×(6천만원 / 1억원)

(2) 취득가액 3천만원=5천만원×(6천만원 / 1억원)

(3) 양도차익 3천만원

▌관련 집행기준 및 예규 · 심판례 등▐

- **의료법인에게 개인이 소유하는 부동산을 출연하는 경우(서면인터넷방문상담5팀-2491, 2007.9.6.)**

  공익법인에 재산을 출연하면서 당해 재산에 담보된 채무를 공익법인 등이 인수하는 경우 출연재산가액은 당해 채무액을 차감한 금액이 되는 것이며, 출연재산에 담보된 채무상당액에 대하여는 그 자산이 유상으로 사실상 이전되는 것으로 보아 양도소득세가 과세되는 것임.

- **비과세 요건을 갖춘 1세대1주택을 부담부증여한 경우 양도소득세 비과세 여부(서면인터넷방문상담4팀-303, 2004.03.20.)**

  부담부증여에 있어서 증여자의 채무를 수증자가 인수하는 경우에는 증여가액 중 그 채무액에 상당하는 부분은 양도소득세가 과세되는 것이나 당해 증여자산이 비과세요건을 갖춘 1세대 1주택인 경우에는 양도소득세가 비과세되는 것임.

- **부동산 출연으로 재단법인 설립 시 부담부증여 사례(조세일보, 2012.10.11.)**

  △△△이 ○○재단에 부동산(감정가액 395억원)을 기증할 때 해당 부동산에는 근저당액 39억원, 임대보증금 25억원 등 모두 64억원의 채무가 있었는데, 기부과정에서 채무까지 함께 증여한 '부담부증여' 방식을 선택한 것으로 전해졌다.

  이 과정에서 재산에 담보된 64억원은 법적으로 '양도'로 봐야 한다는 것이 이 의원의 지적. 따라서 △△△에게 양도세가 과세되어야 한다는 주장이다.

  그러나 △△△은 ○○재단과 특약을 맺어 양도소득세를 ○○재단이 납부하기로 했고, 실제 ○○재단은 지난 2009년과 2010년 두 차례에 걸쳐 양도소득세 12억3587만원을 관할 종로세무서에 납부한 것으로 전해졌다.

- 공익법인 등에 대한 조건부 출연 시 증여세과세가액 불산입 여부(재산세과-41, 2011.1.18.; 서면4팀-3003, 2007.10.18.)

「상속세 및 증여세법」 제48조 제2항의 규정에 의하여 공익법인 등이 출연받은 재산 또는 운용소득 중 직접공익목적사업 외에 사용한 금액은 공익법인 등이 증여받은 것으로 보아 증여세를 과세하는 것이며, 공익법인 등이 출연자에게 금전을 지급하거나 출연자가 납부할 증여세를 대신 납부한 경우에는 출연재산 등의 직접공익목적사업 외 사용에 해당하는 것임. 또한, 출연자는 공익법인 등으로부터 금전을 지급받거나 출연자가 부담할 증여세를 공익법인 등이 대신 납부한 때마다 증여세 납부의무가 있는 것임.

2) 양도소득세 부당행위계산

출연자가 양도소득에 대한 소득세를 부당하게 감소시키기 위하여 「소득세법 시행령」 제98조 제1항에 규정한 특수관계 있는 비영리법인에게 자산을 증여하고 이를 수증한 비영리법인이 수증일로부터 5년 이내에 그 자산을 다시 타인에게 양도한 경우에는 증여자가 그 자산을 직접 양도한 것으로 본다. 다만, 증여자가 직접 양도하는 경우로 보아 계산한 양도소득세(「소득세법」에 따른 산출세액에서 공제 · 감면세액을 뺀 결정세액을 말함)가 증여받은 자의 증여세(「상속세 및 증여세법」에 따른 산출세액에서 공제 · 감면세액을 뺀 세액을 말함)와 양도소득세(「소득세법」에 따른 산출세액에서 공제 · 감면세액을 뺀 결정세액을 말함)를 합한 세액보다 적은 경우에는 그러하지 아니한다. 또한, 양도소득이 해당 수증자에게 실질적으로 귀속된 경우에도 그러하지 아니한다(소법 §101). 이 경우 특수관계인의 범위는 다음과 같다(소령 §98).

▌양도소득세 부당행위계산에 따른 특수관계인의 범위(국기령 §1의 2)▐

i. 친족관계
- ① 6촌 이내의 혈족
- ② 4촌 이내의 인척
- ③ 배우자(사실상의 혼인관계에 있는 자를 포함함)
- ④ 친생자로서 다른 사람에게 친양자 입양된 자 및 그 배우자 · 직계비속

ii. 경제적 연관관계
- ⑤ 임원과 그 밖의 사용인
- ⑥ 본인의 금전이나 그 밖의 재산으로 생계를 유지하는 자
- ⑦ 위 '⑤' 및 '⑥'의 자와 생계를 함께하는 친족

iii. 경영지배관계
- ⑧ 본인이 직접 또는 그와 친족관계 또는 경제적 연관관계에 있는 자를 통하여 법인의 '경영에

대하여 지배적인 영향력을 행사'하고 있는 경우 그 법인

⑨ 본인이 직접 또는 그와 친족관계, 경제적 연관관계 또는 ⑧의 관계에 있는 자를 통하여 법인의 '경영에 대하여 지배적인 영향력을 행사'하고 있는 경우 그 법인

※ 경영에 대하여 지배적인 영향력을 행사

㉠ 비영리법인인 경우

ⓐ 법인의 이사의 과반수를 차지하는 경우

ⓑ 법인의 출연재산(설립을 위한 출연재산만 해당한다)의 100분의 30 이상을 출연하고 그 중 1인이 설립자인 경우

㉡ 영리법인인 경우

ⓐ 법인의 발행주식총수 또는 출자총액의 100분의 30 이상을 출자한 경우

ⓑ 임원의 임면권의 행사, 사업방침의 결정 등 법인의 경영에 대하여 사실상 영향력을 행사하고 있다고 인정되는 경우

관련 집행기준 및 예규 · 심판례 등

- **공익법인인 장학재단에 증여 후 양도하는 경우 부당행위계산 규정 적용여부(서면인터넷방문상담5팀-2482, 2007.9.6.)**

  특수관계 있는 비영리법인에게 증여한 후 이를 수증인이 5년 이내에 양도하는 경우 부당행위계산 규정이 적용되는 것임.

- **공익법인인 장학재단에 증여 후 양도하는 경우 부당행위계산 적용 여부(서면인터넷방문상담5팀-2863, 2007.10.31.)**

  특수관계 있는 비영리법인에게 자산을 증여하고 이를 수증한 비영리법인이 수증일로부터 5년 이내에 그 자산을 다시 타인에게 양도한 경우에는 양도소득의 부당행위계산으로 보아 증여자가 그 자산을 직접 양도한 것으로 보는 것임.

- **부담부증여 시 부당행위계산부인 해당 여부(양도, 부동산거래관리과-460, 2011.6.3.)**

  소득세법 제88조 제1항의 규정에 따라서 자산의 양도로 보는 부담부증여(증여가액 중 그 채무액에 상당하는 부분을 말함)에 대하여는 같은 법 제101조 제2항의 규정에 따른 특수관계 있는 자간의 부당행위계산 부인규정을 적용하지 아니하는 것임.

- **부담부증여 시 부당행위계산 규정이 적용되는지 여부(서면인터넷방문상담5팀-1107, 2007.4.5.)**

  증여자 채무를 수증자가 인수하면서 특수관계자에게 자산을 부담부증여함으로써 그 채무액 상당에 대해 양도소득세를 과세한 경우 당해 채무액에 상당하는 부분은 부당행위계산부인 규정이 적용되지 아니함.

3.2 출연자의 부가가치세 납세의무

1) 일반적인 증여 또는 부담부증여 시 부가가치세

「부가가치세법」에 규정한 과세대상 거래는 사업자가 행하는 재화 또는 용역의 공급과 재화의 수입이다(부법 §4). 여기서 재화의 공급은 ① 실질적 공급과 ② 간주공급으로 구분할 수 있다.

① 실질적 공급은 계약상 또는 법률상의 모든 원인에 의하여 재화를 사용 또는 소비할 수 있는 소유권(배타적 권리, 점유)을 이전하는 것으로 매매, 교환, 소비대차, 임대차, 경매, 수용, 현물출자 등을 포함하며, ② 간주공급은 최종소비자의 지위에서 사업자 자신이 사용 또는 소비하거나 면세사업에 전용하는 등 일정한 사유에 해당하는 경우 재화의 공급으로 의제하는 것으로 "개인적 공급"이나 "사업상 증여"를 포함한다.

"개인적 공급"은 사업자가 자기생산 · 취득한 재화를 사업과 직접적인 관계없이 자기의 개인적인 목적이나 그 밖의 다른 목적을 위하여 사용 · 소비하거나, 그 사용인 또는 그 밖의 자가 사용 · 소비하는 것으로서 사업자가 그 대가를 받지 아니하거나 시가보다 낮은 대가를 받는 경우를 말한다. 따라서 사업자가 자기의 과세사업과 관련하여 생산하거나 취득한 재화로서 매입세액 공제를 받고 개인적 공급을 하였다면 간주공급에 해당하여 부가가치세가 과세된다.

"사업상 증여"는 사업자가 자기생산 · 취득재화를 자기의 고객이나 불특정 다수에게 증여하는 경우를 말한다. 따라서 사업자가 자기의 과세사업과 관련하여 생산하거나 취득한 재화로서 매입세액 공제를 받고 사업상 증여를 하였다면 간주공급에 해당하여 부가가치세가 과세된다.

간주공급의 구체적인 거래형태로 기부채납, 증여, 부담부증여를 들 수 있다.

"기부채납"은 국가 또는 지방자치단체가 부동산 등의 소유권을 무상으로 받아들이는 것을 말하며, 기부는 「민법」상의 증여와 같고, 채납은 승낙에 해당하는 것으로 기부채납의 대가로 일정기간 동안 재산권에 대한 무상사용 · 수익권을 얻는 경우에는 재화와 용역의 교환거래에 해당하여 부가가치세를 과세한다.

"증여"는 당사자 일방이 무상으로 재산을 상대방에게 수여하는 의사를 표시하고 상대방이 이를 승낙함으로써 그 효력이 생기며, 사업자가 사업용 부동산을 타인(국가 · 지방자치단체 · 공익단체 제외)에게 증여하는 것이고 "부담부증여"는 수증자가 증여자의 채무를 인수하는 증여계약으로서 사업자가 자기 사업에 사용하던 건물을 부담부증여하는 것을 말한다. 따라서 사업자가 사업용 부동산을 타인(국가 · 지방자치단체 · 공익단체 제외)에게 증여하거나, 수증자가 증여자의 채무를 인수하는 증여계약으로서 사업자가 자기 사업에 사용하던 건물을 부담부증여하는 경우에는 재화의 공급의 한 유형으로 보아 부가가치세 과세대상에 포함된다(부가 집행기준 9-18-1).

2) 부가가치세가 면제되는 증여

국가, 지방자치단체, 지방자치단체조합 또는 공익단체에 무상(無償)으로 공급하는 재화 또는 용역은 부가가치세가 면제된다. 이 경우 공익단체란 주무관청의 허가 또는 인가를 받거나 주무관청에 등록된 단체로서 「상속세 및 증여세법 시행령」 제12조 각 호의 어느 하나에 해당하는 사업을 하는 단체를 말한다(부법 §26 ① 20호). 따라서 사업용 자산을 공익법인 등에게 채무인수 조건부로 출연하는 부담부증여나 사용수익권 부여 등 조건부 증여(출연)의 경우에는 부가가치세가 과세된다.

3) 공익단체 등에 무상으로 공급하는 경우 매입세액공제 여부

출연자가 "자기의 사업과 관련하여" 생산하거나 취득한 재화를 국가 · 지방자치단체 · 지방자치단체조합 또는 공익단체에 무상으로 공급하는 경우 해당 재화의 매입세액은 매출세액에서 공제하나, "자기의 사업과 관련 없이" 취득한 재화를 국가 · 지방자치단체 · 지방자치단체조합 또는 공익단체에 무상으로 공급하는 경우 해당 재화의 매입세액은 공제하지 아니한다(부가 기본통칙 38-0-6).

4) 공익단체 등에 부동산을 부담부증여하는 경우 과세표준 및 사업양도 해당여부

출연자가 국가 · 지방자치단체 · 지방자치단체조합 또는 공익단체에 부담부증여의 조건으로 부동산을 출연한 경우 부가가치세 과세표준은 인수하는 채무액으로 하는 것이며, 토지와 건물 등을 함께 공급하는 경우에는 같은 「부가가치세법」 제29조 제9항 및 동법 시행령 제64조의 규정을 적용하여 다음의 순서에 의한 가액으로 과세표준을 계산한다(부가 집행기준 29-64-1).

구 분	공급가액 계산방법
① 실거래가액이 모두 있는 경우	• 구분된 건물 등의 실지거래가액
② 감정평가액이 모두 있는 경우	• 감정평가법인이 평가한 감정평가액에 비례하여 안분계산
③ 기준시가가 모두 있는 경우	• 공급계약일 현재 기준시가에 비례하여 안분계산
④ 기준시가가 일부 있는 경우	• 먼저 장부가액(장부가액이 없는 경우 취득가액)에 비례하여 안분계산 • 기준시가가 있는 자산에 대하여는 그 합계액을 다시 기준시가에 비례하여 안분계산
⑤ 기준시가가 모두 없는 경우	• 장부가액(장부가액이 없는 경우 취득가액)에 비례하여 안분계산
⑥ 국세청장이 정한 공급가액 안분계산방법	• 토지와 건물 등의 가액을 일괄 산정 · 고시하는 오피스텔 등의 경우 – 토지의 기준시가와 국세청장이 고시한 건물의 기준시가에 비례하여 안분계산 * 국세청장이 고시한 건물의 기준시가 : 신축가격, 구조, 용도, 위치, 신축연도 등을 고려하여 매년 1회 이상 국세청장이 산정 · 고시하는 가액
	• 건축 중에 있는 건물과 토지를 함께 양도하는 경우 – 해당 건물을 완성하여 공급하기로 한 경우에는 토지의 기준시가와 완성될 국세청장이 고시한 건물의 기준시가에 비례하여 안분계산
	• 미완성 건물 등과 토지를 함께 공급하는 경우 – 토지의 기준시가와 미완성 건물 등의 장부가액(장부가액이 없는 경우 취득가액)에 비례하여 안분계산

한편, 사업에 관한 권리와 의무를 포괄적으로 승계하는 사업양도의 경우에는 재화의 공급으로 보지 않는다(부법 §10 ⑧ 2호). 따라서 출연자가 자기 사업과 관련하여 취득한 부동산을 공익단체에 부담부증여하는 경우에도 사업양도에 해당한다면 부가가치세 부담은 없을 것이다. 부동산임대업에 공하던 부동산을 부담부증여하고 당해 공익단체가 그 임대사업을 양수한 경우에는 사업양도에 해당하여 부가가치세 부담은 없지만, 출연자가 제조업(도매업)과 일부 임대업에 공하던 부동산을 부담부증여한 경우에는 당해 공익단체가 제조업(도매업)을 양수하지 않은 이상 사업양도에 해당한다 할 수 없다(유사사례 : 부가46015-1592, 1998.7.13.).

▌관련 집행기준 및 예규 · 심판례 등▐

- **공익단체에 부담부증여하는 경우 과세표준 계산방법(부가가치세과-1197, 2012.11.30.)**
  사업자가 공익단체인 의료법인에게 무상으로 공급하는 재화는 부가가치세를 면제하나, 동 사업자의 채무를 당해 의료법인이 인수하는 조건으로 기부하는 경우 그 채무액에 상당하는 부분은 부가가치세가 과세되는 것임. 이 경우 부가가치세 과세표준은 당해 의료법인이 인수하는 채무액으로 하는 것이며, 토지와 건물 등을 함께 공급하는 경우에는 같은 법 시행령 제64조의 규정을 적용하여 과세표준을 계산하는 것임.

- **의료법인에 사업용 부동산을 부담부증여하는 경우 부가가치세 과세표준(기획재정부 부가가치세제과-382, 2014.5.28.)**
  사업자가 「의료법」의 규정에 의한 의료법인에 임대사업용 부동산을 부담부증여한 경우 동 사업자의 부가가치세 과세표준은 해당 의료법인이 인수한 채무액 중 건물가액 상당액으로 하는 것임.

- **공익단체에 피담보채무와 함께 건물을 출연하는 경우 피담보채무액을 제외한 나머지 부분은 무상공급으로 보아 부가가치세가 면제됨(조심 2011중1817, 2011.11.22.)**

- **일반적인 증여의 경우(부가46015-3503, 2000.10.17.)**
  부동산임대업을 영위하는 사업자가 당해 사업에 공하던 부동산의 일부를 증여하는 경우에는 부가가치세가 과세되는 것으로 부가가치세 과세표준은 당해 증여하는 부동산의 시가로 하는 것임. 이 경우 당해 증여하는 부동산에 대하여는 수증자에게 세금계산서를 교부하여야 하는 것이며, 수증자가 교부받은 당해 세금계산서의 매입세액은 수증자의 매출세액에서 공제할 수 있는 것임.

- **부동산임대업자가 임대용 건물 등을 증여 시 사업양도 해당여부(서면인터넷방문상담3팀-2649, 2007.9.20.)**
  부동산임대업을 영위하는 사업자가 임대사업에 사용하던 부동산을 증여하는 경우에는 부가가치세가 과세되는 것이나, 다만, 사업장별로 그 사업에 관한 모든 권리와 의무를 포괄적으로 승계시키는 경우로서 사업의 양도에 해당하는 경우에는 재화의 공급으로 보지 아니하는 것이므로 부가가치세가 과세되지 아니하는 것임.

제3절 비영리조직의 상속세 및 증여세 납세의무

01 상속세 및 증여세 납세의무

무상으로 재산을 취득하는 경우는 그 원인에 따라 상속과 증여로 구분할 수 있다. 물론 「민법」상 동산 무주물의 점유취득(민법 §252)과 유실물의 소유권취득(민법 §253)이 있기는 하지만 일반적이지 않은 경우이다. 현행 세법에서는 피상속인의 사망 혹은 실종선고로 인하여 개시되는 상속의 경우 상속세를 부과하며, 그 외에 무상으로 재산을 이전받는 경우 증여세를 부과하고 있다.

1.1 상속과 증여의 범위

1) 상속의 범위

상속의 범위에는 「민법」 제5편의 사망으로 인하여 개시되는 ① 본래의 상속과 ② 유증, ③ 사인증여, ④ 특별연고자에 대한 상속재산의 분여, ⑤ 유언대용신탁 그리고 ⑥ 수익자연속신탁을 포함한다(상증법 §2 1호). ① 본래의 상속은 피상속인의 사망이나 실종선고로 인하여 피상속인에게 귀속되어 있던 모든 권리와 의무가 상속인에게 포괄적으로 이전되는 것을 말한다. ② 유증은 유언에 의한 증여를 말하고, ③ 사인증여는 증여자의 사망을 원인으로 효력이 생기는 증여를 의미한다. 유증이나 사인증여의 경우 모두 증여에 해당하지만 사망으로 인하여 증여의 효력이 발생한다는 점에서 증여세가 아닌 상속세를 부과한다. 유증은 유증자의 일방적인 의사표시로 효력이 발생하는 단독행위이지만 사인증여는 생전에 증여자의 청약과 수증자의 승낙이 필요한 계약이라는 점에서 차이가 있다. 한편

④ 특별연고자에게 분여된 상속재산에 대해서도 증여세가 아닌 상속세를 과세하는데, 이 경우 특별연고자란 ⅰ.피상속인과 생계를 같이 하고 있던 자 ⅱ.피상속인의 요양간호를 한 자 ⅲ. 기타 피상속인과 특별한 연고가 있던 자 등을 말한다(민법 §1057의 2). ⑤ 유언대용신탁은 위탁자의 사망 시에 수익자로 될 자가 수익권을 취득하거나, 신탁재산에 기한 급부를 받는 신탁을 말하며 ⑥ 수익자연속신탁은 신탁의 수익자가 사망한 경우 그 수익권을 타인이 새로 취득하도록 하는 신탁을 말한다(신탁법 §59 · §60).

「상속세 및 증여세법」에서 정의하고 있는 상속재산의 범위는 피상속인에게 귀속되는 모든 재산을 말하며. 다음 각 목의 물건과 권리를 포함한다. 다만, 피상속인의 일신(一身)에 전속(專屬)하는 것으로서 피상속인의 사망으로 인하여 소멸되는 것은 제외한다(상증법 §2 3호).

가. 금전으로 환산할 수 있는 경제적 가치가 있는 모든 물건

나. 재산적 가치가 있는 법률상 또는 사실상의 모든 권리

2) 증여의 범위

유증과 사인증여는 상속의 범위에 포함되기 때문에 증여의 범위에는 포함되지 않는다. 증여는 「민법」에서 당사자 일방이 무상으로 재산을 상대방에 수여하는 의사를 표시하고 상대방이 이를 승낙함으로써 그 효력이 생기는 것을 말하지만, 세법에서는 그 행위 또는 거래의 명칭 · 형식 · 목적 등과 관계없이 직접 또는 간접적인 방법으로 타인에게 무상으로 유형 · 무형의 재산 또는 이익을 이전(移轉)(현저히 낮은 대가를 받고 이전하는 경우 포함)하거나 타인의 재산가치를 증가시키는 것을 포함한다.

「상속세 및 증여세법」상 증여재산의 범위는 증여로 인하여 수증자에게 귀속되는 모든 재산 또는 이익을 말하며, 다음 각 목의 물건, 권리 및 이익을 포함한다(상증법 §2 7호).

가. 금전으로 환산할 수 있는 경제적 가치가 있는 모든 물건

나. 재산적 가치가 있는 법률상 또는 사실상의 모든 권리

다. 금전으로 환산할 수 있는 모든 경제적 이익

1.2 법인이 무상으로 재산을 취득하는 경우

다음 표[1]는 무상으로 재산을 취득하는 원인에 따라 각 권리의무의 주체가 되는 인격별

로 과세되는 세목의 구분이다.

<table>
<tr><th colspan="2">인 격</th><th>상속</th><th>유증, 사인증여, 특별연고자에 대한 재산분여</th><th>증여</th></tr>
<tr><td colspan="2">자연인</td><td colspan="2">상속세</td><td>증여세</td></tr>
<tr><td rowspan="2">법인</td><td>영리법인</td><td rowspan="5">해당없음</td><td colspan="2">법인세</td></tr>
<tr><td>비영리법인</td><td rowspan="4">상속세</td><td rowspan="4">증여세</td></tr>
<tr><td rowspan="3">법인격 없는 사단 · 재단 또는 그 밖에 단체</td><td>비영리법인 의제</td></tr>
<tr><td>공동사업자 의제</td></tr>
<tr><td>1거주자 의제</td></tr>
</table>

영리법인은 상속세나 증여세가 면제되는 대신 법인세가 과세된다. 다만, 영리법인이 유증이나 사인증여 또는 특별연고자로서 재산을 분여받은 경우 그 영리법인의 주주 또는 출자자 중 상속인과 그 직계비속이 있는 경우에는 영리법인이 받았거나 받을 상속재산의 10%를 초과하는 면제받은 상속세 상당액에 당해 법인의 주주 등인 상속인 및 직계비속의 지분상당액만큼 상속세를 추가로 납부할 의무가 있다(상증법 §3의 2).

(영리법인이 받았거나 받을 상속재산에 대한 상속세 상당액−영리법인이 받았거나 받을 상속재산×10%)×상속인과 그 직계비속의 주식 또는 출자지분의 비율

영리법인이 증여를 받은 경우에는 증여재산 또는 이익에 대하여 법인세가 부과되는 경우 일감 몰아주기, 일감 떼어주기, 특정법인에 대한 이익의 증여의제(상증법 §45의 3~§45의 5)를 제외하고는 해당 법인의 주주 등에 대해서는 증여세를 추가로 부과하지 않는다.

비영리법인이 수유자(유증이나 사인증여로 재산을 취득한 자)가 되거나 특별연고자가 되어 상속재산을 취득하게 될 경우에는 상속세를 부담하며, 수증자(유증이나 사인증여 외의 증여를 원인으로 재산을 취득한 자)가 되는 경우에는 증여세를 부담하게 된다. 다만, 수유자나 특별연고자, 수증자에 해당하는 비영리조직이 상속세 및 증여세법에서 정하는 "공익법인"에 해당하게 되면 "과세가액불산입"이 되어 상속세와 증여세를 면제받게 된다. 세법에서 정한 "비과세"는 과세당국에서 과세권을 포기한 것으로 이후 각종 의무사항을 이행할 필요가 없으나, 과세가액불산입은 추가적인 세법이 정한 의무사항을 이행해야 한다.

1) 이 표의 아이디어는 이준규 외1, 세법개론, ㈜영화조세통람, 2017, p.943에서 얻었다.

1.3 상속세와 증여세의 계산구조

상속세의 계산구조는 다음과 같다.

<table>
<tr><th>구분</th><th colspan="5">내용</th></tr>
<tr><td>상속재산</td><td colspan="5">경제적 가치가 있는 모든 물건과 권리(일신전속재산 제외)</td></tr>
<tr><td>+ 간주상속재산</td><td colspan="5">보험금, 신탁재산, 퇴직금</td></tr>
<tr><td>+ 추정상속재산</td><td colspan="5">1년 이내 2억원, 2년 이내 5억원 이상 처분 또는 채무 부담한 경우</td></tr>
<tr><td>= 총상속재산가액</td><td colspan="5"></td></tr>
<tr><td>− 비과세상속재산가액</td><td colspan="5">국가 등에 유증한 재산, 금양임야, 문화재 등</td></tr>
<tr><td>− 과세가액불산입</td><td colspan="5">공익법인출연재산</td></tr>
<tr><td>− 공제금액</td><td colspan="5">공과금, 장례비용, 채무</td></tr>
<tr><td>+ 사전증여재산</td><td colspan="5">상속인 10년 이내, 기타 5년 이내에 증여받은 재산</td></tr>
<tr><td>+ 특례적용 증여재산</td><td colspan="5">창업자금 · 가업승계 주식(기한 없이 합산)</td></tr>
<tr><td>= 상속세 과세가액</td><td colspan="5"></td></tr>
<tr><td>− 상속공제</td><td colspan="5">① 기초공제+기타인적공제(5억원 이하일 경우 5억원 일괄공제)
② 배우자공제 : 5억과 실제 상속금액(30억원과 법정상속지분 한도) 중 큰 금액
③ 금융재산공제, 동거주택공제, 재해손실공제 등</td></tr>
<tr><td>− 감정평가수수료</td><td colspan="5">감정평가법인 등에 대한 상속재산 감정평가수수료</td></tr>
<tr><td>상속세 과세표준</td><td>1억원 이하</td><td>5억원 이하</td><td>10억원 이하</td><td>30억원 이하</td><td>50억원 초과</td></tr>
<tr><td>× 세율</td><td>10%</td><td>20%</td><td>30%</td><td>40%</td><td>50%</td></tr>
<tr><td>− 누진공제액</td><td>−</td><td>1천만원</td><td>6천만원</td><td>1억6천만원</td><td>4억6천만원</td></tr>
<tr><td>= 상속세 산출세액</td><td colspan="5"></td></tr>
<tr><td>+ 세대생략가산액 등</td><td colspan="5">30%(40%) 할증, 이자상당액</td></tr>
<tr><td>− 징수유예</td><td colspan="5">문화재 등 징수유예세액</td></tr>
<tr><td>− 세액공제</td><td colspan="5">신고세액공제, 증여세액공제, 외국납부세액공제 단기상속공제</td></tr>
<tr><td>+ 가산세 등</td><td colspan="5">신고불성실가산세, 납부불성실가산세, 면제분 납부세액</td></tr>
<tr><td>= 납부할 세액</td><td colspan="5"></td></tr>
</table>

증여세의 계산구조는 다음과 같다.

구분	내용				
증여재산가액					
− 비과세증여재산가액	국가 등으로부터 수증한 재산 등				
− 과세가액불산입	공익법인출연재산가액, 공익신탁 · 장애인 신탁 재산가액				
− 채무액	증여재산에 담보된 채무액 중 수증자가 인수한 채무액				
+ 증여재산가산액	동일인 10년 이내 수증재산				
= 증여세 과세가액					
− 증여재산공제	배우자 6억원, 직계존비속 5천만원(2천만원), 기타친족 1천만원				
− 감정평가수수료 등	감정평가수수료 및 재해손실공제				
= 증여세 과세표준	1억원 이하	5억원 이하	10억원 이하	30억원 이하	50억원 초과
× 세율	10%	20%	30%	40%	50%
− 누진공제액	−	1천만원	6천만원	1억6천만원	4억6천만원
= 증여세 산출세액					
+ 세대생략가산액 등	30%(40%) 할증, 이자상당액				
− 징수유예	박물관자료 등				
− 세액공제	기납부세액공제, 외국납부세액공제, 신고세액공제 등				
+ 가산세 등	신고불성실가산세, 납부불성실가산세, 공익법인 등 관련 가산세				
= 자진납부할 세액					

관련 집행기준 및 예규 · 심판례 등

- **비영리법인이 재산을 증여받은 경우 증여세 과세여부(재산세과−2550, 2008.9.1.)**
  비영리법인이 타인의 증여에 의하여 재산을 취득하는 경우에는 증여세 납부의무가 있으나, 공익법인 등이 재산을 출연받아 3년 이내에 직접 공익목적사업에 사용하는 경우에는 증여세가 과세되지 아니하는 것임.

- **비영리법인의 증여세 과세여부(서면인터넷방문상담4팀−555, 2006.3.14.)**
  「상속세 및 증여세법 시행령」 제12조에서 규정한 공익법인 등에 해당되지 않는 비영리법인이 같은 법 제37조의 규정에 의한 부동산 무상사용에 따른 이익을 얻은 경우에는 같은 법 제2조 및 제4조의 규정에 의하여 증여세를 납부할 의무가 있는 것임.

- **비영리법인의 분할 · 신설에 따른 증여세 과세 여부(서면인터넷방문상담4팀−1345, 2005.7.29.)**
  비영리법인이 다른 비영리법인으로부터 무상으로 취득하는 재산은 「상속세 및 증여세법」 제2조 및 제4조의 규정에 의하여 증여세 과세대상이 되는 것임.

다만, 특정 비영리법인의 설립근거가 된 법령이 개정됨에 따라 비영리법인의 조직 · 직원 및 재산 중 일부를 주무관청의 허가를 받아서 개정된 법령에 의하여 신설되는 비영리법인에게 승계시키는 등 하나의 비영리법인을 두 개의 비영리법인으로 분리하는 것에 해당되는 경우에는 신설되는 비영리법인이 승계받은 재산에 대해서 증여세를 과세하지 아니하는 것이 타당함.

- **비영리법인이 증여받은 재산에 대한 증여세 과세여부(서면인터넷방문상담4팀-1448, 2008. 6.17.)**

  예술 및 문화에 현저히 기여하고 영리를 목적으로 하지 아니하는 사업으로서 관계행정기관의 장의 추천을 받아 기획재정부장관으로부터 공익법인으로 지정을 받은 경우에는 공익법인으로 보는 것이며, 당해 공익법인이 재산을 출연받아 그 출연받은 날부터 3년 이내에 직접 공익목적사업에 사용하는 경우에는 증여세가 과세되지 아니함. 다만, 공익법인 등에 해당하지 않는 비영리법인이 무상으로 취득한 재산은 증여세 과세대상이 되는 것임.

- **종중이 다른 종중으로부터 재산을 무상으로 이전받는 경우(재산세과-262, 2011.5.31.)**

  종중이 다른 종중으로부터 재산을 무상으로 이전받는 경우에는 「상속세 및 증여세법」 제2조에 의하여 증여에 해당하는 것이나, 대종중 명의의 부동산을 매각하고 당해 매각대금을 소종중에게 분배하는 경우로서 이전받는 매각대금이 당초부터 이전받는 종중의 재산 매각대금으로 확인되는 경우에는 증여에 해당하지 않는 것으로 귀 질의의 경우가 이에 해당하는지 여부는 당해 재산의 사실상 소유자, 소유형태 등 구체적인 사실을 확인하여 판단할 사항임.

- **개인명의로 출연받은 재산의 증여세과세가액 불산입 여부(재산세과-2006, 2013.1.8.)**

  「상속세 및 증여세법 시행령」 제12조 각호의 어느 하나에 규정하는 공익법인 등이 출연받은 재산을 출연받은 날부터 3년 이내에 직접공익목적사업에 사용하는 경우에는 같은 법 제48조의 규정에 의하여 증여세과세가액에 불산입하는 것이나, 개인 명의로 등기 · 등록 · 명의개서 등이 된 재산은 공익법인 등이 출연받은 재산에 해당하지 않는 것임.

02 공익법인의 범위

종교 · 자선 · 학술 관련 사업 등 공익사업을 하는 비영리조직을 “공익법인”이라고 하며, 이 공익법인이 출연받은 재산의 가액은 증여세 과세가액에 산입하지 아니하고, 피상속인이나 상속인이 출연한 재산의 가액은 상속세 과세가액에 산입하지 아니한다. 따라서 비영리조직이 출연받은 재산에 대하여 상속세 또는 증여세를 면제받기 위해서는 공익법인에 해당하는 사업을 해야 하는데 그 공익법인의 범위는 「상속세 및 증여세법 시행령」 제12조에 규정하고 있다. 이 규정은 공익사업의 종류를 예시한 것이 아니라 이를 한정적으로 열거한 규정이므로 출연재산이 과세가액에 산입되지 않는 공익사업에 해당하기 위해서는 동시행령과 시행규칙에 규정된 사업을 하여야 하고(대법원 96누7700, 1996.12.10.), 동 시행령과 시행규칙에 열거되지 않은 사업을 하는 비영리조직은 공익법인에 해당하지 않으므로 상속세 또는 증여세 납세의무가 있다.

「상속세 및 증여세법 시행령」 제12조에서 열거하고 있는 공익사업의 범위는 이미 1장 1절에 비영리조직의 범위에서 간단히 살펴보았다. 따라서 이 장에서는 구체적인 사례를 중심으로 살펴보도록 하겠다.

구 분	적용받는 관련법	영위하는 사업의 내용
상증령 제12조	종교의 보급 기타 교화에 현저히 기여하는 사업	
	초 · 중등교육법, 고등교육법, 유아교육법	학교, 유치원을 설립 · 경영하는 사업
	사회복지사업법	사회복지법인이 운영하는 사업
	의료법	의료법인이 운영하는 사업
	법법 §24 ② 1호	기부금을 받은 자가 해당 기부금으로 운영하는 사업
	법령 §39 ① 1호 소령 §80 ① 5호	공익법인등 및 공익단체가 운영하는 고유목적사업. 다만, 회원의 친목 또는 이익을 증진시키거나 영리를 목적으로 대가를 수수하는 등 공익성이 있다고 보기 어려운 고유목적사업은 제외
	법령 §36 ① 2호 다목	기부금을 받는 자가 해당 기부금으로 운영하는 사업. 다만, 회원의 친목 또는 이익을 증진시키거나 영리를 목적으로 대가를 수수하는 등 공익성이 있다고 보기 어려운 고유목적사업은 제외

한편, 구(舊) 「상속세 및 증여세법 시행령」(2018.2.13. 대통령령 제28638호로 개정되기 이전의 것) 제12조 제5호,~8호, 11호의 규정 및 구(舊) 「상속세 및 증여세법 시행규칙」(2018.3.19. 기획재정부령 제658호로 개정되기 이전의 것) 제3조의 규정에 따라 공익법인등에 해당하였던 다음의 사업은 2019년 1월1일 이후 개시하는 사업연도부터 공익사업의 범위에서 제외되었다. 다만, 2018년 2월 13일 이전에 주무관청에 인 · 허가를 받은 학술 · 연구장학 · 문화 · 예술 · 환경단체등과 비영리법인은 2020년 12월 31일까지 공익법인으로 보며, 그 이후에는 기획재정부장관이 지정 · 고시하는 단체로 변경되었으므로 국세청장에세 지정 · 고시기부금단체로 추천신청을 하고 기획재정부장관으로부터 지정 · 고시를 받아야 한다.

① 구 상증령 §12 5호 : 「공익법인의 설립 · 운영에 관한 법률」의 적용을 받는 공익법인

이 운영하는 사업

② 구 상증령 §12 6호 : 예술 및 문화에 현저히 기여하는 사업 중 영리를 목적으로 하지 아니하는 사업으로서 관계행정기관의 장의 추천을 받아 기획재정부장관이 지정하는 사업

③ 구 상증령 §12 7호 : 공중위생 및 환경보호에 현저히 기여하는 사업으로서 영리를 목적으로 하지 아니하는 사업

④ 구 상증령 §12 8호 : 공원 기타 공중이 무료로 이용하는 시설을 운영하는 사업

⑤ 구 상증령 §12 11호 : 기타 상기와 유사한 사업으로서 기획재정부령이 정하는 사업 (구 상증칙 §3)

공익법인으로 보지 않는 사례는 다음과 같다(국세청, 공익법인 세무안내, 2021).

- 법인으로 보는 단체로 승인받은 법인 중 종중, 동창회, 영업자 단체 등
- 국가기관, 정당, 조합법인
- 영리기업의 사업자단체(주무관청의 허가 여부 무관)
- 사내근로복지기금
- 인가받지 아니한 유치원이 수행하는 사업
- 공원묘원, 납골당 : 공원묘원의 운영 및 위탁관리사업을 주로 영위하는 재단법인과 납골시설을 설치 · 운영하는 재단법인은 상속세 및 증여세법의 규정에 공익법인등에 포함되지 아니한다.

2.1 종교의 보급 기타 교화에 현저히 기여하는 사업

"종교의 보급 기타 교화에 현저히 기여하는 사업"을 운영하는 비영리조직은 상증법상 공익법인에 해당되며 당해 공익법인이 재산을 출연 받아 그 출연받은 날부터 3년 이내에 직접공익목적사업에 사용하는 경우 증여세가 과세되지 아니한다. 이 경우 종교단체가 공익법인 등에 해당하는지 여부는 법인으로 등록했는지 여부와 관계없이 그 종교단체가 수행하는 정관상 고유목적사업에 따라 판단한다(재산세과-041, 2013.2.4. 외 다수).

또한, 종교단체의 주된 사무소가 국외에 소재하고 있는 경우에는 공익법인이 출연받은 재산에 대한 과세가액불산입 규정을 적용하지 않으며(재산-171, 2004.2.5.), 공익법인이 출연받은 재산을 개인 명의로 등기할 경우에도 공익법인 등이 출연받은 재산에 해당되지

아니하여 증여세 과세가액불산입 규정을 적용하지 않는다(서면인터넷방문 상담4팀-2189, 2005.11.15.).

한편, 향교재산법 제3조의 규정에 의하여 설립된 향교재단이 유교의 진흥을 목적으로 운영하는 사업은 공익사업에 해당한다(재삼46014-1914, 1995.7.25.).

2.2 학교 또는 유치원을 설립 · 경영하는 사업

「초 · 중등교육법」 및 「고등교육법」에 의한 학교, 「유아교육법」에 따른 유치원을 설립 · 경영하는 사업을 하는 비영리조직은 상증법상 공익법인에 해당하며, 이 공익법인이 출연받은 재산의 가액은 증여세 과세가액에 산입하지 아니하고, 피상속인이나 상속인이 출연한 재산의 가액은 상속세 과세가액에 산입하지 아니한다.

학교 또는 유치원의 설립은 설립 인가주의를 택하고 있어 학교 등을 설립하고자 하는 자는 시설 · 설비 등 법령으로 정하는 설립 기준을 갖추고 인가를 받아야 한다. 인가를 받지 않은 학교나 유치원은 공익법인에 해당하지 않는다.

1) 「초 · 중등교육법」에 의한 학교의 종류

「초 · 중등교육법」에서 그 설립 목적으로 정한 학교의 종류는 다음과 같으며, 그 설립주체에 따라 ① 국립학교(국가가 설립 · 경영하는 학교 또는 국립대학법인이 부설하여 경영하는 학교) ② 공립학교[지방자치단체가 설립 · 경영하는 학교(설립주체에 따라 시립학교 · 도립학교로 구분함)] ③ 사립학교[법인이나 개인이 설립 · 경영하는 학교(국립대학법인이 부설하여 경영하는 학교는 제외함)]로 구분할 수 있다.

(1) 초등학교 · 공민학교

초등학교는 국민생활에 필요한 기초적인 초등교육을 하는 것을 목적으로 한다. 공민학교는 초등교육을 받지 못하고 취학연령을 초과한 사람에게 국민생활에 필요한 교육을 하는 것을 목적으로 한다.

(2) 중학교 · 고등공민학교(방송통신중학교 포함)

중학교는 초등학교에서 받은 교육의 기초 위에 중등교육을 하는 것을 목적으로 한다.

고등공민학교는 중학교 과정의 교육을 받지 못하고 취학연령을 초과한 사람 또는 일반 성인에게 국민생활에 필요한 중등교육과 직업교육을 하는 것을 목적으로 한다.

(3) 고등학교 · 고등기술학교(방송통신고등학교 포함)

고등학교는 중학교에서 받은 교육의 기초 위에 중등교육 및 기초적인 전문교육을 하는 것을 목적으로 한다. 고등기술학교는 국민생활에 직접 필요한 직업기술교육을 하는 것을 목적으로 한다.

(4) 특수학교

특수학교는 신체적 · 정신적 · 지적 장애 등으로 인하여 특수교육이 필요한 사람에게 초등학교 · 중학교 또는 고등학교에 준하는 교육과 실생활에 필요한 지식 · 기능 및 사회적응 교육을 하는 것을 목적으로 한다.

(5) 각종학교

각종학교란 상기 이외의 학교와 유사한 교육기관을 말하는데 "외국인학교"와 "대안학교"를 포함한다.

"외국인학교"는 외국에서 일정기간 거주하고 귀국한 내국인, 「국적법」 제4조에 따라 국적을 취득한 자의 자녀 중 학업을 지속하기 어렵다고 판단한 사람, 외국인의 자녀 등을 교육하기 위하여 설립된 학교를 말한다.

"대안학교"는 학업을 중단하거나 개인적 특성에 맞는 교육을 받으려는 학생을 대상으로 현장 실습 등 체험 위주의 교육, 인성 위주의 교육 또는 개인의 소질 · 적성 개발 위주의 교육 등 다양한 교육을 하는 학교를 말한다.

2) 「고등교육법」에 의한 학교

「고등교육법」에 의한 학교는 그 설립주체에 따라 국가가 설립 · 경영하거나 국가가 국립대학 법인으로 설립하는 국립학교, 지방자치단체가 설립 · 경영하는 공립학교(설립주체에 따라 시립학교 · 도립학교로 구분할 수 있음), 학교법인이 설립 · 경영하는 사립학교로 구분하며, 학교의 설립 목적에 따라 다음과 같이 구분한다.

(1) 대 학

대학은 인격을 도야(陶冶)하고, 국가와 인류사회의 발전에 필요한 심오한 학술이론과 그 응용방법을 가르치고 연구하며, 국가와 인류사회에 이바지함을 목적으로 한다.

(2) 산업대학

산업대학은 산업사회에서 필요로 하는 학술 또는 전문적인 지식이나 기술의 연구와 연마를 위한 교육을 계속하여 받으려는 사람에게 고등교육의 기회를 제공하여 국가와 사회의 발전에 이바지할 산업인력을 양성함을 목적으로 한다.

(3) 교육대학

교육대학은 초등학교 교원을 양성함을 목적으로 한다. 대학의 사범대학은 중등학교 교원을 양성함을 목적으로 한다.

(4) 전문대학

전문대학은 사회 각 분야에 관한 전문적인 지식과 이론을 가르치고 연구하며 재능을 연마하여 국가사회의 발전에 필요한 전문직업인을 양성함을 목적으로 한다.

(5) 방송대학 · 통신대학 · 방송통신대학 및 사이버대학(이하 "원격대학"이라 함)

원격대학은 국민에게 정보 · 통신 매체를 통한 원격교육(遠隔教育)으로 고등교육을 받을 기회를 제공하여 국가와 사회가 필요로 하는 인재를 양성함과 동시에 열린 학습사회를 구현함으로써 평생교육의 발전에 이바지함을 목적으로 한다.

(6) 기술대학

기술대학은 산업체 근로자가 산업현장에서 전문적인 지식 · 기술의 연구 · 연마를 위한 교육을 계속하여 받을 수 있도록 함으로써 이론과 실무능력을 고루 갖춘 전문인력을 양성함을 목적으로 한다.

(7) 각종학교

각종학교란 상기 '(1)'부터 '(6)'까지 학교와 유사한 교육기관을 말한다.

3) 「유아교육법」에 따른 유치원

"유치원"이란 유아의 교육을 위하여 「유아교육법」에 따라 설립 · 운영되는 학교를 말하며, 그 설립주체에 따라 ① 국립유치원(국가가 설립 · 경영하는 유치원) ② 공립유치원[지방자치단체가 설립 · 경영하는 유치원(설립주체에 따라 시립유치원과 도립유치원으로 구분할 수 있음)] ③ 사립유치원[법인 또는 사인(私人)이 설립 · 경영하는 유치원]으로 구분한다. 유치원은 「초 · 중등교육법」 제2조에 따른 초등학교 · 중학교 및 고등학교에 병설될 수 있다.

2.3 사회복지법인이 운영하는 사업

「사회복지사업법」의 규정에 의한 사회복지법인이 운영하는 사업을 하는 자는 공익법인에 해당한다. "사회복지법인"이란 사회복지사업을 할 목적으로 시 · 도지사의 허가를 받아 설립된 법인을 말하며, "사회복지시설"은 사회복지사업을 할 목적으로 설치된 시설을 말한다. 여기서 "사회복지사업이란" 다음 32개의 법률에 따른 보호 · 선도(善導) 또는 복지에 관한 사업과 사회복지상담, 직업지원, 무료 숙박, 지역사회복지, 의료복지, 재가복지(在家福祉), 사회복지관 운영, 정신질환자 및 한센병력자의 사회복귀에 관한 사업 등 각종 복지사업과 이와 관련된 자원봉사활동 및 복지시설의 운영 또는 지원을 목적으로 하는 사업을 말한다(사회복지사업법 §2).

1. 「국민기초생활 보장법」　2. 「아동복지법」　3. 「노인복지법」
4. 「장애인복지법」　5. 「한부모가족지원법」　6. 「영유아보육법」
7. 「성매매방지 및 피해자보호 등에 관한 법률」
8. 「정신건강증진 및 정신질환자 복지서비스 지원에 관한 법률」
9. 「성폭력방지 및 피해자보호 등에 관한 법률」
10. 「국내입양에 관한 특별법」 및 「국제입양에 관한 법률」
11. 「일제하 일본군위안부 피해자에 대한 생활안정지원 및 기념사업 등에 관한 법률」
12. 「사회복지공동모금회법」
13. 「장애인 · 노인 · 임산부 등의 편의증진 보장에 관한 법률」
14. 「가정폭력방지 및 피해자보호 등에 관한 법률」
15. 「농어촌주민의 보건복지증진을 위한 특별법」
16. 「식품등 기부 활성화에 관한 법률」
17. 「의료급여법」　18. 「기초연금법」　19. 「긴급복지지원법」
20. 「다문화가족지원법」　21. 「장애인연금법」

22. 「장애인활동 지원에 관한 법률」
23. 「노숙인 등의 복지 및 자립지원에 관한 법률」
24. 「보호관찰 등에 관한 법률」 25. 「장애아동 복지지원법」
26. 「발달장애인 권리보장 및 지원에 관한 법률」 27. 「청소년복지 지원법」
28. 「건강가정기본법」 29. 「북한이탈주민의 보호 및 정착지원에 관한 법률」
30. 「자살예방 및 생명존중문화 조성을 위한 법률」
31. 「장애인 · 노인 등을 위한 보조기기 지원 및 활용촉진에 관한 법률」

따라서 사회복지법인이 아닌 개인이 운용하는 아동복지시설은 「상속세 및 증여세법 시행령」 제12조에 따른 공익법인 등에 해당하지 않는 것이고, 공익법인이 아닌 경우 출연재산 보고서 제출의무가 없다(법인세과－4136, 2020.11.19.).

사회복지사업을 규정한 법률의 종류와 사회복지법인의 종류에 대하여 제4장 제1절에서 다루기로 한다.

2.4 의료법인이 운영하는 사업

「의료법」에 따라 의료업을 목적으로 설립된 법인(이하 "의료법인"이라 함)은 공익법인에 해당한다. "의료기관"이란 의료인(보건복지부장관의 면허를 받은 의사 · 치과의사 · 한의사 · 조산사 및 간호사를 말함)이 공중(公衆) 또는 특정 다수인을 위하여 의료 · 조산의 업(이하 "의료업"이라 함)을 하는 곳을 말한다. 이러한 의료기관을 개설할 수 있는 자는 「의료법」 제33조 제2항에 한정적으로 규정하고 있는데 이에 대하여는 제4장 제7절에서 설명하고 있다. 이러한 의료기관 중 의료업을 목적으로 「의료법」에 따라 의료기관에 필요한 시설 또는 그 시설을 갖추는 데에 필요한 자금을 보유하고 주된 사무소의 소재지를 관할하는 시 · 도지사의 허가를 받아 설립된 법인을 의료법인이라 한다.

2.5 법법 §24 ② 1호에 따른 기부금(특례기부금)으로 운영하는 사업

「법인세법」 제24조 제2항 제1호 해당하는 다음의 기부금을 받은 자가 해당 기부금으로 운영하는 사업을 하는 경우 공익법인에 해당한다.

1) 국가나 지방자치단체에 무상으로 기증하는 금품의 가액. 다만, 「기부금품의 모집 및 사용에 관한 법률」의 적용을 받는 기부금품은 같은 법 제5조 제2항에 따라 접수하는

것만 해당한다. 또한, 법인이 개인 또는 다른 법인에게 자산을 기증하고 이를 기증받은 자가 지체 없이 다시 국가 또는 지방자치단체에 기증한 금품의 가액과 「한국은행법」에 따른 한국은행이 「국제금융기구에의 가입조치에 관한 법률」 제2조 제2항에 따라 출연한 금품의 가액을 포함한다.

2) 국방헌금과 국군장병 위문금품의 가액. 「예비군법」에 따라 설치된 예비군에 직접 지출하거나 국방부장관의 승인을 받은 기관 또는 단체를 통하여 지출하는 기부금을 포함한다.

3) 천재지변으로 생기는 이재민을 위한 구호금품의 가액

4) 다음의 기관(병원은 제외한다)에 시설비 · 교육비 · 장학금 또는 연구비로 지출하는 기부금

(1) 「사립학교법」에 따른 사립학교

(2) 비영리 교육재단(국립 · 공립 · 사립학교의 시설비, 교육비, 장학금 또는 연구비 지급을 목적으로 설립된 비영리 재단법인으로 한정함)

(3) 「국민 평생 직업능력 개발법」에 따른 기능대학

(4) 「평생교육법」에 따른 전공대학의 명칭을 사용할 수 있는 평생교육시설 및 원격대학 형태의 평생교육시설

(5) 「경제자유구역 및 제주국제자유도시의 외국교육기관 설립 · 운영에 관한 특별법」에 따라 설립된 외국교육기관 및 「제주특별자치도 설치 및 국제자유도시 조성을 위한 특별법」에 따라 설립된 비영리법인이 운영하는 국제학교

(6) 「산업교육진흥 및 산학연협력촉진에 관한 법률」에 따른 산학협력단

(7) 「한국과학기술원법」에 따른 한국과학기술원, 「광주과학기술원법」에 따른 광주과학기술원, 「대구경북과학기술원법」에 따른 대구경북과학기술원 및 「울산과학기술원법」에 따른 울산과학기술원

(8) 「국립대학법인 서울대학교 설립 · 운영에 관한 법률」에 따른 국립대학법인 서울대학교, 「국립대학법인 인천대학교 설립 · 운영에 관한 법률」에 따른 국립대학법인 인천대학교 및 이와 유사한 학교로서 한국개발연구원에 설치된 국제대학원, 한국학중앙연구원에 설치된 대학원, 「과학기술분야 정부출연연구기관 등의 설립 · 운영 및 육성에 관한 법률」 제33조에 따라 설립된 대학원대학

(9) 「재외국민의 교육지원 등에 관한 법률」 제2조 제3호에 따른 한국학교로 다음의 요건을 충족하는 학교로서 기획재정부장관이 지정 · 고시하는 학교

① 기부금 모금액 및 그 활용 실적을 공개할 수 있는 인터넷 홈페이지가 개설되어 있을 것

② 지정이 취소된 경우에는 그 취소된 날부터 3년, 재지정을 받지 못하게 된 경우에는 그 지정기간의 종료일부터 3년이 지났을 것

(10) 「한국장학재단 설립 등에 관한 법률」에 따른 한국장학재단

5) 다음의 병원에 시설비 · 교육비 또는 연구비로 지출하는 기부금

(1) 「국립대학병원 설치법」에 따른 국립대학병원

(2) 「국립대학치과병원 설치법」에 따른 국립대학치과병원

(3) 「서울대학교병원 설치법」에 따른 서울대학교병원

(4) 「서울대학교치과병원 설치법」에 따른 서울대학교치과병원

(5) 「사립학교법」에 따른 사립학교가 운영하는 병원

(6) 「암관리법」에 따른 국립암센터

(7) 「지방의료원의 설립 및 운영에 관한 법률」에 따른 지방의료원

(8) 「국립중앙의료원의 설립 및 운영에 관한 법률」에 따른 국립중앙의료원

(9) 「대한적십자사 조직법」에 따른 대한적십자사가 운영하는 병원

(10) 「한국보훈복지의료공단법」에 따른 한국보훈복지의료공단이 운영하는 병원

(11) 「방사선 및 방사성동위원소 이용진흥법」 제13조의 2에 따른 한국원자력의학원

(12) 「국민건강보험법」에 따른 국민건강보험공단이 운영하는 병원

(13) 「산업재해보상보험법」 제43조 제1항 제1호에 따른 의료기관

6) 사회복지사업, 그 밖의 사회복지활동의 지원에 필요한 재원을 모집 · 배분하는 것을 주된 목적으로 하는 비영리법인(다음의 요건을 갖춘 법인만 해당)으로서 기획재정부장관이 지정 · 고시하는 법인에 지출하는 기부금

(1) 기부금 모금액 및 그 활용 실적을 공개할 수 있는 인터넷 홈페이지가 개설되어 있을 것

(2) 「주식회사 등의 외부감사에 관한 법률」 제2조 제7호에 따른 감사인에게 회계감사를 받을 것

(3) 「상속세 및 증여세법」 제50조의 3 제1항 제1호부터 제4호까지의 규정에 해당하는 서류 등을 해당 비영리법인 및 국세청의 인터넷 홈페이지를 통하여 공시할 것

(4) 「상속세 및 증여세법」 제50조의 2에 따른 전용계좌를 개설하여 사용할 것

(5) 특례기부금 단체의 지정 신청일 직전 5개 사업연도(설립일부터 신청일 직전사업연도

종료일까지의 기간이 5년 미만인 경우에는 해당 법인의 설립일부터 신청일이 속하는 달의 직전 달의 종료일까지의 기간)의 평균 기부금 배분 지출액이 총지출금액의 100분의 80 이상이고 기부금의 모집 · 배분 및 법인의 관리 · 운영에 사용한 비용이 기부금 수입금액의 100분의 10 이하일 것

(6) 신청일 직전 5개 사업연도 평균 개별 법인(단체)별 기부금 배분지출액이 전체 배분지출액의 100분의 25 이하이고, 「상속세 및 증여세법 시행령」 제38조 제10항에 따른 출연자 및 같은 영 제2조의 2 제1항에 따른 출연자의 특수관계인으로서 같은 항 제4호 · 제5호 또는 제8호에 해당하는 비영리법인에 대하여는 기부금 배분지출액이 없을 것

(7) 특례기부금 단체의 지정이 취소된 경우에는 그 취소된 날부터 3년, 같은 항에 따라 재지정을 받지 못하게 된 경우에는 그 지정기간의 종료일부터 3년이 지났을 것

❙ 기획재정부장관이 지정·고시한 전문모금기관의 범위(2023년 2분기 말 기준) ❙

1. 재단법인 바보의나눔
2. 사회복지법인 사회복지공동모금회

2.6 법령 §39 ① 1호에 따른 공입법인등 및 소령 §80 ① 5호에 따른 공익단체(일반기부금단체)가 운영하는 고유목적사업

「법인세법 시행령」 제39조 제1항 제1호 각목의 규정에 의한 일반기부금단체 등 및 「소득세법 시행령」 제80조 제1항 제5호에 따른 기부금대상민간단체가 운영하는 고유목적사업을 하는 자는 공익법인에 해당한다. 다만, 회원의 친목 또는 이익을 증진시키거나 영리를 목적으로 대가를 수수하는 등 공익성이 있다고 보기 어려운 고유목적사업을 하는 자는 공익법인의 범위에서 제외한다. 한편, 「법인세법 시행령」 제39조 제1항 제1호 바목에 따른 일반기부금단체등으로 고시된 경우에는 그 설립일로부터 공익법인에 해당한다.

따라서 「법인세법 시행령」 제39조 제1항 제1호 각 목의 규정에 의한 일반기부금단체 등은 공익법인 등에 해당하는 것이며, 공익법인 등이 재산을 출연받아 그 출연받은 날부터 3년 이내에 직접 공익목적사업에 사용하는 경우 상속세나 증여세가 과세되지 않는데,

이 경우 직접 공익목적사업에 사용하는 것이라 함은 당해 공익법인의 정관상 고유목적사업에 사용하는 것을 말한다(서면인터넷방문상담4팀-884, 2007.3.14.).

❙ 법령 §39 ① 1호에 따른 공익법인 등의 범위 ❙

1. 「사회복지사업법」에 따른 사회복지법인
2. 「영유아보육법」에 따른 어린이집
3. 「유아교육법」에 따른 유치원, 「초 · 중등교육법」 및 「고등교육법」에 따른 학교, 「국민 평생 직업능력 개발법」에 따른 기능대학, 「평생교육법」 제31조 제4항에 따른 전공대학 형태의 평생교육시설 및 같은 법 제33조 제3항에 따른 원격대학 형태의 평생교육시설
4. 「의료법」에 따른 의료법인
5. 종교의 보급, 그 밖에 교화를 목적으로 「민법」 제32조에 따라 문화체육관광부장관 또는 지방자치단체의 장의 허가를 받아 설립한 비영리법인(그 소속 단체를 포함)
6. 국세청장(주사무소 및 본점소재지 관할 세무서장을 포함)의 추천을 받아 기획재정부장관이 지정하여 고시한 비영리법인, 비영리외국법인, 사회적협동조합, 공공기관

2.7 법령 §39 ① 2호 다목에 해당하는 기부금을 받은 자가 해당 기부금으로 운영하는 사업

「법인세법 시행령」 제39조 제1항 제2호 다목에 해당하는 공익목적 기부금을 받는 자가 모금한 기부금으로 공익목적 사업을 하는 경우 공익법인에 해당한다. 다만, 회원의 친목 또는 이익을 증진시키거나 영리를 목적으로 대가를 수수하는 등 공익성이 있다고 보기 어려운 고유목적사업을 하는 자는 공익법인의 범위에서 제외한다.

「법인세법 시행령」 제39조 제1항 제2호 다목에 해당하는 공익목적 기부금은 사회복지 · 문화 · 예술 · 교육 · 종교 · 자선 · 학술 등을 목적으로 지출하는 기부금으로서 기획재정부령이 정하는 기부금을 말한다.

❙ 기획재정부장관이 지정·고시한 공익목적 기부금의 범위(2023년 2분기 말 기준) ❙

1. 보건복지가족부장관이 인정하는 의료취약지역에서 비영리법인이 행하는 의료사업의 사업비 · 시설비 · 운영비로 지출하는 기부금
2. 「국민체육진흥법」에 따른 국민체육진흥기금으로 출연하는 기부금
3. 「전쟁기념사업회법」에 따른 전쟁기념사업회에 전쟁기념관 또는 기념탑의 건립비용으로 지출하는 기부금

4. 「중소기업협동조합법」에 따른 중소기업공제사업기금 또는 소기업 · 소상공인공제에 출연하는 기부금
5. 「중소기업협동조합법」에 따른 중소기업중앙회에 중소기업연수원 및 중소기업제품전시장의 건립비와 운영비로 지출하는 기부금
6. 「중소기업협동조합법」에 따른 중소기업중앙회에 중소기업글로벌지원센터(중소기업이 공동으로 이용하는 중소기업 지원시설만 해당한다)의 건립비로 지출하는 기부금
7. 「중소기업협동조합법」에 따른 중소기업중앙회에 중소기업의 정보자원(정보 및 설비, 기술, 인력 등 정보화에 필요한 자원을 말한다) 도입을 무상으로 지원하기 위한 사업비로 지출하는 기부금
8. 「근로복지기본법」에 따른 근로복지진흥기금으로 출연하는 기부금
9. 「발명진흥법」에 따른 발명진흥기금으로 출연하는 기부금
10. 「과학기술기본법」에 따른 과학기술진흥기금으로 출연하는 기부금
11. 「여성기업지원에 관한 법률」에 따른 한국여성경제인협회에 여성경제인박람회개최비 또는 연수원 및 여성기업종합지원센터의 건립비로 지출하는 기부금
12. 「방송법」에 따라 종교방송을 하는 방송법인에 방송을 위한 건물(방송에 직접 사용되는 부분으로 한정한다)의 신축비로 지출하는 기부금
13. 「보호관찰 등에 관한 법률」에 따른 범죄예방자원봉사위원지역협의회 및 그 전국연합회에 청소년 선도보호와 범법자 재범방지활동을 위하여 지출하는 기부금
14. 「한국은행법」에 따른 한국은행, 그 밖의 금융기관이 「금융위원회의 설치 등에 관한 법률」 제46조 제2호 및 제3호에 따라 금융감독원에 지출하는 출연금
15. 국제체육대회 또는 세계선수권대회의 경기종목에 속하는 경기와 씨름 · 국궁 및 택견의 기능 향상을 위하여 지방자치단체나 대한체육회(시도체육회, 시 · 군 · 구체육회 및 대한체육회 회원종목단체, 시도체육회 회원종목단체, 시 · 군 · 구 회원종목단체를 포함한다. 이하 이 호에서 같다)가 추천하는 자에게 지출하거나 대한체육회에 운동선수양성, 단체경기비용, 생활체육진흥 등을 위하여 지출하는 기부금
16. 국제기능올림픽대회에 참가할 선수의 파견비용으로 국제기능올림픽대회한국위원회에 지출하는 기부금
17. 「지능정보화 기본법」에 따른 한국지능정보사회진흥원에 지출하는 기부금(정보통신기기 및 소프트웨어로 기부하는 것으로 한정한다)
18. 「근로자직업능력 개발법 시행령」 제2조에 따른 공공단체에 근로자훈련사업비로 지출하는 기부금
19. 「숙련기술장려법」 제6조에 따라 한국산업인력공단에 숙련기술장려적립금으로 출연하는 기부금
20. 「국민기초생활 보장법」 제15조의 2 제1항에 따른 중앙자활센터와 같은 법 제16조 제1항에 따른 지역자활센터에 각각 같은 법 제15조의 2 제1항 및 제16조 제1항 각 호에 따른 사업을 위하여 지출하는 기부금
21. 「한국교통안전공단법」에 따른 교통안전공단에 자동차손해배상보장사업비로 지출하는 기부금

22. 사단법인 한국중화총상회에 국내에서 개최되는 세계화상대회 개최비로 지출하는 기부금
23. 「협동조합 기본법」에 따른 사회적협동조합, 사회적협동조합연합회(전체 사업량의 40% 이상을 협동조합기본법 제93조 제1항에 따른 사업을 수행하는 것으로 정관에 규정한 연합회로 한정한다) 및 「사회적기업 육성법」에 따른 사회적기업(비영리법인으로 한정한다)의 사회서비스 또는 일자리를 제공하는 사업을 위하여 지출하는 기부금
24. 「농어업경영체 육성 및 지원에 관한 법률」에 따른 농어업경영체에 대한 교육사업을 위하여 사단법인 한국농수식품씨이오연합회에 지출하는 기부금
25. 「대한소방공제회법」에 따른 대한소방공제회에 직무수행 중 순직한 소방공무원의 유가족 또는 상이를 입은 소방공무원의 지원을 위하여 지출하는 기부금
26. 「장애인기업활동 촉진법」에 따른 한국장애경제인협회에 장애경제인에 대한 교육훈련비, 장애경제인 창업지원사업비, 장애경제인협회 회관 · 연수원 건립비, 장애경제인대회 개최비 및 장애인기업종합지원센터의 설치 · 운영비로 지출하는 기부금
27. 「대한민국헌정회 육성법」에 따른 대한민국헌정회에 정책연구비 및 헌정기념에 관한 사업비로 지출하는 기부금
28. 사단법인 한국회계기준원에 국제회계기준위원회재단 재정지원을 위하여 지출하는 기부금
29. 저소득층의 생활 안정 및 복지 향상을 위한 신용대출사업으로서 「법인세법 시행령」 제3조 제1항 제11호에 따른 사업을 수행하고 있는 비영리법인에 그 사업을 위한 비용으로 지출하는 기부금
30. 「건설근로자의 고용개선 등에 관한 법률」에 따른 건설근로자공제회에 건설근로자의 복지증진 사업을 위하여 지출하는 기부금
31. 「문화예술진흥법」 제7조에 따른 전문예술단체에 문화예술진흥사업 및 활동을 지원하기 위하여 지출하는 기부금
32. 「중소기업진흥에 관한 법률」에 의한 중소벤처기업진흥공단에 같은 법 제67조 제1항 제20호에 따른 사업을 위하여 지출하는 기부금
33. 「여신전문금융업법」 제62조에 따른 여신전문금융업협회에 금융사고를 예방하기 위하여 같은 법 시행령 제6조의 13 제1항에 따른 영세한 중소신용카드가맹점의 신용카드 단말기 교체를 지원하기 위하여 지출하는 기부금
34. 「정보통신기반 보호법」 제16조에 따른 정보공유 · 분석센터에 금융 분야의 주요 정보통신기반시설에 대한 침해사고 예방, 취약점의 분석 · 평가 등 정보통신기반시설 보호 사업을 위하여 지출하는 기부금
35. 「보험업법」 제175조에 따른 보험협회에 생명보험 사회공헌사업 추진을 위한 협약에 따라 사회공헌기금 등을 통하여 수행하는 사회공헌사업을 위하여 지출하는 기부금
36. 「노동조합 및 노동관계조정법」 제10조 제2항에 따른 총연합단체인 노동조합이 시행하는 노사상생협력증진에 관한 교육 · 상담 사업, 그 밖에 선진 노사문화 정착과 노사 공동의 이익증진을 위한 사업으로서 고용노동부장관이 정하는 사업을 위하여 지출하는 기부금
37. 해외난민을 위하여 지출하는 기부금
38. 「법인세법」 제24조 제2항 제1호 마목의 병원에 자선의료비로 지출하는 기부금
39. 「도서관법」에 따라 등록된 작은도서관에 사업비, 시설비, 운영비로 지출하는 기부금

40. 「신용보증기금법」에 따른 신용보증기금의 보증 · 보험사업을 위해 기업이 출연하는 기부금
41. 「기술보증기금법」에 따른 기술보증기금의 보증사업을 위해 기업이 출연하는 기부금
42. 「근로복지기본법」에 따른 사내근로복지기금 또는 공동근로복지기금으로 출연하는 기부금 (사업자 외의 개인이 출연하는 것으로 한정한다)
43. 「지역신용보증재단법」에 따른 신용보증재단 및 신용보증재단중앙회의 보증사업을 위해 기업이 출연하는 기부금
44. 「여신전문금융업법」 제62조에 따른 여신전문금융업협회에 기획재정부에서 시행하는 상생소비지원금 사업의 통합서버 구축 · 운영비로 지출하는 기부금
45. 「중소기업협동조합법」 제106조 제8항에 따른 중소기업중앙회 공동사업지원자금에 출연하는 기부금
46. 「새마을금고법」에 따라 설립된 새마을금고에 「사랑의 좀도리운동」을 위하여 지출하는 기부금

03 공익목적 출연재산의 과세가액 불산입

3.1 개 요

출연(出捐)의 「민법」상 본래 의미는 자기 재산을 감소시키고 타인의 재산을 증가시키는 행위를 말하는데, 반대급부 유무에 따라 유상행위(매매, 교환 등이 대표적임)와 무상행위(증여가 대표적임)가 있다. 한편, 「상속세 및 증여세법」에서는 출연(出捐)을 기부 또는 증여 등의 명칭에 불구하고 공익사업에 사용하도록 무상으로 재산을 제공하는 행위를 말한다.

「상속세 및 증여세법」상 공익목적에 출연한 재산의 가액에 대하여는 과세가액에 산입하지 않는데 이를 '과세가액불산입'이라고 한다. '비과세'와는 달리 과세가액불산입은 과세당국이 과세권을 포기한 것이 아니기 때문에 과세권이 엄연히 존재하며, 따라서 일정한 사후관리 의무사항을 이행하지 못할 경우 과세가액에 산입되어 상속세나 증여세 및 가산세를 추징당하게 된다. 이에 상속세 과세가액불산입과 증여세 과세가액불산입 및 사후관리 요건에 대하여 살펴보도록 한다.

3.2 공익법인등에 출연한 재산에 대한 상속세 과세가액 불산입

상속재산 중 피상속인이나 상속인이 공익법인등에게 출연한 재산의 가액으로서 상속세 신고기한까지 출연한 재산의 가액은 상속세 과세가액에 산입하지 아니한다(상증법 §16 ①).

1) 피상속인의 유증이나 사인증여로 출연한 경우

피상속인이 유증이나 사인증여의 방법으로 공익법인에 출연한 경우에는 다음의 요건을 모두 충족하여야 상속세 과세가액불산입할 수 있다.

(1) 유증이나 사인증여의 적법성

피상속인은 유증이나 사인증여로 공익법인에 출연할 수밖에 없으므로 이 경우 「민법」상 유언방식이나 증여방식이 적법해야 한다. 특히 유증의 경우에는 「민법」 제1065조에서 정하고 있는 자필증서, 녹음, 공정증서, 비밀증서와 구수증서의 5종의 유언방식 중 하나이어야 한다(대법원 2005두3271, 2015.6.23.).

(2) 출연기한 내 출연 요건

출연시기는 공익법인이 출연재산을 취득하는 때를 말한다. 공익법인 등에 출연한 재산은 상속세 신고기한(상속개시일이 속하는 달의 말일부터 6개월 이내에)까지 그 출연을 이행하여 공익법인이 출연재산을 취득하여야 한다. 이는 출연의 의사표시만 하고 이를 이행하지 않을 경우 상속세만 납부하지 않은 결과를 가져오기 때문이다. 따라서 권리의 이전이나 그 행사에 등기 · 등록 등을 요하는 출연재산의 경우에는 등기 · 등록에 따라 소유권을 이전해야 한다. 다만, 법령상 또는 행정상의 정당한 사유로 인하여 소유권 이전이 늦어지는 경우 또는 공익법인의 설립허가 등이 늦어지는 경우 등은 그 사유가 종료된 날부터 6월 이내에 그 출연을 이행하여야 한다(상증령 §13 ①).

(3) 출연재산 요건

상속세 과세가액에 산입하지 아니한 재산은 피상속인에게 귀속되는 상속재산만을 대상으로 한다. 따라서 상속재산이 아닌 상속인의 고유재산이거나 상속재산 중에서 지급한 사실이 확인되지 아니하는 출연재산은 상속세 과세가액에 산입한다(국심2005서3786, 2006.4.

7.; 재삼46014-668, 1999.4.6.). 다만, 상속재산의 매각대금을 신고기한이내에 공익법인 등에 출연한 경우에는 해당 출연재산가액을 상속세 과세가액에 산입하지 아니한다(상속증여세과-32, 2015.1.22.).

한편, 상속세 과세가액불산입 후에 해당 재산과 그 재산에서 생기는 이익의 전부 또는 일부가 상속인(상속인의 특수관계인을 포함)에게 귀속되는 경우에는 상속세 과세가액에 산입한다(상증법 §16 ④ 1호).

출연재산 중 주식 또는 출자지분(이하 "주식등"이라 함)이 있는 경우에는 발행주식총수의 일정 비율(5%, 10%, 20%)을 초과하는 경우에는 그 초과하는 가액을 상속세 과세가액에 산입하는데 이에 대하여 자세히 후술한다.

2) 상속인이 출연하는 경우

피상속인의 의사 유무와는 상관없이 상속인 등이 공익법인에 상속받은 재산을 출연하는 경우에는 다음과 같은 요건을 충족해야 상속세 과세가액 불산입할 수 있다.

(1) 상속인 전원합의에 의한 출연일 것

상속인이 상속받은 재산을 공익법인에게 출연하는 경우에는 상속인의 의사에 따라 상속받은 재산을 출연시한까지 출연해야 한다(상증령 §13 ② 1호). 이 경우 상속인이 2명 이상인 경우에는 상속인들 간의 협의분할 등의 방법을 통하여 상속세 탈세 등의 수단으로 이용될 소지가 있으므로 상속인들의 전원합의에 의한 의사에 따라 출연시한까지 상속받은 재산을 출연해야 하는데, 만약 상속인 일부가 출연하는 경우에는 상속세 과세가액에 산입한다(서울고법95구31968, 1996.6.21.; 조심2011부1038, 2012.1.11.).

(2) 이사취임 제한

상속인이 상속인의 의사에 따라 공익법인에 상속재산을 출연하는 경우 상속인이 당해 공익법인의 이사현원(5명에 미달하는 경우에는 5명으로 봄)의 5분의 1을 초과하여 이사가 되지 아니하여야 하며, 이사의 선임 등 공익법인의 사업운영에 관한 중요사항을 결정할 권한을 가지지 않아야 한다(상증령 §13 ② 2호). 이 경우 이사는 이사회 의결권을 가지고 있는 임원을 말하므로 감사는 이에 포함하지 않는다. 공동상속인 중 상속을 포기한 자를 포함하여 이사현원의 5분의 1을 초과하지 않는 범위 내에서 상속인이 이사로 될 수 있는 것이다.

(3) 출연기한 내 출연 요건

피상속인이 출연하는 경우와 같다.

(4) 출연재산 요건

피상속인이 출연하는 경우와 같다.

3.3 공익법인등이 출연받은 재산에 대한 증여세 과세가액 불산입

재산을 출연 또는 증여받는 경우 비영리법인은 증여세 납세의무가 있는 것이 일반적이나 당해 출연받은 비영리법인이 공익법인에 해당한다면 당해 공익법인 등이 출연받은 재산의 가액은 증여세 과세가액에 산입하지 아니한다(상증법 §48 ①). 다만, 이 경우 상속세 과세가액불산입 규정과 마찬가지로 출연재산 중 주식등이 있는 경우에는 발행주식총수의 일정 비율(5%, 10%, 20%)을 초과하는 경우에는 그 초과하는 가액을 증여세 과세가액에 산입하며, 기타 「상속세 및 증여세법」에서 정한 사후관리 의무사항을 위반할 경우 증여세 및 가산세 등이 부과받게 된다.

3.4 내국법인의 의결권 있는 주식등을 출연받는 경우

상속 또는 증여를 원인으로 내국법인의 의결권 있는 주식등을 공익법인에 출연하는 경우 내국법인의 의결권 있는 발행주식총수등의 5%(또는 10%, 20%) 이내인 경우 상속세 및 증여세 과세가액에 산입하지 아니한다(상증법 §16 ②). 따라서 발행주식총수의 5%(또는 10%, 20%)를 초과하여 상속 증여를 받는 경우 그 초과하는 가액에 대하여 상속세 또는 증여세가 과세된다.

공익법인등이 주식보유비율에 대하여 이미 "1장 2절 5. 주식을 출연하여 설립하는 경우 과세문제"에서 설명하였으므로 그를 참조하기 바란다.

주식취득과 보유에 대하여 공익법인이 지켜야 할 의무 등 사후관리에 대하여 본 장 4. 과세가액 불산입 후 사후관리를 참조하기 바란다.

• 채무면제이익의 출연재산 여부(서일 46014-11259, 2002.9.5.)

출연재산 및 출연받은 재산의 범위에 공익법인이 채권자로부터 면제받은 채무의 가액이 포함되는 것이며, 이 경우 당초 그 채무를 사용한 용도를 확인하여 증여세 과세여부를 판단하는 것임.

• 공동상속인이 있는 경우 과세가액불산입 요건(법령해석과-3699, 2016.11.16.)

2인 이상의 상속인이 상속세 신고기한 이내에 공익법인 등에 상속재산을 출연하는 경우 상속인 전원이 합의한 경우에 한하여 출연한 재산가액을 상속세 과세가액에 산입하지 아니하는 것임.

• 종교헌금의 출연재산 해당여부(서면인터넷방문상담 4팀-577, 2008.3.6.)

종교사업에 불특정다수인이 출연하여 출연자별로 출연받은 재산가액의 산정이 어려운 헌금(부동산 · 주식 또는 출자지분으로 출연하는 경우 제외)의 경우에는 사후관리대상 출연재산에서 제외하는 것인바, 당해 헌금에 대하여는 출연받은 재산의 사용에 대한 계획 및 진도에 관한 보고서의 제출의무도 없는 것이며, 이 경우 "헌금"이란 종교단체가 각각 교인들로부터 직접 출연받은 금전을 말하는 것임. 다만, 출연자별로 출연받은 재산가액의 산정이 가능한 헌금의 경우에는 그러하지 아니함.

• 납골시설의 공익법인 해당여부(서면인터넷방문상담4팀-1882, 2004.11.22.)

납골시설을 설치 · 운영하는 재단법인은 「상속세 및 증여세법시행령」 제12조 각호에서 규정하는 공익법인 등에 해당하지 아니하는 것이며, 공익법인 등에 해당하지 않는 비영리법인이 증여받은 재산에 대하여는 같은법 제2조 및 제4조의 규정에 의하여 증여세를 납부할 의무가 있는 것임.

• 개인 명의로 등기된 재산의 출연재산 해당여부(상속증여세과-457, 2013.8.8.)

「유아교육법」에 따른 유치원을 설립 · 경영하는 공익법인 등이 출연받은 재산을 3년 이내에 직접 공익목적사업에 사용하는 경우 증여세가 과세되지 아니하는 것이나, 유치원으로 사용되는 토지 · 건물이 개인 명의로 등기된 경우 당해 재산은 공익법인 등에 출연한 재산으로 볼 수 없는 것임.

• 마을회가 운영하는 사업의 공익법인 해당여부(상속증여세과-456, 2013.8.8.)

마을회가 공동묘지를 무료로 운영하는 사업은 "공원 기타 공중이 무료로 이용하는 시설을 운영하는 사업"으로 보는 것임.

• 사립박물관의 공익법인 해당여부(서일46014-10904, 2003.7.11.)

「박물관 및 미술관진흥법」 제18조의 규정에 의하여 시 · 도지사의 승인을 받아 설립한 사립박물관을 운영하는 사업은 '예술 및 문화에 현저히 기여하고 영리를 목적으로 하지 아니하는 사업'으로서, 관계행정기관의 장의 추천을 받아 재정경제부장관으로부터 공익법인으로 지정을 받은 경우에 공익법인으로 보는 것이며, 상속재산 중 피상속인 또는 상속인이 공익법인에게 출연한 가액에 대하여는 상속개시일로부터 6월 이내에 출연한 경우에 한하여 상속세과세가액에 산입하지 아니하는 것임. 다만, 개인 명의로 등기 · 등록 · 명의개서 등이 된 재산은 공익법인 등이 출연받은 재산에 해당하지 아니하는 것임.

• 문화 · 예술단체의 공익법인 해당여부(재산세과-25, 2013.1.18.)

「법인세법 시행령」 제36조 제1항 제1호 라목에 따른 정부로부터 허가 또는 인가를 받은 문화 · 예술단체로서 공익성 있는 고유목적사업을 영위하는 비영리법인은 공익법인 등에 해당하며, 그 공익법인 등이 출연받은 재산의 가액은 증여세 과세가액에 산입하지 아니함.

• 종교단체 대표자 명의변경 시 출연여부(서면인터넷방문상담4팀-60, 2006.1.16.)

공익법인 등에 해당하는 종교단체가 단순히 대표자만 변경하여 부동산 소유자를 새로운 대표자명의로 변경하는 경우 새로운 출연재산으로 보지 아니함.

• 출연금 반환에 따른 증여세 납세의무(서면인터넷방문상담4팀-2999, 2007.10.18.)

공익법인이 출연받은 금전을 반환한 경우 직접 공익목적사업 외에 사용한 것으로 보아 증여세가 과세되는 것이며, 반환받은 출연자는 그 반환받은 금전에 대하여 증여세 납부의무가 있는 것임.

• 종중단체가 종중원으로부터 재산을 증여받은 경우(서면인터넷방문상담4팀-752, 2005.5.13.)

종중단체가 종중원으로부터 재산을 증여받은 경우 그 재산에 대하여는 증여세가 과세되는 것임.

• 공익법인 등에 해당하지 않는 단체가 상가 등을 증여받은 경우 증여세 과세여부(재삼46014-765, 1999.4.21.)

공익법인 등에 해당하지 않는 단체가 타인으로부터 상가 등을 증여받거나 금전을 증여받아 상가 등을 취득하는 경우 증여세를 납부할 의무가 있는 것이나, 소속회원으로부터 정기적으로 받는 회비로 상가 등을 취득하는 경우에는 증여세가 과세되지 아니하는 것임.

• 주된 사무소가 해외에 있는 종교단체의 공익법인 해당여부(재산세과-72, 2011.2.15.)

주된 사무소가 해외에 있는 종교단체는 증여세 과세가액 불산입대상 공익법인에 해당하지 않고, 외국의 비영리법인에게 국내재산을 증여하는 경우 증여자에게 연대납부의무가 있는 것임.

• 평생교육시설의 공익법인 해당여부(서면-2014-법령해석재산-21431, 2015.4.10.)

「초 · 중등교육법」에 의한 학교를 설립 · 경영하는 공익법인 등이 출연받은 재산의 가액은 증여세 과세가액에 산입하지 아니하는 것으로 「평생교육법」 제31조 제2항에 따라 개인이 설립한 학교형태의 학력인정 평생교육시설은 위의 공익법인 등에 해당하지 아니함.

| 과세가액불산입 후 사후관리 의무사항 및 위반 시 조치사항 요약 |

<table>
<tr><th colspan="2">구분</th><th>내용</th></tr>
<tr><td rowspan="4">출연
재산</td><td>출연재산
§48 ② 1호</td><td>• 3년 이내에 직접 공익목적사업에 전부 사용하고 이후 계속하여 공익목적사업에 사용
• 증여세 부과(목적외 사용분, 3년 내 미사용분, 3년 이후 사용중단 금액)</td></tr>
<tr><td>매각대금
§48 ②
4호, 5호</td><td>• 1년 내 30%, 2년 내 60%, 3년 내 90% 이상 공익목적사업에 사용
• 증여세 부과(목적외 사용분, 90% 미달 사용분)
• 가산세 10% (1년 내 30% 미달사용액, 2년 내 60% 미달사용액)</td></tr>
<tr><td>운용소득
§48 ②
3호, 5호</td><td>• 1년 내 70% 이상 직접 공익목적사업에 사용(성실공익법인 80%)
• 증여세 부과(출연재산평가액 × 목적외사용액 ÷ 운용소득금액)
• 가산세 10%(1년 내 70% 미달 사용액)</td></tr>
<tr><td>의무지출
§48 ② 7호</td><td>• 총자산가액이 5억원 이상이거나 수입금액과 출연재산의 합계액이 3억원 이상인 공익법인은 매년 수익용 재산의 1%(주식 10% 초과 보유 시 3%) 이상 공익목적사업에 사용
• 가산세 : (사용기준금액 − 직접 공익목적 사용액) × 10%</td></tr>
<tr><td rowspan="2">주식
취득
보유</td><td>출연 또는
취득
§48 ①
§48 ② 2호</td><td>• 의결권 있는 내국법인 주식의 일정 비율 초과 보유 금지[일반공익법인 5%, 상호출자제한기업집단과 특수관계없는 성실공익법인 10%(자선 · 장학 · 사회복지 목적 성실공익법인 20%)]
• 증여세 부과(초과보유가액)</td></tr>
<tr><td>계열기업
주식보유
§48 ⑨</td><td>• 특수관계 있는 내국법인의 주식가액을 총재산가액의 30%(외부감사, 전용계좌 개설 · 사용, 결산서류 공시 이행 시 50%) 초과보유 금지
• 가산세 부과 5%(초과보유 주식의 매년말 시가)</td></tr>
<tr><td colspan="2">이사회구성 제한
§48 ⑧</td><td>• 출연자 또는 그의 특수관계인이 이사의 1/5 초과 취임 금지, 임직원 취임 금지
• 가산세 부과(그 사람과 관련한 직 · 간접경비 전액)</td></tr>
<tr><td colspan="2">특정기업 광고 등
제한 §48 ⑩</td><td>• 정당한 대가를 받지 않고 특수관계 있는 내국법인의 이익을 위한 광고 · 홍보 금지
• 가산세 부과(관련 비용 전액)</td></tr>
<tr><td colspan="2">자기내부거래금지
§48 ③</td><td>• 정당한 대가를 받지 않고 출연받은 재산을 출연자와 그의 특수관계인이 사용 수익 금지
• 증여세 부과(무상사용 · 수익 시 해당 출연재산가액, 낮은 대가로 사용 · 수익 시 그 차액 상당하는 출연재산가액)</td></tr>
<tr><td colspan="2">특정계층 혜택 제한
§48 ② 8호</td><td>• 불특정 다수가 아닌 특정 사회적지위 · 직업 · 근무처 · 출생지 등에게만 혜택 제공 금지
• 증여세 부과(목적외 사용한 출연재산가액)</td></tr>
</table>

구분	내용
공익법인 해산시 §48 ② 8호	• 잔여재산을 국가 · 지방자치단체 · 유사공익법인에게 귀속 • 증여세 부과(미귀속 잔여재산가액)
전용계좌사용 §50의 2	• 전용계좌 사용의무 대상거래에 대한 전용계와 사용 • 가산세 부과(미사용금액의 0.5%)
장부작성 · 비치 §51	• 사업연도별로 출연받은 재산 및 공익사업 운용내용 등에 대한 장부 작성(10년간 보존) • 가산세 부과 : (수입금액+출연재산)×0.07%

04 과세가액 불산입 후 출연받은 재산의 사후관리

과세가액불산입은 아직 과세당국이 과세권을 포기한 것이 아니기 때문에 수증자인 공익법인과 증여자인 출연자 등에게 일정한 의무를 부담지우면서 사후관리하게 된다. 사후관리 요건에 따라 해당 의무를 위반할 경우에는 상속세 또는 증여세와 가산세를 부담해야 한다. 수증자인 공익법인이 이를 납부하지 못하면 출연자가 연대하여 납부해야 한다. 다만, 출연자에게 연대납세의무가 면제되는 경우가 있는데 이에 대하여 제2절 2.에서 설명하였다.

4.1 출연재산을 직접 공익목적사업에 사용할 의무

1) 개 요

공익법인이 출연받은 재산은 출연받은 날로부터 3년 이내에 직접 공익목적사업 등에 전부를 사용해야 하고 3년 이후에도 직접 공익목적사업 등에 계속 사용해야 한다. 이를 위반할 경우 공익법인 등이 증여받은 것으로 보아 즉시 다음 산식에 따라 증여세과세가액에 산입 후 증여세를 부과한다(상증법 §48 ② 1호, 상증령 §40 ① 1호).

증여세과세가액=(①+②+③)

① 직접 공익목적사업 외에 사용한 재산 가액
② 3년 이내에 공익목적 미사용하거나 미달 사용한 재산 가액
③ 3년 이후 직접 공익목적사업 등에 계속 사용하지 않은 재산 가액(21.1.1. 이후 개시하는 사업연도 분부터 적용))

(1) 증여세 과세가액

상기 재산가액은 과세요건 발생일 현재 「상속세 및 증여세법」 제60조부터 제66조까지의 규정에 따라 평가한 가액을 의미한다(상증통 48-39…6 ③).

다만, 다음 각 호의 어느 하나에 해당하는 사유로 인하여 직접공익목적에 사용할 수 없는 경우에는 해당 금액을 출연받은 재산 등의 가액에서 뺀 금액을 기준으로 증여세를 과세한다(상증령 §38 ⑨). 또한, 출연받은 재산뿐만 아니라 운용소득, 출연받은 재산의 매각대금 및 잔여재산 중 일부가 다음 각 호에 해당하는 경우에도 동 가액을 뺀 금액을 기준으로 한다.

① 공익법인 등의 이사 또는 사용인의 불법행위로 인하여 출연받은 재산 등이 감소된 경우. 다만, 출연자 및 그 출연자와 「상속세 및 증여세법 시행령」 제2조의 2 제1항 제1호의 관계(친족 및 직계비속의 배우자의 2촌 이내의 혈족과 그 배우자 관계를 말함)에 있는 자의 불법행위로 인한 경우를 제외
② 출연받은 재산 등을 분실하거나 도난당한 경우

(2) 증여시기

과세요건 발생일인 증여시기는 출연받은 재산을 직접 공익목적사업 등 외에 사용한 경우 직접 공익목적사업 등 외에 사용한 날, 3년 이내에 직접 공익목적사업에 사용하지 않은 경우 3년이 경과하는 날, 3년 이후 직접 공익목적사업 등에 계속하여 사용하지 아니하는 경우 그 사유가 발생한 날을 각각 증여시기로 본다(서일 46014-10322, 2002.3.15.).

(3) 가산세 및 신고세액공제 적용 제외

공익법인 등이 재산을 출연받은 경우로서 그 출연 받은 재산을 출연받은 날부터 3년 이내에 직접 공익목적사업에 사용하지 아니하는 경우에는 증여세가 과세되는 것으로 이

경우 별도의 가산세(신고 · 납부불성실가산세)는 부과되지 않는다. 또한 상기 (2) 증여시기로부터 신고기한 이내에 증여세를 자진 신고한 경우에는 신고세액공제 대상에 해당하지 않는다(상증, 재산세과-186, 2011.4.12.).

(4) 증여세 연대납세의무

수증자가 증여세를 납부할 능력이 없다고 인정되는 등의 요건에 해당한다면 증여자는 수증자가 납부할 증여세를 연대하여 납부할 의무를 부담한다. 따라서 공익법인에 재산을 출연한 출연자(증여자)와 해당 재산을 출연받은 공익법인(수증자)는 공익법인이 해당 재산에 대하여 납부할 증여세에 대하여 연대납세의무가 있는 것이나, 상증법 제48조에 따른 사후관리의무를 위배하여 증여세가 추징되는 경우 출연자가 해당 공익법인의 운영에 책임이 없는 경우로서 다음의 요건을 모두 갖춘 경우에는 증여자의 연대납세의무에서 제외된다(상증법 §4의 2 ⑥).

① 상증법 제48조에 따른 증여세 또는 가산세 부과사유 발생일부터 소급하여 재산출연일까지의 기간이 10년 이상일 것

② 위 ①의 기간 중 출연자* 또는 그의 특수관계인이 해당 공익법인의 이사 또는 임직원(이사를 제외한다)이 아니었어야 하며, 이사의 선임 등 공익법인의 사업운영에 관한 중요사항을 결정할 권한을 가지지 아니하였을 것

* "출연자"란 재산출연일 현재 해당 공익법인등의 총출연재산가액의 100분의 1에 상당하는 금액과 2천만원 중 적은 금액을 초과하여 출연한 자를 말함

(5) 재차증여 합산

증여세 과세가액 및 재차증여 합산가액은 출연자별로 계산하되, 출연받은 재산의 가액이 출연자별로 구분되지 아니한 경우에는 각 출연자별 출연재산가액의 비율에 따라 안분하여 계산한다. 이 경우 증여세 추징사유발생일이 당해 출연재산의 출연일부터 기산하여 같은 법 제47조 제2항에서 규정하는 재차증여 합산기간(10년)이 경과한 경우에는 같은 법 제47조 제2항의 규정을 적용하지 않는다(상증법 통칙48-38-5, 법규과-650, 2008.2.14.).

2) 직접 공익목적사업에 사용한 것으로 보는 경우

직접 공익목적에 사용한 경우란 ① 공익법인 정관상 고유목적사업에 사용하는 것을 말

한다. 이에 아울러 ② 직접 공익목적사업에 충당하기 위하여 수익용 또는 수익사업용으로 운용하는 경우 ③ 출연받은 재산을 해당 직접공익목적사업에 효율적으로 사용하기 위하여 주무관청의 허가를 받아 다른 공익법인 등에게 출연하는 것을 포함한다(상증령 §38 ②). 출연재산별로 직접공익목적사업 등에 사용한 금액은 다음 각 호의 구분에 따른다(상증통칙 48－38－2).

출연재산	직접공익목적사업 등에 사용한 금액
현금	• 직접 공익목적사업용 재산을 취득하기 위하여 지출한 금액 • 직접 공익목적사업비로 지출한 금액 • 수익사업용 또는 수익용 재산을 취득하기 위하여 지출한 금액
현금 외 재산	• 직접 공익목적사업에 사용하는 재산의 금액 • 수익사업용 또는 수익용 재산으로 사용되는 재산의 금액 • 당해 출연재산을 매각하여 수령한 현금을 공익목적사업비 등으로 지출한 금액

직접 공익목적에 사용한 금액이 재원별로 구분할 수 있는 경우에는 실제 구분에 의하고, 구분할 수 없는 경우에는 출연재산의 운용소득, 출연재산의 매각금액, 출연받은 재산, 기타 재산의 순서대로 사용한 것으로 판단한다(상증법 통칙 48-38-4 ④).

3) 직접 공익목적사업에 사용하지 않은 것으로 보는 경우

「상속세 및 증여세법 시행령」 제38조 제2항에서 직접 공익목적사업에 사용하지 않은 것으로 보는 경우는 다음과 같다.

(1) 「법인세법 시행령」 제56조 제11항에 따라 고유목적에 지출한 것으로 보지 아니하는 금액

해당 사업연도에 다음 각 호의 어느 하나에 해당하는 법인의 임원 및 직원이 지급받는 총급여 중 8천만원을 초과하는 경우 그 초과하는 금액은 고유목적에 지출한 인건비로 보지 아니한다. 다만, 해당 법인이 해당 사업연도의 법인세 과세표준을 신고하기 전에 해당 임원 및 종업원의 인건비 지급규정에 대하여 주무관청으로부터 승인받은 경우에는 고유목적에 지출한 것으로 본다.

① 「법인세법」 제29조 제1항 제2호에 따라 그 밖의 수익사업에서 발생한 소득에 대하여 100분의 50을 곱한 금액을 초과하여 고유목적사업준비금으로 손금산입하는 비영리내국법인

② 「조세특례제한법」 제74조 제1항 제2호 및 제8호에 해당하여 수익사업에서 발생한

소득에 대하여 100분의 50을 곱한 금액을 초과하여 고유목적사업준비금으로 손금 산입하는 비영리내국법인(「사회복지사업법」에 따른 사회복지법인과 「공익법인의 설립 · 운영에 관한 법률」에 따라 설립된 법인으로서 해당 과세연도의 고유목적사업이나 「법인세법」 제24조 제3항 제1호에 따른 기부금에 대한 지출액 중 100분의 80 이상의 금액을 장학금으로 지출한 법인을 말함)

총급여는 「소득세법」 제20조 제1항 각 호의 근로소득의 금액의 합계액을 말하며, 해당 사업연도의 근로기간이 1년 미만인 경우에는 총급여액을 근로기간의 월수로 나눈 금액에 12를 곱하여 계산한 금액으로 한다. 이 경우 개월 수는 태양력에 따라 계산하되, 1개월 미만의 일수는 1개월로 한다.

(2) 해당 공익법인등의 정관상 고유목적사업에 직접 사용하는 시설에 소요되는 수선비, 전기료 및 전화사용료 등의 관리비를 제외한 관리비

4) 출연받은 날로부터 3년 내 직접사용의 예외

직접 공익목적사업 등에 사용하는 데에 있어서 장기간이 소요되는 등 다음과 같이 부득이한 사유가 있는 경우 출연 받은 재산을 3년 이내에 직접 공익목적사업 등에 전부 사용하거나 3년 이후 직접 공익목적사업 등에 계속하여 사용하는 것이 곤란한 경우에는 출연재산의 사용계획 및 진도 보고서 등 출연재산 보고서를 매 사업연도종료일부터 3개월 이내에 제출할 때 납세지 관할세무서장에게 그 사실을 보고하고, 그 사유가 없어진 날부터 1년 이내에 해당 재산을 직접 공익목적사업 등에 사용하는 경우는 증여세 부과 대상에서 제외한다(상증령 §38 ③).

① 법령상 또는 행정상의 부득이한 사유 등으로 사용이 곤란한 경우로서 주무부장관(권한을 위임받은 자를 포함)이 인정한 경우

② 해당 공익목적사업 등의 인가 · 허가 등과 관련한 소송 등으로 사용이 곤란한 경우

한편, 불특정 다수인으로부터 출연받은 재산 중 출연자별로 출연받은 재산가액을 산정하기 어려운 종교사업에 출연하는 헌금(부동산 및 주식은 제외)은 3년 내 직접 공익목적 의무사용대상 출연금으로 보지 않는다(상증령 §38 ①). 다만, 출연자별로 출연받은 재산가액의 산정이 가능한 헌금의 경우에는 그러하지 아니한다(서면인터넷방문상담4팀-577, 2008.3.6.).

계산 사례

사회복지법인 ○○일터는 독지가 K씨로부터 현금 1억원과 APT 1채, 그리고 임야 10,000㎡를 20×1.5.2.에 기증받았다. 현금 1억원은 1년 만기 정기예금에 예치하여 매년 이자수익을 사회복지사업에 사용하고 원금은 재예치하였으며, APT는 독지가 K씨와의 증여계약에 따라 A씨가 작고할 때까지만 무상 사용하기 하였고, 임야는 20×4.5.2까지 사용 용도를 찾지 못하고 미사용 상태에 있는 경우 증여세 과세가액은?

※ 상증법상 평가액

구분	20×1.5.2. (등기접수일)	20×2.5.2	20×3.5.2	20×4.5.2
APT	7억원	7.1억원	7.5억원	8억원
임야(원/㎡)	6,000	7,000	8,000	10,000

《해설》

① 현금 1억원은 수익용 재산을 취득하기 위하여 지출한 금액이므로 직접공익목적에 사용한 것으로 봄

② APT는 출연자가 무상 사용수익하고 있으므로 직접공익목적으로 사용한 것으로 볼 수 없으며 등기접수일일 증여시기로 보아 증여세 과세가액은 7억원

③ 임야는 3년 이내에 미사용하였으므로 3년이 경과한 날을 증여시기로 보아 증여세 과세가액은 10,000㎡ ×10,000원/㎡ = 1억원

④ 증여세과세가액 = ②+③ = 8억원

| 관련 집행기준 및 예규 · 심판례 등 |

• 직접 공익목적사업에 사용하는지 여부(서면인터넷방문상담4팀-610, 2008.3.11.)

직접 공익목적사업에 사용하는 것은 정관상 고유목적사업에 사용하는 것을 말하는 것임. 귀 질의의 경우 정관상 고유목적사업에 사용하는 것으로 볼 수 있는지 여부는 실질적인 사용용도에 따라 사실판단할 사항임.

• 수익용 또는 수익사업용 재산을 취득하는 경우 직접 공익목적사업 사용 여부(서일46014-11308, 2003.9.18.)

공익법인이 출연받은 재산을 직접 공익목적사업에 충당하기 위하여 수익용 또는 수익사업용 재산을 취득하거나 수익사업의 운영경비로 사용하는 경우에는 출연받은 재산을 직접 공익목적사업에 사용한 것으로 보는 것임.

• 출연재산으로 수익사업에서 발생한 임대보증금 상환 시 공익목적사업 사용여부(서일 46014-11067, 2003.8.8.)

학교법인이 출연받은 재산으로 수익사업에서 발생한 임대보증금 채무를 상환하는 데 사용하는 것은 직접 공익목적사업에 사용한 것으로 보지 아니함.

• 임대사업에서 발생한 운용소득을 임대보증금 반환목적으로 예치한 경우 직접 공익목적사업 사용 여부(서면인터넷방문상담4팀-898, 2004.6.18.)

임대사업용 건물을 소유하고 있는 공익법인이 임차인으로부터 수령한 임대보증금을 직접 공익목적사업에 사용한 후 임대사업에서 발생한 운용소득을 임대보증금 반환목적으로 예치한 경우에는 그 운용소득을 직접 공익목적사업에 사용한 것으로 보는 것이 타당함.

• 토지와 건물을 각각 구분 소유하는 경우 증여세 과세 여부(서면인터넷방문상담4팀-309, 2005.2.28.)

건물은 유지재단이 소유하고 당해 건물에 부수되는 토지는 당해 유지재단소속의 교회가 소유한 경우로서 건물 중 일부는 당해 교회가 사용하고 나머지는 수익사업용으로 운용한 경우에는 증여세 과세문제가 발생하지 아니함.

• 의료법인이 출연받은 건물을 간호사 등 종업원의 숙소로 사용하는 경우 증여세 과세 여부(기획재정부 재산세제과-735, 2012.9.6. 같은 뜻 상속증여세과-166, 2014.5.29.)

의료법인이 출연받은 건물을 간호사 등 종업원의 숙소로 사용하는 경우, 의료법인이 해당 자산을 수익사업용으로 운용하는 경우에 해당함. 다만, 그 수익사업에서 발생한 수익을 직접 공익목적사업에 충당했는지 여부는 과세관청의 사실판단사항임.

• 의료법인이 출연받은 부동산을 의사 · 종업원의 숙소 등으로 사용 시 증여세 과세 여부(재삼46014-1577, 1999.8.19.)

의료법인이 출연받은 부동산을 의사 또는 종업원의 숙소 등으로 사용하는 경우 공익목적사업 외에 사용한 것으로 보아 의료법인에게 증여세를 부과하는 것임.

• 의료법인이 부동산을 출연받아 간호사 등의 직원 기숙사로 사용한 것은 공익목적사업에 사용하였는지 여부(조심2012중4043, 2013.4.18.)

간호사들의 기숙사로 사용되고 있는 부동산은 의료법상 의료시설에 해당하지 아니하고 간호사들에게 복리후생용으로 제공되었다 할 것이어서 직접 공익목적사업에 사용하지 않은 것으로 보아 관련 증여세를 부과함.

• 출연재산으로 차입금 변제 시 직접 공익목적사업에 사용한 것으로 보는지 여부(재삼46014-1739, 1998.9.12.)

상속세및증여세법 제48조 규정 적용 시 직접 공익목적사업에 사용하는 것이란 당해 공익법인의 정관상 고유목적사업에 사용하는 것을 말하는 것이며, 출연재산으로 차입금을 변제하는 것은 직접 공익목적사업에 사용한 것으로 볼 수 없는 것임.

• 기부금으로 차입금을 상환한 경우 직접공익목적사업에 사용한 것으로 볼 수 있는지(서면-2016-상속증여-3527 [상속증여세과-00493], 2016.5.9.)

출연재산을 공익목적사업에 사용된 차입금의 상환에 사용한 경우에는 직접공익목적사업에 사용한 것으로 보는 것임(기획재정부 재산세제과-322, 2008.2.25.)

• 출연받은 재산을 사용인이 횡령하거나 출연재산을 도난당한 경우 증여세 과세 여부(서일46014-11519, 2003.10.24.)

공익법인이 출연받은 재산을 출연자 등과 친족관계가 없는 사용인이 횡령하거나 출연재산을 도난당한 경우로서 그 횡령금 및 도난물의 회수를 위하여 모든 법적조치를 한 후에도 회수할 수 없다고 인정되는 경우에는 증여세를 과세하지 아니함.

- **운용소득으로 이사장에게 매월 판공비를 지급하는 경우(서일 46014-10258, 2002.2.28.)**
  공익법인이 이사장에게 매월 판공비 명목으로 지급하는 금전은 직접 공익목적사업에 사용한 것으로 볼 수 없음.

- **직접 공익목적사업 사용 여부 등(서면인터넷방문상담4팀-605, 2005.4.22.)**
  장학사업을 영위하는 공익법인이 관리비로 지출한 금액 중 정관상 고유목적사업의 수행과 직접 관련된 비용은 직접 공익목적사업에 사용한 것으로 보는 것이며, 임원 등기비와 이사회 회의비는 정관상 고유목적사업의 수행과 직접 관련된 비용으로 볼 수 있는 것임.

- **공익법인 설립 시 지출한 등록세의 출연목적 사용여부 (재삼 46014-4575, 1993.12.31.)**
  재산을 출연받은 공익사업이 당해 공익사업을 운영하기 위하여 공익법인을 최초 설립시 지출한 등록세는 그 출연받은 재산을 출연목적에 사용한 경우에 해당하는 것임.

- **실비변상적인 출장경비가 공익법인의 정관상 고유목적사업에 사용한 것으로 보는지 여부(상속증여세과-543, 2013.9.3.)**
  해외 현지출장에 따른 경비가 정관상 고유목적사업의 수행과 직접 관련되어 지급하는 비용에 해당하는 경우에는 직접 공익목적사업에 사용한 것으로 보는 것임.

- **종교단체가 출연재산을 다른 종교단체에 재출연하는 경우 증여세 과세 여부(재산세과-161, 2011.3.30.)**
  종교의 보급 기타 교화에 현저히 기여하는 사업을 영위하는 자는 공익법인 등에 해당하는 것이며, 주무장관의 허가 없이 다른 공익법인에 출연하는 경우는 증여세가 과세됨.

- **공익법인이 출연재산을 특수관계인에게 임대한 경우 증여세 과세 등(상속증여세과-00940, 2016.8.24.)**
  공익법인이 출연받은 재산을 특수관계인에게 정상적인 임대료보다 저가로 임대용역을 제공하는 경우에는 정상적인 임대료와 실제 지급한 임대료의 차액에 상당하는 출연재산가액을 공익법인이 증여받은 것으로 보아 증여세를 부과하며, 정상적인 임대료에 해당하는지 여부는 해당 법인에게 임대를 개시한 날부터 매 1년이 되는 날을 기준으로 평가하여 판단하는 것임.

- **종교사업에 출연한 현금이 사후관리대상 출연재산에 해당여부(서면인터넷방문상담4팀-577, 2008.3.6.)**
  종교사업에 불특정다수인이 출연하여 출연자별로 출연받은 재산가액의 산정이 어려운 현금(부동산·주식 또는 출자지분으로 출연하는 경우 제외)의 경우에는 사후관리대상 출연재산에서 제외하는 것인바, 당해 현금에 대하여는 출연받은 재산의 사용에 대한 계획 및 진도에 관한 보고서의 제출의무도 없는 것이며, 이 경우 "현금"이란 종교단체가 각각 교인들로부터 직접 출연받은 금전을 말하는 것임. 다만, 출연자별로 출연받은 재산가액의 산정이 가능한 현금의 경우에는 그러하지 아니함.

- **사회복지법인이 출연받은 재산에 대한 직접공익목적사업 사용여부 등(재산세과-429, 2012.11.30.)**

  사회복지법인이 출연받은 현금을 금융기관에 예금하여 수입하는 이자(배당)소득으로 해당 공익법인의 정관상 고유목적사업의 수행에 직접 사용하는 경우에는 그 현금은 직접 공익목적사업에 사용한 것으로 보는 것임.

- **의료법인에 출연한 재산의 증여세 과세가액불산입 여부 등(재산세과-3460, 2008.10.24.)**

  의료법인 또는 정신의료법인이 운영하는 사업을 영위하는 자는 공익법인 등으로 보는 것이며, 당해 공익법인 등이 재산을 출연받아 그 출연받은 날부터 3년 이내에 직접 공익목적사업에 사용하는 경우에는 증여세가 과세되지 아니하는 것임. 이 경우 공익법인 등에 출연한 재산의 출연시기는 당해 공익법인 등이 출연재산을 취득하는 때로서, 부동산인 경우는 소유권 이전등기 접수일을 말함.

- **공익법인이 출연자에게 금전 지급 및 증여세를 대신 납부한 경우 증여세 과세여부(서면4팀-3003, 2007.10.18.)**

  공익법인 등이 출연자에게 금전을 지급하거나 출연자가 납부할 증여세를 대신 납부한 경우에는 출연재산 등의 직접공익목적사업 외 사용에 해당하는 것이며, 출연자는 당해 금전 및 증여세 상당액에 대하여 증여세 납부의무가 있음.

- **공익법인의 자산취득대금 중 미지불 금액도 고유목적사업 사용에 포함 여부(재삼46014-3331, 1994.12.19.)**

  공익사업이 정관상 고유목적사업의 수행에 직접 허용되는 자산취득에 소요된 금액은 직접 공익목적사업 사용금액에 포함하지만, 자산 취득대금 중 아직 지불하지 않은 금액은 사용금액으로 보지 아니함.

- **신규 사립박물관이 재산을 출연받는 경우 증여세 과세여부(재산세과-422, 2012.11.22.)**

  신규 사립박물관 등록과 관련하여 「박물관 및 미술관 진흥법」에 따라 등록된 사립박물관이 기부를 받을 경우 해당 사립박물관이 같은 법 시행령 제12조 제9호에 해당하는 경우에는 공익법인 등에 해당하는 경우로서 그 공익법인이 재산을 출연받아 그 출연받은 날로부터 3년 이내에 직접 공익목적사업에 사용하는 경우에는 증여세가 과세되지 아니하는 것임. 이에 해당하지 않는 경우에는 관계행정기관의 장의 추천을 받아 기획재정부장관으로부터 공익법인 등으로 지정을 받아야 하는 것임.

- **공익법인에서 일부 수혜자에게만 장학금을 지급하는 경우 증여세 부과 여부(재산세과-255, 2012.07.10.)**

  출연받은 재산을 직접공익목적사업에 사용하는 것이 일부에게만 혜택을 제공하는 것인 때에는 증여세가 부과되나, 이때 주무부장관이 기획재정부장관과 협의(위임된 경우 위임기관과 관할 세무서장의 협의)하여 따로 수혜자의 범위를 정하여 이를 공익법인 등의 설립허가 조건으로 붙인 경우는 과세대상에서 제외함.

4.2 출연재산 매각대금을 직접 공익목적사업에 사용할 의무

1) 개 요

공익법인이 출연받은 재산을 매각하게 될 경우 그 매각대금을 다음과 같이 사업연도 종료일부터 3년 이내에 직접 공익목적사업에 사용하지 아니할 경우 가산세 또는 증여세를 추징한다. 여기서 매각대금은 매각대금에 의하여 증가한 재산을 포함한 총 매각대금에서 해당 재산 매각에 따라 부담하는 국세 및 지방세를 제외한 금액을 말한다(상증법 §48 ② 4호 · 5호, 상증령 §38 ④ · ⑦).

사용기간	의무사용비율	최소사용실적 미달 시 추징방법
1년 이내	30%	가산세 부과(미달 사용액의 10%)
2년 이내	60%	가산세 부과(미달 사용액의 10%)
3년 이내	90%	증여세 추징(미달 사용액)

2) 사용 실적

사용한 실적에는 매각대금으로 직접 공익목적사업용, 수익용 또는 수익사업용 재산을 취득한 경우를 포함하며, 「독점규제 및 공정거래에 관한 법률」 제31조에 따른 공시대상기업집단에 속하는 법인과 같은 법 시행령 제4조 제1호에 따른 동일인 관련자의 관계에 있는 공익법인등이 매각대금으로 해당 기업집단에 속하는 법인의 의결권 있는 주식등을 취득한 경우는 제외한다. 또한, 공익목적사업용, 수익용 또는 수익사업용 재산을 취득하기 전에 일시 취득한 재산은 제외하는 바, 운용기간이 6개월 미만인 수익용 재산 등은 사용실적에서 제외한다.

3) 증여세를 부과하는 경우

출연재산을 매각하고 그 매각대금을 ① 공익목적사업 외에 사용하거나 ② 매각한 날이 속하는 과세기간 또는 사업연도의 종료일부터 3년 이내에 매각대금 중 직접공익목적사업에 사용한 실적이 매각대금의 100분의 90에 미달하는 경우에 증여세를 부과한다.

이 경우 매각대금 중 직접 공익목적사업용 또는 수익사업용 재산을 취득한 가액이 매각대금의 사용기준금액(재산매각에 따라 부담하는 국세 및 지방세를 제외한 매각금액의 90%)에 미달하는 경우에는 그 차액에 대하여도 증여세를 부과한다.

• 공익목적사업 외에 사용한 분

$$증여세과세가액 = 매각대금의\ 사용기준금액 \times \frac{공익목적사업\ 외\ 사용금액}{매각대금}$$

• 사용기준금액에 미달하게 사용한 분

증여세과세가액 = 매각대금 × 90% − 매각대금 사용금액

※ 공익법인등의 이사 또는 사용인의 불법행위나 분실 또는 도난으로 직접 공익목적사업에 사용할 수 없는 재산가액을 뺀 금액을 기준으로 함(상증령 §38 ⑨).

4) 매각대금 사용 실적이 미달하는 경우

출연받은 재산을 매각하고 그 매각대금을 매각한 날부터 3년 동안에 직접 공익목적사업에 사용한 실적이 매각한 날이 속하는 과세기간 또는 사업연도 종료일부터 1년 이내에 매각대금의 100분의 30, 2년 이내에 매각대금의 100분의 60에 미달하게 사용한 경우를 미달사용 금액의 10%에 상당하는 가산세를 부과한다. 이 경우 해당 매각대금 중 직접 공익목적사업용 또는 수익사업용 재산을 취득한 가액이 매 연도별 매각대금의 사용기준에 상당하는 금액에 미달하는 경우에는 그 차액에 대하여 이를 적용한다(상증법 §78 ⑨ (2), 상증령 §38 ⑦).

제3장 비영리조직의 세무실무

계산 사례

공익법인인 재단법인 ㅁ와△는 독지가 K로부터 출연받은 부동산을 수익사업용 재산으로 사용하여 오다가 20×1.7.29.에 120억원에 매각하였고, 매각에 따른 국세 및 지방세 20억원을 납부하였다. 매각일이 속하는 사업연도 종료일부터 3년 동안 다음과 같이 지출하였을 경우 각 연도별 가산세와 증여세 과세가액은?

연도	적요	금액	비고
20×1	고유목적사업비 지출	2억원	
20×2	고유목적사업비 지출	8억원	
20×2	고유목적사업 외로 지출	10억원	1년 내
20×3	수익사업용 재산 취득	20억원	2년 내
20×4	수익사업용 재산 취득	40억원	3년 내

〈해설〉

① 매각대금은 총 매각대금(120억원)에서 국세 및 지방세(20억원)를 제외한 100억원

② 20×2년도 고유목적사업 외로 사용한 금액에 대한 증여세 과세가액 = 100억원 × 90% × 10억/100억원 = 9억원

③ 20×2년도 미달사용액에 대한 가산세 = {100억원 × 30% - (2억원+8억원+9억원)}×10% = 1.1억원

④ 20×3년도 미달사용액에 대한 가산세 = {100억원 × 60% - (2억원+8억원+9억원+1.1억원+20억원)}×10% = 1.99억원

⑤ 20×4년도 사용기준금액에 미달사용분 = {100억원 × 90% - (2억원+8억원+9억원+1.1억원+20억원+1.99억원+40억원)} = 7.91억원

⑥ 증여세과세가액 = ② + ⑤ = 16.91억원

| 관련 집행기준 및 예규 · 심판례 등 |

- **매각대금의 직접공익목적 사용여부(상속증여세과-01260, 2015.12.2.)**

  공익법인 등이 출연받은 재산 등의 매각대금으로 정관상 고유목적사업의 수행에 직접 사용하는 재산을 취득하거나 운용기간 6월 이상인 수익용 또는 수익사업용 재산의 취득 및 운용에 사용하는 경우는 직접공익목적사업에 사용한 것으로 봄.

- **퇴직금 지급 시 출연재산 매각대금의 직접공익목적 사용여부(재산세과-827, 2009.4.29.)**

  공익법인이 출연받은 재산을 매각하는 경우 그 매각대금을 3년 이내에 90% 이상을 직접공익목적사업에 사용하여야 하는 것이며, 이 경우 종교단체가 정관에 규정된 퇴직금 지급규정에 따라 지급하는 금품은 직접공익목적사업에 사용한 것으로 봄.

- **차입금 변제 시 출연재산 매각대금의 직접공익목적 사용여부**

  - 출연재산 매각대금으로 차입금을 변제하는 것은 직접공익목적사업에 사용한 것으로 볼 수 없는 것임(재삼 46014-1828, 1998.9.22.).
  - 공익법인이 출연받은 재산 매각대금으로 공익목적사업에 사용된 차입금의 상환에 사용하였다면 동 부동산의 매각대금을 직접공익목적사업에 사용한 것으로 보는 것임(서면인터넷방문상담4팀-1397, 2008.6.11.).

- **전세보증금으로 사용한 경우 출연재산 매각대금의 직접공익목적 사용여부(재산세과-3144, 2008.10.7.)**

  출연재산 매각대금으로 전세보증금에 사용하는 경우 해당 보증금이 정관상 고유목적사업 수행을 위한 건물의 임차와 관련하여 사용하는 보증금에 해당하는 경우에는 직접공익목적사업에 사용한 것으로 보는 것임.

- **다른 공인법인에 출연한 경우 출연재산 매각대금의 직접공익목적 사용여부(재산세과-1134, 2009.6.9.)**

  직접공익목적사업에 사용하는 것은 당해 공익법인의 정관상 고유목적사업에 사용하는 것으로, 매각대금을 직접공익목적사업에 효율적으로 사용하기 위하여 주무관청의 허가를 받아 다른 공익법인 등에게 출연하는 것을 포함하는 것임.

• 마을회 재산의 매각대금을 마을회 회원에게 분배하는 경우 증여세 과세 여부(서면인터넷 방문상담4팀-3609, 2007.12.21.)

마을회가 소유한 재산을 매각하고 그 매각대금을 마을회 회원에게 분배하는 경우에는 그 분배한 대금에 대하여 마을회 회원에게 증여세가 과세되는 것임.

4.3 출연재산 운용소득을 직접 공익목적사업에 사용할 의무

1) 개 요

공익법인이 출연받은 재산을 수익용 또는 수익사업용으로 운용하는 경우로서 그 운용소득을 직접 공익목적사업 외에 사용한 경우에는 해당 재산에 대하여 증여세를 부과하고(상증법 §48 ② 3호), 그 운용소득의 사용실적이 사용기준금액에 미달하는 경우에는 미달사용액의 10%를 가산세로 부과한다(상증법 §48 ② 5호, 상증령 §38 ⑤·⑥). 단, 2022.1.1. 전 개시하는 사업연도까지는 일반공익법인 70%(성실공익법인은 80%)를 적용한다.

• 출연재산 운용소득을 공익목적사업 외에 사용한 경우

$$증여세과세가액 = \frac{출연재산\ 평가가액}{(직접공익목적사업에\ 사용분은\ 제외)} \times \frac{공익목적사업\ 외에\ 사용한\ 금액}{운용소득}$$

• 출연재산 운용소득을 사용기준금액에 미달하게 사용한 분

증여세 가산세={운용소득 사용기준금액-운용소득 사용실적 금액}×10%

※ 공익법인등의 이사 또는 사용인의 불법행위나 분실 또는 도난으로 직접 공익목적사업에 사용할 수 없는 재산가액을 뺀 금액을 기준으로 함(상증령 §38 ⑨).

2) 출연재산 평가가액

출연재산 운용소득을 공익목적사업 외에 사용한 경우 증여세 과세가액을 산정할 때 출연재산(직접 공익목적사업에 사용한 분 제외) 평가가액이란 운용소득을 사용하여야 할 과세기간 또는 사업연도의 직전 과세기간 또는 사업연도 말 현재 수익용이나 수익사업용으로 운용하는 출연재산에 대한 재무상태표상 가액을 말한다. 다만, 그 가액이 「상속세 및 증여세법」 제4장에 따라 평가한 가액의 100분의 70 이하인 경우에는 「상속세 및 증여세법」 제4장에 따라 평가한 가액으로 한다(상증칙 §13 ②). 출연재산 중 "공익법인등이 1년 이상

보유한 주식"등의 평가가액은 그 액면가액으로 한다. 여기서 "공익법인 등이 1년 이상 보유한 주식"이라 함은 그 공익법인 등이 직접공익목적사업에 사용하여야 할 사업연도의 직전사업연도말 현재 1년 이상 보유한 주식을 말한다(상증칙 §13 ③, 상증통칙 48-40…8).

3) 출연재산 운용소득

출연받은 재산의 운용소득이란 아래와 같이 계산한 금액으로 사업용 유 · 무형자산이나 기타 수익의 원천이 되는 재산을 처분하거나 평가함으로써 생긴 소득은 포함하지 아니한다(상증령 §38 ⑤, 상증통 48-38…4).

출연재산 운용소득=(①-②+③)

① 해당 사업연도 수익사업에서 발생한 차가감 소득금액 =
　　해당 사업연도 수익사업에서 발생한 소득금액
　+ 출연재산을 수익의 원천에 사용함으로써 생긴 소득금액(분리과세된 이자소득 포함)
　+ 고유목적사업준비금
　+ 해당 사업연도 중 고유목적사업으로 지출된 금액으로 손금산입된 금액
　- 출연재산과 관련이 없는 수익사업에서 발생한 소득금액
　- 상증법 §48 ② 4호에 따른 출연재산 매각금액
　- 공익법인이 보유한 주식을 발행한 법인의 합병 · 분할에 따른 의제배당액(합병 · 분할대가 중 주식으로 받은 부분으로 한정함)으로서 해당 사업연도 소득금액에 포함된 금액(2021. 2.17. 이후 가산세를 결정하는 분부터 적용)

② 해당 소득에 대한 법인세 또는 소득세 · 농어촌 특별세 · 지방소득세 · 이월결손금

③ 직전 사업연도의 운용소득 사용기준금액에 미달사용한 금액-미달 사용금액에 대한 가산세

4) 운용소득의 사용기준금액

운영소득의 사용기준금액은 상기 3) 출연재산 운용소득의 100분의 80에 상당하는 금액을 말한다. 따라서 출연재산을 수익사업에 사용한 결과 발생한 운용소득에 대하여는 해당 소득에 대한 법인세 또는 소득세 · 농어촌특별세 · 주민세와 이월결손금을 공제한 금액의 80% 이상을 그 소득이 발생한 과세기간 또는 사업연도의 종료일부터 1년 내에 직접 공익목적사업에 사용하여야 하며 그러지 않을 경우 가산세를 부과한다. 한편, 2022년 1월 1일 이후 개시하는 사업연도 분부터는 모든 공익법인이 운용소득의무사용 비율을 80%로 적용하고, 그 이전 사업연도 귀속 운용소득은 70%(성실공익법인은 80%)를 적용한다.

5) 운용소득 사용실적

운용소득 사용실적은 수익사업용 또는 수익용으로 사용하는 출연재산의 운용소득을 재원으로 하여 직접공익목적사업에 사용한 금액(해당 과세기간 또는 사업연도 중 고유목적사업비로 지출된 금액으로서 손금에 산입된 금액을 포함)의 합계액으로, 운용소득이 발생한 과세기간 또는 사업연도 종료일부터 1년 이내에 사용한 실적을 말한다. 다만, 사용실적 및 기준금액을 당해 사업연도와 직전 4 사업연도의 5년간의 평균금액으로 할 수 있고, 만약 사업개시 후 5년이 경과되지 아니한 경우에는 사업개시 후 5년이 경과한 때부터 이를 계산할 수 있다(상증령 §38 ⑥, 상증통 48－38…4 ③, 상증기준 48－38－7).

한편, 운용소득으로 수익용재산을 취득한 금액은 직접공익목적사업 사용금액에 포함하지 아니한다(상증통 48－38…3 ③).

직접공익목적사업에 사용한 금액이 재원별로 구분할 수 있는 경우에는 실제구분에 의하고, 구분할 수 없는 경우에는 출연재산 운용소득, 출연재산 매각금액, 출연받은 재산, 기타 재산의 순서대로 사용한 것으로 본다(상증통 48－38…4 ④).

계산 사례

2015년 8월에 설립한 장학재단 K(12월말법인)는 출연재산 현금 200억원을 은행에 1년 만기 예금에 예치하여 자금을 운용하고 있다. 이 이자소득 이외는 소득이 없고 연도별 이자소득과 고유목적사업준비금의 변동 내역이 다음과 같을 경우 가산세는?

(단위 : 백만원)

구분	2016년	2017년	2018년	2019년	2020년	2021년
－이자소득	1,000	1,200	1,000	900	1,000	800
－고유목적사업준비금						
전입액	1,000	1,200	1,000	900	1,000	800
사용액	500	900	800	700	900	600
기말잔액	500	800	1,000	1,200	1,300	1,500

* 고유목적사업준비 사용액은 전액 직접 공익목적사업에 사용하였음

〈해설〉

(단위 : 백만원)

구분	2017년	2018년	2019년	2020년	2021년	2022년
운용소득(전년도)	1,000	1,200	1,000	900	1,000	800
의무사용비율	70%	70%	70%	70%	70%	80%
사용기준금액	700	840	725.2	645.876	700	640
사용실적	900	800	700	900	600	?
과부족	적합	△40	△25.2	적합	△100	

1. 2018년

① 부족사용액에 대한 가산세 = 40백만원×10%=4백만원,

② 차년도 운용소득에 포함할 금액 = 40백만원-4백만원=36백만원

2. 2019년

① 사용기준금액 = (1,000백만원+36백만원)×70% =725.2백만원

② 부족사용액에 대한 가산세 = 25.2백만원 × 10% = 2.52백만원

③ 차년도 운용소득에 포함할 금액 = 25.2백만원 - 2.52백만원 = 22.68백만원

3. 2020년

① 사용기준금액 = (900백만원 + 22.68백만원) × 70% = 645.876백만원

4. 2021년

① 당해 사업연도 기준 부족 사용액 = 100백만원

② 5년 평균 기준 부족 사용액 = 0백만원

5년 평균 사용기준금액 722백만원 ≦ 5년 평균 사용실적 780백만원

③ 가산세와 차년도 운용소득에 포함할 금액은 없음

5. 2022년

① 당해 사업연도 기준 최소 사용실적액은? 640백만원

② 5년 평균 기준 최소 사용실적액은? 550백만원

5년 평균 사용기준금액 710백만원 ≦ 5년 평균 사용실적 (800+700+900+600+X)/5

▎관련 집행기준 및 예규 · 심판례 등 ▎

- **운용소득 해당 여부(대법원 2007두26711, 2010.5.27.)**

수익사업에서 발생한 소득금액이라 함은 출연재산으로 영위하는 수익에서 발생한 소득금액만을 의미하고, 출연재산과 무관한 수익사업에서 발생한 소득금액은 포함하지 아니함.

- **운용소득등으로 차입금 상환 시 직접공익목적사업에 사용여부 등(기획재정부 재산세제과-32, 2017.1.12.)**

고유목적사업준비금 미사용 등에 따라 납부하는 법인세 상당액은 매각대금 사후관리대상에서 제외되며, 공익법인에 부과된 법인세 등 납부에 사용한 차입금을 운용소득 등으로 상환한 경우 증여세를 부과하지 않으나, 직접공익목적사업에 사용한 금액에도 포함하지 않음.

- **운용소득 사용실적여부(재산세과-174, 2010.3.19.)**

공익법인 등이 출연받은 재산을 수익용 또는 수익사업용으로 운용하는 경우로서 임대소득금액을 예금으로 적립하거나 임대보증금의 반환에 사용한 금액을 직접공익목적사업 외에 사용한 것으로 보아 증여세를 부과하지는 않으나, 직접공익목적사업에 사용한 금액에는 포함하지 아니하는 것임.

- **공익법인 운용소득의 사용기준금액 산정방법(재산세과-273, 2009.9.21.)**

공익법인 등의 운용소득 사용기준과 관련하여 5년간 평균금액으로 운용소득 사용실적 및 기준금액을 산정하는 경우 결손이 발생한 연도는 (0)으로 보는 것임.

- 운용소득을 다시 수익용으로 운용하는 경우 직접공익목적사업 사용 여부(서면인터넷 방문상담4팀-2016, 2004.12.10.)

  운용소득 중 관계회사 대여금 등 수익용으로 사용한 금액을 직접공익목적사업 외에 사용한 것으로 보아 증여세를 부과하지는 않으나, 직접공익목적사업에 사용한 실적에도 포함하지 아니하는 것임.

- 공익법인이 주식으로 배당금을 받은 경우 운용소득의 범위(서일46014-10257, 2002.2.28.)

  공익법인이 비상장법인으로부터 현금배당과 주식배당을 받은 경우 「법인세법」 제18조의 3의 규정에 의한 익금불산입 금액에 관계없이 현금배당액과 주식배당액 전액을 동항 제1호의 규정에 의한 금액에 가산하는 것임.

4.4 수익용 출연재산의 일정비율 의무지출

1) 개 요

총자산가액 5억원 이상이거나 해당 사업연도의 수입금액과 출연재산가액 합계액이 3억원 이상인 공익법인 및 동일한 내국법인의 의결권 있는 주식 등을 그 내국법인 발행주식총수 등의 5%를 초과하여 보유하고 있는 공익법인등이 출연재산가액에 1%(3%)을 곱하여 계산한 금액(출연재산 사용기준 금액)에 상당하는 금액에 미달하여 직접 공익목적사업에 사용한 경우에는 가산세를 부과한다(상증법 §48 ② 7호).

- **출연재산 사용기준금액에 미달하게 사용한 분**

  증여세 가산세={출연재산 사용기준금액－직접 공익목적에 사용한 금액}×10%

  ※ 공익법인등의 이사 또는 사용인의 불법행위나 분실 또는 도난으로 직접 공익목적사업에 사용할 수 없는 재산가액을 뺀 금액을 기준으로 함(상증령 §38 ⑨).

한편, 출연재산 사용기준 미달사용 가산세와 출연재산 운용소득 미달사용 가산세(4.3 참조)가 동시에 해당하는 경우에는 둘 중 큰 금액으로 가산세를 부과한다(상증법 §78 ⑨ 단서).

2) 의무지출 제외 대상 공익법인(상증령 §38 ⑱)

① 상증령 제12조 제1호의 사업을 하는 공익법인등(종교법인)은 의무지출 제외대상 공익

법인이다. 다만, 상증령 제41조의 2 제6항에 해당하는 공익법인등(동일 내국법인주식 초과보유에 따른 의무이행여부 신고대상 공익법인등을 말함)은 의무지출 대상 공익법인에 해당한다.

② 과세기간 또는 사업연도의 종료일 현재 재무상태표상 총자산가액(부동산인 경우 상증법 §60 · §61 · §66에 따라 평가한 가액과 재무상태표상의 가액 중 큰 금액으로 평가한 가액)의 합계액이 5억원 미만이면서 해당 과세기간 또는 사업연도의 수입금액과 그 과세기간 또는 사업연도에 출연받은 재산의 합계액이 3억원 미만인 공익법인은 의무지출 제외대상 공익법인이다. 다만, 상증령 제41조의 2 제6항에 해당하는 공익법인등(동일 내국법인주식 초과보유에 따른 의무이행여부 신고대상 공익법인등을 말함)은 의무지출 대상 공익법인에 해당한다.

③ 법령 §39 ① 1호 바목에 따른 공익법인 중 「공공기관의 운영에 관한 법률」 제4조에 따른 공공기관 또는 법률에 따라 직접 설립된 기관

3) 출연재산 사용기준 금액(상증령 §38 ⑲)

(1) 출연재산가액

출연재산가액이란 직접 공익목적사업에 사용해야 할 과세기간 또는 사업연도의 직전 과세기간 또는 사업연도 종료일 현재 재무상태표 및 운영성과표를 기준으로 다음의 계산식에 따라 계산한 가액을 말한다.

> 수익용 또는 수익사업용으로 운용하는 재산(직접 공익목적사업용 재산은 제외)의
> 〔총자산가액 – (부채가액 + 당기순이익)〕

다만, 상증령 제41조의 2 제6항에 따른 공익법인등에 해당(동일 내국법인주식 초과보유에 따른 의무이행여부 신고대상 공익법인등을 말함)하거나, 제43조 제3항에 따른 공익법인등에 해당하지 않는(의무 외부감사대상 공익법인을 말함) 공익법인의 경우에는 재무상태표상 자산가액이 상증법 제4장(재산의 평가)에 따라 평가한 가액의 100분의 70 이하인 경우에는 상증법 제4장의 평가액을 기준으로 한다.

총 자산가액 중 해당 공익법인이 3년 이상 보유한 유가증권시장 또는 코스닥시장에 상장된 주권상장법인의 주식이 있는 경우 동 주식의 가액은 직전 3개 과세기간 또는 사업연

도 종료일 현재 각 재무상태표 및 운영성과표를 기준으로 한 가액의 평균액(2024.1.1. 이후 신고기한 도래분부터는 5개년도 평균액)으로 한다.

(2) 사용 기준금액 : (1)×1%(3%)

사용기준금액은 출연재산가액에 100분의 1 곱하여 계산한 금액을 말한다. 다만, 동일 기업 주식의 발행주식총수등의 100분의 10을 초과하여 보유하고 있는 공익법인등(의결권 미행사, 자선 · 장학 · 사회복지 목적)의 경우에는 100분의 3를 곱하여 계산한 금액에 상당하는 금액을 말한다.

4) 직접 공익목적에 사용한 금액의 범위

직접 공익목적사업에 사용하는 것은 공익법인 등의 정관상 고유목적사업에 사용하는 것을 말하며, 출연받은 재산을 해당 직접 공익목적사업에 효율적으로 사용하기 위하여 주무관청의 허가를 받아 다른 공익법인등에게 출연하는 것을 포함한다(상증령 §38 ②).

다만, 다음의 경우는 직접 공익목적에 사용하는 것에서 제외한다.

① 「법인세법 시행령」 제56조 제11항에 따라 고유목적에 지출한 것으로 보지 아니하는 금액 : 8천만원을 초과하는 법인의 임원 및 직원이 지급받는 총급여액을 말하며 4.1에서 전술함

② 해당 공익법인등의 정관상 고유목적사업에 직접 사용하는 시설에 소요되는 수선비, 전기료 및 전화사용료 등의 관리비를 제외한 관리비

다만, 2024.1.1. 이후 신고기한이 도래하는 분부터는 직접 공익목적에 사용한 실적 금액의 산정 기준을 ① 당해 과세연도 사용실적과 ② 당해 과세연도를 포함한 과거 5년 평균 사용실적 중 선택이 가능하다.

▮출연재산 의무지출에 대한 개정 연혁▮

구 분	법률 제14388호 (2016. 12. 20.)	법률 제16846호 (2019. 12. 31.)	법률 제17654호 (2020. 12. 22.)
시행	2018.1.1.이후 개시하는 분부터	2021.1.1. 이후 개시하는 분부터	2022.1.1. 이후 개시하는 분부터
적용대상	지분율 5% 초과 보유한 성실공익법인	기준규모 이상 공익법인도 포함(자산 5억원 또는 수입금액 3억원 이상. 종교법인과 공공기관 등은 적용 제외)	

구 분	법률 제14388호 (2016. 12. 20.)	법률 제16846호 (2019. 12. 31.)	법률 제17654호 (2020. 12. 22.)
의무지출 비율	지분율 5~10% : 1% 10% 초과 시 : 3%	지분율 0~10% : 1% 10% 초과 시 : 3%	좌동
지출실적	당해 연도 사용실적	좌동	좌동
제재	미달사용액의 10% 가산세	좌동	주식 5% 이하 보유공익법인 : 10% 가산세 주식 5% 초과 보유 공익법인 : 10% 가산세와 증여세
비고	신설	적용대상 확대	증여세 추가 부과

4.5 주식을 출연받거나 취득 및 보유하는 경우 증여세 과세

1) 개 요

공익법인등이 의결권 있는 내국법인의 주식을 출연받거나 출연받은 재산으로 의결권 있는 내국법인의 주식을 취득하는 경우, 보유 중인 동일 내국법인 주식등과 합하여 발행주식 총수(자기주식 제외)의 5%(10%, 20%)를 초과하여 보유하게 될 경우 그 초과하는 가액에 대하여 증여세를 부과한다(상증법 §48 ① · ② 2호).

또한, 당해 공익법인등과 특수관계에 있는 내국법인 주식을 보유하게 되는 경우 그 내국법인의 주식등의 가액이 해당 공익법인의 총재산가액의 30%(50%)를 초과하는 경우 가산세를 부과한다(상증법 §48 ⑨).

주식 출연 및 취득 한도와 총재산대비 보유한도 및 그 요건 등은 다음과 같다.

주식 출연 및 취득 한도와 그 요건에 대하여 1장 2절 5. 주식을 출연하여 설립하는 경우 과세문제에서 이미 설명하였으므로 그 장을 참조하기 바란다.

기준	한도	요 건	제재
출연 또는 취득 시 지분율	5%	상호출자제한기업집단과 특수관계에 있는 공익법인등 ☞ 「독점규제 및 공정거래에 관한 법률」에 따라 지정된 상호출자제한기업집단에 속하는 법인과 동일인관련자의 관계에 있는 공익법인등을 말함.	초과 출연 또는
		또는 상증법 §48 ⑪ 각 호의 요건 불충족 공익법인등	

<table>
<tr><th>기준</th><th>한도</th><th colspan="2">요 건</th><th>제재</th></tr>
<tr><td rowspan="5">출연 또는 취득 시 지분율</td><td>10%</td><td rowspan="4">상증법 §48 ⑪ 각 호 요건 충족</td><td>일반적인 경우</td><td rowspan="5">취득분 증여세 부과</td></tr>
<tr><td>20%</td><td>의결권 미행사를 정관에 규정한 자선·장학 또는 사회복지를 목적으로 하는 공익법인</td></tr>
<tr><td rowspan="3">없음</td><td>출연자와 특수관계 없는 내국법인의 주식을 주무관청에 승인을 받음</td></tr>
<tr><td>10% 초과 출연분 3년 이내 특수관계 없는 자에게 매각하는 조건</td></tr>
<tr><td colspan="2">「공익법인의 설립·운영에 관한 법률」 및 그 밖의 법령에 따라 취득하는 경우</td></tr>
<tr><td rowspan="3">보유 시 총재산 대비 비율</td><td>30%</td><td rowspan="2">상증법 §48 ⑪ 각 호의 요건 불충족 공익법인</td><td>일반적인 경우</td><td rowspan="3">초과 보유분 가산세 5%</td></tr>
<tr><td>50%</td><td>외부회계감사, 전용계좌 개설 및 사용, 결산서류 등의 공시 이행</td></tr>
<tr><td>없음</td><td colspan="2">상증법 §48 ⑪ 각 호의 요건 충족한 공익법인</td></tr>
</table>

※상증법 §48 ⑪ 각 호의 요건

① 출연받은 재산을 수익사업용 등으로 운용하는 경우 운용소득에 80% 이상을 직접 공익목적사업에 사용할 것
② 수익사업용 출연재산가액에 1% 이상을 직접 공익목적사업에 사용할 것(2022.1.1. 이후 개시하는 사업연도 분부터 적용)
③ 출연자 또는 그의 특수관계인이 공익법인등의 이사 현원의 5분의 1을 초과하지 않을 것
④ 법 제48조 제3항에 해당하지 자기내부거래를 하지 않을 것
⑤ 법 제48조 제10항 전단에 따른 광고·홍보를 하지 않을 것

2) 동일 내국법인 주식을 5%(10%, 20%) 초과하여 출연받는 경우

(1) 개 요

공익법인이 내국법인의 주식을 출연받은 경우로서 ⓐ 당해 출연받은 주식과 ⓑ 다음의 주식을 합한 것이 내국법인의 의결권 있는 총 발행주식수의 5%(10%, 20%) 이하의 경우 공익법인의 증여세과세가액에 불산입하고, 이를 초과하는 경우 초과분은 증여세를 부과한다(상증법 §48 ①).

① 출연할 당시 공익법인이 보유하고 있는 동일한 내국법인 주식
② 출연자 및 그의 특수관계인이 다른 공익법인에 출연한 동일한 내국법인의 주식
③ 출연자 및 그의 특수관계인으로부터 재산을 출연받은 다른 공익법인 등이 출연 당시 보유하고 있는 동일한 내국법인의 주식

- **초과출연 받은 분에 대한 증여세 과세가액**

증여세 과세가액 = 1주당 평가액 × (A − B)

A : 상기 ⓐ + ⓑ

B : (의결권 있는 발행주식 총수 − 자기주식) × 5%(10%, 20%)

* 10%는 2017.7.1. 이후 출연받는 분부터는 i. 성실공익법인+ ii. 상호출자제한기업집단과 특수관계가 없을 것을 요건으로 함.

** 20%는 2018.1.1. 이후 출연받는 분부터 적용함.

(2) 초과 보유 기준일

주식 등의 초과 취득 여부는 다음 각 호의 어느 하나에 해당하는 날을 기준으로 계산한다(상증령 §37 ①).

① 공익법인 등이 매매 또는 출연에 의하여 주식 등을 취득하는 경우에는 그 취득일

② 공익법인 등이 보유하고 있는 주식 등을 발행한 내국법인이 자본 또는 출자액을 증가시키기 위하여 발행한 신주 중 공익법인 등에게 배정된 신주를 유상으로 취득하는 경우에는 그 취득하는 날이 속하는 과세기간 또는 사업연도 중 「상법」 제354조의 규정에 의한 주주명부의 폐쇄일 또는 권리행사 기준일(주식회사 외의 회사의 경우에는 과세기간 또는 사업연도의 종료일로 함)

③ 공익법인 등이 보유하고 있는 주식 등을 발행한 내국법인이 자본 또는 출자액을 감소시킨 경우에는 감자를 위한 주주총회결의일이 속하는 연도의 주주명부폐쇄일(주식회사 외의 회사의 경우에는 과세기간 또는 사업연도의 종료일로 함)

④ 공익법인등이 보유하고 있는 주식등을 발행한 내국법인이 합병을 함에 따라 그 합병법인이 발행한 주식등을 취득하는 경우에는 합병등기일이 속하는 과세기간 또는 사업연도 중 「상법」 제354조에 따른 주주명부의 폐쇄일 또는 권리행사 기준일(주식회사 외의 회사의 경우에는 과세기간 또는 사업연도의 종료일로 한다)

한편, 이 경우 증자나 감자의 경우 주주명부폐쇄일을 기준으로 초과부분을 계산하도록 한 것은 공익법인의 의사와는 무관하게 내국법인에 대한 지분비율이 증가될 수 있는 등의 사정을 감안하여 공익법인에게 주주명부폐쇄일까지 초과보유 주식을 처분할 기회를 부여하고 그 기간 내에 처분된 주식에 대하여는 증여세가 과세되지 않도록 하는 데에 그 취지가 있다고 하겠다. 다만, 평가기준일에 관하여는 명시적인 규정을 두고 있지 않으나, 초과하는 가액의 평가기준일은 주주명부폐쇄일이 아닌 증자나 감자에 따른 증여이익을 산정

하는 경우와 마찬가지로 주금납입일이나 주주총회결의일로 보아야 할 것이다(상증령 §37 ①, 대법원 2016두36116, 2016.7.27.).

(3) 과세제외 요건(상증법 §16 ③ 각 호)

다음 각 호의 어느 하나에 해당하는 경우에는 그 내국법인의 발행주식총수등의 10%(20%) 비율을 초과하는 경우에도 그 초과하는 가액을 과세가액에 산입하지 아니한다.

① 제48조 제11항 각 호의 요건을 충족하는 공익법인등과 국가·지방자치단체가 출연하여 설립한 공익법인등 및 공공기관이 재산을 출연하여 설립한 공익법인등으로서 상호출자제한기업집단과 특수관계에 있지 아니한 공익법인등에 그 공익법인등의 출연자와 특수관계에 있지 아니한 내국법인의 주식등을 출연하는 경우로서 주무관청이 공익법인등의 목적사업을 효율적으로 수행하기 위하여 필요하다고 인정하는 경우

② 상호출자제한기업집단과 특수관계에 있지 아니한 공익법인등으로서 제48조 제11항 각 호의 요건을 충족하는 공익법인등(공익법인등이 설립된 날부터 3개월 이내에 주식등을 출연받고, 설립된 사업연도가 끝난 날부터 2년 이내에 해당 요건을 충족하는 경우를 포함)에 발행주식총수등의 10%(20%) 비율을 초과하여 출연하는 경우로서 해당 공익법인등이 초과보유일부터 3년 이내에 초과하여 출연받은 부분을 매각(주식등의 출연자 또는 그의 특수관계인에게 매각하는 경우는 제외)하는 경우

③ 「공익법인의 설립·운영에 관한 법률」 및 그 밖의 법령에 따라 내국법인의 주식등을 출연하는 경우

3) 출연받은 재산 등으로 동일 내국법인 주식을 5%(10%, 20%) 초과하여 취득하는 경우

(1) 개 요

공익법인이 출연받은 재산이나 그 운용소득 또는 출연받은 재산의 매각대금(매각대금에 의하여 증가한 재산을 포함하며 매각에 따라 부담하는 국세 및 지방세 제외)으로 내국법인의 의결권 있는 주식을 발행주식총수(자기주식 제외)의 5%(10%, 20%)를 초과하여 취득하는 경우 그 초과 취득분에 대하여 증여세를 과세한다.

이 경우 초과 취득분의 계산은 당해 취득하는 주식과 다음의 주식의 수를 합하여 산정한다(상증법 §48 ② 2호, 상증령 §40 ① 2호).

① 취득 당시 해당 공익법인등이 보유하고 있는 동일한 내국법인의 주식등

② 해당 내국법인과 특수관계에 있는 출연자가 해당 공익법인등 외의 다른 공익법인등에 출연한 동일한 내국법인의 주식등

③ 해당 내국법인과 특수관계에 있는 출연자로부터 재산을 출연받은 다른 공익법인등이 보유하고 있는 동일한 내국법인의 주식등

(2) 증여세 과세가액

> **• 초과취득분 증여세 과세가액**
> 증여세 과세가액＝초과 취득부분을 취득하는 데 사용한 재산의 가액

초과 취득 여부는 매매의 방법으로 취득하는 경우에는 그 취득일을 기준으로 하고, 증자나 감자의 경우에는 주주명부 폐쇄일까지 유예기간을 두어 초과 취득 주식을 처분할 기회를 부여하고 그 기간 내에 처분된 주식에 대하여는 증여세가 과세되지 않도록 하고 있다.

(3) 과세제외 요건(상증법 §48 ② 단서, 상증령 §37 ⑥)

다음 각 호의 어느 하나에 해당하는 경우에는 그 내국법인의 발행주식총수등의 10%(20%) 비율을 초과하는 경우에도 그 초과하는 가액을 상속세 과세가액에 산입하지 아니한다.

① 제48조 제11항 각 호의 요건을 충족하는 공익법인등과 국가 · 지방자치단체가 출연하여 설립한 공익법인등 및 공공기관이 재산을 출연하여 설립한 공익법인등으로서 상호출자제한기업집단과 특수관계에 있지 아니한 공익법인등에 그 공익법인등의 출연자와 특수관계에 있지 아니한 내국법인의 주식등을 출연하는 경우로서 주무관청이 공익법인등의 목적사업을 효율적으로 수행하기 위하여 필요하다고 인정하는 경우

② 「공익법인의 설립 · 운영에 관한 법률」 및 그 밖의 법령에 따라 내국법인의 주식등을 출연하는 경우

③ 「산업교육진흥 및 산학연협력촉진에 관한 법률」에 따른 산학협력단이 주식등을 취득하는 경우로서 다음 각 호의요건을 모두 갖춘 경우

i. 「산업교육진흥 및 산학연협력촉진에 관한 법률」에 따른 산학협력단(이하 "산학협력단"이라 함)이 보유한 기술을 출자하여 같은 법에 따른 기술지주회사(이하 이 조에서 "기술지주회사"라 함) 또는 「벤처기업 육성에 관한 특별조치법」에 따른 신기술창업전문회사(이하 이 조에서 "신기술창업전문회사"라 함)를 설립할 것

ⅱ. 산학협력단이 출자하여 취득한 주식등이 기술지주회사인 경우에는 발행주식총수의 100분의 50 이상(「산업교육진흥 및 산학연협력촉진에 관한 법률」 제36조의 2 제1항에 따라 각 산학협력단이 공동으로 기술지주회사를 설립하는 경우에는 각 산학협력단이 출자하여 취득한 주식등의 합계가 발행주식총수의 100분의 50 이상을 말함), 신기술창업전문회사인 경우에는 발행주식총수의 100분의 30 이상일 것

ⅲ. 기술지주회사 또는 신기술창업전문회사는 자회사 외의 주식등을 보유하지 아니할 것

4) 계열기업 주식 보유 시 가산세 부과

(1) 개 요

공익법인이 「독점규제 및 공정거래에 관한 법률」의 기업집단에 속하는 계열기업의 주식등을 출연받거나 보유하게 되어 특수관계가 성립하게 되고, 해당 기업(특수관계에 있는 내국법인)의 주식가액이 당해 공익법인의 총재산가액의 30%(50%)를 초과할 경우 다음과 같이 가산세를 부과한다(상증법 §48 ⑨).

> • **초과보유분의 가산세 부과액**
>
> 가산세액=매 사업연도말 현재 초과하여 보유하고 있는 주식등의 시가×5%
>
> * 과세요건 : A 〉 B×30%(50%)일 경우
>
> · A : 해당 기업의 주식의 취득가액 또는 B/S상 가액 중 적은 금액
> · B : A+공익법인의 총재산(해당 기업 주식 제외)에 대한 B/S가액
> · 50% : 회계감사, 전용계좌의 개설 · 사용, 결산서류 등 공시이행 등
> · 나중에 취득한 주식 등부터 부과한다.
>
> * 초과하는 내국법인의 주식등의 가액=A−B×30%(50%)

(2) 과세제외 요건(상증령 §42 ②)

한편, ① 상증법 §48 ⑪ 각 호의 요건을 충족하는 공익법인과 ② 국가 · 지방자치단체가 설립한 공익법인과 이에 준하는 공익법인으로 다음 각 호의 공익법인등은 기업집단 소속의 내국법인의 주식을 총 재산가액의 30%(50%)를 보유하여도 가산세를 부과하지 않는다.

ⅰ. 국가 · 지방자치단체가 출연하여 설립한 공익법인 등이 재산을 출연하여 설립한 공익법인 등

ⅱ. 「공공기관의 운영에 관한 법률」 제4조 제1항 제3호에 따른 공공기관이 재산을 출연

하여 설립한 공익법인 등

iii. 'ii'의 공익법인 등이 재산을 출연하여 설립한 공익법인 등

(3) 특수관계에 있는 내국법인의 범위

특수관계에 있는 내국법인이란 다음 중 어느 하나에 해당하는 자가 다음의 '①'에 해당하는 기업의 주식 등을 출연하거나 보유한 경우의 해당 기업(해당 기업과 함께 '①'에 해당하는 자에 속하는 다른 기업 포함)을 말한다(상증령 §38 ⑬).

① 「독점규제 및 공정거래에 관한 법률 시행령」 제3조 각호의 어느 하나에 해당하는 기업집단의 소속 기업(해당 기업의 임원 및 퇴직임원 포함)과 다음 각 목의 어느 하나에 해당하는 관계에 있는 자 또는 해당 기업의 임원에 대한 임면권의 행사 및 사업방침의 결정 등을 통하여 그 경영에 관하여 사실상의 영향력을 행사하고 있다고 인정되는 자

㉮ 기업집단 소속의 다른 기업

㉯ 기업집단을 사실상 지배하는 자

㉰ 위 '㉯'의 자와 그 친족 및 직계비속의 배우자의 2촌 이내의 부계혈족과 그 배우자

② 기업집단 소속기업(위 ① 본문) 또는 기업집단 소속의 다른 기업(위 '①의 ㉮') 임원 또는 퇴직임원이 이사장인 비영리법인

③ 위 '①' 본문과 '②'에 해당하는 자가 이사의 과반수이거나 재산 출연하여 설립한 비영리법인

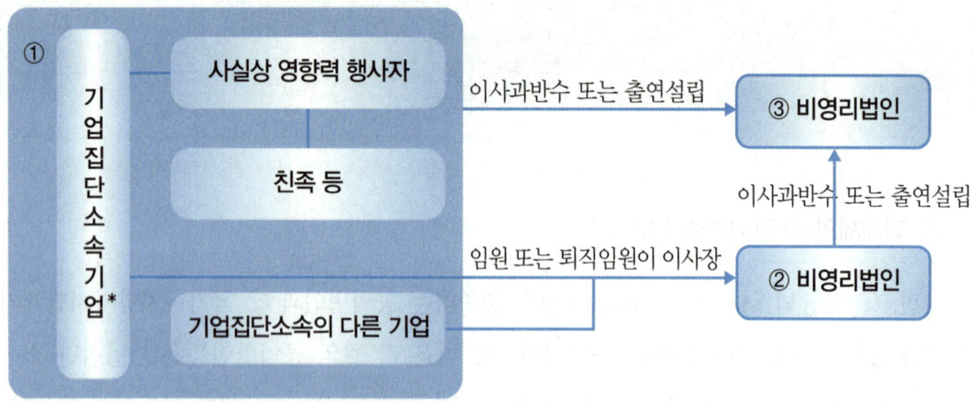

* 독점규제 및 공정거래에 관한 법률 시행령 제3조의 각 호의 어느 하나에 해당하는 기업집단에 속하는 계열회사

출처 : 국세청, 2023년 공익법인 세무안내, p.160 참조

보론 **기업집단(企業集團)의 범위**

독점규제 및 공정거래에 관한 법률(이하"공정거래법") 시행령 제4조 제1항

기업집단이란 동일인이 사실상 사업내용을 지배하고 있는 회사의 집단을 말한다. 이 경우 동일인이 회사가 아닌 경우(총수가 있는 경우) 그 동일인이 지배하는 2 이상의 회사의 집단을 말하고, 동일인이 회사인 경우(총수가 없는 경우) 그 동일인과 그 동일인이 지배하는 하나 이상의 회사의 집단을 말한다(공정거래법 §2 11호).

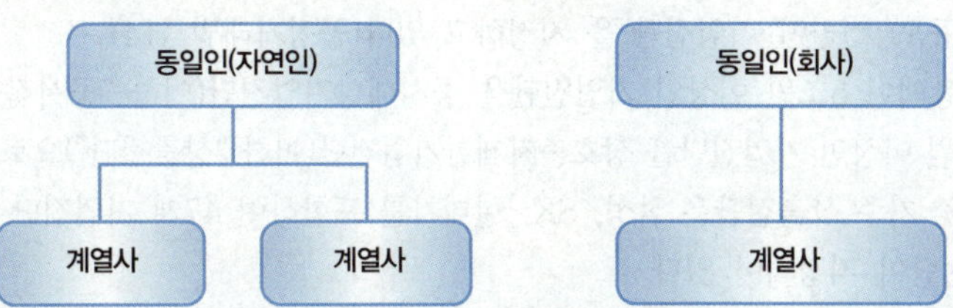

동일인이 지배하고 있는 지 여부(즉, 계열회사 여부)는 지분율 기준 또는 지배력 기준으로 판단하며 둘 중에 하나만 충족하여도 기업집단의 범위에 해당한다.

요건	판단기준
지분율 기준	동일인 및 동일인관련자가 의결권 있는 발행주식총수의 30% 이상 소유하고 최다 출자자인 회사 ※ 동일인관련자 : 친족, 동일인이 지배하는 비영리법인 또는 단체 및 그 임원, 계열회사 및 그 임원 등
지배력 기준 ①~④ 중 어느 하나+경영에	① 동일인이 다른 주요 주주와의 계약 또는 합의에 의하여 대표이사를 임면하거나 임원의 100분의 50 이상을 선임하거나 선임할 수 있는 회사
지배적인 영향력을 행사	② 동일인이 직접 또는 동일인관련자를 통하여 당해 회사의 조직변경 또는 신규사업에의 투자등 주요 의사결정이나 업무집행에 지배적인 영향력을 행사하고 있는 회사 ③ 동일인이 지배하는 회사와 당해 회사 간에 임원겸임 등 인사교류가 있는 회사 ④ 통상적인 범위를 초과하여 동일인 또는 동일인관련자와 자금 · 자산 · 상품 · 용역 등의 거래를 하고 있거나 채무보증을 하거나 채무보증을 받고 있는 회사, 기타 당해 회사가 동일인의 기업집단의 계열회사로 인정될 수 있는 영업상의 표시행위를 하는 등 사회통념상 경제적 동일체로 인정되는 회사

동일인 관련자 중 친족의 범위 조정(공정거래법 시행령 §4 ① (1) 가목)

개정 전	개정 후(2022.12.27.)
▸ 배우자 ▸ 혈족 6촌, 인척 4촌 이내	▸ 배우자 ▸ 혈족 4촌, 인척 3촌 이내

개정 전	개정 후(2022.12.27.)
▸혼인 외 출생자의 생부 · 생모 불포함	▸동일인이 지배하는 국내 회사 발행주식총수(의결권 있는 주식 기준)의 100분의 1 이상을 소유하고 있는 5촌 · 6촌인 혈족이나 4촌인 인척 ▸동일인이 민법에 따라 인지한 혼인 외 출생자의 생부 · 생모 포함

한편, 공정거래위원회에서는 기업집단 중 직전 사업연도 재무상태표 상의 자산총액을 기준으로 "대규모(大規模) 기업집단"을 지정하고 있다(공정거래법 §14).

즉, 자산총액이 5조원 이상인 기업진단을 공시대상기업진단(이하 "공시집단")으로 지정하고, 10조원 이상인 기업진단을 상호출자제한기업진단(이하 "상출집단")으로 지정하고 있다. 2023.7.3. 기준 상출집단은 삼성, SK, 현대차를 포함하여 47개 기업진단, 공시집단은 81개 기업진단이 지정되어 있다.

지정된 상출집단의 경우 ① 동일 기업집단 소속 계열회사 간 상호출자금지 ② 소속계열회사 간 신규 순환출자 금지 ③ 소속 금융보험회사가 취득 소유하고 있는 국내 계열회사 주식에 대한 의결권 행사 금지 ④ 지주회사 설립/전환 허용에 따른 행위 제한 ⑤ 계열회사 간 채무보증 제한 ⑥ 특수관계인에 대한 부당한 이익제공 금지 ⑦ 시장감시를 위한 공시제도 운용 등의 규제를 적용받는다.

공시집단의 경우 상기 '⑥'과 '⑦'의 규제만 적용받는다.

※ 자료 : 공정거래위원회, 대기업집단 설명회, 2023. 저자 재구성

5) 5% 초과 보유 주식에 대한 매각

(1) 개 요

공익법인등이 1996.12.31. 현재 의결권 있는 발행주식총수의 100분의 5를 초과하는 동일한 내국법인의 의결권 있는 주식을 보유하고 있는 경우에는 다음 각 호의 어느 하나에 해당하는 기한까지 그 발행주식총수등의 100분의 5(이하 "주식등의 보유기준"이라 함)를 초과하여 보유하지 아니하도록 하여야 한다(상증법 §49).

공익법인이 보유하고 있는 주식의 지분율	기 한
발행주식총수의 5% 초과하고 20% 이하인 경우	1999년 12월 31일까지
발행주식총수의 20% 초과인 경우	2001년 12월 31일까지

(2) 주식 매각의무 미이행 시 가산세(상증법 §78 ④)

공익법인등이 규정된 기한이 지난 후에도 주식등의 보유기준을 초과하여 보유하는 경

우에는 그 보유기준을 초과하는 의결권 있는 주식 또는 출자지분에 대하여 매년 말 현재 시가의 100분의 5에 상당하는 금액을 그 공익법인등이 납부할 세액에 가산하여 부과한다. 이 경우 가산세의 부과기간은 10년을 초과하지 못한다.

(3) 과세 제외 요건

상증법 §48 ⑪ 각 호의 요건을 충족하는 공익법인과 국가 · 지방자치단체가 출연하여 설립한 공익법인 및 이에 준하는 공익법인 등 4) 계열기업의 주식 보유시 가산세를 부과하는 공익법인의 과세제외 요건과 같다.

6) 주식 초과보유 공익법인의 의무이행 여부 신고

(1) 개 요

공익법인등이 내국법인의 발행주식총수등의 100분의 5를 초과하여 주식등을 출연받거나 취득한 경우 「상속세 및 증여세법」 제48조 제11항의 의무를 이행해야 하는 바, 과세기간 또는 각 사업연도 기간 동안의 의무이행 여부 등에 관한 사항을 납세지 관할 지방국세청장에게 신고하여야 한다(상증법 §48 ⑬). 이 규정은 2021.1.1. 이후 개시되는 사업연도분부터 적용한다. 2021년 1월 1일 이전에는 성실공익법인 확인 제도가 있었다.

(2) 의무이행 여부 신고 대상 공익법인

요건(상증령 §48 ⑪의 요건을 말함)을 충족하여 내국법인의 발행주식총수등의 100분의 5를 초과하여 주식등을 출연받은 공익법인 중 주식등의 출연 · 취득 및 보유에 대한 증여세 및 가산세 등의 부과대상에서 제외되는 공인법인등으로서 다음 각 호의 어느 하나에 해당하는 공익법인은 의무이행 여부에 대한 신고 대상 공익법인에 해당한다(상증령 §41의 2 ⑥, 상증칙 §13의 2 ①).

① 동일 내국법인의 주식을 발행주식총수등의 5%를 초과하여 출연받은 공익법인등. 다만, 다음 각 호의 어느 하나에 해당하는 경우는 의무이행 신고대상에서 제외한다.

(ㄱ) 국가 · 지방자치단체가 출연하여 설립한 공익법인등 및 영 제42조 제2항 각 호의 어느 하나에 해당하는 공익법인등으로서 상호출자제한기업집단과 특수관계에 있지 아니한 공익법인등에 그 공익법인등의 출연자와 특수관계에 있지 아니한 내국법인의 주식등을 출연하는 경우로서 주무관청이 공익법인등의 목적사

업을 효율적으로 수행하기 위하여 필요하다고 인정하는 경우

(ㄴ) 「공익법인의 설립 · 운영에 관한 법률」 및 그 밖의 법령에 따라 내국법인의 주식등을 출연하는 경우

② 출연받은 재산등으로 동일 내국법인 주식을 5% 초과하여 취득한 공익법인등. 다만, 다음 각 목의 어느 하나에 해당하는 경우를 제외한다.

(ㄱ) 국가 · 지방자치단체가 출연하여 설립한 공익법인등 및 영 제42조 제2항 각 호의 어느 하나에 해당하는 공익법인등으로서 상호출자제한기업집단과 특수관계에 있지 아니한 공익법인등에 그 공익법인등의 출연자와 특수관계에 있지 아니한 내국법인의 주식등을 취득하는 경우로서 주무관청이 공익법인등의 목적사업을 효율적으로 수행하기 위하여 필요하다고 인정하는 경우

(ㄴ) 「공익법인의 설립 · 운영에 관한 법률」 및 그 밖의 법령에 따라 내국법인의 주식등을 취득하는 경우

(ㄷ) 「산업교육진흥 및 산학연협력촉진에 관한 법률」에 따른 산학협력단이 주식등을 취득하는 경우로서 영 제37조 제6항 각 호의 요건을 모두 갖춘 경우

③ 특수관계에 있는 내국법인의 주식등을 총재산가액의 30%(50%)를 초과하여 보유하는 경우로서 가산세가 부과되지 않는 공익법인등. 다만, 법 제48조 제9항에 따른 가산세가 부과되지 않는 공익법인등으로 한정하고, 국가 · 지방자치단체가 출연하여 설립한 공익법인등 및 영 제42조 제2항 각 호의 어느 하나에 해당하는 경우를 제외한다.

④ 1996.12.31. 현재 의결권 있는 발행주식총수등의 5%를 초과하는 동일한 내국법인의 의결권 있는 주식등을 보유하고 있는 공익법인등으로서, 해당 주식등을 발행주식총수등의 5%를 초과하여 계속하여 보유하고 있는 공익법인등. 국가 · 지방자치단체가 출연하여 설립한 공익법인등 및 영 제42조 제2항 각 호의 어느 하나에 해당하는 경우를 제외한다.

(3) 의무이행 요건(상증법 §48 ⑪)

「상속세 및 증여세법」 제48조 제11항의 의무를 이행해야 하는 의무사항은 다음과 같다.

① 상증법 §48 ② 3호에 따른 운용소득에 80%을 곱하여 계산한 금액 이상을 직접 공익목적사업에 사용할 것

② 상증법 §48 ② 7호에 따른 출연재산가액에 1%을 곱하여 계산한 금액 이상을 직접 공익목적사업에 사용할 것

③ 출연자(재산출연일 현재 해당 공익법인등의 총 출연재산가액의 1%에 상당하는 금액과 2천만원 중 적은 금액 이하를 출연한 자는 제외) 또는 그의 특수관계인이 공익법인등의 이사 현원(이사 현원이 5명 미만인 경우에는 5명으로 봄)의 5분의 1을 초과하지 않을 것. 다만, 상증법 §38 ⑫ 각 호에 따른 사유(사망, 사임, 새롭게 특수관계 성립 등)로 출연자 또는 그의 특수관계인이 이사 현원의 5분의 1을 초과하여 이사가 된 경우로서 해당 사유가 발생한 날부터 2개월 이내에 이사를 보충하거나 교체 임명하여 출연자 또는 그의 특수관계인인 이사가 이사 현원의 5분의 1을 초과하지 않게 된 경우에는 계속하여 본문의 요건을 충족한 것으로 본다.

④ 법 제48조 제3항에 따른 자기내부거래를 하지 않을 것

⑤ 법 제48조 제10항 전단에 따른 광고·홍보를 하지 않을 것

(4) 의무이행 여부 신고방법

의무이행 여부 등에 관한 사항을 신고하려는 공익법인등은 해당 과세기간 또는 사업연도 종료일부터 4개월 이내에 다음의 기획재정부령으로 정하는 신고서 및 관련 서류를 납세지 관할 지방국세청장에게 제출해야 한다(상증령 §41의 2 ⑦).

공익법인등 의무이행 신고서[별지 제22호 서식]와 다음의 제출 서류

1. 해당 공익법인등의 설립허가서, 등기사항증명서 및 정관
2. 별지 제25호의 4 서식에 따른 운용소득 사용명세서
3. 별지 제31호의 부표 4에 따른 출연받은 재산의 공익목적사용 현황
4. 별지 제26호의 2 서식에 따른 이사 등 선임명세서
5. 별지 제32호 서식 부표 2에 따른 출연자 등 특수관계인 사용수익명세서
6. 별지 제26호의 3 서식에 따른 특정기업광고 등 명세서

(5) 의무이행 여부 미신고 시 가산세

세무서장은 의무이행 여부 신고대상 공익법인이 신고하지 아니한 경우에는 신고해야 할 과세기간 또는 사업연도의 종료일 현재 그 공익법인등의 자산총액의 1천분의 5에 상당하는 금액으로서 그 공익법인등이 납부할 세액에 가산하여 부과하도록 규정하고 있다(상증법 §78 ⑭). 1억원(중소기업기본법에 따른 중소기업인 경우 5천만원)을 한도로 하며, 고의적으로 위반한 경우에는 한도가 없다(국기법 §49 ①).

7) 성실공익법인 확인(구 상증령 §13 ③~⑤)

2021.1.1. 이전에 개시하는 사업연도분까지는 동일 내국법인의 발행주식총수의 10%(20%)까지 출연받거나 또는 취득할 수 있었던 성실공익법인이 다음의 해당 요건을 모두 충족하였는지 여부를 주무관청을 통하여 납세지 관할 지방국세청장에게 확인받아야 하고, 이후 5년마다 재확인 받아야 했다.

요 건	내 용
외부감사의 이행	「주식회사 등의 외부감사에 관한 법률」 제2조 제7호에 따른 감사인에게 회계감사를 받아야 함
전용계좌의 개설 및 사용	직접 공익목적사업과 관련하여 받거나 지급하는 수입과 지출에 대하여 전용계좌 개설 및 사용
결산서류 등의 공시	사업연도 종료일부터 4개월 이내에 국세청 인터넷 홈페이지에 게재하는 방법으로 공시
장부의 작성 · 비치	장부와 중요한 증명서류를 갖추어 사업연도의 종료일부터 10년간 보존
운용소득의 80% 이상 사용	해당 공익법인 등의 운용소득의 100분의 80 이상을 직접 공익목적사업에 사용할 것
공익법인 이사 현원	출연자 또는 그의 특수관계인이 이사 현원(5명 미달 시 5명)의 1/5를 초과하지 않을 것
자기내부거래 금지	상증법 §48 ③에 따른 자기내부거래를 하지 아니할 것
광고 · 홍보행위 금지	상증법 §48 ⑩ 전단에 따른 광고 · 홍보를 하지 아니할 것
의결권 불행사	정관에 출연받은 주식의 의결권을 행사하지 아니할 것을 규정할 것
자선 · 장학 또는 사회복지 목적	1. 「사회복지사업법」 제2조 제3호에 따른 사회복지법인 2. 직전 3개 사업연도에 직접 공익목적사업에 지출한 금액의 평균액의 80% 이상을 자선 · 장학 또는 사회복지 활동에 지출할 것

2008.1.1. 이후	2013.1.1. 이후	2018.1.1. 이후
• 성실공익법인 도입 – 동일기업 발행주식총수의 5%→10% ※성실공익법인 요건 ① 전용계좌 개설 및 사용 ② 결산서등 공시 이행 ③ 외부감사 도입 ④ 운용소득의 80% 이상을 고유목적사업에 사용 ⑤ 출연자 및 특수관계자가 이사 현원의 1/5 이하 * 이 법 시행 후 최초 출연 · 취득분	• 성실공익법인 요건추가 ※성실공익법인 요건 ①~⑤ 좌동 ⑥ 장부작성 · 보관의무(10년간) ⑦ 계열기업 홍보금지 ⑧ 출연자에 대한 출연재산 사용수익 금지 * 신설되는 요건은 종전에도 공익법인의 의무(가산세 부과)이나 개정이후 의무위반 시 성실공익법인 지정에서 제외	• 성실공익법인 주식출연 · 취득한도 확대 10%→10%, 20% ※동일기업 20% 출연 요건 i) 의결권 불행사 ii) 자선 · 장학 · 사회복지 목적 * 이 법 시행 전에 내국법인 주식을 출연받은 경우에는 개정 규정에도 불구하고 종전 규정에 따름

▌성실공익법인 확인을 신고제로 전환(§48, 상증령 §13 ⑤ 2021사업연도부터) : '일반성실공익법인' 구분 폐지▐

종 전	변 경
• (성실공익법인 확인) 주식 기준을 초과 보유하는 공익법인은 5년마다 지방국세청장의 성실공익법인 확인을 받아야 함	• (신고제 전환)주식 기준을 초과 보유하는 공익법인은 매년 요건 충족여부를 지방국세청장에게 신고해야 함
• (성실공익법인 대상) 동일주식 5%, 계열주식 30%*를 초과 보유하는 공익법인 * 회계감사, 결산서류 공시, 전용계좌 개설 · 사용시 50%	• (신고 대상) 좌동
• (성실공익법인 요건) 1. 운용소득을 1년 내 80% 이상 사용 2. 자기내부거래 금지 3. 출연자 · 특수관계인 이사 취임 금지 4. 정당한 대가없이 특수관계법인 광고 · 홍보 금지 5. 외부회계감사의무 6. 전용계좌 개설 · 사용 7. 결산서류 공시 8. 장부 작성 · 비치	• (주식초과 보유 요건) ①~④ 좌동 출연재산가액의 1% 상당액 이상 사용의무 추가 (2022.1.1. 이후 개시하는 사업연도분부터 적용) • (미신고 가산세 신설) 자산총액의 0.5%

4.6 출연자와 그의 특수관계인의 이사 등 취임 제한

1) 개 요

출연자 또는 그의 특수관계인이 공익법인의 이사 수(현재 이사 수가 5명 미만인 경우에는 5명으로 봄)의 5분의 1을 초과하여 이사가 되거나, 그 공익법인 등의 임직원(이사 제외)이 되는 경우에는 가산세를 부과한다(상증법 §48 ⑧).

2) 출연자와 그의 특수관계인의 범위

(1) 적용대상 출연자의 요건

모든 출연자가 아닌 재산 출연일 현재 해당 공익법인등의 총출연재산가액의 100분의 1에 상당하는 금액과 2천만원 중 적은 금액을 초과하여 출연한 자와 그의 특수관계인만 해당한다(상증령 §38 ⑩).

(2) 특수관계인의 범위

출연자와 특수관계에 있는 자는 「상속세 및 증여세법 시행령」 제2조의 2에 해당하는 관계에 있는 자를 말한다.

❙ 특수관계인의 범위(상증법 §2 10호, 상증령 §2의 2 ①) ❙

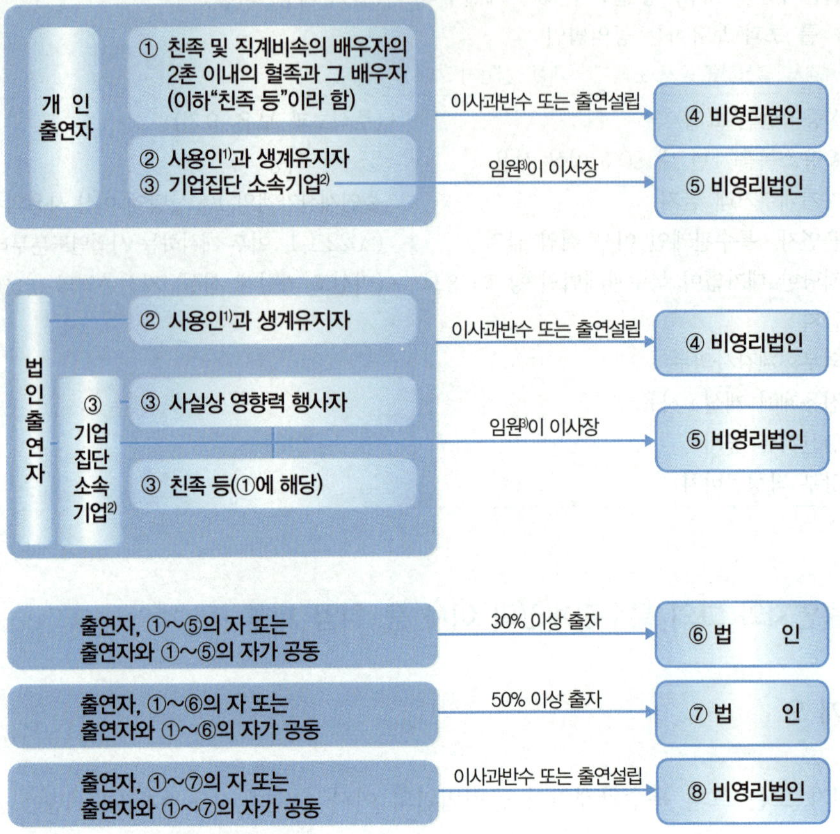

1) 출자에 의하여 지배하고 있는 법인(⑥, ⑦, ①~⑦이 50% 이상 출자하고 있는 법인)이 사용인 포함
2) 해당 기업의 임원과 퇴직 3년(5년)이 지나지 아니한 사람 포함
3) 임원 또는 퇴직임원

(자료 : 국세청, 공익법인 세무안내, 2023)

「상속세 및 증여세법」에서 "특수관계인"이란 본인과 친족관계, 경제적 연관관계 또는 경영지배관계 등 다음으로 정하는 관계에 있는 자를 말한다. 이 경우 본인도 특수관계인의 특수관계인으로 본다.

1. 친족 및 직계비속의 배우자의 2촌 이내의 혈족과 그 배우자
   * 친족의 범위(「국세기본법 시행령」 §1의 2 ①)
   ① 4촌 이내의 혈족 ② 3촌 이내의 인척 ③ 배우자(사실상의 혼인관계에 있는 자를 포함한다) ④ 친생자로서 다른 사람에게 친양자 입양된 자 및 그 배우자 · 직계비속 ⑤ 혼외 출생자의 생부 · 생모(본인의 금전이나 그 밖의 재산으로 생계를 유지하는 사람 또는 함께하는 사람으로 한정)

2. 사용인(출자에 의하여 지배하고 있는 법인의 사용인을 포함)이나 사용인 외의 자로서 본인의 재산으로 생계를 유지하는 자

* 사용인의 범위 : 임원, 상업사용인, 그밖에 고용계약관계에 있는 자

** 출자에 의하여 지배하고 있는 법인의 범위

① 제6호에 해당하는 법인

② 제7호에 해당하는 법인

③ 제1호부터 제7호까지에 해당하는 자가 발행주식총수등의 100분의 50 이상을 출자하고 있는 법인

3. 다음 각 목의 어느 하나에 해당하는 자

가. 본인이 개인인 경우 : 본인이 직접 또는 본인과 제1호에 해당하는 관계에 있는 자가 임원에 대한 임면권의 행사 및 사업방침의 결정 등을 통하여 그 경영에 관하여 사실상의 영향력을 행사하고 있는 「독점규제 및 공정거래에 관한 법률 시행령」 제3조 각 호의 어느 하나에 해당하는 기업집단에 속하는 계열회사[해당 기업의 임원(「법인세법 시행령」 제20조 제1항 제4호에 따른 임원과 퇴직 후 5년이 지나지 아니한 그 임원이었던 사람으로서 사외이사가 아니었던 사람을 말함. 이하 같음)을 포함함]

* 임원의 범위(「법인세법 시행령」 제20조 제1항 제4호)

① 법인의 회장, 사장, 부사장, 이사장, 대표이사, 전무이사 및 상무이사 등 이사회의 구성원 전원과 청산인

② 합명회사, 합자회사 및 유한회사의 업무집행사원 또는 이사

③ 유한책임회사의 업무집행자

④ 감사

⑤ 그밖에 가목부터 라목까지의 규정에 준하는 직무에 종사하는 자

나. 본인이 법인인 경우 : 본인이 속한 「독점규제 및 공정거래에 관한 법률 시행령」 제3조 각 호의 어느 하나에 해당하는 기업집단에 속하는 계열회사(해당 기업의 임원을 포함함)과 해당 기업의 임원에 대한 임면권의 행사 및 사업방침의 결정 등을 통하여 그 경영에 관하여 사실상의 영향력을 행사하고 있는 자 및 그와 제1호에 해당하는 관계에 있는 자

4. 본인, 제1호부터 제3호까지의 자 또는 본인과 제1호부터 제3호까지의 자가 공동으로 재산을 출연하여 설립하거나 이사의 과반수를 차지하는 비영리법인

5. 제3호에 해당하는 기업의 임원이 이사장인 비영리법인

6. 본인, 제1호부터 제5호까지의 자 또는 본인과 제1호부터 제5호까지의 자가 공동으로 발행주식총수 또는 출자총액(이하 "발행주식총수등"이라 함)의 100분의 30 이상을 출자하고 있는 법인

7. 본인, 제1호부터 제6호까지의 자 또는 본인과 제1호부터 제6호까지의 자가 공동으로 발행주식총수등의 100분의 50 이상을 출자하고 있는 법인

8. 본인, 제1호부터 제7호까지의 자 또는 본인과 제1호부터 제7호까지의 자가 공동으로 재산을 출연하여 설립하거나 이사의 과반수를 차지하는 비영리법인

2) 이사 등 취임 제한 적용 대상 공익법인

출연자 또는 그의 특수관계인이 이사 등 취임 제한 적용 대상이 되는 공익법인은 의료

법인을 제외한 다음의 공익법인을 말한다(상증령 §38 ⑪).

① 출연자와 「상속세 및 증여세법 시행령」 제2조의 2 제1항 제3호의 관계에 있는 자가 이사의 과반수를 차지하거나 재산을 출연하여 설립한 비영리법인

② 출연자와 「상속세 및 증여세법 시행령」 제2조의 2 제1항 제4호의 관계에 있는 자가 재산을 출연하여 설립한 비영리법인

③ 출연자와 「상속세 및 증여세법 시행령」 제2조의 2 제1항 제5호 또는 제8호의 관계에 있는 비영리법인

3) 이사 등 취임 제한 위반 시 가산세

이사 수를 초과하는 이사가 있거나, 임직원이 있는 경우 그 사람과 관련하여 지출된 급료, 판공비, 비서실 운영경비 및 차량유지비 등 직 · 간접경비에 상당하는 금액 전액을 매년 그 공익법인등이 납부할 세액에 가산하여 부과한다(상증법 §78 ⑥). 다만, 이사의 사망이나 사임 또는 특수관계인에 해당하지 아니하던 이사가 특수관계인에 해당하게 되는 경우 등 부득이한 사유로 출연자 또는 그의 특수관계인이 공익법인등의 현재 이사 수의 5분의 1을 초과하여 이사가 된 경우로서 해당 사유가 발생한 날부터 2개월 이내에 이사를 보충하거나 개임(改任)하는 경우에는 가산세를 부과하지 아니한다(상증령 §38 ⑫).

• 초과 취임 이사 등에 대한 가산세 부과액
가산세액 = 그 사람과 관련하여 지출한 직 · 간접 경비 전액
* 이사의 취임시기가 다른 경우에는 나중에 취임한 이사에 대한 분부터, 취임시기가 동일한 경우에는 지출경비가 큰 이사에 대한 분부터 가산세 부과

4) 가산세 적용 배제 직간접 경비

가산세 적용 대상이 되는 직접경비와 간접 경비는 이사 또는 임 · 직원을 위하여 지출된 급료, 판공비, 비서실 운영경비 및 차량유지비 등을 말한다. 다만, 다음에 해당하는 사람과 관련된 경비는 가산세 대상에서 제외한다(상증령 §80 ⑩).

① 의사
② 학교의 교직원(교직원 중 직원은 「사립학교법」 제29조에 따른 학교에 속하는 회계로 경비를 지급하는 직원만 해당한다)

③ 아동복지시설의 보육사
④ 도서관의 사서
⑤ 박물관 · 미술관의 학예사
⑥ 사회복지시설의 사회복지사 자격을 가진 사람
⑦「국가과학기술 경쟁력 강화를 위한 이공계지원 특별법」 제2조 제3호에 따른 연구기관의 연구원으로서 상증칙 §21에서 규정한 연구원(행정 사무만 담당하는 사람은 제외)

관련 집행기준 및 예규 · 심판례 등

- **공익법인 등의 이사취임 관련 가산세의 환급여부(재산세과-210, 2009.9.14.)**
  출연자 및 그와 특수관계에 있는 자가 공익법인 등의 이사 현원의 5분의 1을 초과하여 이사가 되는 경우에 그 초과한 이사와 관련하여 지출된 직 · 간접경비에 상당하는 금액 전액에 대하여는 당해 공익법인 등에게 가산세가 부과되는 것이며, 해당경비를 환수하는 경우에는 가산세를 환급한다는 별도의 규정은 없음.
- **이사 현원 초과 시 가산세 부과방법(재산세과-80, 2013.3.18.)**
  이사 수를 초과하는 이사가 있거나, 임직원이 있는 경우 가산세는 그 사람과 관련하여 지출된 직접경비 또는 간접경비에 상당하는 금액 전액을 그 공익법인 등이 납부할 세액에 가산하여 부과하는 것으로, 이때 이사의 취임시기가 다른 경우에는 지출경비 유무에 관계없이 나중에 취임한 이사에 대한 분부터, 취임시기가 동일한 경우에는 지출경비가 큰 이사에 대한 분부터 가산세를 부과하는 것임.
- **공익법인에 재산을 출연하면서 이사 등에 취임한 경우 상속세 부과여부(46014-2156, 1999.12.28.)**
  상속인들이 상속재산을 공익법인에 출연하면서 당해 공익법인의 이사 등에 취임하는 경우 그 출연재산에 대하여 상속세가 부과되는 것임.

4.7 특수관계에 있는 내국법인을 위한 광고 및 홍보행위 제한

1) 개 요

공익법인 등이 특수관계에 있는 내국법인의 이익을 증가시키기 위하여 정당한 대가를 받지 아니하고 광고 · 홍보를 하는 경우에는 다음과 같이 가산세를 부과한다(상증법 §48 ⑩). 다만, 특수관계에 있는 내국법인에 해당하지 않는 경우에는 특정기업 광고 등에 따른 가산세를 부과하지 않는다(재산세과-613, 2009.2.23.).

- **광고 · 홍보 시 가산세 부과액**

  가산세액=광고 · 홍보행위와 관련하여 직접 지출된 경비에 상당하는 금액

  * 과세요건 : 정당한 대가를 받지 않았을 것

  * 직접지출된 경비 : 광고 · 홍보매체의 이용비용 또는 행사비용 전액 등

2) 특수관계에 있는 내국법인의 범위

공익법인이 광고 · 홍보 시 가산세 부과대상이 되는 특수관계에 있는 내국법인의 범위는 4.5 4) 특수관계에 있는 내국법인의 주식 보유 시 가산세 부과에서 특수관계에 있는 내국법인의 범위와 동일하다(상증령 §38 ⑬).

3) 광고 · 홍보의 범위

가산세를 부과하는 광고 · 홍보는 공익법인 등이 다음 각 호의 어느 하나에 해당하는 행위를 하는 경우를 말한다(상증령 §38 ⑮).

① 신문 · 잡지 · 텔레비전 · 라디오 · 인터넷 또는 전자광고판 등을 이용하여 내국법인을 위하여 홍보하거나 내국법인의 특정상품에 관한 정보를 제공하는 행위. 다만, 내국법인의 명칭만을 사용하는 홍보를 제외

② 팜플렛 · 입장권 등에 내국법인의 특정상품에 관한 정보를 제공하는 행위. 다만, 내국법인의 명칭만을 사용하는 홍보를 제외

4.8 공익법인등의 자기내부거래에 대한 증여세 과세

1) 개 요

공익법인이 출연받은 재산, 출연받은 재산을 원본으로 취득한 재산, 출연받은 재산의 매각대금 등을 출연자 또는 그의 특수관계인에게 정상적인 대가를 받지 않고 임대차, 소비대차(消費貸借) 및 사용대차(使用貸借) 등의 방법으로 사용 · 수익하게 하는 경우에는 그 출연재산 가액을 공익법인 등이 증여받은 것으로 보아 즉시 증여세를 부과한다(상증법 §48 ③).

2) 증여세 과세가액 산입액

증여세 과세가액에 산입되는 가액은 재산가액은 무상으로 사용 · 수익하게 한 경우에는 해당 출연재산가액을 말하며, 과세요건 발생일 현재 「상속세 및 증여세법」 제60조부터 제66조까지의 규정에 따라 평가한 가액을 의미한다. 한편, 정상적인 대가금액보다 낮은 대가로 사용 · 수익하게 한 경우에는 그 차액에 상당하는 출연재산가액을 말한다.

• 대가없이 사용 · 수익한 경우
증여세과세가액 = 무상으로 사용 · 수익한 당해 출연재산가액

• 낮은 대가로 사용 · 수익한 경우

$$\text{증여세과세가액} = \text{당해 출연재산가액} \times \frac{(\text{정상적인 대가} - \text{실제 지급한 대가})}{\text{정상적인 대가}}$$

3) 정상적인 대가

정상적인 대가란 해당 거래와 유사한 상황에서 불특정다수인 간 통상적인 지급대가로 한다. 다만, 용역의 시가가 불분명한 경우에는 다음 각 호의 어느 하나에 따라 계산한 금액으로 한다(상증령 §32 ③ · §39 ③).

• 부동산 임대용역
부동산 가액×1년간 부동산 사용료를 감안하여 기획재정부령으로 정하는 율(2%)

• 부동산 임대용역 이외의 경우
[당해 용역제공에 소요된 금액(직접비 및 간접비 포함)]×[1+당해 사업연도 중 특수관계인 외의 자에게 제공한 유사한 용역제공거래에 있어서의 수익률(기업회계기준에 의하여 계산한 매출액에서 원가를 차감한 금액을 원가로 나눈 율을 말함)]

• 「법인세법」 제52조 제2항에 따른 시가

4) 자기내부거래 시 과세대상 특수관계자의 범위

▌자기내부거래에 대한 증여세과세 시 특수관계인 등의 범위 (상증법 §48 ③, 상증령 §39 ①)▐

1. 출연자 및 친족
2. 출연자가 출연한 다른 공익법인 등
3. 출연자가 「민법」 제32조에 따라 설립된 법인인 경우에는 그 법인에 대한 출연자 및 그 출연자의 친족 및 직계비속의 배우자의 2촌 이내 혈족과 배우자
4. 출연자가 제1호 외의 법인인 경우에는 해당 법인을 출자에 의하여 지배하고 있는 자 및 그 출연자의 친족 및 직계비속의 배우자의 2촌 이내 혈족과 배우자
5. 출연자의 사용인
6. 출연자로부터 재산을 출연받은 다른 공익법인 등의 임원
7. 출연자가 출자에 의하여 지배하고 있는 법인
8. 출연법인이 속한 기업집단 소속기업(임원 포함)과 해당 기업의 경영에 사실상 영향력을 행사하고 있는 자 및 그와 친족 등
9. 출연자가 임원의 임면권 행사 또는 사업방침 결정 등을 통하여 법인의 경영에 대하여 영향력을 행사하고 있다고 인정되는 관계에 있는 법인

5) 자기내부거래 시 과세대상에서 제외되는 경우

공익법인 등이 직접 공익목적사업과 관련하여 용역을 제공받고 정상적인 대가를 지급받은 경우와 다음의 경우에는 증여세를 부과하지 아니한다(상증령 §39 ②).

① 공익법인의 출연자 등이 출연받은 재산을 출연받은 날부터 3개월 이내의 기간만 사용하는 경우

② 공익법인의 출연자 등이 「상속세 및 증여세법 시행령」 제32조 제3항에 따른 시가 또는 「법인세법」 제52조 제2항에 따른 시가(부당행위계산의 부인이 적용되지 아니하는 범위에 있는 금액)를 지급하고 공익법인이 출연받은 부동산을 사용하는 경우

③ 교육기관이 출연받은 연구시험용 건물, 시설 · 설비 등을 출연자 등과 공동으로 사용하는 경우

④ 공익법인이 의뢰한 연구용역의 대가를 출연자 등에게 지급하거나 공익목적사업 수행과 관련한 경비 등을 출연자 등에게 지급하는 경우

4.9 특정계층에게만 공익사업의 혜택 제공 금지

1) 개 요

공익법인이 출연받은 재산은 직접 공익목적사업에 사용함에 있어서 사회 전체의 불특정다수인의 이익을 위하여 사용해야 하는 것인데, 만약 사회적 지위 · 직업 · 근무처 및 출생지 등에 의하여 일부에게만 혜택을 제공한다면 공익목적에 맞게 사용하지 아니하는 것으로 보아 공익법인에 증여세를 부과한다(상증법 §48 ② 8호, 상증령 §38 ⑧ 2호).

2) 증여세 과세가액 산입액

증여세 과세가액에 산입되는 금액은 특정집단에게 제공된 재산가액 또는 경제적 이익 상당액으로 한다. 제공된 재산가액은 과세요인 발생일 현재의 「상속세 및 증여세법」 제60조부터 제66조에 의한 평가액으로 한다.

3) 특정계층에 대한 공익사업 혜택 제공 시 과세제외 요건

공익법인 설립허가 등에 관한 권한이 있는 주무부장관이 기획재정부장관과 협의하여 따로 수혜자의 범위를 정하여 이를 다음 중 어느 하나에 해당하는 조건으로 한 경우에는 증여세를 부과하지 않는다.

① 해당 공익법인 등의 설립허가의 조건으로 붙인 경우

② 정관상의 목적사업을 효율적으로 수행하기 위하여 또는 정관상의 목적사업에 새로운 사업을 추가하기 위하여 재산을 추가 출연함에 따라 정관의 변경허가를 받는 경우로서 그 변경허가조건으로 붙인 경우

이 경우 「행정권한의 위임 및 위탁에 관한 규정」 제3조 제1항에 따라 공익법인 등의 설립허가 등에 관한 권한이 위임된 경우에는 해당 권한을 위임받은 기관과 해당 공익법인 등의 관할세무서장이 협의하여야 한다.

4.10 공익법인 해산 시 잔여재산의 귀속

1) 개 요

공익법인 등이 사업을 종료한 경우 잔여재산을 국가 · 지방자치단체 또는 해당 공익법인 등과 동일하거나 주무부장관이 유사한 것으로 인정하는 공익법인 등에 귀속시키지 아니한 때에는 귀속시키지 아니한 재산가액을 공익법인 등이 증여받은 것으로 보아 증여세가 과세된다(상증법 §48 ② 8호, 상증령 §38 ⑧ 1호).

2) 해산하는 공익법인에 대한 증여세 과세

다음 중 어느 하나에 해당하는 사유로 인하여 국가 · 지방자치단체 및 공익법인 등에 귀속시킬 수 없는 경우에는 해당 금액을 출연받은 재산 등의 가액에서 뺀 금액을 기준으로 증여세를 과세한다.

① 공익법인 등의 이사 또는 사용인의 불법행위로 인하여 출연받은 재산 등이 감소된 경우. 다만, 출연자 및 그 출연자와 「상속세 및 증여세법 시행령」 제2조의 2 제1항 제1호의 관계(친족 및 직계비속의 배우자의 2촌 이내의 혈족과 그 배우자 관계를 말함)에 있는 자의 불법행위로 인한 경우를 제외

② 출연받은 재산 등을 분실하거나 도난당한 경우

▎관련 집행기준 및 예규 · 심판례 등 ▎

- **재단법인의 잔여재산을 출연자에게 귀속시키는 경우 증여세 과세 여부(재산01254-1769, 1988.6.25)**

  법인의 해산으로 청산이 진행 중인 재단법인의 잔여재산을 그 정관의 규정에 따라 당초의 출연자에게 귀속시킬 경우 잔여재산이 당초의 출연자에게 귀속되는 시점에서 증여세 과세대상이 되는 것임.

- **공익법인에 재산출연자가 공익법인의 잔여재산을 무상이전받는 경우 증여세 여부(재산상속46014-795, 2000.6.30.)**

  공익법인에 재산을 출연한 자가 공익법인이 사업을 종료한 때의 잔여재산을 무상으로 이전받는 경우 증여세가 과세되는 것이며, 이 경우 증여재산은 상속세및증여세법 제60조 내지 제66조의 규정에 의하여 평가하는 것임.

4.11 장부의 작성 · 비치 의무

1) 개 요

공익법인 등은 소득세 과세기간 또는 법인세 사업연도별로 출연받은 재산 및 공익사업 운용 내용 등에 대한 장부를 작성하여야 하며 장부와 관계있는 중요한 증명서류를 갖춰 두어야 한다. 또한 장부와 증빙서류는 해당 공익법인 등의 소득세 과세기간 또는 법인세 사업연도의 종료일부터 10년간 보존하여야 한다(상증법 §51 ①).

2) 장부의 작성방법 및 증빙서류 보관방법

장부는 복식부기 방식에 의하여 작성해야 하며 출연받은 재산의 보유 및 운용상태와 수익사업의 수입 및 지출의 변동내역을 빠짐없이 기록하여야 하고, 장부작성과 관계있는 중요한 증빙서류에는 수혜자에 대한 지급명세도 포함되어야 한다(상증령 §44 ①). 한편, 공익법인 등의 수익사업에 대하여 「소득세법」 제160조 및 「법인세법」 제112조 단서에 따라 작성 · 비치된 장부와 중요한 증명서류는 「상속세 및 증여세법」에 따라 작성 · 비치된 장부와 중요한 증명서류로 본다. 이 경우 그 장부와 중요한 증명서류에는 마이크로필름, 자기테이프, 디스켓 또는 그 밖의 정보보존장치에 저장된 것을 포함한다(상증법 §51 ②).

다음 각각의 경우에는 복식부기 형식에 의한 장부를 작성하고 비치한 것으로 본다(상증령 §44 ②).

① 이중으로 대차평균하게 기표된 전표와 이에 대한 증빙서류가 완비되어 재산의 보유 및 운용상태와 수입 및 지출내용의 변동을 빠짐없이 기록한 경우

② 당해 수입과 지출에 대한 계산서(「부가가치세법」에 의한 세금계산서를 포함한다)와 영수증 등에 의하여 재산의 보유 및 운용상태와 수입 및 지출내용의 변동을 빠짐없이 보관하고 있는 경우

3) 장부의 작성 · 비치 의무불이행 가산세

공익법인이 장부 및 증명서류의 작성 · 비치하지 않은 경우에는 다음의 가산세를 부과한다(상증법 §78 ⑤ 2호).

제2장 비영리조직의 세무실무

가산세액=(수입금액+출연재산가액)×0.07%

수입금액 : 장부의 작성 · 비치의무를 이행하지 아니한 사업연도의 수입금액
출연재산가액 : 그 과세기간 또는 사업연도에 출연받은 재산가액

4) 가산세 부과 제외 대상

다음의 경우는 장부의 작성 · 비치의무를 이행하지 아니한 경우에도 가산세 부과 대상에서 제외된다(상증령 §80 ⑨ 1호 · §43 ②). 다만, 상증령 제41조의 2 제6항에 해당하는 공익법인등(동일 내국법인주식 초과보유에 따른 의무이행여부 신고대상 공익법인등을 말함)은 다음에 해당한다하더라도 장부를 작성 · 비치해야 한다.

① 사업연도의 종료일 현재 재무상태표상 총자산가액이 5억원 미만이거나 해당 과세기간 또는 사업연도의 수입금액과 그 과세기간 또는 사업연도에 출연받은 재산가액의 합계액이 3억원 미만인 공익법인. 여기서 총자산가액을 산정함에 있어 부동산의 경우에는 상증법 §60 · §61 · §66에 따라 평가한 가액과 재무상태표상의 가액 중 큰 가액으로 하고, 수입금액은 해당 공익사업과 관련된 「소득세법」에 따른 수입금액 또는 「법인세법」에 따라 법인세 과세대상이 되는 수익사업과 관련된 수입금액을 말한다.

② 불특정다수인으로부터 재산을 출연받은 공익법인 등(출연자 1명과 그의 특수관계인이 출연한 출연재산가액의 합계액이 공익법인 등이 출연받은 총재산가액의 100분의 5에 미달하는 경우로 한정)

③ 국가 또는 지방자치단체가 재산을 출연하여 설립한 공익법인 등으로서 「감사원법」 또는 관련법령에 따라 감사원의 회계검사를 받는 공익법인 등(회계검사를 받는 연도분으로 한정)

공익법인 장부의 작성기준

「상속세 및 증여세법 시행령」 제44조 제1항에서 '이중으로 기록하여 계산하는 부기 형식의 장부'란 같은 법 시행령 제43조의 5에 따라 공익법인회계기준 심의위원회의 심의를 거쳐 기획재정부장관이 고시한 「공익법인회계기준」 제4조에 따라 작성된 장부를 말하는 것임[서면-2018-상속증여-1102(상속증여세과-468), 2018.5.18.].

소득세법 기본통칙 160-208…1 【장부의 요건】

① 영 제131조 제1항 및 영 제208조에서 규정하는 장부의 비치 · 기장은 다음 요건을 갖추어야 장부를 비치 · 기장한 것으로 본다.

1. 장부의 기재사항에 의하여 법에 규정하는 총수입금액 · 소득금액 및 과세표준의 계산이 가능하여야 한다.
2. 총수입금액 · 소득금액 또는 과세표준의 정당 여부가 장부에 의하여 비교적 용이하게 감사(조사)될 수 있어야 한다.
3. 장부가 세금계산서 · 계산서 또는 신뢰할 수 있는 객관적 자료와 증거에 의하여 기록되어야 한다.

② 매매거래의 기록을 거래별로 기록하지 아니하고 세금계산서 · 계산서 또는 이에 준하는 영수증 · 지불증을 주의 깊게 철하여 이에 의하여 일계 또는 주계 또는 월계로서 기록하여도 정당한 기장을 한 것으로 본다.

③ 장부상의 오류가 있어도 기장된 내용에 따라 총수입금액과 소득금액의 계산이 가능하면 기장을 부인하지 못한다.

4.12 전용계좌 개설 · 사용 의무

1) 개 요

종교법인을 제외한 공익법인 등은 직접 공익목적사업과 관련하여 발생하는 자금거래를 전용계좌를 통해서 이루어져야 한다. 여기서 전용계좌란 ① 금융회사등에 개설한 계좌로 ② 공익법인등의 공익목적사업 외의 용도로 사용되지 않은 것을 말하며, 공익법인별로 둘 이상 개설할 수 있다.

상증령 제12조 제1호의 사업을 하는 종교법인의 경우에는 전용계좌를 개설하지 않아도 된다. 다만, 상증령 제41조의 2 제6항에 해당하는 공익법인등(동일 내국법인주식 초과보유에 따른 의무이행여부 신고대상 공익법인등을 말함)은 전용계좌를 개설해야 한다(상증령 §43의 4 ①).

2) 전용계좌 개설 및 변경 신고

최초로 공익법인 등에 해당하게 된 날부터 3개월 이내에 전용계좌를 개설하여 해당 공익법인 등의 납세지 관할 세무서장에게 신고하여야 하고, 전용계좌를 변경 · 추가하는 경우에도 사유 발생일부터 1개월 이내에 납세지 관할 세무서장에게 그 사실을 신고하여야 한다(상증법 §50의 2 ③, 상증령 §43의 4 ⑩). 이에 대한 의무 위반 시 다음과 같은 가산세를 부과한다(상증법 §78 ⑩ 2호). 다만, 2016.1.1., 2017.1.1. 또는 2018.1.1.이 속하는 소득세 과세기간 또는 법인세 사업연도의 수입금액(해당 공익사업과 관련된 「소득세법」에 따른 수입금액 또는 「법인세법」에 따라 법인세 과세대상이 되는 수익사업과 관련된 수입금액을 말함)과 그 과세기간 또는 사업연도에 출연받은 재산가액의 합계액이 5억원 미만인 공익법인 등으로서 전용계좌를 개설 · 신고를 하지 아니한 경우에는 2019.6.30.까지 전용계좌의 개설 신고를 할 수 있다.

전용계좌 미개설, 미신고 가산세 = MAX(①, ②)

① $A \times \frac{B}{C} \times$ 1천분의 5

② 전용계좌 사용의무대상 거래금액 합계액의 1천분의 5에 상당하는 금액

A : 해당 각 과세기간 또는 사업연도의 직접 공익목적사업과 관련한 수입금액의 총액

B : 해당 각 과세기간 또는 사업연도 중 전용계좌를 개설 · 신고하지 아니한 기간으로서 신고기한의 다음 날부터 신고일 전날까지의 일수

C : 해당 각 과세기간 또는 사업연도의 일수

한편, 설립일부터 1년 이내에 「법인세법 시행령」 제39조 제1항 제1호 바목에 따라 지정 · 고시된 공익법인등의 경우에는 공익법인등으로 고시된 날을 공익법인등에 해당하게 된 날로 본다. 따라서 고시된 날로부터 3개월 이내에 전용계좌 개설 신고를 해야 한다.

3) 전용계좌 사용의무 대상 거래

다음의 거래(전용계좌 사용의무 거래)는 전용계좌를 사용하여야 한다(상증법 §50의 2 ①). 이를 위반할 경우에는 미사용금액의 1천분의 5만큼 전용계좌 미사용 가산세를 부과한다(상증법 §78 ⑩ 1호).

① 직접 공익목적사업과 관련된 수입과 지출을 금융회사 등을 통하여 결제하거나 결제받는 경우 등으로 다음을 포함함.

(ㄱ) 송금 및 계좌 간 자금의 이체

(ㄴ) 어음 · 수표로 이루어진 거래대금의 지급 및 수취

(ㄷ) 신용카드, 선불카드, 직불카드를 통하여 이루어지는 거래대금의 지급 및 수취

② 기부금, 출연금 또는 회비를 받는 경우. 다만, 현금을 직접 받은 경우에는 지급받는 날부터 5일까지 전용계좌에 입금해야 함(기부금 · 출연금 또는 회비의 현금수입 명세를 작성하여 보관하여야 함).

③ 인건비, 임차료를 지급하는 경우

④ 직접 공익목적사업비로 지출하는 100만원 초과 기부금 · 장학금 · 연구비 · 생활비

등을 지급하는 경우

⑤ 수익용 또는 수익사업용 자산의 처분대금, 그밖의 운용소득을 고유목적사업회계에 전입(현금 등 자금의 이전이 수반되는 경우만 해당함)하는 경우

4) 전용계좌 외 거래명세서 작성 · 보관

전용계좌 의무사용 대상거래가 아닌 경우 "전용계좌 외 거래명세서"를 작성하여 보관해야한다. 이 경우 전산처리된 테이프 또는 디스크 등에 수록 · 보관하여 즉시 출력할 수 있는 상태에 둔 때에는 전용계좌 외 거래명세서를 작성하여 보관한 것으로 본다. 다만, 다음의 경우에는 전용계좌 외 거래명세서 작성 및 보관 대상에서 제외된다(상증령 §43의 2 ⑧, 상증칙 §14의 2).

① 소득세법 §160의 2 ② 3호, 4호에 해당하는 증거서류(신용카드매출전표와 현금영수증을 말함)를 갖춘 경우

② 거래건당 금액(VAT 포함)이 1만원(2008.12.31.까지는 3만원) 이하인 수입과 지출 등

③ 증거서류를 받기 곤란한 거래 등으로서 소득세법 시행령 §208의 2 ① 2호~8호, 소득세법 시행규칙 §95의 2 2호~4호, 7호, 8호의 2~8호의 6의 수입과 지출

▌관련 집행기준 및 예규 · 심판례 등▐

- **공익법인 등의 전용계좌 사용의무 및 결산서류 등 공시의무(재산세과-309, 2011.6.27.)**
  「상속세 및 증여세법 시행령」 제12조에 해당하는 공익법인 등은 같은 법 제16조 및 제48조에 따른 과세가액 불산입 재산의 출연여부와 관계없이 같은 법 제50조의 2(공익법인등의 전용계좌 개설 · 사용의무) 및 제50조의 3(공익법인등의 결산서류 등의 공시의무) 규정이 적용되는 것임

- **학교법인의 전용계좌 개설 및 사용의무(재산세과-3956, 2008.11.25.)**
  「고등교육법」 제2조에서 규정하는 학교를 경영하는 「사립학교법」 제10조에 따라 설립된 학교법인이 학생들로부터 등록금을 받기 위하여 사용하는 계좌와 등록금을 교육사업비로 지출하기 위하여 사용하는 계좌는 「상속세 및 증여세법」 제50조의 2 '공익법인등의 전용계좌의 개설 · 사용 의무'의 규정이 적용되지 아니하는 것임.

- **공익법인 등의 전용계좌 개설 및 사용의무 대상 거래에 해당하는지 여부(재산세과-232, 2012.6.14.)**
  「상속세 및 증여세법」 제50조의 2 제1항의 규정에 따라 공익법인 등이 직접 공익목적사업과 관련하여 받거나 지급하는 수입과 지출로서 같은 항 각호의 어느 하나에 해당하는 경우에는 직접 공익목적사업용 전용계좌를 사용하여야 하는 것이며, 기부금 등을 받는 계좌는 이에

해당하는 것임(같은 뜻 : 재산세과－114, 2010.2.24.).

• **공익법인 등이 국가로부터 출연받은 재산에 대한 전용계좌 개설 · 사용의무 등(재산세과－2789, 2008.9.11.)**

공익법인이 국가 또는 지방자치단체로부터 출연받은 재산에 대하여는 전용계좌 사용의무가 없으며, 출연받은 재산을 정기예금으로 운용하는 경우 당해 정기예금계좌는 직접 공익목적사업용 전용계좌에 해당하지 아니하는 것임(같은 뜻 : 상속증여세과－644, 2017.6.9.).

• **주식계좌가 전용계좌 개설 · 사용의무 대상인지 여부(법령해석과－3037, 2021.8.31.)**

공익법인이 상장주식을 주식계좌로 출연받거나, 비상장주식을 현물로 출연받은 후 상장되어 주식계좌로 입고하여 해당 주식계좌가 수익용 계좌로 사용되고 해당 주식계좌에서 발생하는 운용수익금은 전용계좌로 이체하여 고유목적사업에 사용하고 있는 경우, 해당 주식계좌는 「상속세 및 증여세법」 제50조의 2에 따른 직접 공익목적사업용 전용계좌 개설 · 사용의무 대상에 해당하지 않는 것입니다.

[별지 제30호 서식] (2022.3.18. 개정)

전용계좌개설(변경 · 추가) 신고서

신고인	① 공익법인명		② 사업자등록번호 (고유번호)	
	③ 대 표 자		④ 주민등록번호	
	⑤ 소 재 지			(☎ :)

⑥ 개설금융기관	⑦ 예금종류	⑧ 계좌번호	⑨ 구 분

「상속세 및 증여세법 시행령」 제43조의 4 제10항에 따라 전용계좌[ㅁ개설 · ㅁ변경 · ㅁ추가] 신고를 합니다.

년 월 일

신 고 인 (서명 또는 인)

세 무 서 장 귀 하

※ 첨부서류 : 개설 또는 추가하는 통장 사본 1부

※ 작성방법

1. 이 서식은 「상속세 및 증여세법」 제50조의 2 제3항 및 제4항에 따른 전용계좌를 개설 · 변경 · 추가하는 경우에 사용하는 서식입니다.
2. 공익법인등은 최초로 공익법인등에 해당하게 된 날부터 3월 이내에 사업용계좌를 개설하여 납세지 관할 세무서장에게 신고하여야 합니다.
3. 전용계좌를 변경하거나 추가하는 경우에는 사유발생일부터 1개월 이내에 신고하여야 합니다.
4. 전용계좌는 1개의 계좌를 2 이상의 사업장에 대한 전용계좌로 신고할 수 있으며, 사업장별로 2 이상 개설할 수 있습니다.
5. ⑨구분란에는 개설, 추가, 폐지 등으로 적습니다.

210㎜×297㎜(신문용지 54g/㎡(재활용품))

[별지 제29호 서식] (2022.3.18. 개정) (1쪽)

전용계좌외거래명세서(1)

① 공익법인명		② 사업자등록번호 (고유번호)	
③ 대 표 자		④ 주민등록번호	
⑤ 소 재 지			

거래처별 · 월별 내역(대금을 지급받은 거래)

(단위 : 천원)

⑥ 일련 번호	⑦ 거래 일자	공 급 받 는 자				⑫ 거래금액	⑬ 비고
		⑧ 상호	⑨ 성명	⑩ 사업장	⑪ 사업자등록번호		
계							

※작성방법

1. 이 서식은 「상속세 및 증여세법 시행령」 제43조의 4 제7항에 따라 공익법인등이 전용계좌를 사용하지 아니하고 거래한 경우에 그 내역을 작성하는 서식입니다.
2. 본 서식은 본점법인에서 일괄작성(각 지점분 포함)하여 본점 관할 세무서로 제출하시기 바랍니다.
3. 공급받는 자의 상호 · 성명 등(⑧란부터 ⑪란까지)은 거래상대방의 확인이 가능한 경우에 한하여 작성합니다.

210㎜×297㎜(신문용지 54g/㎡(재활용품))

[별지 제29호 서식] (2022.3.18. 개정) (2쪽)

전용계좌외거래명세서(2)

① 공익법인명		② 사업자등록번호 (고유번호)	
③ 대 표 자		④ 주민등록번호	
⑤ 소 재 지			

거래처별 · 월별 내역(대금을 지급한 거래)

(단위 : 천원)

⑥ 일련 번호	⑦ 거래 일자	공 급 자				⑫ 거래금액	⑬ 비고
		⑧ 상호	⑨ 성명	⑩ 사업장	⑪ 사업자등록번호		
계							

※작성방법

1. 이 서식은 「상속세 및 증여세법 시행령」 제43조의 4 제7항에 따라 공익법인등이 전용계좌를 사용하지 아니하고 거래한 경우에 그 내역을 작성하는 서식입니다.
2. 본 서식은 본점법인에서 일괄작성(각 지점분 포함)하여 본점 관할 세무서로 제출하시기 바랍니다.
3. 공급받는 자의 상호 · 성명 등(⑧란부터 ⑪란까지)은 거래상대방의 확인이 가능한 경우에 한하여 작성합니다.

05 공익법인등의 보고서 제출 및 공시의무

구분	내용	
출연재산 보고서 제출 (법 §48 ⑤)	대상	출연재산이 있는 모든 공익법인
	기한	사업연도 종료일부터 4개월 이내
	조치	MIN[(미제출 · 불분명 금액 관련 증여세액×1%, 1억원(중소기업 5천만원)]
외부전문가 세무확인서 제출 (법 §50 ① · ②)	대상	총자산가액이 5억원 이상이거나 수입금액과 출연재산의 합계액이 3억원 이상인 공익법인
	기한	사업연도 종료일부터 4개월 이내
	조치	MIN{[MAX(수입금액+출연재산가액)×0.07%, 100만원], [1억원(중소기업 5천만원)]}
외부 회계 감사보고서 제출 (법 §50 ③)	대상	총자산가액 100억원 이상 또는 수입금액과 출연재산가액 합계액이 50억원 이상 또는 출연재산가액이 20억원 이상인 공익법인(종교, 학교법인, 유치원 제외)
	기한	사업연도 종료일부터 4개월 이내
	조치	(수입금액+출연재산가액)×0.07%
결산서류 등 공시 (법 §50 ③)	대상	모든 공익법인(종교단체 제외)
	기한	사업연도 종료일부터 4개월 이내
	조치	시정 요구(1개월 이내 공시, 오류 시정) 미이행 시 자산총액×0.5%
주식보유의무 이행 신고 (법 §48 ⑬)	대상	동일 내국법인 발행주식총수의 5% 초과하여 출연 · 취득하였거나 특수관계 있는 내국법인 주식을 총재산가액의 30%(50%) 초과하여 보유한 경우
	기한	사업연도 종료일부터 4개월 이내
	조치	MIN[미신고 시 자산총액 × 0.5%,1억원(중소기업 5천만원)]
전용계좌 개설 신고 (법 §50의 2)	대상	모든 공익법인(종교단체 제외)
	기한	최초로 공익법인에 해당하게 된 날부터 3개월 이내
	조치	미신고 시 MAX(공익수입금액×미개설 일수÷사업연도 일수×0.5%, 대상 거래금액×0.5%)

| 공익법인의 연간 세무일정 : 12월말 법인 기준 |

기한	의무사항	대상 공익법인
2/10	매입처별 세금계산서합계표 제출 매출 · 매입처별 계산서합계표 제출	모든 공익법인

기한	의무사항	대상 공익법인
2월말	외부전문가 세무확인 실시	당해 사업연도말 총자산가액 5억원 이상, 당해 수입금액과 출연재산 합계 3억원 이상
3월말	법인세 신고	수익사업, 토지 등 양도소득이 있는 경우
4월말	출연재산 보고서 등 제출	출연받은 재산이 있는 경우
	외부전문가 세무확인서 제출	당해 사업연도말 총자산가액 5억원 이상, 당해 수입금액과 출연재산 합계 3억원 이상
	외부 회계감사보고서 제출	직전년 총자산가액 100억원 이상, 직전년 수입금액과 출연재산 합계 50억원 이상, 직전년 출연재산이 20억원 이상인 경우 (종교법인, 학교법인 제외)
	결산서류 등의 공시	모든 공익법인(종교법인 제외)
	의무이행여부 신고	주식초과보유
	기부금 모금액 및 활용실적 공개	한국학교, 전문모금기관, 법령 §39 ① 각 목의 공익법인등(종교단체 제외)
	기부금단체 의무이행 여부 보고	
	지방소득세 신고	수익사업, 토지 등 양도소득이 있는 경우
6월말	기부금영수증발급명세서 제출	기부금영수증을 발급한 경우

5.1 출연재산 등에 대한 보고서 제출 의무

1) 개 요

공익법인이 재산을 출연받은 경우에는 그 출연받은 재산의 사용계획 및 진도에 관한 보고서를 사업연도 종료일부터 4개월 이내에 납세지 관할세무서장에게 제출하여야 한다(상증법 §48 ⑤, 상증령 §41). 이에 따라 ① 결산에 관한 서류와 ② 공익법인 출연재산 등에 대한 보고서를 제출해야 한다.

2) 결산에 관한 서류

관할세무서장에게 제출하여야 하는 결산에 관한 서류는 「공익법인의 설립 · 운영에 관한 법률」 및 그 밖의 법령에 따라 공익법인 등이 주무관청에 제출하는 재무상태표 및 손익계산서(손익계산서에 준하는 수지계산서 포함)로 한정한다.

(1) 「공익법인의 설립 · 운영에 관한 법률」에 따른 결산 서류

「공익법인의 설립 · 운영에 관한 법률」에 따라 설립된 공익법인은 동 법 제12조 제2항에 따라 매 회계연도 종료 후 3개월 이내에 사업실적 및 결산에 관한 사항을 주무관청에 다음의 서류를 첨부하여 보고하도록 하고 있다.

1. 재무상태표 및 그 부속명세서
2. 손익계산서 및 그 부속명세서
3. 공인회계사의 감사증명서. 다만, 주무관청이 필요하다고 인정하여 첨부하게 한 경우에 한함.
4. 성실공익법인은 상기 1.부터 3.의 서류와 함께 다음의 서류를 제출하여야 한다.
   ① 「상속세 및 증여세법」 제48조 제2항 제3호에 따른 운용소득 사용내역(해당 회계연도의 사용내역)
   ② 「상속세 및 증여세법」 제50조 제3항에 따른 회계감사 자료
   ③ 「상속세 및 증여세법」 제50조의 2에 따른 전용계좌 사용내역(해당 회계연도의 사용내역)
   ④ 기본재산의 목록

(2) 그 밖의 법령에 따른 결산 서류

그 밖의 「사립학교법」, 「사회복지사업법」, 「의료법」, 「민법」 등에 따라 주무관청에 제출하는 결산에 관한 서류를 관할세무서장에게도 제출해야 한다.

❙ 관련 집행기준 및 예규 · 심판례 등 ❙

• 공익법인 등 결산 서류 제출의무(재산세과-3958, 2008.11.25.)
「상속세 및 증여세법」 제48조 제5항 및 같은 법 시행령 제41조 제1항의 규정에 의하여 학교법인이 「사립학교법」에 따라 주무관청에 제출하는 결산에 관한 서류 중 재무상태표 및 손익계산서(학교회계 관련 세입 · 세출결산서 포함)는 사업연도 종료일부터 3월 이내에 납세지관할 세무서장에게 제출하여야 하는 것입니다.

3) 공익법인 출연재산 등에 대한 보고서

공익법인 등이 재산을 출연받은 경우에는 그 출연받은 재산의 사용계획 및 진도에 관한 보고서[공익법인 출연재산 등에 대한 보고서(별지 제23호 서식)]에 다음의 첨부서류를 포함하여 사업연도 종료일부터 4개월 이내에 납세지 관할 세무서장에게 제출하여야 한다.

① 출연재산 · 운용소득 · 매각대금의 사용계획 및 진도내역서(별지 제24호 서식)

② 출연받은 재산의 사용명세서(별지 제25호의 2 서식)

③ 출연재산 매각대금 사용명세서(별지 제25호의 3 서식)

④ 운용소득 사용명세서(별지 제25호의 4 서식)

⑤ 주식(출자지분) 보유명세서(별지 제26호 서식)

⑥ 이사 등 선임명세서(별지 제26호의 2 서식)

⑦ 특정기업광고 등 명세서(별지 제26호의 3 서식)

⑧ 출연재산을 3년 이내에 출연목적에 사용하지 못하고 그 사용에 장기간을 요하여 주무부장관이 이를 인정하는 경우에는 그 관련서류

☞ 주무부장관이 없는 경우 관할 세무서장의 인정 필요(2013.2.15. 이후 주무부장관이 인정하는 분부터 적용)

4) 미제출 시 가산세

공익법인이 재산을 출연받고 출연재산등에 대한 보고서를 제출하지 아니하였거나 제출된 보고서의 내용이 불분명한 경우(출연재산 · 운용소득 및 매각재산 등의 명세를 누락하거나 잘못 기재하여 사실을 확인할 수 없는 경우를 말함)에는 그 미제출분 또는 불분명한 부분의 금액에 상당하는 상속세액 또는 증여세액의 100분의 1에 상당하는 금액(5천만원 한도, 중소기업이 아닌 경우 1억원 한도, 고의적 위반은 무제한)을 가산세로 부과한다(상증법 §78 ③).

▮관련 집행기준 및 예규 · 심판례 등▮

• **종교단체가 출연받은 현금의 출연재산 보고서 제출의무(법인세과-4410, 2020.12.15.)**
종교사업에 불특정다수인이 출연하여 출연자별로 출연받은 재산가액의 산정이 어려운 현금(부동산 · 주식 또는 출자지분으로 출연하는 경우를 제외한다)의 경우에는 「상속세 및 증여세법」 제48조 제2항 단서 및 같은 법 시행령 제38조 제1항의 규정에 의하여 사후관리대상 출연재산에서 제외하는 것인 바, 당해 현금에 대하여는 같은법 제48조 제5항의 규정에 의한 출연받은 재산의 사용에 대한 계획 및 진도에 관한 보고서의 제출의무도 없는 것입니다.

5.2 외부전문가의 세무확인서 제출 의무

1) 개 요

공익법인등은 과세기간별 또는 사업연도별로 출연받은 재산의 공익목적사업 사용 여부, 수혜자 선정의 적정성 여부, 장부의 작성 및 비치 여부 등 제반 의무사항을 이행하고

있는지의 여부를 확인하기 위하여 2명 이상의 변호사, 공인회계사 또는 세무사를 선임하여 세무확인(이하 "외부전문가의 세무확인"이라 함)을 받아야 한다. 외부전문가의 세무확인을 받은 공익법인등은 그 결과를 납세지 관할세무서장에게 그 결과를 보고하여 하고, 관할세무서장은 외부전문가의 세무확인 결과를 일반인이 열람할 수 있도록 하고 있다(상증법 §50 ①·②).

2) 세무확인 대상 공익법인

다음 중 어느 하나에 해당하는 공익법인등은 출연받은 재산을 공익목적사업에 사용하였는지의 여부 등에 대하여 과세기간별 또는 사업연도별로 외부전문가의 세무확인을 받아야 한다.

① 해당 과세기간 또는 사업연도의 종료일 현재 대차대조표상 총자산가액을 기준으로 5억원 이상인 경우
- 부동산의 경우 법 제60조·제61조 및 제66조에 따라 평가한 가액이 대차대조표상의 가액보다 큰 경우에는 그 평가한 가액으로 함
- 대차대조표상 총자산가액이라 함은 당해 공익법인 등의 고유목적사업과 수익사업 등에 사용된 모든 자산의 가액(재산세과-60, 2013.2.25.)
- 사업연도의 종료일 현재 대차대조표상 총자산가액의 합계액에는 국고보조금을 포함(법인세과-4135], 2020.11.19.)

② 해당 과세기간 또는 사업연도의 수입금액과 출연받은 재산가액의 합계액이 3억원 이상인 공익법인
- 해당 공익사업과 관련된 「소득세법」에 따른 수입금액 또는 「법인세법」에 따라 법인세 과세대상이 되는 수익사업과 관련된 수입금액을 말함
- "출연받은 재산가액"에 「보조금 관리에 관한 법률」에 따라 지급받는 국고보조금은 포함하지 않는 것임(재산세과-60, 2013.2.25.)

3) 세무확인 대상에서 제외되는 공익법인

다음 중 어느 하나에 해당하는 공익법인등은 세무확인을 받지 아니할 수 있다(상증령 §43②).

① 해당 과세기간 또는 사업연도의 종료일 현재 재무상태표상 총자산가액의 합계액이

5억원 미만이면서 해당 과세기간 또는 사업연도의 수입금액과 그 과세기간 또는 사업연도에 출연받은 재산가액의 합계액이 3억원 미만인 공익법인

② 불특정다수인으로부터 재산을 출연받은 공익법인등(출연자 1명과 그의 특수관계인이 출연한 출연재산가액의 합계액이 공익법인등이 출연받은 총재산가액의 100분의 5에 미달하는 경우로 한정한다)

③ 국가 또는 지방자치단체가 재산을 출연하여 설립한 공익법인등으로서 「감사원법」 또는 관련 법령에 따라 감사원의 회계검사를 받는 공익법인등(회계검사를 받는 연도분으로 한정한다)

「상속세 및 증여세법」 제50조 제1항 및 같은 법 시행령 제43조의 규정에 의하여 공익법인 등은 과세기간별 또는 사업연도별로 출연받은 재산의 공익목적사업 사용여부 등에 대하여 외부전문가의 세무확인을 받아야 하는 것이나, 국가 또는 지방자치단체로부터 출연받은 재산 및 국가 또는 지방자치단체에게 소유권이 있는 재산 외에 일반개인이나 법인 등으로부터 출연받은 재산이 없는 공익법인 등은 외부전문가의 세무확인을 받지 않는 공익법인 등에 포함된다(법인세과-1416, 2020.4.22.).

한편, 종전 상속세및증여세법(법률 제14388호 2016.12.20. 개정 전) 외부회계감사를 받는 공익법인 등은 외부전문가의 세무확인을 받지 아니할 수 있었으나, 2017.1.1. 이후부터는 외부회계감사를 받는 공익법인도 자산 규모, 사업의 특성 등을 고려하여 대통령령으로 정하는 요건을 충족하는 경우 외부전문가의 세무확인을 받도록 개정되었다.

4) 외부전문가 세무확인 항목

외부전문가의 세무확인 항목은 다음과 같다.

① 출연받은 재산의 공익목적 사용 여부

② 상증법 §48, 상증령 §37 · §39 따른 의무사항 이행 여부

(ㄱ) 공익법인 출연재산 등에 대한 보고서 및 별첨 명세서의 적정성 여부

(ㄴ) 출연받은 재산의 3년 내 공익목적사업 사용하고 이후 계속하여 공익목적사업에 사용 여부

(ㄷ) 운용소득 · 매각대금의 기준금액 이상 공익목적사업 사용 여부

(ㄹ) 출연재산가액의 의무지출기준 이상 공익목적사업 사용 여부

(ㅁ) 주식 보유기준 한도에 따라 주식을 출연받거나 취득하였는지 여부

(ㅂ) 주식을 초과 출연·취득한 경우 의무이행 여부

(ㅅ) 자기내부거래의 적정성 여부

(ㅇ) 이사 선임기준 준수 여부와 특수관계인의 임직원 채용 여부

(ㅈ) 특정기업에 대한 광고 및 홍보 여부

③ 그 밖에 공익목적사업운영등에 관하여 기획재정부령이 정하는 것으로

(ㄱ) 출연받은 재산의 운영 및 수익사업내역의 적정성 여부

(ㄴ) 장부의 작성·비치의무의 준수여부

(ㄷ) 공익법인등의 수혜자 선정의 적정성 여부

5) 세무확인 실시 기한 및 보고서 제출 기한

공익법인등은 과세기간별로 또는 사업연도별로 외부전문가의 세무확인을 받아야 한다. 이 경우 외부전문가의 세무확인은 해당 공익법인등의 과세기간 또는 사업연도 종료일부터 2개월 이내에 실시하여야 한다(상증칙 §14 ③). 공익법인등은 그 결과를 공익법인 등의 세무확인서(상증규칙 별지 제32호 서식) 및 다음의 첨부서류에 의하여 세무확인을 받은 해당 과세기간 또는 사업연도 종료일부터 4개월 이내에 관할세무서장에게 보고하여야 한다(상증령 §43 ⑥).

① 공익법인 등의 세무확인 결과 집계표 [별지 제32호 서식 부표 1]
② 출연자 등 특수관계인 사용수익 명세서 [별지 제32호 서식 부표 2]
③ 수혜자 선정 부적정 명세서 [별지 제32호 서식 부표 3]
④ 재산의 운용 및 수익사업 내역 부적정 명세서 [별지 제32호 서식 부표 4]
⑤ 장부의 작성·비치 의무 불이행 명세서 [별지 제32호 서식 부표 5]
⑥ 보유부동산 명세서 [별지 제32호 서식 부표 6]
⑦ 공익법인 등의 결산서(재무상태표, 운영성과표)

6) 외부전문가 세무확인 보고 미이행 가산세

공익법인이 외부전문가 세무확인에 대한 보고의무를 이행하지 않을 경우에는 다음 산식에 따라 산정한 가산세(5천만원 한도, 중소기업이 아닌 경우 1억원 한도, 고의적 위반은 무제한)를 납부해야 한다(상증법 §78 ⑤).

MAX{100만원, (해당 사업연도 수입금액+출연재산가액)×0.07%}

여기서 가산세 대상이 되는 "해당 사업연도 수입금액"이란 외부전문가의 세무확인을 받지 아니하거나 보고를 이행하지 아니한 소득세 과세기간 또는 법인세 사업연도의 수입금액을 말한다(상증령 §80 ⑦).

또한, "출연재산가액"은 외부전문가의 세무확인에 대한 보고를 이미 이행한 분으로서 계속 공익목적사업에 직접 사용하는 분을 차감한 가액과 회계감사를 이미 이행한 분으로서 계속 공익목적사업에 직접 사용하는 분을 차감한 가액의 합계액을 말한다(상증령 §80 ⑧).

7) 외부 전문가의 결격 사유

공익법인등은 2명 이상의 변호사, 공인회계사 또는 세무사(외부전문가)를 선임하여 세무확인을 실시하여야 하는 바, 세무확인 절차의 독립성을 확보하기 위하여 다음의 외부전문가를 선임하여 세무확인을 받을 수 없다(상증령 §43 ①).

① 해당 공익법인 등의 출연자(재산출연일 현재 해당 공익법인 등의 총 출연재산가액의 100분의 1에 해당하는 금액과 2천만원 중 적은 금액 이하의 금액을 출연한 사람은 제외), 설립자(이하 "출연자 등"이라 함) 또는 임직원(퇴직 후 5년이 지나지 아니한 사람 포함)인 경우

② 출연자 등과 상증령 제2조의 2 제1항 제1호(친족) 또는 제2호(사용인)의 관계에 있는 사람인 경우

③ 출연자 등 또는 그가 경영하는 회사(해당 회사가 법인인 경우에는 출연자 등이 최대주주등인 회사를 말함)와 소송대리, 회계감사, 세무대리, 고문 등의 거래가 있는 사람인 경우

④ 해당 공익법인 등과 채권 · 채무 관계에 있는 사람인 경우

⑤ 제1호부터 제4호까지의 사유 외에 해당 공익법인 등과 이해관계가 있는 등의 사유로 그 직무의 공정한 수행을 기대하기 어렵다고 인정되는 사람인 경우

⑥ 제1호(임직원은 제외) 및 제3호부터 제5호까지의 규정에 따른 관계에 있는 법인에 소속된 사람인 경우

| 관련 집행기준 및 예규 · 심판례 등 |

- 공익법인의 세무대리 수행 회계사가 세무확인 외부전문가 배제대상인지 여부(기획재정부 재산세제과-865, 2023.7.13.)
  공익법인의 세무대리를 수행하는 회계사는 상속세 및 증여세법 시행령 제43조 제1항에 따른 세무확인 배제대상에 해당되지 않는 것입니다.
  공익법인의 세무대리를 수행하는 회계사가 속한 회계법인에 소속된 다른 회계사는 같은 법 시행령 제43조 제1항에 따른 세무확인 배제대상에 해당되지 않는 것입니다.

5.3 외부 회계감사보고서 제출 의무

1) 개 요

공익법인등은 과세기간별 또는 사업연도별로 「주식회사 등의 외부감사에 관한 법률」 제2조 제7호에 따른 감사인에게 회계감사를 받아야 하고, 회계감사를 받은 공익법인등은 감사인이 작성한 감사보고서를 해당 공익법인등의 과세기간 또는 사업연도 종료일부터 4개월 이내에 관할 세무서장에게 제출하도록 하고 있다. 이 경우 관할 세무서장은 제출받은 감사보고서를 일반인이 열람할 수 있도록 하고 있다(상증법 §50 ③, 상증령 §43 ⑦).

2) 외부 회계감사의무 제외 대상

다음 어느 하나에 해당하는 공익법인등은 의무외부감사대상에서 제외된다.

(1) 자산 규모 및 수입금액 등이 일정 규모 미만인 공익법인등(상증령 §43 ③)

회계감사를 받아야 하는 과세기간 또는 사업연도의 직전 과세기간 또는 직전 사업연도의 총자산가액 등이 다음 각 호를 모두 충족하는 공익법인등을 말한다. 다만, 상증령 제41조의 2 제6항에 해당하는 공익법인등(동일 내국법인주식 초과보유에 따른 의무이행여부 신고대상 공익법인등을 말함)은 의무외부감사대상이 된다.

① 과세기간 또는 사업연도 종료일의 재무상태표상 총자산가액(부동산인 경우 법 제60조 · 제61조 및 제66조에 따라 평가한 가액이 재무상태표상의 가액보다 크면 그 평가한 가액을 말함)의 합계액이 100억원 미만일 것

② 해당 과세기간 또는 사업연도의 수입금액과 그 과세기간 또는 사업연도에 출연받은 재산가액의 합계액이 50억원 미만일 것

③ 해당 과세기간 또는 사업연도에 출연받은 재산가액이 20억원 미만일 것

(2) 사업의 특성을 고려하여 대통령령으로 정하는 공익법인등(상증령 §43 ④)

다음의 공익법인은 의무 외부감사 대상에서 제외된다. 다만, 상증령 제41조의 2 제6항에 해당하는 공익법인등(동일 내국법인주식 초과보유에 따른 의무이행여부 신고대상 공익법인등을 말함)은 의무외부감사대상이 된다.

① 상증령 §12 1호의 규정에 의한 종교의 보급 기타 교화에 현저히 기여하는 사업을

하는 종교법인

② 상증령 §12 2호의 규정에 의한「초 · 중등교육법」및「고등교육법」에 의한 학교,「유아교육법」에 따른 유치원을 설립 · 경영하는 사업을 하는 공익법인

| 관련 집행기준 및 예규 · 심판례 등 |

- **구(舊)「교육법」제85조에 따라 인가받은 특수학교를 운영하는 사회복지법인이 외부 회계감사대상인지 여부(서면-2022-법인-0256[공익중소법인지원팀-184], 2022.3.3.)**
「사회복지사업법」에 의해 설립된 사회복지법인이 구「교육법」(1997.12.13. 법률 제5437호로 폐지되기 전의 것)에 따라 설립을 인가받아 특수학교를 운영을 하면서「사회복지사업법」상 장애인 거주시설 및 재활시설 등을 추가로 운영하는 경우에는「상속세 및 증여세법」제50조 제3항 단서 규정에 의해 회계감사를 받지 않아도 되는 것입니다.

- **「외부회계감사」의무 대상 여부 판단 시, 지방자치단체 출연금이 출연재산가액에서 제외되는지 여부(서면-2022-법인-1073[공익중소법인지원팀-428], 2022.4.26.)**
「상속세 및 증여세법 시행령」제43조 제3항에 따라 회계감사 의무 제외 대상인 "해당 과세기간 또는 사업연도에 출연받은 재산가액 20억원 미만"인지 여부를 판단함에 있어, 지방자치단체로부터 받은 출연금은 "출연받은 재산가액"에는 포함되지 않는 것입니다.

- **「외부 회계감사」의무대상 여부 판단 시, 유형자산 처분이익이 사업연도 수입금액에 포함되는지 여부(서면-2022-상속증여-3467[공익중소법인지원팀-1823], 2022.12.9.)**
공익법인 외부 회계감사 의무대상 여부와 관련하여「상속세 및 증여세법 시행령」제43조 제3항 제2호에 따라 "해당 사업연도의 수입금액과 그 사업연도에 출연받은 재산가액의 합계액이 50억원 이상"인지 여부를 판단함에 있어서 의료법인이 3년 이상 의료업에 사용하던 부동산(토지 · 건물)을 양도하여 발생하는 유형자산 처분이익은 "해당 사업연도의 수입금액"에 포함되는 것입니다.

3) 외부감사인의 요건 및 결격 사유

(1) 감사인

공익법인을 감사할 수 있는「주식회사 등의 외부감사에 관한 법률」제2조 제7호에 따른 감사인은 다음과 같다. 따라서 공인회계사 개인 명의로는 공익법인의 회계감사를 실시하고 외부 감사인의 감사보고서를 작성할 수 없다.

①「공인회계사법」제23조에 따른 회계법인

②「공인회계사법」제41조에 따라 설립된 한국공인회계사회에 등록한 감사반

(2) 회계법인의 직무제한

회계법인은 다음 중 하나에 해당하는 자에 대한 재무제표를 감사하거나 증명하는 직무를 행하지 못한다(공인회계사법 §33 ①).

① 회계법인이 주식을 소유하거나 출자하고 있는 자(會社 포함)

② 회계법인의 사원이 「공인회계사법」 제21조 제1항 각 호의 1에 해당하는 관계가 있는 자

③ 위 '①' 및 '②' 외에 회계법인이 뚜렷한 이해관계를 가지고 있거나 과거 1년 이내에 그러한 이해관계를 가지고 있었던 것으로 인정되는 자로서 「공인회계사법 시행령」 제15조의 2에서 정하는 자로 과거 1년 이내에 자기의 재무제표 등에 대하여 감사 또는 증명업무를 행한 회계법인의 담당사원 또는 그 배우자가 임원이나 그에 준하는 직위(재무에 관한 사무의 책임있는 담당자를 포함)에 있는 자와 회계법인과 1억원 이상의 채권 또는 채무관계에 있는 자 등

(3) 감사반의 직무제한

감사반에 소속된 공인회계사 중 1명 이상이 다음 호의 어느 하나에 해당하는 관계에 있는 공익법인의 감사인이 될 수 없다(공인회계사법 §21 ①).

① 자기 또는 배우자가 임원이나 그에 준하는 직위(財務에 관한 事務의 責任있는 擔當者 포함)에 있거나, 과거 1년 이내에 그러한 직위에 있었던 자(會社 포함)

② 자기 또는 배우자가 그 사용인이거나 과거 1년 이내에 사용인이었던 자

③ 상기 '①' 및 '②' 외에 자기 또는 배우자와 뚜렷한 이해관계가 있어서 그 직무를 공정하게 행하는 데 지장이 있다고 인정되어 「공인회계사법 시행령」 제14조로 정하는 자로 당해 공인회계사 또는 그 배우자가 주식 또는 출자지분을 소유하고 있는 자, 공인회계사 또는 그 배우자와 3천만원 이상의 채권 또는 채무관계에 있는 자, 당해 공인회계사에게 공인회계사 업무외의 업무로 인하여 계속적인 보수를 지급하거나 기타 경제상의 특별한 이익을 제공하고 있는 자 등

4) 공익법인등의 재무제표 작성기준

감사인이 회계감사를 수행할 때 공익법인의 재무제표가 「공익법인회계기준」에 따라 적정히 작성되었는지 감사를 실시하여야 한다. 이 때 공익법인등이 적용되는 공익법인회계

기준은 기획재정부장관은 공익법인회계기준 심의위원회의 심의를 거쳐 회계감사 및 결산서류 공시의무 이행할 때 적용되는 회계기준과 그 밖에 회계제도의 운영과 절차 등에 관하여 필요한 사항을 정하도록 하고 있다(상증법 §50의 4 ①). 다만, 「의료법」에 따른 의료법인, 「사립학교법」에 따른 학교법인, 국립대학법인 서울대학교 및 인천대학교 등은 재무제표를 작성할 때 공익법인회계기준에 따라 작성하지 않아도 된다.

5) 감사보고서에 대한 감리

2022년 1월 1일 이후 개시하는 사업연도분부터 기획재정부장관은 회계감사를 받을 의무가 있는 공익법인등이 공시한 감사보고서와 그 감사보고서에 첨부된 재무제표에 대하여 감리할 수 있다. 이 경우 기획재정부장관은 감리 업무의 전부 또는 일부를 대통령령으로 정하는 바에 따라 회계감사 및 감리에 관한 전문성을 갖춘 「공인회계사법」 제41조에 따른 한국공인회계사회에 위탁할 수 있다(상증법 §50 ⑤).

(1) 감리대상의 선정

기획재정부장관은 공익법인등이 공시한 감사보고서와 그 감사보고서에 첨부된 재무제표가 다음 각 호의 어느 하나에 해당하는 경우에는 그 감사보고서와 재무제표에 대하여 감리할 수 있으며, 감리 업무를 위탁받은 한국공인회계사회는 매년 1분기 내에 감리 대상 선정 계획과 연간 감리 계획을 기획재정부장관 및 국세청장에게 보고해야 한다.

① 계량적 분석 또는 무작위 표본 추출 등의 방법에 따라 감리 대상으로 선정된 경우
② 기획재정부장관이 공익법인등의 회계 관련 법령 위반사실의 확인을 위하여 감리가 필요하다고 인정하는 경우

(2) 감리절차

감리대상으로 선정되면 해당 공익법인등 또는 감사인에게 감리에 필요한 자료를 제출하거나 의견 진술 등을 요구할 수 있다. 감리자는 해당 감사보고서 또는 재무제표가 「주식회사 등의 외부감사에 관한 법률」 제16조에 따른 회계감사기준 또는 법 제50조의 4 제1항에 따른 회계기준(다른 법령에 따라 별도의 회계기준이 적용되는 공익법인등의 경우에는 해당 회계기준)을 위반했는지 여부를 조사한다.

(3) 감리결과 조치

감리 결과 해당 감사보고서 또는 재무제표가 「주식회사 등의 외부감사에 관한 법률」 제16조에 따른 회계감사기준 또는 법 제50조의 4 제1항에 따른 회계기준(다른 법령에 따라 별도의 회계기준이 적용되는 공익법인등의 경우에는 해당 회계기준)을 위반한 것으로 인정되는 경우 해당 공익법인등과 감사인의 명단 및 위반 내용 등을 해당 공익법인등의 주무관청, 국세청장 및 금융위원회에 통보해야 한다. 통보를 받은 금융위원회는 그 통보 내용에 따라 해당 감사인에 대하여 징계 등의 조치를 하는 경우 그 내용을 기획재정부장관에게 통보해야 한다.

6) 외부감사인의 주기적 지정

2022년 1월 1일 이후 개시하는 사업연도분부터 기존에 자유수임의 방식으로 감사인을 선임하는 방식에서 4+2의 감사인 지정제도로 변경된다. 즉, 기획재정부장관은 자산 규모 등을 고려하여 대통령령으로 정하는 공익법인등이 연속하는 4개 과세기간 또는 사업연도에 대하여 공익법인이 감사인이 자유수임하여 회계감사를 받은 경우에는 그 다음 과세기간 또는 사업연도부터 연속하는 2개 과세기간 또는 사업연도에 대하여 기획재정부장관이 지정하는 감사인에게 회계감사를 받도록 할 수 있다. 이 경우 기획재정부장관은 감사인 지정 업무의 전부 또는 일부를 국세청장에게 위탁할 수 있다(상증법 §50 ④).

(1) 지정대상 공익법인

감사인 지정 대상 공익법인은 지정기준일이 속하는 과세연도(과세기간 또는 사업연도)의 직전 과세연도 종료일 현재 재무상태표상 총자산가액이 1,000억원 이상인 공익법인등을 말한다. 다만, 다음 각 호의 공익법인등은 제외한다.

① 지정기준일 이전 4년 이내에 감사보고서에 대한 감리를 받은 공익법인등으로서 그 감리 결과 공익법인회계기준(다른 법령에 따라 별도의 회계기준이 적용되는 공익법인등의 경우에는 해당 회계기준을 말한다)을 위반한 사실이 발견되지 않은 공익법인등

② 「공공기관의 운영에 관한 법률」 제4조에 따른 공공기관인 공익법인등

여기서 지정기준일이란 지정회계감사의 대상이 되는 과세연도의 직전 과세연도 개시일부터 11개월 15일이 되는 날을 말한다.

(2) 지정절차

① 직전 과세연도 종료일 현재 재무상태표상 총자산가액이 1,000억원 이상인 공익법인등은 과세연도가 시작된 후 9개월째 되는 달의 초일부터 2주 이내에 감사인 지정을 위한 기초자료 내역서(별지 제35호 서식)에 직전 과세연도 종료일 현재 재무상태표상 총자산가액을 확인할 수 있는 자료를 첨부하여 국세청장에게 제출해야 한다. 다만, 지정회계감사 대상인 2개 과세연도 중 두 번째 과세연도 및 그 직후 3개 과세연도에는 제출하지 않을 수 있다.

② 국세청장은 지정감사인을 지정하기 전에 지정회계감사 대상 공익법인등과 지정감사인으로 지정하려는 감사인에게 지정기준일 4주 전까지 지정 예정 사실을 문서로 통지해야 한다. 다만, 신속하게 지정감사인을 지정할 필요가 있는 경우에는 그 기간을 단축할 수 있다.

③ 통지를 받은 공익법인등과 지정 예정 감사인은 통지를 받은 날부터 2주 이내에 기획재정부장관에게 의견을 제출할 수 있으며, 기획재정부장관은 그 의견에 상당한 이유가 있는 경우 그 의견을 반영할 수 있다.

④ 국세청장은 지정기준일까지 지정감사인을 지정하고 이를 지정회계감사 대상 공익법인등 및 지정감사인에게 각각 통지해야 한다.

⑤ 지정감사인 지정 통지를 받은 공익법인등은 지정기준일부터 2주 이내에 지정감사인과 감사계약을 체결하고, 감사계약을 체결한 지정감사인은 감사계약을 체결한 날부터 2주 이내에 감사계약서 사본을 국세청장에게 제출해야 한다. 다만, 다음 각 호의 경우에는 지정감사인을 다시 지정해 줄 것을 국세청장에게 요청할 수 있다.

- 지정감사인이 특별한 사유 없이 지정기준일부터 2주 이내에 감사계약을 체결하지 않은 경우
- 지정감사인이 「공인회계사법」 제33조 및 그 밖의 법령에 따라 해당 공익법인등의 감사인이 될 수 없는 경우

7) 의무 외부감사 미이행 시 가산세

회계감사 의무를 이행하지 않을 경우 또는 지정받은 감사인이 아닌 다른 감사인에게 회계감사를 받을 경우에는 다음의 가산세를 부과하게 되며, 또한 동일기업 주식출연 · 취득제한 완화(5% → 10%, 20%), 계열기업 주식보유제한 완화(30% → 50%) 규정을 적용받을

수 없는 불이익을 받게 된다(상증법 §78 ⑤ 3호).

가산세액＝(해당 사업연도 수입금액＋출연재산가액)×0.07%

여기서 “해당 사업연도 수입금액”이란 회계감사를 이행하지 아니한 소득세 과세기간 또는 법인세 사업연도의 수입금액을 의미하며, “출연재산가액”이란 회계감사를 이미 이행한 분으로서 계속 공익목적사업에 직접 사용하는 분과 외부전문가 세목확인을 이행한 분으로서 계속 공익목적에 직접 사용한 분을 차감한 가액의 합계액을 말한다.

5.4 결산서류 등 공시 의무

1) 개 요

공익법인(종교법인 제외)은 결산서류 등을 해당 공익법인 등의 과세기간 또는 사업연도 종료일부터 4개월 이내에 국세청의 인터넷 홈페이지에 게재하는 방법으로 공시하여야 한다. 다만, 총자산 가액이 5억원 미만이면서 해당 과세기간 또는 사업연도의 수입금액과 그 과세기간 또는 사업연도에 출연받은 재산의 합계액이 3억원 미만인 공익법인은 간편서식으로 공시할 수 있습니다(상증법 §50의 3 ①).

2) 공시의무 제외대상 공익법인

상증법 제12조 제1호의 사업을 하는 공익법인등(종교법인)은 의무공시대상 공익법인에서 제외된다. 종교법인이라하더라도 상증령 제41조의 2 제6항에 해당하는 공익법인등(동일 내국법인주식 초과보유에 따른 의무이행여부 신고대상 공익법인등을 말함)은 의무공시대상 공익법인에 해당한다(상증령 §43의 3 ①).

3) 간편공시대상 공익법인

간편서식으로 공시할 수 있는 간편공시 대상 공익법인은 공시대상 과세기간 또는 사업연도의 종료일 현재 재무상태표상 총자산가액(부동산이 있는 경우에는 상증법 §60 · §61 · §66에 따라 평가한 가액과 재무상태표상의 가액 중 큰 금액으로 평가한 가액)의 합계액이 5억원 미만이면서 해당 과세기간 또는 사업연도의 수입금액과 그 과세기간 또는 사업연도에 출연받은 재산가액의 합계액이 3억원 미만인 공익법인을 말한다. 다만, 상증령 제41조의 2 제6항에 해당하는 공익법인등(동일 내국법인주식 초과보유에 따른 의무이행여부 신고대상 공익법인등을 말함)은 간편공시대상 공익법인에서 제외된다.

4) 공시대상 결산서류의 종류

표준 공시 대상 결산서류 등은 ① 재무제표(재무상태표, 운영성과표, 주석을 포함), ② 기부금 모집 및 지출 내용, ③ 해당 공익법인등의 대표자, 이사, 출연자, 소재지 및 목적사업에 관한 사항, ④ 출연재산의 운용소득 사용명세, ⑤ 의무외부감사대상 공익법인등에 해당하는 경우에는 감사보고서와 그 감사보고서에 첨부된 재무제표, ⑥ 주식보유 현황 등에 대한 사항 등을 말한다.

다음은 기획재정부령이 정한 표준 공시대상 서식과 간편 공시대상 서식으로 이에 따라 작성하여 공시해야 한다.

① 공익법인 결산서류 등의 공시_표준서식[별지 제31호 서식]
  1. 기부금품 수입 및 지출 명세서(별지 제31호 서식 부표 1)
  2. 주식 등의 출연 · 취득 · 보유 및 처분 명세서(별지 제31호 서식 부표 2)
  3. 출연자 및 이사 등 주요 구성원 현황 명세서(별지 제31호 서식 부표 3)
  4. 출연받은 재산의 공익목적사용 현황(별지 제31호 서식 부표 4)
  5. 운용소득 사용명세서(별지 제31호 서식 부표 5)
  6. 공익법인등의 재무제표
  7. 외부회계감사 대상 공익법인의 경우 감사보고서

② 공익법인 결산서류 등의 공시_간편서식[별지 제31호의 2 서식]

5) 결산서류의 작성 기준

공익법인등이 공시대상 결산서류를 작성할 때 적용하는 회계원칙은 기획재정부령이 정한「공익법인회계기준」에 따라 작성하도록 하고 있다(상증법 §50의 4 ①). 다만,「의료법」에 따른 의료법인,「사립학교법」에 따른 학교법인, 국립대학법인 서울대학교 및 인천대학교 등은 결산서류를 작성할 때 공익법인회계기준에 따라 작성하지 않아도 된다.

6) 공시 미이행 가산세

국세청장은 공익법인 등이 결산서류 등을 공시하지 아니하거나 그 공시내용에 오류가 있는 경우에는 해당 공익법인 등에 대하여 국세청장은 1개월 이내의 기간을 정하여 공시하도록 하거나 오류를 시정하도록 요구할 수 있다(상증법 §50의 3 ②).

국세청장이 공시요구를 하거나 오류시정을 요구할 때에는 문서로 하여야 하며, 요구를 이행하지 아니하는 공익법인등에 대하여는 상증법 제78조 제11항에 따라 가산세를 부과하고 해당 공익법인등의 주무부장관에게 관련 사실을 통보하도록 하고 있다(상증령 §43의 3 ⑤).

국세청장의 공시 또는 시정 요구를 지정된 기한까지 이행하지 아니하는 경우에는 공시하여야 할 과세기간 또는 사업연도의 종료일 현재 그 공익법인 등의 자산총액의 1천분의 5에 상당하는 금액을 가산세로 부과한다(상증법 §78 ⑪). 여기서 "자산총액"이란 공시하여야 할 과세기간 또는 사업연도의 종료일 현재 재무상태표상 총자산가액의 합계액을 말하는데, 부동산이 있는 경우에는 상증법 §60 · §61 · §66에 따라 평가한 가액과 재무상태표상의 가액 중 큰 금액으로 평가한 가액으로 한다(상증령 §80 ⑯).

다만, 간편공시대상 공익법인의 경우에는 2022년 12월 31일 이전에 개시하는 과세기간 또는 사업연도의 공시에 대하여는 가산세 부과대상에서 제외된다(상증법 §78 ⑪).

결산서류 공시 대상 확대(상증법 §50의 3 ①, 2020사업연도부터)

종전	변경
• 결산서류 공시대상 공익법인 자산 5억원 이상 또는 연간 수입금액 등 3억원 이상 공익법인(종교법인 제외)	• 모든 공익법인 확대(종교법인 제외) 간편서식 도입(자산 5억원 미만+수입금액 등 3억원 미만인 경우)

5.5 공익법인의 기타 의무 사항

1) 기부금영수증 발급내역 작성 · 보관 · 제출 의무

(1) 기부금 영수증

「법인세법」상 비영리법인의 경우 기부금영수증을 기부자에게 발급함에 있어 금액을 사실과 다르게 기재한 경우에는 실제 기부금액과 허위로 발급한 금액과의 차액에 2%의 가산세를 부과한다. 또한 기부자의 인적사항을 사실과 다르게 기재한 경우에는 그 발급한 금액 전액에 대하여 2% 가산세를 부과한다(법법 §75의 4).

(2) 기부자별 발급명세서의 작성 · 보관

기부금영수증을 발급한 법인은 기부자의 성명, 주민등록번호 및 주소, 기부금액(액수와 관계없음), 기부일자, 기부금영수증 발급일자 등을 기재한 "기부자별 발급명세서"(법칙 별지 제75호의 2 서식)를 작성하여 5년 동안 보관해야 하고 요청이 있을 경우 관할 세무서장이나 국세청장에게 제출하여야 한다(법법 §112의 2 ① · ②). 그러지 않을 경우에는 작성 · 보관하지 않은 금액의 1천분의 2에 해당하는 가산세를 부과한다. 다만, 「상속세 및 증여세법」에 따른 보고서 제출의무 불이행 및 장부의 작성 · 비치 의무 불이행으로 인한 가산세를 부과당한 경우에는 그러지 아니한다(법법 §75의 4).

(3) 기부금영수증 발급합계표 제출

기부금영수증을 발급하는 법인은 해당 사업연도의 기부금영수증 총 발급 건수 및 금액 등이 적힌 "기부금영수증 합계표"(법칙 별지 제75호의 3 서식)를 해당 사업연도의 종료일이 속하는 달의 말일부터 6개월 이내에 관할 세무서장에게 제출하여야 한다(법법 §112의 2 ③).

공익법인이 사업연도 종료일부터 3개월 이내에 제출하는 출연재산 등에 대한 보고서에는 "출연받은 재산의 사용명세서"(상증칙 별지 제25호의 2 서식)를 첨부하도록 하고 있으며, 미제출분 또는 불분명한 부분의 금액에 상당하는 상속세액 또는 증여세액의 100분의 1에 상당하는 금액(5천만원 한도, 중소기업이 아닌 경우 1억원 한도, 고의적 위반은 무제한)을 가산세로 부과한다는 사실은 앞서 설명한 바 있다.

이 "출연받은 재산의 사용명세서"에는 50만원 이상 기부출연한 출연자의 성명, 주민등록번호, 출연재산의 종류, 출연금액 등을 기재하게 되어 있으며, 50만원 미만을 기부출연한 출연자(법인 제외)들은 소액 출연재산 합계액을 기재하도록 하고 있다. 따라서 기부출연금에 대한 내용을 「상속세 및 증여세법」에 따라 사업연도 종료일부터 3개월 이내에 한 번, 「법인세법」에 따라 사업연도의 종료일이 속하는 달의 말일부터 6개월 이내에 또 한 번, 총 두 번 제출하도록 규정하고 있어 납세자의 납세협력의무를 과중하게 부담지우고 있는 실정이라 하겠다. 또한, 기부출연자(법인인 경우 기부액과 상관없이, 개인인 경우 50만원 이상)의 인적사항과 기부출연금에 대한 내용을 「상속세 및 증여세법」에 의한 "출연받은 재산의 사용명세서"와 「법인세법」에 의한 "기부자별 발급명세서"에 각각 작성하도록 하고 있는 실정이다.

2) 계산서합계표 등 자료 제출의무

(1) 매입처별 세금계산서합계표 제출의무

법인이 「부가가치세법」 및 「조세특례제한법」에 따라 부가가치세가 면제되는 사업을 하는 경우 재화나 용역을 공급받고 「부가가치세법」 제32조 제1항 · 제7항 및 제35조 제1항에 따라 세금계산서를 발급받은 경우에는 매년 2월 10일까지 매입처별 세금계산서합계표(「부가가치세법」 제54조에 따른 매입처별 세금계산서합계표를 말한다. 이하 같음)를 납세지 관할 세무서장에게 제출하여야 한다. 다만, 「부가가치세법」 제54조 제5항에 따라 제출한 경우에는 그러하지 아니한다(법법 §120의 3).

(2) 매출 · 매입처별 계산서합계표 제출의무

법인이 재화나 용역을 공급하고 계산서나 영수증을 작성하여 발급하였거나 세관장으로부터 재화의 수입과 관련하여 발급받은 계산서가 있는 경우 그 매출 · 매입처별 계산서합계표를 매년 2월 10일까지 납세지 관할 세무서장에게 제출하여야 한다. 다만, 「부가가치세법」에 따라 세금계산서 또는 영수증을 작성 · 발급하였거나 매출 · 매입처별 세금계산서합계표를 제출한 분(分)에 대하여는 계산서등을 작성 · 발급하였거나 매출 · 매입처별 계산서합계표를 제출한 것으로 본다(법법 §121).

(3) 미제출 시 가산세

「법인세법」 제120조의 3 제1항에 따른 매입처별 세금계산서합계표와 동법 제121조 제5항에 따른 매출 · 매입처별 계산서합계표를 매년 2월 10일까지 제출하지 아니한 경우 또는 제출하였더라도 그 매입처별 세금계산서합계표에 거래처별 사업자등록번호 또는 공급가액의 전부 또는 일부를 적지 아니하거나 사실과 다르게 적은 경우 공급가액의 1천분의 5(2017.12.31. 이전 제출기한 도래분은 1%)의 가산세를 법인세로 징수한다(법법 §76 ⑨ 1호 · 2호).

다만, 다음의 법인은 가산세 적용을 제외한다(법령 §120 ②).

① 국가 및 지방자치단체

② 비영리법인(「법인세법」 제2조 제1항의 규정에 해당하는 수익사업과 관련된 부분은 제외)

제4절 비영리조직의 법인세 납세의무

01 법인세법상 비영리법인에 대한 과세특례

1.1 법인세법상 비영리법인에 대한 과세 개요

영리목적 유무에 불구하고 「법인세법」상 법인으로 볼 것인가 아니냐에 따라 다음과 같이 과세대상 소득의 범위와 과세대상 세목 및 세율이 달라진다.

<table>
<tr><th colspan="2">인 격</th><th>과세대상 소득</th><th>과세대상 세목</th><th>상속</th><th>유증 등</th><th>증여</th></tr>
<tr><td colspan="2">자연인</td><td>소득원천</td><td>소득세</td><td colspan="2">상속세</td><td>증여세</td></tr>
<tr><td rowspan="2">법인</td><td>영리법인</td><td>순자산증가</td><td>법인세</td><td>–</td><td colspan="2">법인세</td></tr>
<tr><td>비영리법인</td><td>소득원천</td><td>법인세</td><td>–</td><td rowspan="4">상속세</td><td rowspan="4">증여세</td></tr>
<tr><td rowspan="3">법인격 없는 사단 · 재단 또는 그 밖에 단체</td><td>비영리법인 의제</td><td>소득원천</td><td>법인세</td><td>–</td></tr>
<tr><td>공동사업자 의제</td><td>소득원천</td><td>소득세</td><td>–</td></tr>
<tr><td>1거주자 의제</td><td>소득원천</td><td>소득세</td><td>–</td></tr>
</table>

소득원천에 따른 과세대상 소득은 열거주의에 따르고, 순자산 증가에 따른 과세대상 소득은 포괄주의에 따른다. 따라서 비영리조직 중에서 법인으로 분류될 경우에는 「법인세법」상 과세대상 소득으로 열거된 소득(수익사업에 생긴 소득)에 대해서만 법인세 납세의무를 부담하게 된다. 만약 영리법인으로 분류되면 발생한 모든 소득(순자산을 증가시키는 모든 소득)에 대하여 법인세 납세의무를 부담한다.

한편, 비영리조직 중 비영리법인이 아닌 공동사업자로 의제된다면 열거된 소득에 대하여 각 구성원이 분배비율에 따라 납세의무를 부담하고, 1거주자로 의제된다면 대표자 1인의 소득으로 보아 소득세를 부담하게 된다.

1.2 법인세법상 비영리법인의 범위

다음은 「법인세법」상 비영리법인으로 규정하고 있는 비영리조직이다(법법 §2 2호).

가. 「민법」 제32조에 따라 설립된 법인
나. 「사립학교법」이나 그 밖의 특별법에 따라 설립된 법인으로서 「민법」 제32조에 규정된 목적과 유사한 목적을 가진 법인(다음의 조합법인 등이 아닌 법인으로서 그 주주(株主) · 사원 또는 출자자(出資者)에게 이익을 배당할 수 있는 법인은 제외)
- 특별법에 의한 각종 협동조합(농업, 소비자, 수산업, 산림, 엽연초, 중소기업, 신용)과 그 연합회 및 중앙회
- 새마을금고와 그 연합회 또는 대한염업협회

다. 「국세기본법」 제13조 제4항에 따른 법인으로 보는 단체(이하 "법인으로 보는 단체")

내국법인 중 국가와 지방자치단체(지방자치단체조합 포함)에 대하여는 법인세를 부과하지 아니한다(법법 §3 ②).

다음은 「국세기본법」 제13조 제4항에 따른 법인으로 보는 단체로 「법인세법」상 비영리법인으로 의제하는 단체로 국세에 관한 의무는 그 대표자나 관리인이 이행해야 한다.

(1) 법인등기를 하지 않은 단체로서 주무관청의 인 · 허가를 받아 설립되었거나 주무관청에 등록된 단체로 수익을 구성원에게 분배하지 아니하는 단체
(2) 법인등기를 하지 않은 단체로서 공익 목적으로 출연된 기본재산이 있으면서 수익을 구성원에서 분배하지 아니하는 단체
(3) 법인등기를 하지 않은 단체로서 그 대표자나 관리인이 다음 각 호의 요건을 모두 갖추고 관할 세무서장에게 신청하여 승인을 받은 단체
  ① 사단, 재단, 그밖의 단체의 조직과 운영에 관한 규정(規程)을 가지고 대표자나 관리인을 선임하고 있을 것
  ② 사단, 재단, 그밖의 단체 자신의 계산과 명의로 수익과 재산을 독립적으로 소유 · 관리할 것
  ③ 사단, 재단, 그밖의 단체의 수익을 구성원에게 분배하지 아니할 것

한편, 구성원 간 이익의 분배방법이나 분배비율이 정해져 있거나 사실상 이익이 분배되는 것으로 확인되는 경우에는 해당 구성원이 공동으로 사업을 영위하는 것으로 보아 구성원별로 소득세를 과세하고(소법 §2 ③), 단체의 대표자 또는 관리인이 선임되어 있으면서 구성원 간 이익의 분배방법이나 분배비율이 정하여져 있지 않거나 확인되지 않는 경우에

는 해당 단체를 1거주자로 보아 그 대표자나 관리인에게 소득세를 과세하는데, 이 경우 그 대표자나 관리인의 다른 소득과 합산하여 과세하지 아니한다(소령 §3의 2 2호, 소통 2-0-3).

관련 집행기준 및 예규 · 심판례 등

- 청구교회를 「소득세법」상 1거주자로 보아 양도소득세를 과세한 처분의 당부 등(조심2014광4245, 2015.09.11.)
  청구교회를 법인격 없는 재단이 아니라 사단으로 봄이 타당하고, 「부동산등기법」에 따라 시장 · 군수로부터 부동산등기용 등록번호를 부여받은 것은 「국세기본법」 제13조 제1항 제1호에서 규정하고 있는 주무관청의 등록에 해당하지 아니하는 것으로 보이며, 청구교회가 쟁점부동산 양도일 현재 「국세기본법」 제13조 제2항에 따라 법인으로 보는 단체로 승인을 받지 아니하여 청구교회는 1거주자로 보이는 점 등에 비추어 이 건 과세처분은 잘못이 없음.

1.3 법인세법상 비영리법인에 대한 과세특례

1) 법인세법상 과세대상 소득의 범위

법인세법상 비영리법인의 경우 앞서 설명한 바와 같이 소득원천에 따른 열거된 소득에 대하여만 과세한다. 따라서 「법인세법」 제4조 제3항에서 열거된 사업 또는 수입에서 생긴 소득에 대하여 "① 각 사업연도 소득에 대한 법인세"를 부담하며, 또한 「법인세법」 제55조 2에서 규정한 "② 토지등 양도소득에 대한 법인세"를 영리법인과 같이 부담한다. 그러나 "③ 청산소득에 대한 법인세"는 부담하지 않는다.

수익사업	① 사업소득 ② 이자소득 ③ 배당소득 ④ 주식 등의 양도로 인하여 생기는 수입 ⑤ 유 · 무형자산 등의 처분으로 인하여 생기는 수입 ⑥ 부동산에 관한 권리 및 기타자산의 양도로 인하여 생기는 수입 ⑦ 채권매매익
양도소득	⑧ 토지 등 양도소득
청산소득	납세의무 없음

2) 기타 비영리법인에 대한 과세특례

한편, 「법인세법」에서 규정하고 있는 각종 의무사항을 이행하여야 하고 조세를 균등하게 부담해야 하나, 비영리조직이라는 특수성 때문에 다음과 같이 조세특례 규정을 두고 있다.

(1) 비영리내국법인의 고유목적사업준비금의 손금산입 특례(법법 §29)

자세한 내용은 본 절 4.에서 설명한다.

(2) 비영리내국법인의 이자소득에 대한 신고 특례(법법 §62)

자세한 내용은 본 절 5.에서 설명한다.

(3) 비영리내국법인의 자산양도소득에 대한 신고 특례(법법 §62의 2)

자세한 내용은 본 절 6.에서 설명한다.

(4) 수입배당금에 대한 익금불산입 적용 배제(법법 §18의 2)

비영리내국법인에 주식을 출연하여 편법적으로 재산을 승계하는 것을 방지하고자 고유목적사업준비금을 손금에 산입하는 비영리내국법인이 받은 수입배당금에 대한 익금불산입 적용을 배제하도록 하고 있다.

(5) 임대보증금 간주익금 익금산입 적용 배제(조특법 §138)

수익사업소득 중 부동산임대업을 주업으로 하고 있는 비영리내국법인이 보증금이나 전세금을 수령할 경우 임대보증금에 대한 간주익금산입의 적용을 배제하도록 하고 있다.

(6) 장부의 비치 · 기장의무 면제 및 무기장 가산세 면제(법법 §112 · §75의 3)

수익사업 중 사업소득과 채권매매익에 대한 소득이 발생하는 수익사업을 영위하지 않는 비영리법인은 복식부기에 의한 장부기장 의무가 면제된다. 다만, 「상속세 및 증여세법」상의 장부작성 · 비치 및 보존의무가 있으며, 이를 위반한 경우에는 동법에 따라 가산세가 부과된다.

한편, 수익사업 중 사업소득과 채권매매익에 대한 소득이 발생하는 수익사업을 영위하는 비영리법인의 경우에는 장부기장 및 관련 중요서류를 비치 · 보존해야 하는 의무는 있으나 무기장가산세는 적용되지 않는다.

(7) 적격 지출증빙 수취 · 보관의무 면제 및 증빙서류 수취 불성실 가산세 면제(법법 §116 · §75의 5)

수익사업 중 사업소득이 발생하는 수익사업을 영위하지 않는 비영리법인은 사업자로부터 재화나 용역을 공급받고 그 대가를 지급하는 경우에 적격증빙을 받아 5년간 보관할 의무가 면제된다.

다만, 수익사업 중 사업소득이 발생하는 수익사업을 영위하는 비영리법인의 경우에는 적격증빙을 받아 5년간 보관해야 하며, 그러지 않을 경우 받지 아니한 금액 또는 사실과 다르게 받은 금액과 받아야 할 금액과의 차액의 100분의 2에 상당하는 가산세를 부담한다.

(8) 주주명부 등의 작성 · 비치 의무 면제(법법 §118)

비영리내국법인은 주주나 사원이 없기 때문에 주주나 사원의 명부를 작성하여 비치할 의무가 면제되며, 관련 가산세 또한 규정하고 있지 않다.

(9) 계산서 불성실 가산세 적용 제외(법법 §75의 8, 법령 §120 ③)

수익사업 중 사업소득이 발생하는 수익사업 부분을 제외하고는 계산서 불성실 가산세 적용이 면제된다.

(10) 과세표준 신고시 무신고 가산세 적용 배제(법법 §60 ⑤)

사업연도 종료일로부터 3개월 이내에 법인세 과세표준 및 세액을 신고할 때 기업회계기준을 준용하여 작성한 재무제표와 세무조정계산서를 첨부해야 하고 이를 첨부하지 않으면 무신고로 보아 가산세를 적용하는데 수익사업 중 사업소득과 채권매매익이 없는 비영리내국법인의 경우에는 무신고로 보지 아니한다.

(11) 중간예납 제외(법법 §63)

「초 · 중등교육법」 제3조 제3호에 따른 사립학교를 경영하는 학교법인과 「고등교육법」 제3조에 따른 사립학교를 경영하는 학교법인은 중간예납의무를 면제한다. 또한, 「산업교육진흥 및 산학연협력촉진에 관한 법률」에 따른 산학협력단과 국립대학법인 서울대학교와 인천대학교도 중간예납의무가 없다.

(12) 기부금영수증 발급 · 작성 · 보관 불성실 가산세(법법 §75의 4)

기부금영수증을 발급하는 내국법인이 기부금액을 사실과 다르게 적어 발급(기부금액 또는 기부자의 인적사항 등 주요사항을 적지 아니하고 발급하는 경우를 포함)한 경우에는 사실과 다르게 발급된 금액의 100분의 5의 가산세를 부과하며, 기부자별 발급명세를 작성 · 보관하지 아니한 경우에는 작성 · 보관하지 아니한 금액의 1천분의 2의 가산세를 해당 사업연도의 법인세액에 더하여 납부하여야 한다.

이러한 기부금영수증 관련 불성실 가산세는 산출세액이 없는 경우에도 적용한다. 다만, 「상속세 및 증여세법」 제78조 제3항에 따라 보고서 제출의무를 이행하지 아니하거나 같은 조 제5항에 따라 출연받은 재산에 대한 장부의 작성 · 비치 의무를 이행하지 아니하여 가산세가 부과되는 경우에는 기부자별 발급명세서 불성실 가산세를 적용하지 아니한다.

1.4 비영리법인의 수익사업 개시 신고

비영리법인이 수익사업(사업소득과 채권매매익에 한함)을 새로 시작한 경우에는 그 개시일로부터 2개월 이내에 그 사업개시일 현재의 그 수익사업과 관련된 재무상태표와 비영리법인의 수익사업개시신고서를 납세지 관할 세무서장에게 신고하여야 한다(법법 §110).

또한 감가상각자산에 대한 감가상각방법신고서를 영업을 개시한 날이 속하는 사업연도의 법인세과세표준의 신고기한까지 납세지관할세무서장에게 제출하여야 하고(법령 §26 ③) 당해 비영리법인의 설립일 또는 수익사업개시일이 속하는 사업연도의 법인세과세표준의 신고기한까지 재고자산 등 평가방법신고서를 납세지관할세무서장에게 제출하여야 한다(법령 §74 ③).

02 수익사업에서 생기는 소득의 범위

법인은 영리성 유무에 따라 영리법인과 비영리법인으로 구분되며, 이 경우 영리성이란 주로 법인의 이윤을 구성원에게 분배하느냐의 여부를 말하는 것이지 이윤추구 행위능력 여부를 말하는 것은 아니다. 「민법」상 비영리법인이라 하더라도 이윤을 구성원에게 분배할 수 없을 뿐이지 그 설립 목적에 반하지 않는 범위 내에서는 이윤추구 행위를 할 수 있다. 「공익법인의 설립 및 운영에 관한 법률」에 따라 설립된 비영리공익법인의 경우에도 관할 관청에 허가를 얻어 이윤추구행위를 할 수 있고, 다만 그 이윤을 구성원에게 분배할 수 없을 뿐이다.

「법인세법」상 이러한 비영리법인의 이윤추구행위에 대하여 과세하지 않으면 영리법인과의 형평에 맞지 않으므로 이를 법인세로 과세하고 있다. 하지만 영리법인과 같이 포괄적으로 발생한 소득에 대하여 과세를 한다면 오히려 비영리법인의 기본재산을 잠식할 수도 있기 때문에 한정적으로 열거한 다음의 수익사업에서 생기는 소득에 대해서만 과세하고 있다(법법 §4 ③).

2.1 사업소득의 범위

1) 과세대상 사업소득

영업(營業)은 영리(營利)를 목적으로 하는 사업(事業)을 의미한다. 따라서 사업은 기본적으로 영리(이윤)를 위해 독립적이고 계속 · 반복적으로 재화나 용역을 공급하는 것을 의미한다. 따라서 「법인세법」에서 정의하고 있는 수익사업 중 사업소득은 기본적으로 계속 · 반복적으로 재화나 용역을 공급하는 제조업, 건설업, 도매업 · 소매업, 소비자용품수리업, 부동산 · 임대 및 사업서비스업 등의 사업으로서 통계청장이 고시하는 한국표준산업분류에 의한 각 사업 중 수입이 발생하는 것을 말한다. 따라서 사업은 그 사업활동이 각 사업연도의 전기간에 걸쳐 계속하여 행하여지는 사업 외에 상당기간에 걸쳐 계속적으로 행하여지거나 정기적 또는 부정기적으로 상당회수에 걸쳐 행하여지는 사업을 포함한다.

2) 과세 제외대상 사업소득의 범위

다음의 사업을 영위하는 경우에는 사업소득으로 보지 아니하므로 과세대상에서 제외된다(법령 §3 ①).

① 농업[축산업(축산관련서비스업 포함) · 조경관리 및 유지서비스업은 과세]

② 사업서비스업 중 연구개발업(계약 등에 의하여 그 대가를 받고 연구 및 개발용역을 제공하는 사업 제외)

③ 선급검사(船級檢査) 용역을 공급하는 사업

④ 다음 각 목의 어느 하나에 해당하는 교육시설에서 해당 법률에 따른 교육과정에 따라 제공하는 교육서비스업

가. 「유아교육법」에 따른 유치원

나. 「초 · 중등교육법」 및 「고등교육법」에 따른 학교

다. 「경제자유구역 및 제주국제자유도시의 외국교육기관 설립 · 운영에 관한 특별법」에 따라 설립된 외국교육기관(정관 등에 따라 잉여금을 국외 본교로 송금할 수 있거나 실제로 송금하는 경우는 제외한다)

라. 「제주특별자치도 설치 및 국제자유도시 조성을 위한 특별법」에 따라 설립된 비영리법인이 운영하는 국제학교

마. 「평생교육법」 제31조 제4항에 따른 전공대학 형태의 평생교육시설 및 같은 법 제33조 제3항에 따른 원격대학 형태의 평생교육시설

⑤ 보건업 및 사회복지서비스업 중 다음 각 목의 어느 하나에 해당하는 사회복지시설에서 제공하는 사회복지사업

가. 「사회복지사업법」 제34조에 따른 사회복지시설 중 사회복지관, 부랑인 · 노숙인 시설 및 결핵 · 한센인 시설

나. 「국민기초생활보장법」 제15조의 2 제1항 및 제16조 제1항에 따른 중앙자활센터 및 지역자활센터

다. 「아동복지법」 제52조 제1항에 따른 아동복지시설

라. 「노인복지법」 제31조에 따른 노인복지시설(노인전문병원은 제외)

마. 「노인장기요양보험법」 제2조 제4호에 따른 장기요양기관

바. 「장애인복지법」 제58조 제1항에 따른 장애인복지시설 및 같은 법 제63조 제1항에 따른 장애인복지단체가 운영하는 「중증장애인생산품 우선구매 특별법」 제2

조 제2항에 따른 중증장애인생산품 생산시설

사. 「한부모가족지원법」 제19조 제1항에 따른 한부모가족복지시설

아. 「영유아보육법」 제10조에 따른 어린이집

자. 「성매매방지 및 피해자보호 등에 관한 법률」 제6조 제2항 및 제10조 제2항에 따른 지원시설 및 성매매피해상담소

차. 「정신건강증진 및 정신질환자 복지서비스 지원에 관한 법률」 제3조 제6호 및 제7호에 따른 정신요양시설 및 정신재활시설

카. 「성폭력방지 및 피해자보호 등에 관한 법률」 제10조 제2항 및 제12조 제2항에 따른 성폭력피해상담소 및 성폭력피해자보호시설

타. 「입양특례법」 제20조 제1항에 따른 입양기관

파. 「가정폭력방지 및 피해자보호 등에 관한 법률」 제5조 제2항 및 제7조 제2항에 따른 가정폭력 관련 상담소 및 보호시설

하. 「다문화가족지원법」 제12조 제1항에 따른 다문화가족지원센터

거. 「건강가정기본법」 제35조 제1항에 따른 건강가정지원센터

⑥ 연금 및 공제업 중 국민연금사업과 정부로부터 인가 또는 허가를 받아 설립된 단체가 영위하는 사업(기금조성 및 급여사업에 한함)

⑦ 사회보장보험업 중 「국민건강보험법」에 의한 의료보험사업과 「산업재해보상보험법」에 의한 산업재해보상보험사업

⑧ 주무관청에 등록된 종교단체(그 소속단체 포함)가 공급하는 용역 중 「부가가치세법」 제26조 제1항 제18호에 따라 부가가치세가 면제되는 용역을 공급하는 사업

⑨ 금융 및 보험관련 서비스업 중 예금보험제도를 운영하는 사업

⑩ 「혈액관리법」에 따라 혈액원 개설 허가를 받은 자가 행하는 혈액사업

⑪ 「한국주택금융공사법」에 따른 주택담보노후연금보증계정을 통하여 주택담보노후연금보증제도를 운영하는 사업(보증사업과 주택담보노후연금을 지급하는 사업에 한함)

⑫ 「국민기초생활 보장법」 제2조에 따른 수급권자 · 차상위계층 등에게 창업비 등의 용도로 대출하는 사업

⑬ 비영리법인(사립학교의 신축 · 증축, 시설확충, 그밖에 교육환경 개선을 목적으로 설립된 법인에 한함)이 외국인학교의 운영자에게 학교시설을 제공하는 사업

⑭ 대한체육회에 가맹한 경기단체 및 국기원의 승단 · 승급 · 승품 심사사업

⑮ 수도권매립지관리공사가 행하는 폐기물처리와 관련한 사업

⑯ 「한국장학재단 설립 등에 관한 법률」에 따른 한국장학재단이 같은 법 제24조의 2에 따른 학자금대출계정을 통하여 운영하는 학자금 대출사업

2.2 이자소득의 범위

법인세를 부과하는 수익사업 중 「소득세법」 제16조 제1항에 따른 이자소득은 해당 과세기간에 발생한 다음 각 호의 소득으로 한다.

① 국가나 지방자치단체가 발행한 채권 또는 증권의 이자와 할인액

② 내국법인이 발행한 채권 또는 증권의 이자와 할인액

③ 국내에서 받는 예금(적금 · 부금 · 예탁금 및 우편대체를 포함)의 이자

④ 「상호저축은행법」에 따른 신용계(信用契) 또는 신용부금으로 인한 이익

⑤ 외국법인의 국내지점 또는 국내영업소에서 발행한 채권 또는 증권의 이자와 할인액

⑥ 외국법인이 발행한 채권 또는 증권의 이자와 할인액

⑦ 국외에서 받는 예금의 이자

⑧ 금융회사 등이 환매기간에 따른 사전약정이율을 적용하여 환매수 또는 환매도 조건으로 매매하는 채권 또는 증권의 매매차익

⑨ 저축성보험의 보험차익으로 보험계약에 따라 만기에 받는 보험금 · 공제금 또는 계약기간 중도에 해당 보험계약이 해지됨에 따라 받는 환급금(피보험자의 사망 · 질병 · 부상 그밖의 신체상의 상해로 인하여 받거나 자산의 멸실 또는 손괴로 인하여 받는 것이 아닌 것으로 한정함)에서 납입보험료 또는 납입공제료를 뺀 금액. 다만, 다음 각 목의 어느 하나에 해당하는 보험의 보험차익은 제외

가. 최초로 보험료를 납입한 날부터 만기일 또는 중도해지일까지의 기간이 10년 이상으로서 「소득세법 시행령」 제25조 제3항으로 정하는 요건을 갖춘 보험

나. 「소득세법 시행령」 제25조 제4항으로 정하는 요건을 갖춘 종신형 연금보험

⑩ 직장공제회 초과반환금

⑪ 비영업대금(非營業貸金)의 이익

⑫ '①'부터 '⑪'까지의 소득과 유사한 소득으로서 금전 사용에 따른 대가로서의 성격이 있는 것

⑬ '①'부터 '⑫'까지의 규정 중 어느 하나에 해당하는 소득을 발생시키는 거래 또는 행위와 「자본시장과 금융투자업에 관한 법률」 제5조에 따른 파생상품이 결합된 경우

해당 파생상품의 거래 또는 행위로부터의 이익

2.3 배당소득의 범위

법인세를 부과하는 수익사업 중 「소득세법」 제17조 제1항에 따른 배당소득은 해당 과세기간에 발생한 다음 각 호의 소득으로 한다.

① 내국법인으로부터 받는 이익이나 잉여금의 배당 또는 분배금

② 법인으로 보는 단체로부터 받는 배당금 또는 분배금

③ 「법인세법」 제5조 제2항에 따라 내국법인으로 보는 신탁재산(이하 "법인과세 신탁재산"이라 함)으로부터 받는 배당금 또는 분배금

④ 의제배당(擬制配當) : 무상주의 취득 또는 감자 · 해산 · 합병 · 분할 등으로 인하여 취득하는 금전 또는 기타 재산 등의 가액이 당초 취득가액을 초과하는 경우 그 금액

⑤ 「법인세법」에 따라 배당으로 처분된 금액

⑥ 국내 또는 국외에서 받는 「소득세법 시행령」 제26조의 2에 따른 집합투자기구로부터의 이익

⑦ 국내 또는 국외에서 받는 대통령령으로 정하는 파생결합증권 또는 파생결합사채로부터의 이익

⑧ 외국법인으로부터 받는 이익이나 잉여금의 배당 또는 분배금

⑨ 「국제조세조정에 관한 법률」 제17조에 따라 배당받은 것으로 간주된 금액

⑩ 공동사업에서 발생한 소득금액 중 출자공동사업자의 손익분배비율에 해당하는 금액

⑪ '①'부터 '⑨'까지의 규정에 따른 소득과 유사한 소득으로서 수익분배의 성격이 있는 것

⑫ '①'부터 '⑪'까지의 규정 중 어느 하나에 해당하는 소득을 발생시키는 거래 또는 행위와 파생상품이 결합된 경우 해당 파생상품의 거래 또는 행위로부터의 이익

2.4 주식 등의 양도로 인하여 생기는 수입의 범위

비영리법인이 주식 · 신주인수권 또는 출자지분을 출연받거나 취득한 후 이를 양도함에 따라 생기는 수입은 수익사업으로 보고 법인세를 과세한다. 비영리법인이 취득한 경우에는 양도가액에서 취득가액을 공제하여 소득금액을 산정한다.

1988년 12월 31일 이전에 취득한 주식 또는 출자지분의 취득가액은 장부가액과 다음 각호의 금액 중 높은 금액으로 할 수 있다(법법 부칙 8, 법률 제5581호 1998.12.28.).

① 증권거래소에 상장된 주식이나 출자지분의 경우에는 1988년 12월 31일의 증권거래소 최종시세가액(거래실적의 유무 불문)과 1988년 12월 중 공표된 매일의 증권거래소 최종시세가액의 평균액 중 높은 금액

② 증권거래소에 상장되지 아니한 주식이나 출자지분의 경우에는 1989년 1월 1일 현재 「상속세 및 증여세법」 제60조 및 동법 제63조 제1항 제1호 나목 및 다목의 가액으로 평가한 가액

2.5 유형자산 및 무형자산의 처분으로 인하여 생기는 수입의 범위

1) 과세 제외대상 유·무형자산 처분수입

비영리내국법인이 유형자산 및 무형자산의 처분으로 인하여 생기는 수입은 법인세가 과세된다. 다만, 처분일 현재 3년 이상 계속하여 법령 또는 정관에 규정된 고유목적사업(수익사업 제외)에 직접 사용한 자산을 처분함으로써 발생한 소득은 수익사업소득에서 제외한다.

이 경우 해당 자산의 유지·관리 등을 위한 관람료·입장료수입 등 부수수익이 있는 경우에도 이를 고유목적사업에 직접 사용한 자산으로 본다.

한편, 유·무형자산 중 부동산에 관한 권리와 「소득세법」상 기타자산에 해당하는 것은 고유목적사업에 3년 이상 계속 사용하여도 과세되는 수익사업소득으로 본다(다음의 '2.6 부동산에 관한 권리 및 기타자산의 양도로 인하여 생기는 수입의 범위' 참조).

2) 수익사업용 자산을 고유목적사업용을 전출한 경우

원래부터 고유목적사업에 사용하던 유·무형자산의 처분수입은 전액 과세 제외되지만, 수익사업에서 사용해 오던 자산을 고유목적사업으로 2018.2.13. 이후 전출한 경우에는 전출 이후 발생한 처분수입만 과세 제외된다.

따라서 비영리법인이 수익사업에 속하는 유·무형자산을 고유목적사업으로 전출한 후 처분하는 경우에는 전출 시 시가로 평가한 가액을 그 자산의 취득가액으로 하여 처분으로

인하여 생기는 수입을 계산한다(법령 §3 ②).

3) 고유목적 사용기간의 계산

비영리법인이 유·무형자산의 처분일 현재 해당 고정자산을 고유목적사업에 3년 이상 계속하여 사용하였는지 여부의 판단에 있어 고유목적사업에 사용한 기간은 그 고정자산을 취득한 날부터 기산하고, 증여로 인한 취득일 경우에는 소유권이전등기일을 취득일로 한다. 법인격 없는 단체가 법인으로 승인받기 전에 취득한 부동산을 처분하는 경우 법인으로 보는 단체로 승인받기 전부터 사실상 고유목적사업에 직접 사용한 때에는 고유목적사업에 사용한 날부터 기산한다(법인세 집행기준 4-3-5).

4) 취득가액의 계산

1988.12.31. 이전에 취득한 토지 및 건물(부속시설물과 구축물 포함)의 취득가액은 장부가액과 1989.1.1. 현재「상속세 및 증여세법」제60조 및 동법 제61조 제1항 내지 제3항의 가액으로 평가한 가액 중 큰 금액으로 할 수 있다. 다만, 1990.12.31. 이전에 취득한 토지 및 건물로서 수익사업용이 아닌 것의 취득가액은 장부가액과 1991.1.1. 현재「상속세 및 증여세법」제60조 및 동법 제61조 제1항 내지 제3항의 가액으로 평가한 가액 중 큰 금액으로 할 수 있다(법법 부칙 §8, 법률 제5581호, 1998.12.28.).

2.6 부동산에 관한 권리 및 기타자산의 양도로 인하여 생기는 수입의 범위

부동산에 관한 권리 및 기타자산에 해당하는 다음의「소득세법」제94조 제1항 제2호 및 제4호에 따른 자산의 양도로 인하여 생기는 수입은 법인세가 과세된다. 이들 자산은 고유목적사업에 3년 이상 계속 사용여부와 관계없이 법인세가 과세되는 수익사업소득에 속한다.

① 다음의 부동산에 관한 권리의 양도로 발생하는 소득(소법 §94 ① 2호)

가. 부동산을 취득할 수 있는 권리(건물이 완성되는 때에 그 건물과 이에 딸린 토지를 취득할 수 있는 권리 포함)

나. 지상권

다. 전세권과 등기된 부동산임차권

② 다음의 기타자산의 양도로 발생하는 소득(소법 §94 ① 4호)

가. 사업에 사용하는 토지, 건물, 부동산에 관한 권리와 함께 양도하는 영업권(영업권을 별도로 평가하지 아니하였으나 사회통념상 자산에 포함되어 함께 양도된 것으로 인정되는 영업권과 행정관청으로부터 인가 · 허가 · 면허 등을 받음으로써 얻는 경제적 이익을 포함)

나. 이용권 · 회원권, 그밖에 그 명칭과 관계없이 시설물을 배타적으로 이용하거나 일반이용자보다 유리한 조건으로 이용할 수 있도록 약정한 단체의 구성원이 된 자에게 부여되는 시설물 이용권(법인의 주식 등을 소유하는 것만으로 시설물을 배타적으로 이용하거나 일반이용자보다 유리한 조건으로 시설물 이용권을 부여받게 되는 경우 그 주식 등을 포함)

다. 법인의 자산총액 중 다음의 합계액이 차지하는 비율이 100분의 50 이상인 법인의 과점주주(소유 주식 등의 비율을 고려하여 대통령령으로 정하는 주주를 말하며, 이하 이 장에서 "과점주주"라 함)가 그 법인의 주식 등의 100분의 50 이상을 해당 과점주주 외의 자에게 양도하는 경우(과점주주가 다른 과점주주에게 양도한 후 양수한 과점주주가 과점주주외의 자에게 다시 양도하는 경우 포함)에 해당 주식 등

1) 토지, 건물, 부동산에 관한 권리(부동산등)의 가액

2) 해당 법인이 직접 또는 간접적으로 보유한 다른 법인의 주식가액에 그 다른 법인의 부동산등 보유비율을 곱하여 산출한 가액

라. 골프장, 스키장, 휴양콘도미니엄 등의 사업을 하는 법인으로서 자산총액 중 다. '1)'과 '2)'의 합계액이 차지하는 비율이 100분의 80 이상인 법인의 주식 등

마. 토지, 건물과 함께 양도하는 「개발제한구역의 지정 및 관리에 관한 특별조치법」 제12조 제1항 제2호 및 제3호의 2에 따른 이축을 할 수 있는 권리(이하 "이축권"이라 함). 다만, 해당 이축권 가액을 대통령령으로 정하는 방법에 따라 별도로 평가하여 신고하는 경우는 제외한다.

2.7 채권매매익의 범위

비영리법인이 계속적으로 이자소득을 발생시키는 채권 또는 증권(법인세가 비과세되는 것은 제외)을 타인에게 양도하여 발생하는 매매익(채권 등의 매각익에서 채권 등의 매각손을 차감한 금액을 말함)은 법인세가 과세되는 수익사업소득에 포함한다(법령 §3 ③).

| 관련 집행기준 및 예규 · 심판례 등 |

• 수익사업에서 생기는 소득의 범위(법인세 집행기준 4-3-1)

① 수익사업에서 생긴 소득이란 해당 사업에서 생긴 주된 수입금액 및 이와 직접 관련하여 생긴 부수수익의 합계액에서 해당 사업수익에 대응하는 손비를 공제한 소득을 말한다.

② 수익사업에 해당하는 사업은 그 사업활동이 각 사업연도의 전기간에 걸쳐 계속하여 행하여지는 사업 외에 상당기간에 걸쳐 계속적으로 행하여지거나 정기적 또는 부정기적으로 상당 횟수에 걸쳐 행하여지는 사업을 포함하며, 이에 포함되는 것을 예시하면 다음과 같다.

1. 하절기만 운영하는 해수욕장의 장소 임대수입
2. 큰 행사에 있어서의 물품판매

③ 부수수익이란 수익사업과 관련하여 부수적으로 발생하는 수익을 말하며 이를 예시하면 다음과 같다.

1. 부산물, 작업폐물 등의 매출액 및 역무제공에 의한 수입 등과 같이 기업회계관행상 영업수입금액에 포함하는 금액
2. 수익사업과 관련하여 발생하는 채무면제익, 외환차익, 매입할인, 원가차익 및 상각채권 추심이익 등
3. 수익사업과 관련하여 지출한 손금 중 환입된 금액
4. 수익사업의 손금에 산입한 제준비금 및 충당금 등의 환입액
5. 수익사업용 자산의 멸실 또는 손괴로 인하여 발생한 보험차익
6. 수익사업에 속하는 수입금액의 회수지연으로 인하여 받은 연체이자 또는 연체료수입(수익사업과 관련된 계약의 위약, 해약으로 받는 위약금과 배상금 등을 포함)

• 수익사업과 비수익사업의 구분(법인세 집행기준 4-3-2)

비영리내국법인의 수익사업과 비수익사업은 해당사업 또는 수입의 성질을 기준으로 구분하며, 수익사업에 속하는 것과 비수익사업에 속하는 것을 예시하면 다음과 같다.

-수익사업에 속하는 것

1. 학교법인의 임야에서 발생한 수입과 임업수입
2. 학교부설연구소의 원가계산 등의 용역수입
3. 학교에서 전문의를 고용하여 운영하는 의료수입
4. 주무관청에 등록된 종교단체 등의 임대수입(「부가가치세법」 제26조 제1항 제18호에 따라 부가가치세가 면제되는 경우 제외)
5. 전답을 대여 또는 이용하게 함으로써 생긴 소득
6. 정기간행물 발간사업. 단, 정기간행물 발간사업에는 특별히 정해진 법률상의 자격을 가진 자를 회원으로 하는 법인이 그 대부분을 소속회원에게 배포하기 위하여 주로 회원의 소식, 기타 이에 준하는 내용을 기사로 하는 회보 또는 회원명부 발간사업과 학술, 종교의 보급, 자선, 기타 공익을 목적으로 하는 법인이 그 고유목적을 달성하기 위하여 회보 등을 발간하고 이를 회원 또는 불특정 다수인에게 무상으로 배포하는 것으로서 통상 상품으로 판매되지 아니하는 것은 제외한다.
7. 광고수입

8. 회원에게 실비제공하는 구내식당 운영수입
9. 급수시설에 의한 용역대가로 받는 수입
10. 운동경기의 중계료, 입장료
11. 회원에게 대부한 융자금의 이자수입
12. 유가증권대여로 인한 수수료수입
13. 조합공판장 판매수수료수입
14. 교육훈련에 따른 수수료수입
15. 「평생교육법」에 의한 학교부설 평생교육기관인 전산정보교육원 등의 운영수입
16. 금융결제원이 금융공동망, 어음교환, 지로, 공동전산업무를 수행하고 소요경비를 그 이용자(사원 · 준사원 및 참가기관)로부터 받아 회비로 충당하는 경우 그 회비

－비수익사업에 속하는 것

1. 징발보상금
2. 일시적인 저작권의 사용료로 받은 인세수입
3. 회원으로부터 받는 회비 또는 추천수수료(간행물 등의 대가가 포함된 경우에는 그 대가상당액 제외)
4. 외국원조수입 또는 구호기금수입
5. 업무와 직접 관계없이 타인으로부터 무상으로 받은 자산의 가액
6. 소액신용대출사업을 영위하는 비영리법인이 소액신용대출사업에 사용할 자금을 금융기관에 일시적으로 예치함에 따라 발생하는 이자수입
7. 비영리법인인 아파트 입주자대표회의가 1차량을 초과하여 주차하는 세대에 아파트 관리비 외주차장 유지 · 보수 등 관리 목적으로 별도 징수하는 주차료

• **간행물 등의 대가를 회비명목으로 징수하는 경우 수입금액계산(법인세 집행기준 4-3-3)**

① 비영리내국법인이 간행물 등을 발간하여 직접적인 대가를 받지 아니하고 회비등의 명목으로 그 대가를 징수하는 경우에는 다음과 같이 수입금액을 계산한다.

1. 회원으로부터 그 대가를 받지 아니하고 별도의 회비를 징수하는 경우에는 그 회비 중 해당 간행물 등의 대가상당액을 수입금액으로 한다.
2. 회원 이외의 자로부터 그 대가를 받지 아니하고 회비 등의 명목으로 금전을 수수하는 경우에는 그 수수하는 금액을 수입금액으로 한다.

② 회비 등의 명목으로 그 대가를 징수하는 경우란 다음의 것으로 한다.

1. 회원에게 배포한 간행물 등이 독립된 상품적 가치가 있다고 인정되는 것으로서 그 대가상당액을 별도의 회비 명목으로 징수하는 경우
2. 건전한 사회통념에 비추어 보아 소속회원에게 봉사하는 정도를 넘는 회비를 징수하고 간행물 등을 배포하는 경우

• **회보발간에 관련된 광고수입에 대응하는 손금의 계산(법인세 집행기준 4-3-4)**

비영리내국법인이 수익사업으로 보지 아니하는 회보 등을 발간함에 있어서 동 회보에 광고를 게재하는 경우 회보발간비는 광고수입에 대응하는 손금으로 한다. 이 경우 광고수입을 초과하는 회보발간비는 비수익사업에 속하는 것으로 한다.

• 시민평가(만족도조사) 연구용역의 수익사업 해당여부(법인세과－322, 2014.7.16.)

비영리내국법인이 수행하는 사업이 당해 법인의 법령 또는 정관에 규정된 고유목적사업 여부와 관련 없이 「법인세법」 제3조 제3항 및 같은 법 시행령 제2조 제1항의 규정에 의한 수익사업에 해당하는 경우에는 이를 수익사업으로 보는 것임.

• 비영리법인의 수익사업 여부(법인세과－335, 2010.4.8.)

비영리내국법인이 지방자치단체와 체육시설 관리 및 운영에 대한 위·수탁 계약을 체결하여 동 사업에서 발생하는 손익이 지방자치단체에 귀속될 경우 동 사업 수입

금액에 대하여는 「법인세법」 제2조 제3항에 따라 법인세 납세의무가 없는 것이나, 위탁사업 대행에 따른 대가로 지방자치단체로부터 지급받는 성과금은 같은 법 제3조 제3항에 따라 해당 비영리내국법인의 법인세 과세대상 수익사업 소득에 해당하는 것임.

• 비영리내국법인이 수령한 국고보조금의 수익사업 해당여부(서면인터넷방문상담2팀－1188, 2006.6.22.)

귀 질의의 경우 비영리법인이 국가 등으로부터 출연금품의 형태로 지원받는 보조금 등을 「법인세법」 제3조 제2항의 비영리법인의 수익사업에 해당하지 않는 고유목적사업의 수행에 사용한 경우에는 당해 출연금품은 비영리법인의 수익사업 소득에 해당되지 아니하는 것이나, 국가 등으로부터 지원받는 출연금품을 「법인세법」 제3조 제2항의 수익사업의 수행에 사용된 경우에는 수익사업 소득에 해당하는 것임.

• 학교법인이 기본재산을 처분할 경우 법인세 과세여부(법인세과－709, 2010.7.27.)

「사립학교법」에 의한 학교법인이 기본재산인 토지를 같은 법 제28조에 따라 관할 교육청의 허가를 받아 처분함에 따라 생기는 수입의 수익사업 해당 여부는 당해 토지의 지목에 관계없이 「법인세법 시행령」 제2조 제2항에 의하여 처분일 현재 3년이상 계속하여 법령 또는 정관에 규정된 고유목적사업(수익사업 제외)에 직접 사용한 것인지에 따라 수익사업 여부를 판단하는 것임.

• 사회복지법인의 유료양로시설 운영수입 및 별도 부대시설 운영소득의 과세여부(서면인터넷방문상담2팀－931, 2004.5.3.)

사회복지법인이 유료양로시설을 설치하고 노인을 입소시켜 운영비용을 입소자로부터 수납하는 경우 법인세가 과세되지 아니하나 별도 부대시설 운영소득은 과세되는 것임.

• 「노인장기요양보험법」에 따른 장기요양기관이 제공하는 재가급여 및 시설급여 사업의 수익사업 해당 여부

장기요양기관의 재가급여 또는 시설급여가 노인복지법에 의한 재가노인복지시설, 노인요양시설, 노인요양공동생활가정에서 제공되는 경우에는 수익사업에 해당되지 아니함. 기획재정부 법인세제과－535(2009.6.9.)호의 유권해석은 장기요양기관의 재가급여 또는 시설급여가 노인복지법에 의한 재가노인복지시설, 노인요양시설, 노인요양공동생활가정에서 제공되고 있지 않는 경우에만 적용되는 것임(기획재정부 법인세제과－866, 2010.10.15.).

* 기획재정부 법인세제과－535, 2009.6.9.

「노인장기요양보험법」에 따른 장기요양기관이 제공하는 재가급여 및 시설급여 사업은 「법인세법」 제3조 제2항에서 규정하는 수익사업에 해당하는 것임.

※ 상기 예규는 2010.12.30.에 법인세법 시행령이 개정되면서 2011.1.1. 이후 사업연도분에 대하여는 적용되지 않는 것으로 보아야 한다.

- **종중 소유 부동산 양도소득의 법인세 과세대상 여부(사전-2017-법령해석법인-0079, 2017.6.13.)**

  종중이 처분일로부터 소급하여 3년 이상 중단 없이 계속 고유목적사업에 사용하지 않은 부동산의 양도는 법인세 과세대상임.

- **장애인 보호작업장의 수익사업 해당 여부(서면-2014-법인-22124, 2015.6.30.)**

  비영리내국법인이 「장애인복지법」 제58조 제1항에 따른 장애인복지시설로서 같은 법 시행규칙 별표4에 열거하고 있는 장애인 보호작업장을 운영하는 경우, 해당 사회복지사업은 「법인세법 시행령」 제2조 제1항 제4호에 해당하여 수익사업에 해당하지 아니하는 것임.

- **교회가 담임목사의 사택으로 사용한 주택 양도 시 법인세 과세대상인지(법인세과-948, 2009.8.31.)**

  법인으로 보는 단체에 해당하는 교회가 3년 이상 계속하여 법령 또는 정관에 규정된 고유목적사업에 직접 사용한 주택을 양도하는 경우 법인세가 과세되지 않는 것이나, 실제 고유목적사업에 사용하였는지는 사실판단할 사항임.

- **비영리법인이 고정자산 처분 시 법인세 과세여부(서면-2015-법인-2450[법인세과-618], 2016.3.18.)**

  비영리법인이 「법인세법」 제32조 제2항 제5호의 규정에 의한 고정자산의 처분일 현재 3년 이상 계속하여 법령 또는 정관에 규정된 고유목적사업에 직접 사용한 자산의 처분으로 인한 수입은 수익사업으로 보지 아니하는 것이며, "현재 3년 이상 계속하여"라 함은 처분일 이전 3년 이상 중단 없이 당해 비영리법인의 고유목적사업에 직접 사용하는 것을 말함.

- **비영리내국법인이 고정자산 처분 시 법인세 과세여부(법인세과-644, 2011.8.31.)**

  비영리내국법인이 다른 내국법인 또는 거주자에게 부동산을 무상 임대한 것은 고유목적사업에 직접 사용한 것에 해당되지 아니함.

- **용역제공대가로 받는 특별회비는 수익사업 해당여부(법인46012-123, 1995.1.14.)**

  비영리내국법인이 회원으로부터 받는 회비는 수익사업에서 발생한 소득에 해당되지 아니하는 것이나, 법인이 용역제공 등의 대가와 관련하여 수수료로 받는 특별회비는 수익사업에서 발생한 소득에 해당함.

- **비영리 내국법인이 법인세 납세의무를 부담하는 '수익사업'의 판단 기준(대법원2003두12455, 2005.9.9.)**

  구 법인세법(1998.12.28. 법률 제5581호로 전문 개정되기 전의 것) 제1조 제1항은 법인세의 납세의무자에 관하여 규정하면서, 그 단서에서 비영리 내국법인은 그 법인의 정관 또는 목적사업에 불구하고 같은 항 각 호 소정의 수익사업 또는 수입에서 생긴 소득에 대하여만 법인세를 납부할 의무가 있다고 규정하고 있으므로, 비영리 내국법인에 대하여는 소득이 있더라도 그 소득이 수익사업으로 인한 것이 아닌 이상 법인세를 부과할 수 없는 것이고, 어느 사업이 수익사업에 해당하는지의 여부를 가림에 있어 그 사업에서 얻는 수익이 당해 법인의 고유목적을 달성하기 위한 것인지의 여부 등 목적사업과의 관련성을 고려할 것은 아니나 그 사업이 수익사업에 해당하려면 적어도 그 사업 자체가 수익성을 가진 것이거나 수익을 목적으로 영위한 것이어야 한다.

비영리 내국법인인 ㅇㅇ이 운용 · 관리하는 중소기업구조고도화자금의 대출금리가 조달금리보다 낮기 때문에 발생하는 이차손실(利差損失)을 보전하기 위하여 정부로부터 받은 이차보전출연금이 구 법인세법(1998.12.28. 법률 제5581호로 전문 개정되기 전의 것)상 법인세의 과세대상인 '수익사업에서 생긴 소득'에 해당하지 않는다고 한 사례.

03 수익사업과 고유목적사업의 구분경리

회계의 구분을 구분회계라고도 하는데 이는 특정 구분회계 단위별로 자산 · 부채 · 자본 및 수익과 비용을 독립적으로 인식하여 재무제표를 작성하는 것을 말하는 것으로 이미 제2장 제3절에서 설명하였다.

「법인세법」에서는 조세 정책의 목적상 구분경리라는 용어를 사용하여 구분하여야 할 사업 또는 재산별로 자산 · 부채 및 손익을 각각 독립된 계정과목에 의하여 구분기장하도록 하고 있다(법칙 §75). 다만, 각 사업 또는 재산별로 구분할 수 없는 공통되는 손익금은 안분기준을 정하도록 하고 있다. 따라서 비영리법인이 수익사업을 하는 경우에는 자산 · 부채 및 손익을 그 수익사업에 속하는 것과 수익사업이 아닌 그 밖의 사업에 속하는 것을 각각 다른 회계로 구분하여 기록해야(법법 §113 ①) 하며, 구체적인 구분경리 방법을 다음과 같이 규정하고 있다(법칙 §76).

3.1 회계의 방법

비영리법인이 수익사업소득 중 사업소득과 계속적으로 채권매매 행위를 하는 경우 장부의 기장은 복식부기 방식으로 하여야 한다. 복식부기에 의한 기장은 법인의 재산과 자본의 변동을 빠짐없이 이중 기록하여 계산하는 정규의 부기형식에 의하여 기장하는 것을 의미한다(법법 §112, 법령 §155). 따라서 사업소득 또는 계속적인 채권매매 행위로 인한 소득이 없는 경우에는 단식부기에 의하여 기장할 수 있다. 다만, 「상속세 및 증여세법」 제51조 및 동법 시행령 제44조에는 이중으로 기록하여 계산하는 부기형식으로 장부를 작성하도록 규정하고 있다.

3.2 자산 · 부채 및 자본의 구분

자산과 부채를 각각 수익사업과 고유목적사업으로 구분하는 데 있어 개별자산과 부채는 각각 귀속에 따라 구분하고, 공통으로 사용하는 자산과 부채는 모두 수익사업에 속하는 것으로 구분한다(법칙 §76 ①).

자본은 비영리법인의 수익사업의 경우 영리법인과 다르게 별도의 개념은 없지만 세무조정 등의 필요에 의해 수익사업의 자산의 합계액에서 수익사업의 부채(충당금 포함)의 합계액을 공제한 금액을 수익사업의 자본금으로 산정한다(법칙 §76 ②).

3.3 수익사업과 고유목적사업 간의 자산과 부채의 이관

비영리법인의 고유목적사업 회계에서 수익사업 회계로 자산과 부채를 이관할 경우 수익사업 회계에서는 자본의 원입으로 처리하고 고유목적사업 회계에서는 회계간 전출금으로 처리한다. 이 경우 당해 자산 가액은 시가로 평가하는데 시가가 불분명할 경우에는 「법인세법 시행령」 제89조 제2항에 따라서 감정가액이나 「상속세 및 증여세법」에 따른 평가액으로 한다.

반대로 수익사업 회계에서 고유목적사업 회계로 자산과 부채를 이관할 경우에는 수익사업 회계에서는 다음의 금액과 순차적으로 상계하여야 한다.

① 고유목적사업준비금 중 손금산입된 금액

② 고유목적사업준비금 중 손금부인된 금액

③ 법인세 과세 후의 수익사업소득금액[잉여금 포함. 여기서 잉여금이란 이미 법인세가 과세된 소득(비과세되거나 익금불산입된 금액 포함)으로서 수익사업부문에 유보되어 있는 금액을 말함]

④ 자본의 원입액

3.4 손익항목의 구분

손익항목은 그 발생원천별로 귀속의 구분이 가능한 개별손익금은 각각 해당 회계별로 구분하고 귀속이 불분명한 공통 손익금은 다음과 같이 안분한다.

구분	업종*	안분방법
공통 익금	구분없음	각 사업의 수입금액 또는 매출액에 비례하여 안분
공통 손금	동일업종	각 사업의 수입금액 또는 매출액에 비례하여 안분
	이종업종	각 사업의 개별손금에 비례하여 안분

* 업종의 구분은 한국표준산업분류에 의한 소분류에 의하되, 소분류에 해당 업종이 없는 경우에는 중분류에 의함.

공통 손금 중 종업원에 대한 급여상당액(복리후생비, 퇴직금 및 퇴직급여충당금전입액 포함)은 근로의 제공내용을 기준으로 구분한다. 이 경우 근로의 제공이 주로 수익사업에 관련된 것인 때에는 이를 수익사업의 비용으로 하고 근로의 제공이 주로 비영리사업에 관련된 것인 때에는 이를 비영리사업에 속한 비용으로 한다(법법 기본통칙 113-156-2).

▮관련 집행기준 및 예규 · 심판례 등▮

- 비영리법인이 무상으로 건물을 양수받아 수익용 자산으로 사용 시 과세여부(서이46012-10752, 2002.4.10.)

  수익사업을 영위하는 비영리내국법인이 타인으로부터 무상으로 수익사업의 원본 되는 자산을 받은 경우 당해 자산수증익은 법인세 과세대상이 아닌 것임.

- 사립학교 법인회계의 구분경리(법인46012-2649, 1997.10.15.)

  수익사업을 영위하는 학교법인이 같은 법 제26조 규정에 따라 각 사업연도의 소득에 대한 법인세 과세표준과 세액을 정부에 신고하는 경우에 그가 설치 · 경영하는 학교에 속하는 회계에서 발생하는 수익사업 소득은 법인의 업무에 속하는 회계에서 발생하는 수익사업 소득과 이를 합산하여 신고하여야 하는 것이나, 신고과정에서 이를 각각 신고한 경우에는 각 회계에서 발생한 수익사업 소득을 합하여 법인세 과세표준 및 납부 또는 환급할 세액을 계산하는 것임.

- 수익사업에 속하는 자산을 비수익사업으로 지출하는 경우 상각부인액의 처리(서이46012-10843, 2003.4.22.)

  수익사업과 수익사업이 아닌 기타의 사업(이하 '비수익사업'이라 함)을 영위하는 비영리법인이 수익사업에 사용하던 자산을 비수익사업에 전출하는 경우에는 당해 자산의 시가상당액을 기준으로 법인세법 기본통칙 113-156…3 제2항의 규정을 적용하는 것이며, 비수익사업으로의 전출 당시 당해 자산에 대한 감가상각부인액(유보)이 있는 경우 동 부인액은 그 전출일이 속하는 사업연도의 소득금액 계산시 손금에 산입(△유보)하는 것임. 참고로, 비수익사업부분의 장부상 계상할 자산의 가액에 대하여는 「법인세법」이 적용되지 아니하는 것임.

- **비영리법인의 고정자산처분 수입 중 수익사업소득 계산방법(법규과-341, 2012.4.6.)**

비영리내국법인이 수익사업과 고유목적 사업에 공통으로 사용하던 부동산(청사, 사택)을 양도하는 경우 양도일 현재 고유목적사업에 3년 이상 계속하여 사용하던 부분에 대하여는 「법인세법」 제3조 제3항 제5호 및 같은 법 시행령 제2조 제2항의 규정에 의하여 각 사업연도소득에 대한 법인세가 과세되지 아니하는 것임.

- **공통손익인 감가상각비의 안분으로 감가상각누계액의 재무상태표에 기재 방법(서이46012-10231, 2003.1.30.)**

비영리법인이 수익사업을 영위하는 경우에는 자산·부채 및 손익을 당해 수익사업에 속하는 것과 수익사업이 아닌 기타의 사업에 속하는 것을 각각 별개의 회계로 구분하여 경리하여야 하는 것으로, 이 경우 재무상태표의 작성은 기업회계기준에 의하는 것이며, 수익사업과 기타의 사업에 공통으로 사용되는 자산의 처분으로 인하여 생기는 손익은 수익사업의 개별손익으로 하는 것임.

- **비영리내국법인의 수익사업에서 비수익사업으로 지급하는 현금의 세무처리 방법(서면-2016-법령해석법인-4643 [법령해석과-4058], 2016.12.14.)**

수익사업을 영위하는 비영리법인 지점이 수익의 일부를 고유목적사업을 영위하는 비영리법인 본점에 전출하는 경우에는 고유목적사업준비금을 고유목적사업에 사용한 것으로 볼 수 없는 것임.

- **교비회계로의 전출이 고유목적사업 지출에 해당하는지 여부(법인세과-616, 2011.8.25.)**

「사립학교법」에 의하여 설립된 학교법인이 수익사업에 대한 각 사업연도 소득금액계산 시 「법인세법」 제29조의 규정에 의하여 손금으로 계상한 고유목적사업준비금을 교비회계에 전출한 시점에 고유목적사업에 사용한 것으로 보는 것임.

- **수익사업 자산의 비영리사업 지출 시 당해 자산가액 처리 방법(서면2팀-217호, 2005.2.1.)**

비영리내국법인이 직전 사업연도 종료일 현재의 고유목적사업준비금의 잔액을 초과하여 당해 사업연도의 고유목적사업비로 지출하는 경우에 그 회계처리 등에 대하여는 아래의 예시를 참고하기 바람.

－18,000원 고유목적사업비 지출 시

수익사업회계	비영리회계
(차)고유목적사업준비금 5,000　(대)현금 18,000 잉 여 금 10,000 출연금(자본원입) 3,000	(차)현금 18,000　(대)고유목적사업준비금수입 5,000 출 연 금 3,000 잉 여 금 10,000 (차)고유목적사업비 18,000　(대)현 금 18,000

－결산 시(18,000원 전입 가정)

수익사업회계	비영리회계
(차)고유목적사업준비금전입 18,000 / (대)고유목적사업준비금 18,000	－

수익사업회계	비영리회계
(차)고유목적사업준비금 13,000 / (대)잉 여 금 10,000 출연금(자본원입) 3,000	(차)출연금3,000 / (대)고유목적사업준비금수입 13,000 잉여금 10,000

04 고유목적사업준비금의 손금산입 특례

"준비금(準備金)"이란 장래에 발생할 손실 · 비용 또는 투자 등에 충당하기 위하여 미리 일정한 기준으로 산정된 금원을 따로 계상(計上)하여 적립한 것을 말한다. 고유목적사업준비금은 비영리법인이 그 법인의 고유목적사업이나 일반기부금의 지출 또는 투자에 충당하기 위하여 그 비영리법인의 각 사업연도 소득금액의 일정한 비율로 산정된 금원을 따로 계상하여 적립한 것을 말한다. 과세당국에서는 실제 지출이 발생하지는 않았으나 5년 이내에 그 고유목적사업이나 일반기부금 또는 투자에 사용할 것을 전제로 당해 연도의 수익사업에서 발생한 각 사업연도 소득금액을 산정할 때 계상한 준비금을 일정한 한도 내에서 손금으로 인정하고 있다(법법 §29).

4.1 고유목적사업준비금 설정대상 법인

고유목적사업준비금을 설정할 수 있는 법인은 다음과 같다.

① 법인으로 등기된 비영리내국법인

② 법인으로 등기되지는 않았지만 법인으로 의제된 법인격 없는 단체 중

- 일반기부금단체 중 법령 §39 ① 1호에 열거된 공익법인등에 해당하는 단체
- 법령에 의하여 설치된 기금
- 공동주택의 입주자대표회의 또는 자치관리기구

법인으로 보는 단체 중 상기한 단체를 제외한 단체들은 수익사업에서 발생한 소득을 고유목적사업비로 지출하는 금액을 법 제24조 제3항 제1호에 따른 일반기부금으로 보도

록 규정(법령 §39 ②)하고 있으므로 고유목적사업준비금을 설정하지 않아도 일반기부금의 손금한도액까지 손금산입이 가능하다.

❙ 고유목적사업준비금 손금산입 설정 배제 ❙

- 비영리 내국법인의 수익사업에서 발생한 소득에 대하여 법인세법 또는 「조세특례제한법」에 따른 비과세 · 면제, 준비금의 손금산입, 소득공제 또는 세액감면(세액공제를 제외한다)을 적용받는 경우에는 적용하지 아니한다. 다만, 고유목적사업준비금만을 적용받는 것으로 수정신고한 경우에는 준비금설정이 가능하다(법법 §28 ⑧).
- 당기순이익과세를 적용받는 조합법인(「조세특례제한법」 제72조 제1항)과 청산 중에 있는 비영리내국법인은 고유목적사업준비금을 손금에 산입할 수 없다(집행기준 29-56-1).
- 「도시 및 주거환경정비법」 제35조에 따라 설립된 조합(전환정비사업조합을 포함한다)과 「빈집 및 소규모주택 정비에 관한 특례법」에 따라 설립된 조합 등 정비조합에 대해서는 「법인세법」 제2조에도 불구하고 비영리내국법인으로 보아 「법인세법」(같은 법 제29조는 제외한다)을 적용한다(조특법 §104의 7 ②).
- 비영리내국법인인 법인으로 등기된 노동조합 외에 세무서장으로부터 법인으로 보는 단체로 승인받은 노동조합은 수익사업에서 발생한 소득금액을 법인세법 제29조에 의해 고유목적사업준비금을 설정하여 손금에 계상할 수 없는 것이나, 수익사업에서 발생한 소득을 고유목적사업비로 지출하는 금액은 법인세법시행령 제36조 제2항에 의하여 이를 지정기부금으로 보아 각 사업연도 소득금액을 계산하는 것임(법인46012-2063, 2000.10.7.)
- 국세기본법 제13조의 규정에 의해 법인으로 보는 단체로 승인받은 종중은 법인세법시행령 제56조 제1항 각 호의 규정에 해당하지 아니하므로 같은 법 제29조 제1항(1998.12.28. 법률 제5581호로 개정된 것)의 규정에 의해 고유목적사업준비금을 설정하여 손금에 계상할 수 없는 것이며, 당해 단체의 수익사업에서 발생한 소득을 같은 법 시행령 제36조 제3항에서 규정하는 고유목적사업비로 지출한 금액은 이를 지정기부금으로 보아 같은 법 제24조 제1항에서 규정한 금액의 범위 내에서 각 사업연도에 손금에 산입하는 것임(서이46012-10632, 2001.11.30.).
- 비영리내국법인이 배당소득 중 일부 금액에 대해 「법인세법」 제29조에 따라 고유목적사업준비금 설정으로 손금 산입하는 경우에는 같은 법 제18조의 3에 따른 수입배당금액 익금불산입의 적용이 배제되는 것임(기획재정부법인세제과-1241, 2017.9.25.)

4.2 고유목적사업준비금 설정 한도

1) 일반 비영리내국법인이나 법인으로 의제된 비영리법인의 경우(법법 §29 ①)

> 손금산입 한도액=(이자소득* +배당소득** +특별융자금 이자***)×100%+기타의 수익사업소득×50%(80%****)
>
> * 소법 §16 각 호의 이자소득 금액(비영업대금의 이자는 50% 적용 대상임)
>
> ** 소법 §17 ① 각 호의 배당소득 금액(단, 의무불이행으로 상속·증여세 과세가액에 산입되거나 증여세가 부과되는 주식 등으로부터 발생한 배당소득금액은 제외)
>
> *** 특별법에 따라 설립된 비영리내국법인이 해당 법률에 따른 복지사업으로서 그 회원이나 조합원에게 대출한 융자금에서 발생한 이자
>
> **** 「공익법인의 설립·운영에 관한 법률」에 따라 설립된 법인으로서 고유목적사업 등에 대한 지출액 중 100분의 50 이상의 금액을 장학금으로 지출하는 법인의 경우(2012.1.1. 이후 지출액이 80% 이상인 경우 100%까지 설정 가능(조특법 §74 ① 8호)

기타의 수익사업소득은 다음과 같이 계산한 금액 말한다(법인세 집행기준 29-56-3 ③).

> 기타의 수익사업소득 = 수익사업에서 발생한 소득금액* -이자소득 등의 금액 -이월결손금** -특례기부금 지출액
>
> * 수익사업에서 발생한 소득금액 : 고유목적사업준비금, 특례기부금을 손금에 산입하기 전 소득금액
>
> ** 이월결손금 : 각 사업연도 소득의 100분의 80을 이월결손금 공제한도로 적용받는 법인은 공제한도 적용으로 인해 공제받지 못하고 이월된 결손금을 차감한 금액을 말함

기타의 수익사업소득에서 결손금이 발생한 경우에는 이자소득 등의 금액에서 그 결손금을 차감한 금액의 범위에서 고유목적사업준비금을 손금에 산입하며, 특별법에 의하여 설립된 법인으로서 공제사업을 영위하는 비영리내국법인의 경우에는 2017.1.1. 이후부터 적용한다(집행기준 29-56-3 ④).

2) 조세특례제한법상 열거된 비영리법인의 경우

> 손금산입 한도액=수익사업소득×100%

2025.12.31. 이전에 끝나는 사업연도까지 수익사업소득의 100%를 고유목적사업준비금으로 손금에 산입할 수 있는 비영리법인은 다음과 같다(조특법 §74 ①·④).

① 「사립학교법」에 따른 학교법인, 「산업교육진흥 및 산학협력촉진에 관한 법률」에 따

른 산학협력단, 「평생교육법」에 따른 원격대학 형태의 평생교육시설을 운영하는 「민법」 제32조에 따른 비영리법인, 국립대학법인 서울대학교 및 발전기금, 국립대학법인 울산과학기술대학교, 국립대학법인 인천대학교 및 발전기금

② 「사회복지사업법」에 따른 사회복지법인

③ 국립대학병원, 국립대학치과병원, 서울대학교병원, 서울대학교치과병원, 국립암센터, 지방의료원, 대한적십자사가 운영하는 병원, 국립중앙의료원

④ 「도서관법」에 따라 등록한 도서관을 운영하는 법인(해당 사업과 해당 사업시설에서 그 시설을 이용하는 자를 대상으로 하는 수익사업에 한함)

⑤ 「박물관 및 미술관 진흥법」에 따라 등록한 박물관 또는 미술관을 운영하는 법인(해당 사업과 해당 사업시설에서 그 시설을 이용하는 자를 대상으로 하는 수익사업에 한함)

⑥ 정부로부터 허가 또는 인가를 받은 문화예술단체 및 체육단체로서 「지방문화원진흥법」에 의하여 주무부장관의 인가를 받아 설립된 지방문화원, 「문화예술진흥법」 제23조의 2의 규정에 의한 예술의 전당, 「국민체육진흥법」 제33조 및 제34조에 따른 대한체육회 및 대한장애인체육회, 그 밖의 기획재정부장관이 문화체육관광부장관과 협의하여 고시하는 「문화예술진흥법」 제7조에 따라 지정된 전문예술법인 또는 전문예술단체 또는 「국민체육진흥법」 제33조 또는 제34조에 따른 대한체육회 또는 대한장애인체육회에 가맹된 체육단체(체육단체의 경우에는 국가대표의 활동과 관련된 수익사업만 해당한다)

⑦ 「국제경기대회 지원법」에 따라 설립된 조직위원회로서 기획재정부장관이 효율적인 준비와 운영을 위하여 필요하다고 인정하여 고시한 조직위원회(2023 전북 아시아태평양마스터스대회 조직위원회, 2024 강원 동계청소년올림픽대회 조직위원회)

⑧ 「공익법인의 설립·운영에 관한 법률」에 따라 설립된 법인으로서 해당 과세연도의 고유목적사업이나 일반기부금에 대한 지출액 중 100분의 80 이상의 금액을 장학금으로 지출한 법인

⑨ 공무원연금공단, 사립학교교직원연금공단

⑩ 수도권 과밀억제권역 및 광역시를 제외하고 인구 등을 고려하여 대통령령으로 정하는 지역에 「의료법」 제3조 제2항 제1호 또는 제3호의 의료기관을 개설하여 의료업을 영위하는 비영리내국법인

| 관련 집행기준 및 예규 · 심판례 등 |

- 비영리내국법인의 확정급여형퇴직연금 운용수익의 세무처리(법인세과-983, 2010.10.26.)
  비영리내국법인이 확정급여형퇴직연금제도에 가입하고 퇴직연금사업자와 신탁계약을 체결하여 퇴직연금 적립금의 운용을 위탁함에 따라 발생한 운용수익은 고유목적사업준비금을 설정함에 있어 법인세법 제29조 제1항 제1호 및 제2호의 이자소득 및 배당소득에 해당하지 아니함
- 주가연계증권에 대한 과세소득 및 고유목적사업준비금 손금산입 방법(법인세과-358, 2011.5.23.)
  주가연계증권(ELS)으로부터 발생한 배당소득이 있는 비영리내국법인이 다른 주가연계증권에서 손실이 발생한 경우 배당소득금액을 계산함에 있어서 그 손실을 차감하여 계산하고 그 계산한 소득금액이 음수(-)인 경우에는 다른 소득금액에서 차감하는 것

4.3 고유목적사업준비금의 설정 방법

1) 고유목적사업금비금의 회계처리와 세무조정

고유목적사업준비금은 결산서에 비용과 부채로 계상하는 경우에 한하여 손금에 산입하는 것이다. 그런데 외부회계감사를 받는 비영리법인의 경우에는 고유목적사업준비금이 일반적으로 인정된 회계처리원칙에 따른 부채나 비용의 인식요건을 충족하지 아니하기 때문에 외부감사인으로부터 인정받을 수 없다. 따라서 이 경우에는 회계장부상으로는 비용과 부채로 계상하지 않고 단지 세무조정계산서상에서 손금으로 계상하는 신고조정으로 손금에 산입할 수 있다. 다만, 신고조정 금액에 상당하는 금액이 해당 사업연도의 이익처분에 있어서 그 준비금의 적립금으로 적립되어야 하고(법법 §29 ②), 다만 당해 사업연도의 처분가능이익이 없거나 부족한 경우에는 처분가능이익을 한도로 적립하고 그 부족액은 다음 사업연도 이후에 추가적립할 수 있다(법법 기본통칙 61-98-1).

- 결산조정 : 한도액까지 결산서상의 비용을 손금으로 인정

차) 고유목적사업비(비용) 또는 고유목적사업준비금전입	100	/	대) 고유목적사업준비금 (비유동부채)	100

- 신고조정 : 세무조정계산서상 손금산입 100원(유보)

차) 전기이월미처분이익잉여금	100	/	대) 고유목적사업준비금(잉여금)	100

2) 고유목적사업준비금의 한도초과액의 처리

결산조정에 의한 방법으로 손금에 계상한 고유목적사업준비금이 손금산입 범위액을 초과할 경우 각 사업연도의 소득금액계산에 있어서 손금불산입 유보로 세무조정 된 금액은 그 이후의 사업연도에 이를 손금으로 추인할 수 없고, 다만 동 금액을 환입하여 수익으로 계상한 경우에는 이를 이월익금으로 보아 익금불산입 유보로 처리한다(법인세 집행기준 29-56-4).

4.4 고유목적사업준비금의 사용

고유목적사업준비금은 이를 손금에 산입한 날이 속하는 사업연도 종료일 이후 5년이 되는 날까지 ① 고유목적사업비의 지출이나, ② 일반기부금(법법 §24 ③ 1호에 따른 기부금을 말함)의 지출에 사용하여야 하고, 사용된 금액은 손금으로 계상한 고유목적사업준비금과 우선 상계하여야 한다. 만약, 고유목적사업준비금의 잔액을 초과하여 지출한 금액은 해당 사업연도에 계상할 고유목적사업준비금에서 지출한 것으로 본다. 따라서, 비영리내국법인이 고유목적사업준비금을 손금으로 계상하지 아니하고 수익사업에서 생긴 소득을 고유목적사업에 지출 시 그 금액은 고유목적사업준비금을 계상하여 지출한 것으로 보므로 한도액을 초과하여 지출한 금액은 이를 손금에 산입하지 않는다(서이46012-10111, 2003.1.16.).

- 결산조정 : 수익사업에서 고유목적사업으로 전출

  차) 고유목적사업준비금 80 / 대) 보통예금 80
  (비유동부채)

- 신고조정 : 세무조정계산서상 익금산입 80(유보)/손금산입 80(기타)

  차) 고유목적사업준비금(잉여금) 80 / 대) 보통예금 80

1) 고유목적사업비의 지출

이 경우 "고유목적사업의 지출"이란 당해 비영리내국법인의 법령 또는 정관에 규정된 설립목적을 직접 수행하는 사업으로서 「법인세법 시행령」 제3조 제1항의 규정에 해당하는 수익사업 외의 사업에 실제로 지출(연구비나 장학금 등 지급)하는 것을 말한다(법령 §56 ⑤).

수익사업에서 발생한 소득을 단순히 고유목적사업회계로 전출하는 금액은 고유목적사업을 위하여 지출한 금액으로 보지 아니하나, 조세특례제한법 제74조 제1항 제1호의 규정을 적용받는 사립학교법인 등은 일반 비영리법인과 달리 수익사업회계에 속하는 자산을 비영리사업회계로 전입한 경우에도 이를 비영리사업에 지출한 것으로 본다(법칙 §76 ④).

| 고유목적사업준비금의 사용 여부에 대한 사례 예시(집행기준 29-56-7 ②) |

고유목적사업준비금의 사용으로 보는 경우	고유목적사업준비금의 사용으로 보지 않는 경우
• 비영리내국법인이 정관상 고유목적사업을 수행하는 직원의 주거용으로 취득하는 사택의 취득비용 • 사내복지근로기금이 고유목적사업준비금을 우리사주조합에 우리사주 구입자금지원 목적으로 지출하는 금액(단, 수익사업에 해당하는 경우 제외) • 비영리내국법인이 고유목적사업에 직접 사용하기 위해 사무실을 임차하고 지급한 임차보증금 및 임대료	• 의료법인이 노인의료복지시설 중 노인요양시설 공사를 위하여 지출한 금액 • 의료법인이 취득한 병원건물 내 진료실을 건강검진센터 및 영안실로 용도변경을 위해 지출한 공사비 • 의료법인이 의료기기 등의 고정자산 취득을 위해 차입한 금액을 상환하는 경우 해당 금액 • 사내근로복지기금이 손금으로 계상한 고유목적사업준비금을 기본재산으로 편입한 경우

2) 고유목적사업용 자산을 취득하는 경우

고유목적사업의 수행에 직접 소요되는 유형자산 및 무형자산 취득비용(자본적 지출액 포함)과 인건비 등 필요경비로 사용한 금액도 고유목적사업에 지출 또는 사용한 금액으로 본다. 다만, 비영리내국법인이 고정자산 취득 후 법령 또는 정관에 규정된 고유목적사업이나 의료법인이 보건업에 3년 이상 직접 사용하지 아니하고 처분하는 경우에는 고유목적사업에 지출 또는 사용한 금액으로 보지 아니한다(법령 §56 ⑥ 1호).

특별법에 따라 설립된 법인(해당 법인에 설치되어 운영되는 기금 중 「국세기본법」 제13조에 따라 법인으로 보는 단체를 포함)으로서 건강보험 · 연금관리 · 공제사업 및 제3조 제1항 제8호에 따른 사업을 영위하는 비영리내국법인이 손금으로 계상한 고유목적사업준비금을 법령에 의하여 기금 또는 준비금으로 적립한 금액은 고유목적사업에 지출 또는 사용한 금액으로 본다(법령 §56 ⑥ 2호).

3) 고유목적사업 지출로 보지 않는 과다 인건비

수익사업에서 발생한 소득의 50%를 초과하여 고유목적사업준비금을 손금에 산입한 비영리법인의 경우 당해 임직원에게 지급하는 과다 인건비(주무관청으로부터 인건비 지급규정을 승인받지 않고 지급한 총급여 중 8천만원 초과분)는 고유목적사업에 사용한 금액으로 보지 아니한다(법령 §56 ⑪).

고유목적사업 지출액으로 보지 않는 과다 인건비의 범위

• 다음의 비영리내국법인이 임 · 직원에게 지급하는 총급여액 중 8천만원 초과분

① 법법 §29 ① 2호에 따라 수익사업 소득의 50%를 초과하여 고유목적사업준비금으로 손금산입하는 비영리내국법인(「공익법인의 설립 · 운영에 관한 법률」에 따라 설립된 법인으로서 고유목적사업등에 대한 지출액 중 100분의 50 이상의 금액을 장학금으로 지출하는 법인을 말함)

② 조특 §74 ① 2호에 따라 「사회복지사업법」에 따른 사회복지법인의 수익사업 소득의 50%를 초과하여 고유목적사업준비금으로 손금산입하는 비영리내국법인

③ 조특 §74 ① 8호 「공익법인의 설립 · 운영에 관한 법률」에 따라 설립된 법인으로서 해당 과세연도의 고유목적사업 등에 대한 지출액 중 100분의 80 이상의 금액을 장학금으로 지출한 법인

• 과다 인건비 제한 예외(임 · 직원에게 8천만원 초과하여 지급 가능한 경우)

법인이 해당 사업연도의 법인세 과세표준을 신고하기 전에 해당 임원, 종업원의 인건비 지급규정에 대하여 주무관청으로부터 승인받은 경우로서 법인세 과세표준 신고를 할 때 인건비 지급규정 및 주무관청의 승인사실을 확인할 수 있는 서류를 납세지 관할세무서장에게 제출하는 경우

4) 수익사업용 자산을 취득하는 경우

고유목적사업준비금으로 수익사업용 부동산을 취득한 것은 고유목적사업에 사용한 것으로 볼 수 없다(대법원2015두52784, 2016.4.15.). 다만, 의료업을 영위하는 비영리법인의 경우에는 병원건물 및 부속토지, 의료기기, 보건의료정보시스템 설비 등을 취득하기 위하여 지출하는 금액을 고유목적사업에 사용한 금액으로 보는데, 이 경우 의료법인이 손금으로 계상한 고유목적사업준비금 상당액을 의료발전회계로 다음과 같이 구분경리하도록 하고 있다(법령 §56 ⑥ 3호 · ⑩).

의료발전회계의 처리방법(법인세 집행기준 29-56-9)

① 의료법인이 고정자산(병원 건물 및 부속토지, 의료기기, 보건의료정보의 관리를 위한 정보시스템 설비)을 취득하기 위하여 지출하는 금액은 해당 법인의 선택에 따라 고유목적사업준비금을 사용한 것으로 경리할 수 있다.

② 제1항에 따라 지출하는 금액은 의료발전회계로 구분경리하여야 하며, 이에 대한 세무상 처리 방법은 다음과 같다.

구 분	병원회계(수익사업)	의료발전회계
100 전입 시	고유목적사업준비금전입 100 / 고유목적사업준비금 100	
100 구입 시	자산 100 / 현금 100 고유목적사업준비금 100 / 의료발전준비금 100	자산(별도관리) 100 / 의료발전준비금 100
20 감가 상각 시	감가상각비 20 / 감가상각누계액 20 의료발전준비금 20 / 의료발전준비금환입(익금) 20	의료발전준비금 20 / 자산 20
50으로 처분 시	현금 50 감가상각누계액 20 처분손실 30 / 자산 100 의료발전준비금 80 / 의료발전준비금환입(익금) 80	의료발전준비금 80 / 자산 80

4.5 고유목적사업준비금의 익금산입

고유목적사업준비금 손금에 산입한 후 그 사용 잔액을 임의 또는 불가피하게 환입하는 경우는 다음과 같다. 이 경우 환입 시에 환입액을 전액 익금에 산입하고 '④'와 '⑤'의 경우에는 법인세 이자상당액을 계산하여 법인세로 납부한다(법법 §29 ⑤~⑦).

① 해산한 경우(비영리내국법인이 사업에 관한 모든 권리와 의무를 다른 비영리내국법인에 포괄적으로 양도하고 해산하는 경우에는 해산등기일 현재의 고유목적사업준비금 잔액은 그 다른 비영리내국법인이 승계하는 경우)

② 고유목적사업을 전부 폐지한 경우

③ 법인으로 보는 단체가 승인 취소되거나 거주자로 변경된 경우

④ 고유목적사업준비금을 손금으로 계상한 사업연도의 종료일 이후 5년이 되는 날까지 고유목적사업 등에 사용하지 아니한 경우(5년 내 사용하지 아니한 잔액에 한함)

⑤ 임의환입 시 : 고유목적사업준비금을 손금으로 계상한 사업연도 종료일 이후 5년 이내에 고유목적사업준비금 잔액 중 일부를 환입하여 익금으로 계상한 경우(익금으로 계상한 잔액으로 한정)

> 이자상당액＝준비금을 손금산입한 사업연도의 법인세 차액×일수×22/100,000*
>
> * 2022.2.15. 전일까지의 기간에 대하여 25/100,000, 2022.2.15. 이후의 기간분에 대하여 22/100,000

▌관련 집행기준 및 예규 · 심판례 등▐

- 수익사업회계의 차입금을 상환하는 경우(서면2팀-122, 2007.1.16.)
  비영리내국법인이 고유목적사업준비금의 손금산입 규정을 적용하는 경우에 당해 법인의 수익사업의 회계에 속하는 차입금을 상환하는 금액은 이를 고유목적사업에 지출 또는 사용한 것으로 보지 아니하는 것임.
- 차입금이자로 지출한 금액의 고유목적사업비 해당 여부(법인46012-2543, 1999.7.6.)
  사립학교법에 의한 학교법인이 고유목적사업인 교사를 신축하기 위하여 대출받은 차입금의 이자를 고유목적사업준비금에서 지급한 금액은 고유목적사업에 지출 또는 사용한 것으로 본다.
- 의료법인이 종업원기숙 등을 취득하기 위하여 지출하는 경우(법인세과-1121, 2010.11.30.)
  의료법인이 병원 건물에 해당되지 아니하는 직원 기숙사 및 연수원을 취득하기 위하여 지출하는 금액은 고유목적사업에 지출 또는 사용한 금액에 해당되지 아니하는 것임.
- 수익사업용 부동산 취득(대법원-2016-두-36154, 2016.7.7.)
  학교법인의 고정자산처분익으로 수익사업용 부동산을 취득하는 것은 고유목적사업준비금의 사용범위에 포함되지 않는 것으로 규정되어 있는 점 등으로 보아 이 건 처분은 달리 잘못이 없는 것으로 판단됨
- 이자소득을 고유목적사업준비금으로 손금산입 후, 정기예금에 불입하는 경우(서이46012-10963, 2002.5.6.)
  비영리내국법인이 이자소득에 대하여 고유목적사업준비금을 설정하여 손금에 계상한 후 당해 이자소득의 일부를 기본재산에 출연한 경우에는 이를 고유목적사업에 사용한 것으로 보지 아니하는 것임.

05 이자소득에 대한 법인세 과세표준 신고특례

5.1 비영리내국법인의 이자소득 과세표준 신고특례

비영리내국법인의 소득 중 이자소득은 다른 소득과 달리 이자소득을 수령할 때마다 원천징수된 법인세로 법인세 납세의무가 종결(분리과세 원천징수방법)하거나, 당해 사업년도 중에 수입한 이자를 다른 소득과 합산하여 별도의 신고절차를 밟는 방법(종합과세 신고 · 납부 방법) 중 하나를 선택할 수 있다.

즉, 비영리내국법인의 수익사업소득 중 원천징수된 이자소득(비영업대금이익은 제외하고, 투자신탁의 이익은 포함)에 대해서는 분리과세로 납세의무를 종결할 수 있다(법법 §62). 원천징수된 이자소득에 대하여 별도로 과세표준 신고를 하지 않을 수 있다. 이 경우 과세표준 신고를 하지 아니한 이자소득은 이자소득 이외에 다른 수익사업소득과 합산하여 과세표준 신고를 하지 않아도 된다. 과세표준 신고를 하지 아니한 이자소득에 대하여는 수정신고, 기한 후 신고 또는 경정 등에 의하여 이를 과세표준에 포함시킬 수 없다(법법 §62, 법령 §99).

하지만 이 경우 대부분 14%로 원천징수된 기납부세액을 포기해야 하기 때문에 이자소득과 다른 수익사업 소득을 합하여 비영리법인의 한계 법인세율이 14% 미만이라면 이자소득과 다른 수익사업소득을 합산하여 신고하는 것이 유리하다. 또한 한계법인세율이 14%를 초과하더라도 이자소득에 대하여 고유목적사업준비금의 한도 설정액이 이자소득의 경우에는 100%이기 때문에 합산하여 신고하는 것이 원천징수된 이자소득세를 전액 환급받을 수 있어 유리하다.

5.2 이자소득만 있는 비영리내국법인의 법인세 신고특례

한편 이자소득만 있는 비영리법인은 원천징수된 이자소득세를 100% 환급받기 위하여 과세표준을 신고할 때 재무제표(재무상태표, 손익계산서, 이익잉여금처분계산서, 현금흐름표 등)를 첨부하지 않아도 되며 다음의 서류로 세무조정계산서를 대신한다(법칙 §82 ②).

(1) 별지 제56호 서식의 이자소득만 있는 비영리법인의 법인세 · 농어촌특별세과세표준(조정계산) 및 세액신고서

(2) 별지 제10호 서식의 원천납부세액명세서(갑)(을)

(3) 별지 제11호 서식의 간접투자회사 등의 외국납부세액계산서

(4) 별지 제12호 서식의 농어촌특별세과세표준 및 세액조정계산서

(5) 별지 제13호 서식의 농어촌특별세과세대상감면세액합계표

(6) 별지 제27호 서식의 고유목적사업준비금조정명세서(갑)(을)

5.3 지방소득세법상 신고특례

비영리내국법인은 「법인세법」 제4조 제3항 제2호에 따른 이자 · 할인액 및 이익(「소득세법」 제16조 제1항 제11호의 비영업대금의 이익은 제외, 투자신탁의 이익을 포함)으로서 「지방세법」 제103조의 29에 따라 특별징수된 이자소득에 대하여는 동법 제103조의 23에도 불구하고 각 사업연도의 종료일이 속하는 달의 말일부터 4개월 이내에 과세표준 신고를 하지 아니할 수 있다. 이 경우 과세표준 신고를 하지 아니한 이자소득은 각 사업연도의 소득금액을 계산할 때 포함하지 아니한다(지법 §103의 32 ①). 과세표준 신고를 하지 아니한 이자소득에 대해서는 수정신고, 기한 후 신고 또는 경정 등을 통하여 이를 과세표준에 포함시킬 수 없다.

한편, 이자소득만 있는 비영리법인의 과세표준 신고는 다음 각 호의 서식에 따른다(지칙 §48의 9 ①).

(1) 별지 제43호의 5 서식의 법인지방소득세 특별징수세액명세서(부표 포함)

(2) 별지 제43호의 6 서식의 법인지방소득세 과세표준(조정계산) 및 세액신고서(부표 포함)

(3) 별지 제44호의 6 서식의 법인지방소득세 안분명세서

| 이자소득만 있는 비영리법인의 과세표준 및 세액계산 신고서 작성사례 |

사회복지법인 W재단 사무국의 2018 사업연도의 이자소득 및 그 사용내역 그리고 2017년도까지의 고유목적사업준비금 설정액 및 사용내역은 다음과 같을 때 이자소득만 있는 비영리법인의 법인세 과세표준 및 세액신고서와 법인지방소득세 과세표준 및 세액신고서를 작성하면 다음과 같다. 사회복지법인 W재단은 이자소득의 100%를 고유목적사업준비금으로 설정한다.

1. 2018년도 이자수익과 선납세금 계정원장 내역

일자	적 요	거 래 처	이자수익	선납세금	실수령액
3.30	예금이자수익	ㅇㅇ은행 ××지점	10,000,000	1,540,000	8,460,000
6.29	〃	ㅁㅁ은행 ××지점	20,000,000	3,080,000	16,920,000

일자	적 요	거 래 처	이자수익	선납세금	실수령액
9.28	〃	△△은행 ××지점	20,000,000	3,080,000	16,920,000
12.28	〃	◇◇은행 ××지점	30,000,000	4,620,000	25,380,000
		합 계	80,000,000	12,320,000	67,680,000

2. 2018년도 고유목적사업준비금과 고유목적사업비 지출내역

일자	적 요	거래처	차변	대변	잔액
	2017년도 계정 누계 및 차기 이월액		30,000,000	50,000,000	20,000,000
1.1				20,000,000	20,000,000
3.××	고유목적사업비 지출		5,000,000		15,000,000
5.××	〃		10,000,000		5,000,000
7.××	〃		20,000,000		△15,000,000
9.××	고유목적사업관련 운영비		15,000,000		△30,000,000
11.××	〃		20,000,000		△50,000,000
12.××	고유목적사업준비금 전입			80,000,000	30,000,000
	2018년도 계정 누계 및 차기 이월액		70,000,000	100,000,000	30,000,000

※ 2017년도 대변계정 누계액에는 전기 손금산입액 20,000,000원이 포함되어 있음

■ 법인세법 시행규칙 [별지 제56호 서식] (2013.2.23. 개정)

홈택스(www.hometax.go.kr)에서도 신고할 수 있습니다.

법인세 · 농어촌특별세 과세표준(조정계산) 및 세액신고서

(이자소득만 있는 비영리법인 신고용)

※ 뒤쪽의 작성방법을 읽고 작성하여 주시기 바랍니다. (앞쪽)

①소 재 지 *서울특별시 행복구 행복으로*		②전자우편주소
③법 인 명 *사회복지법인 W재단*	④대표자성명 *김 대 표*	
⑤사업자등록번호 *123-82-45678*	⑥사업연도 *2018.1.1.~2018.12.31.*	⑦전화번호 *02-1234-5678*

구 분			법 인 세	농 어 촌 특 별 세
과세표준 계산	⑧이 자 소 득 금 액 계		*80,000,000*	
	⑨준 비 금 손 금 산 입 액		*80,000,000*	
	⑩기 부 금 손 금 산 입 액		*0*	
	⑪기부금한도초과 이월액손금산입		*0*	
	⑫각 사 업 연 도 소 득 금 액 (⑧-⑨-⑩-⑪)		*0*	
	⑬비 과 세 소 득		*0*	
	⑭과 세 표 준(⑫-⑬)		*0*	
세액의 계산	⑮세 율		*10%*	
	⑯산 출 세 액		*0*	
	(미납세액, 미납일수, 세율) ⑰가 산 세 액		*0*	(, , 3/10,000)
	⑱가 감 계(⑯+⑰)		*0*	
	기납부 세액	⑲중 간 예 납 세 액	*0*	
		⑳원 천 납 부 세 액	*11,200,000*	
		㉑( )세 액	*0*	
		㉒계(⑲+⑳+㉑)	*11,200,000*	
	(세액, 미납일수, 세율) ㉓추 가 납 부 세 액		(, , 3/10,000)	
	㉔차 감 납 부 할 세 액 (⑱-㉒+㉓)		*△11,200,000*	
	㉕분 납 할 세 액		*0*	
	㉖차감납부할세액(㉔-㉕)		*△11,200,000*	

국세환급금 계좌신고	㉗예 입 처	*○○ 은행 ×× (본)지점*
	㉘예 금 종 류	*기업자유 예금*
	㉙계 좌 번 호	*×××-××-×××××*

신고인은 「법인세법」 제60조에 따라 위의 내용을 신고하며, 위 내용을 충분히 검토하였고 신고인이 알고 있는 사실 그대로를 정확하게 적었음을 확인합니다.

신고인(대표자) *김 대 표* (서명 또는 인)

세무대리인은 조세전문자격자로서 위 신고서를 성실하고 공정하게 작성하였음을 확인합니다

년 월 일

세무대리인 (서명 또는 인)

세무서장 귀하

210mm×297mm[백상지 80g/㎡ 또는 중질지 80g/㎡]

■ 법인세법 시행규칙 [별지 제10호 서식(갑)] (2011.2.28. 개정) (앞 쪽)

사 업 연 도	2018.1.1 ~ 2018.12.31	원천납부세액명세서(갑)	법인명	사회복지법인 W재단
			사업자등록번호	123-82-45678

원천징수 명세내용

①적 요	②원 천 징 수 의 무 자		③원천 징수일	④ 이 자 금 액	⑤세 율	⑥법 인 세
	사업자(주민등록)번호	상 호(성명)				
예금이자수익	×××-××-×××××	*○○은행 ××지점*	*3.30*	*10,000,000*	*14%*	*1,400,000*
〃	×××-××-×××××	*□□은행 ××지점*	*6.29*	*20,000,000*	*14%*	*2,800,000*
〃	×××-××-×××××	*△△은행 ××지점*	*9.28*	*20,000,000*	*14%*	*2,800,000*
〃	×××-××-×××××	*◇◇은행 ××지점*	*12.28*	*30,000,000*	*14%*	*4,200,000*
합 계				*80,000,000*		*11,200,000*

210mm×297mm[일반용지 70g/㎡(재활용품)]

■ 법인세법 시행규칙 [별지 제27호 서식(갑)] (2019.3. 개정) (앞쪽)

사 업 연 도	2018.1.1 ~ 2018.12.31	고유목적사업준비금 조정명세서(갑)	법인명	사회복지법인 W재단
			사업자등록번호	123-82-45678

1. 손금산입액 조정

① 소득금액	② 당기 계상 고유목적사업 준비금	③ 「법인세법」 제24조 제2항에 따른 기부금	④ 해당 사업연도 소득금액 (①+②+③)	⑤ 「법인세법」 제29조 제1항 제1호의 각목에 따른 금액	⑥-1 「법인세법」 제13조 제1호에 따른 결손금	⑥-2 「법인세법」 제29조 제1항 제2호에 따른 수익사업에서 발생한 결손금
0	80,000,000	0	80,000,000	80,000,000	0	0

⑦ 「법인세법」 제24조 제3항에 따른 기부금	⑧ 「조세특례제한법」 제121조의 23 및 제121조의 25에 따른 금액	⑨ 수익사업 소득금액 [④-⑤-(⑥-1)-⑦-⑧]	⑩ 손금산입률	⑪ 손금산입한도액 (⑤+⑧+⑨×⑩) 또는 [⑤+⑧-(⑥-2)]	⑫ 손금부인액 [(②-⑪)>0]
0	0	0	$\frac{50(80,100)}{100}$	80,000,000	0

2. 고유목적사업준비금 명세서

⑬ 사업연도	⑭ 손금산입액	⑮ 직전 사업연도까지 고유목적사업 지출액	⑯ 해당 사업연도 고유목적사업 지출액	⑰ 익금산입액	⑱ 잔 액 (⑭-⑮-⑯-⑰)	
					⑲ 5년 이내분	⑳ 5년 경과분
2018	80,000,000	0	50,000,000		30,000,000	
2017	30,000,000	10,000,000	20,000,000		0	
2016	20,000,000	20,000,000			0	
(당 기)						
계	130,000,000	30,000,000	70,000,000		30,000,000	

210mm×297mm[백상지 80g/㎡ 또는 중질지 80g/㎡]

■ 법인세법 시행규칙 [별지 제27호 서식(을)] (2015.3.13. 개정)

사 업 연 도	2018.1.1 ~ 2018.12.31	고유목적사업준비금 조정명세서(을)	법인명	사회복지법인 W재단
			사업자등록번호	123-82-45678

지출내역				④ 금액	⑤ 비고
① 구분	② 적요	③ 지출처			
		상호(성명)	사업자등록번호 (주민등록번호)		
Ⅰ. 일반기부금					
Ⅱ. 고유목적 사업비	인식개선 사업비	홍길동	×××-××-×××××	5,000,000	
	교육재활 사업비	성춘향	×××-××-×××××	10,000,000	
	직업재활 사업비	이몽룡	×××-××-×××××	20,000,000	
Ⅲ. 고유목적 사업관련 운영경비	직원급여	박흥부	×××-××-×××××	15,000,000	
	임대료	○○빌딩	×××-××-×××××	20,000,000	
Ⅳ. 기 타					
⑥ 계				70,000,000	

작 성 방 법

1. 「법인세법」 제29조, 「조세특례제한법」 제74조 및 제121조의 23 제6항에 따른 고유목적사업준비금을 해당 사업연도에 고유목적사업에 지출한 비영리법인 및 단체가 작성합니다.
2. ② 적요란은 고유목적사업에 지출한 상세 항목을 적습니다.
   예) 장학금 지급, 부동산(토지와 건물 구분 기재)취득, 의료기기 취득, 인건비 (임원과 직원 급여구분 기재), 임차료, 전기료, 전화료 등
3. 비영리법인인 장학재단의 경우에는 ③지출처란에 장학금을 지급받는 자의 인적사항을 적습니다.
4. ④ 금액란은 현금의 경우에는 현금지출액을, 현금 외의 기타의 경우에는 시가를 적고 시가가 불분명한 경우에는 「법인세법 시행령」 제89조의 가액을 시가로 합니다.
5. ⑥ 계란은 "고유목적사업준비금조정명세서(갑)[별지 제27호 서식(갑)]"의 ⑯란의 계와 일치하여야 합니다.

210mm×297mm[백상지 80g/㎡ 또는 중질지 80g/㎡]

■ 지방세법 시행규칙 [별지 제43호의 6 서식] (2016.12.30. 개정)

법인지방소득세 과세표준(조정계산) 및 세액신고서 (이자소득만 있는 비영리법인 신고용)

※ 뒤쪽의 작성방법을 참고하시기 바라며, 색상이 어두운 란은 신청인이 적지 않습니다. (앞쪽)

접수번호	접수일자	관리번호

①소 재 지	서울특별시 행복구 행복으로	②전자우편주소			
③법 인 명	사회복지법인 W재단	④대표자성명	김 대 표		
⑤사업자등록번호	123-82-45678	⑥사업연도	2018. 1. 1. ~2018. 12. 31.	⑦전화번호	02-1234-5678

구		분	법 인 지 방 소 득 세
과세표준 계산	⑧이 자 소 득 금 액 계		
	⑨준 비 금 손 금 산 입 액		
	⑩기 부 금 손 금 산 입 액		
	⑪기부금한도초과 이월액손금산입		
	⑫각 사 업 연 도 소 득 금 액(⑧-⑨-⑩-⑪)		0
	⑬비 과 세 소 득		0
	⑭과 세 표 준(⑫-⑬)		0
법인별 세액의 계산	⑮세 율		1000분의 10
	⑯표 준 산 출 세 액		0
	⑰가 산 세 액		0
	⑱가 감 계(⑯+⑰)		0
	기납부 세액	⑲특별징수납부 세 액	1,120,000
		⑳( )세 액	0
		㉑계(⑲+⑳)	1,120,000
	㉒차 감 납 부 할 세 액(⑱-㉑)		△1,120,000

납세지별 세액의 계산

㉓본점/지점 여부	1.단일사업장 (✔) 2.지점 있는 법인의 본점 ( ) 3.지점 ( )	㉔특·광역시 주사업장 여부	1.여 (✔) 2.부 ( )

㉕해당사업장	명칭	사회복지법인 W재단	소재지	서울특별시 행복구 행복으로	연락처	02-1234-5678

㉖안분율

구분	종업원 수 (명)	건축물 연면적(㎡)				안분율(%) (소수점6자리)
		계	건물	기계장치	시설물	
법인전체	25	99	99			100
시군구내	25	99	99			100
비율(%)	100	100	100			100

㉗납세지별 산출세액				㉘납세지별 세액공제·감면액		
㉙납세지별 가산세액				㉚납세지별 감면분 추가납부세액		
합계	과소(초과환급)신고	납부(환급)불성실	기타	㉛납세지별 기납부세액	특별징수납부세액	1,120,000
					수시부과세액	
㉜경정·수정신고 등 가감액				㉝탄력세율적용 조정세액		
㉞해당 납세지에 납부할 세액	△1,120,000					

환 급 금 계 좌	㉟금융기관명	ㅇㅇ은행 ××지점
	㊱예 금 주	사회복지법인 W재단
	㊲계 좌 번 호	×××-××-×××××

신고인은 「지방세법」 제103조의 23 및 제103조의 24에 따라 위의 내용을 신고하며, 위 내용을 충분히 검토하였고 신고인이 사실 그대로를 정확하게 적었음을 확인합니다.

신고인(대표자) 김 대 표 (서명 또는 인)

시장·군수·구청장 귀하

210mm×297mm(백상지(80g/㎡)

■ 지방세법 시행규칙 [별지 제43호의 5 서식(갑)] (2016.12.30. 개정)

법인지방소득세 특별징수세액명세서(갑)

※ 뒤쪽의 작성방법을 참고하시기 바라며, 색상이 어두운 란은 신청인이 적지 않습니다. (앞쪽)

법인명 *사회복지법인 W재단*	사업자등록번호 *123-82-45678*	사업연도 *2018.1.1.~2018.12.31.*

원천징수 및 특별징수 명세내용

①적요	②원천(특별)징수의무자		③ 원천징수일	④ 이자금액	⑤ 세율	⑥ 법인세	법인지방소득세 (특별징수분)	
	사업자(주민)등록번호	상호(성명)					⑦특별징수세액	⑧특별징수지
예금이자	*×××-××-×××××*	*○○은행 ××지점*	*3.30*	*10,000,000*	*14%*	*1,400,000*	*140,000*	*행복구*
예금이자	*×××-××-×××××*	*□□은행 ××지점*	*6.29*	*20,000,000*	*14%*	*2,800,000*	*280,000*	*행복구*
예금이자	*×××-××-×××××*	*△△은행 ××지점*	*9.28*	*20,000,000*	*14%*	*2,800,000*	*280,000*	*행복구*
예금이자	*×××-××-×××××*	*◇◇은행 ××지점*	*12.28*	*30,000,000*	*14%*	*4,200,000*	*420,000*	*행복구*
합계				*80,000,000*		*11,200,000*	*1,120,000*	

210mm×297mm(백상지(80g/㎡)

■ 지방세법 시행규칙 [별지 제44호의 6 서식(갑)] (2016.12.30. 개정)

법인지방소득세 안분명세서(일반법인용)

※ 뒤쪽의 작성방법을 참고하시기 바라며, 색상이 어두운 란은 신청인이 적지 않습니다. (앞쪽)

납세자	①법인명 *사회복지법인 W재단*	②법인등록번호 ××××××-××××××
	③전화번호 *02-1234-5678*	④전자우편주소
	⑤주소 *서울특별시 행복구 행복으로*	

안분내역

⑥자치단체		⑦ 사업장 구분	⑧사업자 등록번호	⑨ 사업장명	⑩사업장 소재지 (시·군·구별 작성)	⑪ 종업원 수(명)	⑫건축물 연면적(㎡)				⑬ 안분율 (소수점 6자리)	⑭납세지별 신고서상의 특별징수 납부세액 (기납부세액)
시·도	시·군·구						계	건물	기계장치	시설물		
서울	*행복*	*01*	×××-××-×××××	*본점*	*행복*	*25*		*99*			*100*	*△1,120,000*
합계												

※「지방세법 시행령」 제88조 제4항에 따라 같은 특별시·광역시 안의 둘 이상의 구에 사업장이 있는 법인이 해당 특별시·광역시에 납부할 법인지방소득세를 본점 또는 주사무소의 소재지를 관할하는 구청장에게 일괄하여 신고하는 경우에도 각 시·군·구별로 구분하여 각각 기재하여야 합니다.

210mm×297mm(백상지(80g/㎡)

06 토지 등 양도소득에 대한 법인세 과세특례

6.1 토지 등 양도소득에 대한 개요

비영리법인이 보유한 비사업용 토지 또는 법령에서 정한 주택(부수토지 포함)을 양도하는 경우 그 양도차익에 대한 ① 각 사업연도 소득에 대한 법인세(법법 §60 ①)와 ② 토지 등 양도소득에 대한 법인세를 추가로 부담한다(법법 §55의 2). 다만, 처분일 현재 3년 이상 계속하여 당해 비영리법인의 고유목적사업에 직접 사용한 경우에는 과세 제외한다.

6.2 토지 등 양도소득에 대한 과세대상

비영리법인이 국내에 소재하는 ① 주택(부수토지 포함) 및 주거용으로 사용하지 아니하는 주거용 건축물(휴양, 피서, 위락의 용도로 사용하는 별장을 말함. 부속토지는 비사업용 토지로 과세됨)과 ② 비사업용 토지를[2] ③ 주택을 취득하기 위한 권리(입주권과 분양권을 말하며 2021.1.1. 이후 양도분부터 적용)를 양도하는 경우에 그 양도소득에 대하여 법인세 10%(미등기인 경우 40%)를 추가로 납부해야 한다(법법 §55의 2). 다만, 2009.3.16.부터 2012.12.31.까지 취득한 주택 및 비사업용토지에 대하여는 당시 부동산 세제를 조세원리 및 시장기능에 맞게 합리적으로 정상화한다는 취지로 법인세를 과세하지 않는 것으로 개정되었다(법법 §55의 2 ⑧).

6.3 토지 등 양도소득에 대한 법인세의 계산 구조

① 각 사업연도 소득금액＝익금－손금＝(양도가액－취득가액 등)
② 토지 등 양도소득에 대한 법인세 추가 납부＝(양도가액－취득가액 등)

양도가액이란 당해 자산의 양도금액, 취득가액 등이란 양도한 자산의 양도당시의 세무상 장부가액으로 취득가액 또는 자산재평가법에 따른 재평가액에서 감가상각비 등을 차

2) 비사업용 토지는 논밭 및 과수원, 임야, 목장용지, 나대지 및 별장의 부속토지 등을 말한다(법법 §52의 2 ② 참조).

감하여 계산한다. 다만, 비영리 내국법인이 1990.12.31. 이전에 취득한 토지 등 양도소득은 양도금액에서 장부가액과 1991.1.1. 현재 「상속세 및 증여세법」 제60조와 같은 법 제61조 제1항에 따라 평가한 가액 중 큰 가액을 뺀 금액으로 할 수 있다.

6.4 토지 등 양도소득에 대한 적용 세율

토지 등 양도소득에 대한 적용세율은 다음과 같으며, 하나의 자산이 둘 이상에 해당하는 때에는 그 중 가장 높은 세율을 적용한다(법법 §55의 2 ①).

<table>
<tr><th>과세대상 자산</th><th>2009.3.16.~
2012.12.31.</th><th>2013.1.1.~
2013.12.31.</th><th>2014.1.1.~
2020.12.31.</th><th>2021.1.1.~</th></tr>
<tr><td>투기지역에 있는 부동산
• 지정지역에 있는 주택
• 지정지역에 있는 비사업용 토지
• 지가급등지역에 있는 부동산</td><td>10%</td><td rowspan="3">30%
(미등기 40%)</td><td rowspan="3">10%
(미등기 40%)</td><td rowspan="4">좌동,
(단, 주택 및
부동산 권리는
20%)</td></tr>
<tr><td>투기지역 외의 주택</td><td>–</td></tr>
<tr><td>투기지역 외의 비사업용 토지</td><td>–</td></tr>
<tr><td>부동산을 취득할 수 있는 권리</td><td>–</td><td>–</td><td>–</td></tr>
</table>

6.5 사업소득이 없는 비영리법인의 자산양도소득 법인세 신고 특례

1) 자산양도소득에 대한 법인세 신고 특례의 개요

제조업, 건설업, 부동산 임대업 등 사업소득이 없는 비영리법인이 특례적용 대상 자산을 양도하여 발생한 양도소득에 대하여 ① 각 사업연도 소득금액에 대한 법인세 과세표준 신고·납부하거나 ② 「소득세법」을 준용하여 계산한 양도소득세 과세표준에 「소득세법」에 따른 세율을 적용하여 계산한 금액을 법인세로 납부할 수 있다. 즉, 비영리법인의 납세절차를 간소화하기 위하여 개인과 같은 수준의 양도소득세만을 부담할 수 있도록 '①'과 '②' 중에서 선택적으로 적용할 수 있도록 하고 있다(법법 §62의 2).

2) 특례 적용 대상 양도자산

특례적용 대상 양도자산은 제조업 등 법인세법 제4조 제3항 제1호의 사업소득이 없는 비영리내국법인이 아래의 자산을 양도한 경우이다.

① 주식 또는 출자지분(양도소득세 과세대상이 되는 주식 한정)

(ㄱ) 주권상장법인의 주식 중 대주주 양도분과 장외양도분, 비상장주식(소법 §94 ① 3호)

(ㄴ) 특정시설물이용권부 주식(소법 §94 ① 4호 나목)

(ㄷ) 특정주식, 부동산과다보유법인의 주식(소령 §158 ① 1호 및 5호)

② 토지 또는 건물

③ 부동산을 취득할 수 있는 권리, 영업권 등(소법 §94 ① 2호 · 4호)

3) 과세표준 및 세액의 계산

자산양도소득에 대한 법인세와 소득세의 각 사업연도소득금액과 과세표준의 계산 방법 및 세액산정방법은 다음과 같다.

자산양도소득에 대한 법인세	자산양도소득에 대한 소득세
• 각 사업연도 소득금액 =익금－손금 =양도가액－취득가액 등(장부가액)	• 과세표준 =양도가액－취득가액－자본적지출액 －양도비－장기보유특별공제－기본공제
• 적용세율 2억원까지 10%, 200억원까지 20%, 3,000억원까지 22% 3,000억원 초과 시 25%	• 적용세율 5억원까지 6%~42% 6단계 누진세율 5억원 초과 시 42% 누진세율 적용하고 비사업용토지의 경우 가중세율(16~52%)
• 토지 등 양도소득에 대한 법인세 추가납부	• 토지 등 양도소득에 대한 법인세 추가납부 단, 가중세율을 적용하는 경우 제외

「법인세법」에 따를 경우 추가로 신고 · 납부하는 토지 등의 양도소득에 대한 법인세는 「소득세법」에 따른 과세특례를 적용하는 경우에도 추가 납부해야 하나 「소득세법」 제104조 제4항에 따라 가중세율을 적용하는 경우에는 추가로 납부하지 않아도 된다.

「소득세법」에 따른 양도가액, 필요경비 및 양도차익의 계산하는데 있어서, 「상속세 및 증여세법」에 따라 상속세 과세가액 또는 증여세 과세가액에 산입되지 아니한 재산을 출연(出捐)받은 비영리내국법인이 출연받은 날부터 3년 이내에 당해자산을 양도하는 경우(1년 이상 목적사업으로 정하여진 사업에 직접 사용한 자산은 제외)에는 그 자산을 출연한 출연자의 취득가액을 그 법인의 취득가액으로 하며, 「국세기본법」 제13조 제2항에 따른 법인으로 보는 단체의 경우에는 같은 항에 따라 승인을 받기 전의 당초 취득한 가액을 취득가액으로 한다(법법 §62의 2 ④).

4) 신고 납부 절차

사업소득이 없는 비영리내국법인이 자산양도소득에 대한 법인세신고 특례를 적용받고자 할 경우 「소득세법」 제105조 내지 제107조 규정을 준용하여 양도소득 과세표준 예정신고 및 자진납부를 하여야 한다.

한편, 비영리내국법인이 「법인세법」 제62조의 2 제7항의 규정에 의하여 양도소득과세표준예정신고 및 자진납부를 한 경우에도 동법 제60조 제1항의 규정에 의하여 과세표준의 신고를 할 수 있다. 이 경우 예정신고납부세액은 동법 제64조의 규정에 의한 납부할 세액에서 이를 공제한다(법령 §99의 2 ⑤).

「소득세법」에 따른 세율을 적용하여 계산한 금액을 법인세로 양도소득세과세표준 및 납부세액을 예정신고 및 자진납부할 경우 비영리법내국법인의 양도소득세 과세표준 예정신고서(별지 제57호의 2 서식)와 매매계약서, 필요경비 증빙서류 등을 제출하여야 한다.

| 관련 집행기준 및 예규 · 심판례 등 |

• **비영리법인이 임대하고 있는 부동산 처분하는 경우(법인세과-3368, 2020.9.22.)**
비영리내국법인이 처분일 현재 임대업에 사용하고 있는 부동산의 처분 수입은 「법인세법」 제4조 제3항 제5호 단서의 수입에 해당되지 않고 같은 법 제62조의 2의 '비영리내국법인의 자산양도소득에 대한 신고 특례'가 적용되지 않는 것이므로 같은 법 제60조에 따른 각 사업연도의 소득에 대한 법인세의 과세표준과 세액을 신고하여야 하는 것임.

• **비영리내국법인이 주차장으로 임대하던 토지를 양도하는 경우(법규법인2014-198, 2014.6.25.)**
「법인세법」 제3조 제3항 제1호의 수익사업을 영위하는 비영리내국법인이 고유목적사업에 사용하지 아니하고 주차장으로 임대하던 토지를 양도하여 발생한 처분수입(이하 "자산양도소득"이라 함)은 같은 법 제3조 제3항 제5호에 따라 수익사업에서 생기는 소득에 해당하는 것으로, 해당 자산양도소득에 대하여는 같은 법 제62조의 2의 '비영리내국법인의 자산양도소득에 대한 과세특례'를 적용받을 수 없는 것임. 또한, 주차장으로 임대하다 양도한 해당 토지는 같은 법 제55조의 2 제2항 제4호에 따른 비사업용 토지로서, 해당 토지의 양도소득에 대해서는 '토지 등 양도소득에 대한 법인세'를 추가로 납부하여야 하는 것임.

- 비영리법인의 자산양도소득에 대한 과세특례 적용여부(법인세과-3202, 2008.11.3.)

비영리내국법인이 고유목적사업에 사용하지 아니한 토지를 양도하여 「법인세법」 제3조 제2항 제5호의 자산양도소득이 발생한 경우로서, 그 양도일이 속하는 사업연도에 같은 조항 제1호의 수익사업을 개시하여 관련 사업소득이 발생한 경우 당해 자산양도소득에 대하여는 「법인세법」 제62조의 2의 '비영리내국법인의 자산양도소득에 대한 과세특례'규정을 적용받을 수 없는 것임.

제5절 비영리조직의 부가가치세 납세의무

01 부가가치세 납세의무자와 사업자 구분

1.1 부가가치세 납세의무자

부가가치세 납세의무가 있는 자는 사업자와 재화를 수입하는 자이다. 따라서 사업자나 재화를 수입하는 자에 해당하는 개인, 법인(국가 · 지방자치단체와 지방자치단체조합을 포함), 법인격이 없는 사단 · 재단 또는 그 밖의 단체는 「부가가치세법」에 따라 부가가치세를 납부할 의무가 있다.

사업자란 '사업 목적이 영리이든 비영리이든 관계없이' 사업상 독립적으로 재화 또는 용역을 공급하는 자를 말한다.

사업상이란 그 행위의 규모, 횟수, 태양 등에 비추어 사업활동으로 볼 수 있을 정도의 계속성과 반복성을 유지하는 것을 말하고, 독립적이란 그 행위를 하는 인(人)이 다른 사람에게 고용되어 있어 지시나 감독을 받지 않는 상태를 말한다. 재화는 재산적 가치가 있는 물건 및 권리를 말하고, 용역은 재산적 가치가 있는 모든 역무와 그 밖의 행위를 말한다.

재화의 공급이란 계약상 또는 법률상의 모든 원인에 따라 재화를 인도(引渡)하거나 또는 양도(讓渡)하는 것을 말하는데, 인도(引渡)란 점유(占有)의 이전(移轉)을, 양도(讓渡)는 물권 중 소유권의 이전을 말한다. 용역의 공급은 역무를 제공하거나 시설물, 권리 등 재화를 사용하게 하는 것을 말한다.

1.2 부가가치세 사업자 구분

다음은 「부가가치세법」에 따라 사업자를 구분한 것이다.

공급하는 재화 또는 용역에 따라	세율에 따라	1년간 공급대가에 따라
사업자	일반세율(10%) 영세율(0%)	일반과세자 간이과세자(8,000만원 미만)

면세사업자 : 부가가치세가 면제되는 재화나 용역을 공급하는 자로 「부가가치세법」에서 정하는 등록, 거래징수, 신고 · 납부 등 제반 의무가 없으나 재화 또는 용역을 공급받으면서 거래징수당한 매입세액은 부담하여야 한다.

"일반과세자"란 간이과세자가 아닌 사업자를 말하며, "간이과세자"(簡易課稅者)란 직전 연도의 재화와 용역의 공급에 대한 대가(부가가치세가 포함된 대가를 말한다. 이하 "공급대가")의 합계액이 8천만원에 미달하는 개인사업자를 말한다. 다만, 간이과세가 배제되는 업종(제조, 도매, 부동산임대, 과세유흥장소 경영 등) 또는 지역에서 사업을 하고자 하는 경우에는 간이과세자가 될 수 없고 일반과세자로 사업자등록을 해야 한다.

일반과세자는 세금계산서를 발급할 수 있으며 10%의 세율을 적용하여 세액을 계산하고 재화나 용역을 공급받고 수령한 매입세금계산서상의 세액을 공제받을 수 있다.

반면, 간이사업자는 1.5~4%의 낮은 세율을 적용하여 매출세액을 계산하고 매입액(공급대가)의 0.5%를 공제받을 수 있으며, 신규사업자 또는 직전연도 매출액이 4천8백만원 미만인 사업자는 세금계산서를 발급할 수 없다.

간이과세자는 1년을 과세기간으로 하여 신고 · 납부할 의무를 지지만, 일반과세자는 과세기간이 6개월이고 3개월마다 예정신고기간을 두고 있으며 따라서 법인사업자는 1년에 4회, 개인사업자는 2회의 신고 · 납부 의무를 부담한다. 다만, 직전 과세기간 공급가액의 합계액이 1억5천만원 미만인 소규모 법인사업자는 관할 세무서에서 직전 과세기간(6개월) 납부세액의 50%를 예정고지(4월 · 10월)한 세액을 납부하면, 예정신고의무를 종결할 수 있으나 휴업이나 사업 부진 또는 조기환급 등의 사유로 예정고지를 취소하고 예정 · 신고납부할 수 있다.

▮ 일반과세자와 간이과세자 구분 ▮

구분	일반과세자	간이과세자
기준금액	1년간의 매출액 8천만원 이상	1년간의 매출액 8천만원 미만
대상	법인사업자, 개인사업자	개인사업자
세액계산	매출세액(매출액의 10%)−매입세액	(매출액×업종별 부가가치율×10%) − 공제세액 * 업종별 부가가치율 : 5%~30% * 공제세액 : 매입액(공급대가) × 0.5%
과세기간	제1기 : 1.1~6.30(예정 : 1.1~3.31) 제2기 : 7.1~12.31(예정 : 7.1~9.30)	1.1~12.31
신고 · 납부기간	1기예정 : 4.1~4.25(법인) 1기확정 : 7.1~7.25(법인, 개인) 2기예정 : 10.1~10.25(법인) 2기확정 : 다음해 1.1~1.25(법인, 개인)	다음해 1.1~1.25
예정고지(부과)	* 소규모법인사업자, 개인사업자	7.1~7.25
세금계산서	* 세금계산서 발급 원칙 * 예외적으로 사업자가 아닌 자에게 주로 재화나 용역을 공급하는 사업자는 영수증 발급	* 세금계산서 발급 원칙 * 예외적으로 신규사업자 또는 지전연도 매출액 4천8백미만인 경우 영수증발급

02 재화와 용역의 범위

2.1 재화의 범위

재화는 재산가치가 있는 물건 및 권리를 말하는데, 그 과세대상이 되는 물건과 권리의 구체적인 범위는 다음과 같다(부법 §2, 부령 §2).

구 분	구체적 범위
물 건	상품, 제품, 원료, 기계, 건물 등 모든 유체물(有體物)
	전기, 가스, 열 등 관리할 수 있는 자연력
권 리	광업권, 특허권, 저작권 등 물건 외에 재산 가치가 있는 모든 것

2.2 용역의 범위

용역은 재화 외에 재산 가치가 있는 다음 각 호의 사업에 해당하는 역무(役務)와 그 밖의 행위를 말한다(부령 §3 ①).

1. 건설업
2. 숙박 및 음식점업
3. 운수업
4. 정보통신업(출판업과 영상 · 오디오 기록물 제작 및 배급업은 제외)
5. 금융 및 보험업
6. 부동산업 및 임대업. 다만, 다음 각 목의 사업은 제외한다.
   가. 전 · 답 · 과수원 · 목장용지 · 임야 또는 염전 임대업(2019.2.12. 신설)
   나. 「공익사업을 위한 토지 등의 취득 및 보상에 관한 법률」 제4조에 따른 공익사업과 관련해 지역권 · 지상권(지하 또는 공중에 설정된 권리를 포함)을 설정하거나 대여하는 사업
7. 전문, 과학 및 기술 서비스업과 사업시설관리 및 사업지원 서비스업
8. 공공행정, 국방 및 사회보장 행정
9. 교육 서비스업
10. 보건업 및 사회복지 서비스업
11. 예술, 스포츠 및 여가관련 서비스업
12. 협회 및 단체, 수리 및 기타 개인서비스업
13. 가구 내 고용활동 및 달리 분류되지 않은 자가소비 생산활동
14. 국제 및 외국기관의 활동

다만, 건설업과 부동산업 중 부동산 매매(주거용 또는 비거주용 건축물 및 그 밖의 건축물을 자영건설하여 분양 · 판매하는 경우를 포함) 또는 그 중개를 사업목적으로 나타내어 부동산을 판매하는 사업과 사업상 목적으로 1과세기간 중에 1회 이상 부동산을 취득하고 2회 이상 판매하는 사업은 재화(財貨)를 공급하는 사업으로 본다(부령 §3 ②).

03 부가가치세 면제대상 재화나 용역의 범위

부가가치세가 면제되는 재화나 용역의 범위를 요약하면 다음(부법 §26, 부가 집행기준 26-0-2)과 같으며, 비영리조직이 목적사업이나 수익사업을 위하여 주로 공급하는 ① 미가공식료품, 농 · 축 · 수 · 임산물 ② 의료보건용역 ③ 교육용역 ④ 인적용역 ⑤ 문화예술행사 ⑥ 미술관 등 입장요역 ⑦ 공익단체가 실비 또는 무상으로 공급하는 기타 재화나 용역 ⑧ 국가 등에 무상으로 공급하는 재화 또는 용역의 범위에 대하여 추가로 살펴보기로 하겠다.

구 분	부가가치세 면제대상
기초생활필수품 및 용역	① 미가공식료품, 농 · 축 · 수 · 임산물 ② 수돗물, 연탄 및 무연탄 ③ 여객운송용역(항공기, 고속버스, 택시, 고속철도 등은 제외) ④ 주택과 그 부수토지의 임대용역 ⑤ 여성용 생리처리 위생용품 ⑥ 공동주택 어린이집 임대용역
국민후생	① 의료보건 용역(수의사의 용역 포함), 혈액 ② 교육용역
문 화	① 도서 · 신문 · 잡지 · 뉴스통신 및 방송 등(광고 제외) ② 예술창작품 · 예술행사 · 문화행사 · 비직업운동경기 ③ 도서관, 과학관, 박물관, 미술관, 동물원, 식물원 등에 입장
부가가치생산요소	① 토지 ② 금융 · 보험 용역 ③ 인적용역(개인의 공급, 개인 또는 법인 및 단체의 공급)
조세정책공익목적	① 우표, 인지, 증지, 복권 및 공중전화, 특수용 담배 ② 공익단체가 무상 또는 실비로 공급하는 재화 또는 용역 ③ 국가 등이 공급하는 재화 또는 용역 ④ 국가 등에 무상으로 공급하는 재화 또는 용역
관세 면제(수입 시)	① 미가공식료품 ② 도서 · 신문 · 잡지 ③ 과학 · 교육 · 문화용 수입품 ④ 공익목적으로 기증되는 재화 ⑤ 여행자 휴대품, 외교관 물품 등

구 분	부가가치세 면제대상
관세 면제(수입 시)	⑥ 재수입재화 및 재수출조건의 일시수입재화 ⑦ 그 밖에 관세가 무세이거나 감면되는 재화 등
「조세특례제한법」	① 특수용도 석유류 ② 공장, 광산, 학교 등의 구내식당 음식용역 ③ 농 · 어업 대행용역 ④ 국민주택 및 국민주택 건설용역 · 리모델링용역 ⑤ 관리주체, 경비업자 또는 청소업자가 공동주택에 공급하는 일반관리용역 · 경비용역 및 청소용역 ⑥ 정부업무대행단체가 공급하는 재화 또는 용역 ⑦ 한국철도시설공단이 국가에 공급하는 철도시설 ⑧ 학교시설관리운영권, 학교시설을 이용하여 제공하는 용역 ⑨ 천연가스를 연료로 사용하는 시내버스 및 마을버스 운송사업용으로 공급되는 버스 ⑩ 간이과세자에게 제공되는 개인택시 ⑪ 희귀병 치료제 ⑫ 영유아용 기저귀와 분유 등

3.1 면세되는 미가공식품 등의 범위

부가가치세가 면제되는 미가공식품이란 가공되지 아니한 식료품[식용(食用)으로 제공되는 농산물, 축산물, 수산물과 임산물 포함] 및 우리나라에서 생산되어 식용으로 제공되지 아니하는 농산물, 축산물, 수산물과 임산물로서 탈곡 · 정미 · 정맥 · 제분 · 정육 · 건조 · 냉동 · 염장 · 포장이나 그 밖에 원생산물 본래의 성질이 변하지 아니하는 정도의 1차 가공을 거쳐 식용으로 제공하는 것으로 한다(부령 §34).

① 미가공식료품에는 김치, 두부 등 단순가공 식료품이나 단순혼합 식료품, 원생산물 본래의 성질이 변하지 아니하는 정도로 1차 가공을 하는 과정에서 필수적으로 발생하는 부산물(볏집이나 왕겨) 등을 포함한다.

② 농산물, 축산물, 수산물과 임산물에는 원생산물과 원생산물 본래의 성상(性狀)이 변하지 아니하는 정도의 원시가공을 거친 것 그리고 원시가공을 하는 과정에서 필수적으로 발생하는 부산물 등을 포함한다.

③ 본래의 성질이 변한 정도의 가공을 거친 면류, 떡, 팥, 앙금, 전분, 묵, 한천, 인삼차, 엿기름 등은 과세재화이며, 조미료나 향신료 등을 가미하여 가공처리한 맛김이

나 볶음멸치 등도 과세재화에 속한다.

④ 데친 채소류, 김치, 젓갈류, 두부, 간장 또는 된장 등 단순가공식료품에 대하여는 면세하나, 단순가공식료품을 거래단위로서 포장하여 최종소비자에게 그 포장의 상태로 직접 공급하는 경우에는 과세되는 재화에 해당한다.

3.2 면세되는 의료보건용역의 범위

비영리조직이 공급하는 다음의 의료보건용역(「의료법」 또는 「수의사법」에 따라 의료기관 또는 동물병원을 개설한 자가 제공하는 것을 포함한다)은 부가가치세가 면세된다(부령 §35).

① 「의료법」에 따른 의사, 치과의사, 한의사, 조산사 또는 간호사가 제공하는 용역. 다만, 「국민건강보험법」 제41조 제4항에 따라 요양급여의 대상에서 제외되는 다음 각 목의 진료용역은 제외한다.

(가) 쌍꺼풀수술, 코성형수술, 유방확대 · 축소술(유방암 수술에 따른 유방 재건술 제외), 지방흡인술, 주름살제거술, 안면윤곽술, 치아성형(치아미백, 라미네이트와 잇몸성형술을 말함) 등 성형수술(성형수술로 인한 후유증 치료, 선천성 기형의 재건수술과 종양제거에 따른 재건수술 제외)과 악안면 교정술(치아교정치료가 선행되는 악안면 교정술 제외)

(나) 색소모반 · 주근깨 · 흑색점 · 기미 치료술, 여드름 치료술, 제모술, 탈모치료술, 모발이식술, 문신술 및 문신제거술, 피어싱, 지방융해술, 피부재생술, 피부미백술, 항노화치료술 및 모공축소술

(다) 「의료법」에 따른 면허나 자격이 없는 자가 제공하거나 「의료법」상 업무범위를 벗어나서 제공하는 의료용역

(라) 피부과의원에 부설된 피부관리실에서 제공하는 피부관리용역

(마) 의료보건용역을 제공하는 사업자가 외래환자, 환자의 보호자 및 일반인 등에게 제공하는 음식용역(입원환자에게 직접 제공하는 음식용역은 면세)

② 「의료법」에 따른 접골사(接骨士), 침사(鍼士), 구사(灸士) 또는 안마사가 제공하는 용역

③ 「의료기사 등에 관한 법률」에 따른 임상병리사, 방사선사, 물리치료사, 작업치료사, 치과기공사 또는 치과위생사가 제공하는 용역

④ 「약사법」에 따른 약사가 제공하는 의약품의 조제용역. “조제”란 일정한 처방에 따라

서 두 가지 이상의 의약품을 배합하거나 한 가지의 의약품을 그대로 일정한 분량으로 나누어서 특정한 용법에 따라 특정인의 특정된 질병을 치료하거나 예방하는 등의 목적으로 사용하도록 약제를 만드는 것을 말한다. 한편, 의약품은 모두 과세되는 재화이다.

⑤「수의사법」에 따른 수의사가 제공하는 용역. 다만, 동물의 진료용역은 다음 각 목의 어느 하나에 해당하는 진료용역으로 한정한다.

(가)「축산물 위생관리법」에 따른 가축에 대한 진료용역

(나)「수산생물질병 관리법」에 따른 수산동물에 대한 진료용역

(다)「장애인복지법」 제40조 제2항에 따른 장애인 보조견표지를 발급받은 장애인 보조견에 대한 진료용역

(라)「국민기초생활 보장법」 제2조 제2호에 따른 수급자가 기르는 동물의 진료용역

(마) 위 '(가)'부터 '(라)'까지의 규정에 따른 진료용역 외에 질병 예방을 목적으로 하는 동물의 진료용역으로서 농림축산식품부장관 또는 해양수산부장관이 기획재정부장관과 협의하여 고시하는 용역

⑥ 장의업자가 제공하는 장의용역(장례식장 조문객에게 제공하는 음식용역 포함), 단, 장의용역에 필수적으로 부수되지 않는 장의용품만을 별도 판매 및 장의용역에 대한 거래를 단순히 주선 또는 알선하는 경우에는 부가가치세 과세

⑦「장사 등에 관한 법률」 제14조부터 제16조까지의 규정에 따라 사설묘지, 사설화장시설, 사설봉안시설 또는 사설자연장지를 설치 · 관리 또는 조성하는 자가 제공하는 묘지분양, 화장, 유골 안치, 자연장지분양 및 관리업 관련 용역

⑧ 지방자치단체로부터「장사 등에 관한 법률」 제13조 제1항에 따른 공설묘지, 공설화장시설, 공설봉안시설 또는 공설자연장지의 관리를 위탁받은 자가 제공하는 묘지분양, 화장, 유골 안치, 자연장지분양 및 관리업 관련 용역

⑨「응급의료에 관한 법률」 제2조 제8호에 따른 응급환자이송업자가 제공하는 응급환자이송용역

⑩「하수도법」 제45조에 따른 분뇨수집 · 운반업의 허가를 받은 사업자와「가축분뇨의 관리 및 이용에 관한 법률」 제28조에 따른 가축분뇨수집 · 운반업 또는 가축분뇨처리업의 허가를 받은 사업자가 공급하는 용역

⑪「감염병의 예방 및 관리에 관한 법률」 제52조에 따라 소독업의 신고를 한 사업자가 공급하는 소독용역

⑫ 「폐기물관리법」 제25조에 따라 생활폐기물 또는 의료폐기물의 폐기물처리업 허가를 받은 사업자가 공급하는 생활폐기물 또는 의료폐기물의 수집 · 운반 및 처리용역과 같은 법 제29조에 따라 폐기물처리시설의 설치승인을 받거나 그 설치의 신고를 한 사업자가 공급하는 생활폐기물의 재활용용역. 단, 수거한 폐기물, 분뇨 등으로 과세되는 재화를 제조하여 공급하는 경우 과세

⑬ 「산업안전보건법」 제16조에 따라 보건관리전문기관으로 지정된 자가 공급하는 보건관리용역 및 같은 법 제126조에 따른 작업환경측정기관이 공급하는 작업환경측정용역

⑭ 「노인장기요양보험법」 제2조 제4호에 따른 장기요양기관이 같은 법에 따라 장기요양인정을 받은 자에게 제공하는 신체활동 · 가사활동의 지원 또는 간병 등의 용역

⑮ 「사회복지사업법」 제5조의 2 제2항에 따라 보호대상자에게 지급되는 사회복지서비스 이용권을 대가로 국가 및 지방자치단체 외의 자가 공급하는 용역

⑯ 「모자보건법」에 따른 산후조리원에서 분만 직후의 임산부나 영유아에게 제공하는 급식 · 요양 등의 용역

⑰ 「사회적기업 육성법」 제7조에 따라 인증받은 사회적기업 또는 「협동조합기본법」 제85조 제1항에 따라 설립인가를 받은 사회적협동조합이 직접 제공하는 간병 · 산후조리 · 보육 용역

⑱ 「정신건강증진 및 정신질환자 복지서비스 지원에 관한 법률」 제15조 제6항에 따라 국가 및 지방자치단체로부터 같은 법 제3조 제3호에 따른 정신건강증진사업등을 위탁받은 자가 제공하는 정신건강증진사업등의 용역

3.3 면세되는 교육용역의 범위

비영리조직이 공급하는 다음의 교육용역은 부가가치세가 면세된다(부령 §36).

① 다음 각 호의 어느 하나에 해당하는 시설 등에서 학생, 수강생, 훈련생, 교습생 또는 청강생에게 지식, 기술 등을 가르치는 것은 부가가치세가 면세된다. 교육용역 제공 시 필요한 교재 · 실습자재 기타 교육용구의 대가를 수강료 등에 포함하여 받거나, 별도로 받는 때에는 주된 용역인 교육용역에 부수되는 재화 또는 용역으로서 면세된다.

(가) 주무관청의 허가 또는 인가를 받거나 주무관청에 등록되거나 신고된 학교, 학원, 강습소, 훈련원, 교습소 또는 그 밖의 비영리단체에서 지식, 기술 등을 가

르치는 것을 말하는데, 이 경우 지식 또는 기술의 내용과 관계없다. 다만, 면세되는 학원을 운영하는 사업자가 다른 학원운영자에게 상호, 상표, 교육프로그램, 학원경영 노하우(Know-How) 등을 제공하고 그에 대한 대가를 받는 경우에는 과세

(나) 「청소년활동진흥법」 제10조 제1호에 따른 청소년수련시설에서 지식, 기술 등을 가르치는 것을 말하는데, 이 경우 지식 또는 기술의 내용과 관계없다. 다만, 학생 · 수강생 · 훈련생 등이 아닌 일반 이용자에게 해당 교육용역과 관계없이 음식 · 숙박용역만을 제공하거나 실내수영장 등의 체육활동시설을 이용하게 하고 받는 대가는 과세

(다) 「산업교육진흥 및 산학연협력촉진에 관한 법률」 제25조에 따른 산학협력단

(라) 「사회적기업 육성법」 제7조에 따라 인증받은 사회적기업

(마) 「과학관의 설립 · 운영 및 육성에 관한 법률」 제6조에 따라 등록한 과학관

(바) 「박물관 및 미술관 진흥법」 제16조에 따라 등록한 박물관 및 미술관

(사) 「협동조합기본법」 제85조 제1항에 따라 설립인가를 받은 사회적 협동조합

② 다음 각 호의 어느 하나에 해당하는 학원 등에서 가르치는 교육용역은 과세한다.

(가) 「체육시설의 설치 · 이용에 관한 법률」 제10조 제1항 제2호의 무도학원

(나) 「도로교통법」 제2조 제32호의 자동차운전학원

3.4 면세되는 인적(人的) 용역의 범위

인적 용역 중 개인, 법인 또는 법인격 없는 사단 · 재단, 그 밖의 단체가 독립된 자격으로 용역을 공급하고 대가를 받는 다음 각 목의 인적 용역은 부가가치세가 면세된다(부령 §42).

① 「형사소송법」 및 「군사법원법」 등에 따른 국선변호인의 국선변호, 「국세기본법」에 따른 국선대리인의 국선 대리 및 「법률구조법」에 따른 법률구조(法律救助) 및 「변호사법」에 따른 법률구조사업

② 학술연구용역과 기술연구용역

(가) 새로운 학술 또는 기술 개발을 위하여 수행하는 새로운 이론 · 방법 · 공법 또는 공식 등에 관한 연구용역은 면세

(나) 신제품을 개발하거나 제품의 성능이나 질 · 용도 등을 개선시키는 연구용역은

면세

(다) 새로운 사업의 타당성 조사, 실시설계 또는 이들을 포함한 종합계획을 작성하는 용역은 과세

③ 직업소개소가 제공하는 용역 및 상담소 등을 경영하는 자가 공급하는 다음의 용역

(가) 인생상담, 직업재활상담 및 그밖에 이와 유사한 상담(결혼상담 제외)용역

(나) 「중소기업창업 지원법」에 따른 중소기업상담회사가 제공하는 창업상담용역

④ 「장애인복지법」 제40조에 따른 장애인보조견 훈련용역

⑤ 외국 공공기관 또는 「국제금융기구에의 가입조치에 관한 법률」 제2조에 따른 국제금융기구로부터 받은 차관자금으로 국가 또는 지방자치단체가 시행하는 국내사업을 위하여 공급하는 용역(국내사업장이 없는 외국법인 또는 비거주자가 공급하는 용역 포함)

⑥ 「민법」에 따른 후견인과 후견감독인이 제공하는 후견 사무 용역

⑦ 「가사근로자의 고용개선 등에 관한 법률」에 따른 가사서비스 제공기관이 가사서비스 이용자에게 제공하는 가사서비스

3.5 면세되는 예술창작품, 예술행사, 문화행사 등의 범위

부가가치세가 면제되는 예술창작품, 예술행사, 문화행사 또는 아마추어 운동경기는 다음 각 호와 같다(부령 §43).

① 예술창작품 : 미술, 음악, 사진, 연극 또는 무용에 속하는 창작품. 다만, 골동품(제작 후 100년을 초과한 것으로 인정이 되는 도자기류, 악기류, 기타의 것)과 사업자가 미술품 등의 창작품을 모방하여 대량으로 제작하는 작품은 과세

② 예술행사 또는 문화행사 : 영리를 목적으로 하지 아니하는 발표회, 연구회, 경연대회 등 그 밖에 이와 유사한 예술행사와 전시회, 박람회, 공공행사 또는 그밖에 이와 유사한 문화행사를 말한다. 이 경우 영리목적으로 하지 않는다는 것은 다음 각 호의 어느 하나에 해당하는 행사를 말한다(부가 집행기준 26-43-1 ②).

(가) 사전행사계획서에 따라 이익금을 이익배당 또는 잔여재산의 분배 등의 형식을 통해 주최자에게 귀속시키는 것이 아닐 것

(나) 정부 또는 지방자치단체 등 공공단체가 공식 후원하거나 협찬하는 행사

(다) 사전행사계획서에 의해 입장료 수입이 실비변상적이거나 부족한 경비를 협찬에 의존하는 행사

(라) 자선목적의 예술행사로서 사전계획서에 따라 이익금의 전액을 공익단체에 기부하는 행사

(마) 비영리단체가 공익목적으로 개최하는 행사

(바) 기타 이와 유사한 행사로서 영리성이 없는 행사

③ 아마추어 운동경기 : 대한체육회 및 그 산하 단체와 「태권도 진흥 및 태권도공원 조성 등에 관한 법률」에 따른 국기원이 주최, 주관 또는 후원하는 운동경기나 승단 · 승급 · 승품 심사로서 영리를 목적으로 하지 아니하는 것

④ 예술행사나 문화행사에 해당하지 아니하는 행사 또는 직업운동경기를 주최 · 주관하는 자(프로모터 포함)와 흥행단체 등이 흥행 또는 운동경기 등과 관련하여 받는 입장료 · 광고료 · 방송중계권료 및 기타 이와 유사한 수수료는 과세한다(부가 집행기준 26-43-1 ③).

3.6 면세되는 미술관 등 입장용역의 범위

비영리조직이 도서관, 과학관, 박물관, 미술관, 동물원, 식물원 등을 운영하면서 입장하게 하고 받는 대가는 부가가치세가 면세된다(부법 §26 17호).

박물관에는 「문화재보호법」에 따라 지정을 받은 문화재로서 민속문화자원에 해당하는 것을 소개하는 장소 · 고분 · 사찰 및 「전쟁기념사업회법」에 따른 전쟁기념관을 포함한다. 또한, 동물원 · 식물원에는 지식의 보급 및 연구에 그 목적이 있는 해양수족관 등을 포함하나, 오락 및 유흥시설과 함께 있는 동물원 · 식물원 및 해양수족관은 면세되는 입장료 수입에 포함하지 아니한다(부통 26-0-5).

한편, 국가 · 지방자치단체가 직접 관리 또는 운영하는 공원의 이용자로부터 받는 입장료에 대하여는 면세하나, 동 공원 안의 시설물인 유희기장이나 수영장 등의 관리를 위임받은 사업자가 그 시설의 이용자로부터 받는 입장료 및 사용료에 대하여는 면세하지 아니한다(부통 26-0-6).

미술관 입장료와는 별도로 음식용역의 대가를 받는 경우 미술관 입장료는 부가가치세가 면제되는 것이나, 음식용역의 대가는 부가가치세가 과세된다(서면인터넷방문상담3팀-1089, 2008.5.30.). 또한, 「학원의 설립 · 운영에 관한 법률」의 규정에 의하여 등록한 독서실은 부가가치세가 면제되는 도서관에 포함되는 것이나, 고시준비생에게 독립된 방을 제

공하거나 독립된 방과 음식을 함께 제공하는 형태의 고시원은 부가가치세가 과세된다(부가 46015-1883, 2000.8.5.).

도서관 · 박물관 · 미술관 · 동물원 또는 식물원에 입장하는 입장객으로부터 입장요금을 받는 경우 당해 입장요금은 부가가치세가 면제되는 것인데, 입장요금과는 별도로 교육프로그램을 운영하면서 받는 교육비는 당해 교육용역이 주무관청의 허가 · 인가 또는 승인을 얻어 설립하거나 주무관청에 등록 또는 신고한 학원 · 강습소 등 및 「청소년활동진흥법」 제10조 제1호에 따른 청소년수련시설에서 지식 · 기술 등을 가르치는 것이면 면세된다(부가가치세과-182, 2013.2.21.).

3.7 종교, 자선, 학술, 구호(救護), 그밖의 공익을 목적으로 하는 단체가 공급하는 재화 또는 용역의 범위

부가가치세가 면세되는 종교, 자선, 학술, 구호 등의 공익목적 단체가 공급하는 재화 또는 용역의 범위는 다음과 같다(부령 §45).

① 주무관청의 허가 또는 인가를 받거나 주무관청에 등록된 단체(종교단체의 경우에는 그 소속단체를 포함)로서 「상속세 및 증여세법 시행령」 제12조 각 호의 어느 하나에 따른 사업 또는 비영리법인의 사업으로서 종교, 자선, 학술, 구호, 사회복지, 교육, 문화, 예술 등 공익을 목적으로 하는 사업을 하는 단체가 그 고유의 사업목적을 위하여 일시적으로 공급하거나 실비(實費) 또는 무상으로 공급하는 재화 또는 용역

② 학술 및 기술 발전을 위하여 학술 및 기술의 연구와 발표를 주된 목적으로 하는 단체(이하 "학술등 연구단체"라 함)가 그 연구와 관련하여 실비 또는 무상으로 공급하는 재화 또는 용역

③ 「문화재보호법」에 따른 지정문화재(지방문화재 포함, 무형문화재 제외)를 소유하거나 관리하고 있는 종교단체(주무관청에 등록된 종교단체로 한정하되, 그 소속단체를 포함)의 경내지(境內地) 및 경내지 안의 건물과 공작물의 임대용역

④ 공익을 목적으로 다음에서 정하는 기숙사를 운영하는 자가 학생이나 근로자를 위하여 실비 또는 무상으로 공급하는 음식 및 숙박 용역

(가) 교육부장관이나 교육부장관이 지정하는 자의 추천을 받은 자로서 학생을 위하여 기숙사를 운영하는 자

(나) 고용노동부장관이나 고용노동부장관이 지정하는 자의 추천을 받은 자로서 근로자를 위하여 기숙사를 운영하는 자

⑤ 「저작권법」 제105조 제1항에 따라 문화체육관광부장관의 허가를 받아 설립된 저작권위탁관리업자로서 다음에서 정하는 사업자가 저작권자를 위하여 실비 또는 무상으로 공급하는 신탁관리용역

(가) 사단법인 한국음악저작권협회

(나) 사단법인 한국문예학술저작권협회

(다) 사단법인 한국방송작가협회

(라) 사단법인 한국음악실연자연합회

(마) 사단법인 한국음반산업협회

(바) 사단법인 한국복제전송저작권협회 〈2022.3.18. 삭제〉

(사) 사단법인 한국시나리오작가협회

(아) 사단법인 한국방송실연자협회

(자) 재단법인 한국문화정보원

(차) 사단법인 한국영화배급협회

(카) 재단법인 한국언론진흥재단

(타) 사단법인 함께하는음악저작인협회

(파) 사단법인 한국영화제작가협회

⑥ 「저작권법」 제25조 제7항(같은 법 제31조 제6항, 제75조 제2항, 제76조 제2항, 제76조의 2 제2항, 제82조 제2항, 제83조 제2항 및 제83조의 2 제2항에 따라 준용되는 경우를 포함한다)에 따라 문화체육관광부장관이 지정한 보상금 수령단체로서 기획재정부령으로 정하는 다음의 단체인 사업자가 저작권자를 위하여 실비 또는 무상으로 공급하는 보상금 수령 관련 용역

(가) 사단법인 한국음악실연자연합회

(나) 사단법인 한국문학예술저작권협회

(다) 사단법인 한국연예제작자협회

⑦ 「법인세법」 제24조 제2항 제1호 라목 2)에 따른 비영리 교육재단이 「초 · 중등교육법」 제60조의 2 제1항에 따른 외국인학교의 설립 · 경영 사업을 하는 자에게 제공하는 학교시설 이용 등 교육환경 개선과 관련된 용역

주무관청에 등록된 「부가가치법 시행령」 제45조에 따른 종교 등 공익단체의 경우에도 다음 예시하는 경우와 같이 계속적으로 운영관리하는 수익사업과 관련하여 공급하는 재화 또는 용역에 대하여는 면세하지 아니한다(부통 26-45-2).

① 소유부동산의 임대 및 관리사업. 다만, 「문화재보호법」에 따른 지정문화재(지방문화재 포함, 무형문화재 제외)를 소유하거나 관리하고 있는 종교단체(주무관청에 등록된 종교단체로 한정)의 경내지(境內地) 및 경내지 안의 건물과 공작물의 임대용역에 해당하는 경우는 면세

② 자체기금 조성을 위하여 생활필수품, 고철 등을 공급하는 사업

▌관련 집행기준 및 예규 · 심판례 등▐

- **비영리사회복지법인이 노인전문병원에 간병용역을 제공하는 경우 부가가치세 면세 해당 여부(부가가치세과-125, 2014.2.17.)**

  주무관청의 허가를 받아 설립된 사회복지사업을 영위하는 비영리법인이 그 고유의 사업목적을 위하여 노인전문병원 등에 간병용역을 제공하고 그 대가를 실비로 지급받는 경우에는 「부가가치세법」 제26조 제1항 제18호 및 같은 법 시행령 제45조 제1호의 규정에 따라 부가가치세가 면제되는 것임. 덧붙여, 같은 규정에서 면세요건으로 정한 "실비로 공급하는 용역"이란 용역의 제공에 실지로 드는 재료비, 인건비, 감가상각비 등의 비용 또는 그 이하의 금액만을 대가로 받고 공급하는 용역을 말하는 것임.

- **사회복지법인이 장애인보호작업장에서 공급하는 재화 또는 용역의 면세여부(서면-2015-법령해석부가-0379 [법령해석과-2139], 2015.8.31.)**

  주무관청의 허가를 받아 설립된 사회복지법인이 장애인직업재활시설로 주무관청에 신고된 장애인보호사업장을 운영하면서 직업재활훈련프로그램의 일환으로 재화 또는 용역을 공급하고 그 대가를 실비로 받는 경우에는 「부가가치세법」 제26조 제1항 제18호 및 같은 법 시행령 제45조 제1호의 규정에 따라 부가가치세가 면제되는 것임.

- **체육문화센터를 장애인과 일반인에게 이용하는 경우 부가가치세 면제여부(서면3팀-1004, 2005.7.1.)**

  주무관청의 허가를 받아 설립된 공익단체가 그 고유의 사업목적을 위해 위탁운영하는 체육문화센터를 장애인과 일반인에게 이용하게 하고 무상 또는 실비로 대가를 받는 경우 부가가치세가 면제되는 것임.

- **비영리사단법인이 수취하는 응시전형료의 부가가치세 면제여부(부가가치세과-1452, 2010.11.4.)**

  사업자가 계약상 또는 법률상의 모든 원인에 의하여 역무를 제공하고 그 대가를 받는 경우에는 부가가치세가 과세되는 것임. 다만, 공익을 목적으로 하는 사업으로 하는 단체가 그 고유의 사업목적을 위하여 일시적으로 공급하거나 실비 또는 무상으로 공급하는 재화 및 용역에 해당

하는 경우에는 부가가치세가 면제되는 것임.

• 스포츠센터 후생복지 사용료의 부가가치세 면세여부(부가가치세과-800, 2014.9.30.)
사업자가 계약상 또는 법률상의 모든 원인에 의하여 역무를 제공하고 그 대가를 받는 경우에는 부가가치세가 과세되는 것이나, 「부가가치세법 시행령」 제45조 제1호 규정에 따라 공익단체가 그 고유의 사업목적을 위하여 일시적으로 공급하거나 실비 또는 무상으로 공급하는 재화 및 용역에 해당하는 경우에는 면제되는 것이며, 이 경우 부가가치세 면제 여부는 공익단체 해당 여부, 고유의 사업목적 및 대가의 실비 여부 등에 따라 사실판단할 사항임.

• 비영리법인의 기관지 광고용역에 대한 면세여부(부가 22601-750, 1986.4.22.)
부가가치세가 면제되는 것은 영리사업을 목적으로 하지 아니하고 그 단체가 불특정인에게 판매를 목적으로 하지 아니하며, 그 단체의 사업목적이나 정신을 널리 알리기 위하여 발행하는 기관지 또는 이와 유사한 출판물(그 기관의 명칭이나 별칭이 당해 출판물의 명칭에 포함되어 있는 것에 한함)과 관련된 용역(광고용역)에 한하는 것이며, 소속 단체원이 생산한 제품전시회 등의 행사안내 책자나 강좌안내 팜플렛 및 광고용 전단(삐라) 등에 게재하는 광고용역에 대하여는 부가가치세가 과세되는 것임.

• 지자체소유 공연장을 위탁관리 운영하고 지급받는 지원금의 부가가치세 면제여부(서면인터넷방문상담3팀-1826, 2005.10.20.)
공익을 목적으로 하는 단체에 해당하지 아니하는 예술공연 민간영리법인이 지자체소유 공연장을 위탁관리 운영하고 지급받는 지원금은 과세됨.

3.8 국가, 지방자치단체, 지방자치단체조합 또는 공익단체에 무상(無償)으로 공급하는 재화 또는 용역의 범위

국가, 지방자치단체, 지방자치단체조합 또는 공익단체에 무상(無償)으로 공급하는 재화나 용역은 부가가치세가 면세되는데 이 경우 "공익단체"란 주무관청의 허가 또는 인가를 받거나 주무관청에 등록된 단체로서 「상속세 및 증여세법 시행령」 제12조 각 호의 어느 하나에 해당하는 사업을 하는 단체를 말한다(부령 §47). 또한, 공익사업을 위하여 주무관청의 승인을 받아 금품을 모집하는 단체는 「상속세 및 증여세법」상 공익법인이 아니더라도 공익단체로 본다.

3.9 비영리 출판물과 관련되는 용역

영리 아닌 사업을 목적으로 하는 법인이나 그 밖의 단체가 불특정인에게 판매할 목적이 아니라 그 단체의 목적이나 정신을 널리 알리기 위하여 발행하는 기관지 또는 이와 유사한 출판물(그 기관의 명칭이나 별칭이 해당 출판물의 명칭에 포함되어 있는 것으로 한정)과 관련되는 용역은 면세되는 재화 또는 용역의 공급에 통상적으로 부수되는 재화 또는 용역의 공급으로 보아 면세되는 재화 또는 용역의 공급에 포함한다.

▮ 관련 집행기준 및 예규 · 심판례 등 ▮

• **공익단체 무상공급시 면세 및 매입세액공제(서면인터넷방문상담3팀-3078, 2006.12.8.)**
사업자가 공익단체에 재화 또는 용역을 무상으로 공급하는 경우 부가가치세가 면제되는 것이며, 이 경우 자기의 사업과 관련하여 당해 공익단체에 무상으로 공급한 재화의 매입세액은 매출세액에서 공제하는 것임.

• **국가 · 공익단체 등에 무상으로 공급하는 재산의 매입세액 공제여부(부가 46015-77, 2001.1.9.)**
고속도로 휴게소를 운영하는 사업자가 자기 책임과 계산하에 고속도로 휴게소까지의 진입도로 개설 · 포장공사를 시행한 후 당해 도로를 국가에 무상으로 기부하는 경우에는 부가가치세가 면제되는 것이고, 당해 공사와 관련하여 동 사업자가 부담한 매입세액은 공제받을 수 있는 것임.

• **국가 · 공익단체 등에 무상으로 공급하는 재화의 매입세액 공제(부통 38-0-6)**
자기의 사업과 관련하여 생산하거나 취득한 재화를 국가 · 지방자치단체 등에 무상으로 공급하는 경우 해당 재화의 매입세액은 매출세액에서 공제하나, 자기의 사업과 관련없이 취득한 재화를 국가 · 지방자치단체 등에 무상으로 공급하는 경우 해당 재화의 매입세액은 공제하지 아니함.

• **공익단체에 부담부 증여하는 경우 과세표준 계산 방법(부가가치세과-1197, 2012.11.30.)**
사업자가 공익단체인 의료법인에게 무상으로 공급하는 재화는 부가가치세를 면제하나, 동 사업자의 채무를 당해 의료법인이 인수하는 조건으로 기부하는 경우 그 채무액에 상당하는 부분은 부가가치세가 과세되는 것임. 이 경우 부가가치세 과세표준은 같은 당해 의료법인이 인수하는 채무액으로 하는 것이며, 토지와 건물 등을 함께 공급하는 경우에는 같은 「부가가치세법」 제29조 제9항 및 동법 시행령 제64조의 규정을 적용하여 과세표준을 계산하는 것임.

04 비영리조직의 부가가치세의 신고·납부

사업 목적이 영리든 비영리든 관계없이 사업상 독립적으로 부가가치세법상 과세대상 재화나 용역을 공급하는 경우에는 부가가치세법상 과세사업자에 해당하므로 부가가치세 신고·납부의무를 부담한다, 부가가치세의 과세사업과 면세사업을 겸업하는 사업자에 해당하는 경우에도 마찬가지로 부가가치세 신고·납부의무를 부담한다. 다만, 부가가치세가 면제되는 재화 또는 용역만을 공급하는 면세사업자는 부가가치세 신고·납부의무는 없으나 자료제출의무를 부담한다.

이에 따라 비영리법인이 부가가치세법상 과세사업을 하거나 과세와 면세를 겸업하는 경우에는 다음과 같이 부가가치세 예정 및 확정 신고·납부 의무를 부담한다,

4.1 부가가치세 예정신고·납부와 예정고지세액 납부

과세사업을 하는 비영리법인은 각 과세기간 중 예정신고기간이 끝난 후 25일 이내에 각 예정신고기간에 대한 과세표준과 납부세액을 납세지 관할 세무서장에게 신고하고 납부하여야 한다. 다만, 신규로 사업을 시작하거나 시작하려는 자에 대한 최초의 예정신고기간은 사업 개시일부터 그 날이 속하는 예정신고기간의 종료일까지로 한다(부 법§48 ①).

예정신고기간 및 신고기한(집행기준 48-90-1)

구분		신고기간	신고기한
제1기 예정신고	계속 사업자	1.1~3.31.	4.25.
	신규 사업자	개시일(등록일)~3.31.	
제2기 예정신고	계속 사업자	7.1~9.30.	10.25.
	신규 사업자	개시일(등록일)~9.31.	

그런데, 납세지 관할 세무서장은 상기한 예정신고·납부기한에도 불구하고 개인사업자와 법인사업자 중에서 직전 과세기간 공급가액의 합계액이 1억 5천만원 미만인 법인사업자에 대하여는 각 예정신고기간마다 직전 과세기간에 대한 납부세액의 2분의 1에 상당하는 금액을 결정하여 해당 예정신고기한까지 징수하도록 규정(부법 §48 ③)하고 있으므로 이 경우에는 예정신고의무는 없다, 다만, 사업자가 휴업 또는 사업 부진으로 인하여 예정신

고기간의 공급가액 또는 납부세액이 직전 과세기간의 공급가액 또는 납부세액의 3분의 1에 미달하는 경우 또는 조기환급을 받고자 하는 경우에는 선택적으로 예정신고를 할 수 있으며, 이 경우 예정고지는 취소된다.

4.2 부가가치세 확정신고 · 납부

과세사업을 하는 비영리법인은 각 과세기간 대한 과세표준과 납부세액을 납세지 관할 세무서장에게 그 과세기간이 끝난 후 25일(폐업하는 경우 폐업일이 속한 달의 다음 달 25일) 이내에 신고하고 납부하여야 한다(부법 §49 ①). 확정신고할 때에 이미 신고한 예정신고기간의 과세표준 및 세액은 제외하며, 만약 예정고지로 징수된 세액이 있다면 동 납부 금액을 빼고 납부하면 된다.

| 확정신고기간 및 신고기한(집행기준 48-91-1) |

구분		신고기간	신고기한
제1기 확정신고	계속 사업자	1.1~6.30.	7.25.
	신규 사업자	개시일(등록일)~6.30.	
제2기 확정신고	계속 사업자	7.1~12.31.	다음해 1.25.
	신규 사업자	개시일(등록일)~12.31.	

4.3 주사업장 총괄납부와 사업자단위과세사업자

비영리법인이 2 이상의 사업장이 있는 경우 즉, 본점 이외에 지점에 별로 사업자등록을 한 경우에는 주사업장(예 : 본점) 총괄납부 신청을 하면 주사업장에서 부가가치세를 총괄하여 납부할 수 있다. 이 경우 주사업장총괄납부신청서를 주사업장 관할 세무서장에게 과세기간 개시 20일 전에 제출하여야 한다.

비영리법인이 본점 이외에 별도 지점을 설치하는 경우 각 사업장마다 사업자등록을 신청하고 각 사업장마다 세금계산서 발급, 부가가치세 신고 · 납부, 경정 등을 이행해야 하나, 사업자 단위 과세 사업자로 해당 본점 또는 주사무소 관할 세무서장에게 등록을 신청하면 본점 또는 주사무소에서 일괄하여 세금계산서 발급, 부가가치세 신고 · 납부, 경정 등의 납세의무를 이행할 수 있다. 이 경우 기존의 사업장 단위로 등록한 사업자가 사업자

단위 과세 사업자로 변경하려면 사업자 단위 과세 사업자로 적용받으려는 과세기간 개시 20일 전까지 사업자의 본점 또는 주사무소 관할 세무서장에게 변경등록을 신청하면 된다.

▌총괄납부 사업자 및 사업자단위과세 사업자의 비교(집행기준 51-0-3)▐

구분	총괄납부 사업자	사업자단위과세 사업자
정기 신고(예정 · 확정 · 조기)	각 사업장	본점 또는 주사무소
정기 신고에 따른 납부 · 환급	주 사업장	본점 또는 주사무소
수정신고 및 경정청구	각 사업장	본점 또는 주사무소
결정 · 경정 관할기관 판정기준	각 사업장	본점 또는 주사무소

05 비영리법인의 자료제출의무

비영리법인이 부가가치세가 면제되는 재화 또는 용역만을 공급하는 면세사업자에 해당한다면 부가가치세 신고 및 납부의무는 없다. 다만, 부가가치세법상 매입처별 세금계산서합계표 제출의무와 법인세법상 발급하였거나 발급받은 계산서의 매출 · 매입처별계산서합계표를 제출해야 하는 의무를 부담한다.

5.1 매입처별 세금계산서합계표 제출의무

부가가치세법에서는 세금계산서를 발급받은 국가, 지방자치단체, 지방자치단체조합, 그 밖에 다음에 해당하는 자는 매입처별 세금계산서합계표를 해당 과세기간이 끝난 후 25일 이내에 납세지 관할 세무서장에게 제출하도록 규정하고 있다(부 법§54 ⑤).

① 부가가치세가 면제되는 사업자 중 소득세 또는 법인세의 납세의무가 있는 자(「조세특례제한법」에 따라 소득세 또는 법인세가 면제되는 자를 포함한다)

② 「민법」 제32조에 따라 설립된 법인

③ 특별법에 따라 설립된 법인

④ 각급학교 기성회, 후원회 또는 이와 유사한 단체

⑤ 「법인세법」 제94조의 2에 따른 외국법인연락사무소

한편, 법인세법에서도 매입처별 세금계산서합계표를 제출하도록 규정하고 있는데, 즉, 「부가가치세법」 및 「조세특례제한법」에 따라 부가가치세가 면제되는 사업을 하는 법인은 재화나 용역을 공급받고 「부가가치세법」에 따라 세금계산서를 발급받은 경우에는 매년 2월 10일까지 매입처별 세금계산서합계표를 납세지 관할 세무서장에게 제출해야 한다. 다만, '상기한 부가가치세법에 따라 제출한 경우에는 그러지 아니한다'라고 규정하고 있다(법법 §120의 3 ①).

이러한 매입처별 세금계산서합계표 제출의무를 이행하지 않을 경우에는 부가가치세법에 따른 가산세 규정은 없으나, 법인세법에 따른 가산세는 기한까지 제출하지 아니한 경우 또는 제출하였더라도 그 매입처별 세금계산서합계표에 대통령령으로 정하는 적어야 할 사항의 전부 또는 일부를 적지 아니하거나 사실과 다르게 적은 경우[법법 §75의 8 ① (4)가 적용되는 분은 제외] 공급가액의 1천분의 5를 부과하도록 규정하고 있다(법법 §75의 8 ①).

다만, 비영리법인의 법인세법 시행령 제3조 제1항의 수익사업 관련 부분은 제외한 부분은 가산세를 부과하지 않는다(법령 §120 ③).

5.2 매출 · 매입처별 계산서합계표 제출의무

비영리법인이 재화나 용역을 공급하면 계산서나 영수증을 작성하여 공급받는 자에게 발급하여야 하고, 발급하였거나 발급받은 계산서의 매출 · 매입처별 계산서합계표를 매년 2월 10일까지 납세지 관할 세무서장에게 제출하여야 한다.

이러한 매출 · 매입처별 계산서합계표를 기한까지 제출하지 아니한 경우 또는 제출하였더라도 그 합계표에 대통령령으로 정하는 적어야 할 사항의 전부 또는 일부를 적지 아니하거나 사실과 다르게 적은 경우에는 공급가액의 1천분의 5(다음의 경우에는 100분의 2)의 가산세를 부과한다.

① 재화 또는 용역을 공급한 자가 계산서를 발급시기에 발급하지 아니한 경우

② 재화 또는 용역을 공급하지 아니하고 신용카드 매출전표, 현금영수증, 계산서 등을 발급한 경우

③ 재화 또는 용역을 공급받지 아니하고 계산서등을 발급받은 경우

④ 재화 또는 용역을 공급하고 실제로 재화 또는 용역을 공급하는 법인이 아닌 법인의 명의로 계산서등을 발급한 경우

⑤ 재화 또는 용역을 공급받고 실제로 재화 또는 용역을 공급하는 자가 아닌 자의 명의로 계산서등을 발급받은 경우

다만, 비영리법인의 법인세법 시행령 제3조 제1항의 수익사업 관련 부분은 제외한 부분은 가산세를 부과하지 않는다(법령 §120 ③).

제6절 비영리조직의 원천징수 및 지방세 납세의무

01 비영리조직의 원천징수 주요 문제

1.1 직급보조비 · 업무추진비 · 기관운영비의 원천징수

비영리조직을 운영하면서 임원이나 직원에게 지급하는 직급보조비, 업무추진비 또는 기관운영비 등은 대부분 근로소득에 속한다. 다만, 사용목적이나 대상자별 사용한도액 등 지급기준을 구체적으로 정하거나, 구체적인 지출경위가 업무와 관련되었다고 인정할 만한 증거가 있다면 근로소득이 아닌 당해 비영리조직의 경리의 일부로 볼 수 있다. 다음은 이들 지출액과 관련한 예규 · 판례들이다.

- 임직원에게 지급하는 직급보조비 및 직책급업무추진비가 근로제공의 대가에 해당하는 경우 과세되는 근로소득에 해당함(원천세과-293, 2011.05.20.).
- 사립대학이 자체보수규정에 의해 직원에게 지급하는 봉급 · 수당 등은 「소득세법」 제12조 제4호에 열거된 비과세소득을 제외하고는 모두 과세대상 근로소득에 해당하는 것임(법인46013-1059, 1999.3.23.).
- 사립전문대학이 학장 등에게 기밀비, 업무추진비, 기타 유사한 명목으로 지급한 것으로서 그 지급기준(업무와 관련하여 사용목적 및 대상자별 지급한도액 등)이 정하여져 있지 아니하여 당해 목적을 위하여 사용된 것이 분명하지 아니한 급여는 「소득세법시행령」 제43조에 규정한 근로소득의 범위에 포함되는 것임(법인46013-1324, 1993.5.12.).
- 과세대상이 되는 근로소득에 해당하는지 여부는 그 지급된 금원의 명목이 아니라 성

질에 따라 결정되어야 할 것으로서 그 금원의 지급이 근로의 대가가 될 때는 물론이고 어느 근로를 전제로 그와 밀접히 관련되어 근로조건의 내용을 이루고 규칙적으로 지급되는 것이라면 과세의 대상이 되는 것임(대법원 62누26, 1962.6.21.; 대법원 71누222 1972.4.28. 등 참조).

• 원심은, 원고 소속 임직원들에게 지급된 이 사건 기밀비와 업무추진비는 그 직급에 따라 매월 정액으로 정기적으로 지급되었을 뿐만 아니라 원고가 그 사용목적이나 사용방법 등에 관하여 아무런 기준을 제시한 바도 없고, 또 원고 소속 임직원들이 이 사건 기밀비와 업무추진비를 업무와 관련하여 지출하였다고 볼만한 아무런 자료도 없는 점 등에 비추어 보면, 이 사건 기밀비와 업무추진비는 실질적으로 근로제공의 대가에 해당하거나 아니면 적어도 근로를 전제로 그와 밀접히 관련되어 근로조건의 내용을 이루면서 규칙적으로 지급된 것으로서 과세대상인 근로소득에 해당한다고 판단하였는바, 앞서 본 법리와 관계 법령 및 기록에 비추어 살펴보면, 원심의 이러한 인정과 판단은 정당한 것으로 수긍이 되고, 거기에 과세대상이 되는 근로소득에 관한 법리 등을 오해한 위법이 없다. 따라서 이 점에 관한 상고이유의 주장은 이유 없음(대법원2003두4089, 2005.4.15.).

• 이 사건 기밀비와 업무추진비가 임직원들이 원고의 고유업무를 수행하는 과정에서 사용된 것이라고 주장하고 있으나, 원고가 그 사용목적이나 대상자별 사용한도액 등 지급기준을 구체적으로 정하였다거나 위 금원들의 구체적인 지출경위가 업무와 관련되었다고 인정할 만한 증거가 없는 이상, 이는 소득세법 제20조, 같은 법 시행령 제38조 제1항 제1호에 의하여 당연히 근로소득에 포함된다고 볼 것임(서울고등법원 2001누4933, 2003.4.9.).

• 거주자가 고용관계나 이와 유사한 계약에 의하여 근로를 제공하고 이에 대한 대가로 받는 금액은「소득세법」제20조의 규정에 의한 근로소득에 해당하는 것으로, 근로의 제공으로 인하여 받는 봉급 · 급료 · 상여 · 수당 이와 유사한 성질의 급여는 그 명칭 여하에 불구하고 근로소득에 포함되는 것이므로, 귀 질의의 대학교수가 특정보직을 수행하고 이에 대한 대가로 지급받는 수당 등 이와 유사한 금액은 근로소득에 포함되는 것이며, 기밀비(판공비 포함) · 교제비 기타 이와 유사한 명목으로 받는 것으로서 지급기준(업무와 관련하여 사용목적 및 대상자별 지급한도액 등)이 정해져 있고 당해 목적을

위하여 사용된 것이 분명한 금액은 근로소득에 포함되지 않는 것이며, 업무를 위하여 사용된 것이 분명하지 아니한 금액은 근로소득에 포함되는 것임(서면1팀-104, 2006.1.25.).

- 매월 일정액으로 지급하는 판공비와 업무추진비는 근로소득에 포함되는 것이나, 지급기준(업무와 관련하여 사용목적 및 대상자별 지급한도액 등)이 정하여져 있고 당해 목적을 위해 사용된 것이 분명한 부분은 근로소득에 포함되지 않는 것이나 귀 질의가 이에 해당하는지 여부는 사실판단하여야 하는 것임(서면2팀-1629, 2004.7.30.).

- 선택적 복지제도 운영지침에 따라 복지후생제도를 시행함에 있어 각 종업원에게 개인별로 포인트를 부여하여 이를 사용하게 하는 경우, 당해 포인트 사용액(「소득세법」 제12조 제4호의 규정에 의한 비과세소득 및 같은 법 시행령 제38조 제1항 각호 중 단서 규정에 의하여 근로소득으로 보지 않는 것을 제외)은 같은 법 제20조의 규정에 의한 근로소득으로 과세되는 것임(서면1팀-1417, 2006.8.14.).

- 입주자대표회의의 동별대표자(회장 · 이사 등 포함)가 공동주택관리규약에 따라 그 구성원으로서의 의무와 책임이 있는 업무를 수행하고 보수규정에 따라 월액으로 지급받는 업무추진비(판공비) 등은 「소득세법」 제20조 제1항에 의하여 근로소득에 해당하는 것임(소득 46011-397, 1999.11.25.).

- 공동주택 관리사무소장이 기밀비(판공비를 포함) · 업무추진비 · 기타 이와 유사한 명목으로 받는 것으로서 업무를 위하여 사용된 것이 분명하지 아니한 급여는 근로소득에 해당하는 것임(서일 46011-10604, 2002.5.9.).

- 협회의 회장이 협회에 근무함으로써 받는 상근활동비는 근로소득에 해당함(서면인터넷방문상담1팀-1674, 2007.12.7.).

- 비상근임원이 기밀비(판공비 포함) · 교제비 기타 이와 유사한 명목으로 받는 것 중 업무를 위하여 사용된 것이 분명하지 아니한 급여는 근로소득에 해당하는 것임(원천세과-586, 2010.7.16.).

1.2 각종 위원회 회의참석수당의 원천징수

비영리조직은 운영위원회를 비롯하여 다양한 위원회를 설치하여 운영하고 있는데 동 위원회의 위원으로 위촉된 사람에게 지급하는 수당이 근로소득인지, 사업소득인지, 기타소득인지 아니면 비과세대상으로 보아 원천징수를 하지 않는 것이 타당한지가 문제이다. 또한 내부 직원들이 위촉되는 경우는 대부분 근로소득으로 보아 원천징수해야 한다. 다음은 회의참석수당, 위원회참석수당에 대한 예규 등이다.

- 법령 · 조례에 의한 위원회 등의 보수를 받지 아니하는 위원 등이 받는 수당은 실비변상적인 성질의 급여로서 비과세소득에 해당하는 것이며, 이 경우 수당이라 함은 그 수당의 지급근거가 법령 · 조례 등에 명시되어 있거나 당해 법령 · 조례 등에서 위임된 규정이 있는 것을 말하는 것임(서일 46011-10205, 2003.2.22.; 소득 46011-1737, 1998.6.29.).

- 소득세가 과세되지 아니하는 「소득세법시행령」 제12조 제1호 규정의 "법령 · 조례에 의한 위원회 등의 보수를 받지 아니하는 위원 등이 받는 수당"이라 함은 위원회의 설립 및 수당의 지급 근거가 법령 · 조례에 명시(위임규정 포함)되어 있고 이에 따라 지급하는 수당을 말하는 것이므로, 법령 · 조례에 의하여 위촉된 위원회의 위원에게 지급하는 수당은 실비변상적인 급여로서 비과세되는 것이나, 법령 · 조례에 의하여 위촉되지 아니하는 위원회의 위원에게 지급하는 수당은 기타소득으로 과세하는 것임(서면인터넷방문상담1팀-443, 2006.4.7.).

- 법령 · 조례에 따라 설치된 위원회가 아닌 사단법인 ㅁㅁ전문대학원협의회가 단기간 위촉한 ㅁㅁ적성시험 출제위원 등에게 지급하는 시험출제수당 등은 「소득세법」 제21조에 따른 기타소득에 해당하는 것임(법규소득2011-0313, 2011.8.9.).

- 법령 · 조례의 규정에 의하여 위촉받은 시험위원 등에게 지급하는 수당은 「소득세법 시행령」 제12조 제1호에 규정하는 실비변상적 성질의 급여로 비과세되는 것이나, 관련 법령 · 조례의 규정에 의하여 위촉받지 아니하고 각종 경시대회의 시험위원 등으로 종사하고 지급받는 수당은 기타소득으로 과세하는 것이며, 이 때 기타소득의 필요경비 계산은 「소득세법 시행령」 제87조 제2호 규정에 의해 지급받은 금액의 80%에 상당하는 금액을 필요경비로 하는 것임. 근로자가 시험위원 등으로 위촉되어 사내 직

원들을 위한 시험출제, 채점 등을 하고 지급받는 수당은 근로의 연장 또는 특별근무에 대한 대가로서 「소득세법」 제20조에 규정하는 근로소득에 해당하는 것임(서면인터넷방문상담1팀-445, 2005.4.27.).

- 외부유관기관의 인사를 고용관계 없이 일시 위촉하여 관련업무의 평가를 수행케 하고 동 위원들에게 지급하는 "평가수당"과 "교통비"는 「소득세법」 제21조 제1항 제17호의 사례금에 해당하는 기타소득으로 보아 「소득세법」 제145조에 따라 원천징수하는 것임(서일 46011-10659, 2003.5.26.; 법인 46013-3385, 1997.12.24.).
- 지방자치단체가 전문적 지식을 가진 작가 등을 고용관계 없이 독후감 감상문 발표대회 심사위원으로 위촉한 후 그 심사위원에게 일시적으로 지급하는 심사수당은 「소득세법」 제21조 제1항 제19호에 따른 기타소득에 해당하는 것이며, 그 기타소득의 필요경비는 같은 법 시행령 제87조 제1호에 따라 계산하는 것임(소득세과-1070, 2011.12.21).

1.3 인적 용역을 제공받는 경우 원천징수

비영리조직이 인적 용역을 제공받은 경우 고용관계 여부, 계속성 여부에 따라 근로소득, 사업소득, 기타소득으로 원천징수해야 한다.

- 거주자가 고용관계 없이 독립된 자격으로 특정회사에 계속적·반복적으로 경영자문용역을 제공하고 그 대가를 지급받는 경우에는 사업소득에 해당하는 것이고 일시적으로 경영자문용역을 제공하고 지급받는 대가는 기타소득에 해당하는 것으로 귀 질의의 경우 용역제공기간(3년) 동안 계속적으로 자문용역을 제공하는 경우라면 일시적인 용역제공이라고 볼 만한 특단의 사정이 없는 한 사업소득으로 구분하는 것이며, 업무수행을 위해 현지출장시 여비교통비·숙박비 등의 명목으로 지급받는 금액은 당해 인적 용역의 대가에 산입하여 사업소득으로 원천징수하는 것이며, 출장시 실질적으로 지출된 금액은 인적 용역 제공에 의한 사업소득의 필요경비에 산입하는 것임(서면인터넷방문상담1팀-474, 2007.4.12.).
- 거주자가 학교강사로 고용되어 지급받는 강사료 등은 그 지급방법이나 명칭여하를 불구하고 「소득세법」 제20조의 규정에 의하여 근로소득에 해당하는 것이며, 일시적으로 강의를 하고 지급받는 강사료 등은 같은 법 제21조의 규정에 의하여 기타소득

에 해당하며, 독립된 자격으로 계속적 · 반복적으로 강의를 하고 지급받는 강사료 등은 같은 법 제19조 제1항의 규정에 의하여 사업소득에 해당하는 것임. 이때, 고용관계가 있는지 여부의 판단은 근로제공자가 업무 내지 작업에 대한 거부를 할 수 있는지, 시간적 · 장소적인 제약을 받는지, 업무수행 과정에 있어서 구체적인 지시를 받는지, 복무규정의 준수의무 등을 종합적으로 판단할 사항임(소득 46011-21080, 2000. 8.14.).

• 거주자가 고용관계 없이 일의 성과에 따라 수당 기타 이와 유사한 성질의 대가를 받는 인적 용역을 일시적으로 제공하고 지급받는 대가는 「소득세법」 제21조 제19호 및 같은 법 시행령 제41조 제5항의 규정에 의하여 기타소득에 해당하며, 그 용역의 공급이 계속적, 반복적, 사업적인 경우에는 같은 법 제19조 제1항의 규정에 의하여 사업소득에 해당하는 것임(소득 46011-21433, 2000.12.19.).

1.4 기타소득 과세최저한의 실무적 적용

기타소득금액이 건별로 5만원 이하인 경우에는 소득세를 과세하지 아니한다(소법 §84). 또한 원천징수세액이 1천원 미만인 경우에는 소득세를 징수하지 아니한다. 따라서 기타소득에 해당하는 인적 용역의 경우 60% 필요경비가 인정되므로 건별로 125,000원 미만을 지급할 경우에는 과세최저한 규정을 적용할 수 있을 것이다.

• 「소득세법」 제21조의 기타소득에 해당하는 소득금액을 지급함에 있어서 「소득세법」 제84조 제3호에 규정하는 기타소득의 과세최저한은 당해 강의료 등을 지급하는 개별적인 사유별로 판단하는 것이므로, 귀 질의의 경우 동일한 일자에 한 강사가 수강생이 전혀 다른 두 번의 강의를 할 경우 각각의 강의를 1건으로 보아 과세최저한 적용여부를 판단하고, 동일과정에 대해 각기 다른 날짜에 강의를 하고 강의료를 한꺼번에 지급받거나 동일 과정을 하루 8시간씩 3일간 연속강의를 할 경우 동일 과정 전체에 대해 1건으로 보고 과세최저한 적용여부를 판단해야 하는 것이며, 과세최저한 이하의 금액을 지급하는 경우에는 「소득세법 시행규칙」 제97조의 규정에 의하여 지급조서 제출의무가 없는 것임(서면인터넷방문상담1팀-369, 2005.4.4.).

• 기타소득의 '과세최저한'은 소득금액의 발생근거 또는 지급사유별로 판단하는 것이므

로 형식적으로 2개 이상의 계약이 존재하는 경우라 하더라도 각각의 계약이 독립적으로 병존할 수 없는 것이어서 실질적으로 1개의 계약에 해당하는 경우에는 전체에 대해 1건으로 보고 과세최저한 적용여부를 판단하여야 함(서면1팀-1424, 2005.11.23.).

02 비영리조직의 지방세

2.1 지방세법상 비영리조직

「지방세법」상 비영리조직의 범위에 대하여 「지방세법 시행령」 제22조와 제43조 제1항에 각각 규정하고 있다. 동법 시행령 제22조의 경우 무상 취득하는 부동산의 경우 비영리사업자는 취득세 특례세율을 2.8% 적용한다는 것이고, 동법 시행령 제43조 제1항의 비영리법인의 법인등기에 대한 특례세율은 0.2%를 적용한다는 내용이다.

제22조【비영리사업자의 범위】 법 제11조 제1항 제2호 단서에서 "대통령령으로 정하는 비영리사업자"란 각각 다음 각 호의 어느 하나에 해당하는 자를 말한다.

1. 종교 및 제사를 목적으로 하는 단체
2. 「초 · 중등교육법」 및 「고등교육법」에 따른 학교, 「경제자유구역 및 제주국제자유도시의 외국교육기관 설립 · 운영에 관한 특별법」 또는 「기업도시개발 특별법」에 따른 외국교육기관을 경영하는 자 및 「평생교육법」에 따른 교육시설을 운영하는 평생교육단체
3. 「사회복지사업법」에 따라 설립된 사회복지법인
4. 「사회복지사업법」 제2조 제1호에 따른 사회복지사업(이하 이 조에서 "사회복지사업"이라 한다)을 목적으로 하는 법인 또는 단체
5. 「정당법」에 따라 설립된 정당

제43조【법인등기에 대한 세율】 ① 법 제28조 제1항 제6호 나목 1) 2) 외의 부분에 따른 비영리법인은 다음 각 호의 어느 하나에 해당하는 법인으로 한다.

1. 「민법」 제32조에 따라 설립된 법인
2. 「사립학교법」 제2조 제2항에 따른 학교법인
3. 그 밖의 특별법에 따라 설립된 법인으로서 「민법」 제32조에 규정된 목적과 유사한 목적을 가진 법인[주주(株主) · 사원 · 조합원 또는 출자자(出資者)에게 이익을 배당할 수 있는 법인은 제외한다]

2.2 지방세특례제한법상 비영리조직에 대한 조세지원내용

다음은 「지방세특례제한법」에서 규정하고 있는 비영리조직에 대한 「지방세법」상 조세지원 내용이다. 자세한 감면내용에 대하여 제4장에서 각 비영리조직 유형별로 설명하도록 하겠다. 다만, 고유업무에 직접 사용하지 않을 경우, 임대용 부동산, 수익사업용 부동산의 경우에는 감면을 배제하거나 감면한 지방세를 추징하며, 재산세를 과세하고 있다. 이 경우 "고유업무"란 법령에서 개별적으로 규정한 업무와 법인등기부에 목적사업으로 정하여진 업무를 말하고, "직접 사용"이란 부동산의 소유자가 해당 부동산을 사업 또는 업무의 목적이나 용도에 맞게 사용하는 것을 말한다.

제19조【어린이집 및 유치원에 대한 감면】
제19조의 2【아동복지시설에 대한 감면】
제20조【노인복지시설에 대한 감면】
제21조【청소년단체 등에 대한 감면】
제22조【사회복지법인 등에 대한 감면】
제22조의 4【사회적기업에 대한 감면】
제26조【노동조합에 대한 감면】
제30조【한국보훈의료공단에 대한 감면】
제37조【국립대학병원 등에 대한 감면】
제38조【의료법인 등에 대한 과세특례】
제38조의 2【지방의료원에 대한 감면】
제41조【학교 및 외국교육기관에 대한 면제】
제42조【기숙사 등에 대한 감면】
제43조【평생교육단체 등에 대한 면제】
제44조【평생교육시설 등에 대한 감면】
제44조의 2【박물관 등에 대한 감면】
제45조【학술연구단체 및 장학단체에 대한 감면】
제50조【종교단체 또는 향교에 대한 면제】
제52조【문화·예술 지원을 위한 과세특례】

비영리조직의 회계와 세무

제 4 장

비영리조직 유형별 회계와 세무실무

제1절 사회복지법인의 회계와 세무
제2절 사회복지시설의 회계와 세무
제3절 사회복지관의 회계와 세무
제4절 어린이집의 회계와 세무
제5절 장기요양기관의 회계와 세무
제6절 사학기관의 회계와 세무
제7절 의료기관의 회계와 세무
제8절 종교단체의 회계와 세무
제9절 기타 비영리조직의 회계 규정

제 1 절 사회복지법인의 회계와 세무

01 사회복지법인 일반

1.1 사회복지법인의 정의

"사회복지법인"이란 '사회복지사업'을 할 목적으로 설립된 법인을 말하고, "사회복지시설"이란 '사회복지사업'을 할 목적으로 설치된 시설을 말한다(사회복지사업법 §2 3호 · 4호). 여기서 말하는 '사회복지사업'이란 개별 법률(제3장 제3절 2.3 사회복지법인에서 개별 법률을 소개한 바 있음)에 따른 보호 · 선도(善導) 또는 복지에 관한 사업과 사회복지상담, 직업지원, 무료 숙박, 지역사회복지, 의료복지, 재가복지(在家福祉), 사회복지관 운영, 정신질환자 및 한센병력자의 사회복귀에 관한 사업 등 각종 복지사업과 이와 관련된 자원봉사활동 및 복지시설의 운영 또는 지원을 목적으로 하는 사업을 말한다(사회복지사업법 §2 1호).

「사회복지사업법」에 따른 사회복지사업은 원칙적으로 같은 법 제2조 제1호 각 목의 법률에 따른 복지사업과 이와 관련된 사업 등으로 한정한다(법제처 해석 15-0247, 2015.6. 23.).

1.2 사회복지법인의 권리능력

"사회복지법인"이란 '사회복지사업'을 할 목적으로 설립된 법인을 말하므로 수행할 수 있는 목적사업은 "사회복지사업"으로 한정되어 있다. 다만, 동 법 제28조의 규정에 따라 목적사업의 경비에 충당하기 위하여 필요할 때에는 법인의 설립 목적 수행에 지장이 없는 범위에서 수익사업을 할 수 있다. 이 경우 수익사업에서 생긴 수익을 법인 또는 법인이 설치한 사회복지시설의 운영 외의 목적에 사용할 수 없으며, 수익사업에 관한 회계는 법인의 다른 회계와 구분하여 회계처리하여야 한다.

02 사회복지법인의 설립 및 운영

2.1 사회복지법인의 성격과 종류

사회복지법인은 「사회복지사업법」이라는 특별법에 따라 설립한 법인으로 시 · 도지사의 허가를 받아 설립할 수 있다. 영리를 추구하지 않기 때문에 비영리법인에 해당하고, 공법보다는 사법에 의하여 영향을 많이 받는 사법인(私法人)[1]이다. 또한, 많은 경우 출연자의 출연재산으로 구성되어 있고, 설립 시 재산출연증서, 재산소유증명서류, 재산평가조서 등을 제출하도록 하고 있어 재단법인의 성격이 강하다.

사회복지법인의 설립과 운영에 관하여는 「사회복지사업법」 제16조부터 제31조의 규정에 따라야 하며, 동법에 규정되어 있지 않은 사항은 「민법」과 「공익법인의 설립 · 운영에 관한 법률」을 준용하여야 한다(사회복지사업법 §32).

사회복지법인은 다음과 같이 시설법인과 지원법인으로 구분할 수 있다.

시설법인	사회복지시설을 설치 · 운영할 목적으로 설립된 사회복지법인 ① 생활시설 ② 이용시설
지원법인	사회복지시설의 설치 · 운영을 목적으로 하지 않고 사회복지사업을 지원할 목적으로 설립된 사회복지법인

1) 공법인(公法人)과 사법인(私法人)의 구별의 실익은 ⅰ) 공법인에 관한 쟁송은 민사소송이 아니라 행정소송이고, ⅱ) 공법인은 그 구성원으로부터 각종의 부담을 징수하는데 「민사집행법」의 강제집행절차에 의하지 않고 세법상의 특수절차에 의하여 집행할 수 있고, ⅲ) 공법인 「민법」상의 불법행위책임을 지지 않고, 「국가배상법」에 의한 손해배상책임을 부담하며, 「형법」상 ⅳ) 공법인의 기관이나 피용자에 대하여 직무에 관한 죄가 성립하고, ⅴ) 공법인의 문서위조는 사문서위조가 아니라 공문서위조가 된다는 점 등에 있다(곽윤직 외1, 민법총칙, 박영사, 2016, p.159).

2.2 사회복지법인의 설립

사회복지법인의 설립은 허가주의에 따른다. 따라서 법인설립의 허가 여부는 행정관청의 정책적 판단에 따라 자유재량에 의한다.

법인 설립의 경우 "허가주의와 달리 인가주의에서는, 법률이 정하고 있는 요건을 갖추고 있으면 인가권자는 반드시 이를 인가해야만 한다. 인가의 요건이 충족되어 있는데도 인가하지 않는 경우에는, 법원의 사법적 심사의 대상이 된다. 따라서 허가주의에 의한 법인 설립의 자유는 크게 제한된다."[2)]

사회복지법인의 설립은 ① 재산출연 ② 정관작성 ③ 주무관청의 허가 ④ 설립등기의 순서로 구분할 수 있다.

1) 재산출연

법인의 설립자는 재산을 출연하여 법인의 실체를 형성해야 한다. 법인의 재산은 다음과 같이 기본재산과 보통재산으로 구분하여 관리한다. 특히 기본재산은 정관 기재사항이기 때문에 그 목록과 가액(價額)을 유지 · 관리해야 한다. 목적사업용 기본재산은 사회복지시설 등을 설치하는데 사용되는 재산이며, 수익사업용 기본재산은 목적사업을 수행하기 위하여 필요경비를 충당하고자 수익을 목적으로 하는 재산을 말한다.

구분	내용	용도
기본재산	• 부동산 • 정관에서 정한 재산 • 이사회의 결의에 의해 편입된 재산	• 목적사업용 기본재산 • 수익사업용 기본재산
보통재산	기본재산 이외에 재산으로 법인의 운영에 소요되는 재산	

출연행위는 상대방이 없는 단독행위인데, 물권의 변동은 부동산인 경우 등기로 효력이 발생하고, 동산의 경우에는 인도로 효력이 발생하는 것이 일반적이지만, 법인 설립시 출연재산의 귀속시기를 「민법」에서는 따로 정하고 있다. 즉, 생전처분으로 법인을 설립하는 때에는 출연재산은 법인이 성립된 때로부터 법인의 재산이 되며, 유언(遺言)으로 법인을 설립할 때, 출연재산은 유언의 효력이 발생한 때로부터 법인에 귀속한 것(민법 §48)으로 규정하여 그 귀속시기를 앞당겼다.

---

2) 곽윤직 외1, 민법총칙, 박영사, 2016, p.170

2) 정관작성

사회복지법인은 재단법인의 성격이 강하기 때문에 사원자격에 대한 규정이나 법인의 존립 시기와 해산사유가 필요적 기재사항은 아니다. 다만, 만약 존립시기와 해산 사유를 정한 경우에는 그 시기와 사유 및 남은 재산의 처리방법을 정하여 정관에 기재하도록 하고 있다. 설립자는 재산을 출연하고 다음의 필요적 기재사항을 기재한 정관을 작성하여 기명날인하여야 한다(사회복지사업법 §17).

1. 목적
2. 명칭
3. 주된 사무소의 소재지
4. 사업의 종류
5. 자산 및 회계에 관한 사항
6. 임원의 임면(任免) 등에 관한 사항
7. 회의에 관한 사항
8. 수익(收益)을 목적으로 하는 사업이 있는 경우 그에 관한 사항
9. 정관의 변경에 관한 사항
10. 존립시기와 해산 사유를 정한 경우에는 그 시기와 사유 및 남은 재산의 처리방법
11. 공고 및 공고방법에 관한 사항

3) 주무관청의 허가

사회복지법인 설립의 주무관청은 보건복지부이나 「행정권한의 위임 및 위탁에 관한 규정」에 의해 당해 법인의 주된 사무소를 관할하는 시 · 도지사의 허가를 받아야 한다. 따라서 사회복지법인의 설립허가를 받으려는 자는 법인설립허가신청서에 다음의 서류를 첨부하여 사회복지법인의 주된 사무소의 소재지를 관할하는 시장 · 군수 · 구청장을 거쳐 시 · 도지사에게 제출(전자문서에 의한 제출 포함)하여야 한다.

1. 설립취지서
2. 정관
3. 재산출연증서
4. 재산의 소유를 증명할 수 있는 서류
5. 재산의 평가조서

6. 재산의 수익조서(수익용 기본재산을 갖춘 경우에 한하며, 공인된 감정평가기관의 수익증명 또는 수익을 증명할 수 있는 기관의 증빙서류를 첨부)
7. 임원의 취임승낙서 및 이력서
8. 이사 추천서
9. 특수 관계 부존재 각서
10. 설립 해당 연도 및 다음 연도의 사업계획서 및 예산서

4) 설립등기

사회복지법인 설립에 관하여 주무관청의 설립 허가가 있는 때에는 허가일로부터 3주 내에 주된 사무소의 소재지(등기소)에서 설립등기를 한 후, 기본재산을 등기 및 인도한 후 7일 이내에 시 · 도지사에게 그 사실을 보고해야 한다.

5) 설립허가의 취소

설립허가를 한 시 · 도지사는 법인이 다음 각 호의 어느 하나에 해당할 때에는 기간을 정하여 시정명령을 하거나 설립허가를 취소할 수 있다. 다만, 제1호 또는 제7호에 해당할 때에는 설립허가를 취소하여야 한다(사회복지사업법 §26).

1. 거짓이나 그 밖의 부정한 방법으로 설립허가를 받았을 때
2. 설립허가 조건을 위반하였을 때
3. 목적 달성이 불가능하게 되었을 때
4. 목적사업 외의 사업을 하였을 때
5. 정당한 사유 없이 설립허가를 받은 날부터 6개월 이내에 목적사업을 시작하지 아니하거나 1년 이상 사업실적이 없을 때
6. 법인이 운영하는 시설에서 반복적 또는 집단적 성폭력범죄가 발생한 때
7. 법인 설립 후 기본재산을 출연하지 아니한 때
8. 임원정수(이사 7명 이상과 감사 2명 이상을)를 위반한 때
9. 외부추천이사 선임규정을 위반하여 이사를 선임한 때
10. 시 · 도지사의 임원 해임명령을 이행하지 아니한 때
11. 그 밖에 이 법 또는 이 법에 따른 명령이나 정관을 위반하였을 때

2.3 사회복지법인의 운영

1) 사회복지법인의 기관 구성

사회복지법인은 재단법인이기 때문에 사원총회가 없다. 따라서 의사결정기관은 이사회이고, 집행기관이자 법인의 대표권은 이사에게 있는데 대표이사를 포함하여 7명 이상을 두어야 한다. 감사는 2명 이상 두어야 하는데 이사의 업무집행을 감독할 권한을 가지나 그 이름과 주소는 등기사항이 아니다. 한편, 임원의 임면에 관하여 지체 없이 시 · 도지사에게 신고하여야 한다.

(1) 이사의 선임

이사 정수의 3분의 1(소수점 이하는 버림) 이상을 외부추천이사로 선임해야 한다. 또한 출연자와 그 친족 등과 특별한 이해관계에 있는 사람이 이사 현원의 5분의 1을 초과할 수 없다(같은 취지의 상증법 §48 ⑧). 또한, 「민법」상 제한능력자와 법원의 판결에 따라 자격이 상실되거나 정지된 사람 또는 금고 이상의 실형 등을 선고받고 3년이 지나지 않은 사람 등은 임원이 될 수 없다. 이사의 임기는 3년이고 연임이 가능하다. 이사는 법인이 설치한 사회복지시설의 장(시설장이라고도 함)을 제외한 그 시설의 직원을 겸할 수 없다.

(2) 이사회

사회복지법인의 이사회는 예산, 결산, 차입금 및 재산의 취득 · 처분과 관리에 관한 사항, 정관의 변경에 관한 사항, 법인의 합병 · 해산에 관한 사항, 임원의 임면에 관한 사항, 수익사업에 관한 사항, 기타 법령이나 정관에 의하여 그 권한에 속하는 사항 등을 결의한다(공설법 §7).

이사회의 소집은 원칙적으로 이사장이 필요하다고 인정한 때 직권으로 소집하고, 예외적으로 이사장이 궐위되거나 이를 기피함으로써 7일 이상 이사회의 소집이 불가능한 때에는 재적이사 과반수의 찬동으로 시 · 도지사의 승인을 받아 이를 소집할 수 있다(공설법 §8).

의결정족수는 정관에 특별한 규정이 없는 한 재적이사 과반수의 찬성으로 의결하며, 서면결의나 대리인을 선임하여 표결권을 행사하여 결의할 수 없다(공설법 §9).

이사회 소집통지와 관련하여 특정 이사에게 적법한 소집통지를 하지 아니하여 그 이사가 출석하지 아니한 채 개최되었다면 그 결의는 무효이다(대법원 1994.9.23. 선고 94다35084

판결). 또한, 소집통지 시 '회의의 목적사항'을 명시하도록 정하고 있음에도 일부 이사가 참석하지 않은 상태에서 소집통지서에 회의의 목적사항으로 명시한 바 없는 안건에 관하여 이사회가 결의하였다면 그 결의는 무효이다(대법원 2005.5.18. 선고 2004마916 판결).

이사회 회의록은 개의, 회의 중지 및 산회 일시, 안건, 의사, 출석한 임원의 성명, 표결수, 그 밖에 대표이사가 작성할 필요가 있다고 인정하는 사항을 기재하여야 하며, 이를 출석임원 전원이 날인해야 하고, 회의일부터 10일 이내에 게시하여 게시일로부터 3개월간 공개하여야 한다(사회복지사업법 §25).

(3) 감사의 선임

감사는 법인의 재산이나 업무집행상태의 적정 여부를 조사 · 감독하는 기관으로 필수기관이며, 감사의 정수는 2인 이상이어야 하며 그 임기는 2년으로 연임할 수 있다(사회복지사업법 §18).

감사는 이사와 특별한 관계에 있는 사람이 아니어야 하며, 감사 중 1명은 법률 또는 회계에 관한 지식이 있는 사람 중에서 선임하여야 한다. 다만, 직전 3회계연도의 세입결산서에 따른 세입(기본재산 및 출연금 제외)의 평균이 30억원 이상인 사회복지법인은 시 · 도지사의 추천을 받아 「주식회사 등의 외부감사에 관한 법률」 제2조 제7호에 따른 감사인에 속한 사람(전문가 감사)을 감사로 선임하여야 한다. 감사는 법인의 이사, 법인이 설치한 사회복지시설의 장 또는 그 직원을 겸할 수 없다.

감사의 직무는 법인의 업무와 재산상황을 감사한 결과 불법 또는 부당한 점이 있음을 발견한 때 이를 이사회에 보고하여야 하고, 필요한 때에는 이사회의 소집을 요구할 수 있다. 또한, 법인의 직무와 재산상황을 감사한 결과 불법 또는 부당한 점이 있음을 발견한 때에는 지체 없이 시 · 도지사에 이를 보고하여야 하고, 이사가 법인의 목적범위외의 행위를 하거나 기타 이 법 또는 이 법에 의한 명령이나 정관에 위반하는 행위를 하여 법인에게 현저한 손해를 발생하게 할 우려가 있는 때에는 그 이사에 대하여 직무행위를 유지(留止)할 것을 법원에 청구할 수 있다(공설법 §10).

❙ 이사와 감사 선임 시 특별한 관계에 있는 자의 범위(사회복지사업법 시행령 §9) ❙

1. 출연자
2. 출연자 또는 이사와의 관계가 다음 각 목의 어느 하나에 해당하는 사람
   가. 6촌 이내의 혈족

나. 4촌 이내의 인척

다. 배우자(사실상 혼인관계에 있는 사람을 포함한다)

라. 친생자(親生子)로서 다른 사람에게 친양자(親養子)로 입양된 사람 및 그 배우자와 직계비속

3. 출연자 또는 이사의 사용인 그 밖에 고용관계에 있는 자(출연자 또는 이사가 출자에 의하여 사실상 지배하고 있는 법인의 사용인 그 밖에 고용관계에 있는 자를 포함한다)
4. 출연자 또는 이사의 금전 그 밖의 재산에 의하여 생계를 유지하는 자 및 그와 생계를 함께 하는 자
5. 출연자 또는 이사가 재산을 출연한 다른 법인의 이사

☞ 상기 제3호에서 "출자에 의하여 사실상 지배하고 있는 법인"이라 함은 법인이 다음 각호의 1에 해당하는 것을 말한다.

1. 법인의 발행주식총액 또는 출자총액의 100분의 30 이상을 출자자 1인과 그와 제1항 제2호 · 제4호 및 사용인 그 밖에 고용관계에 있는 자(이하 이 항에서 "지배주주"라 한다)가 소유하고 있는 경우
2. 법인의 발행주식총액 또는 출자총액의 100분의 50 이상을 제1호의 법인과 그의 지배주주가 소유하고 있는 경우
3. 법인의 발행주식총액 또는 출자총액의 100분의 50 이상을 제1호의 법인과 그의 지배주주 및 제2호의 법인이 소유하고 있는 경우

2) 정관변경 및 기본재산의 처분 등

사회복지법인의 정관 기재사항 중 공고 및 공고방법에 관한 사항을 제외한 다른 기재사항을 변경하려는 경우에는 시 · 도지사의 인가를 받아야 한다.

또한, 기본재산의 매도, 증여, 교환, 임대, 담보제공 또는 용도를 변경하고자 할 때에는 반드시 시 · 도지사의 처분허가를 받아야 하고, 처분허가 내용에 따라 기본재산을 처분하고, 처분이 완료되면 즉시 정관을 변경하고 인가를 받아야 한다. 단, 기본재산에 관한 임대계약을 기존 계약조건과 동일한 조건으로 갱신하는 경우는 기본재산 처분허가 사유에 해당하지 않는다. 여기서 "기존 계약조건과 동일한 조건으로 갱신하는 경우"란 다른 조건의 변동없이 단순히 임대계약의 기간을 갱신하는 경우를 말하는 것으로 종전의 임차인이 아닌 다른 임차인에게 다시 임대하는 경우 또는 임대료 또는 임대기간을 종전 임대계약과는 다르게 정하여 종전의 임차인에게 다시 임대하는 경우 등은 기본재산 처분허가가 필요한 갱신 계약에 해당한다.

사회복지법인이 매수 · 기부채납(寄附採納), 후원 등의 방법으로 재산을 취득하였을 때에는 지체없이 이를 법인의 재산으로 편입 조치하고, 그 취득사유 · 취득재산의 종류 · 수량 및 가액을 매년 시 · 도지사에게 보고하여야 한다. 재산의 취득으로 정관 변경을 요하는

경우에는 지체없이 정관을 변경하고 인가를 받아야 한다.

사회복지법인의 농지소유 가능여부에 대하여 「농지법」에 따라 농업경영을 하는 자만 농지를 소유할 수 있으나, 사회복지시설을 설치하고 운영하는 그 목적사업을 수행하기 위하여 필요한 실습지 등으로 농지를 취득하려는 경우 소관 중앙행정기관의 장(소관 사무에 관한 권한을 위임받은 자를 포함)의 추천을 거쳐 농지소재지를 관할하는 시 · 도지사의 농지취득 인정을 받는 경우에 취득이 가능하다(농지법 §6 ② 2호). 다만, 사회복지시설을 설치하지 아니한 사회복지법인으로서 사회복지시설을 설치한 자로부터 그 사회복지시설을 위탁받아 운영하는 사회복지법인은 「농지법」에 따라 농지를 소유할 수 있는 사회복지법인에 해당하지 않는다.

사회복지법인이 기본재산에 관하여 장기차입하고자 하는 금액을 포함한 장기차입금의 총액이 기본재산 총액에서 차입당시의 부채총액을 공제한 금액의 100분의 5에 상당하는 금액 이상일 경우에는 시 · 도지사의 허가를 받아야 한다.

참고 판례

- 대법원 2002.6.28. 선고 2000다20090 판결

사회복지사업법 제32조에 의하여 사회복지법인에 관하여 준용되는 공익법인의설립 · 운영에관한법률 제1조, 제6조, 제7조, 그 밖에 위 각 법의 여러 규정을 아울러 살펴보면, 공익법인의 설립 · 운영에관한법률 제7조에서 공익법인의 재산의 처분에 관한 사항 등을 이사회에서 심의 결정한다고 한 것은 공익법인의 특수성을 고려하여 그 재산의 원활한 관리 및 유지 보호와 재정의 적정을 기함으로써 공익법인의 건전한 발달을 도모하고 공익법인으로 하여금 그 본래의 목적사업에 충실하게 하려는 데 그 목적이 있다 할 것이므로, 사회복지법인의 대표자가 이사회의 의결 없이 사회복지법인의 재산을 처분한 경우에 그 처분행위는 효력이 없다.

- 대법원 2007.6.18. 자2005마1193 결정

사회복지사업법 제23조 제3항 제1호의 규정에 의하면 사회복지법인이 기본재산을 매도하기 위하여는 보건복지부장관의 허가를 받아야 하고, 이는 경매절차에 의한 매각의 경우에도 마찬가지인바, 사회복지법인의 기본재산에 대하여 실시된 부동산경매절차에서 최고가매수신고인이 그 부동산 취득에 관하여 보건복지부장관의 허가를 얻지 못하였다면 민사집행법 제121조 제2호에 정한 '최고가매수신고인이 부동산을 매수할 자격이 없는 때'에 해당하므로 경매법원은 그에 대한 매각을 불허하여야 한다. 그리고 이는 사회복지법인이 보건복지부장관의 허가를 받아 토지 및 건물에 대하여 공동근저당권을 설정하였다가 건물을 철거하고 새 건물을 신축하여, 민법 제365조의 '저당지상 건물에 대한 일괄경매청구권'에 기하여 위 신축건물에 대한 경매가 진행된 경우라도 마찬가지이므로, 위 신축건물의 매각에 관하여 별도로 보건복지부장관의 허가가 없다면 최고가매수신고인에 대한 매각은 허가될 수 없다.

3) 사회복지법인의 지도 · 감독 등

보건복지부장관이나 사회복지법인의 주된 사무소의 소재지 관할 시 · 도지사 또는 시장 · 군수 · 구청장은 사회복지법인 및 시설의 운영 전반에 대한 지도 · 감독과 보조금에 대한 회계감사를 할 수 있으며, 필요한 경우 그 업무에 관하여 보고 또는 관계 서류의 제출을 명하거나, 소속 공무원은 사회복지법인의 사무소 또는 시설에 출입하여 검사 또는 질문을 할 수 있는데, 보통 다음과 같은 주기로 감사 및 지도감독이 이루어지고 있다.[3)]

종 류	대 상	주 기
정기 지도점검	법인	최소 매3년마다 1회
	시설	연 1회 이상
수시 지도점검	시설	필요시
특별 지도감독	법인/시설	진정, 투서, 언론보도, 비리발생, 인권침해 등 주무관청이 지도 · 감독 필요성이 있다고 판단한 경우

03 사회복지법인의 회계

3.1 사회복지법인의 회계제도

사회복지법인의 재산과 회계는 「사회복지법인 및 사회복지시설 재무 · 회계 규칙」(이하 "재무회계규칙"이라 함)에 따르도록 「사회복지사업법」 제23조 제4항에 규정하고 있다. 따라서 사회복지법인의 재무 및 회계 처리에 관하여 다른 법령에 특별한 규정이 있는 경우를 제외하고는 이 규칙이 정하는 바에 따라야 한다.

재무회계규칙은 1988.2.8. 처음 제정된 이후 그동안 22차례에 걸친 개정을 통해 최근 2023.1.1.부터 시행하는 보건복지부령 제928호에 이르렀으며 그 주요 구성은 다음과 같다.

3) 보건복지부, 사회복지법인 관리안내, 2021

장	조문	주요 내용
제1장 총칙	§1~§6의 2	회계의 구분, 회계연도 및 귀속, 출납기한
제2장 예산과 결산	제1절 예산 §7~§18	예산편성 및 결정 절차 · 첨부서류 · 전용 · 이월
	제2절 결산 §19~§20	결산보고절차 및 첨부서류
제3장 회계	제1절 총칙 §21~§24	회계처리방법 및 장부의 종류
	제2절 수입 §25~27	수입금 수납절차
	제3절 지출 §28~§30	지출방법
	제4절 계약 §30의 2~§31	계약방법
제4장 물품	§38~§41	물품관리 및 재물조사
제4장의 2 후원금관리	§41의 2~§41의 7	후원금의 수납 및 사용방법 및 결과 보고 및 공개
제5장 감사	§42~§42의 2	감사에 관한 사항
제6장 보칙	§43~§44	사무의 인수 · 인계방법 등

3.2 사회복지법인 재무회계규칙의 주요 내용

1) 회계의 구분 및 방법

사회복지법인의 회계의 구분과 각 구분회계 단위별 기장방법은 다음과 같다.

회계의 구분	내용	기장방법
법인회계	법인 업무 전반에 관한 회계	단식/복식부기
시설회계	법인이 설치 · 운영하는 사회복지시설에 관한 회계	단식부기
수익사업회계	법인이 수행하는 수익사업에 관한 회계	단식/복식부기

「법인세법」에서는 비영리법인의 수익사업 중 사업소득과 채권매매익에 대한 부분은 이중기록 방식의 정규 복식부기에 의해 기장하도록 강제(법법 §112)하고 있고, 또한 「상속세 및 증여세법」에서는 공익법인 등은 출연받은 재산의 보유 및 운용상태와 수익사업의 수입 및 지출내용의 변동을 이중으로 기록하는 복식부기 방식으로 하도록 하고 있다(상증령 §44). 따라서 법인회계와 수익사업회계는 복식부기에 의한 방법으로 장부를 기장해야 할 것으로 사료된다.

2) 회계연도 및 기간귀속

사회복지법인 및 시설의 회계연도는 정부의 회계연도에 따라 매년 1월 1일부터 12월 31일로 한다.

수입 및 지출의 발생과 자산 및 부채의 증감 · 변동에 관하여는 그 '원인이 되는 사실'이 발생한 날을 기준으로 하여 연도 소속을 구분한다. 다만, 그 사실이 발생한 날을 정할 수 없는 경우에는 그 사실을 '확인한 날을 기준'으로 하여 연도 소속을 구분한다.

'원인이 되는 사실'이란 원인행위를 말하는데, 주로 지출결정(지출관련 품의 또는 지출결의서 작성)이나, 계약관련 품의가 이미 이루어진 건의 계약체결을 가리킨다. '확인한 날을 기준'이란 원인행위가 발생한 날을 확정시키기 곤란한 경우에는, 대금지급의 원인이 되는 행위를 최초로 인식한 날이 속하는 회계연도에 인식하는 것을 말한다.[4)]

법인 및 시설의 세입 · 세출의 출납은 회계연도가 끝나는 12월 31일까지 완결하도록 하고 있어 종전의 출납폐쇄기한을 2월 말까지 하던 것을 회계연도 말까지로 앞당기게 되었다.

3) 사회복지법인의 예산회계

사회복지법인의 회계는 예산회계를 근간으로 하고 있다. 따라서 모든 수입을 세입으로, 모든 지출을 세출로 정의하고, 세출예산은 정한 목적 외에 이를 사용하지 못하도록 하고 있다. 한편 세입과 세출은 예산총계주의 원칙에 따라 모두 예산에 계상하도록 하고 있어 순액으로 표시하거나 상계하여 표시하지 않도록 하고 있다.

예산편성은 대표이사가 법인 소재지를 관할하는 시장 · 군수 · 구청장이 정한 예산편성 지침에 따라 예산을 편성하고 이사회의 의결에 따라 확정되면, 이 확정한 예산을 매 회계연도 개시 5일 전까지 관할 시장 · 군수 · 구청장에게 다음의 서류를 제출하여야 한다.

<table>
<tr><th>단식부기</th><th>복식부기</th></tr>
<tr><td colspan="2">① 예산총칙
② 세입 · 세출명세서
③ 임 · 직원보수일람표
④ 당해 예산을 의결한 이사회 회의록 또는 해당 예산을 보고받은 시설운영위원회 회의록 사본</td></tr>
<tr><td>–</td><td>⑤ 추정재무상태표
⑥ 추정수지계산서</td></tr>
</table>

---

4) 서울시복지재단, 사회복지 전문 인력 역량강화 회계교육자료, 2014

(1) 추가경정예산

법인의 대표이사는 예산이 성립한 후에 생긴 사유로 인하여 이미 성립된 예산에 변경을 가할 필요가 있을 때에는 추가경정예산을 편성하고 이사회 결의를 거쳐 확정한 다음 확정된 날로부터 7일 이내에 이를 시장 · 군수 · 구청장에게 제출하여야 한다.

(2) 준예산

회계연도 개시 전까지 법인 및 시설의 예산이 성립되지 아니한 때에는 법인의 대표이사 및 시설의 장은 시장 · 군수 · 구청장에게 그 사유를 보고하고 예산이 성립될 때까지 임직원의 보수, 법인운영의 필수적인 경비 또는 법령상 지급의무가 있는 경비는 전년도 예산에 준하여 집행할 수 있도록 하고 있다.

(3) 예산의 전용

법인의 대표이사 및 시설의 장은 예산총칙에서 전용을 제한하고 있거나 이사회 및 시설 예산심의과정에서 삭감한 관 · 항 · 목을 제외하고는 관 · 항 · 목 간의 예산을 전용할 수 있다. 다만, 관 간 전용 또는 동일 관 내의 항 간 전용을 하려면 이사회의 의결 또는 시설운영위원회에의 보고를 거쳐야 하되, 법인이 설치 · 운영하는 시설인 경우에는 시설운영위원회에 보고한 후 법인 이사회의 의결을 거쳐야 한다. 예산전용 후 관할 시장 · 군수 · 구청장에게 결산보고서를 제출할 때에 과목 전용조서를 첨부하여야 한다.

4) 사회복지법인의 결산 및 재무제표

사회복지법인의 대표이사는 법인회계와 시설회계의 세입 · 세출 결산보고서를 작성하여 각각 이사회의 의결 및 시설운영위원회에의 보고를 거친 후 다음 연도 3월 31일까지 시장 · 군수 · 구청장에게 제출하여야 하고, 법인 및 시설의 게시판과 인터넷 홈페이지에 20일 이상 공고하여야 한다. 이때 사회복지법인의 결산보고서에 첨부되는 재무제표 및 그 부속명세서는 다음과 같다.

구분	단식부기	복식부기
재무제표	세입 · 세출결산서	세입 · 세출결산서 재무상태표, 수지계산서
부속명세서	과목 전용조서, 예비비 사용조서, 기본재산수입명세서, 사업수입명세서 정부보조금명세서, 후원금수입 및 사용결과보고서, 후원금 전용계좌의 입출금내역, 인건비명세서, 사업비명세서, 그 밖의 비용명세서(인건비 및 사업비를 제외한 비용을 말한다), 감사보고서	
	–	재무상태표의 각 계정별 명세서 (현금 및 예금, 유가증권, 미수금, 재고자산, 그 밖의 유동자산, 고정자산, 부채, 각종 충당금 등)
수익사업회계	법인세신고서(수익사업이 있는 경우만 해당)	

5) 사회복지법인의 장부 및 물품관리

재무회계규칙에서는 장부를 다음과 같이 두도록 하고 있으나, 이는 단식부기에 의한 장부만을 열거하고 있으며 복식부기에 의한 분개장(또는 전표)이 누락되어 있고, 그 보존 연한에 대하여 규정하고 있지 않다. 다만, 「국세기본법」, 「법인세법」, 「부가가치세법」은 5년간 장부와 증빙을 보관하도록 하고(국기법 §85조의 3, 법법 §112, 부법 §71), 상속세 및 증여세법에서는 10년간 보존(상증법 §51)하도록 하고 있다.

구분	단식부기	복식부기
장부의 종류	① 현금출납부 ② 총계정원장 ③ 총계정원장보조부(임의) ④ 재산대장 ⑤ 비품관리대장	
	–	분개장(또는 전표)

재산대장에 기록할 재산은 토지, 건물, 유가증권, 무형고정자산, 기계 · 기구류, 기채(부채)상황을 말하며, 비품관리대장에 기록할 비품은 품질 및 형상이 변하지 않고 내용연수가 1년 이상 계속적으로 사용할 수 있는 취득단가 10만원 이상 물품을 말하는 것으로, 그 성질이 사용함으로써 소모되거나 파손되기 쉬운 물품과 공작물 기타의 구성부분이 되는 것으로써 내용연수가 1년 미만이거나 취득단가 10만원 미만인 물품인 소모품과 구별되는

것을 말한다.

한편, 물품은 현금 및 유가증권을 제외한 동산을 말하는데, 연 1회 정기적으로 재물조사를 실시하도록 하고, 필요하다고 인정하는 때에는 정기재물조사 외에 수시 재물조사를 실시하도록 하고 있다. 재물조사의 목적은 주로 불용품(사용이 불가능하거나 수리하여 다시 사용할수 없게 된 물품을 말함)을 파악하여 이를 매각하고 매각대금을 세입에 편입시키는 데 있다 하겠다.

6) 사회복지법인의 계약의 원칙

재무회계규칙에서 계약에 관한 사항을 규정하고 있으며, 「지방자치단체를 당사자로 하는 계약에 관한 법률」(이하 "지방계약법"이라 함), 같은 법 시행령 및 같은 법 시행규칙을 준용하도록 규정하고 있다.

이에 따라 동 법률규정에서 위임된 사항을 정한 「지방자치단체 입찰 및 계약 집행기준」에서 규정하고 있는 수의계약(隨意契約) 운영요령에서 정한 유형별 구분은 다음과 같다.

<table>
<tr><th rowspan="2">구분</th><th rowspan="2">유형</th><th colspan="4">주 요 내 용</th><th rowspan="2">견 적 서
제출방법</th></tr>
<tr><th>종합공사</th><th>전문공사</th><th>전기 등
그 밖의 공사</th><th>용역 · 물품
기타</th></tr>
<tr><td>2인 이상 견적 제출</td><td>금액 기준</td><td>추정가격 4억원 이하</td><td>추정가격 2억원 이하</td><td>추정가격 1억6천만원 이하</td><td>추정가격 1억원 이하</td><td>• 지정정보처리장치에 의한 계약
• 예외 : 동 기준 제6절 참조</td></tr>
<tr><td rowspan="3">1인 견적 제출 가능</td><td>금액 기준</td><td colspan="4">추정가격 2천만원 이하(5천만원 이하 : ① 여성기업 ② 장애인기업 ③ 사회적기업 ④ 사회적협동조합 ⑤ 자활기업 ⑥ 마을기업)
※③~⑥의 경우 취약계층 고용비율 30% 이상인 경우만 해당</td><td rowspan="3">지정정보처리 장치에 의하지 않고 수의계약 가능</td></tr>
<tr><td>하자 곤란 등</td><td colspan="4">• 하자구분 곤란, 혼잡, 마감공사 및 특허공법 등에 따른 수의계약(지방계약법 시행령 §25 ① 4호 가목 · 나목 · 다목 · 마목)</td></tr>
<tr><td>천재 지변 등</td><td colspan="4">• 천재지변, 작전상의 병력이동, 긴급한 행사 등 입찰에 부칠 여유가 없는 경우 등(지방계약법 시행령 §25 ① 1호~3호, 4호 라목 · 바목~하목, 6호~8호)
• 계약을 해제 · 해지한 경우(지방계약법 시행령 §27)
• 재공고입찰 결과 입찰이 성립하지 아니하거나 낙찰자가 없는 경우(지방계약법 시행령 §26 ①)</td></tr>
</table>

구분	유형	주 요 내 용				견 적 서 제출방법
		종합공사	전문공사	전기 등 그 밖의 공사	용역 · 물품 기타	
1인 견적 제출 가능	천재 지변 등	• 지방계약법 시행령 §95 ① 4호에 따른 대안입찰, 같은 항 제5호에 따른 일괄입찰 또는 §127 제2호 · 제3호에 따른 기술제안입찰로 발주되었으나 재공고입찰 결과 입찰자가 1인뿐인 경우 • 지정정보처리장치를 이용하여 견적서를 제출받았으나 견적서 제출자가 1인뿐인 경우로서 다시 견적서를 제출받더라도 견적서 제출자가 1인뿐일 것으로 명백히 예상되는 경우(지방계약법 시행령 §30 ① 3호)				지정정보처리장치에 의하지 않고 수의계약 가능

지정정보처리장치는 행정안전부장관이 지정 · 고시한 국가종합조달시스템(www.g2b.go.kr), 교육기관전자조달시스템(www.s2b.kr), 단체급식식재료 전자조달시스템(www.eat.co.kr), 전자자산처분시스템(www.onbid.co.kr)을 말한다.

계약담당자는 금액 기준으로 2인 이상 견적서 제출 대상 이상의 계약을 하고자 할 때에는 입찰에 의한 방법으로 계약자를 선정해야 한다. 즉, 종합공사의 경우 예정가격이 2억원을 초과할 경우, 용역 · 물품의 구매 예정가액이 5천만원을 초과할 경우에는 입찰의 방법에 의하여야 한다.

금액기준에 따라 2인 이상 견적서 제출 대상 수의계약의 경우에는 예정가격 이하로서 예정가격 대비 견적가격을 공사는 87.745%, 용역 · 물품은 88%(추정가격 2천만원 이하인 용역 · 물품은 90%) 이상으로 제출한 자(다만, 「출판문화산업 진흥법」 제22조에 해당하는 간행물을 구매하는 경우에는 예정가격 대비 견적가격을 90% 이상으로 제출한 자) 중 최저가격을 제출한 자부터 순서대로 배제사유에 해당하지 아니한 자를 계약상대자로 결정한다.

금액기준에 따른 1인 견적서 제출 가능한 수의계약의 경우에는 당해 1인으로부터 제출된 견적가격이 거래실례가격, 통계작성 승인을 받은 기관이 조사 · 공표한 가격, 감정가격, 유사거래 실례가격 등과 비교 검토하여 가장 경제적인 가격으로 최종 계약금액을 결정한다. 다만, 배재사유가 있는 자와 수의계약을 체결해서는 아니된다.

▮ 수의계약 배제사유 ▮

① 견적서 제출 마감일 현재 부도 · 파산 · 해산 · 영업정지 등이 확정된 경우
② 입찰참가자격 제한기간 중에 있는 자(법 제31조 제5항에 해당되는 경우 예외)

③ 견적서 제출 마감일을 기준으로 법 제31조 또는 다른 법령에 따라 부실이행, 담합행위, 입찰·계약 서류의 허위·위조 제출, 입찰·낙찰·계약이행 관련 뇌물 제공으로 부정당업자 제재처분을 받고 그 종료일로부터 6개월이 지나지 아니한 자(지방계약법 §31 ⑤에 해당되는 경우 예외)

④ 공사 또는 기술용역의 경우 기술자 보유현황이 관련법령에 따른 업종등록 기준에 미달하는 자

※ 기술자보유현황의 심사는 「낙찰자결정기준」 제2장 시설공사 적격심사 세부기준 〈별지 2〉의 그밖에 해당공사 수행능력상 결격여부, 제3장 기술용역 적격심사 세부기준 〈별표〉의 기술인력 평가방법을 준용한다. 이때 '입찰공고일'은 '안내공고일'로 '적격심사서류 제출마감일'은 '견적서 제출마감일'로 본다.

⑤ 견적서 제출 마감일 기준 최근 3개월 이내에 해당 지방자치단체의 입찰·계약 및 그 이행과 관련하여 10일 이상 지연배상금 부과, 정당한 이행명령 거부, 불법하도급, 5회 이상 하자보수 또는 물의를 일으키는 등 신용이 떨어져 계약 체결이 곤란하다고 판단되는 자

⑥ 견적서 제출 마감일 기준 최근 3개월 이내에 해당 지방자치단체와의 계약 및 그 이행과 관련하여 정당한 이유 없이 계약에 응하지 아니하거나 포기서를 제출한 사실이 있는 자

※ 정당한 이유 없이 계약을 체결하지 아니하는 경우는 법 제31조에 따른 입찰참가자격 제한에는 해당되지 아니하나 수의계약 배제사유에 해당됨.

⑦ 수의계약 체결일 현재 지방계약법 제33조에 해당하는 다음의 자

1. 지방자치단체의 장 또는 지방의회의원의 배우자인 사업자(법인은 대표자)
2. 지방자치단체의 장 또는 지방의회의원(배우자 포함)의 직계 존·비속인 사업자
3. 지방자치단체의 장 또는 지방의회의원이 자본금 총액의 50%이상을 소유한 자
4. 지방자치단체의 장 또는 지방의회의원 가족(배우자, 직계존·비속)의 합산금액이 자본금 총액의 50% 이상을 소유한 사업자
5. 지방자치단체의 장 또는 지방의회의원 소유업체의 계열회사 등

⑧ 발주기관이 제한한 자격요건 등을 충족하지 아니한 자

⑨ 그밖에 계약담당자가 계약이행능력이 없다고 판단되는 명백한 증거가 있는 자

⑩ 재난복구공사(용역)의 경우 결격여부 심사일 현재 계약금액 5천만원 이상 해당업종 관급공사 또는 계약금액 2천만원 이상 관급용역이 3건 이상인 자
(단, 제3절의 "1"에 따른 2인 이상 견적서 제출 수의계약에 한한다)

7) 사회복지법인의 후원금 관리

사회복지법인은 후원금에 대하여 그 수입·지출 내용과 관리에 명확성과 투명성이 확보될 수 있도록 다음 사항을 준수해야 하며, 만약, 이를 이행하지 않을 경우 300만원 이하의 과태료가 부과된다.

사회복지법인은 법인세법에 따른 '일반기부금단체'에 해당하며, 같은 법에 따라 의무이행 여부 등을 사업연도 종료일부터 4개월 이내에 국세청(관할 세무서)에 보고하여야 한다. 한편, 사회복지법인이 후원금을 모집할 경우에는 「사회복지법인 및 사회복지시설 재무·

회계 규칙」과 별개로 「기부금품의 모집 및 사용에 관한 법률」상 기부금품의 모집절차 및 사용방법 등에 관한 규정을 준수해야 한다.

구분		내용
전용계좌 개설		법인과 시설별로 각각 구분하여 전용계좌 개설
영수증	발급	소득세법 시행규칙 제101조 제20호의 2 또는 법인세법 시행규칙 제82조 제7항 제3호의 3에서 정한 양식. 후원자가 원할 경우를 제외하고는 영수증 발급을 생략할 수 있음
	발급목록	후원금영수증발급대장 작성 및 비치
수입 및 사용내역	통보	연1회 이상 후원자에게 개별 통보 또는 정기간행물이나 홍보지 등을 이용한 일괄통보 가능
	보고	시장 · 군수 · 구청장에게 결산보고서를 제출할 때
	공고	법인 · 시설의 게시판과 인터넷 홈페이지에 3개월간 공개
용도 외 사용금지		비지정 후원금 간접비 사용비율 50% 초과 금지

8) 사회복지법인의 세입 예산과목 구분

과목						내역
관		항		목		
01	재산수입	11	기본재산수입	111	임대료수입	부동산 임대수입
				112	배당 및 이자수입	소유주식배당수입, 예금이자수입
				113	재산매각수입	부동산매각수입
				114	기타수입	불용재산매각 등 그 밖의 재산수입
02	사업수입	21	사업수입	211	ㅇㅇ사업수입	법인의 자체사업으로 얻어지는 수입 ※ 법인의 수익사업은 수익사업회계로 처리
03	과년도수입	31	과년도수입	311	과년도수입	전년도에 세입조정된 수입으로서 금년도에 수입으로 확정된 것
04	보조금수입	41	보조금수입	411	국고보조금	국가로부터 받은 경상보조금 및 자본보조금
				412	시 · 도 보조금	시 · 도로부터 받은 경상보조금 및 자본보조금
				413	시 · 군 · 구 보조금	시 · 군 · 구로부터 받은 경상보조금 및 자본보조금

과목						내역
관		항		목		
04	보조금수입	41	보조금수입	414	기타 보조금	그 밖에 국가, 지방자치단체 및 사회복지사업 기금 등에서 공모사업 선정으로 받은 보조금
05	후원금수입	51	후원금수입	511	지정후원금	국내외 민간단체 및 개인으로부터 후원명목으로 받은 기부금 · 결연후원금 · 위문금 · 찬조금 중 후원목적이 지정된 수입
				512	비지정후원금	국내외 민간단체 및 개인으로부터 후원명목으로 받은 기부금 · 결연후원금 · 위문금 · 찬조금 중 후원목적이 지정되지 아니한 수입과 자선행사 등으로 얻어지는 수입
06	차입금	61	차입금	611	금융기관 차입금	금융기관으로부터의 차입금
				612	기타차입금	개인 · 단체 등으로부터의 차입금
07	전입금	71	전입금	711	다른 회계로부터의 전입금	수익사업회계 및 시설회계로부터의 전입금
08	이월금	81	이월금	811	전년도이월금	전년도 불용액으로서 이월된 금액
				812	전년도이월금(후원금)	전년도 후원금에 대한 불용액으로서 이월된 금액
				813	ㅇㅇ이월사업비	전년도에 종료되지 못한 ㅇㅇ 사업의 이월된 금액
09	잡수입	91	잡수입	911	불용품매각대	비품 · 집기 · 기계 · 기구 등과 그 밖의 불용품의 매각대
				912	기타예금이자수입	기본재산예금 외의 예금이자 수입
				913	기타잡수입	그밖의 재산매각수입, 변상금 및 위약금 수입 등과 다른 과목에 속하지 아니하는 수입

9) 사회복지법인의 세출 예산과목 구분

과목						내역
관		항		목		
01	사무비	11	인건비	111	급여	법인 임 · 직원에 대한 기본 봉급(기말 · 정근수당 포함)
				112	제수당	법인 임 · 직원에 대한 상여금 및 제수당(직종 · 직급별로 일정액을 지급하는 수당과 시간외근무수당 · 야간근무수당 · 휴일근무수당 등) 및 기타 수당
				113	일용잡급	일급 또는 단기간 채용하는 임시직에 대한 급여
				115	퇴직금 및 퇴직적립금	법인 임 · 직원퇴직급여제도에 따른 퇴직급여 및 퇴직적립금(충당금)
				116	사회보험 부담금	법인 임 · 직원의 사회보험(국민연금, 국민건강보험, 고용보험, 산업재해보상보험 등)부담금
				117	기타 후생경비	법인 임 · 직원의 건강진단비 · 기타 복리후생에 소요되는 비용
		12	업무추진비	121	기관운영비	기관운영 및 유관기관과의 업무협의 등에 소요되는 제경비
				122	직책보조비	법인 임 · 직원의 직책수행을 위하여 정기적으로 지급하는 경비
				123	회의비	법인의 이사회 · 후원회 등 각종 회의의 다과비등에 소요되는 제경비
		13	운영비	131	여비	법인 임 · 직원의 국내 · 외 출장여비
				132	수용비 및 수수료	사무용품비 · 인쇄비 · 집기구입비(물건의 성질상 장기간사용 또는 고정자산으로 취급되는 집기류는 212목에 계상) · 도서구입비 · 공고료 · 수수료 · 등기료 · 운송비 · 통행료 및 주차료 · 소규모 수선비 · 포장비등
				133	공공요금	우편료 · 전신전화료 · 전기료 · 상하수도료 · 가스료 및 오물수거료

과목						내역
관		항		목		
				134	제세공과금	법령에 의하여 지급하는 제세(법인세 · 자동차세등), 협회가입비, 화재 · 자동차보험료, 기타 보험료
				135	차량비	차량유류대 · 차량정비유지비 · 차량소모품비
				136	연료비	보일러 및 난방시설연료비
				137	기타운영비	그 밖에 운영경비로 위에 분류되지 아니한 경비
02	재산조성비	21	시설비	211	시설비	시설 신 · 증축비 및 부대경비, 기타 시설비
				212	자산취득비	법인운영에 필요한 비품구입비, 토지 · 건물 · 기타 자산의 취득비
				213	시설장비 유지비	건물 및 건축설비(구축물 · 기계장치) · 공구 · 기구 · 비품수선비(소규모수선비는 132목에 계상) 기타 시설물의 유지관리비
03	사업비	31	일반사업비	311 ⋮	○○사업비 ⋮	법인에서 시설운영외의 지원사업 등을 하는 경우의 사업비 예 : 학자금지원 · 저소득층지원 등 사업별로 목을 설정함
04	전출금	41	전출금	411	○○시설전출금 ⋮	법인이 유지 · 경영하는 시설에 대한 부담금을 시설별로 목을 설정함
				412	○○시설전출금(후원금)	법인이 유지 · 경영하는 시설에 대한 부담금(후원금)을 시설별로 목을 설정
05	과년도지출	51	과년도지출	511	과년도지출	과년도미지급금 및 과년도사업비의 지출
06	상환금	61	부채상환금	611	원금상환금	차입금원금상환금
				612	이자지급금	차입금이자지급금
07	잡지출	71	잡지출	711	잡지출	법인이 지출하는 보상금 · 사례금 · 소송경비 등
08	예비비 및 기타	81	예비비 및 기타	811	예비비	예비비
				812	반환금	정부보조금 반환금

04 사회복지법인의 세무

4.1 사회복지법인의 상속세 및 증여세 납세의무

「사회복지사업법」에 의하여 설립된 사회복지법인은 「상속세 및 증여세법」상 공익법인에 해당하며 출연받은 재산에 대하여 과세가액불산입되어 상속세나 증여세를 면제받을 수 있으나 동법에 의한 각종 의무사항을 지켜야 한다.

☞사회복지법인의 상속세 및 증여세 납세의무에 대한 일반적인 내용은 제3장 제3절을 참조하기 바란다.

1) 상속세 및 증여세가 과세되는 경우

「사회복지사업법」에 의하여 설립한 사회복지법인이 출연받은 현금으로 고용인이 거주할 아파트를 임차한 경우 당해 출연재산은 출연목적 외에 사용한 것으로 본다(재삼46014-702, 1995.3.21.). 또한, 사회복지법인이 출연받은 재산으로 특정 내국법인 발행주식의 100%를 매수하는 경우는 출연받은 자가 증여받은 것으로 보아 즉시 증여세를 부과한다(재삼46014-3010, 1994.11.24.).

2) 고유목적사업에 사용한 경우

사회복지법인이 출연받은 재산을 직접 공익목적사업에 사용하는 것이란 정관상 고유목적사업에 사용하는 것을 말하며, 직접 공익목적사업에 충당하기 위하여 수익용 또는 수익사업용으로 운용하는 경우를 포함하는바, 현금을 출연받아 금융기관에 예금하여 수입하는 이자(배당)소득으로 해당 공익법인의 정관상 고유목적사업의 수행에 직접 사용하는 경우에는 그 현금은 직접 공익목적사업에 사용한 것으로 본다(재산세과-429, 2012.11.30.). 또한, 사회복지법인의 잔여재산을 당해 공익법인 등과 동일하거나 유사한 공익법인 등에 귀속시킨 때에는 그 잔여재산에 대하여 증여세가 과세되지 아니하는 것이며, 그 잔여재산은 그 유사한 공익법인에의 새로운 출연재산이 된다(재산상속 46014-2156, 1999.12.27.).

4.2 사회복지법인의 법인세 납세의무

「사회복지사업법」에 의하여 설립된 사회복지법인은 법인세법상 비영리법인에 해당하며 「법인세법」 제4조 제3항과 같은 법 시행령 제3조에서 한정적으로 열거한 수익사업에서 소득이 발생할 경우에는 법인세 납세의무가 있다.

☞ 사회복지법인의 법인세 납세의무에 대한 일반적인 내용은 제3장 제4절을 참조하기 바란다.

1) 수익사업소득에 해당하는지 여부

「사회복지사업법」에 의한 사회복지사업을 영위하는 비영리 내국법인이 요양보호사교육기관을 운영하면서 수강생들에게 받는 수강료는 수익사업에서 생기는 소득에 해당하여 법인세가 과세된다(법인세과-406, 2009.4.8.). 또한, 비영리내국법인이 고정자산 처분일 현재 3년 이상 계속하여 법령 또는 정관에 규정된 고유목적사업(수익사업 제외)에 직접 사용하지 않는 경우에는 당해 고정자산의 처분으로 인하여 생기는 수입은 수익사업에 해당되어 법인세 과세대상이며, 매각 대상 임야가 비사업용 토지에 해당되는 경우에는 토지 등의 양도소득에 대하여는 추가로 법인세를 납부하여야 한다(법인세과-3108, 2008.10.27.).

반면, 「사회복지사업법」에 의하여 설립된 사회복지법인이 「노인복지법」 제32조 제1항 제3호에서 규정하는 유료양로시설을 설치하고 노인을 입소시켜 급식 기타 일상생활에 필요한 편의를 제공하고 이에 소요되는 비용을 입소자로부터 수납하는 경우에는 「법인세법 시행령」 제3조 제1항 제4호의 규정에 의하여 법인세가 과세되지 아니하는 것이나, 별도의 부대시설 등을 운영함으로 인하여 생기는 소득에 대하여는 법인세가 과세된다(서면인터넷방문상담2팀-931, 2004.5.3.).

한편, 사회복지법인이 영위하는 의료업이 「사회복지사업법」에 의한 사회복지사업에 해당하지 아니하는 경우 '비영리법인의 비수익사업'에 해당하지 아니하여 법인세가 과세된다(서면인터넷방문상담2팀-1651, 2004.8.9.). 또한, 사회복지법인이 운영하는 재활병원의 일반인에 대한 의료수입과 체육관시설을 일반인에게 이용하게 하고 받는 수입은 수익사업에서 발생한 소득에 해당하여 법인세 납세의무가 있다(법인46012-2403, 1997.9.12.).

2) 사회복지법인이 일반기부금 단체에 해당하는지 여부

「사회복지사업법」에 의해 설립된 사회복지법인에 「법인세법 시행령」 제39조 제3항에서 규정하는 고유목적사업비로 업무와 관련 없이 무상으로 지출한 기부금은 기부금특별공제 대상이나, 사회복지법인의 회비, 임원회비, 찬조금이 이에 해당하는지 여부는 사회복지법인의 정관, 구체적인 사업활동 등을 고려하여 판단할 사항이다(서면인터넷방문상담1팀-775, 2004.6.8.).

한편, 사회복지법인이 아닌 단체가 운영하는 아동복지시설은 일반기부금 단체에 해당되지 아니한다(서면인터넷방문상담2팀-751, 2006.5.4.). 여기서 「사회복지사업법」에 의한 사회복지법인에 해당 여부는 보건사회부장관으로부터 사회복지법인인가를 받아 설립되었는지 여부에 따라 판단한다(서면인터넷방문상담2팀-878, 2006.5.18.).

4.3 사회복지법인의 부가가치세 납세의무

「사회복지사업법」에 의하여 설립된 사회복지법인이 그 고유의 사업목적을 위하여 일시적으로 공급하거나 실비 또는 무상으로 공급하는 재화 또는 용역에 대하여는 부가가치세가 면세된다. 또한 주무관청의 허가 또는 인가를 받거나 주무관청에 등록되거나 신고된 비영리단체가 제공하는 교육용역에 대하여는 부가가치세가 면세된다.

☞ 사회복지법인의 부가가치세 납세의무에 대한 일반적인 내용은 제3장 제5절을 참조하기 바란다.

1) 부가가치세 면세 대상인지 여부

주무관청의 허가를 받아 설립된 사회복지법인이 장애인직업재활시설로 주무관청에 신고된 장애인보호사업장을 운영하면서 직업재활훈련프로그램의 일환으로 재화 또는 용역을 공급하고 그 대가를 실비로 받는 경우에는 부가가치세가 면제된다(법령해석과-2138, 2015.8.31.). 또한 사회복지법인이 노인전문병원에 간병용역을 제공하는 그 대가를 실비로 지급받는 경우에도 부가가치세가 면제된다(부가가치세과-125, 2014.2.17.).

사회복지법인 ㅇㅇ재활센타가 장애인의 복지를 위한 재활치료 등 그 고유의 사업목적을 위하여 사회복지시설인 수영장을 장애인과 일반인에게 이용하게 하고 실비 또는 무상으로 그 대가를 받는 경우에는 부가가치세가 면제된다. 다만, 이 경우 일반인으로부터 받는 대가가 실비인지의 여부는 당해 사회복지시설의 운영실태 등을 종합하여 판단하여야 한다(부가 46015-1786, 2000.7.26.).

2) 매입세액 공제 여부

주무관청에 등록된 종교 · 자선 · 학술 · 구호 기타 공익을 목적으로 하는 단체가 그 고유의 사업목적을 위하여 일시적으로 공급하거나 실비 또는 무상으로 공급하는 재화 및 용역은 부가가치세가 면제되는 것이며, 부가가치세가 면제되는 재화 또는 용역을 공급하는 사업에 관련된 매입세액은 매출세액에서 공제하지 아니한다(부가46015－2542, 1994.12.15.).

4.4 사회복지법인에 대한 지방세 감면

1) 취득세 감면

「사회복지사업법」에 의하여 설립된 사회복지법인이 해당사업에 직접 사용하기 위하여 취득하는 부동산에 대한 취득세를 2025.12.31.까지 면제(지방세 감면특례의 제한으로 85%까지만 면제됨)하고, 다음에 해당하는 경우에는 면제된 취득세를 추징한다(지특법 §22 ①).

① 부동산을 취득한 날부터 5년 이내에 수익사업에 사용하는 경우
② 정당한 사유 없이 부동산의 취득일부터 3년이 경과할 때까지 해당 용도로 직접 사용하지 아니하는 경우
③ 해당 용도로 직접 사용한 기간이 2년 미만인 상태에서 매각 · 증여하거나 다른 용도로 사용하는 경우

2) 재산세 및 지역자원시설세 감면

과세기준일 현재 해당 사회복지사업에 직접 사용하는 부동산(건축물의 부속토지 포함)에 대해서는 재산세(재산세 도시지역분 포함) 및 지역자원시설세를 각각 2025.12.31.까지 감면(지방세 감면특례의 제한으로 85%까지만 면제됨)한다. 다만, 수익사업에 사용하는 경우와 해당 재산이 유료로 사용되는 경우의 그 재산 및 해당 재산의 일부가 그 목적에 직접 사용되지 아니하는 경우의 그 일부 재산에 대해서는 감면하지 아니한다(지특 §22 ③).

3) 등록면허세 등 감면

설립등기 및 합병등기에 대한 등록면허세와 같은 법에 따른 사회복지시설을 경영하는 자에 대하여 해당 사회복지시설 사업장에 과세되는 주민세 사업소분을 각각 2025.12.31.까지 면제한다(지특 §22 ⑦).

사회복지법인 등이 그 사업에 직접 사용하기 위한 면허에 대해서는 등록면허세를, 사회복지법인 등에 대해서는 대한 주민세 사업소분 및 종업원분을 각각 2025.12.31.까지 면제한다(지특 §22 ⑤).

4) 사회복지법인이 의료기관을 경영하는 경우 감면

「사회복지사업법」에 따라 설립된 사회복지법인이 의료기관을 경영하기 위하여 취득하거나 사용하는 부동산에 대해서는 상기 1)부터 3)까지의 규정에도 불구하고 다음 각 호에 따라 취득세와 재산세를 각각 경감한다(지특 §22 ⑧).

1. 의료업에 직접 사용하기 위하여 취득하는 부동산에 대해서는 2024년 12월 31일까지 취득세의 100분의 50(감염병 전문병원의 경우 100분의 40)을 경감한다.
2. 과세기준일 현재 의료업에 직접 사용하는 부동산에 대해서는 2024년 12월 31일까지 재산세의 100분의 50(감염병 전문병원의 경우 100분의 60)을 경감한다.

제2절 사회복지시설의 회계와 세무

01 사회복지시설의 일반

1.1 사회복지시설의 정의

사회복지시설이란 「사회복지사업법」 제2조에 따른 "사회복지사업"을 행할 목적으로 설치된 시설을 의미한다.

☞사회복지사업의 의미에 대한 일반적인 사항은 제1절 참조

사회복지시설 여부는 시설운영자가 주관적으로 판단하는 것이 아니라 실질적으로 사회복지사업을 행하는지 여부에 따라 판단하므로 주무관청에 신고되어 있지 않은 다음의 미신고 시설(시설 운영자가 사회복지사업을 목적으로 하지 않는다고 주장하더라도 아래의 경우는 시설명칭, 운영주체에 상관없이 사회복지시설로 분류)도 사회복지시설의 범위에 포함시켜 관계 법령에 따라 시설 신고 · 인가대상이 되며 신고 · 인가 없이 운영할 경우 벌칙을 적용받는다.[5)]

- 「사회복지사업법」 제2조의 개별법상 요보호대상자 중 거주 또는 종교 등을 선택할 수 있는 의사능력이 없거나 부족한 자를 보호하는 경우(가족의 의뢰에 의한 경우에도 해당하며, 지적장애인, 정신장애인, 발달장애인, 뇌병변장애인, 치매노인, 자신의 의사를 표출할 수 없는 중증노인, 요보호아동 전체, 정신질환자 등이 대표적임)
- 시설이 주장하는 목적(종교활동 등)과 달리 사회복지 개별법상 요보호대상자가 본인 또는 가족의 보호요청에 의해 동 시설에서 거주하고 있는 경우
- 사회복지시설임을 외부에 표방하여 운영하는 경우

5) 보건복지부, 사회복지시설관리안내, 2023

1.2 사회복지시설의 종류

소관부처	관련법	시설종류	세부종류	
			생활시설	이용시설
보건복지부	노인복지법	노인복지시설	–노인주거복지시설 –노인의료복지시설 –학대피해노인전용쉼터	–재가노인복지시설 –노인여가복지시설 –노인보호전문기관 –노인일자리지원기관
	농어촌주민의 보건복지증진을 위한 특별법	복합노인복지시설	농어촌에 지역에 한해 「노인복지법」 제31조 노인복지시설을 종합적으로 배치한 복합노인복지시설을 설치 · 운영 가능	
	아동복지법	아동복지시설	–아동양육시설 –아동일시보호시설 –아동보호치료시설 –자립지원시설 –공동생활가정	–아동상담소 –아동전용시설 –지역아동센터 –아동보호전문기관 –가정위탁지원센터 –자립지원전담기관
	장애인복지법	장애인복지시설	–장애유형별 거주시설 –중증장애인 거주시설 –장애영유아 거주시설 –장애인단기 거주시설 –장애인공동생활가정 –피해장애인쉼터	–장애인지역사회재활시설 –장애인직업재활시설 –장애인의료재활시설 –장애인생산품판매시설
	영유아보육법	어린이집		–어린이집
	정신건강증진 및 정신질환자 복지서비스 지원에 관한 법률	정신보건시설	–정신요양시설 –정신재활시설 중 생활시설	–정신재활시설 중 이용시설
	노숙인 등의 복지 및 자립지원에 관한 법률	노숙인시설	–노숙인자활시설 –노숙인재활시설 –노숙인요양시설	–노숙인종합지원센터 –노숙인일시보호시설 –노숙인급식시설 –노숙인진료시설 –쪽방상담소
	사회복지사업법	사회복지관		–사회복지관
	국민기초생활 보장법	지역자활센터		–지역자활센터
	아동복지법	다함께돌봄센터		–다함께돌봄센터

<table>
<tr><th rowspan="2">소관 부처</th><th rowspan="2">관련법</th><th rowspan="2">시설종류</th><th colspan="2">세부종류</th></tr>
<tr><th>생활시설</th><th>이용시설</th></tr>
<tr><td>질병관리청</td><td>사회복지 사업법</td><td>결핵 · 한센시설</td><td>– 결핵 · 한센시설</td><td></td></tr>
<tr><td rowspan="7">여성가족부</td><td>성매매방지 및 피해자보호 등에 관한 법률</td><td>성매매피해 지원시설</td><td>– 일반지원시설
– 청소년지원시설
– 외국인여성지원시설
– 자립지원공동생활시설</td><td>– 자활지원센터
– 성매매피해상담소</td></tr>
<tr><td>성폭력방지 및 피해자 보호 등에 관한 법률</td><td>성폭력피해 보호시설</td><td>– 성폭력피해자보호시설</td><td>– 성폭력피해상담소</td></tr>
<tr><td>가정폭력방지 및 피해자 보호 등에 관한 법률</td><td>가정폭력 보호시설</td><td>– 가정폭력피해자 보호 시설</td><td>– 가정폭력상담소
– 긴급전화센터</td></tr>
<tr><td>한부모가족 지원법</td><td>한부모가족 복지시설</td><td>– 모자가족복지시설
– 부자가족복지시설
– 미혼모자가족복지시설
– 일시지원복지시설</td><td>– 한부모가족복지상담소</td></tr>
<tr><td>다문화가족 지원법</td><td>다문화가족 지원센터</td><td></td><td>– 다문화가족지원센터</td></tr>
<tr><td>건강가정기본법</td><td>건강가정지원센터</td><td></td><td>– 건강가정지원센터</td></tr>
<tr><td>청소년복지 지원법</td><td>청소년 복지시설</td><td>– 청소년쉼터
– 청소년자립지원관
– 청소년치료재활센터
– 청소년회복지원시설</td><td></td></tr>
</table>

한편, 「청소년활동 진흥법」에 따른 청소년수련시설(청소년수련관, 청소년수련원, 청소년문화의 집, 청소년특화시설, 청소년야영장 등)과 청소년이용시설, 「청소년 보호법」에 따른 청소년 보호 · 재활센터, 「학교 밖 청소년 지원에 관한 법률」에 따른 학교 밖 청소년 지원센터 사회복지시설에 해당하지 않는다. 또한, 「아동 · 청소년의 성보호에 관한 법률」에 따른 보호시설과 상담시설, 성매매 피해아동 · 청소년 지원센터 등도 사회복지시설의 범위에 포함되지 않는 것으로 보아야 한다.

1.3 사회복지시설의 설치신고

국가나 지방자치단체는 사회복지시설(이하 "시설"이라 함)을 설치 · 운영할 수 있다. 국가 또는 지방자치단체 외의 사회복지시설을 설치하고 운영하려는 자는 「사회복지사업법」 개정 전(법률 제5358호)에는 시장 · 군수 · 구청장의 허가를 받아 시설을 설치 · 운영할 수 있었으나 신고제로 전환되어, 다음의 어느 하나에 해당하는 결격사유가 없는 한 누구나 사회복지시설을 시장 · 군수 · 구청장에게 신고하여 설치 · 운영할 수 있다(사회복지사업법 §34 ②). 다만, 미신고 사회복지시설을 운영할 경우에는 1년 이하 징역 또는 1천만원 이하 벌금에 처한다(사회복지사업법 §54 3호).

1) 시설의 폐쇄명령을 받고 3년이 지나지 아니한 자(사회복지사업법 §40)

보건복지부장관, 시 · 도지사 또는 시장 · 군수 · 구청장은 시설이 다음 각 호의 어느 하나에 해당할 때에는 시설의 폐쇄를 명할 수 있다.

① 사회복지시설이 설치기준에 미달하게 되어 1차 개선명령, 2차 시설장 교체의 행정처분을 받았음에도 3년 이내에 같은 위반행위가 있을 경우

② 사회복지법인 또는 비영리법인이 설치 · 운영하는 시설의 경우 그 사회복지법인 또는 비영리법인의 설립허가가 취소된 때

③ 설치목적의 달성 기타의 사유로 계속하여 운영될 필요가 없다고 인정할 때

④ 시설 거주자에 대한 부당한 체벌, 폭행, 학대 등 인권침해가 발생하여 1차 개선명령, 2차 시설장 교체의 행정처분을 받았음에도 3년 이내 같은 위반행위가 있을 경우

⑤ 신고를 하지 아니하고 시설을 설치 · 운영하였을 때 1차 개선명령의 행정처분을 받았음에도 3년 이내 같은 위반행위가 있을 경우

⑥ 시설의 장에 의하여 시설 거주자 · 이용자에 대한 「형법」 제300조 또는 「성폭력범죄의 처벌 등에 관한 특례법」 제11조부터 제14조까지의 범죄가 발생하여 제1차 시설장 교체의 행정처분을 받은 후 5년 이내에 같은 위반행위가 있을 경우

⑦ 종사자에 의하여 시설 거주자 · 이용자에 대한 「형법」 제300조 또는 「성폭력범죄의 처벌 등에 관한 특례법」 제11조부터 제14조까지의 범죄가 발생하여 1차 개선명령, 2차 시설장교체의 행정처분을 받았음에도 5년 이내 같은 위반행위가 있을 경우

⑧ 시설의 장 또는 종사자에 의하여 시설 거주자 · 이용자에 대한 범죄(「성폭력범죄의 처벌

등에 관한 특례법」 제2조 제1항 제3호부터 제5호까지의 성폭력 범죄, 「아동 · 청소년의 성보호에 관한 법률」 제2조 제3호의 아동 · 청소년대상 성폭력 범죄, 「아동복지법」 제3조 제7호의 2의 아동학대 관련 범죄 및 「노인복지법」 제1조의 2 제5호의 노인학대 관련 범죄를 말함)가 발생한 경우로서 상기 ⑥ 및 ⑦에 해당하는 경우를 제외한 경우

⑨ 시설 거주자 · 이용자 간의 성폭력 범죄가 발생하여 1차 개선명령, 2차 시설장교체의 행정처분을 받았음에도 5년 이내 같은 위반행위가 있을 경우

⑩ 1년 이상 시설이 휴지상태에 있어 시장 · 군수 · 구청장이 재개를 권고하였음에도 불구하고 6개월 내 재개하지 아니한 경우

2) 다음 각 호에 해당하는 개인 또는 그 개인이 임원인 법인(사회복지사업법 §19 ① 1호, 1호의 2~1호의 8까지)

① 미성년자

② 피성년후견인 또는 피한정후견인

③ 파산선고를 받고 복권되지 아니한 사람

④ 법원의 판결에 따라 자격이 상실되거나 정지된 사람

⑤ 금고 이상의 실형을 선고받고 그 집행이 끝나거나(집행이 끝난 것으로 보는 경우 포함) 집행이 면제된 날부터 3년이 지나지 아니한 사람

⑥ 금고 이상의 형의 집행유예를 선고받고 그 유예기간 중에 있는 사람

⑦ 위의 '⑤' 및 '⑥'에도 불구하고 사회복지사업 또는 그 직무와 관련하여 「아동복지법」 제71조, 「보조금 관리에 관한 법률」 제40조부터 제42조까지, 「지방재정법」 제97조, 「영유아보육법」 제54조 제2항 제1호, 「장애아동 복지지원법」 제39조 제1항 제1호 또는 「형법」 제28장 · 제40장(제360조는 제외)의 죄를 범하거나 이 법을 위반하여 다음 각 목의 어느 하나에 해당하는 사람

가. 100만원 이상의 벌금형을 선고받고 그 형이 확정된 후 5년이 지나지 아니한 사람

나. 형의 집행유예를 선고받고 그 형이 확정된 후 7년이 지나지 아니한 사람

다. 징역형을 선고받고 그 집행이 끝나거나(집행이 끝난 것으로 보는 경우 포함) 집행이 면제된 날부터 7년이 지나지 아니한 사람

⑧ 위의 '⑤'부터 '⑦'까지의 규정에도 불구하고 「성폭력범죄의 처벌 등에 관한 특례법」 제2

조의 성폭력범죄(「성폭력범죄의 처벌 등에 관한 특례법」 제2조 제1항 제1호는 제외) 또는 「아동 · 청소년의 성보호에 관한 법률」 제2조 제2호의 아동 · 청소년대상 성범죄를 저지른 사람으로서 형 또는 치료감호를 선고받고 확정된 후 그 형 또는 치료감호의 전부 또는 일부의 집행이 끝나거나(집행이 끝난 것으로 보는 경우 포함) 집행이 유예 · 면제된 날부터 10년이 지나지 아니한 사람

1.4 사회복지시설의 고유번호증 또는 사업자등록증 발급

사회복지시설의 설치신고를 하면 「사회복지사업법」 및 기타 개별 법령에서 요구하는 신고 요건에 적합한지를 검토하여 시장 · 군수 · 구청장은 사회복지시설 신고증을 교부한다.

사회복지시설 신고필증을 교부받은 후 관할세무서에 고유번호증 또는 수익사업을 할 경우 사업자등록증을 발급받아야 하는데, 이 경우 법인이 운영하는 사회복지시설이라 하더라도 법인과는 별도로 고유번호증 등을 발급받아야 한다. 다만, 고유번호증 등의 대표자는 시설신고필증상의 경영법인(단체 또는 개인)명 란에 기재된 자를 대표자로 하여야 하며, 시설의 장을 대표자로 할 수 없다.

국가 또는 지방자치단체가 설치한 시설은 필요시 사회복지법인 또는 비영리법인에게 위탁운영하게 되는데 만약 민간위탁자가 변경될 경우에는 당해 시설의 고유번호증상 등록번호는 변경이 없으나 대표자와 법인등록번호, 법인 주소 등이 정정된다.

1.5 사회복지시설의 운영

1) 사회복지시설의 시설장 및 종사자

사회복지시설의 장을 시설장이라고 하며, 당해 사회복지시설의 업무를 집행하고 시설을 대표한다. 다만, 법인시설의 경우에는 법인의 대표이사가 명목상 시설의 대표권을 갖는다고 보아야 한다. 시설장은 「사회복지사업법」 및 개별 법령 등에 명시된 시설의 장의 결격사유에 해당되지 않아야 하고, 각 시설유형이 요구하는 자격기준을 갖추어야 하며, 상근의무가 있다.

종사자는 당해 시설에 근무하는 직원을 말하는데, 「사회복지사업법」 및 개별 법령 등에 명시된 종사자의 결격사유에 해당하지 않아야 하며, 유형별 시설에서 요구하는 자격요건

등을 갖추어야 한다.

2) 사회복지시설의 운영위원회

「사회복지사업법」에는 시설장으로 하여금 시설의 운영에 관한 다음의 사항에 대하여 운영위원회를 설치하여 심의하도록 하고 있다. '심의(審議)'는 사전적 의미로 심사(審査)하고 논의(論議)하다는 것이므로 운영위원회의 역할은 의결기관이 아닌 심의기관으로 보아야 한다. 따라서 운영위원회에서 의결한 사항에 대하여 시설장에게 법적 구속력이 있는 결정으로 보기 어렵지만, 배척할 만한 특별한 사유가 없는 한 운영위원회의 심의결과를 시설장은 존중하여야 한다.[6] 운영위원회는 정기회의(분기별 1회)와 수시회의를 개최하고 회의록을 작성하여 이를 시 · 군 · 구청장에게 보고하도록 하고 있다.

1. 시설운영계획의 수립 · 평가에 관한 사항
2. 사회복지 프로그램의 개발 · 평가에 관한 사항
3. 시설 종사자의 근무환경 개선에 관한 사항
4. 시설 거주자의 생활환경 개선 및 고충처리 등에 관한 사항
5. 시설 종사자와 거주자의 인권보호 및 권익증진에 관한 사항
6. 시설과 지역사회의 협력에 관한 사항
7. 그 밖에 시설의 장이 운영위원회의 회의에 부치는 사항

한편, 시설장은 운영위원회를 설치하고 동 운영위원회에 ① 시설의 회계 및 예산 · 결산에 관한 사항 ② 후원금 조성 및 집행에 관한 사항 ③ 그 밖에 시설운영과 관련된 사건 · 사고에 관한 사항을 보고하여야 한다(사회복지사업법 §36 ③).

운영위원회의 구성은 위원장 1인을 포함하여 5인 이상 15인 이하의 위원으로 구성하고, 다음에 해당하는 자 중에서 관할 시장 · 군수 · 구청장이 임명 또는 위촉한다. 위원장은 호선하고, 위원의 임기는 3년으로 하되 연임할 수 있다.

1. 시설의 장
2. 시설 거주자 대표
3. 시설 거주자의 보호자 대표
4. 시설 종사자의 대표
5. 해당 시 · 군 · 구 소속의 사회복지업무를 담당하는 공무원
6. 후원자 대표 또는 지역주민

6) 보건복지부, 사회복지시설관리안내, 2023

7. 공익단체에서 추천한 사람
8. 그 밖에 시설의 운영 또는 사회복지에 관하여 전문적인 지식과 경험이 풍부한 사람

3) 사회복지시설의 운영

사회복지시설의 장은 후원금품대장 등 다음의 서류를 시설에 비치해야 한다.

1. 법인의 정관(법인에 한한다)
2. 법인설립허가증사본(법인에 한한다)
3. 사회복지시설신고증
4. 시설거주자 및 퇴소자의 명부
5. 시설거주자 및 퇴소자의 상담기록부
6. 시설의 운영계획서 및 예산 · 결산서
7. 후원금품대장
8. 시설의 건축물관리대장
9. 시설의 장과 종사자의 명부

보조금을 지원받는 사회복지시설은 사회서비스정보시스템(희망이음)을 통해 보조사업에 대한 회계처리를 하고 있으며, 『사회복지법인 및 사회복지시설 재무 · 회계 규칙』에 따라 시설운영비의 지출은 지출사무를 관리하는 자(대표이사, 시설장) 및 그 위임을 받아 지출명령이 있는 것에 한하여 지출원이 행하는데, 통상 예금통장이나 보조금 전용카드로 집행하도록 하고 있다.

보건복지부장관, 시 · 도지사, 시장 · 군수 · 구청장은 행정처분의 요건(사회복지사업법 §40)에 해당할 경우 시설의 개선, 사업의 정지, 시설의 장의 교체를 명하거나, 시설의 폐쇄를 명할 수 있고, 「사회복지사업법」 제58조에 따른 과태료 처분을 할 수 있다.

이에 따라 회계부정이나 불법행위 또는 그 밖의 부당행위 등이 발견된 때에는 1차 개선명령, 2차 · 3차 이상은 시설장 교체의 행정처분이 이루어지며 시설폐쇄까지는 처분을 하지 않는다. 회계부정 등의 유형은 ① 국가나 지방자치단체의 보조금 또는 후원금을 사용용도 외의 용도로 사용한 때 ② 회계장부를 기재하지 아니하거나 허위로 기재한 때 ③ 기타 회계 및 시설운영과 관련한 부당행위가 발생된 때 ④ 사회복지법인의 대표자 · 임직원 또는 사회복지시설의 장 · 종사자가 법 제6조의 2 제2항에 따른 정보시스템을 통하여 처리되는 정보에 대하여 「사회보장급여의 이용 · 제공 및 수급권자 발굴에 관한 법률」 제

31조 또는 「개인정보 보호법」 제59조를 위반한 경우이다. 기타 시설의 개선, 사업의 정지, 시설의 장의 교체를 명하거나, 시설의 폐쇄를 명할 수 있는 행정처분 요건은 앞서 살펴본 시설 설치 결격요건의 시설 폐쇄명령을 받고 3년이 지나지 아니한 자와 같다.

02 사회복지시설의 재무회계

사회복지시설의 운영에 관한 회계(이하 "시설회계"라 함)는 「사회복지법인 및 사회복지시설 재무 · 회계 규칙」에 따른다.

☞「사회복지법인 및 사회복지시설 재무 · 회계 규칙」에 대한 일반적인 내용은 제4장 제1절을 참조하기 바란다.

2.1 시설회계의 방법

시설회계는 단식부기에 의한다. 단식부기의 문제점 등에 대한 보다 자세한 사항은 '제2장 제1절 3.4 비영리조직의 단식부기 문제점'을 참조하기 바란다.

2.2 시설회계의 예산과 결산

시설장은 예산을 편성하여 운영위원회에 보고를 거쳐 확정한다. 다만, 법인이 설치 · 운영하는 법인시설의 경우에는 시설운영위원회에 보고한 후 법인 이사회의 의결을 거쳐 예산을 확정한다. 확정한 예산은 매 회계연도 개시 5일 전까지 관할 시장 · 군수 · 구청장에게 제출한다.

시설회계의 결산은 세입 · 세출 결산보고서를 작성하여 시설운영위원회에의 보고를 거친 후 다음 연도 3월 31일까지 시장 · 군수 · 구청장에게 제출한다. 다만, 법인시설인 경우에는 시설운영위원회에 보고한 후 법인 이사회의 의결을 거쳐 제출하여야 한다. 시설장은 당해 시설의 게시판과 인터넷 홈페이지에 20일 이상 세입 · 세출결산서를 공고하여야 한다.

2.3 시설회계의 기타 부분

시설회계의 장부 및 물품관리, 계약에 관한 사항, 후원금관리에 관한 사항 등에 관한 규정은 사회복지법인에 대한 내용과 같다. 자세한 내용은 제4장 제1절을 참조하기 바란다.

2.4 시설회계의 세입예산과목

과목						내역
관		항		목		
01	입소자부담금수입	11	입소비용수입	111	ㅇㅇ비용수입	입소자로부터 받는 보호에 소요되는 비용수입을 종류별로 목을 설정
02	사업수입	21	사업수입	211	ㅇㅇ사업수입	시설운영으로 인하여 발생되는 사업수입을 종류별로 목을 설정 예 : 입소자가 제작한 물품판매 수입
03	과년도수입	31	과년도수입	311	과년도수입	전년도에 세입조정된 수입으로서 금년도에 수입으로 확정된 것
04	보조금수입	41	보조금수입	411	국고보조금	국가로부터 받은 경상보조금 및 자본보조금
				412	시 · 도 보조금	시 · 도로부터 받은 경상보조금 및 자본보조금
				413	시 · 군 · 구 보조금	시 · 군 · 구로부터 받은 경상보조금 및 자본보조금
				414	기타 보조금	그 밖에 국가, 지방자치단체 및 사회복지사업 기금등에서 공모사업 선정으로 받은 보조금
05	후원금수입	51	후원금수입	511	지정후원금	국내외 민간단체 및 개인으로부터 후원명목으로 받은 기부금 · 결연후원금 · 위문금 · 찬조금 중 후원목적이 지정된 수입
				512	비지정후원금	국내외 민간단체 및 개인으로부터 후원명목으로 받은 기부금 · 결연후원금 · 위문금 · 찬조금 중 후원목적이 지정되지 아니한 수입과 자선행사 등으로 얻어지는 수입

과목						내역
관		항		목		
06	요양 급여수입	61	요양 급여수입	611	장기요양 급여수입	노인장기요양보험급여 수입
07	차입금	71	차입금	711	금융기관 차입금	금융기관으로부터의 차입금
				712	기타차입금	개인 · 단체 등으로부터의 차입금
08	전입금	81	전입금	811	법인전입금	법인으로부터의 전입금(국가 및 지방자치단체의 보조금은 제외함)
				812	법인전입금 (후원금)	법인으로부터의 전입금(후원금)
09	이월금	91	이월금	911	전년도이월금	전년도 불용액으로서 이월된 금액
				912	전년도이월금 (후원금)	전년도에 후원금에 대한 불용액으로서 이월된 금액
				913	ㅇㅇ 이월 사업비	전년도에 종료되지 못한 ㅇㅇ 사업의 이월된 금액
10	잡수입	101	잡수입	1011	불용품매각대	비품 · 집기 · 기계 · 기구 등과 그 밖의 불용품의 매각대
				1012	기타예금이자 수입	기본재산예금 외의 예금이자 수입
				1013	기타잡수입	그 밖의 재산매각수입, 변상금 및 위약금수입 등과 다른 과목에 속하지 아니하는 수입

2.5 시설회계의 세출예산과목

과목						내역
관		항		목		
01	사무비	11	인건비	111	급여	시설직원에 대한 기본 봉급(기말 · 정근수당 포함)
				112	제수당	시설직원에 대한 상여금 및 제수당(직종 · 직급별로 일정액을 지급하는 수당과 시간외근무수당 · 야간근무수당 · 휴일근무수당 등) 및 기타 수당

과목						내역
관		항		목		
				113	일용잡급	일급 또는 단기간 채용하는 임시직에 대한 급여
				115	퇴직금 및 퇴직적립금	시설직원 퇴직급여제도에 따른 퇴직급여 및 퇴직적립금(충당금)
				116	사회보험 부담금	시설직원의 사회보험(국민연금, 국민건강보험, 고용보험, 산업재해보상보험 등)부담금
				117	기타후생경비	시설직원의 건강진단비 · 기타 복리후생에 소요되는 비용
		12	업무추진비	121	기관운영비	기관운영 및 유관기관과의 업무협의 등에 소요되는 제경비
				122	직책보조비	시설직원의 직책수행을 위하여 정기적으로 지급하는 경비
				123	회의비	후원회 등 각종 회의의 다과비등에 소요되는 제경비
		13	운영비	131	여비	시설직원의 국내 · 외 출장여비
				132	수용비 및 수수료	사무용품비 · 인쇄비 · 집기구입비(물건의 성질상 장기간사용 또는 고정자산으로 취급되는 집기류는 212목에 계상) · 도서구입비 · 공고료 · 수수료 · 등기료 · 운송비 · 통행료 및 주차료 · 소규모수선비 · 포장비등
				133	공공요금	우편료 · 전신전화료 · 전기료 · 상하수도료 · 가스료 및 오물수거료
				134	제세공과금	법령에 의하여 지급하는 제세(자동차세 등), 협회가입비, 화재 · 자동차보험료, 기타 보험료
				135	차량비	차량유류대 · 차량정비유지비 · 차량소모품비
				136	기타운영비	시설직원 상용피복비 · 급량비 등 운영경비로 위에 분류되지 아니한 경비
02	재산조성비	21	시설비	211	시설비	시설 신 · 증축비 및 부대경비, 그 밖에 시설비

과목						내역
관		항		목		
				212	자산취득비	시설운영에 필요한 비품구입비, 토지 · 건물 · 그 밖에 자산의 취득비
				213	시설장비유지비	건물 및 건축설비(구축물 · 기계장치), 공구 · 기구, 비품수선비(소규모수선비는 132목에 계상) 그 밖의 시설물의 유지관리비
03	사업비	31	운영비	311	생계비	주식비, 부식비, 특별부식비, 장유비, 월동용 김장비
				312	수용기관경비	입소자를 위한 수용비(치약 · 칫솔 · 수건구입비 등)
				313	피복비	입소자의 피복비
				314	의료비	입소자의 보건위생 및 시약대
				315	장의비	입소자중 사망자의 장의비
				316	직업재활비	입소자의 직업훈련재료비
				317	자활사업비	입소자의 자활을 위한 기자재 구입비
				318	특별급식비	입소자의 간식, 우유등 생계외의 급식제공을 위한 비용
				319	연료비	보일러 및 난방시설연료비, 취사에 필요한 연료비
		32	교육비	321	수업료	입소자중 학생에 대한 수업료
				322	학용품비	입소자중 학생에 대한 학용품비
				323	도서구입비	입소자중 학생에 대한 도서구입비, 부교재비
				324	교통비	입소자중 학생에 대한 대중교통비
				325	급식비	입소자중 학생에 대한 학교급식비
				326	학습지원비	입소자중 학생에 대한 사교육비(피아노교습, 사설학원 수강 등)
				327	수학여행비	입소자중 학생에 대한 수학여행비
				328	교복비	입소자중 학생에 대한 교복비
				329	이미용비	입소자중 학생에 대한 이, 미용비
				330	기타교육비	입소자중 학생에 대한 그 밖의 교육경비(학습재료 등)

과목						내역
관		항		목		
		33	ㅇㅇ사업비	331	의료재활 사업비	입소자(재활 · 물리 · 작업 · 언어 · 청능) 치료비, 수술비용, 의수족 등 장애인보조기기 제작수리비 또는 입소자를 위한 의료재활 프로그램비용
				332	사회심리 재활사업비	입소자를 위한 사회심리재활 프로그램 운영비
				333	교육재활 사업비	입소자를 위한 교육프로그램운영비
				334	직업재활 사업비	입소자를 위한 직업재활프로그램 운영비
				335 ⋮	ㅇㅇ사업비 ⋮	의료재활, 직업재활, 교육재활 등 전문 프로그램이 아닌 입소자를 위한 프로그램운영비(하계캠프, 방과 후 공부방 운영 등)
04	전출금	41	전출금	411	법인회계 전출금	법인회계로의 전출금(보건복지부장관이 정하는 경우만 해당함)
05	과년도지출	51	과년도지출	511	과년도지출	과년도미지급금 및 과년도사업비의 지출
06	부채상환금	61	부채상환금	611	원금상환금	차입금원금상환금
				612	이자지불금	차입금이자지급금
07	잡지출	71	잡지출	711	잡지출	시설이 지출하는 보상금 · 사례금 · 소송경비 등
08	예비비 및 기타	81	예비비 및 기타	811	예비비	예비비
				812	반환금	정부보조금 반환금

03 사회복지시설의 세무

3.1 사회복지시설의 상속세 및 증여세 납세의무

「사회복지사업법」에 의한 사회복지법인이 운영하는 사업의 경우에는 공익법인의 범위에 속한다. 따라서 법인시설은 「상속세 및 증여세법 시행령」 제12조에서 규정한 공익법인에 속한다. 다만, 미신고시설이나 「사회복지사업법」의 규정에 의해 설립된 사회복지법인이 운영하는 시설이 아닌 경우에는 상속세 및 증여세 납세의무가 발생하는 것으로 보아야 한다. 다만, 공익법인법의 적용을 받는 공익법인이 운영하는 경우에는 공익법인에 해당한다 할 수 있다. 또한 「민법」상 비영리법인 또는 사회적협동조합이 운영하는 경우에는 「법인세법 시행령」 제39조 제1항 제1호 바목의 각 요건을 모두 충족[7]하면 공익법인에 해당하므로 이 경우 상속세 및 증여세 납부의무는 없다.

☞ 사회복지시설의 기타 상속세 및 증여세 납세의무에 대하여 제3장 제3절을 참조하기 바란다.

3.2 사회복지시설의 법인세

법인으로 보는 법인격 없는 단체가 운영하는 사회복지시설의 경우에도 「법인세법」 상 비영리법인에 속한다. 따라서 「법인세법」 제4조 제3항과 같은 법 시행령 제3조에서 한정적으로 열거한 수익사업에서 소득이 발생할 경우에는 법인세 납세의무가 있다. 다만, 다음 각목의 어느 하나에 해당하는 사회복지시설에서 제공하는 사회복지사업은 법인세를 부과하는 사업소득의 범위에서 제외된다(법령 §3 ① 4호).

가. 「사회복지사업법」 제34조에 따른 사회복지시설 중 사회복지관, 부랑인 · 노숙인 시설 및 결핵 · 한센인 시설

나. 「국민기초생활보장법」 제15조의 2 제1항 및 제16조 제1항에 따른 중앙자활센터 및 지역자활센터

다. 「아동복지법」 제52조 제1항에 따른 아동복지시설

라. 「노인복지법」 제31조에 따른 노인복지시설(노인전문병원 제외)

마. 「노인장기요양보험법」 제2조 제4호에 따른 장기요양기관

---

7) 제1장 제2절 7.3 기획재정부장관이 지정하는 일반기부금단체 참조

바.「장애인복지법」 제58조 제1항에 따른 장애인복지시설

사.「한부모가족지원법」 제19조 제1항에 따른 한부모가족복지시설

아.「영유아보육법」 제10조에 따른 어린이집

자.「성매매방지 및 피해자보호 등에 관한 법률」 제6조 제2항 및 제10조 제2항에 따른 지원시설 및 성매매피해상담소

차.「정신건강증진 및 정신질환자 복지서비스 지원에 관한 법률」 제3조 제6호 및 제7호에 따른 정신요양시설 및 정신재활시설

카.「성폭력방지 및 피해자보호 등에 관한 법률」 제10조 제2항 및 제12조 제2항에 따른 성폭력피해상담소 및 성폭력피해자보호시설

타.「입양특례법」 제20조 제1항에 따른 입양기관

파.「가정폭력방지 및 피해자보호 등에 관한 법률」 제5조 제2항 및 제7조 제2항에 따른 가정폭력 관련 상담소 및 보호시설

하.「다문화가족지원법」 제12조 제1항에 따른 다문화가족지원센터

거.「건강가정기본법」 제35조 제1항에 따른 건강가정지원센터

☞ 사회복지시설의 기타 법인세 납세의무에 대하여 일반적인 내용은 제3장 제4절을 참조하기 바란다.

3.3 사회복지시설의 부가가치세

주무관청의 허가 또는 인가를 받거나 주무관청에 등록된 단체로서「상속세 및 증여세법 시행령」 제12조 각 호의 어느 하나에 따른 사업 또는 비영리법인의 사업으로서 종교, 자선, 학술, 구호, 사회복지, 교육, 문화, 예술 등 공익을 목적으로 하는 사업을 하는 단체가 그 고유의 사업목적을 위하여 일시적으로 공급하거나 실비(實費) 또는 무상으로 공급하는 재화 또는 용역에 대하여는 부가가치세가 면세된다(부령 §45 1호). 따라서 미신고 또는 미인가 시설은 부가가치세가 과세되는 것으로 보아야 한다. 즉, 주무관청의 허가 또는 인가를 받지 아니하거나 등록되지 아니한 단체가 제공하는 용역은 부가가치세가 과세된다(서면인터넷방문상담3팀 - 19, 2008.1.3.). 반면에 주무관청의 허가 · 신고된 장애인보호사업장을 운영하면서 직업재활훈련프로그램의 일환으로 재화 또는 용역을 공급하고 그 대가를 실비로 받는 경우에는 부가가치세가 면제되는 것이다(부가가치세과 - 1956, 2015.11.18.).

☞ 사회복지시설의 기타 부가가치세 납세의무에 대하여 일반적인 내용은 제3장 제5절을 참조하기 바란다.

3.4 사회복지시설의 지방세 특례

1) 아동복지시설 중 지역아동센터의 취득세와 재산세 감면

「아동복지법」 제52조 제1항 제8호에 따른 지역아동센터를 설치 · 운영하기 위하여 취득하는 부동산에 대해서는 취득세를, 과세기준일 현재 지역아동센터로 직접 사용하는 부동산에 대해서는 재산세(「지방세법」 제112조에 따른 부과액을 포함)를 각각 2023.12.31.까지 면제한다(지특법 §19의 2).

여기서 지역아동센터는 지역사회 아동의 보호 · 교육, 건전한 놀이와 오락의 제공, 보호자와 지역사회의 연계 등 아동의 건전육성을 위하여 종합적인 아동복지서비스를 제공하는 시설을 말한다. 아동복지시설의 종류는 지역아동센터 외에도 아동보육시설, 아동일시보호시설, 아동보호치료시설, 공동생활가정, 자립지원시설, 아동상담소, 아동전용시설, 아동보호전문기관, 가정위탁지원센터 등이 있는데 동 복지시설은 감면대상이 아니다.

2) 노인복지시설에 대한 취득세 감면

「노인복지법」 제31조에 따른 노인복지시설을 설치 · 운영하기 위하여 취득하는 부동산에 대해서는 다음 각 호에서 정하는 바에 따라 지방세를 2023.12.31.까지 감면한다(지특법 §20).

① 다음의 무료 노인복지시설에 사용하기 위하여 취득하는 부동산에 대해서는 취득세를 면제하고, 과세기준일 현재 노인복지시설에 직접 사용(종교단체의 경우 해당 부동산의 소유자가 아닌 그 대표자 또는 종교법인이 해당 부동산을 노인복지시설로 사용하는 경우 포함. 이하 같음)하는 부동산에 대해서는 재산세의 100분의 50을 경감한다. 다만, 노인의 여가선용을 위하여 과세기준일 현재 경로당으로 사용하는 부동산(부대시설 포함)에 대해서는 재산세(「지방세법」 제112조에 따른 부과액 포함) 및 같은 법 제146조 제3항에 따른 지역자원시설세를 각각 면제한다.

> 「노인복지법」 제31조에 따른 노인여가복지시설 · 노인보호전문기관 · 노인일자리지원기관 · 노인주거복지시설 · 노인의료복지시설 또는 재가노인복지시설로서 다음 중 어느 하나에 해당하는 시설을 말한다.
> 1. 입소자의 입소비용(이용비용 포함)을 국가 또는 지방자치단체가 전액 부담하는 시설

2. 노인복지시설 이용자 중 「노인장기요양보험법」에 따른 재가급여 또는 시설급여를 지급받는 사람과 「국민기초생활 보장법」 제7조 제1항 제1호부터 제3호까지의 규정에 따른 급여를 지급받는 사람이 연평균 입소 인원의 100분의 80 이상인 시설로서 행정안전부령으로 정하는 기준에 적합한 시설

② 위 '①' 외의 노인복지시설에 사용하기 위하여 취득하는 부동산에 대해서는 취득세의 100분의 25를 경감하고, 과세기준일 현재 제1호 외의 노인복지시설에 직접 사용하는 부동산에 대해서는 재산세의 100분의 25를 경감한다.

3) 사회복지시설을 설치 · 운영하는 법인 · 단체 대한 지방세 감면

(1) 취득세 감면

「사회복지사업법」에 따른 사회복지시설을 설치 · 운영하는 다음의 법인 또는 단체가 해당 사회복지사업에 직접 사용하기 위하여 취득하는 부동산에 대해서는 2025년 12월 31일까지 취득세의 100분의 25를 경감한다. 다만, 사회복지시설의 입소자 및 이용자가 입소 및 이용에 대한 비용을 부담하지 아니하는 사회복지시설의 경우에는 취득세를 면제한다(지특 §22 ① 2호).

① 「민법」 제32조에 따라 설립된 비영리법인
② 다음 각 목의 요건을 모두 갖춘 단체
가. 단체의 조직과 운영에 관한 일반 규정(規程)이 있을 것
나. 단체의 대표자나 관리인이 있을 것
다. 단체 자신의 명의와 계산으로 수익과 재산을 독립적으로 소유 · 관리하고 있을 것
라. 단체의 수익을 구성원에게 분배하지 않을 것

다만, 취득세를 감면받은 법인 또는 단체가 다음의 어느 하나에 해당하는 경우 그 해당 부분에 대해서는 감면된 취득세를 추징한다.

① 부동산을 취득한 날부터 5년 이내에 수익사업에 사용하는 경우
② 정당한 사유 없이 부동산의 취득일부터 3년이 경과할 때까지 해당 용도로 직접 사용하지 아니하는 경우
③ 해당 용도로 직접 사용한 기간이 2년 미만인 상태에서 부동산을 매각 · 증여하거나 다른 용도로 사용하는 경우

지방자치단체의 장은 취득세를 감면하는 경우 해당 지역의 재정 여건 등을 고려하여 100분의 50의 범위에서 조례로 정하는 율을 추가로 경감할 수 있다(지특 §22 ④).

(2) 재산세 감면

상기 (1)의 사회복지시설을 설치 · 운영하는 법인 또는 단체가 과세기준일 현재 해당 사회복지사업에 직접 사용(종교단체의 경우 해당 부동산의 소유자가 아닌 그 대표자 또는 종교법인이 해당 부동산을 사회복지사업의 용도로 사용하는 경우를 포함)하는 부동산(건축물의 부속토지를 포함)에 대해서는 재산세를 2025년 12월 31일까지 각각 100분의 25를 경감한다. 다만, 사회복지시설의 입소자 및 이용자가 입소 및 이용에 대한 비용을 부담하지 아니하는 사회복지시설의 경우에는 재산세의 100분의 50을 경감한다(지특 §22 ③ 2호).

지방자치단체의 장은 해당 지역의 재정 여건 등을 고려하여 100분의 50의 범위에서 조례로 정하는 율을 추가로 경감할 수 있다.

한편, 수익사업에 사용하는 경우와 해당 재산이 유료로 사용되는 경우의 그 재산 및 해당 재산의 일부가 그 목적에 직접 사용되지 아니하는 경우의 그 일부 재산에 대해서는 감면하지 아니한다.

(3) 등록면허세 등 감면

상기 (1)의 사회복지시설을 설치 · 운영하는 법인 또는 단체가 그 사회복지사업에 직접 사용하기 위한 면허에 대해서는 등록면허세를, 동 법인 또는 단체(「장애인활동 지원에 관한 법률」에 따른 활동지원기관을 설치 · 운영하는 법인 · 단체 중 대통령령으로 정하는 법인 · 단체를 포함한다)에 대해서는 주민세 사업소분(「지방세법」 제81조 제1항 제2호에 따라 부과되는 세액으로 한정한다. 이하 이 항에서 같다) 및 종업원분을 각각 2025년 12월 31일까지 면제한다. 다만, 수익사업에 관계되는 주민세 사업소분 및 종업원분은 면제하지 아니한다(지특 §22 ⑤).

제3절 사회복지관의 회계와 세무

01 사회복지관의 일반

1.1 사회복지관의 정의

사회복지시설 중 사회복지관이란 지역사회를 기반으로 일정한 시설과 전문인력을 갖추고 지역주민의 참여와 협력을 통하여 지역사회복지문제를 예방하고 해결하기 위하여 종합적인 복지서비스를 제공하는 시설을 말한다. 여기서 지역사회복지란 주민의 복지증진과 삶의 질 향상을 위하여 지역사회차원에서 전개하는 사회복지를 말한다.[8] 따라서 복지시설 중 사회복지관은 지역복지증진을 위한 사업을 실시하는 데 있어 지역사회의 특성과 지역주민의 복지욕구를 고려하여 모든 지역주민을 대상으로 사회복지서비스를 제공해야 하는데, 다만 다음 각 호의 지역주민을 대상으로 우선 제공하여야 한다(사회복지사업법 §43의 5).

1. 「국민기초생활 보장법」에 따른 수급자 및 차상위계층
2. 장애인, 노인, 한부모가족 및 다문화가족
3. 직업 및 취업 알선이 필요한 사람
4. 보호와 교육이 필요한 유아·아동 및 청소년
5. 그 밖에 사회복지관의 사회복지서비스를 우선 제공할 필요가 있다고 인정되는 사람

「주택법」 제2조 제14호 나목 및 「주택건설기준 등에 관한 규정」 제6조 제1항 제2호에 따른 "주민복리시설"이란 주택단지의 입주자 등의 생활복리를 위한 공동시설(놀이터, 경로당 등)에는 사회복지관(종합사회복지관 포함)을 포함한다. 주택단지에 세대당 전용면적이 50

8) 보건복지부, 사회복지관 운영관련 업무처리 안내, 2021

제곱미터 이하인 공동주택을 300세대 이상 건설하거나 당해 주택단지 총 세대수의 2분의 1 이상을 건설하는 경우에 한하여 사회복지관을 단지 안에 설치할 수 있으며, 2020년 현재 전국 475개소가 운영 중에 있다.

1.2 사회복지관이 수행하는 사업의 종류

사회복지관이 수행하는 사업의 내용은 다음과 같은데(사회복지사업법 시행규칙 §23의 2 ③) 복지관의 세출예산 과목 중 사업비로 설정할 수 있는 과목을 성격별 또는 유형별로 구분하는 기준이 된다.

기능	사업분야	사업 및 내용
사례관리 기능	사례발굴	지역 내 보호가 필요한 대상자 및 위기 개입대상자를 발굴하여 개입계획 수립
	사례개입	지역 내 보호가 필요한 대상자 및 위기 개입대상자의 문제와 욕구에 대한 맞춤형 서비스가 제공될 수 있도록 사례개입
	서비스 연계	사례개입에 필요한 지역 내 민간 및 공공의 가용자원과 서비스에 대한 정보 제공 및 연계, 의뢰
서비스 제공 기능	가족기능 강화	1. 가족관계증진사업 : 가족원간의 의사소통을 원활히 하고 각자의 역할을 수행함으로써 이상적인 가족관계를 유지함과 동시에 가족의 능력을 개발 · 강화하는 사업 2. 가족기능보완사업 : 사회구조 변화로 부족한 가족기능, 특히 부모의 역할을 보완하기 위하여 주로 아동 · 청소년을 대상으로 실시되는 사업 3. 가정문제해결 · 치료사업 : 문제가 발생한 가족에 대한 진단 · 치료 · 사회복귀 지원사업 4. 부양가족지원사업 : 보호대상 가족을 돌보는 가족원의 부양부담을 줄여주고 관련 정보를 공유하는 등 부양가족 대상 지원사업 5. 다문화가정, 북한이탈주민 등 지역 내 이용자 특성을 반영한 사업
	지역사회 보호	1. 급식서비스 : 지역사회에 거주하는 요보호 노인이나 결식아동 등을 위한 식사제공 서비스 2. 보건의료서비스 : 노인, 장애인, 저소득층 등 재가복지사업대상자들을 위한 보건 · 의료관련 서비스 3. 경제적지원 : 경제적으로 어려운 지역사회 주민들을 대상으로 생활에 필요한 현금 및 물품 등을 지원하는 사업 4. 일상생활 지원 : 독립적인 생활능력이 떨어지는 요보호 대상자들이 시설이 아닌 지역사회에 거주하기 위해서 필요한 기초적인일상생활 지원서비스

기능	사업분야	사업 및 내용
서비스 제공 기능		5. 정서서비스 : 지역사회에 거주하는 독거노인이나 소년소녀가장 등 부양가족이 없는 요보호 대상자들을 위한 비물질적인 지원 서비스 6. 일시보호서비스 : 독립적인 생활이 불가능한 노인이나 장애인 또는 일시적인 보호가 필요한 실직자 · 노숙자 등을 위한 보호서비스 7. 재가복지봉사서비스 : 가정에서 보호를 요하는 장애인, 노인, 소년 · 소녀가정, 한부모가족 등 가족기능이 취약한 저소득 소외계층과 국가유공자, 지역사회 내에서 재가복지봉사서비스를 원하는 사람에게 다양한 서비스 제공
	교육문화	1. 아동 · 청소년 사회교육 : 주거환경이 열악하여 가정에서 학습하기 곤란하거나 경제적 이유 등으로 학원 등 다른 기관의 활용이 어려운 아동 · 청소년에게 필요한 경우 학습 내용 등에 대하여 지도하거나 각종 기능 교육 2. 성인기능교실 : 기능습득을 목적으로 하는 성인사회교육사업 3. 노인 여가 · 문화 : 노인을 대상으로 제공되는 각종 사회교육 및 취미교실운영사업 4. 문화복지사업 : 일반주민을 위한 여가 · 오락프로그램, 문화 소외집단을 위한 문화프로그램, 그 밖에 각종 지역문화행사사업
	자활지원 등 기타	1. 직업기능훈련 : 저소득층의 자립능력배양과 가계소득에 기여할 수 있는 기능훈련을 실시하여 창업 또는 취업을 지원하는 사업 2. 취업알선 : 직업훈련 이수자 기타 취업희망자들을 대상으로 취업에 관한 정보제공 및 알선사업 3. 직업능력개발 : 근로의욕 및 동기가 낮은 주민의 취업욕구 증대와 재취업을 위한 심리 · 사회적인 지원프로그램 실시사업 4. 그 밖의 특화사업
지역 조직화 기능	복지 네트워크 구축	지역 내 복지기관 · 시설들과 네트워크를 구축함으로써 복지서비스 공급의 효율성을 제고하고, 사회복지관이 지역복지의 중심으로서의 역할을 강화하는 사업 －지역사회연계사업, 지역욕구조사, 실습지도
	주민 조직화	주민이 지역사회 문제에 스스로 참여하고 공동체 의식을 갖도록 주민 조직의 육성을 지원하고, 이러한 주민협력강화에 필요한 주민의식을 높이기 위한 교육을 실시하는 사업 －주민복지증진사업, 주민조직화 사업, 주민교육
	자원 개발 및 관리	지역주민의 다양한 욕구 충족 및 문제해결을 위해 필요한 인력, 재원 등을 발굴하여 연계 및 지원하는 사업 －자원봉사자 개발 · 관리, 후원자 개발 · 관리

1.3 사회복지관의 설치

사회복지관은 지방자치단체, 사회복지법인 및 기타 비영리법인이 설치 · 운영할 수 있다. 지방자치단체는 사회복지관을 설치한 후 사업의 전문성을 향상시키기 위해 운영능력이 있는 사회복지법인 등에 위탁하여 운영할 수 있다. 지방자치단체는 공공단체의 시설물을 위탁받아 사회복지관을 설치 · 운영하거나 사회복지법인 등에 위탁하여 운영할 수 있다. 시 · 도지사 및 시장 · 군수 · 구청장이 사회복지관을 설치코자 할 때에는 저소득층 밀집지역에 우선 설치하고, 사회복지관의 설치 · 운영에 관한 중 · 장기 육성계획을 수립하고, 동 계획에 의하여 사회복지관이 설치 · 운영되도록 하고 있다.

1.4 사회복지관의 운영기준

1) 관리운영규정

사회복지관 운영주체는 지방자치단체장의 시설운영 지침을 참고하여 조직 · 인사 · 복무 · 보수 · 회계 · 물품 · 문서 등 사회복지관의 관리 · 운영에 관하여 필요한 규정을 정하여 시행하여야 한다.

2)비용의 수납

사회복지관은 사업에 소요되는 최소한의 실비를 이용자로부터 수납할 수 있다. 즉, 직업 · 부업 기능훈련, 청소년 기능교실 운영, 취미 · 교양교실 운영, 영 · 유아보호 등은 실비이용료로 충당한다. 다만, 실비이용료 수납 프로그램에 대하여는 국민기초생활보장 수급권자 및 혜택을 못 받는 저소득층 등 무료 이용자를 20% 내외로 하여야 한다. 수납된 실비이용료는 사회복지관의 세입예산에 편입하여 실비이용료를 받는 사업의 자체비용에 충당하고, 그 외 남은 금액에 대하여는 국민기초생활보장 수급권자 및 혜택을 못 받는 저소득층을 위한 사업에 우선적으로 사용하여야 한다.

3) 직원에 관한 사항

사회복지관의 관장과 각 분야별 책임자는 다음 각 호의 자격을 갖춘 자로 하도록 하고 있다(사회복지사업법 시행규칙 §23의 2 ②).

① 관장 : 2급 이상의 사회복지사자격증 소지자 또는 이와 동등한 자격이 있다고 운영위원회에서 인정한 자

② 사무분야의 책임자 : 3급 이상의 사회복지사자격증 소지자 또는 이와 동등한 자격이 있다고 운영위원회에서 인정한 자

③ 그 밖의 사업분야의 책임자 : 해당 분야의 자격증 소지자

4) 현황보고

사회복지관의 관장은 사회복지관의 당해 연도 운영현황을 파악하여 사회복지관현황보고서를 작성하고, 매년 1월 말까지 시장 · 군수 · 구청장 및 시 · 도지사를 거쳐 보건복지부장관에게 제출하여야 한다.

기타 운영관련사항은 사회복지법인 및 시설의 경우와 같다.

02 사회복지관의 재무회계

사회복지관의 운영에 관한 회계는 「사회복지법인 및 사회복지시설 재무 · 회계 규칙」에 따른다. 따라서 법인회계나 시설회계의 내용을 그대로 준용한다.

☞ 「사회복지법인 및 사회복지시설 재무 · 회계 규칙」에 대한 자세한 내용은 제4장 제1절을 참조하기 바란다.

2.1 복지관 시설회계의 세입예산과목

과목						내역
관		항		목		
01	사업수입	11	사업수입	111	ㅇㅇ수입	시설에서 제공하는 각종 서비스의 이용자로부터 받은 수입을 종류별로 목을 설정

과목			내역
관	항	목	
02 과년도수입	21 과년도수입	211 과년도수입	전년도에 세입조정된 수입으로서 금년도에 수입으로 확정된 것
03 보조금수입	31 보조금수입	311 국고보조금	국가로부터 받은 경상보조금 및 자본보조금
		312 시 · 도 보조금	시 · 도로부터 받은 경상보조금 및 자본보조금
		313 시 · 군 · 구 보조금	시 · 군 · 구로부터 받은 경상보조금 및 자본보조금
		314 기타보조금	그 밖에 국가, 지방자치단체 및 사회복지사업기금 등에서 공모사업 선정으로 받은 보조금
04 후원금수입	41 후원금수입	411 지정후원금	국내외 민간단체 및 개인으로부터 후원명목으로 받은 기부금 · 결연후원금 · 위문금 · 찬조금 중 후원목적이 지정된 수입
		412 비지정후원금	국내외 민간단체 및 개인으로부터 후원명목으로 받은 기부금 · 결연후원금 · 위문금 · 찬조금 중 후원목적이 지정되지 아니한 수입과 자선행사 등으로 얻어지는 수입
05 차입금	51 차입금	511 금융기관 차입금	금융기관으로부터의 차입금
		512 기타차입금	개인 · 단체 등으로부터의 차입금
06 전입금	61 전입금	611 법인전입금	법인으로부터의 전입금(국가 및 지방자치단체의 보조금은 제외함)
		612 법인전입금(후원금)	법인으로부터의 전입금(후원금)
07 이월금	71 이월금	711 전년도이월금	전년도 불용액으로서 이월된 금액
		712 전년도이월금(후원금)	전년도 후원금에 대한 불용액으로서 이월된 금액
		713 ㅇㅇ 이월사업비	전년도에 종료되지 못한 ㅇㅇ사업의 이월된 금액
08 잡수입	81 잡수입	811 불용품매각대	비품 · 집기 · 기계 · 기구 등과 그 밖의 불용품의 매각대

과목						내역
관		항		목		
				812	기타예금이자수입	기본재산예금 외의 예금이자 수입
				813	기타잡수입	그 밖의 재산매각수입, 변상금 및 위약금수입 등과 다른 과목에 속하지 아니하는 수입

2.2 복지관 시설회계의 세출예산과목

과목						내역
관		항		목		
01	사무비	11	인건비	111	급여	시설직원에 대한 기본 봉급(기말 · 정근수당 포함)
				112	제수당	시설직원에 대한 상여금 및 제수당(직종 · 직급별로 일정액을 지급하는 수당과 시간외근무수당 · 야간근무수당 · 휴일근무수당 등) 및 기타 수당
				113	일용잡급	일급 또는 단기간 채용하는 임시직에 대한 급여
				115	퇴직금 및 퇴직적립금	시설직원 퇴직급여제도에 따른 퇴직급여 및 퇴직적립금(충당금)
				116	사회보험 부담금	시설직원의 사회보험(국민연금, 국민건강보험, 고용보험, 산업재해보상보험 등)부담금
				117	기타 후생경비	시설직원의 건강진단비 · 기타 복리후생에 소요되는 비용
		12	업무추진비	121	기관운영비	기관운영 및 유관기관과의 업무협의 등에 소요되는 제경비
				122	직책보조비	시설직원의 직책수행을 위하여 정기적으로 지급하는 경비
				123	회의비	후원회 등 각종 회의의 다과비등에 소요되는 제경비
		13	운영비	131	여비	시설직원의 국내 · 외 출장 여비

과목						내역
관		항		목		
				132	수용비 및 수수료	사무용품비 · 인쇄비 · 집기구입비(물건의 성질상 장기간사용 또는 고정자산으로 취급되는 집기류는 212목에 계상) · 도서구입비 · 공고료 · 수수료 · 등기료 · 운송비 · 통행료 및 주차료 · 소규모수선비 · 포장비등
				133	공공요금	우편료 · 전신전화료 · 전기료 · 상하수도료 · 가스료 및 오물수거료
				134	제세공과금	법령에 의하여 지급하는 제세(자동차세 등), 협회가입비, 화재 · 자동차보험료, 기타 보험료
				135	차량비	차량유류대 · 차량정비유지비 · 차량소모품비
				136	연료비	시설의 냉난방연료비(보일러, 냉난방기 등)
				137	기타운영비	시설직원 상용피복비 · 급량비 등 운영경비로 위에 분류되지 아니한 경비
02	재산조성비	21	시설비	211	시설비	시설 신 · 증축비 및 부대경비, 그 밖의 시설비
				212	자산취득비	시설운영에 필요한 비품구입비, 토지 · 건물 · 그 밖의 자산의 취득비
				213	시설장비 유지비	건물 및 건축설비(구축물 · 기계장치), 공구 · 기구, 비품수선비(소규모수선비는 132목에 계상) 그 밖의 시설물의 유지관리비
03	사업비	31	사업비	311	ㅇㅇ사업비	시설에서 이용자에게 제공하는 사업을 성격별 · 유형별로 구분하여 목으로 설정
04	과년도지출	41	과년도지출	411	과년도지출	과년도미지급금 및 과년도 사업비의 지출
05	상환금	51	부채상환금	511	원금상환금	차입금 원금상환금
				512	이자지급금	차입금 이자지급금
06	잡지출	61	잡지출	611	잡지출	시설이 지출하는 보상금, 사례금, 소송경비 등

과목						내역
관		항		목		
07	예비비 및 기타	71	예비비 및 기타	711	예비비	예비비
				712	반환금	정부보조금 반환금

03 사회복지관의 세무문제

3.1 사회복지관의 상속세 및 증여세 납세의무

사회복지관도 일반적인 사회복지시설과 마찬가지로 그 설치 및 운영주체에 따라 상속세 및 증여세 납세의무가 달라질 수 있다. 이에 대하여 사회복지시설의 상속세 및 증여세 납세의무를 참조하기 바란다.

☞사회복지관의 상속세 및 증여세 납세의무에 대한 일반적인 내용은 제3장 제3절을 참조하기 바란다.

3.2 사회복지관의 법인세 납세의무

사회복지관이 제공하는 사회복지사업은 「법인세법」에서 규정하는 수익사업 중 사업소득의 범위에서 제외된다(법령 §3 ① 4호 가목). 따라서 사회복지관은 이자소득과 배당소득, 고정자산처분이익 등 일시 우발적 소득에 대해서만 법인세 납세의무가 있다.

☞사회복지관의 법인세 납세의무에 관한 일반적인 내용은 제3장 제4절을 참조하기 바란다.

3.3 사회복지관의 부가가치세 납세의무

복지관의 세입예산과목 중 사업수입은 직업 · 부업 기능훈련, 청소년 기능교실 운영, 취미 · 교양교실 운영, 영 · 유아보호 등의 서비스를 제공하고 이용자로부터 받은 실비이용료 수입이다. 이러한 실비이용료 수납프로그램은 최소한의 실비 수준의 비용을 이용자에게 수납하도록 하고 있으며, 또한 국민기초생활보장 수급권자 및 혜택을 못 받는 저소득층 등 무료 이용자를 20% 내외로 하도록 하고 있다. 따라서 복지관이 제공하는 실비이용료 수납액은 당해 복지관이 주무관청의 허가 또는 인가를 받거나 주무관청에 등록된 단체로서 「상속세 및 증여세법 시행령」 제12조 각 호의 어느 하나에 따른 사업 또는 비영리법인의 사업으로서 종교, 자선, 학술, 구호, 사회복지, 교육, 문화, 예술 등 공익을 목적으로 하는 사업을 하는 단체가 그 고유의 사업목적을 위하여 일시적으로 공급하거나 실비(實費) 또는 무상으로 공급하는 재화 또는 용역으로 보아 부가가치세가 면세되는 것으로 보아야 한다(부령 §45 1호). 다만, 미신고 또는 미인가 복지관은 부가가치세가 과세되는 것으로 보아야 한다.

☞ 사회복지관의 부가가치세 납세의무에 대한 일반적인 내용은 제3장 제5절을 참조하기 바란다.

3.4 사회복지관의 종사자와 기능교사 및 유급자원봉사자의 원천징수

사회복지시설에 종사하는 근로자의 처우개선을 위하여 지방자치단체에서 지급하는 복지수당은 「소득세법 시행령」 제12조에 따른 실비변상적 급여의 범위에 해당하지 않는 것으로 근로소득에 해당하므로 이를 지급할 때 원천징수해야 한다.

복지관의 직업 · 부업 기능훈련, 청소년 기능교실 운영, 취미 · 교양교실 운영, 영 · 유아보호 등의 서비스를 제공하기 위하여 보통 기능교사 등을 채용하게 되는데 동 기능교사 인건비는 수납되는 실비이용료로 충당하게 되어 있다. 따라서 이들에 대한 강사비를 지출하면서 사업소득이나 기타소득으로 원천징수해야 하고, 만약 고용관계에 있다면 근로소득으로 원천징수해야 한다.

또한, 유급자원봉사자의 경우에도 고용관계 유무에 따라 근로소득 또는 사업소득 이나 기타소득 중 하나로 구분하여 원천징수해야 한다. 고용 유무의 파악은 다음에 의한다(소득세 집행기준 20-0-1 근로자 여부의 판단기준).

> 근로자에 해당하는지 여부를 판단함에 있어서는 그 계약이 「민법」상의 고용계약이든 또는 도급계약이든 그 계약의 형식에 관계없이 그 실질에 있어 임금을 목적으로 종속적인 관계에서 사용자에게 근로를 제공하였는지 여부에 따라 판단해야 하고, 종속적인 관계가 있는지 여부를 판단함에 있어서는 다음의 내용을 종합적으로 고려하여 판단해야 한다.
>
> 1. 업무의 내용이 사용자에 의하여 정해지고 취업규칙 · 복무규정 · 인사규정 등의 적용을 받으며 업무수행 과정에 있어서도 사용자로부터 구체적이고 직접적인 지휘 · 감독을 받는지 여부
> 2. 사용자에 의하여 근무시간과 근무장소가 지정되고 이에 구속을 받는지 여부

3. 근로자 스스로가 제3자를 고용하여 업무를 대행케 하는 등 업무의 대체성 유무
4. 비품 · 원자재 · 작업도구 등의 소유관계, 보수가 근로 자체의 대상적 성격을 갖고 있는지 여부와 기본급이나 고정급이 정해져 있는지 여부 및 근로소득세의 원천징수 여부 등 보수에 관한 사항
5. 근로제공관계의 계속성과 사용자에의 전속성의 유무와 정도
6. 사회보장제도에 관한 법령 등 다른 법령에 따라 근로자로서의 지위를 인정받는지 여부
7. 양 당사자의 경제적 · 사회적 조건 등

제4절 어린이집의 회계와 세무

01 어린이집의 일반

1.1 어린이집의 정의

사회복지시설 중 "어린이집"이란 보호자의 위탁을 받아 영유아(6세 미만 취학 전 아동)를 보육하는 기관을 말하는데 여기서 "보육"이란 영유아를 건강하고 안전하게 보호 · 양육하고 영유아의 발달 특성에 맞는 교육을 제공하는 어린이집 및 가정양육 지원에 관한 사회복지서비스를 말한다(영유아보육법 §2). 한편, "유아"란 만 3세부터 초등학교 취학 전까지의 어린이를 말한다. 유치원은 유아의 교육을 위하여 「유아교육법」에 따라 설립 · 운영하는 학교를 말한다(유아교육법 §2).

1.2 어린이집의 종류

어린이집은 그 설치 · 운영주체에 따라 다음과 같이 구분한다(영유아보육법 §10).

종류	설치 · 운영 주체	규모기준	개소현황
국공립 어린이집	국가나 지방자치단체	11 ~ 300인	5,801
사회복지법인 어린이집	사회복지법인	21~300인	1,254
법인 · 단체 등 어린이집	비영리 법인 · 단체	21~300인	610
직장 어린이집	사업주	5~300인	1,291
가정 어린이집	개인	5~ 20인	12,109
협동 어린이집	조합(보호자, 보육직원 등)	11~300인	132

종류	설치 · 운영 주체	규모기준	개소현황
민간 어린이집	상기 이외의 자	21~300인	9,726
2022년 12월 현재 어린이집 수(국가통계포털)			30,923

① 국공립어린이집은 국가나 지방자치단체에서 설치 · 운영(위탁운영 포함)하는 어린이집으로 상시 영유아 11인 이상을 보육할 수 있는 시설이다.

② 사회복지법인어린이집은 「사회복지사업법」에 의한 사회복지법인이 설치 · 운영하는 어린이집으로 상시 영유아 21인 이상을 보육할 수 있는 시설을 갖추어야 한다.

③ 법인 · 단체등 어린이집은 각종 법인(사회복지법인을 제외한 비영리법인)이나 단체 등이 설치 · 운영하는 어린이집으로 상시 영유아 21인 이상을 보육할 수 있는 시설을 갖추어야 한다.

④ 직장어린이집은 상시 여성근로자 300명 이상 또는 근로자 500명 이상을 고용하고 있는 사업장의 사업주가 의무적으로 설치하는 어린이집이다. 여기에는 국가 또는 지방자치단체의 장이 소속 공무원 및 근로계약을 체결한 자를 위하여 설치 · 운영하는 어린이집 포함한다. 상시 영유아 5인 이상을 보육할 수 있는 시설을 갖추어야 한다.

⑤ 가정어린이집은 개인이 가정 또는 그에 준하는 곳에 설치 · 운영하는 어린이집으로 상시 영유아 5인 이상 20인 이하를 보육할 수 있는 어린이집을 말한다.

⑥ 협동어린이집은 보호자 11명 이상 또는 보호자와 보육교직원을 합하여 11명 이상의 출자로 결성된 영리를 목적으로 하지 아니하는 조합(「민법」상 조합, 「협동조합기본법」상 사회적 협동조합 등 그 형태와는 무관)이 설치 · 운영하는 어린이집으로 상시 영유아 11인 이상을 보육할 수 있는 시설을 갖추어야 한다.

⑦ 민간어린이집은 국공립 · 사회복지법인 · 법인단체등 · 직장 · 가정 · 협동 어린이집이 아닌 어린이집으로 상시 영유아 21인 이상을 보육할 수 있는 시설을 갖추어야 한다.

1.3 어린이집의 설치

어린이집의 설치는 허가주의가 아닌 인가주의를 택하고 있다. 따라서 법률이 정한 요건을 갖추면 주무관청은 이를 인가해야 한다. 즉, 허가주의와는 달리 주무관청의 자유재량권이 없으며, 인가요건을 갖추었는데도 이를 인가하지 않으면 행정심판의 대상이 된다. 따라서 국공립어린이집 외의 어린이집을 설치하고자 하는 자가 시설의 설치기준(영유아보육법 §15, 같은 법 시행규칙 별표1)을 갖추어 소재지를 관할하는 시장 · 군수 또는 구청장에게 인가신청을 하면, 관할 관청은 결격사유(영유아보육법 §16)에 해당하는지 여부 등 최소한의 법률 요건을 고려하여 인가 여부를 결정해야 한다.

1.4 어린이집의 운영기준 등

어린이집을 운영하는 자는 「영유아보육법 시행규칙」 제23조에서 정한 '어린이집의 운영기준'에 따라 어린이집을 운영해야한다. '어린이집의 운영기준'에는 어린이집 입소 및 퇴소에 관한 사항, 반(班) 운영 및 운영시간에 관한 사항, 안전 · 급식 · 위생 · 차량관리에 관한 사항뿐만 아니라 보육료 수납 및 비용지출에 관한 사항, 장부비치에 관한 사항 등을 규정하고 있다. 또한, 어린이집의 원장은 조직 · 인사 · 급여 · 회계 · 물품, 그 밖에 시설의 운영관리에 관하여 필요한 규정을 제정 · 시행하도록 하고 있다.

한편, 사회복지시설이나 복지관과 마찬가지로 취약보육(脆弱保育)을 우선적으로 실시하여야 하는 어린이집과 부모협동어린이집을 제외한 모든 어린이집은 어린이집운영위원회를 설치 · 운영하도록 하고 있다. 어린이집운영위원회는 그 어린이집의 원장, 보육교사 대표, 학부모 대표 및 지역사회 인사로 구성되며, 학부모 대표가 2분의 1 이상이 되도록 구성해야 한다. 어린이집운영위원회는 어린이집 운영규정의 제정과 개정에 관한 사항, 예산 및 결산보고에 관한 사항, 보육료 외의 필요경비를 받는 경우 그 수납액 결정에 관한 사항 등을 심의하도록 하고 있으며, 연 4회 이상 개최하고 회의록은 작성하고 보관하도록 하고 있다.

02 어린이집의 재무회계

어린이집의 재무회계에 관한 사항은 「사회복지법인 및 사회복지시설 재무 · 회계규칙」에 따르도록 하고 있다. 따라서 일반적인 사회복지법인이나 사회복지시설의 단식부기에 의한 회계와 거의 동일하게 운영된다. 다만, 어린이집의 회계연도는 매년 3월 1일부터 시작하여 다음 연도 2월 말일에 종료되며, 세입세출 예산과목도 별도로 규정되어 있으며,

예산에 첨부하는 서류와 결산에 첨부하는 서류 등도 별도로 규정되어 있고, 회계연도가 2월 말에 종료되므로 5월 말까지 시장 · 군수 · 구청장에게 제출하도록 하고 있다. 또한 보육료의 결정과 수납, 필요경비의 결정 및 수납 등에 대하여도 별도로 규정하고 있는데 이에 대한 중요한 사항은 다음과 같다.

2.1 어린이집의 수입 · 지출의 기본원칙[9]

- 어린이집의 모든 수입 및 지출 관리는 어린이집 명의로 된 통장을 통해서만 하여야 한다. 어린이집 통장은 국고보조금 통장과 보조금 이외의 관리통장을 구분하여 개설 · 사용하고 보육교직원들에게 원천징수한 사회보장금과 세금을 보관할 수 있는 어린이집명의의 세입 · 세출 외 통장(예수금 통장)과 감가상각비 적립금 및 일시 운영차입금 등 필요시 어린이집 명의의 별도 통장을 개설할 수 있다.
- 수입과 지출 행위시에는 수입 · 지출 결의를 한 후 현금출납부, 총계정원장에 기록하고 청구서, 영수증, 지급내역서 등 관련근거 서류를 반드시 첨부하여야 하며, 어린이집을 운영하면서 생기는 보육료 수입 잉여금은 보육교직원 보수 상향지급, 보육교직원 성과급 지급, 교재교구 구입, 어린이집 환경개선에 균형 있게 사용하도록 하고 있다.
- 어린이집은 매월 보조금을 신청할 때 보육통합정보시스템(CIS)에서 정한 형태와 내용에 따라 하여야 하며, 재무회계 관련 자료를 입력 및 전송할 때에도 수입과 지출 항목 등을 동 시스템에서 요구하는 바에 따라 시행하여야 한다.

▌어린이집의 재무회계 절차 요약▐

구분	예산편성	예산집행		결산
원칙	모든 세입과 세출은 예산에 포함	예산의 목적 외 사용금지/예산의 전용 수입 · 지출의 관리는 예금통장에 의해 행한다.		세출예산의 이월
관련 서류	사업계획서 세입 · 세출예산서 준예산 추가경정예산	〈장부〉 현금출납부 총계정원장 봉급대장 보육료대장	〈증빙〉 계좌입금증빙서류 수입 · 지출결의서 반납결의서 과목전용조서	결산총괄 세입 · 세출결산서 연도말 잔액증명 퇴직금적립통장사본과 잔액증명

9) 보건복지부, 보육사업안내, 2023

구분	예산편성	예산집행		결산
		비품관리대장	예비비 사용조서 정부보조금 명세서	
과정	예산편성지침(2개월전) 예산안 제출(개시5일전)	수입 · 지출 사무의 관리책임자 선정		제출(다음연도 5월 31일까지)

- 보육료의 결정은 어린이집 원장이 시 · 도지사가 정한 보육료의 수납한도액 범위 내에서 보호자와 협의하여 결정하고, 이를 시장 · 군수 · 구청장에게 신고하도록 하고 있다. 보육료 수납은 무통장입금 또는 통장 자동이체, 계좌이체, 지로, 신용카드(아이행복카드 포함)등을 이용하여야 하며, 현금수납은 원칙적으로 불가능하나 불가피한 경우 수납한 날의 다음날까지 어린이집 관리통장에 아동명의로 무통장 입금(일괄 입금불가)하고 무통장 입금증 원본을 보관해야 한다.
- 지출할 때에는 세금계산서, 카드결제영수증, 현금영수증(현금결제) 등 관련 증빙 서류를 첨부해야 하며, 어린이집에 지원되는 국가 또는 지방자치단체의 보조금 지원은 보조금 전용카드나 보조금 전용계좌를 이용하고, 기타 지출은 어린이집 전용 신용(체크)카드, 계좌입금으로 해야 한다.
- 보육료에 포함되지 않는 현물의 구입비용과 통상적인 보육프로그램에 속하지 아니하는 입학준비금(상해보험료, 피복류구입비), 특별활동비, 현장학습비, 차량운행비, 행사비, 아침 · 저녁급식비, 기타 시 · 도 특성화 비용 등에 드는 실비 성격의 필요경비도 시 · 도지사가 정한 수납한도액의 범위 내에서 어린이집 운영위원회에서 필요경비 항목별 수납액을 정하고 이를 보육통합정보시스템을 통하여 시장 · 군수 · 구청장에게 신고하도록 하고 있다.

2.2 어린이집의 세입예산과목

과 목						내 역
관		항		목		
01	보육료	11	보육료	111	정부지원 보육료	만 0~5세아, 장애아, 다문화 · 맞벌이 가구 등에 지원되는 보육료 및 카드수수료 환급금 등

과목						내역
관		항		목		
				112	부모부담 보육료	보호자로부터 받은 보육료
02	수익자부담 수입	21	선택적 보육활동비	211	특별활동비	보호자가 부담하는 특별활동 비용
		22	기타 필요경비	221	기타 필요경비	보호자가 부담하는 입학준비금, 현장학습비, 차량운행비, 아침·저녁급식비, 졸업앨범비 등 기타 필요경비
03	보조금 및 지원금	31	인건비 보조금	311	인건비 보조금	국가 및 지방자치단체로부터 받은 인건비(어린이집으로 지원되는 처우개선비 등을 포함한다)
		32	운영보조금	321	기관보육료	국가 및 지방자치단체가 보육비용의 일정부분을 어린이집에 지원하는 보조금
				322	연장보육료	국가 및 지방자치단체가 연장보육비용의 일정 부분을 어린이집에 지원하는 운영 보조금
				323	공공형운영비	국가 및 지방자치단체가 공공형 어린이집에 지원하는 운영 보조금
				324	그 밖의 지원금	국가 및 지방자치단체가 지원하는 급·간식비 및 냉난방비, 누리과정운영비 등
		33	자본 보조금	331	자본보조금	신증축비, 개·보수비, 장비비 등
04	전입금	41	전입금	411	전입금	법인, 단체, 개인 등 운영·경영자로부터의 운영지원금
		42	차입금	421	단기차입금	회계연도 내 상환을 원칙으로 시설운영에 필요한 비용을 금융기관 등으로부터 일시 차입한 단기차입금
				422	장기차입금	시설 개·보수 등을 위해 금융기관 등으로부터 차입한 장기차입금
05	기부금	51	기부금	511	지정후원금	국내외 민간단체 및 개인으로부터 후원명목으로 받은 기부금·결연후원금·위문금·찬조금 중 후원목적이 지정된 수입
				512	비지정후원금	국내외 민간단체 및 개인으로부터 후원명목으로 받은 기부금·결연후원금·위문금·찬조금 중 후원목적이 지정되

과 목						내 역
관		항		목		
						지 않은 수입과 자선행사 등으로 얻어지는 수입
06	적립금	61	적립금	611	적립금 처분수입	적립금 및 퇴직적립금에서 이전받은 금액
07	과년도 수입	71	과년도 수입	711	과년도 수입	전년도 출납정리기간 이후에 납입된 수입
08	잡수입	81	잡수입	811	이자수입	금융기관에 예치한 예금의 이자수입
				812	그 밖의 잡수입	차량 · 물품 등 어린이집 재산 매각수입, 변상금, 위약금 수입, 교육 외 수입(보증금 수입 등), 보육교사 실습비, 보험 수령액(만기환급금을 포함한다)
09	전년도 이월액	91	전년도 이월액	911	전년도 이월금	전년도 불용으로 이월된 금액
				912	전년도 이월사업비	전년도에 종료되지 못한 이월사업비

2.3 어린이집의 세출예산과목

과목						내역
관		항		목		
100	인건비	110	원장 인건비	111	원장급여	원장인건비 중 기본급 등
				112	원장수당	원장에게 지급하는 상여금과 제(諸)수당
		120	보육교직원인건비	121	보육교직원 급여	보육교직원 인건비 중 기본급 등
				122	보육교직원 수당	보육교직원에게 지급하는 상여금과 제(諸)수당
		130	기타인건비	131	기타 인건비	기타 일급 또는 단기 채용 임시 · 일용직 급여
		140	기관부담금	141	법정부담금	어린이집에서 부담하는 법정부담금(건강보험, 국민연금, 고용보험, 산업재해보상보험 등)
				142	퇴직금 및 퇴직적립금	어린이집에서 부담하는 퇴직급여 및 퇴직적립금

과목						내역
관		항		목		
200	운영비	210	관리 운영비	211	수용비 및 수수료	소모품 및 집기 구입비, 도서구입비, 인쇄비, 홍보물, 각종 사무용 및 교구 비품의 수선비, 수수료, 구급약품, 치료비, 대관 · 비품대여료, 협회비, 우편료, 광고료 등
				212	공공요금 및 제세공과금	세금 및 공과금, 안전공제회비, 전기료, 상 · 하수도료, 도시가스료, 자동차세, 각종 보험료(자동차 · 화재 등), 전신 · 전화료(통신비) 등
				213	연료비	보일러 및 난방시설연료비, 취사에 필요한 연료비
				214	여비	국내 · 외 출장여비
				215	차량비	차량 관련 유류대, 정비유지비, 소모품 등
				216	복리후생비	보육교직원 복리후생을 위한 현물 · 서비스 지급비(교직원 건강검진비 · 피복비 · 치료비 · 급량비 등)
				217	기타 운영비	그 밖에 운영경비로서 분류되지 않은 경비(건물임대료, 건물융자금 이자 등)
		220	업무 추진비	221	업무추진비	어린이집 운영 및 유관 기관과 업무협의, 종무식 등 공식적인 업무추진에 소요되는 제반 경비
				222	직책급	어린이집 원장의 직책수행을 위하여 정기적으로 지급하는 경비
				223	회의비	어린이집운영위원회, 부모회의 등 각종 회의 등에 소요되는 경비
300	보육 활동비	310	기본 보육 활동비	311	교직원연수 · 연구비	교직원에게 지급하는 연수비 및 연구비
				312	교재 · 교구 구입비	보육 기자재, 도서 등 구입 및 제작비
				313	행사비	아동과 직접 관련되어 발생하는 각종 행사경비
				314	영유아복리비	영유아 건강 및 안전관련 비용(건강검진 비용 등)
				315	급식 · 간식 재료비	정규보육시간 내 제공되는 주 · 부식 재료 구입비 및 간식비

과목						내역
관		항		목		
400	수익자 부담 경비	410	선택적 보육활동비	411	특별활동비 지출	특별활동에 따라 지출하는 비용
		420	기타 필요 경비	421	기타 필요경비 지출	입학준비금, 현장학습비, 차량운행비, 아침 · 저녁급식비, 졸업앨범비, 기타 필요경비
500	적립금	510	적립금	511	적립금	어린이집의 안정적인 기관운영 및 완성에 수년을 요하는 공사나 제조 등 특정목적사업을 위한 적립금
600	상환 · 반환금	610	차입금 상환	611	단기 차입금 상환	단기 차입금 원금 및 이자 상환액
				612	장기 차입금 상환	장기 차입금 원금 및 이자 상환액
		620	반환금	621	보조금 반환금	정부보조금 미사용분에 대한 반환금
				622	보호자 반환금	보호자 부담비 미사용분에 대한 반환금
				623	법인회계 전출금	법인에서 지원한 전입금과 연계하여 지출하는 법인회계로의 전출금
700	재산 조성비	710	시설비	711	시설비	시설 신 · 증축비 및 부대경비, 그 밖에 환경개선을 위한 개 · 보수비
				712	시설장비 유지비	시설, 장비 및 물품 등의 유지를 위한 수선경비
		720	자산 구입비	721	자산취득비	시설운영에 필요한 비품구입비, 노후 업무용 차량 교체 등 차량구입비(차량할부금 포함), 그 외 자산 취득비
800	과년도 지출	810	과년도 지출	811	과년도 지출	과년도 미지급금 및 과년도 사업비의 지출(지출대상 부도 등 부득이한 경우에 한해 제한적으로 인정)
900	잡지출	910	잡지출	911	잡지출	보상금 · 사례금 · 소송경비 및 원 단위 절사금 등
1000	예비비	1010	예비비	1011	예비비	예측할 수 없는 불가피한 지출소요

03 어린이집의 세무문제

3.1 어린이집의 상속세 및 증여세 납세의무

「영유아보육법」에 의해 설치된 어린이집은 「사회복지사업법」에 규정한 사회복지사업에 해당한다. 따라서 사회복지법인이 운영하는 경우에는 공익법인의 범위에 속해 납세의무가 없는 것으로 보아야 한다. 기타 비영리법인이나 단체 또는 조합이 운영하는 경우에는 사회복지시설의 경우와 마찬가지로 그 설치 및 운영주체에 따라 상속세 및 증여세 납세의무가 달라질 수 있다. 이에 대하여 사회복지시설의 상속세 및 증여세 납세의무를 참조하기 바란다.

☞ 어린이집의 상속세 및 증여세 납세의무에 대한 일반적인 내용은 제3장 제3절을 참조하기 바란다.

3.2 어린이집의 법인세 납세의무

「영유아보육법」에 따른 어린이집에서 제공하는 사회복지사업은 「법인세법」에서 규정하는 수익사업 중 사업소득의 범위에서 제외된다(법령 §3 ① 4호 아목). 따라서 어린이집에서는 이자소득과 배당소득, 고정자산처분이익 등 일시적 · 우발적 소득에 대해서만 법인세 납세의무가 있다.

☞ 어린이집의 법인세 납세의무에 대하여 일반적인 내용은 제3장 제4절을 참조하기 바란다.

3.3 개인이 운영하는 어린이집의 사업소득에 대한 소득세 납세의무

「영유아보육법」에 따른 어린이집의 운영주체는 법인이 아닌 경우, 즉 가정어린이집이나 민간어린이집의 경우와 같이 민간보육시설을 개인이 운영하는 경우 영유아 보육에 소요되는 비용을 수납하는 보육비 등에 대하여는 법인과 마찬가지로 소득세가 과세되지 않는다(소법 §19 ① 16호, 소령 §36). 다만, 「영유아보육법」의 규정에 따라 인가를 받지 않고 운영하는 경우에는 소득세가 과세되는 것으로 보아야 한다(소득 46011-2563, 1994.9.8.).

3.4 어린이집의 부가가치세 납세의무

「영유아보육법」에 따라 설치된 어린이집이 제공하는 보육용역은 「부가가치세법 시행령」 제36조의 규정에 따라 부가가치세가 면세되는 교육용역에 속한다. 또한 특별활동비, 입학준비금, 현장학습비, 차량운행비, 아침 · 저녁급식비 등의 세입예산과목 중 수익자부담 수입은 어린이집이 그 고유의 사업목적을 위하여 일시적으로 공급하거나 실비(實費) 또는 무상으로 공급하는 재화 또는 용역으로 보아 부가가치세가 면세되는 것으로 보아야 한다(부령 §45 1호). 따라서 관련 매입세액은 불공제된다. 한편, 주무관청에 설치 미신고 또는 미인가 어린이집의 경우 제공하는 보육용역은 부가가치세가 과세되는 것으로 보아야 한다.

☞ 어린이집의 부가가치세 납세의무에 대하여 일반적인 내용은 제3장 제5절을 참조하기 바란다.

1) 놀이방(가정보육업)을 운영하는 경우 부가가체세 납세의무

가정보육업을 영위하는 자가 영유아보육법에 의해 시설 등에 관한 일정한 요건을 갖추어 주무관청으로부터 설립을 허용받아 보육용역을 제공하는 경우에는 부가가치세가 면제되는 것이나, 당해 주무관청으로부터 설립허용을 받지 아니하는 경우에는 부가가치세가 면제되지 아니한다(서삼 46015-10311, 2003.2.21.). 따라서 관련 매입세액의 경우에도 주무관청으로부터 설립을 허용받아 보육용역을 제공하는 경우 건축관련 매입세액은 공제되지 아니한다(부가46015-2366, 1996.11.11.).

2) 직장보육시설의 매입세액공제 여부

영유아보육법에 의한 보육시설을 주무관청으로부터 설립허가 등을 받아 직장보육시설을 설치하고 보육용역을 제공하는 경우에는 부가가치세가 면제되는 것이며, 이 경우 당해 사업과 관련된 매입세액은 공제되지 않는다(서면인터넷방문상담3팀-1704, 2005.10.6.).

3) 공동주택 내 어린이집 임대용역의 부가가치세 면세

「공동주택관리법」 제18조 제2항에 따른 관리규약에 따라 같은 법 제2조 제1항 제10호에 따른 관리주체 또는 같은 법 제2조 제1항 제8호에 따른 입주자대표회의가 제공하는「주택법」 제2조 제14호에 따른 복리시설인 공동주택 어린이집의 임대 용역은 부가가치세가 면제된다(부법 §26 ① 13호). 한편, 2011.12.31. 이전에 같은 공동주택 어린이집의 임대용역을 제공한 것에 대하여 「국세기본법」 제45조의 2에 따른 경정 등의 청구에 따라 2012. 1.1. 이후 결정 · 경정하는 경우 2011.12.31.에 개정된 「부가가치세법」 제11129호 부칙 제3조에 따라 부가가치세가 면제된다(부가가치세과-261, 2013.3.22.).

3.5 어린이집의 원장과 보육교사에 대한 원천징수

법인으로 보는 단체 외의 단체에 해당하는 보육시설(「영유아보육법」 제10조에 따른 가정보육시설, 부모협동보육시설, 민간보육시설 포함)이 해당 어린이집 원장에게 지급하는 급여는 「소득세법」 제20조에 따른 근로소득에 해당하는 것으로 매월 급여를 지급할 때 근로소득세를 원천징수하여야 한다(원천세과-286, 2010.4.2.).

한편, 「영유아보육법」에 따른 어린이집의 보육교사가 국가 · 지방자치단체로부터 처우개선 목적으로 지급받는 금원(누리과정수당 등)은 「소득세법 시행령」 제12조 제13호 가목에 따른 실비변상적인 급여에 해당하여 비과세되는 것이고, 당해 실비변상적인 급여는 「소득세법」 제164조에 따라 지급명세서를 제출하여야 한다(원천세과-542, 2013.11.13.).

3.6 어린이집과 관련한 지방세 과세특례

「영유아보육법」에 따른 어린이집으로 직접 사용하기 위하여 취득하는 부동산에 대해서는 취득세를 2024.12.31.까지 면제(지방세 감면특례의 제한으로 85%까지만 면제됨)한다(지특법 §19).

또한 해당 부동산 소유자가 과세기준일 현재 어린이집에 직접 사용하는 부동산 또는 과세기준일 현재 유치원등에 사용하는 부동산으로서 해당 부동산 소유자와 사용자의 관계 등을 고려하여 다음의 부동산에 대한 재산세(「지방세법」 제112조에 따른 부과액 포함)를 2024.12.31.까지 면제(지방세 감면특례의 제한으로 85%까지만 면제됨)한다.

1. 해당 부동산의 소유자가 해당 부동산을 영유아어린이집으로 사용하는 자(이하 "사용자"라 함)의 배우자 또는 직계혈족으로서 그 운영에 직접 종사하는 경우의 해당 부동산
2. 해당 부동산의 사용자가 그 배우자 또는 직계혈족과 공동으로 해당 부동산을 소유하는 경우의 해당 부동산
3. 해당 부동산의 소유자가 종교단체이면서 사용자가 해당 종교단체의 대표자이거나 종교법인인 경우의 해당 부동산

4. 「영유아보육법」 제14조 제1항에 따라 사업주가 공동으로 설치 · 운영하는 직장어린이집 또는 같은 법 제24조 제3항에 따라 법인 · 단체 또는 개인에게 위탁하여 운영하는 직장어린이집의 경우 해당 부동산

3.7 어린이집과 관련한 기타 세무문제

「영유아보육법」 제14조 제1항 단서에 따라 사업장의 사업주가 직장어린이집을 단독으로 설치할 수 없을 때에는 ① 사업주 공동으로 직장어린이집을 설치 · 운영하거나 ② 지역의 어린이집과 위탁계약을 맺어 근로자 자녀의 보육을 지원(위탁보육)하여야 한다. 위탁보육을 하는 사업주가 같은 법 시행령 제25조에 따라 위탁계약을 맺은 어린이집에 지급하는 위탁보육비는 위탁보육을 지원받는 근로자의 근로소득에 해당한다. 다만, 「소득세법」 제12조 제3호 머목에 따라 근로자 또는 그 배우자의 출산이나 6세 이하(해당 과세기간 개시일을 기준으로 판단) 자녀의 보육과 관련하여 사용자로부터 받는 급여로서 월 10만원 이내의 보육비는 비과세하는 것이다(서면-2015-법령해석소득-1851, 2016.9.6.).

소득공제 대상이 되는 보육비용은 「영유아보육법」 제38조에서 정하고 있는 보육비용과 급식비, 방과 후 과정의 수업료 및 특별활동비 등이다. 또한 인가를 받지 아니한 어린이집에 지출한 비용은 교육비공제 대상이 아니며(법인 46013-3402, 1996.12.7.; 원천세과-245, 2011.4.21.) 입사 전에 지출한 교육비는 교육비공제를 받을 수 없다(원천세과-375, 2011.6.24.).

제5절 장기요양기관의 회계와 세무

01 장기요양기관 일반

1.1 장기요양기관의 정의

장기요양보험료(2022.12.31. 기준 국민건강보험료의 9.082%, 노인장기요양법 시행령 §4)와 국가 및 지방자치단체의 부담금 등을 재원으로 하여 노인(65세 이상 또는 65세 미만이면서 치매 등 노인성 질병을 가진 자) 등에게 '장기요양급여'를 제공하는 기관을 장기요양기관이라고 한다. 여기서 '장기요양급여'란 6개월 이상 동안 혼자서 일상생활을 수행하기 어렵다고 인정되는 자에게 신체활동 · 가사활동의 지원 또는 간병 등의 서비스나 이에 갈음하여 지급하는 현금 등을 말하며, 그 종류는 다음과 같다(노인장기요양보험법 §23). 이 중 장기요양기관이 제공할 수 있는 장기요양급여는 재가급여와 시설급여로 한정한다. 장기요양기관은 2021년 기준 총 26,547개가 운영 중이다.

1. 재가급여
   가. 방문요양 : 장기요양요원이 수급자의 가정 등을 방문하여 신체활동 및 가사활동 등을 지원하는 장기요양급여
   나. 방문목욕 : 장기요양요원이 목욕설비를 갖춘 장비를 이용하여 수급자의 가정 등을 방문하여 목욕을 제공하는 장기요양급여
   다. 방문간호 : 장기요양요원인 간호사 등이 의사, 한의사 또는 치과의사의 지시서(이하 "방문간호지시서"라 함)에 따라 수급자의 가정 등을 방문하여 간호, 진료의 보조, 요양에 관한 상담 또는 구강위생 등을 제공하는 장기요양급여
   라. 주 · 야간보호 : 수급자를 하루 중 일정한 시간 동안 장기요양기관에 보호하여 신체활동 지원 및 심신기능의 유지 · 향상을 위한 교육 · 훈련 등을 제공하는 장기요양급여

마. 단기보호 : 수급자를 보건복지부령으로 정하는 범위 안에서 일정 기간 동안 장기요양기관에 보호하여 신체활동 지원 및 심신기능의 유지 · 향상을 위한 교육 · 훈련 등을 제공하는 장기요양급여

바. 기타재가급여 : 수급자의 일상생활 · 신체활동 지원 및 인지기능의 유지 · 향상에 필요한 용구를 제공하거나 가정을 방문하여 재활에 관한 지원 등을 제공하는 장기요양급여로서 대통령령으로 정하는 것

2. 시설급여 : 장기요양기관에 장기간 입소한 수급자에게 신체활동 지원 및 심신기능의 유지 · 향상을 위한 교육 · 훈련 등을 제공하는 장기요양급여

3. 특별현금급여

가. 가족요양비 : 제24조에 따라 지급하는 가족장기요양급여

나. 특례요양비 : 제25조에 따라 지급하는 특례장기요양급여

다. 요양병원간병비 : 제26조에 따라 지급하는 요양병원장기요양급여

※ 장기요양요원 : 장기요양기관에 소속되어 노인등의 신체활동 또는 가상활동 지원 등의 업무를 수행하는 자

1.2 장기요양기관의 종류

장기요양급여 중 재가급여와 시설급여를 제공할 수 있는 장기요양기관의 종류는 다음과 같다(노인장기요양보험법 §23 ②, 동법 시행령 §10).

1. 재가급여를 제공할 수 있는 장기요양기관 : 「노인복지법」 제38조에 따른 재가노인복지시설로서 법 제31조에 따라 지정받은 장기요양기관

2. 시설급여를 제공할 수 있는 장기요양기관

가. 「노인복지법」 제34조 제1항 제1호에 따른 노인요양시설로서 법 제31조에 따라 지정받은 장기요양기관

나. 「노인복지법」 제34조 제1항 제2호에 따른 노인요양공동생활가정으로서 법 제31조에 따라 지정받은 장기요양기관

2019.12.12. 개정전 「노인장기요양보험법」 제32조의 재가장기요양기관 설치 신고 시 장기요양기관으로 지정된 것으로 간주하였던 동 법 규정이 삭제되었다. 따라서, 재가급여를 제공하는 장기요양기관도 시설급여를 제공하는 장기요양기관과 마찬가지로 지정을 받도록 규정이 단일화되었다.

1.3 장기요양기관의 지정 및 설치

재가급여 또는 시설급여를 제공하는 장기요양기관을 운영하려는 자는 보건복지부령으로 정하는 장기요양에 필요한 시설 및 인력을 갖추어 소재지를 관할 구역으로 하는 특별자치시장 · 특별자치도지사 · 시장 · 군수 · 구청장으로부터 지정을 받아야 한다(노인장기요양보험법 §31).

장기요양기관 지정의 유효기간은 지정을 받은 날부터 6년으로 한다. 지정의 유효기간이 끝난 후에도 계속하여 그 지정을 유지하려는 경우에는 소재지를 관할구역으로 하는 특별자치시장 · 특별자치도지사 · 시장 · 군수 · 구청장에게 지정 유효기간이 끝나기 90일 전까지 지정 갱신을 신청하여야 한다. 이에 특별자치시장 · 특별자치도지사 · 시장 · 군수 · 구청장은 갱신 심사를 거쳐 재갱신 또는 갱신거부 결정하여 그 결과를 지체 없이 해당 장기요양기관의 장에게 통보하도록 하고 있다(노인장기요양보험법 §32의 4).

<table>
<tr><th>구분</th><th colspan="2">시설의 종류</th><th>시설설치 근거법률</th><th>장기요양급여</th></tr>
<tr><td rowspan="3">제31조 지정</td><td rowspan="2">노인의료
복지시설</td><td>노인요양시설</td><td rowspan="3">노인복지법</td><td rowspan="2">시설급여 제공</td></tr>
<tr><td>노인요양공동생활가정</td></tr>
<tr><td colspan="2">재가노인복지시설</td><td>재가급여 제공</td></tr>
</table>

다음 중 어느 하나에 해당하는 자는 장기요양기관으로 지정받을 수 없다(노인장기요양보험법 §32의 2).

① 미성년자, 피성년후견인 또는 피한정후견인

② 「정신보건법」 제3조 제1호의 정신질환자. 다만, 전문의가 장기요양기관 설립 · 운영 업무에 종사하는 것이 적합하다고 인정하는 사람은 그러하지 아니하다.

③ 「마약류 관리에 관한 법률」 제2조 제1호의 마약류에 중독된 사람

④ 파산선고를 받고 복권되지 아니한 사람

⑤ 금고 이상의 실형을 선고받고 그 집행이 종료(집행이 종료된 것으로 보는 경우 포함)되거나 집행이 면제된 날부터 5년이 경과되지 아니한 사람

⑥ 금고 이상의 형의 집행유예를 선고받고 그 유예기간 중에 있는 사람

⑦ 대표자가 제1호부터 제6호까지의 규정 중 어느 하나에 해당하는 법인

1.4 장기요양기관의 운영

장기요양급여 수급자는 장기요양인정서에 적힌 장기요양등급, 장기요양인정 유효기간과 급여종류 및 내용에 따라 적절한 장기요양기관을 선택하여 장기요양급여계약을 체결한 후 장기요양급여를 이용할 수 있다.

장기요양기관은 수급자로부터 장기요양급여신청을 받은 때 장기요양급여의 제공을 거부하여서는 아니 되며, 장기요양급여를 제공한 후에는 수급자에게 장기요양급여비용 명세서를 교부하여야 한다. 동 명세서에는 본인부담금과 공단부담분을 구분한 급여항목과 전액 본인부담분인 비급여항목(실재료비, 상급침실 이용에 따른 추가비용, 이미용비용 등)을 구분하도록 되어 있다.

장기요양기관의 장은 다음의 장기요양급여 제공에 관한 자료를 기록 · 관리하고 장기요양급여가 종료된 날로부터 5년간 보존하여야 한다. 장기요양기관의 장 및 그 종사자는 장기요양급여 제공에 관한 자료를 거짓으로 작성하여서는 아니 된다.

1. 장기요양급여 계약에 관한 서류
2. 장기요양급여비용 청구서 및 장기요양급여비용 청구명세서
3. 장기요양급여제공기록지 등 장기요양급여비용의 산정에 필요한 서류 및 이를 증명하는 서류
4. 방문간호지시서
5. 장기요양급여비용 명세서 부본

한편, 장기요양기관은 영리를 목적으로 수급자가 부담하는 재가 및 시설 급여비용(이하 "본인일부부담금"이라 함)을 면제하거나 감경하는 행위를 하여서는 아니 된다.

또한, 누구든지 영리를 목적으로 금전, 물품, 노무, 향응, 그 밖의 이익을 제공하거나 제공할 것을 약속하는 방법으로 수급자를 장기요양기관에 소개, 알선 또는 유인하는 행위 및 이를 조장하는 행위를 하여서는 아니된다.

장기요양기관은 「장기요양급여 제공기준 및 급여비용 산정방법 등에 관한 고시」(보건복지부 고시 제2022-301호, 2022.12.28.)에 따라 수급자에게 장기요양급여 서비스를 제공하고 공단으로부터 공단급여비용을 받고 수급자로부터 본인부담금을 받아 사무비 및 사업비 등으로 사용한다.

02 장기요양기관의 재무회계

장기요양기관의 장은 보건복지부령으로 정하는 재무 · 회계에 관한 기준(이하 "장기요양기관 재무 · 회계기준"이라 함)에 따라 장기요양기관을 투명하게 운영하여야 한다. 다만, 장기요양기관 중 「사회복지사업법」 제34조에 따라 설치한 사회복지시설은 같은 조 제3항에 따른 재무 · 회계에 관한 기준, 즉 「사회복지법인 및 사회복지시설 재무 · 회계 규칙」에 따라 회계처리하면 된다(노인장기요양보험법 §35의 2).

2.1 장기요양기관의 사회복지법인 및 사회복지시설 재무 · 회계 규칙 적용10)

「사회복지법인 및 사회복지시설 재무 · 회계 규칙」을 적용하는 장기요양기관은 사회복지시설에 준하여 회계처리 및 물품관리, 계약, 후원금관리 등을 적용하면 된다. 다만, 다음의 계정과목은 장기요양기관의 특성을 반영한 것이기 때문에 추가로 설명하도록 한다.

1) 입소자부담금수입과 요양급여수입

과목						내역
관		항		목		
01	입소자 부담금수입	11	입소비용수입	111	ㅇㅇ비용수입	
				112	본인부담금수입	장기요양급여 중 본인에게 수납한 비용
				113	식재료비수입	장기요양급여 중 식재료비 수납 비용
				114	상급침실이용료	장기요양급여 중 상급침실 이용료
				115	이미용비	장기요양급여 중 이/미용비
				116	기타비급여수입	장기요양급여 중 상기 이외의 급여비용
06	요양 급여수입	61	요양 급여수입	611	장기요양 급여수입	노인장기요양보험급여 수입

• 본인부담금수입 : 장기요양기관 급여 중 본인이 부담하는 비용으로 해당 장기요양비용의 재가급여는 15%, 시설급여는 20%이며(법 §40 ①), 이를 위반하여 본인부담금을 면제하거나 감경하는 경우 1차(업무정지 1개월), 2차(업무정지 3개월), 3차(지정취소 또는

10) 보건복지부 장기요양기관에 대한 사회복지시설 재무 · 회계규칙, 2016

폐쇄)의 행정처분을 받게 된다.

- 식재료비수입 : 식재료비 수납비용으로 규정하고 있기 때문에 "식재료비수입"목으로 수입결의서를 작성하여 세입처리를 한 후 식재료비 용도에 맞게 세출처리하고 지출결의서를 작성하여 사용한다.
- 상급침실이용료 : 1인실, 2인실에서 수납이 가능하며 수납비용 범위와 사용용도에 대한 제한 규정은 없으며, "상급침실이용료"목으로 수입결의서를 작성하여 세입처리 후 세출예산에 편성하여 사용하면 된다.
- 요양급여수입 : 국민건강보험공단으로부터 입소자에게 제공한 서비스에 대해 받는 수입

2) 이월금과 잡수입

과목						내역
관		항		목		
09	이월금	91	이월금	911	전년도이월금	전년도 불용액으로서 이월된 금액
				912	전년도이월금(후원금)	전년도 후원금 불용액을 이월한 금액
				913	전년도이월금(식재료비)	전년도 식재료비수입에 대한 불용액으로서 이월된 금액
				914	ㅇㅇ이월사업비	전년도 종료하지 못한 ㅇㅇ사업의 이월된 금액
10	잡수입	101	잡수입	1011	불용품매각대	집기비품, 기계 등 불용품 매각대
				1012	기타예금이자수입	기본재산예금 외의 예금이자 수입
				1013	직원식재료수입	직원으로부터 수납하는 식재료비 수입
				1014	기타잡수입	그 밖의 재산매각수입, 변상금 및 위약금 수입 등과 다른 과목에 속하지 아니하는 수입

- 전년도이월금(식재료비) : 전년도에 식재료비수입으로 받은 금액 중 발생한 불용액의 경우 다음 회기 예산에서 "전년도이월금(식재료비)"로 세입처리하여야 하며 식재료비 수입의 목적에 맞게 사용하여야 한다.
- 기타잡수입 목의 세목으로 '직원식재료수입' 과목을 생성하여 사용한다.

3) 인건비 사용기준

과목						내역
관		항		목		
01	사무비	11	인건비	111	급여	시설직원 봉급(기말 · 정근수당 포함)
				112	제수당	상여금 및 제수당
				113	일용잡급	일금 또는 단기채용 임시직
				115	퇴직금및적립금	시설 퇴직급여제도에 따른 퇴직금
				116	사회보험부담금	국민연금, 건강보험 등
				117	기타후생경비	건강진단비 등 소요비용

- 장기요양기관의 급여유형별 인건비 지급 권장 수준은 다음 표와 같다. 이때 인건비 비율이란 장기요양기관이 종사자에게 지급하는 인건비가 장기요양 급여비용 총액에서 차지하는 비율을 말한다(장기요양급여 제공기준 및 급여비용 산정방법 등에 관한 고시 §11의 2, 제2022-301호, 2022.12.28.). 장기요양 급여비용 총액은 공단급여비용과 수급자 본인부담금의 합계액을 말하고, 인건비는 지급하는 급여, 수당과 처우개선비, 사회보험부담금 및 퇴직적립금을 포함한다.

구분	노인요양 시설	노인요양 공동생활 가정	주야간 보호	단기 보호	방문 요양	방문 목욕	방문 간호
종사자	• 간호(조무)사 • 요양보호사 • 사회복지사 • 물리(작업) 치료사	좌동	좌동	좌동	• 요양 보호사 • 사회 복지사	요양 보호사	• 간호 (조무)사 • 치과 위생사
인건비 비율(%)	61.4	65.8	49.0	59.3	86.6	50.1	60.9

- 인건비를 지급할 수 있는 범위는 시설에서 근무하는 직원으로 한정하고 있기 때문에 장기요양시설의 대표자 등 근무하지 않는 사람에게는 인건비를 지급할 수 없다.[11]

11) 보건복지부, 장기요양기관 재무회계(공무원용), 2016

4) 사무비와 사업비

과목						내역
관		항		목		
01	사무비	13	운영비	137	기타운영비	시설직원 건강진단비 · 기타 복리후생에 소요되는 비용 · 상용피복비 · 급량비 등 운영경비로 위에 분류되지 아니한 경비
03	사업비	31	운영비	311	생계비	주식비, 부식비, 특별부식비, 장유비, 월동용 김장비
		34	복지용구 취득비	341	대여용구 취득비	「노인장기요양법 시행령」 제9조에 따른 대여용 용구 취득비
				341	대여용구 취득비	「노인장기요양법 시행령」 제9조에 따른 대여용 용구 취득비

- 기타운영비 : 사무비 – 운영비로 분류되지 않는 운영비로 분류되지 않는 경비로 직원들의 건강진단비 등 직원복리후생을 위한 기타후생경비, 상용피복비, 급량비, 직원연수 및 교육비, 강의료, 차량리스비(차량을 인수하는 경우에는 자산취득비) 등을 포함한다.
- 생계비 : 기관에서 식사 와 간식을 제공하기 위해 사용되는 비용으로, 입소자에게 받는 식재료비수입, 직원식재료비수입, 국민기초생활수급자 보호로 지자체에서 생계비로 지원되는 보조금을 모두 생계비로 사용하여야 한다.

5) 전출금

과목						내역
관		항		목		
04	전출금	41	전출금	411	법인회계전출금	법인회계로의 전출금(보건복지부장관이 정하는 경우만 해당함)
				412	기타전출금	사회복지법인 이외의 법인, 개인 등 설치 · 운영자로의 전출금

- 기타전출금 : 다음 회계연도 예산을 편성하면서 인건비와 운영비를 지출하고 잉여가 발생할 것으로 예상되는 범위에서 "기타전출금"으로 예산을 편성한 후 지출 할 수 있으며, 지출범위에 대한 제한 규정은 없다. 이를 위해서는 반드시 보건복지부장관이

고시하는 인건비 비율 이상 지출할 수 있는 금액으로 인건비가 예산이 편성되어야 한다.

6) 적립금과 준비금

과목						내역
관		항		목		
09	적립금 및 준비금	91	운영충당 적립금 및 환경개선 준비금	911	운영충당 적립금	노인장기요양기관의 안정적인 기관운영을 위한 적립금(보건복지부장관이 정하는 경우에만 해당한다)
				912	시설환경 개선준비금	입소자(이용자)에 대한 시설 이미지 개선을 위한 시설환경개선 준비금(보건복지부장관이 정하는 경우에만 해당한다)

• 운영충당적립금 : 기관 운영에 필요한 사항 중 상당한 지출이 소요되는 등 적립하지 않을 경우 기관의 안정적 운영에 영향을 미칠 수 있는 사항에 대하여, 2년 또는 그 이상의 기간 동안 일정부분을 사전에 적립하여 사유 발생시 이의 해결을 위한 비용으로 지출하고자 적립하는 것인바, 적립하지 않을 경우 타 세출예산 과목으로 당해 연도 지출이 힘든 항목을 당해 연도 인건비 및 운영비 등에 영향을 미치지 않는 범위 내에서 적립하는 것으로 적립된 예산은 반드시 적립목적에 맞게 지출해야 한다(예시 : 설비관련 장비, 파손 및 내구연한 등으로 교체가 필요한 사무기기 등).

• 시설환경개선준비금 : 시설 개 · 보수, 내 · 외부 도색 등 시설의 환경개선사업을 목적으로, 2년 또는 그 이상의 기간 동안 일정부분을 사전에 적립하여 당해 목적에 사용하는 적립금으로 적립된 예산은 반드시 적립 목적에 맞게 지출하여야 하며, 시설환경개선준비금 적립으로 인하여 당해연도 인건비 및 운영비 등에 영향을 미치지 않는 범위 내에서 적립하여야 한다.

• 운영충당적립금과 시설환경개선준비금의 관리
  - 세출처리 후 이를 각각 특별회계로 관리하고, 적립금의 적립 및 사용 계획(변경된 계획 포함)을 시장 · 군수 · 구청장에게 사전에 보고하여야 한다.
  - 원금손실(조기 해지시 제외)이 발생하지 않는 저축을 목적으로 하는 상품으로 하되, 당초 적립목적에 해당되는 사유 발생시 현금화가 가능하여야 한다.
  - 저축을 목적으로 하는 보험상품의 경우 상품의 특성상 피보험자를 자연인으로 하

여야 하므로 피보험자는 법인의 대표자(설치자)로 하되, 자연인인 대표자에게는 상품과 관련하여 어떠한 혜택도 돌아가서는 안 되도록 해야 한다.

– 적립금은 그 적립목적에만 사용하여야 한다.

– 시장 · 군수 · 구청장은 법인 및 시설의 재정 상태 등을 고려하여 적립금의 적립 여부, 규모 및 적립기간 등에 관하여 필요한 조치를 할 수 있다.

7) 적립금 및 준비금(특별회계)

(1) 적립금 및 준비금(특별회계)의 세입예산과목의 구분은 다음과 같다.

과목						내역
관		항		목		
11	적립금 및 준비금 (특별회계)	111	운영충당 적립금 및 환경개선 준비금	1111	운영충당 적립금	노인장기요양기관의 안정적인 기관운영을 위해 세출되어(911목) 적립된 금액(특별회계)
				1112	시설환경 개선준비금	노인장기요양기관 입소자(이용자)에 대한 시설이미지 개선을 위해 세출되어(912목) 적립된 금액(특별회계)

(2) 적립금 및 준비금(특별회계)의 세출예산과목의 구분은 다음과 같다.

과목						내역
관		항		목		
10	적립금 및 준비금 지출 (특별회계)	101	운영충당 적립금 지출 및 환경개선 준비금 지출	1011	운영충당 적립금 지출	세입계정으로 적립된 운영충당적립금(1111목) 중 노인장기요양기관의 안정적인 기관운영을 위해 지출한 비용(특별회계)
				1012	시설환경 개선준비금 지출	세입계정으로 적립된 시설환경개선준비금(1112목) 중 노인장기요양기관 입소자(이용자)에 대한 시설이미지 개선을 위해 지출한 비용(특별회계)

2.2 장기요양기관 재무 · 회계기준

장기요양기관 중 「사회복지사업법」 제34조에 따라 설치한 사회복지시설은 같은 조 제4

항에 따른 재무 · 회계에 관한 기준[「사회복지법인 및 사회복지시설 재무 · 회계규칙」(보건복지부령 제928호, 2022.12.28.)]에 따르고, 그 이외의 장기요양기관의 재무 · 회계에 관한 기준은 보건복지부장관이 정하는 「장기요양기관 재무 · 회계규칙」(보건복지부령 제832호, 2021.9.30.)에 따르도록 규정하고 있다(노인장기요양보험법 §35의 2). 「장기요양기관 재무 · 회계 규칙」의 주요 내용은 다음과 같다.

① 사회보장정보시스템(행복e음)을 활용한 재무 · 회계업무

본예산과 추경예산을 편성하여 제출할 경우 또는 결산서 및 장부를 제출할 경우에 사회보장정보시스템(이하 "정보시스템"이라 함)을 활용하여 게시하도록 하고 있음.

② 예산에 관한 사항

1) 세입과 세출을 모두 예산에 계상토록 하고, 세출 예산이 정한 목적 외에는 사용치 못하게 규정함(예산총계주의와 목적 외 사용금지의 원칙).
2) 편성된 예산을 매 회계연도 5일전까지 정해진 예산 서류(세입 · 세출명세서와 임직원보수일람표)를 첨부하여 정보시스템으로 제출하도록 함.
3) 예산외 지출 또는 예산 초과지출에 충당할 수 있도록 예비비 편성을 허용함.
4) 본예산, 추가경정예산, 예산전용 시 장기요양급여비용 중 그 일부를 보건복지부장관이 정하여 고시하는 비율에 따라 인건비로 편성하도록 함.
5) 특정목적사업을 위한 적립금을 적립할 경우 적립 및 사용에 관한 계획을 지방자치단체의 장에게 사전 보고하도록 하고, 동 특정목적으로 만 사용하도록 함. 단, 대규모 재난의 경우 승인을 받아 한시적으로 인건비로 사용 가능함.

③ 회계 및 결산에 관한 사항

1) 결산보고서(세입 · 세출결산보고서 및 첨부서류)를 작성하여 다음연도 3월 31일까지 지방자치단체의 장에게 제출하고, 그 날부터 20일 이내에 정보시스템에 게시하도록 함.
2) 회계연도는 1월1일부터 12월 31일까지로 하고, 수입과 지출은 발생주의에 따라 연도소속 구분하며, 단식부기를 원칙으로 장기요양급여의 종류별로 구분회계하도록 함.
3) 회계장부는 현금출납부와 총계정원장을 갖추도록 하고, 예산과 결산보고서를 기한 내에 제출하지 않은 경우 해당 회계연도 1월부터 6월까지의 회계장부를 8월 15일까지 관할 지방자치단체에 정보시스템을 활용하여 제출하도록 함.
4) 수입금의 수납한 수입원은 수납일 다음 날까지 금융기관에 입금하도록 하며, 지출은 소액경비를 제외하고는 예금통장이나 신용카드를 사용하는 것을 원칙으로 함.

④ 후원금 관리에 관한 사항

1) 후원금의 수입 및 사용결과 보고서를 결산보고서 제출 시 함께 제출하고, 정보시스템에 게시하도록 함.
2) 후원금의 수납과 사용은 후원금 전용계좌로 하며, 후원금 영수증을 발급하고, 그 발급 목록을 구비하도록 함.
3) 지정후원금을 지정된 용도로 사용하며, 비지정 후원금에 대한 사용기준은 보건복지부 장관이 별도로 정함.

1) 장기요양기관의 세입예산과목 구분

과목						내역
관		항		목		
01	입소자(이용자)부담금수입	11	입소(이용)비용수입	111	입소(이용)비용수입	입소자(이용자)로부터 받는 보호에 소요되는 비용수입을 종류별로 목을 설정
				112	본인부담금수입	장기요양급여비용 중 본인부담금
				113	식재료비수입	비급여대상 중 식재료비 수납 비용
				114	상급침실이용료	비급여대상 중 상급침실료
				115	이미용비	비급여대상 중 이용 · 미용비
				116	기타비급여수입	비급여대상 중 식재료비, 이용 · 미용비를 제외한 비급여
02	사업수입	21	사업수입	211	ㅇㅇ사업수입	시설운영으로 인하여 발생되는 사업수입을 종류별로 목을 설정 예 : 입소자(이용자)가 제작한 물품 판매 수입
03	과년도수입	31	과년도수입	311	과년도수입	전년도에 세입조정된 수입으로서 금년도에 수입으로 확정된 것
04	보조금수입	41	보조금수입	411	국고보조금	국가로부터 받은 경상보조금 및 자본보조금
				412	시 · 도 보조금	시 · 도로부터 받은 경상보조금 및 자본보조금
				413	시 · 군 · 구 보조금	시 · 군 · 구로부터 받은 경상보조금 및 자본보조금
				414	기타 보조금	그 밖에 국가, 지방자치단체 및 사회복지사업 기금 등에서 공모사업 선정으로 받은 보조금
05	후원금수입	51	후원금수입	511	지정후원금	국내외 민간단체 및 개인으로부터 후원명목으로 받은 기부금 · 결연후원금 · 위문금 · 찬조금 중 후원목적이 지정된 수입

과목						내역
관		항		목		
				512	비지정후원금	국내외 민간단체 및 개인으로부터 후원명목으로 받은 기부금 · 결연후원금 · 위문금 · 찬조금 중 후원목적이 지정되지 아니한 수입과 자선행사 등으로 생기는 수입
06	요양 급여수입	61	요양 급여수입	611	장기요양 급여수입	노인장기요양보험급여 수입
				612	가산금 수입	노인장기요양보험 가산금 수입
07	차입금	71	차입금	711	금융기관 차입금	금융기관으로부터의 차입금
				712	기타차입금	개인 · 단체 등으로부터의 차입금
08	전입금	81	전입금	811	법인전입금	법인으로부터의 전입금(국가 및 지방자치단체의 보조금은 제외함)
				812	법인전입금 (후원금)	법인으로부터의 전입금(후원금)
				813	기타전입금	기타 법인, 개인 등 설치 · 운영자로부터의 운영지원금
				814	기타전입금 (후원금)	기타 법인, 개인 등 설치 · 운영자로부터의 운영지원금(후원금)
09	이월금	91	이월금	911	전년도이월금	전년도 불용액으로서 이월된 금액
				912	전년도이월금 (후원금)	전년도에 후원금에 대한 불용액으로서 이월된 금액
				913	전년도이월금 (식재료비)	전년도 식재료비수입에 대한 불용액으로서 이월된 금액
10	잡수입	101	잡수입	1011	불용품매각대	비품 · 집기 · 기계 · 기구 등과 그 밖의 불용품의 매각대
				1012	기타예금 이자수입	기본재산예금 외의 예금이자 수입
				1013	직원식재료비 수입	직원으로부터 수납하는 식재료비 수입
				1014	기타잡수입	그밖의 재산매각수입, 변상금 및 위약금수입 등과 다른 과목에 속하지 아니하는 수입

과목						내역
관		항		목		
11	적립금 및 준비금 (특별회계)	111	운영충당 적립금 및 환경개선 준비금	1111	운영충당적립금	장기요양기관의 안정적인 기관운영을 위해 세출되어(911목) 적립된 금액(특별회계)
				1112	시설환경개선 준비금	장기요양기관 입소자(이용자)에 대한 시설이미지 개선을 위해 세출되어(912목) 적립된 금액(특별회계)

2) 장기요양기관의 세출예산과목 구분

과목						내역
관		항		목		
01	사무비	11	인건비	111	급여	시설직원에 대한 기본 봉급(기말 · 정근수당 포함)
				112	각종수당	시설직원에 대한 상여금 및 제수당(직종 · 직급별로 일정액을 지급하는 수당과 시간외근무수당 · 야간근무수당 · 휴일근무수당 등) 및 그 밖의 수당
				113	일용잡급	일급 또는 단기간 채용하는 임시직에 대한 급여
				115	퇴직금 및 퇴직적립금	시설직원 퇴직급여제도에 따른 퇴직급여 및 퇴직적립금(충당금)
				116	사회보험 부담금	시설직원의 사회보험(국민연금, 국민건강보험, 고용보험, 산업재해보상보험 등)부담금
		12	업무추진비	121	기관운영비	기관운영 및 유관기관과의 업무협의 등에 소요되는 각종 경비
				122	직책보조비	시설직원의 직책수행을 위하여 정기적으로 지급하는 경비
				123	회의비	후원회 등 각종 회의의 다과비등에 소요되는 각종 경비

과목						내역
관		항		목		
		13	운영비	131	여비	시설직원의 국내 · 외 출장여비
				132	수용비 및 수수료	사무용품비 · 인쇄비 · 집기구입비(물건의 성질상 장기간사용 또는 고정자산으로 취급되는 집기류는 212목에 계상) · 도서구입비 · 공고료 · 수수료 · 등기료 · 운송비 · 통행료 및 주차료 · 소규모수선비 · 포장비등
				133	공공요금 및 제세공과금	우편료 · 전신전화료 · 전기료 · 상하수도료 · 가스료 및 오물수거료 및 법령에 따라서 지급하는 각종 세금(자동차세등), 협회가입비, 화재 · 자동차보험료, 기타 보험료
				135	차량비	차량유류대 · 차량정비유지비 · 차량소모품비
				136	임차료	시설을 운영하는데 필요한 건물,토지 등에 대하여 지급한 임차료
				137	기타운영비	시설직원 건강진단비 · 그 밖의 복리후생에 드는 비용 · 상용 의료비 · 급량비 등 운영경비로 위에 분류되지 아니한 경비
02	재산 조성비	21	시설비	211	시설비	부대경비, 그 밖에 시설비
				212	자산취득비	시설운영에 필요한 비품구입비, 토지 · 건물이나 그 밖에 자산의 취득비
				213	시설장비 유지비	건물 및 건축설비(구축물 · 기계장치), 공구 · 기구, 비품수선비(소규모수선비는 132목에 계상) 그 밖의 시설물의 유지관리비
03	사업비	31	운영비	311	생계비	주식비, 부식비, 특별부식비, 장유비, 월동용 김장비
				312	수용기관경비	입소자(이용자)를 위한 수용비(치약 · 칫솔 · 수건 구입비 등)
				313	의료비	입소자(이용자)의 의료비
				314	의료비	입소자(이용자)의 보건위생 · 시약대(施藥代)

과목						내역
관		항		목		
				315	장례비	입소자(이용자)중 사망자의 장례비
				316	직업재활비	입소자(이용자)의 직업훈련재료비
				317	자활사업비	입소자(이용자)의 자활을 위한 기자재 구입비
				318	특별급식비	입소자(이용자)의 간식, 우유등 생계외의 급식제공을 위한 비용
				319	연료비	보일러 및 난방시설연료비, 취사에 필요한 연료비
		33	ㅇㅇ사업비	331	프로그램 사업비	의료재활, 사회심리재활 등 입소자(이용자)를 위한 프로그램운영비
		34	복지용구 취득비	341	대여용구 취득비	노인장기요양보험법 시행령 제9조에 따른 대여용 용구 취득비
				342	판매용구 취득비	노인장기요양보험법 시행령 제9조에 따른 판매용 용구 취득비
04	전출금	41	전출금	412	기타전출금	법인, 개인 등 설치 · 운영자로의 전출금(보건복지부장관이 정하는 경우에만 해당한다)
05	과년도 지출	51	과년도지출	511	과년도지출	과년도미지급금 및 과년도사업비의 지출
06	상환금	61	부채상환금	611	원금상환금	차입금원금상환금
				612	이자지급금	차입금이자지급금
07	잡지출	71	잡지출	711	잡지출	시설이 지출하는 보상금 · 사례금 · 소송경비 등
08	예비비 및 기타	81	예비비 및 기타	811	예비비	예비비
				812	반환금	정부보조금 반환금
09	적립금 및 준비금	91	운영충당 적립금 및 환경개선준비금	911	운영충당 적립금	장기요양기관의 안정적인 기관운영을 위한 적립금(보건복지부장관이 정하는 경우만 해당함)
				912	시설환경 개선준비금	장기요양기관 입소자(이용자)에 대한 시설이미지 개선을 위한 시설환경개선 준비금(보건복지부장관이 정하는 경우만 해당함)

과목						내역
관		항		목		
10	적립금 및 준비금 지출(특별회계)	101	운영충당 적립금 지출 및 환경개선 준비금 지출	1011	운영충당 적립금 지출	세입계정으로 적립된 운영충당적립금(1111목) 중 장기요양기관의 안정적인 기관운영을 위해 지출한 비용(특별회계)
				1012	시설환경개선 준비금 지출	세입계정으로 적립된 시설환경개선준비금(1112목) 중 장기요양기관 입소자(이용자)에 대한 시설이미지 개선을 위해 지출한 비용(특별회계)

03 장기요양기관의 세무문제

3.1 장기요양기관의 상속세 및 증여세 납세의무

「사회복지사업법」에 규정한 사회복지시설이 운영하는 장기요양기관은 사회복지사업에 해당한다. 따라서 사회복지법인이 운영하는 경우에는 공익법인의 범위에 속해 납세의무가 없는 것으로 보아야 한다. 기타 비영리법인이나 단체 또는 조합이 운영하는 경우에는 사회복지시설의 경우와 마찬가지로 그 설치 및 운영주체에 따라 상속세 및 증여세 납세의무가 달라질 수 있다. 이에 대하여 사회복지시설의 상속세 및 증여세 납세의무를 참조하기 바란다.

☞장기요양기관의 상속세 및 증여세 납세의무에 대한 일반적인 내용은 제3장 제3절을 참조하기 바란다.

3.2 장기요양기관의 법인세 납세의무

「노인장기요양보험법」에 따른 장기요양기관에서 제공하는 사회복지사업은 「법인세법」에서 규정하는 수익사업 중 사업소득의 범위에서 제외된다(법령 §3 ① 4호 마목). 따라서 장기요양기관에서는 이자소득과 배당소득, 고정자산처분이익 등 일시적 · 우발적 소득에 대해서만 법인세 납세의무가 있다.

☞장기요양기관의 법인세 납세의무에 대하여 일반적인 내용은 제3장 제4절을 참조하기 바란다.

3.3 개인이 운영하는 장기요양기관의 사업소득에 대한 소득세 납세의무

「노인장기요양보험법」에 따른 장기요양기관의 운영주체가 법인이 아닌 개인인 경우 국민건강보험공단으로부터 지급받는 장기요양급여와 수급자로부터 수납하는 본인부담금 등에 대하여는 법인과 마찬가지로 소득세가 과세되지 않는다(소법 §19 ① 16호, 소령 §36). 다만, 거주자가 장기요양보험료, 국가 및 지방자치단체의 부담금 등을 재원으로 하여 노인 등에게 장기요양급여를 제공하는 사업은 2013년 2월 15일이 속하는 과세기간부터 소득세 과세대상에서 제외한다. 따라서 「소득세법 시행령」의 개정 전(2013.2.15. 대통령령 제24356호 개정 전 규정을 말함)까지는 「노인장기요양법」에 따른 장기요양사업(재가급여사업 · 시설급여사업)에서 발생하는 소득은 「소득세법」 제19조의 사업소득에 해당하여 소득세를 과세한다(소득세제과-306, 2009.5.28.).

한편, 복지용구를 대여하거나 판매하는 경우에도 동 사업에서 발생한 소득에 대해서는 사업소득세 납세의무가 없는 것으로 보아야 한다. 예컨대, 의료기기 도소매업자가 「노인장기요양보험법」 제32조 및 같은 법 시행규칙 제24조 제1항에 따라 재가장기요양기관 설치신고를 하고 같은 법 시행규칙 제19조에서 정하는 복지용구를 수급자에게 구입 또는 대여방식으로 제공하는 사업(이하 "복지용구 제공사업"이라 함)을 겸영하는 경우 복지용구제공사업에서 발생하는 소득은 「소득세법」 제19조 제1항 제16호 및 같은 법 시행령 제36조에 따라 소득세가 과세되지 아니하는 것이며, 이 경우 복지용구제공사업의 소득과 그 밖의 사업의 소득을 구분하여 기장한다. 또한 복지용구제공사업에서 발생한 수입금액은 「소득세법」 제160조 및 같은 법 시행령 제208조 제5항에서 정하는 기장의무 판정에 있어 직전 과세기간의 수입금액에 포함하지 않는다(서면법규과-504, 2013.5.1.; 서면법규과-523, 2013.5.9.).

3.4 장기요양기관의 부가가치세 납세의무

「노인장기요양보험법」 제2조 제4호에 따른 장기요양기관이 같은 법에 따라 장기요양인정을 받은 자에게 제공하는 신체활동 · 가사활동의 지원 또는 간병 등의 용역은 「부가가치세법 시행령」 제35조 제14호의 규정에 따라 부가가치세가 면세되는 의료보건용역에 속한다.

한편, 사업자가 「노인장기요양보험법」 제23조 제1항 제1호 바목에 따른 수급자의 일상생활 · 신체활동 지원에 필요한 용구로서 보건복지부장관이 정하여 고시하는 것(이하 "복지용구"라 함)을 장기요양인정을 받은 자에게 공급하는 경우, 해당 복지용구 중 「조세특례제한법 시행령」 제105조 각 호에 열거된 품목의 공급에 대하여는 영세율을 적용하는 것이나, 열거되지 아니한 품목의 공급에 대해서는 「부가가치세법」 제30조에 따른 세율(10%)을 적용한다(서면법규과-1122, 2013.10.15.).

「노인장기요양보험법」 제2조 제4호에 따른 장기요양기관이 같은 법에 따라 장기요양인정을 받은 자에게 신체활동 · 가사활동의 지원 또는 간병을 위해 복지용구를 대여하는 경우, 동 대여 용역에 대해서는 부가가치세가 면제되는 것이고, 장애인용 물품으로 수입되는 재화로서 수입 후 「노인장기요양보험법」에 따라 복지용구로 공급될 경우, 동 물품이 「관세법 시행규칙」 별표 2에서 규정하는 물품에 해당하는 경우에는 수입시 부가가치세가 면제되는 것이다(부가가치세과-5034, 2008.12.29.).

☞장기요양기관의 부가가치세 납세의무에 대하여 일반적인 내용은 제3장 제5절을 참조하기 바란다.

3.5 장기요양기관의 원장과 요양보호사에 대한 원천징수

1) 재가요양기관의 대표자가 인건비 명목으로 받는 금원의 소득구분

재가장기요양기관은 법인뿐만 아니라 개인이나 법인격 없는 단체도 설치하여 운영할 수 있다. 이 경우 거주자로 보는 법인격 없는 단체인 「노인장기요양보험법」 제32조에 따른 재가장기요양기관의 대표자가 2013.1.1. 이후 인건비 명목으로 지급받는 금전은 「소득세법」 제20조에 따른 근로소득으로 본다(서면법규과-392, 2013.4.8.).

2) 요양보호사가 받는 대가의 소득구분

「노인장기요양보험법」 제32조에 따라 재가장기요양기관을 설치한 자가 방문요양, 방문목욕, 방문간호 등 장기요양사업을 영위하기 위하여 같은 법 시행규칙 [별표1]에 따라 요양보호사 자격보유자와 근로계약을 체결하고 당해 요양보호사에게 지급하는 대가는 「소득세법」 제20조에 따른 근로소득에 해당하는 것이다(소득세과-1323, 2009.9.1.). 한편, 「장기요양급여 제공기준 및 급여비용 산정방법 등에 관한 고시」 제11조에 따라 요양보호사에 지급되는 처우개선비에 대하여는 「영유아보호법」에 따른 어린이집 보육교사가 지급받는 처우개선비와는 다르게 소득세법에 실비변상적인 급여로 규정하고 있지 않으므로 근로소득으로 보아 원천징수해야 할 것으로 보인다.

3) 소득구분

거주자가 고용관계나 이와 유사한 계약에 의하여 근로를 제공하고 지급받은 대가는 「소득세법」 제20조 제1항 제1호의 규정에 의한 근로소득에 해당하고, 고용관계 없이 독립된 자격으로 계속적으로 용역을 제공하고 일의 성과에 따라 지급받는 수당·기타 유사한 성질의 금액은 같은 법 제19조 제1항 제15호의 규정에 의하여 사업소득에 해당하는 것이며, 일시적으로 용역을 제공하고 지급받는 수당·기타 유사한 성질의 금액은 같은 법 제21조 제1항 제19호의 규정에 의한 기타소득에 해당한다. 또한 기타소득금액으로서 그 금액이 연 300만원 이하인 경우에는 거주자의 선택에 따라 종합소득과세표준의 계산에 있어서 이를 합산하지 아니할 수 있다(제도 46011-12207, 2001.7.18.).

3.6 장기요양기관이 일반기부금단체에 해당하는지 여부

「법인세법시행령」 제39조의 규정에 의한 일반기부금 대상단체는 동 규정에서 열거하고 있는 바와 같이 「사회복지사업법」에 의한 사회복지법인에 고유목적사업비로 지출하는 기부금 단체에 한하여 적용하는 것으로 해당 단체가 이에 해당하는지 여부는 동 단체의 정관상 고유목적사업, 실질운영내용, 정부의 인가 또는 허가 여부 등에 따라 사실판단할 사항이다(서면-2015-법인-1752 [법인세과-908], 2016.4.14.).

한편, 「노인복지법」 제31조에 따른 노인복지시설 중 다음의 시설을 제외한 시설 중 무료 또는 실비로 이용할 수 있는 기관은 일반기부금단체에 속한다(법령 §39 ① 4호 나목).

① 「노인복지법」 제32조 제1항에 따른 노인주거복지시설 중 입소자 본인이 입소비용의 전부를 부담하는 양로시설·노인공동생활가정 및 노인복지주택

② 「노인복지법」 제34조 제1항에 따른 노인의료복지시설 중 입소자 본인이 입소비용의 전부를 부담하는 노인요양시설·노인요양공동생활가정 및 노인전문병원

③ 「노인복지법」 제38조에 따른 재가노인복지시설 중 이용자 본인이 재가복지서비스에 대한 이용대가를 전부 부담하는 시설

「노인장기요양보험법」 제32조에 따른 재가장기요양기관 중 무료 또는 실비로 이용할 수 있는 기관은 일반기부금단체에 속한다(법령 §39 ① 4호 차목). 그런데 이 규정은 이 영 시행일(2011.3.31.)이 속하는 사업연도에 기부하는 기부금부터 적용한다(대통령령 제22812호).

제6절 사학기관의 회계와 세무

01 사학기관의 개요

사학기관은 법정 용어는 아니나 보통 「사립학교법」상의 사립학교, 학교법인 그리고 사립학교경영자를 통칭하는 말로 쓰인다. 사립학교는 학교법인, 공공단체 외의 법인 또는 그 밖의 사인(私人)이 설치한 학교를 말한다. 학교법인은 사립학교만을 설치 · 경영할 목적으로 「사립학교법」에 따라 설립되는 법인을 말하고, 사립학교경영자란 「유아교육법」, 「초 · 중등교육법」, 「고등교육법」 및 「사립학교법」에 따라 사립학교를 설치 · 경영하는 공공단체 외의 법인(학교법인 제외) 또는 사인(私人)을 말한다.

학교는 설치하는 주체에 따라 국립학교, 공립학교(지방자치단체가 설립하는 시립 또는 도립학교) 그리고 사립학교로 구분할 수 있으며, 설립 근거법에 따라 유치원, 초등학교 · 중학교 · 고등학교 · 특수학교 · 고등기술학교, 대학교 · 산업대학 · 교육대학 · 전문대학 · 방송대학 · 사이버대학 · 기술대학 등으로 구분할 수 있다.

1.1 학교법인과 학교의 설립

학교법인을 설립하려는 자는 일정한 재산을 출연하고, 정관을 작성하여 교육부장관의 허가를 받아야 한다.

1) 학교법인의 재산 구분

학교법인은 그가 설치 · 경영하려는 사립학교에 필요한 시설 · 설비와 재산에 관한 기준을 법령이 정한 바에 따라 확보해야 한다. 학교법인의 재산은 기본재산과 기본재산 이외의 보통재산으로 구분하고, 기본재산은 그 용도에 따라 교육용 기본재산과 수익용 기본재산으로 구분한다. 기본재산은 ① 부동산 ② 정관에 의하여 기본재산으로 되는 재산 ③ 이사회의 결의에 의하여 기본재산에 편입되는 재산 ④ 학교법인에 속하는 회계의 매년도 세계잉여금 중 적립금으로 구분한다. 기본재산 이외의 재산은 보통재산이라고 하며 그 사용자에 따라 법인용 재산과 학교용 재산으로 구분한다.

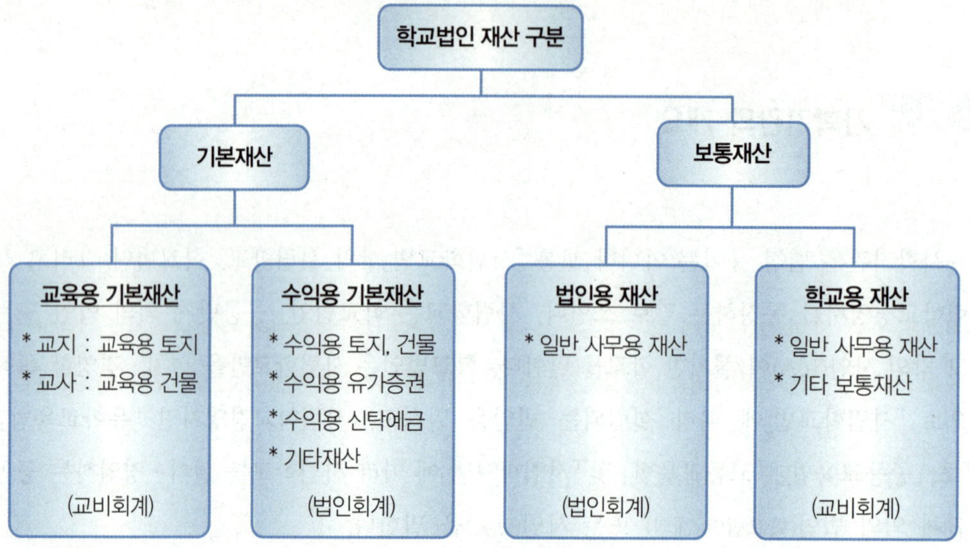

2) 학교의 설립 인가조건

(1) 고등학교 이하 각급 학교 설립

학교법인은 그가 설치 · 경영하는 사립학교에 필요한 시설 · 설비와 그 학교의 경영에 필요한 교지, 교사, 교구 및 수익용 기본재산을 갖추고 인가를 받아야 한다. 교사는 교실, 도서실 등 교수 · 학습활동에 직 · 간접적으로 필요한 시설물을 말하고, 교지는 교사용 대지와 옥외체육장용 용지 등, 교구는 각급학교에서 학과 또는 교과별로 필요로 한 도서 · 기계 · 기구 등을 말한다.

고등학교이하 각급학교를 설립하고자 하는 경우에는 교사 · 교지 · 수익용 기본재산을 인가기준에 충족하도록 출연받아 시 · 도교육감에게 학교설립을 인가신청하면 된다.

수익용기본재산은 토지 · 건물 · 주식(공개또는 상장법인의 주식)정기예금 · 금전신탁 또는 그 밖에 원금이 보장되는 금융상품 · 국채 · 공채로 수익이 있는 것이어야 한다.

고등학교 이하 각급학교는 연간 학교회계 운영수익총액의 2분의 1이상에 해당하는 가액의 수익용 기본재산을 확보하여야 하는데 여기서 운영수익이란 학교세입에서 「사학기관 재무 · 회계 규칙」 별표 3의 세입표에서 ① 세입표 제1장 제4관에 따른 그 밖의 이전수입, ② 세입표 제2장 제1관 제1항 제3목에 따른 학교운영지원비, ③ 세입표 제2장 제1관 제2항에 따른 수익자부담수입을 뺀 금액을 말한다.

(2) 대학 설립

대학을 설립하고자 하는 경우에는 교사 · 교지 · 교원 · 수익용 기본재산을 인가기준에 충족하도록 갖추어 교육부장관에게 대학설립의 인가를 신청하면 교육부장관이 대학설립 심사위원회의 심의를 거쳐 인가여부를 결정하도록 하고 있다.

대학을 설립하고자 하는 학교법인은 대학의 연간 학교회계 운영수익총액에 해당하는 가액의 수익용 기본재산을 확보하되 300억원(전문대학 200억원, 대학원대학 100억원) 이상을 확보하도록 하고 있다. 여기서 학교회계 운영수익은 「사학기관 재무 · 회계 규칙에 대한 특례규칙」 별표 3에 따른 운영수익총계에서 전입금수입, 기부금수입 및 국고보조금을 뺀 것을 그 범위로 한다(「대학 설립 · 운영 규정」 §7 ①).

– 수익용 기본재산 확보율 = 보유액÷기준액

- 보유액 : 수익용 기본재산 평가액의 총합 – 수익사업체 장기차입금
  – 기본 재산을 담보로 차입한 차입금 – 예금으로 미예치된 임대보증금
- 기준액 : 운영수익 총계 – 전입금수입 – 기부금수입 – 국고보조금

※자료: 교육부, 사립대학(법인) 기본재산 관리 안내서, 2022, 저자 재구성

학교법인이 수익용 기본재산을 확보한 이후에는 한국은행이 발표하는 전년도의 예금은행 가중평균금리 중 저축성 수신 금리를 곱하여 산출한 금액 이상의 연간 수익이 발생하여야 하고, 창출한 소득의 80% 이상을 설치 · 경영하는 학교로 전출해야 한다(대학설립 · 운영 규정 §7 ③, §8 ①).

– 수익용 기본재산 수익률 = 수입액 ÷ 평가액

- 수입액 : '법인일반회계'에서 발생한 수입액 + '법인수익사업회계'에서 발생한 수입액 중 '법인일반회계'로 전출한 금액
- 평가액 : 「상속세 및 증여세법」 제60조부터 제66조까지의 규정에 따라 평가한 재산유형별 평가액의 합계

– **학교운영경비 부담률 = 부담액 ÷ 수익금**

• 부담액 : 당해연도 수익용기본재산에서 발생한 수익금 중 학교로 전출한 금액

• 수익금 : 총수입 – 제세공과금* 및 법정부담경비**

* 제세공과금 : 수익용기본재산에 부과되는 세금 및 보험료

** 법정부담경비 : 건강보험 등 수익용기본재산 운영에 수반되는 각종 법인 부담금

※자료: 교육부, 사립대학(법인) 기본재산 관리 안내서, 2022, 저자 재구성

3) 정관작성

학교법인을 설립하고자 할 경우 설립허가신청서에 설립취지서, 정관, 재산목록, 재산출연증서 등을 첨부하도록 하고 있다. 다음은 정관의 필수적 기재사항이다(사립학교법 §10 ①).

1. 목적
2. 명칭
3. 설치 · 경영하려는 사립학교의 종류와 명칭
4. 사무소 소재지
5. 자산 및 회계에 관한 사항
6. 임원의 정원 및 그 임면(任免)에 관한 사항
7. 이사회에 관한 사항
8. 수익사업을 경영하려는 경우에는 그 사업의 종류, 그 밖에 사업에 관한 사항
9. 정관 변경에 관한 사항
10. 해산에 관한 사항
11. 공고에 관한 사항과 그 방법
12. 그 밖에 이 법에 따라 정관에 적어야 할 사항

학교법인의 정관을 변경하려면 이사 정수의 3분의 2 이상의 찬성으로 이사회의 의결을 거쳐 교육부장관이 정하여 고시하는 서류를 갖추어 14일 이내에 교육부장관에게 보고하여야 한다. 보고를 받은 교육부장관은 변경 사항이 법령에 위반된다고 판단하면 30일 이내에 해당 학교법인에 시정 또는 변경을 명할 수 있다. 시정 또는 변경 명령을 받은 학교법인은 지체 없이 이를 시정하거나 변경하고, 그 사실을 교육부장관에게 보고하여야 한다.

4) 설립등기 및 재산 이전 보고

학교법인은 설립허가를 받았을 때에는 3주일 이내 설립등기를 하여야 한다. 또한 설립

등기한 학교법인은 지체 없이 재산출연을 증명할 수 있는 등기사항증명서 및 금융기관의 증명서 등의 서류를 첨부하여 관할청에 재산출연 결과를 보고하여야 한다. 이로서 학교법인은 법률의 규정에 좇아 정관으로 정한 목적의 범위 내에서 권리와 의무의 주체가 되는 것이며, 법인의 이사나 이사장이 그 직무에 관하여 타인에게 가한 손해에 대하여 배상할 책임이 있다. 또한 학교법인이 장관으로 정한 목적범위외의 행위로 인하여 타인에게 손해를 가한 때에는 그 사항의 의결에 찬성하거나 그 의결을 집행한 이사나 이사장과 연대하여 배상할 책임이 있다.

1.2 학교법인의 기관

1) 임 원

사립학교법에서 학교법인의 임원은 이사장을 포함한 이사와 감사를 말하는 것으로 7명 이상의 이사와 2명 이상의 감사를 두도록 하고 있다. 다만, 유치원만을 설치 · 경영하는 학교법인에는 임원으로서 5명 이상의 이사와 1명 이상의 감사를 둘 수 있다. 임원은 정관으로 정하는 바에 따라 이사회에서 선임하여, 관할청의 승인을 받아 취임한다. 그 임기는 정관으로 정하되, 이사는 5년을 초과할 수 없고 중임(重任)할 수 있으며, 감사는 3년을 초과할 수 없고 한 차례만 중임할 수 있다(사립학교법 §14~§24).

(1) 이사장

이사장은 이사 중 1명을 정관으로 정하는 바에 따라 정하며, 학교법인을 대표하고 사립학교법과 정관에 규정된 직무를 수행하며 그 밖에 학교법인 내부의 사무를 총괄한다. 만약 이사장이 궐위되거나 부득이한 사유로 직무를 수행할 수 없을 때에는 정관으로 정하는 바에 따르고, 정관에 규정이 없으면 이사회에서 호선한 다른 이사가 이사장의 직무를 대행하도록 하고 있다.

한편, 이사장은 해당 학교법인이 설치 · 경영하는 사립학교의 장을 겸할 수 없다.

(2) 이 사

이사는 정수(定數)의 4분의 1(소수점 이하는 올림함)에 해당하는 이사(이하 "개방이사"라 함)를 개방이사추천위원회에서 2배수 추천한 인사 중에서 선임하여야 한다. 또한, 이사 정수의 반수 이상은 대한민국 국민이어야 하고, 적어도 3분의 1 이상은 교육경험이 3년 이상인 사람이어야 한다. 이사는 이사회에 출석하여 학교법인의 업무에 관한 사항을 심의 · 결정하며, 이사회 또는 이사장으로부터 위임받은 사항을 처리한다.

한편, 이사는 감사 또는 해당 학교법인이 설치 · 경영하는 사립학교의 교원이나 그 밖의 직원을 겸직할 수 없으나, 학교의 장은 겸직할 수 있다.

(3) 감 사

감사 중 1명은 추천위원회에서 추천하는 사람을 선임하고, 입학정원이 500명 이상인 대학의 학교법인에 두는 감사 중 1명은 공인회계사 자격을 가진 사람이어야 한다. 또한 감사와 감사 또는 감사와 이사는 「민법」 제777조에 따른 친족이어서는 안 된다. 감사는 학교법인의 재산 상황과 회계뿐만 아니라 이사회의 운영과 그 업무에 관한 사항을 감사해야 하고, 그 결과 부정하거나 불비(不備)한 점을 발견하였을 때 이사회와 관할청에 그 감사를 종결한 날로부터 15일 이내에 보고해야 한다. 또한 감사결과를 보고하기 위하여 필요한 경우 이사회 소집을 요구할 수 있고, 학교법인의 재산 상황 또는 이사회의 운영과 그 업무에 관한 사항에 대하여 이사장 또는 이사에게 의견을 진술해야 한다.

한편, 감사는 이사장, 이사 또는 학교법인의 직원(그 학교법인이 설치 · 경영하는 사립학교의 교원이나 그 밖의 직원을 포함)을 겸할 수 없다.

(4) 임원의 결격사유

다음의 사람은 임원이 될 수 없고, 학교법인의 임원이 다음 어느 하나에 해당한다면 당연히 퇴임한다.

① 「국가공무원법」 제33조 각 호의 어느 하나에 해당하는 공무원 결격사유에 해당하는 사람

② 「사립학교법」 제20조의 2에 다른 임원 취임의 승인취소 사유에 해당하여 취임승인이 취소된 후 10년이 지나지 아니한 사람

③ 「사립학교법」 제54조의 2에 따라 관할청이 학교의 장의 해임을 요구하여 해임된 후 6년이 지나지 아니한 사람

④ 「사립학교법」 제61조에 따른 교원 징계사유에 해당하여 파면, 해임, 정직, 감봉, 견책 중 파면의 징계처분을 받은 후 10년이 지나지 아니한 사람

⑤ 4급 이상의 교육행정공무원 또는 4급 상당 이상의 교육공무원으로 재직하다 퇴직한 후 2년이 지나지 아니한 사람

(5) 임원 취임의 승인취소 및 직무집행정지

관할청은 임원이 다음 각 호의 어느 하나에 해당하는 행위를 하였을 때에는 그 취임 승인을 취소할 수 있다.

① 「사립학교법」, 「초 · 중등교육법」 또는 「고등교육법」을 위반하거나 이에 따른 명령을 이행하지 아니하였을 때

② 임원 간의 분쟁, 회계 부정 또는 현저히 부당한 행위 등으로 해당 학교 운영에 중대한 장애를 일으켰을 때

③ 학사행정에 관하여 해당 학교의 장의 권한을 침해하였을 때

④ 관할청의 학교의 장 및 교직원에 대한 징계요구에 따르지 아니하였을 때

관할청이 임원 취임 승인의 취소를 할 때에는 먼저 해당 학교법인에 15일 이내에 해당 사항에 대하여 시정을 요구할 수 있고, 그 기간이 지나도 시정요구에 따르지 않을 경우에만 할 수 있다. 다만, ① 관할청이 시정을 요구하여도 요구기한 내에 시정할 수 없는 것이 명백한 경우, ② 임원이 학교법인 및 학교의 회계 등에서 「대학설립 · 운영 규정」 제7조 제1항, 「사이버대학 설립 · 운영 규정」 제7조 제1항 및 「고등학교 이하 각급 학교 설립 · 운영 규정」 제13조 제1항에 따라 확보해야 하는 해당 학교법인의 수익용기본재산의 10% 이상(고등학교 이하의 학교법인의 경우에는 20% 이상)에 대하여 회계부정한 사실이 법원의 판결 또는 관할청의 감사에 의하여 명백히 확인된 경우 ③ 임원이 학교법인의 재산이나 업무와 관련하여 1천만원 이상 횡령 · 배임하거나 교직원 채용 및 시설공사 등과 관련하여 금품을 수수한 사실이 법원의 판결 또는 관할청의 감사에 의하여 명백히 확인된 경우에는 시정요구 없이 임원 취임의 승인을 취소할 수 있다.

한편, 임원 취임 승인의 취소를 위한 조사나 감사가 진행 중일 때와 시정요구 기간 중 해당 임원이 계속 직무를 집행할 경우 법인 또는 학교 운영상 중대한 손해가 생길 우려가 있다고 인정될 때에는 60일의 범위에서 해당 임원의 직무를 정지시킬 수 있으며, 부득이한 사유가 있을 때에는 60일의 범위에서 그 기간을 연장할 수 있다.

(6) 임시이사

관할청은 학교법인이 이사의 결원을 보충하지 아니하여 학교법인의 정상적 운영이 어렵다고 판단되는 경우나 학교법인의 임원 취임 승인이 취소된 경우 등에 해당하는 경우 이해관계인의 청구 또는 직권으로 사학분쟁조정위원회의 심의를 거쳐 임시이사를 선임하도록 하고 있다(사학법 §25). 임시이사는 학교법인의 정상화 등 그 선임 사유가 해소될 때까지 재임하되, 그 임기는 선임된 날부터 3년을 초과할 수 없다. 임시이사는 조속한 시일 이내로 선임 사유를 해소할 수 있도록 노력해야 하며 학교정상화 추진 실적을 매년 1회 이상 사학분쟁조정위원회의에 보고해야 한다.

2) 이사회

이사회는 이사로 구성하며, 이사장이 소집하고 그 의장이 된다. 감사는 이사회에 출석하여 발언할 수 있다. 정관에 특별한 규정이 없으면 재적이사 과반수의 출석으로 개의(開議)하고, 정관으로 정한 이사 정수 과반수의 찬성으로 의결한다.

이사회의 소집은 이사장이 필요하다고 인정할 때 할 수 있으나 재적이사 반수 이상이 회의의 목적을 제시하여 소집을 요구할 때와 감사가 감사결과 부정하거나 불비(不備)한 점을 발견하여 이사회에 보고하기 위해 이사회 소집을 요구할 경우 소집요구일부터 20일 이내에 이사회를 소집하여야 한다. 이사회 소집 통지는 늦어도 회의 7일 전까지 회의의 목적을 밝혀 각 이사에게 통지해야 한다. 다만 이사 전원이 모이고 또 그 전원이 이사회 개최를 요구하였을 때는 예외로 한다.

이사회 회의록을 작성하여 출석 임원 모두 자필 서명하고 회의일부터 10일 이내에 해당 학교의 인터넷 홈페이지에 게재하여 1년 동안 공개해야 한다.

이사회는 다음 각 호의 사항을 심의 · 의결하며, 만약 이사장 또는 이사가 학교법인과 이해관계가 상반될 때에는 그 이사장 또는 이사는 해당 사항에 관한 의결에 참여할 수 없다.

① 학교법인의 예산 · 결산 · 차입금 및 재산의 취득 · 처분과 관리에 관한 사항

② 정관 변경에 관한 사항

③ 학교법인의 합병 또는 해산에 관한 사항

④ 임원의 임면에 관한 사항

⑤ 학교법인이 설치한 사립학교의 장 및 교원의 임용에 관한 사항

⑥ 학교법인이 설치한 사립학교의 경영에 관한 중요 사항

⑦ 수익사업에 관한 사항

⑧ 그 밖에 법령이나 정관에 따라 그 권한에 속하는 사항

1.3 학교법인의 해산과 잔여재산의 귀속

1) 해산 사유

학교법인은 ① 정관으로 정한 해산 사유가 발생한 경우 ② 목적 달성의 불가능(이 경우 이사 정수의 3분의 2 이상의 동의를 받아 교육부장관의 인가를 받아야 함) ③ 다른 학교법인과의 합병하는 경우 ④ 파산하는 경우 ⑤「사립학교법」제47조에 따른 교육부장관의 해산명령이 있는 경우 등의 사유로 해산할 수 있다.

교육부장관은 학교법인이 설립허가 조건을 위반하거나, 목적 달성이 불가능할 것으로 인정될 때에 해산을 명할 수 있다. 이 경우 해산명령은 다른 방법으로는 감독의 목적을 달성할 수 없거나 관할청이 시정을 지시한 후 6개월이 지나도 이에 따르지 아니하였을 때에만 할 수 있고 청문절차를 거쳐야 한다.

2) 잔여재산의 귀속

해산한 학교법인의 잔여재산(殘餘財産)은 합병 및 파산의 경우를 제외하고는 교육부장관에게 청산종결을 신고한 때에 정관으로 지정한 자에게 귀속된다. 이 경우 학교법인이 정관에 해산에 따른 잔여재산의 귀속자에 관한 규정을 두는 경우 그 귀속자는 학교법인이나 그 밖에 교육사업을 경영하는 자 중에서 선정되도록 하여야 한다. 그런데 학교법인의 임원 또는 해당 학교법인이 설립한 사립학교를 경영하는 자 등이「사립학교법」또는 교육관계 법령을 위반하여 해당 학교법인이 관할청으로부터 회수 등 재정적 보전(補塡)을 필요로 하는 시정요구를 받았으나 이를 이행하지 아니하고 해산되는 경우 정관으로 지정한 잔여재산 귀속자가 다음 각 호의 어느 하나에 해당하는 경우에는 그 지정은 없는 것으로 본다(사립학교법 §35).

① 해산한 학교법인의 설립자나 임원 또는 이들과「민법」제777조의 친족관계인 사람이 학교법인 해산일을 기준으로 10년 이내의 기간 중 정관으로 지정한 자 또는 정관으로 지정한 자가 설립한 사립학교의 다음 각 목의 어느 하나에 해당하는 보직에

있거나 있었던 경우

(ㄱ) 대표자

(ㄴ) 임원

(ㄷ) 대학(「고등교육법」 제2조 각 호의 학교를 말함)의 총장 또는 부총장

(ㄹ) 초등학교 · 중학교 · 고등학교(「초 · 중등교육법」 제2조 각 호의 학교를 말함)의 교장 또는 교감

(ㅁ) 「유아교육법」 제2조 제2호에 따른 유치원의 원장 또는 원감

② 정관으로 지정한 자의 임원 또는 정관으로 지정한 자가 설립한 사립학교를 경영하는 자 등이 이 법 또는 교육 관계 법령을 위반하여 정관으로 지정한 자가 관할청으로부터 회수 등 재정적 보전을 필요로 하는 시정요구를 받았으나 이를 이행하지 아니한 경우

3) 처분되지 않은 잔여재산의 귀속

해산등으로 처분되지 아니한 재산 중 대학교육기관을 설치 · 경영하는 학교법인의 재산은 「한국사학진흥재단법」 제17조 제2항에 따른 사학진흥기금의 청산지원계정에 귀속되어 한국사학진흥재단이 관리하고, 대학교육기관 외의 학교를 설치 · 경영하는 학교법인의 재산은 해당 지방자치단체에 귀속된다. 지방자치단체에 귀속된 재산은 시 · 도 교육감이 관리하되 사립학교 교육의 지원을 위하여 다른 학교법인에 양여 · 무상대부 또는 보조금으로 지급하거나 그 밖의 교육사업에 사용할 수 있고, 처분을 할 때에는 시 · 도 교육감은 교육부장관의 동의를 미리 받아 처분할 수 있다.

4) 해산된 학교법인 등에 대한 기록물 관리

해산된 학교법인과 폐지 · 폐쇄된 학교 등은 학적부, 조직 · 회계 · 예산 관련 자료, 그 밖에 업무와 관련하여 생산하거나 접수한 문서 · 도서 · 대장 · 카드 · 도면 · 시청각물 · 전자문서 등의 각종 기록물 중에서 보존할 가치가 있다고 인정되는 기록물을 학교법인의 해산인가 · 해산명령이나 학교의 폐지인가 · 폐쇄명령을 받은 날부터 3개월 이내 교육부장관에게 제출하여야 한다.

1.4 학교와 학교법인의 재산과 회계

1) 사립학교의 기본재산 관리

학교법인은 기본재산을 매도 · 증여 · 교환 · 용도변경 · 담보제공하거나 또는 의무를 부담하거나 권리를 포기할 경우에는 관할청의 허가를 받아 할 수 있다. 다만, 학교 교육에 직접 사용되는 (1) 교지 (2) 교사(강당 포함) (3) 체육장(실내체육장 포함) (4) 실습 또는 연구시설 (5) 기타 교육에 직접 사용되는 시설 · 설비 및 교재 · 교구 등은 학교법인이 매도하거나 담보로 제공할 수 없다. 다만, 교육환경의 개선을 위하여 교지의 전부와 교육용 기본시설의 일부를 확보한 후 학교를 이전하는 경우, 본교와 분교를 통합하려는 경우, 학교법인 간에 교환의 방법으로 처분하는 경우에는 예외적으로 매도나 담보로 제공 할 수 있다(사립학교법 시행령 §12).

수업료와 그 밖의 납부금을 받을 권리와 별도 계좌로 관리되는 교비회계 수입에 대한 예금채권은 압류할 수 없다.

2) 회계의 구분

학교법인의 회계는 법인의 업무에 속하는 회계(법인회계)와 그가 설치 · 경영하는 학교에 속하는 회계(학교회계)로 구분한다.

법인회계는 일반업무회계와 수익사업회계로 구분하고, 회계연도는 그가 설치 · 경영하는 사립학교의 학년도에 따른다.

학교회계는 교비회계와 부속병원이 있을 경우 부속병원회계로 구분하고, 교비회계는 등록금회계와 비등록금회계로 구분한다. 학교가 받은 기부금 및 수업료 기타 납부금은 교비회계의 수입으로 하여 이를 별도 계좌로 관리하여야 한다. 교비회계에 속하는 수입이나 재산은 다른 회계에 전출(轉出)하거나 대여할 수 없는데, 다만, 차입금의 원리금을 상환하거나 공공 또는 교육 · 연구의 목적으로 교육용 기본재산을 국가, 지방자치단체 또는 연구기관에 무상으로 귀속하는 경우에는 예외적으로 전출이나 대여를 할 수 있다.

▌참고 판례▌

• 대법원 2002.5.10. 선고 2001도1779 판결

(1) 업무상횡령죄에 있어서의 불법영득의 의사라 함은 자기 또는 제3자의 이익을 꾀할 목적으로 업무상의 임무에 위배하여 보관하고 있는 타인의 재물을 자기의 소유인 것과 같이 사실상 또는 법률상 처분하는 의사를 의미하는 것으로, 타인으로부터 용도가 엄격히 제한된 자금을 위탁받아 집행하면서 그 제한된 용도 이외의 목적으로 자금을 사용하는 것은, 그 사용이 개인적인 목적에서 비롯된 경우는 물론 결과적으로 자금을 위탁한 본인을 위하는 면이 있더라도, 그 사용행위 자체로서 불법영득의 의사를 실현한 것이 되어 횡령죄가 성립한다.

(2) 사립학교법 제29조 및 같은법시행령에 의해 학교법인의 회계는 학교회계, 법인회계로 구분되고, 학교회계 중 특히 교비회계에 속하는 수입은 다른 회계에 전출하거나 대여할 수 없는 등 용도가 엄격히 제한됨에도 불구하고, 갑 학교의 교비회계자금을 같은 학교법인에 속하는 을 학교의 교비회계에 사용한 경우, 횡령죄 소정의 불법영득의사가 있다고 인정한 사례이다.

3) 학교의 예산과 결산절차

(1) 학교의 예산

학교회계의 예산은 ① 편성 ② 확정 ③ 집행의 순환과정을 거친다.

유치원을 비롯한 고등학교 이하 각급 학교의 장은 예산편성기준에 따라 예산을 편성하고 매 회계연도 개시 1월전까지 당해 학교법인의 이사장에게 제출하고, 이사장은 제출받은 예산안을 회계연도 개시 10일전까지 이사회의 의결을 받아 심사 · 의결로 확정하고 학교의 장에게 송부하면, 학교의 장은 송부받은 예산에 따라 예산을 집행하게 된다.

고등학교 이하 각급학교의 경우에 예산안을 제출하기 전에 학교운영위원회의 심의를 거치도록 하고 있으나 유치원의 경우 별도로 예산을 심사하고 의결하는 확정 기관을 두지 않고 유치원운영위원회에 자문만을 거친 후 학교의 장이 집행하도록 규정하고 있고, 만약 유치원운영위원회가 없는 경우에는 자문도 거치지 않고 곧바로 학교의 장이 예산을 편성하여 집행하도록 하고 있다.

대학교육기관의 경우에는 대학평의원회의 자문 및 등록금심의위원회의 심사 · 의결을 거친 후 이사회에 제출해야 하고, 이사회는 제출된 예산안을 심의 · 확정하고 학교의 장이 집행하도록 통지한다.

(2) 학교의 결산

고등학교 이하 각급학교의 경우에는 학교운영위원회의 심의를 거쳐야 하고, 매 회계연도 종료 후 40일 이내에 작성하여 당해 법인의 이사장에게 제출하여야 한다. 이사회는 매 회계연도 종료 후 55일까지 결산을 심의 · 확정한다. 유치원은 유치원운영위원회의 자문이나 심사 · 의결을 거치지 않고 결산을 확정하도록 규정하고 있다.

대학교육기관이 경우에는 대학평의원회의 자문 및 등록금심의위원회의 심사 · 의결을 거쳐 매 회계연도 종료 후 결산서를 이사회에 제출하고, 이사회는 작성된 결산서를 심의 · 확정한다.

4) 학교법인의 예산과 결산절차

학교법인이 예산 및 결산을 관할청에 보고하고 공시함에 있어서는 예산의 경우에는 매 회계연도 개시 5일 이전에, 결산의 경우에는 매 회계연도 종료 후 3월 이내에 하여야 하고 공개기간은 1년으로 한다.

(1) 예산편성 및 제출

고등학교이하 각급학교의 학교법인의 경우 매 회계연도 개시 2월 이전에 그 법인과 학교의 예산편성요령을 정하고, 매 회계연도 개시 10일전까지 이사회의 의결을 받고 매 회계연도 개시 전 5일 이전에 예산을 관할청에 보고한다.

대학교육기관의 경우 매 회계연도 개시 2월 전까지 각각 법인회계 및 학교회계의 예산편성요령을 정하고, 이사회에 제출해야 하고, 이사회는 편성된 예산을 심의 · 확정하여 매 회계연도 개시 5일 이전까지 확정된 법인회계 및 학교회계의 예산을 교육부장관에게 제출하여야 한다.

(2) 결산 확정 및 제출

고등학교 이하 각급학교의 학교법인의 경우 법인회계와 학교회계의 결산서를 매 회계연도 종료 후 40일 이내에 작성하고 이사회는 매 회계연도 종료 후 55일까지 결산을 심의 · 확정하여 매 회계연도 종료 후 3개월 이내에는 감사의 감사보고서를 첨부하여 관할청에 보고한다.

대학교육기관의 경우에는 매 회계연도 종료 후 결산서를 이사회에 제출하고, 이사회는 작성된 결산서를 심의 · 확정하여 매 회계연도 종료 후 3월 이내에 교육부장관에게 감사의 감사보고서를 첨부하여 제출하여야 한다. 또한, 학교법인과 독립한 외부감사인의 외부감사보고서 및 부속서류(학교의 교비회계 결산은 제외)를 첨부하도록 하고 있다. 이 외부감사인의 감사보고서는 교육부장관이 필요로 할 경우 외부회계감사 및 감리에 관한 전문성을 갖춘 회계법인이나 한국사학진흥재단에 위탁감리(監理)할 수 있다.

(3) 지정외부감사대상 학교법인

학교법인과 독립한 외부감사인(「주식회사 등의 외부감사에 관한 법률」 제2조 제7호의 감사인을 말함)의 선임은 학교법인에서 직접 선임하지만, 연속하는 4개 회계연도 이후 연속하는 2개 회계연도 결산에는 교육부장관이 지정하는 외부감사인을 선임하도록 하고 있다. 즉, 교육부장관은 학교법인이 ① 전년도 2월 말일 현재 합산재무상태표의 총자산가액이 1천억원 이상인 경우 ② 전년도 4월 1일 현재 학교법인이 설치 · 경영하는 대학교육기관의 총재학생 수가 2천명 이상인 경우 ③ 그 밖에 외부감사인을 부당하게 교체하는 등 교육부장관이 정하여 고시하는 사유에 해당하는 경우에 지정외부감사대상 학교법인으로 선정할 수 있다.

(4) 재산목록등의 비치

학교법인은 매 회계연도 종료 후 2월 이내에 매 회계연도 말 현재의 재산목록 및 그 권리에 관한 증빙서류, 재무상태표 · 손익계산서 및 그 부속서류, 수입 · 지출총괄부, 법인과 학교의 예산결산서, 금융회사와의 거래실적 입증서류, 기타 필요한 장부 또는 서류를 작성하여 이를 항시 그 사무소에 비치하여야 한다.

5) 대학교육기관의 적립금 특칙

대학교육기관의 경우에는 교육시설의 신축 · 증축 및 개수(改修) · 보수(補修), 학생의 장학금 지급 및 교직원의 연구활동 지원 등에 충당하기 위하여 원금보존적립금과 임의적립금 또는 연구적립금 · 건축적립금 · 장학적립금 · 퇴직적립금 및 그 밖에 구체적인 목적을 정하여 적립하는 특정목적적립금을 적립할 수 있다. 적립금을 적립하는 경우에는 자금예산서 및 자금계산서의 지출란에 자금지출로 계상하고, 적립금을 사용하려는 경우에는 자금예산서 및 자금계산서의 비등록금회계 수입 및 지출에 계상하여 사용하도록 하고 있다.

6) 회계규칙

사립학교법인이 비치해야 할 장부 및 서류의 종류와 그 서식 그리고 회계규칙 기타 예산 또는 회계에 관한 사항은 교육부장관이 별도로 정한 회계규칙에 따르도록 하고 있다. 따라서 학교법인과 학교회계의 재무와 회계의 운영에 관하여 교육부령이 정한 「사학기관 재무 · 회계 규칙」(이하 이 절에서 "재무회계규칙"이라 함)을 따르도록 하고 있다. 다만, 사립의 대학 · 산업대학 · 전문대학 · 사이버대학 및 이에 준하는 각종학교(이하 "대학교"라 함)와 이를 설치 · 경영하는 학교법인(이하 "법인"이라 함)에 대하여 「사학기관 재무 · 회계 규칙에 대한 특례규칙」(이하 이 절에서 "특례규칙"이라 함)을 별도로 마련하였는데 그 차이는 다음과 같다.

구분	사학기관 재무 · 회계 규칙	사학기관 재무 · 회계 규칙에 대한 특례규칙
적용범위	사립학교와 사립학교만을 설치 · 경영할 목적으로 설립된 법인	사립의 대학 · 산업대학 · 전문대학 · 사이버대학 및 이에 준하는 각종 학교와 이를 설치 · 경영하는 학교법인
주요내용	제1장 총칙 제2장 예산과 결산 제3장 회계 －제1절 총칙 －제2절 수입 －제3절 지출 －제4절 계약 －제5절 감사 제4장 재산 제5장 물품 제6장 장부와 서식 제7장 보칙	제1장 총칙 제2장 예산 제3장 회계 －제1절 회계원칙과 재무제표 －제2절 자금계산서 －제3절 재무상태표 －제4절 운영계산서 －제5절 자산 · 부채의 평가 －제6절 종합재무제표 제4장 결산

특례규칙은 학교의 부속병원회계는 일반적으로 인정되는 의료법인의 병원회계에 준하여, 법인의 수익사업회계는 일반적으로 인정되는 기업회계에 준하여 계리하도록 하고, 동 특례규칙에서 규정한 것을 제외하고는 재무회계규칙을 따르도록 하고 있다. 따라서 특례규칙에는 없는 계약에 관한 사항, 재산 및 물품관리에 관한 사항은 재무회계규칙에 따라야 할 것으로 사료된다.

02 사학기관의 재무회계

2.1 사학기관 재무 · 회계 규칙의 주요 내용

1) 재무회계의 기본원칙

「사립학교법」 및 「사학기관 재무회계규칙」에서 정한 재무회계의 주요한 기본 원칙은 다음과 같다.

- 회계연도는 사립학교의 학년도에 따라 매년 3월 1일부터 다음 연도 2월 말일까지로 하며, 각 회계연도의 경비는 그 연도의 세입 또는 수입으로 충당한다(사립학교법 §30).
- 법인회계와 학교회계는 구분하며, 회계는 복식부기에 의한다. 다만, 그 규모와 실정에 따라 법인의 업무에 속하는 회계와 유치원은 단식부기에 의할 수 있다(§27 · §15조의 2).
- 1회계연도의 모든 수입을 세입으로 하고 모든 지출을 세출로 하며, 수입과 지출은 모두 예산에 편입하여야 한다(§10 · §11).
- 모든 수입은 각각 세입세출예산에 편입하여야 하며, 이를 직접 사용하지 못한다. 다만, 입찰보증금 · 계약보증금 등 보관금과 잡종금의 경우에는 그러하지 아니하다(§6).
- 자금집행계획을 수립하고 그 수입된 세입금을 수개로 분할하여 사업의 진도에 따르는 자금집행시기에 만기가 되도록 금융회사에 예치하여야 한다(§7).
- 학교법인은 그 운영상의 불가피한 사유가 있을 경우에는 확실한 상환재원이 있는 때에 한하여 법인회계와 학교회계에 충당하기 위한 일시차입 또는 장기차입을 할 수 있다. 다만, 일시차입은 그 연도 안에 상환하여야 한다(§8).

2) 사학기관의 예산집행 기준

예산에는 본예산, 준예산, 추가경정예산이 있으며 사학기관의 본예산에 대한 편성 및 보고 · 공시 절차에 대하여는 이미 설명하였다. 준예산은 본예산이 회계연도 개시 전까지 확정되지 아니하는 때에는 관할청에 그 사유를 보고하고 예산이 성립되는 때까지 교직원의 보수나 법률상 지급의무가 있는 경비 등을 전년도 예산에 준하여 집행하는 것을 말한다. 추가경정예산은 이미 성립된 예산에 변경을 가할 필요가 있을 때 편성하는 예산을 말하는 것으로 추가경정예산이 성립된 날로부터 15일 이내에 보고해야 한다.

예산을 집행하는 데 있어 다음과 같은 예산집행기준을 재무회계규칙에 정하고 있다.

- 성립한 예산이 아니면 이를 집행하지 못한다.
- 추가경정예산의 절차를 밟지 아니하고는 기정예산을 초과하여 집행하지 못한다.
- 세출예산은 목적 외에 이를 사용하지 못한다.
- 교비회계에서는 다른 회계에 전출하지 못한다.
- 동일 예산 관내의 항간 또는 목간에 예산의 과부족이 있는 경우에는 상호 전용할 수 있다. 이 경우 이를 이사회 또는 이사장에게 각각 보고하여야 한다.
- 당해 연도 안에 지출을 끝내지 못할 것이 예측되는 경비와 불가피한 사유로 그 연도 안에 지출하지 못한 경비는 익년도 예산에 이월 계상하고 그 사유를 명기하여 이를 사용할 수 있다.
- 예비비의 사용에 관하여는 법인에 있어서는 이사장이, 학교에 있어서는 학교의 장이 결정한다.

3) 수입과 지출의 방법

사학기관의 수입과 지출의 업무는 각각 수입원과 지출원을 두어 업무를 분장해야 한다. 다만, 학교의 규모에 따라서 수입원과 지출원을 동일인으로 할 수 있다.

모든 수입금의 수납은 이를 금융회사에서 취급하게 하는 경우를 제외하고는 수입원이 아니면 수납하지 못한다. 수입원이 현금으로 수납한 수납금은 수납한 날에 금융회사에 예입하여야 한다.

지출은 금융회사의 수표로 하는 방법, 금융회사의 예금계좌에 입금하는 방법 또는 전산망을 통한 자금 이체의 방법으로 할 수 있으나, 상용의 소액지출을 위하여 100만원 이하의 소액현금을 보관하여 사용할 수 있다.

지출할 때 선금급을 할 수 있는 경비는 그 성질상 선금급을 하지 아니하면 사무 또는 사업에 지장을 초래할 우려가 있는 경비로서 사례금, 부담금, 보조금, 시험, 연구 또는 조사의 수임인에 대하여 지급하는 경비, 정기간행물의 대가, 외국에서 직접 구입하는 물품의 구입비, 외국에서 연구 또는 조사에 종사하는 자에 대하여 지급하는 급여 그리고 소속 직원 중 특별한 사정이 있는 자에 대한 급여의 일부분으로 할 수 있다.

또한 여비나 업무추진비, 소송비용, 국가 또는 지방자치단체의 기관 기타 공공단체에 대하여 지급하는 경비, 각종 부담금이나 보조금 등은 개산급으로 선지출하고 후정산할 수 있다. 한편「사립학교법 시행령」제13조에는 교비회계의 세입과 세출은 다음의 수입과 지출로 하도록 규정하고 있다.

교비회계의 세입	교비회계의 세출
1. 법령 또는 학칙에 의하여 학교가 학생으로부터 징수하는 입학금 · 수업료 및 입학수험료 2. 학사관계제증명수수료 3. 학교시설의 사용료 및 이용료 4. 다른 회계로부터 전입되는 전입금 5. 학생의 실험실습에서 생기는 생산품등의 판매대금 6. 교비회계의 운용과정에서 생기는 이자수입 7. 교육용 기자재등의 불용품 매각수입 8. 교비회계의 세출에 충당하기 위한 차입금 8의 2. 학교가 학교교육에 사용할 목적으로 받은 기부금 9. 기타 학교법인의 수입으로서 다른 회계에 속하지 아니하는 수입	1. 학교운영에 필요한 인건비 및 물건비 2. 학교교육에 직접 필요한 시설 · 설비를 위한 경비 3. 교원의 연구비, 학생의 장학금, 교육지도비 및 보건체육비 4. 제1항 제8호의 차입금의 상환원리금 5. 기타 학교교육에 직접 필요한 경비

4) 적립금의 적립 및 사용 방법

사학기관은 노후교실의 개축 · 증축 등을 위한 건축적립금 기타 관할청이 특히 필요하다고 인정하는 적립금을 수익용 기본재산에서 발생한 수익금 중 사용하고 남은 잉여금을 재원으로 적립할 수 있다. 이 경우 적립금의 적립 및 사용계획을 사전에 관할청에 보고하여야 한다. 적립금은 그 상당액을 기금으로 예치하여 관리하여야 한다. 다만, 대학교육기관에서는 적립금의 2분의 1 한도에서 채무증권, 지분증권, 수익증권, 투자계약증권, 파생결합증권, 증권예탁증권 등을 취득할 수 있다.

학교법인 적립금이 목표에 달한 때에는 적립목적과 사립학교법 및 회계 관계 규정을 준수하여 적립금 처분허가를 득한 후 사용하여야 하고, 당해 결산서에 포함하여 사용결과를 보고하여야 한다.

5) 사학기관의 계약의 방법

사학기관이 물품을 구매하거나 용역을 제공받을 경우 수의계약이나 지명경쟁 또는 일반경쟁의 방법으로 계약을 체결할 수 있는데, 그 구체적인 기준은 다음과 같이 「국가를 당사자로 하는 계약에 관한 법률 시행령」(이하 "국가계약법 시행령"이라 함)을 따르도록 규정하고 있다(재무회계규칙 §35).

계약 방법	요건
일반경쟁	수의계약 5호 가목에 따른 금액을 초과하는 공사 · 제조 · 구매 · 용역 또는 그 밖의 계약을 체결하려는 경우
지명경쟁 (국가계약법 시행령 §23 ①)	1. 계약의 성질 또는 목적에 비추어 특수한 설비 · 기술 · 자재 · 물품 또는 실적이 있는 자가 아니면 계약의 목적을 달성하기 곤란한 경우로서 입찰대상자가 10인 이내인 경우 6. 「산업표준화법」 제15조에 따른 인증을 받은 제품 9. 「자원의 절약과 재활용촉진에 관한 법률」 제33조의 규정에 의한 기준에 적합하고 「산업기술혁신 촉진법 시행령」 제17조 제1항 제3호에 따른 품질인증을 받은 재활용 제품 또는 「환경기술 및 환경산업 지원법」 제17조의 규정에 의한 환경표지의 인증을 받은 제품을 제조하게 하거나 구매하는 경우 10. 「중소기업제품 구매촉진 및 판로지원에 관한 법률 시행령」 제6조에 따라 중소벤처기업부장관이 지정 · 고시한 물품을 「중소기업기본법」 제2조에 따른 중소기업자로부터 제조 · 구매할 경우
수의계약 (국가계약법 시행령 §26 ①)	1. 경쟁에 부칠 여유가 없거나 경쟁에 부쳐서는 계약의 목적을 달성하기 곤란하다고 판단되는 경우 2. 특정인의 기술이 필요하거나 해당 물품의 생산자가 1인뿐인 경우 등 경쟁이 성립될 수 없는 경우 3. 「중소기업진흥에 관한 법률」 제2조 제1호에 따른 중소기업자가 직접 생산한 다음 각 목의 제품을 해당 중소기업자로부터 제조 · 구매하는 경우 4. 국가유공자 또는 장애인 등에게 일자리나 보훈 · 복지서비스 등을 제공하기 위한 목적으로 설립된 단체 등과 물품의 제조 · 구매 또는 용역 계약(해당 단체가 직접 생산하는 물품 및 직접 수행하는 용역에 한정함)을 체결하거나, 그 단체 등에 직접 물건을 매각 · 임대하는 경우 5. 제1호부터 제4호까지의 경우 외에 계약의 목적 · 성질 등에 비추어 경쟁에 따라 계약을 체결하는 것이 비효율적이라고 판단되는 경우로서 가. 다음의 어느 하나에 해당하는 계약 1) 「건설산업기본법」에 따른 건설공사(같은 법에 따른 전문공사 제외)로서 추정가격이 4억원 이하인 공사, 같은 법에 따른 전문공사로서 추정가격이 2억원 이하인 공사 및 그 밖의 공사 관련 법령에 따른 공사로서 추정가격이 1억6천만원 이하인 공사에 대한 계약 2) 추정가격이 2천만원 이하인 물품의 제조 · 구매계약 또는 용역계약 3) 추정가격이 2천만원 초과 1억원 이하인 계약으로서 「중소기업기본법」 제2조 제2항에 따른 소기업 또는 「소상공인기본법」 제2조에 따른 소상공인과 체결하는 물품의 제조 · 구매계약 또는 용역계약. 다만, 제30조 제1항 제3호 및 같은 조 제2항 단서에 해당하는 경우에는 소기업 또는 소상공인외의 자와 체결하는 물품의 제조 · 구매계약 또는 용역계약을 포함한다.

<table>
<tr><th>계약 방법</th><th>요건</th></tr>
<tr><td>수의계약
(국가계약법
시행령 §26
①)</td><td>4) 추정가격이 2천만원 초과 1억원 이하인 계약 중 학술연구 · 원가계산 · 건설기술 등과 관련된 계약으로서 특수한 지식 · 기술 또는 자격을 요구하는 물품의 제조 · 구매계약 또는 용역계약
5) 추정가격이 2천만원 초과 1억원 이하인 계약으로서 「여성기업지원에 관한 법률」 제2조 제1호에 따른 여성기업 또는 「장애인기업활동 촉진법」 제2조 제2호에 따른 장애인기업과 체결하는 물품의 제조 · 구매계약 또는 용역계약, 「사회적기업 육성법」 제2조 제1호에 따른 사회적기업, 「협동조합 기본법」 제2조 제3호에 따른 사회적협동조합, 「국민기초생활 보장법」 제18조에 따른 자활기업 또는 「도시재생 활성화 및 지원에 관한 특별법」 제2조 제1항 제9호에 따른 마을기업 중 기획재정부장관이 정하는 요건을 충족하는 자
6) 추정가격이 5천만원 이하인 임대차 계약(연액 또는 총액을 기준으로 추정가격을 산정) 등으로서 공사계약 또는 물품의 제조 · 구매계약이나 용역계약이 아닌 계약
나. 재외공관이 사용하는 물품을 현지에서 구매하는 경우
다. 물품을 가공 · 하역 · 운송 또는 보관할 때 경쟁에 부치는 것이 불리하다고 인정되는 경우
라. 「방위사업법」에 따른 방산물자를 방위산업체로부터 제조 · 구매하는 경우
마. 다른 법령에 따라 국가사업을 위탁 또는 대행할 수 있는 자와 해당 사업에 대한 계약을 하는 경우
바. 다른 국가기관 또는 지방자치단체와 계약을 하는 경우
사. 「조달사업에 관한 법률」 제27조 제1항에 따른 혁신제품을 구매하려는 경우
아. 「클라우드컴퓨팅 발전 및 이용자 보호에 관한 법률 시행령」 제8조의 2 제1항에 따라 선정된 디지털서비스에 관한 계약을 하는 경우</td></tr>
</table>

사학기관이 3천만원을 초과하는 계약을 체결할 경우에는 계약서를 반드시 작성해야 하며, 계약상대자의 계약이행을 확인하기 위하여 계약서 · 설계서 기타 관계서류에 의하여 이를 검사하거나 소속직원 또는 전문기관으로 하여금 필요한 검사를 하게하고 검사조서를 작성하여야 한다.

경쟁입찰의 방법으로 계약자를 선정하는 경우 입찰참가자로 하여금 입찰보증금을 납부하게 하여야 하고, 계약을 체결할 경우에는 계약보증금을 수납해야 한다. 또한 공사계약의 경우에는 계약이행보증을 하게 하여야 한다. 입찰보증금, 계약보증금, 계약이행의 보증 등의 방법과 금액, 수납방법 등에 관하여는 국가계약법에 따르도록 하고 있다.

6) 사학기관의 재산

사학기관의 재산은 기본재산과 보통재산으로 구분하고 기본재산은 교육용 기본재산과 수익용 기본재산으로(사립학교법 시행령 §4), 보통재산은 법인용과 학교용으로 각각 구분하며, 법인의 재산 관리책임은 이사장이 지고, 학교에 속하는 교육용 기본재산과 학교용 보통재산의 운용책임은 학교의 장이 지도록 하고 있다.

법인이 재산을 취득한 때에는 그 법인의 이사장은 지체 없이 등기 · 등록 기타 권리확보에 필요한 절차를 이행하고 관할청에 증자보고를 하여야 하며, 재산을 처분한 때에는 관할청의 허가를 받아야 하고, 처분대금을 모두 수납하지 아니하고는 당해 재산의 소유권을 이전하지 못하도록 하고 있다.

7) 사학기관의 물품

사학기관의 물품은 현금 · 유가증권 및 부동산 이외의 것으로서 품질 · 형상의 변동 없이 비교적 장기간 사용할 수 있는 비품과 사용함으로써 소모되거나 파손되기 쉬운 물품과 공작물 기타 물품의 구성부분으로서 소모되거나 파손되기 쉬운 소모품으로 구분한다.

물품관리자는 2년마다 정기적으로 학년도 말을 기준으로 재물조사를 실시하여야 하고, 사용이 불능하거나 수리하여 다시 사용할 수 없게 된 물품에 대한 불용결정을 한 다음 당해 불용품을 매각하고 그 대금을 당해법인 또는 학교의 세입예산에 편입시켜야 한다.

8) 장부 및 서류

학교법인의 이사장과 학교의 장은 재무회계규칙에 정한 장부와 증빙서류 등을 5년간 보존해야 한다. 다만, 장부 및 서류의 내용을 전산화하여 디스켓 또는 자기테이프 등과 함께 보존하는 경우에는 따로 장부 및 서류를 작성 · 비치하지 아니할 수 있다.

법인에 비치할 장부와 서류	학교에 비치할 장부와 서류
1. 재산목록 및 그 권리에 관한 증빙서류 2. 재무상태표 · 손익계산서 및 그 부속서류(정규부기의 경우에 한함) 3. 수입 · 지출총괄부 4. 법인과 학교의 예산결산서 5. 금융회사와의 거래실적 입증서류	1. 재산대장(교육용 재산)과 도면 2. 비품수급부와 소모품수급부 3. 징수대장 4. 수입부 5. 금전출납부와 세출내역부 6. 수입 · 지출외 현금출납부 · 보관물수급부 및

법인에 비치할 장부와 서류	학교에 비치할 장부와 서류
6. 기타 이 규칙에서 정하는 서류로서 법인에 해당하는 서류	유가증권수급부 7. 금융회사와의 거래실적 입증서류 8. 기타 이 규칙에서 정하는 서류로서 학교에 해당하는 서류

한편, 예산서와 결산서에 첨부할 서류의 목록은 다음과 같다.

예산에 첨부할 서류	결산에 첨부할 서류
–법인회계 1. 예산총칙 2. 수입지출예산명세서 3. 전년도 부채명세서(차입금을 포함) 4. 직원의 보수(수당을 포함) 일람표 5. 지난 연도 미수액 조서 6. 추정 재무상태표 7. 전년도 재무상태표 8. 전년도 손익계산서(제27조 단서의 규정에 의하여 단식부기에 의하는 경우에는 전년도 수지계산서) 9. 기구와 정원일람표 10. 이사회관계 회의록의 사본	–법인회계 1. 세입·세출결산서 2. 결손처분액조서 3. 미수액조서 4. 차입금명세서 5. 채무확정액조서 6. 예비비사용액조서
–학교회계 위 제1호 내지 제5호와 제9호 및 제10호의 서류와 학급편성표 및 학년별 학과별학생수조서	–학교회계 위 제1호 내지 제6호에 추가로 재무보고서를 첨부할 수 있다[재정상태표, 재정운영표, 현금흐름표, 순자산변동표, 주석(註釋), 필수보충정보 및 부속명세서로 구성됨].

9) 학교법인의 세입예산과목

학교법인의 세입예산과목은 다음과 같다. 목에 해당하는 계정과목은 실제 사용함에 있어 학교법인의 실정에 맞게 증설하거나 폐지할 수 있으나 관·항의 계정과목은 법정과목이기 때문에 증설이나 폐지할 수 없다. 예산에서 편성된 관·항·목의 구분에 따라 결산에서 동일하게 사용해야 한다.

관	항	목
1. 재산수입	1. 기본재산수입	1. 대지료(대지, 전, 답 및 잡종지의 임대 수입) 2. 대가료(건물 임대 수입) 3. 임야수입　　　4. 기타수입
	2. 재산매각수입	1. 토지매각수입　　　2. 건물매각수입 3. 임야매각수입　　　4. 기타재산매각수입
2. 사업수입	1. 사업수입	1. ○○사업수입 2. ○○사업수입(실제 있는 종류별로 목을 설정)
3. 투자사업	1. 투자수입	1. 배당금　　　2. 국채상환금 3. 국채이자수입　　　4. 기타증권수입
4. 전년도수입	1. 전년도수입	1. 기본재산수입　　　2. 불용재산매각수입 3. 사업수입　　　4. 투자수입
5. 이월금	1. 전년도이월금	1. 전년도잉여금(전년도 불용액) 2. 이월사업비(전년도 중 종료하지 못한 사업비)
6. 기부원조금	1. 기부원조금	1. 기부금(특정인의 기부금) 2. 원조금(국외 원조금) 3. 보조금(국가 또는 공공단체의 보조금)
7. 차입금	1. 차입금	1. 은행차입(금융회사로부터의 차입금) 2. 개인차입
8. 잡수입	1. 물품매각수입	1. 불용물품매각수입(집기비품, 기계기구 등 불용품 매각수입)
	2. 예금이자	1. 정기예금이자　　　2. 신탁예금이자 3. 통지예금이자　　　4. 기타예금이자
	3. 잡수입	1. 잡수입　　　2. 변상비 3. 위약금

10) 학교법인의 세출예산과목

학교법인의 세출예산과목은 다음과 같다. 세입의 경우와 마찬가지로 목에 해당하는 계정과목은 실제 사용함에 있어 학교법인의 실정에 맞게 증설하거나 폐지할 수 있으나 관·항의 계정과목은 법정과목이기 때문에 증설이나 폐지할 수 없다. 예산에서 편성된 관·항·목의 구분에 따라 결산에서 동일하게 사용해야 한다.

관	항	목
1. 이사회비	1. 이사회비	1. 임원수당(교통비, 일당 등 실비 변상) 2. 회의비(이사회의 다과비, 그 밖의 급식경비) 3. 업무추진비(경조비 및 접객비) 4. 여비
2. 사무비	1. 인건비	1. 봉급 2. 수당 3. 잡급 4. 여비 5. 퇴직금
	2. 수용비	1. 공공요금 2. 연료비(난방연료 등) 3. 차량비 4. 선박비 5. 비품기계류비(구입비) 6. 수수료수선비 7. 수용재료비(요품, 도서 등) 8. 인쇄비 9. 운송비
3. 재산조성비	1. 시설비	1. 재산매입비(토지, 건물 등) 2. 시설비(건물의 신 · 증축비 및 부대경비(공고료 포함)) 3. 기타시설비(이전 제1목 및 제2목 외의 시설비(다만, 비품이나 고정시설물도 건축공사와 일괄 시공 시는 시설비에서 지불가능)
	2. 재산관리비	1. 재산유지비(수선비 등) 2. 공과보험료(화재보험료, 그 밖의 공과금)
4. 전출금	1. 전출금	1. ㅇㅇ학교전출금(법인이 유지 · 경영하는 각급 학교별)
5. 투자비	1. 투자비	1. 주식매입비 2. 국채매입비 3. 기타투자비
6. 전년도지출	1. 전년도지출	1. 전년도지출(전년도 미지급금 지출) 2. 전년도사업비지출
7. 상환금	1. 부채상환금	1. 원금상환금 2. 이자지출금
8. 수혜금	1. 장학금	1. 장학금(법인에서 지급하는 장학금)
9. 잡지출	1. 제지출	1. 보상금(각종 상품 대금) 2. 사례금 3. 소송비 4. 기타제지출
10. 예비비	1. 예비비	

11) 학교회계의 세입예산과목

학교의 세입예산과목은 다음과 같으며, 필요에 따라 추가하거나 삭제할 수는 있으나 예산에 사용한 과목을 결산에 그대로 사용해야 한다. 세목의 구분은 생략하기로 한다.

장	관	항	목
1.이전수입			
	1.중앙정부이전수입	1.국고보조금	1.국고보조금
	2.지방지치단체이전수입	1.비법정이전수입	1.광역자치단체전입금 2.기초자치단체전입금
	3.교육비특별회계이전수입	1.교육비특별회계전입금수입	1.사립학교보조금수입
	4.그 밖에 이전수입	1.사학법인 이전수입	1.법인법정부담금 2.법인이전수입
		2.학교회계간 이전수입	1.학교발전기금전입금 2.그 밖에 학교회계 전입금 3.다른 학교 이전수입
		3.민간이전수입	1.민간이전수입
2.자체수입			
	1.학부모부담수입	1.등록금	1.입학금 2.수험료 3.학교운영지원비
		2.수익자부담수입	1.급식비 2.방과후학교활동비 3.현장체험학습비 4.청소년단체활동비 5.졸업앨범비 6.교과서비 7.기숙사비 8.교복구입비 9.운동부운영비 10 그 밖의 수익자부담수입
	2.지원금수입	1.학부모부담지원금수입	1.급식지원금수입~13. 그 밖의 학부모부담지원금수입(지자체나 교육청에서 보호자가 부담하여야 할 경비를 지원명목으로 학교에 교부하는 금액)
	3.행정활동수입	1.사용료 및 수수료	1.사용료 및 수수료
		2.자산수입	1.자산매각대
		3.적립금처분수입	1.적립금처분수입
		4.보증금회수	1.보증금회수
		5.그 외 행정활동 수입	1.지연수납행정활동수입 2.이자수입 3.그 밖의 행정활동 수입
3.그 밖의 수입			
	1.전년도이월금	1.이월사업비	1.이월사업비
		2.정산대상재원사용잔액	1.정산대상재원사용잔액
		3.순세계잉여금	1.순세계잉여금

12) 학교회계의 세출예산과목

학교의 세출예산과목은 다음과 같으며, 필요에 따라 추가하거나 삭제할 수는 있으나 예산에 사용한 과목을 결산에 그대로 사용해야 한다. 원가통계비목인 세목의 구분은 생략한다.

▮ 사업별 세출예산과목의 구분 ▮

항 (정책사업)	목 (단위사업)		
1. 인적자원운용	1.교직원보수	2.그 밖의 교직원보수	3.교직원복지 및 역량강화
2. 복지/교육격차해소	1.급식관리 4.교육격차해소	2.기숙사관리 5.학생복지	3.보건관리
3. 기본적 교육활동	1.교과활동	2.창의적체험활동	
4. 선택적 교육활동	1.방과후학교 5.교기육성	2.직업교육 3.국제교육 6.창의교육	4.독서활동 7.그 밖의 선택적 교육활동
5. 교육활동 지원	1.교무학사업무운영 4.학습지원실운영	2.생활지도운영 5.교육여건개선	3.연구학교운영
6. 학교 일반운영	1.학교기관운영	2.시설장비유지	3.학교운영협력
7. 학교시설 확충	1.시설확충 및 개선		
8. 학교 재무활동	1.반환금	2.예비비	

▮ 성질별 세출예산과목의 구분 ▮

관	항	목	
1.인건비	1.인건비	1.교직원보수 3.기간제근로자보수	2.무기계약지원보수 4.학교운영지원수당
2.운영비	1.학교운영비	1.일반운영비(일반수용비, 운영수당, 전기요금, 급식재료비 등) 2.교육운영비(교재교구구입비, 학생준비물구입비 등) 3.법정부담금(사회보험 부담금 등)	
	2.업무추진비	1.업무추진비	
3.자산취득비	1.시설비	1.시설비(대규모 수선 등 자산변동을 가져오는 사업)	
	2.비품구입비	1.비품구입비(자산비품구입비, 도서구입비 등)	
	3.시설적립금	1.시설적립금(노후교실 증·개축 등 대규모 시설 사업적립금)	
	4.그 밖의 자산취득비	1.그 밖의 자산취득비	
4. 예비비	1.예비비 및 반환금	1.예비비	2.반환금

13) 유치원회계의 세입예산 과목

「유아교육법」 제2조 제2호에 따른 유치원의 경우 학교에 속하는 회계의 세입예산 과목은 다음과 같다. 관·항은 해당하는 관·항만을 선택하여 사용하고, 목의 예산과목은 필요에 따라 추가하거나 삭제할 수 있다. 결산을 하는 경우에는 예산에서 사용한 관·항·목을 그대로 사용한다.

관	항	목
1. 보조금 및 지원금 수입	1. 공통과정 및 방과후 과정 지원금 수입	1. 공통과정 지원금 2. 방과후 과정 지원금 3. 저소득층 유아 지원금
	2. 방과후 과정 운영 보조금 수입	1. 국가보조금 2. 지방자치단체보조금 3. 교육청보조금
	3. 인건비 보조금 수입	1. 국가보조금 2. 지방자치단체보조금 3. 교육청보조금
	4. 자본 보조금 수입	1. 국가보조금 2. 지방자치단체보조금 3. 교육청보조금
	5. 일반운영 보조금 수입	1. 국가보조금 2. 지방자치단체보조금 3. 교육청보조금
2. 수익자 부담 수입	1. 교육비 수입	1. 입학금 2. 교육과정 수업료
	2. 방과후 과정비 수입	1. 방과후 교육·돌봄비 2. 방과후 특성화비
	3. 급식비·간식비 수입	1. 일반급식비·간식비 2. 특별급식비·간식비
	4. 그 밖의 수익자 부담 수입	1. 현장체험 학습비 2. 통학차량 이용비 3. 졸업앨범비 4. 그 밖의 교육활동 수익자 부담 수입
3. 설치·경영자 및 민간 이전수입	1. 설치·경영자 이전 수입	1. 법인 법정부담금 2. 법인 이전수입 3. 그 밖의 설치·경영자 이전수입
	2. 민간 이전수입	1. 민간 이전수입
4. 차입금 수입	1. 차입금 수입	1. 단기차입금 2. 장기차입금
5. 적립금 이전수입	1. 적립금 이전수입	1. 건축적립금 이전수입 2. 그 밖의 적립금 이전수입
6. 행정활동 수입	1. 지난연도 수납수입	2. 이자수입 3. 그 밖의 행정활동 수입
7. 기부·후원금 수입	1. 기부·후원금 수입	1. 기부·후원금 수입
8. 전년도 이월금 수입	1. 전년도 이월금 수입	1. 이월사업비 2. 정산대상 재원 잔액 3. 순세계잉여금

14) 유치원회계의 세출예산 과목

「유아교육법」 제2조 제2호에 따른 유치원의 경우 학교에 속하는 회계의 세출예산 과목은 다음과 같다. 관 · 항은 해당하는 관 · 항만을 선택하여 사용하고, 목의 예산과목은 필요에 따라 추가하거나 삭제할 수 있다. 결산을 하는 경우에는 예산에서 사용한 관 · 항 · 목을 그대로 사용한다.

관	항	목	
1. 인건비	1. 교원인건비	1. 급여 3. 법정부담금	2. 수당 4. 퇴직금 및 퇴직적립금
	2. 직원인건비	1. 급여 3. 법정부담금	2. 수당 4. 퇴직금 및 퇴직적립금
	3. 그 밖의 인건비	1. 그 밖의 인건비	
2. 운영비	1. 관리운영비	1. 수용비 3. 연료비 5. 그 밖의 관리운영비	2. 수수료 및 제세공과금 4. 여비
	2. 업무추진비	1. 일반업무추진비	2. 직책급업무추진비
3. 일반 교육활동비	1. 일반 교육활동비	1. 교사 연수 · 연구비 3. 행사비 5. 복리비	2. 교재 · 교구 구입비 4. 장학금 6. 일반급식비 · 간식비
4. 선택적 교육 활동비	1. 방과후 교육활동비	1. 방과후 교육 · 돌봄비	2. 방과후 특성화비
	2. 그 밖의 교육 활동비	1. 현장체험 학습비 3. 특별급식비 · 간식비 5. 그 밖의 수익자부담재원 교육활동비	2. 통학차량 이용비 4. 졸업앨범비
5. 적립금	1. 적립금	1. 건축적립금	2. 그 밖의 적립금
6. 상환금	1. 단기차입상환금	1. 원금상환금	2. 이자상환금
	2. 장기차입상환금	1. 원금상환금	2. 이자상환금
7. 시설 · 설비 · 비품비	1. 시설비	1. 시설비	
	2. 설비 · 비품비	1. 취득비	2. 유지비
8. 지난연도 지출금	1. 지난연도 지출금	1. 지난연도 지출금	
9. 잡지출	1. 잡지출	1. 잡지출	
10. 예비비 및 반환금	1. 예비비	1. 예비비	
	2. 반환금	1. 보조금반환금 3. 수익자반환금	2. 지원금반환금

2.2 사학기관 재무 · 회계 규칙에 대한 특례규칙의 주요내용

사립대학기관의 예산편성과 회계 및 결산에 대한 내용을 별도로 규정한 것이 「사학기관 재무 · 회계 규칙에 대한 특례규칙」(이하 "특례규칙"이라 함)이다. 따라서 사립대학교와 이를 설치 · 경영하는 법인은 이 특례규칙을 우선 적용해야 하고 이 특례규칙에 규정하고 있지 않은 사항은 「사학기관 재무 · 회계 규칙」에 따라야 한다.

1) 회계의 원칙과 재무제표의 종류

재무제표는 복식부기의 원리에 따라 신뢰성 있고 객관적인 자료와 증거를 바탕으로 공정하게 회계처리된 내용에 따라 이해하기 쉽도록 표시해야 한다. 또한 기간별 비교가능성을 높일 수 있도록 한번 정한 회계처리 방법은 계속 적용해야 하며, 정당한 사유 없이 이를 변경하여서는 안된다. 재무제표의 종류는 자금계산서 · 재무상태표 및 운영계산서로 하며, 재무제표를 이용하는 자에게 충분한 회계정보를 제공할 수 있도록 필요한 부속명세서를 작성하고, 주기 및 주석을 하여야 한다.

대학교의 예산 및 결산에 관한 서류

예산에 관한 서류	결산에 관한 서류
–법인회계 1. 이사회 회의록 사본 2. 예산부속명세서(전기말추정미수금명세서, 전기말추정차입금명세서, 적립금 운용계획서(명세서), 기타 예산목별 명세서) –학교회계 1. 이사회 회의록 사본, 「사립학교법」 제29조 제4항 제1호에 따른 대학평의원회의 자문 내용 사본 및 등록금심의위원회 회의록 사본 2. 학년별 · 학과별학생수명세서 3. 예산부속명세서(전기말추정미수금명세서, 전기말추정차입금명세서, 등록금명세서, 인건비명세서, 적립금 운용계획서(명세서), 기타 예산목별 명세서)	1. 자금계산서 2. 재무상태표 및 재무상태표 부속명세서 3. 운영계산서 및 운영계산서 부속명세서 4. 합계잔액시산표 5. 이사회 회의록 사본 6. 「사립학교법」 제31조 제3항 제1호에 따른 대학평의원회의 자문 내용 사본 및 등록금심의위원회 회의록 사본(학교회계의 결산인 경우에 한함) 7. 감사보고서 8. 합산재무제표 9. 기타 결산과 관련하여 필요한 서류

제4장 비영리조직 유형별 회계와 세무실무

2) 재무상태표

재무상태표는 재무상태표일의 대학회계 및 법인회계의 재무상태에 대한 정보를 제공하는 재무보고서이다. 특례규칙에서 규정하고 있는 재무상태표의 구조는 다음과 같다.

❙ 재무상태표 계정과목 명세표 ❙

1. 자산

과목			적용회계		재무상태표 계정과목 해설
관	항	목	법인회계	학교회계	
1100 유동자산			○	○	
	1110 유동자금		○	○	
		1111 현 금	○	○	자금 출납부서에서 관리 · 보관하는 현금[일반 업무부서의 소액현금 선지급액을 포함한다]
		1112 예 금	○	○	금융회사에 예치된 각종 예금
	1120 기타유동자산		○	○	
		1121 단기 대여금	○	○	상환기간이 1년 미만인 다른 회계 조직 등에 대한 일시적 대여금
		1122 선급금	○	○	물품 및 용역 구입비용 등의 선지급액
		1123 미수금	○	○	일반적인 거래의 미수채권
		1124 가지급금	○	○	액수나 과목이 확정되지 않은 각종 비용의 선지급액(소액현금은 1111 현금에 계상한다)
		1125 선급 법인세	○	○	예금이자 등에 대한 금융회사의 원천징수세액 중 차후 환급이 되는 법인세
		1126 받을어음	○	○	일반적 거래에서 발생한 어음상의 채권
		1129 기타 유동자산	○	○	회수 가능기간이 1년 미만인 그 밖의 유동자산

과목			적용회계		재무상태표 계정과목 해설
관	항	목	법인 회계	학교 회계	
1200 투자와 기타자산			○	○	
	1210 설치학교		○	×	
		1211 대학	○	×	대학회계에 투입되어 있는 법인 일반회계의 투자액(3112 법인과 대응)
		1212 전문대학	○	×	전문대학회계에 투입되어 있는 법인 일반회계의 투자액 (3112 법인과 대응)
		1213 원격대학	○	×	원격대학에 투입되어 있는 법인 일반회계의 투자액(3112 법인과 대응)
		1214 유·초·중·고교	○	×	유·초·중·고교회계에 투입되어 있는 법인 일반회계의 투자액(3112 법인과 대응)
		1215 부속병원	○	×	부속병원에 투입되어 있는 법인회계의 투자액(3112 법인과 대응)
	1220 투자자산		○	○	
		1221 투자 유가증권	○	○	투자 목적으로 소유하는 주식·사채 및 국공채 등
		1222 출자금	○	×	투자 목적으로 소유하는 회사 외의 투자액
		1223 부속병원투자	○	×	부속병원에 투자하는 금액(1215 부속병원 계상금액 제외)
		1224 학교기업 투자	×	○	학교가 학교기업에 투자하는 금액
		1225 등록금회계	×	○	비등록금회계 재원으로 구입한 고정자산을 등록금회계로 전출한 금액
		1229 기타 투자자산	○	○	그 밖의 각종 투자자산

과목			적용회계		재무상태표 계정과목 해설
관	항	목	법인 회계	학교 회계	
	1240 기타자산		○	○	
		1241 전신 · 전화 보증금	○	○	특정한 전신 또는 전화를 사용하기 위하여 지급하는 보증금
		1242 임차 보증금	○	○	부동산 등의 임차보증금
		1243 장기 대여금	○	○	상환기간이 1년 이상인 각종 대여금
		1244 수익용 예금	○	×	학교법인이 수익용 기본재산으로 관리하고 있는 신탁예금
		1249 기타자산	○	○	그 밖의 자산
	1250 원금보존 기금		○	○	
		1251			※3150과 대응시키기 위하여 코드번호를 사용하지 않음
		1252 원금보존연구 기금	○	○	연구 장려 등을 위하여 원금보존으로 별도로 예치한 자금 등
		1253 원금보존건축 기금	○	○	건축비용 충당을 위하여 원금보존으로 별도로 예치한 자금 등
		1254 원금보존장학 기금	○	○	장학금 지급을 위하여 원금보존으로 별도로 예치한 자금 등
		1255 원금보존특정 목적기금	○	○	학교발전 등을 위하여 원금보존으로 별도로 예치한 자금 등
	1260 임의기금		○	○	
		1261			※3160과 대응시키기 위하여 코드번호를 사용하지 않음
		1262 임의연구기금	○	○	연구 장려 등을 위하여 임의로 별도 예치한 자금
		1263			

과목			적용회계		재무상태표 계정과목 해설
관	항	목	법인회계	학교회계	
		임의건축기금	○	○	건축비용 충당을 위하여 임의로 별도 예치한 자금
		1264 임의장학기금	○	○	장학금 지급을 위하여 임의로 별도 예치한 자금
		1265 임의퇴직기금	○	○	퇴직금 지급을 위하여 임의로 별도 예치한 자금
		1266 임의특정목적기금	○	○	학교발전 등을 위하여 임의로 별도 예치한 자금
1300 고정자산			○	○	
	1310 유형 고정자산		○	○	
		1311 토지	○	○	대지 · 임야 · 전 · 답 · 잡종지 등
		1312 건물	○	○	건물 및 냉난방 · 보일러 및 그 밖의 건물 부속설비
		1313 구축물	○	○	저수지 · 정원설비 · 굴뚝 · 각종 토목설비 또는 인공구조물 등
		1314 기계기구	○	○	기계장치 및 각종 기구
		1315 집기비품	○	○	내용연수가 1년 이상인 집기비품 및 상당한 가치를 지닌 전산프로그램 등
		1316 차량 운반구	○	○	자동차 및 그 밖의 운반구
		1317 도서	○	○	도서비치용 도서(일반부서의 간행물은 제외한다)
		1318 박물관유물	×	○	박물관의 각종 유물
		1319 건설중인자산	○	○	유형고정자산을 취득하기 위해 지출한 계약금 및 중도금과 건설을 위한 재료비, 노무비 및 경비 등(취득 또는 완공 후 해당 고정자산 과목으로 대체한다)

과목			적용회계		재무상태표 계정과목 해설
관	항	목	법인 회계	학교 회계	
	1320 무형 고정자산		○	○	
		1321 무형 고정자산	○	○	특허권 · 실용신안권 · 상표권 · 광업권 · 어업권 등 각종 무형고정자산
자산 총계			○	○	

비고:
1. 적용회계란의 ○표는 그 계정과목이 해당 회계의 적용 대상임을 표시하고, ×표는 그 계정과목이 해당 회계의 적용 대상이 아님을 표시한 것임.
2. 부채 및 기본금 총계는 자산 총계와 일치해야 함.

2. 부채 및 기본금

과목			현행		재무상태표 계정과목 해설
관	항	목	법인 회계	학교 회계	
2100 유동부채			○	○	
	2110 단기 차입금		○	○	
		2111 단기 차입금	○	○	상환기간이 1년 미만인 차입금 등
		2112 유동성장기부채	○	○	상환기간이 1년 미만인 장기차입금, 차관, 학교채
		2113 유동성학교채 발행차금	○	○	상환기간 1년 이내 도래하는 학교채 발행 시 액면가와 실제발행액의 차금 중 미상각액(할증발행차금은 +, 할인발행차금은 -로 표시)
	2120 예수금		○	○	
		2121 일반 예수금	○	○	급여 지급 시 공제하는 연금 · 의료보험 등 일시적 예수액
		2122 각종세금 예수금	○	○	갑근세 원천징수액 등 일시적인 각종 세금 예수금
		2123 특별회계예수금	○	○	특별회계로부터 예수한 금액

과목			현행		재무상태표 계정과목 해설
관	항	목	법인 회계	학교 회계	
		2129 기타 예수금	○	○	그 밖의 일시 예수금
	2130 선수금		○	○	
		2131 등록금선수금	×	○	해당 회계연도가 시작되기 전에 수납된 등록금 등
		2132 학교채선수금	○	○	학교채 청약금(미발행 금액)
		2139 기타선수금	○	○	그 밖의 선수금
	2140 기타 유동부채		○	○	
		2141 미지급금	○	○	일반적 거래에서 발생한 미지급 채무 및 비용
		2142 가수금	○	○	송금자나 입금 내용이 밝혀지지 않은 지로계좌 등의 입금액(결산 시 해당 과목으로 대체한다)
		2143 지급어음	○	○	일반적 매입거래 대가로 발행한 어음금액
		2149 기타 유동부채	○	○	상환기간이 1년 미만인 그 밖의 부채
2200 고정부채			○	○	
	2210 장기 차입금		○	○	
		2211 장기 차입금	○	○	상환기간이 1년을 초과하는 차입금(외화 장기차입금을 포함한다)
		2212 차관	○	○	각종 차관의 미상환 잔액
		2213 학교채	○	○	학교채 미상환액(액면가)
		2214 학교채발행	○	○	학교채 발행 시 액면가와 실제발행액의 차금 중

과목			현행		재무상태표 계정과목 해설
관	항	목	법인 회계	학교 회계	
		자금			미상각액(할증발행차금은 +, 할인발행차금은 - 로 표시)
	2220 기타 고정부채		○	○	
		2221 임대 보증금	○	○	부동산 등을 임대하고 받는 보증금
		2222 장기 미지급금	○	○	지급기한이 1년을 초과하는 미지급금
		2229 기타 고정부채	○	○	상환기간이 1년을 초과하는 그 밖의 부채
2300 감가상각 누계액			○	○	
	2310 감가상각 누계액		○	○	
		2312 건물감가상각 누계액	○	○	건물의 감가상각 누계액 (건물 차감계정이며 내용연수에 거쳐 상각함)
		2313 구축물감가상각누계액	○	○	구축물의 감가상각 누계액 (구축물 차감계정이며 내용연수에 거쳐 상각함)
		2314 기계기구감가상각누계액	○	○	기계기구의 감가상각 누계액 (기계기구 차감계정이며 내용연수에 거쳐 상각함)
		2315 집기비품감가상각누계액	○	○	집기비품의 감가상각 누계액 (집기비품 차감계정이며 내용연수에 거쳐 상각함)
		2316 차량운반구감가상각누계액	○	○	차량운반구의 감가상각 누계액 (차량운반구 차감계정이며 내용연수에 거쳐 상각함)
		2317 도서감가상각 누계액	○	○	도서의 감가상각 누계액 (도서 차감계정이며 내용연수에 거쳐 상각함)
2400 사용수익			○	○	

과목			현행		재무상태표 계정과목 해설
관	항	목	법인 회계	학교 회계	
권					
	2410 사용수익권		○	○	
		2411 사용수익권	○	○	BTO방식으로 준공된 건물의 운영권에 대한 회계처리(건물 차감계정이며 권리제공기간에 거쳐 상각함)
2500 고유목적사업 준비금			○	○	
	2510 고유목적사업 준비금		○	○	
		2511 고유목적사업준비금	○	○	법인 및 학교의 고유목적사업에 지출하기 위하여 설정한 준비금
3100 기본금			○	○	
	3110 출연기본금		○	○	
		3111 설립자기본금	○	×	설립자 및 이사장, 학교법인의 특수관계자가 출연한 재산
		3112 법인	×	○	토지와 건축물에 상당하는 기본금(1210 설치학교와 대응)
		3113 기타 기본금	○	×	설립자기본금을 제외한 학교법인의 수익용 기본재산에 상당하는 기본금
	3150 원금보존적립금		○	○	1250 원금보존기금과 대응
		3151			※ 3161 항목과 대응시키기 위하여 코드번호를 사용하지 않음

과목			현행		재무상태표 계정과목 해설
관	항	목	법인 회계	학교 회계	
		3152 원금보존연구적립금	○	○	원금보존연구기금에 대응된 운영차액 대체액
		3153 원금보존건축적립금	○	○	원금보존건축기금에 대응된 운영차액 대체액
		3154 원금보존장학적립금	○	○	원금보존장학기금에 대응된 운영차액 대체액
		3155 원금보존특정목적적립금	○	○	원금보존특정목적기금에 대응된 운영차액 대체액
	3160 임의적립금		○	○	1250 임의기금과 대응
		3161 재평가적립금	○	○	※ 3174 자산재평가차액으로 대체함
		3162 임의연구적립금	○	○	임의연구기금에 대응된 운영차액 대체액
		3163 임의건축적립금	○	○	임의건축기금에 대응된 운영차액 대체액
		3164 임의장학적립금	○	○	임의장학기금에 대응된 운영차액 대체액
		3165 임의퇴직적립금	○	○	임의퇴직기금에 대응된 운영차액 대체액
		3166 임의특정목적적립금	○	○	임의특정목적기금에 대응된 운영차액 대체액
	3170 기본금조정		○	○	
		3171 투자유가증권평가손익	○	○	당기의 운용결과로 볼 수 없는 투자유가증권평가손익 등의 미실현보유손익(이익은 +, 손실은 -로 표시)
		3172 기금평가손익	○	○	당기의 운용결과로 볼 수 없는 기금평가손익 등의

과목			현행		재무상태표 계정과목 해설
관	항	목	법인 회계	학교 회계	
					미실현보유손익(이익은 +, 손실은 -로 표시)
		3173 비등록금회계	×	○	비등록금회계 재원으로 구입한 고정자산을 등록금회계로 전입받은 금액
		3174 자산재평가 차액	○	○	자산재평가로 인한 평가차익(이익은 +, 손실은 -로 표시)
	3130 운영차액		○	○	
		3131 전기이월운영 차액	○	○	전기 이월운영차액(전기 재무상태표상의 3130과 일치해야 한다)
		3132 당기운영차액	○	○	당기 운영차액(운영계산서상의 당기 운영차액과 일치해야 한다)
부채 및 기본금 총계			○	○	

비고:

1. 적용회계란의 ○표는 그 계정과목이 해당 회계의 적용 대상임을 표시하고, ×표는 그 계정과목이 해당 회계의 적용 대상이 아님을 표시한 것임.
2. 부채 및 기본금 총계는 자산 총계와 일치해야 함.

기간이 1년 미만인 자산 및 부채는 이를 각각 유동자산 및 유동부채로 구분하고, 기간이 1년 이상인 자산 및 부채는 이를 각각 고정자산 및 고정부채로 구분함을 원칙으로 한다. 자산의 평가는 취득원가로 계상하나 필요할 경우 시가로 재평가할 수 있다. 투자유가증권과 유가증권은 시가로 평가하며, 이 경우 발생하는 미실현손익은 기본금조정으로 계상하였다가 실제 처분 시 처분손익에 가감한다. 유형자산의 감가상각은 내용연수에 걸쳐 정액법으로 한다. 외화자산 · 부채는 재무상태표일 현재 한국은행 고시환율로 환산하고 그 환산손익은 당기운영손익에 반영한다.

3) 운영계산서

운영계산서는 회계기간 동안의 운영성과에 대한 정보를 제공하는 재무보고서로 운용수익 및 운영비용의 내용과 당기운영차액에 대한 내용으로 구성되어 있다.

▌운영계산서 계정과목 명세표▐

1. 운영수익

과목			적용회계		운영계산서 계정과목 해설
관	항	목	법인 회계	학교 회계	
5100 등록금 및 수강료수입			×	○	
	5110 등록금수입		×	○	
		5111 학부입학금	×	○	대학 신입생(편입생 포함)으로부터 받는 입학금
		5112 대학원입학금	×	○	대학원 신입생(편입생 포함)으로부터 받는 입학금
		5113 학부수업료	×	○	대학생으로부터 받는 수업료 (계절학기 수업료 포함)
		5114 대학원수업료	×	○	대학원생으로부터 받는 수업료 (계절학기 수업료 포함)
	5120 수강료수입		×	○	
		5121 단기수강료	×	○	특별강좌 · 평생교육강좌개설 등의 단기교육 수강료(계절학기 수업료 제외)
5200 전입및 기부수입			○	○	
	5210 전입금수입		○	○	
		5211 경상비전입금	×	○	법인으로부터 인건비, 관리 · 운영비, 연구의 경상비용으로 받는 전입금
		5212 법정부담전입금	×	○	법인으로부터 학교의 교직원에 대한 각종 법정부담금(연금 · 의료보험 등)으로 받는 전입금
		5213 자산전입금	×	○	학교가 법인으로부터 토지 및 건축물이 아닌 자산을 전입하거나 토지 및 건축물이 아닌 자산을 취득할 목적으로 받는 현금 및 물품
		5214 부속병원전입금	○	○	학교나 법인이 의과대학 · 치과대학 및 한의과대학 등의 부속병원으로부터 전입받는 금액
		5215 특별회계전입금	○	○	특별회계기관으로부터 받는 전입금

과목			적용회계		운영계산서 계정과목 해설
관	항	목	법인 회계	학교 회계	
		5216 교내 전입금	×	○	교내 다른 회계 조직(특별회계 제외)으로부터 받는 전입금(4516 교내 전출금과 대응)
		5217 수익사업전입금	○	×	수익사업회계로부터 받는 전입금
		5218 등록금회계 전입금	×	○	비등록금회계가 등록금회계로부터 받는 전입금 ※ 건축적립금 적립액과 차입원리금 상환액으로 세목 구분
	5220 기부금수입		○	○	
		5221 일반기부금	○	○	기증자가 기부금의 용도를 지정하지 않은 일반기부금
		5222 지정기부금	○	○	기증자가 기부금의 용도를 지정한 기부금(연구기부금은 5223 연구기부금에 계상한다)
		5223 연구기부금	○	○	외부 연구기관 및 기업 등으로부터 연구 · 개발 목적으로 받는 기부금
		5224 현물기부금	○	○	토지 · 건축물 · 실험기자재 · 유물 등의 기증받은 현물을 시가로 평가한 금액
	5230 국고보조금		○	○	
		5231 교육부	○	○	교육부로부터 지원받는 보조금 ※ 세목에서 국가장학금지원금과 기타지원금으로 구분
		5232 기타국고지원	○	○	교육부 외 기타 정부부처로부터 받는 보조금
		5233 지방자치단체	○	○	지방자치단체로부터 지원받는 보조금
	5240 산학협력단 및 학교기업 전입금		×	○	
		5241 산학협력단전입금	×	○	산학협력단으로부터 받는 전입금 및 물품
		5242 학교기업전입금	×	○	학교기업으로부터 받는 전입금 및 물품
5300 교육부대수입			×	○	

제6장 비영리조직 유형별 회계와 세무실무

과목			적용회계		운영계산서 계정과목 해설
관	항	목	법인 회계	학교 회계	
	5310 입시수수료 수입		×	○	4330 입시관리비와 대응
		5311 입학원서대	×	○	입학원서 판매대금
		5312 수험료	×	○	입시지원자로부터 받는 수험료수입
	5320 증명 · 사용료수입		×	○	
		5321 증명료	×	○	졸업증명서 등 증명서를 발급하고 받는 각종 수수료수입
		5322 대여 · 사용료	×	○	강당, 교실, 기계 · 기구 등 학교시설물을 대여하고 받는 이용료와 복사기, 학교버스 등 학교시설의 이용자로부터 받는 사용료(임대보증금수입은 2221 임대보증금수입에 계상하고, 법인의 수익용 재산 임대료수입은 5431 임대료수입에 계상한다)
	5330 기타교육 부대수입		×	○	
		5331 논문심사료 수입	×	○	학생 논문지도 및 논문심사료수입(4324 논문심사료와 대응)
		5332 실습수입	×	○	실험 · 실습 등의 결과로 인한 부산물의 매각수입 또는 용역수입
		5339 기타교육부대수입	×	○	그 밖의 교육 부대수입
5400 교육외 수입			○	○	
	5410 예금이자 수입		○	○	
		5411 예금이자	○	○	각종 예금의 이자수입(수익용 기본재산인 예금의 이자수입을 포함한다)
	5420 기타교육 외수입		○	○	
		5421 잡수입	○	○	연구간접비 · 위약금 · 보험금수입 등 잡수입

과목			적용회계		운영계산서 계정과목 해설
관	항	목	법인회계	학교회계	
		5422 외화환산이익	○	○	외화 자산 및 부채의 환율변동에 따른 이익(회수 및 상환에 따른 이익은 5423 외환차익에 계상한다)
		5423 외환차익	○	○	외화자산의 회수금액이 장부가액을 초과할 경우의 초과금액 및 외화부채의 상환액이 장부가액에 미달하는 경우의 미달금액(자금계산서에는 회수 및 상환액의 총계를 원인 과목에 계상한다)
		5424 투자유가증권처분이익	○	○	투자유가증권의 매각 시 장부가액을 초과하는 금액
		5426 고정자산처분이익	○	○	고정자산 매각 시 장부가액을 초과하는 금액(자금계산서에는 매각액 총계를 원인 과목에 계상한다)
		5428 전기오류수정이익	○	○	이전 회계연도에 발생한 잘못된 회계처리에 대한 오류 수정이익
	5430 수익재산 수입		○	×	법인회계의 수익재산 수입(수익사업회계로 별도 독립되어 정리되는 수입 외의 수입)
		5431 임대료 수입	○	×	수익용 토지 및 건물 등 재산을 임대하고 받는 임대료수입(임대보증금은 2221 임대보증금수입에 계상한다)
		5432 배당금 수입	○	×	수익을 목적으로 주식 등에 투자하여 그로부터 받는 배당금등
		5433 임 · 농 · 수산물 수입	○	×	수익용 재산으로 보유하고 있는 임야 · 농장 등으로부터 생산된 임산물 · 농산물 · 수산물의 판매대금
		5439 기타수익 재산수입	○	×	그 밖의 수익용 기본재산수입
5500 고유목적사업 준비금 환입액			○	○	
	5510 고유목적사업 준비금 환입액		○	○	
		5511 고유목적사업 준비금 환입액	○	○	적립된 고유목적사업준비금을 목적사업에 사용(이체)한 금액 및 미사용한 고유목적사업준비금에 대한 환입

과목			적용회계		운영계산서 계정과목 해설
관	항	목	법인회계	학교회계	
					액을 처리하기 위한 금액
운영수익 총계			○	○	

비고 :

1. 적용회계란의 ○표는 그 계정과목이 해당 회계의 적용 대상임을 표시하고, ×표는 그 계정과목이 해당 회계의 적용 대상이 아님을 표시한 것임.
2. 운영수익 총계는 비용 총계와 일치해야 함.

2. 운영비용

과목			적용회계		운영계산서 계정과목 해설
관	항	목	법인회계	학교회계	
4100 보수			○	○	
	4110 교원보수		○	○	
		4111 교원급여	×	○	교원의 정액급여(인건비성 연구보조비를 포함하되, 정액수당은 제외한다)
		4112 교원상여금	×	○	교원의 상여금
		4113 교원각종수당	×	○	초과강의료 · 정액수당 · 정근수당 · 식대보조비 · 학생지도비 등 교원의 각종 수당
		4114 교원법정부담금	×	○	교원에 대한 연금부담금 및 의료보험부담금 등
		4115 시간강의료	×	○	정규 교육과정의 강의를 담당하는 강사에게 지급하는 각종 강의료
		4116 특별강의료	○	○	비정규 교육과정의 강의(강연)를 담당하는 강사에게 지급하는 강의료
		4117 교원퇴직금	×	○	「사립학교교직원 연금법」에 따른 퇴직급여 외의 퇴직금
		4118 조교인건비	×	○	유급조교(장학조교는 제외한다)에게 지급하는 급여 · 상여금 · 각종 수당 · 법정부담금 및 퇴직금
	4120 직원보수		○	○	
		4121 직원급여	○	○	직원의 정액 급여
		4122 직원상여금	○	○	직원의 상여금

과목			적용회계		운영계산서 계정과목 해설
관	항	목	법인회계	학교회계	
		4123 직원각종수당	○	○	정액수당 · 정근수당 · 식대보조비 등 직원의 각종 수당
		4124 직원법정부담금	○	○	직원에 대한 연금부담금 및 의료보험 부담금 등
		4125 임시직인건비	○	○	임시직 직원의 급여 · 상여 및 각종 수당
		4126 임금	○	○	일용 인부의 임금
		4127 직원퇴직금	○	○	「사립학교교직원 연금법」에 따른 퇴직급여 외의 퇴직금
4200 관리 · 운영비			○	○	
	4210 시설관리비		○	○	
		4211 건축물관리비	○	○	건물의 보수 및 유지 · 관리비
		4212 장비관리비	○	○	공구, 비품, 기계 · 기구류의 수선 및 수리비
		4213 조경관리비	○	○	조경 · 운동장 및 구축물 그 밖의 시설물의 유지 · 보수비
		4214 박물관관리비	×	○	박물관 및 유물 관리에 지출하는 각종 비용
		4215 시설용역비	○	○	청소 · 경비 등 시설용역 비용
		4216 보험료	○	○	건축물 · 시설물 · 동산 등의 재해보험료
		4217 리스 · 임차료	○	○	토지 · 건물 · 기계기구 등의 리스료 및 임차료
		4219 기타시설관리비	○	○	그 밖의 시설의 유지 · 관리에 드는 비용
	4220 일반관리비		○	○	
		4221 여비교통비	○	○	교직원의 국내외 출장여비 및 교통비
		4222 차량유지비	○	○	차량 유지에 드는 유류비 · 수리비 등(다만, 보험료는 4216 보험료에 계상하고, 자동차세는 4228 각종 세금 · 공과금에 계상한다)
		4223	○	○	일반소모품 등의 구입비용(복사용

과목			적용회계		운영계산서 계정과목 해설
관	항	목	법인 회계	학교 회계	
		소모품비			지 · 프린트용지 · 간행물구독료 등 각종 사무용품비)
		4224 인쇄 · 출판비	○	○	각종 서식 및 유인물의 인쇄비, 제본비 등
		4225 난방비	○	○	난방 등에 드는 연료구입비 등
		4226 전기 · 수도료	○	○	전기 · 수도요금
		4227 통신비	○	○	전신 · 전화 · 우편요금 등의 통신비
		4228 각종세금 · 공과금	○	○	법인 및 학교가 부담해야 할 각종 세금 · 공과금, 각종 협회비 및 자동차세
		4229 지급수수료	○	○	면허 · 허가 · 인가 · 등록 및 각종 증명 등의 발급신청에 드는 수수료
	4230 운영비		○	○	
		4231 복리후생비	○	○	교직원의 복리후생을 위하여 지출하는 현물식사대(급여 시 지급하는 식대수당은 제외한다)와 의복 · 개인장비 등 각종 복리후생비
		4232 교육 · 훈련비	○	○	교직원의 교육 · 훈련에 지출하는 비용
		4233 일반용역비	○	○	감사 · 세무 · 감정 등 일반 용역에 지출하는 비용
		4234 기관장 업무 추진비	○	○	기관장(이사장 및 총장)의 업무 추진에 특별히 드는 비용
		4235 상임이사 업무 추진비	○	×	상임이사의 업무 추진에 특별히 드는 비용
		4236 기타 업무 추진비	○	○	기관장 및 상임이사를 제외한 교직원의 업무 추진에 특별히 드는 비용
		4237 홍보비	○	○	신문 공고, 홍보용 책자, 기념품 등의 홍보용품 제작경비
		4238 회의비	○	○	각종 회의에 지출하는 비용
		4239 행사비	○	○	입학식 · 졸업식 · 개교기념식 등의 행사에 지출하는 비용
		4240	○	○	종교계 법인 및 학교의 선교활동비

과목			적용회계		운영계산서 계정과목 해설
관	항	목	법인 회계	학교 회계	
		선교비			
		4241 기타운영비	○	○	그 밖의 운영비
	4250 감가상각비		○	○	※ 운영계산서에만 해당됨
		4252 유형고정자산감가상각비	○	○	유형고정자산의 해당 회계연도 감가상각액
		4253 무형고정자산 상각비	○	○	무형고정자산의 해당 회계연도 상각액
4300 연구학생경비			○	○	
	4310 연구비		×	○	
		4311 연구비	×	○	교원 및 직원 연구비
		4312 연구관리비	×	○	연구용 도서 구입, 연구결과 보고서 출판 등에 지출하는 각종 비용
	4320 학생경비		○	○	
		4321 교외장학금	○	○	기부금 수입 등 외부 재원으로 지급하는 장학금
		4322 교내장학금	○	○	(등록금회계) 등록금 재원으로 지급하는 장학금 (비등록금회계) 적립금 및 적립이자, 수입이자 등의 재원으로 지급하는 장학금
		4323 실험실습비	×	○	실험 · 실습교육에 지출하는 각종 비용(실험 · 실습 기자재 구입비는 1314 기계 · 기구 매입비에 계상한다)
		4324 논문심사료	×	○	논문심사에 드는 비용(5331 논문심사수입과 대응)
		4325 학생지원비	×	○	교내신문 발행, 교내방송, 대학지 발간, 학생서클 보조 및 학생행사 보조 등 학생지원 및 복지를 위하여 지출하는 각종 비용
		4329 기타학생경비	×	○	그 밖의 학생경비

과목			적용회계		운영계산서 계정과목 해설
관	항	목	법인회계	학교회계	
	4330 입시관리비		×	○	5310 입시수수료수입과 대응
		4331 입시수당	×	○	입학시험관리 담당 교직원의 수당
		4332 입시경비	×	○	입학시험에 드는 소모품비 · 수수료 · 인쇄비 · 광고료 · 임차료 · 식사비 등의 비용
4400 교육외비용			○	○	
	4410 지급이자		○	○	
		4411 지급이자	○	○	차입금 · 차관 등에 대한 이자지급액(학교채발행차금 상각액 포함)
	4420 기타교육 외 비용		○	○	
		4421 잡손실	○	○	예측하지 못한 교육 외 특별비용
		4422 외화환산손실	○	○	외화 자산 및 부채의 환율 변동에 따른 손실(회수 및 상환에 따른 손실은 4423에 계상한다)
		4423 외환차손	○	○	외화자산 회수금액이 장부가액에 미달하는 경우 미달금액 및 외화부채 상환금액이 장부가액을 초과하는 경우 초과금액(자금계산서에는 회수 및 상환금액의 총계를 계상한다)
		4424 투자유가증권처분손실	○	○	투자유가증권 매각 대금이 장부가액에 미달할 경우 미달 금액
		4426 고정자산처분손실	○	○	고정자산의 매각대금이 장부가액에 미달할 경우 미달 금액(자금계산서에는 매각액 총계를 계상한다)
		4428 고정자산폐기손실	○	○	고정자산의 폐기에 의해 발생한 손실
		4429 전기오류수정손실	○	○	이전 회계연도에 발생한 잘못된 회계처리에 대한 오류 수정손실
4500 전출금			○	○	
	4510 전출금		○	○	

과목			적용회계		운영계산서 계정과목 해설
관	항	목	법인 회계	학교 회계	
		4511 경상비전출금	○	×	법인이 학교의 인건비, 관리 · 운영비, 학생경비, 연구비 등으로 전출하는 금액
		4512 법정부담전출금	○	×	법인이 학교의 교직원에 대한 각종 법정부담금(연금 · 의료보험 등)으로 전출하는 금액
		4513 자산전출금	○	×	법인이 학교에게 토지 및 건축물이 아닌 자산을 전출하거나 토지 및 건축물이 아닌 자산을 취득할 목적으로 전출하는 현금
		4514 부속병원전출금	○	×	법인이 의과대학 · 치과대학 및 한의과대학의 운영을 위해 부담하는 각종 전출금
		4515 특별회계전출금	○	○	특별회계로 전출하는 전출금
		4516 교내전출금	×	○	교내의 다른 회계 조직에 전출하는 금액(5216 교내전입금과 대응)
		4519 비등록금회계 전출금	×	○	등록금회계에서 비등록금회계로 전출하는 금액 ※ 건축적립금 적립액과 차입원리금 상환액으로 세목 구분
	4540 산학협력단 및 학교기업 전출금		○	○	
		4541 산학협력단 전출금	○	○	법인회계 또는 학교회계에서 산학협력단 회계로 전출하는 금액
		4542 학교기업 전출금	○	○	법인회계 또는 학교회계에서 학교기업회계로 전출하는 금액
4700 고유목적사업 준비금 전입액			○	○	
	4710 고유목적사업 준비금 전입액		○	○	
		4711 고유목적사업준비	○	○	법인 및 학교의 고유목적사업에 지출하기 위하여 설정한 준비금 전입액

과목			적용회계		운영계산서 계정과목 해설
관	항	목	법인 회계	학교 회계	
		금 전입액			
운영비용 합계			○	○	
3100 기본금대체액			○	○	
	3120 각종적립금 대체액	–	○	○	각종 적립기금에 상당하는 운영차액의 대체액
운영차액 대체액			○	○	각종 적립금 인출에 따른 적립금 운영차액으로의 대체액
당기 운영차액			○	○	
		3132 당기 운영차액	○	○	운영수익 총계–운영비용 합계–각종 적립금 대체액+운영차액 대체액(기본금 대체액을 각종적립금 대체액으로 변경)
비용 총계			○	○	

비고 :
1. 적용회계란의 ○표는 그 계정과목이 해당 회계의 적용 대상임을 표시하고, ×표는 그 계정과목이 해당 회계의 적용 대상이 아님을 표시한 것임.
2. 비용 총계는 운영수입 총계와 일치해야 함.

4) 자금계산서

자금계산서는 회계연도의 학교와 법인의 활동(교육 · 영업 · 투자 · 재무활동 포함)에 따른 모든 자금의 수입과 지출의 흐름에 대한 정보와 동 자금흐름의 예산 대비 실제 결산의 차이 내역에 대한 정보를 제공하는 재무보고서이다. '자금'이라 함은 현금 · 예금 · 수표 및 우편환 등을 말하지만, 자금계산서상의 자금은 유동자산금액 및 유동부채 중 예산항목을 제외한 금액과의 차이로 계산한다. 자금계산서의 구조는 다음과 같다.

1. 당기자금수입	운영수익＋투자와기타자산수입＋고정자산매각수입＋단기차입금 차입＋고정부채입금＋기본금
2. 미사용전기이월자금	기초유동자산－기초유동부채(예수금 · 선수금 · 기타유동부채)
자금수입총계	
3. 당기자금지출	운영비용＋예비비＋투자와기타자산지출＋단기차입금상환＋고정부채상환
4. 미사용차기이월자금	기말유동자산－기말유동부채(예수금 · 선수금 · 기타유동부채)
자금지출총계	

▮ 자금계산서 계정과목 명세표 ▮

1. 수입 항목

과목			적용회계		자금계산서 계정과목 해설
관	항	목	법인 회계	학교 회계	
5100 등록금 및 수강료수입			×	○	
	5110 등록금수입		×	○	
		5111 학부입학금	×	○	대학 신입생(편입생 포함)으로부터 받는 입학금
		5112 대학원입학금	×	○	대학원 신입생(편입생 포함)으로부터 받는 입학금
		5113 학부수업료	×	○	대학생으로부터 받는 수업료(계절학기 수업료 포함)
		5114 대학원수업료	×	○	대학원생으로부터 받는 수업료(계절학기 수업료 포함)
	5120 수강료수입		×	○	
		5121 단기수강료	×	○	특별강좌 · 평생교육강좌개설 등의 단기교육 수강료(계절학기 수업료 제외)
5200 전입 및 기부수입			○	○	
	5210 전입금수입		○	○	
		5211 경상비전입금	×	○	법인으로부터 인건비, 관리 · 운영비, 연구 · 학생경비 등 경상비용으로 받는 전입금
		5212 법정부담전입금	×	○	법인으로부터 학교의 교직원에 대한 각종 법정부담금(연금 · 의료보험 등)으로 받는 전입금

과목			적용회계		자금계산서 계정과목 해설
관	항	목	법인 회계	학교 회계	
		5213 자산전입금	×	○	학교가 법인으로부터 토지 및 건축물이 아닌 자산을 전입하거나 토지 및 건축물이 아닌 자산을 취득할 목적으로 받는 현금
		5214 부속병원전입금	○	○	학교 또는 법인이 의과대학 · 치과대학 및 한의과대학 등의 부속병원으로부터 전입받는 금액
		5215 특별회계전입금	○	○	특별회계기관으로부터 받는 전입금
		5216 교내전입금	×	○	교내 다른 회계 조직으로부터 받는 전입금(4516 교내전출금과 대응)
		5217 수익사업전입금	○	×	수익사업회계로부터 받는 전입금
		5218 등록금회계전입금	×	○	비등록금회계가 등록금회계로부터 받는 전입금 ※ 건축적립금 적립액과 차입원리금 상환액으로 세목 구분
	5220 기부금수입		○	○	
		5221 일반기부금	○	○	기증자가 기부금의 용도를 지정하지 않은 일반기부금
		5222 지정기부금	○	○	기증자가 기부금의 용도를 지정한 기부금(5223 연구기부금 수입은 제외한다)
		5223 연구기부금	○	○	외부 연구기관 및 기업 등으로부터 연구 · 개발 목적으로 받는 기부금
	5230 국고보조금수입		○	○	정부나 지방자치단체로부터 받는 보조금
		5231 교육부	○	○	교육부로부터 지원받는 보조금 ※ 세목에서 국가장학금지원금과 기타지원금으로 구분

과목			적용회계		자금계산서 계정과목 해설
관	항	목	법인 회계	학교 회계	
		5232 기타국고지원	○	○	교육부 외 기타 정부 부처로부터 받는 보조금
		5233 지방자치단체	○	○	지방자치단체로부터 지원받는 보조금
	5240 산학협력단 및 학교기업 전입금		×	○	
		5241 산학협력단 전입금	×	○	산학협력단으로부터 받는 전입금
		5242 학교기업 전입금	×	○	학교기업으로부터 받는 전입금
5300 교육부대수입			×	○	
	5310 입시수수료 수입		×	○	4330 입시관리비와 대응
		5311 입학 원서대	×	○	입학원서 판매대금
		5312 수험료	×	○	입시지원자로부터 받는 수험료수입
	5320 증명 · 사용료수입		×	○	
		5321 증명료	×	○	졸업증명서 등 증명서를 발급하고 받는 각종 수수료수입
		5322 대여료 및 사용료	×	○	강당 · 교실 · 기계 · 기구 등 학교시설물을 대여하고 받는 이용료와 복사기 · 학교버스 등 학교시설의 이용자로부터 받는 사용료(임대보증금수입은 2221 임대보증금수입에 계상하고, 법인의 수익용 재산 임대료수입은 5431 임대료수입에 계상한다)

과목			적용회계		자금계산서 계정과목 해설
관	항	목	법인회계	학교회계	
	5330 기타교육부대수입		×	○	
		5331 논문심사수입	×	○	학생 논문지도 및 논문심사료 수입 (4324 논문심사료와 대응)
		5332 실습수입	×	○	실험 · 실습 등의 결과로 인한 부산물의 매각수입 또는 실험용역수입
		5339 기타교육부대수입	×	○	그 밖의 교육 부대수입
5400 교육외수입			○	○	
	5410 예금이자수입		○	○	
		5411 예금이자	○	○	각종 예금이자수입(수익용 기본재산인 예금이자수입을 포함한다)
	5420 기타교육외수입		○	○	
		5421 잡수입	○	○	연구간접비 · 위약금 · 보험금수입 등의 잡수입
	5430 수익재산수입		○	×	법인회계의 수익재산수입(수익사업회계로 별도 독립되어 정리되는 수입 외의 수입)
		5431 임대료수입	○	×	수익용 토지 및 건물 등 재산을 임대하고 받는 임대료 수입 (보증금은 2221 임대보증금수입에 계상한다)
		5432 배당금수입	○	×	수익을 목적으로 주식 등에 투자하여 받는 배당금 등
		5433			

과목			적용회계		자금계산서 계정과목 해설
관	항	목	법인회계	학교회계	
		임·농·수산물 수입	○	×	수익용 재산으로 보유하고 있는 임야·농장 등으로부터 생산된 임산물·농산물·수산물의 판매대금
		5439 기타수익재산수입	○	×	그 밖의 수익용 기본재산수입
1200 투자와기타자산수입			○	○	
	1220 투자자산수입		○	○	
		1221 투자유가증권 매각대	○	○	채권·주식 등의 유가증권 실제 매각금액(장부가액이 아님)
		1222 출자금 회수	○	×	수익사업 계정의 출자금 또는 투자금을 회수한 금액
		1224 학교기업투자자산 회수	×	○	학교가 학교기업으로부터 회수한 투자금액
		1229 기타투자자산수입	○	○	그 밖의 투자자산의 회수금액
	1240 기타자산수입		○	○	
		1241 전신·전화보증금 회수	○	○	예치한 전신·전화보증금을 회수한 금액
		1242 임차보증금 회수	○	○	토지, 건물, 기계·기구 등을 임차할 때 예치한 임차보증금을 회수한 금액
		1243 장기대여금 회수	○	○	대여했던 장기대여금을 당기에 회수한 금액
		1244 수익용예금 인출	○	×	학교법인이 수익용 기본재산으로 관리하고 있는 신탁예금의 인출
		1249			

과목			적용회계		자금계산서 계정과목 해설
관	항	목	법인 회계	학교 회계	
		기타자산 수입	○	○	그 밖의 자산의 매각 또는 회수금액
	1250 원금보존기금 인출수입		○	○	※예산편성(유동자금화)을 필요로 함
		1251			※1250항목과 3150항목을 대응시키기 위하여 1251코드번호를 사용하지 않음
		1252 원금보존연구기금 인출	○	○	원금보존연구기금 중에서 인출하여 예산편성하는 금액
		1253 원금보존건축기금 인출	○	○	원금보존건축기금 중에서 인출하여 예산편성하는 금액
		1254 원금보존장학기금 인출	○	○	원금보존장학기금 중에서 인출하여 예산편성하는 금액
		1255 원금보존특정목적 기금인출	○	○	원금보존특정목적기금 중에서 인출하여 예산편성하는 금액
	1260 임의기금인 출수입		○	○	※예산편성(유동자금화)을 필요로 함
		1261			※1260항목과 3160항목을 대응시키기 위하여 1261코드번호를 사용하지 않음
		1262 임의연구기금인출	○	○	임의연구기금 중에서 인출하여 예산편성하는 금액
		1263 임의건축기금인출	○	○	임의건축기금 중에서 인출하여 예산편성하는 금액
		1264 임의장학기금인출	○	○	임의장학기금 중에서 인출하여 예산편성하는 금액
		1265 임의퇴직기금인출	○	○	임의퇴직기금 중에서 인출하여 예산편성하는 금액
		1266 임의특정목적기금	○	○	임의특정목적기금 중에서 인출하여 예

과목			적용회계		자금계산서 계정과목 해설
관	항	목	법인회계	학교회계	
		인출			산편성하는 금액
1300 고정자산 매각수입			○	○	
	1310 유형고정자산 매각수입		○	○	
		1311 토지 매각대	○	○	토지(교육용 및 수익용을 포함한다)의 매각대금 총액(장부가액이 아님)
		1312 건물 매각대	○	○	건물(교육용 및 수익용을 포함한다)의 매각대금 총액(장부가액이 아님)
		1313 구축물 매각대	○	○	구축물(교육용 및 수익용을 포함한다)의 매각대금 총액(장부가액이 아님)
		1314 기계 · 기구 매각대	○	○	기계 · 기구(교육용 및 수익용을 포함한다)의 매각대금 총액(장부가액이 아님)
		1315 집기비품 매각대	○	○	집기비품(교육용 및 수익용을 포함한다)의 매각대금 총액(장부가액이 아님)
		1316 차량운반구 매각대	○	○	차량(교육용 및 수익용을 포함한다)의 매각대금 총액(장부가액이 아님)
		1317 도서 매각대	○	○	도서의 매각대금 총액(장부가액이 아님)
		1318 유물 매각대	×	○	유물의 매각대금 총액(장부가액이 아님)
	1320 무형고정자 산매각수입		○	○	
		1321 무형 고정자산 매각대	○	○	특허권 · 광업권 등과 같은 권리자산의 매각대금 총액(상각액은 제외한다)
2100 유동부채			○	○	

과목			적용회계		자금계산서 계정과목 해설
관	항	목	법인 회계	학교 회계	
입금					
	2110 단기차입금		○	○	
		2111 단기차입금 차입	○	○	상환기간이 1년 미만인 차입금의 차입
2200 고정부채 입금			○	○	
	2210 장기차입금		○	○	
		2211 장기차입금 차입	○	○	상환기간이 1년 이상인 차입금의 차입 (외화장기차입금을 포함한다)
		2212 차관도입	○	○	외국으로부터의 차관 도입에 따른 원화 입금액
		2213 학교채 발행	○	○	학교채 발행에 따른 차입액
	2220 기 타 고정부채		○	○	토지 · 건물 · 기계 등을 임대하고 받는 각종 보증금수입
		2221 임대보증금수입	○	○	
		2229 기타고정부채수입	○	○	그 밖의 장기부채 발생으로 인한 자금수입
3100 기본금			○	○	
	3110 출연기본금		○	○	
		3111 설립자기본금	○	×	설립자 및 이사장, 학교법인의 특수관계자가 출연한 재산
		3112 법인	×	○	토지와 건축물에 상당하는 기본금 (1210 설치학교와 대응)

과목			적용회계		자금계산서 계정과목 해설
관	항	목	법인 회계	학교 회계	
미사용 전기이월 자금	전기이월자금		○	○	기초 유동자산-기초 유동부채 ※ 전기말 자금계산서의 차기이월 자금과 일치
	1100 기초유동자산		○	○	
		1110 유동자금	○	○	기초 재무상태표상의 유동자금 총액
		1120 기타 유동자산	○	○	기초 재무상태표상의 기타유동자산 총액
	2100 기초유동부채		○	○	
		2120 예수금	○	○	기초 재무상태표상의 예수금 총액
		2130 선수금	○	○	기초 재무상태표상의 선수금 총액
		2140 기타유동부채	○	○	기초 재무상태표상의 기타유동부채 총액
자금수입 총계			○	○	

비고:
1. 적용회계란의 ○표는 그 계정과목이 해당 회계의 적용 대상임을 표시하고, ×표는 그 계정과목이 해당 회계의 적용 대상이 아님을 표시한 것임.
2. 자금수입총계는 자금지출총계와 일치해야 함.

2. 지출 항목

과목			적용회계		자금계산서 계정과목 해설
관	항	목	법인 회계	학교 회계	
4100 보수			○	○	
	4110 교원보수		○	○	
		4111 교원급여	×	○	교원의 정액급여(인건비성 연구보조

과목			적용회계		자금계산서 계정과목 해설
관	항	목	법인회계	학교회계	
					비를 포함하되, 정액수당은 제외한다)
		4112 교원상여금	×	○	교원의 상여금
		4113 교원각종수당	×	○	초과강의료 · 정액수당 · 정근수당 · 식대보조비 · 학생지도비 등 교원의 각종 수당
		4114 교원법정부담금	×	○	교원에 대한 연금부담금 및 의료보험부담금 등
		4115 시간강의료	×	○	정규 교육과정의 강의를 담당하는 강사에게 지급하는 각종 강의료
		4116 특별강의료	○	○	비정규 교육과정의 강의(강연)를 담당하는 강사에게 지급하는 강의료
		4117 교원퇴직금	×	○	「사립학교교직원 연금법」에 따른 퇴직급여 외의 퇴직금
		4118 조교인건비	×	○	유급조교(장학조교는 제외한다)에게 지급하는 급여 · 상여금 · 각종 수당 · 법정부담금 및 퇴직금
	4120 직원보수		○	○	
		4121 직원급여	○	○	직원의 정액급여
		4122 직원상여금	○	○	직원의 상여금
		4123 직원각종수당	○	○	정액수당 · 정근수당 · 식대보조비 등 직원의 각종 수당
		4124 직원법정부담금	○	○	직원 연금부담금 및 의료보험부담금 등
		4125 임시직인건비	○	○	임시직 직원의 급여 · 상여 및 각종 수당
		4126			

과목			적용회계		자금계산서 계정과목 해설
관	항	목	법인 회계	학교 회계	
		임금	○	○	일용 인부의 임금
		4127 직원 퇴직금	○	○	「사립학교교직원 연금법」에 따른 퇴직 급여 외의 퇴직금
4200 관리 · 운영비			○	○	
	4210 시설 관리비		○	○	
		4211 건축물관리비	○	○	건축물의 보수 및 유지 · 관리비
		4212 장비관리비	○	○	공구, 비품, 기계 · 기구류의 수선 및 수리비
		4213 조경관리비	○	○	조경 · 운동장 및 구축물 그 밖의 시설물의 유지 · 보수비
		4214 박물관관리비	×	○	박물관 및 유물관리에 지출하는 각종 비용
		4215 시설 용역비	○	○	청소 · 경비 등 시설용역 비용
		4216 보험료	○	○	건축물 · 시설물 · 동산 등의 재해보험료
		4217 리스 · 임차료	○	○	토지 · 건물 · 기계기구 등의 리스료 및 임차료
		4219 기타시설관리비	○	○	그 밖의 시설의 유지 · 관리에 드는 비용
	4220 일반 관리비		○	○	
		4221 여비 교통비	○	○	교직원의 국내외 출장여비 및 교통비
		4222 차량 유지비	○	○	차량 유지에 드는 유류비 · 수리비 등 (다만, 보험료는 4216 보험료에 계상하고, 자동차세는 4228 각종 세금 · 공과금에 계상한다)

과목			적용회계		자금계산서 계정과목 해설
관	항	목	법인 회계	학교 회계	
		4223 소모품비	○	○	일반소모품 등의 구입비용(복사용지 · 프린트용지 · 간행물구독료 등 각종 사무용품비)
		4224 인쇄 · 출판비	○	○	각종 서식 및 유인물의 인쇄비와 제본비
		4225 난방비	○	○	난방 등에 드는 연료구입비 등
		4226 전기 · 수도료	○	○	전기 · 수도요금
		4227 통신비	○	○	전신 · 전화 · 우편요금 등의 통신비
		4228 각종 세금 · 공과금	○	○	법인 및 학교가 부담해야 할 각종 세금 · 공과금, 각종 협회비 및 자동차세
		4229 지급 수수료	○	○	면허 · 허가 · 인가 · 등록 및 각종 증명 등의 발급신청에 드는 수수료
	4230 운영비		○	○	
		4231 복리 후생비	○	○	교직원의 복리후생을 위하여 지출하는 현물식사대(급여 시 지급하는 식대수당은 제외한다)와 의복 · 개인장비 등 각종 복리후생비
		4232 교육 · 훈련비	○	○	교직원의 교육 · 훈련에 지출하는 비용
		4233 일반 용역비	○	○	감사 · 세무 · 감정 등 일반 용역에 지출하는 비용
		4234 기관장 업무 추진비	○	○	기관장(이사장 및 총장)의 업무 추진에 특별히 드는 비용
		4235 상임이사 업무 추진비	○	×	상임이사의 업무 추진에 특별히 드는 비용
		4236			

과목			적용회계		자금계산서 계정과목 해설
관	항	목	법인회계	학교회계	
		기타 업무 추진비	○	○	기관장 및 상임이사를 제외한 교직원의 업무 추진에 특별히 드는 비용
		4237 홍보비	○	○	신문 공고, 홍보용 책자, 기념품 등의 홍보용품 제작 경비
		4238 회의비	○	○	각종 회의에 지출하는 비용
		4239 행사비	○	○	입학식 · 졸업식 · 개교기념식 등의 행사에 지출하는 비용
		4240 선교비	○	○	종교계 법인 및 학교의 선교활동비
		4241 기타 운영비	○	○	그 밖의 운영비
4300 연구 · 학생경비			○	○	
	4310 연구비		×	○	
		4311 연구비	×	○	교원 및 직원 연구비
		4312 연구 관리비	×	○	연구용 도서 구입, 연구결과 보고서 출판 등에 지출하는 각종 비용
	4320 학생경비		○	○	
		4321 교외장학금	○	○	기부금 수입 등 외부 재원으로 지급하는 장학금
		4322 교내장학금	○	○	(등록금회계) 등록금 재원으로 지급하는 장학금 (비등록금회계) 적립금, 적립이자 등의 재원으로 지급하는 장학금
		4323 실험 실습비	×	○	실험 · 실습교육에 지출하는 각종 비용 (실험실습 기자재 구입비는 1314 기

과목			적용회계		자금계산서 계정과목 해설
관	항	목	법인 회계	학교 회계	
					계 · 기구 매입비에 계상한다)
		4324 논문 심사료	×	○	논문심사에 드는 비용(5331 논문심사 수입과 대응)
		4325 학생 지원비	×	○	교내신문 발행, 교내방송, 대학지 발간, 학생서클보조 및 학생행사보조 등 학생지원 및 복지를 위하여 지출하는 각종 비용
		4329 기타 학생경비	×	○	그 밖의 학생경비
	4330 입시 관리비		×	○	5310 입시수수료수입과 대응
		4331 입시수당	×	○	입학시험관리 담당 교직원의 수당
		4332 입시경비	×	○	입학시험에 드는 소모품비 · 수수료 · 인쇄비 · 광고료 · 임차료 · 식사비 등의 비용
4400 교육외비용			○	○	
	4410 지급이자		○	○	
		4411 지급이자	○	○	차입금 · 차관 등에 대한 이자 지급액
	4420 기타교육외비용		○	○	
		4421 잡손실	○	○	예측하지 못한 교육 외 특별비용
4500 전출금			○	○	
	4510 전출금		○	○	
		4511 경상비전출금	○	×	법인이 학교의 인건비, 관리 · 운영비, 학생경비, 연구비 등으로 전출하는 금액

과목			적용회계		자금계산서 계정과목 해설
관	항	목	법인회계	학교회계	
		4512 법정부담전출금	○	×	법인이 학교의 교직원에 대한 각종 법정부담금(연금 · 의료보험 등)으로 전출하는 금액
		4513 자산 전출금	○	×	법인이 학교에게 토지 및 건축물이 아닌 자산을 전출하거나 토지 및 건축물이 아닌 자산을 취득할 목적으로 전출하는 현금
		4514 부속병원전출금	○	×	법인이 의과대학 · 치과대학 및 한의과대학의 운영을 위해 부담하는 각종 전출금
		4515 특별회계전출금	○	○	특별회계로 전출하는 전출금
		4516 교내 전출금	×	○	교내의 다른 회계 조직에 전출하는 금액 (5216 교내전입금과 대응)
		4519 비등록금회계 전출금	×	○	등록금회계에서 비등록금회계로 전출하는 금액 ※건축적립금 적립액과 차입원리금 상환액으로 세목 구분
	4540 산학협력단 및 학교기업 전출금		○	○	
		4541 산학협력단 전출금	○	○	법인회계 또는 학교회계에서 산학협력단 회계로 전출하는 금액
		4542 학교기업 전출금	○	○	법인회계 또는 학교회계에서 학교기업회계로 전출하는 금액
4600 예비비			○	○	
	4610 예비비		○	○	
		4611			

과목			적용회계		자금계산서 계정과목 해설
관	항	목	법인 회계	학교 회계	
		예비비	○	○	예측할 수 없는 경비의 지출에 충당하기 위한 예산상의 유보재원 (예비비를 사용할 때에는 예비비의 예산을 빼서 해당 과목에 늘린다)
1200 투자와기타 자산지출			○	○	
	1210 설치학교		○	×	
		1211 대학	○	×	법인회계에서 대학에 토지 및 건축물 취득 목적으로 출연하는 현금 및 예금
		1212 전문대학	○	×	법인회계에서 전문대학에 토지 및 건축물 취득 목적으로 출연하는 현금 및 예금
		1213 원격대학	○	×	법인회계에서 원격대학에 토지 및 건축물 취득 목적으로 출연하는 현금 및 예금
		1214 유 · 초 · 중 · 고교	○	×	법인회계에서 유 · 초 · 중 · 고교에 토지 및 건축물 취득 목적으로 출연하는 현금 및 예금
		1215 부속병원	○	×	법인회계에서 부속병원에 토지 및 건축물 취득 목적으로 출연하는 현금 및 예금
	1220 투자자산지출		○	○	
		1221 투자 유가증권 매입대	○	○	채권 · 주식 등 투자유가증권의 매입대금
		1222 출자금지출	○	×	수익사업 및 수익을 목적으로 출자하는 금액
		1223 부속병원투자지	○	×	부속병원에 투자하는 금액(1215 부속

과목			적용회계		자금계산서 계정과목 해설
관	항	목	법인 회계	학교 회계	
		출			병원 계상금액 제외)
		1224 학교기업투자지출	×	○	학교가 학교기업에 기본금(출자금)으로 투자하는 금액
		1229 기타투자자산지출	○	○	그 밖의 투자자산의 투자액
	1240 기타자산지출		○	○	
		1241 전신 · 전화보증금지출	○	○	전신 및 전화를 이용하기 위하여 지급하는 보증금
		1242 임차보증금지출	○	○	토지, 건물, 기계 · 기구 등의 임차보증금 지급액
		1243 장기대여금지출	○	○	대여기간이 1년 이상인 장기대여금의 대여
		1244 수익용예금예치	○	×	학교법인이 수익용 기본재산으로 보유하고 있는 신탁예금의 예치
		1249 기타자산지출	○	○	그 밖의 자산의 취득 지출액
	1250 원금보존기금적립		○	○	3150과 대응
		1251			※3150항목과 대응시키기 위하여 코드번호를 사용하지 않음
		1252 원금보존연구기금적립	○	○	원금보존연구기금으로 별도 적립하는 금액
		1253 원금보존건축기금적립	○	○	원금보존건축기금으로 별도 적립하는 금액
		1254 원금보존장학기금적립	○	○	원금보존장학기금으로 별도 적립하는 금액
		1255			

과목			적용회계		자금계산서 계정과목 해설
관	항	목	법인 회계	학교 회계	
		원금보존특정목적기금적립	○	○	원금보존특정목적기금으로 별도 적립하는 금액
	1260 임의기금적립		○	○	3160과 대응
		1261			※3160항목과 대응시키기 위하여 코드번호를 사용하지 않음
		1262 임의연구기금적립	○	○	임의연구기금으로 별도 적립하는 금액
		1263 임의건축기금적립	○	○	임의건축기금으로 별도 적립하는 금액
		1264 임의장학기금적립	○	○	임의장학기금으로 별도 적립하는 금액
		1265 임의퇴직기금적립	○	○	임의퇴직기금으로 별도 적립하는 금액
		1266 임의특정목적기금적립	○	○	임의특정목적기금으로 별도 적립하는 금액
	1310 유형고정자산 매입지출		○	○	고정자산을 취득하기 위하여 예산(자금)이 수반될 때에는 자금 항목이나, 기증 등과 같이 자금이 수반되지 않는 고정자산 증가는 자금 항목이 아닌 대차대조표 증가 항목임
		1311 토지매입비	○	○	토지를 매입하기 위하여 지출하는 대금과 그 부대비용
		1312 건물매입비	○	○	건물을 매입하기 위하여 지출하는 대금과 그 부대비용
		1313 구축물매입비	○	○	구축물을 설치하기 위하여 지출하는 대금과 그 부대비용
		1314 기계 · 기구 매입비	○	○	기계 및 기구 등의 구입대금과 그 부대비용
		1315 집기비품매입비	○	○	비품 및 집기 등의 구입대금과 그 부대비용

과목			적용회계		자금계산서 계정과목 해설
관	항	목	법인 회계	학교 회계	
		1316 차량운반 구매입비	○	○	차량구입비와 그 부대비용(취득세 · 등록세 등)
		1317 도서 구입비	○	○	도서관 비치용 도서구입비와 부대비용(각 부서의 간행물 구독료는 4223 소모품비에 계상한다)
		1318 박물관유물 구입비	×	○	박물관 유물의 구입대금과 그 부대비용
		1319 건설중인자산	○	○	유형고정자산을 취득하기 위해 지출한 계약금 및 중도금과 건설을 위한 재료비, 노무비 및 경비 등(취득 또는 완공 후 해당 과목으로 대체한다)
	1320 무형고정자산 취득비		○	○	
		1321 무형고정자산취득비	○	○	특허권 · 광업권 등과 같은 권리자산의 취득대금
2100 유동부채상환			○	○	
	2110 단기차입금 상환		○	○	
		2111 단기차입금상환	○	○	단기차입금의 실제상환액(장부가액이 아님)
		2112 유동성장기부채 상환	○	○	상환기간이 1년 미만인 장기차입금, 차관, 학교채의 실제상환액(장부가액이 아님)
2200 고정부채상환			○	○	
	2210 장기차입금 상환		○	○	

과목			적용회계		자금계산서 계정과목 해설
관	항	목	법인 회계	학교 회계	
		2211 장기차입금상환	○	○	장기차입금의 실제상환액(외화차입금의 경우 상환차손익을 포함한 금액으로 하되, 장부가액이 아님)
		2212 차관상환	○	○	차관 실제상환액(상환차손익을 포함한 금액, 장부가액이 아님)
		2213 학교채상환	○	○	학교채의 상환액
	2220 기타고정부채상환		○	○	
		2221 임대보증금환급	○	○	임대기간의 종료로 부채로 받아 둔 임대보증금을 환급하는 금액
		2222 장기미지급금상환	○	○	상환기간이 1년 이상인 장기미지급금의 상환금액
		2229 기타고정부채의 상환	○	○	그 밖의 고정부채의 상환액
미사용 차기이월자금	차기이월자금		○	○	당기말 유동자산-당기말 유동부채(다음 회계연도 전기이월자금과 일치해야 함)
	1100 기말유동자산		○	○	
		1110 유동자금	○	○	기말 재무상태표상의 유동자금 총액
		1120 기타 유동자산	○	○	기말 재무상태표상의 기타유동자산 총액
	2100 기말유동부채		○	○	
		2120 예수금	○	○	기말 재무상태표상의 예수금
		2130 선수금	○	○	기말 재무상태표상의 선수금

과목			적용회계		자금계산서 계정과목 해설
관	항	목	법인 회계	학교 회계	
		2140 기타 유동부채	ㅇ	ㅇ	기말 재무상태표상의 그 밖의 유동부채 총액
자금지출 총계			ㅇ	ㅇ	

비고:
1. 적용회계란의 ㅇ표는 그 계정과목이 해당 회계의 적용 대상임을 표시하고, ×표는 그 계정과목이 해당 회계의 적용 대상이 아님을 표시한 것임.
2. 자금지출 총계는 자금수입 총계와 일치해야 함.

5) 종합재무제표 및 합산재무제표

종합재무제표 및 합산재무제표는 법인회계 및 학교회계를 하나의 회계단위로 하여 종합적인 자금수지 · 재무상태 및 운영수지가 적정한지에 대한 정보를 제공하는 재무보고서이다.

종합재무제표는 ① 법인회계 ② 학교회계 ③ 법인수익사업회계 ④ 학교부속병원회계 ⑤ 기타회계를 모두 합산한 후 내부의 수입 및 지출과 내부의 채권 및 채무 등 내부거래를 상계하여 작성하며, 종합자금계산서, 종합재무상태표, 종합운영계산서로 구성되어 있다. 학교의 교비회계(학교회계)와 법인의 일반업무회계(법인회계)에 관하여 사학기관 재무 · 회계규칙에 대한 특례규칙에 규정한 것을 제외하고는 사학기관재무 · 회계규칙을 적용하고, 학교의 부속병원회계는 일반적으로 인정되는 의료법인의 병원회계에 준하여 회계처리를 하고, 법인의 수익사업회계는 일반적으로 인정되는 기업회계에 준하여 회계처리를 한다.

합산재무제표는 ① 법인회계와 ② 학교회계만을 합한 것으로 합산자금계산서, 합산재무상태표, 합산운영계산서로 구성되어있다. 이 합산재무제표도 법인회계와 학교회계의 개별 재무제표를 합산한 후 내부의 수입 및 지출과 내부의 채권 및 채무등 내부거래를 상계하여 작성한다.

03 사학기관의 세무문제

3.1 사학기관의 상속세 및 증여세 납세의무

상속재산 중 공익법인이 상속인이나 피상속인으로부터 출연받은 재산가액 또는 출연자로부터 공익법인이 무상으로 출연받은 재산의 가액은 상속세 또는 증여세 과세가액에 불산입하여 상속세 및 증여세 납세의무가 없다. 즉, 「초 · 중등교육법」 및 「고등교육법」에 의한 학교, 「유아교육법」에 따른 유치원을 설립 · 경영하는 사업은 공익법인에 해당한다. 따라서 학교법인이나 학교가 출연받은 재산가액에 대하여 상속세 및 증여세 납세의무가 없으나, 동 세법에서 정한 각종 납세 의무사항과 조세 협력의무를 이행해야 한다.

☞ 학교법인 및 학교의 상속세 및 증여세 납세의무에 대한 일반적인 내용은 제3장 제3절을 참조하기 바란다.

1) 학교형태의 평생교육시설의 공익법인 해당 여부

교육감은 일정 기준 이상의 요건을 갖춘 평생교육시설에 대하여는 이를 고등학교졸업 이하의 학력이 인정되는 시설로 지정할 수 있다(평생교육법 §31 ②). 이를 학교형태의 평생교육시설이라 한다.

개인이 「평생교육법」 제31조 제2항에 따라 설립한 학교형태의 학력인정 평생교육시설은 「상속세 및 증여세법」 제48조 및 같은 법 시행령 제12조 제2호의 규정에 따라 「초 · 중등교육법」에 의한 학교를 설립 · 경영하는 공익법인 등에 해당하지 아니하는 것으로 규정(서면-2014-법령해석재산-21431, 2015.4.10.)하고 있지만, 「평생교육법」 제31조 제4항에 따른 전공대학 형태의 평생교육시설 및 같은 법 제33조 제3항에 따른 원격대학 형태의 평생교육시설은 「상속세 및 증여세법 시행령」 제12조 제9호의 규정에 따라 공익법인 등에 해당하는 것으로 보고 있다(재산세과-439, 2010.6.25.).

2) 개인 명의로 등기된 재산에 대한 증여세 과세

「유아교육법」에 따른 유치원을 설립 · 경영하는 자는 공익법인 등에 해당하며, 그 공익법인 등이 출연받은 재산을 3년 이내에 직접 공익목적사업에 사용하는 경우 증여세가 과세되지 아니하는 것이나, 유치원으로 사용되는 토지 · 건물이 개인 명의로 등기된 경우에는 공익법인 등에 출연한 재산으로 볼 수 없는 것으로 공익법인 등이 출연받은 재산에 대한 과세가액 불산입 규정을 적용하지 않는다(상속증여세과-457, 2013.8.8.).

또한, 「초 · 중등교육법」 제60조의 2에 따른 외국인학교를 설립 · 경영하는 공익법인 등이 출연받은 재산을 출연받은 날부터 3년 이내에 직접 공익목적사업에 사용하는 경우 그 출연받은 재산의 가액은 증여세 과세가액에 산입하지 아니하는 것이나, 개인 명의로 등기된 재산은 공익법인 등이 출연받은 재산에 해당하지 않는다(상속증여세과-176, 2013.6.4.).

3) 학교법인의 해산 시 잔여재산의 처분

학교법인이 해산하면서 잔여재산을 잔여재산처분계획서에서 정한 자에게 환원하는 경우 당해 학교법인에 대하여는 증여세를 추징하지 아니하나 환원받는 자에 대하여는 증여세가 부과된다(재산세과-293, 2011.6.17.). 이 경우 증여재산은 상속세 및 증여세법 제60조 내지 제66조의 규정에 의하여 평가하는 것이며, 또한, 그 이전받은 재산을 국가 등에 양도하는 경우 양도소득세가 과세된다(서일46014-11739, 2003.12.2.).

3.2 사학기관의 법인세 납세의무

1) 수익사업 해당 여부

교육서비스업 중 「유아교육법」에 따른 유치원, 「초 · 중등교육법」 및 「고등교육법」에 따른 학교, 「경제자유구역 및 제주국제자유도시의 외국교육기관 설립 · 운영에 관한 특별법」에 따른 외국교육기관(정관 등에 따라 잉여금을 국외 본교로 송금할 수 있거나 실제로 송금하는 경우는 제외)과 「평생교육법」 제31조 제4항에 따른 전공대학 형태의 평생교육시설 및 같은 법 제33조 제3항에 따른 원격대학 형태의 평생교육시설을 경영하는 사업은 「법인세법」에서 규정하는 수익사업 중 사업소득의 범위에서 제외된다(법령 §3 ① 3호). 따라서 사학기관에서 제공하는 고유목적 사업인 교육과정 서비스를 제공하고 수납하는 등록금 및 수강료 수입 등에 대하여는 법인세 납세의무가 없으나 대지료, 대가료 등 기본재산수입에 대하여는 부동산임대업에 속하므로 법인세 납세의무가 발생하는 것으로 보아야 한다. 한편, "「평생교육법」에 의한 원격대학 형태의 평생교육시설을 경영하는 사업"이란 같은 법에 의한 교육과정에 따라 실시하는 교육서비스업을 말하는 것으로 「평생교육법」에 의한 학교부설 평생교육기관인 전산정보교육원 등의 운영과 관련된 교육서비스업은 이에 해당되지 아니한다(법통 4-3-6).

「사립학교법」 및 「고등학교 이하 각급 학교 설립 · 운영 규정」 또는 「대학설립 · 운영 규정」에서 규정한 수익사업회계는 수익용기본재산에서 발생하는 수입만을 규정하고 있지만, 「법인세법」에서는 이자소득과 배당소득, 고정자산처분이익 등 일시적 · 우발적 소득에 대해서도 과세소득에 포함하는 수익사업의 범위에 속한다. 따라서 이들 소득에 대해서도 법인세 납세의무가 있다. 다만, 사립학교의 경우 수익사업에서 발생한 소득 100%에 대하여 고유목적사업준비금을 결산조정 또는 신고조정에 의하여 손금에 산입할 수 있어 법인세 부담은 면제된다(조특법 §74).

한편, 대학교육기관에게는 학교법인이 수익용 기본재산을 양도하고 양도일부터 1년 이내에 다른 수익용 기본재산을 취득하는 경우 당해 수익용 기본재산 양도로 인하여 발생한 양도차익에 대한 법인세는 양도일이 속하는 사업연도 종료일 이후 3년이 되는 날이 속하는 사업연도까지 과세이연된다(조특법 §104의 16).

2) 고유목적사업준비금의 사용

「사립학교법」에 의하여 설립된 학교법인이 수익사업에 대한 각 사업연도 소득금액계산시 「법인세법」 제29조의 규정에 의하여 손금으로 계상한 고유목적사업준비금을 비영리사업회계(교비회계)에 전출하는 경우에는 전출시점에서 고유목적사업에 사용한 것으로 본다(법인세과-616, 2011.8.25.). 다만, 학교법인이 수익사업회계에 속하던 자산을 비영리사업회계로 전출할 당시부터 자산을 수익사업에 사용할 목적이었고, 그 후 실제 자산을 수익사업에 사용한 경우에는 「법인세법」 제29조의 입법취지에 비추어 볼 때 수익사업회계에 속하던 자산을 비영리사업회계로 전출하였다는 이유만으로는 이를 손금에 산입할 수 없다(대법원2012두690, 2013.3.28.).

☞ 사학기관의 법인세 납세의무에 대하여 일반적인 내용은 제3장 제4절을 참조하기 바란다.

3.3 사학기관의 소득세 원천징수 문제

1) 연구비 등에 대한 소득구분 문제

고등학교 이하 각급 학교 교원이 받는 연구비와 대학교의 교수나 연구원이 받는 연구비 등에 대하여 이를 근로소득으로 볼지 아니면 사업소득이나 기타소득으로 볼지 여부에 대하여 그 소득의 구분을 명확히 하고 원천징수해야 한다. 이에 대하여 「소득세법」에서 규정하고 있는 내용을 살펴보면 다음과 같다.

근로소득 중 「유아교육법」, 「초 · 중등교육법」 및 「고등교육법」에 따른 학교 및 이에 준하는 학교(특별법에 따른 교육기관 포함)의 교원이 받는 연구보조비 또는 연구활동비 중 월 20만원 이내의 금액은 실비변상적 급여로 비과세된다(소령 §12 12호). 다만, 학교 교원이 아닌 사무직원에게 지급하는 연구보조비(유사금액)는 비과세에 해당하지 않으며, 「초 · 중등교육법」에 따른 교육기관이 학생들로부터 받은 방과 후 학교 수업료를 교원에게 수업시간당 일정금액으로 지급하는 금액은 비과세대상 연구보조비에 해당하지 않는다(소득 집행기준 12-12-7).

사업소득 중 계약 등에 따라 그 대가를 받고 연구 또는 개발용역을 제공하는 것을 제외한 연구개발업은 소득세가 과세되지 않는다(소법 §19 ① 13호, 소령 §33). 따라서, 교수 · 기타 전문지식인 등(이하 "교수 등"이라 함)이 독립된 자격으로 자기책임 하에 학술연구용역 및 기술연구용역을 제공하고 지급받는 연구비에 대하여는 영 제33조의 규정에 의하여 소득세가 과세되지 아니하지만, 계약 등에 의하여 그 대가를 받고 연구개발용역을 제공하는 경우에는 사업소득에 해당한다 할 수 있다. 한편, 교수 등이 독립된 자격으로 자기의 책임하에 연구용역을 제공하지 아니하고 타인의 연구사업 수행을 보조하고 월정액의 급여 또는 수당을 받는 경우에는 영 제33조에 규정하는 연구개발업에 해당하지 아니하므로(소법 기본통칙 19-33-1) 근로소득이나 기타소득으로 보아야 하는데 대학이 자체 연구관리비 규정에 따라 대학에서 연구비를 관리하는 경우에 교수가 제공하는 연구용역은 기타소득 중 인적용역에 해당한다고 할 수 있다(소령 §41 ⑬). 즉, 대학이 연구주체가 되어 연구개발용역을 위탁받아 연구비를 직접 관리(중앙관리)하는 경우, 고용관계에 따른 근로제공과 관련없이 교수가 연구활동의 대가로 지급받는 금액은 기타소득에 해당하는 것이며, 연구목적으로 고용된 연구원 등이 고용관계에 따른 근로제공과 관련하여 연구용역을 제공하고 지급받는 대가는 근로소득에 해당하는 것이다(서면인터넷방문상담1팀-9, 2007.1.4.). 한편, 대학병원이 연구주체가 되어 연구개발용역을 위탁받아 연구비를 직접관리(중앙관리)하는 경우, 연구주체와의 고용관계에 따라 근로를 제공하고 지급받는 대가는 근로소득에 해당하며 근로제공과 관련없이 교수가 연구활동의 대가로 지급받는 금액은 기타소득에 해당하는 것이다(원천세과-316, 2010.4.15.).

2) 시간강사나 겸임교수의 강사료에 대한 소득구분 문제

고용관계 없이 다수인에게 강연을 하고 강연료 등의 대가를 받는 용역은 필요경비가 60% 인정되는 인적용역의 기타소득(소법 §21 ① 19호 가목)에 해당하며, 이 경우 기타소득 금액이 건별로 5만원 이하일 경우 과세최저한(소법 §84)으로 소득세를 과세하지 않는다. 기타소득의 과세최저한은 당해 강의료의 발생근거 및 지급하는 개별적인 사유별로 판단하는 것으로서, 동일한 교육과정에 대해 각기 다른 날짜에 강의하고 매달의 강의료를 한꺼번에 지급하는 경우 동일교육과정 전체를 1건으로 보고 과세최저한 적용여부를 판단하여야 한다.

학교강사로 고용되어 지급받는 강사료 등은 그 지급방법이나 명칭여하를 불구하고 「소득세법」 제20조의 규정에 의하여 근로소득에 해당하는 것이고, 일시적으로 강의를 하고 지급받는 강사료 등은 기타소득에 해당하는 것인데, 고용관계가 있는지 여부의 판단은 근로제공자가 업무 내지 작업에 대한 거부를 할 수 있는지, 시간적 · 장소적인 제약을 받는지, 업무수행 과정에 있어서 구체적인 지시를 받는지, 복무규정의 준수의무 등을 종합적으로 판단해야 한다.

한편, 학교 등과의 근로계약에 의하여 정기적으로 일정한 과목을 부담하고 강의를 한 시간 또는 날에 따라 강사료를 지급받는 경우에는 동일한 학교에서 3월 이상 계속하여 강사료를 지급받는 경우에 한하여 일반급여자의 근로소득으로 보고, 3개월 미만 계속 강의한 경우에는 강의자의 성격에 따라 기타소득이나 사업소득으로 소득구분을 해야 한다(소법 기본통칙 20-0-2).

3.4 사학기관의 부가가치세 납세의무

1) 부가가치세가 면제되는 경우

계약상 또는 법률상의 모든 원인에 의하여 역무를 제공하거나 재화 · 시설물 또는 권리를 사용하게 하는 것은 「부가가치세법」상 과세되는 용역의 공급에 해당한다. 다만, 주무관청의 허가 또는 인가를 받거나 주무관청에 등록되거나 신고된 학교에 제공하는 교육용역은 부가가치세가 면제되며, 주무관청의 허가 또는 인가를 받거나 주무관청에 등록된 단체로서 「상속세 및 증여세법시행령」 제12조 각호의 어느 하나에 규정하는 사업을 하는 공익법인의 경우 그 고유의 사업목적을 위하여 일시적으로 공급하거나 실비 또는 무상으로 공급하는 재화 및 용역에 대하여도 부가가치세가 면세된다(부령 §36 · §45).

그런데, 주무관청에 등록된 공익법인의 경우에도 소유부동산의 임대 및 관리사업과 같이 계속적으로 운영 · 관리하는 수익사업과 관련하여 공급하는 재화 또는 용역에 대하여는 면세하지 아니한다. 따라서 학교시설을 직접 임대하여 관리를 하든, 위탁의 방법으로 위탁 운영하여 임대하는 경우든 모두 부가가치세 납세의무가 발생한다 하겠다. 다만, 학교운동장이나 강의실 또는 체육관 등을 일반인에게 일시적으로 임대하고 전기료 · 난방비 · 청소경비 등 실비를 수납하는 경우에는 부가가치세가 면세된다고 보아야 한다.

「초 · 중등교육법」 제2조 및 「고등교육법」 제2조에 따른 학교의 경영자가 학생의 복리후생을 목적으로 학교 구내에서 식당을 직접 경영하여 공급하는 음식용역(식사류로 한정함)과 「학교급식법」 제4조 각 호의 어느 하나에 해당하는 학교의 장의 위탁을 받은 학교급식공급업자가 같은 법 제15조에 따른 위탁급식의 방법으로 해당 학교에 직접 공급하는 음식용역은 2023년 12월 31일까지 공급한 것에 대해서는 부가가치세를 면제한다(조특법 §106 ① 2호).

2) BTO 방식의 용역의 공급

교육부장관의 추천이나 교육부장관이 지정하는 자의 추천을 받은 자가 「사회기반시설에 대한 민간투자법」 제4조 제1호의 방식을 준용하여 건설한 학교시설(「대학설립 · 운영 규정」 제4조 제1항에 따른 별표 2 교사시설 중 교육기본시설, 지원시설, 연구시설을 말함)에 대하여는 학교가 제공하는 시설관리운영권 및 그 추천을 받은 자가 그 학교시설을 이용하여 제공하는 용역에 대하여 2014년 12월 31일까지 실시협약을 체결한 것에 대하여는 부가가치세가 면세된다(조특법 §106 ① 8호).

교육인적자원부장관의 추천을 받은 사업자가 「사회기반시설에 대한 민간투자법」 제4조 제1호의 방식을 준용하여 국내 소재 대학교의 기숙사를 건축하여 그 소유권을 당해 대학교에 귀속시키고 그 대가로 일정기간 동안 당해 건물에 대한 시설관리운영권을 취득하는 경우 당해 건물의 소유권 이전(재화공급)과 당해 학교시설(기숙사)을 이용하여 제공하는 용역에 대하여는 「조세특례제한법」 제106조 제1항 제8호의 규정에 의하여 부가가치세가 면제되는 것이다(서면3팀-1440, 2006.7.13.).

사업자가 「사회기반시설에 대한 민간투자법」 제4조 제1호 이외의 방식으로 국내 소재 대학교의 기숙사를 건축하여 소유권을 이전하는 경우에 있어 당해 소유권 이전은 재화의 공급으로서 과세되며, 학교가 사업자에 부여하는 시설 관리운영권은 용역의 공급(부동산임대)에 해당되어 과세되는 것이다(서면3팀-2364, 2007.8.23.).

3.5 사학기관의 지방세 과세특례

1) 학교에 대한 지방세 감면

「초 · 중등교육법」 및 「고등교육법」에 따른 학교가 해당 사업에 직접 사용하기 위하여 취득하는 부동산(지방세특례제한법 제42조 제1항에 따른 BOT, BTO, BTL방식의 기숙사 제외)에 대해서는 취득세와 재산세 및 지역자원시설세를 2024년 12월 31일까지 면제한다. 다만, 다음 각 호의 어느 하나에 해당하는 경우 그 해당 부분에 대해서는 면제된 취득세를 추징하고(지특법 §41), 재산세와 지역자원시설세의 경우에는 수익사업에 사용하는 경우와 해당 재산이 유료로 사용되는 경우의 그 재산 및 해당 재산의 일부가 그 목적에 직접 사용되지 아니하는 경우의 그 일부 재산에 대해서는 면제하지 아니한다.

1. 해당 부동산을 취득한 날부터 5년 이내에 수익사업에 사용하는 경우
2. 정당한 사유 없이 그 취득일부터 3년이 경과할 때까지 해당 용도로 직접 사용하지 아니하는 경우
3. 해당 용도로 직접 사용한 기간이 2년 미만인 상태에서 매각 · 증여하거나 다른 용도로 사용하는 경우

2) 기숙사에 대한 지방세 감면

「초 · 중등교육법」 및 「고등교육법」에 따른 학교가 BOT, BTO, BTL 등의 방식으로 사용하기 위하여 취득하는 부동산에 대해서는 취득세를, 과세기준일 현재 해당 용도로 사용하는 부동산에 대해서는 재산세(「지방세법」 제112조에 따른 부과액 포함) 및 「지방세법」 제146조 제2항에 따른 지역자원시설세를, 해당 학교에 대해서는 주민세 재산분을 각각 2024년 12월 31일까지 면제(취득세와 재산세는 감면 최저한 규정 때문에 85% 면제)한다. 다만, 다음 각 호의 어느 하나에 해당하는 경우 그 해당 부분에 대해서는 면제된 취득세를 추징한다(지특법 §42 ①).

1. 정당한 사유 없이 그 취득일부터 3년이 경과할 때까지 해당 용도로 직접 사용하지 아니하는 경우
2. 해당 용도로 직접 사용한 기간이 2년 미만인 상태에서 매각 · 증여하거나 다른 용도로 사용하는 경우

「교육기본법」 제11조에 따른 학교를 설치 · 경영하는 자가 학생들의 실험 · 실습용으로 사용하기 위하여 취득하는 차량 · 기계장비 · 항공기 · 입목(立木) 및 선박에 대해서는 취득세를, 과세기준일 현재 학생들의 실험 · 실습용으로 사용하는 항공기와 선박에 대해서는 재산세를 각각 2024.12.31.까지 면제(취득세와 재산세는 감면 최저한 규정 때문에 2019.1.1.부터 85% 면제)한다. 다만, 다음 각 호의 어느 하나에 해당하는 경우 면제된 취득세를 추징한다(지특법 §42 ②).

1. 정당한 사유 없이 그 취득일부터 1년이 경과할 때까지 해당 용도로 직접 사용하지 아니하는 경우
2. 해당 용도로 직접 사용한 기간이 2년 미만인 상태에서 매각 · 증여하거나 다른 용도로 사용하는 경우

3) 의과대학 부속병원에 대한 감면

「고등교육법」 제4조에 따라 설립된 의과대학(한의과대학, 치과대학 및 수의과대학을 포함한다)의 부속병원이 의료업에 직접 사용하기 위하여 취득하는 부동산에 대해서는 2024년 12월 31일까지 취득세의 100분의 30(감염병전문병원의 경우에는 100분의 40)을 경감하고, 과세기준일 현재 의료업에 직접 사용하는 부동산에 대해서는 재산세를 재산세의 100분의 50(감염병전문병원의 경우에는 100분의 60)를 경감한다(지특법 §41 ⑦).

제 7 절 의료기관의 회계와 세무

01 의료기관의 개요

1.1 의료기관의 정의 및 종류

의료기관이란 의료인(보건복지부장관의 면허를 받은 의사 · 치과의사 · 한의사 · 조산사 및 간호사 등을 말함)이 공중(公衆) 또는 특정 다수인을 위하여 의료 · 조산의 업(이하 "의료업"이라 함)을 하는 곳을 말하며 다음과 같이 구분한다(의료법 §3 ②).

구분	내용	종류
병원급 의료기관	주로 입원환자를 대상으로 의료행위를 하는 의료기관	병원, 치과병원, 한방병원, 요양병원, 정신병원, 종합병원
의원급 의료기관	주로 외래환자를 대상으로 각각 그 의료행위를 하는 의료기관	의원, 치과의원, 한의원
조산원	조산사가 조산과 임부 · 해산부 · 산욕부 및 신생아를 대상으로 보건활동과 교육 · 상담을 하는 의료기관	–

병원이나 한방병원은 30개 이상의 병상을, 요양병원은 30개 이상의 요양병상을 갖추어야 한다. 종합병원은 100개 이상 병상을 갖추고 필수진료과목[12)]과 전문의를 두어야 한다.

12) ① 100병상 이상 300병상 이하인 경우에는 내과 · 외과 · 소아청소년과 · 산부인과 중 3개 진료과목, 영상의학과, 마취통증의학과와 진단검사의학과 또는 병리과를 포함한 7개 이상의 진료과목
② 300병상을 초과하는 경우에는 내과, 외과, 소아청소년과, 산부인과, 영상의학과, 마취통증의학과, 진단검사의학과 또는 병리과, 정신건강의학과 및 치과를 포함한 9개 이상의 진료과목

1.2 의료기관의 개설

응급환자를 진료하는 경우 등 특별한 경우가 아니면 의료업은 의료기관 내에서만 해야 한다. 의료기관은 「의료법」 제33조 제2항의 규정에 따라 다음 어느 하나에 해당하는 자가 아니면 개설할 수 없다.

1. 의사, 치과의사, 한의사 또는 조산사
2. 국가나 지방자치단체
3. 의료업을 목적으로 설립된 법인(이하 "의료법인")
4. 「민법」이나 특별법에 따라 설립된 비영리법인
5. 「공공기관의 운영에 관한 법률」에 따른 준정부기관, 「지방의료원의 설립 및 운영에 관한 법률」에 따른 지방의료원, 「한국보훈복지의료공단법」에 따른 한국보훈복지의료공단

의원 · 치과의원 · 한의원 또는 조산원을 개설하려는 자는 시장 · 군수 · 구청장에게 신고하여야 한다.

종합병원 · 병원 · 치과병원 · 한방병원 · 요양병원 또는 정신병원을 개설하려면 시 · 도 의료기관개설위원회의 심의를 거쳐 시 · 도지사의 허가를 받아야 한다. 다만, 의료법이 정한 시설기준에 맞지 아니한 경우 또는 보건복지부장관이 5년마다 수립하는 기본시책과 시 · 도지사가 그 기본시책에 따라 지역 실정을 고려하여 특별시 · 광역시 또는 도 단위의 지역별 · 기능별 · 종별 의료기관 병상 수급 및 관리계획에 적합하지 않을 경우 개설허가를 받을 수 없다(의료법 §33).

한편, 「건축법」 등 관계 법령에 따라 허가를 받지 아니하거나 신고를 하지 아니하고 건축 또는 증축 · 개축한 건축물에는 의료기관을 개설할 수 없으며, 약국 시설 안이나 구내 또는 약국의 시설이나 부지 일부를 분할 · 변경 또는 개수하여 의료기관을 개설할 수 없다.

의료법인 및 비영리법인(이하 "의료법인등"이라 함)이 의료기관을 개설하려면 그 법인의 정관에 개설하고자 하는 의료기관의 소재지를 기재하여 정관의 변경허가를 얻어야 하고 의료법인등을 설립할 때에는 그 법인의 주된 사무소의 소재지를 관할하는 시 · 도지사의 허가를 받아야 한다.

1) 의료법인의 설립

의료법인은 그 법인이 개설하는 의료기관에 필요한 시설이나 시설을 갖추는 데에 필요

한 자금을 보유하여야 하며, 기본재산을 처분하거나 정관을 변경하려면 시 · 도지사의 허가를 받아야 한다.

의료법인에는 5명 이상 15명 이하의 이사와 2명의 감사를 두되, 보건복지부장관의 승인을 받아 그 수를 증감할 수 있다. 이사와 감사의 임기는 정관으로 정하되, 이사는 4년, 감사는 2년을 초과할 수 없다. 다만, 이사와 감사는 각각 연임할 수 있다. 이사회의 구성에 있어서 각 이사 상호 간에 「민법」 제777조에 규정된 친족관계에 있는 사람이 그 정수의 4분의 1을 초과해서는 아니 된다.

한편, 미성년자, 피성년후견인 또는 피한정후견인, 파산선고를 받은 사람으로서 복권되지 아니한 사람, 금고 이상의 형을 받고 집행이 종료되거나 집행을 받지 아니하기로 확정된 후 3년이 지나지 아니한 사람은 의료법인의 임원이 될 수 없다.

감사는 이사와 친족관계 등 특별한 관계에 있는 사람이 아니어야 한다.

기타 의료법인의 운영 등에 관하여 「의료법」에 규정된 것 외에는 「민법」 중 재단법인에 관한 규정을 준용한다.

2) 의료법인의 설립허가 취소

보건복지부장관 또는 시 · 도지사는 의료법인이 다음 각 호의 어느 하나에 해당하면 그 설립 허가를 취소할 수 있다.

1. 정관으로 정하지 아니한 사업을 한 때
2. 설립된 날부터 2년 안에 의료기관을 개설하지 아니한 때
3. 의료법인이 개설한 의료기관이 제64조에 따라 개설허가를 취소당한 때
4. 보건복지부장관 또는 시 · 도지사가 감독을 위하여 내린 명령을 위반한 때
5. 의료법 제49조 제1항에 따른 부대사업 외의 사업을 한 때

3) 의료법인이 할 수 있는 부대사업의 종류(의료법 §49 ①)

의료법인은 그 법인이 개설하는 의료기관에서 의료업무 외에 할 수 있는 부대사업의 종류는 다음과 같다. 이 경우 부대사업으로 얻은 수익에 관한 회계는 의료법인의 다른 회계와 구분하여 계산하여야 하고, 부대사업을 하려는 의료법인이나 신고사항을 변경하고자 하는 경우에는 의료기관의 소재지를 관할하는 시 · 도지사에게 미리 신고하여야 한다.

1. 의료인과 의료관계자 양성이나 보수교육
2. 의료나 의학에 관한 조사 연구
3. 「노인복지법」 제31조 제2호에 따른 노인의료복지시설의 설치 · 운영
4. 「장사 등에 관한 법률」 제29조 제1항에 따른 장례식장의 설치 · 운영
5. 「주차장법」 제19조 제1항에 따른 부설주차장의 설치 · 운영
6. 의료업 수행에 수반되는 의료정보시스템 개발 · 운영사업 중 대통령령으로 정하는 사업
7. 그 밖에 보건복지부령으로 정하는 사업으로
   가. 휴게음식점영업, 일반음식점영업, 제과점영업, 위탁급식영업
   나. 소매업 중 편의점, 슈퍼마켓, 자동판매기영업 및 서점
   다. 의류 등 생활용품 판매업 및 식품판매업(건강기능식품 판매업은 제외한다). 다만, 의료법인이 직접 영위하는 경우는 제외한다.
   라. 산후조리업
   마. 목욕장업
   바. 의료기기 임대 · 판매업. 다만, 의료법인이 직접 영위하는 경우는 제외한다.
   사. 숙박업, 여행업 및 외국인환자 유치업
   아. 수영장업, 체력단련장업 및 종합체육시설업
   자. 장애인보조기구의 제조 · 개조 · 수리업
   차. 다음 각 목의 어느 하나에 해당하는 업무를 하려는 자에게 의료법인이 개설하는 의료기관의 건물을 임대하는 사업
      1) 이용업 및 미용업
      2) 안경 조제 · 판매업
      3) 은행업
      4) 의원급 의료기관 개설 · 운영(의료관광호텔에 부대시설로 설치하는 경우로서 진료과목이 의료법인이 개설하는 의료기관과 동일하지 아니한 경우로 한정한다)

한편, 부대사업 중 제4호 · 제5호 및 제7호의 부대사업을 하려는 의료법인은 타인에게 임대 또는 위탁하여 운영할 수 있다.

02 의료기관의 재무회계

의료기관 개설자는 의료기관 회계를 투명하게 하도록 노력하여야 한다. 병원의 직전 회계연도의 종료일 기준으로 100병상 이상의 종합병원 개설자는 회계를 투명하게 하기 위

하여 보건복지부령이 정하는 「의료기관 회계기준 규칙」(이하 "규칙")과 「재무제표 세부 작성방법」(이하 "고시"이라 함)을 지켜야 한다(의료법 §62). 또한, 매 회계연도 종료일로부터 3월 이내에 결산서(재무제표와 그 부속명세서)를 보건복지부장관에게 제출해야 하고, 재무상태표와 손익계산서는 보건복지부장관이 정하는 인터넷사이트(HAS System : Hospital Accounting System)에 공시해야 한다.

한편, 의료기관 회계기준을 준수해야 하는 의료기관의 범위를 일정 규모 이상의 종합병원에서 병원급 의료기관으로 확대하는 등의 내용으로 「의료법」이 개정(법률 제17069호, 2020.3.4.)되었다. 따라서 해당 병원급 의료기관의 규모를 종합병원의 경우에는 종전과 같이 100병상 이상으로 하되, 나머지 병원급 의료기관의 경우 2022년 회계연도에는 300병상 이상, 2023년 회계연도에는 200병상 이상, 2024년 회계연도 이후에는 100병상 이상인 경우 의료기관 회계기준을 준수해야 한다(규칙 §2).

다음은 규칙 및 고시의 주요 내용이다.

2.1 회계의 일반원칙

(1) 구분회계

병원의 개설자가 비영리법인이거나 의료법인인 경우 법인회계와 병원회계는 이를 구분하여야 하고, 동 법인이 2 이상의 병원을 설치 · 운영하는 경우에는 각 병원마다 회계를 구분하여야 한다.

(2) 회계연도

회계연도는 정부의 회계연도에 따라 매년 1월 1일에 시작하여 12월 31일로 종료된다. 다만, 「사립학교법」에 따라 설립된 학교법인이 개설자인 병원의 회계연도는 사립학교의 학년도에 따라 3월 1일에 시작하여 2월 말일로 종료하는 것으로 한다.

(3) 재무제표의 종류

재무제표는 재무상태표, 손익계산서, 기본재산변동계산서(병원 개설자가 개인인 경우 제외), 현금흐름표 및 주석과 주기로 한다.

(4) 재무제표의 표시방법

재무제표는 보고식으로 하며, 당해 회계연도분과 직전 회계연도분을 비교하는 형식으로 작성하여야 한다. 계정과목은 이 규칙과 작성방법에서 정한 계정과목을 사용하여야 하나 계정과목을 정하지 아니한 것은 그 성질이나 금액이 유사한 계정과목으로 통합하여 사용하거나 그 내용을 나타낼 수 있는 적절한 계정과목을 신설하여 사용할 수 있다. 주기는 재무제표상의 해당과목 다음에 그 회계사실의 내용을 간단한 자구 또는 숫자로 괄호 안에 표시하고, 주석은 재무제표상의 해당과목 또는 금액에 기호를 붙이고 난외 또는 별지에 동일한 기호를 표시하여 그 내용을 간결 · 명료하게 기재하는 방법으로 한다.

(5) 회계의 일반원칙

재무제표는 규칙 및 고시에서 정한 다음의 원칙에 따라 작성하되 규칙 및 고시에서 정하지 아니한 사항에 대해서는 규칙에 반하지 않는 범위 내에서 기업회계기준과 일반적으로 공정 · 타당하다고 인정되는 회계 관행에 따라 처리한다.

가. 회계처리 및 보고는 신뢰할 수 있도록 객관적인 자료와 증거에 의하여 공정하게 처리하여야 한다.
나. 재무제표의 양식 및 과목과 회계용어는 이해하기 쉽도록 간단 · 명료하게 표시하여야 한다.
다. 중요한 회계방침과 회계처리기준 과목 및 금액에 관하여는 그 내용을 재무제표상에 충분히 표시하여야 한다.
라. 회계처리에 관한 기준 및 추정은 기간별 비교가 가능하도록 매기 계속하여 적용하고 정당한 사유 없이 이를 변경하여서는 아니 된다.
마. 회계처리와 재무제표 작성에 있어서 과목과 금액은 그 중요성에 따라 실용적인 방법에 의하여 결정하여야 한다.
바. 회계처리과정에서 2 이상의 선택 가능한 방법이 있는 경우에는 재무적 기초를 견고히 하는 관점에 따라 처리하여야 한다.
사. 회계처리는 거래의 실질과 경제적 사실을 반영할 수 있어야 한다.

2.2 재무상태표의 계정과목 분류 및 평가

재무상태표의 표시와 계정과목 분류는 유동성 배열법에 따라 구분하는데, 유동성의 분류는 1년을 기준으로 하고 있다. 병원회계의 계정과목의 분류는 거의 일반기업회계기준과 동일하나 업종의 특성상 다음과 같은 독특한 계정과목이 있다.

1) 재무상태표의 계정과목 분류체계 요약

재무상태표의 계정과목 분류체계를 요약하면 다음과 같다.

<table>
<tr><th>요소</th><th colspan="2">유동성</th><th>계정과목</th></tr>
<tr><td rowspan="7">자산</td><td rowspan="3">유동자산</td><td>당좌자산</td><td>현금 및 현금성자산, 국고보조금, 단기금융상품, 단기매매증권, 의료미수금, 단기대여금, 대손충당금, 미수금, 미수수익, 선급금, 선급비용, 선급제세, 본지점, 이연법인세자산 및 기타의 당좌자산</td></tr>
<tr><td>재고자산</td><td>약품, 진료재료, 급식재료, 저장품, 의료부대물품</td></tr>
<tr><td>기타유동자산</td><td>다른 계정에 속하지 아니하는 유동자산</td></tr>
<tr><td rowspan="4">비유동자산</td><td>투자자산</td><td>장기금융상품, 투자유가증권, 장기대여금, 장기대여금대손충당금, 퇴직보험예치금, 보증금 및 기타투자자산</td></tr>
<tr><td>유형자산</td><td>토지, 건물, 구축물, 기계장치, 의료장비, 차량운반구, 공기구비품, 건설 중인 자산, 기타유형자산, 감가상각누계액 및 국고보조금</td></tr>
<tr><td>무형자산</td><td>영업권 및 산업재산권</td></tr>
<tr><td>기타비유동자산</td><td>이연법인세자산</td></tr>
<tr><td rowspan="4">부채</td><td colspan="2">유동부채</td><td>매입채무, 단기차입금, 미지급금, 선수금, 예수금, 미지급비용, 미지급제세, 유동성장기부채, 선수수익, 예수보증금, 단기부채성충당금, 임직원단기차입금, 이연법인세부채 및 기타의 유동부채</td></tr>
<tr><td colspan="2">비유동부채</td><td>장기차입금, 외화장기차입금, 금융리스미지급금, 장기성매입채무, 퇴직급여충당금, 이연법인세부채 및 임대보증금</td></tr>
<tr><td colspan="2">고유목적사업준비금</td><td>고유목적사업준비금</td></tr>
<tr><td colspan="2">의료발전준비금</td><td>의료발전준비금</td></tr>
<tr><td rowspan="4">자본</td><td colspan="2">기본금(기본재산)</td><td>법인기본금, 기타기본금</td></tr>
<tr><td colspan="2">자본잉여금</td><td>자산재평가적립금, 기타자본잉여금</td></tr>
<tr><td colspan="2">기타포괄손익누계액</td><td>재평가잉여금, 해외사업환산손익</td></tr>
<tr><td colspan="2">이익잉여금(결손금)</td><td>차기이월잉여금(결손금), 당기순이익(순손실)</td></tr>
</table>

2) 의료미수금의 분류

의료미수금은 진료행위로 인하여 발생한 외상매출금과 받을어음 등으로 보험자단체 등의 청구미수금과 환자본인부담금미수액을 포함한다. 입원환자 재원기간 중 발생한 미수금은 재원미수금, 퇴원환자로부터 발생한 미수금은 퇴원미수금, 외래환자로부터 발생한 미수금은 외래미수금, 기타의료수익의 미수금은 기타의료수익미수금으로 구분하고, 이들 재원미수금 등을 다시 환자의 종류에 따라 건강보험미수금, 의료급여미수금, 자동차보험 미수금, 산재보험미수금, 일반환자미수금 및 건강검진미수금 등으로 구분한다.

국민건강보험 등의 적용을 받아 진료비의 일부 또는 전부가 보험자단체에 의하여 지불되는 환자에 대하여 청구한 진료비의 일부가 삭감되는 경우에는 보험자단체의 심사가 완료되어 수납할 금액이 확정된 시점을 기준으로 하여 이미 계상된 의료미수금과 의료수익을 상계처리한다. 이 경우 의료수익 삭감액에 대한 세부내역을 주석으로 기재하여야 한다.

삭감된 진료비 중 보험자단체에 이의 신청하여 일부 또는 전부가 수납될 경우에는 수납된 시점에 의료수익이 수납액만큼 발생한 것으로 회계처리한다. 따라서 이의신청시는 회계처리하지 않으며 이의신청 장부에 비망으로 기록한다.

3) 재고자산의 분류

- 약품 계정은 진료목적으로 보유하고 있는 일반약품, 주사약품, 마취약품, 마약, 소독약품, 약국재료(조제를 위한 약포장지 · 약병 · 연고튜브 · 약조제기기 · 실험정보실재료 등 간접재료 포함) 등으로 구분하는데, 약품매입시 또는 대금결제시의 에누리 · 할인 · 할증 · 판매장려금 등은 약품매입액에서 차감하여 계상한다.
- 진료재료 계정은 1년 이내에 사용되는 진료목적으로 보유한 각종 재료와 진료용구를 말하는데 방사선재료, 검사재료, 수술재료, 치과재료, 의료소모품, 혈액, 동위원소재료 등으로 분류한다.
- 급식재료 계정은 급식을 위한 채소류 · 육류 · 생선류 · 미곡류 등의 재료와 급식용구(접시, 수저 등) 등으로 구분한다.
- 저장품 계정은 약품, 진료재료 및 급식재료 이외의 사무 · 수선 · 청소 · 냉난방을 위한 저장품으로 사무용 · 관리용 사무용품(장부 · 각종서식 · 인쇄물 · 문방구류), 기계부품 등 수선용부품, 냉난방을 위한 유류, 인쇄물, 청소용구 · 청소용품 등 환경용품, 직원 복리를 위한 제복 · 포상용 상품 등으로 구분한다.
- 의료부대물품 계정은 의료부대수익을 위하여 보유하고 있는 장의용품, 매점용품 등을 말한다.

4) 유형자산의 분류 및 평가

유형자산 중 토지는 병원이 보유하는 업무용과 비업무용 토지를 모두 포함하도록 하고 있어 일반기업회계기준과 상이하다. 의료기기 계정은 환자진료를 위해 사용되는 의료기구나 용구(병실침대 포함)를 포함하여 표시하도록 하고 있다. 도서나 예술품(그림 등) 등은 기타유형자산으로 분류하도록 하고 있다.

자산을 증여받은 경우 시가로 평가하여 계상하도록 하는데 이 경우 시가는 「부동산가격공시 및 감정평가에 관한 법률」에 의한 감정평가액에 의함을 원칙으로 하되, 토지의 경우는 동법 제3조의 규정에 의한 당해 토지의 공시지가(당해 토지의 공시지가가 없는 경우는 동법 제9조의 규정에 의하여 산정한 개별토지의 가격)에 의하여 평가할 수 있도록 하고 있다.

또한 시설투자목적 등 자본적 지출에 충당할 목적으로 받은 국고보조금은 이를 취득자산에서 차감하는 형식으로 표시하고 당해 자산의 내용연수에 걸쳐 상각금액과 상계하며, 당해 자산을 처분하는 경우에는 그 잔액을 당해 자산의 처분손익에서 차감 또는 부가하도록 하고 있다.

한편, 유형자산의 인식시점 이후에는 원가모형이나 재평가모형 중 하나를 회계정책으로 선택하여 유형자산 분류별로 동일하게 적용하도록 하고, 감가상각방법과 내용연수 등은 주석에 기재하도록 하고 있다.

5) 부채의 분류

부채는 유동부채와 비유동부채로 분류하는데 고유목적사업준비금을 결산서에 인식하는 경우 해당 고유목적사업준비금은 유동부채 및 비유동부채와는 별도로 구분하여 표시하도록 하고 있다.

유동부채는 매입채무, 단기차입금, 미지급금, 선수금, 예수금, 미지급비용, 미지급제세, 유동성장기부채, 선수수익, 예수보증금, 단기부채성충당금, 임직원단기차입금, 이연법인세부채 및 기타의 유동부채로 구분하도록 하고 있다.

비유동부채는 장기차입금, 외화장기차입금, 금융리스미지급금, 장기성매입채무, 퇴직급여충당금, 이연법인세부채 및 임대보증금으로 구분한다.

6) 자본의 분류

자본은 기본금, 자본잉여금, 기타포괄손익누계액 및 이익잉여금(결손금)으로 구분한다. 기본금(또는 기본재산)은 법인기본금과 기타기본금으로 구분하는데 법인기본금은 병원설립을 위하여 출연한 금액을 말하며, 기타기본금은 병원증축 등을 위해 출연한 금액 중 미등기금액 또는 이익잉여금을 기본금으로 대체한 금액을 말한다.

자본잉여금은 자본보존목적의 기타 자본잉여금과 자산재평가적립금으로 구분하고, 기타포괄손익누계액은 재평가잉여금, 해외사업환산손익 등으로 구분하고, 이익잉여금(결손금)은 차기이월잉여금(결손금) 및 당기순이익(순손실)으로 구분한다.

자본잉여금의 자산재평가적립금은 구 자산재평가법에 따른 재평가 차액을 기재하는 것이고, 기타포괄손익누계액의 재평가잉여금은 유형자산을 취득 후 재평가모형으로 인식할 경우 공정가치와 장부가액의 차이를 기재하는 것이다.

2.3 손익계산서의 계정과목 분류 및 인식

병원회계의 수익과 비용은 그것이 발생한 기간에 배분되도록 처리하고, 다만 수익은 실현시기를 기준으로 계상하고 미실현수익은 당기의 손익계산에 산입하지 아니함을 원칙으로 하도록 하고 있다. 또한, 연구가 1년 이상 진행되는 경우 당해 연구용역에 대한 수익은 진행기준에 따라 인식하도록 하고 있다. 손익계산서의 구조는 다음과 같다.

Ⅰ. 의료수익	(1)입원수익 (2)외래수익 (3)기타의료수익
Ⅱ. 의료비용	(1)인건비 (2)재료비 (3)관리운영비
Ⅲ. 의료이익(손실)	
Ⅳ. 의료외수익	의료부대수익, 이자수익 등
Ⅴ. 의료외비용	의료부대비용, 이자비용 등
Ⅵ. 법인세차감전순이익(순손실)	
Ⅶ. 법인세비용(소득세등)	실제 납부할 세액과 이연법인세 변동액
Ⅷ. 고유목적사업준비금설정전 당기순이익	
Ⅸ. 고유목적사업준비금 전입액	
Ⅹ. 고유목적사업준비금 환입액	
Ⅺ. 당기순이익(손실)	

1) 의료수익

입원환자 진료에 따른 제반 의료수익은 입원수익으로 하고 외래환자진료에 따른 제반 의료수익은 외래수익으로 기표한다. 입원수익과 외래수익은 환자 종류별로 보험 · 급여 · 산재 · 일반 · 자보수익 등으로 구분 가능하며, 사전에 정한 할인율에 따라 특정기관 및 개인에게 진료비를 에누리 또는 할인해 준 금액, 극빈환자 등을 위한 자선진료에 따른 무료 또는 감면액, 연구용환자에 대한 진료비감면액을 차감하여 계상한다. 기타의료수익은 건강진단, 수탁검사, 직원급식, 제증명료, 구급차운영, 기타의료활동 따른 의료수익에서 발생한 것으로 기표한다.

2) 의료비용

의료비용 중 인건비는 근로에 대한 대가로 지급하는 일체의 급여, 제수당 등과 퇴직급여를 포함하는데 의사급여 · 간호직급여 · 약무직급여 · 의료기사급여 · 영양직급여 · 사무직급여 · 기술직급여 · 기능직급여 · 보조직급여 등으로 나누어 계상한다.

재료비는 재고자산의 약품과 진료재료 소모분을 원가로 계상하는 것과 급식재료비를 포함한다.

관리운영비는 복리후생비, 여비교통비, 통신비, 전기수도료, 세금과공과, 보험료, 환경관리비, 지급임차료, 지급수수료, 수선비, 차량유지비, 교육훈련비, 도서인쇄비, 접대비, 행사비, 연료비, 선교비, 의료사회사업비, 소모품비, 자체연구비, 감가상각비, 무형자산상각비, 임차자산개량상각비, 광고선전비, 대손상각비, 피복침구비, 외주용역비, 잡비 및 의료분쟁비용 등으로 구분하고, 의료분쟁비용은 의료사고 보상금, 의료사고 처리수수료 등으로 구분하여 세부내역을 주석으로 기재하여야 한다.

3) 의료외수익

의료외수익은 의료부대수익, 이자수익, 배당금수익, 임대료수익, 단기매매증권처분이익, 단기매매증권평가이익, 연구수익, 외환차익, 외화환산이익, 투자자산처분이익, 유형자산처분이익, 대손충당금환입, 기부금수익, 잡이익, 자산수증이익, 채무면제이익 및 보험차익 등을 기표한다.

의료부대수익은 주차장직영수익, 매점직영수익, 일반식당직영수익, 영안실직영수익 및 기타 시설직영수입 등으로 구분하며, 세부내역을 주석으로 기재하여야 한다. 임대료수익은 임대한 병원시설에 따라 영안실임대수익 및 매점임대수익 등으로 구분할 수 있으며, 연구수익은 연구가 1년 이상 진행되는 경우 진행기준에 따라 인식한다.

4) 의료외비용

의료외비용은 의료부대비용, 이자비용, 기타의 대손상각비, 기부금, 단기매매증권처분손실, 단기매매증권평가손실, 연구비용, 외환차손, 외화환산손실, 투자자산처분손실, 유형자산처분손실, 재고자산감모손, 고유목적사업비, 잡손실 및 재해손실 등으로 구분한다.

의료부대비용은 주차장직영비용, 매점직영비용, 일반식당직영비용, 영안실직영비용 및 기타 시설직영비용 등으로 구분하고 세부내역을 주석으로 기재하여야 한다. 의료부대사업에 직접 소요된 인건비, 재료비, 관리운영비 등은 의료비용과 구분하여 기재해야 하고, 의료비용과 공통으로 발생하는 인건비, 재료비, 관리운영비는 은 의료기관의 특성을 고려하여 합리적인 기준에 따라 배분한다. 이 경우 공통인건비는 인력 수, 총 급여 및 투입시간 등의 기준으로 배분하고, 공통재료비는 재료의 투입량, 직접재료비, 사용면적(병실수), 사용인원 등의 기준으로 배분하는 한편, 공통관리운영비는 매출액, 점유면적, 서비스시간, 사용인원, 관련 유형자산 가액 등을 기준으로 배분한다.

5) 법인세비용(소득세등)

법인세비용은 법인세법 등에 의거 당기 과세소득에 대해 당기 부담할 법인세 및 부가되는 세액합계에 당기이연법인세변동액을 가감하여 산출된 금액으로 계상한다. 한편, 개인이 운영하는 종합병원의 경우에는 당기 부담할 소득세 부담액과 부가되는 세액합계액을 표기한다.

6) 고유목적사업준비금 전입액과 환입액

법인의 고유목적사업인 연구용진료 · 건물증축 · 의료장비구입 · 대학운영 등을 위하여 준비금을 설정하여 결산서에 반영한 경우 준비금 전입액으로 의료비용 및 의료외비용과는 별도로 구분하여 표시하고, 고유목적사업준비금의 세부사용내역을 주석으로 기재하여야 한다. 환입액은 고유목적사업준비금 미사용분 및 의료발전준비금환입액을 표기한다.

2.4 기본금변동계산서와 현금흐름표

기본금변동계산서는 일반기업회계기준의 자본변동표와 유사한 재무제표로 기본금, 자본잉여금, 기타포괄손익누계액, 이익잉여금(결손금), 이익잉여금처분액 및 차기이월이익잉여금(결손금)으로 구분하여 표시하도록 하고 있다.

병원회계의 현금흐름표는 일반기업회계기준의 현금흐름표와 양식이 동일하며 영업활동으로 인한 현금흐름, 투자활동으로 인한 현금흐름, 재무활동으로 인한 현금흐름, 현금의 증가, 기초의 현금 및 기말의 현금으로 구분하도록 하고 있다. 현금흐름표상의 현금은 별다른 규정은 없으나 재무상태표상의 현금 및 현금성자산으로 보아야 한다.

03 의료기관의 세무문제

3.1 의료기관의 상속세 및 증여세 납세의무

「의료법」에 따른 의료법인이 운영하는 사업은 공익법인 등에 해당한다. 따라서 상속재산 중 공익법인이 상속인이나 피상속인으로부터 출연받은 재산가액 또는 출연자로부터 공익법인이 무상으로 출연받은 재산의 가액은 상속세 또는 증여세 과세가액 불산입하여 상속세 및 증여세납세의무가 없다.

예컨대, 공익법인에 해당하는 의료법인이 재산을 출연받아 그 출연받은 날부터 3년 이내에 직접 공익목적사업에 사용하는 경우 증여세가 과세되지 아니하는 것이다. 이 경우 직접 공익목적사업에 사용하는 것은 당해 공익법인의 정관상 고유목적사업에 사용하거나, 직접 공익목적사업에 충당하기 위하여 당해 재산을 수익사업용 또는 수익용으로 운용하는 것을 말한다(서면인터넷방문상담4팀－4210, 2006.12.28.). 개인의료기관을 운영하는 자가 의료기관의 전재산을 무상으로 출연하여 의료법인을 설립하는 경우 같은 법 제48조의 규정에 의하여 증여세가 과세되지 아니하는 것이나, 출연재산 중 양도소득세 과세대상 재산에 담보된 채무를 의료법인이 인수하는 경우 당해 채무액에 상당하는 부분은「소득세법」제88조의 규정에 의하여 양도소득세가 과세된다(재산상속46014－41, 2000.1.13.).

☞ 의료법인 및 의료기관의 상속세 및 증여세 납세의무에 대한 일반적인 내용은 제3장 제3절을 참조하기 바란다.

3.2 의료기관의 법인세 납세의무

「의료법」 제50조에 "의료법인에 대하여 이 법에 규정된 것 외에는 「민법」 중 재단법인에 관한 규정을 준용한다."라고 규정하고 있고, 「의료법 시행령」 제20조에는 "의료법인과 법 제33조 제2항 제4호에 따라 의료기관을 개설한 비영리법인은 의료업(의료법 제49조에 따라 의료법인이 하는 부대사업 포함)을 할 때 공중위생에 이바지하여야 하며, 영리를 추구하여서는 아니 된다"라고 규정하고 있어, 영리성이 없음에도 불구하고 「법인세법」에서는 의료업에서 발생한 소득에 대하여 과세를 하고 있는 입장이다. 즉, 의료법인은 특별법에 따라 설립된 비영리법인이며 동 비영리법인이 한국표준사업분류에 의한 각 사업 중에서 수입이 발생하는 것은 사업소득으로 과세를 하고 있으며, 기타 일시적 · 우발적으로 발생하는 이자소득, 배당소득, 고정자산으로 인하여 생기는 수입 등 열거된 소득에 대하여 법인세 납세의무가 있다. 만약 사회복지법인이 영위하는 의료업이 사회복지사업법에 의한 사회복지사업에 해당하지 아니하는 경우에는 「법인세법 시행령」 제3조 제1항 제4호의 규정에 의한 '비영리법인의 비수익사업'에 해당하지 않는다(서면인터넷방문상담2팀-1651, 2004.8.9.).

☞ 의료기관의 법인세 납세의무에 대하여 일반적인 내용은 제3장 제4절을 참조하기 바란다.

1) 의료법인의 수익사업소득의 범위

의료법인의 의료업과 부대사업에서 발생하는 소득에 대하여는 수익사업소득으로 법인세 납세의무가 있으나, 업무와 관계없이 타인으로부터 무상으로 받은 자산의 가액에 대하여는 비수익사업소득에 속하여 법인세 납세의무가 없다. 따라서 손익계산서의 의료외수익 중 기부금수익, 자산수증이익에 대하여 비수익사업으로 보아 법인세 납세의무가 없는 것으로 보아야 한다. 다만, 수익사업과 관련하여 부수적으로 발생하는 부수수익에 대하여는 법인세 납세의무가 있는바 보험차익 중 수익사업용 자산의 멸실 등으로 생긴 것, 채무면제이익 중 수익사업과 발생한 채무에 대한 것이 이에 해당한다 할 수 있다. 즉, 「의료법」에 의한 의료법인이 업무와 직접 관계없이 타인으로부터 무상으로 받은 자산의 가액은 비수익사업에 속한다(법인세과-1035, 2011.12.28.).

2) 국고보조금을 수령한 경우

의료기관이 국고보조금을 국가 또는 지방자치단체로부터 용역제공 등에 대한 대가와 관계없이 무상으로 지원받고 이를 기부금으로 처리한 후 수익사업에 사용하였다면 의료법인의 고유목적사업인 의료업이 수익사업이기 때문에 과세대상 수익사업으로 보아야 할 것이다. 즉, 비영리법인이 국가 등으로부터 출연금품의 형태로 지원받는 보조금 등을 「법인세법」 제4조 제3항의 비영리법인의 수익사업에 해당하지 않는 고유목적사업의 수행에 사용한 경우에는 당해 출연금품은 비영리법인의 수익사업 소득에 해당되지 아니하는 것이나, 국가 등으로부터 지원받는 출연금품을 「법인세법」 제4조 제3항의 수익사업의 수행에 사용된 경우에는 수익사업소득에 해당한다(서면인터넷방문상담2팀-1188, 2006.6.22.).

한편, 의료업을 영위하는 비영리법인이 「응급의료에 관한 법률」 제27조의 규정에 의하여 설치된 '응급의료정보센터'를 보건복지부로부터 위탁받아 운영하면서 국가 등으로부터 같은 법 제15조의 규정에 따라 '정보센터 운영비'로 지급받는 보조금은 정보센터의 고유업무에 속하는 자금으로서 법인세 과세 대상이 아니므로 당해 비영리법인의 수익 및 비수익사업 회계와는 별도로 구분경리하여야 한다. 다만, 당해 비영리법인이 같은 법 제17조 및 「보조금의 예산 및 관리에 관한 법률」의 규정에 의하여 '응급의료기관 지원비' 등의 명목으로 국가 등으로부터 지원받는 국고보조금은 동 비영리법인의 회계에 속하는 자금으로서 「법인세법 시행령」 제2조의 규정에 의한 수익사업에서 발생된 소득에 해당하지 아니하는 것이며, 이 경우 당해 국고보조금을 수익사업 회계로 전출 · 사용하고 자본의 원입으로 경리한 의료기기 등 고정자산에 대하여는 「법인세법 시행령」 제26조의 규정에 의해 계산한 감가상각비를 손금에 산입할 수 있다(서면인터넷방문상담2팀-472, 2006.3.7.).

특별법에 의해 설립된 의료법인이 의료기기의 취득에 소요된 차관(OECF)의 원금 및 이자를 상환하기 위해 국가 등으로부터 받은 국고보조금은 「법인세법」 제3조 제2항 제1호에서 규정하는 '수익사업에서 생기는 소득'으로 보지 아니하므로 당해 국고보조금에 대해서는 법인세가 과세되지 않는다(법규과-345, 2006.1.27.).

3) 고유목적사업준비금 특례

「법인세법」 제29조에서는 이자와 배당소득 등에 대하여 100%, 기타 수익사업소득에 대하여 50%를 한도로 고유목적준비금을 설정할 수 있도록 하고 있다. 다만, 다음에서 정하는 지역에 「의료법」에 의한 의료기관을 개설하여 의료업을 영위하는 비영리내국법인에 대하여는 2025.12.31. 이전에 끝나는 사업연도까지 「법인세법」 제29조를 적용하는 경우 그 법인의 수익사업에서 발생한 소득의 100%를 고유목적사업준비금으로 손금에 산입할 수 있다(조특법 §74 ④).

경기도	동두천시, 오산시, 이천시, 안성시, 김포시, 광주시, 양주시, 포천시, 여주군, 연천군, 가평군, 양평군
강원도	강릉시, 동해시, 태백시, 속초시, 삼척시, 홍천군, 횡성군, 영월군, 평창군, 정선군, 철원군, 화천군, 양구군, 인제군, 고성군, 양양군
충청북도	제천시, 청원군, 보은군, 옥천군, 영동군, 증평군, 진천군, 괴산군, 음성군, 단양군
충청남도	공주시, 보령시, 아산시, 서산시, 논산시, 계룡시, 금산군, 연기군, 부여군, 서천군, 청양군, 홍성군, 예산군, 태안군, 당진군
전라북도	군산시, 정읍시, 남원시, 김제시, 완주군, 진안군, 무주군, 장수군, 임실군, 순창군, 고창군, 부안군
전라남도	목포시, 여수시, 순천시, 나주시, 광양시, 담양군, 곡성군, 구례군, 고흥군, 보성군, 장흥군, 강진군, 해남군, 영암군, 무안군, 함평군, 영광군, 장성군, 완도군, 진도군, 신안군
경상북도	김천시, 안동시, 영주시, 상주시, 문경시, 경산시, 군위군, 의성군, 청송군, 영양군, 영덕군, 청도군, 고령군, 성주군, 칠곡군, 예천군, 봉화군, 울진군, 울릉군
경상남도	진해시, 통영시, 사천시, 밀양시, 거제시, 의령군, 함안군, 창녕군, 고성군, 남해군, 하동군, 산청군, 함양군, 거창군, 합천군
제주도	서귀포시

4) 고유목적사업준비금의 사용

병원 건물 및 부속토지를 취득하기 위하여 지출하는 금액은 고유목적사업에 지출 또는 사용한 금액으로 보는 것이나, 병원 건물 신축(증축)용 토지 및 주차장용 토지를 취득하기 위해 지출하는 금액은 고유목적사업에 지출 또는 사용한 금액으로 보지 않는다(법인세과-498, 2009.4.24.). 또한, 의료법인이 병원건물에 해당되지 아니하는 직원 기숙사 및 연수원을 취득하기 위하여 지출하는 금액은 고유목적사업에 지출 또는 사용한 금액에 해당되지 아니하는 것으로 보고 있다(법인세과-1121, 2010.11.30.).

한편, 의료업을 영위하는 비영리내국법인이 「조세특례제한법」 제7조(중소기업에 대한 특별세액감면)를 적용받는 경우에는 고유목적사업준비금을 손금에 산입하지 아니한다(법인세과-1317, 2009.11.27.).

3.3 의료기관의 부가가치세 납세의무

1) 의료보건 용역의 면세

의료보건 용역은 부가가치세가 면세된다. 따라서 「국민건강보험법」 제41조 제4항에 따라 요양급여의 대상에서 제외되는 용역을 제외한 「의료법」에 따른 의사, 치과의사, 한의사, 조산사 또는 간호사가 제공하는 용역은 부가가치세가 면세된다.

☞ 의료보건용역에 대한 부가가치세 면세항목에 대한 일반적인 내용은 제3장 제5절을 참조하기 바란다.

2) 의료부대수익의 부가가치세 과세여부

의료외수익 중 의료부대수익에 대하여는 부가가치세가 과세되는 경우가 있는데 이에 대하여 살펴보면 다음과 같다.

(1) 장례식장에서 제공하는 장의용역

장례식장업자가 장례식장을 방문한 문상객에게 음식용역을 제공하는 것은 부가가치세가 과세되는 용역이었다. 그러나 2013년 6월 28일 대법원 판결에 의하여 장례식장에서의 음식물 제공용역의 공급은 일반인이 아니라 특정 조문객만을 대상으로 빈소 바로 옆 공간이라는 제한된 장소에서 이루어지는 것이 일반적인 점 등에 비추어 보면, 거래의 관행상 장례식장에서의 음식물 제공용역의 공급이 부가가치세 면세 대상인 장의용역의 공급에 통상적으로 부수되고 있음이 인정되었다(대법원2013두932, 2013.6.28.). 따라서 국세청 예규도 변경되어 예규 변경일 이후 공급하는 분부터 장례식장 영업자가 장례식장을 방문한 문상객에게 음식용역을 제공하는 경우 동 음식용역은「부가가치세법」 제26조 제2항의 규정에 따라 면세되는 용역에 통상적으로 부수되는 용역으로 보고 있다(부가가치세제과-640, 2013.10.30.).

한편, 장의업을 영위하는 사업자가 병원으로부터 장례식장(영안실)을 임차하여 장의용역을 제공하는 경우에는 부가가치세가 면제되는 것이나, 당해 병원의 부동산 임대용역에 대하여는 부가가치세가 과세된다(부가46015-1118, 1998.5.26.).

또한, 지방공사 ㅇㅇ병원이 병원 부대시설인 장례식장(영안실)을 직영하면서 제공하는 장의용역(빈소설치, 장례식 거행, 시신의 보관 및 염습 등)에 필수적으로 부수되는 장의용품(관, 수의, 상복 등)을 함께 제공하고 받는 대가에 대하여는 부가가치세가 면제된다(부가46015-

2029, 1996.9.25.). 즉, 장의업자가 제공하는 장의용역은 부가가치세를 면제하는 것이고, 동 장의용역의 제공에 필수적으로 부수되는 장의용품을 함께 공급하는 경우 그 용품의 공급도 부가가치세를 면제하는 것이나, 장의업자가 장의용역의 제공에 필수적으로 부수되지 아니하는 장의용품을 공급하는 경우 또는 장의용품만을 별도로 공급하는 때에는 그러하지 않는다. 이 경우 장의용품의 공급이 장의용역의 제공에 필수적으로 부수되는지 여부는 거래관행과 거래주체간의 공급의도 · 목적 등 행위 또는 거래의 사실관계를 종합적으로 고려하여 개별적으로 판단할 사항이다(서면인터넷방문상담3팀-25, 2006.1.4.).

(2) 병원 구내식당이 공급하는 용역

의료보건용역을 공급하는 사업자가 환자에게 직접공급(직영구내식당)하는 음식물은 의료보건용역에 필수적으로 부수되는 것으로 부가가치세가 면제되나 임차경영자가 독립적으로 공급하는 경우에는 부가가치세가 과세된다(부가1265-105, 1980.1.17.). 또한, 외래환자 및 환자의 보호자와 다른 사업자에게 제공하는 음식물은 부가가치세가 과세된다(부가46015-1626, 2000.7.10.).

(3) 병원 주차장용역

종합병원 및 종합대학교에서 부설주차장을 설치 · 운영하고 징수하는 주차료는 면세되는 의료용역 및 교육용역에 필수적으로 부수되는 용역에 해당되지 않으므로 부가가치세가 과세된다(부가46015-1744, 1994.8.26.). 즉, 법인인 종합병원에서 부가가치세가 면제되는 의료업과 관련하여 진료 및 병문안차 내방하는 차량의 주차를 위해 주차장을 설치, 운영하면서 일정기준에 의해 일부 주차에 대하여 주차료 징수 시 당해 주차장 운영수입에 대하여는 부가가치세가 과세되는 것이다(부가 46015-1458, 1997.6.28.).

(4) 임상시험용역

「약사법」 제34조의 2에 따른 임상시험실시기관이 같은 법 제2조 제15호에 따른 임상시험 용역을 의약품 제조업자 등에게 공급하는 경우 「부가가치세법」 제26조 제1항 제5호 및 같은 법 시행령 제35조에 따른 의료보건용역의 공급에 해당하지 않으며, 같은 법 시행령 제42조 제2호 및 같은 법 시행규칙 제32조에 따른 새로운 이론 · 방법 · 공법 또는 공식 등에 관한 연구용역의 공급에 해당하지 아니한다(기획재정부 부가가치세제과-236, 2014.

3.17.). 의료기관이 제약사에게 공급하는 임상시험용역에 대한 부가가치세 과세는 2014. 3.17. 이후 최초로 임상시험용역계약을 체결하여 공급하는 분부터 적용하는 것이며, 2014.3.17. 이전에 체결된 임상시험용역계약의 일부를 위임하는 계약과 공급이 2014.3.17. 이후인 경우에는 부가가치세 과세대상이다(기획재정부 부가가치세제과-236, 2014.3.17.).

3.4 의료기관의 지방세 과세특례

1) 의료법인에 대한 지방세 과세특례

(1) 감면 대상

「의료법」 제48조에 따라 설립된 의료법인이 의료업에 직접 사용하기 위하여 취득하는 부동산에 대한 취득세와, 과세기준일 현재 의료업에 직접 사용하는 부동산에 대한 재산세를 감면 대상으로 한다(지특법 §38 ①).

(2) 감면 기간과 감면내용

취득세의 경우에는 2024.12.31.까지 의료법인이 의료업에 직접 사용하기 위하여 취득하는 부동산에 대한 취득세의 100분의 30(감염병전문병원의 경우에는 100분의 40)을 경감한다.

재산세의 경우에는 2024.12.31.까지 과세기준일 현재 의료업에 직접 사용하는 부동산에 대하여는 재산세의 100분의 50(감염병전문병원의 경우에는 100분의 60)을 경감한다.

2) 종교단체가 의료기관을 개설하는 경우 지방세 과세특례

(1) 감면 대상

「민법」에 따라 설립된 재단법인에 해당하는 종교단체가 「의료법」에 따른 의료기관 개설을 통하여 의료업에 직접 사용할 목적으로 취득하는 부동산에 대한 취득세와 과세기준일 현재 의료업에 직접 사용하는 부동산에 대한 재산세를 감면 대상으로 한다(지특법 §38 ④).

(2) 감면기간과 내용

취득세의 경우에는 2024.12.31.까지 의료업에 직접 사용할 목적으로 취득하는 부동산에 대해서는 해당 부동산에 대해서는 취득세의 100분의 30(감염병전문병원의 경우에는 100분의 40)을 경감한다.

재산세의 경우에는 과세기준일 현재 의료업에 직접 사용하는 부동산에 대해서는 2024. 12.31.까지는 재산세의 100분의 50(감염병전문병원의 경우에는 100분의 60)을 경감한다.

제8절 종교단체의 회계와 세무

01 종교단체의 일반적 사항

1.1 한국종교의 현황13)

우리나라는 단일민족국가를 자칭하면서도 특이하게 다종교 국가이다. 이는 「헌법」에 모든 국민은 종교의 자유를 가지며(§20 ②), 종교에 의하여 정치적 · 경제적 · 사회적 · 문화적 생활의 모든 영역에 있어서 차별을 받지 아니한다(§11 ②)라고 규정하고 있으면서, 정교(政敎)가 분리된 점에 기인한다 할 수 있다.

우리나라에는 2018년 말 현재 927개의 종교단체가 있으며 그 현황은 다음과 같다.

구분	불교	개신교	천주교	유교	천도교	원불교	대종교	기타	합계
확인	146	126	1	1	1	1	1	11	297
미확인	336	248						46	630
계	482	374	1	1	1	1	1	57	927
교당수	17,141	83,883	2,471	1,070	101	535	70	1,810	107,081
교직자수	36,877	98,305	5,360	2,153	1,794	2,015	100	6,674	153,278
신도수 (천명)	7,619	9,676	3,890	76	66	85	3	139	21,554

* 단체수, 교당수, 교직자수는 2012.3.20.까지의 각 종단 협조 자료 수치를 집계함.

** 신도수는 2015.11.1. 기준 통계청 인구 및 주택 센서스 집계이며, 전체 인구수는 49,052천명

이들 각 종교별 교단은 「민법」 제32조의 규정에 의한 사단 또는 재단법인의 형태로 존

13) 문화체육관광부, 한국의 종교현황, 2018

재하기도 하고 법인격 없는 단체로 존립하기도 하는데 그 정확한 숫자는 알 수 없다.

구분	불교	개신교	천주교	유교	기타종교	합계
재단법인	110	196	95	17	25	443
사단법인	243	437	23	21	14	738
합계	353	633	118	38	39	1,181

한편, 종교단체는 다양한 방법으로 사회사업에 참여하고 있는데 라디오나 TV방송사나 신문사를 보유하고 있기도 하며, 학교 · 의료기관 · 요양기관 그리고 사회복지법인이나 박물관 등을 보유하고 있기도 한데 그 현황은 다음과 같다.

구분	불교	개신교	천주교	기타종교	합계
방송	2	7	1	2	12
신문	58	189	3	20	270
잡지	154	372	45	28	599
대학교(전문대 이상)	10	109	15	11	145
고등학교 이하 각급 학교	30	631	81	109	851
종교계 연구소	155	124	75	20	374
의료기관 · 요양원	72	102	186	39	399
사회복지법인	152	259	97	21	529
박물관, 기념관, 미술관 등	68	45	14	41	168

1.2 종교단체의 설립

종교단체는 종교의 보급과 교화를 목적으로 설립된 단체 또는 그 소속 단체를 말하는 것으로, 설립근거 법률에 따라 법인과 법인 의제 단체와 개인단체로 구분할 수 있다.

1) 민법에 따라 설립된 종교단체

「민법」 제32조의 규정에 따라 설립된 사단법인이나 재단법인 형태의 종교단체가 이에 속한다. 주무관청은 문화체육관광부이나 「민법」 제32조에 따라 설립하였거나 설립하려는 문화체육관광부장관 소관의 비영리법인의 설립허가 및 그 취소, 정관변경허가, 해산신고의 수리, 그 밖의 지도 · 감독에 관한 권한은 특별시장 · 광역시장 · 특별자치시장 · 도지사 또는 특별자치도지사(법인의 활동범위가 2개 이상의 특별시 · 광역시 · 특별자치시 · 도 또는 특별자치도에 걸치는 비영리법인의 경우에는 해당 법인의 주된 사무소가 소재하는 지역을 관할하는 특별시장 · 광역시장 · 특별자치시장 · 도지사 또는 특별자치도지사를 말함)에게 각각 위임되어 있다. 따라서 비영리법인의 설립 및 사단법인이나 재단법인 형태의 종교단체는 「민법」 및 「문화체육관광부 및 문화재청 소관 비영리법인의 설립 및 감독에 관한 규칙」에 의해 설립 및 운영관리에 대하여 규제를 받는다.

설립허가 조건은 ① 법인의 목적과 사업이 실현 가능할 것, ② 목적하는 사업을 수행할 수 있는 충분한 능력이 있고, 재정적 기초가 확립되어있거나 확립될 수 있을 것, ③ 다른 법인과 동일한 명칭이 아닐 것이다.

그런데 「문화체육관광부 및 문화재청 소관 비영리법인의 설립 및 감독에 관한 규칙」에는 비영리법인이 주무관청에 대하여 매년 사업실적 및 사업계획을 제출하도록 하고 있는 보고의무사항이 2005.6.4.에 폐지되었다. 다른 소관 부처 비영리법인의 경우에는 매 사업연도가 끝난 후 2개월 이내에 ① 다음 사업연도의 사업계획과 수입 · 지출 예산서 ② 해당 사업연도의 사업실적과 수입 · 지출 결산서 ③ 해당 사업연도 말 현재의 재산목록을 제출하도록 되어 있으나 인사혁신처[14]와 문화체육관광부 소관의 비영리법인의 경우에는 동 보고의무 조항이 폐지되어 별도로 사업실적 및 사업계획을 보고할 의무가 없다.

다만, 「민법」 제37조의 규정에 의한 법인사무의 검사 및 감독을 위하여 불가피한 경우에는 법인에게 관계서류 · 장부기타 참고자료의 제출을 명하거나 소속공무원으로 하여금 법인의 사무 및 재산상황을 검사하게 할 수는 있다.

2) 법인 의제 종교단체

「민법」 제32조의 규정에 따라 설립된 사단법인이나 재단법인은 아니지만 「국세기본법」 제13조에 따라 법인이 아닌 사단, 재단, 그 밖의 단체(이하 "법인 아닌 단체"라 함) 중 수익을 구성원에게 분배하지 아니하는 것으로서 ① 주무관청의 허가 또는 인가를 받아 설립되거나 법령에 따라 주무관청에 등록한 사단, 재단, 그 밖의 단체로서 등기되지 아니한 것과 ② 공익을 목적으로 출연(出捐)된 기본재산이 있는 재단으로서 등기되지 아니한 것은 법인으로 보아 세법을 적용한다.

14) 「인사혁신처 소관 비영리법인의 설립 및 감독에 관한 규칙」은 2015.6.12. 제정되었고 제정 당시부터 동 보고의무 조항이 없었다.

따라서 종교단체의 대표자나 관리인은 종교단체 소재지 관할 세무서장에게 종교단체의 조직과 운영에 관한 규정(規程), 대표자 증명, 종교단체 소속증명서, 임대차계약서 등을 첨부하여 「법인으로 보는 단체 승인 신청서」를 제출하면 법인으로 보는 단체로 승인되어 고유번호증을 받을 수 있다.

고유번호로 구분하는 종교단체

구분	고유번호 코드	비고
법인단체	○○○—82—△△△△▲	법인세법 적용
개인단체	○○○—89—△△△△▲	소득세법 적용

3) 개인 종교단체

개인 종교단체의 경우 조직과 운영에 관한 규정을 제정하고 기관(임원등)을 구성하는 것으로 설립 절차를 마무리할 수 있다. 다만, 관할 세무서에 고유번호를 부여받아야 금융기관에 종교단체 명의로 통장을 개설할 수 있으며 또한 기부금 영수증 발행이 가능하므로 종교단체의 조직과 운영에 관한 규정(規程), 대표자 증명, 종교단체 소속증명서, 임대차계약서 등을 첨부하여 「법인이 아닌 단체의 고유번호 신청서」를 제출하면 고유번호증을 받을 수 있다.

4) 부동산등기용등록번호를 부여받은 종교단체

법인 아닌 사단(社團)이나 재단(財團)에 속하는 부동산의 등기에 관하여는 그 사단이나 재단을 등기권리자 또는 등기의무자로 하여 그 사단이나 재단의 명의로 그 대표자나 관리인이 등기를 신청하도록 하고 있다(부동산등기법 §26). 따라서 법인 아닌 사단이나 재단인 종교단체가 부동산을 취득하여 등기할 경우에는 시 · 군 · 구청장으로부터 부동산등기용등록번호를 부여받아 그 대표자나 관리인의 성명, 주소 및 주민등록번호를 함께 등기부에 기록하도록 하고 있다(부동산등기법 §49 ① 3호). 이 경우 부동산등기법에 따라 부동산등기용등록번호를 부여받은 경우는 "법령에 따라 주무관청에 등록"한 경우에 해당되지 않아 세법상 법인으로 보는 단체에 해당하지 아니한다(기획재정부 조세법운용과-1397, 2018.10.22.).

02 종교단체의 재무회계

종교단체의 재무회계에 대하여 별도로 정해진 종교단체 재무회계기준은 마련되어 있지 않다. 다만, 각 종단이나 교단에서 내부적으로 정한 회계규정이 있을 뿐이며, 「상속세 및 증여세법」에서 정한 "공익법인회계기준"이나 한국회계기준원에서 정한 "비영리조직회계기준"이 있을 뿐이다. 다음은 불교 교단의 대표적 종단인 조계종의 회계규정과 한국기독교교회협의회(NCCK)의 회계규정의 일부 내용이다. 한편, 천주교의 경우에도 내부적으로 교구재정운영규정과 본당 및 산하단체의 재무규정이 별도로 마련되어 있다.

2.1 사찰의 재무회계

불교의 대표적인 종단인 조계종의 경우 중앙종무기관의 예산과 회계 및 이에 관련되는 기본적인 사항을 「예산회계법」에 따라 처리하며, 사찰의 경우에는 「사찰예산회계법」 및 「사찰예산회계법 시행령」으로 정하고 있다.

「예산회계법」은 불기 2538(1994)년 11월 9일에 제정되어 그 동안 수차례 개정을 통하여 오늘에 이르렀고, 「사찰예산회계법」은 불기 2556(2012)년 6월 22일 제190회 중앙종회 임시회의에서 제정되었으며, 「사찰예산회계법 시행령」은 불기 2559(2015)년 7월 15일 열린 제27차 종무회의에서 제정되었다.

1) 예산회계법의 주요 내용

종단의 회계연도는 매년 1월 1일에 시작하여 12월 31일에 종료하며, 한 회계연도에 속하는 세입세출의 출납에 관한 사무는 다음 년도 1월 20일까지 완결하도록 하고 있어 지출원인행위를 기준으로 세입세출을 결산하는 수정현금주의를 택하고 있다.

또한 회계는 단식부기에 의하고 재무제표는 款, 項, 目으로 구분된 세입세출결산서를 사용하고 있고 예산총계주의원칙을 채택하고 있으나, 현물로 수입 또는 출자하는 경우 이를 세입세출예산외로 관리할 수 있도록 하고 있다.

회계는 일반회계와 특별회계, 기금으로 구분하고, 중앙종무기관 산하기관의 본말사와 법인체의 예산과 회계에 관한 사항은 따로 종법으로 정하도록 하고 있다. 특별회계는 특별한 사업을 운영할 때, 특정한 자금을 보유하여 운용할 때, 기타 특정한 세입으로 특정한 세출에 충당함으로써 일반회계와 구분하여 처리할 필요가 있을 때에 설치할 수 있으며, 기금은 중앙종무기관에서는 특정한 목적사업을 위하여 특정한 자금을 운용할 필요가 있을 때에 한하여 종단 보조금, 각종 성금, 희사금 등으로 설치하도록 하고 있으나, 구체적으로 특별회계와 기금을 설치하는 절차 및 승인권자 등이 정하여지지 않았다.

종단이나 사찰의 재산에 관하여 총무원장의 승인을 받지 아니하고는 매각, 기부, 담보제공, 대여, 인락, 기타 처분을 할 수 없으며, 당해 연도 예산의 범위 내에서 변제할 수 없는 장기채무는 총무원장의 기채승인을 받도록 규정하고 있다.

세입세출예산안은 각 종무기관별로 구분하여 다음 회계연도 개시 60일 전까지 정기중앙종회(예산종회)에 예산편성지침, 세입세출예산 사항별 설명서, 계속비 명세서 등과 함께 제출하도록 하고 있으며, 결산은 각 중앙종무기관의 장이 세입세출의 결산보고서를 작성하여 다음 년도 2월 말일까지 총무원 재무부장에게 제출하고, 총무원 재무부장은 중앙종무기관의 세입세출결산서를 총합하여 총괄세입세출결산서와 계속비 결산보고서를 작성하여 종무회의의 의결을 거처 결산 중앙종회에 제출하도록 하고 있다.

각 중앙종무기관이 예산을 집행하고자 할 때에는 지출원인행위와 관련된 서류를 첨부하여 총무원 재무부장에게 청구하고 총무원 재무부장은 이를 접수하여 지출결의서를 작성하여 총무원장의 결재를 받아 사용하도록 하고, 다만, 교육원, 포교원의 지출결의서와 다른 법령이나 규정에 의한 전결사항은 총무원장의 결재를 전결로 대체하도록 하고 있다.

모든 수입과 지출은 적절한 증빙과 장부를 작성하여 보관하도록 하고 있으나 구체적인 증빙의 종류나 장부의 종류, 보존연한 등에 대하여는 별도로 규정하고 있지 않는다.

2) 사찰예산회계법 및 동법 시행령의 주요 내용

「사찰예산회계법」은 조계종 종단 산하 모든 사찰의 예산 편성, 집행과 결산 및 이에 따른 회계처리 사항 등을 정하는 데 그 목적이 있다 하겠다. 따라서 회계연도와 단식부기에 의한 회계처리방법 그리고 세입세출결산서 등의 결산 재무제표 등이 모두「예산회계법」과 동일하나, 다음의 경우와 같이 몇몇 특별히 정하고 있는 사항이 있다.

- 사찰예산에 대하여 그 용도를 지정하였는데 ① 사찰의 유지 · 관리 및 운영 ② 포교와 사회공익사업 ③ 승려복지사업 ④ 승려와 신도 교육사업 ⑤ 유 · 무형 문화재의 보호 및 전승을 위한 사업 ⑥ 기타 불교의 가치 구현을 위한 사업에만 사용하도록 하고 있다.

• 회계는 일반회계와 특별회계로 구분하는데 일반(경상)회계는 사찰의 기본적인 유지 · 관리 및 최소한의 기본사업 수행을 위해 설치하는 회계로 하고, 특별회계는 특정한 목적사업 수행을 위해 설치하는 회계로서 ① 교구본사 특별회계 ② 적립금 특별회계(문화재구역입장료 30%예치금, 임대보증금, 부동산수익금, 퇴직적립금 등) ③ 불사 특별회계(공사구분, 사업별 구분) ④ 템플스테이 특별회계 ⑤ 승려복지 특별회계 ⑥ 직영상가 특별회계 ⑦ 기타사업 및 목적 등의 특별회계(일반회계와 구분되는 특별사업 또는 기간을 정하여 진행되는 특정사업에 대한 별도회계) 등으로 구분하도록 하고 있다.

• 일반회계와 특별회계 사이, 특별회계와 다른 특별회계 사이에는 서로 차입할 수 없으나, 일시적인 금액의 과부족으로 회계 간의 전용이 필요한 때는 차입할 수 있고, 과부족 금액이 해소되는 즉시 원상태로 회복하도록 하며, 차입기간은 해당 회계연도를 넘길 수 없도록 규정하고 있다. 또한, 일반회계에서 특별회계로 전출할 수 있으나 특별회계에서 일반회계, 특별회계에서 다른 특별회계로는 전출할 수 없으나, 사업이 종료된 특별회계의 잔액은 즉시 일반회계로 계상하도록 하고 있어 구분회계를 엄격히 하도록 하고 있다.

• 교구본사 이외의 사찰은 11월 말일까지 교구본사에 세입세출예산서를 제출하도록 하고, 교구본사는 교구본사의 세입세출예산서와 교구소속 사찰에서 제출한 세입세출예산서, 교구특별회계예산서를 12월 말까지 총무원에 제출하면 세입세출예산이 확정되는 것으로 규정하고 있다.

• 교구본사 이외의 사찰은 1월 말일까지 교구본사에 세입세출결산서를 제출하도록 하고, 교구본사는 교구본사의 세입세출결산서와 교구소속 사찰에서 제출한 세입세출결산서, 교구특별회계결산서를 2월 말일까지 총무원에 제출하면 세입세출결산서로 확정되는 것으로 규정하고 있다.

• 모든 사찰은 정기적으로 회계감사를 받도록 하고 있다. 또한 재정사고 및 재산관련 소송이 제기된 사찰은 공인회계사를 통한 회계감사를 시행하도록 하고 있다. 정기회계감사는 본사가 말사에 대하여 11월에서 12월 중에 실시하고 감사보고서를 본사주지와 피감 사찰에 보고 및 통지하도록 하고 있다. 또한 피감 사찰의 자료제출 거부, 의도적 감사 회피행위, 위법 부당한 사실 등이 있는 경우 징계하도록 규정하고 있다.

• 이외에 「사찰예산회계법」은 통장 및 통장인장의 관리에 관한 사항, 전산프로그램의 활용에 관한 사항, 회계서류 및 장부의 종류, 영수증의 발급 및 보관과 신용카드 사용에 관한 사항, 임대보증금과 임대수익금 관리에 관한 사항, 문화재구역입장료의 특

별회계에 관한 사항, 직영상가 특별회계에 관한 사항, 국고보조금 관리에 관한 사항 등을 규정하고 있다.

• 일반회계의 세입예산과목은 다음과 같이 예시하고 있다.

관	항(목)
기본재산수입	경지수입, 임대수입, 산림수입
불공수입	기도수입, 재수입, 위패수입, 인등수입, 등수입
불전수입	불전금, 공양미수입,
4.8수입	4.8수입(불전수입, 등수입, 기타수입)
사업수입	사업수입(직영주차장수입, 직영상가수입, 기타사업수입)
법요 · 행사수입	법요 · 행사수입(방생 및 성지순례수입, 기타행사수입)
교육연수수입	교육연수수입
문화재구역입장료수입	문화재구역입장료수입, 성보박물관수입
기타수입	환수수입, 시주금, 잡수입, 기와수입, 타회계종료이월수입
특별수입	불용품매각수입, 배상금위약금수입, 기타특별수입
신도교무금수입	신도교무금수입
차입금	차입금
전년도이월금	전년도이월금

• 일반회계의 세출예산 과목은 다음과 같이 예시하고 있다.

관	항(목)
법요 · 행사수입	헌공비, 법요비, 행사비
종무수행비 및 보시	보시, 특별보시, 잡급비, 퇴직적립금 전출금
관리운영비	일반운영비(일반수용비, 복리후생비, 출장비, 여비 등), 시설비품관리비, 급식비, 업무추진비
분담금	분담금(중앙분담금, 교구분담금, 승려복지분담금, 문화재구역입장료분담금, 교육불사특별분담금)
자산취득비	불구구입비, 비품차량구입비, 부동산매입비
수익사업비	수익사업비(직영주차장운영비, 직영상가운영비, 기타)
목적사업비	교육비, 포교비, 역경비, 사회복지비, 승려복지비
성보관리비	성보관리비(성보유지보수비, 보험료, 성보박물관운영비)
기타지출	회비, 신도교무금, 기타기관지원비, 반환금, 잡지출, 수수료
특별회계전출금	특별회계전출금

관	항(목)
차입금상환	차입금상환(차입금상환, 지급이자)
대여금	대여금
반환금	반환금
예비비	예비비
차년도이월금	차연도이월금

2.2 교회의 재무회계

한국기독교교회협의회(NCCK)15)에서는 「교회회계와 재무처리기준」을 제62회 정기총회(2013년 11월 18일)에서 제정하였다. 따라서 한국기독교교회협의회 소속의 모든 기독교회는 교회 전체를 하나의 보고실체로 하여 교회에 속한 기도원, 지성전을 포함한 모든 조직 및 동 조직이 영위하고 있는 고유목적사업, 수익사업에 모두 이 기준을 적용하도록 하고 있다. 다만, 이 기준은 2015년도 1월 1일 이후 최초로 시작되는 회계연도부터 적용하도록 하고 있다.

이 「교회회계 및 재무처리기준」(이하 "교회회계기준"이라 함)은 한국회계기준원의 「비영리조직 회계처리기준(안)」과 보건복지부령 제152호 「사회복지법인 및 사회복지시설 재무·회계 규칙」을 수정·보완하여 작성하고 제정한 것으로 복식부기회계와 발생주의회계를 근간으로 하고 있지만 직전연도 결산총액이 5억원 이하[당초 제정(안)은 10억원이었음]인 교회는 단식부기회계에 의할 수 있도록 규정하고 있다. 단식부기회계에서 복식부기회계로 전환할 경우 개시재무상태표는 취득원가 또는 공정가치로 평가하도록 하고, 취득원가 또는 공정가치를 평가하기 어려운 경우에는 국세청장이 정한 기준시가에 의해 평가하도록 규정하고 있다. 이 기준의 구성은 다음과 같다.

제1장 총칙(제1조~제10조)
제2장 재무상태표(제11조~제25조)
제3장 운영성과표(제26조~제40조)
제4장 현금흐름표(제41조~제46조)
제5장 자산·부채의 평가(제47조~제52조)

15) 회원교단 : 예장, 기장, 감리교, 구세군, 성공회, 복음교회, 청교회, 기하성, 루터회 등

제6장 재무제표에 대한 주석(제53조~제56조)
제7장 단식부기회계(제57조~제63조)
제8장 계약과 물품관리(제64조~제69조)
제9장 헌금 등 수입금의 관리(제70조~제71조)
제10장 예산과 결산(제72조~제85조)
제11장 감사(제86조~제93조)
부칙(제1조~제3조)

교회회계기준이 그 토대로 삼고 있는 한국회계기준원의 「비영리조직 회계처리기준(안)」은 2013년 3월에 초안이 발표된 것으로 그 동안 연구 및 의견수렴과 수차례 심의 등의 과정을 거쳐 2017.7.20.에 최종적으로 제정되어 공표되었다. 이 기준에 대하여 제9절에서 자세히 설명하도록 하겠다.

한편, 교회회계기준이 또 다른 토대로 삼고 있는 「사회복지법인 및 사회복지시설 재무 · 회계 규칙」을 교회 회계의 실정에 맞게 수정 · 보완하였는데 그 내용은 제7장부터 제11장까지이며, 주요 내용은 다음과 같다.

- 교회의 대표자는 운영위원회(당회, 구역회, 공동의회 등)의 결의를 거쳐 매 회계연도 개시 1개월 전까지 교회의 예산편성 지침을 정하고, 예산위원회의 결의를 거쳐 예산을 편성한 다음, 교회 제직(諸職)회의(교회 의결기관)의 의결을 거쳐 확정하도록 하고 있다. 예산의 전용은 운영위원회(당회, 구역회, 공동의회 등)의 결의를 거쳐 항 · 목간 전용할 수 있는데, 결산보고시 과목전용조서를 함께 제출하도록 하고 있다.
- 결산보고서는 운영위원회(당회, 구역회, 공동의회 등)의 결의를 거쳐 교회의 세입 · 세출 결산보고서를 작성하여 제직회의에게 제출하여야 한다. 단식부기로 회계처리하는 경우에는 세입 · 세출결산서와 기본재산수입명세서 등 각 계정 명세서와 내부감사보고서, 수익사업이 있는 경우 법인세신고서를 첨부하도록 하고 있다. 복식부기로 회계처리하는 경우에는 이외에 재무상태표와 수지계산서 그리고 각 계정 명세서를 첨부하도록 하고 있다.
- 교회가 헌금 등을 받을 때에는 교회 명의의 금융기관이나 체신관서의 수입전용계좌를 사용해야 하고, 성도의 요구가 있을 때에는 「소득세법 시행규칙」 제101조 제20호의 2에 따른 기부금영수증 서식 또는 「법인세법 시행규칙」 제82조 제7항 제3호의 3에 따른 기부금영수증 서식에 따라 헌금 등의 영수증을 발급하여야 하며, 영수증 발급목록을 별도의 장부로 작성 · 비치하도록 하고 있다.

- 지출은 상용의 경비 또는 소액의 경비지출을 제외하고는 예금통장에 의하거나 「전자거래 기본법」 제2조 제5호에 따른 전자거래로 행하여야 하는데, 상용의 경비 또는 소액의 경비지출의 범위는 운영위원회(당회, 구역회, 공동의회 등)의 결의를 거쳐 정하도록 하고 있고, 계약에 관한 사무도 각각 그 교회의 대표자(담임목사)가 운영위원회(당회, 구역회, 공동의회 등)의 결의를 거쳐 처리하도록 규정하고 있다.
- 교회의 감사인은 중간감사와 결산감사를 실시하여 결산보고와 감사보고를 공동의회에 보고해야 한다.

03 종교단체의 세무문제

3.1 종교단체의 상속세 및 증여세 납세의무

1) 종교단체에 출연한 재산의 증여세 과세여부

종교의 보급 기타 교화에 현저히 기여하는 사업은 공익법인 등에 해당한다. 따라서 상속재산 중 공익법인이 상속인이나 피상속인으로부터 출연받은 재산가액 또는 출연자로부터 공익법인이 무상으로 출연받은 재산의 가액은 상속세 또는 증여세 과세가액 불산입하여 상속세 및 증여세납세의무가 없다. 다만, 상속세 및 증여세법에서 정한 각종 납세 의무사항과 조세 협력의무를 이행해야 하나, 결산서류 등 공시의무와 외부감사를 받아야 하는 의무 그리고 전용계좌를 개설 · 사용할 의무는 사업의 특성을 고려하여 제외된다. 또한, 불특정 다수인으로부터 출연받은 재산 중 출연자별로 출연받은 재산가액을 산정하기 어려운 종교사업에 출연하는 헌금(부동산 및 주식등으로 출연하는 경우를 제외함)은 출연받은 재산의 사후관리 대상에서도 제외된다.

종교단체가 공익법인 등에 해당하는지 여부는 법인으로 등록했는지에 관계없이 당해 종교단체가 수행하는 정관상 고유목적사업에 따라 판단한다. 한편, 공익법인에 해당하는 종교단체가 재산을 출연받아 그 출연받은 날부터 3년 이내에 직접공익목적사업에 사용하는 경우에는 증여세가 과세되지 아니하는 것이며, 직접 공익목적사업에 사용하는 것이란 정관상 고유목적사업에 사용하는 것을 말한다(재산세과-852, 2010.11.17.).

2) 종교단체 부동산의 명의신탁

교회재산에 대한 명의신탁을 해지하여 교회명의로 환원 시, 즉 개인 명의로 등기된 부동산을 교회 명의로 등기이전한 경우로서 그 이전된 부동산이 당초부터 교회의 소유임이 확인되는 경우에는 증여세가 과세되지 아니하는 것이며, 당초부터 개인의 소유임이 확인되는 경우에는 증여세가 과세된다(상속증여세과-01236, 2015.11.27.).

종교단체가 명의신탁한 재산을 명의신탁해지하여 실질소유자인 종교단체 명의로 환원하는 경우에는 이를 증여로 보지 아니하는 것이며, 부동산을 타인명의로 등기하는 경우에는 「부동산 실권리자명의 등기에 관한 법률」에 의하여 과징금이 부과될 수 있다(서면인터넷방문상담4팀-2050, 2004.12.15.).

또한, 종중원 명의로 등기된 토지를 종중 명의로 등기이전한 경우로서 그 이전된 토지가 당초부터 종중의 소유임이 확인되는 경우에는 증여세가 과세되지 아니하는 것이나 당초부터 종중원 소유임이 확인되는 경우에는 증여세가 과세된다. 해당 토지가 당초부터 종중의 소유인지 또는 종중원의 소유인지 여부는 종중 회칙(규약) 및 회의록과 재산목록 등에 의거 해당 부동산의 사실상 소유자, 소유형태 등 구체적인 사실을 확인하여 판단할 사항임이다(법규재산2013-454, 2013.12.10.).

☞종교단체의 상속세 및 증여세 납세의무에 대한 일반적인 내용은 제3장 제3절을 참조하기 바란다.

3.2 종교단체의 법인세 납세의무

1) 종교단체에서 공급하는 용역에 대한 수익사업 여부

종교단체는 한국표준산업분류에 "9191 종교단체 : 불교, 기독교, 천주교, 민족종교 및 기타 종교 계통의 중앙종단, 지역종단, 포교소 등을 말한다."라고 규정하고 있다. 「법인세법」에서는 주무관청에 등록된 종교단체(그 소속단체 포함)가 공급하는 용역 중 「부가가치세법」 제26조 제1항 제18호에 따라 부가가치세가 면제되는 용역을 공급하는 사업에서 발생하는 수입은 수익사업소득의 범위에서 제외되어 법인세 납세의무가 없다(법령 §3 ① 7호). 다만, 기타 일시 우발적으로 발생하는 이자소득, 배당소득, 고정자산으로 인하여 생기는 수입 등 열거된 소득에 대하여는 법인세 납세의무가 있다.

「부가가치세법」 제26조 제1항 제18호에 따라 부가가치세가 면제되는 용역은 종교, 자선, 학술, 구호(救護), 그 밖의 공익을 목적으로 하는 주무관청의 허가 또는 인가를 받거나 주무관청에 등록된 단체로서 「상속세 및 증여세법 시행령」 제12조 각 호의 어느 하나에 따른 사업을 하는 단체가 그 고유의 사업목적을 위하여 일시적으로 공급하거나 실비(實費) 또는 무상으로 공급하는 용역을 말한다.

한국표준산업분류에서는 종교단체가 포교시설과 독립하여 출판, 교육, 의료, 복지사업을 수행할 경우는 그 주된 특성에 따라 별도로 구분하고 있으므로 법인세가 과세 제외되는 수익사업소득에 해당하는지는 별도로 수행하는 사업의 특성에 따라 달라질 수 있으므로 각 사안마다 개별적으로 판단해야 할 것으로 보인다.

☞종교단체의 법인세 납세의무에 대하여 일반적인 내용은 제3장 제4절을 참조하기 바란다.

2) 고정자산의 처분으로 인하여 생기는 수입의 과세

비영리내국법인이 당해 고정자산의 처분일 현재 3년 이상 계속하여 법령 또는 정관에 규정된 고유목적사업(수익사업 제외)에 직접 사용한 것은 법인세 과세대상에 해당되지 않는다. 따라서 비영리법인으로 등록한 교회가 증여받은 고정자산(고정자산의 처분일 현재 3년 이상 계속하여 법령 또는 정관에 규정된 고유목적사업에 직접 사용한 것 제외)을 처분하여 발생한 수입과 취득한 고정자산을 임대업 등 수익사업에 사용하는 경우 수익사업에서 생기는 소득에 대하여 법인세 납부의무가 있다(서면2팀-1795, 2006.9.14.).

비영리내국법인으로 승인받은 종교단체가 처분일 현재 3년 이상 계속하여 법령 또는 정관에 규정된 고유목적사업(수익사업 제외)에 직접 사용하는 사택을 양도하는 경우(법인-3549, 2008.11.24.)와 국세기본법 제13조 규정에 의한 법인으로 보는 단체인 종교단체(교회)가 종교의 보급 기타 교화업무를 전업으로 하는 교회의 담임목사가 처분일 현재까지 계속하여 3년 이상 사용하는 사택을 양도하는 경우(서면2팀-1009, 2006.6.5.)에는 수익사업 소득에서 제외된다. 다만, 교회가 3년 이상 보유한 토지를 신도들의 사후 매장을 위한 묘지로 사용한다고 하더라도, 묘지 운영이 교회의 고유목적인 종교의 보급 기타 교화를 위하여 직접적으로 필요하다고 볼 수 없으므로 당해 토지의 양도는 수익사업으로 보아 법인세가 과세된다(서면 법규과-841, 2013.7.19.).

▌관련 예규 및 판례▐

- 종교단체의 납골사업에 관한 세무관련

  분양금의 실제 귀속자가 종교단체인 경우, 비영리법인인 종교단체의 납골당 분양수입과 관리비수입은 수익사업에 해당하는 것임(서면인터넷방문상담2팀-697, 2007.4.20.).

• 납골시설을 설치 · 운영하고 실비로 대가를 받는 경우 수익사업 해당 여부

주무관청에 등록된 종교단체가 납골시설을 설치 · 운영하고 그 시설이용자에게 실비로 대가를 받는 경우에는 부가가치세법 제12조 제1항 제16호의 규정에 의하여 부가가치세가 면제되므로 법인세법시행령 제2조 제1항 제7호의 규정에 의하여 수익사업에서 제외하는 것이나, 실비 이상의 대가를 받는 경우에는 수익사업으로 보는 것임(법인46012-975, 2001.10.15.).

• 분묘기지권 사용료 및 분묘관리비의 손익귀속시기

비영리법인이 묘지를 개발하여 분묘기지권을 설정하여 주고 분묘설치자로부터 받는 분묘사용료는 그 금액을 받은 날 또는 받기로 한 날이 속하는 사업연도의 소득금액 계산상 익금에 산입하는 것임.

동 분묘사용료와는 별도로 분묘설치자로부터 약정된 관리 기간에 해당하는 분묘관리비(미관리기간 해당분은 반환의무 있음)를 선납받은 경우에는 분묘관리비의 약정된 관리기간에 따라 안분한 금액을 각 사업연도의 소득금액 계산상 익금에 산입하는 것임(법인세과-1153, 2009.10.16.).

• 법인세 기본통칙 15-11…2 【묘지사용료 및 분묘조성비의 처리】

공원묘지 사업을 영위하는 법인의 묘지 사용료 및 분묘조성비는 다음과 같이 처리한다.

1. 분묘기지권을 설정하여 주고 그 대가로 받는 지료는 반환의무가 없을 뿐 아니라 동 분묘기지권의 존속기한이 무한하므로 그 금액을 받은 날 또는 받기로 한 날이 속하는 사업연도의 소득금액계산상 익금에 산입한다.
2. 분묘조성비(토지가액을 제외한다)는 묘지판매시 받은 지료에 대응하는 원가이므로 당해 묘지 판매분에 대응하는 금액을 각 사업연도의 소득금액 계산상 손금에 산입한다.

3) 부동산임대소득의 경우

사찰의 부동산임대행위는 법인의 고유목적사업도 아니고 영리를 목적으로 하는 부동산임대영업에 해당하여 과세대상이 되고 부동산임대에 관한 수입이 사찰의 고유목적사업에 지출 사용된다고 하여 다를 바 없다(대법원75누173, 1976.4.13.). 다만, 주무관청에 등록된 종교단체로서 「문화재보호법」의 규정에 의한 지정문화재(지방문화재를 포함하며, 무형문화재는 제외)를 소유 또는 관리하고 있는 사찰이 경내지 내의 건물을 임대하는 용역은 수익사업 또는 수익에서 생긴 소득에 해당하지 아니하는 것으로, 종교단체가 경내지내의 건물을 임대하는 용역인지 등에 따라 수익사업 해당 여부를 판단한다(법인46012-1998, 1998.7.20.).

4) 종교단체가 일반기부금단체에 해당하는지 여부

개인사찰이 불교종단에 사찰등록을 하고 「국세기본법」 제13조 제2항 각호의 요건을 충족하

여 '법인으로 보는 단체'로 승인을 받아 고유번호를 부여받은 후 임의로 탈종을 한 경우, 해당 개인사찰은 일반기부금단체에 해당하지 않는다(법인세과-550, 2012.9.12.).

개별적으로 주무관청에 등록되지 않는 종교단체라도 소속한 교파의 총회 또는 중앙회 등의 명의로 등기 또는 등록되어 있는 종교단체에 지출한 금품은 기부금특별공제대상이 된다(소득22601-316, 1991.3.7.).

거주자가 종교의 보급 기타 교화를 목적으로 설립되어 주무관청에 등록된 단체에 소속되어 있는 교회 등 개별종교단체에 지출하는 기부금은 기부금특별공제를 받을 수 있는 것이나, 이 경우 기부금영수증 외에 개별 교회가 소속한 교파의 총회나 중앙회 등이 주무관청에 등록되어 있음을 증명하는 서류를 제출하여야 한다(서면인터넷방문상담1팀-243, 2007.2.15.).

5) 법인이 아닌 단체에 해당하는 경우 납세 의무

개인사찰이 「소득세법」 제2조 제3항에서 정하는 법인이 아닌 단체에 해당하는 개별사찰이 「통계법」 제22조에 따라 통계청장이 고시하는 한국표준산업분류의 종교단체(9491)에 해당하는 경우에 해당 종교단체의 활동에서 발생하는 소득은 「소득세법」 제19조 제1항 제18호 및 같은 법 시행령 제37조 제2항에 따라 사업소득의 과세 대상에서 제외되지만, 해당 개별사찰이 「소득세법」 제19조 제1항에서 정하는 특정사업을 경영하는 경우에는 그 사업 활동을 통하여 얻는 소득은 사업소득으로 과세된다(소득세과-1303, 2017.8.22.).

3.3 종교단체의 부가가치세 납세의무

앞서 종교단체의 법인세 납세의무에서 살펴보았듯이 주무관청의 허가 또는 인가를 받거나 주무관청에 등록된 종교단체가 종교의 보급 기타 교화에 현저히 기여하는 사업 또는 비영리법인의 사업으로 종교, 자선 등 공익을 목적으로 하는 단체가 그 고유의 사업목적을 위하여 일시적으로 공급하거나 실비(實費) 또는 무상으로 공급하는 재화 또는 용역은 부가가치세가 면세된다(부령 §45 1호).

☞ 종교단체가 공급하는 재화 또는 용역으로서 부가가치세가 면세되는 항목에 대한 일반적인 내용은 제3장 제5절을 참조하기 바란다.

1) 경내지 및 경내지 안의 건물과 공작물의 임대용역

「문화재보호법」에 따른 지정문화재(지방문화재를 포함하며, 무형문화재는 제외)를 소유하거나 관리하고 있는 종교단체(주무관청에 등록된 종교단체로 한정)의 경내지(境內地) 및 경내지 안의 건물과 공작물의 임대용역도 부가가치세가 면세(부령 §45 3호)된다. 경내지에 대한 정확한 정의와 범위에 대하여 「문화재보호법」에 규정되어 있지 않고 다만, 제13조에서 시·도지사는 지정문화재(동산에 속하는 문화재와 무형문화재를 제외)의 역사문화환경 보호를 위하여 문화재청장과 협의하여 조례로 "역사문화환경 보존지역"을 정하도록 하고 있다. 따라서 부가가치세법도 이에 따라 개정되어야 할 것으로 생각된다.

한편, 「전통사찰의 보존 및 지원에 관한 법률(약칭 : 전통사찰법)」에서는 "경내지(境內地)"란 불교의 의식(儀式), 승려의 수행 및 생활과 신도의 교화를 위하여 사찰에 속하는 토지로서 대통령령으로 정한 것으로 규정(법률 제11317호, 2012.2.17, 일부개정 전)하고 있었으나, 이를 "전통사찰보존지"로 명칭을 변경하고, 그 범위를 다음과 같이 법률에 직접 규정하였다(전통사찰법 §2 제3호).

가. 사찰 소유의 건조물[건물, 입목(立木), 죽(竹), 그 밖의 지상물(地上物)을 포함한다. 이하 같다]이 정착되어 있는 토지 및 이와 연결된 그 부속 토지
나. 참배로(參拜路)로 사용되는 토지
다. 불교의식 행사를 위하여 사용되는 토지[불공용(佛供用)·수도용(修道用) 토지를 포함한다]
라. 사찰 소유의 정원·산림·경작지 및 초지
마. 사찰의 존엄 또는 풍치(風致)의 보존을 위하여 사용되는 사찰 소유의 토지
바. 역사나 기록 등에 의하여 해당 사찰과 밀접한 연고가 있다고 인정되는 토지로서 그 사찰의 관리에 속하는 토지
사. 사찰 소유의 건조물과 가목부터 바목까지의 규정에 따른 토지의 재해방지를 위하여 사용되는 토지

재단법인 대한○○○ 유지재단이 ○○시 지방유형문화재 제○○호인 ○○ ○○○성당의 경내지에 위치한 ○○○회관(○○시 ○○구 ○○동 3-7, 3-4 소재건물)을 임대하고 받는 대가는 부가가치세가 면제된다(부가1265.1-2481, 1983.11.26.).

주무관청에 등록된 종교단체가 동 종교단체 소재지의 경내입장료를 직접 징수하거나 동 경내입장료징수권을 타인에게 위탁하고 그 수탁자로부터 받는 수입금에 대하여는 부가가치세가 면제된다(부가, 조법1265.2-212, 1983.3.2.).

2) 기타 수익사업에 대한 부가가치세 과세 여부

주무관청에 등록된 종교 등 공익단체의 경우에도 ① 소유부동산의 임대 및 관리사업 ② 자체기금 조성을 위하여 생활필수품, 고철 등과 같이 계속적으로 운영 · 관리하는 수익사업과 관련하여 공급하는 재화 또는 용역에 대하여는 면세하지 아니한다(부가 기본통칙 26-45-2). 즉, 영리목적의 유무에 불구하고 사업상 독립적으로 부가가치세가 과세되는 재화 또는 용역을 공급하는 개인, 법인, 법인격 없는 사단 · 재단 기타 단체는 부가가치세를 납부할 의무가 있는 것이며, 교회가 비주거용 건물임대용역을 제공하고 대가를 받는 경우에는 부가가치세가 과세된다(서면인터넷방문상담3팀-9, 2006.1.2.). 한편, 종교단체(교회)가 주차장을 설치 · 운영하며 그 이용자로부터 대가를 받는 경우에는 부가가치세가 과세되나, 주무관청에 등록된 종교단체(교회)가 당해 교회건물에 설치된 주차장을 이용하는 교인 등으로부터 그 고유의 사업목적을 위하여 자율적인 이용료로 헌금을 받는 경우에는 부가가치세가 면제된다(부가46015-2376, 1995.12.20.).

또한 「장사 등에 관한 법률」에 의하여 사설납골시설을 설치한 자가 납골시설을 설치한 후 유골을 수장해 주는 대가로 받는 사용료 또는 관리비 등은 부가가치세가 면제된다(부가46015-534, 2001.3.21.). 즉, 사설납골당 및 납골시설 등을 설치한 자가 제공하는 묘지 및 화장업 관련 용역에 대하여는 사업주체를 가리지 않고 부가가치세가 과세되지 아니한다(서면인터넷방문상담3팀-1700, 2004.8.20.).

3.4 종교인소득에 대한 소득세 납세의무

1) 종교인소득에 대한 납세의무 개요

「소득세법」은 2015.12.15. 개정을 통하여 종교인소득을 신설하고 ① 종교관련종사자(또는 "종교인"이라 함)가 ② 종교의식을 집행하는 등 종교관련종사자로서의 활동과 관련하여 ③ 대통령령으로 정하는 종교단체로부터 받은 소득은 기타소득으로 2018.1.1.부터 과세하도록 규정하고 있다(소법 §21 ① 26호). 다만, 종교단체에서 종교인의 선택에 따라 기타소득 또는 근로소득으로 원천징수할 수 있으며, 원천징수하지 아니한 경우 종교인이 다음해 5월말까지 종합소득세 과세표준확정신고를 하여야 한다. 원천징수를 하지 아니한 종교단체의 경우 종교인소득 지급명세서를 다음해 3월 10일까지 관할 세무서에 제출하여야 하며 제출하지 않은 경우 미제출가산세[미제출 또는 불분명한 지급금액(비과세소득 포함)의

1/100]를 부담한다. 다만, 종교인소득 과세의 시행 초기에 해당하는 2018년 1월 1일부터 2019년 12월 31일까지 발생하여 지급하는 종교인소득에 대한 지급명세서의 경우에는 제출불성실 가산세 규정을 적용하지 아니한다.

종교인 소득에 대하여 기타소득이나 근로소득으로 원천징수한 종교단체는 다음 해 2월분 소득을 지급할 때 종교인 소득에 대하여 연말정산을 실시하여 종교인의 납세의무를 확정지을 수 있다. 다만, 종교인이 종교인소득 이외에 다른 소득이 있는 경우 추가로 종합소득세 과세표준 확정신고를 하여야 한다.

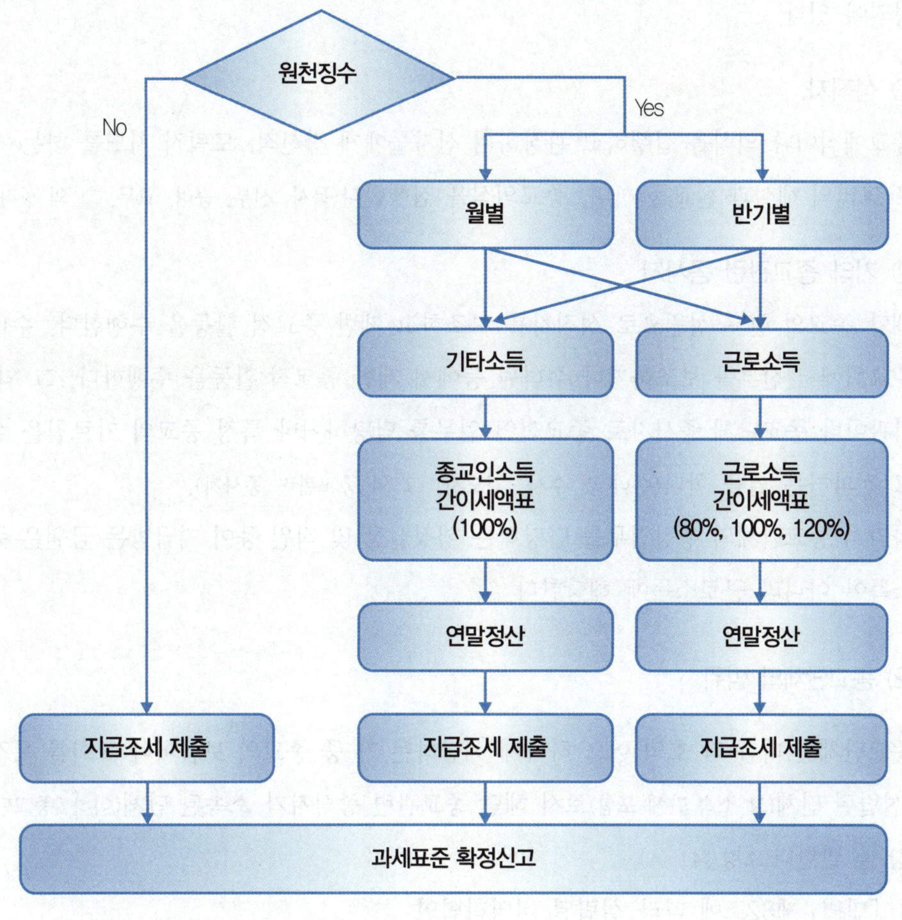

제3장 비영리조직 유형별 회계와 세무실무

2) 과세대상 소득의 범위

(1) 종교관련종사자(종교인)의 범위

종교관련종사자란「통계법」제22조에 따라 통계청장이 고시하는 한국표준직업분류에 따른 종교관련종사자를 말한다(소법 §12 5호 아목).

한국표준직업분류에 따른 종교관련 종사자란 종교적인 업무에 종사하거나 특정 종교의 가르침을 설교하고 전파하는 사람을 말하며, 이 소분류의 직업은 다음의 2개 세분류로 구성되어 있다.

① 성직자

종교예식이나 의식을 집행하고 관장하며 신자들에게 정신적, 도덕적 지도를 하는 사람으로 교리의 해설과 설교를 하며, 종교의식을 집행한다(목사, 신부, 승려, 교무, 그 외 성직자).

② 기타 종교관련 종사자

해당 종교의 한 구성원으로 성직자를 보조하고 제반 종교적 활동을 수행한다. 수녀는 천주교회에서 신부를 보조하거나 수녀원 등에서 제반 종교적 활동을 수행한다. 그 외 종교기관이나 종교단체 종사자로 종교적인 업무를 담당하거나 특정 종교의 가르침을 설교하고 전파하는 일을 한다(수녀 및 수사, 전도사, 그 외 종교관련 종사자).

따라서 종교단체의 행정업무를 담당하는 행정실장 및 직원 등이 지급받는 금원은 종교인소득이 아니라 근로소득에 해당한다.

(2) 종교단체의 범위

종교단체란 다음 각 호의 어느 하나에 해당하는 자 중 종교의 보급이나 교화를 목적으로 설립된 단체(그 소속 단체 포함)로서 해당 종교관련 종사자가 소속된 단체(이하 "종교단체"라 함)를 말한다(소령 §41 ⑭).

①「민법」제32조에 따라 설립된 비영리법인

②「국세기본법」제13조에 따른 법인으로 보는 단체

③「부동산등기법」제49조 제1항 제3호에 따라 부동산등기용등록번호를 부여받은 법인 아닌 사단·재단

(3) 종교관련종사자로서의 활동의 범위

종교인 소득은 종교관련종사자로서의 활동과 관련하여 지급받는 금원을 말한다. 이는 종교예식이나 의식을 집행하고 관장하며 신자들에게 교리를 해설 또는 설교하고 전파하는 행위 그리고 종교적인 업무를 담당하거나 성직자를 보조하는 일이 이에 해당한다 할 수 있다. 따라서 이와 같은 활동의 범위에서 벗어난 활동의 대가로 지급받는 금원은 종교인소득이 될 수 없는 것으로 보아야 한다.

다만, 종교관련종사자가 그 활동과 관련하여 현실적인 퇴직 이후에 종교단체로부터 정기적 또는 부정기적으로 지급받는 소득으로서 「소득세법」 제42조의 2 제4항 제4호에 따라 현실적인 퇴직을 원인으로 종교단체로부터 지급받는 소득에 해당하지 아니하는 소득은 종교인소득에 포함한다.

(4) 구분회계

종교단체는 소속 종교관련 종사자에게 지급한 금액 및 물품(비과세 소득금액 및 물품 포함)과 그밖에 종교 활동과 관련하여 지출한 비용을 구분하여 기록 · 관리하여야 한다. 따라서 다음과 같이 종교단체에서는 그 고유목적사업과 관련하여 종교인을 통하여 지출하는 금액은 종교활동비용, 종교인소득, 종사직원 귀속분으로 구분하여 계정을 구분관리해야 할 것으로 생각된다.

구분	구분회계		과세구분
	수입	지출	
목적사업 (종교활동)	기부금, 출연금 등(기부금영수증발행, 동 발급명세서 세무서 제출)	종교활동 비용 종교시설 유지 · 관리비등	과세제외
		종교인 귀속	종교인소득 원천징수
		종사직원 귀속	근로소득 원천징수
수익사업	매출액	매출원가 인건비, 관리비 등	법인단체 : 법인세 과세 개인단체 : 소득세 과세

3) 비과세 종교인소득

기타소득 중 다음 중 어느 하나에 해당하는 소득은 종교인소득으로 비과세된다(소법 §12 5호 아목).

(1) 종교관련종사자가 받는 다음의 학자금

종교관련종사자가 소속된 종교단체의 종교관련종사자로서의 활동과 관련있는 교육·훈련을 위하여 받는 다음 각 호의 어느 하나에 해당하는 학교 또는 시설의 입학금·수업료·수강료, 그밖의 공납금을 말한다.

① 「초·중등교육법」 제2조에 따른 학교(외국에 있는 이와 유사한 교육기관 포함)

② 「고등교육법」 제2조에 따른 학교(외국에 있는 이와 유사한 교육기관 포함)

③ 「평생교육법」 제5장에 따른 평생교육시설

(2) 종교관련종사자가 받는 다음의 식사 또는 식사대

① 소속 종교단체가 종교관련 종사자에게 제공하는 식사나 그 밖의 음식물

② 위 '①'에서 규정하는 식사나 그 밖의 음식물을 제공받지 아니하는 종교관련종사자가 소속 종교단체로부터 받는 월 20만원 이하의 식사대

(3) 종교관련종사자가 받는 다음의 실비변상적 성질의 지급액

① 일직료·숙직료 및 그밖에 이와 유사한 성격의 급여

② 여비로서 실비변상 정도의 금액(종교관련종사자가 본인 소유의 차량을 직접 운전하여 소속 종교단체의 종교관련종사자로서의 활동에 이용하고 소요된 실제 여비 대신에 해당 종교단체의 규칙 등에 정하여진 지급기준에 따라 받는 금액 중 월 20만원 이내의 금액 포함)

③ 종교관련종사자가 소속 종교단체의 규약 또는 소속 종교단체의 의결기구의 의결·승인 등을 통하여 결정된 지급 기준에 따라 종교 활동을 위하여 통상적으로 사용할 목적으로 지급받은 금액 및 물품

④ 종교관련종사자가 천재·지변이나 그 밖의 재해로 인하여 받는 지급액

(4) 종교관련종사자가 받는 다음의 6세 이하 보육수당

종교관련종사자 또는 그 배우자의 출산이나 6세 이하(해당 과세기간 개시일을 기준으로 판단함) 자녀의 보육과 관련하여 종교단체로부터 받는 금액으로서 월 10만원 이내의 금액

(5) 종교관련종사자가 받는 사택제공 이익 등

4) 종교인소득금액

(1) 종교인소득 필요경비

종교인소득에 대하여는 다음 표에 따른 금액을 필요경비로 공제한다. 이 경우 종교관련 종사자가 받은 금액은 비과세소득을 제외한 금액으로 한다. 다만, 실제 소요된 필요경비가 다음 표에 따른 금액을 초과하면 그 초과하는 금액도 필요경비에 산입한다(소령 §87 3호).

종교관련 종사자가 받은 금액	필요경비
2천만원 이하	종교관련종사자가 받은 금액의 100분의 80
2천만원 초과 4천만원 이하	1,600만원+2천만원을 초과하는 금액의 100분의 50
4천만원 초과 6천만원 이하	2,600만원+4천만원을 초과하는 금액의 100분의 30
6천만원 초과	3,200만원+6천만원을 초과하는 금액의 100분의 20

(2) 종교인소득금액

종교인소득금액은 종교관련종사자가 해당 과세기간에 받은 금액(비과세소득 제외) 중 상기 표에 따른 필요경비를 공제한 금액으로 한다.

종교관련 종사자가 받은 금액	종교인소득금액
2천만원 이하	총수입금액×20%
2천만원 초과 4천만원 이하	총수입금액×50%－600만원
4천만원 초과 6천만원 이하	총수입금액×70%－1,400만원
6천만원 초과	총수입금액×80%－2,000만원

단, 실제 소요된 필요경비가 상기 표에 따른 금액을 초과하면 그 초과하는 금액도 필요경비에 산입하여 종교인소득금액을 산정한다.

5) 종교인소득의 신고 · 납부 방법

(1) 종교단체가 원천징수를 하지 않는 경우

종교인소득을 지급하는 종교단체는 예외적으로 원천징수를 하지 않을 수 있으며, 이 경우 종교인소득을 지급받은 종교인은 다음해 5월말까지 종합소득과세표준을 신고하여야 한다(소법 §155조의 6). 다만, 종교인소득을 지급하고 원천징수를 하지 않은 종교단체는 다음 해 3월 10일까지 지급명세서를 제출하여야 하며, 미제출 시 가산세가 부과된다.

(2) 종교단체가 원천징수하는 경우

① 원천징수세액의 계산방법

종교인소득을 지급하는 종교단체는 종교인의 선택에 따라 ㉠ 종교인소득 간이세액표 또는 ㉡ 근로소득 간이세액표의 해당 세액에 개인지방소득세 특별징수분 100분의 10에 해당하는 금액을 원천징수하고 지급한다.

㉠ 종교인소득 간이세액표의 해당세액은 종교단체가 종교인소득(기타소득)으로 지급시 종교관련종사자가 연간 지급받는 금액 또는 월 지급액에 대하여 필요경비, 기본공제 및 세액공제 수준을 반영하여 원천징수할 세액을 계산한 금액이다. 종교인소득 간이세액표에서 월 급여액은 비과세 소득을 제외한 금액으로 하며, 전체 공제대상 가족수는 기본공제대상자(본인 포함)에 해당하는 부양가족의 수를 말한다. 만약 공제대상 가족 중 추가공제(경로우대 및 장애인공제)가 있는 경우와 20세 이하의 자녀가 있는 경우 공제대상 가족 수에 해당 가족수를 가산한다.

사례

매월 지급액 500만원(비과세 식대 10만원 포함) 또는 연간 6천만원을 지급받는 종교인이 배우자와 20세 이하 자녀가 2명인 경우 기타소득의 종교인소득으로 원천징수할 세액은?

• 해 답

부양가족의 수는 총 6명(4명+2명)이고, 월지급액은 4,900천원~4,920천원의 세액으로 125,540원이며 지방소득세 12,550원 납부세액의 합계액은 138,090원이다.

월지급액 (천원)		부양가족 인원별 원천징수 세액(원)									
이상	미만	1명	2명	3명	4명	5명	6명	7명	8명	9명	10명
⋮	⋮	⋮	⋮	⋮	⋮	⋮	⋮	⋮	⋮	⋮	⋮
4,880	4,900	235,980	213,480	190,980	168,480	145,980	123,480	100,980	78,480	55,980	33,480
4,900	4,920	238,040	215,540	193,040	170,540	148,040	125,540	103,040	80,540	58,040	35,540
4,920	4,940	240,100	217,600	195,100	172,600	150,100	127,600	105,100	82,600	60,100	37,600
⋮	⋮	⋮	⋮	⋮	⋮	⋮	⋮	⋮	⋮	⋮	⋮

㉡ 근로소득 간이세액표는 원천징수의무자가 근로자에게 매월분 급여를 지급하는 때에 원천징수해야 하는 세액을 연말정산시 추가납부 등에 따른 근로자의 부담을 분산하기 위해 급여수준 및 가족 수별로 정한 표이다. 근로소득으로 원천징수하는 경우에는 근로소득간이세액표에 따른 세액의 80%, 100%, 120% 중에서 선택할 수 있으며

(원천징수의무자에게 '소득세 원천징수세액 조정신청서'를 제출하여야 함), 원천징수방식을 변경한 이후에는 재변경 전까지 계속 적용한다(단, 변경한 과세기간에는 재변경 불가).

사례

매월 지급액 500만원(비과세 식대 10만원 포함) 또는 연간 6천만원을 지급받는 종교인이 배우자와 20세 이하 자녀가 2명인 경우 근로소득으로 원천징수할 세액은? (단, 원천징수할 세액의 100%로 한다)

• 해 답

부양가족의 수는 총 6명(4명+2명)이고, 월지급액은 4,900천원~4,920천원의 세액으로 187,150원이며 지방소득세 18,710원 납부세액의 합계액은 205,860원이다.

(단위 : 원)

월급여액(천원) [비과세 및 학자금 제외]		공제대상가족의 수										
이상	미만	1	2	3	4	5	6	7	8	9	10	11
⋮	⋮	⋮	⋮	⋮	⋮	⋮	⋮	⋮	⋮	⋮	⋮	⋮
4,880	4,900	337,080	308,410	240,820	222,070	203,320	184,570	165,820	147,070	128,320	109,570	90,820
4,900	4,920	339,880	311,200	243,400	224,650	205,900	187,150	168,400	149,650	130,900	112,150	93,400
4,920	4,940	342,690	313,990	245,980	227,230	208,480	189,730	170,980	152,230	133,480	114,730	95,980
⋮	⋮	⋮	⋮	⋮	⋮	⋮	⋮	⋮	⋮	⋮	⋮	⋮

② 원천징수세액의 신고 및 납부 방법

종교인소득을 원천징수한 종교단체는 다음달 10일까지 원천징수이행상황신고서를 세무서에 제출하고 소득세 원천징수 세액과 지방소득세 특별징수분을 금융기관에 납부한다. 다만, 종교단체의 경우에는 상시고용인원에 관계없이 반기별 납부를 신청하여 승인을 받고 원천징수한 세액을 매 반기의 마지막 달의 다음달 10일까지(7월 10일, 1월 10일) 신고·납부할 수 있다.

③ 연말정산 및 지급조서 제출

근로소득이나 기타소득으로 원천징수한 자는 모두 연말정산을 하여야 한다. 즉, 종교인소득을 지급하고 그 소득세를 원천징수하는 자는 해당 과세기간의 다음 연도 2월분의 종교인소득을 지급할 때(2월분의 종교인소득을 2월 말일까지 지급하지 아니하거나 2월분의 종교인소득이 없는 경우에는 2월 말일로 함), 또는 해당 종교관련종사자와의 소속관계가 종료되는 달의 종교인소득을 지급할 때 해당 과세기간의 종교인소득에 대하여 연말정산하여 원천징수하고, 3월 10일까지 원천징수이행상황신고서와 지급명세서 등을 제출한다.

반기별 납부 원천징수의무자인 경우 지급명세서 등은 3월 10일까지 제출하고 원천징수 이행상황신고서(상반기 지급분+연말정산분)는 반기별 원천징수 내역을 포함하여 7월 10일까지 제출한다.

④ 종합소득세 과세표준 확정신고

종교인소득을 연말정산한 후 원천징수되는 기타소득으로서 종교인소득 또는 근로소득만 있는 자는 과세표준확정신고를 하지 아니할 수 있다. 다만, 다른 소득이 있는 경우에는 다음해 5월말까지 종합소득과세표준을 확정신고하여야 한다.

6) 종교인의 퇴직소득

종교관련종사자가 현실적인 퇴직을 원인으로 종교단체로부터 지급받는 소득은 퇴직소득으로 보아 2018.1.1. 이후 지급하는 분부터 소득세를 과세한다(소령 §42의 2 ④ 4호).

▌관련 집행기준 및 예규 · 심판례 등▐

- **원천징수 시 선택한 소득의 종류를 변경하여 연말정산 또는 종합소득세 확정신고를 할 수 있는지 여부(기획재정부 소득세제과-130, 2019.2.13.)**
  종교단체가 소득세법 제21조 제1항 제26호에 따른 종교인소득에 대하여 같은 법 제145조 제1항에 따라 기타소득 또는 같은 법 제134조 제1항에 따라 근로소득으로 소득세를 원천징수한 후 연말정산하거나 같은 법 제70조에 따라 종합소득과세표준을 신고할 때 당초 원천징수한 동 소득의 종류를 변경하여 연말정산하거나 종합소득과세표준을 신고할 수 있는 것입니다.
  종교단체가 종교관련종사자의 각 과세기간에 발생하여 지급하는 종교인소득(소득세법 제21조 제3항에 해당하는 경우를 포함한다)에 대하여 원천징수(같은 법 제145조 제1항 또는 제134조 제1항에 따른 소득세의 원천징수를 말한다)를 하는 경우 각 과세기간별로 종교인소득(기타소득) 또는 근로소득 중 하나의 소득으로만 원천징수를 하는 것입니다.
- **상여를 지급하는 경우 간이세액표 적용 방법(기획재정부 소득세제과-518, 2019.9.18.)**
  종교인소득을 소득세법 제21조 제1항 제26호의 기타소득으로 원천징수하는 경우 종교단체가 종교관련종사자에게 종교관련종사자로서의 활동과 관련하여 지급하는 상여를 포함한 비정기적인 급여는 소득세법 시행령 제202조의 규정에 따라 지급하는 월의 지급금액 총액을 기준으로 종교인소득 간이세액표를 적용하여 원천징수하는 것임.

3.5 종교단체의 지방세 특례

1) 종교단체 또는 향교에 대한 지방세특례

종교단체 또는 향교가 종교행위 또는 제사를 목적으로 하는 사업에 직접 사용하기 위하여 취득하는 부동산에 대해서는 취득세를 면제하고, 과세기준일 현재 해당 사업에 직접 사용(종교단체 또는 향교가 제3자의 부동산을 무상으로 해당 사업에 사용하는 경우를 포함)하는 부동산(건축물의 부속토지를 포함)에 대해서는 재산세(도시지역분 재산세 포함) 및 지역자원시설세를 각각 면제한다. 다만, 다음의 경우에는 면제된 취득세를 추징하며, 재산세는 수익사업에 사용하는 경우와 해당 재산이 유료로 사용되는 경우의 그 재산 및 해당 재산의 일부가 그 목적에 직접 사용되지 아니하는 경우의 그 일부 재산에 대해서는 면제하지 아니한다(지특법 §50 ①·②).

1. 해당 부동산을 취득한 날부터 5년 이내에 수익사업에 사용하는 경우
2. 정당한 사유 없이 그 취득일부터 3년이 경과할 때까지 해당 용도로 직접 사용하지 아니하는 경우
3. 해당 용도로 직접 사용한 기간이 2년 미만인 상태에서 매각·증여하거나 다른 용도로 사용하는 경우

사찰림(寺刹林)과 「전통사찰의 보존 및 지원에 관한 법률」 제2조 제1호에 따른 전통사찰이 소유하고 있는 경우로서 같은 조 제3호에 따른 전통사찰보존지에 대해서는 재산세(도시지역분 재산세 포함)를 면제한다. 다만, 수익사업에 사용하는 경우와 해당 재산이 유료로 사용되는 경우의 그 재산 및 해당 재산의 일부가 그 목적에 직접 사용되지 아니하는 경우의 그 일부 재산에 대해서는 면제하지 아니한다(지특법 §50 ⑤).

2) 사택용 부동산을 취득한 경우 지방세특례 적용 여부

종교단체의 취득세 면제에 대하여 현행 판례는 종교단체가 소속 교역자의 사택용으로 부동산을 취득한 경우에 이를 종교단체가 그 사업에 직접 사용하기 위하여 취득한 것으로 보기 위해서는 적어도 그 교역자가 당해 종교단체의 필요불가결한 중추적 지위에 있음을 요하고 있다(대법원 97누14644, 1997.12.12.; 대법원 89누2608, 1989.11.14.). 따라서 중추적 지위에 있지 않은 교역자(원로목사, 부목사, 전도사 또는 종무보조업무자 등)가 사용하는 사택은

취득세 및 재산세 면제대상이 아닌 것으로 보아야 한다(대법원 2011두15183, 2012.5.24.; 대법원 2009두4708, 2009.5.28.; 서울고등법원 2002누6325, 2005.1.13.).

3) 고유업무에 사용하지 못한 정당한 사유에 해당하는지 여부

토지를 취득할 때 이미 유예 기간 안에 고유 업무에 사용할 수 없는 법령상 · 사실상의 장애 사유를 알고 있었고, 취득 후에 당해 토지를 고유 업무에 사용하지 못한 것도 동일한 사유 때문이라면 취득 전에 존재한 외부적 사유가 충분히 해소 가능한 것이고 실제 그 해소를 위하여 노력하여 이를 해소하였는데도 예측하지 못한 전혀 다른 사유로 고유 업무에 사용하지 못하였다는 등의 특별한 사정이 없는 한 그 외부적 사유는 당해 토지를 고유 업무에 사용치 못한 정당한 사유가 될 수 없다(대법원 2000두10038, 2002.4.26.).

제9절 기타 비영리조직의 회계 규정

01 기타 비영리조직(NPO)의 회계

지금까지 특별법에 의해 설립된 비영리법인인 사회복지법인과 학교법인 그리고 의료법인 등의 재무회계와 세무문제에 대하여 살펴보았다. 이들 비영리법인 및 동 비영리법인이 설치 · 운영하는 소속 기관에 대한 회계처리 기준 등은 또한 특별법에 따라 제정되고 운용되어 오고 있으나 이들을 제외한 기타의 공익법인을 비롯한 시민단체(NGO), 각종 사단법인이나 재단법인 및 협회 등은 마땅한 회계처리 규정이 없는 실정이었다. 다만, 500여개 시민단체를 회원으로 두고 있는 시민사회단체 연대회의가 회원들의 명확하고 투명한 회계처리를 위하여 시민사회단체 회계실무자와 공인회계사 등 회계전문가들이 중심이 되어 2004년 9월에 제정한 「시민사회단체 회계처리규정」을 제시하고 있었고, 한국회계기준원에서 2003년 3월에 발표한 「비영리조직의 재무제표 작성과 표시 지침서」가 있을 뿐이었다.

조직의 구분	회계기준	근거법률
사회복지기관	사회복지법인 및 사회복지시설 재무 · 회계 규칙	사회복지사업법
사학기관	사학기관 재무 · 회계 규칙에 대한 특례규칙	사립학교법
의료기관	의료기관 회계기준 규칙	의료법
종교단체(기독교, 불교)	교회회계와 재무처리기준, 사찰예산회계법	–
시민사회단체	시민사회단체 회계처리규정	–
비영리법인	수익사업소득이 있는 경우 기업회계기준	법인세법
학술 · 연구 · 장학 · 자선공익법인	기업회계의 원칙	공익법인의 설립 · 운영에 관한 법률
공익법인	(공익법인회계기준)	상속세 및 증여세법

조직의 구분	회계기준	근거법률
박물관 · 미술관, 도서관	–	박물관 및 미술관 진흥법, 도서관법
기타 협회와 단체	–	민법 등

따라서 수익사업소득이 있는 비영리법인의 경우에는 「법인세법」에 따라 복식부기로 장부를 기장하도록 하고 일반적으로 인정된 기업회계기준에 따라 처리하도록 하고 있었고, 「상속세 및 증여세법」상의 공익법인의 경우에는 공익법인 등에 적용되는 회계기준을 따라야 했다.

「공익법인의 설립 · 운영에 관한 법률 시행령」 제22조에는 공익법인의 회계는 특별한 규정이 있는 경우를 제외하고는 그 사업의 경영성과와 수지상태를 정확하게 파악하기 위하여 모든 회계거래를 발생의 사실에 의하여 기업회계의 원칙에 따라 처리하도록 규정하고 있다. 사립박물관 · 미술관 · 도서관의 경우에도 개인이나 단체에서 설립할 수 있는데 이에 대한 마땅한 회계처리기준이 없는 실정이다.

이에 따라 한국회계기준원에서는 2017.7.20.에 통일된 비영리조직회계기준을 제정하여 비영리조직의 회계투명성 제고가 필요하다는 사회적 인식에 부응하게 되었으나, 의무적으로 적용되는 회계기준이 아니므로 실제 적용에 있어서는 자발적 채택에 의존하고 있는 실정이고, 실무적으로 비영리조직에서 적용하기에는 다소 어려움이 있어 보여 보다 더 실무적으로 적용하기 용이하고 간편하게 적용될 수 있는 회계처리규정이 요구되는 바이다.

이에 시민사회단체 연대회의가 제정한 시민사회단체 회계처리규정은 대부분의 시민사회단체가 현금주의에 따라 회계 비전문가인 시민사회 활동가들이 회계처리하고 있는 실정을 반영하여 일부 계정과목을 제외하고는 현금주의를 채택하고 있는 점은 눈여겨 볼 만하다.

그러나 시민사회단체 회계처리규정은 시민사회단체의 명확하고 투명한 회계처리를 위하여 보다 합리적이면서도 계속적으로 일관성 있게 회계처리를 하기 위한 회계처리 지침을 제시하는 데 그 목적을 두고 있는 것이어서, 한국회계기준원이 제정한 재무제표의 작성목적과는 차이가 있음이 분명하다. 한국회계기준원의 비영리조직의 재무제표 작성 목적은 이를 외부에 보고하여 기부자, 회원, 채권자, 비영리조직에 자원을 제공하는 그 밖의 주체(예 : 보조금을 제공하는 정부) 등의 의사결정에 유용한 정보를 제공하여, 이들 이해관계자들이 비영리조직이 제공한 서비스, 이러한 서비스를 지속적으로 제공할 수 있는 가능성, 비영리조직의 관리자들이 수탁책임을 적절하게 수행하였는지 등을 평가할 때 도움을 주는 데 있다고 규정하고 있다(§5). 따라서 시민사회단체 회계처리규정이 내부의 회계정보 생산자들을 위한 것이라면 한국회계기준의 비영리조직회계기준은 외부의 회계정보 이용자들을 위한 규정이라 할 수 있겠다.

다음은 이 두 회계처리기준의 주요 내용이다.

02 비영리조직회계기준과 시민사회단체 회계처리규정의 주요 내용 비교

2.1 회계처리 기본원칙

회계상 거래를 인식하는 기준은 발생주의회계를 적용하는 것으로 두 회계기준이 동일하게 규정하고 있다. 다만, 시민사회단체 회계처리규정은 일부 계정과목에 대하여 현금주의회계를 적용할 수 있도록 하고 있다. 발생주의회계는 현금의 수수와 관계없이 수익은 실현되었을 때 인식하고 비용은 발생하였을 때 인식하는 것으로 현금의 수입과 지출시 회계처리하는 현금주의회계와 인식시점에 차이가 있다. 감가상각비의 경우 시민사회단체 회계처리규정은 수익사업회계에서는 반드시 계상하는 것으로 하나, 고유목적사업에만 사용하는 유형자산의 경우에는 이를 계상하지 않아도 되는 것으로 규정하고 있다.

한편, 회계정보에 대한 기간별 비교가능성을 위하여 한번 정한 회계처리기준과 추정의 근거는 정당한 사유 없이 변경하지 않아야 한다는 계속성의 원칙은 두 회계기준이 모두 채택하고 있으며, 또한 특별히 정하지 않은 거래나 사건에 대한 회계처리는 기업회계기준 또는 일반기업회계기준에 따라 회계정책을 결정하도록 하고 있다. 다만, 추가적으로 회계정책 및 회계추정의 변경과 오류수정에 대하여 비영리회계처리기준에서만 정하고 있다.

한편, 재무제표의 종류는 시민사회단체 회계처리규정에는 재무상태표, 운영성과표, 현금수지계산서와 주석은 선택적으로 기재하도록 하고 있고, 비영리조직회계기준은 재무상태표와 운영성과표, 현금흐름표와 주석을 필수 재무제표로 규정하고 있다.

한국회계기준원 비영리조직회계기준	시민사회단체 회계처리규정
발생주의회계, 복식부기	발생주의회계, 선택에 따라 현금주의 가능
감가상각 및 손상차손 필수	고유목적사업 유형자산 감가상각 제외가능
규정하지 않은 거래는 일반기업회계기준	기업회계기준
회계변경, 추정의 변경, 오류수정 회계	-
재무상태표와 운영성과표, 현금흐름표와 주석은 필수 기재	재무상태표, 운영성과표, 현금수지계산서와 주석은 선택적 기재

2.2 재무상태표와 자산 · 부채의 평가

특정시점의 비영리조직의 자산, 부채, 순자산에 대한 정보를 제공하는 재무상태표는 유동성 배열법에 따라 유동과 비유동(고정)자산으로 구분하여 표시하는데 두 회계기준 모두 1년을 기준으로 유동과 비유동으로 구분한다. 따라서 1년 이내에 현금화되거나 실현될 것으로 예상되면 유동자산으로, 그 밖의 경우에는 비유동자산으로 분류한다. 그런데 시민사회단체 회계처리규정은 유동자산을 현금및현금성자산, 정기예금및정기적금, 유가증권, 단기대여금, 미수금, 선급금, 재고자산으로 분류하고 있어 당좌자산과 재고자산으로 분류하는 비영리조직회계기준과는 차이가 있다. 또한 보증금 등을 기타비유동자산으로 분류하지 않고 투자자산으로 표시하고 있고, 순자산의 분류에서도 이를 제약의 여부에 따른 분류를 하지 않고 출연금과 각종기금 및 잉여금(당기운영차액과 전기이월잉여금)을 일괄표시하고 있다.

한국회계기준원 비영리조직회계기준	시민사회단체 회계처리규정
재무상태표	재무상태표
유동자산(당좌 · 재고자산 구분) 비유동자산(투자 · 유형 · 무형 · 기타)	유동자산 고정자산(투자 · 유형 · 무형자산)
유동부채, 비유동부채	유동부채, 고정부채
순자산(자산총액 - 부채총액) - 제약없는순자산, 제약있는순자산 - 또는 기본금과적립금, 이익잉여금	순자산(자산총액 - 부채총액)은 출연금, 각종기금, 잉여금(당기운영차액과 전기이월잉여금)을 포함하여 일괄 표시
대손추산액 인식 강제	회수가 확실한 미수채권만 인식 회비, 후원금은 현금주의

한국회계기준원 비영리조직회계기준	시민사회단체 회계처리규정
감가상각, 손상차손 인식 강제	수익사업용 유·무형자산만 감가상각 고유목적용 유·무형자산 감가상각은 선택
정액법, 정률법, 생산량비례법, 연수합계법	정액법, 정률법
유형자산의 재평가 선택가능	-
시장성투자유가증권 공정가치 평가	-
퇴직급여충당부채, 퇴직연금운용자산	퇴직급여충당금

한편, 비영리회계기준에서는 자산의 진부화, 시장가치의 급격한 하락 등으로 인하여 자산의 회수가능액이 장부금액에 중요하게 미달되는 경우에는 장부금액을 회수가능액으로 조정하고 그 차액을 손상차손으로 처리하도록 하고 있으며, 원금이나 이자 등의 일부나 전부를 회수하지 못할 가능성이 있는 매출채권, 미수금 등은 합리적이고 객관적인 기준에 따라 대손추산액을 산출하여 대손충당금으로 설정하고, 기존 대손충당금 잔액과의 차이는 대손상각비로 인식하도록 하고 있다. 또한, 유형자산의 경우 최초 인식한 취득가액(무상 취득한 경우 공정가치)을 취득일 이후 공정가치를 신뢰성 있게 측정할 수 있다면 이를 재평가할 수 있도록 하고 동 재평가차액은 운영성과표에 사업외수익이나 사업외비용으로 인식하는 한편, 제약있는순자산의 금액이 변경되는 경우에는 운영성과표에 제약있는순자산의 증가(감소)로 인식하도록 하고 있다. 신뢰성 있는 공정가치를 쉽게 얻을 수 있는 투자유가증권의 경우에도 최초 인식한 취득원가를 공정가치로 인식하도록 하고 있다.

한편, 시민사회단체 회계처리규정에는 미수채권에 대한 대손추산 규정을 두고 있지않다. 미수채권은 받을 금액이 확정되어 회수여부가 확실한 경우에만 미수금으로 계상하도록 하고 회비와 후원금의 경우에는 현금으로 회수되는 시점에 계상하여 미수금으로 계상하지 않도록 하고 있다.

또한 시민사회단체 회계처리규정에는 자산의 손상 규정, 유형자산 재평가 규정, 시장성 있는 투자유가증권의 공정가액 평가 규정을 두고 있지 않다. 또한, 감가상각 내용연수에 대하여 각 단체에서 따로 정할 수는 있지만 별도로 차량운반구와 비품은 5년, 건물 및 구축물은 20년 또는 40년, 영업권과 산업재산권은 5년, 특허권은 10년, 개발비는 20년으로 정하고 있어 자산의 예상 사용기간이나 생산량 등을 고려하여 합리적으로 결정하도록 한 비영리조직회계기준과 차이를 보이고 있다. 그리고 감가상각방법에 대해서도 유형자산의 경우 정액법과 정률법, 무형자산의 경우 정액법만을 인정하고 있으나 비영리조직회계기준에는 정액법, 정률법, 연수합계법, 생산량비례법 중 선택하게 되어 있다.

미감가상각대상으로 토지 및 건설중인자산 그리고 리스자산이나 장기할부매입자산의 경우에는 감가상각할 수 없도록 하고 있으나, 비영리조직회계기준에서는 전시 · 교육 · 연구 등의 목적으로 보유 중인 예술작품, 유물과 같은 역사적 가치가 있는 유형자산 등 일반적으로 시간이 경과하더라도 가치가 감소하지 않는 경우를 포함하고 있다.

사업연도 말 현재 시민단체 내 전 직원이 일시에 퇴직한다 할 경우 지급하여야 할 퇴직금에 상당하는 금액을 퇴직급여충당금으로 계상하는 것으로 원칙으로 하고 있지만, 비영리조직회계기준에서처럼 퇴직연금에 대한 회계처리 규정을 두고 있지 아니한다.

2.3 운영성과표의 표시방법

비영리조직회계기준의 운영성과표는 순자산의 변화를 초래하는 거래와 사건의 영향 및 상호관계, 각종 활동이나 서비스 제공을 위한 자원의 사용 등에 대한 정보를 제공하는 것으로, 일정기간의 수입과 이에 대응하는 지출을 표시하여 단체 활동에 대한 정보를 제공하는 시민사회단체의 회계처리규정과는 차이를 보인다. 즉, 비영리조직회계기준의 운영성과표는 일반기업회계기준의 손익계산서의 내용과 자본변동표의 내용을 함께 표시한 것이라 할 수 있다.

사업비용의 표시방법에 있어 비영리조직회계기준은 사업비를 기능별 분류 방법을 사용하고 있는 반면, 시민사회단체 회계처리규정은 품목별 분류(또는 성질별 분류) 방식을 채택하고 있다. 수익사업에서 발생하는 법인세의 경우 비영리조직회계기준에서는 이연법인세회계를 선택적으로 적용할 수 있도록 하고 있다.

한국회계기준원 비영리조직회계기준	시민사회단체 회계처리규정
사업수익(고유목적사업수익, 수익사업수익)	사업수익(고유목적사업수익, 수익사업수익)
사업비용(고유목적사업비용, 수익사업비용)	사업비용(고유목적사업비용, 수익사업비용)
사업이익(손실)	사업이익(손실)
사업외수익	사업외수익
사업외비용	사업외비용
법인세비용차감전순이익(손실)	법인세차감전순이익(손실)
법인세비용	법인세
제약없는순자산의 증가(감소) 또는 당기순이익(손실)	법인세차감후순이익

제약있는순자산의 증가(감소)
순자산의 증가(감소)
기초 순자산
기말 순자산

1) 사업비용의 보고방법

비영리조직회계기준의 사업비용의 분류 방식은 기능별 분류방식을 채택하고 있어, 「사회복지법인 및 사회복지시설 재무 · 회계 규칙」과 유사하다 할 수 있다. 즉, 관 · 항 · 목별 분류 방식에 따라 기능별, 사업별, 품목별로 분류하는 것인데 사업수행비용은 사업비 관에 해당하고, 일반관리비용은 사업비 관에 해당한다 할 수 있다. 또한 항에 해당하는 성격별 분류는 인력비용, 시설비용, 기타비용으로 구분하도록 하고 있다. "인력비용"은 비영리조직에 고용된 인력과 관련된 비용으로서 급여, 상여금, 퇴직급여, 복리후생비, 교육훈련비 등을 포함하고, "시설비용"은 비영리조직의 운영에 사용되는 토지, 건물, 구축물, 차량운반구 등 시설과 관련된 비용으로서 감가상각비, 지급임차료, 시설보험료, 시설유지관리비 등을 포함한다. 또한 "기타비용"은 인력비용, 시설비용 외의 비용으로서 여비교통비, 소모품비, 수도광열비, 제세공과금, 지급수수료, 용역비, 업무추진비, 회의비, 대손상각비 등을 포함한다.

수익사업비용은 그 구분을 매출원가와 판매비와관리비로 구분할 수 있고 또는 인력비용, 시설비용, 기타비용으로 구분할 수도 있다.

한편, 시민사회단체 회계처리규정은 성격별 품목별 분류 체계를 가지고 사업비용을 표시하고 있다.

한국회계기준원 비영리조직회계기준	시민사회단체 회계처리규정
(1) 고유목적사업비용	(1) 고유목적사업비
가. 사업수행비용	가. 인건비(급여, 상여금, 퇴직급여 등)
ㅇㅇ사업수행비용(인력, 시설, 기타)	나. 운영비(복리후생비, 통신비, 임차료 등)
△△사업수행비용(인력, 시설, 기타)	다. 지원사업비
나. 일반관리비용(인력, 시설, 기타)	라. 행사비
(2) 수익사업비용	마. 기타사업비용
	(2) 수익사업비용

한국회계기준원 비영리조직회계기준	시민사회단체 회계처리규정
	가. 원재료비 나. 인건비(급여, 상여금, 퇴직급여 등) 다. 운영비(복리후생비, 통신비, 임차료 등)

2) 사업외수익과 사업외비용의 보고방법

사업외수익과 사업외비용은 성격 · 품목별로 구분하고 있다. 비영리조직회계기준에서는 사업외수익에는 이자수익, 배당수익, 투자자산 평가이익과 처분이익, 유형 · 무형자산손상차손환입, 유형 · 무형자산처분이익 등을 포함하고, 사업외비용은 이자비용, 투자자산 평가손실과 처분손실, 유형 · 무형자산손상차손, 유형 · 무형자산처분손실 등을 포함한다. 다만, 사업외손익 항목 중 고유목적사업활동의 주된 원천인 경우에는 사업수익이나 사업비용으로 처리하고 제약있는순자산의 변동인 경우에는 제약있는순자산의 증가(감소)로 인식한다. 또한 유형자산재평가이익(손실)이 경우에도 보통의 사업외수익(비용)으로 처리하지만 해당 재평가로 인하여 제약있는순자산의 금액이 변동된 경우라면 제약있는순자산의 증가(감소)로 인식한다.

순자산의 변동을 운영성과표에 보고하지 않는 시민사회단체 회계처리규정은 사업외수익은 사업수익에 포함되지 아니한 이자수익 · 임대료 · 투자자산처분이익 · 유형자산처분이익 등을 포함하고, 사업외비용은 이자비용 · 투자자산처분손실 · 유형자산처분손실 등을 포함하여 표시하도록 하고 있다.

3) 순자산 변동의 보고방법

순자산의 변동이 있을 경우 비영리조직회계기준에서는 이를 운영성과표에 포함하여 보고하도록 하고 있는 반면, 시민사회단체 회계처리규정에는 별도로 순자산 변동 보고를 하지 않는다. 또한 재무상태표나 재무상태표에도 별도로 구분하고 있지 않지만 비영리조직회계기준에는 다음과 같이 두 가지 방법 중 하나를 선택하여 보고하도록 하고 있다.

순자산 분류 방법 1		순자산 분류 방법 2	
순자산		순자산	
제약없는순자산	×××	기본금과적립금	×××

순자산 분류 방법 1			순자산 분류 방법 2		
제약있는순자산	×××		기본금	×××	
순자산총계	×××		적립금	×××	
			이익잉여금		×××
			순자산총계		×××

기본금은 설립자기본금과 원금보존기본금으로 세분할 수 있는데 ① 설립자기본금은 비영리조직 설립자가 출연한 재산으로서 영구적으로 보유하여 특정 목적에 사용하여야 하며 처분을 할 수 없는 순자산을 말하고 ② 원금보존기본금은 기부자가 기부한 재산으로서 영구적으로 투자하여 그 원금을 보존하여야 하며 처분을 할 수 없는 순자산(그 투자수익에는 사용과 처분 제약이 없음)으로 각각 구분하여 주석으로 기재하거나 재무상태표 본문에 직접 표시할 수 있다.

적립금의 경우에도 투자적립금과 시설적립금으로 세분하고 ① 투자적립금은 기부자가 기부한 재산으로서 일정기간 동안 투자하여 그 원금을 보존하여야 하며 그 기간이 경과한 후에는 처분할 수 있는 순자산 ② 시설적립금은 기부자가 기부한 시설(경제적 내용연수가 유한한 유형자산)로서 경제적 내용연수 동안 사용하여야 하며 내용연수 동안 처분이 불가능한 순자산으로 하여 주석으로 기재하거나 재무상태표 본문에 직접 표시할 수 있다.

이익잉여금은 임의적립금과 기타이익잉여금으로 구분하고 임의적립금은 비영리조직 이사회의 결의로 연구, 장학, 건축, 퇴직 등 특정 목적에의 사용을 위해 내부 유보된 순자산으로 세분하여 주석으로 기재하거나 재무상태표 본문에 직접 표시할 수 있다.

2.4 현금흐름의 보고

현금흐름의 변동에 대한 정보를 보고하는 재무제표를 비영리조직회계기준에서는 현금흐름표라고 칭하고 시민사회단체 회계처리규정에는 현금수지계산서라고 칭한다. 각각 현금의 유입과 유출에 대한 정보를 제공하는 것으로 현금흐름을 사업활동, 투자활동, 재무활동 현금흐름으로 구분하여 표시하고, 이 세 가지 활동의 순현금흐름에 기초의 현금을 가산하여 기말의 현금을 산정하는 방식으로 표시를 하는 것이 일반적이나 시민사회단체 회계처리규정에는 현금흐름의 증가(감소)에 대한 정보만 표시하고 기타 기초의 현금과 기말의 현금은 표시하지 않으며, 사업활동에 대한 현금흐름의 표시방법도 직접법 또는 간접법 중에서 직접법에 의한 방법만을 예시하고 있고, 당해 연도의 현금흐름만 표시하도록 하여 기간별 비교가능 정보의 제공이라는 기본원칙에 벗어나 있다고 보아야 할 것이다.

03 기타 비영리조직의 세무문제

3.1 기타 비영리조직의 상속세 및 증여세 납세의무

「상속세 및 증여세법」 제16조 및 같은 법 시행령 제12조에 따른 '공익법인등'이 아닌 비영리법인이 재산을 상속받거나 증여받는 경우에는 상속세 및 증여세를 납부할 의무가 있다. 다만, 회원의 친목 또는 이익을 증진시키거나 영리를 목적으로 대가를 수수하는 등 공익성이 있다고 보기 어려운 고유목적사업을 하는 비영리조직을 제외한 다음의 단체는 공익법인에 해당한다.

① 「법인세법 시행령」 제39조 제1항 제1호 각목의 규정에 의한 일반기부금단체 등 및 「소득세법 시행령」 제80조 제1항 제5호에 따른 기부금대상민간단체가 운영하는 고유목적사업

② 「법인세법 시행령」 제39조 제1항 제2호 다목에 해당하는 기부금을 받는 자가 해당 기부금으로 운영하는 사업

☞ 기타비영리조직의 상속세 및 증여세 납세의무에 대한 일반적인 내용은 제3장 제3절을 참조하기 바란다.

3.2 기타 비영리조직의 법인세 납세의무

비영리내국법인이 제조업, 건설업, 도 · 소매 및 소비자용품수리업, 부동산 · 임대 및 사업서비스업 등 수익이 발생하는 사업으로서 통계청장이 고시하는 한국표준산업분류에 의한 각 사업 중 「법인세법 시행령」 제3조 제1항 각호의 사업을 제외한 사업에서 생기는 소득에 대하여 법인세 납세의무가 있는 것이다.

1) 수익사업 해당하는 경우

(사)○○협회가 사업상 독립적으로 재화 혹은 용역을 공급하는 사업을 영위하지 않는 경우에도 회원사인 제조업체와 사전 약정에 의하여 재화 또는 용역에 대한 거래관계를 의무적으로 대행하는 거래형태로 이루어지는 경우에 제조업체가 부담하는 차별적인 협회비는 거래의 실질이 수수료 성격에 해당하는 것으로 이 경우에 법인세법 제3조, 시행령 제2조의 규정에 의하여 수익사업에서 발생한 소득으로 본다(법인46012-1410, 2000.6.22.). 즉, 제조업체와 사전 약정에 의하여 재화 또는 용역에 대한 거래관계를 의무적으로 대행하는 거래형태로 이루어지는 경우 제조업체가 부담하는 차별적인 협회비는 수수료 성격에 해당하는지에 대하여는 정관, 협회비 산정방법, 계약내용 등 거래관계를 종합적으로 사실 판단한다(서면인터넷방문상담2팀-997, 2004.5.11.).

비영리법인인 (사)○○협회가 회원사인 제조업체의 제품생산 및 품질관리 향상 등에 대하여 교육을 실시하고 당해 회원사로부터 받는 수강료수입(교육용역)은 「법인세법」 제3조 제2항의 규정에 의하여 법인세가 과세되는 수익사업에서 생기는 소득에 해당하는 것이다(서면인터넷방문상담2팀-582, 2005.4.22.).

벤처기업확인원을 발급하고 그 대가로 지급받는 수수료 수입(서면인터넷방문상담2팀-207, 2007.1.29.), 경시대회를 개최하여 참가자로부터 받는 응시수수료(서면2팀-1013, 2006.6.5.), 민간전문자격증 검정 및 발급관리 업무를 수행하기 위하여 징수하는 검정수수료(서이46012-10066, 2004.1.13.), 보증서 등을 발급하고 회원사로부터 일정수수료를 지급받을 경우 동 수수료(법인22601-1390, 1987.5.27.), 정부로부터 위임받고 품질검사를 실시하고 그 대가로 받는 수수료(법인46012-413, 1996.2.3.) 등은 모두 수익사업에서 생기는 소득에 해당한다.

2) 수익사업에 해당하지 않는 경우

비영리내국법인이 용역제공 등의 대가와 관계없이 회원들로부터 회비를 받아 경조사 등에 사용하고 탈퇴시 자기 지분에 상당하는 회비를 반환하는 경우 그 회비를 징수하는 것은 당해 비영리내국법인의 수익사업에 해당하지 아니한다(서이46012-10400, 2002.3.6.).

비영리법인이 국가 등으로부터 출연금품의 형태로 지원받는 보조금 등을 「법인세법」 제3조 제2항의 비영리법인의 수익사업에 해당하지 않는 고유목적 사업의 수행에 사용한 경우에는 당해 출연금품은 비영리법인의 수익사업 소득에 해당되지 아니하는 것이나, 국가 등으로부터 지원받은 출연금품을 「법인세법」 제3조 제2항의 수익사업의 수행에 사용된 경우에는 수익사업소득으로 본다(서면상담2팀-1188, 2006.6.22.).

비영리내국법인이 국가로부터 위탁받은 사업을 수행하면서 사업집행자금을 지급받고, 사업 종료 후 사업집행자금의 미집행잔액 및 사업기간 중 발생한 이자 등을 포함한 일체의 손익을 정산하여 국가에 반납함으로써 해당 사업의 손익이 전부 국가에 귀속되는 경우 해당 사업은 수익사업에 해당하지 아니하는 것이나, 그 손익의 전부 또는 일부가 비영리내국법인에 귀속되는 경우 해당 사업은 수익사업에 해당한다(법령해석과-1421, 2017.5.29.).

☞ 기타비영리조직의 상속세 및 증여세 납세의무에 대한 일반적인 내용은 제3장 제4절을 참조하기 바란다.

3.3 기타 비영리조직의 부가가치세 납세의무

1) 협회 회비의 부가가치세 과세대상 여부

협회 회원사로부터 받는 회비가 부가가치세 과세대상인지 여부에 대하여 부가가치세가 면제되지 아니하는 용역을 공급하고 실질적으로 대가관계에 있는 금전을 받은 경우 당해 용역의 공급에 대하여는 부가가치세가 과세된다(서면3팀-715, 2005.5.24.). 즉, 영리목적의 유무에 불구하고 사업상 독립적으로 부가가치세가 면제되지 아니하는 용역을 공급하고 거래상대자로부터 명목여하에 불구하고 실질적으로 대가관계에 있는 금전을 받은 경우 당해 용역의 공급에 대하여는 부가가치세가 과세되는 것으로 보아야 한다(조법1265.2-1339, 1983.12.16.). 그러나 협회 등 단체가 재화의 공급 또는 용역의 제공에 따른 대가관계없이 회원으로부터 받는 협회비·찬조비 및 특별회비 등은 과세대상이 아니다(부가 기본통칙 4-0-2).

2) 검정수수료 또는 응시전형료의 부가가치세 과세대상 여부

비영리사단법인이 민간자격국가공인 관리운용기관으로 지정되어 자격검정사업을 수행하는 경우 시험응시자들로부터 받는 검정수수료에 대하여는 부가가치세가 과세된다(서삼46015-11833, 2003.11.22.). 즉, 특별법에 의하여 설립된 비영리법인이 특별법의 규정에 의하여 주무부장관의 명의로 주어지는 자격자의 선정을 위해 자격시험의 진행경비에 충당하고자 시험응시자로부터 받는 전형료는 부가가치세 과세대상 용역에 해당하는 것으로 보아야 한다(서삼46015-10842, 2001.12.10.; 부가22601-1878, 1987.9.9.; 부가4615-1344,

1998.6.19.). 다만, 주무관청에 등록된 종교·자선·학술·구호·그 밖의 공익을 목적으로 하는 단체가 그 고유의 사업목적을 위하여 일시적으로 공급하거나 실비 또는 무상으로 공급하는 재화 또는 용역에 대하여는 부가가치세가 면세되는 것으로 보아야 한다(부가 기본통칙 26-45-1).

3) 교육용역을 공급하는 경우 부가가치세 면세 여부

부가가치세가 면제되는 교육용역은 주무관청의 허가 또는 인가를 받은 학교·학원·강습소·훈련원·교습소 기타 비영리법인단체 및 청소년기본법에 의한 청소년 수련시설에서 학생·수강생·훈련생·교습생 또는 청강생에게 지식·기술 등을 가르치는 것을 말하는 것이며, 여기서 "주무관청의 허가 또는 인가"라 함은 관계법령에 의하여 시설·교습과정·정원 등에 관한 일정한 요건을 갖추어 주무관청으로부터 설립이 허용되는 것을 말한다(서면3팀-1819, 2006.8.17.). 따라서 주무관청으로부터 허가 또는 인가를 받지 아니한 경우의 교육용역은 부가가치세가 과세된다(부가46015-36, 2000.1.16.). 한편, 주무관청의 허가 또는 인가를 받은 비영리단체에서 고유업무의 수행을 위하여 소속회원 등에게 지식·기술 등을 가르치는 용역은 부가가치세가 면제되는 교육용역의 범위에 포함된다(서면인터넷방문상담3팀-498, 2005.4.14.).

4) 협회 회보 또는 기관지 발간의 경우 부가가치세 면세 여부

영리가 아닌 사업을 목적으로 하는 법인이 불특정인에게 판매를 목적으로 하지 아니하고 발행하는 기관지 또는 이와 유사한 출판물로서 당해 기관의 명칭이나 별칭이 당해 출판물의 명칭에 포함되어 있는 경우 당해 기관지 등과 관련되는 광고용역은 부가가치세가 면제된다(부가46015-343, 2001.2.23.).

5) 고정자산을 매각하는 경우 부가가치세 면세 여부

부가가치세가 면제되는 사업을 영위하는 사업자가 당해 면세사업을 위하여 사용하던 고정자산(차량 및 컴퓨터 등 집기·비품)을 타인에게 매각하는 경우에는 부가가치세가 과세되는 재화의 공급에 해당하지 아니하는 것으로 보아야 한다(부가46015-2965, 1997.12.31.). 영리목적의 유무에 불구하고 사업상 독립적으로 재화 또는 용역을 공급하는 자는 부가가치세를 납부할 의무가 있는 것으로서 비영리법인이 건물을 양도하는 경우에는 당해 법인이 사업형태를 갖추고 사업상 계속적 · 반복적으로 재화 또는 용역을 공급한 것에 해당하는지 여부에 따라 사실 판단하여야 할 사항이다(서면인터넷방문상담3팀-35, 2006.1.5.). 따라서 비영리법인이 그 고유목적사업에만 사용하던 건물을 양도하는 경우에는 부가가치세가 면제되는 것이나, 고유목적사업과 과세사업에 공통으로 사용되는 건물을 양도하는 경우에는 「부가가치세법 시행령」 제63조의 규정에 따라 과세표준을 안분하여 부가가치세가 과세된다(부가가치세과-370, 2010.3.26.).

☞ 기타 비영리조직의 부가가치세 납세의무에 대한 일반적인 내용은 제3장 제5절을 참조하기 바란다.

3.4 기타 비영리조직의 지방세특례제한법상 조세지원내용

1) 청소년단체 등에 대한 지원

(1) 청소년단체에 대한 지원

다음 각 호의 법인 또는 단체가 그 고유업무에 직접 사용하기 위하여 취득하는 부동산(임대용 부동산은 제외함)에 대해서는 취득세의 100분의 75를 2023.12.31.까지 경감하고, 과세기준일 현재 그 고유업무에 직접 사용하는 부동산에 대해서는 재산세를 2023.12.31.까지 면제한다(지특법 §21 ①).

① 「스카우트활동 육성에 관한 법률」에 따른 스카우트주관단체
② 「한국청소년연맹 육성에 관한 법률」에 따른 한국청소년연맹
③ 「한국해양소년단연맹 육성에 관한 법률」에 따른 한국해양소년단연맹
④ 정부로부터 허가 또는 인가를 받거나 「민법」 외의 법률에 따라 설립되거나 그 적용을 받는 청소년단체
⑤ 행정안전부장관이 여성가족부장관과 협의하여 고시하는 단체

(2) 청소년수련시설을 설치한 비영리법인에 대한 지원

「청소년활동 진흥법」에 따라 청소년수련시설의 설치허가를 받은 비영리법인이 청소년수련시설을 설치하기 위하여 취득하는 부동산에 대해서는 취득세를 2023.12.31.까지 면제하고, 과세기준일 현재 그 시설에 직접 사용하는 부동산에 대해서는 재산세의 100분의 50을 2023.12.31.까지 경감한다(지특법 §21 ②).

2) 평생교육단체 및 시설에 대한 지원

(1) 평생교육단체에 대한 면제

취득세에 대하여 2019.12.31.까지 「평생교육법」에 따른 교육시설을 운영하는 평생교육단체가 해당 사업에 직접 사용하기 위하여 취득하는 부동산에 대해서는 취득세를 면제하고, 2020.1.1.부터 2024.12.31.까지 「평생교육법」에 따른 교육시설을 운영하는 평생교육단체가 해당 사업에 직접 사용하기 위하여 취득하는 부동산에 대해서는 취득세를 100분의 50을 경감한다. 다만, ① 해당 부동산을 취득한 날부터 5년 이내에 수익사업에 사용하는 경우, ② 정당한 사유 없이 그 취득일부터 3년이 지날 때까지 해당 용도로 직접 사용하지 아니하는 경우, ③ 해당 용도로 직접 사용한 기간이 2년 미만인 상태에서 매각 · 증여하거나 다른 용도로 사용하는 경우에는 감면된 취득세를 추징한다(지특법 §43 ①).

재산세의 경우에는 2019.12.31.까지 「평생교육법」에 따른 교육시설을 운영하는 평생교육단체가 과세기준일 현재 해당 사업에 직접 사용하는 부동산에 대해서는 재산세를 면제하고, 2020.1.1.부터 2024.12.31.까지 기간에 취득한 부동산으로서 과세기준일 현재 해당 사업에 직접 사용하는 부동산에 대해서는 재산세를 해당 부동산 취득일 이후 해당 부동산에 대한 재산세 납세의무가 최초로 성립한 날부터 5년간 재산세의 100분의 50을 경감한다. 다만, 수익사업에 사용하는 경우와 해당 재산이 유료로 사용되는 경우의 그 재산 및 해당 재산의 일부가 그 목적에 직접 사용되지 아니하는 경우의 그 일부 재산에 대해서는 경감하지 아니한다(지특법 §43 ②).

(2) 평생교육시설에 대한 감면

평생교육시설에 사용하기 위하여 취득하는 부동산에 대해서는 취득세를 2019.12.31.까지는 면제하고, 2020.1.1.부터 2024.12.31.까지 취득하는 부동산에 대해서는 해당 부동산에 대해서는 취득세의 100분의 50을 경감한다. 다만, ① 해당 부동산을 취득한 날부터 5년 이내에 수익사업에 사용하는 경우, ② 정당한 사유 없이 그 취득일부터 3년이 지날 때까지 해당 용도로 직접 사용하지 아니하는 경우, ③ 해당 용도로 직접 사용한 기간이 2년 미만인 상태에서 매각 · 증여하거나 다른 용도로 사용하는 경우에는 감면된 취득세를 추징한다(지특법 §44).

과세기준일 현재 평생교육시설에 직접 사용하는 부동산(해당 시설을 다른 용도로 함께 사용하는 경우 그 부분은 제외한다)에 대해서는 재산세를 2019.12.31.까지는 재산세를 면제하고, 2020.1.1.부터 2024.12.31.까지 취득하는 부동산에 대해서는 해당 부동산 취득일 이후 해당 부동산에 대한 재산세 납세의무가 최초로 성립한 날부터 5년간 재산세의 100분의 50을 경감한다. 다만, 재산세의 경우에도 취득세와 마찬가지 사유(상기 ①~③)가 발생하였을 때에는 면제 또는 경감한 재산세를 추징한다.

여기서 평생교육시설이란 「평생교육법」에 따라 보고 · 인가 · 등록 · 신고된 평생교육시설로서 다음 각 호에서 정하는 것을 말한다.

① 「평생교육법」 제30조에 따른 학교 부설 평생교육시설

② 「평생교육법」 제31조에 따른 학교형태의 평생교육시설

③ 「평생교육법」 제32조에 따른 사내대학형태의 평생교육시설

④ 「평생교육법」 제33조에 따른 원격대학형태의 평생교육시설

⑤ 「평생교육법」 제35조에 따른 사업장 부설 평생교육시설

⑥ 「평생교육법」 제36조에 따른 시민사회단체 부설 평생교육시설

⑦ 「평생교육법」 제37조에 따른 언론기관 부설 평생교육시설

⑧ 「평생교육법」 제38조에 따른 지식 · 인력개발사업 관련 평생교육시설

3) 박물관 · 미술관 · 도서관 · 과학관에 대한 지원

「박물관 및 미술관 진흥법」 제16조에 따라 등록된 박물관 및 미술관, 「도서관법」 제31조 또는 제40조에 따라 등록된 도서관, 「과학관의 설립 · 운영 및 육성에 관한 법률」 제6조에 따라 등록된 과학관에 사용하기 위하여 취득하는 부동산에 대해서는 취득세를, 과세기준일 현재 해당 박물관 · 미술관 · 도서관 또는 과학관에 직접 사용하는 부동산(해당 시설을 다른 용도로 함께 사용하는 경우에는 그 부분 제외)에 대해서는 재산세를 각각 2024.12.31.까지 면제한다(지특법 §44의 2).

4) 학술단체 및 장학법인에 대한 지원

『지방세특례제한법』에서는 다음 요건을 갖춘 학술단체와 장학법인에 대하여 취득세와 재산세를 각각 면제하거나 경감하는 지원을 해주고 있다. 다만, ① 정당한 사유 없이 그 취득일부터 1년이 경과할 때까지 해당 용도로 직접 사용하지 아니하는 경우 ② 해당 용도로 직접 사용한 기간이 2년 미만인 상태에서 매각 또는 증여하거나 다른 용도로 사용하는 경

우 ③ 취득일부터 3년 이내에 관계 법령에 따라 설립허가가 취소되거나 등록이 말소된 경우에는 그 해당 부분에 대해서는 면제 또는 경감된 취득세를 추징하도록 규정하고 있다.

(1) 학술단체에 대한 지원

「학술진흥법」 제2조 제1호에 따른 학술의 연구 · 발표활동 등을 목적으로 하는 법인 또는 단체로서 다음에 해당하는 학술단체가 학술연구사업에 직접 사용하기 위하여 취득하는 부동산에 대해서는 취득세를, 과세기준일 현재 학술연구사업에 직접 사용하는 부동산에 대해서는 재산세를 각각 2024.12.31.까지 면제(지방세 감면 특례의 제한 100분의 85)한다. 다만, 해당 법인 또는 단체가 「공공기관의 운영에 관한 법률」 제4조에 따른 공공기관인 경우에는 행정안전부장관이 정하여 고시하는 법인 또는 단체로 한정한다(지특법 §45 ①).

① 「공익법인의 설립 · 운영에 관한 법률」 제4조에 따라 설립된 공익법인
② 「민법」 제32조에 따라 설립된 비영리법인
③ 「민법」 및 「상법」 외의 법령에 따라 설립된 법인
④ 「비영리민간단체 지원법」 제4조에 따라 등록된 비영리민간단체

(2) 장학법인에 대한 지원

「공익법인의 설립 · 운영에 관한 법률」에 따라 설립된 장학법인(이하 "장학법인"이라 한다)에 대해서는 다음과 같이 지방세를 2024.12.31.까지 감면(지방세 감면 특례의 제한 100분의 85)한다(지특법 §45 ②).

① 장학법인이 장학사업에 직접 사용하기 위하여 취득하는 부동산에 대해서는 취득세를, 과세기준일 현재 장학사업에 직접 사용하는 부동산에 대해서는 재산세를 각각 면제한다.
② 장학법인이 장학금을 지급할 목적으로 취득하는 임대용 부동산에 대해서는 취득세의 100분의 80을, 과세기준일 현재 해당 임대용으로 사용하는 부동산에 대해서는 재산세의 100분의 80을 각각 경감한다.

5) 문화예술단체 및 체육단체에 대한 지원

『지방세특례제한법』에서는 다음 요건을 갖춘 문화예술단체와 체육단체에 대하여 취득세와 재산세를 각각 면제해주고 있다. 다만, ① 정당한 사유 없이 그 취득일부터 1년이

경과할 때까지 해당 용도로 직접 사용하지 아니하는 경우 ② 해당 용도로 직접 사용한 기간이 2년 미만인 상태에서 매각 또는 증여하거나 다른 용도로 사용하는 경우 ③ 취득일부터 3년 이내에 관계 법령에 따라 설립허가가 취소되거나 등록이 말소된 경우에는 그 해당 부분에 대해서는 면제 또는 경감된 취득세를 추징하도록 규정하고 있다.

(1) 문화예술단체에 대한 지원

「문화예술진흥법」 제2조 제1항 제1호에 따른 문화예술의 창작 · 진흥활동 등을 목적으로 하는 법인 또는 단체로서 다음에 해당하는 문화예술단체가 문화예술사업에 직접 사용하기 위하여 취득하는 부동산에 대해서는 취득세를, 과세기준일 현재 문화예술사업에 직접 사용하는 부동산에 대해서는 재산세를 각각 2024.12.31.까지 면제(지방세 감면 특례의 제한 100분의 85)한다. 다만, 해당 법인 또는 단체가 「공공기관의 운영에 관한 법률」 제4조에 따른 공공기관인 경우에는 행정안전부장관이 정하여 고시하는 법인 또는 단체로 한정한다(지특법 §52 ①).

① 「공익법인의 설립 · 운영에 관한 법률」 제4조에 따라 설립된 공익법인
② 「민법」 제32조에 따라 설립된 비영리법인
③ 「민법」 및 「상법」 외의 법령에 따라 설립된 법인
④ 「비영리민간단체 지원법」 제4조에 따라 등록된 비영리민간단체

(2) 체육단체에 대한 지원

「국민체육진흥법」 제2조 제1호에 따른 체육에 관한 활동이나 사업을 목적으로 하는 법인 또는 단체로서 상기 (1)의 ①~④ 해당하는 체육단체가 체육진흥사업에 직접 사용하기 위하여 취득하는 부동산에 대해서는 취득세를, 과세기준일 현재 체육진흥사업에 직접 사용하는 부동산에 대해서는 재산세를 각각 2024.12.31.까지 면제(지방세 감면 특례의 제한 100분의 85)한다. 다만, 해당 법인 또는 단체가 「공공기관의 운영에 관한 법률」 제4조에 따른 공공기관인 경우에는 행정안전부장관이 정하여 고시하는 법인 또는 단체로 한정한다(지특법 §52 ②).

부록

❶ 비영리법인 설립허가 신청 구비서류
❷ 기부금 단체 제출 서류(법인세법)
❸ 공익법인 출연재산 보고서
❹ 외부전문가 세무확인서
❺ 공익법인 결산서류 등의 공시 표준서식
❻ 공익법인 결산서류 등의 공시 간편서식
❼ 공익법인 의무이행 신고서
❽ 공익법인회계기준
❾ 비영리조직회계기준

부록 1 비영리법인 설립허가 신청 구비서류

구분	내용
대상 법인	법무부 소관 비영리법인을 설립하고자 하는 설립 중인 사단, 재단
제출 대상 서류	1. 비영리법인 설립허가 신청서(별지 제1호) 2. 발기인 인적사항 3. 임원취임 예정자 인적사항 4. 임원취임 승락서 5. 특수관계 부존재 각서 6. 사단법인 창립(발기인) 총회 회의록 7. 사단법인 정관(예문) 8. 재단법인 정관(예문) 9. 재산목록 10. 사업계획서 11. 세입(세출) 예산서

■ 법무부 소관 비영리법인의 설립 및 감독에 관한 규칙 [별지 제1호 서식] (2017.3.30. 개정)

비영리법인 설립허가 신청서

접수번호	접수일	처리일	처리기간 20일

신청인	성명	생년월일 (외국인등록번호)
	주소	전화번호

법 인	명칭	전화번호
	소재지	
대표자	성명	생년월일 (외국인등록번호)
	주소	전화번호

「민법」 제32조 및 「법무부 소관 비영리법인의 설립 및 감독에 관한 규칙」 제3조에 따라 위와 같이 법인설립허가를 신청합니다.

년 월 일

신청인 (서명 또는 인)

법무부장관 귀하

신청인 제출서류	1. 설립발기인의 성명, 생년월일(외국인의 경우 외국인등록번호), 주소 및 약력을 적은 서류[설립발기인이 법인인 경우에는 그 명칭, 주된 사무소의 소재지, 대표자의 성명, 생년월일(외국인의 경우 외국인등록번호), 주소를 적은 서류 및 정관] 1부 2. 설립하려는 법인의 정관 1부 3. 재산목록(재단법인의 경우에는 기본재산과 운영재산으로 구분하여 적어야 합니다) 및 그 증명서류와 출연 신청이 있는 경우에는 그 사실을 증명하는 서류 각 1부 4. 해당 사업연도분의 사업계획 및 수입 · 지출 예산을 적은 서류 1부 5. 임원 취임 예정자의 성명, 생년월일(외국인의 경우 외국인등록번호), 주소, 약력을 적은 서류 및 취임승낙서 각 1부 6. 창립총회 회의록(설립발기인이 법인인 경우에는 법인 설립에 관한 의사 결정을 증명하는 서류) 1부 ※ 제3호의 서류 중 담당 공무원 확인사항인 증명서류는 제출하지 않아도 됩니다.	수수료 없 음
담당공무원 확인사항	재산목록에 있는 재산의 토지(건물) 등기사항증명서	

처리절차

신청서 작성 ➡ 접 수 ➡ 확 인 ➡ 결 재 ➡ 허가증 작성 ➡ 허가증 발급

신청인 처리기관 : 법무부장관(비영리법인의 설립 및 감독 업무 담당부서)

210mm×297mm[백상지(80g/㎡) 또는 중질지(80g/㎡)]

발기인 인적사항

<table>
<tr><td rowspan="2">연번</td><td>성 명
(한 자)</td><td>주민등록번호</td><td>(우편번호) 주 소</td><td>연 락 처</td></tr>
<tr><td colspan="4">주요약력(약력은 가급적 법인의 목적사업과 관련된 것을 중심으로 3~4개 정도를 적고 전 · 현직 여부를 표시)</td></tr>
<tr><td rowspan="2">1</td><td>홍길동
(洪吉童)</td><td>123456－1234567</td><td>(123－456) 경기도 과천시 관문로 12
123－45번</td><td>02)
1234－5678</td></tr>
<tr><td colspan="4">○ (전)
○ (현)
○ (현)</td></tr>
<tr><td rowspan="2">2</td><td></td><td></td><td></td><td></td></tr>
<tr><td colspan="4"></td></tr>
<tr><td rowspan="2">3</td><td></td><td></td><td></td><td></td></tr>
<tr><td colspan="4"></td></tr>
<tr><td rowspan="2">4</td><td></td><td></td><td></td><td></td></tr>
<tr><td colspan="4"></td></tr>
<tr><td rowspan="2">5</td><td></td><td></td><td></td><td></td></tr>
<tr><td colspan="4"></td></tr>
<tr><td rowspan="2">6</td><td></td><td></td><td></td><td></td></tr>
<tr><td colspan="4"></td></tr>
</table>

작성자 : 사단법인 ○○○○ 발기인 대표 ○○○ (날인 또는 서명)
재단법인 ○○○○ 출연자 ○○○ (날인 또는 서명)

임원취임 예정자 인적사항

<table>
<tr><td rowspan="2">연번</td><td>직 위</td><td>성 명
(한 자)</td><td>주민등록
번 호</td><td>(우편번호) 주 소</td><td>연락처</td></tr>
<tr><td colspan="4">주요약력</td><td>임기</td></tr>
<tr><td rowspan="2">1</td><td>이사장</td><td>홍길동
(洪吉東)</td><td>123456－
1234567</td><td>(123~456) 서울 중구 계동 123번지</td><td></td></tr>
<tr><td colspan="4">ㅇ(현)
ㅇ(전)
ㅇ(전)</td><td>4년</td></tr>
<tr><td rowspan="2">2</td><td></td><td></td><td></td><td></td><td></td></tr>
<tr><td colspan="4">ㅇ
ㅇ
ㅇ</td><td></td></tr>
<tr><td rowspan="2">3</td><td></td><td></td><td></td><td></td><td></td></tr>
<tr><td colspan="4">ㅇ
ㅇ
ㅇ</td><td></td></tr>
<tr><td rowspan="2">4</td><td></td><td></td><td></td><td></td><td></td></tr>
<tr><td colspan="4">ㅇ
ㅇ
ㅇ</td><td></td></tr>
<tr><td rowspan="2">5</td><td></td><td></td><td></td><td></td><td></td></tr>
<tr><td colspan="4">ㅇ
ㅇ
ㅇ</td><td></td></tr>
</table>

작성자 : 사단법인 ㅇㅇㅇㅇ 발기인 대표 ㅇㅇㅇ (날인 또는 서명)
재단법인 ㅇㅇㅇㅇ 출연자 ㅇㅇㅇ (날인 또는 서명)

임 원 취 임 승 락 서

성　　명 :
주민등록번호 :
주　　소 :

본인은 이번에 새로 설립하는 사단(재단)법인 ○○○○의 이사(감사)에 취임하는 것을 승낙합니다.

20　년　월　일

이사(감사) 취임예정자 ○○○ (날인 또는 서명)

사단(재단)법인 ○○○○ 설립자 대표 ○○○ 귀하

특수관계 부존재 각서

본인은 법인임원간에 공익법인법 시행령 제12조 규정에 의한 특수관계자의 범위에 해당되지 아니하며, 이후 해당됨이 발견될 때에는 임원취임 승인취소 등 여하한 행정조치에도 아무런 이의가 없음으로 이에 각서 합니다.

년 월 일

사단법인 ○○○○

회장(이사) 홍 길 동 (인)
이사 갑 을 병 (인)
이사 (인)
이사 (인)
이사 (인)
이사 (인)
이사 (인)
감사 (인)
감사 (인)

장관 귀하

사단법인 ○○○○ 창립(발기인) 총회 회의록

1. 회의일시 : 20 년 ○○월 ○○일 (15 : 00~17 : 00)

2. 회의장소 : 서울특별시 ○○구 ○○동 ○○번지 ○○호실

3. 회의안건 :
   ① 의장선출
   ② 설립취지 채택
   ③ 정관심의
   ④ 출연내용
   ⑤ 이사장 선임
   ⑥ 임원선임 및 임기결정
   ⑦ 사업계획 및 예산심의
   ⑧ 사무소 설치
   ⑨ 법인조직 및 상근임직원 정수 책정
   ⑩ …

4. 회원총수 : ○○명 ("회원 명부" 참조)

5. 출석회원(발기인 포함) : ○○명

6. 결석회원(발기인 포함) : ○○명

7. 회의내용

임시 사회자 ○○○은 본 총회가 적법하게 성립되었음을 성원보고한 후 "임시의장 선출" 안건을 상정하다.

[제1의안 상정] : 임시의장 선출

사회자 : -"임시의장 선출(안)"을 상정하겠습니다.
-추천하여 주시기 바랍니다.

○○○ : ○○○를 임시의장으로 선출할 것을 제안합니다.
사회자 : -다른 분 추천 있습니까? (더 이상의 추천이 없다)
사회자 : -○○○께서 추천한 ○○○을 임시의장으로 선출하겠습니다. 이의 있으시면 말씀해 주시고, 찬성하시면 박수로 의결하여 주시기 바랍니다.
(만장일치로 전원 박수)
사회자 : -임시의장에 ○○○가 선출되었음을 선포합니다.
(의사봉 3타)
(이후의 의사진행은 임시의장 ○○○에게 인계하고 사회자는 물러나다)

[제2의안 상정] 설립취지 채택

의 장 : (간단하게 임시의장 취임 인사를 하다)
–우리 법인의 "설립취지 채택" 안건을 상정합니다.
– ○○○ 발기인께서 설립취지(안)을 낭독해 주시기 바랍니다
○○○ : (유인물로 작성되어 배포된 설립취지문안을 낭독하다)
의 장 : – ○○○께서 낭독하신 설립취지에 대하여 의견이 있으시면 말씀해 주십시오
○○○ : –이미 준비된 설립취지문에 찬성하며 원안 의결할 것을 제안합니다.
(회원전원) : (○○○의 제안에 찬성하며 모두 박수치다)
의 장 : –본 설립취지(안)에 이의 없으신 것으로 알고 원안대로 가결되었음을 선포합니다 (의사봉 3타)

[제3의안 상정] 정관심의의 건

의 장 : –이어서 "정관심의"에 들어가겠습니다
(○○○ 발기인에게 준비된 정관(안) 낭독을 요청하다)
○○○ : (정관 초안을 낭독하다)
○○○ : –정관의 내용이 무리없이 잘 구성되었다고 생각합니다.
–본 정관이 어떠한 과정으로 작성되었는지 의장님께서 부연설명 해 주시면 고맙겠습니다.
의 장 : –본 정관은 문화체육관광부에서 만든 정관예문(준칙)을 기초로 하여 작성하였습니다.
–본 정관에 추가 또는 삭제할 내용이 있으시면 말씀해 주십시오
○○○ : –본 정관에 특별히 추가 또는 삭제할 내용은 없는 것 같습니다.
–원안대로 의결할 것을 제안합니다 (전원 박수)
의 장 : –그러면 본 정관도 초안에 이의 없으신 것으로 보고 원안대로 가결되었음을 선포합니다 (의사봉 3타)

[제4의안 상정] 출연내용 채택의 건

의 장 : –다음은 "출연재산 채택(안)"을 상정합니다.
–우리 법인의 출발을 위하여 ○○○께서 현금 ○○○○원을 출연하시겠다는 의사를 밝혔고, ○○○께서 현금 ○○○원을 출연하시겠다는 의사를 밝혔습니다. 본 출연이 채택될 경우 ○○○의 출연금 ○○○○원은 기본재산으로, ○○○의 출연금 ○○○원은 설립 당해연도의 설립 제비용 등의 경비로 사용하기 위하여 보통재산으로 구분 채택하고자 합니다.
–출연내용에 대하여 의견 나누어 주시기 바랍니다.
○○○ : –의장께서 설명하신 출연내용과 의견에 대하여 적극 찬성하며 출연하신 분의 뜻을 따라 원안대로 채택할 것을 제안합니다.
○○○ : – ○○○의 제안에 찬성합니다 (회원 모두 박수)

의 장 : –출연재산을 원안대로 모두 채택합니다.
–출연재산 채택 의결내용
▷○○○님 출연금 : 현금 ○○○○원 → 기본재산
▷○○○님 출연금 : 현금 ○○○○원 → 보통재산

[제5의안 상정] 이사장 선임의 건

의 장 : –우리 법인을 이끌어 나갈 "이사장 선임(안)"을 상정합니다.
–회원님들께서 덕망있고 훌륭하신 분을 추천하여 주시기 바랍니다.
○○○ : –이사장에는 현재 임시의장으로 사회를 보시는 ○○○께서 맡아 주실 것을 제안합니다 (전원 박수)
의 장 : –부족한 저를 추천해 주셔서 감사합니다. 그러나 저보다 더 훌륭하신 분들이 더 많으신 줄 아니 다른 분을 더 추천해 주시면 좋겠습니다.
○○○ : –○○○의 제안에 회원 모두 찬성하는 것 같습니다. 다시 한번 의장님을 이사장에 추천합니다 (전원 박수)
의 장 : –그러면 여러분의 뜻에 따라 당분간 우리 법인의 이사장 직을 맡아보겠습니다.
–이사장 선임 건에 본인 ○○○가 선출되었음을 선포합니다 (의사봉 3타)

[제6의안 상정] 임원선임 및 임기결정의 건

의 장 : –이어서 "임원선임 및 임기결정"에 관한 안건을 상정합니다.
–우선 임원의 수는 정관심의에서 기 결정되었듯이 ○○명으로 되어 있으니, 이에 대한 임원 후보자들을 추천하여 주시기 바랍니다.
–아울러 임원의 임기 문제도 함께 제시하여 주시기 바랍니다.
(회원들의 추천과 논의 끝에 다음과 같이 뜻이 모아지다)
▷ 이사(○○명) : ○○○, ○○○, ○○○, ○○○, 이상 ○○명 → 임기 4년
○○○, ○○○, ○○○, ○○○, 이상 ○○명 → 임기 2년
▷감사(2명) : ○○○ → 임기 2년, ○○○ → 임기 1년
의 장 : –임원의 선출 및 임기의 내용이 결정된 것 같습니다.
–본 내용에 다른 의견이 있으시면 말씀해 주십시오
(회중에서 이의 없음을 말하고 박수치다)
의 장 : –임원의 선출 및 임기를 여러분의 결정대로 가결되었음을 선포합니다.
(전원박수 –의사봉 3타)
의 장 : –이어서 우리 법인설립 최초의 회원을 채택하고 회원의 회비 징수액을 결정하고자 하는데, 현재의 회원은 회원명부와 같이 총 ○○명이며 회비는 년 ○○○원으로 하고자 하는 바, 여러분의 의견을 말씀해 주시고, 이의가 없이 찬성하신다면 박수로 의결하여 주시기 바랍니다.

(회 중) : (전원 찬성하며 박수)

의　장 : 설립최초의 회원 및 회비징수액을 원안대로 가결되었음을 선포합니다
(의사봉 3타)
▷ 회원수 : 총 ㅇㅇ명
▷ 회비징수액 : 년 ㅇㅇㅇ원

[제7의안 상정] 사업계획 및 예산심의의 건

의　장 : –향후 "3개년간의 사업계획 및 수지예산(안)"을 상정합니다.
–ㅇㅇㅇ께서 본 안에 대하여 설명하여 주시기 바랍니다.

ㅇㅇㅇ : (유인물을 통하여 "3개년간의 사업계획 및 수지예산" 사항을 설명하다)

ㅇㅇㅇ : –상정(안)에 찬성합니다. 원안의결을 제안합니다 (전원 동의 –박수)

의　장 : –전원 찬성으로 향후 3개년간의 사업계획 및 예산(안)을 원안대로 가결 선포합니다 (의사봉 3타)

[제8의안 상정] 사무소 설치의 건

의　장 : –다음은 본 법인의 "사무소 설치(안)"을 상정합니다.
–(사무소는 ㅇㅇㅇ가 ㅇㅇㅇㅇㅇㅇ 소재 건물을 법인 사무실로 무상 사용할 것을 허락하였다는 내용을 설명하고 이에 대한 동의 여부를 묻다)

ㅇㅇㅇ : 사무실을 무상으로 내어 주신 ㅇㅇㅇ께 감사드리며 원안의결을 제안합니다(전원 박수).

의　장 : 우리 법인의 사무소를 "서울특별시 ㅇㅇ구 ㅇㅇ동 ㅇㅇㅇ–ㅇㅇ"로 결정되었음을 선포합니다 (의사봉 3타)

[제9의안 상정] 법인조직 및 상근 임직원 정수 책정

의　장 : –마지막으로 "법인의 조직 및 상근임직원의 정수 책정(안)"을 상정합니다.
–유인물을 보시고 의견을 말씀해 주시고, 이의 없으시면 원안대로 통과하겠습니다 (전원 이의없음을 표시하다)

의　장 : –이 안건도 전원 찬성으로 원안 가결되었음을 선포합니다 (의사봉 3타)

8. 폐　　회

의 장 : –마지막으로 회의록 서명위원으로 참석회원 중 「ㅇㅇㅇ, ㅇㅇㅇ, 홍길동, ㅇㅇㅇ」의 ㅇ명을 지정하여 서명 · 날인토록 하겠습니다. 이견이 있으면 말씀해 주시기 바랍니다(전원 이의없음을 표시하다). 지정받은 서명위원들께선 폐회 후 남아서 작성된 회의록 내용의 사실여부를 확인하고 서명하여 주시기 바랍니다.

-이상으로 모든 회의를 마치겠습니다. 감사합니다.

20○○년 ○월 ○일

덧붙임 1. 설립취지문 1부.
2. 정관 1부.
3. 사업계획서 및 수지예산서 1부.
4. 법인 조직 및 상근임직원 정수표 1부.
(※ 덧붙인 문서는 서명위원들이 본 회의록과 함께 간인하여야 함)

회원 대표 ○○○ (인)
회원 ○○○ (인)
회원 ○○○ (인)
회원 ○○○ (인)
회원 ○○○ (인)

사단법인 정관 (예문)

제1장 총 칙

제1조(명칭) 이 법인은 "사단법인 ○○○○○"(이하 "본회"라 한다)라 한다.

제2조(소재지)

[사례1]
① 본회의 사무소는 서울특별시 ○○구 ○○동 ○○번지에 둔다.
* 분사무소(지부)가 설치되어 있지 않거나 앞으로 설치할 계획이 없는 경우에 해당한다.

[사례2]
본회의 사무소는 서울특별시에 두며 필요한 곳에 분사무소(지부)를 설치할 수 있다.
* 법인을 설립하고 나서 앞으로 분사무소(지부)를 설치하고자 하는 경우에 해당한다. 이 경우 분사무소(지부)를 설치한 후에는 [사례3] 또는 [사례4]와 같이 소재지를 명기한 정관변경을 하여야 한다.

[사례3]
① 본회의 사무소는 서울특별시 ○○구 ○○동 ○○번지에 둔다.
② 본회의 분사무소(지부)는 다음 지역에 둔다.
1. 서울지부 : 서울특별시 ○○구 ○○동 ○○번지
2. 부산지부 : 부산광역시 ○○구 ○○동 ○○번지
* 주된 사무소의 소재지와 분사무소의 명칭 및 소재지를 정확하게 명기할 필요가 있는 법인의 경우에 해당한다.

[사례4]
본회의 주된 사무소는 서울특별시에 두고 서울특별시, 부산광역시, 대구광역시, 경기도, 강원도, 전라남도, 경상북도에 분사무소(지부)를 설치한다.
* [사례3], [사례4]는 법인을 설립할 당시 이미 분사무소(지부)까지 설치한 법인과 기존 법인 중에서 분사무소(지부)가 설치된 법인의 경우에 해당한다.

제3조(목적) 본회는 ______________________________ 함을 목적으로 한다.

제4조(사업) 본회는 제3조의 목적을 달성하기 위하여 다음의 사업을 한다.

1.
2.
3.
4.
5. 기타 본회의 목적달성에 필요한 사업

제2장 회 원

제5조(회원의 자격)

[사례1]
본회의 회원은 본회의 설립취지에 찬동하고 소정의 입회신청서를 제출하여 이사회의 승인을 얻은 자로 한다.

[사례2]
본회의 회원은 다음의 자격을 가진 자로서 본회의 설립취지에 찬동하고 소정의 입회신청서를 제출하여 이사회의 승인을 얻은 자로 한다.

[사례3]
본회의 회원은 본회의 설립취지에 찬동하고 소정의 입회신청서를 제출하여 이사회의 승인을 얻은 개인 또는 단체로 한다.

[사례4]
본회의 회원은 본회의 설립취지에 찬동하는 자로서 회원 ○인 이상의 추천을 받아 소정의 입회신청서를 제출하여 이사회의 승인을 얻은 자로 한다.

제6조(회원의 권리)

[사례1]
회원은 총회를 통하여 본회의 운영에 참여할 권리를 가진다.

[사례2]
회원은 총회를 통하여 본회의 운영에 참여할 권리를 가진다. 다만, 준회원 · 특별회원 · 명예회원은 총회에 출석하여 발언할 수 있으나 의결권은 없다.

[사례3] 회원은 총회를 통하여 본회의 운영에 참여할 권리를 가진다. 다만, 단체회원은 대표자 1인을 선출하여 그 대표자를 통하여 권리를 행사한다.

제7조(회원의 의무) 회원은 다음의 의무를 진다.

1. 본회의 정관 및 제규약의 준수
2. 총회 및 이사회의 결의사항 이행
3. 회비 및 제부담금의 납부

제8조(회원의 탈퇴) 회원은 회장에게 탈퇴서를 제출함으로써 자유롭게 탈퇴할 수 있다.

제9조(회원의 상벌) ① 본회의 회원으로서 본회의 발전에 기여한 자에 대하여는 이사회의 의결을 거쳐 포상할 수 있다.

② 본회의 회원으로서 본회의 목적에 위배되는 행위 또는 명예와 위신에 손상을 가져오는 행위를 하거나 제7조의 의무를 이행하지 아니한 자에 대하여는 이사회 또는 총회의 의결을 거쳐 회장이 제명 · 견책 등의 징계를 할 수 있다.

제3장 임 원

제10조(임원의 종류와 정수) 본회는 다음의 임원을 둔다.

1. 회장 1인

※ “이사장”으로 할 수 있으며, 이사장으로 할 경우 관련조문에 “회장”을 “이사장”으로 표기

2. 이사 ○인(회장을 포함한다)

※ 이사는 5인 이상으로 정한다.

3. 감사 ○인

※ 감사는 2인 이하로 정한다.

제11조(임원의선임) ① 임원은 총회에서 선출하고, 그 취임에 관하여 지체없이 주무관청에 보고하여야 한다.

② 임원의 보선은 결원이 발생한 날로부터 2월 이내에 하여야 한다.

③ 새로운 임원의 선출은 임기만료 2월전까지 하여야 한다.

제12조(임원의 해임) 임원이 다음 각호의 1에 해당하는 행위를 한 때에는 총회의 의결을 거쳐 해임할 수 있다.

1. 본회의 목적에 위배되는 행위
2. 임원간의 분쟁 · 회계부정 또는 현저한 부당행위
3. 본회의 업무를 방해하는 행위

제13조(임원의 선임 제한) ① 임원의 선임에 있어서 이사는 이사 상호간에 민법 제777조에 규정된 친족관계에 있는 자가 이사정수의 1/5을 초과할 수 없다.
② 감사는 감사 상호간 또는 이사와 민법 제777조에 규정된 친족관계가 없어야 한다.

제14조(상임이사) ① 본회의 목적사업을 전담하게 하기 위하여 상임이사를 둘 수 있다.
② 상임이사는 이사회의 의결을 거쳐 회장이 이사 중에서 선임한다.

※ 상임이사를 두지 않는 경우에는 이 규정은 필요없다.

제15조(임원의 임기) ① 임원의 임기는 3년으로 한다.
② 보선에 의하여 취임한 임원의 임기는 전임자의 잔여기간으로 한다.

제16조(임원의 직무) ① 회장은 본회를 대표하고 본회의 업무를 통할하며, 총회 및 이사회의 의장이 된다.
② 이사는 이사회에 출석하여 본회의 업무에 관한 사항을 의결하며 이사회 또는 회장으로부터 위임받은 사항을 처리한다.
③ 감사는 다음의 직무를 행한다.

1. 본회의 재산상황을 감사하는 일
2. 총회 및 이사회의 운영과 그 업무에 관한 사항을 감사하는 일
3. 제1호 및 제2호의 감사결과 부정 또는 부당한 점이 있음을 발견한 때에는 이사회 또는 총회에 그 시정을 요구하고 주무관청에 보고하는 일
4. 제3호의 시정요구 및 보고를 하기 위하여 필요한 때에는 총회 또는 이사회의 소집을 요구하는 일
5. 본회의 재산상황과 업무에 관하여 총회 및 이사회 또는 회장에게 의견을 진술하는 일

제17조(회장의 직무대행)

[사례1]
① 회장이 사고가 있을 때에는 회장이 지명하는 이사가 회장의 직무를 대행한다.
② 회장이 궐위되었을 때에는 이사회에서 선출된 이사가 회장의 직무를 대행한다.
③ 제2항의 규정에 의한 이사회는 재적이사 과반수가 소집하고 출석이사중 최연장자의 사회아래 출석이사 과반수의 찬성으로 회장의 직무대행자를 선출한다.

④ 제2항의 규정에 의하여 회장의 직무를 대행하는 이사는 지체없이 회장 선출의 절차를 밟아야 한다.

[사례2]
① 회장이 사고가 있을 때에는 회장이 지명하는 이사가 회장의 직무를 대행한다.
② 회장이 궐위되었을 때에는 이사 중에서 연장자 순으로 회장의 직무를 대행한다.
③ 제2항의 규정에 의하여 회장의 직무를 대행하는 이사는 지체없이 회장 선출의 절차를 밟아야 한다.

제4장 총 회

제18조(총회의 구성)

[사례1]
총회는 본회의 최고의결기관이며 회원으로 구성한다.

[사례2]
총회는 본회의 최고의결기관이며 제18조의 2 규정에 의하여 선출된 대의원으로 구성한다.

[사례2-1]
제18조의 2(대의원) ① 대의원은 본회의 임원과 각 지부별 총회에서 선출된 자로 한다.
② 제1항의 규정에 의한 지부별 대의원 정수는 이사회에서 정한다.

[사례2-2]
각 회원단체를 대표하는 대의원은 당해단체의 회장 또는 부회장 중에서 1인을 선출하여 총회개시 ○일전까지 문서로 회장에게 보고하여야 한다.

※ 대의원을 둔 경우에는 관련규정에 "회원"을 "대의원"으로 표기

제19조(구분 및 소집) ① 총회는 정기총회와 임시총회로 구분하며, 회장이 이를 소집한다.
② 정기총회는 매 회계연도 개시 1월 전까지 소집하며, 임시총회는 회장이 필요하다고 인정할 때에 소집한다.
③ 총회의 소집은 회장이 회의 안건 · 일시 · 장소 등을 명기하여 회의 개시 7일전까지 문서로 각 회원에게 통지하여야 한다.

제20조(총회소집의 특례) ① 회장은 다음 각호의 1에 해당하는 소집요구가 있을 때에는 그 소집요구일로부터 14일 이내에 총회를 소집하여야 한다.

1. 재적이사 과반수가 회의의 목적을 제시하여 소집을 요구한 때
2. 제16조 제3항 제4호의 규정에 의하여 감사가 소집을 요구한 때
3. 재적회원 5분의 1이상이 회의의 목적을 제시하여 소집을 요구한 때

② 총회 소집권자가 궐위되거나 이를 기피함으로써 7일 이상 총회소집이 불가능한 때에는 재적이사 과반수 또는 재적회원 3분의 1이상의 찬성으로 총회를 소집할 수 있다.
③ 제2항의 규정에 의한 총회는 출석이사 중 최연장자의 사회아래 그 의장을 선출한다.

제21조(의결정족수) ① 총회는 재적회원 과반수의 출석으로 개의하고 출석회원 과반수의 찬성으로 의결한다.
② 회원의 의결권은 총회에 참석하는 다른 회원에게 서면으로 위임할 수 있다. 이 경우 위임장은 총회 개시 전까지 의장에게 제출하여야 한다.

제22조(총회의 기능) 총회는 다음의 사항을 의결한다.

1. 임원의 선출 및 해임에 관한 사항
2. 본회의 해산 및 정관변경에 관한 사항
3. 기본재산의 처분 및 취득과 자금의 차입에 관한 사항
4. 예산 및 결산의 승인
5. 사업계획의 승인
6. 기타 중요사항

제23조(총회의결 제척사유) 회원이 다음 각호의 1에 해당하는 때에는 그 의결에 참여하지 못한다.

1. 임원의 선출 및 해임에 있어 자신에 관한 사항을 의결할 때
2. 금전 및 재산의 수수 또는 소송 등에 관련되는 사항으로서 자신과 본회의 이해가 상반될 때

제5장 이 사 회

제24조(이사회의 구성) 이사회는 회장과 이사로 구성한다.

제25조(구분 및 소집)

[사례1]
① 이사회는 정기이사회와 임시이사회로 구분하며, 회장이 이를 소집한다.
② 정기이사회는 매 회계년도 개시 1월전까지 소집하며, 임시이사회는 회장이 필요하다고 인정할 때에 소집한다.

③ 이사회의 소집은 회장이 회의 안건 · 일시 · 장소 등을 명기하여 회의개시 7일전까지 문서로 각 이사 및 감사에게 통지하여야 한다.

[사례2]

① 이사회는 회장이 필요하다고 인정할 때에 회장이 소집한다.

② 이사회의 소집은 회장이 회의 안건 · 일시 · 장소 등을 명기하여 회의개시 7일전까지 문서로 각 이사 및 감사에게 통지하여야 한다.

③ 이사회는 제2항의 통지사항에 한해서만 의결할 수 있다. 다만, 재적이사 전원이 출석하고 출석이사 전원이 찬성할 때에는 통지하지 아니한 사항이라도 이를 부의하고 의결할 수 있다.

제26조(이사회 소집의 특례) ① 회장은 다음 각호의 1에 해당하는 소집요구가 있는 때에는 그 소집요구일로부터 20일 이내에 이사회를 소집하여야 한다.

1. 재적이사 과반수가 회의의 목적을 제시하여 소집을 요구한 때
2. 제16조 제3항 제4호의 규정에 의하여 감사가 소집을 요구한 때

② 이사회 소집권자가 궐위되거나 이를 기피함으로써 7일 이상 이사회 소집이 불가능할 때에는 재적이사 과반수의 찬성으로 이사회를 소집할 수 있다.

③ 제2항의 규정에 의한 이사회는 출석이사 중 최연장자의 사회 아래 그 의장을 선출한다.

제27조

[사례1]

제27조(서면결의 금지) 이사회의 의결은 서면결의에 의할 수 없다.

[사례2]

제27조(서면결의) ① 회장은 이사회에 부의할 사항중 경미한 사항 또는 긴급을 요하는 사항에 관하여는 이를 서면으로 의결할 수 있다. 이 경우에 회장은 그 결과를 차기 이사회에 보고하여야 한다.

② 제1항의 서면결의 사항에 대하여 재적이사 과반수가 이사회에 부의할 것을 요구하는 때에는 회장은 이에 따라야 한다.

제28조(의결정족수) ① 이사회는 재적이사 과반수의 출석으로 개의하고 출석이사 과반수의 찬성으로 의결한다. 다만, 가부동수인 경우에는 의장이 결정한다.

② 이사회의 의결권은 위임할 수 없다.

제29조(이사회의 의결사항) 이사회는 다음의 사항을 심의 · 의결한다.

1. 업무집행에 관한 사항
2. 사업계획의 운영에 관한 사항

3. 예산 · 결산서의 작성에 관한 사항
4. 정관변경에 관한 사항
5. 재산관리에 관한 사항
6. 총회에 부의할 안건의 작성
7. 총회에서 위임받은 사항
8. 정관의 규정에 의하여 그 권한에 속하는 사항
9. 기타 본회의 운영상 중요하다고 회장이 부의하는 사항

제6장 재산과 회계

제30조(재산의 구분) ① 본회의 재산은 다음과 같이 기본재산과 보통재산으로 구분한다.

1. 기본재산은 본회 설립시 그 설립자가 출연한 재산과 이사회에서 기본재산으로 정한 재산으로 하며, 그 목록은 "별지 1"과 같다.
2. 보통재산은 기본재산 이외의 재산으로 한다.

제31조(기본재산의 처분 등) 본회의 기본재산을 처분(매도 · 증여 · 교환을 포함한다)하고자 할 때에는 제40조의 규정에 의한 정관변경 허가의 절차를 거쳐야 한다.

제32조(수입금) 본회의 수입금은 회원의 회비 및 기타의 수입으로 충당한다.

제33조(회계연도) 본회의 회계연도는 정부의 회계연도에 따른다.

제34조(예산편성) 본회의 세입 · 세출 예산은 매 회계연도 개시 1월전까지 편성하여 이사회의 의결을 거쳐 총회의 승인을 얻어 정한다.

제35조(결산) 본회는 매 회계연도 종료 후 2월 이내에 결산서를 작성하여 이사회의 의결을 거쳐 총회의 승인을 얻어야 한다.

제36조(회계감사) 감사는 회계감사를 연 2회 이상 실시하여야 한다.

제37조(임원의 보수) 사업의 운영을 전담하는 상임이사를 제외한 임원에 대하여는 보수를 지급하지 아니한다. 다만, 업무수행에 필요한 실비는 지급할 수 있다.

제7장 사무부서

제38조(사무국) ① 회장의 지시를 받아 본회의 사무를 처리하기 위하여 사무국을 둔다.
② 사무국에 사무국장 1인과 필요한 직원을 둘 수 있다.
③ 사무국장은 이사회의 의결을 거쳐 회장이 임면한다.
④ 사무국의 조직 및 운영에 관한 사항은 이사회의 의결을 거쳐 별도로 정한다.

제8장 보 칙

제39조(법인해산) ① 본회가 해산하고자 할 때에는 총회에서 재적회원 3분의 2이상의 찬성으로 의결하여 해산하고, 그 해산에 관하여 주무관청에 신고하여야 한다.
② 본회가 해산한 때의 잔여재산은 총회의 의결을 거쳐 국가, 지방자치단체 또는 본회와 유사한 목적을 가진 다른 비영리법인에게 귀속한다.

제40조(정관변경) 이 정관을 변경하고자 할 때에는 총회에서 재적회원 3분의 2이상의 찬성으로 의결하여 주무관청의 허가를 받아야 한다.

제41조(규칙제정) 이 정관에 정한 것 외에 본회의 운영에 관하여 필요한 사항은 이사회의 의결을 거쳐 규칙으로 정한다.

부 칙

제1조(시행일) 이 정관은 주무관청의 허가를 받아 법원에 등기를 한 날부터 시행한다.
제2조(경과조치) 이 정관 시행당시 법인설립을 위하여 발기인 등이 행한 행위는 이 정관에 의하여 행한 것으로 본다.
제3조(설립자의 기명날인) 본회를 설립하기 위하여 이 정관을 작성하고 다음과 같이 설립자 전원이 기명 날인한다.

재단법인 정관 (예문)

제1장 총 칙

제1조(명칭) 이 법인은 "재단법인 ○○○○"(이하 "법인"이라 한다)라 한다.

제2조(소재지)

[사례1]
① 본회의 사무소는 서울특별시 ○○구 ○○동 ○○번지에 둔다.
* 분사무소(지부)가 설치되어 있지 않거나 앞으로 설치할 계획이 없는 경우에 해당한다.

[사례2]
본회의 사무소는 서울특별시에 두며 필요한 곳에 분사무소(지부)를 설치할 수 있다.
* 법인을 설립하고 나서 앞으로 분사무소(지부)를 설치하고자 하는 경우에 해당한다. 이 경우 분사무소(지부)를 설치한 후에는 [사례3] 또는 [사례4]와 같이 소재지를 명기한 정관변경을 하여야 한다.

[사례3]
① 본회의 사무소는 서울특별시 ○○구 ○○동 ○○번지에 둔다.
② 본회의 분사무소(지부)는 다음 지역에 둔다.
1. 서울지부 : 서울특별시 ○○구 ○○동 ○○번지
2. 부산지부 : 부산광역시 ○○구 ○○동 ○○번지
* 주된 사무소의 소재지와 분사무소의 명칭 및 소재지를 정확하게 명기할 필요가 있는 법인의 경우에 해당한다.

[사례4] 본회의 주된 사무소는 서울특별시에 두고 서울특별시, 부산광역시, 대구광역시, 경기도, 강원도, 전라남도, 경상북도에 분사무소(지부)를 설치한다.
* [사례3], [사례4]는 법인을 설립할 당시 이미 분사무소(지부)까지 설치한 법인과 기존 법인 중에서 분사무소(지부)가 설치된 법인의 경우에 해당한다.

제3조(목적) 본회는 ________________________________ 함을 목적으로 한다.

제4조(사업) 본회는 제3조의 목적을 달성하기 위하여 다음의 사업을 한다.

1.
2.
3.
4.
5. 기타 본회의 목적달성에 필요한 사업

제2장 임 원

제5조(임원의 종류와 정수) 법인은 다음의 임원을 둔다.

1. 이사장 1인
2. 이사 ○인(이사장을 포함한다)

※ 이사는 5인 이상으로 정한다.

3. 감사 ○인

※ 감사는 2인 이하로 정한다.

제6조(임원의 선임) ① 임원은 이사회에서 선출하고, 그 취임에 관하여 지체없이 주무관청에게 보고하여야 한다.
② 임원의 보선은 결원이 발생한 날로부터 2월 이내에 하여야 한다.
③ 새로운 임원의 선출은 임기만료 2월전까지 하여야 한다.

제7조(임원의 해임) 임원이 다음 각호의 1에 해당하는 행위를 한 때에는 이사회의 의결을 거쳐 해임할 수 있다.

1. 법인의 목적에 위배되는 행위
2. 임원간의 분쟁 · 회계부정 또는 현저한 부당행위
3. 법인의 업무를 방해하는 행위

제8조(임원의 선임 제한) ① 임원의 선임에 있어서 이사는 이사 상호간에 민법 제777조에 규정된 친족관계에 있는 자가 이사 정수의 반을 초과할 수 없다.
② 감사는 감사 상호간 또는 이사와 민법 제777조에 규정된 친족관계가 없어야 한다.

제9조(상임이사) ① 법인의 목적사업을 전담하게 하기 위하여 상임이사를 둘 수 있다.
② 상임이사는 이사회의 의결을 거쳐 이사장이 이사 중에서 선임한다.

※ 상임이사를 두지 않는 경우에는 이 규정은 필요없음.

제10조(임원의 임기) ① 임원의 임기는 3년으로 한다.
② 보선에 의하여 취임한 임원의 임기는 전임자의 잔여기간으로 한다.

제11조(임원의 직무) ①이사장은 법인을 대표하고 법인의 업무를 통할하며, 이사회의 의장이 된다.
② 이사는 이사회에 출석하여 법인의 업무에 관한 사항을 의결하며 이사회 또는 이사장으로부터 위임받은 사항을 처리한다.
③ 감사는 다음의 직무를 행한다.

1. 법인의 재산상황을 감사하는 일
2. 이사회의 운영과 그 업무에 관한 사항을 감사하는 일
3. 제1호 및 제2호의 감사결과 부정 또는 부당한 점이 있음을 발견한 때에는 이사회에 그 시정을 요구하고 주무관청에 보고하는 일
4. 제3호의 시정요구 및 보고를 하기 위하여 필요한 때에는 이사회의 소집을 요구하는 일
5. 법인의 재산상황과 업무에 관하여 이사회 또는 이사장에게 의견을 진술하는 일

제12조(이사장의 직무대행)

[사례1]
① 이사장이 사고가 있을 때에는 이사장이 지명하는 이사가 이사장의 직무를 대행한다.
② 이사장이 궐위되었을 때에는 이사회에서 선출된 이사가 이사장의 직무를 대행한다.
③ 제2항의 규정에 의한 이사회는 재적이사 과반수의 이사가 소집하고 출석이사 중 최연장자의 사회아래 출석이사 과반수의 찬성으로 이사장의 직무대행자를 선출한다.
④ 제2항의 규정에 의하여 이사장의 직무를 대행하는 이사는 지체없이 이사장 선출의 절차를 밟아야 한다.

[사례2]
① 이사장이 사고가 있을 때에는 이사장이 지명하는 이사가 이사장의 직무를 대행한다.
② 이사장이 궐위되었을 때에는 이사 중에서 연장자 순으로 이사장의 직무를 대행한다.
③ 제2항의 규정에 의하여 이사장의 직무를 대행하는 이사는 지체없이 이사장 선출의 절차를 밟아야 한다.

제3장 이 사 회

제13조(이사회의 구성) 이사회는 이사장과 이사로 구성한다.

제14조(소집)

[사례1]
① 이사회는 정기이사회와 임시이사회로 구분하며, 이사장이 이를 소집한다.
② 정기이사회는 매 회계년도 개시 1월전까지 소집하며, 임시이사회는 이사장이 필요하다고 인정할 때에 소집한다.
③ 이사회의 소집은 이사장이 회의 안건 · 일시 · 장소 등을 명기하여 회의 개시 7일전까지 문서로 각 이사 및 감사에게 통지하여야 한다.
④ 이사회는 제3항의 통지사항에 한해서만 의결할 수 있다. 다만, 재적이사 전원이 출석하고 출석이사 전원이 찬성할 때에는 통지하지 아니한 사항이라도 이를 부의하고 의결할 수 있다.

[사례2]
① 이사회는 이사장이 필요하다고 인정할 때에 이사장이 소집한다.
② 이사회의 소집은 이사장이 회의 안건 · 일시 · 장소 등을 명기하여 회의 개시 7일전까지 문서로 각 이사 및 감사에게 통지하여야 한다.
③ 이사회는 제2항의 통지사항에 한해서만 의결할 수 있다. 다만, 재적이사 전원이 출석하고 출석이사 전원이 찬성할 때에는 통지하지 아니한 사항이라도 이를 부의하고 의결할 수 있다.

제15조(이사회 소집의 특례) ① 이사장은 다음 각호의 1에 해당하는 소집요구가 있을 때에는 그 소집요구일로부터 20일 이내에 이사회를 소집하여야 한다.
1. 재적이사 과반수가 회의의 목적을 제시하여 소집을 요구한 때
2. 제11조 제3항 제4호의 규정에 의하여 감사가 소집을 요구한 때
② 이사회 소집권자가 궐위되거나 이를 기피함으로써 7일 이상 이사회 소집이 불가능할 때에는 재적이사 과반수의 찬성으로 소집할 수 있다.
③ 제2항의 규정에 의한 이사회는 출석이사 중 최연장자의 사회아래 그 의장을 선출한다.

제16조

[사례1]
제16조(서면결의 금지) 이사회의 의결은 서면결의에 의할 수 없다.

[사례2]
제16조(서면결의) ① 이사장은 이사회에 부의할 사항중 경미한 사항 또는 긴급을 요하는 사항에 관하여는 이를 서면으로 의결할 수 있다. 이 경우에 이사장은 그 결과를 차기 이사회에 보고하여야 한다.
② 제1항의 서면결의 사항에 대하여 재적이사 과반수가 이사회에 부의할 것을 요구하는 때에는 이사장은 이에 따라야 한다.

제17조(의결정족수) ① 이사회는 재적이사 과반수의 출석으로 개의하고 출석이사 과반수의 찬성으로 의결한다. 다만, 가부동수인 경우에는 의장이 결정한다.
② 이사회의 의결권은 위임할 수 없다.

제18조(이사회의 의결사항) 이사회는 다음의 사항을 심의 · 의결한다.

1. 임원의 선출 및 해임에 관한 사항
2. 법인의 해산에 관한 사항
3. 정관의 변경에 관한 사항
4. 자금의 차입 및 재산의 취득, 처분과 관리에 관한 사항
5. 예산 및 결산에 관한 사항
6. 사업계획에 관한 사항
7. 정관의 규정에 의하여 그 권한에 속하는 사항
8. 기타 법인의 운영상 중요하다고 이사장이 부의하는 사항

제19조(이사회의결 제척사유) 임원이 다음 각호의 1에 해당하는 때에는 그 의결에 참여하지 못한다.

1. 임원의 선출 및 해임에 있어 자신에 관한 사항을 의결할 때
2. 금전 및 재산의 수수 또는 소송 등에 관련되는 사항으로서 자신과 법인의 이해가 상반될 때

제4장 재산과 회계

제20조(재산의 구분) ① 법인의 재산은 다음과 같이 기본재산과 보통재산으로 구분한다.

1. 기본재산은 법인의 목적사업 수행에 관계되는 부동산 또는 동산으로서 설립자가 출연한 재산과 이사회에서 기본재산으로 정한 재산으로 하며, 그 목록은 "별지1"과 같다.
2. 보통재산은 기본재산 이외의 재산으로 한다.

제21조(기본재산의 처분) 법인의 기본재산을 처분(매도 · 증여 · 교환을 포함한다)하고자 할 때에는 제31조의 규정에 의한 정관변경 허가의 절차를 거쳐야 한다.

제22조(수입금) 법인의 유지 및 운영에 필요한 경비는 기본재산의 과실, 사업수입 및 기타의 수입으로 충당한다.

제23조(회계연도) 법인의 회계연도는 정부의 회계연도에 따른다.

제24조(예산편성) 법인의 세입 · 세출 예산은 매 회계연도 개시 1월전까지 편성하여 이사회의 의결을 거쳐 정한다.

제25조(결산) 법인은 매 회계연도 종료 후 2월 이내에 결산서를 작성하여 이사회의 승인을 얻어야 한다.

제26조(세계잉여금) 매 연도의 회계잉여금은 다음연도에 이월 사용하는 것을 제외하고는 이를 기본재산에 편입하거나 이사회의 의결을 거쳐 법인의 목적사업에 사용한다.

제27조(회계감사) 감사는 회계감사를 연 2회 이상 실시하여야 한다.

제5장 사무부서

제28조(임원의 보수) 사업의 운영을 전담하는 상임이사를 제외한 임원에 대하여는 보수를 지급하지 아니한다. 다만, 업무수행에 필요한 실비는 지급할 수 있다.

제29조(사무국) ① 이사장의 지시를 받아 법인의 사무를 처리하기 위하여 사무국을 둔다.
② 사무국에 사무국장 1인과 필요한 직원을 둘 수 있다.
③ 사무국장은 이사회의 의결을 거쳐 이사장이 임면한다.
④ 사무국의 조직 및 운영에 관한 사항은 이사회의 의결을 거쳐 별도로 정한다.

제6장 보 칙

제30조(법인해산) ① 법인이 해산하고자 할 때에는 이사회에서 재적이사 3분의 2 이상의 찬성으로 의결하여 해산하고, 그 해산에 관하여 주무관청에 신고하여야 한다.
② 법인이 해산한 때의 잔여재산은 이사회의 의결을 거쳐 국가, 지방자치단체 또는 법인과 유사한 단체에 기증한다.

제31조(정관변경) 이 정관을 변경하고자 할 때에는 이사회에서 재적이사 3분의 2 이상의 찬성으로 의결하여 주무관청의 허가를 받아야 한다.

제32조(규칙제정) 이 정관에 정한 것 외에 법인의 운영에 관하여 필요한 사항은 이사회의 의결을 거쳐 규칙으로 정한다.

부 칙

제1조(시행일) 이 정관은 주무관청의 허가를 받아 법원에 등기를 한 날부터 시행한다.

제2조(경과조치) 이 정관 시행당시 법인설립을 위하여 발기인 등이 행한 행위는 이 정관에 의하여 행한 것으로 본다.

제3조(설립자의 기명날인) 법인을 설립하기 위하여 이 정관을 작성하고 다음과 같이 설립자 전원이 기명날인 한다.

재 산 목 록

재 산 구 분		수 량	소재지	평가액(원)	취득원인	비 고
기본재산	현 금	계좌				예치금
	주 식	주				
	채 권					기업(회사)채 포함
	【동산 소계】					
	건 물	㎡				
	전(田)	㎡				
	답(畓)	㎡				
	대(垈)	㎡				
	임야(林野)	㎡				
	기 타					
	【부동산 소계】					
	기 타					
	【합 계】					
보통재산	현 금					
	【합 계】					
【총 계】						

작성자 : 사단법인 ○○○○ 발기인 대표 ○○○ (날인 또는 서명)
재단법인 ○○○○ 출연자 ○○○ (날인 또는 서명)

사 업 계 획 서

Ⅰ. 주요사업 목표

1.

2.

3.

Ⅱ. 세부사업 내용

1. (제1사업명)

가. 목　　적 :

나. 사업내용 :

(1) 시행시기 :

(2) 장　　소 :

(3) 사업내용 :

다. 시행방법 :

라. 소요예산 : 금○○○원

(1) 인건비 :

(2) 운영비 :

(3) 기　타 :

라. 기타사항 :

마. 향후계획 :

2. (제2사업명)

3. (제3사업명)

작성자 : 사단법인 ○○○○ 발기인 대표 ○○○ (날인 또는 서명)
　　　　재단법인 ○○○○ 출연자 ○○○ (날인 또는 서명)

세입(세출)예산서

법인명 :

(단위 : 천원)

과 목			예 산 액	전 년 도 예 산 액	비 교 증(△)감	산 출 기 초
관	항	목				

부록 2 기부금 단체 제출 서류

구분		
대상 법인	공익법인, 한국학교 등 기부금 단체(종교단체는 1호~4호 서식 제외)	
제출 대상 서류	1. 연간 기부금 모금액 및 활용실적 명세서	별지 제63호의 7
	2. 공익법인등 의무이행 여부 점검결과 보고서	별지 제63호의 10
	3. 전문모금기관 요건 충족여부등 점검결과 보고서	별지 제63호의 11
	4. 해외 한국학교 요건 충족여부등 점검결과 보고서	별지 제63호의 12
	5. 기부금 영수증 발급 합계표	별지 제75호의 3
	-1호 서식의 경우 상속세 및 증여세법에 따른 공익법인 결산공시 표준서식에 따라 공시한 경우에는 제출 생략 가능 -5호 서식은 2021.7.1. 이후 전자기부금영수증 발급하는 분부터 제출 생략	
제출 기한	1호~4호 서식 : 사업연도 종료일부터 4개월 이내 5호 서식 : 사업연도 종료일부터 6개월 이내 (단, 신고기한이 공휴일, 토요일인 경우 그 다음을 기한으로 함)	
제출 방법	홈택스서비스(www.hometax.go.kr) 로그인 → 세금종류별 서비스 → 공익법인공시 → 공시/공개 등록하기	

■ 법인세법 시행규칙 [별지 제63호의 7 서식] (2023.3.20. 개정)

연간 기부금 모금액 및 활용실적 명세서

(앞쪽)

1. 기본사항

① 법인명		② 사업자등록번호(고유번호)	
③ 대표자 성명		④ 공익법인등 구분	
⑤ 전자우편주소		⑥ 사업연도	
⑦ 전화번호		⑧ 공익법인등 지정일	
⑨ 소재지			

2. 기부금의 수입 · 지출 명세 (단위 : 원)

⑩ 월별	⑪ 수입	⑫ 지출	⑬ 잔액	월별	수입	지출	잔액
전기이월	–	–		8월			
1월				9월			
2월				10월			
3월				11월			
4월				12월			
5월				합계			
6월				차기이월	–	–	
7월							

3. 기부금 지출 명세서(국내사업) (단위 : 원)

⑭ 지출월	⑮ 지급목적	⑯ 지급건수	⑰ 대표 지급처명 (단체명/개인)	⑱ 금액
⑲ 연도별	⑳ 지급목적	㉑ 수혜인원	㉒ 대표 지급처명 (단체명/개인)	㉓ 금액
합 계				

4. 기부금 지출 명세서(국외사업) (단위 : 원)

㉔ 지출월	㉕ 국가명	㉖ 지급목적	㉗ 지급건수	㉘ 대표 지급처명 (단체명/개인)	㉙ 금액
㉚ 연도별	㉛ 국가명	㉜ 지급목적	㉝ 수혜인원	㉞ 대표 지급처명 (단체명/개인)	㉟ 금액
합 계					

「법인세법 시행령」 제38조 제8항 또는 제39조 제5항에 따라 연간 기부금 모금액 및 활용실적을 공개합니다.

년 월 일

제출인 : (공익법인등의 직인) [인]

210mm×297mm[백상지 80g/㎡ 또는 중질지 80g/㎡]

(뒤쪽)

작 성 방 법

1. 기본사항 : ① ~ ⑨란에는 공익법인등의 기본사항을 적으며, ④ 공익법인등의 구분은 한국학교, 전문모금기관, 사회복지법인, 어린이집, 학교(유치원), 의료법인, 「민법」상 비영리법인, 비영리외국법인, 사회적협동조합, 공공기관등으로 구분하여 적습니다.

한국학교	「법인세법」 제24조제2항제1호라목9)에 해당하는 한국학교를 말합니다.
전문모금기관	「법인세법」 제24조제2항제1호바목에 해당하는 비영리법인을 말합니다.
사회복지법인	「법인세법 시행령」 제39조제1항제1호가목에 해당하는 비영리법인을 말합니다.
어린이집	「법인세법 시행령」 제39조제1항제1호나목에 해당하는 비영리법인(단체 포함)을 말합니다.
학교(유치원)	「법인세법 시행령」 제39조제1항제1호다목에 해당하는 비영리법인(단체 포함)를 말합니다.
의료법인	「법인세법 시행령」 제39조제1항제1호라목에 해당하는 비영리법인을 말합니다.
「민법」상 비영리법인	「법인세법 시행령」 제39조제1항제1호바목에 해당하는 「민법」상 비영리법인으로서 기획재정부장관이 지정·고시한 법인을 말합니다.
비영리외국법인	「법인세법 시행령」 제39조제1항제1호바목에 해당하는 비영리외국법인으로서 기획재정부장관이 지정·고시한 법인 말합니다.
사회적협동조합	「법인세법 시행령」 제39조제1항제1호바목에 해당하는 사회적협동조합으로서 기획재정부장관이 지정·고시한 법인 말합니다.
공공기관등	「법인세법 시행령」 제39조제1항제1호바목에 해당하는 공공기관 또는 법률에 따라 직접 설립된 기관으로서 기획재정부장관이 지정·고시한 법인을 말합니다.

2. 기부금의 수입·지출 명세
   - ⑩란에는 사업연도 개시월부터 사업연도 종료월까지를 차례대로 적습니다(앞쪽의 ⑩란은 사업연도가(1월~12월) 법인 예시)
   - ⑪란과 ⑫란은 월 누계액을 적습니다.
   - 합계란은 사업연도 개시일부터 종료일까지의 전체 수입 및 지출 금액을 적습니다.
3. 기부금 지출 명세서(국내사업)
   - 국내사업 관련 ○○지원사업(장학금지급 등), 일반관리비, 기금조성비(정기예금 또는 적금 등), 그 밖의 비용(구체적인 내용 기재) 등 지출월별, 지급목적별로 지출명세서를 작성합니다. 다만, 해당 연도에 매월 같은 목적으로 동일한 사람에게 유사한 금액을 지급한 비용은 ⑭ 지출월란에 적지 않고 ⑲ 연도별란에 적을 수 있습니다.
   - ⑲란은 연간 지급목적별 지출명세를 작성합니다. 다만, 1개 단체에 연간 1백만원 이상 지급한 경우 해당 단체명, 지급목적, 수혜인원, 금액을 별도로 적습니다.
   - ㉑란 수혜인원은 연간 지급한 실제 인원을 적습니다. 예시) 10명에게 10만원씩 2회 장학금을 지급한 경우 수혜인원은 10명으로 적습니다.

     ※ 예시(장학금 지급: 10명에게 10만원씩 1월, 2월에 각각 지급, 복지단체 지원: A 복지단체에 2월에 1,000만원, 1회 지원(수혜인원 50명))

⑭지출월	⑮지급목적	⑯지급건수	⑰대표 지급처명 (단체명/개인)	⑱금액
1월	장학금 지급	10	김우수 외	1,000,000
2월	장학금 지급	10	김우수 외	1,000,000
2월	복지단체 지원	1	A복지단체	10,000,000
⋮	⋮	⋮	⋮	⋮
연간	지급목적	수혜인원	대표 지급처명 (단체명/개인)	금액
⑲2013년	장학금 지급	10	김우수 외	2,000,000
	복지단체 지원	50	A복지단체	10,000,000
합 계		63		12,000,000

   - 내용이 많은 경우에는 별지로 작성합니다.
   - 대표 지급처명은 지출월별, 지급목적별로 구분된 지급처 중 가장 큰 대표 지급처를 적으며, 확인이 사실상 불가능한 경우에는 빈칸으로 두되, 그 지급금액과 지급목적은 반드시 적어야 합니다.
4. 기부금 지출 명세서(국외사업)
   - 국외사업이 있는 공익법인등은 국가별 지출명세를 지출월별, 지급목적별로 지출명세서를 작성합니다.
   - ㉚란은 해당 연도의 국가별, 지급목적별 지출명세를 작성합니다. 다만, 1개 단체에 연간 1백만원 이상 지급한 경우 해당 단체명, 지급목적, 국가명, 수혜인원, 금액을 별도로 적습니다.
   - 내용이 많은 경우에는 별지로 작성합니다.

210mm×297mm[백상지 80g/㎡ 또는 중질지 80g/㎡]

■ 법인세법 시행규칙[별지 제63호의 10 서식] (2023.3.20. 개정)

공익법인등 의무이행 여부 보고서

<table>
<tr><td colspan="2">1. 단체 기본사항</td><td>사업연도</td><td>. . . ~ . . .</td></tr>
<tr><td>① 법인(단체)명</td><td></td><td>② 사업자등록번호(고유번호)</td><td></td></tr>
<tr><td>③ 대표자 성명</td><td></td><td>④ 공익법인등 지정 및 만료일</td><td>지정일 :
만료일 :</td></tr>
<tr><td>⑤ 소재지</td><td></td><td>⑥ 인터넷 홈페이지 주소</td><td></td></tr>
</table>

<table>
<tr><td colspan="3">2. 의무이행 여부</td></tr>
<tr><td colspan="2">⑨ 의무</td><td>⑩ 의무 이행 여부</td></tr>
<tr><td rowspan="3">⑦
「법인세법 시행령」 제39조 제1항 제1호 바목의 공익법인등</td><td>(가) 정관의 내용상 수입을 회원의 이익이 아닌 공익을 위하여 사용하도록 되어 있고, 사업의 직접 수혜자가 불특정 다수일 것</td><td></td></tr>
<tr><td>(나) 정관의 내용상 해산 시 잔여재산을 국가 · 지방자치단체 또는 유사한 목적을 가진 다른 비영리 법인에 귀속하도록 되어 있을 것</td><td></td></tr>
<tr><td>(다) 인터넷 홈페이지가 개설되어 있고, 인터넷 홈페이지를 통하여 연간 기부금 모금액 및 활용실적을 공개한다는 내용이 정관에 포함되어 있으며, 공익위반사항 관리 · 감독기관이 개설한 인터넷 홈페이지와 해당 법인이 개설한 인터넷 홈페이지가 연결되어 있을 것</td><td></td></tr>
<tr><td rowspan="8">⑧
「법인세법 시행령」 제39조 제1항 제1호 가목부터 라목까지 및 바목의 공익법인등</td><td>(라) 공익법인등이 실제운영상 (가) 의무를 이행할 것</td><td></td></tr>
<tr><td>(마) 기부금 모금액 및 활용실적을 기부금단체와 국세청의 인터넷 홈페이지에 매년 사업연도 종료일부터 4개월 이내에 각각 공개할 것
(다만,「상속세 및 증여세법」 제50조의3제1항제2호에 따른 사항을 같은 법 시행령 제43조의3제4항에 따른 표준서식에 따라 공시하는 경우에는 기부금 모금액 및 활용 실적을 공개한 것으로 봄)</td><td></td></tr>
<tr><td>(바) 해당 공익법인등의 명의 또는 그 대표자의 명의로 특정 정당 또는 특정인에 대한 「공직선거법」 제58조제1항에 따른 선거운동을 한 것으로 권한 있는 기관이 확인한 사실이 없을 것</td><td></td></tr>
<tr><td>(사) 수익사업의 지출을 제외한 지출액의 100분의 80 이상을 직접 고유목적사업에 지출할 것</td><td></td></tr>
<tr><td>(아) 사업연도 종료일을 기준으로 최근 2년 동안 고유목적사업의 지출내역이 있을 것</td><td></td></tr>
<tr><td>(자) 「상속세 및 증여세법」 제50조의2제1항에 따른 전용계좌를 개설하여 사용할 것</td><td></td></tr>
<tr><td>(차) 「상속세 및 증여세법」 제50조의3제1항제1호부터 제4호까지의 서류등을 해당 공익법인등과 국세청의 인터넷 홈페이지를 통하여 공시할 것(「상속세 및 증여세법 시행령」 제43조의3제2항에 따른 공익법인등은 제외)</td><td></td></tr>
<tr><td>(카) 「상속세 및 증여세법」 제50조의4에 따른 공익법인등에 적용되는 회계기준에 따라 「주식회사 등의 외부감사에 관한 법률」 제2조제7호에 따른 감사인에게 회계감사를 받을 것(「상속세 및 증여세법 시행령」 제43조제3항 및 제4항에 따른 공익법인등은 제외)</td><td></td></tr>
</table>

「법인세법 시행령」 제39조제6항 및 「법인세법 시행규칙」 제19조의2제1항에 따라 공익법인등 의무이행 여부 보고서를 제출합니다.

년 월 일

제출인 : (단체의 직인) [인]

국세청장 귀하

작 성 방 법

1. 이 서식은 「법인세법 시행령」 제39조제6항에 따른 공익법인등이 같은 조 제5항에 따른 의무이행 여부를 자체점검하고 그 결과를 국세청에 제출할 때 작성하는 서식입니다.

2. ④란은「법인세법 시행령」 제39조에 따라 기획재정부장관이 지정한 공익법인등의 경우 지정일이 속하는 연도의 1월 1일부터 3년간(지정받은 기간이 끝난 후 2년 이내에 재지정되는 경우에는 재지정일이 속하는 사업연도의 1월 1일부터 6년간)을 지정기간으로 합니다.

210mm×297mm[백상지 80g/㎡ 또는 중질지 80g/㎡]

■ 법인세법 시행규칙 [별지 제63호의 10 서식 부표] 〈신설 2023.3.20.〉

의무이행 여부 보고서 일괄제출 총괄표

1. 일괄제출자 인적사항

학교법인(단체)명		대표자 성명		사업연도	
사업자등록번호(고유번호)		소재지			

2. 각 학교별 의무이행 여부 등 명세

연번	학교명	사업자등록번호(고유번호)	대표자 성명	소재지	인터넷 홈페이지 주소	의무이행 여부	비고

작성방법

1. 이 서식은 「법인세법 시행령」 제39조제1항제1호다목에 따른 학교를 설치·경영하는 「사립학교법」에 따른 학교법인 또는 사립학교경영자가 해당 학교에 대한 별지 제63호의10서식의 공익법인등 의무이행 여부 보고서를 취합해 일괄제출하려는 경우 작성합니다.
2. “의무이행 여부”란에는 해당 학교가 별지 제63호의10서식 제3호에 따른 의무를 모두 이행한 경우에는 ‘여’로, 의무를 하나라도 미이행한 경우에는 ‘부’로 적고, ‘부’로 적는 경우 그 미이행 항목[(가)~(카)]을 “비고”란에 표시합니다.

■ 법인세법 시행규칙 [별지 제63호의 11 서식] (2023.3.20. 개정)

전문모금기관 요건 충족여부등 점검결과 보고서

1. 단체 기본사항		사업연도	. . ~ . .
① 법인(단체)명		② 사업자등록번호(고유번호)	
③ 대표자 성명		④ 전문모금기관 지정일	
⑤ 소재지		⑥ 인터넷 홈페이지 주소	

2. 지정요건 충족 여부 및 의무이행 여부

⑦ 지정 요건 및 의무	⑧ 요건 충족 여부 및 의무이행 여부	⑨ 점검결과
가. 기부금 모금액 및 그 활용실적을 공개할 수 있는 인터넷 홈페이지가 개설되어 있을 것		
나. 「주식회사 등의 외부감사에 관한 법률」 제2조제7호에 따른 감사인에게 회계감사를 받을 것		
다. 「상속세 및 증여세법」 제50조의3제1호부터 제4호까지의 규정에 해당하는 서류 등을 해당 비영리법인 및 국세청의 인터넷 홈페이지를 통하여 공시할 것		
라. 「상속세 및 증여세법」 제50조의2에 따른 전용계좌를 개설하여 사용할 것		
마. 신청일 직전 5개 사업연도 평균 기부금 배분 지출액이 총 지출금액의 100분의 80 이상이고 기부금의 모집·배분 및 법인의 관리·운영에 사용한 비용이 기부금 수입금액의 100분의 10 이하일 것		
바. 신청일 직전 5개 사업연도 평균 개별 법인(단체를 포함)별 기부금 배분지출액이 전체 배분지출액의 100분의 25 이하이고, 「상속세 및 증여세법 시행령」 제38조제10항에 따른 출연자 및 같은 영 제2조의2제1항에 따른 출연자의 특수관계인으로서 같은 항 제4호·제5호 또는 제8호에 해당하는 비영리법인에 대해서는 기부금 배분지출액이 없을 것		
사. 연간기부금 모금액 및 활용실적을 사업연도 종료일부터 4개월 이내에 해당 법인 및 국세청의 인터넷 홈페이지를 통하여 각각 공개할 것 (「상속세 및 증여세법」 제50조의3제1항제2호에 따른 사항을 같은 법 시행령 제43조의5제4항에 따른 표준서식에 따라 공시하는 경우에는 기부금 모금액 및 활용 실적을 공개한 것으로 봄)		
아. 해당 사업연도의 수익사업의 지출을 제외한 지출액의 100분의 80 이상을 직접 고유목적사업에 지출할 것		

「법인세법 시행령」 제38조제9항 및 「법인세법 시행규칙」 제19조제1항에 따른 지정요건 충족 여부 및 의무이행 여부를 보고합니다.

년 월 일

제출인 : (단체의 직인) [인]

귀하

위 전문모금기관의 지정요건 충족 여부 및 의무이행 여부를 점검하고 그 결과를 「법인세법 시행령」 제38조제10항 및 「법인세법 시행규칙」 제19조 제3항에 따라 통보합니다.

년 월 일

(통보기관의 장) [인]

국세청장 귀하

작 성 방 법

1. 이 서식은 기획재정부장관이 지정한 전문모금기관이 지정요건 충족 여부 및 의무이행 여부를 자체 점검하고 그 결과를 주무관청에 보고할 때와 주무관청이 해당 단체가 제출한 내용에 대한 점검결과를 국세청에 제출할 때 작성하는 서식입니다.
2. ⑧ 요건 충족 여부 및 의무이행 여부란은 전문모금기관이 작성하며, ⑨ 점검결과란은 주무관청이 작성합니다.

210mm×297mm[백상지 80g/㎡ 또는 중질지 80g/㎡]

■ 법인세법 시행규칙 [별지 제63호의 12 서식] (2023.3.20. 개정)

해외 한국학교 요건 충족여부등 점검결과 보고서

1. 단체 기본사항		사업연도	. . ~ . .
① 법인(단체)명		② 사업자등록번호(고유번호)	
③ 대표자 성명		④ 해외 한국학교 지정일	
⑤ 소재지		⑥ 인터넷 홈페이지 주소	

2. 지정요건 충족 여부 및 의무이행 여부

⑦ 지정 요건 및 의무	⑧ 요건 충족 여부 및 의무이행 여부	⑨ 점검결과
가. 「재외국민의 교육지원 등에 관한 법률」 제2조제3호에 따른 한국학교(재외국민에게 「초ㆍ중등교육법」에 따른 학교 교육을 실시하기 위하여 교육부장관의 승인을 얻어 외국에 설립된 교육기관)일 것		
나. 기부금 모금액 및 그 활용 실적을 공개할 수 있는 인터넷 홈페이지가 개설되어 있을 것		
다. 지정이 취소된 경우에는 그 취소된 날부터 3년, 재지정을 받지 못한 경우에는 그 지정기간의 종료일부터 3년이 지났을 것		
라. 연간 기부금 모금액 및 그 활용실적을 사업연도 종료일부터 4개월 이내에 해당 학교 및 국세청의 인터넷 홈페이지에 각각 공개할 것 (「상속세 및 증여세법」 제50조의3제1항제2호에 따른 사항을 같은 법 시행령 제43조의5제4항에 따른 표준서식에 따라 공시하는 경우에는 기부금 모금액 및 활용 실적을 공개한 것으로 봄)		
마. 해당 사업연도의 수익사업의 지출을 제외한 지출액의 100분의 80 이상을 직접 고유목적사업에 지출할 것		

「법인세법 시행령」 제38조제9항 및 「법인세법 시행규칙」 제19조제1항에 따른 지정요건 충족 여부 및 의무이행 여부를 보고합니다.

년 월 일

제출인 : (단체의 직인) [인]

귀하

위 해외 한국학교의 지정요건 충족 여부 및 의무이행 여부를 점검하고 그 결과를 「법인세법 시행령」 제38조제10항 및 「법인세법 시행규칙」 제19조제3항에 따라 통보합니다.

년 월 일

(통보기관의 장) [인]

국세청장 귀하

작 성 방 법

1. 이 서식은 기획재정부장관이 지정한 해외 한국학교가 지정요건 충족 여부 및 의무이행 여부를 자체 점검하고 그 결과를 주무관청에 보고할 때와 주무관청이 해당 단체가 제출한 내용에 대한 점검결과를 국세청에 제출할 때 작성하는 서식입니다.
2. ⑧ 요건 충족 여부 및 의무이행 여부란은 해외 한국학교가 작성하며, ⑨ 점검결과란은 주무관청이 작성합니다.

210mm×297mm[백상지 80g/㎡ 또는 중질지 80g/㎡]

■ 법인세법 시행규칙 [별지 제75호의 3 서식] (2023.3.20. 개정)

기 부 금 영 수 증 발 급 합계표

사업연도 (과세기간)	. . ~ . .

1. 기부금 영수증 발급자 (공익법인등)	① 단 체 명		② 대 표 자	
	③ 사업자등록번호 (고 유 번 호)		④ 전화번호	
	⑤ 소 재 지			
	⑥ 유 형 (해당란에 √)	ㅁ 정부등 공공 ㅁ 교육 ㅁ 종교 ㅁ 사회복지 ㅁ 자선 ㅁ 의료 ㅁ 문화 ㅁ 학술 ㅁ 기타		

2. 해당 사업연도(과세기간)의 기부금영수증 발급현황

(단위 : 원)

⑦ 구 분 / ⑫ 기부자	⑧ 합 계		⑨ 「법인세법」 제24조제2항 제1호에 따른 특례기부금 (종전 법정기부금)		⑩ 「법인세법」 제24조제3항 제1호에 따른 일반기부금 (종전 지정기부금)	
	건수	금액	건수	금액	건수	금액
법 인						
개 인						
합 계						

「법인세법」 제112조의2제3항에 따른 기부금영수증 발급합계표를 제출합니다.

년 월 일

제출인 (서명 또는 인)

세무서장 귀하

작 성 방 법

1. 이 서식은 기부금영수증을 발급하는 자가 해당 사업연도(과세기간)의 종료일이 속하는 달의 말일부터 6개월 이내에 관할세무서장에게 제출해야 합니다.
2. ⑥ 유형란: 기부금 영수증 발급자(공익법인등)에 해당하는 유형을 선택합니다.
3. ⑧ ~ ⑩ 란: 해당 사업연도의 해당 기부금영수증 총 발급건수 및 총 발급금액을 적습니다.
4. 2021년 7월 1일 이후 전자기부금영수증(「법인세법」 제75조의4제2항 및 제112조의2에 규정되어 있습니다)을 발급하는 분부터는 본 서식을 제출할 의무가 없습니다.

210mm×297mm[백상지 80g/㎡ 또는 중질지 80g/㎡]

부록 3 공익법인 출연재산 보고서

구분	내용	
대상 법인	출연받은 재산이 있는 모든 공익법인	
제출 대상 서류	1. 공익법인 출연재산 등에 대한 보고서	별지 제23호
	2. 출연재산 · 운용소득 · 매각대금의 사용계획 및 진도 내역서	별지 제24호
	3. 출연받은 재산의 사용명세서	별지 제25호의 2
	4. 출연재산 매각대금 사용명세서	별지 제25호의 3
	5. 운용소득 사용명세서	별지 제25호의 4
	6. 주식(출자지분)보유명세서	별지 제26호
	7. 이사 등 선임명세서	별지 제26호의 2
	8. 특정기업광고 등 명세서	별지 제26호의 3
	–주무관청에 제출한 결산서류가 있는 경우 함께 제출(서면제출) –외부전문가 세무확인 대상 공익법인의 경우 공익법인 등의 세무확인서 등 추가 제출	
제출 기한	사업연도 종료일부터 4개월 이내 (단, 신고기한이 공휴일, 토요일인 경우 그 다음을 기한으로 함)	
제출 방법	홈택스서비스(www.hometax.go.kr) 로그인 → 신고/납부 → 공익법인 보고서 제출 → 공익법인 보고서 작성하기	

■ 상속세 및 증여세법 시행규칙 [별지 제23호 서식] (2023.3.20. 개정)

공익법인 출연재산 등에 대한 보고서

※ 뒤쪽의 작성방법을 읽고 작성하여 주시기 바랍니다. (앞쪽)

접수번호 :	접수일자 :

1. 인적사항

①공익법인명		②사업자등록번호(고유번호)	
③대표자		④사업연도	
⑤소재지		⑥전자우편주소	
		⑦전화번호	
⑧공익사업 유형	1.교육 2.학술 · 장학 3.사회복지 4.의료 5.종교 6.문화 7.기타		
⑨외부세무확인대상	1.여 2.부	⑩수익사업 운영	1.여 2.부
⑪회계감사이행여부	1.여 2.부		

2. 자산보유현황

⑫총자산가액(⑬+⑭+⑮+⑯+⑰)	⑬토지	⑭건물	⑮주식 · 출자 지분 등	⑯예금 · 적금 등 금융자산	⑰기타

3. 수익원천별 수익 · 비용현황

구분	⑱합계(⑲+㉓+㉖+㉗+㉘+㉙)	기타사업										
		사업손익								㉗사업외손익	㉘고유목적사업준비금환입(전입)	㉙공익목적사업
		금융				부동산			㉖기타			
		⑲소계	⑳이자	㉑배당	㉒기타금융	㉓소계	㉔임대	㉕매각				
수익금액												
비용			/	/								
이익(손실)												

「상속세 및 증여세법」 제48조제5항 및 같은 법 시행령 제41조제1항에 따라 공익법인 출연재산 등에 대한 보고서를 제출합니다.

년 월 일

제출인 (서명 또는 인)

세무서장 귀하

제출서류	1.「상속세법 시행규칙」 별지 제24호서식에 따른 출연재산 · 운용소득 · 매각대금의 사용계획 및 진도내역서 2.「상속세법 시행규칙」 별지 제25호의2서식에 따른 출연받은 재산의 사용명세서 3.「상속세법 시행규칙」 별지 제25호의3서식에 따른 출연재산 매각대금 사용명세서 4.「상속세법 시행규칙」 별지 제25호의4서식에 따른 운용소득 사용명세서 5.「상속세법 시행규칙」 별지 제26호서식에 따른 주식(출자지분) 보유명세서 6.「상속세법 시행규칙」 별지 제26호의2서식에 따른 이사 등 선임명세서 7.「상속세법 시행규칙」 별지 제26호의3서식에 따른 특정기업광고 등 명세서 8. 공익법인등의 세무확인서, 공익법인등의 세무확인 결과 집계표, 출연자 등 특수관계인 사용수익명세서, 수혜자 선정 부적정명세서, 재산의 운영 및 수익사업내역 부적정명세서, 장부의 작성 · 비치의무 불이행명세서, 보유부동산명세서(「상속세 및 증여세법」 제50조제1항에 따라 외부전문가의 세무확인을 받아야 하는 경우로 한정합니다)	수수료 없음

210mm×297mm[백상지 80g/㎡ 또는 중질지 80g/㎡]

(뒤쪽)

작성방법

1. 인적사항(①~⑪)

가. 인적사항란(①~⑦)은 제출일 현재의 현황을 기준으로 적습니다.

나. ④사업연도란은 공익법인의 회계기간인 사업연도를 적습니다.

예) 결산일이 없거나 12월 31일인 경우 → 예) '21.1.1 ~ '21.12.31
결산일이 2월 말일인 경우 → 예) '21.3.1 ~ '22.2.28

다. ⑧공익사업 유형란은 주된 공익사업의 유형을 선택하여 "○"표시를 합니다.

라. ⑨외부세무확인대상란은 해당 공익법인 등이「상속세 및 증여세법」제50조제1항에 따라 외부전문가의 세무확인을 받아야 하는 대상인지 여부를 표시합니다.

마. ⑩수익사업 운영란은「법인세법 시행령」제3조에 따른 수익사업의 운영여부를 표시합니다.

바. ⑪회계감사이행여부란은「상속세 및 증여세법」제50조제3항에 따른 회계감사 이행여부를 표시합니다. 이 경우 회계감사대상에 해당하지 않더라도 회계감사를 받은 경우에는 "여"로 표시합니다.

2. 자산보유현황(⑫~⑰)

가. 사업연도 종료일 현재 재무상태표의 각 자산종류별 장부가액(고유목적사업과 수익사업 등에 사용되는 모든 자산의 장부가액)을 적습니다.

나. ⑫총자산가액란은 재무상태표상 총자산의 장부가액과 일치하여야 합니다.

다. ⑮주식 · 출자 지분 등란은 공익법인등이 보유한 주식(보통주, 우선주 포함)이나 출자지분의 재무상태표상 가액을 적습니다.

라. ⑯예금 · 적금 등 금융자산란은 공익법인등이 보유하고 있는 현금 및 현금성자산(보통예금, 당좌예금, 취득 시 만기가 3개월인 금융상품 등)과 금융기관 등에 예치하고 있는 정기예금, 정기적금, 펀드상품, 저축성 보험상품 등 및 국채, 회사채 등 유가증권(⑮주식 · 출자 지분 등은 제외합니다)의 재무상태표상 가액을 적습니다. 정기예금 등에서 발생한 미수이자는 제외합니다.

마. ⑰기타란은 공익법인등이 가지고 있는 매출채권, 미수이자, 미수임대료, 선급금 등 ⑬부터 ⑯까지에 해당하지 않는 자산을 적습니다.

3. 수익원천별 수익 · 비용현황(⑱ ~ ㉙)

가. 공익법인등의 운영성과표상 공익목적사업과 금융, 부동산 등 발생 원천별 기타사업으로 구분하여 각각 수익금액, 비용, 이익(손실)을 적습니다.

나. ⑱합계란은 수익금액, 비용, 이익(손실)금액을 합한 금액을 각각 적습니다.

다. ㉒기타금융란은 주식과 채권 등의 매도에 따라 발생한 처분손익 등을 적습니다.

라. ㉖기타란은 금융, 부동산 임대 · 매각 수익 외의 기타사업의 사업수익, 사업비용 및 사업이익을 적습니다.

마. ㉗사업외손익란은 공익목적사업 외 기타사업에서 발생한 사업외 손익을 적습니다.

예) 부동산을 제외한 유형자산처분손익 등

바. ㉘고유목적사업준비금 환입(전입)란은「법인세법」제29조에 따라 고유목적사업이나 같은 법 제24조제3항 제1호에 따른 일반기부금에 사용하기 위해 미리 손비로 계상한 금액을 "비용"에 적으며, 같은 법에 따라 고유목적사업준비금을 익금에 산입한 금액을 "수익"에 적습니다.

사. ㉙공익목적사업란은 공익법인등의 정관에 기재된 공익목적사업의 수익금액, 비용, 이익(손실)을 적습니다.

예) 회비 수입, 교비 수입, 기부금 수입(출연받은 재산) 등

■ 상속세 및 증여세법 시행규칙 [별지 제24호 서식] (2021.3.16. 개정)

출연재산 · 운용소득 · 매각대금의 사용계획 및 진도내역서

※ 뒤쪽의 작성방법을 읽고 작성하여 주시기 바랍니다. (앞쪽)

①공익법인명							②사업연도					
구분	사용계획							⑨ 해당 연도 의무사용 기준금액	사용금액			⑬ 기준미달 사용금액 (⑨-⑫)
	③출연(운용소득 발생, 매각) 사업연도	④재산종류		⑤ 용도	기간		⑧금액		⑩ 직전 연도 까지의 사용금액	⑪ 해당 연도 사용금액	⑫ 계 (⑩+⑪)	
		분류 코드	과목명		⑥ 사용 시작일	⑦ 사용 종료일						
출연재산												
운용소득												
매각대금												

364㎜×257㎜(백상지 80g/㎡(재활용품))

(뒤쪽)

작성방법

1. 이 서식은 출연재산 · 운용소득 및 재산매각대금에 대하여 사용계획과 그에 따른 연도별 사용내역을 적고, 출연 또는 소득의 발생연도부터 사용이 완료되는 사업연도까지 매년 작성하여 제출해야 합니다.
   ※ 사용의무기한 : 출연재산은 3년 이내에 전액 사용해야 합니다(「상속세 및 증여세법 시행령」 제38조 제3항에 해당하는 경우에는 연장이 가능합니다), 운용소득은 1년 이내에 70% 이상을 사용하고, 매각대금은 3년 이내에 90% 이상을 사용해야 합니다.
2. 각 재산의 사용계획 및 사용금액은 재산에 따라 나누어 적지 않고, ③출연(운용소득 발생, 매각) 사업연도별, ④재산종류별로 합산하여 적을 수 있습니다.
3. ③출연(운용소득 발생, 매각) 사업연도란은 출연재산의 경우에는 출연일이 속하는 사업연도를, 운용소득의 경우에는 운용소득이 발생한 사업연도를, 매각대금의 경우에는 매각일이 속하는 사업연도를 적으며, 사업연도 종료일의 연월(예 : 2005.12)만 적습니다.
4. ④재산종류란은 출연재산 · 운용소득 · 매각대금의 종류를 다음 분류에 따라 선택하여 코드와 과목명을 적습니다.

코드	1	2	3	4	5	6	7	8	9	10
과목명	현금	예 · 적금	토지	건물	주식 · 출자지분	기계장치	의료장비	채권	차량운반구	기타

5. ⑤용도란은 직접 공익사업에 사용할 구체적인 내용을 적습니다.
   예) 교육사업 중 교사 신축, 도서관 신축, 학교운영비, 수익용 임대건물 등
6. ⑥사용시작일, ⑦사용종료일란은 출연재산 · 운용소득 또는 매각대금의 사용계획기간을 적습니다.
   예) 현금 10억 원을 '05. 3. 1 출연받아 '06. 2. 28까지 학교건물 신축에 사용할 계획인 경우 → '05.3.1. ~ '06.2.28.
7. ⑧금액란은 출연재산의 경우 당초 출연일이 속하는 사업연도에 제출한 출연받은 재산의 사용명세서(별지 제25호의 2 서식)의 ⑩가액과 일치해야 하고, 운용소득의 경우 운용소득 사용명세서(별지 제25호의 4 서식)의 ㉖해당 사업연도 운용소득과 일치해야 하며, 매각대금의 경우 출연재산 매각대금 사용명세서(별지 제25호의 3 서식)의 ⑦매각금액과 일치하여야 합니다.
8. ⑨해당연도 의무사용 기준금액란은 출연재산의 경우 ⑧금액과 동일하게 적고, 운용소득의 경우 운용소득 사용명세서(별지 제25호의 4 서식)의 해당사업연도 사용실적란(또는 5년간의 평균란)의 ④사용기준액을 적으며, 매각대금의 경우 해당 연도 의무사용 기준금액의 합계액은 출연재산 매각대금 사용명세서(별지 제25호의 3 서식)의 ⑧사용 기준금액의 합계액과 일치해야 합니다.
9. ⑩직전 연도까지의 사용금액, ⑪해당 연도 사용금액란의 출연재산 및 매각대금 사용금액란 각 합계액은 출연받은 재산의 사용명세서(별지 제25호의 2 서식)와 출연재산 매각대금 사용명세서(별지 제25호의 3 서식)의 사용내역란 합계액과 각각 일치해야 하고, 운용소득의 경우에는 ⑪해당 연도 사용금액란에만 해당 연도의 사용실적을 적습니다.

출연받은 재산의 사용명세서

※ 뒤쪽의 작성방법을 읽고 작성하여 주시기 바랍니다. (앞 쪽)

1. 출연재산 공익목적사용 현황

(단위 : 원)

①공익법인명		②사업연도	

③ 사업연도 구분	④ 출연일	출연재산						⑪직전 사업연도까지의 사용누계 금액	해당 사업연도		⑭ 미사용 금액 (⑩-⑪-⑫)
		⑤출연자	⑦ 종류		⑧ 소재지	⑨ 수량 (면적)	⑩ 가액		⑫ 사용 금액	⑬ 사용처	
		⑥ 주민등록번호 등	코드	과목명							
⑮ 해당 사업연도		소액계									
	합 계										
⑯ 직전 사업연도											
	합 계										
⑰ 직전전 사업연도											
	합 계										

210mm×297mm[백상지 80g/㎡ 또는 중질지 80g/㎡]

작 성 방 법

1. 이 서식은 해당 사업연도에 출연받은 재산의 명세 및 사용명세, 그리고 직전 사업연도 종료일 현재 사용이 완료되지 아니한 출연받은 재산의 사용명세(해당 사업연도 사용분)를 작성하며, 출연재산별로 출연일이 빠른 순으로 적습니다.

2. 직전 사업연도 종료일 이전에 출연받은 재산으로서 직전사업연도 종료일 전에 사용을 완료한 경우에는 금년도 출연받은 재산의 사용명세서에 적지 않습니다.

3. 소액계의 ⑩가액란에는 1개 사업연도 중에 50만원 미만을 출연한 자(법인은 제외합니다)가 있는 경우에 소액 출연재산의 합계액을 적습니다.

4. ④출연일란은 출연재산이 공익법인에 귀속된 날짜를 적습니다.

5. ⑤출연자란은 출연자의 성명 또는 상호를 적고, ⑥주민등록번호등란에는 출연자의 주민등록번호 또는 사업자등록번호 등을 적습니다.

6. 출연재산란(⑦~⑩)은 아래의 설명에 따릅니다.

가. ⑦종류란은 출연재산의 종류를 다음 분류에 따라 선택하여 코드와 과목명을 적습니다.

코드	1	2	3	4	5	6	7	8	9	10
과목명	현금	예 · 적금	토지	건물	주식 · 출자지분	기계 장치	의료 장비	채권	차량 운반구	기타

나. ⑧소재지란은 부동산의 경우에는 소재지를 적고, 주식 및 유가증권 등의 경우에는 발행회사를 적으며, 그 밖의 경우에는 적지 않습니다.

다. ⑨수량란에는 부동산은 "㎡"단위로, 주식은 "주"단위로, 현물출연은 현물의 수량을 나타내는 기본단위(예: 기계장치의 경우 "대")로 적습니다.

예1) 토지 1,000㎡의 경우 ⇨ 1,000 입력

예2) 주식 500주의 경우 ⇨ 500 입력

예3) 기계장치 30대의 경우 ⇨ 30 입력

라. ⑩가액란은 출연당시의 시가로 적되, 시가를 산정하기 어려운 경우에는「상속세 및 증여세법」 제61조부터 제65조까지에 따른 평가가액으로 적습니다.

7. ⑫해당 사업연도 사용금액란에는 해당 사업연도에 직접 공익목적사업에 사용한 금액을 적습니다.

8. ⑬해당 사업연도 사용처란은 해당 사업연도에 출연받은 재산을 사용한 구체적인 내용을 적습니다.

예) 도서관 신축, 학교운영비, 수익용 임대건물 취득, 장학금 지급 등

■ 상속세 및 증여세법 시행규칙 [별지 제25호의 3 서식] 〈개정 2023.3.20.〉

출연재산 매각대금 사용명세서

※ 뒤쪽의 작성방법을 읽고 작성하여 주시기 바랍니다. (앞쪽)

①공익법인명		②사업연도	

1. 출연재산 매각대금의 해당 사업연도 사용실적

③ 매각 연월일	매각재산					⑧ 사용 기준금액 [⑦ × 30 (60, 90) /100]	사용명세		⑪ 미사용 금액 (⑧-⑨-⑩)
	④종류		⑤ 소재지	⑥ 수량	⑦ 매각 금액		⑨ 직전 사업 연도까지의 사용금액	⑩ 해당 사업연도 사용금액	
	코드	과목명							
⑫합계									

2. 출연재산 매각대금의 해당 사업연도 지출 명세서

⑬(대표)지급처명 (성명/상호)	⑭주민등록번호 (사업자등록번호)	⑮지출목적	⑯지출액
⑰합계			

210mm×297mm[백상지 80g/㎡ 또는 중질지 80g/㎡]

(뒤쪽)

작 성 방 법

1. 이 서식은 사업연도(과세기간) 개시일부터 소급하여 3년 이내에 재산을 매각한 경우로서 매각금액을 직접 공익목적사업에 사용한 실적을 매각일이 속하는 사업연도(과세기간) 이후 3년 동안 매년 작성하여 제출합니다. 다만, 직전 사업연도 종료일 이전에 출연재산을 매각하여 그 매각대금의 사용을 완료한 경우에는 작성하지 않습니다.
2. 출연재산 매각대금의 해당 사업연도 사용실적
   가. ④종류란은 매각한 재산의 종류를 다음 분류에 따라 선택하여 코드와 과목명을 적습니다.

코드	1	2	3	4	5	6	7	8	9	10
과목명	현금	예 · 적금	토지	건물	주식 · 출자지분	기계장치	의료장비	채권	차량운반구	기타

   나. ⑤소재지란은 부동산의 경우에는 소재지를 적고, 주식 및 유가증권 등의 경우에는 발행회사를 적으며, 그 밖의 경우에는 적지 않습니다.
   다. ⑥수량란에는 부동산은 "㎡"단위로, 주식은 "주"단위로, 현물출연은 현물의 수량을 나타내는 기본단위(예: 기계장치의 경우 "대")로 적습니다.
      예1) 토지 1,000㎡의 경우 ⇨ 1,000 입력
      예2) 주식 500주의 경우 ⇨ 500 입력
      예3) 기계장치 30대의 경우 ⇨ 30 입력
   라. ⑦매각금액란은 매각금액총액에서 매각에 따른 국세 및 지방세를 뺀 금액을 적습니다.
   마. ⑧사용기준금액란은 매각한 날이 속하는 과세기간 또는 사업연도의 경과연수에 따라 ⑦매각금액에 기준율(30/100, 60/100, 90/100)을 곱하여 적습니다.
      예) 매각연월일이 'X1년 4월이고 12월말 결산 법인인 경우
         1차연도('X2년 12월말) : 매각금액에 30/100을 곱하여 산출한 금액
         2차연도('X3년 12월말) : 매각금액에 60/100을 곱하여 산출한 금액
         3차연도('X4년 12월말) : 매각금액에 90/100을 곱하여 산출한 금액
   바. ⑩해당 사업연도 사용금액란은 해당 사업연도에 직접 공익목적사업에 사용한 금액을 적습니다.
   사. ⑪미사용금액란이 음수(-)인 경우에는 "0"으로 적습니다.
3. 출연재산 매각대금의 해당 사업연도 지출 명세서
   가. 수혜자(수혜단체)에게 지출하는 경우
      1) ⑬(대표)지급처명(성명/상호)란은 해당 사업연도에 수혜 받은 금액이 100만원 이상인 수혜자와 수혜단체의 경우 개별 수혜자(수혜단체)의 성명(수혜단체명)을 적고, 해당 사업연도에 수혜 받은 금액이 100만원 미만인 수혜자와 수혜단체의 경우 지출금액이 가장 큰 대표적인 수혜자의 성명(수혜단체명)을 적고 지출목적별로 합산하여 작성할 수 있습니다.
      2) ⑮지출목적란은 해당 사업연도에 매각대금을 지출한 목적을 다음 예시와 같이 작성합니다.
      예) ①미래인재개발 장학금, ②사회취약계층 자녀돌봄 및 학업지원, ③노인요양시설 의료지원 및 의약품 제공
      3) ⑯지출액은 해당 사업연도에 수혜자(수혜단체)에 지출한 금액을 적습니다.
   나. 자산 취득에 지출하는 경우
      1) ⑬(대표)지급처명(성명/상호)란은 해당 사업연도에 취득한 자산가액이 100만원 이상인 경우 자산별로 자산명을 적고, 취득가액이 100만원 미만인 경우 자산구분별(금융자산, 부동산, 미술품 등)로 합산하여 작성할 수 있습니다.
      2) ⑮지출목적란은 해당 사업연도에 매각대금을 지출한 목적을 다음 표와 같이 구분하여 적습니다.

구분	자산 취득				
	금융자산*	부동산	미술품	기계장치	기타

      * 금융자산은 현금 및 현금성자산(보통예금, 당좌예금, 취득 시 만기가 3개월인 금융상품 등)을 제외한 정기예금, 정기적금, 펀드상품, 저축성 보험상품 등의 금융상품 및 국채, 회사채, 주식 및 출자지분 등 유가증권을 취득한 경우 적습니다.
      3) ⑯지출액은 해당 사업연도에 자산취득에 지출한 금액을 적습니다.
   다. 운영경비에 지출하는 경우
      1) ⑬(대표)지급처명(성명/상호)란은 지출목적별로 합산하여 작성할 수 있습니다.
      2) ⑮지출목적란은 해당 사업연도에 매각대금을 지출한 목적을 다음 표와 같이 구분하여 적습니다.

구분	각종 경비 지출								
	인건비	임차료	회의비	모금비용	연구비	세금 · 공과금	소모품비	지급수수료	수선비	기타

      3) ⑯지출액은 해당 사업연도에 각종 경비로 지출한 금액을 적습니다.
   라. ⑰합계란은 1.출연재산 매각대금의 해당 사업연도 사용실적의 ⑩해당 사업연도 사용금액의 합계와 일치해야 합니다.

■ 상속세 및 증여세법 시행규칙 [별지 제25호의 4 서식] 〈개정 2023.3.20.〉

운용소득 사용명세서

※ 뒤쪽의 작성방법을 읽고 작성하여 주시기 바랍니다. (앞쪽)

①공익법인등 명칭		②사업연도	

1. 전년도 운용소득을 해당 사업연도까지 직접 공익목적사업에 사용한 실적

구분	⑦해당 사업연도	⑧1년 전 사업연도	⑨2년 전 사업연도	⑩3년 전 사업연도	⑪4년 전 사업연도	⑫5년간의 평균 (⑦~⑪의 평균)
③ 전년도 출연재산 운용소득						
④사용기준액 (③ × ( )/100)						
⑤1년 내 사용실적						
⑥과부족액 (⑤ − ④)						

2. 해당 사업연도 운용소득의 계산

⑬ 수익사업 등의 소득금액	가산액				차감액				
	⑭ 고유목적 사업준비금	⑮ 해당 사업연도 중 고유목적사업비로 지출된 금액으로서 손금에 산입된 금액	⑯ 기타	⑰ 소계 (⑭+⑮+⑯)	⑱ 출연재산 양도차익	⑲ 의제 배당액	⑳ 법인 세 등	㉑ 이월 결손금	㉒ 소계 (⑱+⑲+⑳+㉑)

㉓차가감 소득 (⑬+⑰−㉒)	직전 사업연도 운용소득 미달사용액			㉗해당 사업연도 운용소득 (㉓+㉖)
	㉔ 기준미달사용액	㉕운용소득 미달사용가산세	㉖소계 (㉔−㉕)	

3. 해당 사업연도 운용소득 지출명세서

가. 1년 내 사용실적 중 해당 사업연도 지출명세

㉘(대표)지급처명 (성명/상호)	㉙주민등록번호 (사업자등록번호)	㉚지출목적	㉛지출액
㉜합계			

나. 해당 사업연도 중 고유목적사업비 지출명세

㉝(대표)지급처명 (성명/상호)	㉞주민등록번호 (사업자등록번호)	㉟지출목적	㊱지출액
㊲합계			

210mm×297mm[백상지 80g/㎡ 또는 중질지 80g/㎡]

(뒤쪽)

작 성 방 법

1. 전년도 운용소득을 해당 사업연도까지 직접공익목적사업에 사용한 실적
   가. "⑧"란부터 "⑫"란까지는 "⑦해당사업연도"의 사용실적이 부족한 경우["⑥과부족액"란이 음수(-)인 경우를 말합니다]에만 적습니다.
   나. "③전년도 출연재산 운용소득"란은 직전 사업연도에 대해 제출한 이 서식의 "㉗해당 사업연도 운용소득"의 금액과 일치해야 합니다.
   다. "④사용기준액"란은 "③전년도 출연재산 운용소득"란 금액에 100분의 70을 곱하여 계산한 금액을 적습니다.
   다만, 내국법인 발행주식총수의 5%를 초과하여 출연 · 취득한 공익법인, 특수관계 있는 내국법인 주식을 총재산가액의 30%(50%)를 초과보유한 공익법인, 1996년 12월 31일부터 현재까지 특정주식 5%를 초과보유한 공익법인의 경우에는 100분의 80을 적용합니다.
   라. "⑤1년 내 사용실적"란에는 각 사업연도 중 아래사항에 대한 사용실적을 합하여 적습니다.
      1) 정관으로 정한 공익목적사업을 직접 수행하는 데 소요된 비용
      2) 정관으로 정한 공익목적사업의 수행을 위해 직접 사용되는 자산을 취득한 비용
      3) 정관으로 정한 공익목적사업 수행을 위해 사용인의 인건비 등 필요경비로 사용한 비용(수익사업에서 발생한 소득을 50%를 초과하여 고유목적사업준비금으로 손금산입한 법인 등이 8천만원을 초과하는 인건비를 지급하여 「법인세법 시행령」 제56조제11항에 따라 그 초과하는 금액을 인건비로 보지 않는 경우 그 초과하는 금액은 제외하고 적습니다)
      4) 직전 사업연도에 대해 제출한 이 서식의 "㉗해당 사업연도 운용소득"의 금액에 "⑮해당 사업연도(과세기간) 중 고유목적사업비로 지출된 금액으로서 손금에 산입된 금액"이 포함되어 있는 경우 그 금액
      ※ 수익용 또는 수익사업용 재산 취득에 사용한 운용소득금액은 직접 공익목적사업 사용금액에 포함하지 않습니다.
2. 해당 사업연도 운용소득의 계산
   가. "⑬수익사업 등의 소득금액"란은 출연재산을 수익사업이나 예금 등 수익의 원천으로 사용함으로써 생긴 소득금액(「법인세법」 제14조에 따른 각 사업연도 소득금액 계산방법에 따라 계산한 금액을 말합니다)을 적습니다.
   나. "⑭고유목적사업준비금"란은 각 사업연도 소득금액 계산 시 적용한 「법인세법」 제29조제1항에 따른 고유목적사업준비금을 적습니다.
   다. "⑯기타"란은 출연재산을 수익의 원천에 사용하여 발생한 소득 중 "⑬수익사업 등의 소득금액"에 포함되지 않은 소득금액(예: 분리과세 예금이자소득 등)을 적습니다.
   라. "⑱출연재산 양도차익"란은 수익사업 등의 소득금액에 포함된 출연재산 양도차익을 적습니다.
   마. "⑲의제배당액"란은 공익법인이 보유한 주식을 발행한 법인의 합병 · 분할에 따른 의제배당액(합병 · 분할대가 중 주식으로 받은 부분으로 한정함)으로서 해당사업연도 소득금액에 포함된 금액을 적습니다.
   바. "⑳법인세 등"란은 해당 소득에 대한 법인세 · 주민세 · 농어촌특별세 및 토지 등 양도차익에 대한 법인세 등의 합계액을 적습니다.
   사. "㉑이월결손금"란은 「법인세법」 제13조제1항제1호에 따라 수익사업에서 발생한 이월결손금을 적습니다.
   아. "㉔기준미달사용액"란은 전년도 운용소득을 사용기준금액에 미달하게 사용하여 "1. 전년도 운용소득을 해당 사업연도까지 직접공익목적사업에 사용한 실적"의 "⑥과부족액"란이 음수(-)["⑦해당 사업연도"와 "⑫5년간의 평균"이 모두 음수(-)]인 경우 작성하며, 이 금액은 "⑦해당 사업연도" 과부족액(-)의 절대값과 "⑫5년간의 평균" 과부족액(-)의 절대값 중 작은 금액을 적습니다.
   자. "㉕운용소득 미달사용가산세"란은 「상속세 및 증여세법」 제78조제9항에 따라 미달하여 사용한 운용소득의 100분의 10에 상당하는 가산세를 적습니다.
3. 해당 사업연도 운용소득 지출명세서
   가. 1년 내 사용실적 중 해당 사업연도 지출명세
   "⑤1년 내 사용실적"의 "⑦해당 사업연도"란의 금액 중 이 작성방법란 제1호라목1)부터 3)까지를 합한 금액에 대해 지출명세를 작성합니다.
      1) 수혜자(수혜단체)에게 지출하는 경우
         가) "㉘(대표)지급처명(성명/상호)"란은 해당 사업연도에 수혜 받은 금액이 100만원 이상인 수혜자와 수혜단체의 경우 개별 수혜자(수혜단체)의 성명(수혜단체명)을 적고, 해당 사업연도에 수혜 받은 금액이 100만원 미만인 수혜자와 수혜단체의 경우 지출금액이 가장 큰 대표적인 수혜자의 성명(수혜단체명)을 적고 지출목적별로 합산하여 작성할 수 있습니다.
         나) "㉚지출목적"란은 해당 사업연도에 운용소득을 지출한 목적을 다음 예시와 같이 작성합니다.
         예) ①미래인재개발 장학금, ②사회취약계층 자녀돌봄 및 학업지원, ③노인요양시설 의료지원 및 의약품 제공
         다) "㉛지출액"은 해당 사업연도에 수혜자(수혜단체)에 지출한 금액을 적습니다.
      2) 자산 취득에 지출하는 경우
         가) "㉘(대표)지급처명(성명/상호)"란은 해당 사업연도에 취득한 자산가액이 100만원 이상인 경우 자산별로 자산명을 적고, 취득가액이 100만원 미만인 경우 자산구분별(금융자산, 부동산, 미술품 등)로 합산하여 작성할 수 있습니다.
         나) "㉚지출목적"란은 해당 사업연도에 운용소득을 지출한 목적을 다음 표와 같이 구분하여 적습니다.

구분	자산 취득				
	금융자산*	부동산	미술품	기계장치	기타

         * 금융자산은 현금 및 현금성자산(보통예금, 당좌예금, 취득 시 만기가 3개월인 금융상품 등)을 제외한 정기예금, 정기적금, 펀드상품, 저축성 보험상품 등의 금융상품 및 국채, 회사채, 주식 및 출자지분 등 유가증권을 취득한 경우 적습니다.
         다) "㉛지출액"은 해당 사업연도에 자산취득에 지출한 금액을 적습니다.
      3) 운영경비에 지출하는 경우
         가) "㉘(대표)지급처명(성명/상호)"란은 해당 사업연도에 지급목적별로 합산하여 작성할 수 있습니다.
         나) "㉚지출목적"란은 해당 사업연도에 운용소득을 지출한 목적을 다음 표와 같이 구분하여 적습니다.

구분	각종 경비 지출									
	인건비	임차료	회의비	모금비용	연구비	세금 · 공과금	소모품비	지급수수료	수선비	기타

         다) "㉛지출액"은 사업연도 기간 동안 각종 경비로 지출한 금액을 적습니다.
   나. 해당 사업연도 중 고유목적사업비 지출명세
   "⑮해당 사업연도 중 고유목적사업비로 지출된 금액으로서 손금에 산입된 금액"란의 지출명세를 가목1)부터 3)까지에 따라 작성합니다.

■ 상속세 및 증여세법 시행규칙 [별지 제26호 서식] (2023.3.20. 개정)

주식(출자지분) 보유명세서

※ 뒤쪽의 작성방법을 읽고 작성하여 주시기 바랍니다. (앞쪽)

①법인명		②사업연도	

주식발행법인				공익법인 보유주식							
③ 법인명	④ 사업자 등록번호	⑤ 총발행 주식수	⑥ 계열 법인 여부	⑦ 주식수	⑧ 지분율	⑨ 취득 구분	⑩ 취득일	⑪ 취득 가액	⑫ 장부 가액	⑬ 의결권 여부

210mm×297mm[백상지 80g/㎡]

작 성 방 법

1. 공익법인이 보유하고 있는 주식 중 기업집단에 속하는 계열법인과 그 밖의 법인을 구분하여 따로 적고(⑥계열법인 여부란에 1. 여, 2. 부로 적습니다), 동일한 내국법인의 의결권 있는 주식과 의결권 없는 주식을 동시에 보유하고 있는 경우에는 각각 구분하여 적습니다(⑬의결권 여부란에 1. 여, 2. 부로 적습니다).

2. ③법인명란에는 보유하고 있는 주식의 발행법인의 회사명을 적고, ④사업자등록번호란에는 주식발행법인의 사업자등록번호를 적습니다.

3. ⑤총발행주식수란은 보유하고 있는 주식의 발행회사가 발행한 총주식수를 적습니다.

4. ⑧지분율란은 다음 계산식에 따른 비율을 적습니다.

$$\frac{⑦\text{주식수}}{⑤\text{총발행주식수}} \times 100$$

5. ⑨취득구분란은 출연 · 매입 · 유상증자 · 기타로 구분하여 적습니다.

6. ⑩취득일란에는 주식을 취득한 연월일을 적습니다.

7. ⑪취득가액은 「법인세법 시행령」 제74조제1항제1호마목에 따라 평가한 가액을 적습니다.

8. ⑫장부가액란은 재무상태표의 가액을 적습니다.

210mm×297mm[백상지 80g/㎡]

■ 상속세 및 증여세법 시행규칙 [별지 제26호의 2 서식] 〈개정 2023.3.20.〉

이사 등 선임명세서

※ 뒤쪽의 작성방법을 읽고 작성하여 주시기 바랍니다. (앞쪽)

공익법인등 명칭		사업연도	

1. 이사 등 선임명세

이사 등 인적사항		③ 선임일	④ 해임일	⑤ 상임, 비상임 구분	⑥ 출연자와의 관계	⑦ 출연법인과의 관계	⑧ 다른 이사와의 관계	⑨ 직전3년(5년)계열 기업 임원 근무여부	⑩ 초과 여부	⑪ 구분
① 성명	② 주민등록 번호									

2. 기준초과 이사 및 임·직원에 대한 경비 명세

⑫ 성명	⑬ 주민등록 번호	⑭ 직책	⑮ 취임·근무일	해당연도 경비 명세						㉒ 구분
				⑯ 급료	⑰ 판공비	⑱ 차량 유지비	⑲ 비서실 운영비	⑳ 그 밖의 경비	㉑ 합계	

210mm×297mm[백상지 80g/㎡ 또는 중질지 80g/㎡]

(뒤쪽)

작 성 방 법

1. 이사 등 선임명세(①~⑪)란에는 공익법인의 전체 이사 및 임원의 명세를 적습니다.
   가. "⑥출연자와의 관계" 및 "⑦출연법인과의 관계"란에는 이사 등의 구성원이 출연자, 출연법인, 다른 이사와 「상속세 및 증여세법 시행령」 제2조의2에 따른 특수관계가 있는 경우 아래의 표를 참고하여 해당 코드를 적습니다.

코드	특수관계 설명
0	본인
1	친족*, 직계비속의 배우자의 2촌 이내의 혈족과 그 배우자 *「국세기본법 시행령」 제1조의2제1항 각 호의 어느 하나에 따른 관계에 있는 자를 말합니다.
2	사용인*(출자에 의해 지배하고 있는 법인의 사용인을 포함하며, 이하 같습니다)이나 사용인 외의 자로서 본인의 재산으로 생계를 유지하는 자 *「상속세 및 증여세법 시행령」 제2조의2제2항에 따른 임원, 상업사용인 및 그 밖에 고용계약 관계에 있는 자
3	다음의 어느 하나에 해당하는 자 (1) 본인이 개인인 경우 – 본인이 직접 또는 본인과 [코드1]에 해당하는 관계에 있는 자가 임원에 대한 임면권의 행사, 사업방침의 결정 등을 통하여 그 경영에 대해 사실상의 영향력을 행사하고 있는 「상속세 및 증여세법 시행규칙」 제2조제1항에 따른 기업집단의 소속기업(해당 기업의 임원*과 퇴직임원**을 포함합니다) *「법인세법 시행령」 제40조제1항에 따른 임원 ** 퇴직 후 3년(해당 기업이 「독점규제 및 공정거래에 관한 법률」 제31조제1항 전단에 따른 공시대상기업집단에 소속된 경우는 5년)이 지나지 않은 사람 (2) 본인이 법인인 경우 – 본인이 속한 「상속세 및 증여세법 시행규칙」 제2조제1항에 따른 기업집단의 소속기업(해당 기업의 임원과 퇴직임원 포함)과 해당 기업의 임원에 대한 임면권의 행사·사업방침의 결정 등을 통하여 그 경영에 관하여 사실상의 영향력을 행사하고 있는 자 및 그와 [코드1]에 해당하는 관계에 있는 자
4	본인, [코드1]부터 [코드3]까지의 자 또는 본인과 [코드1]부터 [코드3]까지의 자가 공동으로 재산을 출연하여 설립하거나 이사의 과반수를 차지하는 비영리법인
5	[코드3]에 해당하는 기업의 임원 또는 퇴직임원이 이사장인 비영리법인
6	본인, [코드1]~[코드5]의 자 또는 본인과 [코드1]~[코드5]의 자가 공동으로 발행주식총수 등의 30% 이상을 출자하고 있는 법인
7	본인, [코드1]~[코드6]의 자 또는 본인과 [코드1]~[코드6]의 자가 공동으로 발행주식총수 등의 50% 이상을 출자하고 있는 법인
8	본인, [코드1]~[코드7]의 자 또는 본인과 [코드1]~[코드7]의 자가 공동으로 재산을 출연하여 설립하거나 이사의 과반수를 차지하는 비영리법인
9	해당없음

   나. "⑨직전 3년(5년) 계열기업 임원 근무여부"란은 특수관계가 있는 기업집단 소속기업의 임원으로 퇴직 후 3년(해당 기업이 「독점규제 및 공정거래에 관한 법률」 제31조에 따른 공시대상기업집단에 소속된 경우는 5년) 이내인 경우 "여"로 적으며, 그 외의 경우에는 "부"로 적습니다.
   다. "⑪구분"란에는 이사와 임원을 구분하여 적습니다. 이사와 임원을 겸직하는 경우 이사로 적습니다.
2. 기준초과 이사 및 임직원에 대한 경비 명세는 다음과 같이 적습니다.
   가. 출연자[재산출연일 현재 해당 공익법인등의 총출연재산가액의 100분의 1에 상당하는 금액과 2천만원 중 적은 금액을 초과하여 출연한 자(「상속세 및 증여세법 시행령」 제38조제10항)] 또는 그의 특수관계인이 이사 현원(이사 현원이 5명에 미달하는 경우에는 5명으로 봅니다)의 5분의 1을 초과하여 이사가 되는 경우에 그 초과한 이사에 대한 직접·간접 경비 명세를 적습니다.
   ※ 이사의 취임시기가 다른 경우에는 지출경비가 많은 이사부터, 경비가 동일한 경우에는 늦게 취임한 이사부터 그 명세를 적습니다.
   나. 임원·직원이 출연자 또는 그의 특수관계인에 해당되는 경우(「상속세 및 증여세법 시행령」 제80조제10항에 따른 의사·교직원 등의 경우는 제외합니다)에는 그 해당 임원·직원의 경비 명세를 적습니다.
   다. "㉒구분"란에는 이사·임원·직원을 구분하여 적습니다. 이사와 임원을 겸직하는 경우 이사로 적습니다.

210mm×297mm[백상지 80g/㎡ 또는 중질지 80g/㎡]

[별지 제26호의 3 서식] (2020.3.13. 개정)

특정기업광고 등 명세서

<table>
<tr><td colspan="2">공익법인명</td><td colspan="3"></td><td colspan="2">사업연도</td><td colspan="3"></td></tr>
<tr><td colspan="3">특정기업
(특수관계에 있는 내국법인)</td><td rowspan="3">④
특정기업
소유주식수</td><td colspan="5">광고·홍보행위 관련비용</td><td rowspan="3">⑩
비고</td></tr>
<tr><td rowspan="2">①
법인명</td><td rowspan="2">②
소재지</td><td rowspan="2">③사업자
등록번호</td><td rowspan="2">⑤
계정
과목</td><td rowspan="2">⑥
행위
내용</td><td colspan="2">지출처</td><td rowspan="2">⑨
지출
금액</td></tr>
<tr><td>⑦
사업자
등록번호</td><td>⑧
지출
처명</td></tr>
<tr><td></td><td></td><td></td><td></td><td></td><td></td><td></td><td></td><td></td><td></td></tr>
<tr><td></td><td></td><td></td><td></td><td></td><td></td><td></td><td></td><td></td><td></td></tr>
<tr><td></td><td></td><td></td><td></td><td></td><td></td><td></td><td></td><td></td><td></td></tr>
<tr><td></td><td></td><td></td><td></td><td></td><td></td><td></td><td></td><td></td><td></td></tr>
<tr><td></td><td></td><td></td><td></td><td></td><td></td><td></td><td></td><td></td><td></td></tr>
<tr><td></td><td></td><td></td><td></td><td></td><td></td><td></td><td></td><td></td><td></td></tr>
<tr><td></td><td></td><td></td><td></td><td></td><td></td><td></td><td></td><td></td><td></td></tr>
<tr><td></td><td></td><td></td><td></td><td></td><td></td><td></td><td></td><td></td><td></td></tr>
<tr><td></td><td></td><td></td><td></td><td></td><td></td><td></td><td></td><td></td><td></td></tr>
<tr><td></td><td></td><td></td><td></td><td></td><td></td><td></td><td></td><td></td><td></td></tr>
</table>

작 성 방 법

1. 이 서식은 공익법인이 「상속세 및 증여세법 시행령」 제38조 제13항에 따른 특수관계에 있는 내국법인의 이익을 증가시키기 위하여 정당한 대가를 받지 아니하고 광고·홍보를 한 경우에 작성합니다.
2. ④특정기업 소유주식수란에는 공익법인이 보유하고 있는 특정기업의 주식수를 적습니다.
3. 광고·홍보를 위하여 지출한 비용(⑤~⑨)란은 계정과목의 분류에도 불구하고 실제로 지출된 내역을 적되, ⑥행위내용란에는 다음의 코드에 따라 1·2로 구분하여 적습니다.

코드	행위내용
1	신문, 잡지, 텔레비전, 라디오, 인터넷 또는 전자광고판을 이용하여 특정기업을 위하여 홍보하거나 내국법인의 특정상품에 관한 정보를 제공하는 행위. 다만, 내국법인의 명칭만을 사용하는 홍보는 제외합니다.
2	팜플렛, 입장권 등에 내국법인의 명칭을 사용하거나 내국법인의 특정상품에 관한 정보를 제공하는 행위. 다만, 내국법인의 명칭만을 사용하는 홍보는 제외합니다.

210mm×297mm[백상지 80g/㎡]

부록 4

외부전문가 세무확인서

구분	내용	
대상 법인	자산총액이 5억원 이상이거나 수입금액과 출연받은 재산가액의 합계액이 3억원 이상인 공익법인	
제출제외	- 자산총액이 5억원 미만이면서 수입금액과 출연받은 재산가액의 합계액이 3억원 미만인 공익법인 - 불특정다수인으로부터 출연받은 공익법인(출연자등이 5% 미만 출연) - 국가 · 지방자치단체가 출연 · 설립한 공익법인으로서 감사원의 회계검사를 받는 공익법인(회계검사를 받는 연도분에 한함)	
제출 대상 서류	1. 공익법인 등의 세무확인서	별지 제32호
	2. 공익법인 등의 세무확인 결과 집계표	별지 제32호 부표1
	3. 출연자 등 특수관계인 사용수익명세서	별지 제32호 부표2
	4. 수혜자 선정 부적정명세서	별지 제32호 부표3
	5. 재산의 운용 및 수익사업내역 부적정명세서	별지 제32호 부표4
	6. 장부의 작성 · 비치 의무 불이행 등 명세서	별지 제32호 부표5
	7. 보유부동산 명세서	별지 제32호 부표6
	- 주무관청에 제출한 결산서류가 있는 경우 함께 제출(서면제출) - 공익법인 출연재산 등에 대한 보고서와 함께 추가적으로 제출	
제출 기한	사업연도 종료일부터 4개월 이내 (단, 신고기한이 공휴일, 토요일인 경우 그 다음을 기한으로 함)	
제출 방법	홈택스서비스(www.hometax.go.kr) 로그인 → 신고/납부 → 공익법인 보고서 제출 → 공익법인 보고서 작성하기	

■ 상속세 및 증여세법 시행규칙 [별지 제32호 서식] (2012.2.28. 신설)

공익법인 등의 세무확인서

※ 뒤쪽의 작성방법을 읽고 작성하여 주시기 바랍니다. (앞 쪽)

①사업자등록번호		②법 인 명	
③대 표 자 성 명		④전 화 번 호	
⑤소 재 지		⑥사 업 목 적	
⑦사 업 연 도		⑧설 립 근 거 법	

1. 자산보유현황

구 분		금 액
⑨총 자 산 가 액		
자 산 종류별	⑩ 토 지	
	⑪ 건 물	
	⑫ 예 · 적금등 금융자산	
	⑬ 주 식	
	⑭ 기 타	

2. 수입금액 현황

구 분		금 액
⑮총 수 입 금 액		
수 입 원천별	⑯ 금 융	
	⑰ 부동산	
	⑱ 기타 수익사업	
	⑲ 고유목적사업	

3. 세무확인결과

⑳위 반 금 액	㉑외부전문가 종합의견

4. 외부전문가의 인적사항

㉒구 분	㉓성 명	㉔사업자등록번호

「상속세 및 증여세법」 제50조 제2항 및 같은 법 시행령 제43조 제6항에 따라 보고합니다.

년 월 일

공익법인 대표자 성명 (서명 또는 인)

세무확인자 성명 (서명 또는 인)

세무확인자 성명 (서명 또는 인)

세무서장 귀하

제출서류	1. 공익법인 등의 세무확인 결과집계표(별지 제32호 서식 부표 1) 2. 출연자 등 특수관계인 사용수익명세서(별지 제32호 서식 부표 2) 3. 수혜자 선정 부적정 명세서(별지 제32호 서식 부표 3) 4. 재산의 운용 및 수익사업 부적정명세서(별지 제32호 서식 부표 4) 5. 장부의 작성 · 비치 의무불이행 등 명세서(별지 제32호 서식 부표 5) 6. 보유부동산 명세서(별지 제32호 서식 부표 6) 7. 공익법인 등의 결산서(재무상태표, 손익계산서 또는 수지계산서)	수수료 없 음

210mm×297mm[백상지 80g/㎡(재활용품)]

작 성 방 법

1. 자산보유현황
   가. ⑨란의 총자산가액은 외부전문가의 세무확인을 받는 세무확인 대상의 과세기간 또는 사업연도 종료일 현재 재무상태표상 총자산가액을 적습니다.
   나. ⑩란부터 ⑭란까지의 자산종류별 가액은 과세기간 또는 사업연도의 종료일 현재의 재무상태표상 해당 계정과목의 금액을 적습니다.

2. 수입금액 내역
   ⑮총수입금액란은 수익사업과 고유목적사업의 수입총액을 적습니다.

3. 세무확인결과
   가. ⑳란은 부표 1의 ⑯위반금액 합계액을 적습니다.
   나. ㉑란은 세무확인 결과에 대한 외부전문가의 종합검토의견을 간략히 적습니다.

4. 외부전문가의 인적사항
   가. ㉒란의 구분은 외부전문가의 직업인 변호사 · 공인회계사 · 세무사 또는 법무법인 · 회계법인 · 세무법인 및 합동사무소 등 소속법인명을 적습니다.
   나. ㉔란의 사업자등록번호는 외부전문가의 사업자등록번호(법인소속 등의 경우 해당법인 또는 합동사무소 등의 사업자등록번호)를 적습니다.
   다. 외부전문가가 4명을 초과하는 경우에는 외부전문가의 인적사항을 별지로 적습니다.

■ 상속세 및 증여세법 시행규칙 [별지 제32호 서식 부표 1] (2012.2.28. 신설)

공익법인 등의 세무확인 결과 집계표

사업연도		공익법인명		사업자등록번호	

(단위 : 원)

구분	세 무 확 인 항 목	적정여부 ⑮	위반금액 ⑯
	① 합 계		
출연재산 보고 등	②공익법인 출연재산 등에 대한 보고서 [별지 제23호 서식]		
	③출연재산 · 운용소득 · 매각대금의 사용계획 및 진도내역서 [별지 제24호 서식]		
	④출연받은 재산의 사용명세서 [별지 제25호의 2 서식]		
	⑤재산 매각대금 사용명세서 [별지 제25호의 3 서식]		
	⑥운용소득의 직접공익목적사업 사용명세서 [별지 제25호의 4 서식]		
	⑦주식(출자지분) 보유명세서 [별지 제26호 서식]		
	⑧이사 등 선임명세서 [별지 제26호의 2 서식]		
	⑨특정기업을 위한 광고 등 명세서 [별지 제26호의 3 서식]		
외부 전문가의 세무확인	⑩출연자 등 특수관계인 사용수익 명세서 [별지 제32호 서식 부표 2]		
	⑪수혜자 선정 부적정 명세서 [별지 제32호 서식 부표 3]		
	⑫재산의 운용 및 수익사업 내역 부적정 명세서 [별지 제32호 서식 부표 4]		
	⑬장부의 작성 · 비치 의무 불이행 명세서 [별지 제32호 서식 부표 5]		
	⑭보유부동산 명세서 [별지 제32호 서식 부표 6]		

세무확인자 성명 (서명 또는 인)
성명 (서명 또는 인)

작 성 방 법

가. ⑮란은 공익법인 제출서류의 관련 법 규정에 대한 위반 여부 등 세무확인 결과를 적습니다.
나. ⑯란은 「상속세 및 증여세법」 제48조에 따라 증여세가 과세되거나 가산세가 부과되는 사유에 해당하거나 같은 법 제51조를 위반한 경우 해당 출연재산의 가액 또는 운용소득금액 및 지출비용 등을 적습니다.

210mm×297mm[백상지 80g/㎡ 또는 중질지 80g/㎡]

■ 상속세 및 증여세법 시행규칙[별지 제32호 서식 부표 2] 〈신설 2012.2.28.〉

출연자 등 특수관계인 사용수익명세서

※ 뒤쪽의 작성방법을 읽고 작성하여 주시기 바랍니다.

(앞 쪽)

사업연도		법인명		사업자등록번호	

(단위 : 원, ㎡)

사용수익재산						사용수익의 귀속자			⑩ 정상 대가	⑪ 사용 대가	⑫ 사용 수익금액 (⑩-⑪)	⑬ 비고
① 재산 종류	② 출연(취득) 일자	③ 출연자	④ 소재지	⑤ 수량 (면적)	⑥ 가액	⑦ 성명	⑧ 주민등록번호 (사업자등록번호)	⑨ 출연자 등과의 관계				
합계												

364㎜×257㎜[백상지 80g/㎡또는 중질지 80g/㎡]

(뒤 쪽)

작성방법
※ 작성대상 「상속세 및 증여세법」 제48조 제3항에 따라 출연받은 재산 등을 출연자 및 그 친족 등에게 임대차 · 소비대차 및 사용대차 등의 방법으로 사용 · 수익하게 한 재산을 적습니다. 1. ⑥사용수익재산 가액란은 해당 재산에 대하여 「상속세 및 증여세법」 제4장의 규정에 따라 평가한 가액을 적습니다. 2. ⑨출연자등과의 관계란은 해당 공익법인 또는 출연자와의 관계를 적습니다. 3. ⑫사용수익금액란은 ⑩란의 정상대가에서 ⑪란의 실제 사용대가를 차감한 금액을 적습니다. 4. ⑬비고란은 「상속세 및 증여세법 시행령」 제39조 제2항에 따른 과세제외 사유를 적습니다.

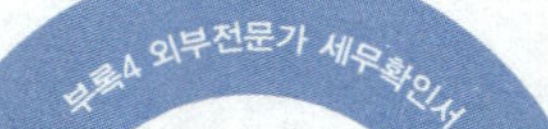

■ 상속세 및 증여세법 시행규칙 [별지 제32호 서식 부표 3] 〈신설 2012.2.28.〉

수혜자 선정 부적정명세서

※ 뒤쪽의 작성방법을 읽고 작성하여 주시기 바랍니다. (앞 쪽)

사업연도		법인명		사업자등록번호	

(단위 : 원, ㎡)

공익목적사업의 사용재산				수혜자의 인적사항					⑩ 출연자등과의 관계
① 재산 종류	② 소재지	③ 수량 (면적)	④ 가액	⑤ 성명	⑥ 직업 (근무처)	⑦ 직위	⑧ 주소	⑨ 주민등록번호 (사업자등록번호)	
합계									

364㎜×257㎜[백상지 80g/㎡또는 중질지 80g/㎡]

(뒤 쪽)

작 성 방 법

※ 작성대상

「상속세 및 증여세법 시행규칙」 제14조 제1항 제3호에 따른 수혜자 선정이 부적정한 경우를 적습니다.

1. ④가액란은 부적정한 수혜자 선정으로 제공된 재산 또는 경제적이익 등 수혜금액을 적습니다.

2. ⑩출연자등과의 관계란은 「상속세 및 증여세법」 제48조 제3항 및 같은 법 시행령 제39조 제1항에 따른 공익법인과 출연자등과의 관계를 적습니다.

   * 친족의 범위는 「국세기본법 시행령」 제1조의 2 제1항 각 호에 해당하는 사람을 말합니다.

■ 상속세 및 증여세법 시행규칙 [별지 제32호 서식 부표 4] 〈신설 2012.2.28.〉

재산의 운용 및 수익사업내역 부적정명세서

※ 뒤쪽의 작성방법을 읽고 작성하여 주시기 바랍니다. (앞 쪽)

사업연도		법인명		사업자등록번호	

(단위 : 원, ㎡)

출연재산				운용현황					⑩ 적요
① 재산 종류	② 소재지	③ 수량 (면적)	④ 출연재산가액	⑤ 구분	⑥ 수익금액	⑦ 적정수익금액	오류 및 탈루금액		
							⑧ 유형	⑨ 금액	
합계									

364㎜×257㎜[백상지 80g/㎡또는 중질지 80g/㎡]

(뒤 쪽)

작성방법

※ 작성대상

「상속세 및 증여세법 시행규칙」 제14조 제1항 제1호에 따라 해당 공익법인등이 출연받은 재산을 운용 및 수익사업의 내역상 운용・수익사업소득에 대한 탈루사항 등을 적습니다.

* 다만, 「법인세법 시행령」 제97조 및 「소득세법 시행령」 제131조에 따라 세무사가 조정계산서를 작성하여 해당 수익사업에 대한 신고를 한 것과, 출연받은 재산 등을 출연자 등 특수관계인이 임대차 등 사용・수익으로 그들에게 귀속되는 경제적이익 상당액을 별지 제32호 서식 부표 2에 따라 작성한 것은 제외합니다.

1. ⑦적정수익금액란은 정상적인 사인간의 거래, 건전한 사회통념상 인정되는 시가를 적습니다.

2. ⑧유형란은 수익금액의 오류 또는 탈루유형을 적습니다.
   (예) 수입이자누락, 매출누락 등

3. ⑨금액란은 누락된 수익금액 및 ⑦란의 적정수익금액과 실제 수익금액의 차액을 적습니다.

4. ⑩적요란은 해당 재산의 운용 및 수익사업소득의 부적정한 내용을 간략히 적습니다.
   (예) −출연재산을 현저히 저렴한 가액으로 매각한 경우 그 내용 등
   −무수익자산의 취득 등 수익사업 운용상의 부적정한 내용 등

364㎜×257㎜[백상지 80g/㎡또는 중질지 80g/㎡]

■ 상속세 및 증여세법 시행규칙 [별지 제32호 서식 부표 5] (2012.2.28. 신설)

장부의 작성 · 비치 의무 불이행 등 명세서

※ 뒤쪽의 작성방법을 읽고 작성하여 주시기 바랍니다. (앞 쪽)

사업연도		공익법인명		사업자등록번호	

1. 장부의 작성 · 비치의무 불이행 내역

① 구 분		②해당 과세기간의 수입금액 및 출연재산금액	③ 작성 · 비치 의무 불이행 장부 등	④ 비 고
공익목적 사 업				
수 익 사 업 명				

2. 출연재산 명세 보고 등 불이행 내역

⑤ 구 분	⑥ 제 출 여 부	⑦ 미제출분에 상당하는 재산가액	⑧ 누락 또는 오류 분에 상당하는 재산가액
공익법인 출연재산 등에 대한 보고서 [별지 제23호 서식]			
출연재산 · 운용소득 · 매각대금의 사용계획 및 진도내역서 [별지 제24호 서식]			
출연받은 재산의 사용명세서 [별지 제25호의 2 서식]			
재산매각대금 사용명세서 [별지 제25호의 3 서식]			
운용소득의 직접공익목적사업 사용명세서 [별지 제25호의 4 서식]			
주식(출자지분)보유 명세서 [별지 제26호 서식]			
이사 등 선임명세서 [별지 제26호의 2 서식]			
특정기업광고 등 명세서 [별지 제26호의 3 서식]			

210mm×297mm[백상지 80g/㎡ 또는 중질지 80g/㎡]

작성방법

1. 장부의 작성 · 비치의무 불이행 내역
※ 작성대상
「상속세 및 증여세법」 제51조에 따라 공익법인등의 출연받은 재산 및 공익사업의 운용내역, 수익사업에 대한 장부와 중요한 증빙서류의 작성 · 비치의무를 이행하지 아니한 것에 대하여 적습니다.
* 다만, 「법인세법 시행령」 제97조 및 「소득세법 시행령」 제131조에 따라 세무사가 조정계산서를 작성하여 해당 수익사업에 대한 신고를 한 것은 제외합니다.

가. ①공익목적사업 및 수익사업명란은 해당 공익법인의 공익목적사업과 수익사업의 명칭을 적습니다.
나. ②해당 과세기간의 수입금액 및 출연재산금액란은 장부의 작성 · 비치 의무를 불이행한 금액을 적습니다.
다. ③작성 · 비치의무 불이행 장부 등란은 해당 공익목적사업 및 수익사업과 관련하여 작성 · 비치해야 할 복식부기형식의 장부로서 의무를 불이행한 주요 장부 또는 장부와 관련된 중요한 증명서류를 적습니다.

2. 출연재산 명세 보고 등 불이행 내역
※ 작성대상
「상속세 및 증여세법」 제48조 제5항 및 같은 법 시행령 제41조 제1항에 따라 납세지 관할세무서장에게 제출하여야 할 출연 재산명세 등의 이행여부에 대한 사항을 적습니다.

■ 상속세 및 증여세법 시행규칙 [별지 제32호 서식 부표 6] 〈신설 2012.2.28.〉

보 유 부 동 산 명 세 서

사업연도		법인명		사업자등록번호	

재산 종류	출연일자 (취득일자)	소　재　지	수 량 (면적)	장부가액	재산 종류	출연일자 (취득일자)	소　재　지	수 량 (면적)	장부가액
					합　　계				

364㎜×257㎜[백상지 80g/㎡또는 중질지 80g/㎡]

부록 5 공익법인 결산서류 등의 공시 표준서식

구분	내용	
대상 법인	모든 공익법인 (단, 해당 사업연도의 자산총액이 5억원 미만이면서 수입금액과 출연받은 재산의 합계액이 3억원 미만인 공익법인은 간편서식으로 공시할 수 있음)	
제출제외	종교단체	
제출 대상 서류	1. 공익법인 결산서류 등의 공시	별지 제31호
	2. 기부금품의 수입 및 지출 명세서	별지 제31호 부표1
	3. 주식 등의 출연취득보유 및 처분 명세서	별지 제31호 부표2
	4. 출연자 및 이사 등 주요 구성원 현황 명세서	별지 제31호 부표3
	5. 출연받은 재산의 공익목적사용 현황(외감대상 공익법인에 한함)	별지 제31호 부표4
	6. 운용소득 사용명세서	별지 제31호 부표5
	7. 재무제표	
	8. 외부감사보고서(외감대상 공익법인에 한함)	
제출 기한	사업연도 종료일부터 4개월 이내 (단, 신고기한이 공휴일, 토요일인 경우 그 다음을 기한으로 함)	
제출 방법	홈택스서비스(www.hometax.go.kr) 로그인 → 세금종류별 서비스 → 공익법인 공시 → 공익법인 결산서류 등 공시	

■ 상속세 및 증여세법 시행규칙 [별지 제31호 서식] (2023.3.20. 개정)

공익법인 결산서류 등의 공시_표준서식

※ 뒤쪽의 작성방법을 읽고 작성해 주시기 바랍니다.
※ [ ]에는 해당하는 곳에 √표를 합니다. (7쪽 중 제1쪽)

1. 기본사항

사업연도(과세기간): 년 월 일 ~ 년 월 일		[ ] 정기공시 [ ] 해산공시	
① 공익법인등 명칭		②사업자등록번호(고유번호)	
③대표자		④설립연월일	
⑤소재지		⑥전화번호/팩스	/
⑦홈페이지 주소		⑧전자우편주소	
⑨주무관청		⑩기부금 유형	[ ]특례기부금 [ ]일반기부금 [ ]기타
⑪설립근거법			
⑫설립유형	[ ]재단법인 [ ]사단법인 [ ]법인으로 보는 단체 [ ]공공기관 [ ]기타		
⑬공익사업유형			
⑭설립주체	[ ]개인 [ ]기업 [ ]개인 · 기업 [ ]국가 [ ]지방자치단체 [ ]기타		
⑮이사 수	명	⑯ 자원봉사자 연인원 수	명
⑰고용직원 수	명		

2. 재무현황

(단위: 원)

구분	⑱총자산가액	⑲부채	⑳순자산			
			㉑소계	㉒기본순자산	㉓보통순자산	㉔순자산조정
ⓐ 총계 (ⓐ=ⓑ+ⓒ)						
ⓑ 공익목적사업						
ⓒ 기타사업						

3. 자산현황

(단위: 원)

구분	㉕총자산가액	㉖토지	㉗건물	㉘주식 및 출자지분	㉙금융자산	㉚기타자산
ⓐ 총계 (ⓐ=ⓑ+ⓒ)						
ⓑ 공익목적사업						
ⓒ 기타사업						

4. 수익현황

(단위: 원)

구분	㉛총계	㉜사업수익					㊳사업외 수익	㊴고유목적 사업준비금 환입액
		㉝소계	㉞기부금	㉟보조금	㊱회비 수익	㊲기타		
ⓐ 총계 (ⓐ=ⓑ+ⓒ)								
ⓑ 공익목적사업								
ⓒ 기타사업			■	■	■			

5. 비용현황

(단위: 원)

구분	㊵총계	㊶사업비용					㊼사업외 비용 등 기타	㊽고유목적 사업준비금 전입액
		㊷소계	㊸사업 수행비용	㊹일반 관리비용	㊺모금 비용	㊻기타		
ⓐ 총계(ⓐ=ⓑ+ⓒ)								
ⓑ 공익목적사업						■		
ⓒ 기타사업			■	■	■			

6. 세무확인과 회계감사

㊾복식부기 여부	[ ]여 [ ]부	㊿적용회계기준	
51세무확인 여부	[ ]여 [ ]부	52외부 회계감사 여부	[ ]여 [ ]부
53외부 회계감사인		54외부 회계감사 의견	

210mm×297mm[백상지 80g/㎡ 또는 중질지 80g/㎡]

7. 확인란

본인은 본 결산서와 결산서에 첨부된 명세 및 보고서들을 검토했으며, 해당 정보를 진실하고 성실하게 작성했음을 확인합니다.

대표자 : 확인일자 :

「상속세 및 증여세법」 제50조의3제1항 · 제4항 및 같은 법 시행령 제43조의5에 따라 공익법인등의 결산서류 등을 공시합니다.

년 월 일

법인명

제출 서류	1. 「상속세 및 증여세법 시행규칙」 별지 제31호서식 부표 1에 따른 기부금품의 수입 및 지출 명세서 2. 「상속세 및 증여세법 시행규칙」 별지 제31호서식 부표 2에 따른 주식 등의 출연 · 취득 · 보유 및 처분 명세서 3. 「상속세 및 증여세법 시행규칙」 별지 제31호서식 부표 3에 따른 출연자 및 이사 등 주요 구성원 현황 명세서 4. 「상속세 및 증여세법 시행규칙」 별지 제31호서식 부표 4에 따른 출연받은 재산의 공익목적 사용 현황 5. 「상속세 및 증여세법 시행규칙」 별지 제31호서식 부표 5에 따른 운용소득 사용명세서 6. 공익법인등의 재무제표 7. 감사보고서(「상속세 및 증여세법」 제50조제3항에 따른 회계감사 대상 공익법인의 경우만 해당합니다)	수수료 없음

210mm×297mm[백상지 80g/㎡ 또는 중질지 80g/㎡]

작성방법

* 이 서식은 모든 공익법인등(종교사업을 영위하는 공익법인등은 제외합니다)이 작성하는 서식입니다.
* 이 서식을 작성할 때에는 통합 재무상태표와 운영성과표 작성을 위한 내부거래를 제외한 금액을 적습니다.

1. 기본사항

가. 해산(등기)일이 속하는 사업연도(과세기간)에 대하여 공시하는 경우 "해산공시"에, 그 외의 경우 "정기공시"에 √표를 합니다.

나. "⑨주무관청"란은 비영리법인의 설립을 허가한 주무관청 명칭을 적고, 주무관청으로부터 공익법인등을 관리, 감독 권한을 위임 받은 기관이 있는 경우에는 위임받은 기관의 명칭을 괄호에 기록합니다.
(예시) 교육청의 관리 감독을 받는 장학재단인 경우 교육부(교육청), 서울특별시의 관리 감독을 받는 종교법인의 경우 문화체육관광부(서울특별시장), 주무관청이 없는 단체의 경우 관할세무서를 주무관청으로 기록합니다.

다. "⑩기부금 유형"란은 해당 공익법인이 사립학교, 국립대학병원 등 「법인세법」 제24조제2항제1호 또는 「소득세법」 제34조제2항제1호에 따른 기부금 대상인 경우 "특례기부금"에, 사회복지 · 문화 · 교육 · 종교 등「법인세법」 제24조제3항제1호 또는 「소득세법」 제34조제3항제1호에 따른 기부금 대상인 경우 "일반기부금"에, 그 밖의 경우 "기타"에 √표를 합니다.

라. "⑪설립근거법"란은 다음 중에서 해당하는 법률 등을 선택하여 모두 적습니다.

1) 「민법」, 2) 「공익법인의 설립 · 운영에 관한 법률」, 3) 「사회복지사업법」, 4) 「사립학교법」, 5) 「의료법」, 6) 「협동조합 기본법」, 7) 그 밖의 법률, 8) 해당 없음

마. "⑫설립유형"란은 해당되는 단체유형에 √표를 합니다.
- 「민법」이나 「공익법인의 설립 · 운영에 관한 법률」에 따라 설립된 재단법인이나 사단법인인 경우에는 각각 해당란에 √표를 합니다.
- 「국세기본법」 제13조에 따른 법인으로 보는 단체는 "법인으로 보는 단체"에 √표를 합니다.
- 「공공기관 운영에 관한 법률」에 따른 공공기관인 경우에는 공공기관에 √표를 합니다.
- 위에 해당하지 않는 공익법인등은 기타에 √표를 합니다.

바. "⑬공익사업유형"란은 1) 교육, 2) 학술 · 장학, 3) 사회복지, 4) 의료, 5) 예술 · 문화, 6) 종교, 7) 그 밖의 유형 중에서 하나를 선택하여 적습니다.

사. "⑭설립주체"란은 설립주체(기본재산 출연자)에 √표를 합니다.
※ 설립주체
- (개인) 개인 또는 가족이 설립한 단체, (기업) 기업이 설립한 단체,(개인 · 기업) 개인과 기업이 동일한 출연금으로 설립한 단체
- (국가) 국가(정부) 및 공공기관이 설립한 단체, (지방자치단체) 지방자치단체가 설립한 단체
- (기타) 그 밖의 주체가 설립한 단체
- 개인과 기업이 함께 출연하여 설립한 경우에는 개인출연금이 기업출연금보다 크면 "개인"을, 기업출연금이 개인출연금보다 크면 "기업"을 선택합니다.

아. "⑮이사 수"란은 사업연도말 현재 이사회 구성원(등기사항증명서상 이사)인 이사 수를 적습니다(법인이 아닌 단체는 정관의 요건을 충족한 이사 수를 적습니다).

자. "⑯자원봉사자 연인원 수"란은 자원봉사자 연인원을 적습니다.
(예) 1명의 자원봉사자가 365일 봉사활동을 수행했을 경우, 1*365=365명

차. "⑰고용직원 수"란은 공익법인등의 연평균 상시근로자 수(공익목적사업과 기타사업을 포함한 정규직 및 비정규직의 상시 인원을 합하며, 일용직은 제외합니다)를 적습니다.
※ 연 평균 상시근로자 수: (매월 말 상시 고용직원 수 합계 / 사업연도 월수)

2. 재무현황

"⑱총자산가액~㉔순자산조정"란은 사업연도(과세기간) 종료일 현재 「공익법인회계기준」에 따라 작성한 재무상태표상 총자산가액 및 부채, 순자산 가액을 공익목적사업과 기타사업으로 구분하여 적습니다.

※ "ⓑ 공익목적사업"은 공익법인등의 정관에 기재된 공익목적사업을 말합니다(예: 문화 · 예술 전시사업, 연주회 등 공익목적으로 하는 사업의 입장료 수익 등은 「법인세법」에 따른 수익사업이지만 공익목적사업부문으로 구분합니다).

※ "ⓒ 기타사업"은 공익법인등의 정관에 기재된 공익목적사업 외의 사업을 말합니다.

※ 공익목적사업 부문과 기타사업 부문 구분 시 참고사항 - 정관에 기재된 사업이어도 공익목적활동으로 볼 수 없는 사업은 기타사업부문으로 구분하며, 공익목적활동의 부수적으로 발생하는 사업이어도 기념품 판매, 카페 운영, 금융소득 창출을 위한 적극적인 금융자산 투자 등은 기타사업부문으로 구분합니다.

210mm×297mm[백상지 80g/㎡ 또는 중질지 80g/㎡]

작성방법

3. 자산현황
   가. "㉘주식 및 출자지분"란은 공익법인등이 보유한 주식(보통주, 우선주 포함)이나 출자지분의 재무상태표상 가액을 적습니다.
   나. "㉙금융자산"란은 공익법인등이 보유하고 있는 현금 및 현금성자산(보통예금, 당좌예금, 취득 시 만기가 3개월인 금융상품등)과 금융기관 등에 예치하고 있는 정기예금, 정기적금, 펀드상품, 저축성 보험상품 등 및 국채, 회사채 등 유가증권(㉘주식 및 출자지분은 제외합니다)의 재무상태표상 가액을 적습니다. 정기예금 등에서 발생한 미수이자는 금융자산란에서 제외합니다.
   다. "㉚기타자산"란은 공익법인등이 가지고 있는 매출채권, 미수이자, 미수임대료, 선급금 등 ㉖부터 ㉙까지에 해당하지 않는 자산을 적습니다.
4. 수익현황(해당 사업연도를 기준으로 작성합니다)
   공익법인등의 운영성과표(손익계산서)상 사업수익과 사업외수익, 고유목적사업준비금 환입액을 공익목적사업과 기타사업으로 구분하여 적습니다.
   가. "㉞기부금"란은 개인이나 단체 등으로부터 수령한 현금 및 현물 등의 기부금과 출연받은 재산가액의 합계를 공익목적사업에 적습니다.
   ※ 예) oo모금회로부터 수령한 지원금, 학교 설립자가 해당 사업연도에 출연한 재산금액
   나. "㉟보조금"란은 국가 및 지방자치단체 또는 공공기관 등과 같은 보조사업자로부터 받은 보조금을 공익목적사업에 적습니다. 공익사업과 관련 없이 받은 보조금(예 : 장애인 고용장려금, 장애인촉진 지원금 등)은 사업외수익에 적습니다.
   ※ 보조사업자 : 「보조금 관리에 관한 법률」에 따른 보조금의 교부대상이 되는 사무 또는 사업(보조사업)을 수행하는 자
   다. "㊱회비수익"란은 공익법인등이 회원을 대상으로 받는 회비를 적습니다. 회원을 대상으로 발생하지만 일반적인 매출(재화 · 용역 제공) 거래는 회비수익이 아닙니다. 회원으로부터 받는 회비이지만 납부에 따른 혜택이 없거나, 납부가 강제되지도 않고, 기부금영수증을 발급해주는 경우에는 명목상 회비일 뿐 기부금과 동일한 성격이므로 "㉞기부금"란에 적습니다.
   다. "㊲기타"란은 기부금, 보조금, 회비수익 외의 사업수익을 적습니다.
   라. "㊳사업외수익"란은 사업수익이 아닌 수익 또는 차익으로서 운영성과표(손익계산서)에 사업외수익으로 적는 유형 · 무형 자산처분이익, 유형 · 무형자산손상차손환입, 전기오류수정이익 등의 합계액을 적습니다.
   마. "㊴고유목적사업준비금 환입액"란은 「법인세법」에 따른 고유목적사업준비금이 「법인세법」에 따라 수익사업부문에서 고유목적사업부문에 전출되어 목적사업에 사용된 금액과 미사용되어 임의 환입된 금액을 합하여 적습니다.
   ※ 공익목적사업의 수익에 대한 세부현황은 제6쪽 "9. 공익목적사업의 수익 세부현황"에 적습니다.
   ※ 기타사업의 수익에 대한 세부현황은 제6쪽 "11. 기타사업의 손익 세부현황"에 적습니다.
5. 비용현황
   공익법인등의 운영성과표(손익계산서)상의 사업비용과 사업외비용, 고유목적사업준비금 전입액을 공익목적사업과 기타사업으로 구분하여 적습니다.
   가. "㊸사업수행비용"란은 공익법인등이 추구하는 본연의 임무나 목적을 달성하기 위해 수혜자, 고객, 회원 등에게 재화나 용역을 제공하는 활동에서 발생하는 비용(제6쪽 "10. 공익목적사업의 비용 세부현황"의 사업수행비용 총 합계)을 적습니다.
   나. "㊹일반관리비용"란은 공익법인등의 기획, 인사, 재무, 감독 등 모든 관리활동에서 발생하는 비용(제6쪽 "10. 공익목적사업의 비용 세부현황"의 일반관리비용 총 합계)을 적습니다.
   다. "㊺모금비용"란은 공익법인등의 모금 홍보, 모금 행사, 기부자 리스트 관리, 모금 고지서 발송 등의 모금 활동에서 발생하는 비용(제6쪽 "10. 공익목적사업의 비용 세부현황"의 모금비용 총 합계)을 적습니다.
   ※ 공익목적사업의 비용에 대한 세부현황은 제6쪽 "10. 공익목적사업의 비용 세부현황"에 각각 적습니다.
   ※ 기타사업의 비용에 대한 세부현황은 제6쪽 "11. 기타사업의 손익 세부현황"에 적습니다.
6. 세무확인과 회계감사
   가. "㊾복식부기 여부"는 공익법인등이 복식부기 회계처리 방식을 적용한 경우 "여"에 √표를 하고, 그 외의 경우는 "부"에 √표를 합니다.
   나. "㊿적용회계기준"은 공익법인이 회계처리 시 적용한 다음의 회계기준 중 하나를 적고, 기타의 경우 적용한 해당 회계기준 명칭을 괄호 안에 적습니다.

1. 공익법인 회계기준, 2. 의료기관 회계기준 규칙, 3. 사학기관 재무회계 규칙, 4. 사학기관 재무회계 규칙에 대한 특례 규칙, 5. 기타(*****기준)

   다. "51세무확인 여부"란은 「상속세 및 증여세법」 제50조제1항에 따른 외부전문가의 세무확인을 받은 경우 "여"에, 받지 않은 경우 "부"에 √표를 합니다.
   라. "52외부회계감사 여부"란은 「상속세 및 증여세법」 제50조제3항에 따른 회계감사를 받은 경우 "여"에, 받지 않은 경우 "부"에 √표를 합니다.(예 : 공익법인등의 상근 혹은 비상근 내부감사에게만 회계감사를 받은 경우에는 "부"에 √표를 합니다)
   마. "53외부 회계감사인"란은 회계감사를 실시한 회계법인 등의 상호(성명)를 적고, "54외부 회계감사 의견"란에는 감사인의 재무제표에 대한 감사의견(적정의견, 한정의견, 부적정의견, 의견거절)을 적습니다.

210mm×297mm[백상지 80g/㎡ 또는 중질지 80g/㎡]

8. 공익목적사업 세부현황

① 정관에 기재된 공익목적사업 현황

② 사업내용(중복체크 가능)

[ ]문화예술(코드1100) [ ]스포츠(코드1200) [ ]기타 레크리에이션 및 봉사 클럽(코드1300)

[ ]초등 및 중등 교육(코드2100) [ ]고등교육(코드2200) [ ]기타교육(코드2300) [ ]학술연구(코드2400)
[ ]장학(코드2500) [ ]영유아보육(코드2600)

[ ]병원 및 재활시설(코드3100) [ ]요양원(코드3200) [ ]정신 건강 및 위기개입(코드3300)
[ ] 기타 보건서비스(코드3400)

[ ]사회복지(코드4100) [ ]긴급상황 및 구호(코드4200) [ ]소득 지원 및 보존(코드4300)

[ ]환경(코드5100) [ ]동물(코드5200)

[ ]경제, 사회 및 지역사회개발(코드6100) [ ]주거(코드6200) [ ]고용 및 훈련(코드6300)

[ ]시민 및 옹호단체(코드7100) [ ]법률 및 법률서비스(코드7200) [ ]정치단체(코드7300)

[ ]배분(지원) 재단(코드8100) [ ]봉사증진(코드8200) [ ]모금활동(코드8300)

[ ]국제활동(코드9100)

[ ]종교단체 및 종교 관련 단체(코드10100)

[ ]비지니스연합(코드11100) [ ]전문가연합(코드11200) [ ]노동조합(코드11300)

[ ]기타(코드12100)

③ 사업대상

[ ]모두 해당, [ ]아동, [ ]청소년, [ ]노인, [ ]장애인, [ ]외국인(다문화), [ ]가족 · 여성,
[ ]일반대중, [ ]기타

④ 국내 주요 사업지역

[ ]전국, [ ]서울, [ ]부산, [ ]인천, [ ]대전, [ ]광주, [ ]대구, [ ]울산, [ ]강원, [ ]경기,
[ ]경남, [ ]경북, [ ]충남, [ ]충북, [ ]전남, [ ]전북, [ ]세종, [ ]제주, [ ]해당 없음

⑤ 국외 주요 사업지역

[ ]전세계, [ ]유럽, [ ]아시아, [ ]북아메리카, [ ]아프리카, [ ]오세아니아, [ ]남아메리카,
[ ]해당 없음

⑥ 공익목적사업의 사업별 실적

1	코드		사업명		사업수행비용	원
사업내용					사업지역	
2	코드		사업명		사업수행비용	원
사업내용					사업지역	
3	코드		사업명		사업수행비용	원
사업내용					사업지역	
4	그 외 사업			개	사업수행비용	원
합 계	총 공익목적사업			개	사업수행비용 합계	원

작성방법

8. 공익목적사업 세부현황

가. "① 정관에 기재된 공익목적사업 현황"란은 공익법인등의 정관상 고유목적사업의 주요 업무, 실적 및 향후 계획 등을 적습니다.

나. "② 사업내용"은 공익법인등이 실제로 수행하고 있는 사업에 모두 √표를 합니다. 모금 후 모금액을 불특정 단체에 배분하거나 지원하는 경우는 "배분(지원) 재단(코드8100)"에 √표를 하고, 모금 후 모금액을 소수의 특정한 단체에 지원하는 경우에는 "모금활동(코드8300)"에 √표를 합니다. 사업내용은 중복체크가 가능합니다.

(예) 재단이면서 사회복지단체를 지원하는 경우, "배분(지원) 재단"과 "사회복지" 모두 √표를 합니다.

다. ③부터 ⑤까지 [ ]에는 공익법인등이 실제로 수행하는 사업의 사업대상, 국내 주요 사업지역, 국외 주요 사업지역에 해당되는 곳에 모두 √표를 합니다.

라. ⑥란은 공익목적사업의 사업별 실적(사업명, 사업수행비용, 사업내용, 사업지역)을 적습니다. 코드는 "②사업내용"에 해당하는 코드를 적습니다. 공익법인등이 수행하는 사업이 3개 이상인 경우 사업수행비용이 많은 3개 사업의 사업실적은 별도로 적고, 나머지는 "그 외 사업"에 합산하여 적습니다.

마. ⑥란의 사업수행비용 합계는 제1쪽 "5. 비용현황"의 사업수행비용 총계와 일치해야 합니다.

210mm×297mm[백상지 80g/㎡ 또는 중질지 80g/㎡]

9. 공익목적사업의 수익 세부현황

(단위: 원)

구 분			사업연도(과세기간)	
			당 기	전 기
1. 사업수익				
1) 기부금품				
① 개인기부금품				
② 영리법인기부금품				
③ 모금단체, 재단 등 다른 공익법인등의 지원금품				
④ 기타기부금품				
* 기부물품	당기	전기		
①~④에 포함된 기부물품				
2) 보조금				
3) 회비수익				
4) 기타공익목적사업수익				
2. 사업외 수익				
3. 고유목적사업준비금 환입액				
4. 총 합계 (1+2+3)				

10. 공익목적사업의 비용 세부현황

(단위: 원)

구 분	사업연도(과세기간)				
	당 기				전 기
	합계	사업 수행비용	일반 관리비용	모금 비용	
1. 사업비용					
① 분배비용[장학금, 지원금 등 수혜자(단체)에게 직접 지급비용]					
1) 국 내					
2) 국 외					
② 인력비용					
③ 시설비용					
④ 기타비용					
2. 사업외비용					
3. 고유목적사업준비금 전입액					
4. 총 합계 (1+2+3)					

11. 기타사업의 손익 세부현황

(단위: 원)

구분	① 합계	기타사업손익									
		사업손익								⑩ 사업외 손익	⑪고유목적 사업준비금 환입 (전입)
		금 융				부 동 산			⑨ 기타		
		② 소계	③ 이자	④ 배당	⑤ 기타 금융	⑥ 소계	⑦ 임대	⑧ 매각			
수익금액											
비용			/	/							
이익(손실)											

210mm×297mm[백상지 80g/㎡ 또는 중질지 80g/㎡

작성방법

9. 공익목적사업의 수익 세부현황
 가. 기부금품(①~④의 합)
  1) "①개인기부금품"란은 개인기부자(후원회원을 포함합니다)의 기부금액(기부물품을 포함합니다)을 적습니다.
  2) "②영리법인기부금품"란은 기업의 사회공헌으로 기업과 계약을 맺은 기부금 등 영리법인으로부터 받은 기부금액(기부물품을 포함합니다)을 적습니다.
  ※ 사회복지공동모금회 등 모금단체를 통하여 지원받은 기부금은 "③모금단체, 재단 등 다른 공익법인등의 지원금품"란에 적습니다.
  3) "③모금단체, 재단 등 다른 공익법인등의 지원금품"란은 전문모금 및 기금배분단체(예:oo모금회 등)와 외부공모, 지원사업을 수행하고 있는 단체(예: 기업이 출연한 재단, oo협회 등) 등으로부터 지원받은 금액(지원받은 물품을 포함합니다)을 적습니다.
  4) "④기타기부금품"란은 ①부터 ③까지 외의 기부금(기부물품을 포함합니다)을 적습니다.
  5) "* 기부물품"란은 ①~④ 기부금 항목에 포함된 상품, 제품 등 물품(주식 · 채권은 제외합니다)으로 기부받은 금액을 적습니다.
 나. "보조금"란은 국가 및 지방자치단체 혹은 공공기관 등과 같은 보조사업자로부터 받은 보조금을 적습니다. 사업과 관련 없이 받은 보조금(예: 장애인 고용장려금, 장애인촉진 지원금 등)은 사업외수익에 적습니다.
 다. "회비수익"란은 기부금이 아닌 회원의 의무에 의해 회원으로부터 받은 회비 수입을 적습니다. 기부금 영수증을 발급한 수입금액은 여기에 작성하지 않습니다.
 라. "기타공익목적사업수익"란은 위 항목에서 작성하지 않은 공익목적사업수익금액(예 : 학교법인의 등록금 수익, 사회복지시설의 사용자부담금 등)을 적습니다.
 마. "사업외 수익"란은 사업수익이 아닌 수익 또는 차익으로서 운영성과표(손익계산서)에 사업외수익으로 적는 유형 · 무형자산처분이익, 유형 · 무형자산손상차손환입, 전기오류수정이익 등의 합계액을 적습니다.
 바. "고유목적사업준비금 환입액"란은 「법인세법」에 따른 고유목적사업준비금이 「법인세법」에 따라 수익사업부문에서 고유목적사업부문에 전출되어 목적사업에 사용된 금액과 미사용되어 임의 환입된 금액을 합하여 적습니다.

10. 공익목적사업의 비용 세부현황
 "공익목적사업의 비용 세부현황"은 공익법인등의 정관에 기재된 공익목적사업에서 발생하는 운영성과표상 분배비용, 인력비용, 시설비용, 기타비용을 적습니다.
 가. "①분배비용[장학금, 지원금 등 수혜자(단체)에게 직접 지급비용]"란은 공익법인등이 수혜자 또는 수혜단체에 직접 지급하는 비용을 "국내"와 "국외"로 구분하여 적습니다.
 나. "②인력비용"란은 공익법인등에 고용된 인력과 관련된 비용으로서 급여, 상여금, 퇴직급여, 복리후생비, 교육훈련비 등을 포함하여 적습니다.
 다. "③시설비용"란은 공익법인등의 운영에 사용되는 토지, 건물, 구축물, 차량운반구 등 시설과 관련된 비용으로서 감가상각비, 지급임차료, 시설보험료, 시설유지관리비 등을 포함하여 적습니다.
 라. "④기타비용"란은 분배비용, 인력비용, 시설비용 외의 비용으로서 여비교통비, 소모품비, 지급수수료, 용역비, 업무추진비, 회의비, 대손상각비 등을 포함하여 적습니다.
 마. "2. 사업외비용"란은 운영성과표에 사업외비용으로 적는 유형 · 무형자산처분손실, 유형 · 무형자산손상차손, 전기오류수정손실 등의 금액을 합계에 적습니다.
 바. "3. 고유목적사업준비금 전입액"란은 「법인세법」 제29조에 따라 고유목적사업이나 같은 법 제24조제3항제1호에 따른 기부금에 사용하기 위해 미리 손비로 계상한 금액을 적습니다.

11. 기타사업의 손익 세부현황
 "기타사업의 손익 세부현황"란은 공익법인등의 공익목적사업이 아닌 기타사업에서 발생하는 운영성과표상 사업수익, 사업외수익의 합계와 사업비용, 사업외비용의 합계, 고유목적사업준비금전입액, 법인세비용차감전 당기운영이익(손실)을 금융, 부동산 등 발생 원천별로 구분하여 각각 수익금액, 비용, 이익(손실)에 적습니다.
 가. "① 합계"란은 "사업손익"란의 수익금액, 비용, 이익(손실)금액을 합한 금액을 각각 적습니다.
 나. "⑤ 기타금융"란은 주식과 채권 등의 매도에 따라 발생한 처분손익 등을 적습니다.
 다. "⑨ 기타"란은 금융, 부동산 임대 · 매각 수익 외의 기타사업의 사업수익, 사업비용 및 사업이익을 적습니다.
 라. "⑩ 사업외손익"란은 공익목적사업 외 기타사업에서 발생한 사업외 손익을 적습니다.
  (예) 부동산을 제외한 유형자산처분손익 등
 마. "⑪ 고유목적사업준비금 환입(전입)"란은 「법인세법」 제29조에 따라 고유목적사업이나 같은 법 제24조제3항제1호에 따른 기부금에 사용하기 위해 미리 손비로 계상한 금액을 "비용"에 적으며, 같은 법에 따라 고유목적사업준비금을 익금에 산입한 금액을 "수익"에 적습니다.

210mm×297mm[백상지 80g/㎡ 또는 중질지 80g/㎡]

■ 상속세 및 증여세법 시행규칙 [별지 제31호 서식 부표 1] 〈개정 2023.3.20.〉

기부금품의 수입 및 지출 명세서

※ 제2쪽 및 제3쪽의 작성방법을 읽고 작성해 주시기 바랍니다. (3쪽 중 제1쪽)

1. 기부금품의 수입 · 지출 명세

(단위: 원)

① 월별	② 수입	③ 지출	④ 잔액	① 월별	② 수입	③ 지출	④ 잔액
전기이월	–	–		9월			
1월				10월			
2월				11월			
3월				12월			
4월				합계			
5월				기본순자산 편입액	( )	–	
6월				차가감계			
7월				차기이월	–	–	
8월							

2. 기부금품 지출 명세서 (국내사업)

가. 수혜자(수혜단체)에게 지출

(단위: 원)

①(대표)지급처명 (성명 / 단체명)	②주민등록번호 (사업자등록번호)	③지출목적	④수혜인원(단체) 수	⑤지출액		
				⑥현금	⑦물품	⑧합계
			명/개			
			명/개			
			명/개			
⑨ 합 계						

나. 자산 취득에 지출

(단위: 원)

①(대표)지급처명 (성명 / 상호)	②주민등록번호 (사업자등록번호)	③지출목적	④지급처 수	⑤지출액		
				⑥현금	⑦물품	⑧합계
			명/개			
			명/개			
			명/개			
⑨ 합 계						

다. 운영경비에 지출

(단위: 원)

①(대표)지급처명 (성명 / 상호)	②주민등록번호 (사업자등록번호)	③지출목적	④지급처 수	⑤지출액		
				⑥현금	⑦물품	⑧합계
			명/개			
			명/개			
			명/개			
⑨ 합 계						

3. 기부금품 지출 명세서 (국외사업)

(단위: 원)

①(대표)지급처명 (성명 / 단체명)	②국가명	③지출목적	④수혜인원 (단체) 수	⑤지출액		
				⑥현금	⑦물품	⑧합계
			명/개			
			명/개			
			명/개			
합 계						

210mm×297mm[백상지 80g/㎡]

작성방법

이 서식은 「공익법인회계기준」의 기부금 수익인식 방법에 따라 작성합니다.(예: ①현금 · 현물을 기부 받은 경우→실제 기부 받은 시점,
②가상계좌, CMS, 지로, 신용카드 등 납부방법으로 기부받은 경우 → 기부 결재시점(기부금 납부, 출금요청, 신용카드 승인시점 등)
국가 · 지방자치단체 혹은 공공기관 등과 같은 보조사업자로부터 받은 보조금은 포함하지 않습니다.
「개인정보 보호법」에 따라 주민등록번호 수집이 제한되어 주민등록번호를 수집하지 못한 경우 주민등록번호는 기재를 생략할 수 있습니다.

1. 기부금품의 수입 · 지출명세
  가. "①월별"란은 사업연도 개시월부터 사업연도 종료월까지를 차례대로 적습니다.
    ※ 제1쪽의 "①월별란"은 사업연도 종료월이 12월인 법인을 예로 든 것입니다.
  나. "②수입란"과 "③지출란"은 월 누계액을 적습니다.
  다. "기본순자산 편입액"란은 해당 연도에 기부(출연)받은 금액 중 기부금수익으로 계상되지 않고 기본순자산의 증가로 직접 반영되는 기부금(출연금)을 적습니다(기부금품을 기본순자산으로 편입하는 경우 ③지출란 및 2.기부금품 지출명세서에 작성하지 않습니다).
  라. 차가감계란은 사업연도(과세기간)의 전체 수입(기본순자산 편입액 차감) 및 지출금액을 적습니다.

2. 기부금품 지출명세서 (국내사업)
 가. 수혜자(수혜단체)에게 지출하는 경우
  1) "①(대표)지급처명(성명/단체명)"란은 사업연도기간 동안 수혜 받은 금액이 100만원 이상인 수혜자와 수혜단체의 경우 개별 수혜자(수혜단체)의 성명(수혜단체명)을 적고, 연간 수혜 받은 금액이 100만원 미만인 수혜자와 수혜단체의 경우 지출금액이 가장 큰 대표적인 수혜자의 성명(수혜단체명)을 적고 지출목적별로 합산하여 작성할 수 있습니다.
  2) "③지출목적"란은 해당 사업연도에 기부금을 지출한 목적을 다음 예시와 같이 작성합니다.
   예) ①미래인재개발 장학금, ②사회취약계층 자녀돌봄 및 학업지원, ③노인요양시설 의료지원 및 의약품 제공
  3) "④수혜인원(단체) 수"란은 지급된 지원금을 수혜 받은 인원 또는 단체 수를 적되, 불특정 다수에게 지급한 경우에는 인적사항 대신 지출사유를 간략히 적고, 수혜인원 추정근거를 적습니다.
  4) "⑤지출액"은 사업연도 기간 동안 수혜자(수혜단체)에 지출한 금액을 현금지급과 물품지급으로 구분하여 적습니다.
 ※ 작성예시1) 홍길동 외 100명에게 사업연도 기간 동안 개인별로 10만원씩 장학금이 지급되고, A복지시설에 노인복지를 위해 물품으로 200만원을 지원한 경우 아래와 같이 적습니다(국외의 내국인에게 지급한 장학금 등 포함).

①(대표)지급처명 (성명 / 단체명)	②주민등록번호 (사업자등록번호)	③지출목적	④수혜인원(단체) 수	⑤지출액		
				⑥현금	⑦물품	⑧합계
홍길동 외	ssssss-sssssss	미래인재개발 장학사업	101명	10,100,000		10,100,000
A복지시설	111-11-11111	노인요양시설 의료지원	1개		2,000,000	2,000,000

작성예시2) 어린이날 불특정 다수의 어린이에게 체험행사를 진행하거나 연간 무료급식을 제공하고 그 수혜자 수를 추정하여 기재하는 경우 아래와 같이 적습니다.(사례: 시간당 입장객수와 행사시간, 1일 급식인원 등을 감안하여 수혜인원 추정수를 계산)

①(대표)지급처명 (성명 / 단체명)	②주민등록번호 (사업자등록번호)	③지출목적	④수혜인원 (단체) 수	⑤지출액		
				⑥현금	⑦물품	⑧합계
어린이날 체험행사 300명(시간당 입장객수)×8시간(행사시간)		어린이날 무료직업 체험행사	2,400명	20,000,000	10,000,000	30,000,000
무료급식 제공 200인(1일) ×365(1년)		사회취약계층 무료급식	73,000명	150,000,000		150,000,000

 나. 자산 취득에 지출하는 경우
  1) "①(대표)지급처명(성명/상호)"란은 사업연도 기간 동안 취득한 자산가액이 100만원 이상인 경우 자산별로 자산명을 적고, 취득가액이 100만원 미만인 경우 자산구분별(금융자산, 부동산, 미술품 등)로 합산하여 작성할 수 있습니다.
  2) "③지출목적"란은 해당 사업연도에 기부금을 지출한 목적을 다음 표와 같이 구분하여 적습니다.

구분	자산 취득				
	금융자산*	부동산	미술품	기계장치	기타

210mm×297mm[백상지 80g/㎡]

작성방법

* 금융자산은 현금 및 현금성자산(보통예금, 당좌예금, 취득 시 만기가 3개월인 금융상품 등)을 제외한 정기예금, 정기적금, 펀드상품, 저축성 보험상품 등의 금융상품 및 국채, 회사채, 주식 및 출자지분 등 유가증권을 취득한 경우 적습니다.

3) "④지급처 수"란은 사업연도 기간 동안 취득한 자산 수를 적습니다.

4) "⑤지출액"은 사업연도 기간 동안 자산취득에 지출한 금액을 현금지급과 물품지급으로 구분하여 적습니다.

※ 작성예시) 보통예금 2,000만원, 1년 만기 정기예금 5,000만원을 A은행에 예치, ㈜국세 주식 500만원(500주)을 취득하고, 갑 갤러리로부터 전시용 그림 50점(1점당 90만원) 및 단체가 운용할 부동산(토지 5억원, 건물 3억원)을 취득한 경우 아래와 같이 적습니다.

①(대표)지급처명 (성명 / 상호)	②주민등록번호 (사업자등록번호)	③지출목적	④지급처 수	⑤지출액		
				⑥현금	⑦물품	⑧합계
A은행 정기예금		금융자산	1개	50,000,000		50,000,000
㈜국세 주식	111-11-11111	금융자산	1개	5,000,000		5,000,000
갑 갤러리	222-22-22222	미술품	50개	45,000,000		45,000,000
토지		부동산	1개	500,000,000		500,000,000
건물		부동산	1개	300,000,000		300,000,000

* 보통예금 2,000만원은 현금성자산으로 금융자산 취득에 해당하지 않으므로 지출명세 작성대상에서 제외됩니다.

다. 운영경비에 지출하는 경우

1) "①(대표)지급처명(성명/상호)"란은 사업연도 기간 동안 지급목적별로 합산하여 작성할 수 있습니다.

2) "③지출목적"란은 해당 사업연도에 기부금을 지출한 목적을 다음 표와 같이 구분하여 적습니다.

구분	각종 경비 지출									
	인건비	임차료	회의비	모금비용	연구비	세금과공과	소모품비	지급수수료	수선비	기타

3) "④지급처 수"란은 사업연도 기간 동안 각종 경비로 지출한 거래처 수를 적습니다.

4) "⑤지출액"은 사업연도 기간 동안 각종 경비로 지출한 금액을 현금지급과 물품지급으로 구분하여 적습니다.

※ 작성예시) 월 임대료 80만원(12개월 지급), 사무직원 갑, 을, 병에게 월 급여 200만원(12개월 지급), 기증받은 1,000만원 상당의 기계장치를 연구용으로 사용, 사무실 비품 등(생수 등 연 지출 90만원, 전화비 95만원, 휴대전화 70만원, 정기구독료 50만원, 수수료 60만원)을 지출한 경우 아래와 같이 적습니다.

①(대표)지급처명 (성명 / 상호)	②주민등록번호 (사업자등록번호)	③지출목적	④지급처 수	⑤지출액		
				⑥현금	⑦물품	⑧합계
AA빌딩	111-11-11111	임대료	1개	9,600,000		9,600,000
직원 갑 외 2	******_*******	인건비	3명	72,000,000		72,000,000
OO프로젝트		연구비	1개		10,000,000	10,000,000
사무실 운영비		소모품비	5개	3,650,000		3,650,000

3. 기부금품 지출명세서 (국외사업)

사업연도(과세기간) 중 동일한 목적으로 유사한 금액을 지출한 비용은 지출목적별로 작성할 수 있습니다. 다만, 연간 100만원 이상 개별 수혜자 및 수혜단체에 지출한 경우 개별 수혜자 및 수혜단체별로 작성해야 합니다. 불특정 다수에게 지급한 경우는 인적사항 대신 지출사유를 간략히 적습니다.

가. ①부터 ⑧까지란은 "2. 기부금품 지출명세서 (국내사업)"의 작성방법과 동일한 방법으로 작성합니다.

나. 내용이 많은 경우에는 별지로 작성합니다.

※ 작성예시 : A국가에 소재하는 B복지시설 외 49개 단체에게 사업연도 기간 동안 아동복지 목적으로 현금 각 40만원, 물품 각 40만 원을 지급하고, B국가에 거주하는 외국인(해외동포 등)에게 장학금으로 100만원을 지급한 경우 아래와 같이 적습니다.

①(대표)지급처명 (성명 / 단체명)	②국가명	③지출목적	④수혜인원 (단체) 수	⑤지출액		
				⑥현금	⑦물품	⑧합계
B복지시설 외	A국가	아동복지	50개	20,000,000	20,000,000	40,000,000
홍길동	B국가	장학금	1명	1,000,000		1,000,000

210mm×297mm[백상지 80g/㎡]

■ 상속세 및 증여세법 시행규칙 [별지 제31호 서식 부표 2] 〈개정 2023.3.20.〉

주식 등의 출연 · 취득 · 보유 및 처분 명세서

※ 뒤쪽의 작성방법을 읽고 작성하여 주시기 바랍니다. (앞쪽)

1. 주식 등의 보유현황

(단위: 주식 수, 원, %)

주식발행법인		공익법인 보유 주식							
주식명	총 발행 주식 수	보유 주식 수	지분율	주식가액 (장부가액)	보유경위			배당현황	의결권 여부
					출연	유상 취득	기타		
합 계									

2. 보유주식 등 변동사항

(단위: 주식 수, 원)

일자	변동 사유	주식명	주식 수	주식가액 (장부가액)	출연자와 주식 등의 발행법인과의 관계

3. 공익법인의 총자산가액에서 특수관계에 있는 내국법인의 주식 등이 차지하는 비율

(단위 : 원, %)

①자산총액	주식 등의 가액			⑤ 비율 ④÷(①−③+④)	비고
	②취득가액	③장부가액	④ (②,③ 중 적은 금액)		

4. 주식 등의 의결권 행사 결과

주식명	의결권 행사일	의결권 행사 주식 수	의결권 행사 주식 비율	비 고

210mm×297mm[백상지 80g/㎡ 또는 중질지 80g/㎡]

(뒤쪽)

작성방법

1. 주식 등의 보유현황

가. 사업연도말 현재 해당 공익법인이 보유하고 있는 주식 등의 장부가액을 주식 등의 발행회사별로 적습니다.

나. 주식발행회사별 주식의 장부가액을 그 보유한 사유에 따라 구분하여 적습니다.

예) 1.10일 대한(주) 발행주식 1,000주(시가 100백만원)를 무상으로 출연받음

2.10일 대한(주) 발행주식 2,000주를 250백만원에 유상 취득

3.10일 대한(주)가 100% 무상증자를 실시해 무상주 3,000주 수령

⇒ 주식가액(장부가액) : 350백만원

보유경위(출연): 100백만원, 보유경위(유상 취득) : 250백만원, 보유경위(기타) : 0원

* 출연: 무상으로 받은 경우만 적습니다.

* 유상 취득: 출연재산, 매각대금 등을 재원으로 유상 취득하는 경우만 적습니다.

다. 의결권 여부란은 의결권이 있는 주식은 "여", 우선주와 같이 의결권이 없는 주식은 "부"를 적습니다.

2. 보유주식 등 변동상황

가. 사업연도 중 보유주식 변동상황을 적습니다.

나. 변동사유란에는 보유주식이 증감하게 된 사유를 적되, 다음 구분 중에서 선택하여 적습니다.

- 1. 출연(무상 수증) 2. 유상 취득 3. 매각 4. 다른 공익법인에 재출연 5. 기타

다. 주식가액(장부가액)란에는 증가의 경우에는 (+) 금액을 적고 감소의 경우에는 (-) 금액을 적습니다.

3. 공익법인의 총자산가액에서 특수관계에 있는 내국법인의 주식 등이 차지하는 비율: 사업연도말 현재 재무상태표를 기준으로 작성합니다.

4. 주식 등의 의결권 행사 결과 : 의결권 있는 주식 등을 발행주식 총수 등의 100분의 5를 초과하여 보유하고 있는 공익법인등으로서 「상속세 및 증여세법」 제48조제11항 각 호의 요건을 충족하는 공익법인이 해당 주식의 의결권을 행사한 경우 해당 주식명, 의결권 행사일, 의결권을 행사한 주식 수 및 비율을 적습니다.

210mm×297mm[백상지 80g/㎡ 또는 중질지 80g/㎡]

■ 상속세 및 증여세법 시행규칙 [별지 제31호 서식 부표 3] 〈개정 2023.3.20.〉

출연자 및 이사 등 주요 구성원 현황 명세서

※ 뒤쪽의 작성방법을 읽고 작성하여 주시기 바랍니다. (앞쪽)

1. 출연자(기부자) (단위 : 원)

가. 설립 시 출연자(기부자)

①성명 (사업자명)	②주민등록번호 (사업자등록번호)	③출연재산 종류	④출연가액	⑤비고

나. 해당 사업연도 출연자(기부자)

⑥성명 (사업자명)	⑦주민등록번호 (사업자등록번호)	⑧출연재산 종류	⑨출연가액	⑩비고

2. 이사 등 구성원 현황

⑪성명	⑫상임, 비상임 구분	⑬출연자와의 관계	⑭출연법인과의 관계	⑮다른 이사와의 관계	⑯직전 3년(5년) 계열기업 임원 근무여부	⑰비고

210mm×297mm[백상지 80g/㎡ 또는 중질지 80g/㎡]

(뒤쪽)

작성방법

1. 출연자(기부자)

가. 이 서식의 작성대상은 설립 시와 해당 사업연도에 출연(기부)한 출연자이며, 재산출연일 현재 해당 공익법인의 총 출연재산가액(장부가액 기준)의 1%에 상당하는 금액과 2천만원 중 적은 금액 미만을 출연한 자는 제외합니다.

나. "출연재산 종류"에는 다음 표에서 선택하여 적습니다.

코 드	1	2	3	4	5	6	7	8	9	10
재산종류	현금	예금 · 적금	토지	건물	주식 · 출자지분	기계장치	의료장비	채권	차량운반구	기타

2. 이사 등 구성원 현황

이사 등 구성원 현황(⑪~⑰)란에는 공익법인의 전체 이사 및 임원의 명세를 적습니다.

가. "⑬출연자와의 관계", "⑭출연법인과의 관계", "⑮다른 이사와의 관계"란에는 이사 등의 구성원이 출연자, 출연법인, 다른 이사와 「상속세 및 증여세법 시행령」 제2조의2에 따른 특수관계에 해당하는 경우 아래 표를 참고하여 해당 코드를 적습니다.

코드	특수관계 설명
0	본인
1	친족*, 직계비속의 배우자의 2촌 이내의 혈족과 그 배우자 *「국세기본법 시행령」 제1조의2제1항 각 호의 어느 하나에 따른 관계에 있는 자를 말합니다.
2	사용인*(출자에 의해 지배하고 있는 법인의 사용인을 포함하며, 이하 같습니다)이나 사용인 외의 자로서 본인의 재산으로 생계를 유지하는 자 *「상속세 및 증여세법 시행령」 제2조의2제2항에 따른 임원, 상업사용인 및 그 밖에 고용계약 관계에 있는 자
3	다음의 어느 하나에 해당하는 자 (1) 본인이 개인인 경우 – 본인이 직접 또는 본인과 [코드1]에 해당하는 관계에 있는 자가 임원에 대한 임면권의 행사 · 사업방침의 결정 등을 통하여 그 경영에 대해 사실상의 영향력을 행사하고 있는 「상속세 및 증여세법 시행규칙」 제2조제1항에 따른 기업집단의 소속기업(해당 기업의 임원*과 퇴직임원**을 포함합니다) *「법인세법 시행령」 제40조제1항에 따른 임원 ** 퇴직 후 3년(해당 기업이 「독점규제 및 공정거래에 관한 법률」 제31조제1항 전단에 따른 공시대상기업집단에 소속된 경우는 5년)이 지나지 않은 사람 (2) 본인이 법인인 경우 – 본인이 속한 「상속세 및 증여세법 시행규칙」 제2조제1항에 따른 기업집단의 소속기업(해당 기업의 임원과 퇴직임원 포함)과 해당 기업의 임원에 대한 임면권의 행사 · 사업방침의 결정 등을 통하여 그 경영에 관하여 사실상의 영향력을 행사하고 있는 자 및 그와 [코드1]에 해당하는 관계에 있는 자
4	본인, [코드1]부터 [코드3]까지의 자 또는 본인과 [코드1]부터 [코드3]까지의 자가 공동으로 재산을 출연하여 설립하거나 이사의 과반수를 차지하는 비영리법인
5	[코드3]에 해당하는 기업의 임원 또는 퇴직임원이 이사장인 비영리법인
6	본인, [코드1]~[코드5]의 자 또는 본인과 [코드1]~[코드5]의 자가 공동으로 발행주식총수 등의 30% 이상을 출자하고 있는 법인
7	본인, [코드1]~[코드6]의 자 또는 본인과 [코드1]~[코드6]의 자가 공동으로 발행주식총수 등의 50% 이상을 출자하고 있는 법인
8	본인, [코드1]~[코드7]의 자 또는 본인과 [코드1]~[코드7]의 자가 공동으로 재산을 출연하여 설립하거나 이사의 과반수를 차지하는 비영리법인

나. "⑯직전 3년(5년) 계열기업 임원 근무여부"란은 특수관계가 있는 기업집단 소속기업의 임원으로 퇴직 후 3년(해당 기업이 「독점규제 및 공정거래에 관한 법률」 제31조제1항 전단에 따른 공시대상기업집단에 소속된 경우는 5년) 이내인 경우 "여"로 적으며, 그 외의 경우에는 "부"로 적습니다.

다. "⑰비고"란에는 이사와 임원을 구분하여 적습니다.

210mm×297mm[백상지 80g/㎡ 또는 중질지 80g/㎡]

부록5 공익법인 표준서식

■ 상속세 및 증여세법 시행규칙 [별지 제31호 서식 부표 4] 〈개정 2023.3.20.〉

출연받은 재산의 공익목적사용 현황

※ 뒤쪽의 작성방법을 읽고 작성해 주시기 바랍니다. (앞쪽)

1. 출연재산 공익목적사용 현황

(단위 : 원)

① 공익법인명					② 사업연도						
출연재산 명세				전기 사업연도까지 사용금액			해당 사업연도 사용금액			⑬ 미사용 금액 (⑥−⑦−⑩)	⑭ 미사용 사유 또는 사용 계획
③ 출연받은 사업연도	출연재산			⑦ 합계 (⑧+⑨)	⑧ 직접 공익 목적 사용 금액	⑨ 수익 사업 사용 금액	⑩ 합계 (⑪+⑫)	⑪ 직접 공익 목적 사용 금액	⑫ 수익 사업 사용 금액		
	④ 코드	⑤ 종류	⑥ 가액								

2. 수익(사업)용 출연재산 공익목적 의무사용 현황

(단위 : 원)

수익용 또는 수익사업용으로 운용하는 재산			④ 의무사용 출연재산대상가액 [①−(②+③)]	⑤ 사용기준금액 (④×1%, 3%)	⑥ 사용 실적	⑦ 과부족액 (⑥−⑤)
① 총자산가액	② 부채가액	③ 당기순이익				

210mm×297mm[백상지 80g/㎡]

(뒤쪽)

작 성 방 법

1. 출연재산 공익목적사용 현황

가. 이 서식은 외부감사를 받는 공익법인등이 출연받은 재산의 공익목적사용 현황에 대하여 출연받은 사업연도부터 사용이 완료되는 사업연도까지 매년 작성합니다.

나. "③ 출연받은 사업연도"란은 출연일이 속하는 사업연도(예: 2023. 1. ~ 2023. 12.)를 적습니다.

다. "④ 코드", "⑤ 종류"란은 다음 분류에 따라 적습니다.

코 드	1	2	3	4	5	6	7	8	9	10
재산 종류	현금	예금 · 적금	토지	건물	주식 · 출자지분	기계 장치	의료 장비	채권	차량 운반구	기타

라. "⑥ 가액"은 출연당시의 시가로 적되, 시가를 산정하기 어려운 경우에는「상속세 및 증여세법」 제61조부터 제65조까지에 따른 평가가액을 적습니다.

마. "⑧, ⑪ 직접공익목적사용금액"란은 출연재산을 공익법인 등의 정관상 고유목적사업에 사용한 금액(다만, 직접 공익목적사업에 충당하기 위해 수익용 또는 수익사업용으로 운용하기 위하여 사용한 금액과 「상속세 및 증여세법 시행령」 제38조제2항 각 호의 금액은 제외합니다)을 적습니다.

바. "⑨, ⑫ 수익사업사용금액"란은 출연재산을 직접 공익목적사업에 충당하기 위하여 수익용 또는 수익사업용으로 운용하기 위하여 사용한 금액을 적습니다.

사. "⑬ 미사용금액"란은 출연재산을 해당 사업연도까지 직접공익목적사업 또는 수익사업에 사용하지 않은 금액을 적습니다.

아. "⑭ 미사용사유 또는 사용계획"란은 출연재산을 사용하지 못한 사유가 있는 경우 그 사유, 출연재산을 이후 사업연도에 사용할 예정인 경우 그 사용계획을 적습니다.
(예: 정관상 사용이 제한된 재산, 20xx년 전액 사용 예정)

2. 수익(사업)용 출연재산 공익목적 의무사용 현황

가. 이 란은 다음의 1)또는 2)에 해당하는 공익법인등이 매년 수익(사업)용 출연재산가액의 일정비율에 상당하는 금액을 직접 공익목적에 사용한 현황을 작성합니다.
1) 총자산가액이 5억원 이상이거나 해당 사업연도 수입금액과 출연재산가액 합계액이 3억원 이상인 공익법인등
2) 「상속세 및 증여세법」 제48조제13항에 따라 주식보유 관련 의무이행 신고를 하여야 하는 공익법인등

나. "①~④가액"란은 직접 공익목적사업에 사용하여야 할 과세기간 또는 사업연도의 직전 과세기간 또는 사업연도 종료일 현재 재무상태표 및 운영성과표를 기준으로 기재합니다. 다만, 재무상태표상 가액이 「상속세 및 증여세법」 제4장에 따라 평가한 가액의 100분의 70 이하인 경우에는 같은 법 제4장에 따라 평가한 가액을 적습니다.

다. "⑤사용기준금액"란은 ④의무사용 출연재산대상가액에 1%를 곱한 금액을 적습니다. 다만, 의결권 미행사를 정관에 규정한 자선 · 장학 · 사회복지 목적 공익법인(「상속세 및 증여세법」 제16조제2항제2호가목)이 의결권 있는 주식을 발행주식총수 등의 100분의 10을 초과하여 보유하는 경우에는 3%를 곱한 금액을 적습니다.

라. "⑥사용실적"란은 직접 공익목적사업(「소득세법」에 따라 과세대상이 되거나 「법인세법」에 따라 법인세 과세대상이 되는 사업은 제외)에 사용한 금액을 적습니다.

210mm×297mm[백상지 80g/㎡]

■ 상속세 및 증여세법 시행규칙 [별지 제31호 서식 부표 5] (2021.3.16. 개정)

운용소득 사용명세서

※ 뒤쪽의 작성방법을 읽고 작성하여 주시기 바랍니다. (앞쪽)

①공익법인명		②사업연도	

1. 전년도 운용소득을 해당 사업연도까지 직접 공익목적사업에 사용한 실적

구분	⑦ 해당 사업연도	⑧ 1년 전 사업연도	⑨ 2년 전 사업연도	⑩ 3년 전 사업연도	⑪ 4년 전 사업연도	⑫ 5년간의 평균 (⑦~⑪의 평균)
③ 전년도 출연재산 운용소득						
④사용기준액 (③ × $\frac{(\quad)}{100}$)						
⑤1년 내 사용실적						
⑥과부족액 (⑤ − ④)						

2. 해당 사업연도 운용소득의 계산

⑬ 수익사업 등의 소득금액	가산액				차감액				
	⑭ 고유목적 사업 준비금	⑮ 해당 사업연도 (과세기간) 중 고유목적사업비로 지출된 금액으로서 손금에 산입된 금액	⑯ 기타	⑰ 소계 (⑭+⑮ +⑯)	⑱ 출연 재산 양도 차익	⑲ 의제 배당액	⑳ 법인세 등	㉑ 이월 결손금	㉒ 소계 (⑱+⑲+ ⑳+㉑)

㉓ 차가감 소득 (⑬+⑰−㉒)	직전 사업연도 운용소득 미달사용액			㉗ 해당 사업연도 운용소득 (㉓+㉖)
	㉔ 기준미달사용액	㉕ 운용소득 미달사용가산세	㉖ 소계 (㉔−㉕)	

210mm×297mm[백상지 80g/㎡ 또는 중질지 80g/㎡]

(뒤쪽)

작성방법

1. 전년도 운용소득을 해당 사업연도까지 직접공익목적사업에 사용한 실적
  가. "⑧"란부터 "⑫"란까지는 "⑦해당사업연도"의 사용실적이 부족한 경우["⑥과부족액"란이 음수(-)인 경우를 말합니다]에만 적습니다.
  나. "③전년도 출연재산 운용소득"란은 직전 사업연도에 대해 제출한 이 서식의 "㉗해당 사업연도 운용소득"의 금액과 일치해야 합니다.
  다. "④사용기준액"란은 "③전년도 출연재산 운용소득"란 금액에 100분의 70을 곱하여 계산한 금액을 적습니다.
  다만, 내국법인 발행주식총수의 5%를 초과하여 출연 · 취득한 공익법인, 특수관계 있는 내국법인 주식을 총재산가액의 30%(50%)를 초과보유한 공익법인, 1996년 12월 31일부터 현재까지 특정주식 5%를 초과보유한 공익법인의 경우에는 100분의 80을 적용합니다.
  라. "⑤1년 내 사용실적"란에는 각 사업연도 중 아래사항에 대한 사용실적을 합하여 적습니다.
    1) 정관으로 정한 공익목적사업을 직접 수행하는 데 소요된 비용
    2) 정관으로 정한 공익목적사업의 수행을 위해 직접 사용되는 자산을 취득한 비용
    3) 정관으로 정한 공익목적사업 수행을 위해 사용인의 인건비 등 필요경비로 사용한 비용(수익사업에서 발생한 소득을 50%를 초과하여 고유목적사업준비금으로 손금산입한 법인 등이 8천만 원을 초과하는 인건비를 지급하여 「법인세법 시행령」 제56조제11항에 따라 그 초과하는 금액을 인건비로 보지 않는 경우 그 초과하는 금액은 제외하고 적습니다)
    4) 직전 사업연도에 대해 제출한 이 서식의 "㉗해당 사업연도 운용소득"의 금액에 "⑮해당 사업연도(과세기간) 중 고유목적사업비로 지출된 금액으로서 손금에 산입된 금액"이 포함되어 있는 경우 그 금액
    ※ 수익용 또는 수익사업용 재산 취득에 사용한 운용소득금액은 직접 공익목적사업 사용금액에 포함하지 않습니다.
2. 해당 사업연도 운용소득의 계산
  가. "⑬수익사업 등의 소득금액"란은 출연재산을 수익사업이나 예금 등 수익의 원천으로 사용함으로써 생긴 소득금액(「법인세법」 제14조에 따른 각 사업연도 소득금액 계산방법에 따라 계산한 금액을 말합니다)을 적습니다.
  나. "⑭고유목적사업준비금"란은 각 사업연도 소득금액 계산 시 적용한 「법인세법」 제29조제1항에 따른 고유목적사업준비금을 적습니다.
  다. "⑯기타"란은 출연재산을 수익의 원천에 사용하여 발생한 소득 중 "⑬수익사업 등의 소득금액"에 포함되지 않은 소득금액(예: 분리과세 예금이자소득 등)을 적습니다.
  라. "⑱출연재산 양도차익"란은 수익사업 등의 소득금액에 포함된 출연재산 양도차익을 적습니다.
  마. "⑲의제배당액"란은 공익법인이 보유한 주식을 발행한 법인의 합병 · 분할에 따른 의제배당액(합병 · 분할대가 중 주식으로 받은 부분으로 한정함)으로서 해당사업연도 소득금액에 포함된 금액을 적습니다.
  바. "⑳법인세 등"란은 해당 소득에 대한 법인세 · 주민세 · 농어촌특별세 및 토지 등 양도차익에 대한 법인세 등의 합계액을 적습니다.
  사. "㉑이월결손금"란은 「법인세법」 제13조제1호에 따라 수익사업에서 발생한 이월결손금을 적습니다.
  아. "㉔기준미달사용액"란은 전년도 운용소득을 사용기준금액에 미달하게 사용하여 "1. 전년도 운용소득을 해당 사업연도까지 직접공익목적사업에 사용한 실적"의 "⑥과부족액"란이 음수(-)["⑦해당 사업연도"와 "⑫5년간의 평균"이 모두 음수(-)]인 경우 작성하며, 이 금액은 "⑦해당 사업연도" 과부족액(-)의 절대값과 "⑫5년간의 평균" 과부족액(-)의 절대값 중 작은 금액을 적습니다.
  자. "㉕운용소득 미달사용가산세"란은 「상속세 및 증여세법」 제78조제9항에 따라 미달하여 사용한 운용소득의 100분의 10에 상당하는 가산세를 적습니다.

210mm×297mm[백상지 80g/㎡ 또는 중질지 80g/㎡]

부록 6 공익법인 결산서류 등의 공시 간편서식

구분	내용	
대상 법인	모든 공익법인 (단, 해당 사업연도의 자산총액이 5억원 미만이면서 수입금액과 출연받은 재산의 합계액이 3억원 미만인 공익법인은 간편서식으로 공시할 수 있음)	
제출제외	종교단체	
제출 대상 서류	1. 공익법인 결산서류 등의 공시_간편서식	별지 제31호의 2
제출 기한	사업연도 종료일부터 4개월 이내 (단, 신고기한이 공휴일, 토요일인 경우 그 다음을 기한으로 함)	
제출 방법	홈택스서비스(www.hometax.go.kr) 로그인 → 세금종류별 서비스 → 공익법인 공시 → 공익법인 결산서류 등 공시	

■ 상속세 및 증여세법 시행규칙 [별지 제31호의 2 서식] 〈개정 2023.3.20.〉

공익법인 결산서류 등의 공시 간편서식

※ 제2쪽 및 제3쪽의 작성방법을 읽고 작성해 주시기 바랍니다.
※ [ ]에는 해당되는 곳에 √표를 합니다. (4쪽 중 제1쪽)

1. 기본사항

사업연도(과세기간): 년 월 일 ~ 년 월 일 [ ] 정기공시 [ ] 해산공시

① 공익법인등 명칭		② 사업자등록번호(고유번호)	
③ 대표자		④ 설립연월일	
⑤ 소재지		⑥ 전화번호/팩스	/
⑦ 홈페이지 주소		⑧ 전자우편주소	
⑨ 주무관청		⑩ 기부금 유형	[ ]특례기부금 [ ]일반기부금 [ ]기타
⑪ 설립근거법			
⑫ 설립유형	[ ]재단법인 [ ]사단법인 [ ]법인으로 보는 단체 [ ]공공기관 [ ]기타		
⑬ 공익사업유형			
⑭ 설립주체	[ ]개인 [ ]기업 [ ]개인 · 기업 [ ]국가 [ ]지방자치단체 [ ]기타		
⑮ 이사 수	명	⑯ 자원봉사자 연인원 수	명
⑰ 고용직원 수	명		

2. 자산 및 부채현황 (단위: 원)

구분	⑱자산소계	⑲토지	⑳건물	㉑주식 및 출자지분	㉒금융 자산	㉓기타 자산	㉔부채
ⓐ 총계 (ⓐ=ⓑ+ⓒ)							
ⓑ 공익목적사업							
ⓒ 기타사업							

3. 수익현황 (단위: 원)

구분	㉕총계	㉖사업수익					㉜사업외 수익	㉝고유목적 사업준비금 환입액
		㉗소계	㉘기부금	㉙보조금	㉚회비 수익	㉛기타		
ⓐ 총계 (ⓐ=ⓑ+ⓒ)								
ⓑ 공익목적사업								
ⓒ 기타사업								

4. 비용현황 (단위: 원)

구분	㉞총계	㉟사업비용					㊶사업외 비용 등 기타	㊷고유목적 사업준비금 전입액
		㊱소계	㊲사업 수행비용	㊳일반 관리비용	㊴모금 비용	㊵기타		
ⓐ 총계(ⓐ=ⓑ+ⓒ)								
ⓑ 공익목적사업								
ⓒ 기타사업								

5. 확인란

본인은 본 결산서와 결산서에 첨부된 명세 및 보고서들을 검토하였으며, 해당정보를 진실하고 성실 하게 작성하였음을 확인합니다.

대표자 : 확인일자 :

「상속세 및 증여세법」 제50조의3제1항 · 제4항 및 같은 법 시행령 제43조의5에 따라 공익법인등의 결산서류 등을 공시합니다.

년 월 일

법인명

210mm×297mm[백상지 80g/㎡]

작성방법

* 이 서식은 결산서류 등의 공시대상 사업연도(과세기간)의 종료일 현재 재무상태표상 총자산가액(부동산인 경우 「상속세 및 증여세법」 제60조, 제61조, 제66조에 따라 평가한 가액이 재무상태표상의 가액보다 크면 그 평가한 가액)이 5억원 미만이면서 수입금액과 해당 사업연도에 출연받은 재산의 합계액이 3억원 미만인 공익법인이 작성하는 서식입니다.
* 이 서식을 작성할 때는 통합 재무상태표와 운영성과표 작성을 위한 내부거래를 제거한 후의 금액을 적습니다.

1. 기본사항

가. 해산(등기)일이 속하는 사업연도(과세기간)에 대하여 공시하는 경우 "해산공시"에, 그 외의 경우 "정기공시"에 √표를 합니다.

나. "⑨주무관청"란은 비영리법인의 설립을 허가한 주무관청 명칭을 적고, 주무관청으로부터 공익법인등을 관리, 감독 권한을 위임 받은 기관이 있는 경우에는 위임 받은 기관의 명칭을 괄호에 적습니다.

(예) 교육청의 관리 감독을 받는 장학재단인 경우 교육부(교육청), 서울특별시의 관리 감독을 받는 종교법인의 경우 문화체육관광부(서울특별시장), 주무관청이 없는 단체의 경우 관할세무서를 주무관청으로 적습니다.

다. "⑩기부금 유형"란은 해당 공익법인이 사립학교, 국립대학병원 등「법인세법」 제24조제2항제1호 또는 「소득세법」 제34조제2항제1호에 따른 기부금 대상인 경우 "특례기부금"에, 사회복지 · 문화 · 교육 · 종교 등「법인세법」 제24조제3항제1호 또는 「소득세법」 제34조제3항제1호에 따른 기부금 대상인 경우 "일반기부금"에, 그 밖의 경우 "기타"에 √표를 합니다.

라. "⑪ 설립근거법"란은 다음 중에서 해당하는 법률 등을 선택하여 모두 적습니다.

1) 「민법」, 2) 「공익법인의 설립 · 운영에 관한 법률」, 3) 「사회복지사업법」, 4) 「사립학교법」, 5) 「의료법」, 6) 「협동조합 기본법」, 7) 그 밖의 법률, 8) 해당 없음

마. "⑫설립유형"란은 해당되는 단체유형에 √표를 합니다.

- 「민법」이나 「공익법인의 설립 · 운영에 관한 법률」에 따라 설립된 재단법인이나 사단법인인 경우에는 각각 해당란에 √표를 합니다.
- 「국세기본법」 제13조에 따른 법인으로 보는 단체는 "법인으로 보는 단체"에 √표를 합니다.
- 「공공기관 운영에 관한 법률」에 따른 공공기관인 경우에는 공공기관에 √표를 합니다.
- 위에 해당하지 않는 공익법인등은 기타에 √표를 합니다.

바. "⑬공익사업유형"란은 1. 교육, 2. 학술 · 장학, 3. 사회복지, 4. 의료, 5. 예술 · 문화, 6. 종교, 7. 기타 중에서 하나를 선택하여 적습니다.

사. "⑭설립주체"란은 설립주체(기본재산 출연자)에 √표를 합니다.

※ 설립주체
- (개인) 개인 또는 가족이 설립한 단체, (기업) 기업이 설립한 단체, (개인 · 기업) 개인과 기업이 동일한 출연금으로 설립한 단체
- (국가) 국가(정부) 및 공공기관이 설립한 단체, (지방자치단체) 지방자치단체가 설립한 단체
- (기타) 그 밖의 주체가 설립한 단체
- 개인과 기업이 함께 출연하여 설립한 경우에는 개인출연금이 기업출연금보다 크면 "개인"을, 기업출연금이 개인출연금보다 크면 "기업"을 선택합니다.

아. "⑮이사 수"란은 사업연도 말 현재 이사회 구성원(등기사항증명서상 이사)인 이사 수를 적고, 법인이 아닌 단체는 정관의 요건을 충족한 이사의 수를 적습니다.

자. "⑯자원봉사 연인원 수"란은 자원봉사자 연인원을 적습니다.

(예) 1명의 자원봉사자가 365일 봉사활동을 수행했을 경우, 1*365=365명

차. "⑰고용직원 수"란은 공익법인 등의 연평균 상시근로자 수(공익목적사업과 기타사업을 포함한 정규직 및 비정규직의 상시 인원을 합하며, 일용직은 제외합니다)를 적습니다.

※ 연 평균 상시근로자 수: (매월 말 상시 고용직원 수 합계 / 사업연도 월수)

2. 자산 및 부채현황

가. "⑱자산소계~㉔부채"란은 사업연도(과세기간) 종료일 현재 「공익법인회계기준」에 따라 작성한 재무상태표상 자산 및 부채가액을 공익목적사업과 기타사업으로 구분하여 적습니다.

※ "공익목적사업"은 공익법인등의 정관에 기재된 공익목적사업을 말합니다

(예) 문화 · 예술 전시사업, 연주회 등 공익목적으로하는 사업의 입장료 수익 등은 「법인세법」상 수익사업이지만 공익목적사업부문으로 구분합니다.

※ "기타사업"은 공익법인등의 정관에 기재된 공익목적사업 외의 사업을 말합니다.

※ 공익목적사업 부문과 기타사업 부문 구분 시 참고사항
- 정관에 기재된 사업이어도 공익목적활동으로 볼 수 없는 사업은 기타사업부문으로 구분하며, 공익목적활동의 부수적으로 발생하는 사업이더라도 기념품 판매, 카페 운영, 금융소득 창출을 위한 적극적인 금융자산 투자 등은 기타사업부문으로 구분합니다.

210mm×297mm[백상지 80g/㎡]

작성방법

나. "㉑주식 및 출자지분"란은 공익법인등이 보유한 주식(보통주, 우선주 포함)이나 출자지분의 재무상태표상 가액을 적습니다.
다. "㉒금융자산"란은 공익법인등이 보유하고 있는 현금 및 현금성자산(보통예금, 당좌예금, 취득 시 만기가 3개월인 금융상품등)과 금융기관 등에 예치하고 있는 정기예금, 정기적금, 펀드상품, 저축성 보험상품 등 및 국채, 회사채등 유가증권(㉑주식 및 출자지분 제외)의 재무상태표상 가액을 적습니다. 정기예금 등에서 발생한 미수이자는 금융자산 란에서 제외합니다.
라. "㉓기타자산"란은 공익법인등이 가지고 있는 매출채권, 미수이자, 미수임대료, 선급금 등 ⑲부터 ㉒까지에 해당하지 않는 자산을 적습니다.

3. 수익현황(해당 사업연도를 기준으로 작성합니다)
공익법인등의 운영성과표(손익계산서)상 사업수익과 사업외수익으로 구분하여 적습니다.
가. "㉘기부금"란은 개인이나 단체 등으로부터 수령한 현금 및 현물 기부금과 출연받은 재산가액의 합계를 공익목적사업에 적습니다.
※ (예) oo모금회로부터 수령한 지원금, 학교 설립자가 해당 연도에 출연한 재산금액
나. "㉙보조금"란은 국가 및 지방자치단체 또는 공공기관 등과 같은 보조사업자로부터 받은 보조금을 공익목적사업에 적습니다.
다. 공익사업과 관련 없이 받은 보조금(예 : 장애인 고용장려금, 장애인촉진 지원금 등)은 사업외수익에 적습니다.
※ 보조사업자 : 「보조금 관리에 관한 법률」에 따른 보조금의 교부대상이 되는 사무 또는 사업(보조사업)을 수행하는 자
라. "㉚회비수익"란은 공익법인등이 회원을 대상으로 받는 회비를 적습니다. 회원을 대상으로 발생하지만 일반적인 매출(재화 · 용역 제공) 거래는 회비수익이 아닙니다. 회원으로부터 받는 회비이지만 납부에 따른 혜택이 없거나, 납부가 강제되지도 않고, 기부금영수증을 발급해주는 경우에는 명목상 회비일 뿐 기부금과 동일한 성격이므로 "㉘기부금"란에 적습니다.
마. "㉛기타"란은 기부금, 보조금, 회비수익 외의 사업수익을 적습니다.
바. "㉜사업외수익"란은 사업수익이 아닌 수익 또는 차익으로서 운영성과표(손익계산서)에 사업외수익으로 기재되는 유형 · 무형 자산처분이익, 유형 · 무형자산손상차손환입, 전기오류수정이익 등의 합계액을 적습니다.
사. "㉝고유목적사업준비금 환입액"란은 「법인세법」에 따른 고유목적사업준비금이 「법인세법」에 따라 수익사업부문에서 고유목적사업부문에 전출되어 목적사업에 사용된 금액과 미사용되어 임의 환입된 금액을 합하여 적습니다.

4. 비용현황
공익법인등의 운영성과표상의 사업비용, 사업외비용과 고유목적사업준비금 전입액을 공익목적사업과 기타사업으로 구분하여 적습니다.
가. "㊱사업수행비용"란은 공익법인등이 추구하는 본연의 임무나 목적을 달성하기 위해 수혜자, 고객, 회원 등에게 재화나 용역을 제공하는 활동에서 발생하는 비용을 적습니다.
나. "㊲일반관리비용"란은 공익법인등의 기획, 인사, 재무, 감독 등 제반 관리활동에서 발생하는 비용을 적습니다.
다. "㊳모금비용"란은 공익법인등의 모금 홍보, 모금 행사, 기부자 리스트 관리, 모금 고지서 발송 등의 모금활동에서 발생하는 비용을 적습니다.

210mm×297mm[백상지 80g/㎡]

6. 공익목적사업 세부현황

① 정관에 기재된 공익목적사업 현황

② 사업내용(중복체크 가능)

[ ]문화예술(코드1100) [ ]스포츠(코드1200) [ ]기타 레크리에이션 및 봉사 클럽(코드1300)

[ ]초등 및 중등 교육(코드2100) [ ]고등교육(코드2200) [ ]기타교육(코드2300) [ ]학술연구(코드2400)
[ ]장학(코드2500) [ ]영유아보육(코드2600)

[ ]병원 및 재활시설(코드3100) [ ]요양원(코드3200) [ ]정신 건강 및 위기개입(코드3300)
[ ] 기타 보건서비스(코드3400)

[ ]사회복지(코드4100) [ ]긴급상황 및 구호(코드4200) [ ]소득 지원 및 보존(코드4300)

[ ]환경(코드5100) [ ]동물(코드5200)

[ ]경제, 사회 및 지역사회개발(코드6100) [ ]주거(코드6200) [ ]고용 및 훈련(코드6300)

[ ]시민 및 옹호단체(코드7100) [ ]법률 및 법률서비스(코드7200) [ ]정치단체(코드7300)

[ ]배분(지원) 재단(코드8100) [ ]봉사증진(코드8200) [ ]모금활동(코드8300)

[ ]국제활동(코드9100)

[ ]종교단체 및 종교 관련 단체(코드10100)

[ ]비지니스연합(코드11100) [ ]전문가연합(코드11200) [ ]노동조합(코드11300)

[ ]기타(코드12100)

③ 사업대상

[ ]모두 해당, [ ]아동, [ ]청소년, [ ]노인, [ ]장애인, [ ]외국인(다문화), [ ]가족 · 여성,
[ ]일반대중, [ ]기타

④ 국내 주요 사업지역

[ ]전국, [ ]서울, [ ]부산, [ ]인천, [ ]대전, [ ]광주, [ ]대구, [ ]울산, [ ]강원, [ ]경기,
[ ]경남, [ ]경북, [ ]충남, [ ]충북, [ ]전남, [ ]전북, [ ]세종, [ ]제주, [ ]해당 없음

⑤ 국외 주요 사업지역

[ ]전세계, [ ]유럽, [ ]아시아, [ ]북아메리카, [ ]아프리카, [ ]오세아니아, [ ]남아메리카,
[ ]해당 없음

⑥ 공익목적사업의 사업별 실적

1	코드		사업명		사업수행비용	원
사업내용					사업지역	
2	코드		사업명		사업수행비용	원
사업내용					사업지역	
3	코드		사업명		사업수행비용	원
사업내용					사업지역	
4	그 외 사업		개	사업수행비용		원
합 계	총 공익목적사업		개	사업수행비용 합계		원

작성방법

6. 공익목적사업 세부현황

가. "①정관에 기재된 공익목적사업 현황"란은 공익법인등의 정관상 고유목적사업의 주요 업무, 실적 및 향후계획 등을 적습니다.

나. "②사업내용"은 공익법인등이 실제로 수행하고 있는 사업에 모두 √표를 합니다. 모금 후 모금액을 불특정 단체에 배분하거나 지원하는 경우는 "배분(지원) 재단(코드8100)"에 √표를 하고, 모금 후 모금액을 소수의 특정한 단체에 지원하는 경우에는 "모금활동(코드8300)"에 √표를 합니다. 사업내용은 중복체크가 가능합니다.

(예) 재단이면서 사회복지단체를 지원하는 경우, "배분(지원) 재단"과 "사회복지" 모두 √표를 합니다.

다. ③부터 ⑤까지 [ ]에는 공익법인등이 실제로 수행하는 사업의 사업대상, 국내 주요 사업지역, 국외 주요 사업지역에 해당되는 곳에 모두 √표를 합니다.

라. ⑥란은 공익목적사업의 사업별 실적(사업명, 사업수행비용, 사업내용, 사업지역)을 적습니다. 코드는 "②사업내용"에 해당하는 코드를 적습니다. 공익법인등이 수행하는 사업이 3개 이상인 경우 사업수행비용이 많은 3개 사업의 사업실적은 별도로 적고, 나머지는 "그 외 사업"에 합산하여 적습니다.

마. ⑥란의 사업수행비용 합계는 제1쪽 "4. 비용현황"의 사업수행비용 총계와 일치해야 합니다.

210mm×297mm[백상지 80g/㎡]

부록 7 공익법인 이행의무 신고서

구분	내용	
대상 법인	동일 내국법인 주식등을 5% 초과 출연 · 취득 및 보유하고 있는 모든 공익법인	
제출 대상 서류	1. 공익법인등 이행의무 신고서	별지 제22호
제출 기한	사업연도 종료일부터 4개월 이내 (단, 신고기한이 공휴일, 토요일인 경우 그 다음을 기한으로 함)	
제출 방법	납세지 관할 지방국세청장에게 제출	

■ 상속세 및 증여세법 시행규칙 [별지 제22호 서식] 〈개정 2022.3.18.〉

공익법인등의 주식 보유 관련 의무이행 신고서

※ 뒤쪽의 작성방법을 읽고 작성해 주시기 바라며, [ ]에는 해당되는 곳에 √표를 합니다. (앞쪽)

1. 기본사항

사업연도(과세기간): 년 월 일 ~ 년 월 일

① 공익법인등 명칭		② 사업자등록번호 (고유번호)	
③ 대표자		④ 설립연월일	
⑤ 소재지		⑥ 전화번호/팩스	/
⑦ 홈페이지 주소		⑧ 전자우편주소	
⑨ 주무관청명	( )	⑩ 주무관청 부서명	
⑪ 설립근거법		⑫ 공익사업 유형	

2. 계열기업 등에 관한 사항

⑬ 상호출자제한기업집단 여부	여[ ] 부[ ]	⑭ 계열그룹명	

3. 의무이행 여부

의 무	이행여부	
	여	부
가. 출연받은 재산을 수익용 또는 수익사업용으로 운용하는 경우 운용소득의 100분의 80 이상을 직접 공익목적사업에 사용할 것		
나. 출연재산가액에 100분의 1을 곱하여 계산한 금액 이상을 직접 공익목적사업에 사용할 것 (2022.1.1. 이후 개시하는 과세기간 또는 사업연도부터 적용합니다)		
다. 출연자 또는 그의 특수관계인이 이사 현원의 5분의 1을 초과하지 않을 것		
라. 「상속세 및 증여세법」 제48조제3항에 따른 자기내부거래를 하지 않을 것		
마. 「상속세 및 증여세법」 제48조제10항 전단에 따른 광고·홍보를 하지 않을 것		

4. 주식의 의결권 미행사 등 요건충족 여부

가. 출연받은 주식등의 의결권을 행사하지 아니할 것	여[ ] 부[ ]
나. 자선·장학 또는 사회복지를 목적으로 할 것	여[ ] 부[ ]

「상속세 및 증여세법」 제48조제13항 및 같은 법 시행령 제41조의2제7항에 따라 의무이행 신고서를 제출합니다.

년 월 일

신고인 (서명 또는 인)

지방국세청장 귀하

제출서류	1. 해당 공익법인등의 설립허가서 및 정관(최초 신고 시 제출하고, 이후 변경사항이 있는 경우에만 제출합니다.) 2. 「상속세 및 증여세법 시행규칙」 별지 제25호의4서식에 따른 운용소득 사용명세서 3. 「상속세 및 증여세법 시행규칙」 별지 제26호의2서식에 따른 이사등 선임명세서 4. 「상속세 및 증여세법 시행규칙」 별지 제26호의3서식에 따른 특정기업광고 등 명세서 5. 「상속세 및 증여세법 시행규칙」 별지 제31호서식 부표 4에 따른 출연받은 재산의 공익목적 사용 현황 6. 「상속세 및 증여세법 시행규칙」 별지 제32호서식 부표 2에 따른 출연자 등 특수관계인 사용수익명세서 ※ 2.~6. 서류는 「상속세 및 증여세법」 제48조제5항, 제50조제2항 및 제50조의3제1항에 따라 이미 제출하거나 공시한 경우에는 제출하지 않을 수 있습니다.	수수료 없음
담당공무원 확인사항	법인 등기사항증명서	

210mm×297mm[백상지 80g/㎡ 또는 중질지 80g/㎡]

(뒤쪽)

작성방법

이 서식은 「상속세 및 증여세법 시행규칙」 제13조의2제1항 각 호의 어느 하나에 해당하는 공익법인등이 주식 보유 관련 의무이행 여부 등에 관한 사항을 납세지 관할 지방국세청장에게 신고할 때 작성하는 서식입니다.

1. 기본사항

가. "⑨ 주무관청명" 란은 비영리법인의 설립을 허가한 주무관청 명칭(설립허가 이후 주무관청이 변경된 경우 변경된 주무관청 명칭)을 적고, 해당 주무관청으로부터 공익법인등을 관리·감독 권한을 위임 받은 기관이 있는 경우에는 위임 받은 기관의 명칭을 괄호에 적습니다.

예) 00시교육청의 관리·감독을 받는 장학재단인 경우 '교육부(00시교육청)', 서울특별시의 관리 · 감독을 받는 종교법인의 경우 '문화체육관광부(서울특별시장)', 주무관청이 없는 단체의 경우 '관할 세무서'를 주무관청으로 적습니다.

나. "⑩ 주무관청 부서명" 란은 비영리법인의 설립을 허가한 주무관청의 부서명(설립허가 이후 주무관청 부서명이 변경된 경우 변경된 주무관청 부서명)을 적고, 해당 주무관청으로부터 공익법인등을 관리 · 감독 권한을 위임 받은 기관이 있는 경우에는 위임 받은 기관의 부서명을 적습니다.

다. "⑪ 설립근거법"란은 다음 중에서 해당하는 법률 등을 선택하여 모두 적습니다.

1) 「민법」, 2) 「공익법인의 설립 · 운영에 관한 법률」, 3) 「사회복지사업법」, 4) 「사립학교법」, 5) 「의료법」, 6) 「협동조합 기본법」, 7) 그 밖의 다른 법률, 8) 해당 없음

라. "⑫ 공익사업 유형"란은 1) 교육, 2) 학술 · 장학, 3) 사회복지, 4) 의료, 5) 예술 · 문화, 6) 종교, 7) 그 밖의 유형 중에서 정관상 주된 공익목적사업 하나를 선택하여 적습니다.

2. 계열기업 등에 관한 사항

가. "⑬ 상호출자제한기업집단 여부"는 「독점규제 및 공정거래에 관한 법률」 제31조제1항 전단에 따른 상호출자제한기업집단과 특수관계에 있는 공익법인등인지 여부를 표시합니다.

나. "⑭ 계열그룹명"은 「독점규제 및 공정거래에 관한 법률 시행령」 제4조 각 호의 어느 하나에 해당하는 기업집단에 속하는 경우 해당 계열그룹명을 적습니다.

3. 의무이행 여부 : 공익법인이 주식을 출연받거나 취득하는 경우 내국법인의 의결권 있는 발행주식총수등의 10%까지 보유할 수 있는 요건을 충족하였는지 여부를 표시합니다(「상속세 및 증여세법」 제16조제2항제2호, 제48조제11항 및 같은 법 시행령 제41조의2).

4. 주식의 의결권 미행사 등 요건충족 여부 : 공익법인이 주식을 출연받거나 취득하는 경우 내국법인의 의결권 있는 발행주식총수등의 20%까지 보유할 수 있는 요건을 갖추었는지 여부를 표시합니다(「상속세 및 증여세법」 제16조제2항제2호가목).

※ 제출서류 중 "5. 출연받은 재산의 공익목적사용 현황"은 22.1.1. 이후 개시하는 과세기간 또는 사업연도부터 제출합니다.

※ (참고) 공익법인이 주식을 출연받거나 출연재산 등으로 주식을 취득하는 경우 그 내국법인의 의결권 있는 발행주식총수등의 비율(「상속세 및 증여세법」 제16조제2항)이 아래의 구분에 따른 비율을 초과하는 경우 그 초과하는 가액을 증여세 과세가액에 산입합니다.

구 분	비 율
1) 상호출자제한기업집단과 특수관계에 있는 경우 또는 「상속세 및 증여세법」 제48조제11항 각 호의 요건을 충족하지 못하는 경우(같은 법 제16조제2항제2호나목 및 다목)	5%
2) 1)에 해당하지 않는 공익법인으로서 자선 · 장학 · 사회복지 목적으로 설립되었으며 출연받은 주식의 의결권을 행사하지 않는 경우(「상속세 및 증여세법」 제16조제2항제2호가목)	20%
3) 1), 2)에 해당하지 않는 경우	10%

부록 8 공익법인회계기준(기획재정부 고시 제2017-35호)

공익법인회계기준

기획재정부(재산세제과), 044-215-4311

제1장 총칙

제1조【목적】 공익법인회계기준(이하 '이 기준'이라 한다)은 「상속세 및 증여세법」 제50조의 4 및 같은 법 시행령 제43조의 4에 따라 같은 법 제16조 제1항에 따른 공익법인등(이하 '공익법인'이라 한다)의 회계처리 및 재무제표를 작성하는 데 적용되는 기준을 제시하는 것을 목적으로 한다.

제2조【적용】 이 기준은 공익법인이 「상속세 및 증여세법」 제50조 제3항에 따라 회계감사를 받는 경우 및 같은 법 제50조의 3에 따라 결산서류 등을 공시하는 경우 등에 적용한다.

제3조【보고실체】 이 기준에 따라 재무제표를 작성할 때에는 공익법인 전체를 하나의 보고실체로 하여 작성한다.

제4조【복식부기와 발생주의】 ① 이 기준에 따라 회계처리 및 재무제표를 작성할 때는 발생주의 회계원칙에 따라 복식부기 방식으로 하여야 한다.

② '복식부기'란 공익법인의 자산, 부채, 순자산의 증감 및 변화과정과 그 결과를 계정과목을 통하여 대변과 차변으로 구분하여 이중기록 · 계산이 되도록 하는 부기형식을 말한다.

③ '발생주의'란 현금의 수수와는 관계없이 수익은 실현되었을 때 인식하고 비용은 발생되었을 때 인식하는 개념으로서 기간손익을 계산할 때 경제가치량의 증가나 감소의 사실이 발생한 때를 기준으로 수익과 비용을 인식하는 것을 말한다.

제5조【재무제표】 이 기준에서 재무제표는 다음 각 호의 서류로 구성된다.

1. 재무상태표
2. 운영성과표
3. 위 제1호 및 제2호의 서류에 대한 주석

제6조【다른 법령과의 관계 등】① 공익법인의 회계처리 및 재무제표 작성에 관하여 이 기준에서 정하지 아니한 사항은 일반기업회계기준에 따른다.

② 제4조 제2항 및 제3항에 따른 공익법인의 회계처리 및 재무제표 작성에 관하여 다른 법령에서 특별한 규정이 있는 경우 외에는 이 기준에 따른다.

제7조【회계정책, 회계추정의 변경 및 오류수정】① 재무제표를 작성할 때 채택한 회계정책이나 회계추정은 비슷한 종류의 사건 또는 거래의 회계처리에도 동일하게 적용한다.

② '회계정책의 변경'이란 재무제표의 작성에 적용하던 회계정책을 다른 회계정책으로 바꾸는 것을 말한다.

③ 이 기준에서 변경을 요구하거나, 회계정책의 변경을 반영한 재무제표가 신뢰성 있고 더 목적적합한 정보를 제공하는 경우에만 회계정책을 변경할 수 있다.

④ '회계추정의 변경'이란 환경의 변화, 새로운 정보의 입수 또는 경험의 축적에 따라 회계적 추정치의 근거와 방법 등을 바꾸는 것을 말한다. 이 경우 회계추정에는 대손의 추정, 감가상각자산에 내재된 미래 경제적 효익의 예상되는 소비형태의 유의적인 변동, 감가상각자산의 내용연수 또는 잔존가치의 추정 등이 포함된다.

⑤ 변경된 회계정책은 소급하여 적용하며 소급적용에 따른 수정사항을 반영하여 비교재무제표를 재작성한다.

⑥ 회계추정의 변경은 전진적으로 회계처리하여 그 효과를 당기와 그 이후의 회계연도에 반영한다.

⑦ '오류수정'이란 전기 또는 그 이전 회계연도의 재무제표에 포함된 회계적 오류를 당기에 발견하여 수정하는 것을 말한다.

⑧ 당기에 발견한 전기 또는 그 이전 회계연도의 오류는 당기 운영성과표에 사업외손익 중 전기오류수정손익으로 보고한다. 다만, 전기 또는 그 이전 회계연도에 발생한 중대한 오류의 수정은 비교재무제표를 재작성하여 반영한다. 중대한 오류는 재무제표의 신뢰성을 심각하게 손상할 수 있는 매우 중요한 오류를 말한다.

제8조【재무제표의 구분 · 통합 표시】중요한 항목은 재무제표의 본문 또는 주석에 그 내용을 가장 잘 나타낼 수 있도록 구분하여 표시한다.

제9조【비교재무제표의 작성】① 재무제표의 기간별 비교가능성을 제고하기 위하여 전기 재무제표상의 모든 계량정보를 당기와 비교하는 형식으로 표시한다.

② 전기 재무제표상의 비계량정보가 당기 재무제표를 이해하는 데 관련된 경우에는 이를 당기의 정보와 비교하여 주석으로 기재한다.

제2장 재무상태표

제10조【재무상태표의 목적과 작성단위】① 재무상태표는 회계연도 말 현재 공익법인의 자산, 부채 및 순자산을 표시함으로써 다음 각 호의 정보를 제공하는 것을 목적으로 한다.

1. 공익법인이 정관상 목적사업을 지속적으로 수행할 수 있는 능력
2. 공익법인의 유동성 및 재무건전성

② 재무상태표의 작성은 공익법인을 하나의 작성단위로 보아 통합하여 작성하되, 공익목적사업부문과 기타사업부문으로 각각 구분하여 표시한다.

제11조【재무상태표 작성기준】① 재무상태표에는 회계연도 말 현재 공익법인의 모든 자산, 부채 및 순자산을 적정하게 표시한다.[별지 제1호 서식 참조]

② 재무상태표 구성요소의 정의는 다음 각 호와 같다.

1. '자산'이란 과거의 거래나 사건의 결과로 현재 공익법인에 의해 지배되고 미래에 경제적 효익을 창출할 것으로 예상되는 자원을 말한다.
2. '부채'란 과거의 거래나 사건의 결과로 현재 공익법인이 부담하고 있고 미래에 자원이 유출되거나 사용될 것으로 예상되는 의무를 말한다.
3. '순자산'이란 공익법인의 자산 총액에서 부채 총액을 차감한 잔여 금액을 말한다.

③ 자산과 부채는 각각 다음 각 호의 조건을 충족하는 경우에 재무상태표에 인식한다.

1. 자산 : 해당 항목에서 발생하는 미래경제적 효익이 공익법인에 유입될 가능성이 매우 높고, 그 원가를 신뢰성 있게 측정할 수 있다.
2. 부채 : 해당 의무를 이행하기 위하여 경제적 자원이 유출될 가능성이 매우 높고, 의무의 이행에 소요되는 금액을 신뢰성 있게 측정할 수 있다.

④ 자산, 부채 및 순자산은 다음 각 호에 따라 구분한다.

1. 자산은 유동자산 및 비유동자산으로 구분하고, 비유동자산은 투자자산, 유형자산, 무형자산 및 기타비유동자산으로 구분한다.
2. 부채는 유동부채, 비유동부채로 구분하며 고유목적사업준비금을 부채로 인식할 수 있다.
3. 순자산은 기본순자산, 보통순자산, 순자산조정으로 구분한다.

⑤ 자산과 부채는 유동성이 높은 항목부터 배열한다.

⑥ 자산과 부채는 상계하여 표시하지 않는다.

제12조【유동자산】① '유동자산'은 회계연도 말부터 1년 이내에 현금화되거나 실현될 것으로 예상되는 자산을 말한다.

② 유동자산에는 현금및현금성자산, 단기투자자산, 매출채권, 선급비용, 미수수익, 미수금, 선급금 및 재고자산 등이 포함된다.

③ 매출채권, 미수금 등에 대한 대손충당금은 해당 자산의 차감계정으로, 재고자산평가충당금은 재고자산 각 항목의 차감계정으로 재무상태표에 표시한다.

제13조【투자자산】① '투자자산'이란 장기적인 투자 등과 같은 활동의 결과로 보유하는 자산을 말한다.

② 투자자산에는 장기성예적금, 장기투자증권과 장기대여금 등이 포함된다.

제14조【유형자산】① '유형자산'이란 재화를 생산하거나 용역을 제공하기 위하여, 또는 타인에게 임대하거나 직접 사용하기 위하여 보유한 물리적 형체가 있는 자산으로 1년을 초과하여 사용할 것으로 예상되는 자산을 말한다.

② 유형자산에는 토지, 건물, 구축물, 기계장치, 차량운반구와 건설중인자산 등이 포함된다.

③ 유형자산의 감가상각누계액과 손상차손누계액은 유형자산 각 항목의 차감계정으로 재무상태표에 표시한다.

④ 유형자산을 폐기하거나 처분하는 경우 그 자산을 재무상태표에서 제거하고 처분금액과 장부금액의 차액을 유형자산처분손익으로 인식한다.

제15조【무형자산】① '무형자산'이란 재화를 생산하거나 용역을 제공하기 위하여, 또는 타인에게 임대하거나 직접 사용하기 위하여 보유한 물리적 형체가 없는 비화폐성자산을 말한다.

② 무형자산에는 지식재산권, 개발비, 컴퓨터소프트웨어, 광업권, 임차권리금 등이 포함된다.

③ 무형자산은 상각누계액과 손상차손누계액을 취득원가에서 직접 차감한 잔액으로 재무상태표에 표시한다.

④ 무형자산을 처분하는 경우 그 자산을 재무상태표에서 제거하고 처분금액과 장부금액의 차액을 무형자산처분손익으로 인식한다.

제16조【기타비유동자산】① '기타비유동자산'이란 투자자산, 유형자산 및 무형자산에 속하지 않는 비유동자산을 말한다.

② 기타비유동자산에는 임차보증금, 장기선급비용과 장기미수금 등이 포함된다.

제17조【유동부채】① '유동부채'는 회계연도 말부터 1년 이내에 상환 등을 통하여 소멸할 것으로 예상되는 부채를 말한다.

② 유동부채에는 단기차입금, 매입채무, 미지급비용, 미지급금, 선수금, 선수수익, 예수금과 유동성장기부채 등이 포함된다.

제18조【비유동부채】① '비유동부채'란 유동부채를 제외한 모든 부채를 말하며, 고유목적사업준비금을 부채로 인식하는 경우에는 유동부채와 고유목적사업준비금을 제외한 모든 부채를 말한다.

② 비유동부채에는 장기차입금, 임대보증금과 퇴직급여충당부채 등이 포함된다.

제19조【고유목적사업준비금】① 고유목적사업준비금이란 법인세법 제29조에 따라 고유목적사업이나 일반기부금에 사용하기 위해 미리 비용으로 계상하면서 동일한 금액으로 인식한 부채계정으로, 유동부채와 비유동부채로 구분하지 않고 별도로 표시한다.

② 제1항은 고유목적사업준비금을 부채로 인식하는 경우에 한하여 적용한다.

제20조【기본순자산】① '기본순자산'이란 사용이나 처분에 '영구적 제약'이 있는 순자산을 말한다.

② '영구적 제약'이란 법령, 정관 등에 의해 사용이나 처분시 주무관청 등의 허가가 필요한 경우를 말한다.

제21조【보통순자산】① '보통순자산'이란 '기본순자산'이나 '순자산조정'이 아닌 순자산을 말한다.

② '보통순자산'은 잉여금과 적립금으로 구분하고, 적립금은 미래 특정 용도로 사용하기 위하여 적립해두는 준비금이나 임의적립금 등이 해당한다.

제22조【순자산조정】'순자산조정'이란 순자산 가감성격의 항목으로서 매도가능증권평가손익, 유형자산재평가이익 등이 포함된다.

제3장 운영성과표

제23조【운영성과표의 목적과 작성단위】 ① 운영성과표는 해당 회계연도의 모든 수익과 비용을 표시함으로써 다음 각 호의 정보를 제공하는 것을 목적으로 한다.

1. 공익법인의 사업 수행 성과
2. 관리자의 책임 수행 정도

② 운영성과표의 작성은 공익법인을 하나의 작성단위로 보아 통합하여 작성하되, 공익목적사업부문과 기타사업부문으로 각각 구분하여 표시한다.

제24조【운영성과표 작성기준】 ① 운영성과표에는 그 회계연도에 속하는 모든 수익 및 이에 대응하는 모든 비용을 적정하게 표시한다. [별지 제2호 서식 참조]

② 운영성과표는 다음 각 호에 따라 작성한다.

1. 모든 수익과 비용은 그것이 발생한 회계연도에 배분되도록 회계처리한다. 이 경우 발생한 원가가 자산으로 인식되는 경우를 제외하고는 비용으로 인식한다.
2. 수익과 비용은 그 발생 원천에 따라 명확하게 분류하고, 수익항목과 이에 관련되는 비용항목은 대응하여 표시한다.
3. 수익과 비용은 총액으로 표시한다.
4. 운영성과표는 다음 각 목과 같이 구분하여 표시한다.
   가. 사업수익
   나. 사업비용
   다. 사업이익(손실)
   라. 사업외수익
   마. 사업외비용
   바. 고유목적사업준비금을 부채로 인식하는 경우 고유목적사업준비금전입액
   사. 고유목적사업준비금을 부채로 인식하는 경우 고유목적사업준비금환입액
   아. 법인세비용차감전 당기운영이익(손실)
   자. 법인세비용
   차. 당기운영이익(손실)

제25조【사업수익】 ① '사업수익'은 공익목적사업과 기타사업의 결과 경상적으로 발생하는 자산의 증가 또는 부채의 감소를 말한다.

부록 9 공익법인회계기준

② 사업수익은 공익목적사업수익과 기타사업수익으로 구분하여 표시한다.

③ 공익목적사업수익은 공익법인의 특성을 반영하여 기부금수익, 보조금수익, 회비수익 등으로 구분하여 표시한다.

④ 기타사업수익은 공익법인이 필요하다고 판단하는 경우에는 그 구분정보를 운영성과표 본문에 표시하거나 주석으로 기재할 수 있다.

⑤ 이자수익 또는 배당수익과 처분손익 등이 공익목적사업활동의 주된 원천이 되는 경우에는 사업수익에 포함한다.

제26조【기부금 등의 수익인식과 측정】① 현금이나 현물을 기부 받을 때에는 실제 기부를 받는 시점에 수익으로 인식한다.

② 현물을 기부 받을 때에는 수익금액을 공정가치(합리적인 판단력과 거래 의사가 있는 독립된 당사자 사이의 거래에서 자산이 교환되거나 부채가 결제될 수 있는 금액을 말한다. 이하 같다)로 측정한다.

③ 납부가 강제되는 회비 등에 대해서는 발생주의에 따라 회수가 확실해지는 시점에 수익을 인식할 수 있다.

④ 기부금 등이 기본순자산에 해당하는 경우 사업수익으로 인식하지 않고 기본순자산의 증가로 인식한다.

제27조【사업비용】① '사업비용'은 공익목적사업과 기타사업의 결과 경상적으로 발생하는 자산의 감소 또는 부채의 증가를 말한다.

② 사업비용은 공익목적사업비용과 기타사업비용으로 구분하여 표시한다.

③ 공익목적사업비용은 활동의 성격에 따라 다음 각 호와 같이 사업수행비용, 일반관리비용, 모금비용으로 구분하여 표시한다.

1. '사업수행비용'은 공익법인이 추구하는 본연의 임무나 목적을 달성하기 위해 수혜자, 고객, 회원 등에게 재화나 용역을 제공하는 활동에서 발생하는 비용을 말한다.
2. '일반관리비용'은 기획, 인사, 재무, 감독 등 제반 관리활동에서 발생하는 비용을 말한다.
3. '모금비용'은 모금 홍보, 모금 행사, 기부자 리스트 관리, 모금 고지서 발송 등의 모금활동에서 발생하는 비용을 말한다.

④ 사업수행비용은 세부사업별로 추가 구분한 정보를 운영성과표 본문에 표시하거나 주석으로 기재할 수 있다.

⑤ 사업수행비용, 일반관리비용, 모금비용에 대해서는 각각 다음 각 호와 같이 분배비

용, 인력비용, 시설비용, 기타비용으로 구분하여 분석한 정보를 운영성과표 본문에 표시하거나 주석으로 기재한다. 다만, 공익법인이 필요하다고 판단하는 경우에는 더 세분화된 정보를 운영성과표 본문에 표시하거나 주석으로 기재할 수 있다.

1. '분배비용'은 공익법인이 수혜자 또는 수혜단체에 직접 지급하는 비용으로 장학금, 지원금 등을 포함한다.
2. '인력비용'은 공익법인에 고용된 인력과 관련된 비용으로서 급여, 상여금, 퇴직급여, 복리후생비, 교육훈련비 등을 포함한다.
3. '시설비용'은 공익법인의 운영에 사용되는 토지, 건물, 구축물, 차량운반구 등 시설과 관련된 비용으로서 감가상각비, 지급임차료, 시설보험료, 시설유지관리비 등을 포함한다.
4. '기타비용'은 분배비용, 인력비용, 시설비용 외의 비용으로서 여비교통비, 소모품비, 지급수수료, 용역비, 업무추진비, 회의비, 대손상각비 등을 포함한다. 이 경우 각 공익법인의 특성에 따라 금액이 중요한 기타비용 항목은 별도로 구분하여 운영성과표 본문에 표시하거나 주석으로 기재한다.

⑥ 기타사업비용을 인력비용, 시설비용, 기타비용으로 구분하여 분석한 정보는 운영성과표 본문에 표시하거나 주석으로 기재하여야 하며, 그 외 공익법인이 필요하다고 판단하는 구분정보에 대해서는 운영성과표 본문에 표시하거나 주석으로 기재할 수 있다.

제28조 【사업외수익】 사업외수익은 사업수익이 아닌 수익 또는 차익으로서 유형 · 무형자산처분이익, 유형 · 무형자산손상차손환입, 전기오류수정이익 등으로 한다.

제29조 【사업외비용】 사업외비용은 사업비용이 아닌 비용 또는 차손으로서 유형 · 무형자산처분손실, 유형 · 무형자산손상차손, 유형자산재평가손실, 기타의 대손상각비, 전기오류수정손실 등으로 한다.

제30조 【공통수익 및 비용의 배분】 어떤 수익과 비용항목이 복수의 활동에 관련되는 경우에는 해당 수익과 비용의 성격에 따라 투입한 업무시간, 관련 시설면적, 사용빈도 등 합리적인 배분기준에 따라 활동 간에 배분하며, 그 배분기준은 일관되게 적용하여야 한다.

제31조 【고유목적사업준비금 전입액과 환입액】 ① '고유목적사업준비금전입액'이란 공익법인이 법인세법에 따라 수익사업부문에서 발생한 소득 중 일부를 고유목적사업부문이나 일반기부금에 지출하기 위하여 적립한 금액을 말한다. 이에 상응하여 동일한 금액을 부채에 '고유목적사업준비금'이라는 과목으로 인식한다.

② '고유목적사업준비금환입액'이란 고유목적사업준비금이 법인세법에 따라 수익사업부문에서 고유목적사업부문에 전출되어 목적사업에 사용되었거나 미사용되어 임의 환입된 금액을 말한다.

③ 제1항과 제2항의 내용은 고유목적사업준비금을 부채로 인식하는 경우에 한하여 적용한다.

제32조 【법인세비용】 공익법인이 법인세를 부담하는 경우에는 일반기업회계기준 제22장 '법인세회계'와 제31장 '중소기업 회계처리 특례'의 법인세 회계처리를 고려하여 회계정책을 개발하여 회계처리한다.

제4장 자산 · 부채의 평가

제33조 【자산의 평가기준】 ① 자산은 최초에 취득원가로 인식한다.

② 교환, 현물출자, 증여, 그 밖에 무상으로 취득한 자산은 공정가치를 취득원가로 한다.

③ 이 기준에서 별도로 정하는 경우를 제외하고는, 자산의 진부화 및 시장가치의 급격한 하락 등으로 인하여 자산의 회수가능액이 장부금액에 중요하게 미달되는 경우에는 장부금액을 회수가능액으로 조정하고 그 차액을 손상차손으로 처리한다. 이 경우 회수가능액은 다음 제1호와 제2호 중 큰 금액으로 한다.

1. 순공정가치 : 합리적인 판단력과 거래 의사가 있는 독립된 당사자 사이의 거래에서 자산의 매각으로부터 수취할 수 있는 금액에서 처분부대원가를 차감한 금액
2. 사용가치 : 자산에서 창출될 것으로 기대되는 미래 현금흐름의 현재가치

④ 과거 회계연도에 인식한 손상차손이 더 이상 존재하지 않거나 감소하였다면 자산의 회수가능액이 장부금액을 초과하는 금액은 손상차손환입으로 인식한다. 다만, 손상차손환입으로 증가된 장부금액은 과거에 손상차손을 인식하기 전 장부금액의 감가상각 또는 상각 후 잔액을 초과할 수 없다

제34조 【미수금, 매출채권 등의 평가】 ① 원금이나 이자 등의 일부 또는 전부를 회수하지 못할 가능성이 있는 미수금, 매출채권 등은 합리적이고 객관적인 기준에 따라 대손추산액을 산출하여 대손충당금으로 설정하고, 기존 대손충당금 잔액과의 차이는 대손상각비로 인식한다.

② 미수금, 매출채권 등의 원금이나 이자 등의 일부 또는 전부를 회수할 수 없게 된 경

우, 대손충당금과 상계하고, 대손충당금이 부족한 경우에는 그 부족액을 대손상각비로 인식한다.

③ 미수금과 매출채권에 대한 대손상각비는 사업비용(공익목적사업비용이나 기타사업비용 중 관련이 되는 것)의 대손상각비로, 그 밖의 채권에 대한 대손상각비는 사업외비용의 기타의대손상각비로 구분한다.

제35조【유형자산과 무형자산의 평가】① 유형자산과 무형자산의 취득원가는 구입가격 또는 제작원가와 자산을 가동하기 위하여 필요한 장소와 상태에 이르게 하는 데 직접 관련되는 원가를 포함한 금액을 말한다.

② 최초 인식 후에 유형자산과 무형자산의 장부금액은 다음 각 호에 따라 결정한다.

1. 유형자산 : 취득원가(자본적 지출을 포함한다. 이하 이 조에서 같다)에서 감가상각누계액과 손상차손누계액을 차감한 금액
2. 무형자산 : 취득원가에서 상각누계액과 손상차손누계액을 차감한 금액

③ 취득원가에서 잔존가치를 차감하여 결정되는 유형자산의 감가상각대상금액과 무형자산의 상각대상금액은 해당 자산을 사용할 수 있는 때부터 내용연수에 걸쳐 배분하여 상각한다.

④ 유형자산과 무형자산의 내용연수는 자산의 예상 사용기간이나 생산량 등을 고려하여 합리적으로 결정한다.

⑤ 유형자산의 감가상각방법과 무형자산의 상각방법은 다음 각 호에서 자산의 경제적 효익이 소멸되는 형태를 반영한 합리적인 방법을 선택하여 소멸형태가 변하지 않는 한 매기 계속 적용한다.

1. 정액법
2. 정률법
3. 연수합계법
4. 생산량비례법

⑥ 전시 · 교육 · 연구 등의 목적으로 보유중인 예술작품 및 유물과 같은 역사적 가치가 있는 유형자산은 일반적으로 시간이 경과하더라도 가치가 감소하지 않으므로 감가상각을 적용하지 아니한다.

제36조【유형자산의 재평가】① 최초 인식 후에 공정가치를 신뢰성 있게 측정할 수 있는 유형자산은 재평가를 할 수 있다. 이 경우 재평가일의 공정가치에서 이후의 감가상각누

계액과 손상차손누계액을 차감한 재평가금액을 장부금액으로 한다.

② 유형자산을 재평가할 때, 재평가 시점의 총장부금액에서 기존의 감가상각누계액을 제거하여 자산의 순장부금액이 재평가금액이 되도록 수정한다.

③ 유형자산의 장부금액이 재평가로 인하여 증가된 경우에 그 증가액은 순자산조정으로 인식한다. 그러나 동일한 유형자산에 대하여 이전에 운영성과표에 사업외비용으로 인식한 재평가감소액이 있다면 그 금액을 한도로 재평가증가액만큼 운영성과표에 사업외수익으로 인식한다.

④ 유형자산의 장부금액이 재평가로 인하여 감소된 경우에 그 감소액은 운영성과표에 사업외비용으로 인식한다. 그러나 그 유형자산의 재평가로 인해 인식한 순자산조정의 잔액이 있다면 그 금액을 한도로 재평가감소액을 순자산조정에서 차감한다.

제37조 **【유가증권의 평가】** ① 유가증권은 취득한 후 만기보유증권, 단기매매증권, 그리고 매도가능증권 중의 하나로 분류한다.

② 유가증권의 평가는 일반기업회계기준에 따른다. 다만, 매도가능증권에 대한 미실현보유손익은 순자산조정으로 인식하고 당해 유가증권에 대한 순자산조정은 그 유가증권을 처분하거나 손상차손을 인식하는 시점에 일괄하여 당기손익에 반영한다.

제38조 **【퇴직급여충당부채의 평가】** ① 퇴직급여충당부채는 회계연도 말 현재 모든 임직원이 일시에 퇴직할 경우 지급하여야 할 퇴직금에 상당하는 금액으로 한다.

② 확정기여형퇴직연금제도를 설정한 경우에는 퇴직급여충당부채 및 관련 퇴직연금운용자산을 인식하지 않는다. 다만 해당 회계기간에 대하여 공익법인이 납부하여야 할 부담금을 퇴직급여(비용)로 인식하고, 미납부액이 있는 경우 미지급비용(부채)으로 인식한다.

③ 확정급여형퇴직연금제도와 관련하여 별도로 운용되는 자산은 하나로 통합하여 '퇴직연금운용자산'으로 표시하고, 퇴직급여충당부채에서 차감하는 형식으로 표시한다. 퇴직연금운용자산의 구성내역은 주석으로 기재한다.

제39조 **【공통자산 · 부채의 배분】** 어떤 자산 또는 부채 항목이 복수의 활동에 관련되는 경우에는 관련 시설면적, 사용빈도 등 합리적인 배분기준에 따라 활동 간에 배분하고, 그 배분기준은 일관되게 적용하여야 한다.

제5장 주석

제40조【주석의 정의】 '주석'이란 재무제표 본문(재무상태표, 운영성과표를 말한다)의 전반적인 이해를 돕는 일반사항에 관한 정보, 재무제표 본문에 표시된 항목을 구체적으로 설명하거나 세분화하는 정보, 재무제표 본문에 표시할 수 없는 회계사건 및 그 밖의 사항으로 재무제표에 중요한 영향을 미치거나 재무제표의 이해를 위하여 필요하다고 판단되는 정보를 추가하여 기재하는 것을 말한다.

제41조【필수적 주석기재사항】 공익법인은 이 기준의 다른 조항에서 주석으로 기재할 것을 요구하거나 허용하는 사항 외에 다음 각 호의 사항을 주석으로 기재한다.

1. 공익법인의 개황 및 주요사업 내용
2. 공익법인이 채택한 회계정책(자산·부채의 평가기준 및 수익과 비용의 인식기준을 포함한다)
3. 사용이 제한된 현금및현금성자산의 내용
4. 차입금 등 현금 등으로 상환하여야 하는 부채의 주요 내용
5. 현물기부의 내용
6. 제공한 담보·보증의 주요 내용
7. 특수관계인(상속세 및 증여세법 제2조 제10호의 정의에 따른다)과의 중요한 거래의 내용
8. 총자산 또는 사업수익금액의 10% 이상에 해당하는 거래에 대한 거래처명, 거래금액, 계정과목 등 거래 내역
9. 회계연도 말 현재 진행 중인 소송 사건의 내용, 소송금액, 진행 상황 등
10. 회계정책, 회계추정의 변경 및 오류수정에 관한 사항
11. 기본순자산의 취득원가와 공정가치를 비교하는 정보에 관한 사항
12. 순자산의 변동에 관한 사항
13. 유형자산 재평가차액의 누적금액
14. 유가증권의 취득원가와 재무제표 본문에 표시된 공정가치를 비교하는 정보
15. 그 밖에 일반기업회계기준에 따라 주석기재가 요구되는 사항 중 공익법인에 관련성이 있고 그 성격이나 금액이 중요한 사항

제42조【선택적 주석기재사항】 이 기준과 일반기업회계기준에서 요구하는 주석기재사항 외

에도 재무제표의 유용성을 제고하고 공정한 표시를 위하여 필요한 정보는 재무제표 작성자의 판단과 책임하에서 자발적으로 주석을 기재할 수 있다. 예를 들어, 공익법인이 내부관리목적으로 복수의 구분된 단위로 회계를 하는 경우 각 회계단위별로 작성된 재무제표의 전부 또는 일부를 주석으로 기재할 수 있다.

제43조【주석기재방법】주석기재는 재무제표 이용자의 이해와 편의를 도모하기 위하여 다음 각 호에 따라 체계적으로 작성한다.

1. 재무제표상의 개별항목에 대한 주석 정보는 해당 개별항목에 기호를 붙이고 별지에 동일한 기호를 표시하여 그 내용을 설명한다.
2. 하나의 주석이 재무제표상 둘 이상의 개별항목과 관련된 경우에는 해당 개별항목 모두에 주석의 기호를 표시한다.
3. 하나의 주석에 포함된 정보가 다른 주석과 관련된 경우에도 해당되는 주석 모두에 관련된 주석의 기호를 표시한다.

부 칙

제1조【시행일】이 기준은 2018년 1월 1일부터 시행한다.

제2조【일반적 적용례】이 기준은 이 기준 시행 이후 개시하는 회계연도부터 적용한다.

제3조【재무제표 작성 적용례】이 기준이 최초 적용되는 재무제표에 대하여는 제9조에 따른 비교재무제표를 작성하지 아니할 수 있다.

제4조【재무제표 작성 경과규정】이 기준은 공익법인이 원하는 경우 이 기준 시행 이전에 개시하는 회계연도에 적용할 수 있다.

제5조【소규모 공익법인의 한시적 단식부기 등 적용특례】이 기준 시행 이후 최초로 개시하는 회계연도의 직전 회계연도 종료일의 총자산가액의 합계액이 20억원 이하인 공익법인과 이 기준 시행일부터 2018년 12월 31일까지의 기간 중에 신설되는 공익법인은 이 기준 시행 이후 최초로 개시하는 회계연도와 그 다음 회계연도에는 단식부기를 적용할 수 있으며, 제41조의 필수적 주석기재사항의 기재를 생략할 수 있다.

[별지 제1호 서식]

재 무 상 태 표

제×기 20××년×월×일 현재

제×기 20××년×월×일 현재

공익법인명

(단위 : 원)

과 목	당 기			전 기		
	통합	공익목적 사업	기타사업	통합	공익목적 사업	기타사업
자 산						
유동자산	×××	×××	×××	×××	×××	×××
현금및현금성자산	×××	×××	×××	×××	×××	×××
단기투자자산	×××	×××	×××	×××	×××	×××
매출채권	×××	×××	×××	×××	×××	×××
(-) 대손충당금	(×××)	(×××)	(×××)	(×××)	(×××)	(×××)
선급비용	×××	×××	×××	×××	×××	×××
미수수익	×××	×××	×××	×××	×××	×××
미수금	×××	×××	×××	×××	×××	×××
(-) 대손충당금	(×××)	(×××)	(×××)	(×××)	(×××)	(×××)
선급금	×××	×××	×××	×××	×××	×××
재고자산	×××	×××	×××	×××	×××	×××
……	×××	×××	×××	×××	×××	×××
비유동자산	×××	×××	×××	×××	×××	×××
투자자산	×××	×××	×××	×××	×××	×××
장기성예적금	×××	×××	×××	×××	×××	×××
장기투자증권	×××	×××	×××	×××	×××	×××
장기대여금	×××	×××	×××	×××	×××	×××
……	×××	×××	×××	×××	×××	×××
유형자산	×××	×××	×××	×××	×××	×××
토지	×××	×××	×××	×××	×××	×××
건물	×××	×××	×××	×××	×××	×××
(-) 감가상각누계액	(×××)	(×××)	(×××)	(×××)	(×××)	(×××)
구축물	×××	×××	×××	×××	×××	×××
(-) 감가상각누계액	(×××)	(×××)	(×××)	(×××)	(×××)	(×××)
기계장치	×××	×××	×××	×××	×××	×××
(-) 감가상각누계액	(×××)	(×××)	(×××)	(×××)	(×××)	(×××)
차량운반구	×××	×××	×××	×××	×××	×××
(-) 감가상각누계액	(×××)	(×××)	(×××)	(×××)	(×××)	(×××)
건설중인자산	(×××)	(×××)	(×××)	(×××)	(×××)	(×××)
……	×××	×××	×××	×××	×××	×××

무형자산	×××	×××	×××	×××	×××	×××
지식재산권	×××	×××	×××	×××	×××	×××
개발비	×××	×××	×××	×××	×××	×××
컴퓨터소프트웨어	×××	×××	×××	×××	×××	×××
광업권	×××	×××	×××	×××	×××	×××
임차권리금	×××	×××	×××	×××	×××	×××
......	×××	×××	×××	×××	×××	×××
기타비유동자산	×××	×××	×××	×××	×××	×××
임차보증금	×××	×××	×××	×××	×××	×××
장기선급비용	×××	×××	×××	×××	×××	×××
장기미수금	×××	×××	×××	×××	×××	×××
......	×××	×××	×××	×××	×××	×××
자 산 총 계	×××	×××	×××	×××	×××	×××
부 채						
유동부채	×××	×××	×××	×××	×××	×××
단기차입금	×××	×××	×××	×××	×××	×××
매입채무	×××	×××	×××	×××	×××	×××
미지급비용	×××	×××	×××	×××	×××	×××
미지급금	×××	×××	×××	×××	×××	×××
선수금	×××	×××	×××	×××	×××	×××
선수수익	×××	×××	×××	×××	×××	×××
예수금	×××	×××	×××	×××	×××	×××
유동성장기부채	×××	×××	×××	×××	×××	×××
......	×××	×××	×××	×××	×××	×××
비유동부채	×××	×××	×××	×××	×××	×××
장기차입금	×××	×××	×××	×××	×××	×××
임대보증금	×××	×××	×××	×××	×××	×××
퇴직급여충당부채	×××	×××	×××	×××	×××	×××
(-) 퇴직연금운용자산	(×××)	(×××)	(×××)	(×××)	(×××)	(×××)
......	×××	×××	×××	×××	×××	×××
고유목적사업준비금	×××	×××	×××	×××	×××	×××
부 채 총 계	×××	×××	×××	×××	×××	×××
순자산[*1]						
기본순자산	×××	×××	×××	×××	×××	×××

보통순자산	×××	×××	×××	×××	×××	×××
적립금	×××	×××	×××	×××	×××	×××
잉여금	×××	×××	×××	×××	×××	×××
순자산조정	×××	×××	×××	×××	×××	×××
순 자 산 총 계	×××	×××	×××	×××	×××	×××
부채 및 순자산 총계	×××	×××	×××	×××	×××	×××

[별지 제2호 서식]

운 영 성 과 표

제×기 20××년×월×일부터 20××년×월×일까지

제×기 20××년×월×일부터 20××년×월×일까지

공익법인명

(단위 : 원)

과 목	당 기			전 기		
	통합	공익목적 사업	기타사업	통합	공익목적 사업	기타사업
사업수익	×××	×××	×××	×××	×××	×××
기부금수익	×××	×××	-	×××	×××	-
보조금수익	×××	×××	-	×××	×××	-
회비수익	×××	×××	-	×××	×××	-
투자자산수익	×××	×××	-	×××	×××	-
매출액	×××	×××	-	×××	×××	-
......	×××	×××	-	×××	×××	-
사업비용[*2]	×××	×××	×××[*3]	×××	×××	×××[*3]
사업수행비용	×××	×××	-	×××	×××	-
○○사업수행비용	×××	×××	-	×××	×××	-
△△사업수행비용	×××	×××	-	×××	×××	-
......	×××	×××	-	×××	×××	-
일반관리비용	×××	×××	-	×××	×××	-
모금비용	×××	×××	-	×××	×××	-
......	×××	-	×××	×××	-	×××
사업이익(손실)	×××	×××	×××	×××	×××	×××
사업외수익	×××	×××	×××	×××	×××	×××
유형자산손상차손환입	×××	×××	×××	×××	×××	×××
유형자산처분이익	×××	×××	×××	×××	×××	×××
무형자산손상차손환입	×××	×××	×××	×××	×××	×××
무형자산처분이익	×××	×××	×××	×××	×××	×××
전기오류수정이익	×××	×××	×××	×××	×××	×××
.....	×××	×××	×××	×××	×××	×××
사업외비용	×××	×××	×××	×××	×××	×××
기타의 대손상각비	×××	×××	×××	×××	×××	×××
유형자산손상차손	×××	×××	×××	×××	×××	×××
유형자산처분손실	×××	×××	×××	×××	×××	×××
유형자산재평가손실[*4]	×××	×××	×××	×××	×××	×××
무형자산손상차손	×××	×××	×××	×××	×××	×××
무형자산처분손실	×××	×××	×××	×××	×××	×××
전기오류수정손실	×××	×××	×××	×××	×××	×××
......	×××	×××	×××	×××	×××	×××
고유목적사업준비금전입액	×××	×××	×××	×××	×××	×××
고유목적사업준비금환입액	×××	×××	×××	×××	×××	×××
법인세비용차감전 당기운영이익(손실)	×××	×××	×××	×××	×××	×××
법인세비용	×××	×××	×××	×××	×××	×××
당기운영이익(손실)	×××	×××	×××	×××	×××	×××

*1 순자산의 변동에 관한 사항은 아래와 같이 주석으로 기재한다.

과 목	통합				공익목적사업부문				기타사업부문			
	기본순자산	보통순자산		순자산조정	기본순자산	보통순자산		순자산조정	기본순자산	보통순자산		순자산조정
		적립금	잉여금			적립금	잉여금			적립금	잉여금	
전기초	×××	×××	×××	×××	×××	×××	×××	×××	×××	×××	×××	×××
회계정책변경누적효과	(×××)	(×××)	(×××)	(×××)	(×××)	(×××)	(×××)	(×××)	(×××)	(×××)	(×××)	(×××)
전기오류수정	(×××)	(×××)	(×××)	(×××)	(×××)	(×××)	(×××)	(×××)	(×××)	(×××)	(×××)	(×××)
수정후 순자산	×××	×××	×××	×××	×××	×××	×××	×××	×××	×××	×××	×××
기본순자산증감	×××		(×××)		×××		(×××)		×××		(×××)	
당기운영이익(손실)			×××				×××				×××	
매도가능증권평가이익				×××				×××				×××
유형자산재평가이익				×××				×××				×××
적립금 전입		×××	(×××)			×××	(×××)			×××	(×××)	
……	×××	×××	×××	×××	×××	×××	×××	×××	×××	×××	×××	×××
전기말	×××	×××	×××	×××	×××	×××	×××	×××	×××	×××	×××	×××
당기초	×××	×××	×××	×××	×××	×××	×××	×××	×××	×××	×××	×××
회계정책변경누적효과	(×××)	(×××)	(×××)	(×××)	(×××)	(×××)	(×××)	(×××)	(×××)	(×××)	(×××)	(×××)
전기오류수정	(×××)	(×××)	(×××)	(×××)	(×××)	(×××)	(×××)	(×××)	(×××)	(×××)	(×××)	(×××)
수정후 순자산	×××	×××	×××	×××	×××	×××	×××	×××	×××	×××	×××	×××
기본순자산증감	×××		(×××)		×××		(×××)		×××		(×××)	
당기운영이익(손실)			×××				×××				×××	
매도가능증권평가이익				×××				×××				×××
유형자산재평가이익				×××				×××				×××
적립금 전입		×××	(×××)			×××	(×××)			×××	(×××)	
……	×××	×××	×××	×××	×××	×××	×××	×××	×××	×××	×××	×××
당기말	×××	×××	×××	×××	×××	×××	×××	×××	×××	×××	×××	×××

*2 사업비용의 기능별 구분과 성격별 구분에 관한 정보를 아래와 같이 주석으로 기재한다.

〈주석기재 예시〉

주석 YY. 사업비용의 성격별 구분

운영성과표에는 사업비용이 기능별로 구분되어 표시되어 있습니다. 이를 다시 성격별로 구분한 내용은 다음과 같습니다.

	분배비용	인력비용	시설비용	기타비용	합계
공익목적사업비용	×××	×××	×××	×××	×××
사업수행비용	×××	×××	×××	×××	×××
일반관리비용	–	×××	×××	×××	×××
모금비용	–	×××	×××	×××	×××
기타사업비용	–	×××	×××	×××	×××
합계	–	×××	×××	×××	×××

* 분배비용이 없는 공익법인은 해당 계정을 삭제할 수 있다.

또는 공익법인이 선택에 따라 위 정보를 운영성과표 본문에 다음과 같이 직접 표시할 수도 있다.

Ⅰ. 공익목적사업비용	(×××)
1. 사업수행비용	(×××)
분배비용	(×××)
인력비용	(×××)
시설비용	(×××)
기타비용	(×××)
2. 일반관리비용	(×××)
인력비용	(×××)
시설비용	(×××)
기타비용	(×××)
3. 모금비용	(×××)
인력비용	(×××)
시설비용	(×××)
기타비용	(×××)
Ⅱ. 기타사업비용	(×××)
인력비용	(×××)
시설비용	(×××)
기타비용	(×××)

*3 공익법인회계기준 제27조 제6항에 따라 기타사업비용을 더 상세하게 구분한 정보를 주석으로 기재할 수 있다. 예를 들어, 기타사업비용을 매출원가와 판매관리비로 구분하여 주석으로 기재할 수 있다.

*4 유형자산재평가손실은 사업외비용으로 표시한다.

부록 9

비영리조직 회계기준

비영리조직회계기준

한국회계기준원 회계기준위원회 의결 2017.7.20.

제1장 총 칙

제1조【목적】

제2조【적용】

제3조【보고실체】

제4조【복식부기와 발생주의】

제5조【재무제표 작성의 목적】

제6조【재무제표】

제7조【회계정책의 결정】

제8조【회계정책, 회계추정의 변경 및 오류】

제9조【재무제표의 구분 · 통합 표시】

제10조【비교재무제표의 작성】

제2장 재무상태표

제11조【재무상태표의 목적과 작성단위】

제12조【재무상태표 작성기준】

제13조【당좌자산】

제14조【재고자산】

제15조【투자자산】

제16조【유형자산】

제17조【무형자산】

제18조 【기타비유동자산】

제19조 【유동부채】

제20조 【비유동부채】

제21조 【제약없는순자산】

제22조 【제약있는순자산】

제23조 【구분된 순자산의 명칭, 순서 및 세분】

제3장 운영성과표

제24조 【운영성과표의 목적과 작성단위】

제25조 【운영성과표 작성기준】

제26조 【사업수익】

제27조 【기부금 등의 수익인식과 측정】

제28조 【정부보조금의 수익인식】

제29조 【사업비용】

제30조 【공통비용 배분】

제31조 【사업외수익】

제32조 【사업외비용】

제33조 【법인세비용】

제34조 【제약없는순자산의 증가(감소)】

제35조 【제약있는순자산의 증가(감소)】

제36조 【순자산의 증가(감소)】

제4장 현금흐름표

제37조 【현금흐름표의 목적과 작성단위】

제38조 【현금흐름표 작성기준】

제39조 【사업활동 현금흐름】

제40조 【사업활동 현금흐름의 표시방법】

제41조 【투자활동 현금흐름】

제42조 【재무활동 현금흐름】

제5장 자산 · 부채의 평가

제43조【자산의 평가기준】

제44조【매출채권, 미수금 등의 평가】

제45조【유형자산과 무형자산의 평가】

제46조【유형자산의 재평가】

제47조【투자유가증권의 평가】

제48조【퇴직급여충당부채의 평가】

제6장 주 석

제49조【주석의 정의】

제50조【필수적 주석기재사항】

제51조【선택적 주석기재사항】

제52조【주석기재방법】

부 칙

제1조【시행일】

제2조【경과규정】

※적용사례 : 재무제표 양식의 예시

[사례 1] 재무상태표

[사례 2] 운영성과표

[사례 3] 현금흐름표_직접법

[사례 4] 현금흐름표_간접법

[사례 5] 재무상태표_고유목적사업부문과 수익사업부문별로 열을 구분하는 방식

[사례 6] 운영성과표_고유목적사업부문과 수익사업부문별로 열을 구분하는 방식

[사례 7] 현금흐름표_직접법_고유목적사업부문과 수익사업부문별로 열을 구분하는 방식

[사례 8] 현금흐름표_간접법_고유목적사업부문과 수익사업부문별로 열을 구분하는 방식

제1장 총칙

제1조【목적】 비영리조직회계기준(이하 '이 기준'이라 한다)의 목적은 비영리조직이 일반목적 재무제표를 작성하는 데 적용하는 기준을 제시하는 것이다.

제2조【적용】 이 기준은 법인격 유무에 관계없이 영리를 목적으로 하지 않고 사회 전체의 이익이나 공동의 이익을 목적으로 하는 모든 형태의 비영리조직에 적용한다.

제3조【보고실체】 이 기준에 따라 재무제표를 작성할 때에는 비영리조직 전체를 하나의 보고실체로 하여 작성한다.

제4조【복식부기와 발생주의】 ① 이 기준에 따라 재무제표를 작성할 때에는 복식부기회계와 발생주의회계를 적용한다.

② '복식부기'란 비영리조직의 자산, 부채, 순자산의 증감 및 변화과정과 그 결과를 계정과목을 통하여 대변과 차변으로 구분하여 이중기록 · 계산이 되도록 하는 부기형식을 말한다.

③ '발생주의'란 현금의 수수와는 관계없이 수익은 실현되었을 때 인식하고 비용은 발생되었을 때 인식하는 개념으로서 기간손익을 계산할 때 경제가치량의 증가나 감소의 사실이 발생한 때를 기준으로 수익과 비용을 인식하는 것을 말한다.

제5조【재무제표 작성의 목적】 이 기준에 따라 비영리조직이 재무제표를 작성하는 목적은 이를 외부에 보고하여 기부자, 회원, 채권자, 비영리조직에 자원을 제공하는 그 밖의 주체(예 : 보조금을 제공하는 정부) 등의 의사결정에 유용한 정보를 제공하여, 이들 이해관계자들이 비영리조직이 제공한 서비스, 이러한 서비스를 지속적으로 제공할 수 있는 가능성, 비영리조직의 관리자들이 수탁책임을 적절하게 수행하였는지 등을 평가할 때 도움을 주는 데 있다.

제6조【재무제표】 ① 이 기준에서 재무제표는 다음 각 호의 서류로 구성된다.

1. 재무상태표
2. 운영성과표
3. 현금흐름표
4. 제1호부터 제3호까지의 서류에 대한 주석

② 비영리조직이 수지계산서를 작성하고 있는 경우에는 현금흐름표를 작성하지 않음에 따

라 소실되는 정보의 양이 중요하지 않다면 수지계산서로 현금흐름표를 갈음할 수 있다. 이 경우에 수지계산서란 수입과 지출의 결과를 집계한 표를 말한다.

제7조【회계정책의 결정】 이 기준에서 특별히 정하지 않는 거래나 사건의 인식과 측정, 재무제표 표시, 주석 기재에 대해서는 일반기업회계기준에 따라 회계정책을 결정한다.

제8조【회계정책, 회계추정의 변경 및 오류】 ① 재무제표를 작성할 때 채택한 회계정책이나 회계추정은 비슷한 종류의 사건이나 거래의 회계처리에도 동일하게 적용한다.

② '회계정책의 변경'이란 재무제표의 작성에 적용하던 회계정책을 다른 회계정책으로 바꾸는 것을 말한다. 이 경우에 회계정책의 변경에는 재고자산의 단위원가결정방법 변경 등이 포함된다.

③ 이 기준에서 회계정책의 변경을 요구하거나, 회계정책의 변경을 반영한 재무제표가 신뢰성 있고 더 목적적합한 정보를 제공하는 경우에만 회계정책을 변경할 수 있다.

④ '회계추정의 변경'이란 환경의 변화, 새로운 정보의 입수, 경험의 축적에 따라 회계적 추정치의 근거와 방법 등을 바꾸는 것을 말한다. 이 경우에 회계추정에는 대손의 추정, 재고자산의 진부화 여부에 대한 판단과 평가, 충당부채의 추정, 감가상각자산에 내재된 미래경제적 효익의 예상되는 소비형태의 유의적인 변동, 감가상각자산의 내용연수나 잔존가치의 추정 등이 포함된다.

⑤ 변경된 회계정책은 소급하여 적용하며 소급적용에 따른 수정사항을 반영하여 비교재무제표를 재작성한다.

⑥ 회계추정의 변경은 전진적으로 회계처리하여 그 효과를 당기와 당기 이후의 기간에 반영한다.

⑦ '오류수정'이란 전기나 그 이전 회계연도의 재무제표에 포함된 회계적 오류를 당기에 발견하여 수정하는 것을 말한다.

⑧ 당기에 발견한 전기나 그 이전 회계연도의 오류는 당기 운영성과표에 사업외손익 중 전기오류수정손익으로 보고한다. 다만, 전기 이전 기간에 발생한 중대한 오류의 수정은 자산, 부채, 순자산의 기초금액에 반영한다. 비교재무제표를 작성하는 경우에 중대한 오류의 영향을 받는 회계기간의 재무제표항목은 재작성한다. 중대한 오류는 재무제표의 신뢰성을 심각하게 손상할 수 있는 매우 중요한 오류를 말한다.

제9조【재무제표의 구분 · 통합 표시】 ① 중요한 항목은 재무제표의 본문이나 주석에 그 내

용을 가장 잘 나타낼 수 있도록 구분하여 표시한다.

② 재무제표 표시와 관련하여 재무제표 본문과 주석에 적용하는 중요성 기준은 서로 다를 수 있다. 예를 들어, 재무제표 본문에는 통합하여 표시한 항목일지라도 주석에는 이를 구분하여 표시할 만큼 중요한 항목이 될 수 있다. 이러한 경우에는 재무제표 본문에 통합 표시한 항목의 세부 내용을 주석으로 기재한다.

③ 이 기준에서 재무제표의 본문이나 주석에 구분 표시하도록 정한 항목일지라도 그 성격과 금액이 중요하지 아니한 항목은 성격이나 기능이 유사한 항목에 통합하여 표시할 수 있고, 주석의 구분 표시도 생략할 수 있다.

제10조【비교재무제표의 작성】① 재무제표의 기간별 비교가능성을 높이기 위하여 전기 재무제표의 모든 계량정보를 당기와 비교하는 형식으로 표시한다.

② 전기 재무제표의 비계량정보가 당기 재무제표를 이해하는 데 관련되는 경우에는 이를 당기 정보와 비교하여 주석으로 기재한다.

제2장 재무상태표

제11조【재무상태표의 목적과 작성단위】① 재무상태표의 목적은 특정 시점에서 비영리조직의 자산, 부채, 순자산에 대한 정보를 제공하는 것이다.

② 재무상태표는 비영리조직 전체를 하나의 재무제표 작성단위로 보아 작성하고 비영리조직 전체의 자산, 부채, 순자산의 내용과 금액을 표시하여야 한다. 다만, 비영리조직의 특성과 필요에 따라 재무상태표에 고유목적사업부문과 수익사업부문별로 열을 구분하고, 자산, 부채, 순자산의 금액을 각 열에 배분하는 방식으로 표시할 수 있다. [적용사례의 사례 5 참조]

제12조【재무상태표 작성기준】① 재무상태표에는 회계연도 말 현재의 모든 자산, 부채, 순자산을 적정하게 표시하여야 한다. [적용사례의 사례 1 참조]

② 재무상태표 구성요소의 정의는 다음 각 호와 같다.

1. '자산'이란 과거의 거래나 그 밖의 사건의 결과로 현재 비영리조직에 의해 지배되고 미래에 경제적 효익을 창출할 것으로 예상되는 자원을 말한다.
2. '부채'란 과거의 거래나 그 밖의 사건의 결과로 현재 비영리조직이 부담하고 있고 미래에 자원이 유출되거나 사용될 것으로 예상되는 의무를 말한다.

3. '순자산'이란 비영리조직의 자산 총액에서 부채 총액을 차감한 잔여 금액을 말한다.

③ 자산과 부채는 각각 다음 각 호의 조건을 충족하는 경우에 재무상태표에 인식한다.

1. 자산 : 해당 항목에서 발생하는 미래경제적 효익이 비영리조직에 유입될 가능성이 매우 높고, 그 원가를 신뢰성 있게 측정할 수 있다.

2. 부채 : 해당 의무를 이행하기 위하여 경제적 자원이 유출될 가능성이 매우 높고, 의무의 이행에 소요되는 금액을 신뢰성 있게 측정할 수 있다.

④ 자산, 부채, 순자산은 다음 각 호에 따라 구분한다.

1. 자산은 회계연도 말부터 1년 이내에 현금화되거나 실현될 것으로 예상되면 유동자산으로, 그 밖의 경우에는 비유동자산으로 구분하고, 유동자산과 비유동자산은 다음 각 목과 같이 구분한다.

가. 유동자산 : 당좌자산, 재고자산

나. 비유동자산 : 투자자산, 유형자산, 무형자산, 기타비유동자산

2. 부채는 회계연도 말부터 1년 이내에 상환 등으로 소멸할 것으로 예상되면 유동부채로, 그 밖의 경우에는 비유동부채로 구분한다.

3. 순자산은 제약없는순자산과 제약있는순자산으로 구분한다.

⑤ 자산과 부채는 유동성이 높은 항목부터 배열한다.

⑥ 자산과 부채는 상계하여 표시하지 않는다.

제13조【당좌자산】① '당좌자산'이란 재고자산에 속하지 않는 유동자산을 말한다.

② 당좌자산에는 현금및현금성자산, 단기투자자산, 매출채권, 선급비용, 미수수익, 미수금, 선급금 등이 포함된다.

③ 매출채권, 미수금 등에 대한 대손충당금은 해당 자산에서 차감하는 형식으로 재무상태표에 표시한다.

제14조【재고자산】① '재고자산'이란 통상적인 사업과정에서 판매하기 위하여 보유하거나 생산과정에 있는 자산과 생산이나 용역 제공 과정에 투입될 자산을 말한다.

② 재고자산에는 상품, 제품, 재공품, 원재료와 저장품 등이 포함된다.

③ 재고자산평가충당금은 재고자산 각 항목에서 차감하는 형식으로 재무상태표에 표시한다.

제15조【투자자산】① '투자자산'이란 장기적인 투자 등과 같은 활동의 결과로 보유하는 자산을 말한다.

② 투자자산에는 장기성예금, 투자유가증권, 장기대여금 등이 포함된다.

③ 투자유가증권은 국공채, 회사채, 수익증권, 주식으로 구분하여 재무상태표 본문에 표시하거나 주석으로 기재한다.

제16조【유형자산】① '유형자산'이란 재화를 생산하거나 용역을 제공하기 위하여, 또는 타인에게 임대하거나 직접 사용하기 위하여 보유한 물리적 형체가 있는 자산으로 1년을 초과하여 사용할 것으로 예상되는 자산을 말한다.

② 유형자산에는 토지, 건물, 구축물, 기계장치, 차량운반구, 건설중인자산 등이 포함된다.

③ 유형자산의 감가상각누계액과 손상차손누계액은 유형자산 각 항목에서 차감하는 형식으로 재무상태표에 표시한다.

④ 유형자산을 폐기하거나 처분하는 경우에 그 자산을 재무상태표에서 제거하고 처분금액과 장부금액의 차액을 유형자산처분손익으로 인식한다.

제17조【무형자산】① '무형자산'이란 재화를 생산하거나 용역을 제공하기 위하여, 또는 타인에게 임대하거나 직접 사용하기 위하여 보유한 물리적 형체가 없는 비화폐성자산을 말한다.

② 무형자산에는 지식재산권, 개발비, 컴퓨터소프트웨어, 광업권, 임차권 등이 포함된다.

③ 무형자산은 상각누계액과 손상차손누계액을 취득원가에서 직접 차감한 잔액으로 재무상태표에 표시한다.

④ 무형자산을 처분하는 경우에 그 자산을 재무상태표에서 제거하고 처분금액과 장부금액의 차액을 무형자산처분손익으로 인식한다.

제18조【기타비유동자산】① '기타비유동자산'이란 투자자산, 유형자산, 무형자산에 속하지 않는 비유동자산을 말한다.

② 기타비유동자산에는 임차보증금, 장기선급비용, 장기미수금 등이 포함된다.

제19조【유동부채】① '유동부채'란 회계연도 말부터 1년 이내에 상환 등으로 소멸할 것으로 예상되는 부채를 말한다.

② 유동부채에는 단기차입금, 매입채무, 미지급비용, 미지급금, 선수금, 선수수익, 예수금, 유동성장기부채 등이 포함된다.

제20조【비유동부채】① '비유동부채'란 유동부채를 제외한 모든 부채를 말한다.

② 비유동부채에는 장기차입금, 임대보증금, 퇴직급여충당부채 등이 포함된다.

③ 확정급여형퇴직연금제도와 관련하여 별도로 운용되는 자산은 하나로 통합하여 '퇴직연금운용자산'으로 표시하고, 퇴직급여충당부채에서 차감하는 형식으로 재무상태표에 표시한다. 퇴직연금운용자산의 구성내역은 주석으로 기재한다.

제21조【제약없는순자산】 '제약없는 순자산'이란 기부자(보조금을 제공하는 정부 등을 포함한다. 이하 같다)나 법령에 의해 사용이나 처분이 제약되지 않은 순자산을 말한다.

제22조【제약있는순자산】 '제약있는순자산'이란 기부자나 법령에 의해 사용이나 처분이 제약된 순자산을 말한다. 기부자나 법령에 의해 사용이나 처분이 제약되는 경우는 다음과 같다.

1. 특정 비용을 집행하는 데에만 사용하거나, 투자자산에 투자하여 특정 기간 보유하거나, 경제적 내용연수가 유한한 유형자산을 취득하여 그 내용연수에 걸쳐 보유하거나 사용해야 하는 경우 등(즉, 일시제약이 있는 경우). 이 경우에 기부자나 법령에 의해 명시된 용도로 사용하거나 일정 기간이 경과하면 제약이 소멸된다.
2. 토지를 취득하여 영구적으로 보유하여 특정 목적에 사용하거나, 투자자산에 투자하여 영구적으로 보유하여야 하는 경우 등(즉, 영구제약이 있는 경우)

제23조【구분된 순자산의 명칭, 순서 및 세분】 ① 관행과 여건을 고려할 때 필요하다고 판단하는 경우에는 제약없는순자산, 제약있는순자산 대신에 다른 명칭을 사용할 수 있다. 이 경우에는 각 명칭별로 제약의 유무와 성격에 관한 설명을 주석으로 기재한다.

② 구분된 순자산은 제약없는순자산, 제약있는순자산의 순으로 배열한다. 다만, 관행과 여건을 고려할 때 필요하다고 판단하는 경우에는 그 반대의 순서로 배열할 수도 있다.

③ 제1항과 제2항에 따라 구분된 순자산은 더 세분하여 그 정보를 재무상태표 본문에 표시하거나 주석으로 기재할 수 있다. 예를 들어, 다음 각 호와 같이 할 수 있다.

1. 제약있는순자산을 일시제약순자산과 영구제약순자산으로 구분하여 재무상태표 본문에 표시하거나 주석으로 기재할 수 있다. 이 경우에는 제1항을 준용하여 다른 명칭을 사용할 수 있다.
2. 비영리조직의 의사결정기구가 자율적으로 제약하는 순자산에 관한 정보를 제약없는순자산 내에서 추가로 구분하여 재무상태표 본문에 표시하거나 주석으로 기재할 수 있다.

제3장 운영성과표

제24조【운영성과표의 목적과 작성단위】① 운영성과표의 목적은 순자산의 변화를 초래하는 거래와 사건의 영향 및 상호관계, 각종 활동이나 서비스 제공을 위한 자원의 사용 등에 대한 유용한 정보를 제공하는 것이다.

② 운영성과표는 비영리조직 전체를 하나의 재무제표 작성단위로 보아 작성한다. 다만, 비영리조직의 특성과 필요에 따라 운영성과표에 고유목적사업부문과 수익사업부문별로 열을 구분하고, 수익과 비용의 금액을 각 열에 배분하는 방식으로 표시할 수 있다. [적용사례의 사례 6 참조]

제25조【운영성과표 작성기준】① 운영성과표에는 그 회계연도에 속하는 모든 수익 및 이에 대응하는 모든 비용과 그 밖의 순자산 증감을 적정하게 표시하여야 한다. [적용사례의 사례 2 참조]

② 운영성과표는 다음 각 호에 따라 작성한다.

1. 모든 수익, 비용, 그 밖의 순자산 증감은 그것이 발생한 회계연도에 배분되도록 회계처리한다. 이 경우에 발생원가가 자산으로 인식되는 경우를 제외하고는 비용으로 인식한다.
2. 수익, 비용, 그 밖의 순자산 증감은 그 발생 원천에 따라 명확하게 분류하고, 수익항목과 이에 관련되는 비용항목은 대응하여 표시한다.
3. 수익, 비용, 그 밖의 순자산 증감은 총액으로 표시한다.
4. 운영성과표는 다음 각 목과 같이 구분하여 표시한다.
   가. 사업수익
   나. 사업비용
   다. 사업이익(손실)
   라. 사업외수익
   마. 사업외비용
   바. 제약없는순자산의 증가(감소)
   사. 제약있는순자산의 증가(감소)
   아. 순자산의 증가(감소)
   자. 기초 순자산
   차. 기말 순자산

제26조【사업수익】① '사업수익'은 고유목적사업과 그에 부수되는 수익사업의 결과 경상적으로 발생하는 순자산의 증가를 말한다.

② 사업수익은 고유목적사업수익과 수익사업수익으로 구분하여 표시한다.

③ 고유목적사업수익은 비영리조직의 업종별 특성을 반영하여 기부금수익, 보조금수익, 회비수익, 등록금수익, 공연수익, 환자진료수익 등으로 구분하여 표시한다.

④ 수익사업수익은 더 상세하게 구분하여 표시할 것이 요구되지 않지만 비영리조직이 필요하다고 판단하는 경우에는 그 구분정보를 주석으로 기재할 수 있다.

⑤ 투자자산에서 발생하는 이자수익이나 배당수익, 평가손익과 처분손익이 고유목적사업활동의 주된 원천이 되는 경우에는 사업수익에 포함한다. 다만, 해당 손익으로 인해 제약있는순자산의 금액이 변경되는 경우에는 제약있는순자산의 증가(감소)로 인식한다.

제27조【기부금 등의 수익인식과 측정】① 현금이나 현물을 기부 받을 때에는 실제 기부를 받는 시점에 수익으로 인식한다.

② 현물을 기부 받을 때에는 수익금액을 공정가치로 측정한다.

③ 실제 받지 않았더라도 납부가 강제되는 회비 등은 회수가 확실해지는 시점에 수익을 인식한다.

④ 기부자가 기부금의 사용에 제약을 가한 경우에는 사업수익으로 인식하지 않고 제약있는순자산의 증가로 인식한다.

제28조【정부보조금의 수익인식】정부보조금에 제약이 없는 경우에 해당 정부보조금은 사업수익으로 인식한다. 정부보조금에 제약이 있는 경우에는 제약있는순자산의 증가로 인식한다.

제29조【사업비용】① '사업비용'은 고유목적사업과 그에 부수되는 수익사업의 결과 경상적으로 발생하는 순자산의 감소를 말한다.

② 사업비용은 고유목적사업비용과 수익사업비용으로 구분하여 표시한다.

③ 고유목적사업비용은 기능별, 성격별로 구분한다.

④ 고유목적사업비용을 기능별로 구분한다는 것은 다음 각 호와 같이 사업수행비용, 일반관리비용으로 구분하는 것을 말한다.

1. '사업수행비용'은 비영리조직이 추구하는 본연의 임무나 목적을 달성하기 위해 수혜자, 고객, 회원 등에게 재화나 용역을 제공하는 활동에서 발생하는 비용을 말한다.

2. '일반관리비용'은 기획, 인사, 재무, 감독 등 제반 관리활동에서 발생하는 비용과 모금비용을 말한다. '모금비용'은 모금 행사, 기부자 명단 관리, 모금 고지서 발송 등과 같은 모금활동에서 발생하는 비용을 말하며, 중요한 경우에는 일반관리비용과 별도로 구분하여 표시할 수 있다.

⑤ 고유목적사업비용을 성격별로 구분한다는 것은 다음 각 호와 같이 인력비용, 시설비용, 기타비용으로 구분하는 것을 말한다.

1. '인력비용'은 비영리조직에 고용된 인력과 관련된 비용으로서 급여, 상여금, 퇴직급여, 복리후생비, 교육훈련비 등을 포함한다.
2. '시설비용'은 비영리조직의 운영에 사용되는 토지, 건물, 구축물, 차량운반구 등 시설과 관련된 비용으로서 감가상각비, 지급임차료, 시설보험료, 시설유지관리비 등을 포함한다.
3. '기타비용'은 인력비용, 시설비용 외의 비용으로서 여비교통비, 소모품비, 수도광열비, 제세공과금, 지급수수료, 용역비, 업무추진비, 회의비, 대손상각비 등을 포함한다. 이 경우에 사회복지기관이 저소득층, 노인, 장애인 등 수혜자들에게 지급하는 지원금, 학술장학기관이 저소득층 학생 등 수혜자들에게 지급하는 장학금, 의료기관이 지출하는 재료비(약품비와 진료재료비) 등 각 비영리조직의 특성에 따라 금액이 중요한 기타비용 항목은 별도로 구분하여 운영성과표 본문에 표시하거나 주석으로 기재한다.

⑥ 고유목적사업비용은 기능별로 구분한 비용을 운영성과표 본문에 표시하고, 각 구분비용에 대해 다시 성격별로 구분하여 분석한 정보를 주석으로 기재한다.

⑦ 제6항을 적용할 때 제4항이나 제5항에 따라 구분된 각 비용을 더 상세하게 구분한 비용정보를 적절히 운영성과표 본문에 추가하여 표시하거나 그 주석에 추가하여 기재할 수 있다. 예를 들어, 사업수행비용은 세부사업별로 추가 구분한 정보를 운영성과표 본문에 표시하거나 주석으로 기재할 수 있다.

⑧ 수익사업비용은 더 상세하게 구분하여 표시할 것이 요구되지 않지만 비영리조직이 필요하다고 판단하는 경우에는 그 구분정보(예 : 매출원가, 판매비와관리비 등)를 주석으로 기재할 수 있다. 수익사업비용을 인력비용, 시설비용, 기타비용으로 구분하여 분석한 정보는 주석으로 기재한다.

제30조 【공통비용 배분】 어떤 비용항목이 복수의 활동에 관련되는 경우에는 활동 간에 비용을 배분한다. 이 경우에 다음 각 호와 같이 비영리조직의 사업성격과 운영방법에 맞추어 합리적인 배분기준을 수립하여 일관되게 적용한다.

1. 인력비용은 해당 인력이 각 활동별로 투입한 업무시간에 기초하여 배분한다.
2. 시설비용은 각 활동별로 관련되는 시설 면적이나 사용빈도를 직접적으로 구분할 수 있다면 그 면적과 사용빈도기준에 따라 배분하며, 직접적으로 구분할 수 없다면 다른 적절한 배분기준을 수립하여 적용한다.
3. 기타비용은 각 활동별 인력비용이나 시설비용에 대체로 비례하는 항목들은 그 기준에 따라 배분하며 그 밖에는 다른 적절한 배분기준을 수립하여 적용한다.

제31조 【사업외수익】 ① '사업외수익'은 사업수익이 아닌 수익을 말한다.

② 사업외수익에는 이자수익, 배당수익, 투자자산 평가이익과 처분이익, 유형 · 무형자산손상차손환입, 유형 · 무형자산처분이익 등을 포함한다. 다만, 다음 각 호의 경우에는 사업외수익에 포함하지 않는다.

1. 투자자산에서 발생하는 이자수익이나 배당수익, 평가이익과 처분이익이 고유목적사업활동의 주된 원천이 되기 때문에 제26조 제5항에 따라 사업수익에 포함한 경우
2. 투자자산에서 발생하는 이자수익이나 배당수익, 평가이익과 처분이익으로 인해 제약있는순자산의 금액이 변경되기 때문에 제약있는순자산의 증가로 인식하는 경우

③ 유형자산재평가이익은 사업외수익에 포함한다. 다만, 해당 재평가이익으로 인해 제약있는순자산의 금액이 변경되는 경우에는 제약있는순자산의 증가로 인식한다.

제32조 【사업외비용】 ① '사업외비용'은 사업비용이 아닌 비용을 말한다.

② 사업외비용은 이자비용, 투자자산 평가손실과 처분손실, 유형 · 무형자산손상차손, 유형 · 무형자산처분손실 등을 포함한다. 다만, 다음의 경우에는 사업외비용에 포함하지 않는다.

1. 투자자산에서 발생하는 평가손실과 처분손실이 고유목적사업활동의 주된 원천에 영향을 주기 때문에 제26조 제5항에 따라 사업수익에 반영된 경우
2. 투자자산에서 발생하는 평가손실과 처분손실로 인해 제약있는순자산의 금액이 변경되기 때문에 제약있는 순자산의 감소로 인식하는 경우

③ 유형자산재평가손실은 사업외비용에 포함한다. 다만, 해당 재평가손실로 인해 제약있는순자산의 금액이 변경되는 경우에는 제약있는순자산의 감소로 인식한다.

제33조【법인세비용】비영리조직이 법인세를 부담하는 경우에는 일반기업회계기준 제22장 '법인세회계'와 제31장 '중소기업 회계처리 특례'의 법인세 회계처리를 고려하여 회계정책을 개발하여 회계처리한다.

제34조【제약없는순자산의 증가(감소)】① 제약없는순자산의 증가(감소)는 다음 제1호에서 제2호를 차감하여 계산한다.

1. 사업수익, 사업외수익을 합한 수익 합계금액
2. 사업비용, 사업외비용을 합한 비용 합계금액

② 관행과 여건을 고려할 때 필요하다고 판단하는 경우에는 제약없는순자산의 증가(감소) 대신 '당기순이익(손실)'이라는 명칭을 사용할 수 있다.

제35조【제약있는순자산의 증가(감소)】제약있는순자산의 증가(감소)는 사용이나 처분에 제약이 있는 기부금수익, 투자자산 이자수익 · 배당수익, 투자자산 평가손익 · 처분손익, 유형자산재평가손익과 제약해제순자산 등을 포함한다. 제약있는순자산에 대한 제약이 사업수행에 따라 해제되거나 시간경과에 따라 해제되는 경우에는 이를 제약있는순자산에서 차감하고 같은 금액을 그 성격에 따라 당해 연도 사업수익이나 사업외수익으로 인식하며, 그 제약해제순자산의 내용과 금액, 사업수익이나 사업외수익의 항목 중 어디에 표시했는지를 주석으로 기재한다.

제36조【순자산의 증가(감소)】제약없는순자산의 증가(감소)와 제약있는순자산의 증가(감소)를 합하여 순자산의 증가(감소)로 표시한다.

제4장 현금흐름표

제37조【현금흐름표의 목적과 작성단위】① 현금흐름표의 목적은 일정 기간에 걸쳐 현금의 유입과 유출에 대한 정보를 제공하는 것이다.

② 현금흐름표는 비영리조직 전체를 하나의 재무제표 작성단위로 보아 작성한다. 다만, 비영리조직의 특성과 필요에 따라 현금흐름표에 고유목적사업부문과 수익사업부문별로 열을 구분하고, 현금흐름 금액을 각 열에 배분하는 방식으로 표시할 수 있다. [적용사례의 사례 7, 8 참조]

제38조【현금흐름표 작성기준】① 현금흐름표에는 그 회계연도에 속하는 현금의 유입과 유

출내용을 적정하게 표시하여야 한다.

② 현금흐름표는 현금흐름을 사업활동, 투자활동, 재무활동 현금흐름으로 구분하여 표시하고, 이 세 가지 활동의 순현금흐름에 기초의 현금을 가산하여 기말의 현금을 산출하는 형식으로 표시한다. [적용사례의 사례 3, 4 참조]

제39조 【사업활동 현금흐름】 ① 사업활동은 투자활동이나 재무활동에 속하지 아니하는 모든 거래와 사건을 포함한다.

② 사업활동 현금유입에는 제약 없는 기부금 수입, 보조금 수입, 회비 수입, 등록금 수입, 투자자산 수입, 공연 수입, 환자진료 수입, 수익사업 수입 등이 포함된다.

③ 사업활동 현금유출에는 인력비용 지출, 시설비용 지출, 기타비용 지출, 수익사업비용 지출 등이 포함된다.

제40조 【사업활동 현금흐름의 표시방법】 ① 사업활동 현금흐름은 직접법이나 간접법으로 표시한다.

② '직접법'이란 현금을 수반하여 발생한 수익이나 비용 항목을 총액으로 표시하되, 현금유입액은 원천별로 현금유출액은 용도별로 분류하여 표시하는 방법을 말한다.

③ '간접법'이란 제약없는순자산의 증가(감소)[또는 당기순이익(손실)]에 현금의 유출이 없는 비용 등을 가산하고 현금의 유입이 없는 수익 등을 차감하며, 사업활동으로 인한 자산 · 부채의 변동을 가산하거나 차감하여 표시하는 방법을 말한다.

1. '현금의 유출이 없는 비용 등'이란 현금의 유출이 없는 비용, 투자활동과 재무활동으로 인한 비용을 말한다.
2. '현금의 유입이 없는 수익 등'이란 현금의 유입이 없는 수익, 투자활동과 재무활동으로 인한 수익을 말한다.
3. '사업활동으로 인한 자산 · 부채의 변동'이란 사업활동과 관련하여 발생한 유동자산 · 유동부채의 증가나 감소를 말한다.

제41조 【투자활동 현금흐름】 ① '투자활동'이란 현금의 대여와 회수활동, 투자자산 · 유형자산 · 무형자산의 취득과 처분활동 등을 말한다.

② 투자활동 현금유입에는 투자자산 · 유형자산 · 무형자산의 처분 등이 포함된다.

③ 투자활동 현금유출에는 투자자산 · 유형자산 · 무형자산의 취득 등이 포함된다.

제42조 【재무활동 현금흐름】 ① '재무활동'이란 현금의 차입 및 상환, 제약 있는 기부금 수

입 등 부채와 제약있는순자산에 영향을 미치는 거래를 말한다.

② 재무활동 현금유입에는 제약 있는 기부금 수입, 단기차입금 · 장기차입금의 차입 등이 포함된다.

③ 재무활동 현금유출에는 단기차입금 · 장기차입금의 상환 등이 포함된다.

제5장 자산 · 부채의 평가

제43조【자산의 평가기준】① 자산은 최초에 취득원가로 인식한다.

② 교환, 증여, 그 밖에 무상으로 취득한 자산은 공정가치(합리적인 판단력과 거래 의사가 있는 독립된 당사자 사이의 거래에서 자산이 교환되거나 부채가 결제될 수 있는 금액을 말한다. 이하 같다)를 취득원가로 한다.

③ 이 기준에서 별도로 정하는 경우를 제외하고는, 자산의 진부화, 시장가치의 급격한 하락 등으로 인하여 자산의 회수가능액이 장부금액에 중요하게 미달되는 경우에는 장부금액을 회수가능액으로 조정하고 그 차액을 손상차손으로 처리한다. 이 경우에 회수가능액은 다음 제1호와 제2호 중 큰 금액으로 한다.

1. 순공정가치 : 합리적인 판단력과 거래 의사가 있는 독립된 당사자 사이의 거래에서 자산의 매각으로부터 수취할 수 있는 금액에서 처분부대원가를 차감한 금액
2. 사용가치 : 자산에서 창출될 것으로 기대되는 미래 현금흐름의 현재가치

④ 과거 회계연도에 인식한 손상차손이 더 이상 존재하지 않거나 감소하였다면 자산의 회수가능액이 장부금액을 초과하는 금액은 손상차손환입으로 인식한다. 다만, 손상차손환입으로 증가된 장부금액은 과거에 손상차손을 인식하기 전 장부금액의 감가상각이나 상각 후 잔액을 초과할 수 없다.

제44조【매출채권, 미수금 등의 평가】① 원금이나 이자 등의 일부나 전부를 회수하지 못할 가능성이 있는 매출채권, 미수금 등은 합리적이고 객관적인 기준에 따라 대손추산액을 산출하여 대손충당금으로 설정하고, 기존 대손충당금 잔액과의 차이는 대손상각비로 인식한다.

② 매출채권, 미수금 등의 원금이나 이자 등의 일부나 전부를 회수할 수 없게 된 경우에는 대손충당금과 상계하고, 대손충당금이 부족한 경우에는 그 부족액을 대손상각비로 인식한다.

③ 매출채권의 대손은 사업비용(대손상각비)으로 분류한다. 고유목적사업과 관련된 미

수금의 대손은 사업비용(대손상각비)으로 분류하고, 수익사업과 관련된 미수금의 대손은 사업외비용(기타의 대손상각비)으로 분류한다. 그 밖의 채권의 대손은 사업외비용(기타의 대손상각비)으로 분류한다.

제45조【유형자산과 무형자산의 평가】① 유형자산과 무형자산의 취득원가는 구입가격이나 제작원가와 의도하는 방식으로 자산을 가동하는 데 필요한 장소와 상태에 이르게 하는 데 직접 관련되는 원가를 포함한 금액을 말한다.

② 최초 인식 후에 유형자산과 무형자산의 장부금액은 다음 각 호에 따라 결정한다.

1. 유형자산 : 취득원가(자본적 지출을 포함한다. 이하 이 조에서 같다)에서 감가상각누계액과 손상차손누계액을 차감한 금액
2. 무형자산 : 취득원가에서 상각누계액과 손상차손누계액을 차감한 금액

③ 취득원가에서 잔존가치를 차감하여 결정되는 유형자산의 감가상각대상금액과 무형자산의 상각대상금액은 해당 자산을 사용할 수 있는 때부터 내용연수에 걸쳐 배분하여 상각한다.

④ 유형자산과 무형자산의 내용연수는 자산의 예상 사용기간이나 생산량 등을 고려하여 합리적으로 결정한다.

⑤ 유형자산의 감가상각방법과 무형자산의 상각방법은 다음 각 호에서 자산의 경제적 효익이 소멸되는 형태를 반영한 합리적인 방법을 선택하여 소멸형태가 변하지 않는 한 매기 계속 적용한다.

1. 정액법
2. 정률법
3. 연수합계법
4. 생산량비례법

⑥ 전시 · 교육 · 연구 등의 목적으로 보유중인 예술작품, 유물과 같은 역사적 가치가 있는 유형자산은 일반적으로 시간이 경과하더라도 가치가 감소하지 않으므로 감가상각을 적용하지 아니한다.

제46조【유형자산의 재평가】① 최초 인식 후에 공정가치를 신뢰성 있게 측정할 수 있는 유형자산은 재평가를 할 수 있다. 이 경우에 재평가일의 공정가치에서 이후의 감가상각누계액과 손상차손누계액을 차감한 재평가금액을 장부금액으로 한다.

② 유형자산을 재평가할 때, 재평가 시점의 총장부금액에서 기존의 감가상각누계액을

제거하여 자산의 순장부금액이 재평가금액이 되도록 수정한다.

③ 재평가를 실시하여 발생한 재평가차액은 운영성과표에 사업외수익이나 사업외비용으로 인식한다. 다만, 재평가차액으로 인해 제약있는순자산의 금액이 변경되는 경우에는 운영성과표에 제약있는순자산의 증가(감소)로 인식한다.

④ 재평가차액 누적금액은 재무상태표상 해당 순자산 분류(제약없는순자산, 제약있는순자산) 내에서 세부항목으로 별도 표시하거나 주석으로 기재한다.

제47조【투자유가증권의 평가】① 신뢰성 있는 공정가치를 쉽게 얻을 수 있는 투자유가증권은 공정가치로, 그렇지 않은 투자유가증권은 취득원가로 평가한다.

② 공정가치로 평가된 투자유가증권에 대해서는 재무제표 본문에 표시된 공정가치를 취득원가와 비교하는 정보를 주석으로 기재한다. 이 경우에 제15조 제3항에 따라 구분된 국공채, 회사채, 수익증권, 주식 별로 공정가치를 취득원가와 비교하는 정보를 주석으로 기재한다.

제48조【퇴직급여충당부채의 평가】① 퇴직급여충당부채는 재무상태표일 현재 전임직원이 일시에 퇴직할 경우에 지급하여야 할 퇴직금에 상당하는 금액으로 한다.

② 확정기여형퇴직연금제도를 설정한 경우에는 퇴직급여충당부채와 관련 퇴직연금운용자산을 인식하지 않는다. 다만, 해당 회계기간에 대하여 비영리조직이 납부하여야 할 부담금을 퇴직급여(비용)로 인식하고, 미납부액이 있는 경우에는 미지급비용(부채)으로 인식한다.

제6장 주석

제49조【주석의 정의】'주석'이란 재무제표 본문[재무상태표, 운영성과표, 현금흐름표(또는 이에 갈음하는 수지계산서)를 말한다]의 전반적인 이해를 돕는 일반사항에 관한 정보, 재무제표 본문에 표시된 항목을 구체적으로 설명하거나 세분화하는 정보, 재무제표 본문에 표시할 수 없는 회계사건, 그 밖의 사항으로 재무제표에 중요한 영향을 미치거나 재무제표의 이해를 위하여 필요하다고 판단되는 정보를 재무제표 본문에 추가하여 기재하는 것을 말한다.

제50조【필수적 주석기재사항】비영리조직은 이 기준의 다른 조항에서 주석으로 기재할 것을 요구하거나 허용하는 사항 외에 다음 각 호의 사항을 주석으로 기재한다.

1. 비영리조직의 개황, 주요사업 내용
2. 비영리조직이 채택한 회계정책(자산 · 부채의 평가기준, 수익과 비용의 인식기준을 포함한다)
3. 순자산에 제약이 있는 경우에 그 성격
4. 질권 등이 설정된 현금및현금성자산의 내용
5. 차입금 등 현금 등으로 상환하여야 하는 부채의 주요 내용
6. 현물기부의 내용
7. 제공하거나 제공받은 담보 · 보증의 주요 내용
8. 특수관계인(법인세법 시행령 제87조의 정의에 따른다)과의 중요한 거래의 내용
9. 회계연도 말 현재 진행 중인 소송 사건의 내용, 소송금액, 진행 상황 등
10. 그 밖에 일반기업회계기준에서 정하는 주석기재사항 중 비영리조직에 관련성이 있고 그 성격이나 금액이 중요한 사항

제51조【선택적 주석기재사항】이 기준에서 요구하는 주석기재사항 외에도 재무제표의 유용성을 제고하고 공정한 표시를 위하여 필요한 정보는 재무제표 작성자의 판단으로 주석에 기재할 수 있다. 예를 들어, 비영리조직이 감독목적이나 내부관리목적으로 복수의 구분된 단위로 회계를 하는 경우에 각 회계단위별로 작성된 재무제표의 전부나 일부를 주석으로 기재할 수 있으며 제약있는순자산을 일시제약순자산과 영구제약순자산으로 구분한 정보와 제약있는순자산의 변동을 일시제약순자산의 변동과 영구제약순자산의 변동으로 구분한 정보를 주석으로 기재할 수 있다.

제52조【주석기재방법】주석기재는 재무제표 이용자의 이해와 편의를 도모하기 위하여 다음 각 호에 따라 체계적으로 작성한다.

1. 재무제표의 개별항목에 대한 주석 정보는 해당 개별항목에 기호를 붙이고 주석에 동일한 기호를 표시하여 그 내용을 설명한다.
2. 하나의 주석이 재무제표의 둘 이상의 개별항목과 관련된 경우에는 해당 개별항목 모두에 주석의 기호를 표시한다.
3. 하나의 주석에 포함된 정보가 다른 주석과 관련된 경우에도 해당되는 주석 모두에 관련된 주석의 기호를 표시한다.

부 칙 (2017.7.20.)

제1조【시행일】이 기준은 2018년 1월 1일 이후 최초로 시작되는 회계연도부터 적용하되 조기 적용할 수도 있다. 이 기준을 조기 적용하는 경우에는 그 사실을 공시한다.

제2조【경과규정】이 기준은 소급적용한다. 다만, 이 기준의 모든 요구사항에 대한 소급적용의 영향을 실무적으로 결정할 수 없는 경우에는 이 기준을 실무적으로 적용할 수 있는 최초 회계기간까지만 소급적용한다. 그 최초 회계기간은 당기일 수도 있으며 이 경우에는 당기초부터 전진적용한다.

※적용사례 : 재무제표 양식의 예시

[사례 1] 재무상태표

[사례 2] 운영성과표

[사례 3] 현금흐름표_직접법

[사례 4] 현금흐름표_간접법

[사례 5] 재무상태표_고유목적사업부문과 수익사업부문별로 열을 구분하는 방식

[사례 6] 운영성과표_고유목적사업부문과 수익사업부문별로 열을 구분하는 방식

[사례 7] 현금흐름표_직접법_고유목적사업부문과 수익사업부문별로 열을 구분하는 방식

[사례 8] 현금흐름표_간접법_고유목적사업부문과 수익사업부문별로 열을 구분하는 방식

[사례 1] 재무상태표

재 무 상 태 표

제×기 20××년×월×일 현재
제×기 20××년×월×일 현재

비영리조직명 (단위 : 원)

과 목	당 기		전 기	
자 산				
유동자산		×××		×××
당좌자산		×××		×××
현금및현금성자산	×××		×××	
단기투자자산	×××		×××	
매출채권	×××		×××	
(−) 대손충당금*1	(×××)		(×××)	
선급비용	×××		×××	
미수수익	×××		×××	
미수금	×××		×××	
(−) 대손충당금*1	(×××)		(×××)	
선급금	×××		×××	
……	×××		×××	
재고자산		×××		×××
상품	×××		×××	
제품	×××		×××	
재공품	×××		×××	
원재료	×××		×××	
저장품	×××		×××	
……	×××		×××	
비유동자산		×××		×××
투자자산		×××		×××
장기성예금	×××		×××	
투자유가증권	×××		×××	
국공채	×××		×××	

과 목	당 기		전 기	
회사채	×××		×××	
수익증권	×××		×××	
주식	×××		×××	
장기대여금	×××		×××	
……	×××		×××	
유형자산		×××		×××
토지	×××		×××	
건물	×××		×××	
(−) 감가상각누계액*1	(×××)		(×××)	
구축물	×××		×××	
(−) 감가상각누계액*1	(×××)		(×××)	
기계장치	×××		×××	
(−) 감가상각누계액*1	(×××)		(×××)	
차량운반구	×××		×××	
(−) 감가상각누계액*1	(×××)		(×××)	
건설중인자산	×××		×××	
……	×××		×××	
무형자산		×××		×××
지식재산권	×××		×××	
개발비	×××		×××	
컴퓨터소프트웨어	×××		×××	
광업권	×××		×××	
임차권	×××		×××	
……	×××		×××	
기타비유동자산		×××		×××
임차보증금	×××		×××	
장기선급비용	×××		×××	
장기미수금	×××		×××	
……	×××		×××	
자 산 총 계		×××		×××
부 채				

과 목	당 기		전 기	
유동부채		×××		×××
단기차입금	×××		×××	
매입채무	×××		×××	
미지급비용	×××		×××	
미지급금	×××		×××	
선수금	×××		×××	
선수수익	×××		×××	
예수금	×××		×××	
유동성장기부채	×××		×××	
......	×××		×××	
비유동부채		×××		×××
장기차입금	×××		×××	
임대보증금	×××		×××	
퇴직급여충당부채	×××		×××	
(−) 퇴직연금운용자산*1	(×××)		(×××)	
	×××		×××	
......				
부 채 총 계		×××		×××
순 자 산*3				
제약없는순자산*2		×××		×××
제약있는순자산*2		×××		×××
순 자 산 총 계		×××		×××
부채 및 순자산 총계		×××		×××

*1 매출채권, 미수금에 대한 대손충당금, 유형자산에 대한 감가상각누계액, 퇴직급여충당부채에 대한 퇴직연금운용자산 등을 차감하는 형식으로 표시하는 경우에는 순장부금액을 재무상태표 본문의 해당 항목에 추가로 표시할 수 있다.

예시	차감하는 형식으로 표시	
	방법①	방법②
매출채권	×××	×××
대손충당금	(×××)	(×××) ×××

*2 비영리조직회계기준 제23조 제1항에 따르면 비영리조직은 관행과 여건을 고려할 때 필요하다고 판단할 경우에는 제약없는순자산, 제약있는순자산 대신 다른 명칭을 사용할 수 있고 제23조 제3항에 따

르면 구분된 순자산을 더 세분하여 재무상태표 본문에 표시하거나 주석으로 기재할 수 있다. 예를 들어, 다음과 같이 재무상태표 본문에 각 순자산분류에 대해 표준명칭과 다른 명칭을 사용하고 구분된 순자산을 더 세분한 경우에는 각 명칭별로 제약의 유무와 성격에 관한 설명을 주석으로 기재한다.

순자산		
기본금과적립금		×××
기본금	×××	
적립금	×××	
이익잉여금		×××
순자산총계		×××

〈주석기재 예시〉

주석 YY. 순자산 구성

1. 재무상태표의 순자산에 표시된 기본금과적립금, 이익잉여금은 각각 '제약있는순자산'과 '제약없는순자산'을 나타내며, 다음과 같이 기부자나 법령에 의해 가해진 사용과 처분에 관한 제약의 유무와 정도에 따라 구분됩니다.

(1) 기본금 : 영구적으로 보유하여 특정 목적에 사용하여야 하며 처분을 할 수 없는 순자산

(2) 적립금 : 사용목적이나 사용기간 등에 제약이 있으며 동 목적이 충족되거나 기간이 경과되면 처분이 가능한 순자산

(3) 이익잉여금 : 사용과 처분에 관한 제약이 없는 순자산

*3 비영리조직이 순자산 구성항목을 더 세분하고자 할 경우에는 다음의 예와 같이 그 내용을 주석으로 기재하거나 재무상태표 본문에 직접 표시한다.

〈주석기재 예시〉

※ 비영리조직이 기본 순자산 구성항목의 명칭을 위 *2와 같이 사용한다고 가정한다.

주석 YY. 순자산 구성, 계속

2. 기본금, 적립금, 이익잉여금 별로 세부항목과 그 금액은 다음과 같습니다.

(1) 기본금

① 설립자기본금 : 비영리조직 설립자가 출연한 재산으로서 영구적으로 보유하여 특정 목적에 사용하여야 하며 처분을 할 수 없는 순자산

② 원금보존기본금 : 기부자가 기부한 재산으로서 영구적으로 투자하여 그 원금을 보존하여야 하며 처분을 할 수 없는 순자산(그 투자수익에는 사용과 처분 제약이 없음)

(2) 적립금

① 투자적립금 : 기부자가 기부한 재산으로서 일정기간 동안 투자하여 그 원금을 보존하여야 하며 그 기간이 경과한 후에는 처분할 수 있는 순자산

② 시설적립금 : 기부자가 기부한 시설(경제적 내용연수가 유한한 유형자산)로서 경제적 내용연수 동안 사용하여야 하며 내용연수동안 처분이 불가능한 순자산

(3) 이익잉여금

① 임의적립금 : 비영리조직 이사회의 결의로 연구, 장학, 건축, 퇴직 등 특정 목적에의 사용을 위해 내부 유보된 순자산

② 기타이익잉여금

순자산 구분	금액
기본금과적립금	×××
기본금	×××
설립자기본금	×××
원금보존기본금	×××
적립금	×××
투자적립금	×××
시설적립금	×××
이익잉여금	×××
임의적립금	×××
기타이익잉여금	×××

[사례 2] 운영성과표

운 영 성 과 표

제×기 20××년×월×일부터 20××년×월×일까지
제×기 20××년×월×일부터 20××년×월×일까지

비영리조직명 (단위 : 원)

과 목	당 기		전 기	
제약없는순자산의 변동				
사업수익		×××		×××
고유목적사업수익	×××		×××	
기부금수익	×××		×××	
보조금수익	×××		×××	
회비수익	×××		×××	
등록금수익	×××		×××	
투자자산 관련 손익*1	×××		×××	
공연수익	×××		×××	
환자진료수익	×××		×××	
……	×××		×××	
수익사업수익	×××		×××	
사업비용*2		×××		×××
고유목적사업비용	×××		×××	
사업수행비용	×××		×××	
○○사업수행비용	×××		×××	
△△사업수행비용	×××		×××	
……	×××		×××	
일반관리비용*3	×××		×××	
수익사업비용*4	×××		×××	
사업이익(손실)		×××		×××
사업외수익		×××		×××
이자수익	×××		×××	
배당수익	×××		×××	
투자자산평가이익	×××		×××	
투자자산처분이익	×××		×××	

과 목	당 기		전 기	
유형자산손상차손환입	×××		×××	
유형자산처분이익	×××		×××	
유형자산재평가이익[*5]	×××		×××	
무형자산손상차손환입	×××		×××	
무형자산처분이익	×××		×××	
외환차익	×××		×××	
외화환산이익	×××		×××	
……	×××		×××	
사업외비용		×××		×××
이자비용	×××		×××	
기타의 대손상각비	×××		×××	
투자자산평가손실	×××		×××	
투자자산처분손실	×××		×××	
유형자산손상차손	×××		×××	
유형자산처분손실	×××		×××	
유형자산재평가손실[*5]	×××		×××	
무형자산손상차손	×××		×××	
무형자산처분손실	×××		×××	
외환차손	×××		×××	
외화환산손실	×××		×××	
……	×××		×××	
법인세비용[*7]		×××		
제약없는순자산의 증가(감소) (또는 당기순이익(손실))		×××		×××

제약있는순자산의 변동[*6]

	당 기	전 기
기부금수익	×××	×××
이자수익	×××	×××
배당수익	×××	×××
투자자산평가손익	×××	×××
투자자산처분손익	×××	×××
유형자산재평가손익	×××	×××
제약해제순자산	×××	×××
……	×××	×××

과 목	당 기	전 기
제약있는순자산의 증가(감소)	×××	×××
순자산의 증가(감소)	×××	×××
기초 순자산	×××	×××
기말 순자산	×××	×××

*1 투자자산수익(이자수익과 배당수익), 투자자산 평가손익과 처분손익을 포함하며 고유목적사업활동의 주된 원천이 되는 경우에 한하여 사업수익으로 표시한다. 이러한 구분내용을 운영성과표 본문에서 표시하거나 주석으로 기재할 수 있다.

*2 사업비용의 기능별 구분과 성격별 구분에 관한 매트릭스형태의 정보를 아래와 같이 주석으로 기재한다.

〈주석기재 예시〉

주석 YY. 사업비용의 성격별 구분

운영성과표에는 사업비용이 기능별로 구분되어 표시되어 있습니다. 이를 다시 성격별로 구분한 내용은 다음과 같습니다.

	인력비용	시설비용	기타비용	합계
고유목적사업비용	×××	×××	×××	×××
사업수행비용	×××	×××	×××	×××
일반관리비용	×××	×××	×××	×××
수익사업비용	×××	×××	×××	×××
합계	×××	×××	×××	×××

*3 모금비용이 중요하지 않은 비영리조직은 일반관리비용에 통합하여 표시하고, 모금비용이 중요한 비영리조직은 일반관리비용과 별도로 구분하여 표시할 수 있다.

*4 비영리조직회계기준 제29조 제8항에 따라 수익사업비용을 더 상세하게 구분한 정보를 주석으로 기재할 수 있다. 예를 들어, 수익사업비용을 매출원가와 판매비와관리비로 구분하여 주석으로 기재할 수 있다.

*5 유형자산재평가이익(손실)은 재평가차액으로 인해 제약있는순자산의 금액이 변경되지 않는 경우에 사업외수익(비용)으로 표시한다.

*6 비영리조직의 여건(제약있는순자산이 없음)에 따라서는 위 운영성과표에서 음영으로 표시된 부분은 운영성과표에 표시할 필요가 없다.

*7 비영리조직이 법인세를 부담하는 경우에는 비영리조직회계기준 제33조에 따라 회계처리하고, 운영성과표에 법인세비용을 별도로 표시한다.

[사례 3] 현금흐름표_직접법

현 금 흐 름 표 (직접법)

제×기 20××년×월×일부터 20××년×월×일까지

제×기 20××년×월×일부터 20××년×월×일까지

비영리조직명 (단위 : 원)

과 목	당 기		전 기	
사업활동 현금흐름		×××		×××
사업활동 현금유입	×××		×××	
제약 없는 기부금 수입	×××		×××	
보조금 수입	×××		×××	
회비 수입	×××		×××	
등록금 수입	×××		×××	
투자자산 수입*1	×××		×××	
공연 수입	×××		×××	
환자진료 수입	×××		×××	
……	×××		×××	
수익사업 수입	×××		×××	
사업활동 현금유출	×××		×××	
인력비용 지출	×××		×××	
시설비용 지출	×××		×××	
기타비용 지출	×××		×××	
……	×××		×××	
수익사업비용 지출	×××		×××	
투자활동 현금흐름		×××		×××
투자활동 현금유입	×××		×××	
투자자산 처분	×××		×××	
유형자산 처분	×××		×××	
무형자산 처분	×××		×××	
……	×××		×××	
투자활동 현금유출	×××		×××	
투자자산 취득	×××		×××	

과 목	당 기		전 기	
유형자산 취득	×××		×××	
무형자산 취득	×××		×××	
......	×××		×××	
재무활동 현금흐름		×××		×××
재무활동 현금유입	×××		×××	
제약 있는 기부금 수입	×××		×××	
단기차입금 차입	×××		×××	
장기차입금 차입	×××		×××	
......	×××		×××	
재무활동 현금유출	×××		×××	
단기차입금 상환	×××		×××	
장기차입금 상환	×××		×××	
......	×××		×××	
현금의 증가(감소)		×××		×××
기초의 현금		×××		×××
기말의 현금		×××		×××

*1 투자자산으로부터 유입되는 이자와 배당금 수입을 말한다.

[사례 4] 현금흐름표_간접법

현 금 흐 름 표 (간접법)

제×기 20××년×월×일부터 20××년×월×일까지
제×기 20××년×월×일부터 20××년×월×일까지

비영리조직명 (단위 : 원)

과 목	당 기		전 기	
사업활동 현금흐름		×××		×××
제약없는순자산의 증가(감소)[*1]	×××		×××	
현금의 유출이 없는 비용 등의 가산	×××		×××	
대손상각비	×××		×××	
감가상각비	×××		×××	
투자자산평가손실	×××		×××	
투자자산처분손실	×××		×××	
유형자산처분손실	×××		×××	
유형자산재평가손실	×××		×××	
……	×××		×××	
현금의 유입이 없는 수익 등의 차감	×××		×××	
제약해제순자산	×××		×××	
투자자산평가이익	×××		×××	
투자자산처분이익	×××		×××	
유형자산처분이익	×××		×××	
유형자산재평가이익	×××		×××	
……	×××		×××	
사업활동으로 인한 자산 · 부채의 변동	×××		×××	
매출채권의 감소(증가)	×××		×××	
선급비용의 감소(증가)	×××		×××	
미수수익의 감소(증가)	×××		×××	
미수금의 감소(증가)	×××		×××	
선급금의 감소(증가)	×××		×××	
매입채무의 증가(감소)	×××		×××	
미지급비용의 증가(감소)	×××		×××	
미지급금의 증가(감소)	×××		×××	
선수금의 증가(감소)	×××		×××	

과 목	당 기		전 기	
선수수익의 증가(감소)	×××		×××	
예수금의 증가(감소)	×××		×××	
……	×××		×××	
투자활동 현금흐름		×××		×××
투자활동 현금유입	×××		×××	
투자자산 처분	×××		×××	
유형자산 처분	×××		×××	
무형자산 처분	×××		×××	
……	×××		×××	
투자활동 현금유출	×××		×××	
투자자산 취득	×××		×××	
유형자산 취득	×××		×××	
무형자산 취득	×××		×××	
……	×××		×××	
재무활동 현금흐름		×××		×××
재무활동 현금유입	×××		×××	
제약 있는 기부금 수입	×××		×××	
단기차입금 차입	×××		×××	
장기차입금 차입	×××		×××	
……	×××		×××	
재무활동 현금유출	×××		×××	
단기차입금 상환	×××		×××	
장기차입금 상환	×××		×××	
……	×××		×××	
현금의 증가(감소)		×××		×××
기초의 현금		×××		×××
기말의 현금		×××		×××

*1 비영리조직회계기준 제34조 제2항에 따라 운영성과표에서 '당기순이익(손실)'이라는 명칭을 사용한 경우에는 이에 따른다.

[사례 5] 재무상태표_고유목적사업부문과 수익사업부문별로 열을 구분하는 방식

재 무 상 태 표

제×기 20××년×월×일 현재
제×기 20××년×월×일 현재

비영리조직명 (단위 : 원)

과 목	당 기			전 기		
	전체	고유목적 사업	수익 사업	전체	고유목적 사업	수익 사업
자 산						
유동자산	×××	×××	×××	×××	×××	×××
당좌자산	×××	×××	×××	×××	×××	×××
현금및현금성자산	×××	×××	×××	×××	×××	×××
단기투자자산	×××	×××	×××	×××	×××	×××
매출채권	×××	×××	×××	×××	×××	×××
(−) 대손충당금*1	(×××)	(×××)	(×××)	(×××)	(×××)	(×××)
선급비용	×××	×××	×××	×××	×××	×××
미수수익	×××	×××	×××	×××	×××	×××
미수금	×××	×××	×××	×××	×××	×××
(−) 대손충당금*1	(×××)	(×××)	(×××)	(×××)	(×××)	(×××)
선급금	×××	×××	×××	×××	×××	×××
……	×××	×××	×××	×××	×××	×××
재고자산	×××	×××	×××	×××	×××	×××
상품	×××	×××	×××	×××	×××	×××
제품	×××	×××	×××	×××	×××	×××
재공품	×××	×××	×××	×××	×××	×××
원재료	×××	×××	×××	×××	×××	×××
저장품	×××	×××	×××	×××	×××	×××
……	×××	×××	×××	×××	×××	×××
비유동자산	×××	×××	×××	×××	×××	×××
투자자산	×××	×××	×××	×××	×××	×××
장기성예금	×××	×××	×××	×××	×××	×××

과 목	당 기			전 기		
	전체	고유목적사업	수익사업	전체	고유목적사업	수익사업
투자유가증권	×××	×××	×××	×××	×××	×××
국공채	×××	×××	×××	×××	×××	×××
회사채	×××	×××	×××	×××	×××	×××
수익증권	×××	×××	×××	×××	×××	×××
주식	×××	×××	×××	×××	×××	×××
장기대여금	×××	×××	×××	×××	×××	×××
……	×××	×××	×××	×××	×××	×××
유형자산	**×××**	**×××**	**×××**	**×××**	**×××**	**×××**
토지	×××	×××	×××	×××	×××	×××
건물	×××	×××	×××	×××	×××	×××
(−) 감가상각누계액*1	(×××)	(×××)	(×××)	(×××)	(×××)	(×××)
구축물	×××	×××	×××	×××	×××	×××
(−) 감가상각누계액*1	(×××)	(×××)	(×××)	(×××)	(×××)	(×××)
기계장치	×××	×××	×××	×××	×××	×××
(−) 감가상각누계액*1	(×××)	(×××)	(×××)	(×××)	(×××)	(×××)
차량운반구	×××	×××	×××	×××	×××	×××
(−) 감가상각누계액*1	(×××)	(×××)	(×××)	(×××)	(×××)	(×××)
건설중인자산	×××	×××	×××	×××	×××	×××
……	×××	×××	×××	×××	×××	×××
무형자산	**×××**	**×××**	**×××**	**×××**	**×××**	**×××**
지식재산권	×××	×××	×××	×××	×××	×××
개발비	×××	×××	×××	×××	×××	×××
컴퓨터소프트웨어	×××	×××	×××	×××	×××	×××
광업권	×××	×××	×××	×××	×××	×××
임차권	×××	×××	×××	×××	×××	×××
……	×××	×××	×××	×××	×××	×××
기타비유동자산	**×××**	**×××**	**×××**	**×××**	**×××**	**×××**
임차보증금	×××	×××	×××	×××	×××	×××
장기선급비용	×××	×××	×××	×××	×××	×××
장기미수금	×××	×××	×××	×××	×××	×××
……	×××	×××	×××	×××	×××	×××

과 목	당 기			전 기		
	전체	고유목적 사업	수익 사업	전체	고유목적 사업	수익 사업
자 산 총 계	×××	×××	×××	×××	×××	×××
부 채						
유동부채	×××	×××	×××	×××	×××	×××
단기차입금	×××	×××	×××	×××	×××	×××
매입채무	×××	×××	×××	×××	×××	×××
미지급비용	×××	×××	×××	×××	×××	×××
미지급금	×××	×××	×××	×××	×××	×××
선수금	×××	×××	×××	×××	×××	×××
선수수익	×××	×××	×××	×××	×××	×××
예수금	×××	×××	×××	×××	×××	×××
유동성장기부채	×××	×××	×××	×××	×××	×××
……	×××	×××	×××	×××	×××	×××
비유동부채	×××	×××	×××	×××	×××	×××
장기차입금	×××	×××	×××	×××	×××	×××
임대보증금	×××	×××	×××	×××	×××	×××
퇴직급여충당부채	×××	×××	×××	×××	×××	×××
(−)퇴직연금운용자산*1	(×××)	(×××)	(×××)	(×××)	(×××)	(×××)
……	×××	×××	×××	×××	×××	×××
부 채 총 계	×××	×××	×××	×××	×××	×××
순 자 산*3						
제약없는순자산*2	×××	×××	×××	×××	×××	×××
제약있는순자산*2	×××	×××	×××	×××	×××	×××
순 자 산 총 계	×××	×××	×××	×××	×××	×××
부채 및 순자산 총계	×××	×××	×××	×××	×××	×××

*1 매출채권, 미수금에 대한 대손충당금, 유형자산에 대한 감가상각누계액, 퇴직급여충당부채에 대한 퇴직연금운용자산 등을 차감하는 형식으로 표시하는 경우에는 순장부금액을 재무상태표 본문의 해당 항목에 추가로 표시할 수 있다.

예시	차감하는 형식으로 표시	
	방법①	방법②
매출채권	×××	×××
대손충당금	(×××)	(×××) ×××

*2 비영리조직회계기준 제23조 제1항에 따르면 비영리조직은 관행과 여건을 고려할 때 필요하다고 판단할 경우에는 제약없는순자산, 제약있는순자산 대신 다른 명칭을 사용할 수 있고 제23조 제3항에 따르면 구분된 순자산을 더 세분하여 재무상태표 본문에 표시하거나 주석으로 기재할 수 있다. 예를 들어, 다음과 같이 재무상태표 본문에 각 순자산분류에 대해 표준명칭과 다른 명칭을 사용하고 구분된 순자산을 더 세분한 경우에는 각 명칭별로 제약의 유무와 성격에 관한 설명을 주석으로 기재한다.

	전체	고유목적사업	수익사업
순자산			
기본금과적립금	×××	×××	×××
기본금	×××	×××	×××
적립금	×××	×××	×××
이익잉여금	×××	×××	×××
순자산총계	×××	×××	×××

〈주석기재 예시〉

주석 YY. 순자산 구성

1. 재무상태표의 순자산에 표시된 기본금과적립금, 이익잉여금은 각각 '제약있는순자산'과 '제약없는순자산'을 나타내며, 다음과 같이 기부자나 법령에 의해 가해진 사용과 처분에 관한 제약의 유무와 정도에 따라 구분됩니다.

(1) 기본금 : 영구적으로 보유하여 특정 목적에 사용하여야 하며 처분을 할 수 없는 순자산

(2) 적립금 : 사용목적이나 사용기간 등에 제약이 있으며 동 목적이 충족되거나 기간이 경과되면 처분이 가능한 순자산

(3) 이익잉여금 : 사용과 처분에 관한 제약이 없는 순자산

*3 비영리조직이 순자산 구성항목을 더 세분하고자 할 경우에는 다음의 예와 같이 그 내용을 주석으로 기재하거나 재무상태표 본문에 직접 표시한다.

〈주석기재 예시〉

※ 비영리조직이 기본 순자산 구성항목의 명칭을 위 *2와 같이 사용한다고 가정한다.

주석 YY. 순자산 구성, 계속

2. 기본금, 적립금, 이익잉여금 별로 세부항목과 그 금액은 다음과 같습니다.

(1) 기본금

① 설립자기본금 : 비영리조직 설립자가 출연한 재산으로서 영구적으로 보유하여 특정 목적에 사용하여야 하며 처분을 할 수 없는 순자산

② 원금보존기본금 : 기부자가 기부한 재산으로서 영구적으로 투자하여 그 원금을 보존하여야 하며 처분을 할 수 없는 순자산(그 투자수익에는 사용과 처분 제약이 없음)

(2) 적립금

① 투자적립금 : 기부자가 기부한 재산으로서 일정기간 동안 투자하여 그 원금을 보존하여야 하며 그 기간이 경과한 후에는 처분할 수 있는 순자산

② 시설적립금 : 기부자가 기부한 시설(경제적 내용연수가 유한한 유형자산)로서 경제적 내용연수 동안 사용하여야 하며 내용연수동안 처분이 불가능한 순자산

(3) 이익잉여금

① 임의적립금 : 비영리조직 이사회의 결의로 연구, 장학, 건축, 퇴직 등 특정 목적에의 사용을 위해 내부 유보된 순자산

② 기타이익잉여금

	전체	고유목적사업	수익사업
기본금과적립금	×××	×××	×××
기본금	×××	×××	×××
설립자기본금	×××	×××	×××
원금보존기본금	×××	×××	×××
적립금	×××	×××	×××
투자적립금	×××	×××	×××
시설적립금	×××	×××	×××
이익잉여금	×××	×××	×××
임의적립금	×××	×××	×××
기타이익잉여금	×××	×××	×××

부록9 비영리조직회계기준

[사례 6] 운영성과표_고유목적사업부문과 수익사업부문별로 열을 구분하는 방식

운 영 성 과 표

제×기 20××년×월×일부터 20××년×월×일까지

제×기 20××년×월×일부터 20××년×월×일까지

비영리조직명 (단위 : 원)

과 목	당 기			전 기		
	전체	고유목적 사업	수익 사업	전체	고유목적 사업	수익 사업
제약없는순자산의 변동						
사업수익	×××	×××	×××	×××	×××	×××
기부금수익	×××	×××	–	×××	×××	–
보조금수익	×××	×××	–	×××	×××	–
회비수익	×××	×××	–	×××	×××	–
등록금수익	×××	×××	–	×××	×××	–
투자자산 관련 손익*1	×××	×××	–	×××	×××	–
공연수익	×××	×××	–	×××	×××	–
환자진료수익	×××	×××	–	×××	×××	–
……	×××	×××	–	×××	×××	–
사업비용*2	×××	×××	×××*4	×××	×××	×××*4
사업수행비용	×××	×××	–	×××	×××	–
○○사업수행비용	×××	×××	–	×××	×××	–
△△사업수행비용	×××	×××	–	×××	×××	–
……	×××	×××	–	×××	×××	–
일반관리비용*3	×××	×××	–	×××	×××	–
사업이익(손실)	×××	×××	×××	×××	×××	×××
사업외수익	×××	×××	×××	×××	×××	×××
이자수익	×××	×××	×××	×××	×××	×××
배당수익	×××	×××	×××	×××	×××	×××
투자자산평가이익	×××	×××	×××	×××	×××	×××
투자자산처분이익	×××	×××	×××	×××	×××	×××
유형자산손상차손환입	×××	×××	×××	×××	×××	×××
유형자산처분이익	×××	×××	×××	×××	×××	×××
유형자산재평가이익*5	×××	×××	×××	×××	×××	×××
무형자산손상차손환입	×××	×××	×××	×××	×××	×××

과　　　　목	당 기			전 기		
	전체	고유목적 사업	수익 사업	전체	고유목적 사업	수익 사업
무형자산처분이익	×××	×××	×××	×××	×××	×××
외환차익	×××	×××	×××	×××	×××	×××
외화환산이익	×××	×××	×××	×××	×××	×××
……	×××	×××	×××	×××	×××	×××
사업외비용	×××	×××	×××	×××	×××	×××
이자비용	×××	×××	×××	×××	×××	×××
기타의 대손상각비	×××	×××	×××	×××	×××	×××
투자자산평가손실	×××	×××	×××	×××	×××	×××
투자자산처분손실	×××	×××	×××	×××	×××	×××
유형자산손상차손	×××	×××	×××	×××	×××	×××
유형자산처분손실	×××	×××	×××	×××	×××	×××
유형자산재평가손실*5	×××	×××	×××	×××	×××	×××
무형자산손상차손	×××	×××	×××	×××	×××	×××
무형자산처분손실	×××	×××	×××	×××	×××	×××
외환차손	×××	×××	×××	×××	×××	×××
외화환산손실	×××	×××	×××	×××	×××	×××
……	×××	×××	×××	×××	×××	×××
법인세비용*7	×××	×××	×××	×××	×××	×××
제약없는순자산의 증가(감소) (또는 당기순이익(손실))	×××	×××	×××	×××	×××	×××
제약있는순자산의 변동*6						
기부금수익	×××	×××	×××	×××	×××	×××
이자수익	×××	×××	×××	×××	×××	×××
배당수익	×××	×××	×××	×××	×××	×××
투자자산평가손익	×××	×××	×××	×××	×××	×××
투자자산처분손익	×××	×××	×××	×××	×××	×××
유형자산재평가손익	×××	×××	×××	×××	×××	×××
제약해제순자산	×××	×××	×××	×××	×××	×××
……	×××	×××	×××	×××	×××	×××
제약있는순자산의 증가(감소)	×××	×××	×××	×××	×××	×××
순자산의 증가(감소)	×××	×××	×××	×××	×××	×××

과 목	당 기			전 기		
	전체	고유목적사업	수익사업	전체	고유목적사업	수익사업
기초 순자산	×××	×××	×××	×××	×××	×××
기말 순자산	×××	×××	×××	×××	×××	×××

*1 투자자산수익(이자수익과 배당수익), 투자자산 평가손익과 처분손익을 포함하며 고유목적사업활동의 주된 원천이 되는 경우에 한하여 사업수익으로 표시한다. 이러한 구분내용을 운영성과표 본문에서 표시하거나 주석으로 기재할 수 있다.

*2 사업비용의 기능별 구분과 성격별 구분에 관한 매트릭스형태의 정보를 아래와 같이 주석으로 기재한다.

〈주석기재 예시〉

주석 YY. 사업비용의 성격별 구분

운영성과표에는 사업비용이 기능별로 구분되어 표시되어 있습니다. 이를 다시 성격별로 구분한 내용은 다음과 같습니다.

	인력비용	시설비용	기타비용	합계
고유목적사업비용	×××	×××	×××	×××
사업수행비용	×××	×××	×××	×××
일반관리비용	×××	×××	×××	×××
수익사업비용	×××	×××	×××	×××
합계	×××	×××	×××	×××

*3 모금비용이 중요하지 않은 비영리조직은 일반관리비용에 통합하여 표시하고, 모금비용이 중요한 비영리조직은 일반관리비용과 별도로 구분하여 표시할 수 있다.

*4 비영리조직회계기준 제29조 제8항에 따라 수익사업비용을 더 상세하게 구분한 정보를 주석으로 기재할 수 있다. 예를 들어, 수익사업비용을 매출원가와 판매비와관리비로 구분하여 주석으로 기재할 수 있다.

*5 유형자산재평가이익(손실)은 재평가차액으로 인해 제약있는순자산의 금액이 변경되지 않는 경우에 사업외수익(비용)으로 표시한다.

*6 비영리조직의 여건(제약있는순자산이 없음)에 따라서는 위 운영성과표에서 음영으로 표시된 부분은 운영성과표에 표시할 필요가 없다.

*7 비영리조직이 법인세를 부담하는 경우에는 비영리조직회계기준 제33조에 따라 회계처리하고, 운영성과표에 법인세비용을 별도로 표시한다.

[사례 7] 현금흐름표_직접법_고유목적사업부문과 수익사업부문별로 열을 구분하는 방식

현 금 흐 름 표 (직접법)

제×기 20××년×월×일부터 20××년×월×일까지
제×기 20××년×월×일부터 20××년×월×일까지

비영리조직명 (단위 : 원)

과 목	당 기			전 기		
	전체	고유목적 사업	수익 사업	전체	고유목적 사업	수익 사업
사업활동 현금흐름	×××	×××	×××	×××	×××	×××
사업활동 현금유입	×××	×××	×××	×××	×××	×××
제약 없는 기부금 수입	×××	×××	×××	×××	×××	×××
보조금 수입	×××	×××	×××	×××	×××	×××
회비 수입	×××	×××	×××	×××	×××	×××
등록금 수입	×××	×××	×××	×××	×××	×××
투자자산 수입*1	×××	×××	×××	×××	×××	×××
공연 수입	×××	×××	×××	×××	×××	×××
환자진료 수입	×××	×××	×××	×××	×××	×××
……	×××	×××	×××	×××	×××	×××
수익사업 수입	×××	×××	×××	×××	×××	×××
사업활동 현금유출	×××	×××	×××	×××	×××	×××
인력비용 지출	×××	×××	×××	×××	×××	×××
시설비용 지출	×××	×××	×××	×××	×××	×××
기타비용 지출	×××	×××	×××	×××	×××	×××
……	×××	×××	×××	×××	×××	×××
수익사업비용 지출	×××	×××	×××	×××	×××	×××
투자활동 현금흐름	×××	×××	×××	×××	×××	×××
투자활동 현금유입	×××	×××	×××	×××	×××	×××
투자자산 처분	×××	×××	×××	×××	×××	×××
유형자산 처분	×××	×××	×××	×××	×××	×××
무형자산 처분	×××	×××	×××	×××	×××	×××
……	×××	×××	×××	×××	×××	×××
투자활동 현금유출	×××	×××	×××	×××	×××	×××

부록9 비영리조직회계기준

과 목	당 기			전 기		
	전체	고유목적 사업	수익 사업	전체	고유목적 사업	수익 사업
투자자산 취득	×××	×××	×××	×××	×××	×××
유형자산 취득	×××	×××	×××	×××	×××	×××
무형자산 취득	×××	×××	×××	×××	×××	×××
……	×××	×××	×××	×××	×××	×××
재무활동 현금흐름	×××	×××	×××	×××	×××	×××
재무활동 현금유입	×××	×××	×××	×××	×××	×××
제약 있는 기부금 수입	×××	×××	×××	×××	×××	×××
단기차입금 차입	×××	×××	×××	×××	×××	×××
장기차입금 차입	×××	×××	×××	×××	×××	×××
……	×××	×××	×××	×××	×××	×××
재무활동 현금유출	×××	×××	×××	×××	×××	×××
단기차입금 상환	×××	×××	×××	×××	×××	×××
장기차입금 상환	×××	×××	×××	×××	×××	×××
……	×××	×××	×××	×××	×××	×××
현금의 증가(감소)	×××	×××	×××	×××	×××	×××
기초의 현금	×××	×××	×××	×××	×××	×××
기말의 현금	×××	×××	×××	×××	×××	×××

*1 투자자산으로부터 유입되는 이자와 배당금 수입을 말한다.

[사례 8] 현금흐름표_간접법_고유목적사업부문과 수익사업부문별로 열을 구분하는 방식

현 금 흐 름 표 (간접법)

제×기 20××년×월×일부터 20××년×월×일까지
제×기 20××년×월×일부터 20××년×월×일까지

비영리조직명 (단위 : 원)

과 목	당 기			전 기		
	전체	고유목적 사업	수익 사업	전체	고유목적 사업	수익 사업
사업활동 현금흐름	×××	×××	×××	×××	×××	×××
제약없는순자산의 증가(감소)*1	×××	×××	×××	×××	×××	×××
현금의 유출이 없는 비용 등의 가산	×××	×××	×××	×××	×××	×××
대손상각비	×××	×××	×××	×××	×××	×××
감가상각비	×××	×××	×××	×××	×××	×××
투자자산평가손실	×××	×××	×××	×××	×××	×××
투자자산처분손실	×××	×××	×××	×××	×××	×××
유형자산처분손실	×××	×××	×××	×××	×××	×××
유형자산재평가손실	×××	×××	×××	×××	×××	×××
……	×××	×××	×××	×××	×××	×××
현금의 유입이 없는 수익 등의 차감	×××	×××	×××	×××	×××	×××
제약해제순자산	×××	×××	×××	×××	×××	×××
투자자산평가이익	×××	×××	×××	×××	×××	×××
투자자산처분이익	×××	×××	×××	×××	×××	×××
유형자산처분이익	×××	×××	×××	×××	×××	×××
유형자산재평가이익	×××	×××	×××	×××	×××	×××
……	×××	×××	×××	×××	×××	×××
사업활동으로 인한 자산·부채의 변동	×××	×××	×××	×××	×××	×××
매출채권의 감소(증가)	×××	×××	×××	×××	×××	×××
선급비용의 감소(증가)	×××	×××	×××	×××	×××	×××
미수수익의 감소(증가)	×××	×××	×××	×××	×××	×××
미수금의 감소(증가)	×××	×××	×××	×××	×××	×××
선급금의 감소(증가)	×××	×××	×××	×××	×××	×××
매입채무의 증가(감소)	×××	×××	×××	×××	×××	×××
미지급비용의 증가(감소)	×××	×××	×××	×××	×××	×××
미지급금의 증가(감소)	×××	×××	×××	×××	×××	×××
선수금의 증가(감소)	×××	×××	×××	×××	×××	×××

과목	당기			전기		
	전체	고유목적사업	수익사업	전체	고유목적사업	수익사업
선수수익의 증가(감소)	×××	×××	×××	×××	×××	×××
예수금의 증가(감소)	×××	×××	×××	×××	×××	×××
……	×××	×××	×××	×××	×××	×××
투자활동 현금흐름	×××	×××	×××	×××	×××	×××
투자활동 현금유입	×××	×××	×××	×××	×××	×××
투자자산 처분	×××	×××	×××	×××	×××	×××
유형자산 처분	×××	×××	×××	×××	×××	×××
무형자산 처분	×××	×××	×××	×××	×××	×××
……	×××	×××	×××	×××	×××	×××
투자활동 현금유출	×××	×××	×××	×××	×××	×××
투자자산 취득	×××	×××	×××	×××	×××	×××
유형자산 취득	×××	×××	×××	×××	×××	×××
무형자산 취득	×××	×××	×××	×××	×××	×××
……	×××	×××	×××	×××	×××	×××
재무활동 현금흐름	×××	×××	×××	×××	×××	×××
재무활동 현금유입	×××	×××	×××	×××	×××	×××
제약 있는 기부금 수입	×××	×××	×××	×××	×××	×××
단기차입금 차입	×××	×××	×××	×××	×××	×××
장기차입금 차입	×××	×××	×××	×××	×××	×××
……	×××	×××	×××	×××	×××	×××
재무활동 현금유출	×××	×××	×××	×××	×××	×××
단기차입금 상환	×××	×××	×××	×××	×××	×××
장기차입금 상환	×××	×××	×××	×××	×××	×××
……	×××	×××	×××	×××	×××	×××
현금의 증가(감소)	×××	×××	×××	×××	×××	×××
기초의 현금	×××	×××	×××	×××	×××	×××
기말의 현금	×××	×××	×××	×××	×××	×××

*1 비영리조직회계기준 제34조 제2항에 따라 운영성과표에서 '당기순이익(손실)'이라는 명칭을 사용한 경우에는 이에 따른다.

/저/자/약/력/

김 형 배 공인회계사

남쪽에는 보무(鳳舞)들기와 북쪽에는 즘말산과 오성들(野)이 보이는 평택에 작은 시골 기능골에서 태어나, 어쩌다 공인회계사에 합격하고 경희대학교 대학원까지 마치게 되었다. 회계법인에서 사회복지기관 회계감사용역을 수행하던 도중 애꿎은 수녀님을 울리게 된 인연으로 개업 후에도 여러 사회복지기관과 비영리단체의 감사와 고문역을 하고 있다.

비영리 조직의 회계와 세무

저 자 **김형배**
발 행 인 **서동혁**
편집·교정 **류현수, 박가온, 김영림**
편집디자인 **이인아, 이은희, 황자애**
발 행 처 **㈜조세통람**
펴 낸 날 **2017년 9월 4일 초판 발행**
2023년 10월 31일 개정4판 발행

저자와의 협의하에 인지생략

주 소 서울특별시 중구 동호로 14길 5-6(신당동)
등 록 1976. 11. 5. 제9-81호
대표전화 02) 2231-7027
F A X 02) 2234-1754
구입문의 02) 2231-7027~9
I S B N 979-11-6064-286-5 13320
정 가 **85,000원**

(주)조세통람은 좋은 책을 만들기 위해 독자 여러분의 의견을 기다립니다.
• 독자 의견 및 도서 문의 메일 : josetop@inaus.co.kr